陕西地方志丛书

延安市宝塔区志

1990～2010

延安市宝塔区地方志编纂委员会 编

方志出版社
Publishing House of Local Records

图书在版编目（C I P）数据

延安市宝塔区志. 1990—2010 / 延安市宝塔区地方志编纂委员会编. --北京 : 方志出版社，2019.12
ISBN 978-7-5144-3845-1

Ⅰ. ①延⋯ Ⅱ. ①延⋯ Ⅲ. ①区（城区）—地方志—延安—1990-2010 Ⅳ. ①K294.14

中国版本图书馆 CIP 数据核字(2019)第 270078 号

延安市宝塔区志（1990—2010）

编　　者：延安市宝塔区地方志编纂委员会
责任编辑：罗　滔

出 版 者：方志出版社
地址　北京市朝阳区潘家园东里 9 号（国家方志馆 4 层）
邮编　100021
网址　http:// www.fzph.org
发　　行：方志出版社图书经销中心
电话（010）67110500
经　　销：各地新华书店
编纂制作：四川省天隆文化传播有限公司
印　　刷：成都市兴雅致印务有限责任公司

开　　本：787×1092　1/16
印　　张：69
字　　数：1786 千字
版　　次：2019 年 12 月第 1 版　2019 年 12 月第 1 次印刷
印　　数：0001~5000 套

ISBN　978-7-5144-3845-1　定价：588.00 元

宝塔区政区图(2010)

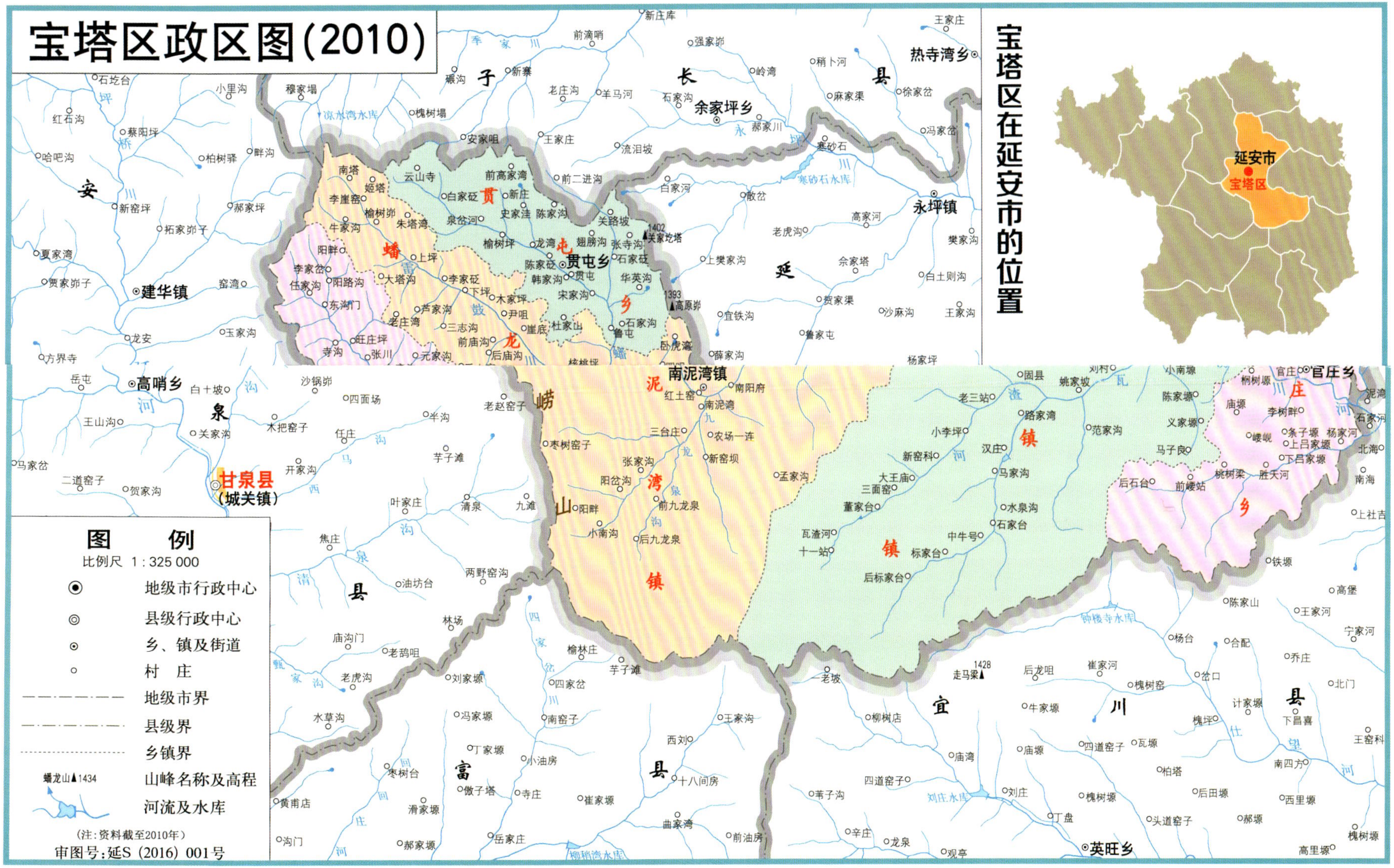

图　　例

比例尺 1：325 000

- 地级市行政中心
- 县级行政中心
- 乡、镇及街道
- 村　庄
- 地级市界
- 县级界
- 乡镇界
- 山峰名称及高程（蟠龙山▲1434）
- 河流及水库

（注：资料截至2010年）

审图号：延S（2016）001号

宝塔区地势图(2010)

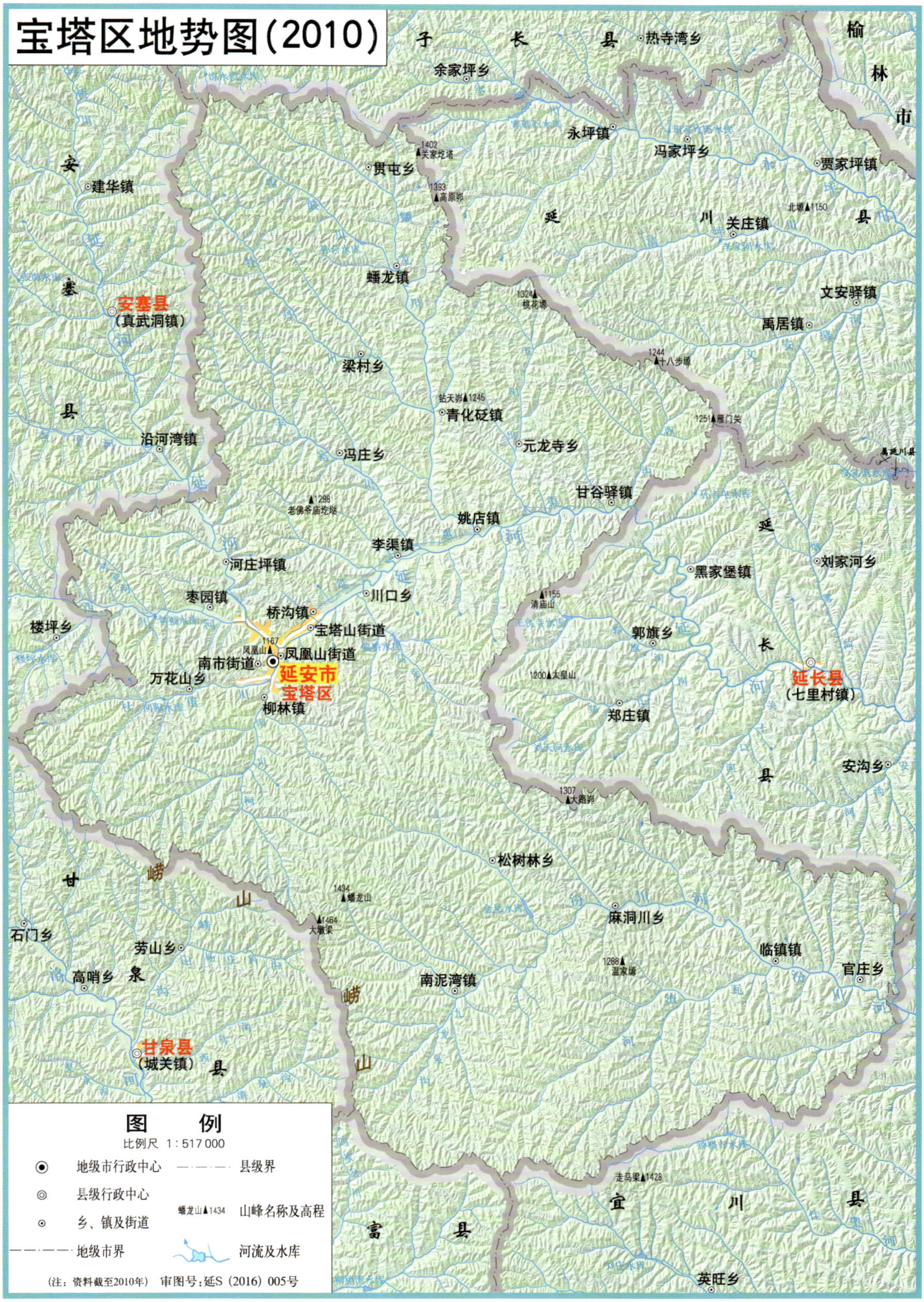
子长县
热寺湾乡
余家坪乡
榆林市
永坪镇
冯家坪乡
贾家坪镇
贯屯乡
延川县
关庄镇
建华镇
蟠龙镇
安塞县
安塞县
(真武洞镇)
文安驿镇
禹居镇
梁村乡
青化砭镇
元龙寺乡
沿河湾镇
冯庄乡
甘谷驿镇
姚店镇
李渠镇
河庄坪镇
黑家堡镇
刘家河乡
枣园镇
川口乡
桥沟镇
楼坪乡
宝塔山街道
郭旗乡
凤凰山街道
南市街道
延安市
宝塔区
万花山乡
柳林镇
延长县
(七里村镇)
郑庄镇
延长县
安沟乡
松树林乡
甘泉县
石门乡
劳山乡
崂山
麻洞川乡
临镇镇
官庄乡
高哨乡
南泥湾镇
甘泉县
(城关镇)
富县
宜川县
英旺乡
图例
比例尺 1:517 000
地级市行政中心
县级界
县级行政中心
山峰名称及高程
乡、镇及街道
地级市界
河流及水库
(注:资料截至2010年)
审图号:延S(2016)005号

宝塔区影像图(2010)

子　长　县
热寺湾乡
榆林市
余家坪乡
永坪镇
冯家坪乡
贾家坪镇
延川县
关庄镇
文安驿镇
禹居镇
贯屯乡
蟠龙镇
梁村乡
青化砭镇
元龙寺乡
冯庄乡
甘谷驿镇
姚店镇
李渠镇
川口乡
河庄坪镇
枣园镇
桥沟镇
宝塔山街道
凤凰山街道
南市街道
延安市
宝塔区
万花山乡
柳林镇
楼坪乡
安塞县
(真武洞镇)
建华镇
沿河湾镇
黑家堡镇
刘家河乡
郭旗乡
郑庄镇
延长县
(七里村镇)
安沟乡
松树林乡
麻洞川乡
临镇镇
官庄乡
南泥湾镇
劳山乡
石门乡
高哨乡
甘泉县
(城关镇)
甘泉县
崂山
富县
宜川县
英旺乡
图　例
比例尺　1 : 517 000
地级市行政中心
县级行政中心
乡、镇及街道
地级市界
县级界
山峰名称及高程
河流及水库
(注：资料截至2010年)
审图号：延S (2016) 002号

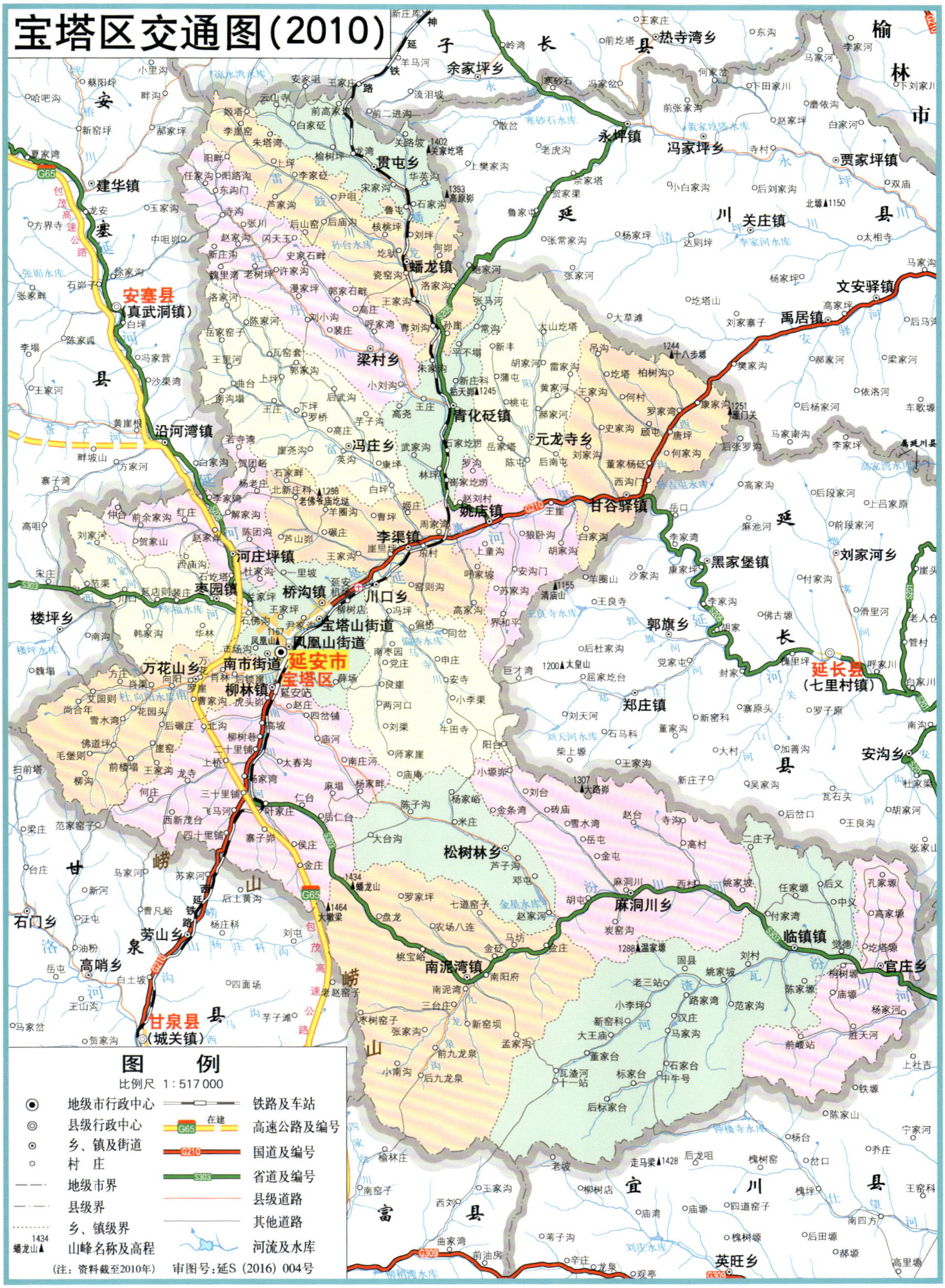
宝塔区交通图(2010)
图 例
比例尺 1 : 517 000
地级市行政中心
县级行政中心
乡、镇及街道
村 庄
地级市界
县级界
乡、镇级界
1434 蟠龙山
山峰名称及高程
铁路及车站
在建
G65
高速公路及编号
G210
国道及编号
S303
省道及编号
县级道路
其他道路
河流及水库
(注：资料截至2010年)
审图号：延S（2016）004号
延安市
宝塔区
南市街道
凤凰山街道
宝塔山街道
柳林镇
桥沟镇
川口乡
枣园镇
河庄坪镇
李渠镇
姚店镇
甘谷驿镇
青化砭镇
蟠龙镇
贯屯乡
梁村乡
冯庄乡
元龙寺乡
万花山乡
松树林乡
南泥湾镇
麻洞川乡
临镇镇
官庄乡
安塞县
(真武洞镇)
建华镇
沿河湾镇
楼坪乡
延长县
(七里村镇)
黑家堡镇
郭旗乡
郑庄镇
刘家河乡
安沟乡
甘泉县
(城关镇)
劳山乡
高哨乡
石门乡
永坪镇
冯家坪乡
贾家坪镇
关庄镇
文安驿镇
禹居镇
余家坪乡
热寺湾乡
英旺乡
子长县
延川县
延长县
甘泉县
宜川县
富县
榆林市
安塞县
G65
G210
G309
S303
S205
包茂高速公路

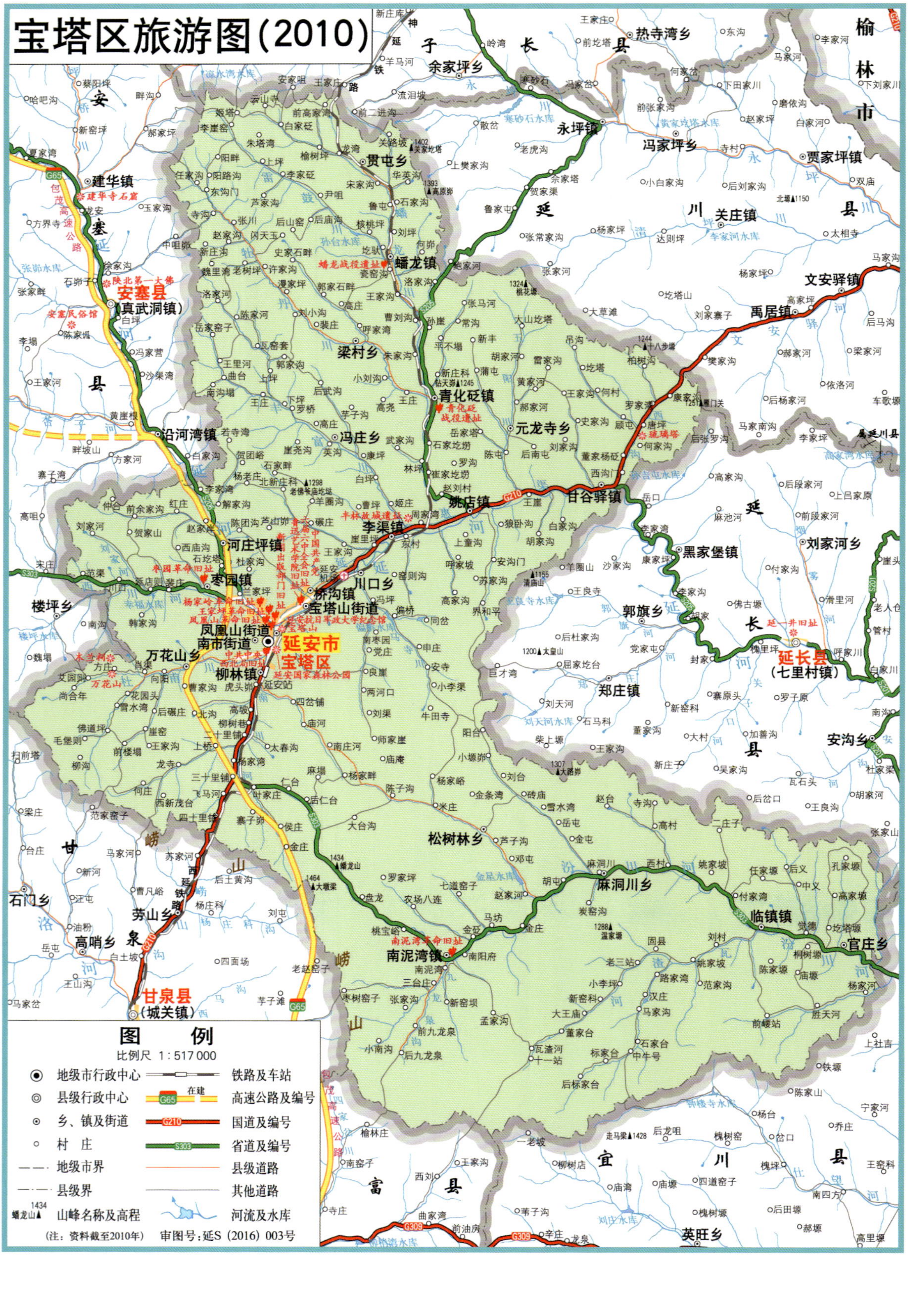
宝塔区旅游图(2010)
图　例
比例尺 1:517 000
地级市行政中心
县级行政中心
乡、镇及街道
村　庄
地级市界
县级界
山峰名称及高程
铁路及车站
高速公路及编号
在建
国道及编号
省道及编号
县级道路
其他道路
河流及水库
G65
G210
S303
1434
蟠龙山
(注：资料截至2010年)
审图号：延S（2016）003号
延安市
宝塔区
凤凰山街道
南市街道
宝塔山街道
桥沟镇
川口乡
李渠镇
姚店镇
甘谷驿镇
河庄坪镇
枣园镇
万花山乡
柳林镇
青化砭镇
蟠龙镇
贯屯乡
梁村乡
冯庄乡
元龙寺乡
松树林乡
麻洞川乡
临镇镇
南泥湾镇
官庄乡
安塞县
(真武洞镇)
甘泉县
(城关镇)
延长县
(七里村镇)
子长县
延川县
宜川县
富县
延长县
榆林市
建华镇
沿河湾镇
楼坪乡
永坪镇
冯家坪乡
贾家坪镇
关庄镇
文安驿镇
禹居镇
黑家堡镇
刘家河乡
郭旗乡
郑庄镇
安沟乡
余家坪乡
热寺湾乡
石门乡
劳山乡
高哨乡
英旺乡
延安国家森林公园
延安抗日军政大学纪念馆
宝塔山
杨家岭革命旧址
王家坪革命旧址
凤凰山革命旧址
枣园革命旧址
中共中央西北局旧址
南泥湾革命旧址
蟠龙战役遗址
青化砭战役遗址
丰林故城遗址
万花山
陕北第一大佛
安塞民俗馆
建华寺石窟
琉璃塔
延一井旧址

宝塔区城区图(2010)

延安国家森林公园
中国共产党六届六中全会会址
鲁迅艺术学院旧址
桥沟
桥沟小学
桥沟镇
电力机械制造公司
尹家沟
市公路管理处
市检察院
市司法局
圣地小学
特立小学
窑洞宾馆
电信公司延安分公司
东苑小区
实验中学
市民政局
宝塔宾馆
罗家坪
翟子沟
民航宾馆
市广电中心
郭家峁
清凉山风景区
宝塔区结核病防治所
东盛商城
市供电局
嘉岭大厦
宝塔山街道
东关长途汽车站
圣通大酒店
东关小学
解放广场
毛泽东旧居
周恩来旧居
杨家岭革命旧址
延安大学
杨家湾路
延河
中央礼堂旧址
石佛沟大桥
石佛沟
家和大酒店
区委党校
杨家岭
延安教育学院
延安师范学院
市委党校
中国女子大学旧址
市审计局
市地税局
市国土资源局
延河宾馆
圣地宾馆
延安革命纪念馆
广场
王家坪
中共中央党校旧址
延安希望小学
王家坪大桥
王家坪革命旧址
王家坪小学
陕甘宁边区民族学院旧址
市水利水保局
市林业局
延师附小
延安市财贸干校
文化沟
延安中学
市卫生局
西沟桥
市聋哑学校
泰德大酒店
八路军大礼堂旧址
长城饭店
延安大学附属医院
延安宾馆
北关小学
凤凰山街道
延安凤凰宾馆
百货大楼
中延国际商厦
旅游大厦
宝塔桥
市质量技术监督局
市中医院
国贸大厦
亚圣大酒店
宝塔山风景区
凤凰山风景区
西沟
市旅行社
市档案馆
育才小学
儿童公园
宝塔区政府
宝塔小学
市公安局
陕甘宁边区参议会礼堂旧址
市中级人民法院
陕甘宁边区政府旧址
市人大
市政协
陕甘宁边区银行旧址
市委
市政府
市场沟
区二中
延安日报社
圣业大厦
宝塔区委
南市街道
交际宾馆
区妇幼保健院
宝塔区林业局
宝塔区烟草专卖局
延安市就业培训中心
宝塔区人民医院
延安市技工学校
南关小学
宝塔区第二幼儿园
水利大厦
区财政局
区供电局
白坪
南桥
市农业局
延安物资大酒店
马家湾小学
延安公路管理局
市农业科学研究所
红化小区
七里铺小学
杜甫祠
煤炭工业局
市人民医院
儿童福利院
区四中
延安大学医学院
农林职业技术学院工程分院
黄委会勘测局
市人民警察学校
市妇幼保健所
区三中
市防疫站
区计生局
中油销售延安分公司
韩家窑则
北龙大厦
七里铺
二庄科
百合花园小区
延安汽车南站
银星宾馆
延安火车站
柳林镇
柳林镇中心小学
东环城路
燕沟路
图例
市政府
区政府
镇政府 街道
企事业单位
学校
医院
宾馆、酒店
汽车站
景点
革命旧址
高速公路
铁路及站
一级街道及桥梁
二级街道
街区
绿地
(注：资料截至2010年）审图号：延S（2016）006号

宝塔城区（2011.06.08 摄）

春（2012.04.10 摄）

夏（2008.08.22 摄）

秋（2017.09.12 摄）

冬（2015.01.30 摄）

山地苹果（2005.10.13 摄）

枣园镇温家沟村大弓棚（2008.05.10 摄）

甘谷驿镇东村“永甜3号”甜瓜（2010.03.22 摄）

枣园镇川口村“红双喜”西瓜（2009.08.04 摄）

南泥湾稻田（2009.09.10 摄）

温室大棚蔬菜（2008.10.23 摄）

枣园镇川口村和上砭沟村蔬菜、瓜果大棚集中连片种植（2008.05.30 摄）

甘谷驿镇红薯新品种实验基地（2010.09.21 摄）

麻洞川乡樊村露地菜示范品种（2009.06.11 摄）

万花山乡肖渠村基本口粮田示范点（2010.05.25 摄）

机械化收割（2010.09.26 摄）

机械化果园翻地（2009.03.10 摄）

宝塔区净菜加工车间（2011.09.21 摄）

青化砭镇中庄舍饲养牛（2009.08.10 摄）

南泥湾镇舍饲养羊基地（2010.12.26 摄）

万花山乡徐寨三元肉猪养殖场（2010.10.12 摄）

李渠镇张兴庄村养鸡场（2009.09.24 摄）

青化砭镇新庄科流域（2009.07.09 摄）

川口乡党庄流域（2008.07.08 摄）

蟠龙镇孙台水库（2010.09.05 摄）

南泥湾镇金庄水库（2009.08.12 摄）

柳林镇太春沟流域（2008.07.10 摄）

枣园镇天河流域（2008.09.03 摄）

松树林乡胜利水库（2010.05.23 摄）

川口乡马四川流域（2010.08.20 摄）

大桥街延百集团大厦（2006.05.28 摄）

二道街中延国际商务大厦（2007.04.05 摄）

二道街国贸大厦（2008.07.18 摄）

二道街银海百货（2008.08.04 摄）

延安治平建工集团公司
（位于宝塔区210国道，2008.10.24　摄）

延安大华工贸有限公司
（位于枣园镇裴庄村，2010.12.03　摄）

延安腾格尔实业发展总公司（位于南二十里铺，2010.08.03　摄）

宝塔家居建材博览中心
（位于李渠镇高峁湾村，2010.11.02　摄）

青化砭采油厂（2010.07.02 摄）

甘谷驿采油厂（2010.06.18 摄）

柳林镇鸡蛋峁油田（2010.02.28 摄）

川口采油厂（2010.07.16 摄）

南泥湾采油厂（2010.07.17 摄）

蟠龙采油厂（2010.07.19 摄）

松树林集油站（2008.10.10 摄）

延安通用机械厂生产的抽油机
（位于宝塔区长青路，2007.03.02 摄）

陕西延安石油机械厂（位于宝塔区马家湾，2010.05.20 摄）

延安市宝塔区华昱纸制品有限责任公司纸箱生产线
（位于姚店镇，2010.07.07 摄）

麻洞川110千伏变电站（2010.07.17 摄）

贯屯煤矿（位于贯屯乡龙湾村和陈家砭村，2010.07.19 摄）

陕西省农村环境连片整治示范村——李渠镇张兴庄村（2010.07.25 摄）

王良寺经济适用房（2007.06.28 摄）

延安杨家岭石窑宾馆（2008.06.03 摄）

省级重点镇河庄坪镇（2010.08.20 摄）

朗润居小区（2010.08.05 摄）

枣园镇上砭沟村（2010.04.07 摄）

临镇镇石村（2010.11.06 摄）

延安机场（2010.09.11 摄）

延河大桥（2007.01.01 摄）

西延高速南泥湾段（2010.08.04 摄）

延安火车站（2007.06.02 摄）

延安汽车南站（2010.07.23 摄）

王家坪彩虹桥（2007.06.28 摄）

乡村水泥路（2007.06.06 摄）

303省道南泥湾段（2015.07.17 摄）

延安体育场（2008.03.21 摄）

青化砭镇文化广场（2007.06.29 摄）

宝塔区中山图书馆（2009.03.31 摄）

枣园《延安保卫战》表演场景（2010.06.29 摄）

“感恩母爱”诗歌朗诵比赛（2007.01.30 摄）

奥运火炬在宝塔山传递（2008.07.02 摄）

《乡医刘易》事迹走遍陕西演出剧照（2010.08.28 摄）

延安过大年活动（2009.02.09 摄）

宝塔区宣传文化系统送文艺下乡活动（2009.04.23 摄）

农民篮球比赛（2009.09.09 摄）

宝塔区第三中学（2010.02.26 摄）

宝塔区第四中学（2006.10.08 摄）

宝塔区第五中学（2005.04.13 摄）

宝塔区柳林中学（2010.03.20 摄）

宝塔区中石油小学（2010.10.19 摄）

宝塔区育才小学（2007.05.10 摄）

宝塔区北关小学（2010.05.31 摄）

宝塔区第一幼儿园（2010.07.15 摄）

宝塔区家贝乐幼儿园（2010.05.20 摄）

延安革命纪念馆（2010.07.16 摄）

凤凰山革命旧址（2010.07.16 摄）

杨家岭革命旧址（2010.07.16 摄）

中国人民抗日军政大学纪念馆（2010.07.23 摄）

桥沟鲁迅艺术文学院旧址
（2010.07.06 摄）

枣园革命旧址（2011.06.08 摄）

枣园为人民服务讲话台（2010.07.16 摄）

陕甘宁边区参议会旧址（延安大礼堂，2010.07.23 摄）

陕甘宁晋绥联防司令部旧址（2010.07.23 摄）

陕甘宁边区高等法院旧址（2010.07.24 摄）

南泥湾大生产展览馆（2010.07.17 摄）

西北局旧址（2010.07.23 摄）

王家坪革命旧址（2010.07.16 摄）

延安保卫处旧址（2010.07.23 摄）

鹅首长颈壶
汉代，国家二级保护文物
（宝塔区文物管理所收藏）

铜菩萨坐像
明代，国家二级保护文物
（宝塔区文物管理所收藏）

紫砂壶
明代，全称为“大彬”款提梁式紫砂壶，国家一级保护文物
（宝塔区文物管理所收藏）

千手观音
明代，全称为千手千眼观音铜坐像，国家一级保护文物
（宝塔区文物管理所收藏）

延安宝塔（2010.05.28 摄）

清凉山印月亭（2010.01.23 摄）

花木兰陵园（2010.07.20 摄）

宝塔山烽火台（2010.05.28 摄）

嘉岭山摩崖题刻（2010.07.24 摄）

清凉山琉璃塔（2010.07.19 摄）

清凉山万佛寺（2010.07.23 摄）

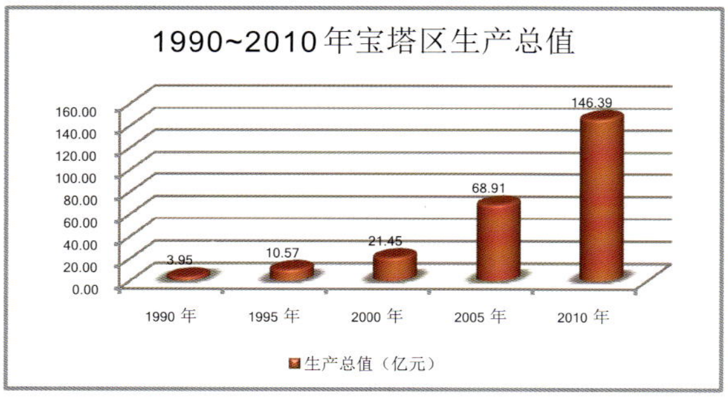
1990~2010年宝塔区生产总值
160.00
140.00
120.00
100.00
80.00
60.00
40.00
20.00
0.00
3.95
10.57
21.45
68.91
146.39
1990 年
1995 年
2000 年
2005 年
2010 年
生产总值（亿元）

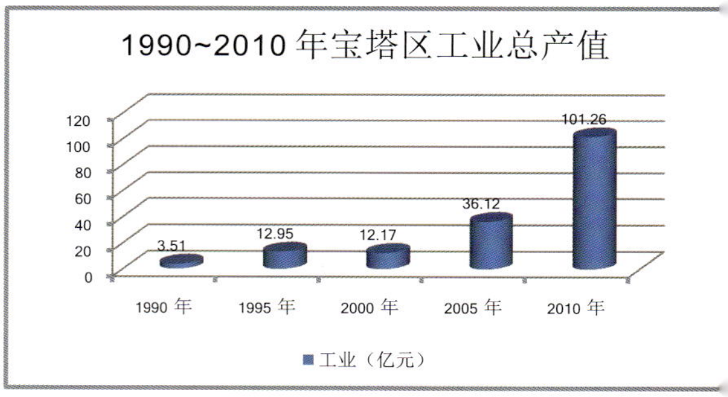
1990~2010 年宝塔区工业总产值
120
100
80
60
40
20
0
3.51
12.95
12.17
36.12
101.26
1990 年
1995 年
2000 年
2005 年
2010 年
工业（亿元）

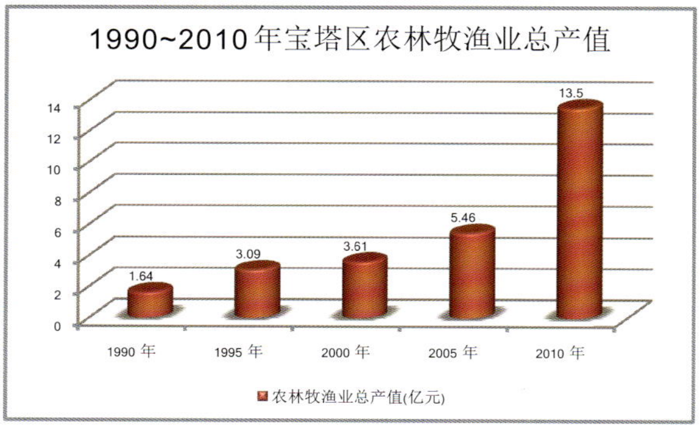
1990~2010年宝塔区农林牧渔业总产值
14
12
10
8
6
4
2
0
1.64
3.09
3.61
5.46
13.5
1990 年
1995 年
2000 年
2005 年
2010 年
农林牧渔业总产值(亿元)

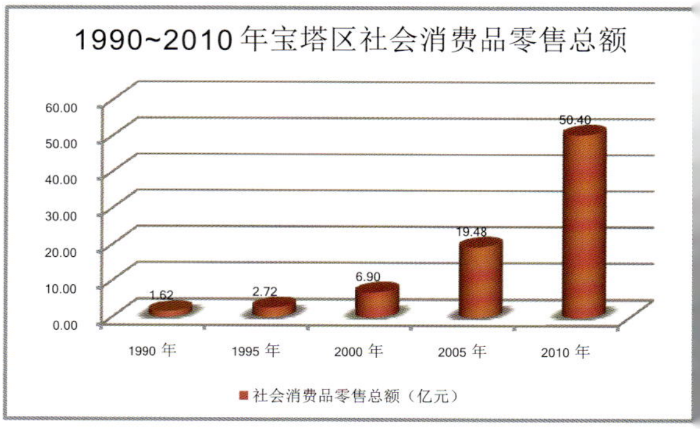
1990~2010年宝塔区社会消费品零售总额
60.00
50.00
40.00
30.00
20.00
10.00
0.00
1.62
2.72
6.90
19.48
50.40
1990 年
1995 年
2000 年
2005 年
2010 年
社会消费品零售总额（亿元）

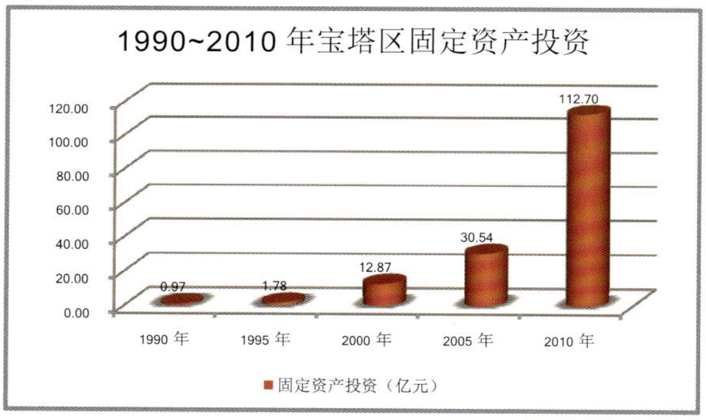
1990~2010 年宝塔区固定资产投资
120.00
100.00
80.00
60.00
40.00
20.00
0.00
0.97
1.78
12.87
30.54
112.70
1990 年
1995 年
2000 年
2005 年
2010 年
固定资产投资（亿元）

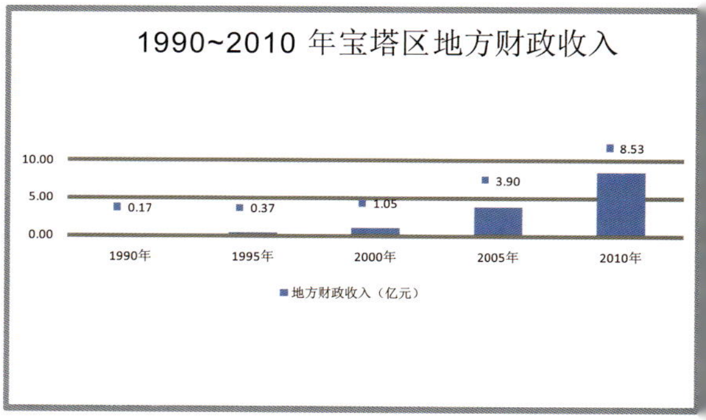
1990~2010 年宝塔区地方财政收入
10.00
5.00
0.00
0.17
0.37
1.05
3.90
8.53
1990年
1995年
2000年
2005年
2010年
地方财政收入（亿元）

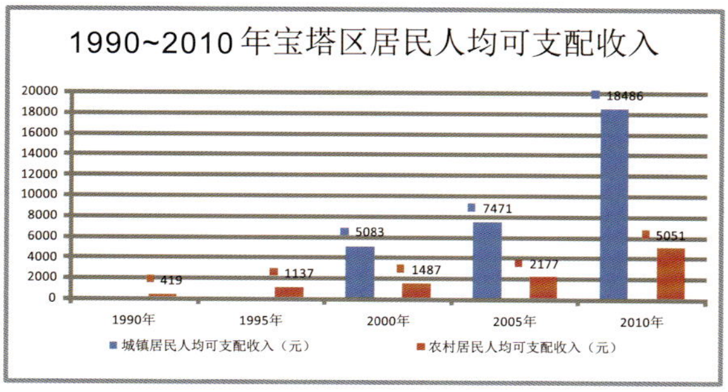
1990~2010年宝塔区居民人均可支配收入
20000
18000
16000
14000
12000
10000
8000
6000
4000
2000
0
419
1137
5083
1487
7471
2177
18486
5051
1990年
1995年
2000年
2005年
2010年
城镇居民人均可支配收入（元）
农村居民人均可支配收入（元）

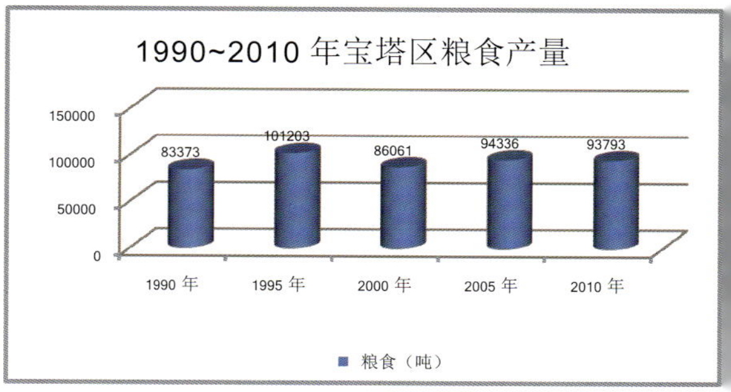
1990~2010 年宝塔区粮食产量
150000
100000
50000
0
83373
101203
86061
94336
93793
1990 年
1995 年
2000 年
2005 年
2010 年
粮食（吨）

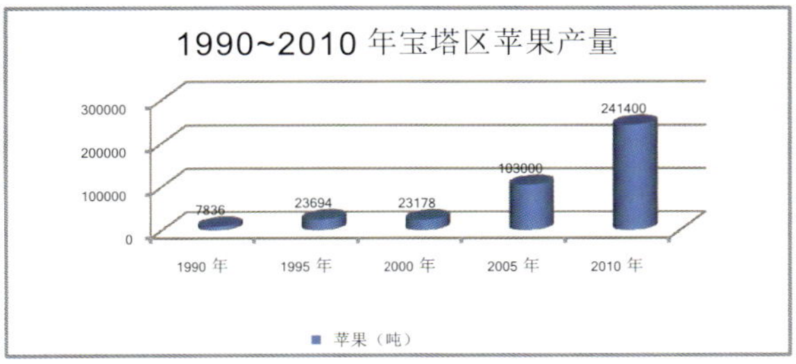
1990~2010 年宝塔区苹果产量
300000
200000
100000
0
7836
23694
23178
103000
241400
1990 年
1995 年
2000 年
2005 年
2010 年
苹果（吨）

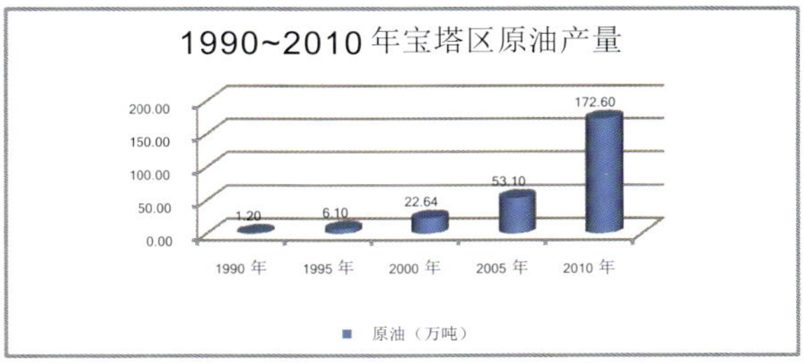
1990~2010 年宝塔区原油产量
200.00
150.00
100.00
50.00
0.00
1.20
6.10
22.64
53.10
172.60
1990 年
1995 年
2000 年
2005 年
2010 年
原油（万吨）

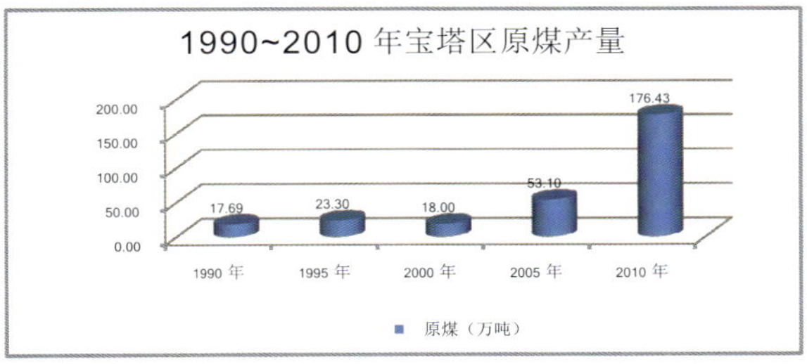
1990~2010 年宝塔区原煤产量
200.00
150.00
100.00
50.00
0.00
17.69
23.30
18.00
53.10
176.43
1990 年
1995 年
2000 年
2005 年
2010 年
原煤（万吨）

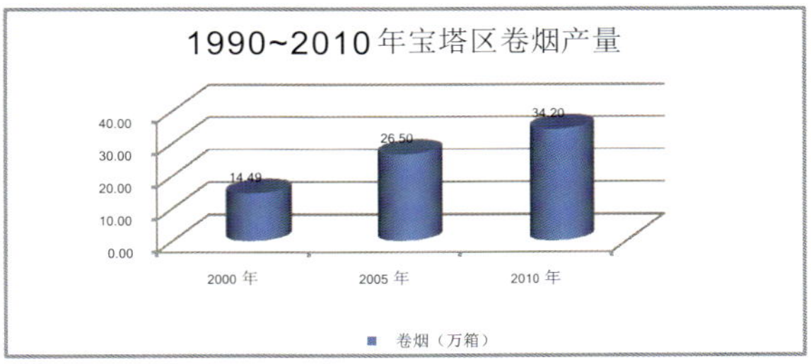
1990~2010 年宝塔区卷烟产量
40.00
30.00
20.00
10.00
0.00
14.49
26.50
34.20
2000 年
2005 年
2010 年
卷烟（万箱）

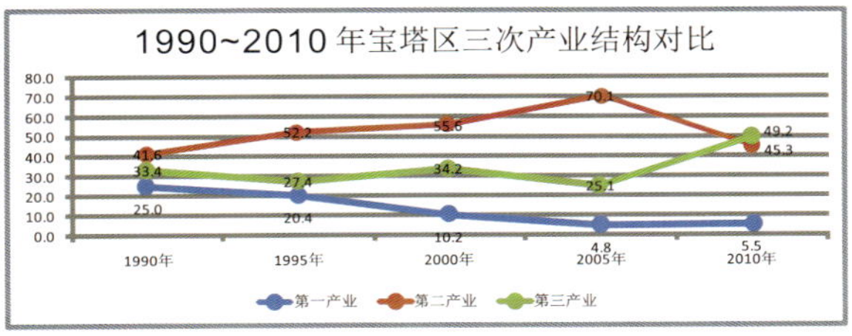
1990~2010 年宝塔区三次产业结构对比
80.0
70.0
60.0
50.0
40.0
30.0
20.0
10.0
0.0
41.6
52.2
55.6
70.1
45.3
33.4
27.4
34.2
25.1
49.2
25.0
20.4
10.2
4.8
5.5
1990年
1995年
2000年
2005年
2010年
第一产业
第二产业
第三产业

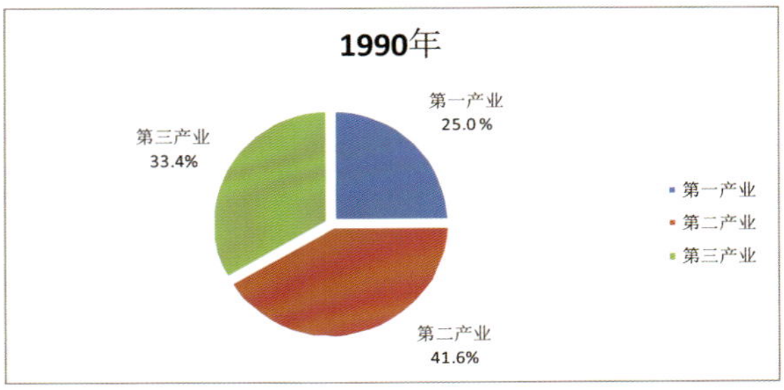
1990年
第一产业
25.0%
第二产业
41.6%
第三产业
33.4%
第一产业
第二产业
第三产业

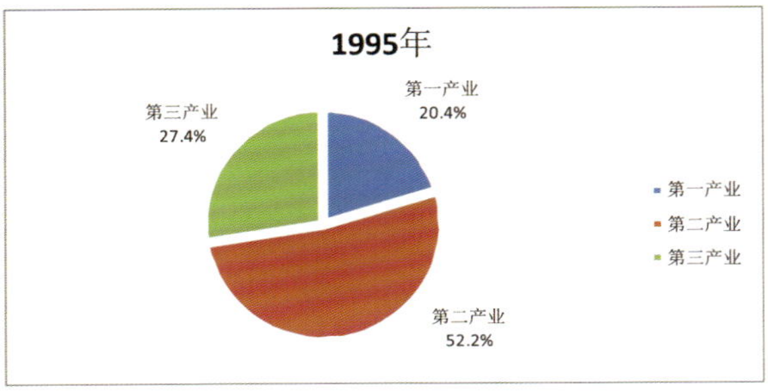
1995年
第一产业
20.4%
第二产业
52.2%
第三产业
27.4%
第一产业
第二产业
第三产业

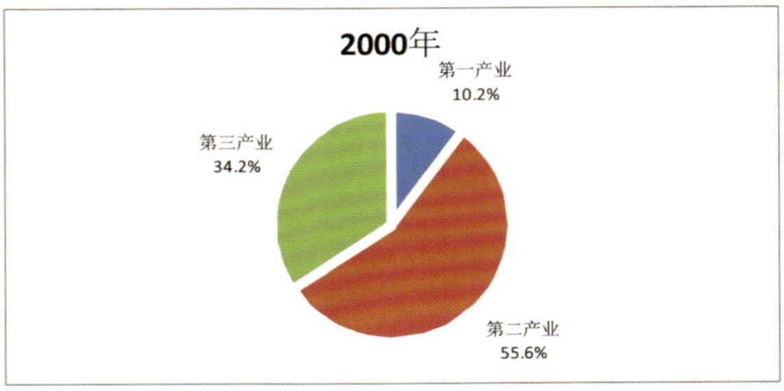
2000年
第一产业
10.2%
第二产业
55.6%
第三产业
34.2%

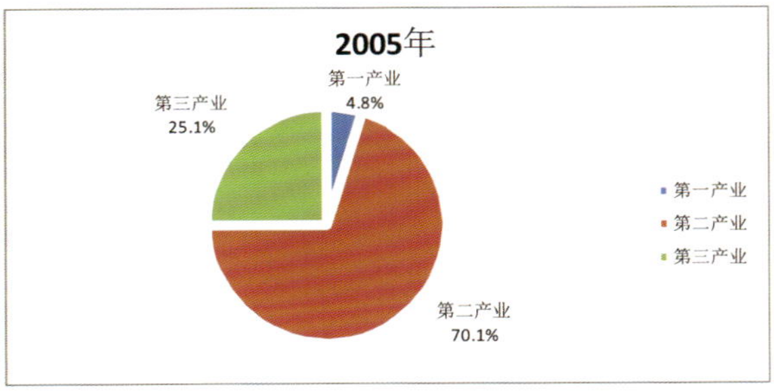
2005年
第一产业
4.8%
第二产业
70.1%
第三产业
25.1%
第一产业
第二产业
第三产业

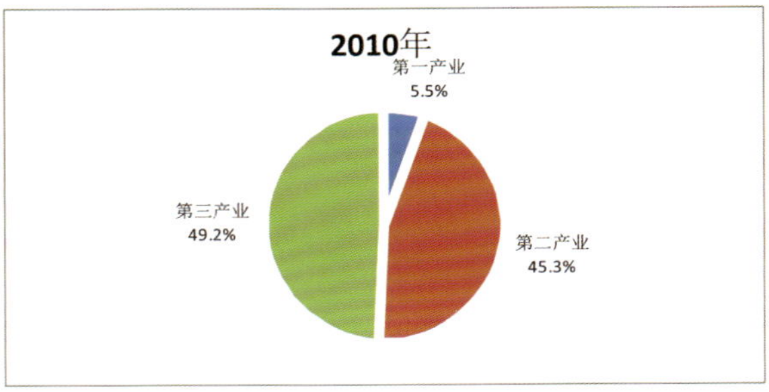
2010年
第一产业
5.5%
第二产业
45.3%
第三产业
49.2%

参加《延安市宝塔区志（1990～2010）》复审会议人员合影（2017.03.08 摄）

参加《延安市宝塔区志（1990～2010）》终审会议人员合影（2018.05.22 摄）

陕西省地方志编纂委员会

延安市地方志编纂委员会组成人员

刘述进　延安大学党委办公室、校长办公室
　　　　主任
高建菊　市地方志编纂中心副主任
杨丽华　市地方志编纂中心副主任

延安市宝塔区地方志编纂委员会

延安市宝塔区区志档案局（馆）

局　　长　马保平

副 局 长　叶延萍　刘彩虹

工作人员　闫晓兰　贺光玲　吴　刚　刘院玲
　　　　　郝延勇　杨世军　冯　萍　孙　静
　　　　　刘　栋　魏延丽　郭　瑾　刘阳梅
　　　　　王延利　齐玲玲　杨彩红

《延安市宝塔区志（1990～2010）》编纂人员

主　　编　马保平

总　　纂　折正千

特邀总纂　郭安林

副 主 编　叶延萍　刘彩虹

编　　辑　张先紫　王晓琴　孙　静　王延平
　　　　　王恒全　郇申俊　刘　鹏　冯文玉
　　　　　柴延胜　孟万春

校　　对　李小玲　林　梅

图片摄影　苗　军　加向前　冯延军　赵志华
　　　　　师维维　区委宣传部　区文物所等

《延安市宝塔区志（1990～2010）》审稿单位

初　审　延安市宝塔区地方志编纂委员会

复　审　延安市地方志编纂委员会

终　审　陕西省地方志编纂委员会

序　一

“郡邑之有志，犹国之有史。”一方历史沿革、山川地理、政治经济、文化生活，常以志记之，以求观兴废、明得失、通古今、知未来。续修《延安市宝塔区志（1990～2010）》几经寒暑，终于梳理纂册，即将付梓，这无疑使宝塔区文化建设史上又添一部典籍，方志丛林又增一树绚丽奇葩，功莫大焉，可喜可贺。

展阅这幅历史画卷，真切地体会到改革大潮的波澜震撼和红色宝塔的发展巨变。1990 年以来，宝塔区抢抓国家政策调整机遇，积极深化改革，不断扩大开放，经济发展大幅提速，社会事业全面进步。1996 年撤市设区，掀开了发展史上新的一页。1997 年江泽民同志“再造一个山川秀美的西北地区”的伟大号召响彻宝塔大地，朱镕基同志提出的“退耕还林（草），封山绿化，个体承包，以粮代赈”十六字方针由这里得到启发、形成政策、推向西北、覆盖全国，宝塔大地实现了由黄到绿的历史性转变。进入 21 世纪，在市委、市政府的坚强领导下，全区上下深入贯彻落实科学发展观，坚持“产业富民、工商强区、城镇带动、项目支撑、超常发展、建设小康”战略，实施了一大批产业项目和基础设施项目，以石油、煤炭、天然气为主导的工业体系日渐完善，农业产业规模效益不断提升，红色旅游持续升温，现代服务业迅速壮大，一大批重点民生工程陆续建成投入使用。到 2010 年底，全区人均生产总值突破 4600 美元大关。这一时期成为宝塔发展史上综合实力提升最快、城乡面貌变化最大、群众得到实惠最多的时期。

21 年的腾飞发展历程，是我们不断总结积累经验的过程，更是全区干部群众以博大胸襟彰显“延安精神”的过程。当前，全区上下高举中国特色社会主义伟大旗帜，认真学习贯彻习近平总书记系列重要讲话精神和治国理政新理念、新思想、新战略，特别是对陕西提出的“追赶超越”定位和“五个扎实”要求，围绕全面建成小康社会目标和实现中华民族伟大复兴的“中国梦”，统筹推进“五位一体”总体布局，协调推进“四个全面”战略布局，全面贯彻“五大发展理念”，大力弘扬延安精神，强力推进改革攻坚、创新攻坚、环境攻坚，决战决胜脱贫攻坚，以舍我其谁的担当领跑延安经济社会发展，以只争朝夕的劲头奋力突破陕西经济社会发展第一方阵，努力让宝塔区人民生活得更幸福更美好。一个红色基因与现代文明交融、历史文化与时代精神相映的新宝塔已展现在世人面前。

追昔是要抚今，继往更需开来。我们应当从历史的成败得失中汲取经验教训，审时度势，科学决策；我们应当从既往的实践探索中追寻奋斗足迹，趋利避害，通识规律；我们应当借由这本历史教材，培育宝塔区情感，建设美好家园，增强革命圣地自豪感。我们相信，这部集大成之作——《延安市宝塔区志（1990~2010）》的出版，一定会有益于推动新时期宝塔区加快转型发展、实现追赶超越，有益于推进宜居宜业宜游新宝塔区建设，促进经济社会健康协调可持续发展。

历史，历久弥新，是宝贵的财富，是可贵的资源，是珍贵的宝藏。我们要敬畏历史、敬畏文化、敬畏先辈，在实现“中国梦”的伟大时代里，在建设中国特色社会主义的征途中，为人民、为社会做出更大的贡献，谱写新的辉煌。

是为序。

中共延安市委常委、宝塔区委书记 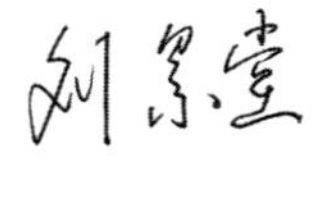

2019 年 3 月 30 日

序　二

时间匆匆，岁月如歌，不觉与前一次修志间隔已逾20年。宝塔区从2010年组织编纂人员进入二轮修志以来，梳理资料、数易其稿，今日终于付梓出版。这是全区人民文化生活中的一件大事，也是精神文明建设的一项重要成果，值得庆贺。

21年来，宝塔区人民在各级组织的正确领导下，坚持以邓小平理论和“三个代表”重要思想为指导，积极响应党中央“再造一个山川秀美的西北地区”伟大号召，深入贯彻落实科学发展观。紧紧以经济建设为中心，以改革开放为动力，以调整结构为主线，励精图治、团结拼搏、与时俱进、锐意进取。逐步优化调整经济结构，不断提高对外开放水平，全力推进工业化、城镇化进程。加强精神文明建设，着力打造“现代化农业的试验区”“资源开发利用的引领区”“陕北仓储物流的核心区”“红色旅游的展示区”“全市统筹发展的示范区”“圣地延安的首善区”。实现了全区经济社会又好又快发展。当前的宝塔区，经济健康发展，社会文明进步，各项事业欣欣向荣，城乡面貌焕然一新，人民群众安居乐业，到处呈现出繁荣和谐、蒸蒸日上的新气象。

宝塔区是中国革命的圣地，这方黄土高原的热土孕育了伟大的“延安精神”，这是宝塔区倍感自豪的无上荣耀，也是沉甸甸的使命和责任。历届党和国家领导人都曾亲临宝塔区考察，关心我们的社会民生及城乡建设，作指示、指方向，主动把许多项目放在宝塔区先行实践。这就使我们有幸优先地进入经纬治世的新境界，得以正确地把握改革开放中社会经济发展的必然走向和趋势；优先获得了可贵的政治勇气和奋力开拓超常的胆略和气魄。领导们的殷殷厚望，都是我们谋事创业、大干快上、竞相发展的强大动力，都是和谐宝塔、普惠万家的甘露源泉。

展现在我们面前的《延安市宝塔区志（1990~2010）》是新中国成立以来第一轮修志之后的又一部志书。该志的开笔，我们运用了马克思列宁主义、唯物主义的历史观，坚持质量为上、与时俱进和实事求是。经过广征博采，全面系统、客观翔实地记述了1990~2010年期间全区政治、经济、文化、社会等各个方面的新进展、新成就、新探索，具有鲜明的地方特色。是人们了解和研究宝塔区情的案头卷，也是一个有益当代、惠及后世的重要历史文献。一卷在手，主政者可以之为镜，知交替、明兴旺、观民情、晓万业，把握宝塔区历史发展脉络，从宝塔区的实际情况出发，宏观决策、规划蓝图；全区人民可以之为师，弘扬“延安精神”，不负众望，在宝塔这方宝地上，描绘更为壮丽的画卷。

本次修志的完美成辑，是全区上下协力配合、恪尽职守、众襄其事的结果，是继承笔墨春秋、辅政致用传统的结晶，字字句句都渗透着所有参与修志人员的心血和汗水。尤其是区志档案局的专业人员悉心学习、勇于创新，不逐名利、甘于奉献，团结全体同志，形成合力，筚路蓝缕，终铸传世巨卷。更幸得到省、市方志办领导、兄弟县（市、区）同行以及有关专家、学者的热情关怀、指导和帮助，在此一并致以深切的感谢。

忆往昔，创业发展艰苦而辉煌，望未来，赶超不易、领路更难。坚信宝塔区人民将以史为鉴、继往开来、开拓创新，为全力打造富裕、和谐、生态、文明的新宝塔，谱写出更加绚丽的篇章。

延安市宝塔区人民政府区长 苏锋

2019 年 3 月 20 日

凡　例

一、本志以马克思列宁主义、毛泽东思想、邓小平理论、“三个代表”重要思想、科学发展观、习近平新时代中国特色社会主义思想为指导，运用辩证唯物主义和历史唯物主义的立场、观点和方法，力求真实、全面、系统地反映宝塔区自然和社会的发展历史与现状。重点记载21年来，在中国共产党的领导下，宝塔区人民在各项建设中所付出的努力和取得的成绩。

二、本志上限起于1990年，承接1994年版的《延安市志》，但各分编则因事而异，有的上溯至事物的发端；下限断至2010年，一般不作延伸。

三、本志采用述、记、志、传、图、表、录等诸体，以志为主。全志除卷首概述、大事记和卷末附录外，分设31编，按地理、经济、政治、文化、社会等顺序排列。编下设章、节、目三个层次，个别目下设有子目。

四、大事记以编年体为主，辅以纪事本末体，按时序纵列断限内宝塔区的大事、要事、新事。

五、人物传记遵循“生不立传”的原则，主要依据人物的社会贡献和影响大小而定，以本籍为主，兼收客籍；以正面人物为主，兼收其他人物。对在世贡献大的人物，则采用以事系人，在有关编章中记述。人物表（录）收录受省级以上表彰先进人物和相当于副教授以上高级职称人员、副处级以上行政职务人员。

六、本志按照志书的写作惯例，各机构、官职等均以当时称谓，直书其名，不加褒贬。地名依历史称谓，第一次出现时均用全称，使用简称时首次加括注。

七、本志数字用法，按1987年公布的《关于出版物上数字用法的试行规定》执行。志中所涉数据（包括所有表列数据），凡列入国家统计范围的，使用统计部门的数据，未列入国家统计范围的，则采用有关部门及相关单位的数据。本志宝塔区总面积数据统一使用《陕西基本地理省情（2011）》数据。

八、计量单位名称、符号，按照国务院1984年2月公布的《关于在我国统一实行法定计量单位的命令》执行。历史纪年用年号纪年，民国时期境内中国共产党的活动用公历纪年。考虑到社会使用习惯，全书中亩不作统一换算。

九、本志中的“延安市”为两个不同行政级别的行政建置。1996年12月26日之前出现的延安市，由延安县更名而来，为县级市；1996年12月26日及之后出现的延安市，由延安地区更名而来，为地级市。在1990~2010年的综合叙事中均以宝塔区为叙事主体，不再冠以县级延安市，包括表题。

十、本志采用规范的语体文、记述体。除引用古文外，一律以国家语言文字委员会等单位1986年10月重新公布的《简化字总表》和1990年3月修订公布的《标点符号用法》为准。

十一、本志资料来自档案、各部门志、有关书刊等文字资料及社会调查、座谈会等口碑资料，均经考证后入志，一般不注明出处。特定事物或尚属存疑的采用夹注和页末注。

目　录

概　述 …… 1
大事记 …… 13

第一编　建　置

第一章　沿革　区划 …… 35
第一节　沿　革 …… 35
第二节　区　划 …… 37
第二章　街道镇乡 …… 40
第一节　街　道 …… 40
第二节　建制镇 …… 42
第三节　建制乡 …… 61

第二编　自然地理

第一章　自然环境 …… 76
第一节　地　质 …… 76
第二节　地　貌 …… 77
第三节　气　候 …… 80
第四节　物　候 …… 82
第五节　水　文 …… 83
第六节　土　壤 …… 86
第七节　植　被 …… 87
第二章　自然资源 …… 87
第一节　土壤资源 …… 87
第二节　矿产资源 …… 88
第三节　水资源 …… 89
第四节　生物资源 …… 90
第三章　自然灾害 …… 92
第一节　气象灾害 …… 92
第二节　生物灾害 …… 94
第三节　地质灾害 …… 95

第三编　人口和计划生育

第一章　人口规模 …… 98
第一节　人口数量 …… 98
第二节　人口分布 …… 100
第二章　人口结构 …… 104
第一节　性别、年龄构成 …… 104
第二节　文化、职业构成 …… 109

第三节 民族构成 …… 113
第三章 人口变动 …… 113
第一节 人口自然变动 …… 113
第二节 人口流动 …… 114
第三节 人口迁移 …… 115
第四章 人口普查 …… 116
第一节 第四次全国人口普查 …… 116
第二节 第五次全国人口普查 …… 118
第三节 第六次全国人口普查 …… 120
第五章 计划生育 …… 122
第一节 计生机构 …… 122
第二节 政策措施 …… 123
第三节 宣传教育 …… 126
第四节 管理与服务 …… 127
第五节 计生成效 …… 130

第四编 城建 环保

第一章 城乡规划 …… 132
第一节 城市总体规划 …… 132
第二节 乡镇规划 …… 134
第三节 规划管理 …… 135
第二章 城市建设 …… 137
第一节 城市道路 …… 137
第二节 城区桥梁 …… 148
第三节 供水、排水 …… 149
第四节 供热、供气 …… 151
第五节 公益设施 …… 153
第三章 镇村建设 …… 156
第一节 乡镇建设 …… 156
第二节 移民搬迁 …… 158
第三节 新农村建设 …… 158
第四节 新村选介 …… 159
第四章 建筑及房地产业 …… 160
第一节 房地产开发 …… 160
第二节 房地产建筑企业 …… 161
第三节 建筑工程监督 …… 166
第四节 房地产管理 …… 167
第五节 公积金管理 …… 168
第五章 环境保护 …… 170
第一节 环境状况 …… 170
第二节 环境监测 …… 172
第三节 污染治理 …… 174
第四节 环境监管 …… 178

第五编 交通运输

第一章 交通设施 …… 180
第一节 公 路 …… 180
第二节 铁 路 …… 186
第三节 航 空 …… 189
第二章 运 输 …… 190
第一节 公路运输 …… 190
第二节 城市公共交通 …… 194
第三节 铁路运输 …… 197
第四节 航空运输 …… 197
第三章 交通管理 …… 200
第一节 管理机构 …… 200
第二节 公路建设管理 …… 201
第三节 公路养护 …… 203
第四节 路政管理 …… 204
第五节 运政管理 …… 205
第六节 安全管理 …… 206

第六编 邮政 通信

第一章 机 构 …………………………… 207
第一节 邮政机构 …………………… 207
第二节 通信机构 …………………… 208
第三节 省属单位 …………………… 210
第二章 设 施 …………………………… 211
第一节 邮政设施 …………………… 211
第二节 通信基础设施 ……………… 213
第三节 通信机房与服务设施 …… 214
第四节 通信配套设施 ……………… 215
第三章 邮政业务 ……………………… 218
第一节 传统业务 …………………… 218
第二节 新增业务 …………………… 221
第三节 代办业务 …………………… 222
第四章 通信业务 ……………………… 223
第一节 电 报 ……………………… 223
第二节 固话业务 …………………… 224
第三节 移动电话业务 ……………… 226
第四节 宽带业务 …………………… 227
第五节 公众信息服务 ……………… 228
第六节 增值业务 …………………… 230
第七节 卡式业务 …………………… 230
第八节 集团信息化 ………………… 230
第五章 企业管理 ……………………… 231
第一节 邮政管理 …………………… 231
第二节 通信管理 …………………… 232

第七编 农牧业

第一章 农村体制改革 ………………… 234
第一节 土地承包 …………………… 234
第二节 “四荒地”拍卖…………… 235
第二章 农业产业布局 ………………… 235
第一节 产业结构调整 ……………… 235
第二节 产业化经营 ………………… 236
第三章 作物种植 ……………………… 238
第一节 粮食作物 …………………… 238
第二节 经济作物 …………………… 240
第四章 蔬菜生产 ……………………… 242
第一节 产业概况 …………………… 242
第二节 蔬菜品种 …………………… 243
第三节 种植面积 …………………… 243
第四节 大棚菜 ……………………… 243
第五节 蔬菜基地 …………………… 244
第六节 技术推广 …………………… 245
第七节 蔬菜营销 …………………… 246
第八节 蔬菜收益 …………………… 247
第五章 农业技术推广 ………………… 248
第一节 土壤改良 …………………… 248
第二节 种植方式 …………………… 249
第三节 良种推广 …………………… 251
第四节 栽培技术 …………………… 252
第五节 植物保护 …………………… 254
第六节 农村能源建设 ……………… 258
第六章 畜 牧 …………………………… 259
第一节 畜牧机构 …………………… 259
第二节 畜禽品种 …………………… 259
第三节 良种引进与推广 …………… 263
第四节 饲草饲料 …………………… 264
第五节 畜牧结构调整 ……………… 265
第六节 畜牧项目建设 ……………… 267
第七节 畜禽疫病防治 ……………… 267
第七章 农业机械 ……………………… 269

第一节 农机机构 …………………… 269
第二节 农牧机械 …………………… 270
第三节 农机推广 …………………… 270
第四节 农机技术培训 ……………… 271
第五节 经营管理 …………………… 272
第六节 农机效益 …………………… 273
第八章 生态农业建设 ……………… 275
第一节 综合措施 …………………… 275
第二节 示范区建设 ………………… 276
第三节 生态农业实施效益 ………… 278
第九章 农业综合开发 ……………… 279
第一节 农综机构 …………………… 279
第二节 综合开发项目 ……………… 280
第三节 扶贫开发 …………………… 282
第十章 农业管理 …………………… 286
第一节 综合服务 …………………… 286
第二节 农资管理 …………………… 287
第三节 经营与管理 ………………… 287
第四节 农情信息 …………………… 288

第八编 林果业

第一章 植树造林 …………………… 289
第一节 林业机构 …………………… 289
第二节 种苗培育 …………………… 290
第三节 四旁植树 …………………… 291
第四节 工程造林 …………………… 292
第五节 退耕还林 …………………… 293
第六节 流域治理 …………………… 296
第二章 林木管护 …………………… 302
第一节 天然林保护 ………………… 302
第二节 森林保护 …………………… 303
第三节 山林权属 …………………… 305
第三章 果　业 ……………………… 307
第一节 果业机构 …………………… 307
第二节 苹果种植 …………………… 307
第三节 基地建设 …………………… 308
第四节 技术推广 …………………… 308
第五节 优果工程 …………………… 309
第六节 果农培训 …………………… 310
第七节 苹果产量 …………………… 310
第八节 苹果贮销 …………………… 311
第九节 苹果收益 …………………… 311
第十节 其他水果 …………………… 311

第九编 水利 水保

第一章 水土流失 …………………… 313
第一节 流失因素 …………………… 313
第二节 流失区域 …………………… 314
第二章 水土保持 …………………… 315
第一节 基本农田建设 ……………… 315
第二节 淤地坝工程 ………………… 316
第三节 世行贷款项目 ……………… 320
第三章 水利工程 …………………… 324
第一节 水源工程 …………………… 324
第二节 人饮工程 …………………… 325
第三节 灌溉工程 …………………… 326
第四节 堤防工程 …………………… 328
第四章 水资源利用与保护 ………… 329
第一节 渔　业 ……………………… 329
第二节 水资源保护 ………………… 330
第五章 防汛抗旱 …………………… 331
第一节 防　汛 ……………………… 331
第二节 抗　旱 ……………………… 332

第六章 水务管理 …………………… 333
第一节 水务机构 …………………… 333
第二节 管 理 …………………… 334

第十编 工 业

第一章 工业概况 …………………… 338
第一节 管理机构 …………………… 338
第二节 工业企业 …………………… 338
第三节 乡镇工业 …………………… 339
第四节 工业经济结构 …………………… 341
第五节 企业改革 …………………… 343
第二章 工业门类 …………………… 345
第一节 煤炭工业 …………………… 345
第二节 电力工业 …………………… 346
第三节 建材工业 …………………… 349
第四节 机械工业 …………………… 349
第五节 化学工业 …………………… 350
第六节 纺织工业 …………………… 351
第七节 酿造工业 …………………… 351
第八节 印刷造纸工业 …………………… 352
第九节 陶瓷工业 …………………… 352

第十一编 油气工业

第一章 油气机构 …………………… 355
第一节 管理机构 …………………… 355
第二节 油气企业 …………………… 356
第二章 油气勘探 …………………… 363
第一节 地质研究 …………………… 363
第二节 石油勘探 …………………… 363
第三节 天然气勘探 …………………… 365
第三章 油气开发与开采 …………………… 365
第一节 开发部署 …………………… 365
第二节 开发工艺 …………………… 369
第三节 钻 井 …………………… 373
第四节 采 油 …………………… 377
第四章 油井生产管理 …………………… 378
第一节 井下作业 …………………… 378
第二节 油井管理 …………………… 380
第五章 油气集输 …………………… 380
第一节 油田集油 …………………… 380
第二节 输油管线 …………………… 382
第六章 油气水处理 …………………… 383
第一节 原油处理 …………………… 383
第二节 采出水处理 …………………… 383
第三节 天然气处理 …………………… 384
第七章 产品销售 …………………… 384
第一节 原油产品 …………………… 384
第二节 销售网络 …………………… 386

第十二编 商贸服务业

第一章 商贸体制 …………………… 387
第一节 管理机构 …………………… 387
第二节 国有商业 …………………… 388
第三节 集体商业 …………………… 388
第四节 个体私营商业 …………………… 389
第五节 商贸企业改革 …………………… 389

第二章　商贸市场 …………………… 391
第一节　集　市 …………………… 391
第二节　商　场 …………………… 392
第三节　商品购销 ………………… 393
第三章　供销合作商业 …………… 395
第一节　管理机构 ………………… 395
第二节　经营网点 ………………… 395
第三节　供销经营 ………………… 397
第四节　农副产品收购 …………… 399
第五节　再生资源回收 …………… 400
第六节　烟花爆竹购销 …………… 400
第七节　南区供销社 ……………… 401
第四章　物资经营 ………………… 402
第一节　经营管理体制 …………… 402
第二节　物资购销 ………………… 403
第五章　粮油贸易 ………………… 405
第一节　管理机构 ………………… 405
第二节　粮油企业 ………………… 405
第三节　粮油收购 ………………… 406
第四节　粮油销售 ………………… 407
第五节　粮油储运 ………………… 407
第六章　居民服务业 ……………… 409
第一节　餐饮业 …………………… 409
第二节　住宿业 …………………… 410
第三节　美容美发 ………………… 411
第四节　洗　浴 …………………… 411
第五节　广告牌匾制作 …………… 411
第六节　摄影摄像 ………………… 412
第七节　修配保养 ………………… 412
第八节　装饰装潢 ………………… 414
第九节　家政服务 ………………… 414
第十节　中　介 …………………… 414
第十一节　其他服务 ……………… 415
第七章　专营商品 ………………… 416
第一节　烟草专卖 ………………… 416
第二节　盐业专营 ………………… 418
第三节　定点屠宰 ………………… 419

第十三编　旅　游

第一章　旅游资源 ………………… 421
第一节　革命纪念馆 ……………… 421
第二节　革命旧址 ………………… 423
第三节　风景名胜 ………………… 429
第二章　民俗生态 ………………… 436
第一节　黄土风情 ………………… 436
第二节　风味小吃 ………………… 438
第三章　旅游设施与服务 ………… 440
第一节　旅行社、宾馆、酒店 …… 440
第二节　旅游线路 ………………… 440
第三节　旅游商品 ………………… 441
第四节　旅游宣传 ………………… 441

第十四编　财税　金融

第一章　财　政 …………………… 442
第一节　财政机构 ………………… 442
第二节　财政体制 ………………… 444
第三节　财政收入 ………………… 444
第四节　财政支出 ………………… 448
第五节　预算管理 ………………… 451
第六节　国有资产管理 …………… 455
第七节　财政监督 ………………… 456
第二章　税　务 …………………… 457
第一节　税务机构 ………………… 457

第二节　税种税率 …………………… 458
第三节　国家税收 …………………… 459
第四节　地方税收 …………………… 461
第五节　税务稽查 …………………… 464
第六节　农税征管 …………………… 464
第三章　银行业 …………………… 467
第一节　银行机构 …………………… 467
第二节　货币发行 …………………… 468
第三节　储　蓄 …………………… 469
第四节　信　贷 …………………… 472
第五节　金融电子化 …………………… 472
第六节　金融管理 …………………… 473
第四章　保险业 …………………… 474
第一节　保险机构 …………………… 474
第二节　保险种类 …………………… 475
第三节　保险业务 …………………… 475

第十五编　综合经济管理

第一章　计　划 …………………… 478
第一节　计划机构 …………………… 478
第二节　计划编制 …………………… 478
第三节　计划执行 …………………… 491
第四节　项目建设 …………………… 494
第二章　统　计 …………………… 497
第一节　统计机构 …………………… 497
第二节　综合统计 …………………… 498
第三节　统计调查 …………………… 499
第四节　统计执法 …………………… 507
第五节　统计服务 …………………… 508
第三章　审　计 …………………… 509
第一节　审计机构 …………………… 509
第二节　财税金融审计 …………………… 509
第三节　行政事业单位审计 ……… 511
第四节　固定资产投资审计 ……… 512
第五节　企业审计 …………………… 513
第六节　专项资金审计 …………………… 513
第七节　经济责任审计 …………………… 514
第四章　工商行政管理 …………………… 515
第一节　工商机构 …………………… 515
第二节　企业登记 …………………… 516
第三节　个体工商户登记 …………………… 516
第四节　商标广告管理 …………………… 517
第五节　市场建设 …………………… 518
第六节　市场管理 …………………… 519
第七节　消费者权益保护 ………… 520
第五章　质量技术监督 …………………… 521
第一节　质监机构 …………………… 521
第二节　计量管理 …………………… 521
第三节　标准化管理 …………………… 522
第四节　产品质量管理 …………………… 523
第五节　特种设备安全管理 ……… 524
第六节　质监执法 …………………… 525
第六章　物价管理 …………………… 528
第一节　管理机构 …………………… 528
第二节　价格管理 …………………… 528
第三节　收费管理 …………………… 530
第四节　物价检查 …………………… 530
第五节　价格调节基金 …………………… 531
第六节　价格监测服务 …………………… 532
第七章　国土资源管理 …………………… 534
第一节　土地机构 …………………… 534
第二节　土地规划 …………………… 535
第三节　土地管理 …………………… 538
第四节　矿产管理 …………………… 542
第五节　地质灾害防治 …………………… 543
第六节　国土执法监察 …………………… 546
第八章　非公有制经济管理 ………… 547
第一节　管理机构 …………………… 547
第二节　企业发展 …………………… 547
第九章　安全监督 …………………… 549

第一节 安监机构 …………………… 549
第二节 安全检查 …………………… 549
第三节 专项治理 …………………… 551
第四节 安全目标责任管理 ……… 556
第五节 重大安全生产事故 ……… 558

第十六编 中共地方组织

第一章 中共宝塔区委 ……………… 560
第一节 党员代表大会 …………… 560
第二节 区委常委会 ……………… 561
第三节 工作机构 ………………… 562
第四节 区委常委会会议及重要决定 …………………………………… 565
第二章 纪律检查（监察） ………… 567
第一节 纪检机构 ………………… 567
第二节 案件查处和警示训诫 …… 568
第三节 党风廉政建设 …………… 568
第四节 执法监察与纠风 ………… 570
第三章 组织建设 …………………… 571
第一节 基层组织建设 …………… 571
第二节 党员教育和发展 ………… 573
第三节 干部管理 ………………… 575
第四节 干部教育培训 …………… 576
第四章 宣传教育 …………………… 576
第一节 理论学习 ………………… 576
第二节 新闻宣传 ………………… 578
第五章 统一战线工作 ……………… 579
第一节 统战成员结构 …………… 579
第二节 统战合作 ………………… 579
第六章 政法工作 …………………… 580
第一节 政法队伍思想建设 ……… 580
第二节 维护稳定 ………………… 580
第三节 平安建设 ………………… 581
第七章 农村工作 …………………… 581
第一节 农村政策研究 …………… 581
第二节 新农村建设 ……………… 582
第八章 其他党务 …………………… 583
第一节 机构编制 ………………… 583
第二节 老干部管理 ……………… 584
第三节 党史研究 ………………… 584
第四节 党校教育 ………………… 585
第五节 督察督办 ………………… 587
第六节 机关党的建设 …………… 587

第十七编 地方人民代表大会

第一章 代表选举 …………………… 590
第一节 区（市）人大代表……… 590
第二节 乡（镇）人大代表……… 592
第二章 代表大会 …………………… 594
第一节 第十二届人民代表大会 … 594
第二节 第十三届人民代表大会 … 595
第三节 第十四届人民代表大会 … 597
第四节 第十五届人民代表大会 … 598
第五节 第十六届人民代表大会 … 600
第三章 人大常委会 ………………… 601
第一节 组成人员 ………………… 601
第二节 常委会会议 ……………… 603
第四章 人大工作 …………………… 604
第一节 议案办理 ………………… 604
第二节 调研视察 ………………… 605

第十八编 地方人民政府

第一章 政府机构 …………………… 608
第一节 区（市）人民政府……… 608
第二节 乡（镇）人民政府……… 612
第三节 政府机构改革 …………… 612
第四节 施政纪要 ………………… 613
第二章 政府会议 …………………… 618
第一节 政府常务会 ……………… 618
第二节 区（市）长办公会……… 623
第三节 专题会议 ………………… 627
第三章 依法行政 …………………… 629
第一节 政府法制机构 …………… 629
第二节 法制管理范围与对象 …… 629
第三节 规范行政审批制度 ……… 630
第四章 群众工作 …………………… 630
第一节 信访机构 ………………… 630
第二节 来访接待 ………………… 631
第三节 信访案件办理 …………… 633
第四节 纠纷排查与处理 ………… 634
第五章 外 事 ……………………… 635
第一节 外事机构 ………………… 635
第二节 外事活动 ………………… 635
第三节 外事管理 ………………… 636
第六章 开放与引资 ………………… 636
第一节 对外经济协作机构 ……… 636
第二节 对内对外开放工作 ……… 637
第三节 友好交流 ………………… 639
第四节 区域协作 ………………… 641
第五节 项目引进 ………………… 642
第六节 项目签订 ………………… 644
第七节 项目审批 ………………… 646

第十九编 政协地方组织

第一章 组织机构 …………………… 647
第一节 政协宝塔区委员会 ……… 647
第二节 政协委员 ………………… 649
第三节 内设机构 ………………… 650
第二章 政协会议 …………………… 650
第一节 政协全委会 ……………… 650
第二节 政协常委会 ……………… 655
第三节 联席和联谊会议 ………… 658
第三章 参政议政 …………………… 659
第一节 提案办理 ………………… 659
第二节 调查研究 ………………… 660
第三节 统战联谊 ………………… 661
第四节 文史工作 ………………… 662

第二十编 民主党派

第一章 国民党革命委员会 ………… 663
第一节 组织机构 ………………… 663
第二节 主要工作 ………………… 664
第二章 民主建国会 ………………… 664
第一节 组织机构 ………………… 664
第二节 调查研究 ………………… 665
第三章 民主促进会 ………………… 666
第一节 组织机构 ………………… 666

第二节　工作调研 …………………… 666
第三节　提案议案 …………………… 667
第四节　社会服务 …………………… 667
第四章　农工民主党 …………………… 668
第一节　组织机构 …………………… 668
第二节　调查研究 …………………… 669
第三节　公益事业 …………………… 669

第二十一编　社会团体

第一章　总工会 …………………… 671
第一节　组织机构 …………………… 671
第二节　工会代表大会 …………………… 672
第三节　工会活动 …………………… 673
第二章　共青团 …………………… 673
第一节　组织机构 …………………… 673
第二节　团员代表大会 …………………… 674
第三节　组织建设 …………………… 674
第四节　主要活动 …………………… 676
第五节　希望工程 …………………… 677
第六节　青少年工作 …………………… 678
第三章　妇女联合会 …………………… 679
第一节　组织机构 …………………… 679
第二节　妇女代表大会 …………………… 679
第三节　妇女专项活动 …………………… 680
第四节　妇女儿童权益维护 …………………… 681
第四章　其他社会团体 …………………… 682
第一节　工商联 …………………… 682
第二节　残疾人联合会 …………………… 683
第三节　关心下一代工作委员会 …………………… 684
第四节　老区建设促进会 …………………… 685

第二十二编　军　事

第一章　军事组织 …………………… 687
第一节　地方军事机关 …………………… 687
第二节　驻地军事机构 …………………… 688
第三节　驻　军 …………………… 689
第二章　兵　役 …………………… 690
第一节　义务兵征集 …………………… 690
第二节　预备役登记 …………………… 692
第三章　民　兵 …………………… 693
第一节　领导机构 …………………… 693
第二节　民兵组织 …………………… 693
第三节　军事训练 …………………… 694
第四节　政治工作 …………………… 695
第五节　装备管理 …………………… 696
第六节　参治参建 …………………… 696
第四章　后勤战备 …………………… 699
第一节　后勤保障 …………………… 699
第二节　战备工作 …………………… 700
第五章　国防教育与拥政爱民 …………………… 701
第一节　国防教育 …………………… 701
第二节　拥政爱民 …………………… 702
第六章　人民防空 …………………… 704
第一节　组织机构 …………………… 704
第二节　防空警报 …………………… 704

第二十三编　检察　审判

第一章　检　察 …………………… 706
第一节　检察机构 …………………… 706
第二节　刑事检察 …………………… 707
第三节　反贪污贿赂 ………………… 708
第四节　监所检察 …………………… 708
第五节　民事行政检察 ……………… 709
第六节　控告申诉检察 ……………… 709
第二章　审　判 …………………… 709
第一节　审判机构 …………………… 709
第二节　刑事审判 …………………… 711
第三节　民商事审判 ………………… 713
第四节　行政审判 …………………… 714
第五节　案件执行 …………………… 715
第六节　审判监督 …………………… 717

第二十四编　公安　司法

第一章　公　安 …………………… 718
第一节　公安机构 …………………… 718
第二节　打击犯罪 …………………… 719
第三节　专项治理 …………………… 723
第四节　治安管理 …………………… 725
第五节　户籍管理 …………………… 727
第六节　交通管理 …………………… 729
第七节　消防管理 …………………… 733
第八节　监所管理 …………………… 735
第九节　国内安全保卫 ……………… 735
第十节　石油安全保卫 ……………… 736
第十一节　经济文化安全保卫 …… 737
第十二节　公安信息化建设 ……… 738
第二章　司法行政 ………………… 739
第一节　机　构 …………………… 739
第二节　法制宣传 …………………… 739
第三节　法律服务 …………………… 741
第四节　安置帮教 …………………… 741
第五节　人民调解 …………………… 742
第六节　公　证 …………………… 743
第七节　法律援助 …………………… 744

第二十五编　民政　人事　劳动

第一章　民　政 …………………… 745
第一节　机　构 …………………… 745
第二节　救灾救济 …………………… 747
第三节　城乡低保 …………………… 749
第四节　社会福利 …………………… 750
第五节　优抚安置 …………………… 751
第六节　社会事务 …………………… 753
第七节　基层政权和社区建设 …… 757
第八节　双拥模范城建设 ………… 758
第二章　人　事 …………………… 759
第一节　管理机构 …………………… 759
第二节　人事制度改革 ……………… 759
第三节　干部培养与管理 ………… 760
第四节　专业技术人员管理 ……… 761
第五节　工资福利 …………………… 764
第六节　军转干部安置 ……………… 767

第七节　大中专毕业生就业 ········ 768
第八节　离休退休 ························ 768
第三章　劳动保障 ························ 769
第一节　劳动机构 ························ 769
第二节　用工制度 ························ 769
第三节　就业再就业 ···················· 770
第四节　劳务输出 ························ 771
第五节　劳动技能培训及鉴定 ······ 772
第六节　劳动管理与维权 ············ 773
第七节　社会保障 ························ 774

第二十六编　教　育

第一章　教育机构 ························ 777
第一节　管理机构 ························ 777
第二节　事业机构 ························ 778
第二章　教　师 ···························· 779
第一节　教师队伍 ························ 779
第二节　师资培训 ························ 781
第三节　教师待遇 ························ 783
第三章　学前教育 ························ 785
第一节　公办教育 ························ 785
第二节　民办教育 ························ 787
第三节　幼儿园简介 ···················· 788
第四章　小学教育 ························ 790
第一节　公办小学 ························ 790
第二节　民办小学 ························ 794
第三节　希望工程小学 ················ 795
第五章　中等教育 ························ 801
第一节　公办中学 ························ 801
第二节　民办中学 ························ 806
第三节　中等职业技术教育 ········ 807
第六章　高等教育 ························ 811
第一节　大专院校 ························ 811
第二节　电大与函授 ···················· 813
第七章　其他教育 ························ 814
第一节　成人教育 ························ 814
第二节　农民培训 ························ 816
第三节　聋哑学校 ························ 817
第八章　教育经费 ························ 819
第一节　财政拨款 ························ 819
第二节　勤工俭学 ························ 821
第三节　学杂费 ···························· 821
第四节　教育帮扶 ························ 822
第九章　教育设施 ························ 825
第一节　校　舍 ···························· 825
第二节　教学设备 ························ 827
第十章　教育管理 ························ 829
第一节　“体制”改革 ·················· 829
第二节　课程改革 ························ 831
第三节　教育督导 ························ 836

第二十七编　科学技术

第一章　机构与队伍 ···················· 838
第一节　机　构 ···························· 838
第二节　科技队伍 ························ 840
第二章　科技发展 ························ 842
第一节　科技规划 ························ 842
第二节　科技项目 ························ 842
第三节　科普基地 ························ 843
第四节　科技培训 ························ 844
第五节　技术推广 ························ 846
第六节　信息交流 ························ 848
第三章　科普宣教 ························ 848
第一节　科普活动 ························ 848

第二节　科普教育 …………………… 851
第四章　科技成果 …………………… 852
第一节　经费投入 …………………… 852
第二节　成果申报 …………………… 853
第三节　成果奖励 …………………… 853
第四节　专利及发明人 ……………… 854
第五章　气象观测与防震减灾 ……… 856
第一节　气象观测服务 ……………… 856
第二节　防震减灾宣传 ……………… 857
第三节　抗震设防 …………………… 857

第二十八编　文化传媒

第一章　文　化 ……………………… 859
第一节　管理机构 …………………… 859
第二节　文化单位 …………………… 859
第三节　群众文化 …………………… 861
第四节　文化市场 …………………… 862
第二章　文学艺术 …………………… 864
第一节　文学创作 …………………… 864
第二节　文艺活动 …………………… 867
第三节　文艺组织 …………………… 868
第四节　文艺刊物 …………………… 869
第五节　工艺美术 …………………… 870
第三章　戏剧　电影 ………………… 871
第一节　戏　剧 ……………………… 871
第二节　电　影 ……………………… 872
第四章　广播　电视 ………………… 875
第一节　广电机构 …………………… 875
第二节　节目传输 …………………… 875
第五章　文　物 ……………………… 877
第一节　田野文物 …………………… 877
第二节　馆藏文物 …………………… 885
第三节　文物保护 …………………… 890
第六章　图　书 ……………………… 891
第一节　图书馆建设 ………………… 891
第二节　图书阅览 …………………… 892
第三节　图书发行 …………………… 893
第七章　档案　方志 ………………… 895
第一节　方志档案机构 ……………… 895
第二节　档案业务建设 ……………… 895
第三节　档案目标管理 ……………… 897
第四节　档案馆建设 ………………… 898
第五节　志鉴编纂 …………………… 899
第六节　档案信息化 ………………… 900

第二十九编　卫生　体育

第一章　医卫机构 …………………… 901
第一节　管理机构 …………………… 901
第二节　市区级医疗机构 …………… 902
第三节　基层机构 …………………… 904
第二章　医疗设备与技术 …………… 906
第一节　市区诊疗 …………………… 906
第二节　乡镇诊疗 …………………… 909
第三节　社区诊疗 …………………… 910
第三章　疾病防控 …………………… 912
第一节　计划免疫 …………………… 912
第二节　地方病防治 ………………… 913
第三节　传染病预防 ………………… 914
第四节　慢性病防治 ………………… 917
第五节　健康教育 …………………… 918
第四章　公共卫生 …………………… 918
第一节　爱国卫生 …………………… 918
第二节　食品卫生 …………………… 921
第三节　卫生监督 …………………… 923

第五章 妇幼保健 …………………… 925
第一节 妇女保健 …………………… 925
第二节 儿童保健 …………………… 926
第六章 药 品 …………………… 928
第一节 制药企业 …………………… 928
第二节 药品采购 …………………… 929
第七章 卫生管理 …………………… 929
第一节 医政管理 …………………… 929
第二节 药政管理 …………………… 931
第三节 医疗制度改革 …………………… 931
第四节 医疗保险改革 …………………… 934
第八章 体 育 …………………… 936
第一节 体育机构 …………………… 936
第二节 设施场地 …………………… 937
第三节 体育活动 …………………… 938
第四节 竞技体育 …………………… 946
第五节 少儿比赛 …………………… 947
第六节 队员培养与输送 …………………… 952
第七节 体质监测 …………………… 953
第八节 体育产业 …………………… 953

第三十编 社会生活

第一章 精神文明建设 …………………… 954
第一节 组织机构 …………………… 954
第二节 创建活动 …………………… 955
第三节 文明单位 …………………… 956
第四节 文明村镇 …………………… 957
第五节 文明小区 …………………… 957
第六节 文明新风 …………………… 958
第七节 省级文明单位（村）选介 …………………… 959
第二章 家庭与养老 …………………… 960
第一节 家庭状况 …………………… 960
第二节 老龄事业 …………………… 961
第三章 民俗风情 …………………… 964
第一节 生产习俗 …………………… 964
第二节 婚姻习俗 …………………… 966
第三节 生育习俗 …………………… 969
第四节 丧葬习俗 …………………… 970
第五节 亲属称谓习俗 …………………… 972
第六节 说唱习俗 …………………… 973
第七节 节庆习俗 …………………… 977
第八节 传统美德 …………………… 980
第九节 民间吉凶兆俗 …………………… 982
第十节 禁忌习俗 …………………… 982
第十一节 其他习俗 …………………… 983
第四章 居民生活 …………………… 984
第一节 生活状况 …………………… 984
第二节 生活习俗 …………………… 985
第三节 居民收入 …………………… 987
第四节 生活消费 …………………… 989
第五节 住房消费 …………………… 991
第五章 方 言 …………………… 992
第一节 特点分布 …………………… 992
第二节 方言语音 …………………… 993
第三节 方言词语 …………………… 995
第四节 语法特点 …………………… 998
第五节 方言标音 …………………… 1001
第六章 宗 教 …………………… 1002
第一节 概 况 …………………… 1002
第二节 佛 教 …………………… 1002
第三节 道 教 …………………… 1003
第四节 伊斯兰教 …………………… 1003
第五节 天主教 …………………… 1003
第六节 基督教 …………………… 1004
第七节 寺庙道观及活动 …………………… 1004

第三十一编 人 物

第一章 人物传 …………………………… 1006
第二章 人物表（录） ……………… 1020
第一节 劳动模范与先进工作者 … 1020
第二节 宝塔区籍县（处）级以上领导干部 ………………………………… 1026
第三节 其他人物 ………………… 1030
第四节 副高级以上专业技术人员名录 ………………………………………… 1036

附 录

重要文献辑录 …………………………… 1038
前志补录·勘误 ………………………… 1053

索 引 ……………………………………………………………………… 1060
编后记 ……………………………………………………………………… 1073

概　述

延安市宝塔区位于陕西省北部，延安市中部。是中共延安市委、延安市政府所在地，延安市政治、经济、文化和交通中心。东临延长县，西靠安塞县，南与甘泉、宜川、富县毗邻，北与子长、延川县接壤。东西长 77.1 千米，南北长 95.3 千米，区域总面积 3537.6 平方千米。分别占陕西省和延安市总面积的 1.7%和 9.7%。地处陕北路网重要的交通枢纽，南距西安 351.7 千米、北距榆林 278.8 千米、东距太原 434.7 千米、西距银川 435.6 千米。

一

宝塔区为陕北黄土高原丘陵沟壑区，域内地势东北、东南高，中部隆起，呈两个环伏向东倾斜的丘陵河谷地形，最高海拔 1525 米，最低海拔 860 米，平均海拔 1166 米。域内地形为山、川、峁、沟、坡、梁、台、塬并存，全境划分为北部峁梁丘陵河谷区、南部梁峁丘陵河谷区、东南部残塬区三个地貌单元，域内有延河、汾川河干流 2 条，地表水资源 1.12 亿立方米，地下水资源 3428.30 万立方米。

域内属温带半干旱大陆性季风气候，四季分明，阳光充足。冬季寒冷干燥，雨雪偏少。春季升温较快，少雨雪、多风。夏季炎热，多伏旱。秋季降温快，常有连阴雨。日照年平均 2566.8 小时，年平均降雨量 489.0 毫米。

2010 年，全区土地面积 531.10 万亩，其中耕地 134.19 万亩，草地 105.11 万亩，林地 232.36 万亩，木材蓄积量 3.83 万立方米。区内有物种 70 多种。区内主要矿藏有煤炭 10.83 亿吨，石油储量 1.63 亿吨，天然气 1000 亿立方米以上，紫砂陶土 526.41 万吨。

宝塔区历史悠久，历来是周、秦、汉、唐、宋、元、明、清封建王朝的边陲要镇，素有“塞北咽喉”“军事重镇”之称，被誉为“三秦锁钥、五路襟喉”之地。隋大业三年（607），在今境内设置肤施县。隋唐至明清间，宝塔区是郡、州、道、府治所驻地，是陕北地区的政治、军事、经济和文化中心。肤施之名沿用至民国年间。1935 年 5 月，陕北工农红军在本境北部一带设延安县，7 月在本境南部设肤甘县（辖地跨肤施、甘泉二县），同月在本境东南部设红泉县。1937 年 1 月，中共中央进驻肤施城，随即在城区设立抗日救国会。是年，肤甘县、延安县合并，称延安县，直属陕甘宁边区政府领导。1949 年 3 月，延安市并入延安县，归陕北行政公署领导，后撤销行署，隶属于延安专区。1958 年 12 月，甘泉县全境和安塞县的境南并入延安县，全县辖 16 个公社、61 个管区和 3 个街道办事处。1961 年 5 月，恢复甘泉、安塞的县制，延安县改为 1 市 23 个人民公社。1969 年延安专区改为延安地区后归属延安地区领导。1970 年 5 月，延安市分为延安县、延安城区两个县级行政区划，隶属于延安地区。1972 年 3 月，经国务院批准，延安城区改称延安市，辖城市 3 个街道人民公社、5 个农村人民公社，延安县辖 18 个公社。1975 年 8 月，撤销延安县并入延安市，市辖 3 个街道办事处，23 个农村人民公社。1984 年 9 月，农村人民公社改为乡（镇）政府，城市人民公社改为办事处。1996 年 12 月，延安地区改为延安市，延安市改为县级宝塔区，宝塔区隶属于延安市。2010 年，全区有 11 个镇、9 个乡、3 个街道、611 个村委会、33 个社区，常住人口 45.82 万人。全区有回族、蒙古族、藏族、维吾尔族、苗族、彝族、壮族、朝鲜族、布依族、满族、瑶族、土家族、哈萨克族、黎族、景颇族、土族、仫佬族、仡佬族 18 个少数民族。全区人口密度为 129 人/平方千米。

延安是中国革命圣地，宝塔区是革命圣地的核心区，是全国首批公布的 24 个历史文化名城之一。毛泽东、周恩来、朱德等老一辈无产阶级革命家在这里生活战斗十三个春秋，领导全国人民夺取抗日战争、解放战争的伟大胜利，培育光照千秋的延安精神，留下以枣园、杨家岭、王家坪、凤凰山为重点的革命旧址和纪念地 150 多处，是全国爱国主义、革命传统、延安精神三大教育基地，是中国共产党人的精神家园，也是全国人民向往的红色旅游胜地。

二

国民经济持续增长。1990 年，全市实现国民生产总值 17434 万元，其中第一产业生产总值 9820 万元，第二产业生产总值 2456 万元，第三产业生产总值 5158 万元。全社会商品零售总额 13856.7 万元，固定资产投资完成 549 万元，财政收入 1664 万元，全民所有制单位从业人员年人均劳动报酬 1783.75 元，农民人均纯收入 560 元。“八五”期间，延安市依托资源优势，大力开发主导产业，1995 年实现国民生产总值 43911 万元，其中第一产业生产总值 21475 万元，占生产总值 48.90%；第二产业生产总值 11413 万元，占生产总值 25.99%；第三产业生产总值 11023 万元，占生产总值的 25.11%。全社会商品零售总额 21697.3 万元，固定资产投资完成 8558 万元，财政收入 3748 万元，企业、事业、机关干部职工年人均劳动报酬 4068.33 元，其他从业者年人均劳动报酬 4147 元，农民人均纯收入 1011.00 元。“九五”期间，立足区位经济优势，大力发展果、牧、菜、薯四大农业主导产业，利用资源优势、依靠科技进步，举全区之力发展石油支柱产业，2000 年实现国民生产总值 60109 万元，第一、二、三产业比重为 35.1∶33.9∶31.0，全社会商品零售总额 69000 万元，固定资产投资完成 128700 万元，全区各行业从业人员劳动报酬 5608 元，农民人均纯收入 1486.70 元。“十五”期间，宝塔区实施“依托资源、迈向市场、发展特色经济，择优开发”的发展战略，推进经济增长方式转变，进一步强化经济运行质量和效益，2005 年国民生产总值首次突破百亿元大关，达 123.94 亿元，占全市生产总值的三分之一。第一产业实现增加值 3.24 亿元，增长 9.7%；第二产业实现增加值103.39亿元，增长13.5%；第三产业实现增加值17.31亿元，增长12.1%。全社会商品零售总额19.48亿元，固定资产投资完成30.53亿元，地方财政收入7.60亿元，城镇居民人均可支配收入7470.69元，农民人均纯收入2177.30元。“十一五”期间，宝塔区实施“产业富民、工商强区、城镇带动、项目支撑、超常发展、建设小康”的发展战略，强化基础设施建设，做大做强“林果业、草畜业、蔬菜业”三大主导产业，大力发展非公有制经济，加快生态建设和环境保护，加快推进社会各项事业发展。2010年，全区实现国民生产总值146.40亿元，第一、二、三产业增加值占生产总值比重分别为5.5%、45.3%、49.2%，人均生产总值突破3万元，达到32282元。全社会商品零售总额50.36亿元，固定资产投资完成137.10亿元，地方财政收入8.53亿元，城镇居民人均可支配收入18486元，农民人均纯收入5051元。

农业科技水平提高。改革开放后，全区通过落实党在农村的各项富民政策，改革和完善农村经济体制，全区推行联产承包责任制。2004年，停征农业“两税”，不断加大对“三农”的支持力度，农业稳步发展，农村面貌不断变化，农民收入持续增加。1990年，全市实现农业总产值16356万元，比1978年2771万元增长4.03倍，农村经济总收入12612万元，粮食总产量83373吨，油料总产量1005吨，水果总产量8243吨，蔬菜总产量35590吨，水产品总产量55吨，奶、蛋、肉产量分别为445吨、1095吨、1534吨，全市农业机械总动力39175千瓦。1992年后，农业结构调整步伐进一步加快，具有区域特色的种植业、养殖业迅速发展，果、菜、羊、豆成为全区的四大农业主导产业，通过实施农业生态工程、优果工程、塑棚工程、养羊工程，发展龙头企业和农民专业合作社组织，推进产业化经营，逐步形成以设施农业、科技农业、高效农业为主的特色农业格局，农业经济快速增长，农产品产量大幅增加。1999年，全区实现农业总产值36242万元，农村经济总收入45027万元，粮食总产量10.30万吨，蔬菜总产量4.23万吨，水产品总产量107.5吨，肉类总产量9243吨，禽蛋类总产量2082吨，奶产量297吨。种植业在农业总产值所占比例下降至28.95%，畜牧业所占比例由1990年的19.47%升至38.62%。进入21世纪以后，农业基本摆脱传统的农业生产方式，设施农业和农业机械化水平显著提高，农村经济稳步发展。2005年，全区农业总产值达到54575万元，农村经济总收入61887.94万元。水果产值占农林牧渔业总产值的36.18%。粮食总产量9.43万吨，油料产量1123吨，水果产量10.80万吨，蔬菜产量4.87万吨，水产品产量375.8吨，肉蛋奶总产量分别为8177吨、2760吨、2454吨，全区农业机械总动力116884千瓦。2010年，以苹果、蔬菜、畜牧三大农村主导产业为主体，基本实现种植业良种化，栽植培育科学化，养殖业规模化，管理规范化，农村经济总量快速增长，农产品产量大幅上升，经济效益日趋提高。全区实现农林牧渔业总产值114951万元，农村经济总收入135000万元，粮食总产量9.38万吨，油料总产量1037吨，水果总产量245439吨，蔬菜总产量16.41万吨。水产品产量500.5吨，肉蛋奶产量分别为6374吨、3207吨、2750吨，全区农业机械总动力147419千瓦。

生态建设成效明显。1991年，延安市制定了“五年治理荒山，十年绿化全市”（即现宝塔区）的生态农业战略，1993年被国家列为全国50个生态农业建设重点县（区）之一，在全区出现了千家万户集中连片治理千沟万壑的场面。在生态农业实施中，坚持了山、水、林、田、路、草综合治理，达到生态效益、经济效益、社会效益三大效益的有机结合。这是继先辈们创建政权“红色革命”之后又开展的生态农业建设具有里程碑意义的“绿色革命”，其超前性的实践迎来高速度、高效益、大变化之成果，备受各界关注，创造出引领全国的生态农业之路。为此，国务院特地在这里召开了现场会议，专家们盛赞：延安为生态农业吹响了绿色革命的号角。至2010年底，先后实施农业生态工程7期，中低产田改造项目9期。治理水土流失面积1580.5平方千米，占水土流失总面积的50.1%，完成基本农田建设20.40万亩，改造中低田1.9万亩，建成淤地坝206座，打机电井224眼，农村安全饮水工程674处，植树造林174.41万亩共2400万株，义务植树1560万株，森林覆盖率为36%，生态环境得到改善。实施571个村饮用自来水工程，受益人口达23万人，增加有效灌溉面积8599.5亩，节水灌溉面积2886亩，修筑生产道路1249千米，有效改善生态环境和农业生产条件，减轻水旱灾害，促进区域经济的可持续发展。

环境治理初显成效。1998年，延安市在转换煤种治理城区空气污染取得成效的基础上，将单一的治理模式提升为“转换煤种、天然气工作、集中供热”3项措施并举的方针。2002年，建成的天然气输配工程，为市区年供气能力2000万立方米，全区城镇用气普及率达68.35%。建成3个集中和联片供热区，供热面积达186万平方米。2005年建成机动车加气站，城内450多辆出租车改用天然气。市区空气环境质量已符合国家二级标准；推进流域污染防治，提供洁净饮用水源。2004年投资3300万元对王瑶水库进行清库拉沙和除险加固，投资7357.31万元在宝塔区新建红庄调蓄水库；并设立环境监察大队，专门负责水库环境的日常管理和污染源的监控，保证市区供水安全，全区城镇饮用水源地质达标率在98%；重点整治石油污染，建设清洁文明田，推广实施“原油管输，污水回注，生态建设”三大工程，将污染防治落实到生产的各个环节；规划山川秀美工程，保护改善生态。坚持以小流域为单元实行综合治理，落实退耕还林、封山禁牧、舍饲养羊等措施，全面实施天然次生林保护工程，通过山川秀美工程，改善全区生态环境。2002年宝塔区被国家环境保护总局列为国家级生态建设示范区，2005年通过考核验收，2006年3月被正式命名。

工业经济发展加快。中共十一届三中全会后，延安市贯彻落实中央“调整、改革、整顿、提高”八字方针，结合实际，调整轻、重工业关系，将资源优势转化为商品优势，使全市工业生产跨入一个新时代。1986年，全市有各类工业企业320家，从业人员4086人，实现工业总产值1.55亿元。1995年后，坚持“抓大”“放小”搞活经济，提高效益原则，加快石油资源开发步伐，突破建材、化工，促进工业发展，县域经济又上一个新的台阶。2000年，全区有各类工业企业1036家，实现工业总产值6亿元，原油产量22.68万吨，机砖14580万块，水泥3万吨，纸箱72.85万平方米，炸药1043吨，抽油机1043台。2010年底，全区有各类工业企业1033家，实现工业总产值101.26亿元。其中，规模以上工业企业总产值95.54亿元。生产原油176.43万吨，乳化炸药6771吨，纸箱16.3万平方米，钢芯铝绞线163.91吨，变压器60280千伏安，中成药134.52吨，自来水1490.73万立方米，改装汽车220辆。

电力工业不断发展。1990年延安市建成变电站10座，总容量5.33万千伏安。1995

年实现村村通电。1999年宝塔区实施农网改造工程。2000年实施城网改造工程，新修10千伏支线31.21千米，配变台区69个，改造增加容量12885千伏安。2007年实施农网、城网建设项目11个，完成投资506.65万元。2010年，全区有35千伏线路41.4千米，总容量35.05兆伏安，10千伏配网线路53条，线路总长1305.93千米，0.4千伏输电线路1579千米，用户专用线35条，供电站5个，年售电量4.57亿千瓦时，售电收入2.72亿元，供电可靠率城市达99.88%，农村达99.76%。

三

陆路交通四通八达。中华人民共和国成立后，交通业发展很快，1965年公路里程492千米，形成以南北国道为主干，东西省、县道为支线的交错的公路网络。1987年有公路976.3千米，1993年达1099千米。1999年，210国道大改线工程开工，2003年建成通车，区内辖长63.97千米。靖（边）安（塞）高速公路至延安北2001年10月始建，2003年9月建成通车，区内辖长11.20千米。黄（陵）延（安）高速公路2002年动工，2006年9月30日建成通车，区内辖长47.20千米。1999～2010年改造整合清延、靖边、宣定省道3条，区内线路长131.67千米，建成专用公路32.30千米。1994～1999年实施“以工代赈”扶植贫困县乡公路工程建设。改建公路5条，投资483万元，实现村村通公路。至2010年，省、市、区投入近4亿元修建农村公路，全区建成乡村公路150多条（乡路公路6条），通车里程达1305.80千米。宝塔区内有西延、神延铁路。西延铁路黄陵县秦家川至延安段于1987年动工，1991年12月26日在延安南站举行西延铁路全线铺轨工程完成庆典。1997年8月延安南站至延安北站建成通车，西延铁路全长334千米，总投资12.20亿元。神延铁路于1998年5月开工建设，2001年4月全线铺轨工程完成，2004年1月交付使用，全长384.67千米。2007年12月，包（头）西（安）复线电气化铁路开工建设，至2010年3月，全线设计正线铺轨929.40千米，累计完成112.98千米，西延复线电气化铁路建成后，延安至西安的铁路线增加至3条。

航空事业潜力巨大。1970年，在延安市东二十里铺新建机场，1980年民航站迁至东二十里铺新机场。可保证B146等承载100吨以下中小型飞机起降。1991年民航延安站开通国内3条航线，起降220架次，旅客发送量3285人次。2000年安全飞行566架次，完成旅客吞吐量5733人次，货邮吞吐量42.70吨。2003年延安飞机场进行基础设施改造，增加通信导航设施和设备更新。2009年，国务院、中央军委同意迁建延安飞机场，新机场占地面积312亩，建成后仍为军民合用，到2010年8月全部完成试验段工程。1987年前域内有工程运输企业5家，至2010年增加到10家。2010年全年起降2857架次，完成旅客吞吐量120121人次，货邮吞吐量42.90吨，为通航以来历史最好水平。

客货运量逐年递增。1990年，延安市客运量277万人次，货运汽车380辆，年货运量2.66万吨。1997年宝塔区实现乡乡通客运班车。1999年，宝塔区货运汽车670辆，年货运量4.36万吨，货物周转量52.36万吨千米；铁路客运量50.89万人次，货运量619万吨。2004年，神延线开行货物列车9.5对，西延线开行货物列车28对，共发送货物1112万吨。2005年，宝塔区公路客运线路计有跨省线路39条，跨市线路94条，市内班线242条，有各类客车1289辆，客运量1621万人次。2006年，延安至北京西特快开通1对，延安至上海特快等开通5对。2010年，宝塔区通往各地客运线路181条，营运客车615辆，通往区内各乡镇农村客运线路38条，营运客车172辆；货运汽车2070辆，年货运量188.20万吨，货物周转量2862.5万吨千米；开通固定旅客列车17.5对，日均旅客发送量4000余人次；固定货物列车45对，神延段运量达3150万吨，西延段达到3080万吨。

城市公共交通渐成体系。1973年，延安有10辆客车开展城区公交业务。1997年经营9条线路72辆公交车。1999年，城市客运出租主要车型有中小型面包车、出租车、人力三轮车、机动三轮车，2003年底，城区有各类出租车600辆。2010年，城区公交车336辆，26条线路，覆盖区街半径20千米，市区12个重点文物遗址和主要旅游景点均通公交车，有出租车700辆。

邮政通信快速发展。1990年邮路单程2212千米。2004年函件收入428.93万元，汇兑业务收入176.16万元；2010年邮政函件、汇兑、包裹收入1465.11万元，报刊发行收入612.68万元，邮政储蓄余额达39.51亿元。集邮业务累计收入1632.35万元，邮政速递业务收入739.27万元，邮路物流业务收入126.33万元，分销业务收入582.87万元，代办业务全年总收入472.27万元，发展便民驿站36个。1990年，延安市市话交换机容量8500门，有电话用户7008户，1993年延安无线寻呼实现同频联网。1995年，市话交换机全部实现程控数字化，程控数字交换机由5万门增加到10万门，大大改善通信状态。1999年，中国移动、中国联通落户延安。2002年，中国铁通集团有限公司延安分公司成立。2003年，中国网通（集团）西北通信股份有限公司延安分公司投入运营。至此区内以中国移动、中国电信、中国联通、中国铁通、中国网通五大通信运营商为主体的固定电话、移动通信、互联网宽带数据通信服务体系形成。2010年底，全区拥有固定电话用户135416户（农村用户21828户），小灵通用户34482户，国际互联网用户49406户，互联网拨号上网用户39812户，每百户拥有固定电话机31部，移动电话276部。2006年后，延安联通分公司、电信分公司、移动分公司相继建设农业信息入户工程，2010年宝塔区建成农村信息站点319个，行政村覆盖率达49.03%。

城镇面貌不断改观。1989年城区有主要街道7条、路23条、巷5条。1990~1994年，城市建设步伐加快，先后对城区7条街道进行翻修改造，建成二道街商贸住宅小区，开发东关旧飞机场住宅小区，新修嘉岭、兴盛、马家湾3座大桥。从“九五”末到2002年，宝塔区人均住房面积从16平方米提高到21平方米，城市中心区基本建成，环境获得改善。2006年编制完成第四次规划，中心市区面积80平方千米，建设用地15.5平方千米。城区建设速度加快，市区由1990年不足10平方千米，增加到2010年的近30平方千米，新建街道9条、路30条、巷33条，先后完成西市路、双拥大道、凤凰山等4条步道的改造、延伸。城市道路面积达1.17平方千米，人均城市道路面积3.3平方米，居民住宅小区向东、南、西、北四面扩展，人均住房面积24.82平方米。全区村镇建设步伐加快，南泥湾、临镇、柳林、万花山、枣园、河庄坪、桥沟、李渠、姚店、甘谷驿、青化砭、蟠龙等小城镇建设取得明显进展，人均住房面积达到22.59平方米，水、电、气、通信、照明基础设施齐全。城区集中供热干线80余千米，供热站48个，铺设主管网15.6千米，供热面积400万平方米。液化石油气用户有7.04万户，年供气量5830.41吨，市区天然气输配主管网334千米，居民用户有59182户，全年天然气供应量6611.60万立方米。市区有自来水供水主管网145千米，日供水量7.60万立方米，各类用户达1.16万户，市区排水渠总长达107.87千米，检查井847座。城区有广场9个，城市广场1个（延安革命纪念馆广场）。城区绿化成效显著，2010年栽植各类乔灌木72.80万株，新增绿地2.20万平方米，改建绿地3.88万平方米，建成街头花园4个，城区绿化覆盖率、绿地率和人均公共绿地分别达36.31%、34.85%和9.58平方米。至2010年底，宝塔区建成城市公园8座、游园9个，建成绿化带29条，安装路灯、景观灯26740盏。

四

商贸活跃、市场繁荣。中共十一届三中全会后，不断深化商业体制改革，对商品的计划管理逐步放开。1983年，城乡个体工商经营者达1544户、从业人员1768人。1985年，全市有个体私营工商户2546户，农民进城经商达200余人，从业人员共有3600多人。1990年，全市有国有商业企业105家、集体商业企业274家、个体私营工商户942户，从业人员5980人，社会商品零售总额17778.80万元。1996年，随着改革开放进一步深入，国有、集体商业逐渐退出市场，个体私营商业进一步发展壮大。是年，全市有个体工商户2821户、从业人员4546人，社会商品零售总额达23964.00万元。2000年，全区有个体私营工商户4511户、从业人员6787人，社会商品零售总额达69045.50万元。2010年，全区有个体私营工商户8525户、从业人员26109人，社会商品零售总额达503599.70万元，其中个体私营商业零售总额439599.70万元，占全社会商品零售总额的87.3%。城区和主要集镇形成一大批规模较大的商场、超市和专业市场，农村集市规模迅速扩大，商户及流动商贩成倍增加，市区店铺林立，社会商品琳琅满目，消费者选择空间增大，专卖店、便民店、农资店实现全区城乡全覆盖，呈现出商业贸易生命力旺盛、市场繁荣的景象。

旅游资源得天独厚。延安是国务院首批公布的历史文化名城之一，是陕北的旅游中心。1990年以后，以枣园、王家坪、杨家岭、凤凰山等革命旧址和宝塔山、清凉山、凤凰山、万花山为依托，延安地区、延安市相继成立旅游局，加强对旅游景区的规划、工程改造和行业领导等工作。1997年后，对宝塔山、清凉山、凤凰山三大景区进行开发，强化景区基础服务设施建设、美化绿化景区环境。投资50055万元，新建延安革命纪念馆，占地面积29870平方米，广场面积3.8万多平方米，有各类树木2万多株，种植草坪面积达6万多平方米。建成的纪念馆还有延安抗日军政大学纪念馆、延安新闻纪念馆、毛泽东大型图片展馆等5个。财政累计投资1.52亿元，实施宝塔山、清凉山、凤凰山城区绿化工程，完成绿化面积5万多亩，完成凤凰山游步道工程。形成突出“红色革命圣地”旅游为主题，体现历史遗迹、革命旧址、宗教文化融为一体的延安特色旅游格局。2007年，接待游客272万人次，实现旅游综合收入8.16亿元。2010年，区内有红色革命旧址和红色纪念地共150多处，有国家AAAA级景区、国家AAA级景区、国家级森林公园等8处，著名景点50多处；有国家重点文物保护单位24处，爱国主义教育基地55所；有国际、国内旅行社42家，持证导游500多名；全区有宾馆、饭店企业369家，其中涉旅星级宾馆饭店22家；乡村旅游接待村30个，“农家乐”经营户300多户，旅游商店、摊点280余户，旅游从业人员8万余人，年接待能力2000万人次。全年共接待游客506.01万人次，实现综合收入21.27亿元。其中，接待海外游客12.10万人次，收入908.5万美元。旅游业已形成规模，带动第三产业快速发展，在国民经济中的比重逐步提高。

五

教育事业均衡发展。1989年，全市有各类学校561所，在校学生34765名。1990年以后，市政府将教育纳入县域经济社会发展的总体规划，坚持“教育优先发展，实施科教引领”战略，教育步入整体推进、均衡发展、全面提高的发展新阶段。1995年全市财政投资、世界银行教育贷款、老区扶贫贴息贷款等1451.18万元款项用于中小学新建、扩建、维修配备教学设备，其中新建小学48所，扩建93所，维修、改造286所，配备教学仪器12083台（件）。党和国家领导人、中直机关、福州、深圳、港澳等地和部队、华侨、企业、社会各界人士捐助1607.10万元，建成希望小学62所，建筑总面积29196平方米。延安市《关于社会力量办学管理办法》颁布实施后，创办民营小学10所，民办中学4所。1996年，完成“普及六年义务教育”达标工作。1997年，宝塔区被评为“陕西省扫除青壮年文盲先进集体”。1999年，实现“两基”和“普九”达标。2000年，区政府以“加大投入，改善条件，统筹城乡，全面发展”的教育工作思路，全面推行教育“四制”改革。2002年，全区整合教育资源，调整中小学布局，将各类小学撤并为74所。2007年，宝塔区“双高”“普九”达标通过省政府验收后，启动省级教育强区创建工作，全区教育资源有效整合，家庭、社会、学校教育网络全面构建，基础教育、职业教育、成人教育“三教统筹”，教育教学质量和办学效益稳步提高，形成以三教统筹、农科教结合为原则，立足市场、长短结合、培养技能、服务经济为导向的教育服务体系，教育工作又步入一个新阶段。2008年，宝塔区教育中心标准化达标通过省级验收。是年10月，宝塔区教育强区工作通过省市专家评估验收，在全市率先创建为省级教育强区。2010年，宝塔区有各级各类学校224所，其中小学46所，幼儿园133所，中学20所，进修学校1所，职教中心1所，市属中小学23所。

科技实力不断增强。中共十一届三中全会后，恢复延安地、市科委和地、市科协，恢复和发展各种专业学会、协会、研究会36个，科学技术队伍由1978年的559人发展到1987年的2973人，取得科研成果29项，引进科学技术成果75项。1989年，延安市完成各类专业技术人员职称评定，全市有各类专业技术人员1390人，其中高级职称69人、中级职称1085人、初级职称236人。1990~1996年，成立养殖研究会、葡萄研究会、桃梨研究会、林果种研究会4个，市、乡（镇）级各种协会、学会7个，实施科普项目17个、星火计划5个。1998年，宝塔区提出“科教兴区”战略，科技队伍逐步壮大，科技投入持续增加，科技宣传培训形式多样，引进推广成果显著，科技交流日益活跃，科技项目实施良好。旱作农业大垄沟种植技术研究试验成果的引用，畜牧冷精配种、日光温室蔬菜综合栽培技术的研究与推广，苹果生产管理八项技术的推广示范引领作用显现，主导产业科技含量大幅提升。2010年，全区有各类科技人员20406人，其中高级职称1034人、中级职称6236人、初级职称13136人。21年间共制定科技发展五年规划4个，举办“科技之春”宣传月活动20次，发放科普资料130万余份，图书45万册，引进推广新技术90项，引进、开发新产品（种）300余种，全区累计申报各类科技项目97项，其中国家级5项、省级42项、市级50项，专利发明15项。全区取得科技成果奖励42项，其中省级11项。创建大批省、市、区科技示范基地、示范乡镇、示范村和示范户，全区科学技术水平迈上新台阶。2001～2002年，宝塔区被科技部命名为“全国科技进步先进县区”，2009年被科技部命名为“全国科技进步先进县区”。

文化艺术积淀厚重。延安自古以来是汉族和少数民族交错居住的地区，北方的少数民族和南方移民汉族经过长期整合，形成陕北人民独有的质朴敦厚的性格和能歌善舞的文化习俗。宝塔区既是民族文化之乡，也是新文艺运动策源地。20世纪90年代后，传统的陕北民歌、陕北唢呐、陕北道情、信天游、陕北说书、腰鼓、秧歌、转九曲、旱船、龙灯、狮舞、剪纸、农民画等皆蜚声全国。1984年，有影剧院、礼堂、俱乐部4个，电影放映队27个，乡镇文化站24个，戏曲、报刊、电影、广播、图书快速发展，文化艺术进入繁荣时期。随着电视的普及，群众精神生活面貌发生巨大变化。1997年，全区建成乡镇有线电视站20个，小型卫星地面接转站139个，全区633个行政村实现村村通广播电视。2010年，有市歌舞团、区民众剧团等演出团体，电影放映服务站1个，乡镇文化活动中心（综合文化站）5个，村级“农家书屋”611个，城区有图书馆5个，新华书店1个。城区有文化艺术中心1个，文体休闲广场11个，乡镇文化艺术广场21个，行政村文化广场30个。全区有文化艺术界联合会、绘画家协会、作家协会、音乐戏曲舞蹈协会、根雕艺术协会，及《宝塔山》文艺季刊、民间《蓝花花》文艺杂志等。

文化遗产丰富，文物古迹种类繁多。1982年，延安被国务院公布为全国首批24座历史文化名城之一，也是革命历史文化名城之一。继1988年第二次文物普查之后，于2009年又进行第三次文物普查，至2010年，区内有各类文物古迹点1395处，省级重点文物保护单位10处。全区馆藏文物534件，其中一级文物2件、二级文物19件、三级文物212件。

卫生事业实力增强。1991年，全市有各级各类医疗机构39个，其中市级7个，地级8个，中心卫生院5个，乡镇卫生院19个，驻军医院1个。市属医疗机构设病床446张，从业人员727人，其中专业人员628人。地级医疗机构设病床482张，有卫生专业人员736人。此外，辖区内另有工业企业及其他部门开办的医疗单位4个，门诊部（所）68个，个体诊所8个，设病床154张，卫生专业人员277人。全市共有各类医疗卫生机构128个，每千人拥有卫生技术人员5.3人，每千人拥有病床3.5张。此后，随着改革开放深入推进，经济实力增强，地、市每年投入一定资金发展医疗卫生事业，医疗卫生基础设施建设明显加快。医疗设备逐渐增多，医疗队伍逐年壮大，工业卫生应急体系、疾病预防控制体系、卫生监督体系日趋健全和完善，区、乡（镇）、村三级医疗预防保健网的建成和新型农村合作医疗、城镇医疗保险、社区医疗保险的实施，医疗条件不断改善，医疗水平显著提高，就医环境、服务质量得到根本改善。2005年，宝塔区新型农村合作医疗正式启动，参合农民15万人，占农业人口的73%。全区筹集资金516.44万元，参合患者报销医药费291.40万元。2006年被省政府确定为国家级新农合医疗新增试点区。2009年，宝塔区人民医院被评为“二级甲等”医院标准。2010年，宝塔区内有市级医院5个，从业人员3579人，卫生专业人员2588人，副主任医师以上425人。区人民医院有从业人员272人，副主任医师以上19人，区、镇、街道卫生院17所，有专业技术人员415人，村卫生室433个。全区有个体诊所及医务室146个。全区参加新型农村合作医疗保险19.77万人，参合率97.2%。

体育事业长足迈进。20世纪70年代，在南头体育场增设田径、足球场。1990年，体育设施有射击场1个、灯光球场1个、旱冰场1个，建成多功能体育馆1个。每年举办3~5场越野赛、篮球、乒乓球、田径等群众业余体育活动，职工体育、农民体育、老年体育、妇女体育、残疾人体育、社区体育、学校体育、竞技体育活动日趋活跃。1997年参加延安市第一届运动会，田径、射击、举重、足球、排球5个大项，以总分3803分获（县区）第一名。2004年参加陕西省重点项目少儿运动会田径比赛，获男子甲组100米第一名。2006年对体育场重建，建筑总面积2.9万平方米，有1.7万个座席。2008年参加陕西省第五届重点项目少儿田径运动会，比赛中获男子乙组、女子甲乙组800米、1500米、80米栏、跳高、跳远、铅球、投垒球等15个项目第一名。2009年陕西省第四届运动会举重比赛中，区少儿体校分别获男子甲乙组、女子甲乙组40~63+公斤级16个项目第一名。至2010年底，宝塔区累计建成体育活动场地70个，宝塔区体校先后向省级运动队输送队员150余名，向市运动队输送队员600余人。

六

居民生活水平日益提高。1990~2010年，宝塔区加快农业产业化进程，做大做强“林果业、草畜业、蔬菜业”三大主导产业；城市经济大力发展非公有制经济，加快推进工商民营化进程，实施农村剩余劳动力转移，增加城乡居民收入，提高城乡居民生活水平。1990年，农民人均纯收入560元，城市居民人均纯收入895.81元，在岗职工年人均收入2013元。1995年，通过农村经济“三大”主导产业的发展和农业综合项目开发，扶贫项目开发，农村经济呈上升趋势，农民人均纯收入由1990年的560元上升到1011元，增加收入451元。城市经济随着改革开放的深入，民营工商企业和个体工商户大幅增加，城市居民收入增长，达到2138.30元，比1990年增加1242.49元。2000年随着农业产业化发展和经济效益提高，全年农村经济总收入达到42831万元，农村人均纯收入1486.70元，比1995年增加收入475.70元。城市经济建设项目增多，私营企业和个体工商户生产经营规模扩大，创造城镇居民就业机会，增加经济收入，城镇居民人均收入达到5290.37元，比1995年增加收入3152.07元。2005年中共宝塔区委、区政府坚持以农村、农业、农民“三农”工作为重点，提出做大做强“林果、蔬菜、畜牧”三大农村主导产业开发、产业增效、农民增收的工作思路，调整产业结构，粮经作物比例为51.30∶48.70，全年经济总收入达到59172万元，农民人均收入1757元。城市经济以项目促发展，加快小城镇建设，培育经济新的增长点为目标，以经济多元化，市场集中化为原则，大力推进城镇基础设施建设，建立健全商品零售市场和农副产品集散体系，扩大就业机会，增加城镇居民收入，提高生活水平。城镇居民可支配收入达到7470.69元，在岗职工年平均工资13933元。2010年，宝塔区委、区政府提出"做精做优苹果、蔬菜、畜牧三大农村主导产业，促进农民持续增收"的农村工作思路。是年，粮经作物比例为46.26∶53.74，农村经济总收入达到106794万元，农民纯收入5051元，比2005年增长2.78倍，增加收入3294元。城市经济以开创新型工业化为突破口，依托石油产业，抓好建材、化工、机械、包装、农副产品加工及配套产业，大力发展非公有制经济，形成多种经济成分共同增长，一、二、三产业互相促进，加快商贸市场建设，大力发展服务业，培育城市经济发展新的增长点，增加城市居民收入，提高生活水平，是年全区城市居民人均可支配收入达18485.71元，比2005年增加收入11015.02元。随着城乡居民经济收入的逐年增加，生活水平不断提高、住房、汽车、电脑、手机、空调等消费品走入大众的日常生活，宝塔区城乡居民生活质量得到显著提高。

社会保障基本实现全覆盖。21年来，宝塔区各类社保范围逐年扩大，职工、居民基本权益得到保障。1986年，延安市（县级）开始征缴职工养老失业保险，1994年开始实施农村社会养老保险，1999年开始实施城乡居民最低生活保障。2003年施行工伤、生育保险制度，2007年开始实行城镇居民基本医疗保险制度，征缴医疗保险基金。2008年，全区参加职工养老保险单位172个，职工人数15275人，参加失业保险的有24477人，工伤保险9888人，生育保险6231人。2010年底，全区17516人参加基本养老保险，累计征缴基本养老基金4.80亿元，累计拨付养老金4.40亿元；参加失业保险累计25613人，征缴失业保险金666.80万元；征缴工伤保险基金266.74万元，支付工伤保险金59.49万元；征缴生育保险基金223.29万元，支付生育保险金221.03万元；参加农村社会养老保险114962人，参保率为93.85%，发放养老金493.18万元。登记纳入城市低保16553人，农村低保对象7681户14624人，累计发放最低生活保障金、冬季取暖补贴等5133.55万元，发放各种补贴救助资金304.70万元。五保供养311人，发放供养资金99.52万元。参加职工基本医疗保险单位364个，参保职工19425人，征缴基本医疗保险基金2215.53万元；参加城镇居民医疗保险72537人，征缴医疗保险基金291.84万元，支付保险金1137.28万元。参加新型农村合作医疗保险的农村居民19.77万人，参合率达97.2%，征缴新农合基金593.10万元，有1.55万人受益；住院患者医药总费用6554.33万元，报销补助总金额2358.29万元。

七

1990～2010年，宝塔区经济建设取得重大成就，社会事业得到长足发展，基础设施日趋完善，民生工程持续推进，人民生活水平不断提高。然而，由于社会发展的曲折和历史积累的沉淀，宝塔区在经济发展和社会事业发展进程中还存在不少困难和问题：思想观念和市场经济发展的客观要求不相适应，加快发展、奋起直追的紧迫感、危机感和责任感有待进一步增强；区域经济总量偏小，经济结构性矛盾突出，综合经济实力薄弱，工业缺乏支柱企业，农业基础薄弱，产业化水平不够高；财政收入规模小，收支矛盾突出，农民收入增长缓慢，有些群众生活还比较困难；城乡、川沟、乡镇之间发展不平衡，城镇化水平不够高；公共服务水平相对较低，对弱势群众救助力度还需加大，民生民本仍需改善，城区集聚辐射带动作用不强，城乡剩余劳动力转移和就业压力加大；政府自身建设仍需加强，加快发展的体制和机制有待进一步创新。

面对困难和不利因素，宝塔人民不会退缩与止步。全区人民在中国共产党的正确领导下，坚持以经济建设为中心，突出发展第一要务，大力实施“服务市区，振兴宝塔，产业转型，富民强区”的四大战略，在生态农业、资源型工业和旅游产业、基础设施和城镇建设、民营经济发展等方面实现新突破，正确处理改革、发展、稳定的关系，大力加强精神文明建设，积极推进依法治区、以德治区，必将实现全区经济的跨越式发展和社会各项事业的全面进步。

展望未来，延安市宝塔区的明天将更加美好。

大事记

1990 年

2 月 17～18 日　中共陕西省委书记张勃兴到延安市调研，听取中共延安市委、市政府贯彻落实江泽民总书记考察延安时有关指示的汇报。

4 月 16 日　中共中央政治局常委、书记处书记李瑞环到延安市考察革命旧址和文物保护工作。

5 月 14～17 日　政协延安市第八届委员会第一次会议召开，会议选举李生彪为市政协主席，过士明、卜崇周、王素秋（女）、连仁暖（女）、兰振汉为市政协副主席，牛文彦为秘书长，卜云贵等 22 人为常务委员。

5 月 15～18 日　延安市第十二届人民代表大会第一次会议召开，出席代表 181 人，列席人员 42 人。会议除听取和审议政府工作报告外，还选举产生市第十二届人大常委会委员 14 名，选举纪文达为市人大常委会主任，张万成、毋晓岚、曹双定、郭慧君（女）为副主任；选举周万龙为延安市人民政府市长，刘少锋、张致远、刘向东、冯毅、周福元、刘文西、杨毅刚、张福寿为延安市人民政府副市长，选举王忠孝为延安市人民法院院长，高虎为延安市人民检察院检察长。

5 月 26～27 日　中顾委常委江华、委员张邦英到延安市考察农村工作。

6 月 18 日　卫生部副部长胡熙明到延安市检查指导农村卫生工作。

9 月 8 日　“亚运之光”火炬接力传递进入延安，晚 8 时，在延安市体育场举行“迎火炬万人篝火晚会”。

10 月 30 日　中国共产党延安市第十四次代表大会召开，会议听取市委书记魏延平、市纪委书记孙广森代表市委、市纪委所作的工作报告，并作出决议。会议选举产生中共延安市第十四届委员会委员 35 人、候补委员 6 人、常委 9 人（魏延平、周万龙、康永强、解煜、方世新、刘少锋、郝忠生、芦为民、王金玉），选举产生中共延安市第十四届纪律检查委员会委员 15 人、常委 9 人。

11 月 20 日　国务院总理李鹏到延安市考察工作。在延安期间，考察柳林乡三十里铺村果园、万花山乡肖渠村农田会战工地等，并参观枣园、杨家岭、王家坪、凤凰山麓革命旧址，在参观延安革命纪念馆后题词：“发扬延安精神”。

1991年

2月7日　中共延安市委组织部抽调290名干部参加农村社会主义教育工作。

3月1日　延安10万余名群众观看正月十五元宵节秧歌大汇演，兰州军区副司令员杜东海少将、陕西省副省长姜信真等与群众一同观看。

是月　延安市被陕西省委、省政府授予“创建文明城市优胜城市”荣誉称号。

4月11日　中国人民解放军总政治部副主任周文元中将到延安市检查“双拥模范城”建设工作。

是月　在陕西省第二届科技成果贸易洽谈会上，延安市陶瓷厂紫砂系列产品荣获金奖。

5月6日　中国人民解放军总参谋部、总政治部授予枣园民兵连“民兵预备役工作先进单位”称号。

5月8日　中共延安市委、市政府在青化砭镇白坪村召开农村社会主义教育现场会，中共延安地委书记遆靠山、副书记姚代明出席会议并讲话，中共延安市委、市政府负责人周万龙、康永强等参加现场会。

是月　在延安地区第九届运动会上，延安市体育代表队夺得64块奖牌，荣获团体总分第一名。

6月10日　国务委员、国家科委主任宋健到延安市对黄土高原的综合治理及科技开发、扶贫等工作进行考察。

7月6日　中共陕西省委、陕西省人民政府、陕西省军区授予延安市“拥军优属、拥政爱民模范城市”称号。

7月8日　毛泽东发表《为人民服务》讲话纪念碑揭碑仪式在枣园《为人民服务》讲话台举行，延安地、市党政军负责人赵彦武、石汇泉、姚代明、白崇贵、康永强、刘向东、张福寿及枣园的部分干部群众300余人参加。

9月2日　陕西省副省长姜信真到甘谷驿油矿考察石油开发工作。

9月20日　陕甘宁边区银行纪念馆正式开馆，这是中国第一个金融业专题纪念馆；陈云题写馆名。

10月12日　在第三次全国人民防空会上，延安市人民防空委员会办公室被授予“全国人民防空先进单位”称号，办公室主任杨凤升被授予“全国人民防空先进个人”称号。

12月26日　西（安）延（安）铁路铺轨到达延安庆祝大会在延安火车站举行，铁道部部长李森茂、副部长孙永福，陕西省委书记张勃兴、省长白清才等参加大会。

1992年

1月16日　全国“双拥”工作领导小组、民政部、解放军总政治部授予延安市

“全国双拥模范城”荣誉称号。

5月10日　中共中央政治局委员、国务委员兼国家教委主任李铁映到延安市先后视察延安中学、延安育才小学等。

8月1日　西延铁路客运正式开通，西安站和延安站分别举行通车剪彩仪式。

8月13日　全国人大常委会副委员长雷洁琼在省人大常委会副主任刘力贞等陪同下，到延安市考察科教文卫工作。

8月19日　国务院副总理朱镕基在国务院经贸办常务副主任王忠禹、铁道部副部长屠由瑞、副省长刘春茂等陪同下，到延安市视察农业工作。

9月5日　中共延安地委决定：马福雄任中共延安市委书记，免去魏延平中共延安市委书记职务。

是月　中央直属机关捐资70万元在延安市文化沟村修建的“延安市希望小学”落成，建筑面积1500平方米。兰州军区、陕西省军区、延安军分区捐资20万元修建的枣园乡中心小学教学楼落成，建筑面积593平方米。

11月21日　延安市一辆个体客运中型面包车在延安开往宜川的路途中，由于车速过快，于南泥湾山上翻入约30米的深沟，造成24人死亡、9人受伤。

12月　延安通用机械厂2.5型抽油机生产技术通过地区级鉴定，并荣获省第三届科技展览会金奖。

是月　枣园乡庙沟村全村年经济总收入达180余万元，人均纯收入2500余元；粮食总产量50万斤，人均产粮1004斤，被陕西省政府命名为奔小康“标兵村”。

1993年

1月1~2日　政协延安市第九届委员会第一次会议召开，会议选举方世新为政协主席，史进禄、连仁暖（女）、兰振汉、郭慧君（女）为政协副主席，牛文彦为秘书长，马振虎等23人为常务委员。

1月1~4日　延安市第十三届人民代表大会第一次会议召开，出席代表211人。会议选举产生第十三届人大常委会委员13人，选举康永强为延安市第十三届人大常委会主任，曹双定、周福元、石俊贤（女）、朱万有、李生科为副主任；选举周万龙为延安市人民政府市长，冯毅、何宁、李芳琴（女）、张小民、刘正中、韩耕洲、高雨田为副市长；选举刘永岗为延安市人民法院院长，张汉武为延安市人民检察院检察长。选举贾治邦、乔尚法、杨蔼云（女）、周万龙、刘爱玲（女）、刘玮（女）为陕西省第八届人民代表大会代表。

1月4~6日　中国共产党延安市第十五次代表大会召开，出席会议代表195人。大会选举产生中共延安市第十五届委员会委员35人，候补委员6人。选举马福雄、周万龙、康永强、李建社、张致远、牟晓良、冯毅、郝忠生、孙广森、芦为民、王金玉为市委常委；选举马福雄为市委书记，周万龙、康永强、李建社、张致远、牟晓良为市委副书记。

4月16日　延安市政府实施公开承包、拍卖“四荒地”，全市共承包、拍卖“四荒地”40.55万亩。

4月26日　凌晨4时许，延安市发生有感地震，持续时间约30秒钟，震级约3.0级，裂度约4~5度。

6月28日　延安市机构改革方案通过，全市党政部门由原来的93个精减为39个。

7月27日　省委下派延安市挂职蹲点干部、原省京剧团团长安全，因突发脑溢血经抢救无效病逝，享年68岁。

8月4日　陕西省副省长范肖梅到延安市南泥湾镇调研计划生育工作。

8月29日　国家教委副主任朱开轩到延安市考察，就如何搞好基础教育工作与中小学校长进行座谈。

9月21日　第七届全国小城市经济社会问题研讨会暨第二届全国小城市发展会议在延安市召开，省委常委、副省长徐山林出席会议，中共延安市委书记马福雄致欢迎词。

9月22~28日　延安市举办首届苹果节，来自广东、福建、上海、江苏、湖北等10个省、15个大中城市的百余名客商参加苹果节，苹果现货成交32.34万千克。

10月5日　延安市新建文化馆正式对外开放，结束长达15年的闭馆历史。

10月19日　省委常委、省公安厅厅长艾丕善到延安市检查公安工作。

11月29日　全国政协副主席杨汝岱在省政协主席周雅光陪同下，到延安市考察农业农村工作。

12月　柳林乡粮食总产647万千克，人均产粮540千克；农村经济总收入3267万元，农民人均纯收入1190元，成为全市第一个农民粮、钱收入双过千的乡镇。

是月　南泥湾钻采公司实现日产原油破百吨，年总产量达3.8万吨的目标，实现利税1201.29万元，被评为“陕西省经济明星企业”，进入延安地区中型企业行列。

是年　延安市被农业部等七部委确定为全国生态农业建设试验重点区。

1994年

1月10日　中共延安市委、市政府决定：建立教育基金，从1994年3月1日起征收干部职工工资总额的2%作为教育基金。

2月9日　李鹏总理为延安希望小学题词：祝延安希望小学的小朋友们春节快乐。

3月12日　中共延安市委、市政府决定：设立延安市希望工程基金，并成立理事会。名誉理事长马福雄，理事长周万龙，副理事长牟晓良、冯毅、李芳琴、李秀英。

3月26日　中共延安市委、市政府批转《延安市市级机构改革实施方案》。

4月28日　延安市公开拍卖市区客运线路，使城市交通管理走向市场化。

5月20日　中共延安市委、市政府决定：在全市开展农村社会养老保险工作。

5月25日　林业部、人事部授予延安市“3年无森林火灾先进单位”称号。

是月　延安市发生大面积兔、鼠灾害，姚店镇35个村庄、900公顷苹果树受损，造成直接经济损失100多万元。

是月　中电联理事张绍贤和西北电管局局长刘宏在南泥湾现场办公，落实资金100多万元，为南区3个乡镇15个行政村架设电线。

8月1日　延安市兴盛桥建成通车。

8月18日　延安市嘉岭大桥建成通车。

9月8日　张思德烈士浮雕像在延安枣园《为人民服务》讲话台旧址揭幕。

9月22日　中共中央政治局常委宋平在省委副书记刘荣惠等陪同下，到延安市考察老区建设工作。

12月　全国政协委员、省政协副主席张鹤龄在政协延安地区工委主任姚代明、市长周万龙的陪同下，对延安市芦草湾流域治理、枣园村千亩川地苹果科技示范点、东二十里铺流域进行考察。

1995年

1月9日　延安市商会成立，与延安市工商联合署办公。

是日　延安地区体校射击场弹药库一箱运动步枪子弹（8300发）被盗，市公安局用4个小时破获这起特大子弹失窃案，嫌犯张某某被收审。

1月14日　延安市公安局破获“1995.1.1”凶杀案，嫌疑人高某某、任某某被缉拿归案。

2月2日　延安市桥沟乡全乡农业总产值达1.23亿元，农民人均纯收入达1303元，成为延安市第一个亿元乡。

3月11日　中共延安市委、市政府命名、表彰庙沟、枣园、飞马河等62个“小康村”。

4月5日　陕北最大的商业城——延安市二道街商业城开业，延安行署奖励工程建设单位20万元。

4月9日　中共陕西省委副书记、省长程安东到姚店油区检查指导工作。

4月23日　纪念“七大”大会在杨家岭召开，地委书记逄靠山出席并讲话，市委书记马福雄、市长周万龙等与延安各界群众2000多人参加大会。

4月24日　香港新华银行董事会顾问马青华到柳林乡和桥沟乡考察教育工作，并代表香港新华银行董事会向延安市桥沟乡尹家沟村捐资30万元，用于修建希望小学。同时，捐助5万元港币设立奖学金。

6月1日　延安市被国务院确定为全国50个生态农业县市之一。

7月24日　中共延安市委书记马福雄、市长周万龙宣布：全市24个乡镇实现村村通电。省委书记安启元打电话表示祝贺。

12月5日　在全国第三次消灭脊髓灰质炎强化免疫日当天，延安行署专员张志清、副专员白灏辰在市委书记马福雄、市长周万龙、市委副书记牟晓良的陪同下，前往洛杉矶保育院、第二幼儿园为4岁以下儿童喂服预防小儿麻痹糖丸。同日，行署副专员梁凤民、延安地区防疫站站长司全民、延安市副市长李芳琴在青化砭镇、梁村乡参加为儿童喂服糖丸活动。

1996年

1月8日　中共延安市委、市政府表彰奖励任慧智、郭志清、王佃林3个小流域治理大户，各奖励现金1万元。

2月14日　陕西省副省长巩德顺到延安市考察工作，就如何启动树立圣地新形象工程召开座谈会。

2月19日　国务院总理李鹏到延安，与延安人民一起欢度春节。国务委员、国务院秘书长罗干，民政部部长多吉才让陪同。李鹏总理在省、地、市领导的陪同下看望枣园群众和杨家岭希望小学的师生，并向小学生赠送彩电和学习用品。

3月6日　市委、市政府决定实施“双万工程”，选派180名党政机关优秀年轻干部到农村任职，担任支部副书记或村委会副主任。

3月27日~4月1日　省长程安东、副省长王寿森到延安市考察工作，延安市市长周万龙汇报延安市万亩森林滴灌工程等项目情况。

4月7日　原国家主席杨尚昆到延安市考察老区建设工作。

4月23日　中共延安市委、市人民政府授予李清明“见义勇为勇士”荣誉称号。

5月6日　延安市人民政府批准新建的延安市图书馆，恢复延安“中山图书馆”馆名。

5月9日　市公安局破获一起特大持刀抢劫案，郭某某、张某某等4名嫌犯被抓捕归案。

6月12日　中共延安地委书记高宜新在中共延安市委书记马福雄、市长周万龙陪同下，到延安市考察工作。

7月15日　市公安局打掉一个利用信用卡诈骗、贩卖假币的犯罪团伙，该团伙诈骗现金5万元，贩卖假币3万多元，嫌犯路某、张某某被警方抓获。

7月18日　延安市安居工程在旧飞机场东段启动实施，工程占地面积2.8公顷，建筑面积5.5万平方米，计划投资4500万元。

8月2日　香港三联会捐款40万元修建柳林乡王家沟小学。

是日　上海铁道大学捐赠延安市元龙寺乡胡家河村小学彩电1台，勤工助学基金1万余元，并募捐善款1.3万余元。

8月6日　卫生部、联合国儿童基金会、世界卫生组织联合授予延安市妇幼保健院“爱婴医院”牌匾。即日，举行爱婴医院挂牌仪式。

8月12日　延安市举行敬塑毛泽东铜像捐款仪式，全市共收到捐款26.6万元。

8月26日　中央电视台“心连心”艺术团在延安体育场进行慰问演出，参加演出活动的有彭丽媛、冯巩、蔡明、郭达、宋祖英、赵忠祥、倪萍等艺术家。

9月8日　国务院副总理钱其琛在地、市领导陪同下，到延安市调研，走访延安市枣园村农户。

11月1日　市公安局保安大队破获一起贩卖假烟案，共查获假烟470箱，涉案金额达130余万元。

11 月 6 日　毛泽东铜像运抵延安，延安地、市领导刘兆年、许胜利、姚代明、周万龙、康永强、方世新等与延安各界群众一起迎接。

12 月 26 日　延安市改为宝塔区，原中共延安市委改称中共延安市宝塔区委，原延安市人民政府改称延安市宝塔区人民政府。

是日　宝塔区委、区人大、区政府、区政协、区纪检委及区检法两院举行换牌仪式。

是年　延安市被林业部确定为全国山区综合开发试点区。

是年　延安市“1996～2000 中国—联合国儿童基金会妇幼卫生新增合作项目”正式启动，以“两降低一消灭”为目标的母婴工程全面实施。

1997 年

1 月 17 日　在全国“双拥”模范城（县）命名表彰大会上，宝塔区再次被命名为“全国双拥模范城”。

2 月 16～17 日　国务委员李贵鲜到延安市宝塔区考察老区建设工作。

2 月 18 日　延安市亚圣大厦发生特大火灾，死亡 1 人，直接经济损失 200 多万元。

2 月 24 日　中共中央政治局常委、中央军委副主席刘华清到延安市宝塔区考察老区建设工作。

2 月 28 日　延安市公安局宝塔分局摧毁连续作案数十起的特大盗窃团伙，犯罪嫌疑人孙某某、李某某等落入法网。该盗窃团伙从 1993 年起，先后在兰州、延安、洛川、子长等地撬盗保险柜 40 余个，盗窃财物总价值达 80 多万元。

5 月 19 日　中共宝塔区委、区政府决定：在全区党员干部中开展向马维、曹延安、拓生平 3 位同志学习活动。

6 月 10 日　延安市工商局宝塔分局挂牌，原宝塔区工商行政管理局更名为延安市工商局宝塔分局。

6 月 17 日　中共中央政治局委员、中央书记处书记、国务院副总理姜春云率国务院有关部委领导到延安市考察工作，省委书记安启元、省长程安东、市委书记高宜新、市长刘孝文、区委书记马福雄等陪同。姜春云实地考察宝塔区枣花流域治理情况，并到万花山乡罗崖村村民张印发家进行调研。

9 月 26 日　全国人大常委会副委员长陈慕华在市委副书记忽培元等人的陪同下，考察枣花流域治理、万花山等风景旅游区。

10 月 23 日　中共延安市委决定：任命韩烨为中共宝塔区委委员、常委、书记，冯毅为宝塔区委副书记。同时，免去马福雄区委书记、常委、委员职务，免去周万龙区委副书记、常委、委员职务，免去张小民区委委员、副区长职务。

10 月 28 日　区人大第十三届常委会 27 次会议决定：任命冯毅为宝塔区人民政府代区长。

11 月 10 日　宝塔区抽调 259 名干部，与乡镇干部一起到 144 个行政村开展为期 3 个月的土地延长承包期工作。

12月8日　中共延安市委决定：任命张俊雷为宝塔区委常委、组织部部长。

12月9日　延安市宝塔区第十三届人大常委会第29次会议决定：任命呼延鹏、孙树清、刘亚那、张春阳为宝塔区人民政府副区长。

12月20日　宝塔区被省政府授予“全省科技工作先进区”称号。

1998年

1月2日　中国共产党延安市宝塔区第十六次代表大会召开，出席大会代表201名。区委书记韩烨在大会上作题为《两年打基础，三年上台阶，为实现宝塔区跨世纪宏伟目标而奋斗》的工作报告。

1月3日　中国共产党延安市宝塔区第十六届委员会第一次全体会议召开，34名区委委员、6名候补委员参加会议。会议选举产生区委常委，即韩烨、冯毅、丁成年、董智安、雷增高、王金玉、张世祥、张俊雷、薛占海；选举韩烨为区委书记；冯毅、丁成年、董智安、雷增高为区委副书记。同时，在区纪律检查委员会会议上，选举王金玉为区纪律检查委员会书记。

1月18日　政协延安市宝塔区第十届委员会第一次会议召开，会议选举刘正中为区政协主席，兰振汉、侯俊海、李文铭、郭春兰（女）为区政协副主席，张昊明为秘书长，马振虎等19人为常务委员。

1月19日　延安市宝塔区第十四届人民代表大会第一次会议召开，出席代表186人。会议选举韩耕洲为区人大常委会主任，孙广森、高雨田、朱万有、马维（女）为区人大常委会副主任；选举冯毅为宝塔区人民政府区长，王建军、呼延鹏、刘亚那、张春阳（女）为区政府副区长，选举符善荣为区人民法院院长、白清琦为区检察院检察长。

5月9日　江苏无锡华城化工集团公司董事长兼总经理俞金山一行6人在区有关领导的陪同下，到松树林乡大南沟村为该村捐资4万元修建无锡市华城希望小学。同时，捐助服装60套，以及收录机、收音机等教学用品。

5月11日　省委党校第23期地厅级领导干部研究班学员一行23人，到宝塔区对黄土高原综合治理、县区石油开发和财源建设等进行考察。

5月30日　省、市、区牙防新长征领导小组成员，与区育才小学、一幼、二幼等校、园的代表，在东关小学举行万人牙防保健签名活动。在签名仪式上，高露洁公司向延安市捐赠价值8万元的口腔保健品。

6月9日　宝塔区被中共延安市委、延安市人民政府授予“精神文明建设先进县（区）”称号。

6月11日　宝塔区被评选为“全国体育先进县（区）”。

8月5日　宝塔区第三次被命名为“全省双拥模范城”。

10月6日　延安市宝塔区广播电视局新闻影视中心成立。

10月16日　经过省上统一评估验收，宝塔区计划生育“三为主”工作基本达标，被评为计划生育“三为主”达标县区。

10月28日　南区供销大厦开业庆典仪式在南区供销社举行。中华全国供销总社投资处处长何方明，省供销社主任张凯，市委常委、区委书记韩烨，市政府副市长许胜利，区人民政府区长冯毅等出席庆典仪式。

10月29日　全区扫盲工作顺利通过省政府检查验收，被授予“基本扫除青壮年文盲区”称号。

10月30日　宝塔区公共卫生监督所挂牌成立。

12月3日　深圳职技学院捐资14万元修建的“深职院”希望小学，在枣园镇酸刺沟村落成。

12月25日　宝塔区老区建设促进会成立，并举行首届理事会第一次全体会议，区级六套班子领导和有关方面人士150多人参加大会。

是年　宝塔区被列入国家首批农网改造行列、被省电力公司列为示范点工程区。

是年　由林业部批准，宝塔山、清凉山、凤凰山和万花山被列为“国家森林公园”。

是年　城区个体工商户李晓林创办的“笑林酒家”被国家有关部门授予“1998年全国先进个体劳动者”奖章。

1999年

1月1日　中共陕西省委书记李建国到宝塔区，看望老红军、老八路，慰问军烈属。

1月5日　延安国家直属粮库在宝塔区李渠镇阳山村举行奠基仪式，市委、市政府领导孙志明、张社年等出席。

3月12日　市、区在延安大礼堂召开“城区绿化动员大会”，市委副书记、城区绿化指挥部政委忽培元主持大会，常务副市长、城区绿化指挥部总指挥张社年作动员讲话。市、区有关领导张学凯、韩烨、李瑞支等出席大会，市、区各部门、各单位，中央、省驻延安单位以及驻延安部队科级以上干部1000多人参加大会。

4月28日　区纪检委在延安宾馆礼堂召开“粮食局贪腐案”曝光大会，对区粮食局原局长刘某某伙同杨某某、加某某等，贪污受贿腐败案予以公开曝光。刘某某在任区粮食局局长期间，主持私分国有资产128.7万元，受贿1万元，玩忽职守造成直接经济损失19.2万元，给国家造成经济损失204万元。

5月5日　全区数千名中学生在王家坪革命纪念馆广场集会，纪念五四运动八十周年，并在毛主席铜像前进行宣誓仪式。

5月18日　宝塔区通过省扶贫考核验收，标志全区人民生活水平越过温饱线。

6月10日　全国第四届城市运动会“世纪之火”采集火种仪式6时40分在宝塔山举行，宝塔区第五中学女生焦亚楠采集火种，并点燃火炬。8时，火种传递向西安进发。

8月6日　中共中央政治局常委、国务院总理朱镕基，中共中央政治局委员、国务院副总理温家宝在省、市领导的陪同下，考察宝塔区流域治理和生态农业建设情况。在考察燕沟流域治理区时，朱镕基总理提出“退耕还林（草），封山绿化，个体承包，以粮代赈”的治理总体思路。随后，朱镕基一行又到柳林康圪崂村农民刘克兴家了解情况，号召广大农民把过去的“兄妹开荒”，变成现在的“兄妹植树”。

9月27日　全区“两基”达标工作经省政府教育督导团的评估验收，达到“基本普及九年义务教育、基本扫除青壮年文盲”的标准，被省政府授予“两基”达标县（区）称号。

12月5日　在全国第七次消灭脊髓灰质炎强化免疫日之际，市委书记高宜新、市长王侠等，到区第一幼儿园、区粮食局幼儿园给孩子们喂服免疫糖丸。

2000年

2月25日　凌晨，延安东关汽车站候车室二楼金龙茶苑发生重大火灾，造成5人死亡。

2月27日　宝塔区被农业部评选为“全国生态农业建设先进县（区）”。

4月19~23日　中共中央政治局委员、书记处书记、国务院副总理温家宝到延安考察工作，先后考察子长、延川、宝塔区春耕生产、防沙治沙和生态建设工作。

是月　区人民政府被省安全委员会评为“1999年度安全生产管理先进单位”；被市委、市政府评为“1999年度全市环保工作先进县（区）”。

5月17日　原宝塔区第一、第二、第三建筑工程公司联合成立延安联昌建筑工程有限责任公司，总公司在册职工1280名，注册资金3000万元，拥有各种机械设备743台（件）。

5月28日　以全国政协副主席李贵鲜为团长的全国政协常委视察团，到宝塔区枣花流域进行视察。

5月30日　市领导高宜新、张钟灵、韩烨、刘廷礼、郭慧君、霍凤梅、石峻贤等看望儿童福利院、区二幼的小朋友和教职员工，并与他们一起欢度“六一”儿童节。

5月31日　宝塔区“三讲”教育工作总结大会在延安宾馆礼堂召开，省委巡视组组长王勤，市委常委、区委书记韩烨，区长冯毅参加会议。

7月8日　宝塔区工业企业家协会成立。

7月17日　全省农民教育现场会在宝塔区召开，省委常委栗战书出席会议。会议第一阶段观摩区柳林镇柳林村、后孔家沟村、枣园镇枣园村、酸刺沟村农民教育工作；第二阶段在西安进行交流座谈，市委常委、区委书记韩烨作经验介绍。

8月8日　宝塔区首家基层农机综合服务站在姚店镇杨家砭村建成投入使用，该站占地4.7亩，总投资80万元。

9月1日　由深圳大方集团有限公司投资26万元修建的希望小学，在官庄乡建成。

9月9日　宝塔区各中小学的师生和家长近万人在延安体育场集会，隆重庆祝第16个教师节。史小步等55名优秀教师、刘向峰等18名先进教育工作者、马小静等14名模范班主任、师志忠等5名先进德育工作者、杨桂梅等10名教学教改能手、张世岗等7名勤工俭学先进个人、王西林等5名尊师重教先进个人分别受到表彰。

9月19~21日　全国政协副主席万国权带领部分政协常委、委员到延安考察“保护母亲河行动”实施情况；在宝塔区考察青化砭项目区、罗沟流域生态治理项目等。

10月17日　中央金融工委绿色环保行动——枣园、河庄坪“会员林”工程启动，该工程由中央金融工委女职工捐资100万元，计划造林5000亩。

10月27日　宝塔区人民武装部、枣园基干民兵连被陕西省军区评为“部队和民兵预备役基层建设先进单位”。

11月9日　宝塔区地方税务局办税服务厅开业，市委常委、区委书记韩烨出席开业仪式。

11月16日　省委常委、省纪检委书记李焕政在延安宾馆召集市、区纪检委领导，座谈党风廉政建设和反腐败工作。市委常委、市纪检委书记张钟灵，市委常委、区委书记韩烨等参加。李焕政书记在听取区纪检委书记王金玉的工作汇报后，对区党风廉政建设和反腐败工作给予充分肯定。

12月26日　南泥湾钻采公司举行年产原油22万吨庆典仪式，市委、市政府向南泥湾钻采公司发来贺信。市委副书记孙志明，市人大常委会副主任马福雄，副市长梁凤民，市委常委、宝塔区委书记韩烨等出席仪式。

是月　宝塔区被陕西省人民政府评为“陕西省文化先进县（区）”。

2001年

1月19日　宝塔区计划生育局职工胡某驾驶吉普车从吴旗县城前往该县周湾镇，行至吴（旗）长（城）公路红柳河畔，由于路面结冰，车速过快，驾车操作不当，致车横滑，翻入左侧25.3米深的山崖下，造成4人死亡，3人受伤。

3月8日　中共延安市委、市政府决定：将宝塔区中医院整体上划延安市，成立延安市中医医院，并举行挂牌仪式。

4月27~28日　中共陕西省委常委、纪检委书记马铁山到冯庄乡前、后安沟村的小煤矿检查矿井安全生产情况。

5月16日　中直机关“女职工林”标志碑揭碑仪式在宝塔山举行，中直机关工委副书记伍绍祖，市委书记王侠，市委常委、区委书记韩烨，以及来自中直机关23个部委的女职工代表参加仪式。

5月25日　区政府召开中小学“四制”（校长聘任制、教师聘用制、任期岗位目标责任制、结构工资制）改革动员大会，全面启动中小学“四制”改革工作。

5月29~31日　在“六一”儿童节来临之际，市委常委、区委书记韩烨，区长冯毅，区委副书记董智安，区委常委、纪检委书记李炳智等领导，分别到柳林镇北沟村小学、万花山乡毛堡则小学、粮食局幼儿园、儿童公园等地看望少年儿童。

6月12日　省委副书记艾丕善在省、市有关领导的陪同下，到川口乡、柳林镇就农村开展“三个代表”重要思想学教活动进行调研。

6月21日　“党在我心中”南湖红船圣地行活动在延安革命纪念馆举行，团中央书记处书记赵勇，省委常委、宣传部部长张保庆，市委书记王侠，市长张社年，以及贵州、浙江等地的嘉宾与宝塔区各界群众3000多人参加活动。

7月1日　宝塔区桥沟镇尹家沟村党委被评为全国先进基层党组织。

7月8日　由陕西省电力公司资助120多万元建设的延安宝塔山光明工程启用仪式于当晚举行，国家电力公司副总经理谢社林启动光明工程按钮。

7月11日　位于万花山乡花园头村万花山景区的延安民俗文化村落成并对外开放。

7月13日　第21届世界大学生运动会火炬传递到达延安市宝塔区，市委、市政府在延安大学体育场上举行火炬传递仪式。在5个方阵505名大学生组成的助跑队伍护送下，火炬经王家坪大桥、北关街、中心街、延河大桥，到达解放剧院广场。

7月20日　新华社副社长、常务副总编何平，陕西分社社长郭献文，副社长于绍良一行在市委常委、宣传部部长郝飏陪同下，到麻洞川林场、燕沟流域治理区、柳林镇赵庄村、韭菜沟等地进行调研。

7月22日　王家坪汽车联营公司总经理王西林捐资200万元，对210国道虎头峁至南二十里铺两侧进行绿化。

7月24日　宝塔区社会治安综合治理办公室荣获1997～2000年“全国社会治安综合治理先进集体”称号。

9月10日　中共延安市委书记王侠，市委常委、区委书记韩烨一行到延安中学、宝塔区一中、市实验中学慰问教师。

9月14日　全国政协副主席罗豪才在省、市有关领导的陪同下，到燕沟流域治理区考察秀美山川建设情况。

9月26日　区委、区政府研究决定：成立宝塔区禁毒委员会，委员会下设办公室；办公室设在区公安分局。

10月10日　中共延安市委书记王侠，市委常委、组织部部长郑永强在市委常委、区委书记韩烨陪同下，到蟠龙镇四咀村、纸房沟村、芦坪村，贯屯乡龙湾村，元龙寺乡杨家沟村等地，就村级组织建设、干部作风、农民负担等问题进行调研。

11月7日　在杨凌农高会上，宝塔区与宝鸡市金果生态农业科技开发有限公司达成协议。由该公司向宝塔区无偿捐赠价值4万元的1万株优质苗木，并以特优价提供优质苗木3万株，价值10万元。副省长陈宗兴，省政府副秘书长、杨凌示范区管委会常务副主任张光强等出席签字仪式。

12月12日　宝塔区十四届人大常委会第24次会议通过《关于撤乡并镇工作的决定》。决定撤销下坪乡并入蟠龙镇，撤销张坪乡并入梁村乡，撤销碾庄乡并入李渠镇，撤销丁庄乡并入冯庄乡。至此，全区由原来的24个乡镇撤并为20个。

2002年

1月24日　一辆满载33名乘客的中巴车与一辆东风翻斗车在李渠镇杨兴庄相撞，造成1名男司机和2名妇女当场死亡，25人受伤。

2月8日　全市第一个社区——宝塔区七里铺社区居委会挂牌成立。

2月13～15日　省长程安东在市委书记王侠、市长张社年的陪同下，慰问老红军、老八路、生产一线职工和福利院孤儿、员工。

2月24日　宝塔区重奖科技人员和优秀校长，奖励原延安市科技副市长杨毅刚5万元；奖励区第四中学校长刘向峰3万元、上浮2级工资。

3月29日　中共中央总书记、国家主席、中央军委主席江泽民到延安市考察工作，看望老区人民，并在宝塔区主持召开农村基层党组织工作座谈会。

4月5日　中国研究生院院长联席会植树揭碑仪式在宝塔山举行，副省长陈宗兴、省政协副主席姜信真、国务院学位办公室主任周其凤院士、中国科协副主席韩启德院士等出席。

4月17日　延安市运输总公司二公司的一辆中巴客车，在行驶到姚店镇郑崖村时翻入十多米深的悬崖下，造成10人当场死亡、10人受伤，其中4人送医院抢救无效死亡。

4月23日　杨家岭村修建的268孔石窑洞群组成的石窑宾馆开始试营业。

6月24日　区职教中心通过省级重点职业高中的评估验收，这是延安市唯一一所省级重点职业高中。

7月3日　陕甘宁边区保安处旧址暨全国公安系统革命传统教育基地授牌仪式在凤凰山街道办事处棉土沟举行，公安部部长贾春旺和中共陕西省委副书记、省纪委书记董雷等出席授牌仪式。

7月16~17日　国务院总理朱镕基、副总理温家宝到延安市宝塔区考察调研，先后考察川口镇党庄流域、柳林镇燕沟流域退耕还林、水土保持工作，并听取宝塔区退耕还林工作汇报。

8月14日　水利部副部长敬正书、省政府副省长王寿森在省水利厅厅长彭谦的陪同下，到宝塔区考察新庄科流域、碾庄流域治理情况。

8月18日　七里铺小学被全国妇联、教育部命名为“全国优秀示范家长学校”，市上领导忽培元、冯继红出席授牌仪式。

9月2日　陕北水保环境建设启动仪式在宝塔区举行，全国人大常委会副委员长姜春云参加启动仪式；与会代表参观宝塔区燕沟、碾庄、新庄科流域水保生态建设。

12月4日　中共延安市委决定：高春义任中共延安市宝塔区委委员、常委、书记，宝塔区人武部党委第一书记。

2003年

2月19~22日　中共延安市宝塔区第十七次代表大会召开。会议选举高春义、董智安、李炳智、呼延鹏、王建军、侯世怀、雷元富、杨宏禄、张永祥、李志锋为区委常委，高春义为区委书记，董智安、李炳智、呼延鹏为区委副书记。同时，在区纪律检查委员会上，选举李炳智为区纪委书记。

2月25~27日　政协延安市宝塔区第十一届委员会第一次会议召开。会议选举张俊雷为区政协主席，郭春兰、张锦亮、李延芳、曹卉、雷世全为区政协副主席，胡延斌为秘书长。

2月25日~3月1日　延安市宝塔区第十五届人民代表大会第一次会议召开，出席代表186人。大会选举韩耕洲为区人大常委会主任，高雨田、马维（女）、孙树清、王座山为区人大常委会副主任，选举王建军、呼世杰、杨东平、高鹰（女）、张建朝、张兴虎为副区长，选举常东山为区法院院长、张银祥为区检察院检察长。

4月23日　延安市委副书记、市政协主席忽培元带领市、区有关负责人检查城区环境卫生及“非典”防治工作。

4月24日　省委常委、延安市委书记王侠在忽培元、冯继红等陪同下，到火车站、汽车站、机场、延大附院、北关小学检查“非典”防治工作。

5月16日　市人大常委会主任刘兆年、副主任苏建荣、副市长冯继红在区委书记高春义等陪同下，检查市、区疾控中心及医疗单位预防“非典”工作。

5月30日　首批来自延大附院、市医院、市中医院、区医院的82名医护人员正式进驻宝塔区枣园镇邓家沟“非典”集中治疗区。

7月24日　解放军总医院院长朱士俊少将带领专家医疗队一行18人在副市长冯继红的陪同下，到枣园村等地为老干部、老红军和群众义诊。

8月12日　省委常委、延安市委书记王侠，市长张社年到宝塔区调研。

8月28日　延安市地方税务局宝塔分局被国家税务总局授予“全国税务系统文明单位”。

9月6日　由深圳团市委、福州康居工程公司各捐资20万元修建的桥沟镇深桥希望小学落成，习仲勋的妻子齐心，女儿齐桥桥，市委副书记、市政协主席忽培元出席竣工剪彩仪式。

11月23日　省委副书记、省纪委书记董雷在市委副书记、市纪委书记张钟灵陪同下，考察宝塔区川口乡党庄流域、柳林镇太春沟流域治理，并听取宝塔区退耕还林和党风廉政工作汇报。

2004年

1月6日　宝塔区人民武装部被中共陕西省委、省人民政府、省军区授予“先进团级单位”称号。

1月29日　省委常委、市委书记王侠在市委常委、区委书记高春义的陪同下，到枣园镇枣园村调研。

是月　宝塔区被科技部授予“2001～2002年度全国科技进步先进县（区）”荣誉称号。

2月27日　省委常委、市委书记王侠在市委常委、区委书记高春义的陪同下，到姚店镇贺家沟村宣讲“中央1号文件”。

3月3日　省委常委、市委书记王侠在市委常委、区委书记高春义的陪同下，到南泥湾镇考察南泥湾旧址建设。

3月17日　宝塔区科协第一次代表大会召开，市科协主席姬乃荣、区政协主席张俊雷、区政府副区长呼世杰等出席，大会通过《宝塔区科协章程》。

3月28日　市公安局宝塔分局破获市首例雇凶杀人案，出资30万元雇凶杀夫的丁某某等5名犯罪嫌疑人被抓获。

4月14～16日　中共中央政治局委员、书记处书记、中宣部部长刘云山到宝塔区，就基层文化建设、精神文明建设进行调研。

4月27日　中铝公司总经理郭声琨在省长贾治邦，省委常委、市委书记王侠，省委秘书长李堂堂，市委常委、区委书记高春义等陪同下，考察宝塔区桥沟中学校址，并出席向桥沟中学捐款仪式。

5月8日　中共陕西省委书记李建国，省委常委、常务副省长陈德铭在省委常委、市委书记王侠，市委副书记、市长张社年，市委常委、区委书记高春义等陪同下，到姚店镇炭家湾村、甘谷驿镇小张沟村就春耕生产、农民增收进行调研。

5月14日　宝塔区与浙江台州市椒江区缔结为友好区。

5月22日　由中国网通集团公司资助160万元援建的宝塔区南泥湾网通希望小学落成，中国网通集团党组书记、总经理张春江，副省长潘连生为中国网通南泥湾希望小学揭牌。同时，中国网通集团公司向南泥湾希望小学捐赠助学金、奖学金30万元。

是日　共青团中央书记处书记赵勇，省委常委、市委书记王侠为“南泥湾青年活动中心”揭牌。

5月26日　兰州军区副司令员邹庚壬、副政委张秋祥率军区支援西部大开发观摩团，到枣园镇庙咀沟考察小流域治理工程。

5月28日　省政协副主席刘石民带领省政协农村科普及实用技术培训工作调研组，到甘谷驿镇小张沟村科技养猪示范基地、姚店镇罗沟村山地果树培育基地进行专题调研。市委副书记刘雪松、市政协副主席张宏等陪同。

6月16日　宝塔区柳林镇、官庄乡等15个乡镇199个行政村先后5次遭受冷冻、风雹灾害袭击，造成直接经济损失4780.5万元。

是月　宝塔区被陕西省评为省级老龄工作先进区。

9月7日　民进中央在松树林乡陈则沟杏园琴希望小学召开全国“科技扶贫、生态扶贫”现场会，全国人大常委、民进中央副主席王立平，省政协副主席、民进陕西省主委刘锦才，市委副书记郑永强，市委常委、区委书记高春义等出席现场会。

9月9日　陕北草业机械化演示现场会在宝塔区甘谷驿镇召开，来自省内外40余家企业的73种机械产品参展。省农机局副局长惠志峰、市委副书记王建军出席演示会。

9月17日　省军区政委王振西到宝塔区考察人民武装工作。

9月19日　中日友好讲学会会长平天成人一行12人为冯庄乡沟门小学捐赠10万日元，资助贫困儿童上学。

9月25日　延河饭店、实验饭庄与北京首建集团联合开发项目签约仪式在延安宾馆举行。

10月1日　总投资1128万元、占地1.9万余平方米的石佛沟大桥广场建成开放。

10月17日　副省长王寿森在副市长李文浩等陪同下，到姚店镇柏林湾村考察苹果产业发展情况。

11月9日　省委常委、市委书记王侠在市委常委、区委书记高春义，市委常委、组织部部长高合元等陪同下，到宝塔区贯屯乡、蟠龙镇、冯庄乡就农业“两税”、产业开发、基层组织建设等进行调研。

是年　宝塔区被授予“国家级酸枣仁规范化种植示范基地”“陕西省中药材规范种植基地县（区）”称号。

2005年

1月8日　西安市中心医院与区医院缔结友好单位签字仪式在宝塔区医院举行。

3月1日　宝塔区新型农村合作医疗管理委员会成立，办公室设在区卫生局。

3月22日　汉中市汉台区与延安市宝塔区缔结为友好关系。

4月6日　民进中央主席许嘉璐到宝塔区松树林乡陈则沟村科教扶贫点考察。

4月30日　农业部副部长于永维在市委常委、区委书记高春义的陪同下，到宝塔区冯庄乡农贸公司良种牛繁育中心进行调研。

是月　宝塔区被国家人口计生委命名为“全国人口和计划生育信息化建设先进县（区）”。

是月　浙江省长兴县与宝塔区缔结为友好关系，并举行双拥工作座谈会。

5月3日　宝塔区人民武装部被兰州军区确定为“民兵规范化建设重点单位”。

5月6日　毛泽东后代毛新宇在区委常委、宣传部部长雷元富的陪同下，参观吴家枣园毛岸英旧居。

6月29日　延安市市长张社年到官庄、麻洞川、临镇镇等乡镇，就农业农村工作进行调研。

是月　宝塔区图书馆被文化部评定为“二级公共图书馆”。

7月22日　中共陕西省委副书记、省纪检委书记董雷到宝塔区就保持共产党员先进性教育活动开展情况进行调研。

8月16日　陕西山川秀美记者采访团到柳林太春沟流域、青化砭新庄科流域、梁村小刘沟流域、枣园张天河流域就退耕还林以及农村产业的发展进行采访。

8月22日　以省人大常委会副主任巩德顺为组长的《中华人民共和国药品管理法》（以下简称《药品管理法》）执法检查组，到宝塔区医院就《药品管理法》贯彻实施情况进行检查。

9月10日　省人大常委会副主任高宜新在市人大常委会主任刘兆年，市委常委、区委书记高春义，市人大常委会副主任李世清等陪同下，到柳林镇调研。

9月26日　省委常委、政法委书记宋洪武在市、区有关领导的陪同下，到凤凰办事处文化沟社区、南市办事处慧泽园小区和南市派出所进行调研。

10月15日　日本弘前大学教授福田博之到柳林镇对200多户果农进行苹果实用技术培训。

10月17日　副省长王寿森在副市长李文浩的陪同下，到柳林镇、姚店镇等考察苹果产业发展情况。

11月9日　省委常委、市委书记王侠在市委常委、区委书记高春义的陪同下，到贯屯乡、冯庄乡、蟠龙镇就“两税”减免、产业开发、党建工作进行调研。

12月14日　宝塔区贯屯乡卫生院院长刘易因公殉职，年仅33岁。

12月26日　市公安局宝塔分局成功破获在市场沟发生的“12·27”杀人案，犯罪嫌疑人何某、刘某、任某、吴某某、刘某某、江某被抓捕归案。

2006年

1月8日　中共中央政治局委员、书记处书记、中组部部长、中央先进性教育活动领导小组组长贺国强在省委书记李建国、省长陈德铭以及市、区主要领导的陪同下，到宝塔区柳林镇后孔家沟村党支部考察开展先进性教育活动情况，并慰问困难群众。同时，在宝塔区政府会议室主持召开农村先进性教育活动座谈会。

1月11日　市慈善协会在宝塔区举行春节送温暖献爱心活动，市慈善协会将价值20万元的慰问品委托宝塔区发放给190户特困户。

1月27~29日　中共中央总书记、国家主席、中央军委主席胡锦涛在中共中央政治局委员、书记处书记、中央组织部部长贺国强的陪同下，到延安看望慰问老红军、老八路、工作在一线的干部职工和部队官兵，与延安市各界人士一起欢度除夕夜；并先后到企业、农户进行考察调研，参观杨家岭、枣园革命旧址。

2月20日　临镇镇任家塬村被授予“全国文明村（镇）”称号。

3月1日　宝塔区对所有0~7岁儿童实行一类疫苗免费接种，为全市首家。

3月10日　宝塔区被国家环保总局正式命名为67个第四批国家级生态示范区之一，成为全省第一批被国家环保总局命名的国家级生态示范区之一。

4月17日　省委先进性教育活动第四巡回检查组组长刘镇一行，先后到枣园镇酸刺沟、庙沟村，川口乡偏桥村和赵尧村了解第三批先进性教育活动情况。

6月3日　民盟中央副主席、全国政协常委李丽生在省人大常委会副主任桂中岳以及市政协副主席、市委统战部部长李和平，市政协副主席、民盟延安市委主委高长天的陪同下，到宝塔区第四中学、育才小学进行调研。

6月20日　省委常委、政法委书记宋洪武到宝塔区调研社会治安工作。

7月28日　中国图书馆学会副理事、会长王余光，中国图书馆学会副主任李国新及10位中国图书馆学会专家到宝塔区图书馆调研。

8月2日　宝塔区出现罕见的雷阵雨、冰雹天气，柳林、临镇、官庄等18个乡镇受灾，损失近8000万元。

是月　由枣园村创建的“走进毛泽东展览馆”布展完毕。

是月　市、区联合投资40万元修复冯庄共青团支部革命旧址。

9月15日　省天然气公司捐资101万元支持枣园镇新农村建设。

10月16日　省人大常委会副主任高宜新带领省林业、农业等部门负责人，到宝塔区检查退耕还林工作。

10月23~26日　宝塔区“双高普九”工作顺利通过延安市评估验收。

10月31日　中共延安市宝塔区第十八次代表大会召开。会议选举高春义为区委书记，李炳智为区委副书记，侯世怀、雷元富、杨宏禄、朱国龙、杨东平、高鹰、张建朝、杨树栋、王子信为区委常委。同时，在区纪律检查委员会上，选举张建朝为区纪委书记。

11月30日　投资300多万元的蟠龙战役烈士陵园、青化砭战役旧址改造工程完工。

12 月 3~6 日　宝塔区普及实验教育工作顺利通过省教育厅评估验收。

2007 年

1 月 1 日　中共陕西省委追授宝塔区贯屯乡卫生院原院长刘易“优秀共产党员”称号。此前的 2006 年 7 月 27 日，卫生部追授宝塔区贯屯乡卫生院原院长刘易“人民健康好卫士”荣誉称号，并决定在全国卫生系统开展向刘易学习活动；9 月 10 日省委、省政府追授宝塔区贯屯乡卫生院原院长刘易“人民好医生”荣誉称号。

1 月 20 日　省委常委、市委书记李希在市委常委、区委书记高春义的陪同下，到宝塔区就党风廉政建设责任制落实情况进行检查。

1 月 24 日　司法部部长吴爱英到宝塔区考察司法行政工作。

5 月 10 日　由陕西西美机械设备进出口责任有限公司投资 7500 万元建设的延安圣安果业有限公司奠基仪式在蟠龙镇蟠龙村举行，市委副书记、市长陈强，市委常委、副市长、区委书记高春义出席奠基仪式。

5 月 22~25 日　政协延安市宝塔区第十二届委员会第一次会议召开，会议选举张俊雷为区政协主席，李延芳（女）、曹卉、孙建华、王宁、刘乐萍（女）为区政协副主席，付永发为秘书长，牛江涛等 22 人为常务委员。

6 月 10 日　市委副书记、市长陈强到南泥湾钻采公司、姚店镇、青化砭中心小学进行调研。

6 月 19 日　中共延安市委决定：杨霄任中共宝塔区委委员、常委、书记、区人武部党委第一书记；阚延军任中共宝塔区委委员、常委、副书记，推荐为宝塔区区长人选。

6 月 26 日　省人大常委会副主任高宜新带领省人大调研组一行 7 人到宝塔区就贯彻落实《中华人民共和国农业法》《陕西省人民代表大会常务委员会关于促进我省农业发展的决定》情况进行调研，市人大常委会副主任张宏、区委书记杨霄等陪同。

10 月 24~26 日　延安市宝塔区第十六届人民代表大会第一次会议召开，出席代表 184 人。会议选举王建军为区人大常委会主任，孙树清、王座山、张兴虎、李延莉（女）为区人大常委会副主任；选举阚延军为宝塔区人民政府区长，杨东平、高鹰（女）、张智慧、张永祥、李志锋、雷世全为宝塔区人民政府副区长，侯文春为区人民法院院长。

2008 年

4 月 22 日　省委常委、组织部部长李锦斌到南泥湾镇调研基层党建工作。

5 月 4 日　中共延安市委副书记、市长陈强到蟠龙果汁厂调研。

5 月 8 日　宝塔区召开“弘扬延安精神，加强作风建设”主题教育实践活动动员大会。市委副书记王建军，市政协副主席郭必选，区领导杨霄、王建军、阚延军、张俊雷、张建朝等参加会议。

5 月 14 日　宝塔区区直机关干部向四川地震灾区捐款，杨霄、王建军、阚延军和广大干部参加捐款活动，当日共募集救灾款 19. 8 万元。

5月19~21日　宝塔区党政代表团赴榆林、内蒙古鄂尔多斯考察，杨霄、阚延军、王建军、张俊雷等参加考察活动。

5月25日　由区委党史研究室编纂的党史系列丛书《延安保卫战之蟠龙战役》正式出版。

6月1日　受省委书记赵乐际、省长袁纯清的委托，省委常委、市委书记、市人大常委会主任李希专程到杨家岭福州希望小学慰问广大师生，传达中共中央政治局常委、中央书记处书记、国家副主席习近平给该校全体少先队员的复信精神。

6月28日　省委常委、市委书记李希到宝塔区计生局调研。

7月2日　奥运火炬在延传递，区领导杨霄、阚延军、朱国龙、范卫东参加火炬起跑仪式。

7月7日　宝塔区集体林权制度改革试点工作在川口乡启动，副区长张永祥出席启动仪式。

7月10日　副省长姚引良一行到宝塔区就农业农村工作进行调研。

8月25日　全国政协委员、省政协主席马中平到宝塔区考察苹果产业发展情况。

是日　西安市莲湖区与延安市宝塔区经济交流暨招商项目推介会召开，区领导杨霄、阚延军、杨东平、张雄德、杨树栋、王子信出席推荐会。

9月2日　全国政协副主席、民盟中央第一副主席张梅颖一行到宝塔区考察苹果产业发展。

10月9日　“首届中国·延安·宝塔山地苹果文化节”在延安体育场举行，副市长师合林宣布文化节开幕，区委书记杨霄致辞。

10月13~16日　宝塔区教育强区工作通过省教育强区检查验收团验收，成为陕西省达到教育强县（区）标准的第11个县（区）。

10月15日　副省长郑小明在副市长冯继红等陪同下，考察宝塔区南泥湾镇卫生院、麻洞川卫生院、松树林乡卫生院、金盆湾体育水上项目训练基地、柳林社区卫生服务中心、区计生服务站等，并参观南泥湾革命旧址。

10月16日　省委副书记王侠到宝塔区考察退耕还林工作。

10月25日　民歌剧《乡医刘易》参加陕西省第五届艺术节汇报演出，填补陕北民歌剧的空白。

11月20日　宝塔区举行城镇低收入家庭廉租住房补贴金发放仪式，副市长师合林、区委书记杨霄出席，并分别为43户代表发放补贴金。

11月28日　毛岸英生平事迹陈列馆开馆仪式在柳林镇吴家枣园村举行，毛岸英夫人刘思齐女士，毛泽东嫡孙毛新宇出席开馆仪式；毛新宇与市关工委主任徐金山为陈列馆揭牌，区领导杨霄、杨树栋及群众代表参加开馆活动。

12月5~15日　由宝塔区党政代表和民营企业家代表38人组成的考察团，赴江苏、浙江和上海等地学习考察。

12月15日　宝塔区家电下乡启动仪式在青化砭镇举行。

12月19日　宝塔区慈善协会成立并召开第一届会员代表大会，杨霄、王建军、张俊雷、杨东平、高寒、市慈善协会副会长张连义等参加会议。

2009年

3月15日　中共中央政治局常委、国务院副总理李克强在陕西省委书记、省人大常委会主任赵乐际的陪同下，到延安市宝塔区姚店镇了解家电下乡情况，并到八一敬老院看望慰问老红军。

3月20日　宝塔区召开第一批深入学习实践科学发展观活动动员大会。

3月21日　北京知青赴延安宝塔区插队40周年联谊会在北京延安文化展示中心举行，300多名北京知青代表与区领导欢聚一堂，共庆插队四十周年，追忆不平凡的历程。

3月27日　全省农村饮水安全现场推进会在宝塔区召开，省水利厅厅长谭策吾，市委常委、副市长高春义，区委书记杨霄，区长阚延军出席会议。

4月20日　省委常委、省军区政委夏龙祥到宝塔区枣园镇等地考察基层武装部正规化建设和装备保障等情况。

4月23日　在第十三届中国东西部合作与投资贸易洽谈会上，宝塔区代表团共签约合同、协议15个，签约引资总额21亿元。

5月7日　全国人大常委会副委员长司马义·铁力瓦尔地到宝塔区河庄坪镇井家湾村考察农家院。

5月12日　宝塔区首届“防灾减灾日”科普宣传活动在丽融广场、白坪广场、解放剧院广场启动。

6月10日　陕西书画家“画延安”采风活动在宝塔区启动。

7月2日　宝塔区与甘肃省武威市凉州区签约缔结为友好区。

7月16日　延安治平建工集团荣获“中华慈善突出贡献企业”奖。

7月28日　省人大常委会常委、内务司法委员会副主任委员、省委深入学习实践科学发展观活动指导检查组组长张延寿到宝塔区检查指导学习实践活动开展情况。

是日　香港德智源集团向宝塔区育才小学捐赠价值50万元的图书。

8月13日　中共中央军委委员、国务委员兼国防部部长梁光烈上将到宝塔区枣园镇考察陕西陆军预备役步兵第一四一师二团团直警侦连。

8月14日　省委常委、延安市委书记李希，市长陈强检查宝塔区长青路改造工程，区委书记杨霄、区长阚延军陪同检查。

8月21日　宝塔区与甘肃省庆阳市合水县缔结为友好县区。

9月6日　全国政协副主席李兆焯一行30人在市政协主席樊高林等陪同下，到区疾控中心、宝塔社区卫生服务中心、李渠中心卫生院考察。

9月21日　省地方志办公室主任、省委第二巡回检查组组长刘培仓到宝塔区检查指导科学发展观教育实践活动。

9月25日　卫生部副部长刘谦率西北地区卫生工作研讨会代表50余人，在省卫生厅厅长刘少明等陪同下，到宝塔区疾控中心、宝塔社区卫生服务中心检查指导工作。

10月10日　省委常委、市委书记李希到宝塔区柳林镇、枣园镇、李渠镇，就苹果产业开发、养殖业发展、城区造林绿化、农村养老等进行调研，区委书记杨霄、区长阚延军陪同。

10月27日　市委副书记、市长陈强到宝塔区就物流园区建设、经济适用房建设、方塔新区开发、宝塔山周边居民居住环境整治等进行调研，区长阚延军陪同。

10月29日　中央第四巡回检查组副组长、全国政协委员、提案委员会副主任毛林坤一行到宝塔区检查指导学习科学发展观活动。

11月17日　宝塔区与北京延安文化展示中心联合举办的以“弘扬延安精神、建设美好家园”为主题的延安宝塔山地苹果推介会在北京召开。

2010年

1月15日　市公安局宝塔分局荣获“全省优秀公安局”称号。

1月29日　宝塔区开展春节向贫困户送温暖献爱心活动，此次活动共筹集资金198.5万元，惠及全区470户困难群众。

3月3日　在全国检察机关第七次“双先”表彰会上，宝塔区人民检察院荣记“集体一等功”。

3月26日　延安市公安局宝塔分局凤凰派出所民警陈冰霞被公安部授予“全国公安机关爱民模范”称号。

3月30日　团中央书记处书记汪鸿雁在共青团陕西省委副书记张小平的陪同下，到宝塔区冯庄乡调研乡镇团建、养殖和种植协会团建工作，并参观中国新民主主义第一个农村团支部——冯庄团支部旧址。

4月2日　菲律宾施氏国际实业投资集团为宝塔区万花山小学捐赠人民币10万元，市委常委、统战部部长白慧芳，区委常委、副区长高鹰，区委常委、统战部部长王子信等参加捐赠仪式。

4月8~12日　宝塔区代表团在第十四届东西部投资与贸易洽谈会上共引进项目15个，总投资额达60亿元。其中，合同项目13个，投资金额56.2亿元；协议项目2个，投资额3.8亿元。

4月27日　宝塔区民营企业家、延安治平建筑工程集团公司总经理张平被授予“全国劳动模范”称号。

4月29日　陕西省军区政委夏龙祥带领工作组到宝塔区李渠镇、延长油田股份公司检查基层武装部正规化建设与民兵训练情况。

5月6日　省委常委、市委书记李希到宝塔区调研苹果防灾减灾和果树春管工作。

5月19日　省委常委、市委书记李希在市委常委、政法委书记曾岚，市委常委、副市长冯继红的陪同下，到宝塔区东关小学、延安育英中学检查综治维稳和校园安全工作。

5月21日　中共延安市委任命阚延军为宝塔区委书记。

5月22日　宝塔区与甘肃省华亭县缔结为友好县（区）。

5月26日　宝塔区第十六届人大常委会第十八次会议任命吴耀为宝塔区人民政府副区长、代区长。

5月29日　宝塔区与宁夏兴庆区缔结为友好县（区）。

6月11日　陕西省副省长郑小明到宝塔区中山图书馆考察。

6月12日　到延安参加全省纪检监察信访举报工作座谈会的代表，在市委常委、纪委书记杨鑫，区委书记阚延军，区委副书记、代区长吴耀，区委常委、纪委书记白妍等陪同下，现场观摩川口乡、枣园镇纪检监察信访举报工作，并观看由区纪委、监察局制作的信访听证终结会专题片。

6月23日　中共中央政治局委员、书记处书记、中宣部部长刘云山到宝塔区考察“基层共享工程及农家书屋”建设工作。

7月1日　以联合尼泊尔共产党（毛主义）副主席普拉卡什为团长的联合尼共（毛）干部考察团一行11人到宝塔区李渠镇张兴庄考察养鸡、新农村建设、党建工作。

7月15日　区委书记阚延军带领财政局、水利局、蔬菜局、畜牧局和枣园镇等主要负责人和专业技术人员，前往安塞县、甘泉县参观学习大棚蔬菜生产管理。

8月5日　宝塔区机关干部在区委门口开展向省“7·18”“7·23”特大暴雨洪涝灾区捐款活动，当日共募集资金18万元。

8月22日　中共中央政治局委员、中央政法委副书记、中央综治委副主任王乐泉在省委书记、省人大常委会主任赵乐际，省委常委、市委书记李希，省司法厅厅长路志强，区委书记阚延军等陪同下，先后到宝塔区司法局川口司法所、宝塔区人民法院调研基层人民调解、刑释解教人员安置帮教、社区矫正以及民事案件诉前人民调解工作。

9月9日　中共延安市委副书记、市长陈强，副市长师合林到宝塔区就统筹城乡发展进行调研。

9月11日　团中央书记处书记陆昊到宝塔区冯庄乡冯庄村调研“党建带团建”工作。

9月15日　省委常委、市委书记李希及副市长张西林到南泥湾调研景区开发建设情况。

10月25日　参加全市反腐倡廉示范点建设工作推进会的130余名代表，在区委书记阚延军，区委常委、纪委书记白妍的陪同下，先后观摩南市街道慧泽社区、地税宝塔分局和冯庄乡的党风廉政建设工作。

10月29日　中国人民解放军第四军医大学爱国主义教育基地揭牌仪式在延安“四八”烈士陵园举行，第四军医大学政治部副主任王东营，区委副书记、代区长吴耀，区人武部部长陈占波参加揭牌仪式。

11月8日　市、区文明委在宝塔区召开第一次联席会议，市委常委、宣传部部长、市文明委副主任薛义忠出席会议。

11月18日　宝塔区在包头市东河区举办山地苹果推介会，官庄乡、柳林镇等11个乡镇果农代表和自强果业合作社等6户销售商参加推介会。推介会上，与包头市诚信果品销售中心、包头市信誉果行签订50万千克的苹果销售意向书。

11月28日　在全国老区建设促进会成立20周年总结表彰大会上，区老促会会长朱万有荣获“全国老区建设优秀工作者”称号。

第一编　建　置

宝塔区位于陕西省北部、延安市中部，居延河中下游。地理坐标为北纬36°10′35″~37°02′21″，东经109°14′11″~110°05′29″。东西长77.1千米，南北长95.3千米，总面积3537.6平方千米。东临延长县，西靠安塞县，南与甘泉县、富县、宜川县毗邻，北同子长县、延川县接壤。地处陕北路网重要的交通枢纽，南距西安351.7千米，北距榆林278.8千米，东距太原434.7千米，西距银川435.6千米。1990年，延安市辖1区（南泥湾区委、区公所）、3个街道、7个镇、17个乡、558个村委会，总人口30.32万人。1996年12月26日，延安撤地设市，原县级延安市改称宝塔区。2001年11月，宝塔区进行乡镇区划调整。调整后，宝塔区辖1个区公所、3个街道、11个镇、9个乡、633个村委会，总人口34.85万人。2010年，宝塔区辖3个街道、11个镇、9个乡、611个行政村、33个社区、843个村民小组，总人口45.82万人。

第一章　沿革　区划

第一节　沿　革

宝塔区辖境，西周时为周人活动地区，春秋时曾是白翟部落居住地。战国时代，前期属晋，韩、赵、魏三家分晋后归魏，后归于秦。

秦统一天下，分全国为36郡，本境为高奴县，隶上郡（上郡治所肤施，在今榆林市王沙坬村前沙台），县城在今宝塔区桥沟镇尹家沟附近，本境东南为定阳县辖地，其县城在今宜川县境。

新莽建国元年（9）改高奴县为平利县。东汉复名高奴。灵帝中平六年（189），为匈奴所占据。东汉末年，郡县俱废。

魏晋时，境内居住匈奴等少数民族，未设县，置有戍守之所，称三城（在今宝塔区南部），为驻防重地。东晋、十六国时，先后属前秦、后秦、大夏。

南北朝时期（420~589），宋元嘉八年（431）大夏为吐谷浑国所灭，后本境成为北魏辖地。北魏太安二年（456），在本境南设临真县，因“城临真川水”，故名，隶北雍州定阳郡，辖地包括今延长县西部；又在境南设沃野县；太和元年（477），在今境东设广武县，辖地包括今延川县西部，其城址在今甘谷驿镇，同年设遍城郡，隶北雍州，领广武、沃野2县。

西魏大统三年（537）分临真县置真川县，辖地在临真县西，并设神水郡，治所真川，领真川、临真2县；同年，分广武县置文安县，隶文安郡（文安县境为今延川县地）；沃野县仍旧。西魏废帝三年（554），改东夏州为延州，仍治广武，领遍城郡、神水郡、文安郡、上郡。

北周保定四年（564），废神水郡，真川、临真2县改属遍城郡；建德六年（577），改广武县为丰林县，县城迁今李渠镇周家湾村，其城原为大夏郡主赫连勃勃所筑，人谓之赫连城。遍城郡治、延州州治俱徙丰林，遍城郡领丰林、沃野、真川、临真4县，延州领遍城、文安2郡。

隋开皇三年（583），撤销郡制，以州统县，遍城郡废。开皇十八年（598），废沃野县，辖地并入丰林县。大业元年（605），废真川县，辖地并入临真县。大业三年（607）分丰林、金明2县地置肤施县，沿用汉肤施县旧名，其城在今宝塔区城区延河东岸。同年，废延州，设延安郡，郡治肤施，领肤施、丰林、临真、延安等11县。延安县，本为西魏广安县，大业元年（605）因避太子杨广名讳改为延安县，辖地在今延长县境。

唐武德元年（618），延安郡改为延州。武德六年（623），分肤施县设金明县。天宝元年（742），复改延州为延安郡。乾元元年（758），再改为延州，治所肤施，领肤施、丰林、临真等10县。安史之乱后，延州隶鄜坊节度使府。终唐之世，本境置县未变。

五代十国时期（907~960），本境置县依旧，仍隶延州。延州后梁隶忠义军节度，余皆隶彰武军节度。其节度使府均在延州。

北宋初年，设路辖州。康定二年（1041）分陕西路置鄜延路，其经略安抚使治延州肤施。庆历五年（1045），肤施县城迁至今延安城内（延河西岸）。熙宁五年（1072），废丰林、金明2县，辖地并入肤施县。本境所置县即为肤施、临真。元祐四年（1089），升延州为延安府，府治仍为肤施，辖肤施、临真等7县。

南宋建炎二年（1128），金军攻克延安府，改设鄜延路。本境仍置肤施、临真县。

元至元二年（1265），废临真县，辖地并入甘泉县，本境所置县唯肤施。至元十一年（1274），改鄜延路，置延安路，治所肤施，领肤施、甘泉等8县及鄜州、绥德州、葭州，3州又下辖8县。至元十二年（1275），分陕西四川行中书省，置陕西等处行中书省，延安路隶之。

明洪武二年（1369），改延安路为延安府，治所肤施县。洪武九年（1376），改行中书省为承宣布政使司，延安府隶陕西等处承宣布政使司。

清实行四级行政制：省、道、府（直隶州、直隶厅）、县（散州、散厅）。肤施县仍为延安府治，延安府领肤施、甘泉等10县，隶陕西省延榆绥道，延榆绥道驻榆林。

民国2年（1913），废延安府，肤施县隶榆林道。民国22年（1933），废道，以省直接辖县，肤施县隶陕西省。

1935年5月，苏维埃政权在本境北部梁村一带设延安县，同年7月在境南龙儿寺（今柳林麻庄）设肤甘县（辖地跨肤施、甘泉二县），同月在本境东南部当时为甘泉县辖地的麻洞川设红泉县。9月，分肤甘县设肤施县。

1936年12月“西安事变”发生后，肤施县城解放。1937年1月13日中共中央进驻肤施城，当月在城区设立抗日救国会，陕甘宁边区政府成立后，直属陕甘宁边区政府，同年2月肤施县（原肤甘县）并入延安县，亦直属陕甘宁边区政府领导，县政府驻川口。3月，宜川县与红泉县合并为红宜县。7月，红宜县改称固临县，直属陕甘宁边区政府领导。同年10月，城区正式成立延安市政府，直属陕甘宁边区政府领导。

1942年12月，边区政府设置延安属分区行政督察专员公署，延安县隶属于延安属分区行政督察专员公署。

1944年5月，设立南泥湾垦区（县级建制），1945年固临县的临镇区和延安县的金盆湾区划归南泥湾垦区，直属陕甘宁边区政府。

1947年3月19日，胡宗南军队进犯延安。1948年4月22日，中国人民解放军收复延安。

同年8月，南泥湾垦区和固临县部分辖区合并为临真县，县政府驻临镇。

1949年2月，撤临真县，辖区分别划归延安县和延长县。同年3月，延安市并入延安县，县政府由东二十里铺迁驻南关，延安市降为区级市，属延安县。5月，陕甘宁边区政府迁驻西安市，延安县归属陕北行政公署，撤销延安属分区。1950年5月整编，撤销陕北行政公署，延安县隶属于延安专区。

1954年4月，延安县人民政府改延安市为城关区。1958年12月，甘泉县全部和安塞县境南并入延安县，1961年，恢复甘泉、安塞县级建制。1968年8月，延安县人民委员会改称“延安县革命委员会”。1969年，延安专区改称延安地区革命委员会。

1970年5月16日，延安县分为延安城区和延安县两个县级建制，均属延安地区革命委员会。

1972年3月，国务院批准延安城区为延安市，1975年8月，撤延安县设延安市，隶属于延安地区。1979年3月，延安地区革命委员会改称延安地区行政公署；12月，延安市革命委员会改称延安市人民政府，属延安地区行署。

1996年12月26日，延安地区撤地设市，原市改为区，取域内著名的延安宝塔而改称为宝塔区，为中共延安市委、市人民政府所在地，是延安市政治、经济、文化中心。

第二节 区 划

明弘治年间（1488～1505）编户二十七里，即：兴仁一里、兴仁二里、兴仁三里、兴仁四里、丽泽里、金明里、普济一里、普济二里、丰富一里（今冯庄乡）、丰富二里（今丁庄乡）、仕民一里、仕民二里、南城一里、南城二里、镇西一里、镇西二里、镇东一里、镇东二里、岐连一里、岐连二里、牡丹一里（今梁村乡）、牡丹二里（今张坪乡）、西宁一里、西宁二里、西宁三里、东安一里、东安二里。

清编户十九里。嘉庆七年（1802）编户四里：仁育里、义正里、忠贞里、信成里。

民国2年（1913），肤施县城内设延肤镇和安午镇以及2个联保处，各管辖5个保（共10个保）；农村设6个区：刘万家沟为东一区，青化砭为东二区，甘谷驿为东三区，盐店子为西区，河庄坪为北区，南三十里铺为南区。

民国3年（1914）至民国23年（1934），肤施县下辖2个联保处10个保和6个区公所：一区（南三十里铺）、二区（北河庄坪）、三区（西盐店子）、四区（东区刘万家沟）、五区（东二区青化砭）、六区（东三区、甘谷驿、杨家湾）。

1935年，红泉县苏维埃政府下设6个战区，其中本境内有3个战区：临镇为战一区辖5个乡、申庄为战二区辖5个乡、金盆湾为战三区辖5个乡；肤施县苏维埃政府下设4个战区16个乡：张兴庄为战一区辖2个乡、南庄河为战三区辖5个乡、佛道坪为战四区辖5个乡、肖庄为战五区辖4个乡；延安县苏维埃政府下设4个区20个乡：沟门（丁庄乡）为北一区辖5个乡，石沟为二区辖6个乡，童家沟为东一区辖5个乡，元龙寺为东二区辖4个乡。1936年6月，将红泉县申庄战二区划归肤施县，肤施县苏维埃政府下设5个战区21个乡。

1936年12月18日，国民党军队撤离肤施城，工农红军进驻。1937年10月，在城区设延安市，下设3区13乡，即东区辖3个乡，南区辖4个乡，西北区辖6个乡。3月，延安县政府下设8区37乡，其中南十里铺为南区辖6个乡、赵家崖为西区辖5个乡、庙沟（李渠）为中区辖8个乡、丁庄为北一区辖5个乡、刘小沟为北二区辖6个乡、童家沟为东一区辖6个乡、元龙寺为东二区辖4个乡、蟠龙区辖7个乡。同月，红泉县与宜川县合并为红宜县，县政府驻固州（今延长县赵家河乡），后称固临县，县政府驻赵家河，下设6个区、26个乡（市），其中域内的临镇区辖临镇市和4个乡，金盆湾区辖5个乡。

1941年，固临县所辖金盆湾区划归延安县，并将南区改为柳林区，西区改为河庄区，中区改为川口区，北一区改为丰富区，北二区改为牡丹区，东一区改为姚店区，东二区改为乌阳区，增设青化区，全县共10个区53个乡。

1943年，延安县政府由川口迁驻二十里铺，1944年5月，在金盆湾设南泥湾垦区。1945年，固临县临镇区、延安县金盆湾划归南泥湾垦区，直属边区政府领导，垦区辖2区1市（临镇市）10乡，其中临镇区辖1市4乡，金盆湾区辖6乡。

1947年3月，胡宗南进犯延安，1948年4月光复后，延安市由原3区13乡变成3区10乡，撤销旧城乡并入南关乡，撤销北关乡并入文化乡，撤销西郊乡并入枣园乡。

1948年8月，将南泥湾垦区和固临县合并为临真县，县政府驻临镇，辖6区25乡和1市。

1949年2月，撤销临真县，部分辖地划归延安。3月，延安市并入延安县，县政府迁驻南关市场沟口，辖1市10区64乡：延安市（区级）辖5乡，河庄坪区辖7乡，川口区辖8乡，丰富区辖5乡，姚店区辖7乡，青化区辖6乡，牡丹区辖6乡，蟠龙区辖5乡，柳林区辖6乡，金盆湾区辖4乡，临镇区辖5乡。

1950年5月，经整编，延安县设1市7区50乡，原丰富区、牡丹区被撤销，金盆湾区、临镇区合并为金临区。

1951 年初，各区名称以序数命名，柳林区改称一区，金盆湾区改称二区，姚店区改称三区，川口区改称四区，青化区改称五区，蟠龙区改称六区，河庄坪区改称七区。1952 年 6 月，二区（原金临区）复分出临镇区，称八区。

1954 年 4 月，延安县人民政府改延安市为延安城关区。1955 年 6 月，各区恢复由地名命名的名称，撤销青化区，金盆湾与临镇两区合并为麻洞川区，成为 7 区 35 乡：城关区辖 3 乡，柳林区辖 3 乡，麻洞川区辖 7 乡，拐峁区辖 8 乡，甘谷驿区辖 5 乡，蟠龙区辖 7 乡，河庄坪区辖 2 乡。

1958 年 5 月，撤销柳林区、河庄坪区、崾崄乡与太富河乡合并为官庄乡，9 月撤销拐峁、甘谷驿、蟠龙、麻洞川 4 区，35 乡合并为 13 乡（镇）：城关镇（辖 3 个办事处）、柳林乡、麻洞川乡、临镇乡、川口乡、李家渠乡、冯庄乡、姚店乡、甘谷驿乡、元龙寺乡、梁村乡、蟠龙乡、枣园乡。

1958 年 12 月，甘泉县全境和安塞县境南并入延安县，下辖 16 个人民公社 61 个管区和 3 个街道：城关镇公社辖 3 个街道，柳林公社辖 3 个管区，李家渠公社辖 6 个管区，冯庄公社辖 4 个管区，姚店公社辖 5 个管区，梁村公社辖 3 个管区，甘谷驿公社辖 2 个管区，蟠龙公社辖 4 个管区，麻洞川公社辖 4 个管区，临镇公社辖 3 个管区，甘泉公社辖 3 个管区，道镇公社辖 3 个管区，下寺湾公社辖 4 个管区，高桥公社辖 5 个管区，沿河湾公社辖 5 个管区，招安公社辖 7 个管区。

1961 年恢复甘泉、安塞县建制，延安县改为 1 市 23 个人民公社，即：延安市，柳林、南泥湾、松树林、麻洞川、临镇、姚家坡、官庄、万花山、枣园、河庄坪、碾庄、川口、冯庄、李家渠、姚店、元龙寺、梁村、张坪、蟠龙、甘谷驿、青化砭、贯屯、下坪人民公社。

1965 年 4 月，撤销张坪公社，并入梁村公社，撤销姚家坡公社，并入临镇公社，延安市改为城关镇人民委员会，农村有 21 个人民公社。1971 年 4 月，重新增设张坪公社。

1970 年 5 月，延安县分为延安县和延安城区 2 个县级建制。城区辖 3 个城市街道 37 个居委会，枣园、柳林、桥儿沟 3 个人民公社 13 个生产大队。

1972 年 3 月，延安城区改为延安市，延安县所辖万花山、河庄坪公社划归延安市所辖，延安市共辖 36 个居委会 8 个人民公社和 100 个生产大队（后改为 102 个）：南市公社辖 13 个居委会，宝塔山公社辖 13 个居委会，凤凰山公社辖 10 个居委会，柳林公社辖 21 个大队，枣园公社辖 21 个大队，万花山公社辖 15 个大队，河庄坪公社辖 25 个大队，桥儿沟公社辖 18 个大队；延安县辖 18 个公社 352 个生产大队和 3 个街道 15 个居委会。

1975 年 8 月，撤销延安县，并入延安市。1980 年 5 月，延安市人民政府由南关迁到宝塔山下。1983 年 11 月，延安市设南泥湾区公所（副县级建制）。

1984 年 9 月，农村人民公社改为乡（镇）人民政府，城市人民公社改为街道办事处，生产大队为行政村成立村民委员会，自然村成立村民小组。

1986 年，由冯庄乡分出 15 个行政村，设丁庄乡。

1989 年，延安市下设南泥湾区公所（副县级）；有南市、宝塔山和凤凰山 3 个街道，辖 39 个居民委员会；临镇、南泥湾、李渠、姚店、甘谷驿、青化砭、蟠龙 7 个镇，辖

15 个居民委员会、190 个村民委员会和 84 个村民小组；柳林、万花山、松树林、麻洞川、官庄、桥儿沟、川口、河庄坪、枣园、碾庄、冯庄、元龙寺、梁村、张坪、丁庄、贯屯、下坪 17 个乡，辖 366 个村民委员会、429 个村民小组。

1990 年，延安市辖 1 区（南泥湾区公所）、3 个街道、7 个镇、17 个乡、558 个村民委员会，总人口 30.32 万人，即宝塔山、南市、凤凰山 3 个街道；姚店、蟠龙、南泥湾、临镇、青化砭、李渠、甘谷驿 7 个镇；枣园、柳林、川口、碾庄、梁村、冯庄、下坪、元龙寺、官庄、贯屯、松树林、麻洞川、河庄坪、张坪、丁庄、桥儿沟、万花山 17 个乡。

1996 年 12 月，撤销延安地区和县级延安市，设立地级延安市和县级宝塔区，原县级延安市的行政区域为宝塔区的行政区域。

1998 年 6 月，枣园乡、河庄坪乡、柳林乡、桥沟乡撤乡建镇。宝塔区辖 3 个街道、11 个镇、13 个乡。

2001 年 12 月，撤销下坪乡并入蟠龙镇，撤销张坪乡并入梁村乡，撤销碾庄乡并入李渠镇，撤销丁庄乡并入冯庄乡。宝塔区辖 3 个街道、11 个镇、9 个乡。

2004 年，撤销南泥湾区公所。

2010 年，宝塔区辖宝塔山、凤凰山、南市 3 个街道；姚店、蟠龙、青化砭、甘谷驿、李渠、南泥湾、临镇、河庄坪、桥沟、枣园、柳林 11 个镇；川口、梁村、冯庄、麻洞川、万花山、松树林、元龙寺、贯屯、官庄 9 个乡，611 个行政村、33 个社区，843 个村民小组。

第二章　街道镇乡

第一节　街　道

一、南市街道

因地处延安市城区南部，又有新市场而得名。街道东临延河与宝塔山街道隔河相望，南至七里铺街二庄科沟口与柳林镇毗邻，西靠凤凰山麓与万花山乡相连，北至南门坡育才小学与凤凰街道接壤，是中共延安市委、市人民政府、中共宝塔区委所在地。南市街道办事处于 1984 年 9 月由南市人民公社改设而来，2008 年，办公地址从七里铺街搬迁到市场沟 35 号。

1990 年，南市街道总面积 4.7 平方千米，有居委会 21 个。1999 年居委会整合为 6 个社区，改称为社区居民委员会。

2002 年 9 月，居民委员会整合为 7 个社区。南市街道办事处设党政办公室、计划生育服务站、社会事务管理办公室、社区服务办公室 4 个工作机构。

2008 年，建成杜甫川社区、市场沟社区办公楼和办事处社区服务综合楼。2010 年 9 月，新增慧泽社区，办公地址设在慧泽园三期 A 区，办公楼为三层单边楼。

2010 年底，南市街道辖南桥、南关、慧泽、市场沟、七里铺、凉水井、杜甫川、马家湾 8 个社区居民委员会，下设 25 个居民小组，常住人口 65769 人。南市街道辖区有南关街、七里铺大街、市场沟街 3 条商业街道；有南桥广场、边区银行旧址广场、家和购物广场 3 个广场，其中南桥广场和边区银行旧址广场是周围居民晨练、娱乐的主要场所；有慧泽小学、南关小学、宝塔区实验小学、宝塔高级中学、宝塔区第二中学、宝塔区第四中学 6 所学校；有宝塔区人民医院、南市社区卫生服务中心、延安市人民医院 3 所医院。

二、凤凰山街道

位于宝塔区城区中心，因地处凤凰山麓而得名。街道南起育才小学与南市街道相邻，北至枣园莫家湾与枣园镇接壤，东临延河与宝塔山街道隔河相望，西靠凤凰山麓。延河由北至南，南河从西向北在宝塔山下两河交汇，向东绕境而过。域内有著名的凤凰山革命旧址和中国抗日军政大学、中央党校红色革命旧址。凤凰山街道办事处于 1984 年 9 月由凤凰山人民公社改设而来，办公地址位于延安市北大街 11 号。

1990 年，凤凰山街道辖 9 个居委会。2002 年 4 月，居委会合并为 6 个，改称社区居民委员会，居委会干部 22 人。2002 年 9 月，凤凰山街道办事处设工作机构 4 个，即党政办公室、计划生育服务站、社会事务管理办公室、社区服务办公室。

2010 年，凤凰山街道辖枣园、文化沟、北关街、北门口、中心街、凤凰山 6 个社区居民委员会，设 18 个居民小组，辖中、省、市驻宝塔区党政机关、企事业单位 168 个，常住人口 50895 人。凤凰山街道是延安市城区经济、商贸、文化、教育的集中地。有中心街、二道街、大桥街 3 条商业街道，商场有银海大厦、百货大楼、中延国际购物、国贸大厦、亚圣经贸大厦、丽融广场；有延安中学、宝塔区第五中学、励博中学、北关小学、育才小学 5 所学校；有延安大学附属医院、延安市中医医院、凤凰社区卫生服务中心 3 所医院。

三、宝塔山街道

地处延安市城区东部，因域内有驰名中外的宝塔山而得名。街道东与桥沟镇接壤，南与南市街道相连，西与凤凰山街道相邻，北与河庄坪镇、枣园镇毗邻。辖区总面积 14 平方千米。宝塔山街道办事处于 1984 年 9 月由宝塔山人民公社改设而来，办公地址位于东大街 16 号。辖区有著名的宝塔山景区、清凉山景区、王家坪革命纪念馆、王家坪革命旧址、杨家岭革命旧址。

1990 年，辖居委会 13 个，居委会干部 26 人。2002 年 5 月，13 个居委会整合为 7 个社区，改称社区居民委员会，即杨家岭、王家坪、宝塔山、东关街、东风、东苑、向阳社区居民委员会，有居委会干部 28 人。

2010 年，辖杨家岭、王家坪、东关街、向阳、东苑、东风、宝塔山、兰家坪 8 个居民委员会，有中央、省、市行政企事业单位 185 个，常住人口 54900 人。有解放剧院、大桥和文化艺术中心3个广场，是居民休闲、娱乐、锻炼等活动的主要场所；主要街道有东大街、迎宾大道；延安长途汽车东站位于东大街；建有154个室内活动室。辖区内有宝塔区东关小学、创新实验小学、宝塔区实验中学等学校；有宝塔社区卫生服务中心、博爱医院、宝塔山医院3所医院。

第二节　建制镇

一、枣园镇

1998年6月，枣园乡撤乡建镇，因镇人民政府驻枣园村得名，是宝塔区城郊镇，东临延河，南接万花山乡，西连安塞县高桥乡，北依河庄坪镇，土地面积115.70平方千米，镇政府驻地距宝塔区城区7.5千米。

1990年，枣园乡有19个村委会，33个自然村，2598个劳动力，总耕地面积26420亩。农民主要种植玉米、谷子、马铃薯。1996年，农民主要产业由原来的粮食产业向苹果产业过渡，以苹果为主的经济林面积2.6万亩，山桃、山楂1.44万亩。

1998年3月，侯家沟村划分为侯家沟和华林两个行政村。6月，枣园乡撤乡建镇。

2001年，枣园镇建成果树专业村7个，经济林面积1.67万亩；蔬菜专业村7个，建成冬暖式日光节能大棚1020座，鱼塘200亩，有三产专业户316户。

2006年，全镇农业人口2220户、8598人，农业总产值3700.03万元，农民人均纯收入2860元。建成裴庄村风味羊肉系列小吃一条街。张天河生态治理项目总面积30.18平方千米，区域内基本农田4318亩，经济林3.5万株，乡土树268万株，新修环山公路30千米。

2009年，枣园镇形成“857”产业格局，即近郊8个三产专业村、川道5个蔬菜专业村、拐沟7个果畜专业村。有大棚1032座，弓棚1052座，露地菜400亩，果树面积2.02万亩，农家乐经营户54户。

2010年，枣园镇辖上砭沟、沙马坪、侯家沟、邓家沟、阳崖、温家沟、川口、下砭沟、石佛沟、韩家沟、刘家河、庙咀沟、酸刺沟、延店则、张天河、庙沟、枣园、裴庄、莫家湾、华林20个行政村，33个自然村，41个村民小组；镇属企事业单位7个，有中小学8所，社区卫生服务中心1所；驻镇企事业单位19个。全镇总人口4126户、12741人，其中农业人口2242户、8721人。有川、台、坝基本农田1.5万亩；林地14.13万亩，其中生态林7.88万亩，以苹果为主的经济林2.12万亩，退耕还林地面积2.66万亩，荒山造林面积1.47万亩。蔬菜大棚1020座，弓棚1032座，露地菜栽植2600亩；大家畜存栏485头（匹），羊存栏447只，猪存栏2827头。农民人均纯收入7168元。

镇内有枣园革命旧址、《为人民服务》讲话台；有中国延安干部学院、延园中学和延安职业技术学院等中央、省、市重点院校。全面实现村村通电、通自来水、通柏油路、通电视和手机信号。

1990～2010年枣园镇农业发展情况统计表

表1-2-1

年份	乡村人口（人）	粮食作物面积（亩）	粮食产量（吨）	人均产粮（千克）	水果面积（亩）	水果产量（吨）	其中苹果面积（亩）	其中苹果产量（吨）	农民人均所得（元）
1990	7629	21435	3636	477	—	—	—	—	493.48
1991	7715	22900	3514	455	—	—	—	—	664
1992	7830	20700	3405	435	—	—	—	—	665
1993	7885	20740	3962	502	17965	2025	16877	2000	886
1994	7935	22090	3991	503	25425	2425	21510	2365	1049.8
1995	7960	19110	3980	495	26010	3732	—	3625	1274
1996	7980	18495	5987	750	23940	3600	20250	3484	1600
1997	7986	24870	3991	499	16455	2000	14415	1899	1068
1998	8026	19890	5908	736	16455	1900	—	1900	1650
1999	8050	17625	5093	633	—	—	—	—	1850
2000	8070	16095	3076	381	16455	2800	12990	2424	1830
2001	8110	19095	2447	302	16455	2950	12990	2552	1930
2002	8128	18930	3295	405	16455	3150	15945	2992	2130
2003	8252	14655	2848	345	16455	3550	15945	3403	2330
2004	8368	19305	3074	367	16755	5900	16245	5634	2529.9
2005	8488	17100	2805	330	18255	7166	17745	6900	2680
2006	8598	17325	3007	350	18255	8989	17745	8800	2860
2007	8703	16245	2500	287	18705	10689	18195	10500	3130.2
2008	8716	15690	3175	364	19710	11989	19200	11800	3628.9
2009	8721	15690	3173	364	20710	13380	20200	13200	4671
2010	8721	13138	3064	351	21795	15405	21195	15200	—

说明：农业发展情况统计表中的数据来源于《延安市（宝塔区）国民经济与社会发展统计资料》，其他数据由乡镇提供

二、柳林镇

宝塔区城郊镇，地处宝塔区南部，因镇人民政府驻柳林村而得名。东与川口乡、松树林乡相连，南邻南泥湾镇和甘泉县崂山乡，西接万花山乡，北与南市街道、桥沟

镇毗邻，土地面积251平方千米，辖区东西最大距离10千米。镇内有南区供销合作社旧址、吴枣园毛岸英旧居、位于二十里铺村的故城遗址和位于三十里铺村的忠义冢、延安火车站、延安长途汽车南站，西延铁路、西延高速公路、210国道穿境而过。镇人民政府驻地距宝塔区城区2千米。柳林村始于清乾隆元年（1736），是以村处柳树成林之地得名。

1991年，抓粮食生产的同时，以林果生产为主导产业，向管理系列化、创优质、夺高产发展，加大果树技术培训，全镇有经济林1.7万亩，其中苹果树1.2万亩。按照“若要富，栽果树”的思路，在全乡形成山地成片、院落成荫的“务果热”氛围。

1998年6月，柳林乡撤乡建镇。

2010年，柳林镇辖燕沟、柳林2个居民委员会和柳树巷、鸡蛋峁、虎头峁、王家沟、太春沟、二庄科、沟门、山狼岔、杨家湾、克来沟、槐树洼、毛则沟、康圪崂、飞马河、叶家庄、南庄河、杨家畔、石头沟、稍元梁、二十里铺、三十里铺、四十里铺、前孔家沟、后孔家沟、柳林、牛庄、元庄、仁台、金庄、中庄、侯庄、新窑、赵庄、北沟、何庄、庙河、龙寺、麻塔、高坡、吴枣园、麻庄村等41个行政村，54个村民小组。辖区内有初级中学1所，中心小学1所、幼儿园1所，社区卫生服务中心1所。全镇总人口8877户、26033人，其中农业人口3818户、15576人。耕地面积2.8万亩，退耕还林地面积3.86万亩，荒山造林面积6524.5亩；羊存栏1750只，猪存栏2307头。

柳林镇产业发展结构是川道村以发展第三产业为主，拐沟村以发展山地苹果产业和养殖业为主。全镇山地苹果面积3.74万亩，其中挂果面积2.6万亩。全年农村经济总收入1.73亿元，农民人均纯收入7200元，实现村村通油路，移动网络、固定电话、有线电视全覆盖。名优特农产品主要有苹果、土鸡蛋。

1990~2010年柳林镇农业发展情况统计表

表1-2-2

年份	乡村人口（人）	粮食作物面积（亩）	粮食产量（吨）	人均产粮（千克）	水果面积（亩）	水果产量（吨）	其中苹果面积（亩）	其中苹果产量（吨）	农民人均所得（元）
1990	11666	24035	6006	515	—	—	—	—	510
1991	11853	30689	4839	408	—	—	—	—	612
1992	11987	26300	4864	406	—	—	—	—	718
1993	12075	25900	6615	548	25824	990	24746	918	958
1994	12100	28200	6292	520	23715	1635	19275	1000	1216.6
1995	12270	32295	6175	504	26745	3632	—	3006	1403
1996	12300	24480	7599	618	16455	3300	13005	3088	1608
1997	12481	33345	3795	304	38100	2000	35685	1788	1056

续表

年份	乡村人口（人）	粮食作物面积（亩）	粮食产量（吨）	人均产粮（千克）	水果面积（亩）	水果产量（吨）	其中苹果面积（亩）	其中苹果产量（吨）	农民人均所得（元）
1998	12549	36870	7908	630	27000	1952	27000	1952	1648
1999	12972	35700	7754	598	—	—	—	—	1856
2000	13000	31395	7878	606	22020	3100	16500	3000	1886
2001	13172	35175	6191	470	22020	3260	16500	3217	1898
2002	13315	34410	6621	497	22020	3500	17505	3457	2048
2003	13502	26745	5934	439	22020	3900	17505	3300	2256
2004	13694	24195	6183	452	23040	11000	18525	10290	2435. 9
2005	13803	25305	7219	523	33045	13710	28530	13000	2836
2006	13912	24045	5408	389	33045	16750	28530	16200	3238
2007	14032	23700	5624	401	37035	22880	32520	22400	3691
2008	14206	22395	5342	376	40035	25680	35520	25200	5362. 5
2009	14206	22395	5288	372	41035	31480	36520	31000	6074
2010	15576	22395	5289	340	40440	35785	37365	35100	—

说明：农业发展情况统计表中的数据来源于《延安市（宝塔区）国民经济与社会发展统计资料》，其他数据由乡镇提供

三、桥沟镇

位于宝塔区城乡接合部，是城郊镇，镇域面积 112. 3 平方千米。东与李渠镇毗邻，南与柳林镇接壤，西北与枣园镇、河庄坪镇为界。镇内延河流经长度约 18 千米，主要交通干道有 210 国道、神延（延安至榆林市神木县）铁路、西延高速公路、延安飞机场。镇内有鲁迅艺术文学院旧址、白求恩医院旧址等。

1990 年，桥儿沟乡人民政府驻地尹家沟村，全乡辖 30 个行政村、52 个自然村，耕地面积 1. 62 万亩，其中水浇地 3231 亩，人均耕地面积 1. 2 亩。以蔬菜、粮食生产为主，蔬菜种植面积 7134 亩。

1991 年 9 月，桥儿沟乡 9 个村委会分设为 21 个独立村委会。所辖 42 个行政村，总人口 13680 人，耕地面积 1. 60 万亩，其中蔬菜面积 4000 亩、粮食面积 1. 16 万亩。

1994 年，建成 507 个蔬菜大棚，蔬菜播种面积 7700 亩，产量 25004 吨，产值 1000 万元。“九五”期间，蔬菜产业成为全镇主导产业。

1996 年 12 月，因撤地设市，延安市改为宝塔区的同时，桥儿沟乡改为桥沟乡。

1998 年 6 月，桥沟乡撤乡建镇，2004 年，镇人民政府驻地由尹家沟村迁至桥沟村。

“十一五”期间，因城市建设和土地征用，全镇蔬菜种植面积逐年减少，2006 年蔬菜种植面积 620 亩。

2007 年，确立“城郊村抓三产建设，拐沟村抓主导产业发展”的发展方向，桥沟镇第三产业不断壮大。

2010 年，桥沟镇辖杨家湾、尹家沟、南寨砭、黄蒿洼、枣园、方塔、麻塔、朱家坬、薛场、夏咀、罗家坪、泽子沟、野狐子沟、桥沟、东胜、进塔、一里坡、杨家岭、王家坪、任家窑则、向阳、东关、十里铺、刘万家沟、高家沟、炭窑沟、二十里铺、柳树店、王岔沟、小王庄、张家河、常兴庄、烟洞沟、七里铺、高家园则、马家湾、文化沟一村、文化沟二村、市场沟、白坪、北关 41 个行政村，有中小学 5 所、社区卫生服务中心 1 所。全镇总人口 12772 户、33450 人，其中农业人口 6061 户、17654 人；耕地面积 1.31 万亩，退耕还林地面积 14647.5 亩，荒山造林面积 9697 亩；羊存栏 140 只，猪存栏 810 头；全年全镇经济总收入 12874.66 万元，其中第三产业收入占总收入的 80%以上，农民人均纯收入 6006 元。

1990~2010 年桥沟镇农业发展情况统计表

表 1-2-3

年份	乡村人口（人）	粮食作物面积（亩）	粮食产量（吨）	人均产粮（千克）	水果面积（亩）	水果产量（吨）	其中苹果面积（亩）	其中苹果产量（吨）	农民人均所得（元）
1990	13433	12521	2086	155	—	—	—	—	603.48
1991	13680	11374	2049	150	—	—	—	—	708
1992	13920	13200	2510	180	—	—	—	—	780.96
1993	14168	12318	2250	159	13000	470	—	417	1013.29
1994	14247	11912	2851	199.7	8805	2060	8235	979	1303.6
1995	14384	17205	3432	238	10395	579	—	550	1427.77
1996	14492	14595	4069	281	11625	800	11250	745	1608
1997	14542	17055	2035	140	6405	396	6375	371	1375
1998	14647	15435	3850	263	6405	600	—	490	1688
1999	14742	16290	3347	227	—	—	—	—	1933
2000	14733	11760	2290	155	3525	600	3045	571	1963
2001	14745	13815	2629	178	3525	750	3045	715	2121
2002	14946	12015	2190	146	3525	900	2925	887	2326
2003	15043	5505	1033	67	3525	900	2925	801	2486
2004	15429	9870	1433	93	3930	2000	3330	1786	2604.4
2005	15595	8025	1249	80	4935	2214	4335	2000	2860
2006	16347	5989	1340	82	5940	3070	5340	3000	2955.8

续表

年份	乡村人口（人）	粮食作物面积（亩）	粮食产量（吨）	人均产粮（千克）	水果面积（亩）	水果产量（吨）	其中苹果面积（亩）	其中苹果产量（吨）	农民人均所得（元）
2007	16897	5989	1218	72	6105	3670	5505	3600	3499.4
2008	17049	7215	1776	104	6420	4070	6000	4000	3938
2009	17425	7242	2006	115	6420	4570	6000	4500	3968
2010	17654	6584	1547	88	6855	5160	6495	5100	—

说明：农业发展情况统计表中的数据来源于《延安市（宝塔区）国民经济与社会发展统计资料》，其他数据由乡镇提供

四、河庄坪镇

宝塔区城郊镇。位于宝塔区北部，延河中上游地带，南与市区接壤，西靠枣园镇，北与安塞县毗邻，东与桥沟镇、李渠镇、冯庄乡交界，土地面积101平方千米。镇人民政府驻河庄坪村，距宝塔区城区8千米。辖区内有“四八”烈士陵园、原中央医院旧址、陕甘宁边区保育院旧址等，包茂高速、206省道南北向穿越镇区，延长石油股份有限公司南泥湾采油四厂和包茂高速延安北出口设在石圪塔村。

1978年3月，解放军西安政治学院在河庄坪村建立延安教学基地。1992年，长庆采油一厂进驻河庄坪村，是长庆油田的生产服务基地之一。

1998年6月，河庄坪乡撤乡建镇。

2008年，主导产业以苹果业、棚栽业、草畜业为主。苹果挂果面积8430亩，苹果产业专业村有余家沟、万庄、芦草湾、枣圪台4个村。新建日光温室大棚53座、大弓棚160座、露地菜300亩，蔬菜产业专业村有井家湾、赵家岸2个村；牛饲养量1100头、猪饲养量5500头、鸡饲养量50500只。

2010年，全镇辖兰家坪、李家洼、杜家沟、石圪塔、小沟、井家湾、河庄坪、陈团沟、贺团峪、新窑沟、红庄、田塔、万庄、余家沟、柳化峪、俄则峪、枣圪台、仲台、赵家岸、石窑、解家沟、李家湾、康家沟、崔圪崂、杨老庄、芦草湾、若寺湾、刘兴庄28个行政村，1个社区；总人口7050户、17722人，其中农业人口2250户、8245人。耕地面积3.2万亩，退耕还林地面积25673.93亩，荒山造林面积15417.1亩；羊存栏1821只，猪存栏2101头。辖区内有中心小学1所，初级中学1所，卫生院1所。农村经济收入7352万元，农民人均纯收入5380元。农民主要增收产业为果蔬业、畜牧业及其他副业和井家湾农家乐产业。其中，具有“陕北黄土风情美食村”称号的井家湾村农家乐产业是延安市休闲农业的一道亮丽风景。2006年，井家湾村被宝塔区委、区政府确定为社会主义新农村建设示范村；2008年，村上成立“农家乐”经营管理协会，管理走向规范化；2009年接待15万人次，“农家乐”经营收入320万元，占村经济总收入492.8万元的65%；2010年有农家乐经营户71家，从业人员400人。

1990~2010 年河庄坪镇农业发展情况统计表

表 1-2-4

年份	乡村人口（人）	粮食作物面积（亩）	粮食产量（吨）	人均产粮（千克）	水果面积（亩）	水果产量（吨）	其中苹果面积（亩）	其中苹果产量（吨）	农民人均所得（元）
1990	7265	19368	3043	419	—	—	—	—	400
1991	7378	20340	2908	394	—	—	—	—	460
1992	7476	18400	2927	392	—	—	—	—	490
1993	7741	22700	4555	588	15000	800	11050	788	813. 18
1994	7935	20450	3991	503	25425	2425	21510	2365	1399
1995	7807	26745	4290	545	25440	1065	—	1060	1307. 66
1996	7817	23190	5538	708	13890	1500	13890	1500	1450
1997	7842	26700	1913	244	12915	1000	12285	952	708
1998	7875	22080	5494	698	12915	1600	—	1327	1406
1999	7912	20085	3578	452	—	—	—	—	1605
2000	7996	19410	2892	362	12435	1450	11265	1411	1670
2001	8015	19425	3131	391	12435	1600	11265	1563	1688
2002	8031	14685	3215	400	12435	1750	11790	1740	1572
2003	8047	14370	3052	379	12435	1750	11790	1727	1758
2004	8056	21600	3089	383	13440	3300	12795	3197	1966
2005	8080	22425	4098	507	15690	3403	15045	3300	2185. 6
2006	8086	21615	4011	496	16695	4835	16050	4800	2369. 5
2007	8134	21690	3948	485	18195	6535	17550	6500	2568. 2
2008	8175	21750	4340	531	20190	7335	19545	7300	2990. 8
2009	8185	21750	4404	538	21190	8645	20545	8600	3547
2010	8245	21615	4244	515	22185	9532	21540	9500	—

说明：农业发展情况统计表中的数据来源于《延安市（宝塔区）国民经济与社会发展统计资料》，其他数据由乡镇提供

五、李渠镇

地处宝塔区城区东北部。东邻姚店镇，西连桥沟镇、河庄坪镇，南接川口乡，北与冯庄乡、青化砭镇毗邻，镇域面积 139. 57 平方千米。镇人民政府驻地东村，距宝塔区城区 12 千米。中央储备粮延安直属库和延安火车北站设在李渠镇阳山村。

1990年，碾庄乡辖17个村委会，20个自然村，总耕地面积11535亩，人均耕地面积4.3亩。

2001年12月，部分乡镇区划调整，将碾庄乡并入李渠镇。合并时，碾庄乡辖17个村委会、21个村民小组，总人口4563人，耕地面积11400亩；李渠镇区域面积85.56平方千米，辖27个村委会、29个村民小组，人口16781人，耕地面积19789亩。合并后，李渠镇辖44个村委会、50个村民小组，21344人，耕地面积31189亩。

2007年，全镇有农业人口4032户、16630人，非农业人口1510户、6158人；耕地面积5.1万亩，人均3.0亩；建有张兴庄治平养殖公司，占地110亩，有1个养殖总厂和4个养殖小区，以养鸡为主，带动该镇经济发展；农村经济总收入5473万元，农民人均纯收入2690元。

2010年，全镇辖井渠、阳山2个社区居民委员会和杨兴庄、新庄沟、王家沟、刘庄、水眼沟、王家砭、碾庄、羊圈沟、核桃树塔、双田、好义沟、芦山峁、九沟、庙圪台、北新庄科、张兴庄、石家畔、崖里坪、周家湾、朱家沟、新庄科、高家沟、柴崖、呼家坡、沙家圪崂、沙家沟、东村、曹家沟、姬庄、登高峁、阳坬、庙沟、赵家沟、阳山、中庄、张庄、曹坪、王庄、高峁湾、沟门、瓜地沟、刘家沟、西村、李家沟44个行政村，设48个村民小组。总人口9245户、25871人，其中农业人口4980户、17415人。耕地面积5.1万亩，退耕还林地面积23544.3亩，荒山造林面积13638.8亩；羊存栏360只，猪存栏8600头。全镇有中心小学2所，初级中学1所，中心卫生院1所。主要乡镇企业有纯粮酿造厂、机床加工厂、预制厂、雄风铸造厂。从事第三产业的企业、摊点553家，从业人员4989人，经济总收入723万元。全镇农村经济总收入7677.9万元，农民人均纯收入5300元。

1990～2010年李渠镇（碾庄乡）农业发展情况统计表

表1-2-5

年份	乡村人口（人）		粮食作物面积（亩）		粮食产量（吨）		人均产粮（千克）		水果面积（亩）		水果产量（吨）		其中苹果面积（亩）		其中苹果产量（吨）		农民人均所得（元）	
	碾庄乡	李渠镇	碾庄乡	李渠镇	碾庄乡	李渠镇	碾庄乡	李渠镇	碾庄乡	李渠镇	碾庄乡	李渠镇	碾庄乡	李渠镇	碾庄乡	李渠镇	碾庄乡	李渠镇
1990	4204	10560	10515	20340	2064	4497	491	426	—	—	—	—	—	—	—	—	427.83	453
1991	4312	10782	11910	20700	1686	3209	391	298	—	—	—	—	—	—	—	—	461	468
1992	4521	10792	11400	21800	2192	4629	485	429	—	—	—	—	—	—	—	—	579.52	590.77
1993	4536	10825	11110	23150	1418	5559	313	514	11322	15000	912	2000	10700	12800	900	1650	637	814
1994	4560	10835	12100	22615	2337	5569	512.5	514	7545	6000	612	2100	6990	4755	612	1550	754	1014.77
1995	4568	10860	15570	23550	2502.5	5596	542	510	8745	7620	1907	1890	—	—	1850	1600	967	1202
1996	4553	10884	11910	21795	2811	6836	617	628	10320	12285	1900	1500	9870	9270	1859	1205	1168	1402
1997	4562	10898	14550	25140	1406	2749	308	252	8910	9255	980	570	8490	7320	939	284	562	760

续表

年份	乡村人口（人）		粮食作物面积（亩）		粮食产量（吨）		人均产粮（千克）		水果面积（亩）		水果产量（吨）		其中苹果面积（亩）		其中苹果产量（吨）		农民人均所得（元）	
	碾庄乡	李渠镇	碾庄乡	李渠镇	碾庄乡	李渠镇	碾庄乡	李渠镇	碾庄乡	李渠镇	碾庄乡	李渠镇	碾庄乡	李渠镇	碾庄乡	李渠镇	碾庄乡	李渠镇
1998	4566	10949	11745	27885	3405	7005	746	640	8910	9255	1600	1000	—	—	1600	581	1092	1398
1999	4561	10989	11250	26505	2007	5618	440	511	—	—	—	—	—	—	—	—	1301	1518
2000	4563	11030	7590	18600	2472	4620	542	419	7065	12735	800	1350	6750	7740	780	976	1328	1528
2001	4563	11088	11835	20415	2810	4071	616	367	7065	12735	1500	1550	6750	7740	1500	1176	1530	1529
2002	16719		36810		6152		368		19800		2900		17565		2885		1615	
2003	15776		34800		7534		478		19800		3200		17565		3150		1925	
2004	16319		39000		8007		491		21795		5800		19560		5610		1930	
2005	16329		39225		7242		444		22800		6790		20565		6600		2130. 2	
2006	16453		38175		7447		453		23295		8215		21060		8100		2330	
2007	16630		37050		7313		440		24495		9915		22260		9800		2690	
2008	16864		34800		7313		434		25500		11115		23265		11000		3277. 5	
2009	17100		37050		7564		442		26500		13135		24265		13000		3972	
2010	17415		37050		7675		441		26865		14720		25260		14600		—	

说明：农业发展情况统计表中的数据来源于《延安市（宝塔区）国民经济与社会发展统计资料》，其他数据由乡镇提供；1990~2001年数据为碾庄乡和李渠镇的数据，2001年11月碾庄乡并入李渠镇，2002年以后为李渠镇的数据

六、姚店镇

位于宝塔区城区东北部，东连甘谷驿镇，南接川口乡，西邻李渠镇，北与元龙寺乡、青化砭镇接壤，是宝塔区和延长县、延川县、子长县3县1区交会处，是延长、延川、子长三县进出延安的必经之地。镇域面积121. 57平方千米。镇人民政府驻前四十里铺村，距宝塔区城区21千米，是延河和蟠龙河、210国道和205省道交会处。延安市姚店工业园区位于后四十里铺村。

1990年，全镇有乡镇企业16家，从业人员340人。1997~1998年，对防盗门厂、农工商公司等集体企业进行改制，由原来的镇办集体企业逐步过渡到租赁或私营企业。2010年，乡镇企业增加到42家，其中集体企业16家、私营企业10家、个体企业16家，企业总产值2860万元；有建筑企业8家；有个体摊点631家，从业人员1020人，经济总收入2200万元。

2010年，姚店镇辖前四十里铺、后四十里铺、姚店、上童沟、下童沟、康家沟、杨家砭、郑崖、谭家湾、胡家沟、东沟、后半沟 、前半沟、老庄沟、王崖、牛圈沟、张皮沟、麻科义、赵家沟、柏林湾、界和坪、苏家沟、沙滩、安沟门、贺家沟、狼卧沟、房

子、石沟、子房、赵刘、张尔、白牙、罗沟、石尧沟、碳尧沟35个行政村，3个社区，55个驻镇企（事）业单位。村村道路硬化，村村通自来水、通电信、移动、联通等网络。全镇总人口7385户、20114人，其中农业人口4456户、14115人。耕地面积12460亩，退耕还林地面积20240.5亩，荒山造林面积9000亩。镇辖初级中学1所，中心小学1所，中心卫生院1所。年末，羊存栏300只，猪存栏3660头，鸡存栏48300只。农民人均纯收入6000元。

林果、畜牧、蔬菜业一直都是姚店镇的主导产业。1990～2005年，大力发展苹果产业，建成麻科义村等15个果树专业村。2005年开始逐步加大蔬菜产业投入力度，至2007年，累计发展大弓棚1200座，蔬菜产业年效益400万元；同时，第三产业不断壮大。2010年底，林果、畜牧、蔬菜业三产收入1000万元。

1990～2010年姚店镇农业发展情况统计表

表1-2-6

年份	乡村人口（人）	粮食作物面积（亩）	粮食产量（吨）	人均产粮（千克）	水果面积（亩）	水果产量（吨）	其中苹果面积（亩）	其中苹果产量（吨）	农民人均所得（元）
1990	11813	26080	3071	260	—	—	—	—	451.2
1991	11967	25092	1825	153	—	—	—	—	481.8
1992	12145	22800	3291	271	—	—	—	—	534
1993	12265	22960	4227	345	22116	984	20316	915	850.53
1994	12370	19800	4253	343.8	22110	1060	20310	1011	1080
1995	12406	18465	4231	338	23130	2295	—	—	1404
1996	12416	19020	6284	506	23130	2600	20820	2565	1580
1997	12428	20860	2393	193	14685	1500	12570	1384	985
1998	12450	21375	6431	517	14685	1500	—	1389	1585
1999	12797	20775	4780	374	—	—	—	—	1750
2000	12878	22065	4694	364	14985	2550	14085	2510	1740
2001	12908	19785	4547	376	14985	2700	14085	2500	1690
2002	12965	20655	5580	431	14985	2900	12570	2880	1805
2003	13089	12810	2650	202	14985	3700	12570	1211	2005
2004	13209	11940	2632	199	16980	7200	14565	6800	2225
2005	13300	11445	2530	190	24480	13050	22065	12650	2308
2006	13395	10230	2752	205	24480	13500	22065	13200	2505

续表

年份	乡村人口（人）	粮食作物面积（亩）	粮食产量（吨）	人均产粮（千克）	水果面积（亩）	水果产量（吨）	其中苹果面积（亩）	其中苹果产量（吨）	农民人均所得（元）
2007	13520	10110	2683	198	26475	16800	24060	16500	2780
2008	13655	10050	2828	207	27480	19105	25065	18800	3582.5
2009	13825	10050	2789	202	27480	23505	25065	23200	4246
2010	14115	9700	2850	202	28815	26630	25560	25500	—

说明：农业发展情况统计表中的数据来源于《延安市（宝塔区）国民经济与社会发展统计资料》，其他数据由乡镇提供

七、甘谷驿镇

地处宝塔区东北部。镇因古道驿站而得名（北魏太和元年即公元477年设广武县，现保存有完整的城墙，西魏末年为长安至榆林官道驿站，地处河谷得名干谷驿，后谐名甘谷驿）。东与延长县刘家沟乡相邻，南与延长县黑家堡乡接壤，西与姚店镇相接，北与延川县文安驿镇连接，210国道、延延高速穿镇而过。镇域面积172.44平方千米。镇人民政府驻西镇村，距宝塔区城区35千米。1975年，延长石油股份有限公司甘谷驿采油厂驻西沟门村。

甘谷驿镇地处陕北黄土高原丘陵沟壑区，地势东低，南、西、北高，沟壑纵横，梁峁遍布，地形呈一川三沟分布，镇内主要河流是延河，由前野狐沟村流入，流经张家沟、西镇、东镇村入延长镇内，辖区内流长约4千米。

全镇经济以农业为主，主导产业有棚栽业、养殖业和林果业，特色产业为红薯种植业。1990年，耕地面积35712亩，其中川地3182亩，沟台地2183亩，坝地1507亩。大家畜2640头，羊5734只，生猪2718头。经济林面积8977亩，其中苹果6075亩，梨园2874亩，人均纯收入450元。1993年，新修农田200亩；1998～2000年新修农田700亩，打坝14座，淤地约700亩。

1994年，甘谷驿镇进行了程控自动电话改制，开通2000型512门程控数字电话，实现了甘谷驿镇电话自动化，促进地方经济发展和甘谷驿油田开发，满足人们对通信的需求。随着人民生活水平的不断提高，猪、牛、羊、鸡和水产养殖不断增加，主要以肉用型为主。

1997年，全镇人均种植3亩大垄化农作物。涌现百亩种植大户6户，50亩种植大户32户。全镇种植面积33340亩，其中大垄作物种植31550亩（包括大垄玉米9070亩、大垄谷子8750亩、大垄洋芋7000亩、大垄豆类6730亩）。

2008年，甘谷驿镇按照“三菜”（温室大棚、弓棚、露地菜）并举的工作思路和蔬菜市场的大好前景，新建日光温室109座，大弓棚247棚，露地菜380亩，全镇日光温室累计309座，大弓棚902座。全镇农民人均纯收入3880元，比1994年增加了1600元。

2009年，提出“支部+协会+党员示范基地+党员中心户+农户”的农村党建思路。

成立代家沟、东镇、顾屯等棚栽业协会，野狐沟、小张沟、康家沟养殖协会，西镇村红薯产业协会和苏家沟育苗产业协会。有党员中心户176户，通过发展产业建成15个党员示范基地，辐射带动810户农户发展产业。

2010年，全镇辖白家沟、代家沟、前野狐沟、后野狐沟、张家沟、西镇、梁屯、向阳、刘家沟、史家沟、王家沟、东镇、西沟、前苏沟、后苏沟、唐坪、胜利河、薛家沟、高家塔、小张沟、顾屯、何村、背河、何家沟、圪塔、罗家湾、康家沟、柏树沟、李家河、石家河30个行政村，33个自然村，1个社区，12个驻镇企事业单位；有中心小学1所，初级中学1所，卫生院1所。全镇总人口5389户、15835人，其中农业人口11876人；耕地面积5.1万亩，退耕还林地面积40338.26亩，荒山造林面积33958.7亩。粮食作物以玉米、谷物为主，畜牧业以养猪、牛、鸡为主，羊存栏992只，猪存栏1610头。全年全镇农业生产总值7864万元，农民人均纯收入6058元。

1990～2010年甘谷驿镇农业发展情况统计表

表1-2-7

年份	乡村人口（人）	粮食作物面积（亩）	粮食产量（吨）	人均产粮（千克）	水果面积（亩）	水果产量（吨）	其中苹果面积（亩）	其中苹果产量（吨）	农民人均所得（元）
1990	10970	30410	5456	497	—	—	—	—	402
1991	11154	36335	4187	375	—	—	—	—	441
1992	11554	40000	3116	270	—	—	—	—	533.54
1993	11910	30890	4998	420	4275	328	3195	303	589
1994	11945	28400	6082	509	15000	428	10605	307	806.5
1995	11891	31455	6515	538	18615	1518	13710	—	1144.4
1996	11895	36450	7883	663	19260	1120	15000	926	1349
1997	11883	39360	3922	330	8610	360	7275	266	760
1998	11892	35205	9284	781	8610	600	—	450	1270.8
1999	11892	31095	5953	501	—	—	—	—	1235
2000	11898	25500	4333	364	10905	900	7800	480	1258
2001	11892	30870	4515	380	10905	1000	7800	520	1362
2002	11896	30300	4701	395	10905	1000	8580	520	1390
2003	11896	33450	4707	396	10905	750	5145	655	1501
2004	11896	24555	3535	297	12405	2400	10080	1740	1747.9
2005	11896	22095	3502	294	13905	3060	11580	2400	1958.1
2006	11896	20160	2912	245	14400	3404	12075	3000	2179.9

续表

年份	乡村人口（人）	粮食作物面积（亩）	粮食产量（吨）	人均产粮（千克）	水果面积（亩）	水果产量（吨）	其中苹果面积（亩）	其中苹果产量（吨）	农民人均所得（元）
2007	11850	20715	3157	266	15405	4004	13080	3600	2680.5
2008	11810	22500	4018	340	17910	4404	15585	4000	3290.5
2009	11870	22500	4061	342	20415	4704	18090	4300	4308
2010	11876	22150	3943	332	21855	5185	20085	4900	—

说明：农业发展情况统计表中的数据来源于《延安市（宝塔区）国民经济与社会发展统计资料》，其他数据由乡镇提供

八、青化砭镇

位于宝塔区东北部，东与元龙寺乡毗邻，南与姚店镇接壤，北与蟠龙镇为界，西与冯庄乡相邻，镇域面积 89.37 平方千米。镇政府驻地青化砭村，距宝塔区城区 40 千米。镇内牡丹河流经长度约 18 千米。主要交通干道有 205 省道、神延铁路。延长石油股份有限公司青化砭采油厂驻常屯村。

2007 年，全镇农民人均纯收入 2410 元，比 1994 年增加 1600 元，其中林果业、棚栽业、草畜业三大主导产业收入占农民人均纯收入的 60%左右。

2008 年，全镇辖 36 个行政村，农业人口 2660 户、10760 人，全镇经济总收入 2730 万元，农民人均纯收入 4455 元。2009 年全镇经济总收入 6878 万元，农民人均纯收入 4270 元。

2010 年，全镇辖惠家砭、方桥、崔家圪崂、林坪、白坡、石圪崂、白坪、石绵羊沟、小蒜沟、小寺沟、青化砭、赵家沟、乔家沟、武家沟、前丈子沟、后丈子沟、散岔、大寺沟、李崖、朱家沟、闫家沟、常塔、七郎沟、新庄科、碑路坪、二峁渠、海眼沟、平不塌、常沟、新山沟、张马河、常屯、中庄、王庄、高尧、曹咀 36 个村民委员会，1 个社区，设 40 个村民小组。有中心小学 1 所，初级中学 1 所，卫生院 1 所。全镇总人口 4646 户、14461 人，其中农业人口 10780 人；有耕地面积 2.42 万亩，退耕还林地面积 21762 亩，荒山造林面积 13200 亩；羊存栏 315 只，生猪存栏 3650 头；经济总收入 12874.66 万元，农民人均纯收入 6006 元，林果业、棚栽业、草畜业三大主导产业收入占总收入的 65%以上。

1990~2010 年青化砭镇农业发展情况统计表

表 1-2-8

年份	乡村人口（人）	粮食作物面积（亩）	粮食产量（吨）	人均产粮（千克）	水果面积（亩）	水果产量（吨）	其中苹果面积（亩）	其中苹果产量（吨）	农民人均所得（元）
1990	9610	25560	3733	388	—	—	—	—	416
1991	10135	25117	2525	249	—	—	—	—	465
1992	10285	24800	3856	375	—	—	—	—	517.18

续表

年份	乡村人口（人）	粮食作物面积（亩）	粮食产量（吨）	人均产粮（千克）	水果面积（亩）	水果产量（吨）	其中苹果面积（亩）	其中苹果产量（吨）	农民人均所得（元）
1993	10468	26574	5253	502	10496	806	10329	760	630
1994	10512	25575	5389	512.6	10485	466	10380	450	700
1995	10567	30240	5721	537	13650	8730	—	500	1050
1996	10627	31455	7234	681	15600	1200	15330	1120	1219.5
1997	10577	28785	4642	438	6945	390	6795	386	705
1998	10433	27090	6580	631	6945	600	—	560	1100
1999	10433	26115	5222	500	—	—	—	—	1298
2000	10453	25770	5039	482	7200	900	6690	896	1316
2001	10463	25710	4497	430	7200	950	6690	947	1320
2002	10575	23070	4754	450	7200	1100	7125	1098	1370
2003	10575	21075	4698	444	7200	1000	8580	580	1450
2004	10576	31050	5173	489	14205	2180	14130	2138	1660.4
2005	10584	26055	4649	439	18705	2142	18630	2100	1906.7
2006	10656	27300	4032	378	19215	3230	19140	3200	2104.9
2007	10750	27225	4388	408	20715	4230	20640	4200	2409.3
2008	10760	26670	4355	405	22710	4830	22635	4800	2902.6
2009	10766	26175	4945	459	23710	5630	23635	5600	3777
2010	10780	25750	6188	574	24870	6390	24630	6200	—

说明：农业发展情况统计表中的数据来源于《延安市（宝塔区）国民经济与社会发展统计资料》，其他数据由乡镇提供

九、蟠龙镇

地处宝塔区城区以北。东与延川县永坪镇相邻，南与青化砭镇为邻，西与梁村乡交界，北与子长县余家坪乡接壤。镇域面积168.69平方千米，镇人民政府驻王家沟村，距宝塔区城区50千米。蟠龙镇属陕北丘陵、沟壑地带。蟠龙战役的旧址位于该镇集玉峁。

1998年，全镇辖30个行政村（44个自然村，45个村民小组），2680户、11276人；大家畜存栏1957头，生猪存栏30000头，家禽存栏20230羽；经济林10000亩，用材林14000亩，“四荒地”45000亩，耕地25155亩。主要农作物有玉米、谷子、马铃薯、豆类，经济作物以种植大棚蔬菜、栽种苹果树为主。全年经济总收入1120万元。

2001年12月，部分乡镇区划调整，将下坪乡并入蟠龙镇。合并时，下坪乡区域面积77.23平方千米，辖23个村委会、25个村民小组，人口4550人，耕地面积18055亩，

农民以粮食种植为主，主要种植玉米、谷子、豆类、薯类，种植面积 8989 亩；羊存栏 1520 只，生猪存栏 1820 头。蟠龙镇区域面积 91.46 平方千米，辖 29 个村委会、50 个村民小组，人口 11377 人，耕地面积 22560 亩。合并后，蟠龙镇区域面积 168.69 平方千米，辖 52 个村委会、75 个村民小组，15927 人，耕地面积 40615 亩。

2006 年，建成蟠龙战役烈士陵园。同年，延长石油股份有限公司蟠龙采油厂建厂，驻瓷窑沟村。

2007 年，全镇有乡镇企业 3 家（果汁厂 1 家、砖厂 2 家），从业人数 380 人。其中，孙崖砖厂始建于 1965 年，2003 年迁至孙崖村寨子沟沟口，采用三五零真空砖机，年均总产量 1200 万~1500 万块。

2010 年，全镇辖土洞、孙崖、曹刘沟、前何沟、后何沟、永胜、李渠、张山圪台、王家沟、瓷窑沟、拓家沟、闫尧、前山尧、郭家庄、何峁、四咀、卧虎湾、蟠龙、纸房沟、纸房坪、刘坪、毛沟、新沟、王庄、枣园、老庄、后山尧、圪驮、核桃坪、崖底、尹咀、木家坪、下坪、李家砭、三志沟、芦坪、上坪、大塔沟、老庄湾、榆树峁、胜利沟、姬塔、南塔、前庙沟、后庙沟、新民、李崖尧、朱塔湾、牛家沟、芦家沟 50 个行政村，72 个自然村，1 个社区，10 个驻镇单位。有中心小学 1 所，初级中学 1 所，中心卫生院 1 所。全镇总人口 5315 户、16767 人，其中农业人口 14568 人；耕地面积 6.80 万亩，退耕还林地面积 47547 亩，荒山造林面积 41401 亩。农民增收产业有林果业、草畜业和第三产业等，林果业主要以山地苹果和葡萄为主。

1990~2010 年蟠龙镇（下坪乡）农业发展情况统计表

表 1-2-9

年份	乡村人口（人）		粮食作物面积（亩）		粮食产量（吨）		人均产粮（千克）		水果面积（亩）		水果产量（吨）		其中苹果面积（亩）		其中苹果产量（吨）		农民人均所得（元）	
	下坪乡	蟠龙镇	下坪乡	蟠龙镇	下坪乡	蟠龙镇	下坪乡	蟠龙镇	下坪乡	蟠龙镇	下坪乡	蟠龙镇	下坪乡	蟠龙镇	下坪乡	蟠龙镇	下坪乡	蟠龙镇
1990	4152	9598	15486	23884	2094	4971	504	518	—	—	—	—	—	—	—	—	288	357
1991	4256	10391	15900	28454	2000	4153	496	400	—	—	—	—	—	—	—	—	236.17	322
1992	4278	10557	17700	19800	2452	2558	573	242	—	—	—	—	—	—	—	—	520	351.13
1993	4239	10557	14353	21059	2329	4260	552	403	3650	6905	355	500	1879	6796	188	431	499	467
1994	4138	10800	17700	23570	2625	3788	634.4	350.7	3900	11175	60	520	2400	10785	30	453	735.5	746.9
1995	4148	10798	24285	26940	2747	5402	655	494	5565	12450	400	1073	—	—	400	1000	824	872
1996	4148	10798	23445	27210	3177	6948	766	643	8850	11445	1000	2000	8760	10665	985	1955	1002.9	1070
1997	4138	10833	21390	28275	2103	2662	508	246	4890	11520	398	1000	4890	11340	398	955	493	700
1998	4139	10836	21840	23235	3184	7507	769	693	4890	11520	600	1600	—	—	600	1450	762	1098
1999	4138	10836	21810	26745	1924	5657	465	522	—	—	—	—	—	—	—	—	1002	1100
2000	4135	10840	8985	22335	2140	5070	518	468	5070	12210	900	1650	4650	11955	828	1450	1019	1157

续表

年份	乡村人口（人）		粮食作物面积（亩）		粮食产量（吨）		人均产粮（千克）		水果面积（亩）		水果产量（吨）		其中苹果面积（亩）		其中苹果产量（吨）		农民人均所得（元）	
	下坪乡	蟠龙镇	下坪乡	蟠龙镇	下坪乡	蟠龙镇	下坪乡	蟠龙镇	下坪乡	蟠龙镇	下坪乡	蟠龙镇	下坪乡	蟠龙镇	下坪乡	蟠龙镇	下坪乡	蟠龙镇
2001	4138	10845	19260	26850	2189	4600	529	424	5070	12210	1010	1800	4650	11955	800	1420	1200	1230
2002	14983		51660		8375		559		17280		2800		16725		2230		1210	
2003	14983		64590		6911		461		17280		1850		12600		1848		1330	
2004	14984		48000		10185		680		19275		6200		18720		5596		1535	
2005	14996		47400		10248		683		23280		7604		22725		7000		1747. 8	
2006	14996		46380		6924		462		23280		9504		22725		9200		1935. 2	
2007	14980		46080		7148		477		28275		12004		27720		11700		2346. 5	
2008	14986		42945		7151		477		30270		13404		29715		13100		3195. 6	
2009	14586		45675		7533		516		32270		16804		31715		16500		3486	
2010	14568		43200		7324		503		34680		19165		33720		18500		—	

说明：农业发展情况统计表中的数据来源于《延安市（宝塔区）国民经济与社会发展统计资料》，其他数据由乡镇提供；1990～2001年数据为下坪乡和蟠龙镇的数据，2001年11月下坪乡并入蟠龙镇，2002年以后为蟠龙镇的数据

十、南泥湾镇

位于宝塔区城区东南的汾川河上游，东邻麻洞川乡，西连甘泉县道镇，南接富县牛武乡，北与柳林镇毗邻，镇域面积367. 98平方千米，森林覆盖率83%，由于森林覆盖率过大，小气候原因不适合苹果产业发展。镇政府驻地阳湾社区，距宝塔城区45千米。陕西省预备役二团驻三台庄村。革命旧址及景点有：毛泽东视察南泥湾旧居、三五九旅旅部旧址、南泥湾大生产展览室、七一八团烈士纪念碑、七一九团烈士纪念碑、中央管理局干部休养所旧址（红楼）、南泥湾垦区政府旧址、八路军炮兵学校旧址、九龙泉。

1991年，全镇种植水稻1800亩，亩产333千克，总产600吨；种植烤烟2591亩，总产4223吨。

2002年，主导产业为草畜业、种植业（农作物）、棚栽业，主要农作物有玉米、豆类、薯类、水稻等，其中水稻种植面积1600亩。2005年水稻种植面积1155亩，总产454吨。

2007年，全镇农业总产值1930万元，农民人均产粮648千克，人均纯收入3050元。2008年全镇种植香紫苏（经济作物）7200亩，农民人均纯收入3720元。

2010年，南泥湾镇以种植业和畜牧业为主导产业，主要粮食作物有：玉米、谷子、豆类、薯类、水稻，其他农作物有香紫苏、烤烟和蔬菜，特产有“延安盛世”酒、南泥湾小杂粮。全镇辖盘龙、樊庄、高坊、桃宝峪、红土窑、南泥湾、三台庄、前九龙、后九龙、张家沟、南阳府、金砭、马坊、金庄14个行政村，1个社区，15个驻镇单位。有

中心小学1所，南泥湾农场子弟学校1所，中心卫生院1所。全镇总人口2565户、7621人，其中农业人口1277户、4817人；耕地面积3万亩，包括南泥湾农场和陕西省预备役二团的耕地面积，退耕还林地面积18533亩，荒山造林面积5571亩。年末，羊存栏5400只，生猪存栏2890头；农民人均纯收入4850元。

1990～2010年南泥湾镇农业发展情况统计表

表1-2-10

年份	乡村人口（人）	粮食作物面积（亩）	粮食产量（吨）	人均产粮（千克）	水果面积（亩）	水果产量（吨）	其中苹果面积（亩）	其中苹果产量（吨）	农民人均所得（元）
1990	3780	10474	2520	667	—	—	—	—	556.32
1991	3880	11550	2406	620	—	—	—	—	601
1992	3891	9200	2114	543	—	—	—	—	609.66
1993	4038	12415	2753	682	4622	36	3310	12	685
1994	4116	12380	2601	632	5430	45	3990	30	1023.1
1995	4116	16385	2500	599	5850	30	—	21	1350
1996	4139	13950	3563	861	7350	400	6765	385	1510
1997	4148	18300	2273	547	8175	50	7140	7	1154
1998	4150	12450	3250	783	8175	50	—	48	1586.65
1999	4152	9270	2676	645	—	—	—	—	1801
2000	4156	9870	3112	749	8175	50	7140	48	1814
2001	4155	9870	3000	722	8175	100	7140	96	2000
2002	4171	10005	2493	598	8175	100	7140	96	2000
2003	4271	9585	2647	620	8175	900	5580	900	2105
2004	4351	13845	3439	790	8175	200	7140	196	2311
2005	4407	12540	3264	741	8175	304	7140	300	2372
2006	4593	11550	3386	737	8175	300	7140	200	2572
2007	4676	11655	3030	648	8175	300	7140	300	2842
2008	4667	11385	3344	717	8175	300	7140	300	3339.3
2009	4669	10992	3183	682	8175	300	7140	300	3615
2010	4817	12003	4577	950	7395	300	7140	300	—

说明：农业发展情况统计表中的数据来源于《延安市（宝塔区）国民经济与社会发展统计资料》，其他数据由乡镇提供

十一、临镇镇

又名临真镇。东临宜川县云岩镇，南与宜川县交里乡、英旺乡毗邻，西连麻洞川乡，北与延长县安沟乡接壤，延安至壶口公路穿境而过，镇域面积420.68平方千米。镇人民政府驻东村，距宝塔区城区84千米。

广为流传的陕北民歌《兰花花》中的兰花花，原名姬延琴（1919年5月～1940年11月），又名青芳，乳名叶子，是宝塔区临镇人（原甘泉县临真镇），是原临真镇新学女子之一，因美貌出众，天生聪慧，被当地称为“盖临真”。

1990年，全镇共有人口2532户、10452人，农业总产值1045万元，人均纯收入1339.4元。

1994年，全镇生猪存栏1690头，羊存栏12000只，新修农田627亩，新建果园6860亩，新建大棚80座，造林10380亩，种植中药材2500亩，农业总产值1312万元。

2000年，全镇有农田1.52万亩。以“强果、抓菜、稳烟、兴牧”为思路，种植玉米4500亩、豆类2500亩、薯类2200亩、蔬菜1500亩、西小瓜580亩、药材590亩、烤烟2010亩。全年果品产量1500吨，其中苹果800吨，烤烟亩产值831元。农业总产值2315万元。

2005年，农业总产值3227万元，人均纯收入2581元。2007年，农业总产值4526万元，人均纯收入4100元。

2010年，全镇辖东村、西村、任家塬、付家湾、石村、碾盘沟、刘家塬、二庄子、赵家塬、黑舍、刘村、新民、姚家坡、义家塬、觉德、西塬、郭家塬、中义、后义、石家坪20个行政村，1个社区（固临社区），47个村民小组，24个企事业单位。有中心小学1所，初级中学1所，中心卫生院1所；全镇总人口3121户、9041人，其中农业人口8048人。主导产业为苹果业、蔬菜业、畜牧业，主要农作物有玉米、谷子、豆类、薯类、烤烟、瓜类、水果类、蔬菜类等。耕地面积53300亩，退耕还林地面积26322.4亩，荒山造林面积12333亩，“三菜”（温室大棚、弓棚、露地菜）专业村5个，棚栽业总面积4000亩；羊存栏2600只，生猪存栏780头。2010年农业总产值8194.37万元，人均纯收入6380元。

位于临镇以西303省道沿线1.3千米处的临镇镇石村村，交通便利，该村有5个村民小组，156户、615人。全村总流域面积8.45平方千米，有退耕还林面积1210亩，耕地面积4590亩。自然条件优越，文化底蕴深厚，早在唐朝时就有翰林院修志文仕——葛同名扬京都。其在家乡创办的葛同书院和临真书院从唐初至清代曾培养出许多状元、榜眼、探花、进士、举人、生元。有人考升为大学士、国子监、太学，赴任尚书、节度使、刺史、巡抚、总督参将、知府、千总、县令等官职。家乡人为表其德，刻立石碑纪念，其故里列为“葛同院”遗迹。石村也就成为远近闻名的“秀才村”。1940年，王震率359旅717团1营在南泥湾、临真一带开展大生产运动时曾驻扎石村。1986年，石村团支部书记牛兆兴创办了油印小报《黄土地》，1987年3月成立“汾川河文学社”，2006年1月将《黄土地》改名为《蓝花花》，收录民间口头文学。石村手工瓦器制作以活态方式，以家传或授徒形式传承；石村建有村文化室，农民书法也是一大亮点。

1990~2010 年临镇镇农业发展情况统计表

表 1-2-11

年份	乡村人口（人）	粮食作物面积（亩）	粮食产量（吨）	人均产粮（千克）	水果面积（亩）	水果产量（吨）	其中苹果面积（亩）	其中苹果产量（吨）	农民人均所得（元）
1990	7161	17718	3721	520	—	—	—	—	412
1991	10378	17349	3419	329	—	—	—	—	477. 12
1992	8594	16900	2683	312	—	—	—	—	458
1993	8594	17585	4482	522	10199	51	9599	48	849
1994	8594	26071	4935	574. 3	16965	500	14820	350	944
1995	8444	22440	4737. 8	544	18330	1725	—	1075	1180
1996	8444	24690	5862	694	23805	1400	20580	1396	1306
1997	8279	20010	3507	424	12045	800	10755	783	1259
1998	8129	20205	5672	698	12045	1300	—	820	1353
1999	7969	20925	4705	590	—	—	—	—	1605
2000	7878	15750	4719	599	14430	1500	9900	800	1480
2001	7885	19965	4045	513	14430	1600	9900	935	1660
2002	7885	19020	4493	570	14430	1800	14430	1800	1820
2003	7885	13575	3452	438	14430	300	4125	200	1920
2004	7885	13530	3740	474	15630	6180	15630	6180	2125
2005	8018	15030	5357	668	18135	10800	18135	10800	2351
2006	8048	17460	5456	678	18135	12000	18135	12000	2551
2007	8048	18225	5673	705	20835	14000	20835	14000	2857
2008	8048	18180	6349	789	21840	15700	21840	15700	4025. 5
2009	8048	18155	6355	790	22840	18700	22840	18700	5200
2010	8048	17695	6379	793	23835	20500	23835	20500	—

说明：农业发展情况统计表中的数据来源于《延安市（宝塔区）国民经济与社会发展统计资料》，其他数据由乡镇提供

第三节 建制乡

一、万花山乡

位于宝塔区城区西南，是宝塔区城郊乡。因地处黄土丘陵沟壑区，乡内漫山遍及野生牡丹、苍松翠柏的万花山旅游景区而得名。东与柳林镇相邻，南与甘泉县石门乡交界，西与安塞县楼坪乡接壤，北与枣园镇毗邻。镇域面积158平方千米。乡人民政府驻罗崖村，距宝塔区城区8.5千米。

1990年，辖31个村委会，人口1633户、6742人，总耕地面积22000亩，主要种植玉米、谷子、马铃薯、豆类和烤烟，其中烤烟种植面积530亩。

1993年，产业结构调整，在贺沟口、向阳、梁家沟、肖渠等村开始发展温室蔬菜大棚，农民逐步从玉米种植向蔬菜产业过渡。

1997年，高家沟村通电，全乡电网达到全覆盖，村村通电。1998年，花园头村建成民俗文化村，开始发展农家乐产业；2000年，全乡安装固定电话315部。

2000年，辖30个行政村，31个村民小组，1745户、7300人。耕地面积1.53万亩，经济林1.02万亩，用材林1.43万亩，天然林3.83万亩，人工种草面积4850亩，大家畜3154头，羊存栏3500只，生猪存栏5878头。按照“主攻林果，依托大棚，发展畜牧，搞好流域，控制人口”思路发展经济，全年经济总收入1981万元。

2010年，全乡辖毗圪堵、毗圪崂、前锁崖、后锁崖、张坪、肖渠、梁家沟、徐寨、万花、罗崖、艾园则、元庄、向阳、贺沟口、前碾庄、后碾庄、前楼塔、后楼塔、高家沟、毛堡则、肖林、曹家沟、折家湾、崖窑、王家沟、佛道坪、花园头、尚和年、方庄、玉家沟、新尧则31个行政村，辖驻乡企事业单位65个。有中心小学1所、初级中学1所，卫生院1所。全镇总人口3308户、10725人，其中农业人口8128人；耕地面积18000亩，退耕还林面积18366亩，荒山造林面积12469亩，有蔬菜大棚396座，弓棚545座，露地菜2200亩；羊存栏310只，生猪存栏2460头，大家畜1310头（匹）；林果面积1.38万亩，其中苹果总面积1.88万亩，有14个苹果专业村；有花园头、肖渠、向阳“农家乐”产业村3个，从事餐饮业农户68户。2010年农民人均纯收入4717元。

1990~2010年万花山乡农业发展情况统计表

表1-2-12

年份	乡村人口（人）	粮食作物面积（亩）	粮食产量（吨）	人均产粮（千克）	水果面积（亩）	水果产量（吨）	其中苹果面积（亩）	其中苹果产量（吨）	农民人均所得（元）
1990	6675	17442	2487	373	—	—	—	—	360.38
1991	6747	18660	2346	348	—	—	—	—	401.06
1992	6926	16500	2805	405	—	—	—	—	496.9
1993	7087	17200	3195	451	18410	10	12400	5	581
1994	7108	16044	3471	488.3	17505	214	16440	200	818

续表

年份	乡村人口（人）	粮食作物面积（亩）	粮食产量（吨）	人均产粮（千克）	水果面积（亩）	水果产量（吨）	其中苹果面积（亩）	其中苹果产量（吨）	农民人均所得（元）
1995	7150	16545	3581	497	18930	1037	—	1000	1200
1996	7200	20805	5405	751	22125	920	20430	848	1350
1997	7236	26505	3223	445	9915	1010	9135	985	1016
1998	7270	16770	4372	601	9915	1600	—	1580	1417.4
1999	7282	16185	4200	577	—	—	—	—	1620
2000	7304	14400	2925	400	10305	1500	9555	850	1635
2001	7356	13590	2864	389	10305	1400	9555	1020	1661
2002	7418	12675	2993	403	10305	1550	9525	1000	1720
2003	7499	14235	2876	384	10305	1750	9525	1000	1748
2004	7559	21000	3112	412	10800	3900	10020	2830	1900
2005	7805	20670	3114	399	12300	5270	11520	4200	2110.6
2006	7845	18945	3073	392	13290	5660	12510	5200	2296.6
2007	7865	17550	3090	393	14055	7060	13275	6600	2578.1
2008	7890	16650	3105	394	16050	7860	15270	7400	3045.8
2009	7938	16950	3060	385	18050	8660	17270	8200	3609
2010	8128	14300	2625	323	19665	9890	18765	9600	—

说明：农业发展情况统计表中的数据来源于《延安市（宝塔区）国民经济与社会发展统计资料》，其他数据由乡镇提供

二、川口乡

地处宝塔区城区东部。东依姚店镇，南接麻洞川乡和松树林乡，西连柳林镇，北临李渠镇和桥沟镇，乡域面积165.14平方千米。乡人民政府驻地川口村，距宝塔区城区10千米。延长石油股份有限公司川口采油厂驻赵尧村，210国道、西延铁路途经川口乡。主导产业是粮食种植、蔬菜、苹果和畜牧产业。

1990年，有苹果面积0.31万亩，苹果总产量1500吨，全乡人均纯收入852元。

2008年，苹果面积2.05万亩，其中盛果面积0.81万亩，总产量1.14万吨；工农业总产值3548万元，其中农业产值2098万元，农民人均纯收入3588元。2010年，大力发展苹果产业，苹果品种有红富士、秦冠、金冠、千秋、红星和长富十号。全乡苹果栽植村30个，其中有14个村果园面积达人均2亩。建成两河口苹果标准化管理示范区，涉及12个行政村，果园面积6100亩。

2010年底，辖川口、赵尧、冯坪、南岸、王庄、枣元、党庄、强尧、蟠龙、良崖、

两河口、同岔、偏桥、田峁、西尧沟、申庄、白庄、榆树台、牛心台、新民村、柏树畔、小李渠、牛田寺、安寺、陈家洼、阳台、庙安、师崖 、刘渠 、白峁、罗家沟31个行政村，9个市、区企事业单位，其中中心小学1所、初级中学1所，卫生院1所。全乡总人口3003户、10437人，其中农业人口2033户、8866人；耕地面积2.1万亩，退耕还林地面积41314.44亩，荒山造林面积6187亩；羊存栏4820只，生猪存栏7085头。全乡农业总产值1217万元，农民人均纯收入5890元。

1990～2010年川口乡农业发展情况统计表

表1-2-13

年份	乡村人口（人）	粮食作物面积（亩）	粮食产量（吨）	人均产粮（千克）	水果面积（亩）	水果产量（吨）	其中苹果面积（亩）	其中苹果产量（吨）	农民人均所得（元）
1990	8454	20982	5183	613	—	—	—	—	420.14
1991	8516	22059	4501	529	—	—	—	—	481.29
1992	8536	19200	4364	511	—	—	—	—	563.15
1993	8553	23232	5464	639	10300	426	10100	385	899.92
1994	8553	23750	5648	660.3	14295	750	13920	700	1016.1
1995	8554	30405	5563	642	16830	761	—	760	1350.89
1996	8556	27945	7561	884	15870	1200	15810	1180	1550.3
1997	8557	29430	4501	526	12465	790	12330	788	1080
1998	8542	27690	6757	791	12465	1300	—	1260	1638.8
1999	8536	28305	6130	718	—	—	—	—	1841
2000	8550	17895	4117	482	14865	1400	14430	1397	2013
2001	8552	21270	3991	467	14865	1400	14430	1397	2103
2002	8556	19515	3890	455	14865	1600	14730	1580	2215
2003	8557	12975	3739	437	14865	1900	14730	1880	2264
2004	8558	22410	4155	486	15360	4650	15225	4560	2469.5
2005	8559	22650	5290	618	17355	5890	17220	5800	2688.9
2006	8566	22110	4769	557	17355	8258	17220	8200	2888.2
2007	8568	22440	3419	399	19665	10058	19530	10000	3268.1
2008	8608	22065	3581	416	20670	11458	20535	11400	3685.8
2009	8661	21960	3916	452	21670	14058	21535	14000	4597
2010	8866	20900	3918	442	22170	15562	22035	15500	—

说明：农业发展情况统计表中的数据来源于《延安市（宝塔区）国民经济与社会发展统计资料》，其他数据由乡镇提供

三、冯庄乡

地处宝塔区城区东北部，因驻地冯庄村得名。东与青化砭镇接壤，南与李渠镇相邻，西与河庄坪镇相连，北与梁村乡毗邻。乡域面积187.95平方千米。俗称丰富川，相传唐代以粮米之川而得名。冯庄村河边石崖上曾有古人所留“丰付川”石刻，现存丰富川。乡人民政府驻冯庄村，距宝塔区城区30千米。冯庄乡是中国新民主主义青年团全国第一个农村团支部的诞生地。

1990年，全乡各种作物播种面积20871亩，其中粮食作物18680亩，经济作物2191亩。主要作物有玉米、谷子、大豆、小麦、烤烟。全年造林1800亩、种草2000亩。大家畜存栏1305头，生猪存栏1552头，家禽存栏7520羽。

1991年，经济总收入328.17万元。作物播种面积21328亩，其中玉米2750亩、糜谷5560亩、豆子6080亩、小麦810亩、高粱150亩、薯类2035亩、烤烟769亩；大家畜存栏1305头、生猪存栏2150头、羊存栏6205只、家禽存栏7310羽。

1992年，冯庄乡辖24个行政村，总人口1493户、6682人，耕地面积2.21万亩，工农业生产总产值620.54万元。1997年人均纯收入820元，工农业生产总产值831.6万元。

2001年12月，部分乡镇区划调整，将丁庄乡并入冯庄乡。其中，丁庄乡区域面积96平方千米，辖23个村委会、31个村民小组，人口5696人，耕地面积20224亩；冯庄乡区域面积91.95平方千米，辖24个村委会、24个村民小组，人口7001人，耕地面积19831亩。合并后，冯庄乡区域面积187.95平方千米，辖47个村委会、55个村民小组，总人口12697人，耕地面积40055亩。

2003年，全乡养羊280户、2527只，养牛1570户、2100头，新修农田850亩，农业总产值2493万元，其中农业种植收入585.7万元，林果业收入150万元，畜牧业收入480万元，棚栽业收入97.4万元。人均纯收入1480元。棚栽、林果、草畜业三项产业基本实现规模型生产、区域化布局。棚栽业以贾庄、李庄、冯庄3个村为主；林果业以牛奋沟、陈家沟、后安沟、丁庄4个村为主；草畜业以陈家河、西河沟、郭家沟、九滩4个养牛专业村辐射带动其他村，建立养殖档案，推行养殖许可证。完成王家沟、张渠英沟、安则畔、后武沟、西河沟5村人畜饮水改造；完成菠菜玉、北沟村等21个村的农村电网改造。建成联通、移动基站6个，手机信号覆盖全乡，并且实现村村通程控电话。

2004年，全乡农业总产值2935万元，人均纯收入1800元。种植向日葵、蓖麻等油料作物1800亩，实现了作物种植由粮食型向经济型转变。

2005年，人均纯收入2186元。2006年，人均纯收入2386元。恢复冯庄团旧址。坚持“生态立乡，产业富民”的指导思想，按照国家“442”（40%刺槐，40%乡土树种，20%长青树种）规定，坚持乔灌草混交与多林种搭配，坚持退耕还林与荒山造林并举，建成英沟、西河沟、菠菜玉、李庄、武庄沟5条30平方千米的明星流域，累计退耕还林79162.1亩。

2007年，人均纯收入2606元。2008年，人均纯收入3110元。2009年，人均纯收入3610元。

2010年，冯庄乡辖白坪、杜坪、前安沟、后安沟、贾庄、康坪、泥沟、薛家湾、马不塔、张渠、芋则沟、前武沟、后武沟、东沟、李庄、冯庄、英沟、高庄、蛇连沟、崖窑沟、首头庄、牛奋沟、陈家沟、赵家沟、小岔沟、罗桥、王家沟、下坪、王庄、丁庄、芦草沟、郭庄、曲台、南沟塔、王里河、香水沟、上坪、郭家沟、沟门、九滩、后尧则沟、西河沟、瓦窑套、新庄科、陈家河、洛家河、北沟47个行政村，54个自然村，辖中心小学1所、初级中学1所，卫生院1所。全乡总人口4948户、14210人，其中农业人口3411户、12086人；耕地面积4.85万亩，基本农田1.13万亩，退耕还林地面积51236.59亩，荒山造林面积28365亩。产业开发总体思路是“远抓林果、近抓蔬菜、畜牧配套无公害”，果树总面积2.35万亩，挂果面积9700亩；建成蔬菜温室大棚287座、大弓棚824座，其中李庄、白坪两村新建高标准大弓棚173座，白坪、泥沟两村成为大弓棚四膜覆盖、软管滴露育苗示范点；建成高庄、崖尧沟、东沟、康坪等养殖专业村。全年全乡农村经济总收入9394万元，农民人均纯收入5650元。

1990~2010年冯庄乡（丁庄乡）农业发展情况统计表

表1-2-14

年份	乡村人口（人）		粮食作物面积（亩）		粮食产量（吨）		人均产粮（千克）		水果面积（亩）		水果产量（吨）		其中苹果面积（亩）		其中苹果产量（吨）		农民人均所得（元）	
	丁庄乡	冯庄乡	丁庄乡	冯庄乡	丁庄乡	冯庄乡	丁庄乡	冯庄乡	丁庄乡	冯庄乡	丁庄乡	冯庄乡	丁庄乡	冯庄乡	丁庄乡	冯庄乡	丁庄乡	冯庄乡
1990	5316	6202	20750	19490	2650	2965	498	478	—	—	—	—	—	—	—	—	240	267.41
1991	5374	6311	21344	20434	2286	2520	425	399	—	—	—	—	—	—	—	—	308	345
1992	5434	6386	18400	19400	2622	3166	483	496	—	—	—	—	—	—	—	—	370	417.63
1993	5410	6417	18900	20010	3033	3886	560	605	3500	10991	—	200	—	10910	—	175	480	483
1994	5302	6437	18404	20310	3078	4024	580.4	625.1	7515	16470	28	300	15405	7275	270	25	637.1	725
1995	5310	6460	20415	22545	2995	3910	558	599.6	8460	17685	333	872	—	—	316	840	730	812.38
1996	5310	6480	18360	18900	3983	5198	750	802	9090	24480	250	700	8100	23415	236	668	914	1028.3
1997	5315	6492	23595	27465	2154	2502	405	385	4485	6180	99	601	3975	5610	88	590	516	820.3
1998	5314	6488	20610	20115	4289	4993	807	770	4485	6180	100	1000	—	—	90	1000	1008	943
1999	5314	6406	21330	19950	2324	3322	437	519	—	—	—	—	—	—	—	—	945	1143
2000	5314	6400	15525	18195	2430	3581	457	560	5430	9975	400	550	4815	5760	347	550	965	1035
2001	5314	6400	19725	20655	2830	3261	533	510	5430	9975	400	900	4815	5760	347	900	965	1058
2002	11714		37485		5997		512		15405		1300		14865		1267		1158	
2003	11714		36975		6465		552		15405		1300		14865		1211		1268	
2004	11902		37245		6640		558		16905		3960		16365		3854		1467.8	
2005	11844		37065		6613		558		19905		4706		19365		4600		1687.8	

续表

<table>
<tr><th rowspan="2">年份</th><th colspan="2">乡村人口（人）</th><th colspan="2">粮食作物面积（亩）</th><th colspan="2">粮食产量（吨）</th><th colspan="2">人均产粮（千克）</th><th colspan="2">水果面积（亩）</th><th colspan="2">水果产量（吨）</th><th colspan="2">其中苹果面积（亩）</th><th colspan="2">其中苹果产量（吨）</th><th colspan="2">农民人均所得（元）</th></tr>
<tr><th>丁庄乡</th><th>冯庄乡</th><th>丁庄乡</th><th>冯庄乡</th><th>丁庄乡</th><th>冯庄乡</th><th>丁庄乡</th><th>冯庄乡</th><th>丁庄乡</th><th>冯庄乡</th><th>丁庄乡</th><th>冯庄乡</th><th>丁庄乡</th><th>冯庄乡</th><th>丁庄乡</th><th>冯庄乡</th><th>丁庄乡</th><th>冯庄乡</th></tr>
<tr><td>2006</td><td colspan="2">11844</td><td colspan="2">35625</td><td colspan="2">6355</td><td colspan="2">537</td><td colspan="2">20400</td><td colspan="2">6123</td><td colspan="2">19860</td><td colspan="2">6100</td><td colspan="2">1887.9</td></tr>
<tr><td>2007</td><td colspan="2">11844</td><td colspan="2">31140</td><td colspan="2">5560</td><td colspan="2">469</td><td colspan="2">22005</td><td colspan="2">7823</td><td colspan="2">21465</td><td colspan="2">7800</td><td colspan="2">2159.7</td></tr>
<tr><td>2008</td><td colspan="2">11844</td><td colspan="2">27945</td><td colspan="2">5169</td><td colspan="2">436</td><td colspan="2">23505</td><td colspan="2">8723</td><td colspan="2">22965</td><td colspan="2">8700</td><td colspan="2">3227.9</td></tr>
<tr><td>2009</td><td colspan="2">12076</td><td colspan="2">30070</td><td colspan="2">5243</td><td colspan="2">434</td><td colspan="2">24505</td><td colspan="2">11023</td><td colspan="2">23965</td><td colspan="2">11000</td><td colspan="2">4113</td></tr>
<tr><td>2010</td><td colspan="2">12086</td><td colspan="2">30060</td><td colspan="2">5243</td><td colspan="2">434</td><td colspan="2">25740</td><td colspan="2">12120</td><td colspan="2">25470</td><td colspan="2">12100</td><td colspan="2">—</td></tr>
</table>

说明：农业发展情况统计表中的数据来源于《延安市（宝塔区）国民经济与社会发展统计资料》，其他数据由乡镇提供；1990~2001 年数据为丁庄乡和冯庄乡的数据，2001 年 11 月丁庄乡并入冯庄乡，2002 年以后为冯庄乡的数据

四、元龙寺乡

俗称五羊川。地处宝塔区城区以东，因驻地有元龙寺院而得名。东邻甘谷驿镇，南连姚店镇，西接青化砭镇，北与延川县官庄乡毗邻。乡域面积 137.43 平方千米。乡人民政府驻地元龙寺村，距宝塔区城区 35 千米。

1990 年，全乡耕地总面积 20114 亩，人均 2 亩。2004 年，建成黄屯村得源砖厂。

2007 年，全乡耕地总面积 11420 亩，人均 1.2 亩；养殖水域面积 200 亩，分布在浦屯、高山、新丰 3 个村，养殖品种有鲢鱼、草鱼，农民人均纯收入 2198 元。

2010 年，元龙寺乡辖黄屯、杨家沟、陈屯、元龙寺、桃屯、高山、武家塔、蒲屯、新丰、张屯、下李家沟、郝家河、槐树圪台、寨则河、黄家河、雷家沟、尹屯、豌豆沟、前套沟、后套沟、石牛河、胡家河、沙山沟、孙家坡、大山圪塔、孙家河、寨则沟、安屯、前南屯、后南屯、岳家塔、兴旺台、刘家沟、上李家沟、散岔、张家沟 36 个行政村，39 个自然村，1 所中心小学、1 所卫生院，陕西省长清易通石油工程技术有限公司在元龙寺村建有年产 100 万米超分子防腐耐磨内衬油管加工厂。全乡总人口 3247 户、10362 人，其中农业人口 9480 人。全乡耕地面积 19112 亩，退耕还林面积 37998.34 亩，荒山造林面积 25438.4 亩；羊存栏 260 只，生猪存栏 1388 头。农民主要经济来源是粮食种植、林果、畜牧产业，林果产业主要以苹果、枣、核桃为主，是“延安宝塔枣”示范基地，基地面积 5200 亩，核桃园面积 860 亩。农民人均纯收入 4420 元。

1990~2010 年元龙寺乡农业发展情况统计表

表 1-2-15

年份	乡村人口（人）	粮食作物面积（亩）	粮食产量（吨）	人均产粮（千克）	水果面积（亩）	水果产量（吨）	其中苹果面积（亩）	其中苹果产量（吨）	农民人均所得（元）
1990	8826	25850	4170	472	—	—	—	—	312
1991	8872	22952	2771	312	—	—	—	—	282.21

续表

年份	乡村人口（人）	粮食作物面积（亩）	粮食产量（吨）	人均产粮（千克）	水果面积（亩）	水果产量（吨）	其中苹果面积（亩）	其中苹果产量（吨）	农民人均所得（元）
1992	8925	23200	2980	334	—	—	—	—	414.5
1993	8944	30574	4515	505	12198	260	9898	250	497
1994	8964	31569	4541	506.6	16395	400	13800	391	711.72
1995	8984	28440	5014	552	18810	712	—	695	807
1996	8998	34575	7042	783	21990	350	16935	340	914.6
1997	9010	35820	4137	459	7485	184	4695	114	560
1998	9021	31815	6710	744	7485	300	—	230	989
1999	9028	30750	5339	519	—	—	—	—	1011
2000	9086	27105	3358	370	8085	600	4695	350	1013
2001	9103	27330	3342	5505	8085	700	4695	380	998
2002	9042	29505	4134	457	8085	750	5145	655	1115
2003	9216	31635	5452	592	8085	3700	8070	3500	1225
2004	9353	27480	5395	577	10080	1600	7140	1385	1545.2
2005	9366	25320	4586	490	13275	1765	10335	1550	1770.2
2006	9373	25635	5849	624	14265	2106	11325	2000	1981.5
2007	9403	24615	5420	576	16365	2786	13425	2700	2198
2008	9408	21270	4989	530	18360	3056	15420	3000	2685.5
2009	9461	23700	5344	565	19360	3556	16420	3500	3255
2010	9480	23635	5350	564	19950	3725	17415	3600	—

说明：农业发展情况统计表中的数据来源于《延安市（宝塔区）国民经济与社会发展统计资料》，其他数据均由乡镇提供

五、梁村乡

俗称牡丹川。地处宝塔区城区东北部，东临青化砭镇，西和安塞县真武洞镇交界，南靠冯庄乡，北与蟠龙镇接壤。乡域面积174.66平方千米。乡人民政府驻地石沟村，距宝塔区城区45千米。青安路（青化砭至安塞）穿越全境，乡内有石油、天然气。

2001年12月，部分乡镇区划调整，将张坪乡并入梁村乡。其中，张坪乡区域面积91.46平方千米，辖14个村委会、42个村民小组，人口5504人，耕地面积20580亩；梁村乡区域面积83.20平方千米，辖22个村委会、33个村民小组，人口6988人，耕地面积16723亩。合并后，梁村乡面积174.66平方千米，辖36个村委会、75个村民小组，总人口12492人，耕地面积37303亩。

2010年，梁村乡辖小刘沟、刘里府、闫家沟、木瓜崖、贾尧则、呼家湾、郭家石畔、王圪崂、石家河、沙则沟、上石沟、刘小沟、皮家沟、许家沟、贺家沟、魏里湾、赵家沟、东沟门、任家沟、新庄沟、兰塔、燕沟、新民、石沟、刘坪、裴渠、漫坪、念沟、张坪、寺沟、张川、李岔、高庄、梁村、裴庄、王庄36个行政村，71个自然村；有中心小学1所、初级中学1所，卫生院1所。全乡总人口4106户、14071人，其中农业人口2632户、12282人；耕地面积8.1万亩，其中基本农田12344亩；退耕还林地面积53246.6亩，荒山造林面积43667亩；全乡苹果面积28410亩，其中挂果面积8500亩、幼园13500亩，建成燕沟、裴渠、魏里湾、新庄沟4个果树专业村；牛、猪、羊存栏分别为815头、1546头、560只；蔬菜种植面积1600亩，其中露地菜1020亩，大弓棚287座，日光温室大棚14座。小刘沟、刘里府、石沟、裴渠为蔬菜专业村。全乡国民生产总值5500万元，农民人均纯收入4455元。

1990~2010年梁村乡（张坪乡）农业发展情况统计表

表1-2-16

年份	乡村人口（人）		粮食作物面积（亩）		粮食产量（吨）		人均产粮（千克）		水果面积（亩）		水果产量（吨）		其中苹果面积（亩）		其中苹果产量（吨）		农民人均所得（元）	
	张坪乡	梁村乡	张坪乡	梁村乡	张坪乡	梁村乡	张坪乡	梁村乡	张坪乡	梁村乡	张坪乡	梁村乡	张坪乡	梁村乡	张坪乡	梁村乡	张坪乡	梁村乡
1990	5257	7155	20280	24300	3241	2581	491	453	—	—	—	—	—	—	—	—	339	308
1991	5349	7347	21320	26410	2563	3214	479	437	—	—	—	—	—	—	—	—	350	317.3
1992	5406	7354	23100	25000	2994	4008	554	545	—	—	—	—	—	—	—	—	542	365.4
1993	5465	7367	21410	25252	3358	3703	614	503	1750	11300	120	300	1150	11300	100	300	496	486
1994	5368	7159	22781	24248	3281	3560	611.3	497.1	3015	10365	110	612	2250	9060	100	600	716.5	693
1995	5360	7162	26070	24855	3440	3585	632	494	5175	13395	208	705	—	—	188	700	811	868
1996	5365	7122	23505	29010	4487	5401	836	758	4500	12150	200	1200	3450	12150	180	1200	975	1054
1997	5369	7158	24690	31635	2692	3182	501	423	4830	5040	199	398	3810	5040	179	398	745	748
1998	5370	7144	24090	27930	4507	5477	839	767	4830	5040	300	600	—	—	250	600	845	1080
1999	5371	7049	19320	22845	2750	3664	512	520	—	—	—	—	—	—	—	—	1007	1232
2000	5372	6988	16440	18165	2400	3553	447	508	10500	5535	600	750	6795	5535	600	750	1005	1238
2001	5374	6929	19050	21570	2605	2801	485	404	10500	5535	750	880	6795	5535	750	880	1006	1278
2002	12235		25335		5121		419		16035		1750		12600		1749		1282	
2003	12242		25785		4170		341		16035		1100		7125		1098		1385	
2004	12306		36030		4262		346		18840		5050		15405		5048		1587	
2005	12316		33630		5557		451		23340		5402		19905		5400		1796	

续表

年份	乡村人口（人）		粮食作物面积（亩）		粮食产量（吨）		人均产粮（千克）		水果面积（亩）		水果产量（吨）		其中苹果面积（亩）		其中苹果产量（吨）		农民人均所得（元）	
	张坪乡	梁村乡	张坪乡	梁村乡	张坪乡	梁村乡	张坪乡	梁村乡	张坪乡	梁村乡	张坪乡	梁村乡	张坪乡	梁村乡	张坪乡	梁村乡	张坪乡	梁村乡
2006	12320		34920		5441		442		24345		8001		20910		8000		2001.6	
2007	12332		35805		5295		429		26850		10101		23415		10100		2355.7	
2008	12332		33000		5339		433		28845		11301		25410		11300		2849.4	
2009	12282		36000		5620		458		29845		13601		26410		13600		3244	
2010	12282		36000		5620		458		29940		15101		28410		15100		—	

说明：农业发展情况统计表中的数据来源于《延安市（宝塔区）国民经济与社会发展统计资料》，其他数据由乡镇提供；1990～2001 年数据为张坪乡和梁村乡的数据，2001 年 11 月张坪乡并入梁村乡，2002 年以后为梁村乡的数据

六、贯屯乡

位于宝塔区城区西北部。东与延川县永坪镇接壤，西南与蟠龙镇毗邻，北与子长县寺湾乡相连，乡域面积 94.89 平方千米。乡人民政府驻地贯屯村，距宝塔区城区 65 千米。

1990 年，全乡辖 15 个行政村，36 个自然村，耕地面积 9800 亩，人均 1.67 亩。1998 年移民搬迁 3 个自然村。

2007 年，全乡基本农田面积 4700 亩，人均 0.84 亩，苹果面积 1.23 万亩，人均 2.21 亩，农民人均纯收入 2240 元。

2010 年，乡辖云山寺、白家砭、泉岔河、榆树坪、龙湾、史家洼、陈家砭、贯屯、韩家沟、宋家沟、关路坡、张寺沟、石家砭、鲁屯、石家沟 15 个行政村，33 个村民小组，1 所学校（初级中学和小学合并），1 所卫生院。全乡总人口 2100 户、6715 户，其中农业人口 5567 人（外流人口 3052 人）；耕地面积 10000 亩，退耕还林地面积 27035.7 亩，荒山造林面积 28837 亩，果树面积 13606 亩，其中幼园面积 8200 亩；日光温室大棚 63 座，大弓棚 44 座。羊存栏 660 只，生猪存栏 1210 头，牛存栏 1719 头。农民主要经济来源除了蔬菜、苹果、粮食之外，还依靠外出务工增加收入。全年全乡经济总收入 2560 万元，农民人均纯收入 4600 元。

1990～2010 年贯屯乡农业发展情况统计表

表 1-2-17

年份	乡村人口（人）	粮食作物面积（亩）	粮食产量（吨）	人均产粮（千克）	水果面积（亩）	水果产量（吨）	其中苹果面积（亩）	其中苹果产量（吨）	农民人均所得（元）
1990	5810	21217	2867	493	—	—	—	—	294
1991	6012	19062	2457	409	—	—	—	—	305.22

续表

年份	乡村人口（人）	粮食作物面积（亩）	粮食产量（吨）	人均产粮（千克）	水果面积（亩）	水果产量（吨）	其中苹果面积（亩）	其中苹果产量（吨）	农民人均所得（元）
1992	6033	17500	2461	408	—	—	—	—	350.31
1993	6078	23849	3186	524	10112	300	10100	299	489
1994	6091	22481	3885	637.9	10095	300	10095	300	705
1995	6130	26655	4005	649	11490	438	—	438	816
1996	6100	25290	4880	800	10485	800	10485	800	1008
1997	6127	25425	2410	393	4485	399	4485	361	494
1998	6106	25635	4926	807	4485	600	—	600	1110
1999	6100	31515	4821	790	—	—	—	—	1113
2000	6084	15450	2520	414	5580	600	2565	585	1100
2001	6011	23235	2195	365	5580	750	2565	610	1200
2002	5899	14835	2235	378	5580	900	5580	900	1360
2003	5918	9540	1378	233	5580	3100	5580	2530	1380
2004	5900	13890	2107	357	7590	2380	7590	2380	1593.2
2005	5910	13440	2119	359	11085	2300	11085	2300	1800.3
2006	5931	11700	2295	387	12090	3200	12090	3200	1992.9
2007	5700	11850	2280	400	1500	4000	1500	4000	2187.7
2008	5567	11850	2293	412	16005	4500	16005	4500	2751.8
2009	5567	11900	2201	395	16505	5000	16505	5000	3726
2010	5567	11900	3684	662	16500	5200	15000	5200	—

说明：农业发展情况统计表中的数据来源于《延安市（宝塔区）国民经济与社会发展统计资料》，其他数据由乡镇提供

七、松树林乡

位于宝塔区东南部。北与川口乡毗邻，东与麻洞川乡接壤，西连柳林镇，南接南泥湾镇，乡域面积146平方千米（天然次生林15.7万亩）。1990年，乡人民政府驻前马坪村，距宝塔区城区27千米；2004年驻地迁至松树林村，距宝塔区城区22千米。延长石油股份有限公司南泥湾采油厂驻前新尧村。

1990年，松树林乡有15个村委会，870户、3754人，耕地面积9456亩。粮食作物种植面积7200亩，烤烟种植面积1318亩（地膜覆盖1024亩）；大家畜存栏1415头（其中牛1230头），羊存栏5230只。经济总收入231.5万元，人均纯收入400元。

1992年，全乡农户894户，农业人口3662人，耕地面积9456亩。大家畜1137头，

羊存栏 5654 只（其中白绒山羊 5023 只）。经济总收入 256. 3 万元，人均纯收入 420 元。

2007 年，全乡耕地面积为 6728 亩，人均耕地面积 1. 68 亩，农业总产值 1497 万元，农民人均产粮 450 千克，人均纯收入 2560 元。2008 年全乡耕地面积 7200 亩，人均耕地面积 1. 8 亩，蔬菜种植面积 1166 亩。2009 年，全乡农业经济收入 2521. 31 万元，人均纯收入 4838 元。

2010 年，松树林乡辖高窑、大南沟、杨家峪、郭台、陈子沟、后新窑、前新窑、松树林、米庄、孙家砭、后马坪、前马坪、芦子沟、邓屯、赵家河 15 个行政村；辖中心小学 1 所，卫生院 1 所。全乡总人口 1508 户、4801 人，其中农业人口 1016 户、4209 人；耕地面积 8800 亩，退耕还林地面积 24522. 5 亩，荒山造林面积 6100 亩。年末，羊存栏 104 只，生猪存栏 899 头。农民经济来源除了粮食、蔬菜种植和畜牧养殖外，还依靠劳务输出。陈子沟、松树林、孙家砭、杨家峪为专业蔬菜种植村；大南沟、孙家砭、后马坪为专业畜牧养殖村。全乡农业总产值 2850 万元，人均纯收入 5276 元。

1990~2010 年松树林乡农业发展情况统计表

表 1-2-18

年份	乡村人口（人）	粮食作物面积（亩）	粮食产量（吨）	人均产粮（千克）	水果面积（亩）	水果产量（吨）	其中苹果面积（亩）	其中苹果产量（吨）	农民人均所得（元）
1990	3558	8024	2323	653	—	—	—	—	429
1991	3602	8400	2167	602	—	—	—	—	470. 3
1992	3662	7200	2071	566	—	—	—	—	515. 57
1993	3702	9753	2304	622	2806	50	2286	18	676
1994	3726	11590	2336	627	6225	25	5655	10	852. 68
1995	3730	13935	2330	617	7425	38	—	31	1300
1996	3750	12990	3109	829	2510	200	6690	158	1381
1997	3761	16230	1835	487	3105	98	2790	56	896
1998	3763	12810	3085	820	3105	100	—	56	1048
1999	3763	12630	3106	825	—	—	—	—	1405
2000	3767	10995	2687	713	2355	100	1395	85	1439
2001	3779	12585	3074	813	2355	200	1395	185	1487
2002	3732	12735	3231	867	2355	200	2040	185	1580
2003	3779	7560	2391	633	2355	100	2040	96	1697
2004	3890	7665	2583	664	2355	400	2040	385	1898
2005	3890	5160	1683	433	2355	255	2040	240	2099. 1

续表

年份	乡村人口（人）	粮食作物面积（亩）	粮食产量（吨）	人均产粮（千克）	水果面积（亩）	水果产量（吨）	其中苹果面积（亩）	其中苹果产量（吨）	农民人均所得（元）
2006	3999	4095	1358	340	2355	244	2040	240	2300
2007	3999	6585	1799	450	2355	244	2040	240	2560.7
2008	4074	6090	1743	428	2355	204	2040	200	3037.5
2009	4186	6085	1761	421	2355	204	2040	200	4280
2010	4209	7018	2068	491	2250	204	2040	200	—

说明：农业发展情况统计表中的数据来源于《延安市（宝塔区）国民经济与社会发展统计资料》，其他数据由乡镇提供

八、麻洞川乡

地处宝塔区城区东南部。东南与临镇毗邻，西连南泥湾镇，北与延长县郑庄镇接壤，乡域面积248.9平方千米。乡人民政府驻地麻洞川村，距宝塔区城区45千米。乡内有石油和天然气，303省道延壶（延安至壶口）公路穿境而过。主要农作物有玉米、谷子、豆类、薯类、瓜类、蔬菜类。

1990年，全乡农业产值1045万元，农民人均纯收入1039.4元。2005年农业产值3227万元，农民人均纯收入2051元。2007年农业产值2520.06万元，农民人均纯收入2545元。

1992年，辖21个行政村、39个自然村、45个村民小组，总人口9106人，耕地面积2.34万亩，大家畜2774头（匹），羊存栏9848只，烤烟栽种面积3500亩，造林4012亩，新修农田678亩，农村经济总收入750万元。

2010年，全乡辖金盆湾、胡屯、老沟、炭窑沟、刘台、雪水湾、岳屯、金屯、玉家崖、麻洞川、三合、石窑湾、西村、赵台、高村、樊村、姚家坡、曲里、张曼沟19个行政村，38个自然村，44个村民小组，23个驻乡单位有中心小学1所，卫生院1所。全乡总人口3007户、10578人，其中农业人口2731户、9630人。全乡耕地面积6.6万亩（其中川、台、坝地面积1.8万亩），退耕还林地面积29177.86亩，荒山造林面积9918亩；果树面积1.4万亩，温室大棚305座，大弓棚620座，露地菜1300亩。年末，羊存栏346只，生猪存栏1217头，牛存栏2815头。全年全乡农业总产值6447万元，农民人均纯收入4967元。

1990~2010年麻洞川乡农业发展情况统计表

表1-2-19

年份	乡村人口（人）	粮食作物面积（亩）	粮食产量（吨）	人均产粮（千克）	水果面积（亩）	水果产量（吨）	其中苹果面积（亩）	其中苹果产量（吨）	农民人均所得（元）
1990	8606	22718	4886	568	—	—	—	—	450
1991	8802	21552	4350	494	—	—	—	—	480

续表

年份	乡村人口（人）	粮食作物面积（亩）	粮食产量（吨）	人均产粮（千克）	水果面积（亩）	水果产量（吨）	其中苹果面积（亩）	其中苹果产量（吨）	农民人均所得（元）
1992	8899	17900	4063	457	—	—	—	—	499.48
1993	9008	22535	6229	691	6500	400	6500	400	663
1994	9088	18755	6107	672.3	12000	10	11445	5	936.6
1995	9150	24180	6121	665	13800	50	—	50	1155
1996	9280	22800	7342	791	13770	300	12855	185	1350
1997	9580	33480	5814	606	4170	100	3645	50	1016
1998	9580	29790	7467	779	4170	100	—	50	1218
1999	9580	30390	6658	695	—	—	—	—	1396
2000	9608	15345	3941	410	5970	200	3825	140	1412
2001	9613	27615	4316	449	5970	300	3825	150	1349
2002	9613	28560	5972	621	5970	300	4125	200	1427
2003	9555	31740	7550	790	5970	200	2040	185	1537
2004	9570	38235	14548	1520	6975	600	5130	495	1751
2005	9590	34545	11151	1163	7980	465	6135	360	1985
2006	9613	31515	11446	1191	9990	435	8145	360	2194.9
2007	9622	31320	10027	1042	10485	575	8640	500	2545.2
2008	9628	32430	9793	1017	13485	575	11640	500	2969.5
2009	9628	32950	10211	1061	16485	573	14640	500	3447
2010	9630	32025	9446	981	18450	670	17640	600	—

说明：农业发展情况统计表中的数据来源于《延安市（宝塔区）国民经济与社会发展统计资料》，其他数据由乡镇提供

九、官庄乡

位于宝塔区东南，属沟壑残塬区。西北与临镇镇毗邻，东南与宜川、延长两县接壤，乡域面积148.39平方千米。乡人民政府驻官庄村，距宝塔区城区75千米。乡内平均海拔1110米，气候为温带季风气候，年降雨量500毫米左右，适宜发展苹果业。官庄乡农民的主要经济来源是苹果产业。

1990年，全乡辖11个村民委员会、41个村民小组，总人口1230户、5139人；大家畜1823头，羊存栏5831只，耕地面积14750亩，引水上塬设施23处。全乡主导产业为林果、畜牧、种植产业，主要农作物有玉米、小麦、谷子，经济作物以烤烟为主。粮食生产采用“四法种田”面积（水平沟、大垄沟、间套、生物肥田）1万亩；林果业按

照“适地适树”原则，栽植用材林4.5万株，其中植柳树13070株，刺槐3096亩，新栽苹果树351亩。

2010年，官庄乡辖官庄、砭上、太福何、圪塔塬、高家塬、孔家塬、山桃、白家塬、雷家、吴太塬、田家、下田、桐树塬、庙塬、嵝岘、条子塬、李树畔、上吕家塬、下吕家塬、杨家河、胜天河、桃树梁22个行政村，39个自然村，41个村民小组；有中心小学1所，卫生院1所。全乡总人口1637户、5047人，其中农业人口1255户、5001人。全乡耕地面积3.29万亩（其中基本农田1.25万亩），退耕还林地面积12537.2亩，荒山造林6465.5亩；苹果面积17850亩，挂果面积8000亩，建有果库225座，沼气池867座，集水窖670口。年底，羊存栏346只，肉牛存栏650头，生猪存栏1217头。全镇有果树专业村18个，年收入10万元以上的果农30户；果业年产值3200万元，农村经济总收入5400万元，人均纯收入9067元。

1990~2010年官庄乡农业发展情况统计表

表1-2-20

年份	乡村人口（人）	粮食作物面积（亩）	粮食产量（吨）	人均产粮（千克）	水果面积（亩）	水果产量（吨）	其中苹果面积（亩）	其中苹果产量（吨）	农民人均所得（元）
1990	4700	14420	2611	556	—	—	—	—	556
1991	5108	15033	2725	533	—	—	—	—	586.6
1992	5135	13100	2431	473	—	—	—	—	561
1993	5465	12927	3358	614	26250	120	17250	100	683
1994	5118	17100	2812	549.4	16650	750	16650	750	1056
1995	5028	19140	2830	546	18690	800	—	800	1206
1996	5037	15810	3251	645	15660	1680	15660	1680	1408.7
1997	5019	14310	1771	352	575	400	8610	399	1057
1998	5019	14235	3524	702	8625	650	—	650	1378
1999	4999	14490	2364	473	—	—	—	—	1708
2000	5033	13230	2214	440	10785	1350	9615	1350	1699
2001	4929	13575	2044	415	10785	1550	9615	1550	1581
2002	5007	13980	2113	422	10785	1751	9615	1635	1683
2003	5007	11370	1926	385	10785	2100	10785	2100	1800
2004	5004	12180	2575	515	11535	6120	10365	5896	2006
2005	5005	11490	2058	411	17520	11725	16350	11500	2236.3
2006	5007	9855	1651	330	17520	13069	16350	12900	2438.5

续表

年份	乡村人口（人）	粮食作物面积（亩）	粮食产量（吨）	人均产粮（千克）	水果面积（亩）	水果产量（吨）	其中苹果面积（亩）	其中苹果产量（吨）	农民人均所得（元）
2007	5008	12945	2833	567	17520	16139	16350	16000	2708. 4
2008	5009	12810	2112	422	18495	18080	17850	18000	4550. 5
2009	5006	12715	2185	436	18495	22180	17850	22100	6634
2010	5001	13021	2759	552	18210	24195	17850	24100	—

说明：农业发展情况统计表中的数据来源于《延安市（宝塔区）国民经济与社会发展统计资料》，其他数据由乡镇提供

第二编　自然地理

宝塔区为陕北黄土高原丘陵沟壑区，地势东北、东南高，中部隆起，呈两个环状向东倾斜的丘陵河谷地形。属于温带半干旱气候区，全年气候变化受制于季风环流影响，日照年平均2566.8小时，年平均降雨量489.0毫米。区内有延河、汾川河干流2条，延河以南以落叶阔叶林为主，延河以北地带则以森林灌丛草原为主，全区植被覆盖率较低，且分布极不均匀。进入21世纪，实行“退耕还林还草”政策后，宝塔区天然植被得到很好的恢复，生态环境较以前有明显的改善。主要矿藏以煤炭、石油、天然气、紫砂陶土为主。

第一章　自然环境

第一节　地　质

一、区域构造格局与岩层节理

宝塔区地处华北陆块鄂尔多斯地块中东部，属岩石圈厚度最大（>200千米）的地区之一，宝塔区及相邻地区除在二叠纪末和三叠纪末遭受区域隆升外，始终保持着稳定沉积盆地特征，无显著构造作用改造，褶皱构造总体表现为轴向近南北的大型宽缓向斜，次级褶皱以短轴背斜、鼻状背斜等平缓拱形隆起为主；断裂构造不发育，地球物理资料显示宝塔区存在两组北东向、一组北西向隐伏断裂。

第四纪黄土中节理十分发育。一般在未变形的斜坡地带，黄土原生节理发育，节理间距几十厘米至2米，将黄土切割成直立的棱形或柱状体，节理面一般粗糙，沿走向多呈锯齿状，剖面上节理面较为平直，节理的发育受土体性质制约，马兰黄土中的节理一般密集，离石黄土中的节理一般稀疏。在变形斜坡地带，土体扰动明显，黄土构造节理十分发育，一般成群按一定方向分布、力学性质清楚（挤压型、压扭型、张型、张扭型）、具有区域性特征、贯通性较强（不受土体性质限制）。

基岩产状近于水平，无明显褶皱和断裂，而节理裂隙构造较为发育，主要有两种类型，一种是与黄土高原整体隆升相关联的张性节理，这类节理规模较大，延伸深度较大（多数>5米），节理面粗糙；另一种为高陡边坡的卸荷裂隙，主要是由于岩石差异风化所引起，耐风化程度较差的泥岩易于风化，剖面上明显下凹，而耐风化程度较高的砂岩不容易风化，剖面上明显外凸，凌空面显著增大，坡面部分的砂岩层极易发育卸荷裂隙，这类裂隙规模较小，延伸深度数十厘米至数米，走向多数与坡面平行，裂隙面粗糙弯曲，极易发生基岩崩塌。

二、新构造运动

宝塔区的新构造运动主要为地壳间歇性的抬升运动，表现为延河、汾川河及其支流的强烈下切，在河流两侧形成1~2级侵蚀堆积阶地，河谷两侧出露大片基岩。如延河河谷西北川及西川河段两岸斜坡基岩出露形成10~20米的陡坎，凸岸阶地比较发育，凹岸很少，延河东川段河谷宽缓，约900~1000米，左岸形成宽约800米的河漫滩及一级阶地，右岸仅保留部分高漫滩和一级阶地。泽子沟至罗家坪20~30米，罗家坪至宝塔山5~15米，罗家坪向下游出露较浅，一般<5米，南川河河谷阶地不发育，左右两岸分别出露基岩10~20米和10~30米，杜甫川河谷阶地有零星分布，基岩出露很少。

陕北黄土高原在新构造运动期间整体表现为间歇性缓慢抬升，中、新生代地壳垂直形变不明显，褶皱、断裂不发育，地震活动水平低。宝塔区地处陕北黄土高原腹地，地壳变形速率在1~2毫米/年之间，地壳比较稳定，无4级以上地震发生。

第二节　地　貌

一、地貌特点

宝塔区为陕北黄土高原丘陵沟壑区，属华北陆台鄂尔多斯地台的一部分。地层以中生代和新生代为主，中生代地层包括三叠纪、侏罗纪和白垩纪砂岩、页岩及泥岩，以侏罗纪砂页岩分布最广，新生代地层以晚第三纪红土层和第四纪黄土为主，黄土广泛分布于全区域内，一般厚度10~100米。沟谷及坡面时有第三纪红土和中生代基岩出露。中生代及新生代晚第三纪红土层所形成的古地形是现代地貌形成的基础，经中更新世地壳的强烈抬升，形成900~1500多米的古黄土高原，第四纪新老黄土的广泛堆积，经长期水蚀和其他外营力的剥蚀，发展成今天的黄土丘陵沟壑地貌，具有沟壑纵横、地形破碎的特点。

（一）地面破碎，沟壑密布

区内以延河、汾川河为骨干，其支流与支沟纵横交错，水系较密。沟道密集，长度在300米以上的26700余条。从沟道密度来看，平均为4.3千米/平方千米（以碾庄沟为代表）。从地面分割度来看，河沟、干沟和冲沟合计面积平均占到流域面积的51.3%，沟壑面积比沟间地面积略大。

（二）地势起伏频率较大

以典型沟道流域为代表，从分水岭到谷缘的谷间地高差，一般为20~80米，最大可达140~160米。从谷缘到沟床的沟谷深度一般为30~90米，最大可达100~120米。在很大范围内，全区地面频繁地出现180~220米的起伏。

（三）坡度较陡，水土流失严重

全区绝大部分地域梁峁坡的斜度变化在10°~35°，其中坡度在25°~35°的面积占有较大比例，平均坡度22.1°。

宝塔区地势东北、东南高，中部隆起，呈两个环状向东倾斜的丘陵河谷地形。崂山纵贯全区，呈北东北—南东南走向，是区内两大水系的分水岭。北部是延河的中游地段，南部是汾川河的河源区。区内较大的山丘陵200多座，随地势总倾斜变化，东北和东南部的山丘高，最高处位于下坪乡宁成梁，海拔1525米，最低处位于官庄乡汾川河谷，海拔860米，相对高差665米，平均海拔1166米。

二、地貌分区

按地形特征，宝塔区域内可划分为三个地貌大区。

（一）北部峁梁丘陵河谷区

包括贯屯、梁村、冯庄、蟠龙、青化砭、元龙寺、河庄坪、甘谷驿等8个乡镇和桥沟、李渠、姚店等乡镇的部分地区，海拔高度992~1525米，地势北高南低，峁梁起伏，以峁为主，沟谷密度4~5千米/平方千米，切割深度一般为120~220米，黄土覆盖层一般厚度50~150米，土壤侵蚀模数1.2万吨/年平方千米以上，是全区水土流失最为严重的地区。

（二）南部梁峁丘陵河谷区

包括麻洞川、南泥湾、松树林、柳林、川口、万花山的全部和姚店、李渠、桥沟等乡镇的部分地区，海拔高度860~1463米，梁峁起伏，以梁为主，沟谷密度3~3.5千米/平方千米，切割深度一般为110~200米，植被覆盖度为66%，是全区水土流失最轻的地区。

（三）东南部残塬区

包括官庄全部和临镇的部分地区。海拔高度1061~1127米，地势高而平缓，塬面破碎，由20余处小块塬地组成，最大者可达1800亩（吴太塬，最小者石家塬仅为322亩）。区内除塬地外，还伴有梁沟，沟谷密度3.4~3.7千米/平方千米，切割深度一般为110~220米，植被覆盖度为21.7%，水土流失较为严重，土壤侵蚀模数在2000吨/年平方千米以上。

三、地貌类型

根据地貌成因，宝塔区域内则可划分为黄土堆积地貌、黄土侵蚀地貌、黄土潜蚀地貌、黄土重力地貌和河流地貌。

（一）黄土堆积地貌

黄土堆积地貌是区内最主要的地貌类型，主要包括黄土梁和黄土峁。区内黄土梁峁地貌分布面积约2845平方千米，占全区总面积的80%。黄土堆积之前，在唐县侵蚀期形成的新近纪三趾马红黏土和中生代砂岩、页岩、泥岩组成的红黏土高原基座上堆积了中更新世离石黄土，上下离石黄土之间保留有一个剥蚀面。中更新世晚期，地形起伏变缓，又发生了一次强烈的剥蚀作用（清水期侵蚀），然后堆积了马兰黄土。马兰黄土堆积之后，又经过了一次剥蚀期（兰州期侵蚀），地形相对高差增大，加上流水作用的强烈侵蚀，地形破碎，形成梁、峁并存的地貌景观。其特征是梁、峁周边多发育“V”字形沟谷，其切割深度数十余米至百余米不等，沟谷两侧坡度陡峻（坡度>40°），局部可达60°～70°，甚至近于直立；梁顶、峁顶则地势平坦，地形坡度只有5°～10°。黄土梁峁与谷沟并存，伴随发育的有细沟、浅沟、悬沟、冲沟、干沟和黄土溶洞等侵蚀潜蚀微地貌，组成黄土丘陵。梁、峁周边水土流失严重，伴随发育大量的滑坡、崩塌等黄土重力地貌。

（二）黄土侵蚀地貌

宝塔区在新构造运动期间主要表现为地壳的缓慢间歇性抬升，河流水系的强烈下切，故河谷、冲沟等黄土侵蚀地貌在宝塔区十分发育。按其发育程度可划分为幼年期沟谷、壮年期河谷和老年期河谷三种类型。

幼年期沟谷　幼年期沟谷在宝塔区极为发育，属于洪流侵蚀地貌的一种基本类型，根据其发展过程，可归纳为细沟、浅沟、悬沟、冲沟和干沟。幼年期沟谷一般都不是常年有水，只有在暴雨时才能形成较大的洪流，具有很强的侵蚀能力。细沟是雨后在斜坡上形成的不稳定沟槽状地形，在水动力和时间等条件具备时发展为浅沟等。幼年期沟谷的主要特征是侵蚀作用以水流的垂直下切为主，切割深度几米至数十米不等，多数在黄土层内部，局部地段可下切至基岩。此类沟谷狭窄，沟谷横断面呈“V”字形，沟缘明显，纵剖面坡降较大，谷坡坡度一般>60°。由于沟谷狭窄，岸坡高陡，临空面大，导致斜坡稳定性较差，崩塌、滑坡等不良地质现象多发。在径流量充足的情况下，可能下切至含水层，水源得到补充，发展成为一些壮年期河流的上游部分。

壮年期河谷　壮年期河谷多为延河及汾川河的主要一级支流的中下游河谷，以南川河、杜甫川、西川河、雷鼓川、五羊川、蟠龙川、固县川等为代表。此类河谷汇集了幼年期沟谷的水量，增强了水动力条件，河水在河道中纵横捭阖，垂直下切作用减弱，侧向侵蚀作用较强，一般都发育良好的排水系统。河流的侧向侵蚀拓宽了河道，冲刷了坡脚，增大了河谷斜坡的临空面，为黄土滑坡和崩塌重力侵蚀创造了有利条件。

老年期河谷　老年期河谷多为大型的成型河谷，是流水长期侵蚀作用的结果，以延河、汾川河为代表。主要特征是河流的侧向侵蚀和垂直下切都趋于缓和，河谷非常宽阔，形态基本固定，呈“U”字形，谷底较为平坦，纵、横向都是缓坡，以河曲为主，河漫滩发育，可见一到二级阶地，河间地的高度已降低，河谷两岸多数已出露基岩，基岩出露高度多在2～45米。基岩上黄土斜坡已远离河流的侧向侵蚀，坡度较平缓，一般为15°～35°，是区内稳定的斜坡地段之一，少有新滑坡、崩塌发生，仅在局部地段可见古老滑坡地貌。

（三）黄土潜蚀地貌

黄土潜蚀地貌在宝塔区北部黄土厚度较大的地区较为常见，主要类型有黄土柱、黄土碟、黄土洞穴等，一般黄土柱规模较小，黄土碟和黄土洞穴规模较大，常常给工程建设带来不良后果。

（四）黄土重力地貌

重力地貌依附于黄土侵蚀地貌，多发育在壮年期河谷和幼年期冲沟的谷坡上。壮年期河谷由于河流侧向侵蚀强烈，河道宽广，临空面较大，谷坡较陡，多发育滑坡地貌，如延河一级支流五羊川、蟠龙川等。幼年期沟谷下切侵蚀强烈，谷坡陡，多发育崩塌地貌。

（五）河流地貌

区内河流地貌是新构造运动不断抬升，延河、汾川河及其支流下切的结果。其间伴随着多次间歇性升降运动，河流经历下切、侧蚀与堆积，形成两级河流阶地。由堆积的冲积层可知，二级阶地和一级阶地分别形成于晚更新世晚期和全新世早期，全新世中晚期至今，处于相对稳定阶段，在流水作用下形成河漫滩和现代河床冲积物。河流地貌在区内面积约 711 平方千米，占全区总面积的 20%。河道比降一般 2‰~11‰。延河河谷宽约 600 米，最宽可达 1000 米；汾川河河谷宽 120~540 米，最宽可达 800 米。河谷地貌内的次级地形可划分为河漫滩、冲洪积扇和一、二级阶地。

河漫滩　分布于延河、汾川河及其支流河谷内。宽 50~100 米，最宽可达 250 米，滩面平坦，微倾向河床，前缘高出河水位 0.5~2 米。

冲洪积坡—洪积锥（扇）　分布在延河、汾川河及其一级支流两侧一些较大支沟出口处。由暂时性流水堆积而成，一般面积不大，顶部与冲沟沟口相连，底部向河流方向呈扇形展开，表面坡度 10°~15°。

一级阶地　呈断续条带状展布于延河、汾川河及其支流河谷区，以内叠堆积阶地为主。阶面平坦，微向河床及下游方向倾斜，宽 200~300 米，最宽达 800 米，阶地前缘多为陡坎，高出河水位 3~6 米，具二元结构，上部为粉土，下部为含泥砂砾石层。

二级阶地　沿延河、汾川河及其部分一级支流零星分布，阶面宽 100~300 米，多遭破坏或被坡积物掩盖，前缘高出一级阶地 4~8 米。其表层岩性为黄土状粉质黏土、粉土，下部为砂砾石层，含泥。

第三节　气　候

宝塔区属于温带半干旱气候区，全年气候变化受制于季风环流影响。气候特点：四季分明。冬季（12 月至次年 2 月），干冷，少雨雪，多刮西北风；春季（3~5 月），干旱少雨，升温快，冷暖空气交汇频繁，风沙大，气温急升剧降；夏季（6~8 月）炎热，多阵性天气且有伏旱；秋季（9~11 月）降温迅速，湿润，多阴雨大雾天气。

一、气温

1990~2010 年，宝塔区年平均气温 10.7℃，21 年内极端气温最高 39.3℃，出现在 2005 年 6 月 22 日；极端气温最低-23.0℃，出现在 1991 年 12 月 28 日。一年中 7 月气温最高，平均气温 24.0℃，其次是 6 月 22.2℃，8 月 22.1℃；1 月气温最低，平均气温 -4.7℃，12 月 -2.9℃，2 月 -0.2℃。极端最高气温出现在 7 月的次数最多，其次是 6 月；极端最低气温出现在 1 月的次数最多，其次是 12 月、2 月；一日中（阴天除外）最高气温出现在14~15时，最低气温出现在日出前。年内气温变化最快的是：3~4月升温快，10~11月降温迅速。

二、降水

1990~2010年，宝塔区年平均降水量489.0毫米，21年内最多的一年降水是2003年658.0毫米，最少的一年降水量是1999年344.3毫米。从1990~2010年降水统计记录得出，年内降水集中在7月、8月，2个月降水占全年总降水量的44%，其中7月平均为100.5毫米、8月为114.0毫米，降水最少的月分别是1月、12月、2月，3个月的降水量仅占全年总降水量的2%。极端最少值整月无降水，大多出现在冬季3个月内。夏季多阵性雷雨天气，秋季多连阴雨天气。

1990~2010年宝塔区不同年份平均气温、降水量统计表

表2-1-1

年份	1990	1995	2000	2005	2010
年平均气温（摄氏度）	10.2	10.4	11.0	10.8	11.1
年降水量（毫米）	557.7	360.7	367.3	441.2	465.8

三、日照

1990~2010年，宝塔区年平均日照时数2566.8小时。日照最长月份为5月，历年平均值为261.6小时，最短月份为9月，历年平均值为180.9小时。

四、湿度

宝塔区每年8月、9月湿度最大，相对湿度为74%，其次是7月、10月。湿度最小的月份是4月，相对湿度为48%，一日中最大值（阴天除外）出现在早晨日出前，最小值出现在14~15时前后。

五、风

季节变化明显，春季风最大，依次是冬季、秋季、夏季。年平均风速1.5米/秒，月份里4月风最大，月平均是1.8米/秒，8月最小，月平均是1.3米/秒。夏季多西南风，冬季多西北风。风速日变化为午后最大，入夜后显著减小。

1990~2010年宝塔区月平均气温、降水量、湿度、风速及月日照时数统计表

表2-1-2

月份	1	2	3	4	5	6
月平均气温（摄氏度）	-4.7	-0.2	5.9	12.9	18.2	22.2
月平均降水量（毫米）	3.5	5.9	17.2	27.9	39.4	64.0
月平均湿度（%）	53	52	54	48	51	59
月平均风速（米/秒）	1.5	1.5	1.6	1.8	1.7	1.6
月日照时数（小时）	196.5	187.4	217.8	239.4	261.6	249.7

续表

月份	7	8	9	10	11	12
月平均气温（摄氏度）	24.0	22.1	17.2	10.5	3.4	-2.9
月平均降水量（毫米）	100.5	114.0	64.6	36.6	12.9	2.5
月平均湿度（%）	70	74	74	69	63	57
月平均风速（米/秒）	1.5	1.3	1.4	1.4	1.5	1.5
月日照时数（小时）	236.1	216.4	180.9	191.0	194.8	195.2

第四节　物　候

根据1990~2010年间宝塔区农业局、林业局、果树局对农作物、林木等物候现象的观测和记录，主要农作物播种时间一般都在4~5月，7月开花，9月成熟。主要林木一般在3~4月发芽，5~6月开花，9~10月成熟，11月落叶。

2010年宝塔区主要农作物物候一览表

表2-1-3

作物名称	播种（旬/月）	出苗（旬/月）	拔节（旬/月）	抽穗（旬/月）	开花（旬/月）	成熟（旬/月）
春玉米	中/4	下/4	上/6	上中/7	中/7	下/9
大豆	下/4~上/5	上中/5	—	—	下/7	中下/9
谷子	上中/5	下/5	上中/6	下/7	下/7	中/9
糜子	下/5	上/6	下/6	下中/7	下/7	上/9
水稻	中/5	—	上/6	上/7	下/7	下/9
高粱	上/5	中/5	中/6	下/7	下/7	上/9
红薯	上/4	—	—	—	下/7	上中/9
马铃薯	下/5	上/6	—	—	下/7	上/9

2010年宝塔区主要林木物候一览表

表2-1-4

树名	芽始膨大（旬/月、日/月）	展叶茎期（旬/月、日/月）	开花盛期（旬/月、日/月）	果实成熟（旬/月、日/月）	叶子变色（旬/月、日/月）	落叶末期（旬/月、日/月）
柳树	上/3	上/4	下/3	4月	上/11	下/11

续表

树名	芽始膨大（旬/月、日/月）	展叶茎期（旬/月、日/月）	开花盛期（旬/月、日/月）	果实成熟（旬/月、日/月）	叶子变色（旬/月、日/月）	落叶末期（旬/月、日/月）
国槐	上/4	下/4	下/6	10月	10月	11月
刺槐	上/4	下/4	上/5	9月	10月	11月
杨树	上/4	下/4	下/3	上/5	10月	11月
榆树	上/4	下/4	上/5	中/5	10月	11月
山桃树	下/3	中/4	中/4	7月	上/11	下/11
椿树	下/4	上/5	7月	10月	10月	11月
侧柏	中/3	上/4	中/4	下/10	—	—
油松	下/3	上/4	下/4	10月	—	—
苹果树	8/3～10/3	25/4～28/4	18/4～23/4	25/9～25/10	15/10～20/10	1/11～20/11
杏树	3/3～6/3	8/4～10/4	1/4～5/4	20/7～5/8	25/9～10/10	15/10～28/10
梨树	6/3～9/3	20/4～25/4	12/4～15/4	20/7～10/8	28/9～12/10	16/10～28/10
桃树	5/3～8/3	20/4～25/4	10/4～13/4	10/6～25/8	25/9～10/10	16/10～28/10
枣树	6/4～9/4	6/5～10/5	15/5～15/6	10/7～20/9	20/9～8/10	10/10～25/10
葡萄	1/4～5/4	2/5～10/5	20/5～25/5	25/8～5/9	20/9～8/10	10/10～25/10
核桃树	1/4～5/4	25/4～5/5	28/5～5/6	25/9～10/10	9/10～10/10	15/10～25/10

说明：发育期各项目中25/4为4月25日，中下/4为4月中下旬

第五节 水 文

一、地表水

宝塔区地处黄河流域晋陕峡谷西侧，东距黄河干流31.3～107.3千米；以北东—南西向崂山山脉为分水岭，可划分出南北两个黄河一级流域区：中、北部位居延河流域中游，面积2347平方千米，占全区总面积的66%；南部为汾川河流域（云岩河的上游），面积1209平方千米，占全区总面积的34%。全区地处黄土高原，地表黄土广布，黄土岩性疏松软弱，其上多级支流发育，密如蛛网的沟壑几乎伸向区内每一处角落。根据2005年《陕西省延安市宝塔区地质灾害详细调查》报告，主要河流水文特征如下：

（一）延河

为宝塔区最大河流，发源于区外靖边县天赐湾乡周山，全长286.9千米，流域面积7725平方千米。延河在宝塔区西侧河庄坪镇李家湾村入界，流向南东；于城区中心折向北东，一路直行，经桥沟—川口—姚店—甘谷驿等镇（乡），在甘谷驿镇西沟门流出。

宝塔区内河长 62 千米，流域面积 2347 平方千米（占全区总面积的 66%），河道比降 1.8‰。延河支流众多，宝塔区支流流域面积在 100 平方千米以上的有 11 条。左岸以丰富川、蟠龙川和五羊川为主；右岸以西川河、南川河和马四川为主。延河多年平均水位 4.54~5.49 米，最高水位 16.44 米；多年平均流量 8.56 立方米/秒，最大洪峰流量 8600 立方米/秒，最小时断流。从年内分配看，延河径流量主要集中于 7~9 月三个月，约占全年总径流量的 60.8%，径流量年际变化比较显著，枯水年、丰水年相间出现，年变差系数 Cv 为 0.46~0.47。延河水位随着雨季变化暴涨暴落，易发生洪水灾害。如 1977 年洪峰流量高达 8600 立方米/秒，水位 16.44 米，延河两岸河谷阶地大部分被淹，众多基础设施及房屋被毁坏，4000 余人受灾，损失 5833 万元。1917 年、1933 年、1935 年、1944 年、1956 年、1969 年、1977 年发生的大洪水，洪峰流量都在 2000 立方米/秒以上。延河冬季封冻，结冰期长达 4 个月。延河属多泥沙河流，多年平均含沙量 227 千克/立方米，最大断面含沙量为 1300 千克/立方米（1963 年 6 月 17 日），年平均输沙量呈现明显减少的趋势。

（二）汾川河

为宝塔区南部最大河流，发源于崂山东麓南泥湾镇九龙泉，流经南泥湾—麻洞川—官庄等乡（镇），于东缘官庄乡新窑新村流出，全长 112.5 千米，流域面积 1781.4 平方千米。在宝塔区河长 65.5 千米，流域面积 1209 平方千米（占全区总面积的 34%），河道比降 4.3‰~8.9‰。主要支流有右岸的固县—汉庄川。1975 年最大含沙量为 750 千克/立方米，2000 年平均含沙量为 94.2 千克/立方米，均呈现明显下降趋势。

（三）其他支流

南川河多年平均最大流量为 650 立方米/秒，西川河为 440 立方米/秒，杜甫川为 100 立方米/秒。

二、地下水

宝塔区河流密布，切割强烈，地貌类型多样，地层岩性组合复杂，决定地下水条件的特殊性和复杂性。主要表现在两个方面：一是含水介质的多样性，既有孔隙和裂隙含水介质，还有孔隙—裂隙双重含水介质；二是水流系统的复杂性，受密集的水网和分水岭控制，区域上没有统一、连续的地下水流场，地下水顺地势向附近沟谷排泄，形成相互独立的地下水流系统，地下水总体十分贫乏。

地下水类型按含水介质空隙特征划分，区内地下水可划分为冲积砂砾石层孔隙水、黄土裂隙孔隙水、碎屑岩裂隙水三类；按水力特征可划分为上层滞水、潜水和承压水三类；按水文地质结构划分，区内含水介质包括第四纪松散岩类和中生代碎屑岩类两类，其中第四纪松散岩类主要有第四纪风积黄土和冲积砂砾石，中生代碎屑岩类主要有三叠纪和侏罗纪砂岩，此二类含水介质上下叠置，多形成具双重结构的统一含水层系统；按水文地质结构特征可划分为冲积砂砾石层与基岩风化带双层结构孔隙裂隙潜水、基岩风化带单层结构裂隙潜水、风积黄土与基岩风化带双层结构裂隙孔隙潜水、风积黄土裂隙孔隙上层滞水、新近纪泥岩下伏基岩风化带单层结构裂隙承压水。

总体来讲，区内冲积含水层呈条带状分布于较大河谷中，分布面积不大，含水层厚度小，水量一般较小；黄土含水层沿黄土梁呈带状不连续分布，赋存条件差，水量贫乏；碎屑岩含水层，岩性以砂岩与泥岩互层为主，以风化带含水为主要特征。基岩裂隙发育深度一般为5～30米，且分布极不均匀，水量总体较贫乏，仅在局部裂隙密集带，地下水相对较富集；深部基岩裂隙多不发育，水量极小，水质普遍较差。

（一）冲积砂砾石层孔隙水

含水层多呈条带状或舌状断续分布于延河、汾川河河谷区，含水层上部为全新世和晚更新世冲积砂、卵、砾石，结构松散，磨圆和分选性较好，透水性较强，厚度一般小于5米。不同河段含水层的厚度、透水性及补给条件的不同，导致其富水性亦有明显的差异。水力性质为潜水，水位埋深1.5～6米，分布宽度一般50～300米，含水层厚度一般2～5米，渗透性主要取决于含水介质的粒度及泥质含量的高低。粒度较粗，泥质含量低，透水性强，反之透水性弱。渗透系数一般1.72～11.47米/昼夜，局部达21.52～41.68米/昼夜。主要接受降水的入渗补给，在阶地后缘还得到梁峁区地下水的径流补给，在丰水季节局部地段得到河水的侧向径流补给。主要通过径流方式向河流排泄，或向下游潜流排泄，蒸发及人工开采也是排泄方式。因含水层颗粒粗，地下水流速快，加之流程短、排泄畅通，地下水矿化度小于1克/升，水化学类型以HCO_3型为主，水质普遍较好。

（二）风积黄土裂隙孔隙水

分布于黄土梁峁区。由于沟谷切割，地形支离破碎，多呈条带状分布于较宽的梁峁下部，储水条件差，加之黄土透水性差，大气降水渗入补给量少，因此，该类型地下水水量贫乏。黄土裂隙孔隙潜水含水介质为中、晚更新世风积黄土。由于沟谷切割深，大部分地区基岩裸露，黄土被疏干，不含地下水，仅在宽梁和较大分水岭部位才形成潜水浸润面。由于黄土中夹有多层古土壤层，古土壤中黏粒含量较高，透水性较差，形成相对隔水层，所以在裂隙、陷穴、落水洞发育的地段，或淋雨之后（含淋雨过程中）常形成上层滞水。含水层厚度一般较小。黄土裂隙孔隙水主要接受降水的入渗补给，以泉或渗流的方式向沟谷溢出排泄。

（三）碎屑岩裂隙水

分布于砂岩裂隙及顶部风化壳的裂隙中。因基岩风化壳的发育受地形条件、岩性和地质构造等多种因素的控制，差异性很大，所以，风化壳潜水的分布很不均一，主要接受上覆第四系松散层孔隙、裂隙孔洞潜水及大气降水入渗补给。该类型潜水主要分为三个含水岩层。

延安组上段含水岩层　主要分布于南川七里铺以南、西川杨家崖以西及北川李家洼以北，为一套薄层细砂与泥页岩互层。岩层中裂隙不太发育，一般3～5米发育一条裂隙，多呈闭合状，张开性较好的也往往被泥质充填，因而富水性弱。在梁峁区，含水层较薄，且以下降泉的形式沿层面溢出，泉水动态变化不大。

延安组下段含水岩层　该段含水岩层主要分布于七里铺以北，李家洼以南，杨家崖以东的河谷、梁峁区。岩性以中粗砂岩为主，顶部为细砂岩，底部为砾状粗砂岩或砂砾岩。砂岩中的孔隙以及裂隙构成良好的储水空间。在梁峁区，砂岩出露于陡崖时往往风化成佛龛状或蜂窝状，从防空洞挖出的砂岩多呈松散的砂粒，透水性好。在大多数沟谷中可见潜水从砂岩地板附近或局部泥岩层面上留出。因接受上部松散层潜水及河水的补给，水量较大。

富县组—瓦窑堡组含水岩层　两岩组主要分布在东川一带。岩性主体为泥岩、砂砾岩及砂岩与泥页岩互层。主要为裂隙含水，但由于裂隙不发育，且多呈闭合状，因而水量小。

第六节　土　壤

一、土体

（一）砂砾石土

砂砾石土主要为粉砂、细砂、中砂、粗砂等，砾砂和卵砾石零星分布。砂土分选性、磨圆度均较好。潜水面以下呈饱和状态，但绝大部分高于潜水面，一般为湿—稍湿，密实，压缩系数小于 $0.1MPa^{-1}$，属低压缩性土，个别地段和表层为中密、松散。对一般工程而言，中砂地基承载力较高，可作为天然地基；但粉砂、细砂地基承载力则偏低，通常不被采用。

（二）一般黏性土

一般黏性土颗粒成分以粉粒（粒径 0.05~0.001 毫米）为主，平均占 60%以上，湿陷系数平均值介于 0.018~0.036 之间，具有轻—中等湿陷性；其允许承载力最大值为 333 千帕，最小值 117 千帕，平均值 225 千帕，一般满足多层民用建筑承载力要求，但对于重要构筑物，需作地基处理。

（三）新黄土（Qp3）

新黄土几乎覆盖全区，厚度一般 10~20 米，局部达 30 米。颗粒成分以粉粒为主，矿物成分主要为石英、长石，黏土矿物含量少。新黄土的原生结构为均质结构，结构疏松，大孔隙发育。在黄土湿度变迁收缩作用影响下，产生垂直节理，形成柱状体块裂结构。在斜坡地带，受风化、卸荷或滑移变形作用，产生“X”形剪节理，局部形成楔形体块裂结构。

（四）老黄土（Qp2）

老黄土是构成区内黄土梁峁的主体部分，颗粒成分中黏粒含量明显高于新黄土，<0.005毫米粒级>20%，夹数层古土壤及钙质结核层。老黄土垂直节理、构造节理、滑塌节理以及风化节理普遍发育，形成典型的柱状体块裂结构和楔形体块裂结构。

（五）红黏土（N2）

红黏土即新近纪上新世三趾马红黏土，在区内零星分布，与下部侏罗系呈不整合接触，厚度变化较大，一般 1~5 米，少数地段厚达 10 米以上。其颗粒组成以粉粒和黏粒为主，其中粉粒占 44%~64%，黏粒占 16%~36%，砂粒占 20%~30%。天然状态下呈坚硬、硬塑状态。一般高于地下潜水位，含水量偏低，属于低压缩性土，渗透性差。天然状态下强度较高，遇水力学强度显著降低，由硬塑逐渐变为软塑甚至流塑状态，形成软弱结构面。

二、岩体

（一）坚硬层状碎屑岩组

岩性以砂岩为主，为侏罗纪及三叠纪碎屑岩，河湖相沉积，产状近水平，致密坚硬，属层状块裂结构，承载力高，工程地质性质良好。在边坡地带，垂直节理及风化节理发育，尤其是沿着走向为70°～80°、130°～135°、160°～165°的节理裂隙十分发育。

（二）半坚硬层状碎屑岩组

岩性以泥岩和砂泥岩为主，并夹有页岩、油页岩等，为侏罗纪及三叠纪碎屑岩，河湖相沉积，质地软弱，抗剪强度较低，抗风化能力弱，遇水易软化，力学强度显著降低，工程地质性质相对较差，承载力也远较砂岩低。节理裂隙发育，构成水平层状块裂结构，岩体的强度和变形特征严格受到层面及节理面组合的控制。在边坡地带，岩体垂直节理、卸荷节理及风化节理发育，形成斜坡危岩体。泥岩与砂岩力学性质的较大差异，以及砂岩与泥岩差异风化的影响，有砂岩和泥岩构成的斜坡体易发生鼓胀、错断等形式的变形破坏。

第七节　植　被

宝塔区森林植被具有暖温带落叶阔叶林向森林灌丛和灌丛草原过渡的特点，建群种和优势种以华北植物成分为主，落叶阔叶林占主导地位。因海拔高差变化相对较小，宝塔区森林植被垂直分布相互交错，界限相对不明显。在国有天然林区，上部主要以栎类为主，中部以栎类和侧柏为主，下部及受气候和人为活动影响，宝塔区森林植被在水平分布上呈明显的地域性规律，南部国有林场为天然次生林林区，主要以栎类、侧柏、阔杂和杨类为主要组成树种，林相复杂，森林生态系统相对稳定；北部各乡镇集体林为人工林区，主要以刺槐为优势树种，林相单纯，森林生态系统相对脆弱。沟道以阔杂、杨类以及少量白桦为主。北部集体林区上部塬面和下部川道主要以农耕地为主，刺槐多分布在坡度较大的中部沟壑地带。

第二章　自然资源

第一节　土壤资源

宝塔区有黄绵土、黑垆土、淤土、褐土、水稻土、草甸土、红土、潮土、沼泽土9个土类，12个亚类，20个土属，45个土种。

黄绵土是在黄土母质上形成的一种土壤，质地松、软、绵，透水性强，易耕，有利于作物幼苗发育，易受侵蚀，土壤抗逆性弱，养分贫瘠。全区以黄绵土面积最大，为339.17万亩，占全区土壤总面积的63.87%。区内从南到北，从西到东，川台及梁、峁、坡均有分布。

黑垆土分布以南部残塬和北部各乡镇的台地、沟谷高阶地为主，山间鞍部亦有零星残存。面积0.41万亩，占土壤总面积的0.077%。黑垆土经长期耕种熟化，上覆盖30~40厘米厚的熟化层，质地轻壤，疏松多孔，强石灰性反应，耕性良好，耐旱耐涝，适耕期长，宜种多种农作物。

淤土主要分布在延河、汾川河两岸及沟谷里，面积8.22万亩，占土壤总面积的1.55%，宜种高粱、谷子等农作物。

褐土主要分布在延河以南的南泥湾等乡镇，是森林植被下土壤，面积147.37万亩，占土壤总面积的27.75%，是较好的宜林地。

水稻土面积1.6万亩，占土壤总面积的0.3%，栽培以稻谷为主。

草甸土面积0.46万亩，占土壤总面积的0.09%。

红土面积30.5万亩，占土壤总面积的5.74%。

潮土面积0.12万亩，占土壤总面积的0.02%。

沼泽土面积0.3万亩，占土壤总面积的0.05%。

第二节　矿产资源

宝塔区内已发现的矿产主要有煤炭、石油、天然气、紫砂陶土、肥料煤、高岭土、石英砾岩、油页岩、铁矿、钙质结核、砖瓦用黏土、建筑用石料、建筑用沙13种。根据2005年《陕西省延安市宝塔区地质灾害详细调查》报告，其中以煤、石油、天然气、紫砂陶土为主。其余除砖瓦用黏土、建筑用石料和建筑用沙外，其他的矿产规模均较小。

一、煤炭

宝塔区含煤面积1956平方千米，煤炭储量10.83亿吨。主要分布在宝塔区的北部（贯屯、蟠龙等地）、中部（青化砭、川口一带）、南部（姚家坡、麻洞川一带）。含煤地层主要为三叠系瓦窑堡组，岩性以砂岩为主，夹泥岩、油页岩和煤层，含煤层多而薄，一般六层，3、5号煤可采，煤层厚0.2~0.8米，全为烟煤，煤质属三号气煤，煤层顶底均为细砂岩，厚约0.5~5米，顶板砂岩为煤层开采较好的保护层。

二、石油

石油储存面积2000平方千米，总储量16297万吨。主要分布在青化砭、姚店、甘谷驿、川口、松树林、麻洞川、临镇等地，含矿层位是三叠系延长组。其中，南泥湾油田东西长40千米，南北宽30千米，面积1200平方千米，储量2883万吨。青化砭油田（含姚店油田）、甘谷驿油田以及川口油田，储量分别为5540万吨、4943万吨和2931万吨。

三、天然气

探明天然气储量为1000亿立方米以上，主要分布在3个区域，即临镇、麻洞川区域；梁村、冯庄、蟠龙区域；甘谷驿、元龙寺区域。

四、紫砂陶土

主要分布在延安城区以东至田圪崂村延河以南的区域内，以泽子沟、罗家坪出露明显。含矿层位为侏罗系富县组，罗家坪紫砂陶土面积约 3.8 平方千米，预测资源量 526.41 万吨，据国家日用陶瓷质量监督检验测试中心检验，该陶土是用来生产紫砂陶器的一种优质原料，主要指标能满足日常使用要求，在原料加工处理上进一步调整和控制，生产出的产品可与宜兴同类产品质量相当。该矿石粒度细小、耐火度低、烧结温度低，其节能特点为国内其他同类矿石无法比拟。

五、肥料煤

含矿层位三叠系瓦窑堡组，仅做过矿点普查，分布在蟠龙镇至圪驮村、纸坊坪、王家沟、乐家沟—玉皇庙、贺阳沟、王庄—小刘沟，白家坡至崔家圪崂。

六、油页岩

主要分布在蟠龙、贯屯一带，属三叠系延长组油页岩层。其分为三层：下层煤系层以细沙岩夹黄绿色、灰黑色砂岩为主；中层为油页岩层段，下部有数米灰白色黏土数层，底部有 1～2 米油页岩层，上部有 8～10 米油页岩层，上层夹 0.2～0.8 米的薄煤层和油页岩层呈整合接触。资源储量 51170 万吨，一般含油量 4%左右，底部可达 6.7%。

七、其他矿产资源

高岭土，分布在蟠龙镇瓷窑沟村，资源储量 164 万吨；石英砾岩，主要分布在麻洞川，含矿层位为侏罗系延安组，资源储量 180 万吨；铁矿，主要分布在柳林镇麻庄一带，属侏罗系延安组；钙质结核，区内第四系上更新统含钙质结核，主要分布在川口乡的新民村、碾庄乡的刘庄和李渠镇的中庄村，潜在资源量 313 万吨；砖瓦用黏土和建筑用石料，分布广泛的是第四系更新统黏土或亚黏土资源，用其烧制建筑材料砖瓦；建筑用沙，主要分布在现代河床。

第三节　水资源

一、地表水资源

地表水主要以河流水为主。以东西走向的崂山山脉为分水岭，北部有延河流域，南部有汾川河流域，组成两大树枝状水系。干流深切，支沟密布，河网密度大，多为季节性河沟。雨季丰水期，干流集流迅速，形成洪水；旱季枯水期，多无流水，造成枯洪悬殊，干流常流量少。全区年均降雨量为 500 毫米左右，区域内年均实测径流量 9185.7 万立方米，折合径流深约 25.8 毫米；按还原计算，天然径流量为 1.12 亿立方米，折合径流深约 31.5 毫米。延河和汾川河流域多年平均实测径流量分别为 6681.6 万立方米、2504.2 万立方米，经还原计算，多年平均天然径流量分别为 8281.7 万立方米、2935.7 万立方米。全区地表水资源总量约为 1.12 亿立方米，南部汾川河流域面积占全区总面积 37.67%，地面水量只占全区地面水总量的 27.2%，北部延河流域占总面积的 62.33%，地面水量占全区总量的 72.8%。

地表水水质，属微碱性软水或适度硬水，总硬度 74～177 德国度，pH 值在 7.5～8.8

左右，含盐量为每升491~1333毫克，矿化度每升0.4~1.5克，硫酸根含量每升45~958毫克，氯含量每升22.4~127.5毫克。

2003~2004年，王瑶水库布设10个监测点，对26项指标进行水环境质量现状监测。监测显示，BOD、石油类、细菌学指标、氨、氮等时有超标。孙台水库为Ⅲ类水质；胜利水库属轻度污染，Ⅳ类水质，主要超标物质为大肠菌群；红庄水库属轻度污染，IV类水质，主要超标物质为COD；西川河、延河为V类水质，主要超标物质为COD和石油类，四个水库均为中营养程度，没有产生富营养化。

二、地下水资源

全区泉水出露多，量小，流量小于0.1升，大的可达1.85升。南泥湾潜水以泉水形式出露，高出河水面0~30米，泉水动态稳定。域内249处泉水，年丰水期198.7万立方米，除人畜饮用，少数泉水还可以灌溉，泉水开采价值不大。水资源评价属山区类型，地下水资源量采用基流分割法计算，依据水文资料，延河流域地下水资源量为2344.7万立方米，汾川河流域地下水资源量为1083.6万立方米，地下水资源总量3428.3万立方米。

区内25米以内浅层地下水水质，中性偏碱，pH值为7.2~8.4，矿化度每升0.5~4克，深度在25~40米时，矿化度提高，每升高达31.06克，地下水深度增加，总硬度提高，达99.5德国度。

比较大的地下水水源地有2处，水质均IV类，分别是：万花山庄单位自备水源，为铁、锰超标，柳林镇腾格尔公司单位自备水源，铁超标。宝塔区疾病预防控制中心对域内50个村庄的泉水、浅井水进行水质分析，检验结果显示，有9个村庄水质不符合《生活饮用水卫生标准》（GB5749-2006）要求，占评价样本总数的18%，主要超标物质为六价铬、硫酸盐、菌落总数、总硬度。主要分布在蟠龙镇永胜村、姚店镇沙滩、元龙寺上李家沟、张家沟、刘家沟、冯庄乡洛家河、梁村乡石沟、梁村、木瓜崖、南泥湾镇桃宝峪村等。其他村地下水水质均为Ⅲ类水，符合要求，宜集中式供给生活和生产用水。

第四节　生物资源

一、植物资源

（一）乔木

主要有辽东栎、山杨、白桦、黑桦、小叶杨、河北杨、毛白杨、柳树、垂柳、杜梨、榆树、刺榆、山定子、苹果、梨、核桃、桃、杏、山桃、山杏、中槐、龙爪槐、刺槐、五倍子、卫矛、茶条槭、细裂槭、元宝枫、五角枫、黄连木、漆树、栾树、枣、椴树、柽柳、白蜡、臭椿、桑树、山楂、侧柏、油松、刺柏、云杉、桧柏、银杏、白皮松、华山松、杉柳、紫柳、水桐、牡好梨、黑杠树、月芽、山榆、朝鲜槐等。

（二）灌木

以绣线菊、柠条、紫丁香、胡颓子、连翘、虎榛子、黄蔷薇、樱桃、狼牙刺和沙棘为优势种，常见的还有二色胡枝子、多花栒子、丁香、刺五加、酸枣、沙柳、六道木、忍冬、枸杞、荆条、互叶醉鱼草、杭子哨、花椒、葡萄、白杞、龙柏、黑刺、大马茹、红柳、抚柳、柱柴紫、芥子、禾梢子、重皮子等。

（三）草本植物

主要有大披针苔、白羊草、甘草、苦参、野棉花、黄菅草、蛇木子、牛耳朵、羊耳朵、野西米、野金针、马莲草、山丹丹、旱艾蒿、水艾蒿、冰草、沙蒿、冬青、旱芦草、水稗子、黄蒿、臭蒿、野糜子及菊科植物等。

（四）药用植物

主要有猪苓、木贼、侧柏、桑、马兜铃、何首乌、蝎子七、芍药、草芍药、牡丹、短角淫羊藿、木兰、山楂、杏、桃、地榆、五倍子、杜仲、米口袋、葛根、苦参、蒺藜、透骨草、酸枣、白敛、女儿茶、大叶堇菜、白毛堇菜、连翘、柴胡、远志、血见愁、短毛独活、防风、前胡、水红袍、女贞子、秦花、白薇、紫草、黄芩、枸杞、地骨皮、荆芥、党参、牛蒡子、艾蒿、五味子、芦根、茵陈、山药、大丁草、夏枯草、丹参、毛柳叶菜、板蓝根、车前子、甘草、生地、大黄、贝母、小茴香等。

（五）观赏植物

主要有美人蕉、射干、吊兰、夹竹桃、夜来香、菊花、鸡冠花、牡丹、香水花、月季花、仙人掌、绣线菊、玫瑰、海棠、凤仙花等。

（六）栽培作物

禾谷类主要有玉米、谷子、高粱、小麦、水稻、糜子、春大麦、黑麦、荞麦等；豆类主要有黄豆、绿豆、黑豆、双青豆、扁豆、白小豆、豇豆、蔓豆、豌豆、红小豆等；油料类主要有小麻（绒麻）、老麻（蓖麻）、花生、芝麻、向日葵、黄芥、芒芝等；薯类主要有红薯、洋芋（马铃薯）等；经济类主要有棉花、烟叶、西瓜、小瓜、花椒、甜瓜等；蔬菜类主要有白菜、莲花白、菜花、黄瓜、南瓜、黄萝卜、白萝卜、红萝卜、白葱、红葱、番茄、油麦菜、菠菜、茄子、芹菜、韭菜、芥菜、蔓菁、莴苣、刀豆、菜豇豆、黄花菜、北瓜、西葫芦、洋姜、大蒜、洋葱、辣椒、滴溜、芋莲等。野菜类主要有苦苣、小蒜、灰条、木耳、蘑菇、地软、睁眼菜、胖娃娃草等。

二、动物资源

（一）饲养动物

牛以秦川牛和黄牛为主，改良牛有利木赞、西门塔尔、红安格斯改良牛。马、驴、骡已逐渐减少。猪有北京黑、长白、大约克夏、斯格尔、瘦肉型杂种猪等。羊有白绒山羊、布尔山羊、小尾寒羊、槐羊、黄羊等。兔有土种兔、安哥拉长毛兔、獭兔、西德长毛兔。狗有本地狗、狼狗、哈巴狗。猫有花猫、白猫、黄猫、狸猫、黑猫。

（二）家禽

鸡主要有罗斯鸡、海兰鸡、罗曼鸡、绿壳蛋鸡（又称黑凤乌鸡）、肉杂鸡、黄鸡、麻鸡等。鸭和鹅比较少，主要有本地麻鸭、引进北京鸭和本地生种鹅。鸽、鸵鸟等甚少。鸽主要有灰鸽、白鸽两种。

（三）昆虫类

人工饲养的有：中国蜂、意大利蜂、蚕、蝎子、土元虫。野生昆虫有：甘蓝夜蛾、扶青叶蜂、菜青虫、七星瓢虫、赤眼虫。害虫有：新星毛虫、金龟子、食心虫、洋芋芫菁（斑蝥虫）、麦蚜、荞麦钩翅蛾、菜灰螟、草地螟、棉蚜虫、油菜蚜、棉红蜘蛛、小麦黏虫、小麦红蜘蛛、蝼蛄、地老虎、金针虫、蚊、蝇、蚂蚁、果树卷叶虫等。还有蝴蝶、蜻蜓、螳螂、蟋蟀、蜗牛、蚯蚓、萤火虫、跳蚤、虱子、蛔虫、蜈蚣、蟑螂等。

（四）野生鸟、兽及其他动物

鸟类共有种类12目16科62种，兽类共有种类5目9科25种。其中，国家重点保护的动物有金钱豹、金雕、大鵟等，经济价值较高的有野猪、狐狸、狼、环颈雉、狗獾、狍子等品种。

鸟类　喜鹊、山鸡、野鸡、老鹰、猫头鹰、乌鸦、麻雀、燕子、啄木鸟、布谷鸟、百灵鸟、黄鹂、麻野雀、大雁斑鸠、野鸭、鸳鸯、鹞等。

兽类　狼、狐狸、黄鼠狼、狗獾、山狸子、蒙古兔、松鼠、大仓鼠、长尾仓鼠、小家鼠、褐家鼠、野猪、狍、斑豹、野羊等。

蛇类　黑乌蛇、白杞蛇、水蛇、旱花红蛇。

蛙类　青蛙、癞蛤蟆。

鱼类　甲鱼、鲤鱼、草鱼、鲫鱼、鲢鱼及各色金鱼。

第三章　自然灾害

第一节　气象灾害

一、气象灾害类别

1990~2010年，宝塔区的主要气象灾害有：干旱、冰雹、洪涝、冻害、沙尘天气等。

（一）干旱

宝塔区干旱形成的原因主要是降水不足或者长期无降水。由于宝塔区地处华北地区，大陆气候特征明显，受西太平洋副热带高压位置的偏南和减弱，来自西太平洋的水汽向华北地区输送偏少，以及缺乏气压扰动、缺乏潮湿气流等因素影响，导致华北地区干旱少雨，春旱和春夏连旱特别严重。宝塔区的干旱灾害危害面积大，持续时间长，出现次数多。春旱最甚，其次是伏旱、秋旱，对农作物的影响最大。

（二）冰雹

宝塔区位于陕北黄土高原，域内基本地貌有黄土塬、梁、峁、沟等，加之山地地形影响，极易形成降雹的强对流云团。宝塔区内冰雹发生次数频繁，几乎年年都有冰雹灾害。出现的时间一般在夏季，早的出现在4月，迟的出现在11月，最多年份十几次，少的年份出现次数不同。

（三）暴雨

宝塔区暴雨的形成主要由于西太平洋副热带高压稳定少动，外围西南暖湿气流与贝加尔湖低压西风气流交汇至陕北地区，系统移速减慢，造成持续强降水。宝塔区暴雨出现时间一般在5~9月，集中于7月、8月、9月，其中7月最多，由于短时间内降水强度大，加之土壤疏松，使得水土流失严重，表现为河水陡涨，山洪暴发，良田被毁，庄稼被淹。

（四）低温冻害

宝塔区低温冻害主要成因是来自于西伯利亚冷空气横槽后偏东气流引导下向西输送，与西来的冷空气汇合加强，然后折向东南沿河套地区侵入宝塔区，当冷气团积累到一定程度时，就向气压较低的南方泛滥、倾泻，形成寒潮。由于降温通常超过农作物的耐寒能力，造成农作物冻伤、冻死等危害。在宝塔区冻害一般发生在春季或秋末。

（五）沙尘天气

宝塔区属中纬度干旱和半干旱地区，地面多为稀疏草地和旱作耕地，植被稀少，加上人为破坏，当春季地面回暖解冻，地表裸露，狂风起时，沙尘弥漫，在本地及狂风经过的地带形成沙尘天气，春季较多。宝塔区扬沙天气年平均次数26.2天，随着退耕还林（草）政策的实施，出现次数有减少趋势。

二、重大气象灾害

1992年7月10~19日，延安市局部受雹灾，降雹直径分别是5~11毫米，造成经济损失124万元。

1993年8月3日，日降水量128毫米，引起山洪暴发，延河支流涨水，沿岸作物受到涝灾。

1995年6月1日，降雹最大直径26毫米，造成6个乡镇农作物受灾。

1995年6月30日，全市遭受特大冰雹袭击，涉及7个乡镇24个行政村，玉米、蔬菜、西瓜及苹果受灾严重，直接经济损失120万元。

2002年5月15日，宝塔区5个村受雹灾，冰雹直径4~15毫米，受灾农田188公顷，经济损失500万元。

2003年6月1日，宝塔区局地降雹，受灾面积1812公顷，经济损失659.72万元。

2003年7月5日，宝塔区柳林镇14个行政村的257公顷苹果、266公顷农作物受雹灾，经济损失约276万元。

2003年7月6日，宝塔区万花山乡14个行政村的143公顷苹果、484公顷农作物受雹灾，经济损失约167万元。

2004年6月16日，宝塔区川口、万花山、柳林、临镇、官庄等15个乡镇199个行政村先后5次遭受冷冻、大风、冰雹自然灾害袭击，1333公顷苹果及部分洋芋、玉米、烤烟、谷子、豆子、蔬菜受害，8604户27324人不同程度受灾，造成经济损失4780.5万元。

2005年1~4月，长期少雨雪，降水量较往年偏少40%，对越冬作物生长、春播不利，有缺苗、死苗现象发生。

2005 年 5 月 30 日，宝塔区枣园镇遭受冰雹袭击，冰雹最大直径 30 毫米，持续近 10 分钟，枣园 4 个行政村苹果受灾约 5000 亩，雨水冲坏砂石路 1 条，经济损失 200 万元；冯庄乡大水冲毁 6 个堤坝。

2005 年 6 月 28 日，宝塔区柳林镇遭受冰雹袭击，最大冰雹直径 20 毫米，10 余个村子不同程度受灾，果树 2300 多亩、玉米 1500 多亩、谷子 400 多亩、豆子 400 多亩受害。

2006 年 6 月 23~29 日，连续 7 天降雹，6 月 28 日冰雹造成 10 余个村子不同程度受灾，苹果 2300 亩、玉米 1500 亩、谷子 400 亩、豆子 400 亩受害。

2006 年 8 月 1 日，宝塔区遭强对流天气分 5 次侵袭，造成蟠龙、枣园、姚店、桥沟、李渠、柳林、冯庄、临镇、官庄、川口、城区等地遭受冰雹灾害，冰雹最大直径约 30 毫米，造成林果、烤烟、农作物、大棚等受害。17 个乡镇 267 个村的 2870 公顷苹果、252 公顷烤烟、5526 公顷其他农作物受害，经济损失 8978 万元。

2006 年 8 月 2 日，出现大面积冰雹天气，冰雹最大直径约 30 毫米，官庄、甘谷驿、姚店、蟠龙、临镇、梁村等 18 个乡镇 267 个自然村 55920 人受灾，苹果 43045 亩、烤烟 3789 亩、其他作物 82898 亩受害，经济损失约 7879 万元。官庄灾情最为严重，苹果、烤烟等经济损失约 2904 万元，甘谷驿损失 759 万元，姚店损失 720 万元。

2006 年 9 月 21 日，宝塔区枣园、万花山、川口、柳林四乡镇 20 多个村遭受冰雹袭击，受灾面积 733 公顷，经济损失 730 万元。

2006 年 10 月 12 日，宝塔区枣园镇张天河、庙咀沟、川口等 10 个村遭受冰雹袭击，冰雹最大直径近 20 毫米。196 公顷果树、108 公顷农作物、347 座大棚和 36 公顷露地菜受害，经济损失 414.2 万元。

2009 年 10 月 2 日，宝塔区川口、李渠两乡镇 12 个村受冰雹袭击，造成 220 公顷苹果、266 公顷农作物受害，经济损失 800 万元。

2010 年 6 月 3 日，宝塔区官庄乡 26 公顷苹果遭冰雹袭击，损失约 160 万元。

2010 年 9 月 3 日，宝塔区柳林镇任台、麻塔村遭遇冰雹袭击，130 公顷苹果受害，经济损失 500 万元。

第二节　生物灾害

一、虫害

农田害虫：黏虫、红蜘蛛、麦蚜、玉米螟、荞麦钩翅蛾、草地螟、金针虫、地老虎、粟灰螟、二十八星瓢虫、洋芋芫菁（斑毛虫）、豆芫菁、灰象甲螟等。

蔬菜害虫：菜青虫、烟青虫、白粉虱、蚜虫、潜叶蝇、甘蓝夜蛾、二十八星瓢虫等。

果树害虫：食花金龟甲、桃小食心虫、苹果小食心虫、金纹细蛾、山楂叶螨、苹果黄蚜等。

二、重大生物灾害

1994 年，发生大面积兔、鼠灾害，姚店镇 35 个村庄、900 公顷苹果树受损，造成直接经济损失 100 万元以上。

1997 年，发生黏虫灾害，16.8 万亩谷子受灾。

2008 年，发生灰象甲螟虫灾，5 万亩农田受灾。

第三节　地质灾害

宝塔区地处陕北黄土高原中部，地形破碎，沟壑纵横，地质环境条件差。黄土分布广泛，结构疏松，易发生滑坡、崩塌、泥石流等地质灾害。地质灾害主要发生在 6～9 月，每年的融冻季节（3～4 月）也是冻融型崩塌滑坡多发期。1990～2010 年，宝塔区地质灾害主要类型有滑坡、崩塌、泥石流和矿区地面塌陷等。其中，以滑坡和崩塌灾害为主，主要分布于人口集中、工程活动强烈的延河及其支流南川、杜甫川两岸的斜坡地带；泥石流多以洪水泥流的形式出现，一般无典型堆积区；矿区地面塌陷偶见于北部采煤区。

一、典型滑坡

（一）东馨家园滑坡

东馨家园滑坡位于桥沟镇东十里铺村延河河谷北坡，东临延安市糖厂，西到东十里铺村。地处北纬 36°37′41″～36°37′51″，东经 109°31′38″～109°31′48″。滑坡右翼紧邻已竣工的经济适用房小区——东馨家园，滑体前缘下部为包南线（原 210 国道），东与延安飞机场相接。

（二）虎头峁滑坡

虎头峁滑坡属老滑坡复活。滑坡位于延安火车站南 2 千米，南川河左岸，卧虎山东侧黄土斜坡地带。坡体近南北走向，地形起伏大。滑体位于黄土梁与阶地之间的斜坡地带，地面标高 1010～1150 米，相对高差 140 米。在其东侧一级阶地上拟建经济适用房小区（王家沟区），由于滑坡目前后缘发育有大量张裂缝和沉陷坑，雨季滑坡后壁有变形现象，2006 年 8～9 月该滑坡中后部局部发生小型滑塌，有复活迹象，故建房计划尚未实施。

（三）赵家岸滑坡

滑坡位于河庄坪镇赵家岸村，属黄土—基岩接触面老滑坡复活。滑坡东侧为延河和延塞公路，赵家岸村居民居住在滑坡体上。滑坡顶部标高 1100 米，坡脚标高 988 米，相对高差 112 米。滑体南北宽 350 米，东西长 200 米，面积 3.5 万平方米，体积 175 万立方米。坡体前部由于人工开挖建房而变得较为破碎。为解决延安市供水，2003 年春季在滑坡所在坡体后侧修建红庄水库。由于水库蓄水导致地下水位抬升，滑体上出现渗水现象，居民住房变形、墙体开裂，甚至塌落。

（四）河庄水库滑坡

滑坡位于延安市宝塔区柳林镇河庄水库东岸坝肩。2001 年修建河庄水库，开挖坡脚取土，修筑堤坝，以及工程施工放炮振动，引发滑体再次产生两处崩滑。一处位于滑体前缘，高差 15 米；另一处位于滑体北侧，高差 30 米。滑坡坡顶标高 1265 米，坡脚标高 1200 米，相对高差 65 米。滑体垂直节理发育，前部滑体破碎，有较大临空面，且古土壤层面基本完整，对滑体前方水库及下游居民构成直接威胁。

（五）桥沟镇烟洞沟滑坡

滑坡为黄土—红黏土接触面老滑坡，位于桥沟镇烟洞沟村。由于人工改造，滑体大部已被开挖清除，中前部地形平缓，后壁斩坡建窑，形成后陡前缓地形。滑坡坡顶标高1145米，坡脚标高1100米，相对高差45米。红黏土在前部被滑体覆盖，未见出露；中部人工开挖修建地基，揭露红黏土。

（六）杨崖村滑坡

滑坡位于枣园镇杨崖村冲沟右岸，属于典型的在人类工程活动下老滑坡复活的新滑坡。修建高速公路时，在斜坡前缘开挖取土，经平整后修建了3幢居民楼。在开挖施工过程中，滑体前缘因不当开挖及工程振动等原因，引发老滑坡左翼滑体复活并造成新滑坡。新滑体覆盖了建筑北侧场地，建筑工程被迫终止。新滑坡目前仍处于变形阶段，老滑坡也由于滑体前缘开挖斩坡形成较大陡峻临空面而处于稳定性较差状态。2006年6月上旬，由于人为不合理削坡加载导致滑体再次失稳，将前部新建的三栋楼房错断，形成危楼。

二、典型崩塌

（一）尚和年村崩塌

位于万花山乡尚和年村。2002年10月19日晚发生崩塌，掩埋窑洞，4人被困。经9个小时抢救，人员方得以脱险。崩塌点下方2010年仍有居民居住，有13孔窑洞和4间平房及数十只养殖畜禽，总资产在20万元以上。

（二）麻塔崩塌

位于桥沟镇麻塔村新建210过境公路西侧黄土斜坡上，为倾倒式崩塌。崩塌原坡体由于人工斩坡建房，形成高25米、宽30米、坡度65°边坡。由于人工开挖建窑，边坡于2005年9月中旬凌晨失稳，发生崩塌。崩塌堆积体高数米，将坡体前部两层楼房掩埋，并造成门窗破坏。崩塌原坡体岩性：上部为Qp3和Qp2黄土，下伏下侏罗统富县组砂岩。

（三）裴庄西公路边崩塌隐患点

位于枣园镇裴庄村西侧公路边，斜坡高15米，坡宽90米，坡向190°，坡度88°。整个坡体坡面形态凸形，受风化严重，节理裂隙发育，将岩体分割成不同大小的岩块。坡面时有岩块剥落，威胁过往行人及车辆。坡体岩性上部为灰白—灰黄色侏罗纪砂岩与灰色泥岩互层，下部为灰色炭质泥岩，在坡脚出露高度约2米。

（四）燕沟台崩塌隐患点

位于柳林镇燕沟台村，由于人工斩坡建房而形成岩质边坡。边坡高12米，宽20米，坡度68°，坡向70°。边坡岩性为灰—灰黄色中层—薄层中侏罗世砂岩，垂直节理裂隙发育；坡体中部夹有3米厚灰色炭质泥岩。边坡下部为数间平房，尚未有人居住。坡体对下部居民安全存在隐患。

三、典型不稳定斜坡

（一）泽子沟西侧不稳定斜坡

位于桥沟镇泽子沟村沟口西侧；在地貌上位于延河右岸黄土梁的坡体东侧。居民区紧邻坡体下部，西延铁路穿越该坡体。由于人工削坡开挖等工程活动，坡体基岩出露，坡度陡峻，高差40米；受物理风化作用，风化裂隙发育，沿坡体陡壁形成危岩危坡，局部地段稳定性差，危及下部居民生命财产安全。

（二）市委党校不稳定斜坡

位于市委党校西侧枣园路段内侧人工边坡上。其东侧为市委党校和延安革命纪念馆，西侧为杨家岭和延安大学，南边紧邻延河，地处延安市交通要道。斜坡坡向251°，坡度陡立达63°，整个斜坡长20米，宽50米，高20米，呈凸形坡。斜坡表部岩体脱离母岩，贴伏于坡体表部，危及过往行人。

（三）黑龙沟不稳定斜坡

位于延安市宝塔区东关黑龙沟东侧黄土斜坡上。沟内居民居住集中，人口密度较大。坡向230°，坡度80°，高差30米，坡宽200米。沟内坡体受风化作用强烈，表部破碎，坡体陡峭，冲沟发育，形成危岩危坡，直接威胁下部居民的生命财产安全。

四、重大地质灾害

1993年4月26日凌晨4时许，延安发生有感地震，持续时间约30秒钟，震级大约3.0级，裂度约4~5度。

2002年10月19日晚，万花山乡尚和年村发生崩塌，掩埋窑洞，4人被困。经9个小时抢救，人员得以脱险。

2004年3月25日零点十分左右，宝塔区桥沟镇市场沟村居民屈院琴听到房背后有土体摩擦声，观察到山体即将崩塌的险情，她立即叫醒左右邻居，共5户38人全部撤离。半小时之后，零点四十分山体崩塌，房屋全部被毁，但无一人伤亡。

2007年10月12日，十多天连续降雨，致宝塔区麻洞川乡赵台村3孔窑洞倒塌，酿成3人死亡，2人受伤。

第三编　人口和计划生育

宝塔区人口受自然环境、经济发展影响，其区域、城乡分布及人口密度等方面历来存在差异且不断发生变化。2010 年，全区总人口 458166 人，较 1990 年增加 154949 人，年均增加 7747.45 人。北部、中部和南部三大区域人口分布分别比例为 32.49∶59.42∶8.09，全区人口密度为 129 人/平方千米。全区有汉族、回族、蒙古族、苗族、满族、壮族、朝鲜族、藏族等 19 个民族，其中汉族人口占总人口的 99.93%、其他少数民族人口占 0.07%。20 世纪 70 年代，延安市全市开展计划生育工作，控制人口增长，使人口过快增长的势头得到有效控制，人口出生率及自然增长率逐年下降。1971 年，人口自然增长率为 21.98‰，1991 年比 1971 年下降 4.78 个千分点。2010 年底，全区人口出生率 9.79‰，死亡率 4.69‰，自然增长率 5.10‰。

第一章　人口规模

第一节　人口数量

1990 年，延安市总人口 303217 人，较 1982 年增加 56294 人，年均增加 7036.75 人，1995 年全市总人口 326390 人，较 1990 年增加 23173 人，年均增加 3863.2 人。2000 年，全区总人口 340352 人，较 1995 年增加 13962 人，年均增加 3563.8 人。2005 年，全区总人口 403738 人，较 2000 年增加 63386 人，年均增加 12677.2 人。2010 年全区总人口 458166 人，较 2005 年增加 54428 人，年均增加 10885.6 人。全区人口呈现总量持续增长，年均出生率逐年下降，男女比例趋于平衡的特点，城乡人口数量变化较大。1990 年，全市总人口中农业人口为 189940 人，占总人口的 62.64%，非农业人口占 37.36%。2000 年，全区总人口中，农业人口为 200982 人，占总人口的 59.05%，非农业人口占

40.95%。2010年，全区总人口中农业人口为230038人，占总人口的50.20%，非农业人口228128人，占总人口的49.80%。城区人口171564人，比1990年89961人增加81603人，增长90.71%。

1990～2010年宝塔区人口数量统计表

表3-1-1　　　　单位：人

年份	总人口	男	女
1990	303217	156692	146525
1991	309152	159046	150106
1992	312869	161106	151763
1993	312869	161106	151763
1994	322533	166577	155956
1995	326390	169775	156615
1996	328373	171150	157223
1997	329301	170211	159090
1998	331958	173535	158423
1999	334640	173405	161235
2000	340352	176295	164057
2001	348468	180147	168321
2002	360777	186563	174214
2003	374636	195852	178784
2004	399040	209466	189574
2005	403738	209007	194731
2006	421597	212293	209304
2007	432058	217248	214810
2008	442040	223569	218471
2009	448736	227112	221624
2010	458166	231137	227029

说明：本表数据来源于宝塔区统计局年报数据

第二节　人口分布

宝塔区人口分布依地理环境划分北部、中部、南部三大区域，中部又划分城区和郊区，南部划为森林区和残塬区，由于自然环境差异较大，经济发展水平不同，各地区人口增长的速度不尽相同，呈现出城区人口稠密、郊区人口集中、北部次之、南部森林残塬区人口较少的特点。2010 年，北部区域有 10 个乡镇 142843 人，占全区总人口的 31. 18%，城区 171564 人，占总人口的 37. 44%，郊区 106671 人，占总人口的 23. 28%，南部森林残塬区有 5 个乡镇 37088 人，占总人口的 8. 10%。

一、城乡分布

宝塔区城镇人口与农村人口在数量上分布悬殊。1949 年，辖区城镇人口 16100 人，占总人口的 20. 20%，农村人口 63700 人，占总人口的 79. 80%。1978 年，延安市城镇人口 66682 人，占总人口的 29. 37%，农村人口 160346 人，占总人口的 70. 63%。1984 年后，随着改革开放的深入，经济社会的不断发展，城镇建设步伐加快，城镇人口迅速增长。1991 年，延安市城镇人口 115889 人，占总人口的 37. 50%，比 1985 年提高 4. 1 个百分点。2000 年，宝塔区城镇人口 139370 人，占总人口的 40. 95%，农村人口 200982 人，占总人口的 59. 05%。2005 年，区内有 11 个建制镇，3 个街道办事处，城镇人口总数增至 196049 人，占总人口的 48. 57%，农村人口 207689 人，占总人口的 51. 43%。2010 年底，全区有 3 个街道办事处，11 个建制镇（含姚店工业园区），城镇人口总数增至 235609 人，占总人口的 49. 80%。农村人口 222557 人，占总人口的 50. 20%。

1990 年延安市非农业人口、农业人口分布统计表

表 3-1-2　　单位：人

乡镇（街道）	总人口	非农业人口	农业人口	乡镇（街道）	总人口	非农业人口	农业人口
宝塔山街道	27277	24885	2392	河庄坪乡	7276	11	7265
南市街道	40303	38924	1379	桥沟乡	12338	2265	10073
凤凰山街道	26854	26152	702	川口乡	8984	449	8535
李渠镇	15260	4422	10838	碾庄乡	4412	27	4385
姚店镇	18058	6050	12008	冯庄乡（丁庄乡）	12535	296	12239
甘谷驿镇	13513	1900	11613	元龙寺乡	8984	158	8826
青化砭镇	11876	2066	9810	梁村乡	7294	164	7130
蟠龙镇	10759	641	10118	张坪乡	5378	50	5328
南泥湾镇	5693	959	4734	贯屯乡	6202	141	6061
临镇镇	10452	2945	7507	下坪乡	4321	32	4289

续表

乡镇（街道）	总人口	非农业人口	农业人口	乡镇（街道）	总人口	非农业人口	农业人口
柳林乡	12013	42	11971	松树林乡	3754	174	3580
万花山乡	6742	101	6641	麻洞川乡	9380	276	9104
枣园乡	8420	24	8396	官庄乡	5139	123	5016

说明：本表数据来源于宝塔区统计局年报数据

2000年宝塔区非农业人口、农业人口分布统计表

表 3-1-3　　单位：人

乡镇（街道）	总人口	非农业人口	农业人口	乡镇（街道）	总人口	非农业人口	农业人口
宝塔山街道	115837	109470	6367	碾庄乡	4563	39	4524
南市街道				万花山乡	7304	29	7275
凤凰山街道				川口乡	9229	676	8553
桥沟镇	13984	3286	10698	冯庄乡	7001	354	6647
枣园镇	9743	650	9093	丁庄乡	5696	32	5664
柳林镇	15584	2204	13380	元龙寺乡	9260	174	9086
河庄坪镇	8553	570	7983	梁村乡	6988	211	6777
李渠镇	16781	5068	11713	张坪乡	5504	132	5372
姚店镇	19694	6209	13485	贯屯乡	6211	125	6086
甘谷驿镇	14105	2249	11856	下坪乡	4550	100	4450
青化砭镇	13255	2701	10554	松树林乡	3940	173	3767
蟠龙镇	11377	566	10811	麻洞川乡	9550	350	9200
南泥湾镇	5321	553	4768	官庄乡	5191	152	5039
临镇镇	11131	3297	7834	合计	340352	139370	200982

说明：本表数据来源于宝塔区统计局年报数据

2010年宝塔区非农业人口、农业人口分布统计表

表 3-1-4　　单位：人

乡镇（街道）	总人口	非农业人口	农业人口	乡镇（街道）	总人口	非农业人口	农业人口
宝塔山街道	54900	45729	9171	南泥湾镇	7621	2804	4817

续表

乡镇（街道）	总人口	非农业人口	农业人口	乡镇（街道）	总人口	非农业人口	农业人口
南市街道	65769	61224	4545	临镇镇	9041	993	8048
凤凰山街道	50895	49118	1777	万花山乡	10725	2597	8128
桥沟镇	33450	15796	17654	川口乡	10437	1571	8866
枣园镇	12741	4020	8721	冯庄乡	14210	2124	12086
柳林镇	26033	10457	15576	元龙寺乡	10362	882	9480
河庄坪镇	17722	9477	8245	梁村乡	14071	1789	12282
李渠镇	25871	8456	17415	贯屯乡	6715	1148	5567
姚店镇	20114	5999	14115	松树林乡	4801	592	4209
甘谷驿镇	15835	3959	11876	麻洞川乡	10578	948	9630
青化砭镇	14461	3681	10780	官庄乡	5047	46	5001
蟠龙镇	16767	2199	14568	合计	458166	235609	222557

说明：本表数据为宝塔区统计局年报数据

二、区域分布

1990年，延安市总人口303217人，分布在17个乡、7个镇及3个街道。其中，17个乡123172人，占总人口的40.62%；7个镇85611人，占总人口的28.23%；3个街道94434人，占总人口的31.14%。1998年撤乡建镇，宝塔区行政建制划分为13个乡、11个镇、3个街道。2000年，宝塔区共有人口340352人，分布在全区27个乡（镇）、街道。城区3个街道办事处有115837人，占全区总人口的34.03%，人口最少的松树林乡3940人，占全区总人口的1.17%。2001年撤乡并镇，全区行政建制区划调整后，人口分布在3个街道、11个镇和9个乡。2010年，总人口458166人，城区3个街道办事处，人口总数增至171564人，比2000年增加55727人，年均增加5572.70人，人口比重由1990年占总人口的31.14%上升到2010年的37.44%，11个镇人口总数为199656人，9个乡人口总数为86946人。随着经济社会的发展，城郊5乡镇人口分布变化较大，人口总数增至100671人，比2000年增加45503人，年均增加4550.30人。

1990年、2000年、2010年宝塔区人口区域分布统计表

表3-1-5　　单位：人

地区	乡镇（街道）	人数		
		1990年	2000年	2010年
东北部	川口乡	8984	9229	10437
	碾庄乡	4412	4563	撤并

续表

地区	乡镇（街道）	人数		
		1990 年	2000 年	2010 年
东北部	冯庄乡	12535	12697	14210
	李渠镇	15260	16781	25871
	姚店镇	18058	19694	20114
	甘谷驿镇	13513	14105	15835
	元龙寺乡	8984	9260	10362
	青化砭镇	11876	13255	14461
	梁村乡	7294	6988	14071
	张坪乡	5378	5504	撤并
	蟠龙镇	10759	11377	16767
	贯屯乡	6202	6211	6715
	下坪乡	4321	4550	撤并
	小计	127576	134214	148843
中部	宝塔山街道	27277	115837	65769
	南市街道	40303		50895
	凤凰山街道	26854		54900
	柳林乡	12013	15584	26033
	万花山乡	6742	7304	10725
	枣园乡（镇）	8420	9743	12741
	桥沟乡（镇）	12338	13984	33450
	河庄坪乡（镇）	7276	8553	17722
	小计	141223	171005	272235
南部	南泥湾镇	5693	5321	7621
	松树林乡	3754	3940	4801
	麻洞川乡	9380	9550	10578
	临镇镇	10452	11131	9041
	官庄乡	5139	5191	5047
	小计	34418	35133	37088

说明：本表数据来源于延安市统计局年报数据

三、人口密度

1990年，延安市人口密度85人/平方千米，比1985年74人增加11人。2000年人口密度96人/平方千米，2010年人口密度129人/平方千米。行政区划人口密度变化不尽相同，1990~2010年，城区人口密度增加1倍多，11个镇人口密度增加30%左右，9个乡人口密度稍有增长。全区人口密度分布不平衡，城市3个街道人口密度最高，11个镇人口密度次之，9个乡人口密度最低。

1990~2010年宝塔区人口密度变化统计表

表3-1-6　　单位：人/平方千米

年份	人口密度	年份	人口密度
1990	85	2001	97
1991	87	2002	101
1992	88	2003	105
1993	89	2004	112
1994	91	2005	114
1995	92	2006	119
1996	92	2007	122
1997	93	2008	124
1998	93	2009	126
1999	94	2010	129
2000	96	—	—

说明：本表数据来源于宝塔区计生局

第二章　人口结构

第一节　性别、年龄构成

一、性别构成

1990~1999年，宝塔区人口性别比例差距偏大，男性比例高于女性比例，平均差值

7.51%。1990 年延安市总人口 303217 人，其中男 156692 人、女 146525 人，性别比 106.94。1995 年全市总人口 326390 人，其中男 169775 人、女 156615 人，性别比 108.40。2000～2005 年，宝塔区人口性别比例差距进一步扩大，平均差值 8.88%。2004 年性别比例 110.49%。2006 年后，全区人口性别差距趋于平衡，男性比例略高于女性，平均差值 1.88%。2006 年全区总人口 421597 人，其中男 212293 人、女 209304 人，性别比 101.43。2010 年全区总人口 458166 人，其中男 231137 人、女 227029 人，性别比 101.81。

1990～2010 年宝塔区总人口数和男女性别比统计表

表 3-2-1　　　　单位：人

年份	总人口数	男		女		性别比
		人数	百分比	人数	百分比	
1990	303217	156692	51.68	146525	48.32	106.94
1991	309152	159046	51.45	150106	48.55	105.96
1992	312869	161106	51.49	151763	48.51	106.16
1993	312869	161106	51.49	151763	48.51	106.16
1994	322533	166577	51.65	155956	48.35	106.81
1995	326390	169775	52.02	156615	47.98	108.40
1996	328373	171150	52.12	157223	47.88	108.86
1997	329301	170211	51.69	159090	48.31	106.99
1998	331958	173535	52.28	158423	47.72	109.54
1999	334640	173405	51.82	161235	48.18	107.55
2000	340352	176295	51.80	164057	48.20	107.46
2001	348468	180147	51.70	168321	48.30	107.03
2002	360777	186563	51.71	174214	48.29	107.09
2003	374636	195852	52.28	178784	47.72	109.55
2004	399040	209466	52.49	189574	47.51	110.49
2005	403738	209007	51.77	194731	48.23	107.33
2006	421597	212293	50.35	209304	49.65	101.43
2007	432058	217248	50.28	214810	49.72	101.13
2008	442040	223569	50.58	218471	49.42	102.33
2009	448736	227112	50.61	221624	49.39	102.48
2010	458166	231137	50.45	227029	49.55	101.81

说明：本表数据来源于宝塔区统计局年报数据

二、年龄构成

1990年，根据第四次人口普查结果显示，延安市人口年龄分组和比重：0～14岁人口共104689人，占总人口的32.99%；15～34岁125683人，占总人口的39.60%；35～59岁共67502人，占总人口的21.27%；60岁以上人口共19439人，占总人口的6.14%。2000年，第五次人口普查结果显示，宝塔区人口年龄分组和比重：0～14岁人口共104961人，占总人口的25.99%；15～34岁人口共157038人，占总人口的38.88%；35～59岁人口共112913人，占总人口的27.96%；60岁以上人口共28956人，占总人口的7.16%。2010年第六次人口普查结果显示：宝塔区0～14岁人口共75094人，占总人口的15.80%；15～34岁人口共195798人，占总人口的41.20%；35～59岁人口共166594人，占总人口的35.06%；60岁以上人口共37748人，占总人口的7.94%。从三次人口普查年龄分组比重来看：0～14岁人口占比由1990年的32.99%下降到2010年的15.80%，下降17.19个百分点；15～34岁人口占比稳定在38.88%～41.20%；35～59岁人口占比由1990年的21.27%上升到2010年的35.06%，增加近14个百分点；60岁以上人口占比由1990年的6.14%上升到2010年的7.94%，增加1.8个百分点。

延安市第四次人口普查年龄、性别人口统计表

（1990年7月1日零时）

表3-2-2

年龄段	人口数（人）			占总人口数的百分比（%）		
	合计	男	女	小计	男	女
总计	317313	165672	151641	100.00	52.21	47.79
0～4岁	43734	22666	21068	13.78	7.14	6.64
5～9岁	37850	19598	18252	11.93	6.18	5.75
10～14岁	23105	11941	11164	7.28	3.76	3.52
15～19岁	31821	16351	15470	10.03	5.15	4.88
20～24岁	36036	18844	17192	11.36	5.94	5.42
25～29岁	31353	16567	14786	9.88	5.22	4.66
30～34岁	26473	13698	12775	8.34	4.32	4.03
35～39岁	21808	11418	10390	6.87	3.60	3.27
40～44岁	13068	6818	6250	4.12	2.15	1.97
45～49岁	11333	5696	5637	3.57	1.80	1.78
50～54岁	11857	6157	5700	3.74	1.94	1.80
55～59岁	9436	5063	4373	2.97	1.60	1.38
60～64岁	6654	3693	2691	2.10	1.16	0.93

续表

年龄段	人口数（人）			占总人口数的百分比（%）		
	合计	男	女	小计	男	女
65～69岁	5714	3270	2444	1.80	1.03	0.77
70～74岁	4008	2212	1796	1.26	0.70	0.57
75～79岁	2051	1142	909	0.65	0.36	0.29
80～84岁	802	441	361	0.25	0.14	0.11
85～89岁	191	87	104	0.06	0.03	0.03
90～94岁	16	9	7	0.01	0.00	0.00
95～99岁	3	1	2	0.00	0.00	0.00

宝塔区第五次人口普查年龄、性别人口统计表

（2000年11月1日零时）

表3-2-3

年龄段	人口数（人）			占总人口数的百分比（%）		
	合计	男	女	小计	男	女
总计	403868	209240	194628	100.00	51.81	48.19
0～4岁	19170	10525	8645	4.75	2.61	2.14
5～9岁	34006	17916	16090	8.42	4.44	3.98
10～14岁	51785	26787	24998	12.82	6.63	6.19
15～19岁	46118	23136	23052	11.44	5.73	5.71
20～24岁	32179	16293	15886	7.97	4.03	3.93
25～29岁	38190	19420	18770	9.46	4.81	4.65
30～34岁	40481	21030	19451	10.02	5.21	4.82
35～39岁	35728	18877	16851	8.85	4.67	4.17
40～44岁	28790	15137	13653	7.13	3.75	3.38
45～49岁	23189	12042	11147	5.74	2.98	2.76
50～54岁	14310	7412	6898	3.54	1.84	1.71
55～59岁	10896	5337	5559	2.70	1.32	1.38
60～64岁	11460	5947	5513	2.84	1.47	1.37
65～69岁	7803	4086	3717	1.93	1.01	0.92
70～74岁	5000	2732	2268	1.24	0.68	0.56

续表

年龄段	人口数（人）			占总人口数的百分比（%）		
	合计	男	女	小计	男	女
75~79 岁	2974	1652	1322	0. 74	0. 41	0. 33
80~84 岁	1303	714	589	0. 32	0. 18	0. 15
85~89 岁	354	171	183	0. 09	0. 04	0. 05
90~94 岁	60	25	35	0. 01	0. 01	0. 01
95~99 岁	2	1	1	—	—	—

宝塔区第六次人口普查年龄、性别人口统计表

（2010 年 11 月 1 日零时）

表 3-2-4

年龄段	人口数（人）			占总人口数的百分比（%）		
	合计	男	女	小计	男	女
总计	475234	243604	231630	100. 00	51. 26	48. 74
0~4 岁	29454	16158	13296	6. 20	3. 40	2. 80
5~9 岁	22290	11845	10445	4. 69	2. 49	2. 20
10~14 岁	23350	12498	10852	4. 91	2. 63	2. 28
15~19 岁	50426	25018	25408	10. 61	5. 26	5. 35
20~24 岁	62545	30450	32095	13. 16	6. 41	6. 75
25~29 岁	48847	25086	23761	10. 28	5. 28	5. 00
30~34 岁	33980	17627	16353	7. 15	3. 71	3. 44
35~39 岁	41153	20912	20241	8. 66	4. 40	4. 26
40~44 岁	41164	21156	20008	8. 66	4. 45	4. 21
45~49 岁	35085	18332	16753	7. 38	3. 86	3. 53
50~54 岁	27885	14368	13517	5. 87	3. 02	2. 84
55~59 岁	21307	10998	10309	4. 48	2. 31	2. 17
60~64 岁	12686	6539	6147	2. 67	1. 38	1. 29
65~69 岁	8991	4377	4614	1. 89	0. 92	0. 97
70~74 岁	8268	4151	4117	1. 74	0. 87	0. 87
75~79 岁	4638	2407	2231	0. 98	0. 51	0. 47
80~84 岁	2140	1143	997	0. 45	0. 24	0. 21

续表

年龄段	人口数（人）			占总人口数的百分比（%）		
	合计	男	女	小计	男	女
85～89岁	777	412	365	0.16	0.09	0.08
90～94岁	202	107	95	0.04	0.02	0.02
95～99岁	44	18	26	0.01	—	0.01
100岁及以上	2	2	0	—	—	—

第二节　文化、职业构成

一、文化构成

1990年，延安市各级学校在校生人数为53212人，其中高等学校在校生2883人。2000年，宝塔区各级学校在校学生为109573人，比1995年81758人增加27815人，其中高等学校比1995年增加2446人。2010年，高等学校在校生17293人，比2000年增加11273人，中等专业学校在校生3467人，比2000年减少4886人，普通中学在校生42127人，比2000年25776人增加16351人，小学在校生40760人，比2000年68558人减少27798人。

1990～2010年宝塔区人口文化构成统计表

表3-2-5　　单位：人

年份	高等学校	中等专业学校	技工学校	普通中学	农职业中学	小学
1990	2883	2984	361	10700	284	36000
1991	2889	3324	468	11400	380	40000
1992	3061	3151	400	12400	390	44100
1993	3071	3164	620	11938	322	47803
1994	—	—	—	13174	232	—
1995	3574	6133	508	15161	543	55839
1996	3407	3165	505	16817	535	60136
1997	4023	5236	467	18506	445	63404
1998	4229	5406	183	20207	475	66253
1999	4581	6539	—	21460	849	66886
2000	6020	8353	—	25776	866	68558

续表

年份	高等学校	中等专业学校	技工学校	普通中学	农职业中学	小学
2001	5685	6951	—	30341	938	65336
2002	6609	6870	—	40675	927	62501
2003	7600	6641	—	36103	1179	60080
2004	13146	5075	—	45363	1391	56691
2005	13383	5750	—	32418	1998	51767
2006	12689	4274	—	52488	2100	49762
2007	—	2608	—	52674	—	46625
2008	17501	2376	—	50293	—	44639
2009	16186	2033	—	46918	—	43469
2010	17293	3467	—	42127	—	40760

二、职业构成

1990年后，随着延安市工农业生产的发展，职业分类项目逐年增多，石油工业、采矿业、制造工业三大工业体系发展迅速，交通运输、建筑、材料、商业、文化、卫生、邮电、纺织各部门也不断扩大规模，从事各类职业人数增多。1990年，全市在业人口共有150540人，其中农、林、牧、渔、水利业91655人，非农职业58885人，分别占总人口的28.89%、18.56%。2000年，宝塔区非农职业人口92920人，占总人口的27.30%。2005年，全区除农业外，其他各种职业人口地区分布相对集中。宝塔区是延安市委、市政府所在地，经济、文化、商业、交通运输的中心，非农职业人口所占比重高，城郊的枣园、河庄坪、万花山、柳林、桥沟等乡镇从事非农职业人口不断增加。2010年，全区非农职业人口118872人，其中乡村劳动力向非农职业转移37700人，占农村劳动力总数的39.35%。随着城区基础设施建设不断扩大，建筑从业人口21495人，比2000年增加14665人，交通运输、通信传输、文化教育、卫生、商业批发零售、住宿餐饮和社会服务业等也迅猛发展，从业人口呈上升趋势。

1990年延安市人口职业构成统计表

表3-2-6

行业类别	在业人口数（人）			占在业人口比重（%）		
	合计	男	女	小计	男	女
在业人口总计	150540	90699	59841	100.00	60.25	39.75
农、林、牧、渔、水利	91655	53137	38518	60.88	35.30	25.59
工业	18682	11427	7255	12.41	7.59	4.82

续表

行业类别	在业人口数（人）			占在业人口比重（%）		
	合计	男	女	小计	男	女
地质普查和勘探业	168	141	27	0.11	0.09	0.02
建筑业	5102	4175	927	3.39	2.77	0.62
交通运输、邮电通信业	4448	3548	900	2.95	2.36	0.60
商业餐饮、物资供销和仓储业	9066	4983	4083	6.02	3.31	2.71
房管公用居民及咨询服务业	3399	1475	1924	2.26	0.98	1.28
卫生、体育和社会福利业	1880	825	1055	1.25	0.55	0.70
教育、文化艺术和电视业	6870	3933	2937	4.56	2.61	1.95
科学研究和综合技术服务业	502	296	206	0.33	0.20	0.14
金融、保险业	980	622	358	0.65	0.41	0.24
国家机关、党政机关和社会团体	7763	6113	1650	5.16	4.06	1.10
其他行业	25	24	1	0.02	0.02	0.00

说明：本表数据为1990年人口普查数据

2000年宝塔区人口职业构成统计表

表3-2-7

行业类别	在业人口数（人）			占在业人口比重（%）		
	合计	男	女	小计	男	女
在业人口总计	17659	10518	7141	100.00	59.56	40.44
农、林、牧、渔、水利	8846	4882	3964	50.09	27.65	22.45
采矿业	763	551	212	4.32	3.12	1.20
制造业	1093	752	341	6.19	4.26	1.93
电力、燃气及水的生产和供应业	208	144	64	1.18	0.82	0.36
建筑业	719	628	91	4.07	3.56	0.52
水利、环境和公共设施管理业	47	28	19	0.27	0.16	0.11
交通运输、仓储及邮政业	761	581	180	4.31	3.29	1.02
批发和零售贸易、餐饮业	1810	983	827	10.25	5.57	4.68
金融、保险业	181	109	72	1.02	0.62	0.41
房地产业	23	15	8	0.13	0.08	0.05
社会服务业	776	381	395	4.39	2.16	2.24

续表

行业类别	在业人口数（人）			占在业人口比重（%）		
	合计	男	女	小计	男	女
卫生、体育和社会福利业	323	138	185	1.83	0.78	1.05
教育、文化艺术、广播电影电视业	828	414	414	4.69	2.34	2.34
科学研究和综合技术服务业	73	41	32	0.41	0.23	0.18
国家机关、党政机关和社会团体	1005	697	308	5.69	3.95	1.74
其他行业	203	174	29	1.15	0.99	0.16

说明：本表数据为2000年人口普查数据，为全区抽样人口数据

2010年宝塔区人口职业构成统计表

表3-2-8

行业类别	在业人口数（人）			占在业人口比重（%）		
	合计	男	女	小计	男	女
在业人口总计	19665	11597	8068	100.00	58.97	41.03
农、林、牧、渔、水利	8246	4458	3788	41.93	22.67	19.26
采掘业	1459	927	487	7.19	4.71	2.48
制造业	508	346	162	2.58	1.76	0.82
电力、燃气及水的生产和供应业	259	168	91	1.32	0.85	0.46
建筑业	1625	1327	298	8.26	6.75	1.52
地质勘查、水利管理业	163	96	67	0.83	0.49	0.34
交通运输、仓储及邮电通信业	1070	890	180	5.44	4.53	0.92
批发和零售贸易、餐饮业	2709	1326	1383	13.78	6.74	7.03
金融、保险业	218	135	83	1.11	0.69	0.42
房地产业	52	32	20	0.26	0.16	0.10
社会服务业	457	311	146	2.32	1.58	0.74
卫生、体育和社会福利业	496	182	314	2.52	0.93	1.60
教育、文化艺术、广播电影电视业	1238	593	645	6.30	3.02	3.28
科学研究和综合技术服务业	11	7	4	0.06	0.04	0.02
国家机关、党政机关和社会团体	1159	777	382	5.89	3.95	1.94
其他行业	40	22	18	0.20	0.11	0.09

说明：本表数据为2010年人口普查数据，为全区抽样人口数据

第三节　民族构成

据1990年人口普查统计，延安市有汉族人口317132人，少数民族10个181人，比1982年减少75人，占全市人口的0.05%。2000年，宝塔区总人口403868人，其中少数民族人口303人，占总人口的0.07%，少数民族16个，比1990年增加6个。2010年，第六次人口普查，全区总人口475234人，汉族474895人，少数民族339人，与2000年相比增加36人，占总人口的0.07%，由2000年的16个少数民族增加到18个少数民族。

1990年、2000年、2010年宝塔区少数民族人口统计表

表3-2-9　　单位：人

年份	总计	蒙古族	回族	藏族	维吾尔族	苗族	彝族	壮族	布依族	朝鲜族	满族	瑶族
1990	181	18	90	4	—	2	—	1	—	5	55	—
2000	303	25	114	5	21	3	2	3	1	15	51	—
2010	339	29	145	7	1	14	6	11	5	7	56	3

年份	土家族	哈萨克族	黎族	景颇族	土族	仫佬族	仡佬族	侗族	傣族	傈僳族	羌族
1990	1	—	—	—	—	—	—	4	—	—	1
2000	23	—	1	—	23	—	—	12	3	1	—
2010	39	1	9	1	3	1	1	—	—	—	—

第三章　人口变动

第一节　人口自然变动

1990～2010年，全区实施计划生育的21年间，出生人口总数为86171人，年平均出生人口4309人，年平均出生率12.72‰。全区21年间，死亡30755人，年平均死亡1464人，年平均死亡率4.17‰。年平均自然增长率8.55‰。

1990~2010 年宝塔区出生人口、死亡人口、自然增长率统计表

表 3-3-1

年份	出生人数（人）	出生率（‰）	死亡人数（人）	死亡率（‰）	自然增长率（‰）	年份	出生人数（人）	出生率（‰）	死亡人数（人）	死亡率（‰）	自然增长率（‰）
1990	12077	40.8	1487	5	35.8	2001	2571	7.63	1440	4.16	3.47
1991	6627	21.4	1344	4.4	17	2002	2572	7.41	1450	4.15	3.26
1992	5914	18.9	1348	4.4	14.5	2003	2552	6.97	1414	4.14	2.83
1993	5036	16	1367	4.4	11.6	2004	2642	7.23	1498	4.1	3.13
1994	4476	13.99	1377	4.27	9.72	2005	3095	8.11	1386	3.64	4.47
1995	4449	13.68	1322	4.05	9.63	2006	3270	8.17	1218	3.04	5.13
1996	4859	14.84	1290	3.93	10.91	2007	3382	8.17	1154	2.67	5.5
1997	3679	11.22	1336	4.06	7.16	2008	4247	9.6	2071	4.69	4.91
1998	2586	7.97	1564	4.71	3.26	2009	4158	9.27	2051	4.57	4.7
1999	1986	5.81	1271	3.72	2.09	2010	4069	8.87	1950	4.25	4.62
2000	2114	6.15	1417	4.12	2.03						

第二节　人口流动

随着改革开放深入和市内工农业产业的兴起，宝塔区人口流动呈上升趋势，外来人口逐年增长。1990 年后，流动人口管理实行“谁主管、谁负责”的原则，对流动人口暂住、临时居住实行暂住证属地管理，把流动人口纳入乡镇、办事处、村委会、居委会统一登记的管理办法。

1990~1993 年，全市流动人口 9210 户、24373 人，办理暂住证 8182 户、19834 人，分别占应办证的 88.84%、81.37%。1996~1997 年，流动人口 27490 人。

2001 年，根据延安市流动人口集中清理整顿工作方案，宝塔区对区域内流动人口进行清理，登记流动人口 36210 人；2004 年，流动人口 18969 人；2006 年，流动人口 44809 人；2007 年，流动人口 67776 人，办证 34860 人。

2010 年，全区流动人口 80104 人。流动人口主要从事零售业、服务业、建筑业、餐饮业、修理业等行业，对于异地流入区内人口在就业、技能培训、就医等方面给予优惠政策，基本享受当地居民待遇。

第三节　人口迁移

宝塔区人口迁移主要从欠发达地区向发达地区迁移，农村向城市迁移。1990～2010年，随着宝塔区经济的快速发展和城镇化的推进，全区人口迁移呈上升趋势，大多数人以谋生和提高自身生活水平和质量为目的，宝塔区人口极少出现国际迁移，较多的是省内外迁移。随着第二、三产业的兴起，农村人口向城市聚集，外来人口逐年增加，主要从事零售业、服务业、建筑业、餐饮业等行业。

1990～2010年宝塔区人口迁移变动统计表

表3-3-2

年份	迁入		迁出		总迁移	
	人数（人）	占总人口数比例（%）	人数（人）	占总人口数比例（%）	人数（人）	占总人口数比例（%）
1990	11408	3.76	10920	3.60	22328	7.36
1991	11653	3.77	11072	3.58	22725	7.35
1992	11891	3.80	11224	3.59	23115	7.39
1993	12050	3.80	11698	3.68	23748	7.48
1994	12804	3.97	11924	3.75	24728	7.70
1995	13221	4.05	12103	3.85	25324	7.70
1996	13589	4.14	12578	4.01	26167	7.96
1997	14198	4.31	13156	4.31	27354	8.30
1998	14820	4.46	14203	4.68	29023	8.74
1999	15607	4.66	15526	4.84	31133	9.30
2000	16125	4.74	16211	4.99	32336	9.66
2001	16980	4.90	16975	5.18	33955	9.98
2002	17541	4.86	17950	5.05	35491	9.83
2003	18125	4.84	18222	4.98	36347	9.70
2004	18969	4.75	18652	4.67	37621	9.43
2005	20662	5.12	18997	4.71	39659	9.82
2006	23820	5.65	19941	4.73	43761	10.38
2007	28930	6.70	23188	5.37	52118	12.06
2008	32155	7.27	29159	6.60	61314	13.87

续表

年份	迁入		迁出		总迁移	
	人数（人）	占总人口数比例（%）	人数（人）	占总人口数比例（%）	人数（人）	占总人口数比例（%）
2009	26181	5.83	11421	2.55	37602	8.38
2010	28658	6.25	11120	2.43	39778	8.68

第四章　人口普查

第一节　第四次全国人口普查

根据国务院颁发的《第四次人口普查办法》规定，全国人口普查的登记标准时间是1990年7月1日零时。在延安地区人口普查领导小组的统一领导下，各乡（镇）、办事处均有人口普查办事机构。登记前，普查领导小组选调和培训各种普查技术人员，按照常住人口登记的原则，采用直接调查方法。普查结果为：总人口317313人，其中男性165672人，女性151641人，男女性别比109.25。总人口比第三次人口普查共增加66476人，增长26.48%。十年间年均增加6648人，年平均增长率为2.67%。总人口中具有大学本科毕业文化程度的3759人、大学专科4212人、中专8447人、高中14027人、初中66256人、小学88379人。同1982年人口普查的数字相比较，每万人中各种文化程度有所变化，具有大学文化程度由118.4人上升到251人，具有高中文化程度以上每万人有708人，初中文化程度每万人中有2088.8人，小学文化程度每万人中有2785人。全市文盲半文盲人口68601人，其中50岁以上15081人，占文盲半文盲21.9%。1989年，全市出生人口12940人，出生率19.39‰；死亡人口为2378人，死亡率10.55‰。自然增加人口10562人。1989年出生女性人口6164人，出生人口性别比例为109.93（女=100），男多于女612人。

1990年延安市第四次人口普查家庭户与集体户情况统计表

表3-4-1

地区	总户数（户）			总人口（人）			家庭户均人口（人）
	合计	家庭户	集体户	合计	家庭户	集体户	
总计	76030	75410	620	317313	301287	16026	4.00

续表

地区	总户数（户）			总人口（人）			家庭户均人口（人）
	合计	家庭户	集体户	合计	家庭户	集体户	
宝塔山街道	8115	8024	91	31700	28042	3658	3.49
南市街道	10582	10451	131	40704	37461	3243	3.58
凤凰山街道	7542	7446	96	28243	25979	2264	3.49
南泥湾镇	1416	1402	14	5825	5756	69	4.11
临镇镇	2235	2197	38	10758	8823	1935	4.02
李渠镇	3439	3414	25	15468	14887	581	4.36
姚店镇	4706	4671	35	19732	18805	927	4.03
甘谷驿镇	3111	3092	19	13084	12657	427	4.09
青化砭镇	2818	2796	22	12152	11830	322	4.23
蟠龙镇	2236	2219	17	10320	10183	137	4.59
桥沟乡	4056	4044	12	16187	15953	234	3.94
柳林乡	3302	3268	34	15185	13928	1257	4.26
万花山乡	1636	1632	4	6948	6890	58	4.22
枣园乡	2098	2090	8	9408	9252	156	4.43
河庄坪乡	2007	2001	6	8311	8278	33	4.14
川口乡	2037	2029	8	8883	8708	175	4.29
松树林乡	853	847	6	3744	3696	48	4.36
麻洞川乡	2175	2158	17	9349	9225	124	4.27
官庄乡	1226	1218	8	5081	5003	78	4.11
碾庄乡	957	953	4	4400	4383	17	4.60
冯庄乡	1481	1474	7	6457	6380	77	4.33
丁庄乡	1191	1189	2	5355	5298	57	4.46
元龙寺乡	1863	1857	6	8301	8276	25	4.46
张坪乡	1214	1213	1	5257	5227	30	4.31
贯屯乡	1328	1327	1	5757	5726	31	4.31
梁村乡	1551	1545	6	6694	6650	44	4.30
下坪乡	855	853	2	4010	3991	19	4.68

第二节　第五次全国人口普查

全国第五次人口普查时间为2000年11月1日零时。依照国务院、省、市第五次人口普查的通知精神，宝塔区组建人口普查领导小组，制定实施方案，选调5000名普查工作人员。人口普查采取按常住人口登记原则，每个人必须在常住地进行登记，一个人只能在一个地方登记，区内三个街道办事处和桥沟、柳林镇地理区域划界线登记，普查工作进行现场登记、复查、抽样调查和计算机原始调查表处理，手工汇总统一上报。普查结果为：总户数114158户、总人口403868人，其中男性209240人、女性194628人，男女性别比107.49（女=100），总人口比第四次普查增长27.28%，净增86555人，年平均增加8655人，年平均增长率2.56%。

全区有家庭户109464户、385542人，平均每个家庭户人口为3.52人，比第四次人口普查的4.00人减少0.48人。

全区常住人口共411907人，其中0~14周岁的人口107467人，占常住人口的26.09%；15~64周岁287527人，占常住人口的69.80%；65周岁以上16913人，占常住人口的4.11%。同1990年普查相比，0~14周岁人口比重下降6.90个百分点，65周岁及以上人口的比重上升0.08个百分点。

在6周岁以上的常住人口中，接受研究生、大学（含大学专科）教育的23444人，占常住人口5.69%；接受高中（含中专）教育的56200人，占常住人口的13.64%；接受初中教育的120923人，占29.36%；接受小学教育138672人，占常住人口的33.67%（以上各种受教育程度的人包括各类学校的毕业生、肄业生和在校学生）。

2000年的第五次人口普查与1990年第四次人口普查相比，每10万人中，具有大学（大学专科以上）文化程度的由2512人上升到5692人；具有高中（中专）文化程度的由7080人上升到13640人，具有初中文化程度的由20888人上升到29357人；具有小学文化程度的由27850人上升到33666人。全市15周岁以上常住人口中，文盲人口41248人，同1990年普查相比，文盲率由28.93%下降到10.01%，下降18.92个百分点。

在城乡常住人口中，居住在城镇的人口203743人，占常住人口的49.46%；居住在乡村的人口208164人，占常住人口的50.54%。与1990年普查相比，城镇人口占常住人口的比重上升12.29个百分点。流动暂住人口4717人，其中男性2897人，女性1820人，来自陕西、北京、辽宁、重庆、安徽、广西、浙江、四川等26个省、市、自治区。

在家庭户中，一人户8151户，占总户数7.45%；二人户18731户，占17.11%；三人户34396户，占31.42%；四人户24657户，占22.53%；五人户15341户，占14.01%；六人户5604户，占5.12%；七人户1813户，占1.66%；八人户533户，占0.49%；九人户151户，占1.66%；十人户87户，占0.08%。家庭户类别：一代户24218户，占总户数22.12%；二代户75105户，占68.61%；三代户9879户，占9.02%；四代户262户，占0.24%。

1999年11月至2000年11月，出生人口4279人，其中男性2307人，女性1972人，出生率11.44‰；死亡人口2165人，其中男性1328人，女性837人，死亡率8.65‰，人口自然增长率2.79‰。出生人口中男性多于女性335人。

2000年宝塔区第五次人口普查家庭户与集体户情况统计表

表3-4-2

地区	总户数（户）			总人口（人）			家庭户均人口（人）
	合计	家庭户	集体户	合计	家庭户	集体户	
总计	114158	109464	4694	403868	377018	26850	3.44
宝塔山街道	15061	14286	775	48292	43622	4670	3.05
南市街道	11612	10849	763	37177	32452	4725	2.99
凤凰山街道	12929	12481	448	41194	38485	2709	3.08
桥沟镇	13970	13693	277	47025	45193	1832	3.30
枣园镇	3360	3106	254	14363	11831	2532	3.81
柳林镇	6630	6313	317	24429	22543	1886	3.57
河庄坪镇	5125	5069	56	16514	16339	175	3.22
李渠镇	4614	4355	259	17343	16284	1059	3.74
姚店镇	5489	5338	151	19595	19216	379	3.60
甘谷驿镇	3613	3484	129	12940	12675	265	3.64
青化砭镇	3639	3523	116	13570	13179	391	3.74
蟠龙镇	2451	2397	54	9606	9438	168	3.94
南泥湾镇	1720	1708	12	6518	6474	44	3.79
临镇镇	2893	2728	165	10437	9985	452	3.66
碾庄乡	1007	995	12	4280	4259	21	4.28
万花山乡	4167	3565	602	16788	12663	4125	3.55
川口乡	2427	2320	107	9562	9125	437	3.93
冯庄乡	1380	1358	22	5747	5503	244	4.05
丁庄乡	1069	1040	29	4531	4479	52	4.31
元龙寺乡	1602	1601	1	6634	6632	2	4.14
梁村乡	1451	1440	11	5917	5900	17	4.10
张坪乡	1040	1037	3	4459	4424	35	4.27
贯屯乡	1169	1152	17	4621	4526	95	3.93
下坪乡	787	774	13	3286	3257	29	4.21
松树林乡	1049	997	52	3978	3767	211	3.78

续表

地区	总户数（户）			总人口（人）			家庭户均人口（人）
	合计	家庭户	集体户	合计	家庭户	集体户	
麻洞川乡	2683	2649	34	10416	10171	245	3.84
官庄乡	1221	1206	15	4646	4596	50	3.81

第三节　第六次全国人口普查

全国第六次人口普查的主要内容有：人口性别、年龄、民族、受教育程度、行业、职业、迁移流动、社会保障、婚姻生育、死亡、住房情况等。第六次人口普查的标准时点：2010 年 11 月 1 日零时。宝塔区人口普查分五个阶段进行，即准备阶段，区、乡（镇）办事处，社区居委会、村委会分别成立各级普查组织领导机构和办事机构，抽调培训各级普查工作人员；划分普查区域，实地绘制普查区域图，户口整顿，地址编码，抽调普查指导员，普查员进行试点，清查摸底等；登记阶段，按照国务院统一制发的各类普查表逐户逐人进行登记，对所有普查表进行 100%的人口复核，手工快速汇总主要数据，普查表编码；数据处理和上报阶段，对登记内容进行计算录入、审核、查询订正、上报原始数据和汇总数据、事后数据抽查和评估；总结阶段，发布普查公报、分析研究，整顿文档、编辑、出版资料、总结表彰。

普查结果表明，2010 年 11 月 1 日零时，宝塔区总人口 475234 人，同第五次全国人口普查总人口 403868 人相比，十年间增加人口 71366 人。全区总人口中，男性人口为 243604 人，占 51.26%，女性人口 231630 人，占 48.74%。全区 2010 年出生人口 4721 人，其中男性 2586 人，女性 2135 人，出生率 20.73‰；死亡人口 1972 人，死亡率 4.14‰，自然增长率 16.59‰，比 1981 年降低 6.12 个千分点。

在全区总人口中，具有大学（指大专以上）文化程度的 67769 人，具有高中（含中专）文化程度的 78902 人，具有初中文化程度的 165002 人，具有小学文化程度的 109943 人（以上各种受教育程度的人包括各类学校的毕业生、肄业生和在校生）。同 2000 年人口普查相比，每 10 万人中，具有大学文化程度的由 5692 人上升为 14260 人，具有高中文化程度的由 13640 人上升为 16603 人，具有初中文化程度的由 29357 人上升为 34720 人，具有小学文化程度的由 33666 人下降为 23134 人。全区人口中文盲 17352 人，同 2000 年人口普查相比文盲人口减少 23896 人，文盲率由 10.01%下降为 3.65%，下降 6.36 个百分点。

2010 年，全区家庭户为 148447 户、431454 人，平均每户住房 2.1 间，人均住房面积 22.59 平方米，城市人均住房面积 24.82 平方米，农村人均住房面积：青化砭镇 32.38 平方米，元龙寺乡 14.81 平方米。一人户 19292 户，占总户数为 13%；二人户 38596 户，占 26%；三人户 48162 户，占 32.44%；四人户 28598 户，占 19.26%；五人户 9515 户，占 6.14%；六人户 2756 户，占 1.86%；七人户 926 户，占 0.62%；八人户 330 户，占 0.22%；九人户 126 户，占 0.08%；十人以上户 146 户，占 0.10%。一代户

51668户，占总户数的34.81%；二代户86970户，占58.59%；三代户9563户，占6.44%；四代户246户，占0.17%。

2010年宝塔区第六次人口普查家庭户与集体户情况统计表

表3-4-3

地区	总户数（户）			总人口（人）			家庭户均人口（人）
	合计	家庭户	集体户	合计	家庭户	集体户	
总计	152241	148447	3794	475234	431454	43780	2.91
宝塔山街道	19696	18625	1071	67388	50045	17343	2.69
南市街道	20401	20085	316	57320	55858	1462	2.78
凤凰山街道	14593	14003	590	44294	37575	6719	2.68
桥沟镇	23545	23399	146	69345	68849	496	2.94
枣园镇	4162	3955	207	15835	11794	4041	2.98
柳林镇	14343	14032	311	46991	44147	2844	3.15
河庄坪镇	7107	7105	2	19085	19081	4	2.69
李渠镇	6837	6607	230	21167	20447	720	3.09
姚店镇	7002	6965	37	20012	19457	555	2.79
甘谷驿镇	3382	3351	31	9167	8960	207	2.67
青化砭镇	3568	3551	17	10781	10598	183	2.98
蟠龙镇	3029	2669	360	7351	6939	412	2.60
南泥湾镇	1530	1517	13	4960	4874	86	3.21
临镇镇	2379	2349	30	7762	7058	704	3.00
万花山乡	6804	6413	391	26425	19025	7400	2.97
川口乡	2477	2476	1	10138	10137	1	4.09
冯庄乡	2602	2599	3	10135	10098	37	3.89
元龙寺乡	1394	1388	6	4184	4078	106	2.94
梁村乡	2187	2187	0	7235	7235	0	3.31
贯屯乡	823	815	8	2330	2093	237	2.57
松树林乡	1071	1050	21	3138	2948	190	2.81
麻洞川乡	2136	2134	2	6544	6531	13	3.06
官庄乡	1173	1172	1	3647	3627	20	3.09

第五章　计划生育

第一节　计生机构

人口和计划生育局　1972 年 6 月，成立延安县计划生育委员会，下设办公室，办理日常业务。1984 年，延安市计划生育委员会内设办公室、业务科，有工作人员 6 人。1993 年 3 月，延安市计划生育领导小组办公室更名为延安市计划生育局，设局长 1 名，副局长 2 名。1996 年 12 月延安撤地设市后，更名为延安市宝塔区计划生育局，设局长 1 名，副局长 3 名。2010 年 12 月，机构改革，更名为延安市宝塔区人口和计划生育局，设局长 1 名，副局长 3 名。延安市宝塔区人口和计划生育局主要职能是负责全区人口和计划生育管理和服务，编制 11 名，实有 11 人。下辖计划生育服务站、流动人口计划生育管理办公室和计划生育协会。局机关内设“四科一室”，即政策法规科、规划统计科、科学技术科、宣传教育科、办公室。

计生服务站　1983 年延安市计划生育服务站成立，设站长 1 人，节育技术人员 5 人。宝塔区计生服务站负责全区节育技术指导和计划生育宣传工作以及药具的管理与发放。2010 年，设站长 1 名，副站长 3 名，有工作人员 36 人，专业技术人员 32 人，卫生专业技术人员 26 人，中级职称 11 人，高级职称 8 人。内设医技股、宣教股、药具股和办公室 4 个股室，开设男性科、女性科、乳腺科、不孕不育诊室、出生缺陷干预指导室等多个特色科室，配有德国西门子彩色 B 超机、日本日立全自动生化分析仪以及血细胞分析仪、精子质量分析仪等 10 多种大型医疗设备。

流动人口计划生育管理办公室　2000 年 8 月 16 日，成立延安市宝塔区流动人口计划生育管理办公室，隶属于区计划生育局，副科级建制，设主任 1 名，编制 3 人。2007 年 12 月 27 日，调整机构，延安市宝塔区流动人口计划生育管理办公室与延安市宝塔区人口变动抽样调查队实行两块牌子、一套机构，正科级建制，设主任 1 名、副主任 2 名，编制 10 人。2010 年，延安市宝塔区流动人口计划生育管理办公室设主任 1 名、副主任 2 名、科员 6 名、妇产科主治医师 1 名、宣技师 1 名，编制 11 人。

计划生育协会　1992 年 7 月 29 日，成立延安市宝塔区计划生育协会办公室，副科级建制，编制 3 人。主要职责协助政府贯彻落实国家的计划生育法律、法规和政策宣传。2010 年区计划生育协会办公室编制 5 人，设秘书长 1 名，科员 4 名。

第二节　政策措施

一、生育政策

20世纪80年代初，将计划生育列为一项基本国策。陕西省人民政府制定《陕西省计划生育条例》。1990年，按照国家计生“提倡一孩化，限制二胎，杜绝三胎”的基本政策，开展“六清两落实”（六清指协议措施落实清、计划外怀孕补救清、超生对象查处清、超生子女费征收清、早婚早育查处清和计划生育领域的不正之风查处清，两落实指落实计划生育政策和落实人口计划指标），以农村“双扎、双补”（双扎指男扎和女扎，双补指人流和引产采取的补救措施）为重点。实行计划生育目标管理责任制，签订责任书，实行“一票否决”制度。采取市级领导包乡镇，抽调部局科级干部64人进乡、进村，为计划生育手术服务；从省级医院请来手术队6个，增加手术网点。

1994年，以《陕西省计划生育条例》为依据，以农村和流动人口为重点、人口计划管理为中心、服务经济建设为目的，坚持经常性与突击活动相结合，实行按证生育，指标到户到人，实行责任追究制度，出生人口中一孩率77.5%，二孩率19.3%。

1995年，延安市委、市政府制定《关于计划生育工作基本实现“三为主”的决定》《关于市级有关部门计划生育的主要职责》，对职能部门、相关部门的职责作出明确规定，计划生育工作坚持以宣传教育为主、避孕为主、经常性工作为主。各乡镇办事处开展孕情、环情、病情的“三查”工作，采取统一政策标准，全区节育率95.5%，“三查”率92%以上。

2002年9月1日，颁布《中华人民共和国人口与计划生育法》，计划生育纳入法治化轨道。宝塔区依法建立村（居）民自治、优质服务、政策推动、综合治理工作机制，采取区指导、乡负责、村为主、户落实、群众参与的工作模式，人口与计划生育工作取得显著成效，全区节育率为91.2%，重点对象“三查”率为100%，共出生人口2586人，出生率7.41‰，人口净增率3.26‰。

2006年，宝塔区委、区政府印发《宝塔区计划生育新农村、新家庭创建活动的实施方案》，采取政策支持、利益导向、产业开发、奖励机制等方式。2006～2007年建成计划生育新农村160个，其中市级示范村7个，区级示范村40个，农村计划生育新家庭800户。

2010年，计划生育由避孕、节育、生殖健康、妇幼保健、优生优育转变到社会保障、劳动就业、子女教育、科学技术、奖励扶助、医疗卫生等。制定统筹解决人口问题体制机制的实施意见，建立统筹管理、服务均等、信息共享、区域协作、双向考核的工作机制。计划生育人口出生合格率97.7%，节育率90.69%，“三查”145619人次，占总人数的99.8%；流动人口计划生育流出人口办证2829人，占90%，流入人口办证11297人，占持证率的92%；全区20～49周岁已婚妇女健康检查39455人，受检率88%；查出患有各种疾病的23987人，患病率58%，治疗22483人，治愈20388人，治愈率91%。出生人口4069人，其中男性2112人，女性1957人，出生人口性别比为108（女=100），趋于正常。

二、节育措施

1990 年，全面推行“三为主”，节育技术服务重点以避孕为主，定期查环查孕。同时，为保护节育手术者的健康和安全，卫生、计划生育部门加强节育、绝育技术管理，医护人员遵守卫生部颁发的《节育技术常规》，严格手术“三关”，即：术前检查关，掌握手术适应症；术中操作关；术后随访观察关，发现问题及时处理。引进含铜含药宫内节育器以及皮埋针剂，取代不锈钢单圈宫内节育器。

2006 年，人们生育观念更新，选择节育措施已成为人们的自觉行动，计划生育绝育手术量从 20 世纪 90 年代中期开始逐年呈下降趋势。人口自然出生率和自然增长率得到有效控制，人口和计划生育工作由控制人口增长阶段进入到稳定低生育水平阶段。

三、计生优待

1990~1999 年，全区计划生育对结扎的农民家庭采取三优先，即：承包机动地优先、宅基地优先、承包“四荒地”优先，种植业、养殖业帮扶、20%以上贴息扶贫贷款用于计生户产业开发。1996 年，财政投入 50 万元用于 1000 户计生家庭实施种植和养殖业。

2002 年，宝塔区建成省级计划生育“三结合”项目基地，种草 670 亩，建成标准化种羊场 1 个，羊存栏 300 多只，投入资金 28 万元。建成蔬菜大棚 60 座，贷款贴息 1 万元，帮扶 200 多户计生家庭建立枣园镇侯家沟村棚栽业示范基地，林果基地建设投资 6 万元。

2003 年，完成计划生育“三结合”项目基地 20 个，人畜引水工程投资 6 万元。种草 560 亩，养羊 1200 多只，投资 30 万元。

2005 年，在全区林果、畜牧、蔬菜三大产业中，473 户计划生育户享受产业开发贷款、扶贫贷款 92. 5 万元，占贷款总额的 22. 8%。

2010 年，宝塔区制定《农村计划生育家庭创业工程实施方案》，免费为计生户提供考察产业，增加产业补贴额度，提供小额贴息贷款，补助职业教育等。建成河庄坪井家湾农家乐、临镇任家塬苹果、青化砭大寺沟养猪等计划生育家庭创业区级基地 3 个，乡级项目基地 20 个，扶持双女绝育户家庭 100 个，移民搬迁、危房改造优先优待计划生育家庭。

四、母亲健康工程

1990~1998 年，宝塔区建立健全节育手术者定期回访制度，计生技术人员进村入户，为节育妇女进行健康检查，提供服务人数 6. 5 万人次。

2002 年，全区为 64129 名已婚妇女进行妇女病普查，查出有病者 14249 例，治疗 12968 例，普查率和治疗率 90%以上，为 4. 6 万多名育龄妇女建立优质服务档案，开展优生监测 941 例，监测率 36. 4%。

2003 年，母亲健康工程以避孕节育服务、出生缺陷干预和生殖道感染干预为重点，免费节育 1964 例，优生咨询夫妇 2981 对，推广使用叶酸制剂——福施福预防新生儿神经管畸形 475 例，计划生育流动服务车下乡服务 243 次，生殖健康服务 41200 人。

2004 年，提供 B 超检查 3387 人次，红外光乳腺筛查 3576 人次，妇科检查 2980 人次，宫颈涂片检查 1987 人次，白带五项 332 人次，肝功能检查 297 人次。开展生殖健康巡回服务，百车千村送健康 2. 3 万多人受益。

2005 年，推行节育手术知情选择同意制度，实行免费女扎手术 116 例，查孕 19029 例，避孕药具发放点由 27 个增加到 56 个，推行知情选择的村 90%以上。

2006 年，优生监测 1957 例，发现阳性 4 例，推行使用福施福 632 盒、施利安 334 瓶。其中，1999～2006 年为育龄妇女查病、治病 3.8 万人次，为 2935 名不孕不育症患者建立健康档案，36 名患者喜得子女。

2007～2009 年，发放避孕药具 34186 盒，巡回健康服务 20 个乡镇、519 个行政村，服务 93137 人次。为农村已婚育龄妇女服务，年龄从 20～49 周岁延长到 20～59 周岁。

2010 年，查环 107363 例、查孕 33929 例，发放药具 4566 盒，建立健全受检已婚妇女电子检查档案。农村已婚育龄妇女检查 39455 人，受检率 88%，治疗妇女 22483 人，治愈率 91%。

五、独生子女保健费

2003 年，全区共有独生子女 9503 户，领证 6852 户，占 72%，兑现保健费 38.96 万元，兑现率 100%，为 136 户放弃二胎生育指标的夫妇发放奖励资金 13.6 万元。

2004 年，宝塔区人民政府制定《关于落实计划生育奖励优待政策的通知》，兑现保健费 847260 元，14121 个独生子女家庭受益，农村双女绝育户子女 663 人免学杂费 12688 元、1008 名独生子女免学杂费 36580 元。

2006 年，农村独生子女保健费由每人每月 5 元提高到 10 元，放弃二孩生育指标户奖励标准由 1000 元增加到 2000 元。

2008 年 7 月 1 日起，农村独生子女保健费由每人每月 10 元增加到 20 元，双女绝育户奖励费由 1000 元提高到 2000 元，农村放弃生育指标户奖励费由 2000 元增加到 6000 元。

2009 年，全区农村独生子女 155 户，领取家庭保健费 37200 元；4095 个农村计划生育户领取保健费 982000 元；兑现双女户绝育奖励 36000 元，发放放弃再生育指标户奖励 48000 元。农村计划生育家庭 8258 人，补助新型合作医疗费 41290 元，其中独生子女 2147 户 6231 人，补助 31155 元，双女绝育家庭 587 户 2004 人，补助 10020 元。

2010 年，农村独生子女保健费、双女绝育户奖励、新型合作医疗费等兑现 116065 元。对农村领证独生子女和双女绝育家庭考取本科以上的大学生，一次性补助 2000 元，共资助 21 人 42000 元。

六、计生社会保障

2003 年，为解决农村双女绝育户养老保险，与中国人寿保险公司延安分公司协调，337 户双女绝育户办理团体保险，投保率 100%。建立健全计划生育贫困家庭救助机制，对贫困户定期给予生活补助。制订《宝塔区职工生育保险实施办法》，实施生育保险，将计划生育手术费纳入生育保险支付范围，在社会救济中优先考虑计划生育户；在城市最低生活保障中，优先将计划生育户列为保障对象；在就业再就业和劳务输出中，优先安排实行计划生育的家庭劳动力。

2004 年，为新增双女绝育家庭办理养老保险 43 个，办理农村独生子女领证养老保险 77 户。

2009 年，参加计划生育手术保险 459 人，为乡级计生专干办理人身意外伤害、医疗保险 144 人。

2010 年，计生手术保险 1620 人，参加母婴安康保险 712 人。

七、创建示范

2002 年，创建农村计划生育综合示范村 31 个，为计生育龄妇女提供技术服务，发放已婚妇女生殖健康服务证 6.4 万余本，持证率 100%。计划生育合格村 538 个，其中市级合格村 54 个，省级合格村 3 个。

2003 年，实行计划生育综合示范村合同管理，兑现奖励优待政策，引导农民实行自我教育、自我管理、自我服务、自我监督的自治模式，新增计划生育综合示范村 20 个。全区聘用村计生专干 611 名，发放工资 18.33 万元。

2006 年，城区建成计划生育先进社区 17 个，建立从社区到居民小组、中心户，从中心户到房主、房客的工作网络。每个社区配备计生专干 2 名，实行专业管理。街道办事处分别与辖区单位、物业管理机构、房主、雇主签订目标责任书，形成三级分段管理。王家坪社区、文化沟社区被陕西省人口计生委命名为“全省人口和计划生育先进社区”。

2007 年，全区创建计划生育新农村 160 个，2008 年新增 80 个。2010 年底，有计划生育新农村 326 个，达省级标准的 3 个，市级标准的 23 个，区级标准的 300 个。农村计划生育新家庭 5800 个，城区有 5 个社区达到省级先进社区标准。

第三节　宣传教育

计划生育宣传教育是改变人们的生育观念的首要途径。20 世纪 90 年代采取上街、下乡文艺演出，开设广播专题节目、制作展牌、发放资料、宣传录像等形式进行宣传。2000 年以后，宣传教育方式变化较大，采取设立国策碑（墙）、制作公益广告、广播电视开办专题栏目、建立人口网站、生育文化长廊、编排文艺节目等形式宣传。生育文化、健康文化、信息化的传播日趋形成，计划生育工作进入一个新的发展阶段。

1990 年，举办计划生育宣传活动 3 次，各级干部和群众 18600 人次受到教育；放映电影、计生宣传录像 3 场，观看群众 5000 多人。

2002 年，建成国策碑 116 块，国策院 10 个，固定标语 779 条，发放各类宣传资料 35 万份，录音、录像、VCD 碟 360 盘，乡镇计生站有“两报一刊”（《中国人口报》《陕西人口报》和《陕西人口》）和 30 多种宣传资料，每个村室有“两报一刊”、20 多种宣传资料，每个育龄妇女有 3 种以上的宣传资料，宣传品进村入户率 96%。国家计生委副主任潘贵玉，省计生委主任张力及市、区领导在枣园参加“婚育新风进万家”老区行宣传咨询会，国家计生委向枣园镇赠送宣传器材、发放宣传品 2 万余份，接待咨询群众 1000 余人。

2003 年，宝塔区被国家确定为全国婚育新风进万家 46 个示范县（区），以示范县（区）项目为载体，提倡晚婚晚育、少生优生、优育优教、男女平等、生男生女一样好、女孩男孩都是传后人。为提高宣传功能，乡镇计生站配备电脑、打印机、电视机、VCD、扩音器等设备。“百村百场”电影放映 80 场，“科技之春”宣传月制作展牌

36 块。

2004 年，区计生站配备摄影机、编辑机等设备，具备制作影像能力，声像宣传效果提升。在城区、乡镇、厂矿企业举办大型系列生殖健康巡回知识讲座 56 场次，听取讲座的育龄妇女 1 万余人。建成文化沟、延中沟、马家湾计划生育宣传画廊 3 条，画廊长度 1835 米，面积 3940 平方米，印发计生日历画 3 万张。

2006 年，举办“农村部分计划生育家庭奖励扶助制度”“流动人口计划生育”“科技之春”“关爱女孩”“世界人口日”“人口与计划生育法”“生育文明”“法制宣传日”等大型宣传月活动，乡镇集市宣传 46 次。举办培训班 51 期，培训区、乡级计生干部 27 人，区、乡级计生专业技术人员 155 人，村级计生专干 713 人，单位计生专干 1264 人。发放计划生育宣传品、书籍 368400 本（份、册），纸杯 20 万只，围裙 1 万条，价值 8 万元。

2007~2009 年，宝塔区电视台播出《人口与计生》专题节目 12 期及出生人口和计划生育专题片，延安市山丹丹文化艺术公司创作电视方言剧《女儿泪》《创业周刊》，印制生殖保健、优生优育、避孕节育等知识小折页和计生春联、计生挂历进村入户，投入资金 8 万多元。

2010 年，建成杜甫川、文化沟新型生育文化示范社区，进行综合性宣传教育。计划生育宣传与科技、文化、卫生相结合，提供计生政策、生殖保健、卫生知识、科技应用技术等咨询 4.5 万人次，发放资料 1.2 万份、避孕药具 2800 盒。

第四节　管理与服务

一、计生行政执法

2006 年，全区 229 名计生行政管理人员取得执法资格。2010 年，区乡两级计生干部执法人员 193 人。

2007 年 9 月，区人民政府制定《宝塔区打击非法鉴定胎儿性别和选择性别终止妊娠行为专项实施方案》，由计生部门负责，公安、工商、卫生、药监、文化、广播电视、纪检监察等部门配合，检查辖区计生服务机构 25 家、医疗保健机构 39 家、个体诊所 139 家、药品批零企业 43 家、个体药店 92 家，收缴人工终止妊娠药品 316 盒。建立禁止非医学需要的胎儿性别鉴定和选择性别人工终止妊娠的长效机制，减少人口出生性别的人为干预。

2009 年，计生局联合公安、卫生、工商、质检等部门，开展计划生育药械市场治理整顿，检查辖区计生服务机构 14 家、医疗保健机构 19 家、个体诊所 59 家、药品经营企业 27 家、个体药店 48 家，收缴人工终止妊娠药品 209 盒。

二、流动人口计划生育管理

1994 年，陕西省人大常委会八届八次会议通过《陕西省流动人口计划生育管理办法》，延安市委、市政府制定贯彻实施细则，38 个单位 500 名干部上街发放资料、开展咨询。城区 3 个街道办事处、川口、柳林、枣园、河庄坪、枣园、桥沟、万花山等城郊乡镇在公安、工商、卫生、计生等部门配合下对区域内流动人口计划生育进行清理整顿，取得明显效果。

1996年，根据陕西省暂住人口管理规定，流动人口以办理婚育证、暂住证为主，落实责任，定期检查。

2002年，建立健全“属地管理、单位负责、居民自治、社区服务”的城市计划生育管理机制，各乡镇、办事处与辖区单位签订目标管理责任书，实行机关、团体和企事业单位计划生育法定代表人负责制。采取流出地、流入地共同负责、共同管理，以居住地管理为主的工作机制。城市社区采取社区挂牌、房主挂牌、房客挂牌的“三牌”管理。清查和排查计生户13023户、45603人，办理婚育证明639份，签订房主责任书1120份。

2004年，实施流动人口计划生育专项治理，投入干部、警力3580人，清查流入人口34469人，流出人口24858人，落实节育措施477例，新办婚育证明2143本，签发“限期办理婚育证明通知书”3157份、“流动人口避孕节育情况报告单”1334份、“流动人口计划生育合同书”2674份，为6200多名育龄妇女提供免费“三查”服务。

2006年，查验婚育证明12635本，“三查”补查1058人。处罚流动人口违反计划生育者157人、房主3人、雇主6人。

2008年，城区社区的流动计划生育人口实行与常住人口同管理、同服务、同免费的格局，配备城区街道社区和城郊乡镇计划生育信息员49名。农村开展流出人口办证登记，签订管理合同。建立城镇流入抓社区、市场流入抓雇主、单位流入抓法人、房屋租赁人口抓房主的管理机制。为解决流动人口计划生育用药用具，在城区和乡镇集中地设立免费避孕药具发放点，给予方便。

三、计生体系建设

1990年，各乡镇配有计生专干1人，临镇、甘谷驿、青化砭、宝塔山街道配计生专干2人。各乡镇成立计生协会，有村级计生协会189个，市级计生协会有会员903人，理事76人。

1994年，各乡镇设计划生育诊断室、手术室、配备B超机，成立服务站16个，手术量占总手术的61.5%。

1996年，为提高领导干部和计生技术人员业务能力，全区主管计划生育乡镇长、办事处主任赴汉中考察学习，培训120多人。村干部培训601名，计生干部106人次。

2002年，以《计划生育技术服务管理条例》的颁布实施为重点，加强乡镇服务站建设，新建贯屯、川口服务站，建筑面积450平方米，投资28.7万元，区服务站设备投资2万元，为乡镇服务站配备红外光治疗仪，投资10万元，改造维修乡镇计生用房6个。

2003年，城区社区设立计划生育办公室，配备计生专干2人，推选居民小组长101人、中心户长373人、楼长907人，实现民主选举、民主决策、民主管理和民主监督的计划生育工作。

2004年，村级计生专干实行竞聘上岗，按照“乡聘、村用、区备案”的原则，全区招聘村级计生专干796人。

2005年，计划生育服务站建设列入基本建设项目。创建区计生优质服务示范站，投资60多万元搬迁改造乡镇服务站3个，续建、扩建维修服务站5个，为16个乡镇、办事处计生服务站更新B超机，投资26.4万元。

2006年，投资50万元，建成计划生育服务超市，面积100平方米，设有悄悄话室、门诊、药具零售区、药具免费发放区等多个功能区，集宣传教育、信息咨询、药具发放、技术服务为一体。整体改造区计生服务站大楼，投资百万元，设备更新投资371万元，主要用于彩色B超机和全自动生化分析仪采购等。临镇计生服务站建筑面积1060.16平方米，项目投资71.6万元，蟠龙、松树林计生站投资56.6万元，新增建筑面积569.4平方米。乡镇计生站维修，投资20万元，增加B超机4台、微波治疗仪3台、红外光治疗仪5台。

2010年，乡镇有计生服务站23个，专干186人，村级专干611人。新建（扩建、改建）乡级计生服务站10个，建成李渠、临镇中心计生服务示范站，创建计划生育新农村省级3个、市级23个、区级300个。

四、计生信息

计划生育信息收集、统计、编码、建卡、建台账、设立举报箱、开通举报电话，为政府在人口与计划生育决策中提供依据。1990年，根据陕西省计生委统一编码，全区抽出南泥湾、松树林、柳林、桥沟、丁庄、姚店、青化砭、下坪、宝塔山、凤凰山、南市11个乡镇、办事处，选一个行政村和一个单位进行计划生育管理信息追踪调查。抽查1340人，育龄妇女336人，出生30人、死亡4人、迁入19人、迁出23人，出生率为22.39‰，死亡率为2.99‰，自然增长率为19.4‰，机械变动率为-2.99‰。

1994年，对照调查情况与计生统计报表，采取上门登记、B超检查、术后回访等形式了解计生信息，对李渠、蟠龙、甘谷驿等8个乡镇1000多名育龄妇女进行孕情等检查，信息准确率91%以上。

2002年，建成计划生育信息系统，完成育龄妇女信息收录工作，开始向上级计生部门报送软盘，取消手工卡册操作，实行计算机区内联网，及时传递各种信息。

2003年，改革人口计划统计，全区取消一孩生育证制度，建立一孩生育登记制度。用“生殖健康服务证”代替“一孩生育证”，一孩生育由计划生育改为按政策生育，二孩生育申报、审批准确率为100%。实行审批责任制度、时效制度和公示制度，村（居）民委员会、机关单位定期公布，生育信息公开，接受群众监督。已婚妇女个案，信息录入微机、快捷形成各种报表，数据全面，工作效率提高。

2004年，形成信息收集资源共享。按月向公安部门收集上户和暂住人口信息，卫生部门孕检、接生、信息、民政部门的婚姻登记和收养信息，汇总、分析、梳理后，反馈乡镇、办事处核对，减少统计误差，提高统计质量。

2005年，全面推行流产、死产和婴儿死亡报告制度，凡出现流产、死产、婴儿死亡需24小时内持医院证明，报告乡镇、办事处计生办。制定《宝塔区乡、村两级计划生育统计台账管理规范》，健全统计台账、提高统计准确率。

2008年，宝塔区人口计生信息化建设被陕西省确定为首批20个人口计生信息化建设项目示范县（区），全区完善育龄妇女信息数据库、配置硬件设施、构建信息传输网络、改版宝塔人口网站、建成机关办公自动化系统。

2009年，实行全员人口管理信息系统工作目标责任制，实施信息采集、录入、上报、审核、管理五个环节责任制。采取“四级到位”［区、乡、村（社区）、户］、“四不漏”（村不漏组、组不漏户、户不漏人、人不漏项）的办法，计划生育效果显著。宝塔区被陕西省人口计生委授予“人口和计划生育信息化项目先进单位”称号。

2010年，全区人口信息库、流动人口信息库、人口信息覆盖率98%以上，实现信息化、科学化、服务系列化和个性化，为人口综合研究、分析、评估、综合管理服务提供信息支撑和区内群众信息服务。

第五节　计生成效

1990年，全市一孩夫妇14138对中领取独生子女证有5616对，占39.7%，第一个是女孩的领证2549对，占18.0%。女性初婚人数1854人，年龄在23周岁以上结婚1026人，晚婚率占56.3%。出生人口中，一胎3097人，占60.4%；二胎1380人，占26.9%。自然增长率较1989年下降9.3个千分点。

1994年，全市人口净增3622人，较1993年出生率上升0.68个千分点，自然增长率下降0.14个千分点，计划生育率提高1.1个百分点。

1996年，落实各种节育措施7730例，占96.6%，出生人口4443人，其中计划内一孩3357人，计划内二胎503人，出生率为13.51‰，自然增长率为9.62‰，计生率86.8%，计划外生育率为13.2%，多孩率为0.045%。计划生育发证生育3269人，其中一胎2783人，二胎486人，二胎指标落实率较1995年提高58.89%。

2002年，全区出生人口2586人，出生率7.41‰；一孩2221人，占85.8%；计划生育率为98.6%，人口自然增长率为3.26‰，人口生产进入低生育期。落实节育措施2521例、综合节育率为91.2%，人口自然增长率比1996年的9.62‰下降6.36个千分点。

2005年，全区净增人口1709人，自然增长率为4.47‰，多孩率为0，计生率99.4%。“三查”26143人，占99.1%，全区流出育龄人口16997人，婚育证明办理率96.3%，流入育龄人口20662人，婚育证明持证率92.6%。计划生育取得显著成效，被延安市委、市政府命名为“全市人口与计划生育工作先进县（区）”；国家计生委命名为“全国人口和计划生育信息化建设先进县（区）”；中央宣传部、国家人口和计生委等10部委命名为“全国婚育新风进万家活动先进集体”。

2007年，全区人口生产趋于低生育状态，出生人口3382人，出生人口政策符合率99.6%，出生率为8.17‰，净增人口22281人，自然增长率为5.3‰，综合节育率90%以上。在出生3382人中，男性1770人，女1612人，出生性别比109（女=100），男性占52.33%，女性占47.67%。

2009年，全区出生人口4168人，人口出生率9.97‰，自然增长率5.06‰，比1997年下降0.33个千分点。农村已婚妇女健康检查第一周期41387人，受检率80.23%，患有疾病的有23158人，患病率55.95%；接受治疗18624人，治愈15272人，治愈率82%。全区人口信息库采集人口信息115827户、416976人，信息采集率和录入率100%。

第四编 城建 环保

1990～2010年，宝塔区在城区建设中，多方筹资，全力实施“规划、硬化、净化、绿化、亮化、美化”的六化工程，城区面积由1990年不足10平方千米，增加到2010年底的近30平方千米，实现城区建设跨越式发展。1996～2010年，宝塔区村镇建设主要为小康示范村、重点村、移民搬迁和新农村建设。宝塔区的村镇建设采取招商引资、企地共建、捆绑资金等手段，通过整合村庄、土地、人口、产业等区域空间资源要素，逐步建设完善以“居住集中化、环境生态化、管理社区化、设施城镇化”为基本特征的新型农村社区。

1990～2010年，宝塔区环保工作着力解决重点区域的环境问题，加强污染防治和生态环境保护；倾力治理大气污染，净化城镇一片蓝天。1998年，延安市在转换煤种取得成效的基础上，将单一的治理模式提升为“转换煤种、天然气工程、集中供热”3项措施并举的方针。2002年建成的天然气输配工程，年供气能力2000万立方米，全市城镇用气普及率达68.35%。建成3个集中和联片供热区，供热面积达186万平方米。同年，宝塔区被国家环保总局列为国家级生态建设示范区。2004年投资3300万元对王瑶水库进行清库拉沙和除险加固，投资7357.31万元在宝塔区新建红庄调蓄水库；并设立环境监察大队，专门负责水库环境的日常管理和污染源的监控，保证市区供水安全，全市城镇饮用水源地水质达标率98%；重点整治石油污染，建设清洁文明油田。推广实施“原油管输、污水回注、生态建设”三大工程，将污染防治的措施落实到生产的各个环节；规划山川秀美工程，保护改善生态环境。坚持以小流域为单元实行综合治理，落实退耕还林、封山禁牧、舍饲养羊等措施，全面实施天然次生林保护工程，通过山川秀美工程改善全市生态环境。2005年，建成机动车加气站，城内450多辆出租车改用天然气。市区空气环境质量已符合国家二级标准；推进流域污染防治，提供洁净饮用水源。同年9月，国家级生态建设示范区通过考核验收，2006年3月被正式命名。

第一章 城乡规划

第一节 城市总体规划

一、规划编制

延安市（宝塔区）政府分别于1979年、1988年、1995年、2006年进行4次延安城区总体规划编制和修编。

1979年，延安市政府编制完成第一次规划。确定城市性质为：延安承担着对中国人民和世界人民宣传毛泽东思想的光荣任务，是一个革命纪念性城市。1979年，中心城区人口为5.31万人，规划至1985年城市规模达到6.5万人，1988年达到10万人。

1988年，编制完成第二次规划。确定城市性质为：中国革命历史文化名城，是延安地区的政治、经济、文化中心。规划至1995年中心城区规模达到13万人，2000年达到23万人。规划提出中心城区加外围工业组团的城市结构形态。

1995年，编制完成第三次规划。确定城市性质为：延安是中国革命圣地，国家级历史文化名城，面向全国的“三大教育”基地，以发展生态农业、旅游、石化、能源产业为主的陕北现代化中心城市之一。规划至2000年中心城区规模达到23万人，2010年达到30万人。规划延续中心城区、外围组团、轴带分区发展的城市结构形态，将南泥湾纳入城市规划区范围。

2006年，宝塔区编制完成第四次规划。确定城市性质为：延安是中国革命圣地，国家历史文化名城，黄土风情文化特色鲜明的红色旅游城市，陕北能源化工服务基地。规划确定延安中心城区人口发展规模2010年为30万人，2020年控制在50万人以内。空间布局采取“两环、两心、多片区”的总体空间布局结构。

规划范围　东至姚店，南至三十里铺，西南至万花山，西至裴庄，北至河庄坪以及南泥湾镇、安塞县王瑶水库控制地带。规划区总面积1839.96平方千米。其中，近郊区896.96平方千米，控制地带820平方千米；规划中心市区为东至机砖厂，南至高坡，西南至张坪，西至莫家湾，北至101仓库，面积80平方千米，建设用地15.5平方千米。用地选择：建设用地主要选择在旧机场及其以东至新机场以西地段，其次是七里铺火车站及其以南至高坡以北地段，再次是杜甫川用地作适当发展。

结构形态　采取中心市区、外围组团、轴带分区发展的城市结构形态。以中心市区为核心，设立三级生态环境保育区（一级保育区以中心市区为圆心，万花山为半径的核心生态保育区。二、三级保育区，分别以外围组团河庄坪、李渠和南泥湾、姚店镇为半径，共同完成水系、生物及地质地貌生态系统的保护与合理开发利用）。城市沿西北川、东川、南川以及杜甫川展布，呈“Y”字形城郭。

总体空间布局　延安城市总体规划空间布局采取“两环”“两心”“多片区”的布局结构。“两环”指中心城区的公路外环与城市内环路。其中，公路外环主要承担过境交通绕城功能，减轻过境交通对中心城区的干扰；内环路主要承担中心城区内部各川道间的联系，减轻宝塔山、清凉山、凤凰山三山地区交通压力。“两心”即指城市新中心与老城中心。双中心结构将改变现状单中心内聚式的发展模式，改善三山地区的环境条件。其中，城市新中心位于东二十里铺地区，是宝塔区的城市主中心，主要建设各类市级公共服务设施，将三山地区的行政、商务办公，大型文化、体育、会展等功能逐步向新中心转移，疏解老城中心区的建设量与交通量。老城中心强化旅游购物功能，发展小型家庭旅馆等旅游服务接待设施。“多片区”指根据城市发展功能划分的两个功能区：即中心综合发展区（三山旧城片区、东川综合发展片区、南川综合居住片区、西北川历史文化片区）和外围功能发展区（枣园片区、河庄坪片区、李渠片区、姚店片区）。

外围组团　姚店组团为市重点工业区，规划作为调整和新建工业区，适当扩大工业用地，沿延河北岸东西向发展；李渠组团规划作为全市仓储区，南岸区集中安排各类大型仓储用地，北岸完善提高现建成区，并在东侧扩大用地范围，形成主要行政商住区；河庄坪组团规划为油田生活服务基地，安排为油田服务的地方配套工业和商业，为城市远景发展区；南泥湾组团规划为生态农业科技示范区，以保护好“陕北的好江南”风貌，发展生态农业；万花山组团规划为旅游度假区，布置风景游览、疗养、旅游服务和居住等功能区，开发和利用自然风景资源，完善配套设施。规划确定宝塔区行政辖区为郊区范围，近郊区范围包括李渠、姚店、柳林、万花山、枣园、桥沟、河庄坪、南泥湾8个乡镇行政辖区。将李渠、姚店、南泥湾镇及河庄坪乡、万花山乡花园头村作为市区外围组团，将甘谷驿、临镇、蟠龙、青化砭4镇和新增的麻洞川镇，作为郊区重要的中心镇建设，成为中心市区与郊区之间联系的桥梁和纽带。其余15个乡驻地和玉皇庙规划为集镇，为其辐射区域的农村商贸生产服务。

二、规划修编

1995年规划至2010年到期，因规划确定的社会经济、人口发展等目标至2000年超过总体规划预测的增长速度，国内生产总值比1988年翻了两番，达到50.27亿元，城区人口达到15.68万人。在新规划未修编前，延安市城乡建设规划局组织编制了《延安市近期建设规划》，2003年7月经延安市人民政府发布实施。2004年，延安市人民政府委托中国城市规划设计研究院对延安市城市总体规划进行修编。2005年11月15~17日，陕西省建设厅在延安主持召开《延安市城市总体规划纲要（2003~2020）》评审会，原则同意该规划纲要，后因本次规划不适应延安市城市发展的需求而重新编制。

三、规划实施

至2010年底，延安市宝塔区有人口47.52万人。全区城镇居民住房条件得到改善。“九五”末到2002年，宝塔区人均住房建筑面积从16平方米提高到21平方米；住房成套率从25%提高到48%。城市规模不断扩大，城市中心区基本建成。市区新建凤凰广场、王家坪纪念广场、火车站交通广场、旧机场、世纪广场等广场，文化艺术中心、体育场（馆）等一批文化设施相继建成。区内水、电、供暖、天然气、通信、道路等配套设施得到根本改观。中心城区全面完成城市主要道路的改造建设，新建西沟至市场沟路和枣园至万花山道路。修通延河大桥至嘉岭桥的滨河路。城市道路面积达到1.17平方千米，人均城市道路面积3.3平方米。建成王瑶引水工程、红庄城区供水水库，解决市区供水矛盾及水源污染问题。建成运营日处理能力5万立方米的污水处理厂，污水处理率达50%；建成垃圾处理厂，生活垃圾无害化处理率达80%。从1998年开始，实施以改变燃煤结构为主的城市大气污染综合治理，城市空气质量达到国家三级标准。投入6000万元建成集中供热工程，供热面积达115万平方米。投入8600万元建成天然气工程和液化气储配工程。1998年，由林业部批准，宝塔山、清凉山、凤凰山和万花山列为国家森林公园，面积5400万平方米。结合退耕还林，城市园林绿化面积达897公顷，绿化覆盖率达22.9%，人均公共绿地4.99平方米。在总体规划首次确定保护延安历史文化名城的指导下，省、市分别制定延安革命旧址保护的相关管理条例，编制详细规划，革命旧址和历史遗产得到有效保护。

第二节　乡镇规划

2010年，宝塔区有11镇9乡、611个行政村，其中9个乡镇106个村庄在延安市城区总体规划管理范围内（东至姚店，南至三十里铺，西南至万花山，西至裴庄，北至河庄坪），其余乡镇的规划管理属于宝塔区。

1992年，对锁崖、沟门、河庄坪和姚店四十里铺村规划，对旧机场、七里铺、河庄坪、阳山货站小区控制、规划。

1993年，完成二道街、阳山小区基础设施建设规划。1998年，宝塔区设立城乡建设规划办公室，根据延安市总体规划的划分，按计划逐年对所管辖15个乡镇（撤乡并镇后为11个）进行建设规划的编制工作。按照《村镇规划标准》等专业技术要求，因地制宜，每个乡镇的规划包括总体规划、建设规划、道路交通工程规划、给排水工程规划、电力电信工程规划、供热燃气工程规划、防洪工程规划、近期建设规划等各项专业规划。从1998年测绘、1999年编制2个乡镇开始，按每年测绘完成2个乡镇的地形现状图、编制2个乡镇的建设规划的进度，逐年完成所辖乡镇建设规划的编制工作。

1999年，区规划为完成甘谷驿、青化砭镇的地形测量和规划编制工作。2001年，完成临镇、麻洞川乡的地形测量和规划编制工作。

2002~2004年，区规划办委托金城绿景城市规划设计有限公司，先后完成蟠龙镇、梁村乡、元龙寺乡、松树林乡、冯庄乡的地形测量和规划编制工作。

2005年，区规划办委托陕西建丽规划设计院，完成贯屯乡、官庄乡的地形测量和规划编制工作。至年底，完成全区管辖范围内11个乡镇建设规划的编制工作，通过评审验收，交付使用。规划下限均为2020年。

2006年，完成15个村庄的现状测绘工作，完成4个乡镇农贸市场的规划选址。2007年，完成8个村庄的现状测绘和规划编制工作。至2008年，完成火家塔、裴庄、温家沟、庙沟、牛奋沟、李庄、白坪、康坪、冯庄、新茂台、后孔家沟、牛庄、任家塬、义家塬、石村、小塬、临镇东、临镇西、赵家岸、石窑、井家湾、贯屯、宋家沟、杨家砭、柏林湾、曲里、樊村、麻洞川、柴崖、后新窑、前新窑、前马坪、张屯、元龙寺、两河口、桃宝峪、贺沟口、石沟、前野狐子沟、甘谷驿东、甘谷驿西、崾岘、官庄、赵家沟、青化砭、常屯、纸房沟、蟠龙、瓷窑沟49个村庄的建设规划编制，并通过评审。同时完成12个新农村示范点的现状测绘及规划编制工作。2009年，完成河庄坪重点镇的现状测绘及建设规划编制工作。

2010年，开展新一轮乡镇规划修编工作。完成6个乡镇的地形测量，建立6个乡镇坐标控制体系，计划在5年内完成宝塔区管辖所有乡镇的规划修编工作；完成10个新农村建设规划的编制工作。

第三节　规划管理

一、机构

宝塔区住房和城乡建设规划局　1990年称延安市城乡建设局。1994年3月，改称延安市建设局。1996年12月，更名为宝塔区建设局。2002年，改称宝塔区城乡建设局。2010年12月，更名为宝塔区住房和城乡建设规划局，编制10人，实有职工8人。

宝塔区城乡建设规划办公室　1998年6月9日，宝塔区城乡建设规划办公室成立，隶属于宝塔区建设局，事业性质，副科级建制。主要职责为编制城市规划管理范围之外的城镇总体规划、详细规划、专项规划及历史文化名镇、名村保护规划；指导和审核全区新型农村社区规划管理工作。负责宝塔区规划管理范围内单位和集体建设项目的规划以及宝塔区所有村民个人住宅的审批和管理。对规划实施进行监督检查，查处违反规划法律法规的建设行为。

2000年8月24日，设立北川、东川、南川、城郊4个规划管理所，隶属于区城乡建设规划办公室，事业性质，股级建制。

2004年12月20日，根据《延安市宝塔区城乡建设规划办公室“八定”方案》精神，宝塔区城乡建设规划办公室升级为科级建制，经费预算形式为自收自支，内设办公室、规划股、城郊所、南川所、北川所、东川所6个股室（所），核定事业编制19名。

2005年3月14日，宝塔区城乡建设规划办公室经费形式实行财政全额供养。

二、管理

1990年，延安市城乡建设局审查审批352个单位基建，占地面积8.93万平方米。1998年区规划办公室成立之后，1999年共办理单位、集体建设审批18项（其中临时建设2项），建筑面积11044平方米，个人住宅建设审批535户，建筑面积67410平方米。2000年，宝塔区办理单位建设审批29项，总建筑面积20.3万平方米，个人住宅审批189户，总建筑面积1.68万平方米。查处纠正各类违规违章建设12起。2001～2002年，全区共办理村镇单位集体建设规划审批61项，建筑面积32.43万平方米；审批个人住宅建设708户，建筑面积8.19万平方米。2002年全年查处违章建设48起，拆除嘉岭桥至210国道、延河两侧、尹家沟东苑小区至210国道两侧、火车站广场、东关村简易市场、二道街、燕儿沟铁桥下、儿童公园南侧等处临时建筑和违法建筑71间1966平方米。

2003年，明确区、乡（镇）、村三级管理责任制和集体审批制度，全年共办理村镇单位集体建设规划审批28项、2.36万平方米，审批个人住宅建设422户、4.70万平方米。其中，实行集体审批制度之后，集体研究审批单位集体建设6项、4345平方米，个人建设167户、1.62万平方米，暂缓审批个人建设5户。办理高速公路搬迁涉及宝塔区3乡（镇）5村146户拆迁住宅安置项目的选址意见书；配合南区、西北川开发项目，核发宝塔区3镇7村农民三产、住宅用地选址意见书。2004~2005年，共审批村镇单位集体建设规划54项8.07万平方米，审批个人住宅建设678户8.91万平方米。对宝塔区南关街、老城区、七里铺、马家湾、东关街、北关街、百米大道、枣园路延安大学周边等街道门店2340余块牌匾进行整治规划。2006年，审批单位建设44项，其中临时建设7项，审批永久性建设用地19.65万平方米，建筑面积8.91万平方米，临时用地面积9.31万平方米；审批个人住宅建设235户，建筑面积3.60万平方米。查处违章建设18起，涉及违章建筑面积1906.58平方米。2007~2008年，共审批单位建设69项，建筑面积15.11万平方米；审批个人住宅建设502户，建筑面积7.90万平方米。“一书两证”（选址意见书、用地规划许可证、建设规划许可证）发放率100%。查处违章建设68起，涉及违章建筑面积6350.63平方米。

2009年，根据法律规定对村民建设开始发放乡村建设规划许可证。成立行政执法科，完善、规范行政处罚程序及执法行为。全年审批单位建设项目7项，建筑面积1.72万平方米，出具审核意见2宗，审核用地面积14.74万平方米。审批个人住宅建设225户，建筑面积2.83万平方米。全年共发放停工通知书55份，限期拆迁通知书8份。

2010年，完善单位建设项目规划设计条件，提高规划审批的科学性。个人建设项目，通过审批会上播放现场勘查图片资料，增加规划审批的直观性和透明度。全年单位建设项目共申报11项，办结11项，涉及用地面积58.51亩，建筑面积1.62万平方米；审批个人住宅建设184户，建筑面积2.78万平方米。查处违法建设96户，组织强制拆除22次，拆除违法建筑460多间。

1999~2010年宝塔区审批建设项目统计表

表4-1-1

年份	单位集体项目（个）	建筑面积（平方米）	个人住宅（户）	建筑面积（平方米）
1999	18	11044	535	67410
2000	29	203000	189	16800
2001	28	288518.70	338	37643.29
2002	33	35758.43	370	44265.13
2003	28	23595.29	422	47043.62
2004	13	24530.60	263	34185.8
2005	41	56159.98	415	54899.97
2006	44	89124	235	35990.35

续表

年份	单位集体项目（个）	建筑面积（平方米）	个人住宅（户）	建筑面积（平方米）
2007	54	22423.94	254	36717.65
2008	15	128669.20	248	42250.42
2009	7	17187.68	225	28268.14
2010	11	16158	184	27810.24

第二章　城市建设

第一节　城市道路

一、道路建设

清末民国初，延安老城共有6条大街30多条小巷。中华人民共和国成立后，老城建设注重扩建大街，减少小巷。

1989年，延安市区有7条街道、23条路、5条小巷。

1990年，对枣园路二期路面进行整修和沥青罩面。改造二道街、东关街、七里铺道路6.14千米、10万平方米，总投资270万元。1991年，完成中心街、七里铺街、大桥街、北滨路、东关街行道护栏7000米，铺设柏油路面2200平方米。改造枣园路3600米、东关路600米、七里铺路1995米、二道街路119米、大桥街298.3米、中心街1045米、延中沟道路290米。

1992年，铺设东关街人行道砖，修建旧机场贯通道路路基、宝塔支线道路和双孔桥涵、铺设杨家岭柏油路面1320平方米。1993年，南关街、北关街混凝土路面改造19327平方米，南滨路、北滨路沥青路面改造10460平方米。

1994年，改造二道街旧城区。投资6950万元，治理市区9条巷道。建成兴盛桥、马家湾大桥。修通东关旧机场道路，长2434.5米。1995年完成杨家岭石砭路面拓宽改造工程，拓宽路面5米。

1996年，完成城区6条道路改造，总长7026米，面积9.4万平方米，投资871万元。其中，马家湾路沥青路面长3800米，宽18米，面积6.84万平方米。“四八”陵园路长1450米，宽12米，面积13045平方米。二道街水泥路面长423米，宽10米，面积

4230平方米。小东门路水泥路面长233米，宽7米，面积1631平方米。大砭沟路沥青路面长910米，宽6米，面积5460平方米。市场沟沟口210米（水泥路面100米、条石路面110米）、1370平方米。

1997年，宝塔区投资175万元，改造巷道12条，全长2304米，面积13078平方米。投资989万元，完成中心街道路改造，全长1300米，宽24米，车行道10米，人行道2×7米。

1998~2002年，在旧城改造中，对17条24.4千米道路进行改造建设，提高了北起枣园、南至二庄科、东达翟则沟范围内城市主要道路标准等级。城市支路向有居民居住的沟道延伸。其间投资4657万元的西市路改造工程，1999年7月开工建设，2001年7月建成贯通，道路全长3003米，总宽15~17米，初步形成沟道环通路线；投资4932万元的旧机场路改造工程，2000年8月开工建设，2001年6月建成，全长1554米，宽90米。

2003年，完成马家湾道路改造。完成圣锦南路、永逸西街工程，总长度610米。2004年，完成文艺一路、圣锦北路、永逸东街3条道路建设，总长度839米；开工建设迎宾大道延伸工程和红化沟道路工程。

2005~2006年，完成红化沟道路、金惠路、清凉山上山路、迎宾大道延伸、部队环山路等5个城市道路建设项目，总长度5154米。其中，迎宾大道延伸工程，2004年11月开工建设，2006年建成，总投资9944万元。道路全长1834米，总宽90米，其中车行道30米，非机动车道2×8米，绿化带2×14米，人行道2×8米。

2007年，完成城市道路建设项目7个，建设道路总长度2200.2米。2006年5月开工建设的七里铺大街改造工程，2007年10月建成，总投资6154.48万元。道路全长2914米，总宽32米，其中车行道16.6米，绿化带2×1.7米，人行道2×6米。

2008~2009年，完成西北川滨河路、南寨砭滨河路建设，光华路、吉安巷的改建。完成长青路改造工程，该项目2008年8月开工建设，2009年7月建成投用，总投资8064万元（含征地费1492万元）。道路全长5000米，宽20米。完成凤凰山步道工程建设，总投资3980万元。

2010年，开工建设方塔新区道路工程，全长2152米，总投资14007万元；完成西北川滨河路工程续建项目，总投资21292.6万元，道路全长4805米，堤防长2581.96米。截至2010年底，宝塔区竣工的重点道路工程有双拥大道、凤凰山步道工程等5处。

（一）旧机场改造及迎宾大道延伸工程（双拥大道）

1994年，修通东关旧机场道路，全长2434.5米。2000年8月至2001年6月，对嘉岭宾馆至欧锦园段进行改造，工程全长1554米，总宽90米。总投资4932.4万元，其中征迁费103万元。建成后命名为迎宾大道（又名百米大道）。2003年10月，对迎宾大道进行延伸段建设。延伸工程西起欧锦园东至桥沟。道路长1800米。2004年10月开工，2005年11月主车道全线贯通投入使用。总投资9944万元。

（二）西沟至市场沟环城道路工程

1998年，西沟、市场沟沟内建筑群体基本形成，居住人口达5万余。12月7日，由西安市公路交通大学公路设计研究院设计的西市路工程建设可行性研究报告获批准。道路全长 3033 米，其中西沟段宽 10+2×3 米，市场沟段宽 12+2×3 米，隧道长 200 米，宽 10.5 米，高 7.03 米。由道路工程、隧道、土质盘道及排水工程组成。道路工程由延安市市政建设工程公司承建，1999 年 7 月 10 日开工，2001 年 8 月竣工；隧道工程由铁道部第十九工程局第四工程处承建，1999 年 1 月 20 日动工，2001 年 7 月竣工。项目总投资 4657 万元，其中道路 2106 万元，隧道 1049 万元，征迁 1502 万元。

（三）七里铺大街改造工程

工程北起区财政局，南至南区大道，全长 2914 米，总宽 32 米，其中车行道 16.6 米，绿化带 2×1.7 米，人行道 2×6 米。工程由西安市公路研究所设计，由延安市恒远建筑公司、延安圣通公路工程公司承建。2006 年 5 月开工建设，2007 年 10 月竣工。工程总投资 6154.48 万元。

（四）红化沟至市场沟环城道路工程

2006 年，市计委批复工程初步设计，道路起于红化沟内惠泽小区道路终点，向东穿隧道至高家园则，后向东北延伸经隧道至市场沟与西市路相连。全长 1079 米，建设标准为次干道Ⅱ级，隧道 2 座，总长 660 米。道路横断面为 14+2×3 米，行程路面为沥青砼，设计车速 40 千米/小时，隧道建设为双向两车道，净宽 12 米，横断面为 10+2×1 米，净高 5 米。工程由长安大学公路设计院设计，由核工业华南建设集团施工，2006 年 9 月开工，2008 年 11 月主体完工试运行。2010 年 2 月 3 日通过市级验收。

（五）凤凰山步道工程

凤凰山步道工程是市委市政府启动“三山两河治理工程”中最大的步道工程。步道为 4 条，即西沟南、西沟北至山顶、市场沟至山顶、大礼堂沟至山顶。工程总投资 3980 万元，其中工程建设投资 2317 万元，拆迁补偿 1632 万元，占地补偿 31 万元。2008 年 2 月市发改委批复工程初步设计，5 月底全面开工建设，2009 年底完工交付使用。建成步道总长 2240 米，辅道 860 米，入口广场标志建筑 3 个，景观亭 5 个以及给排水、道路灯光、休息平台、步道与环线车道转换平台等。其中，西沟步道南线道长 610 米，北线道长 570 米；大礼堂沟步道长 470 米；市场沟步道长 630 米。

二、城区街巷

截至 2010 年底，宝塔城区建成并命名的街道 16 条，道路 53 条，巷道 38 条。

（一）街道

二道街　南北走向，位于延安城中心街东侧，垂直于中心街。清末时为吴家巷、史家巷。1950 年扩建，1993 年拓宽，俗名二道街。为纪念陕北革命先烈刘志丹，曾名志丹街。1982 年延安市人民政府因城内第二条长街而命名二道街。南起丽融大厦，北至西沟路，全长 1100 米，宽 10 米，人行道 2×4 米。2002 年，宝塔区人民政府对延安城区首批街、路巷、桥重新命名，将南起丽融大厦广场，北至北门口街段仍命名为二道街。

北大街　南北走向，曾名北关街。据清康熙《延安府志》载：当时紧连北门处有府学和教场，社稷坛。其余建筑物是神庙及云居寺院。1937~1945 年，驻扎有八路军总政治部电影团和抗战剧团、陕甘宁晋绥边区联防司令部等单位，商贾相继开设铺面，形成街道。1982 年延安市政府将南起西沟十字，北至大砭沟（今文化沟）命名为北大街。2000 年宝塔区人民政府将该路段改为南起科技馆，北至文化沟沟口，全长 1740 米，宽

11 米，人行道 2×8 米。2002 年，宝塔区人民政府对延安城区首批街、路巷、桥重新命名，仍称北大街。

东大街　东西走向，位于延河东岸，1941 年形成街道，1958 年拓宽，因处延安城东，曾名东关街。1980 年延安飞机场迁至东二十里铺，1994 年始旧机场道路两旁建设发展很快，建成区达 95%左右。2000 年 7 月延安市政府决定对旧机场道路改造修建，至 2001 年 5 月，建成西起延安大桥东端，东至尹家沟路，全长 2400 米，宽 16～58 米（延安大桥至广电中心为 16 米，广电中心至尹家沟中为 58 米），10 月，宝塔区人民政府命名为东大街。2002 年，宝塔区人民政府对延安城区首批街、路巷、桥重新命名，将西起延安大桥东端，东至广电中心段命名为东大街。

南大街　南北走向，位于延安城南，俗称南关。据史料记载：延安城形如鱼样，有鱼城之说，今南关大部分为鱼城之鱼尾，因洪水浸淹，几经城缩，鱼尾荒废。1938 年后，陕甘宁边区政府机关、普通百姓、商贾相继建宅并开设铺面形成街道。中华人民共和国成立后逐步修建，1977 年 7 月 6 日延安发生百年不遇特大洪水，街道浸淹。1978 年重新修建，南起南桥（区人防招待所），北至南门坡（育才小学门口），全长 2160 米，宽 11 米，人行道 2×8 米。2000 年宝塔区人民政府命名为南大街。2002 年，宝塔区人民政府对延安城区首批街、路巷、桥重新命名，将北起科技馆，南至南桥区电力局段命名为南大街，与中心街重合。

七里铺街　南北走向，位于延安城南大约 7 华里处，原为西包公路路段，1957 年后逐步拓宽改造形成街道而得名。北起南桥东端，南至二庄科沟口，全长 1600 米，宽 16 米，人行道 2×7 米。2002 年，宝塔区人民政府对延安城区首批街、路巷、桥重新命名，仍将此段命名为七里铺街。2006 年 5 月政府投资 6154.48 万元改造扩建后，总宽 32 米，其中车行道 16.6 米，绿化带 2×1.7 米，人行道 2×6 米。

大东门街　东西走向，位于城内东侧，老巷道，因两侧有面粉厂、地毯厂、燃料公司及居民而形成街道。东起大东门（原东胜门）西至国税局，全长 260 米，宽 7 米，人行道 2×2 米。2000 年，宝塔区人民政府命名为大东门街。2002 年，宝塔区人民政府对延安城区首批街、路巷、桥重新命名，将该段仍命名为大东门街。

小东门街　东西走向，原为 1951 年建成、1958 年拓宽的南一巷，1996 年道路改造延伸至南滨路。位于亚圣大厦、丽融大厦北侧，东起南滨路，西至北方大厦，全长 260 米，宽 7 米，人行道 2×2 米。2000 年，宝塔区人民政府命名为小东门街。2002 年，宝塔区人民政府对延安城区首批街、路巷、桥重新命名，将该段仍命名为小东门街。

新市场街　东西走向，老街道，陕甘宁边区时期为新市场道路（又名市场沟路）。位于宝塔区委北侧，西起宝塔区委门口，东到工业经济局，全长 100 米，宽 10 米。2000 年宝塔区人民政府命名为新市街。2002 年，宝塔区人民政府对延安城区首批街、路巷、桥重新命名，将东起市场沟石门，西至民众剧团段命名为新市场街。

大桥街　东西走向。清末时为南北大街和折家巷、古庙巷、左家巷。东起 1959 年建成的延安大桥西端，西至科技馆，全长 400 米，宽 16 米，人行道 2×6.5 米。2000 年，宝塔区人民政府命名为大桥街。2002 年，宝塔区人民政府对延安城区首批街、路巷、桥重新命名，仍将此段段命名为大桥街。

北门口街　东西走向，东起北滨路，西至延大附属医院。全长100米，宽8米。2000年，宝塔区人民政府命名为北门口街。2002年，宝塔区人民政府对延安城区首批街、路巷、桥重新命名，将西起西沟沟口，东至北滨路段命名为北门口街。

南门口街　东西走向，东起南滨路，西至南大街，全长110米，宽8米，人行道2×4米。初期为1983年建设的儿童公园通行道路，2000年，宝塔区人民政府命名为公园路。2002年，宝塔区人民政府对延安城区首批街、路巷、桥重新命名，将该段更名为南门口街。

南市街　东西走向，老街道。2002年，宝塔区人民政府对延安城区首批街、路巷、桥重新命名，将西起市场沟石门，东至工业经济局段命名为南市街。

联通大街　南北走向，联通公司西侧，南起东滨路，北至双拥大道。2006年，宝塔区人民政府命名为联通大街。

欧锦园街　南北走向，市实验中学东侧，南起东滨路，北至双拥大道。2006年，宝塔区人民政府命名为欧锦园街。

南滨大道　南北走向，北起柳林桥（柳林路终点），南至高坡桥。2006年，宝塔区人民政府命名为南滨大道。

双拥大道　东西走向，原为延安飞机场跑道，1994年始修通东关旧机场道路，长2434.5米。2000年8月至2005年11月，延伸至桥沟。道路总长3354米（因总宽90米，初期俗称百米大道）。2002年，宝塔区人民政府对延安城区首批街、路巷、桥重新命名，将西起广电中心，东至桥沟段命名为迎宾大道。2009年7月31日，宝塔区人民政府将迎宾大道更名为双拥大道。为延安市区最宽畅、绿化带最好的大道。

（二）道路

南滨路　南北走向，南起南桥加油站，北至延安大桥街口，全长2140米，宽12米。1982年，延安市人民政府命名为南滨路。2002年，宝塔区人民政府对延安城区首批街、路巷、桥重新命名，将此段仍命名为南滨路。

北滨路　南北走向，俗名三马路，1975年建成。南起实验饭庄，北至王家坪大桥，全长1520米，宽11米。1982年，延安市政府命名为北滨路。2002年，宝塔区人民政府对延安城区首批街、路巷、桥重新命名，将此段仍命名为北滨路。

东滨路　东西走向，依延河左岸顺河流方向，西起东关小学，东至罗家坪大桥，全长2668米，路基宽14米。由陕西省公路勘察设计院设计，延安圣通公路工程（集团）有限责任公司承建，1999年10月开工建设，2000年8月竣工。2000年，宝塔区人民政府命名为东滨路。2002年，宝塔区人民政府对延安城区首批街、路巷、桥重新命名，将此段仍命名为东滨路。

长青路　东西走向，原为西包公路主道。东起尹家沟沟口，西至广电中心，全长1520米，宽18米，人行道2×4米。2000年，宝塔区人民政府命名为长青路。2002年，宝塔区人民政府对延安城区首批街、路巷、桥重新命名，将此段仍命名为长青路。

嘉岭路　南北走向，南起南桥东端，北至嘉岭大桥南端，全长2670米，宽11米，2000年宝塔区人民政府命名为嘉岭路。2002年，宝塔区人民政府对延安城区首批街、路巷、桥重新命名，将此段仍命名为嘉岭路。

枣园路　南北走向，南起杨家岭大桥，北至枣园。此路段原为南起解放剧院，北至杨家岭大桥，全长 3600 米，宽 11 米。2000 年，宝塔区人民政府命名为枣园路。2002 年，宝塔区人民政府对延安城区首批街、路巷、桥重新命名，将南起杨家岭大桥，北至枣园命名为枣园路；将原枣园路段更名为圣地路。

圣地路　南北走向，南起解放剧院，北至杨家岭大桥，该路段原名为枣园路。2002 年，宝塔区人民政府对延安城区首批街、路巷、桥重新命名，更名为圣地路。

师范路　南北走向，1972 年建成。南起文化沟沟口，北至石佛沟大桥，全长 1828 米，宽 11 米。2000 年，宝塔区人民政府命名为延师路。2002 年，宝塔区人民政府对延安城区首批街、路巷、桥重新命名，将延师路更名为师范路。

光华路　东西走向，东起区电力局，西至市财经学校，全长 5000 米，宽 10 米，柏油路面。2000 年，宝塔区人民政府命名为马家湾路。2002 年，宝塔区人民政府对延安城区首批街、路巷、桥重新命名，将东起区电力局，西至化工厂沟口段命名为光华路。

万花路　东西走向，原为市区至万花山乡镇道路。20 世纪 80 年代改建。东起化工厂，西至万花山庄。2002 年，宝塔区人民政府对延安城区首批街、路巷、桥重新命名，该路段命名为万花路。

杨家湾路　南北走向，南起延安大学，北至杨家湾村。2002 年，宝塔区人民政府对延安城区首批街、路巷、桥重新命名，该路段命名为杨家湾路。

柳林路　南北走向，南起柳林桥头，北至二庄科沟口，全长 1172 米（重复西包公路），宽 16 米。2000 年，宝塔区人民政府命名为车站路。后更名为柳林路。

百合路　东西走向，西起市公交公司门口，东至看守所，全长 3000 米，宽 6 米。原为通往二庄科村道路，因 1937 年光华农场进驻原村，村民另建第二个村庄而得名。2000 年，宝塔区人民政府命名二庄科路。2002 年，宝塔区人民政府对延安城区首批街、路巷、桥重新命名，将二庄科路改名为百合路。

杜公路（原烟洞沟路）　东西走向，原为老巷道。西起市医院北侧（杜公祠），东至刺绣厂，全长 2000 米，宽 5 米，因路处烟洞沟而得名烟洞沟路。2002 年，宝塔区人民政府对延安城区首批街、路巷、桥重新命名，将烟洞沟路改名为杜公路。

高苑路（原高家园则路）　东西走向，原为老巷道。东起马家湾路（今光华路），西至沟掌，全长 2000 米，宽 5 米。因地处高家园则而得名高家园则路。2002 年，宝塔区人民政府对延安城区首批街、路巷、桥重新命名，将该路段命名为高苑路。

花石砭路（原技校路）　东西走向，原路段东起南大街，西至技工学校，全长 1500 米，宽 6 米，因常泰制药厂曾在此地段而得名常泰路。2000 年，宝塔区人民政府命名为技校路。2002 年，宝塔区人民政府对延安城区首批街、路巷、桥重新命名，将东起南关小学，西至原防疫站段命名为花石砭路。

宝塔山路　东西走向，西起嘉岭路，东至山顶。全长 670 米，宽 10 米，为宝塔山旅游专用公路而得名。2002 年，宝塔区人民政府对延安城区首批街、路巷、桥重新命名，该路段仍命名为宝塔山路。

向阳沟路　南北走向，南起民航宾馆，北至飞机库，全长 560 米，宽 10 米。2000 年，宝塔区人民政府命名为向阳沟路。2002 年，宝塔区人民政府对延安城区首批街、路巷、桥重新命名，该路段仍命名为向阳沟路。

尹家沟路　南北走向，南起窑洞宾馆，北至垃圾场，全长1273米，宽10米。2000年，宝塔区人民政府命名为尹家沟路。2002年，宝塔区人民政府对延安城区首批街、路巷、桥重新命名，该路段仍命名为尹家沟路。

太和山路（原北桥沟路）　东西走向，西起军转站，东至清凉山顶，全长1500米，宽6米。因路处北桥沟而得名北桥沟路。2002年，宝塔区人民政府对延安城区首批街、路巷、桥重新命名，将该路段命名为太和山路。

王家坪路　东西走向，西起枣园路，东至王家坪旧址，全长190米，宽8.8米，为参观王家坪革命旧址专用公路。2000年，宝塔区人民政府命名为王家坪路。2002年，宝塔区人民政府对延安城区首批街、路巷、桥重新命名，该路段仍命名为王家坪路。

碾盘沟路　东西走向，西起中国人民银行延安分行，东至碾盘沟，全长240米，宽5.4米。2000年，宝塔区人民政府命名为碾盘沟路。2002年，宝塔区人民政府对延安城区首批街、路巷、桥重新命名，该路段仍命名为碾盘沟路。

杨家岭路　东西走向，西起枣园路，东至杨家岭旧址。全长253米，宽6米。2000年，宝塔区人民政府命名为杨家岭路。2002年，宝塔区人民政府对延安城区首批街、路巷、桥重新命名，该路段仍命名为杨家岭路。

文化沟路（俗称大砭沟路）　东西走向，东起文化沟沟口，西至预备役团，全长1182米，宽8米，因地处大砭沟而得名大砭沟路。2002年，宝塔区人民政府对延安城区首批街、路巷、桥重新命名，将该路段命名为文化沟路。

小沟坪路　东西走向，东起延安自来水公司，西至通讯营，全长460米，宽6米。2000年，宝塔区人民政府命名为小沟坪路。2002年，宝塔区人民政府对延安城区首批街、路巷、桥重新命名，该路段仍命名为小沟坪路。

光明路　东西走向，原为老巷道，1937年创建的列宁小学（宝塔区北关小学前身）校址当时就设在此处。东起北大街副食门市，西至延中沟沟掌，全长1500米，宽10米，因路处延安中学南侧而得名延中沟路。2002年，宝塔区人民政府对延安城区首批街、路巷、桥重新命名，将该路段命名为光明路。

凤凰山路　东西走向，东起西环路隧道南口，西至凤凰山管理处。全长1500米，宽8米。为通往凤凰山专用公路而得名。2002年，宝塔区人民政府对延安城区首批街、路巷、桥重新命名，该路段仍命名为凤凰山路。

西环路　位于延安城西南方向，为1999年延安市新修建道路。西北起西沟沟口，东南至市场沟沟口。2000年，宝塔区人民政府以起止点首字命名为西（沟）市（场沟）路。2002年，宝塔区人民政府对延安城区首批街、路巷、桥重新命名，将南起民众剧团，北至西沟沟口路段命名为西环路。

陵园路　南北走向，南起卷烟厂，北至四八烈士陵园，原为延安至河庄坪乡镇道路部分。2002年，宝塔区人民政府对延安城区首批街、路巷、桥重新命名，该路段命名为陵园路。

常泰路　东西走向，西起尹家沟，途经桥沟，东至运输公司常泰园加油站。2004年，经宝塔区人民政府和延安市地名委员会办公室审议通过，同意延安常泰药业有限责任公司的申请，将该路段有偿命名为常泰路。

永安路　南北走向，市妇幼保健院西侧，北起双拥大道，南至东滨路。2006 年，宝塔区人民政府命名为永安路。

永宁路　南北走向，市区电力局西侧，南起双拥大道，北至常泰路。2006 年，宝塔区人民政府命名为永宁路。

永兴路　南北走向，市交通局东侧，2003 年建成。北起双拥大道，南至东滨路。2006 年，宝塔区人民政府命名为永兴路。

永盛路　南北走向，市政务大厅东侧，南起双拥大道，北至常泰路。2006 年，宝塔区人民政府命名为永盛路。

永昌路　南北走向，市邮政局、市建筑公司家属楼西侧，北起双拥大道，南至东滨路。2006 年，宝塔区人民政府命名为永昌路。

永乐路　南北走向，桥沟渔场东侧，南起双拥大道，北至常泰路。2006 年，宝塔区人民政府命名为永乐路。

永吉路　南北走向，延安市宝塔区人民检察院西侧，市中心血站东侧，北起双拥大道，南至东滨路。2007 年，宝塔区人民政府命名为永吉路。

永祥路　南北走向，延安市工商局西侧，北起双拥大道，南至东滨路。2007 年，宝塔区人民政府命名为永祥路。

东苑路　东西走向，东苑小区北侧，西起永安路，东至永兴路。1997 年建成。2006 年，宝塔区人民政府命名为东苑路。

朝阳路　东西走向，市检察院南侧，西起尹家沟路，东至永宁路。2006 年，宝塔区人民政府命名为朝阳路。

慧泽路　南北走向，红化小区西侧，南起光华路，北至柴家沟，2005 年建成。2006 年，宝塔区人民政府命名为慧泽路。

南河滨路　南北走向，北起市防疫站，南至王家沟。2006 年，宝塔区人民政府命名为南河滨路。

广通路　南北走向，北起开元宾馆，经市审计局、广通广电信息网络技术中心，南至文化沟路。2006 年，宝塔区人民政府命名为广通路。

新洲西路　东西走向，新洲花园 A 区北侧，西起永兴路，东至联通大街。2007 年，宝塔区人民政府命名为新洲西路。

新洲东路　东西走向，新洲花园 B 区，延安创新希望小学北侧，西起联通大街，东至永昌路。2007 年，宝塔区人民政府命名为新洲东路。

联通西路　东西走向，宝塔区医院南侧，西起吉庆巷，东至联通大街。2007 年，宝塔区人民政府命名为联通西路。

联通东路　东西走向，延安市地税局宝塔分局北侧，西起联通大街，东至永昌路。2007 年，宝塔区人民政府命名为联通东路。

东兴路　南北走向，新世界大酒店东侧，南起双拥大道，北至常泰路。2007 年，宝塔区人民政府命名为东兴路。

丽森路　南北走向，罗马假日东侧，北起双拥大道，南至新洲西路。原名吉庆巷。

2007年，宝塔区人民政府更名为丽森路。

红庆路　南北走向，原区畜牧局西侧，北起百合路，南至燕沟，火车道东侧。2007年，宝塔区人民政府命名为红庆路。

燕沟路　东西走向，西起燕沟沟口南滨大道，东至过境路高架桥。2007年，宝塔区人民政府命名为燕沟路。

燕翔路　南北走向，柳林派出所东侧，北起燕沟路，南至燕翔苑小区。2007年，宝塔区人民政府命名为燕翔路。

农科路　南北走向，市农科所东侧，南起光华路，北至山体。2007年，宝塔区人民政府命名为农科路。

（三）巷道

附院巷（俗名医院巷）　东西走向，老巷道，清末时为府学巷。西起北大街，东至二道街农贸市场。1951年扩建，1958年拓宽，全长112米，宽10米。因城北第一条横巷而得名北一巷。2002年，宝塔区人民政府对延安城区首批街、路巷、桥重新命名，该路段命名为附院巷。

建行巷　东西走向，老巷道，清末时为北上巷、北下巷。西起北大街市建行，东至二道街药材公司。1950年扩建，1958年拓宽。长119米，宽5米。因为城内北部第二条巷道而得名北二巷。2002年，宝塔区人民政府对延安城区首批街、路巷、桥重新命名，该路段命名为建行巷。

中心巷　南北走向，老巷道，清末时为陈家巷。位于城内中心街与二道街之间，南起大桥街，北至大东门街，长149米，宽5米，因位于市中心区而得名。2002年，宝塔区人民政府对延安城区首批街、路巷、桥重新命名，该路段命名为中心巷。

圣通巷　南北走向，位于东大街西段，1996年建成。北起东大街邮电宾馆，南至东滨路，全长90米，宽5米，因巷新建而得名新建巷。2002年，宝塔区人民政府对延安城区首批街、路巷、桥重新命名，该路段命名为圣通巷。

东一巷　南北走向，位于双拥大道，1994年建成。北起东大街区第三建筑工程公司，南至东滨路，长85米，宽5米。2000年，宝塔区人民政府命名为东一巷。2002年，宝塔区人民政府对延安城区首批街、路巷、桥重新命名，该路段仍命名为东一巷。

东二巷　南北走向，位于双拥大道，1995年建成。北起东大街区土地征迁办公室，南至东滨路，长85米，宽5米。2000年，宝塔区人民政府命名为东二巷。2002年，宝塔区人民政府对延安城区首批街、路巷、桥重新命名，该路段仍命名为东二巷。

东三巷　南北走向，位于双拥大道，1996年建成。北起宝塔宾馆，南至东滨路，长95米，宽7米。2000年，宝塔区人民政府命名为东三巷。2002年，宝塔区人民政府对延安城区首批街、路巷、桥重新命名，该路段仍命名为东三巷。

东四巷　南北走向，位于东大街，1995年建成。北起市交警支队一大队，南至东滨路，长125米，宽10米。2000年，宝塔区人民政府命名为东四巷。2002年，宝塔区人民政府对延安城区首批街、路巷、桥重新命名，该路段仍命名为东四巷。

三中巷　东西走向，老巷道。位于七里铺街中段，西起区第三中学门口，东至山根底，长69米，宽5米。2000年宝塔区人民政府命名为三中巷。2002年，宝塔区人民政府对延安城区首批街、路巷、桥重新命名，该路段仍命名为三中巷。

凉水井巷　东西走向，老巷道。位于七里铺北段，西起七里铺街人武部，东至牛奶场，长500米，宽6米。2000年，宝塔区人民政府命名为凉水井巷。2002年，宝塔区人民政府对延安城区首批街、路巷、桥重新命名，该路段仍命名为凉水井巷。

白坪巷　东西走向，老巷道。西起嘉岭路区财政局，东至白坪村，长1000米，宽6米，因位于白坪村而得名。2002年，宝塔区人民政府对延安城区首批街、路巷、桥重新命名，该路段仍命名为白坪巷。

龙湾巷　东西走向，老巷道。西起嘉岭路区第二中学，东至龙湾村，长100米，宽8米。因位于龙湾村而得名。2002年，宝塔区人民政府对延安城区首批街、路巷、桥重新命名，该路段仍命名为龙湾巷。

兴盛巷　东西走向，老巷道。位于嘉岭路北段。西起宝塔区政府南侧，东至宝塔小学，长50米，宽5米。2000年，宝塔区人民政府命名为兴盛巷。2002年，宝塔区人民政府对延安城区首批街、路巷、桥重新命名，该路段仍命名为兴盛巷。

宝塔巷　东西走向，西起宝塔区政府北侧，东至区文化局，长50米，宽4米。因地处宝塔山下而得名。2002年，宝塔区人民政府对延安城区首批街、路巷、桥重新命名，该路段仍命名为宝塔巷。

礼堂巷　东西走向，1966年建成。西起南大街，东至南滨路，长100米，宽8米。因地处延安大礼堂对面而得名。

吉祥巷（俗称饿人巷）　南北走向，南起二道街口，北至小东门街，长153米，宽7米。初期因巷内多为饮食摊点而得名饿人巷。2000年，宝塔区人民政府命名丽融巷。2002年，宝塔区人民政府对延安城区首批街、路巷、桥重新命名，该路段命名为吉祥巷。

棉土沟巷　东西走向，老巷道。东起市中医院至山底，长92米，宽5米，因沟内土质绵软而得名。巷内有1937年成立的陕甘宁边区保安处旧址。2002年，宝塔区人民政府对延安城区首批街、路巷、桥重新命名，该路段仍命名为棉土沟巷。

邮电巷　东西走向，老巷道。东起市邮电局至山底，长115米，宽10米。2000年，宝塔区人民政府命名为凤凰巷。2002年，宝塔区人民政府对延安城区首批街、路巷、桥重新命名，该路段命名为邮电巷。

百悦巷　东西走向，东起1954年建成的影剧院，西至山底，长128米，宽7米，因影剧院而得名影剧院巷。2002年，宝塔区人民政府对延安城区首批街、路巷、桥重新命名，该路段命名为百悦巷。

幸福巷（俗称拐子巷）　东西走向，位于二道街，东起南滨路，西至二道街建设宾馆。长43米，宽6米。因路面台阶一步过宽、两步略窄使人行走类似腿拐而得名拐子巷。2000年，宝塔区人民政府命名为便民巷。2002年，宝塔区人民政府对延安城区首批街、路巷、桥重新命名，该路段命名为幸福巷。

石门巷（俗称狮子巷）　南北走向，老巷道。南起解放剧院广场，北至清凉山底，长116米，宽4米，因巷口有解放日报社旧址石门前狮子而得名狮子巷。2002年，宝塔区人民政府对延安城区首批街、路巷、桥重新命名，该路段命名为石门巷。

石沟巷　南北走向，老巷道。位于东大街西段，南起市外贸局家属楼，北至清凉山山底，长98米，宽4米。因沟内石质好，1935年建窑砌畔时均用此处石块而得名。2002年，宝塔区人民政府对延安城区首批街、路巷、桥重新命名，该路段仍命名为石沟巷。

黑龙沟巷　南北走向，老巷道。位于东大街西段，南起市供电局，北至清凉山山底，长98米，宽4米。因黑龙寺而得名。有柏油公路通往清凉山。2002年，宝塔区人民政府对延安城区首批街、路巷、桥重新命名，该路段仍命名为黑龙沟巷。

兴运巷　南北走向，东大街市运输公司汽车站西侧，北起东大街，南至东滨路。2006年，宝塔区人民政府命名为兴运巷。

吉安巷　南北走向，市电信局东侧，南起东滨路，北至双拥大道。2006年，宝塔区人民政府命名为吉安巷。2008年对原有小巷道进行改建。

利民巷　南北走向，交警支队西侧，南起双拥大道，北至常泰路利民毛纺厂。2006年，宝塔区人民政府命名为利民巷。

东升巷　南北走向，迎宾大道桥沟信用社东侧，南起双拥大道，北至朝阳路。2006年，宝塔区人民政府命名为东升巷。

财校巷　南北走向，延安职业技术学院（原延安财校）对面，1987年建成。南起光华路，北至山体。2007年，宝塔区人民政府命名为财校巷。

四中巷　南北走向，位于1958年创建的延安市宝塔区第四中学西侧，南起光华路，北至山体。2007年，宝塔区人民政府命名为四中巷。

八一巷　南北走向，延安市宝塔区第四中学东侧，原八一敬老院西侧，南起光华路，北至山体。2007年，宝塔区人民政府命名为八一巷。

红化巷　南北走向，位于2000年建成的世纪花园小区东侧，南起光华路，北至山体。2007年，宝塔区人民政府命名为红化巷。

西华巷　南北走向，毗圪堵村商住楼西侧，南起光华路，北至山体。2007年，宝塔区人民政府命名为西华巷。

大修厂巷　南北走向，位于20世纪50年代建成的延安汽车工业总公司（原延安大修厂）西侧，南起光华路，北至山体。2007年，宝塔区人民政府命名为大修厂巷。

建材巷　南北走向，宝塔区建筑材料厂西侧，南起光华路，北至山体。2007年，宝塔区人民政府命名为建材巷。

马家湾巷　南北走向，宝塔区建筑材料厂东侧，南起光华路，北至山体。2007年，宝塔区人民政府命名为马家湾巷。

后勤处巷　南北走向，老巷道。延安市政府家属院东侧，南起光华路，北至山体。2007年，宝塔区人民政府命名为后勤处巷。

平安巷　南北走向，老巷道。南市派出所西侧，南起光华路，北至山体。2007年，宝塔区人民政府命名为平安巷。

东岭巷　南北走向，嘉岭宾馆东侧，北起双拥大道，南至东滨路。2007年，宝塔区人民政府命名为东岭巷。

第二节 城区桥梁

一、河道桥梁

1989年，延安城区有各种桥涵14座，总长770米，其中永久性桥梁5座，即南关胜利桥、东关延河大桥、宝塔桥、王家坪桥和杨家岭桥，总长576米；钢架式便桥5座，即市政府便桥、市一建公司便桥、市二中便桥、市砖瓦厂便桥和医学院便桥。

1993年3月，由陕西省公路勘察设计院设计，由省路桥工程公司第二工程队施工的嘉岭大桥动工修建，同年12月主桥竣工。1994年5月，长青支线全部竣工投用；8月，兴盛八九桥竣工通车。至1996年，市区共有南关胜利桥、东关延河大桥、宝塔桥、王家坪桥、杨家岭桥、嘉岭桥、兴盛桥（原兴盛八九桥）、杜甫川河桥和石佛沟桥9座桥梁。

1997年4月，动工重建王家坪大桥（又名彩虹桥）。新桥全长343.26米，其中桥梁长204.76米，两岸引线不含岔线长138.47米；宽25.5米，跨径192米，为中承式钢管砼拱跨桥；全桥纵向共设42根吊杆与桥面系联结。下部采用重力式桥台，扩大基础。设计洪水频率为五十年一遇。桥的施工难度和新技术、新材料以及新工艺运用在延安桥梁建设史上都是首次。1998年9月竣工，总投资3700万元。1998年11月，动工重建石佛沟大桥，新桥全长316米，主桥长115米，总宽16米，其中车行道12米，人行道2×2米，1999年10月竣工，总投资1107万元。

2004年5月，对嘉岭大桥、兰家坪桥进行加宽加长改造，同年11月竣工。嘉岭桥原桥长203米，宽16米，改造后总长为230.61米，其中主桥长181.41米，引桥长49.2米，总宽33米，总投资2070.57万元；兰家坪桥原桥长130米，宽10米，改造后总长为340.03米，其中主桥长134.53米，引桥长205.5米，总宽25米，总投资1214.7万元。

2005年，修建完成市场沟大桥，全长96米，其中主桥长52米，引桥44米，总宽20米，其中车行道14米，人行道2×3米，总投资539.55万元。当年，动工修建阳山大桥、后勤处大桥、西沟桥，2006年竣工。阳山大桥全长393米，其中主桥长158米，引道235米，总宽31米，其中车行道21米，人行道2×5米，总投资2434.79万元；后勤处大桥全长230.5米，其中主桥长150米，引道80.5米，总宽20米，其中车行道14米，人行道2×3米，总投资2031.39万元；西沟桥全长196米，其中主桥长128米，引道68米，总宽20米，其中车行道14米，人行道2×3米，总投资2978.17万元。

2006年11月，对宝塔桥进行改建，原桥长89米，宽7米，改建后全长85米，宽24米，其中车行道16米，人行道2×4米，2007年6月竣工。总投资1256万元。

2008年，动工修建杜甫川河桥、南寨砭裕丰桥。杜甫川河桥全长39.6米，总宽20米，其中车行道14米，人行道2×3米，当年11月竣工，总投资417.2万元；南寨砭裕丰大桥全长156.1米，宽24米，2009年竣工，总投资2336.28万元。

至2010年底，延安市区有桥梁26座，即南桥（原南关胜利桥）、延河大桥、宝塔桥、王家坪大桥、杨家岭大桥、嘉岭大桥、兴盛桥、马家湾桥、石佛大桥、市场沟桥、高苑大桥、西沟大桥、南京桥、杜甫川河桥、裕丰大桥、罗家坪大桥、川口大桥、高坡桥、丽景桥、虎头峁桥、王家沟桥、韩家窑则桥、柳树店桥、警华桥、小砭沟桥和柳林桥。

二、人行天桥

延安市区人行天桥始建于2007年，至2010年建成的人行天桥有3座。

延安大学学府桥　为延安大学新老校区的人行通道，横跨枣园路。2007年6月开工建设，8月竣工。总投资155.78万元。

南门坡人行天桥　位于南门坡中心街与二道街交会处。2009年6月开工建设，9月竣工。主桥长50米，宽4米，梯道长120米，宽2.5米。总投资766万元。

北门口人行天桥　位于北大街与西沟路交会处。2009年7月开工建设，10月竣工。桥梁中线周长121米，四个方向主桥跨径19.5米，桥宽4米，楼梯采用回转式，楼梯宽2.5米。总投资526万元。

第三节　供水、排水

一、供水

延安城区供水主要依靠1965年10月建成的延安自来水厂，时有职工9人，初期水源为2眼水井，供水管道13千米，后期水源主要依靠延河水。1986年兴建西川河第二水源，1987年启用，全市供水由延河水改为西川河水，水量增加1倍。1989年，有供水管道60千米，年供水415万吨，其中生活用水261万吨。1990年，供水450万吨，居民生活用水表进户率90%。

1991年9月，建成杜甫川水厂，日供水能力为4000吨。1992年，完成水厂Ⅱ号蓄水池扫尾工程，全年完成供水量585万吨。1993年，制定王瑶水库引水工程方案，完成延河集水低坝、延河取水提升泵房工程，全年完成供水量668.66万吨。1995年，完成延河水源工程系列项目；同年7月，完成方塔水库改造工程。至年底，供水管道总长度72千米，全年完成供水量817万吨。

1996年9月3日，为彻底解决延安市生活和生产用水问题，陕西省人民政府在延安召开省长办公会，决定启动王瑶水库引水工程。10月3日，引水工程开工，由陕西省第三工程处承建，1998年底竣工。设计日供水能力5万立方米，年平均供水量为1510万立方米，市城区水源问题得以解决。1997年，宝塔区建设局筹措资金300多万元，完成旧机场路供水管网延伸工程，总长1070米。重点改造王家坪至火车站供水管网，总长6300米。配合中心街道路改造，完成1150米的管网改造任务。1998年，完成方塔水库加固工程立项审批，西北Ⅲ型净水厂扩建改建工程可研报告、扩充设计和西北Ⅰ型、Ⅱ型过滤池检修改造，组织实施西沟、北二巷等5段总长9012米的管网建设工程。至年底，供水管道总长度108千米，全年供水总量1111万立方米，其中生活用水量816万立方米。

1999年，城市供水移交延安市管理，宝塔区仅负责区属乡镇供水排水。由宝塔区建设局负责乡镇中心集镇的供排水基础设施建设改造；由区水利局负责供水工程建设及管理。

2002年，杜甫川水厂（第二水厂）因河流污染及水量不足原因，停止运营。王瑶水库按初期设计日供水能力为5万立方米，年平均供水量1510万立方米，实际日供水量为3.23万立方米，年供水量为1051万立方米。加之在夏季汛期时，水库未能按空库畅泄排沙方式运行，致淤积加剧、有效库容减少，严重影响水库使用寿命和延安城区防洪及长期供水安全；当年8月，省政府决定在宝塔区河庄坪镇延河一级支流万庄沟沟口，新建红庄水库，作为延安城区的供水调蓄水库。水库坝址以上控制流域面积为31.4平方千米，设计年调节水量约320万立方米。工程于2003年11月开工建设，2004年11月底基本完工，总投资7290.56万元。2003年，实施南泥湾镇给排水工程，改造旧给水主管道1100米。此后，陆续对区属15个小城镇进行给排水工程改造和建设。

2005年，方塔水库因沿途修建，造成输水管线损毁，停止向市区供水。2006年，红庄调蓄水库经过2年的试运行，累计供水800多万立方米。满足了7月至8月间延安市区日供水5万吨的需求；11月，正式交付使用。2008年12月17日，开工建设红庄水库供水复线工程。起点为红庄水库，终点接至延安大学大门前原输水管道。管线全长8.57千米，输水能力为5万立方米/日，工程总投资3987.64万元。2009年供水总量1499.67万立方米，其中居民生活用水708.03万立方米，用水人口30.1万人。

至2010年底，宝塔城区有供水主管网145千米，管网干管管径多为DN200~600毫米，支管管径多为DN75~150毫米；管材2004年前为球墨铸管，2005年后更新为PE管。主干管随地形呈树状分布，部分区域为环状分布。1#主干管为师范路—北关街—中心街—南关街—万花路；2#主干管为师范路—北滨路—南滨路—七里铺街—火车站—南二十里铺；3#主干管为裴庄—枣园路—东关街—双拥大道—机场路—姚店工业园区。延安市自来水公司有西北Ⅰ型、Ⅱ型、Ⅲ型3条供水生产线，1号、2号调蓄水库、第一水厂、3个野外泵房（师范、七里铺、火车站）、5个供水加压站（南区、燕沟、南桥、市场沟和马家湾）以及63座公共供水站等设施，固定资产1.62亿元，职工421名。日供水能力最大为7.6万立方米，各类用水户达1.16万户，自来水普及率85%。同年，水价每立方米为：居民生活用水3.20元、工业用水4.10元、行政事业用水4.00元、经营服务业用水4.35元、特种行业用水4.95元。

1997~2010年延安城区自来水供水量统计表

表4-2-1　　单位：万立方米

年份	供水量	年份	供水量
1997	929	2004	1200
1998	1008	2005	1277
1999	1111	2006	1321
2000	1054	2007	1343
2001	1030	2008	1453
2002	1050	2009	1499
2003	1075	2010	1491

二、排水

1989年，延安市城区有河堤50千米，排水管网7.3千米，防洪设施24千米。1990年，清挖下水道610米、沉淀池21座、进水口3720座，清理边沟6000米。1991年，修筑丁泉砭河堤346.2米，维修进水口241座，下水道24米。1992年，修复被毁河堤11处。

1993年，砌排洪渠道664米，其中白坪巷314米、513医院巷100米、南关小学巷250米；维修解放日报巷排洪渠144米；改造中医院巷拦污栅3246个。

1995年，延安市城区补修河堤1300米，新修河堤2100米，补修排洪渠3500米，新修排洪渠1560米。至1996年，延安市建成防洪堤20.3千米，下水道27千米，排水量10000吨，其中生活污水7000吨。

1998年，宝塔区完成李渠镇、姚店镇、甘谷驿镇9条横向排水渠和8条双向共同沟、150余个雨水井及道沿等配套设施设计任务。

2003年，实施南泥湾镇给排水工程，沿公路南侧修排洪灌溉主渠780米。

2005年，宝塔城区建有排水渠76.5千米，检查井310座，水箅子1683个。2006年，新建排水渠10.23千米，检查井180座，水箅子280个。

2007年，宝塔城区“三山两河治理”（宝塔山、凤凰山、清凉山，延河、南川河）污水收集系统工程开工建设。铺设污水收集管网46.34千米，新建柳树店提升泵站1座、截流闸96处、接入井5处，对旧城区13条沟道实施雨污分流改造。2010年建成投用。

至2010年底，宝塔城区排水渠总长达107.87千米，检查井847座，水箅子2697个。

第四节　供热、供气

一、供热

宝塔城区冬季供热始于1996年，之前冬季取暖主要以单位自建锅炉或居民自备燃煤炉灶为主。

1995年，延安热电厂动工建设，为综合治理延安市区大气污染的环保重点企业。一期工程为2台1.2万千瓦汽轮发电机组（1台双抽供热式、1台凝汽式），配2台75吨/小时中压煤粉锅炉，设计供热能力为80万平方米，年发电量1.44亿千瓦时。最终规划装机容量为4炉3机，供热能力为150万平方米。1996年冬季延安市区供热系统运行，供热范围为东关8个供热站和老城区1个供热站。

1998年，市政府批复成立“延安市小区联片集中供热公司筹建处”。负责对宝塔区红化小区、七里铺、市场沟、红化三期4个供热点联片集中供热的建设与管理。工程总投资5996万元，设计采暖面积96.8万平方米。2003年筹建处与市热力公司合并。

2007年，投资427万元，对31个换热站进行自动化控制改造，建立总控中心，安装热量计93台、各类变送器341套、电动调节阀31套、各类变频器137台等监控设施。

至2010年，宝塔城区供热采用集中供热网和小区联片集中供热为主、燃气锅炉为辅的供热结构，供热管网干线全长80余千米。以热电厂为热源热网，建换热站48个，铺设主管网15.6千米，供热面积250万平方米；有小区联片集中供热小区4个，供热面积达109万平方米；燃气锅炉供热用户217家，供热面积400万平方米。同年，供热价格为居民住宅、中小学校、幼儿园用户每平方米4.5元，党政事业单位用户每平方米6.7元，工业企业用户每平方米7.5元，经营服务业用户为每平方米8.5元。

二、供气

（一）液化石油气

宝塔区液化石油气供应始于1982年。是年，成立延安市液化石油气供应站，小部分居民开始使用液化气。液化石油气来源于永坪炼油厂和延安炼油厂。1985年动工建设罗家坪储配站，规模为年供气5000吨，1990年6月建成投产。形成液化气调运、储存、灌装、销售、钢瓶检验的综合服务体系。用户管理实行“一户一本、一本一瓶”管理模式。是年有液化石油气用户2.5万户，供应总量1149吨。1996年有液化石油气用户9.8万人，供应总量3200吨。1999年有液化石油气用户11.7万人，供应总量2666吨。2000年逐步撤销市区各供气站，实行“电话预约、送气上门”服务。随着天然气输配系统的修建，液化石油气用户转移至山体居民、城乡接合部及周边乡镇。2002年12月，迁建罗家坪储配站至碾庄乡王家沟，2004年7月投入运营。占地36.38亩，规模仍为年供气5000吨。2003年增设青化砭、姚店、李渠、河庄坪、临镇5个乡镇供气点。2005年增设延安钢厂、柳林2个供气点，液化石油气供应总量7647.95吨，用户12万人。至2010年，有用户7.04万户，年供气量5830.41吨。液化石油气价格为居民用户54元/瓶；商业用户66元/瓶。

（二）天然气

1998年7月，宝塔区动工修建天然气输配一期工程，投资1.12亿元。工程包括枣园门站、中低压管网、控制中心3部分，天然气输配气源来自靖边至西安长输管线。设计供气能力为2000万立方米/年，日平均供气能力5.48万立方米。供气范围：南至火车站，西至财校，东至桥沟，北至卷烟厂。1999年，天然气价格每立方米为1.20元。

2000年，延安市天然气公司成立，下设控制中心、用户部、枣园门站、杨家湾门站等部门，职工219人，全年天然气供应总量6.16万立方米。2001年天然气用气人口11.2万人，供应总量3699万立方米。2005年天然气用气人口9万人，供应总量3020万立方米。

2006年4月，动工建设天然气输配二期工程。工程包括杨家湾门站、1座汽车加气母站、2座子站及配套中压管网57.58千米，概算投资1.07亿元。设计供气能力为8000万立方米/年，远期可供李渠、姚店组团及市区公交、出租车等用气。天然气价格调整为居民用气及工业采暖锅炉每立方米1.50元，商业用气每立方米1.75元。2007年7月，动工建设枣园加气站，占地7.29亩，投资886万元。设计能力为1万立方米/日。2008年，天然气用户达45340户，供应总量4167.8万立方米。

2010年，完成石佛沟大桥至小砭沟桥、王家沟至三狼岔、兰家坪桥头至延大翠园小区、裕丰大桥至百米大道、马家湾砖瓦厂至万花路、红化一期至朗润小区、嘉岭大桥至麻塔园丁小区中压管线8.88千米。至年底，天然气输配工程建有年供气能力2500万立方米的枣园天然气门站和年供气能力8000万立方米的杨家湾天然气门站2座；日加气能力1万立方米的汽车加气站1座；控制中心及市区输配主管网334千米。供气范围东至机砖厂，南至杨家湾，西南至张坪，西北至莫家湾，北至101仓库。有居民用户59182户，餐饮用户756户，锅炉用户255户。全年天然气公司销售天然气6611.60万立方米，实现利润863万元。天然气价格调整为居民用气及工业采暖锅炉每立方米1.73元，商业用气每立方米2.10元。

第五节 公益设施

一、城区广场

宝塔城区城市广场建设始于1986年修建的延安革命纪念馆广场，至2010年底除延安体育场附属工程——全民健身广场外，已建成广场的有9个。

（一）纪念馆广场

位于延安革命纪念馆前，1986年初动工，占地2.4万平方米。广场中建毛泽东铜像一尊，总高8.15米。2006年，重新建设延安革命纪念馆，2009年8月28日竣工开馆。新建馆馆前广场3.8万平方米。中央新建毛泽东铜像一尊，总高16米。

（二）文化广场

位于双拥大道文化艺术中心，1998年8月开工建设，2000年底建成投用，总投资4971.58万元。广场面积110625平方米，道路、亭院及绿化面积24495平方米。2006年，宝塔区人民政府命名为文化广场。

（三）解放广场

位于解放剧院门前，1999年9月开工建设，2000年10月竣工。建筑面积8538平方米，其中硬化6031平方米，绿化2507平方米。总投资663万元。2004年2月，对广场6277平方米进行改造，将原瓷砖地面改用大理石地面。2006年，宝塔区人民政府命名为解放广场。

（四）大礼堂广场

位于大礼堂门前，2000年9月开工建设，2001年竣工。建筑面积9041平方米，绿化2497平方米，硬化6544平方米。

（五）延百广场

位于延河大桥西侧，在原大桥小园林基础上改建而成。2002年9月10日开工建设，2003年底完工，总投资1700万元。在保留原园林内石雕浮像基础上，采用南京雕塑设计院的半圆墙体浮雕设计，建筑面积1.7万平方米。其中，硬化面积1万平方米，绿化面积7000平方米。2006年，宝塔区人民政府命名为大桥广场。2007年，宝塔区人民政府将大桥广场更名为延百广场。2009年，广场浮雕及地面工程被拆除。2010年，新恢复的地面广场占地面积减少。

（六）胜利广场

位于石佛沟大桥北端，2003年10月15日开工，2004年8月30日竣工，由西安市政道桥公司承建，总投资3186.43万元。广场分为硬地和绿地两部分，总面积19450平方米，其中硬化面积12950平方米，绿化面积6500平方米。景观设计主题为“活水之灵动，锣鼓之神韵，文化之底蕴"，广场中以陕北剪纸形态雕刻有12面属相石鼓；两侧的6尊圆雕，分别以子长唢呐、安塞腰鼓、志丹扇鼓、宜川胸鼓、黄龙猎鼓、洛川蹩鼓为文化"符号"设计制作。2006年，宝塔区人民政府命名为胜利广场。

（七）全民健身广场

位于体育场东侧公路与南川河之上，为延安体育场的附属工程。2004年10月，在原体育场基础上，拆除原有设施及周边3幢楼房重新修建新体育场。2006年9月竣工，总投资1.88亿元。新体育场占地面积2.64万平方米，建筑面积2.96万平方米，体育场东、西两侧建有2个看台，设观众席固定座位1.70万个。东看台下设全民健身广场，面积5000平方米，设有健身器械和健身房。

（八）石佛沟健身广场

2005年4月1日，在石佛沟大桥西南侧动工修建石佛沟健身广场，9月15日竣工。由延安市建筑总公司二十八处承建，投资300万元。新修堤防180米，总面积7573平方米。

（九）火车站站前广场

位于火车站前。延安火车站始建于1992年，2006年在原址上重新修建新火车站，外形设计采用传统陕北窑洞风格，2007年4月投用。新站总面积2.39万平方米，广场由站前广场和地下商城组成，为交通、休闲、商业、文化为一体的综合性广场。

（十）凤凰广场

位于中心街西侧凤凰山下，为广场、会展综合市政服务设施，地下平战结合人防工程。2008年7月开工，总占地面积38700平方米，总建筑面积83312.8平方米，其中广场面积19500平方米。2010年5月工程完成主体验收，至年底仍属在建工程，计划2011年建成。

二、水景观工程

延河和南川河是流经延安城区的两条主要河流，20世纪70年代，两条河基本干涸。1992年冬季，为改变市区范围无水面景观的现状，市政府在宝塔山下延河与南川河交汇处修建一座橡皮坝，建成后运行2年，后因城市污水直接排入延河造成污染和防洪问题被拆除。2000年，市区污水改经排污管道直接收集。

2005年，延安市政府投资1326.68万元对延河进行治理，"两河"疏浚绿化工程从5月开始实施，对延河和南川河主河槽进行清淤、疏浚、绿化。绿化总面积37.1万平方米，河道疏浚土方27.48万立方米，外运土方11.62万立方米；"两河"护栏、灯光及堤顶绿化工程涉及延河、南川河和西川河，总长度17872米。同时，开始规划在延河干支流河道上修建橡胶坝工程9座。工程规划范围为：延河干流城区段东起桥沟口，西至西川河石佛沟大桥上游，北起兰家坪变电站，南至南川河南桥，规划梯级橡胶坝工程；治理河道全长12.53千米。工程实施后，蓄水219.2万立方米，形成115.38万平方米的水面。

2006年，延大橡胶坝建成。2010年，宝塔山橡胶坝建成。

（一）延大橡胶坝工程

位于自来水厂溢流坝处。坝长111.2米，高2米，回水长度1374米，正常蓄水19

万立方米。由陕西华海水利工程有限公司承建。2005 年 5 月 18 日开工，2006 年 4 月 1 日竣工，总投资 532.45 万元。建成后水面至延安卷烟厂河段，水深在 0.7～2.7 米之间，水域面积约 8 万平方米。水体与石佛沟广场景观融为一体，为居民休闲娱乐提供较好条件。运行 5 年后由于淤泥存积，至 2010 年底关闭。

（二）宝塔山橡胶坝工程

位于宝塔山麓延河主河道上、嘉岭桥下游 150 米处。坝长 128 米，坝高 4 米，库容量 46 万立方米。回水长度 2527 米，水域面积 22.68 万平方米。工程系延河水环境治理工程的一部分，2009 年 10 月开工，12 月底完工。2010 年 10 月，橡胶坝坝体工程开工，翌年 5 月蓄水成景。

三、绿化

1984 年，成立延安市园林绿化处，负责市内园林绿化的建设、维护和日常管理。年底，市区绿地面积 48 公顷，其中公共绿地面积 16.1 公顷，覆盖率为 9.9%。至 1989 年底，全市有园林绿地面积 45 公顷，道路绿化面积 4 公顷，覆盖率 8.9%。其中，中心街、大桥街、南关街、北关街、长青路、环城路北段和南滨路基本绿化。栽种的树种有中槐、白蜡、杨树、松柏、五角枫等 7 种。

1990 年，植行道树 4381 株，种草坪 610 平方米，种草花 115 万平方米，机关植树 69343 棵，成活率 96%。全市园林绿化面积 52 公顷，道路绿化覆盖面积 3 公顷，覆盖率 5.77%。1992 年，全市园林绿地面积 43 公顷，建成区绿地覆盖面积 65 公顷，人均公共绿地 2 平方米。1995 年，市园林绿化处对南关街 580 株中槐采取截头技术措施。百米大道建成的 13 个花坛，新增绿地面积 1.3 万平方米。1996 年，投资 130 万元，在南桥及儿童公园处建成 3 个高标准街头小游园，总面积 6292 平方米。全年完成绿地植树 13900 株，庭院植树 3.5 万株。城市园林绿地面积 1057 公顷，建成区绿地面积 61 公顷。

2000 年，宝塔城区内开始绿化带建设。2003 年，建设枣园绿化带、苑中路绿化带、永逸街绿化带、尹家沟绿化带共 20950 平方米。2005 年，全区园林绿地面积 414.35 公顷，其中公共绿地面积 153.98 公顷；建成区绿化覆盖面积 492.31 公顷。2007 年，建设南桥至柳林桥、新洲东路、改建马家湾绿化带共 17463.74 平方米。

2009 年春，实施“大树进城”工程，在南滨大道、枣园路、210 国道、双拥大道、过境公路沿线绿化带和道路旁绿地栽植 1.60 万株胸径 10 厘米以上的大树，品种主要为油松、三角枫、垂柳、樱花、云杉、樱桃、丁香、楸树、桧柏、中槐、梨树、杨树等 30 余种。全区园林绿地面积 897 公顷，其中公共绿地面积 337 公顷；建成区绿化覆盖面积 935 公顷。

2010 年，成立市树、市花征选工作领导小组和办公室，制定实施方案，开展征选推荐工作，全年收到征选建议 260451 条（张）。全年城市绿化投资 3530 万元，引进培育紫薇、红王子锦带等 9 个绿化新品种 15845 株。栽植各类乔灌木 72.8 万株，新增绿地 2.2 万平方米；改建绿地 3.88 万平方米。建成王家坪月季园、山丹丹园、南桥碧桃园和师范路牡丹园 4 个街头花园。城区绿化覆盖率、绿地率和人均公共绿地面积分别达 36.31%、34.85%和 9.58 平方米。

截至 2010 年底，宝塔城区共建成城市公园 8 座，即杨家岭旧址、王家坪旧址、凤凰山旧址、枣园旧址、宝塔山、清凉山、森林公园和西北川公园；游园 9 个，即南桥、大礼堂、嘉岭桥、师范河滨、罗家坪、杜甫川桥、王家坪桥头、丁泉砭、高坡桥头游园。建成绿化带 29 条，面积 41.90 万平方米。绿化栽植品种主要为：刺柏、小龙柏、高山黄杨、红叶小檗、榆叶梅、丁香、樱花、红叶李、紫薇、海棠、连翘、女贞等。

四、照明

宝塔城区有路灯设施始于 1956 年，因无专业管理机构，亮灯率仅 60%。1976 年 11 月，延安市路灯管理处成立，有南关、北关、东关 3 条线路，装灯 371 盏。

1989 年底，全市有路灯专用线路 15 条，长 33 千米，装灯 876 盏。1990 年，路灯亮灯率达 95%，设施完好率 98%。1991 年，安装马家湾路灯 3000 米，75 盏。至 1992 年，路灯安装总长 36.2 千米，亮灯率 95%。

1993~1996 年，每年对路灯进行清洗、维修、更换，使亮灯率和设备完好率保持在 95%、98%。1997 年，宝塔城区路灯、景观灯共有 7966 盏。

1999 年，实施亮点工程，宝塔区沿街单位及个体门店霓虹灯安装率达 100%。

2006 年，有路灯 20126 盏。2007 年 5 月，城市路灯综合监控系统投用，城区路灯实现自动遥控。

2010 年，更换照明灯具 4776 个。至年底，宝塔城区共有路灯、景观灯 26740 盏。

第三章　镇村建设

第一节　乡镇建设

1996 年，延安市政府投资 5000 万元，实施安居工程，建设 13 栋 742 套 6.6 万平方米住宅，其中贷款 2000 万元，自筹 3000 万元。1997 年工程竣工，其中出售 280 套，回收资金 1555 万元。

1998 年，宝塔区完成甘谷驿、青化砭、蟠龙、姚店、李渠、麻洞川、临镇等 7 个乡镇农贸市场规划选址，规划设计商业用房 1200 多间。当年临镇、姚店 2 乡镇建成投用。枣园村建成由西安建筑科技大学设计的 12 孔新型二层式“绿色”窑洞，配套水、电、太阳能热水器等设施，为陕北窑洞的又一模式。该住宅由国家自然科学基金委员会、省政府、市政府、宝塔区政府及村民共同出资完成。

2000 年 4 月，万花山乡陕北民俗文化村建设完工交付使用。经济适用房（西区）建设完成投资 7100 余万元，建筑面积 7.9 万平方米，住宅工程全部竣工，12 月 28 日交付使用。枣园村绿色住宅示范小区，完成投资 476 万元，建成示范住宅 34 户（116 孔窑洞）以及环村道路1条。

2001年，枣园村民集资100多万元，建成26户104孔绿色窑洞。同年，完成向阳西区经济适用房住宅小区建设。2002年，完善小区配套设施，硬化道路4013平方米，绿化1404.5平方米，修建公用卫生设施248.82平方米以及休闲活动设施5处。桥沟镇王良寺经济适用窑洞建设完成投资800余万元。二道街北段旧城区改造工程总投资8363万元，当年完成拆迁征地，部分工程开始基础灌桩施工。

2003年，二道街北段改造工程完成投资7000万元，11月30日楼房建设全面竣工交付使用。宝塔区二期经济适用房建设工程1#、2#、4#、5#楼内外墙粉刷全部结束，3#楼主体完工。同时，市、区两级政府投资实施南泥湾小城镇开发建设工程，以改善南泥湾镇文化旅游投资环境和人居环境，打造南泥湾旅游综合开发区。建成南泥湾广场、绿岛广场、大生产主题广场等项目，广场绿化7200平方米。

2004年5月1日，王良寺经济适用窑洞住宅小区建设工程竣工交付使用，总投资3400万元。8月，为解决210国道建设拆迁户的安置问题及综合治理城市面貌，宝塔区政府决定启动“黄蒿洼区域开发建设项目”，性质为经济适用房。年底建成临镇娱乐广场1500多平方米。全区农村推广水冲式厕所试点。

2005年7月11日，开工建设王良寺二期经济适用窑洞住宅小区。9月9日，开工建设韩家窑则经济适用房工程。同时，开发建设兰家坪经济适用房小区、马家湾小区。

2006年，省建设厅在全省开展“千村百镇”建设整治，完善村庄基础设施。宝塔区姚店、柳林镇后孔家沟等84个行政村列入建设整治试点村。整治活动以“三清洁两规范一建立”（清洁院落、清洁村庄、清洁道路周边环境，规范农村人居环境管理制度和管理秩序，建立优化农村人居环境建设和管理的长效机制）为主要内容。以旧村改造和新村建设为核心，实施“三通五改”（通路、通水、通电，改路、改水、改灶、改厕、改圈），整治村容村貌，完善配套设施，改善农民生产生活环境。年底，建成3100多平方米的青化砭娱乐广场。

2007年，投资30亿元，开发建设黄蒿洼麻塔村经济适用房项目，占地面积500余亩，是宝塔区规模最大的小区。同时，由政府出资117万元，村委会自筹资金近100万元的枣园村委会文化站开始筹建。

2008年，开发建设柳林镇南二十里铺老涯沟廉租房项目工程，建筑面积9000平方米，由陕西龙飞房地产开发公司延安项目部承建。至年底，完成区属15个小城镇给排水工程改造和建设（该工程2004年启动）。

2009年，市委、市政府制定《关于加快县域城镇化发展的意见》，提出统一规划、配套建设的原则，加快城镇公用设施、服务设施和重点镇建设。

2010年10月，枣园村自筹资金动工修建的7栋31590平方米的家属楼竣工，为枣园镇首个住上楼房的村子（该工程2008年动工）。至年底，宝塔区有省级重点示范镇1个（河庄坪镇，规划建设用地6平方千米）；市级重点镇2个（姚店镇，规划建设用地8.2平方千米；南泥湾镇，规划建设用地2.2平方千米）；县级重点镇1个（临镇镇）。宝塔区农村实现行政村村村通水目标。

第二节　移民搬迁

1998年，宝塔区搬迁68户、420人，涉及3个乡镇、4个村组（贯屯乡中咀峁，冯庄乡岳家尧则、黑尧沟，甘谷驿镇高家坬），财政投入扶贫资金42万元，用于建房补助。

1999年，搬迁157户、768人，涉及4个乡镇、8个村组（贯屯乡郝家沟，梁村乡石家河、闪天玉，蟠龙镇史家沟、后牛沟、元外沟、尧则沟，姚店镇赵家沟），投入财政扶贫资金76.8万元。

2000年，搬迁34户、168人，涉及2个乡镇、2个村组（梁村乡刘小沟村，河庄坪镇椿树峁村），投入财政扶贫资金16.8万元。

2001年，搬迁134户、657人，涉及4个乡镇、7个村组（梁村乡石灰峁，李渠镇张兴庄、石家畔、郭梁畔，麻洞川乡车家畔，元龙寺乡米套沟、东沟），投入财政扶贫资金65.7万元。

2002年，搬迁237户、1015人，涉及5个乡镇、10个村组（梁村乡阳畔，临镇姚家坡、麻黄塬、小塬，冯庄乡郭家沟、九滩，万花山乡高家沟、后楼塔，梁村乡胡家沟、草沟），投入财政扶贫资金220万元。

2003年，搬迁94户、430人，涉及1个乡镇、1个村组（冯庄乡王家沟），投入财政扶贫资金90万元。

2004年，搬迁124户、422人，涉及2个乡镇、2个村组（元龙寺乡高山，桥沟镇炭尧沟），投入财政扶贫资金104.2万元。

2005年，搬迁105户、326人，涉及2个乡镇、3个村组（贯屯乡柠条沟，蟠龙镇石家沟、元则川），投入财政扶贫资金85.1万元。

2006年，搬迁52户、190人，涉及1个乡镇、1个村组（甘谷驿镇前野狐沟），投入财政资金90万元。

2007年，搬迁143户、485人，涉及3个乡镇、3个村组（李渠镇芦山峁村，蟠龙镇瓷窑沟石家沟，河庄坪镇枣圪台村贺家山小组），投入财政资金240万元。

2008年，搬迁116户、400人，涉及3个乡镇、3个村组（蟠龙镇三志沟，枣园镇刘家河，河庄坪镇芦草湾），投入财政资金196万元。

2009年，全省实施“千村贫困人口搬迁工程”，计划4年建成扶贫移民新村。

2010年，宝塔区完成元龙寺乡散岔村和官庄乡砭上村2个村移民搬迁建设项目，修建房屋248间，总投资198.74万元。

第三节　新农村建设

2005年10月，区委、区政府向全区民营企业发出了“百企联百村、共建新农村”的倡议。

2006年，宝塔区制定《关于推进社会主义新农村建设的若干措施》和《关于推进社会主义新农村建设的规划纲要》，确立“总体规划、重点示范、产业支撑、基础突破、因地制宜、稳步推进”的新农村建设总体思路，投资8.5亿元用于基础设施建设、农村医疗卫生、文化教育、村村通油路、人畜饮水、社会福利、产业开发等新农村建设项目。

2010年，区财政投资500万元新建官庄乡孔家塬村、麻洞川乡金盆湾村、柳林镇康家圪崂村、元龙寺乡陈屯村、李渠镇石家畔村、姚店镇姚店村、冯庄乡冯庄村、河庄坪镇康家沟村（其中金盆湾、石家畔、冯庄为市革命老区建设村）8个村；完善枣园镇庙沟村和温家沟村、河庄坪镇石窑村和赵家岸村4个重点村建设。12月9日，延安市发改委、规划局、新农办、经贸委、国土局、供电局等单位组成的新农村电气化建设考评验收小组，对宝塔区柳林镇金庄村、李渠镇张兴庄、枣园镇井家湾村及枣园供电所和35千伏万花变电站考评验收。认为宝塔区枣园镇、河庄坪镇等8个乡镇新农村电气化建设达到新农村电气化乡（镇）建设C类标准，具备申报电气化县的条件，报市政府批准授予新农村电气化乡（镇）称号。该项新农村电气化建设工作于2007年启动，累计投入建设改造资金2865万元，完成18个乡（镇）、187个行政村的建设任务，完善了宝塔区电网结构。新建改造10千伏线路283.45千米，改造0.4千伏线路495.45千米，新增更换配变22840千伏安/238台，更换配电柜238台，更换集装箱4216台，改造户数24384户。

截至2010年底，宝塔区建成20个乡镇、47个新农村重点示范村，涉及6915户、18417人，完成投资2.48亿元。硬化主侧巷道58412米，修排洪排污渠31484米，帮畔护坡4268米，中心广场建设及凉亭建设24个、17436平方米，铺人行道14200平方米，修围墙52374米。新修住宅2470余间（孔）、粉刷窑洞6680余孔（间），栽绿化树1.2万余株。在宝塔区开展的“百企联百村，共建新农村”活动中，百余家企业共出资7490万元，包扶100个村改善基础设施。其中，延安治平集团出资4000多万元，包扶李渠镇张兴庄；出资100万元，为冯庄乡白坪村修建巷道、给排水设施和广场；投资300多万元，为新庄科、庙圪台、羊圈沟、水眼沟、王家砭等村新建了果园、养殖小区、沼气池、鱼塘、大棚和高标准农田，办起了农家乐。延安王家坪实业发展集团有限公司累计投资340多万元，为宝塔区麻洞川乡樊村改善村容村貌、扶持产业建设。陕西圣安房地产开发有限公司投资360万元，为柳林镇新茂台村修建200孔窑洞。

第四节 新村选介

一、宝塔区枣园镇庙沟村

位于宝塔区西川，距市区5千米，全村有140户、615人。2007年，实行以改路、改水、改灶、改厕和改圈为主要内容的整治建设，彻底清除垃圾堆、柴草堆和粪堆，对村民庭院进行净化、绿化、美化。2008年，该村被确定为新农村重点示范村，先后投资396万元，新修道路5670米，修排水渠260米，修建广场1008平方米。村级道路、巷道、广场实现硬化、绿化。果园生产道路达到4级砂石路标准，商品果100%通过无公害认证。2010年苹果产量2500吨，产值650万元。群众文化教育设施、党员活动设施配套完备。注重培养“有文化、懂技术、会经营”的高素质新型农民，2010年对农民进行产业和实用技术培训5次，参训人员占全村人数95%。

二、宝塔区李渠镇张兴庄村

张兴庄村的百姓大都是20世纪20~30年代逃荒到此落户的，30多户人家散居在大山下的沟沟岔岔。2005年，时任延安建工集团（后更名为延安治平集团）总经理张平响应宝塔区政府“百企联百村，共建新农村”的倡议，为张兴庄制定5年发展规划，先后投资4000多万元实施新农村建设。

2006年，治平集团投资385万元，修通连接210国道的柏油路20多千米。同时重新选址，将原分布在沟峁山洼的民居全部新建，新村址选在山势地貌形似一元宝状的大山下，统一规划，采取山水田林路一步到位办法，风格设计上延续继承陕北窑居的特征，突出飞檐挑角、青瓦穿廊特色和每院一户的独立性。先后投资3500多万元，建成两排砖窑，共计30院121孔，室内统一配置太阳能热水浴室、电视、沙发、饮水机、电话等现代化生活设施。2009年9月，按四星级酒店标准设计装修的“致平山庄”竣工，面积3000平方米。建成村头休闲娱乐广场1个、凉亭9座、牌楼2座等基础设施，并对村级道路进行绿化硬化，栽植经济林和常青林树木20多万株；挖山造田新建绿色蔬菜地55亩。按照“一村一品”发展模式，张兴庄建成现代化养殖基地和产业开发教育基地，保障退耕还林后群众的就业和经济收入，2009年该村人均收入8600元，比2006年增长1.3倍。2010年被陕西省委、省政府命名为省级文明村。

第四章　建筑及房地产业

第一节　房地产开发

1989~1997年，延安市（宝塔区）开发建设以城市综合开发为主。其中，1990年住宅投资1113万元，占全市固定资产投资的31.91%，全年竣工家属宿舍60套，房屋造价239元/平方米；1991年商品房建设投资236万元，占固定资产投资的2.32%。1998年，停止审批以单位为主体的零星集资建房，将建设经济适用住房作为解决城镇居民住房困难的主要途径，房屋开发从城市综合开发转向以房地产开发为主。当年开工建设住宅面积142548平方米，竣工面积105981平方米，投资8576万元。

1999年4月，动工修建世纪花园小区（也称红化小区），2000年6月竣工。小区占地面积105亩，建筑面积74.26亩。砖混结构，共建有6~7层住宅楼12栋546套。1999年12月，动工建设向阳小区（西区）经济适用房，2000年12月竣工。小区占地面积

36.48亩，建筑面积55240.71平方米。砖混结构，共有4~7层住宅楼14栋，两室两厅、三室两厅住房588套。

2000年，全区施工房屋面积55.94万平方米，其中住宅面积22.85万平方米。当年延安市区最大的经济适用房翟则沟小区开工建设，建筑面积12.5万平方米。2001年，宝塔区翟则沟小区一期工程建成，出售820套，销售收入9729万元。市嘉岭桥组团工程竣工，完成67户拆迁安置工作。

2004年9月，动工开发建设桥沟安置小区，占地103亩，规划建设住宅7.9万平方米；投资1.1亿元，安置1998年后因城市建设和社会项目建设形成的拆迁户904户。

2005年，宝塔区人民政府制定《宝塔区经济适用住房管理办法》。2006年，延安市人民政府出台《延安市经济适用住房销售管理办法》，明确建设标准、销售价格和销售对象。拟订《延安市城市最低收入家庭廉租住房管理办法》。年内全区房地产开发投资4.23亿元，施工房屋面积49.31万平方米，其中住宅面积24.59万平方米。在杨家岭一期经济适用房项目中插建廉租住房2万平方米。

2008年，投资4.65亿元，完成马家湾、兰家坪、王良寺二期及韩家窑则总面积31万平方米的经济适用房建设。申报的二庄科、柳林赵庄经济适用房项目完成招标工作。

2009年，马家湾小区一期工程基本完成，总占地298亩，总投资6.6亿元。赵庄经济适用房3栋楼、二庄科经济适用房6栋楼开始实施基础工程和主体工程。启动黄蒿洼片区麻塔新村开发建设项目。项目建设用地93.82公顷，范围从嘉岭桥头至二庄科隧道口，南北长3650米，东西宽100~600米不等，建筑面积169万平方米（地上159万平方米、地下10万平方米），预计投资35.3亿元。项目计划分两期实施：麻塔新村为一期工程，黄蒿洼村为二期工程。至年底，完成麻塔新村一期34.5公顷建设用地征迁工作。年内全区房地产开发投资7.12亿元，施工房屋面积143.46万平方米，其中住宅面积117.53万平方米。

2010年，黄蒿洼片区麻塔新村开发建设项目因政策因素，按市、区政府要求，项目由经济适用房变更为商品房，当年完成立项变更、地质勘查、土地平整工作。全年全区房地产开发投资7.31亿元，施工房屋面积186.18万平方米，其中住宅面积166.43万平方米。

第二节　房地产建筑企业

2000年，延安市有房地产建筑开发企业10余户。2005年，发展为25个，其中国有企业7个、集体企业1个、有限责任公司8个、股份有限公司6个、私营企业3个。2008年，有建筑企业40个，其中国有企业7个、集体企业2个、股份合作企业1个、有限责任公司14个、股份有限公司3个、私营企业13个。到2010年底，全市仍有建筑企业40个，按隶属关系划分有：市属企业21个、区属企业4个、其他企业15个；按国民经济行业划分有：房屋和土木建筑业38个、建筑安装业2个。其中，宝塔区内具有一级资质的企业5户，即延安市建筑工程总公司、延安圣远建筑工程有限责任公司、新大洲房地产开发有限公司、惠泽房地产开发有限公司、华龙房地产开发有限公司；二级资质24户，即延安城市建设投资开发有限责任公司、金圣都工贸有限责任公司、治平房地产开发公司、百合实业有限责任公司、方兴房地产开发公司、华丰房地产开发公司、陕西龙飞房地产开发公司、龙天置业房地产开发有限公司、延安恒远建筑工程公司、华圣地产开发公司、泽鑫房地产开发公司、国园房地产开发公司、嘉丰房地产开发公司、金裕房地产开发公司、延长油田房地产开发公司、延安圣安房地产开发公司、川建房地产开发公司、博成房地产开发公司、紫程房地产开发公司、诚合房地产开发公司、东阳房地产开发公司、东方房地产开发公司、延安延飞建筑有限公司、泰丰房地产开发公司。

一、企业简介

（一）延安市建筑工程总公司

始建于1956年，其前身系陕西省第五建筑工程公司。公司形成以建筑施工为主业，装饰装潢、市政工程、房地产开发、基础工程、道路桥梁工程多业并举的经营格局。2010年在职职工1600余人，其中管理人员420人，工程技术及各类专业技术人员407人（其中高级职称20人、中级职称137人、初级职称250人），建造师56人，其中一级10人、二级46人。

公司拥有各类大中型机械设备1079台（件），机械总功率12510千瓦，动力资金积累率7.5千瓦/人，技术装备率2.6万元/人。工程质量一次性验收率和合同履约率均为100%，年完成工作量5亿多元，创税1800余万元。2007~2010年，公司先后完成国家粮食储备局延安直属粮库、王家坪革命纪念馆扩建、旧机道改造、西安长途线务局监控、中际大厦、新闻大厦、新世纪商厦、旅游大厦、金鑫大厦、宝塔区水利大厦、虎头园经济适用房小区、红化小区、丽景花苑住宅小区、永炼80万吨催裂化装置技改、兰花小区高层住宅楼、杨庄河炼化公司污水处理、石佛沟大桥、杜甫川桥梁、马家湾至万花山道路等工程和正在建设的延安图书馆、科技馆、丰泽园小区等一大批省、市重点工程。

2000年，公司通过国际质量标准体系的审核认证。2005年获评陕西省“重合同、守信用”企业。2007年晋升为国家一级建筑施工总承包资质。

（二）延安圣远建筑工程有限责任公司

为宝塔区民营企业家庞永宁于1993年创建的建筑施工企业。拥有国家一级建筑施工总承包资质。注册资金5168万元，固定资产8038万元。有职工448人，其中一级建造师18人，二级建造师30人，有各类专业技术人员330人。有塔吊、施工电梯、挖掘机、装载机、大型砼搅拌机、砼输送泵、微机配料机等各类机械450多台（套）。

公司自成立以来完成建筑安装工作量近20亿元。先后承担永坪炼油厂30万吨、80万吨催化装置技改工程，延安炼油厂第一、第二污水处理厂工程，300万吨常压、200万吨催化、10万吨聚丙烯工程，延安大学公寓楼、延安教育学院职工住宅楼、延安中学高层住宅楼、市人民医院高层住宅楼、延安炼油厂杨庄河综合办公楼等几十项大中型工业与民用建筑工程。其间创建“长安杯”工程1个，省级文明工地15个、市级文明工地30个。

2000~2010年，公司在资助贫困学生、新农村建设、社会公益、慈善事业中累计投资1000余万元。

（三）延安华龙房地产开发有限公司

前身为延安新龙房地产开发有限公司。成立于2000年12月，注册资金5156万元，具有一级房地产开发资质，有员工43名，其中专业技术人员16人。2002～2005年，完成建筑施工面积30多万平方米，建筑产值达2.7亿元。主要项目有华龙大厦、龙圣园、龙昌园和虎头园经济适用房等。

（四）延安慧泽房地产开发有限公司

成立于2001年，注册资金5020万元，具有一级房地产开发资质。有员工89名，其中专业技术人员20多名。下辖西安分公司、慧泽信息公司和翔泽物业管理3个分公司。为全区第一家在城郊山地建设“惠泽山庄”经济适用房小区、惠泽老年服务中心的企业。2010年，公司被陕西省工商行政管理局评为“陕西省守合同重信用企业”，被陕西省国家税务局、陕西省地方税务局联合评为“纳税信用等级A级纳税人”；被延安市委、市政府评为全市企帮村、共建新农村活动“优秀非公有制企业”。

（五）延安新大洲房地产开发有限公司

前身为市房地产开发有限总公司。2002年10月，改制组建为延安新大洲房地产开发有限公司。公司注册资金5000万元，一级房地产开发资质，有员工62名，其中专业技术人员53名。自成立后，开发建设总建筑面积85万平方米，完成总投资14亿元，累计上缴税金9800多万元。主要项目有：延安市经济适用住房新洲花园一、二期，建筑面积35万平方米；桥沟安置小区、延安新世纪商厦、黄陵河西住宅小区等。具备年开发销售商品房15万平方米的能力。

（六）延长油田房地产开发公司

成立于1993年5月，注册资金1300万元，时称延长油矿管理局房地产开发公司。2005年9月，更名为延长油田房地产开发公司。2009年，公司总体上划油田公司直接管理。注册资金增至2150万元，具有二级房地产开发资质。有员工160人，其中正式员工58人，聘用人员102人；大专以上学历98人。下设10个职能部门和延安石油建筑安装工程公司（独立核算单位）。主要建设项目有丰源南苑小区，吴起、永宁、子长采油厂职工宿舍及崖黑坪万户石油新村建设项目。

（七）延安治平建工集团公司

母公司联昌机械化施工有限公司成立于1998年，注册资金3000万元。2005年组建集团公司。集团下设建筑安装公司、国园房地产开发公司、建筑构件公司、鼎立工贸公司、机砖厂、小额贷款公司和陕西工贸公司等9个法人公司和9个分公司。总注册资金17460万元。具备房地产开发二级、房屋建筑安装总承包二级、道路桥梁和市政工程总承包二级资质。是延安机械化施工装备实力较强的企业，年完成建设投资2亿元，2009年纳税达1280多万元。

公司先后承建道路工程500多千米、房建工程50多万平方米和大量市建工程，完成建设投资20多亿元。工程合格率100%。创建省级优良工程15处，省级文明工地10处，市级优良工程14处。公司总经理张平累计捐款4299万元，参与新农村建设和社会慈善事业。2002年被评为全国建筑安全先进个人。2007年被评为陕西省劳动模范。2010年被评为全国劳动模范、全国孝亲敬老之星和中国优秀创新企业家。

（八）延安川建集团

成立于2000年，注册资金5750万元，具有房建二级、市政二级、公路三级、土石方专业三级和建筑装饰装修专业三级资质。下设延安市川口建筑工程（集团）有限公司、延安勤奋建筑工程有限公司、延安佳瑞建筑工程有限公司、延安志达油田技术服务有限公司4个公司。有管理人员100多人，专业技术人员300多人，其中高、中级职称人员190人。

（九）陕西圣安房地产开发有限公司

创建于2000年，注册资金5100万元，具有二级房地产开发资质。下辖延安市分公司、北京陕北文化发展有限公司等5个分公司。总公司有员工120多名，其中专业技术人员20名。累计完成建筑面积40万平方米，完成投资6亿元。其中，在北京市朝阳区投资2800万元，占地20亩，建立“北京延安文化展示中心”。至2010年，公司累计上缴利税千万元，为贫困大学生、社会福利事业捐资4000多万元，先后被中央电视台、陕西电视台等新闻媒体报道。2005~2008年，连续4年被延安市人民政府、宝塔区人民政府授予“优秀民营企业”和“纳税大户”称号。

（十）延安龙飞（集团）建筑有限公司

集团成立于2001年10月，注册资本2618万元。具有房屋建筑工程施工总承包二级资质。下设延安龙飞建筑有限公司、龙腾工贸预拌混凝土厂、龙腾工贸建材厂、宝塔山医院、龙飞盛世酒店和金属制品厂。主要经营范围为房屋建筑施工、安装，房地产开发、物业管理，新型墙体材料研发、制造、销售等，总资产3亿余元。2010年，公司有专业技术人员178人，其中高级职称6人、中级职称54人、初级职称118人；有资质项目经理58人，其中二级项目经理12人、三级项目经理46人；持证上岗施工员46人，质检员38人，造价员23人，安全员40人，材料员38人。

至2010年，延安龙飞建筑有限公司承建项目主要有延安市政协职工住宅楼、延长油田股份公司鱼种场职工住宅楼、市七里铺浩瀚大厦、市老干部活动中心、罗家坪1#、3#商住楼等工程，工程竣工合格率100%，优良率≥85%。企业先后获省、市、区“明星企业”“先进企业”“重合同守信用企业”“文明单位”“诚信企业”“文明标兵单位”“纳税大户”荣誉。

（十一）延安华丰建筑工程有限公司

成立于2003年8月，注册资金5050万元，具有房屋建筑、市政设施总承包二级资质。2005年6月通过北京恩格威质量体系中心的QEO认证，有员工465人。主要项目有延安旅游大厦、丽景花苑5#高层住宅楼、延安中学教工高层住宅楼、迎宾大道延伸工程B标段、电信小区、兰家坪经济适用房部分楼盘、甘谷驿采油厂高层住宅楼等工程。完成项目合格率均为100%。

（十二）延安方兴房地产开发有限责任公司

创建于2004年8月，注册资金2060万元，具有二级房地产开发资质。有员工50余人，其中专业技术人员30名。累计完成建筑面积15万平方米，建筑产值达4亿多元。先后承建的七里铺金鑫大厦，建筑面积21129平方米，总投资4326万元，2004年11月交付使用。延安虎头园经济适用房小区，建筑面积 12.4 万平方米，总投资 2.4 亿元，2010 年交付使用。

（十三）宝塔区城市综合开发公司

创建于 1984 年，是延安市最早成立的房地产开发企业。主要从事旧城危房改造、新区建设、房地产开发等。年开发能力 15 万平方米，拥有固定资产 4000 多万元，具有三级房地产开发资质。至 2010 年，有职工 131 人，其中专业技术人员 79 人。1995 年，承建七里铺单边商品楼 1 栋，4 层 24 套，建筑面积 1675 平方米，总投资 110 万元。先后开发建设宝塔新村、北关师范小区、儿童公园、七里铺河东河西小区、二道街旧城改造等工程。建成东苑小区、延安市经济适用房一期、二期、市东馨家园窑洞住宅小区、王良寺经济适用房等工程。自成立后，共开发住房 3000 余套、商业用房 20 多幢，总建筑面积 70 多万平方米，完成总投资 10 亿多元，累计上缴税金 4200 多万元。

二、典型建筑选介

（一）延安亚圣大酒店

延安亚圣大酒店位于延安宝塔山、清凉山、凤凰山三山环抱之中，选址及设计都十分讲究，是延安中心城区的地标性建筑，也是延安改革开放后第一个商业综合体。为延安亚圣工贸公司所属。建于 1992 年，占地 11 亩，总建筑面积 3 万平方米，总高 54 米，层高 17 层。由西北建筑设计院设计，上海铁路局南昌铁路建筑总公司承建。建筑风格为八角形风格，主楼顶层设计为旋转餐厅，可观览市区全景，一次可容纳 200 人就餐。有地下停车位 100 余个。设计之初即采用双层外墙保温，轻质防火岩棉保温墙，2006 年被建设部评为延安市唯一国家节能建筑。

（二）延安市宝塔区东苑小区

位于宝塔区双拥大道东苑路，为居民住宅小区。占地面积 42 亩，建筑面积 7 万平方米。有 6~7 层住宅楼 13 栋，商办、宿办楼 4 栋，有房屋 750 套。由宝塔区城市综合开发公司承建，1996 年奠基，1997 年 10 月竣工。为宝塔区双拥大道早期开发的住宅小区之一。小区建花坛 1250 平方米，草坪 2500 平方米，小区道路全部硬化。同时建有幼儿园、健身房、中老年人活动中心等配套服务设施。

（三）百合花园小区

位于七里铺街东侧百合路，由延安市百合实业有限公司开发建设而得名。小区占地面积 80 亩，建筑面积 49109 平方米，为延安市宝塔区首家别墅公寓综合性住宅小区。2000 年 3 月动工，第一期工程 12 月竣工，建有 6 层 3 栋 11 个单元 200 套住宅楼房。二期工程依山而建，建有 A 型、B 型 6 种别墅 40 栋、多层公寓 48 套。小区采用人车分流设计，建有广场、会所、超市、健身房、中老年人活动中心、儿童乐园等配套服务设施。

（四）龙飞盛世国际酒店

酒店位于双拥大道中段，初期项目定名为中国延安统一战线传统教育基地，后改名为延安龙飞盛世酒店。项目总占地面积 3467.33 平方米，总建筑面积 23651.96 平方米。由陕西省现代建筑设计研究院设计，延安龙飞建筑（集团）有限公司承建。2007 年 10 月 10 日开工建设，2013 年竣工开业。酒店主体建筑高度 16 层，为双拥大道最早的高层建筑（双拥大道早期开发时，为保障飞机起降安全，所有地面建筑不超过 6 层）。按照四星级酒店标准建造的集会议、住宿、餐饮、康体、商务、娱乐为一体的综合性涉外商务酒店。设有总统套房、行政套房、复式套房、单人间、标准间等客房 234 间（套）以及咖啡厅、健身中心、桌球室、桑拿中心等休闲娱乐场所；会议室可同时容纳 400 人左右，宴会厅可同时接待 500 人左右的大型宴会。

第三节 建筑工程监督

1990 年，延安市城建局监督新开工程 31 项，建筑面积为 2.57 万平方米，建筑投资 1081 万元，创优良工程 3 项。1991~1993 年，监督新开工程 180 项，建筑面积 21.73 万平方米，建筑投资 8769.9 万元，取得优良工程 28 项。1994 年，招（议）标 39 个建设单位，44 个工程项目，总面积 8.8 万平方米。受监工程 100 项，建设投资 17719 万元，建筑面积 22.8 万平方米。1995 年，招（议）标工程 34 项，建筑面积 4.9 万平方米，建设投资 4430 万元；受监工程 29 项，建筑面积 16.2 万平方米，建筑总投资 13303 万元，工程合格率 100%，优良率 45.2%。1996 年，报建工程 33 项，总建筑面积 9.05 万平方米，总造价 5898.21 万元。

1996 年 12 月，撤市设区，宝塔区建设局审批报建工程 30 项，公开招标 32 项，受监工程 97 项（其中上年结转 67 项），竣工交付使用工程 67 项，工程报建率、公开招标率、监督覆盖率、合格率、安全达标率全部达 100%，创优良工程 31 项，优良率 57.4%。1998 年，审批报建工程 24 项，公开招标 11 项，受监工程 75 项，竣工使用工程 52 项，合格工程 32 项，优良工程 14 项，优良率 53%。1999 年，审批报建工程 34 项，公开招标 15 项，受监工程 65 项，优良率 50.65%。为解决 1998 年民建上海市委向柳林镇三十里铺援建的“民建希望小学”工程质量问题，对柳林镇三十里铺民建希望小学和枣园华亭希望小学的工程质量事故进行调查处理。经检测，民建希望小学大梁多处出现裂缝，共有 11 根大梁不合格，砖的强度均低于设计要求。属严重质量事故，致使教学楼全部拆除重新建设，造成直接经济损失 34.80 万元；6 月，建筑方责任人、柳林乡主管领导被依法追究刑事责任。2000 年，审批报建工程 40 项。全年共公开招标工程 15 项，其中进行有形市场交易 8 项，建筑总面积 84225 平方米，工程总造价 7362 万元。受监工程 61 项，建筑面积 22.6 万平方米，总投资 1.26 亿元，安全达标率均达 100%，工程优良率 71.5%。

2001 年，实施规范招投标市场秩序，对 30 万元以上的工程，全部进行公开招标；50 万元以上的全部进入有形市场交易。当年审批报建工程 37 项，公开招标 33 项，受监工程 62 项，工程报建率、公开招标率、监督覆盖率均达 100%，工程竣工备案率 100%。2002~2005 年，审批报建工程 221 项，公开招标 103 项，受监工程 291 项，工程报建率、公开招标率、监督覆盖率、工程竣工备案率均达 100%，施工现场安全达标率均为 85%。2006~2008 年，审批报建工程 126 项，公开招标工程 64 项，受监工程 148 项。

2009 年，宝塔区加强对招投标工作的监督，将 100 万元以上建设项目全部推向延安市有形市场进行公开招标。全年公开招标 11 项，建筑面积 24.35 万平方米，工程交易额

31202.40万元。受监工程33项，总建筑面积37.34万平方米，投资6.97亿元。全年共检查6次，无重大质量安全事故发生。2010年，全年公开招标13项，建筑面积22.71万平方米，总投资34500.21万元。受监工程23项，创市级文明工地4项，省级文明工地1项。

第四节 房地产管理

一、管理机构

1986年，延安市房产管理局更名为延安市房地产管理局，设房管科、财计科、地政科、办公室和交易所、评估所、南市房管所、宝塔房管所、凤凰房管所以及房屋建筑公司。1997年，撤市设区，延安市房地产管理局改称为宝塔区房地产管理局。

1999年1月8日，市、区房地产管理职权划分，将区房产交易所、产权产籍管理所、房产评估所整体移交延安市房地产管理局；12月24日，宝塔区委、区政府决定恢复宝塔区房地产管理局，保留房地产经营管理总公司。

2000年8月，设立延安市宝塔区房地产交易管理中心。2001年4月评估所改制，更名为延安宝塔区华厦房地产评估有限责任事务所。

2002年8月26日，区乡机构改革，宝塔区房地产管理局行政职能移交城乡建设局，即：华厦房地产评估有限责任事务所、房地产交易所、区房屋建筑公司整体移交区城乡建设局；房地产管理局仅保留公房管理和房地产开发2项业务；房地产经营管理总公司更名为房地产开发总公司，改为企业，退出事业单位序列；为便于公房管理工作，区委、区政府将房地产经营管理总公司职能继续保留，编制人员20人。

二、公房管理

20世纪90年代初，延安市公房管理数量为18栋700余套。1998年9月，宝塔区按照《国务院关于进一步深化城镇住房制度改革加快住房建设的通知》开展公有住房改革，推行住房分类供应和住房公积金，加强住房物业管理等改革措施。区政府按照《延安市成本价出售公有住房实施办法的通知》，实行标准价售房和成本价售房。1985～1993年，公房租金每平方米按0.15元收取。1993～1999年，公房租金标准调整5次，由每平方米0.15元调整为1.34元。1998年，住房制度改革政策初期主要为提租发补，原则上多提少补，提租后新增租金由个人、单位、国家共同负担。后逐步过渡到商品租金，按省政府要求新配公有住房实行新租金标准；同时实行住房超面积加收房租。职工拥有2处以上且住房面积超过规定住房标准的须退回多占住房。超标部分的租金标准不能低于商品租金的水平。2000年，宝塔区公房租金收费标准为每平方米1.6元，年应收房费租金约40万元，实际收入35万元。

2003年，实行住房分配货币化政策，全面停止住房实物分配。至2007年底，宝塔区公房数量为16栋629套。

2009年，全年办理房改业务7个单位、368户，建筑面积36843.28平方米，出具产权证明书431份。7月，公房租金收费标准调整为每平方米2.96元。

2010年，宝塔区公有住房改革工作进入收尾阶段，全年办理房改业务67户，出具产权证明书181份，归集房改资金12.6万元。至年底，宝塔区公房管理数量为8栋、322套，总建筑面积10887.52平方米。其中，宝塔山1#~6#楼、234套，南关16#~17#楼、88套。全年公房房费租金收入13万元。

三、物业管理

1998年，东苑小区物业管理有限责任公司、宝塔区国胜物业管理有限公司成立，主要负责东苑小区物业管理和东兴购物广场管理。1999年，延安市海远物业管理有限责任公司成立，主要承接城区住宅小区和单位售后公房的物业管理。

2003年，成立宝塔区物业管理中心。2004年，编印《延安市宝塔区物业管理文件汇编》，完善和组建自管公房业主委员会102个，组建率68.9%；组建物业小区业主委员会2个；审核申报4家物业服务企业。

2005年，管理中心拟定《延安市宝塔区城市住宅共用部位共用设施设备维修基金使用管理办法》。制作宣传挂图9版27幅，发放传单10000多份，《文件汇编》3000多份，宣传《物业管理条例》。2006年，组织140名城区物业服务企业人员参加物业管理法规和经营管理知识培训。

2007年，开展物业管理专项整治活动，以解决群众反映强烈的“维修不及时、服务不到位、收费不规范”等问题。2008年，化解各类投诉30余起。2009年，按照《陕西省住宅专项维修资金管理实施细则》规定，在专业银行开设专户，配合开发建设单位收取住宅专项维修资金。

2010年，宝塔区实施物业管理的小区28个，其中组建业主委员会14个，由16家物业公司（二级资质1家、三级资质12家、临时资质3家）提供服务，服务面积135.22万平方米，从业人员504人，持证上岗人员237人。全年审核申报30个物业服务企业，归集住宅专项维修资金29万元。

第五节 公积金管理

一、机构

宝塔区住房公积金管理原由宝塔区房改办兼管。2004年9月，公积金统一上划管理，成立延安市住房公积金管理中心宝塔区管理部，属非法人市财政全额供养事业单位，科级建制，隶属于延安市住房公积金管理中心。内设行政股、资金股、信贷股，编制5人，负责宝塔区住房公积金归集、使用等各项管理工作。至2010年底，有职工5人。

二、归集

2004年，宝塔区住房公积金归集362个单位3338万元，其中区级全额拨款行政、事业单位256个，缴存覆盖率100%；企业52个，缴存覆盖率50%；区属中省单位40个，缴存覆盖率95%；新建缴住房公积金单位14个。至2004年底，住房公积金累计归集缴存余额9930万元。2005年，归集住房公积金7397.50万元。2006年，归集住房公积金8228.80万元。

2007年，公积金管理采用“三到位”（应缴人数到位、工资基数到位、缴存比例到位）管理办法，归集效果明显，全年归集住房公积金 10212.90 万元。2008 年，归集住房公积金 11453 万元，缴存总额 53649 万元，缴存余额 34579 万元。2009 年，归集住房公积金 14404.70 万元，住房公积金缴存总额 68054 万元，缴存余额 45068.40 万元。

2010 年，全年归集住房公积金 16000 万元，住房公积金缴存总额 84060 万元，缴存余额 54385 万元。

三、使用

2004 年，为 145 户家庭发放住房公积金个人委托贷款 1279 万元。累计发放 543 户、3076.90 万元。回收到期贷款 376.40 万元，回收率 100%。

2005 年，全年使用住房公积金 1578.90 万元，其中为职工办理支取 128.90 万元，为 188 户家庭发放住房公积金个人委托贷款 1450 万元。回收到期贷款本息 31.90 万元，回收率 100%。

2006~2008 年，3 年使用住房公积金 23537 万元，其中办理支取 12960 万元（2006 年 1889.60 万元、2007 年 5224.60 万元、2008 年 5845.80 万元）；发放个人住房公积金委托贷款 773 户、10577 万元。回收贷款 3132 万元，回收率均为 100%。

2009 年，全年使用住房公积金 13842.50 万元，其中办理支取 3684.60 万元，办理转移 230.90 万元；发放住房公积金个人委托贷款 517 户、9927 万元。回收住房公积金到期贷款 1867.94 万元，回收率 100%。

2010 年，全年使用住房公积金 12654 万元，其中办理支取 6646 万元，办理转移 43 万元；发放住房公积金个人委托贷款 266 户、5965 万元。回收到期贷款 2278.90 万元，回收率 100%。至 2010 年底，全区累计发放个人住房公积金贷款 2464 户、31731.8 万元。

2004~2010 年宝塔区住房公积金使用情况统计表

表 4-4-1

年份	公积金使用总额（万元）	其中公积金贷款		贷款回收	
		户数（户）	金额（万元）	金额（万元）	回收率（%）
2004	—	145	1279	376.40	100
2005	1578.90	188	1450	31.90	100
2006	3522.60	187	1633	739.40	100
2007	9962.60	330	4738	1118.90	100
2008	10051.80	256	4206	1273.70	100
2009	13842.50	517	9927	1867.94	100
2010	12654	266	5965	2278.90	100

第五章　环境保护

第一节　环境状况

一、大气环境质量

1986年，延安地区环保局开始对延安大气污染进行检测。至1990年，大气污染综合指数年平均值为5.50，延安市排列全省第三，为全区第一个污染严重的市区。

1997年，宝塔城区总悬浮微粒为0.51毫克/立方米，超过国家二级标准1.55倍，采暖期超标达2.5倍。

2010年，宝塔城区二氧化硫（SO_2）、二氧化氮（NO_2）的平均浓度均符合国家《环境空气质量标准》（GB 3095-1996）二级标准。可吸入颗粒物（PM_{10}）的平均值有个别时段超过国家二级标准。

2006~2010年宝塔区城区大气污染指数统计表

表4-5-1　　单位：毫克/立方米

年份	二氧化硫	二氧化氮	可吸入颗粒物	降尘	综合污染指数
2006	0.65	0.56	1.32	0.98	3.51
2007	0.98	0.50	1.13	0.88	3.49
2008	1.23	0.65	0.69	1.01	3.58
2009	1.30	0.62	1.08	0.89	3.89
2010	0.88	0.50	1.02	1.00	3.40

二、水环境质量

延河发源于陕西省靖边县天赐湾乡周山，流向由西北而东南，经安塞、延安，在延长县南河沟乡凉水岸汇入黄河，属黄河一级支流。延河水平均离子总量590.4毫克/升，平均硬度4.01毫克当量/升，平均年离子径流总量18.06万吨，pH值8.1，属弱碱性微硬水。因延河水系属延安主要纳污水系，且流动小，自净能力差，污染极为严重。1990年，延河年接纳废水161.82万吨，占全区总废水量的50.53%。全区工业废水排放污染物汞0.52吨/年，镉2.64吨/年，砷0.25吨/年，铅0.58吨/年，酚1.45吨/年，氰化物1.01吨/年，石油类2440.58吨/年。

1997年1月，对延河安塞段监测结果：寺沟断面化学需氧量为70.6毫克/升，超过地面水Ⅲ类标准3.7倍；石油类为12.18毫克/升，超标242.6倍；氯化物为3124.14毫克/升，超过农田灌溉标准11.5倍；全盐量为5862毫克/升，超过农灌水标准4.9倍。坪桥断面石油类为6.01毫克/升，超标119.2倍。郝家坪断面石油类为4.76毫克/升，超标94.2倍；氯化物为646.01毫克/升，超过农田灌溉标准1.6倍。安塞县城下游石油类为4.32毫克/升，超标85.4倍；氯化物为356.76毫克/升，全盐量为1300毫克/升，均超过农灌水标准。招安川氯化物为617.11毫克/升，全盐量2006毫克/升，均超过农灌水标准。延河延安市区上游水质不能饮用和农灌。

2001年，延河干流除七里村断面石油类超标外，其余各断面基本达到地面水类Ⅳ水标准，饮用水源合格率达90%以上。

2005～2009年，宝塔城区饮用水源水质达标率98%。其间的2007年，油区清洁文明井场建成率85.7%，石油废水处理率74.80%，延河水质明显好转，延河入黄口水质达到Ⅴ类。

2010年，延河杨家湾、柳树店、四联队和七里村4个监测段面均为Ⅳ水质，达标率96.7%。集中式饮用水源地（王瑶水库、红庄水库）水质全部达标。

2001～2010年延河主要污染物污染指数变化趋势统计表

表4-5-2　　单位：毫克/升

年份	生化需氧量	石油类	综合污染指数
2001	6.41	15.43	39.07
2002	3.59	7.72	25.55
2003	5.09	6.01	26.95
2004	6.73	6.21	31.03
2005	4.50	5.10	27.70
2006	3.87	3.94	19.62
2007	3.55	3.91	17.34
2008	3.01	7.14	21.23
2009	3.02	5.28	20.47
2010	3.03	3.81	19.06

三、声环境质量

宝塔区环境噪声主要来自交通噪声、工业噪声、施工噪声和社会生活噪声。1985年，延安市环保监测站对延安市各类噪声源进行监测，其中交通噪声占36%，工厂噪声占17%，生活噪声占22%，其他噪声占25%。1986年，延安市区噪声声级由原来的69分贝增至73分贝，市区交通要道最大达80分贝。1986～1990年，延安市交通噪声占各种噪声的55%。

1991~1996年，根据延安市城建面积，市区内布设112个监测点，获监测数据4032个。

1998年3月，宝塔区建设噪声达标小区6个，总面积4.82平方千米。随着宝塔区车辆的增加，交通噪声占比也逐步增大，成为声环境的主要污染源。

2010年，宝塔城区功能区噪声达标率60%，比2005年20%提高40个百分点；区域环境噪声平均等效声级58.6分贝，比2005年64.6分贝降低6分贝；交通噪声平均64.1分贝，城区交通干线噪声昼间最大73.8分贝，超国家标准的11.86%；夜间最大噪声75.7分贝，超国家标准的37.64%。

第二节　环境监测

一、监测机构

宝塔区环境监测站是国家环境监测网络三级站，有大气、锅炉烟尘、噪声、水质等环境监测仪器设备25台。1998年，通过省技术监督局计量认证。2005年12月，通过计量认证复评审，获得水、气、噪声3类37项向社会出具监测报告的资质，承担全区的常规监测，污染源和污染投诉监测。

二、大气监测

1986年，延安地区环保局始对延安大气污染进行监测。20世纪90年代初，国家对延安市城区的大气监测点进行优化，在延安市区内设枣园、延安市人民医院、延安设计院3个监测点位，监测项目有二氧化硫、氮氧化物、总悬浮微粒3项，用3个点位测得污染物浓度值代表延安城区污染水平。1991~1996年，共获得二氧化硫监测数据1800个、氮氧化物监测数据1800个、总悬浮微粒监测数据720个。同时在市区对降水（1个监测点）、降尘（4个监测点）、硫酸盐化速率（6个监测点）进行监测，至1996年，降水pH值呈中性，未发现酸雨。

2003年，宝塔城区建成空气自动监测子站。2005年，3台空气质量自动监测系统正常运行，向国家监测总站传输数据6570个，并通过电视、广播向公众预报当日市区大气质量情况。

2009年10月，百米大道监测点位（自动监测子站）正式通过省环保部门验收，11月该点位参与全市平均值计算。此后，延安市城区环境空气质量监测点位增至4个监测子站，并配有1个中心控制系统（中心站房）。中心控制系统监测项目为二氧化硫（SO_2）、二氧化氮（NO_2）和可吸入颗粒物（PM10）3项，每天24小时连续自动监测，每小时监测一个数据。至2010年，三个项目各监测数据173880个。

2010年，宝塔城区有降尘监测4个点位（延安师范、市监测站、延安军分区、帝豪商厦）、硫酸盐化速率监测6个点位（延安师范、市监测站、延安军分区、帝豪商厦、延安市设计院、延安气象局），每月监测一次；降水监测2个点位（市监测站、枣园）的环境空气质量手动监测点，实行降雨、降雪即测。2006年至2010年底，共监测降尘数据240个，硫酸盐化速率数据288个，降水数据956个。

三、水质监测

1990年，为掌握延河水系的污染动态，省监测站把设在延河的采样断面经优化后，共设5个断面（其中延安市区设3个断面），每个断面分“枯水期”“半枯水期”和“平水期”，每期监测2次，每年监测6次，分析21个项目，每年可获630个监测数据；每单月测一次，分析水温、pH、悬浮物等16项指标。

1991~1996年，全市共获3780个监测数据。工业废水监测：重点污染源工业废水每年监测2~4次，一般污染源废水每年监测1次。

1998年6月15日，制定《宝塔区饮用水源管理办法》。年底，王瑶水库饮水工程竣工，为宝塔区城区主要饮用水源地，年平均供水量为1510万立方米。饮用水源地设中心处、出口处2个监测点位。冬季只对出口处进行监测，每月监测1次。

2004年，红庄水库竣工，为宝塔城区的饮用水供水调蓄水库。2005年，对红庄水库实行监测月报制度，全年共获监测数据5601个。

2006年，陕西省水环境监测中心延安分中心对王瑶水库饮用水水源进行常规监测，对石油类、五日生化需氧量、挥发酚等5个重点项目进行旬测旬报。

2009年，饮用水源地监测项目由原23项增至65项。同时，按月完成延河和王瑶水库11个点位的水质监测，全面掌握重点流域地表水和集中式饮用水水源水质状况和变化趋势。2006~2010年共上报监测数据3241个。

至2010年底，20余年的监测结果表明，宝塔区地表水主要污染物是化学需氧量（COD）、氨氮（NH_3 N）、高锰酸盐指数（CODMn）。至2010年，延河和王瑶水库水质全部达标。

四、噪声监测

1985年，延安市环保监测站对延安市各类噪声源进行监测。设七里铺、市工商银行、市配件公司、卷烟厂、万花山庄和市监测站6个监测点监测功能区噪声，每个监测点每年进行2次24小时连续监测；设王家坪大桥头、宝塔桥两头、七里铺运输管理站4个监测点监测市区交通噪声，每期监测1次；根据延安市城建面积，以200米×200米的网格布设112个监测点监测城市区域环境噪声，每点昼夜各监测1次。

1991~1996年，市监测站分别获取功能区噪声数据432个、市区交通噪声数据144个、城市区域环境噪声数据4032个。

1997年，宝塔城区范围以250米×250米网格进行布设，共划分网格111个，以网格中心为监测点，每年10月每个点昼间监测1次，监测时间10分钟；功能区噪声监测设6个点位，分别代表居民文教区、一类混合区、二类混合区、商业中心区和工业集中区5个类型区域，每季度进行1次24小时连续监测；道路交通噪声监测点位4个，干线总长度7.7千米，平均路宽10.8米、车流量1289辆/小时，每2个月监测1次，每个点连续监测20分钟。

2006~2010年，宝塔城区监测站分别获得城市区域环境噪声数据2220个、功能区噪声数据11250个、道路交通噪声数据600个。

第三节 污染治理

一、大气污染治理

宝塔城区大气主要污染源是烟尘。

1990 年，延安市废气排放量为 65 亿标立方米，其中二氧化硫 0.48 万吨，烟尘 1.94 万吨，工业粉尘 0.16 万吨。在全省 10 个地市中排列第八，其中二氧化硫和工业粉尘排放量均为第十位，占全省排放总量的 0.82%和 1.06%；烟尘排放量列全省的第六位，占全省排放总量的 2.34%。全区废气排放量为烟尘第一，二氧化硫第二，工业粉尘第三。延安市区烟尘排放量平均年增长率 12.5%，大气污染综合指数年平均 5.50，排列为全省第三。

1993 年冬季，北京专家组到延安考察大气污染状况。1994 年 7 月，李鹏总理批示拨款 3000 万元，要求延安市下决心治理大气污染；9 月，延安市热网工程筹备处成立，启动集中供热工程。同时推广清洁炉具，实施城市气化工程。

1997 年，宝塔供热分局成立，热网正式开始供热。利用国家环保专项补助资金 240 万元，研制推广各类清洁炉具 4200 台，由饮食服务业推广到机关大灶和部分单位的茶水炉；市区累计建成烟尘控制区 6 个，面积 5.92 平方千米，占建成区面积 60%。

1998 年初，全市组织 150 多名专业人员开展 1 个多月的调查，形成《延安市城区大气污染源调查及治理意见的报告》，确立“调整燃料结构，转换使用煤种，从源头控制污染”的治理思路，在延安城区推广宁夏灵武煤等清洁燃料，除卷烟厂、热电厂外，禁止使用子长煤等有烟煤种；9 月 8 日，颁布《宝塔区城区大气污染防治办法》；11 月初至 12 月底，区环保、公安、城建、劳动、物价、工商、财政 7 部门联合行动清理有烟煤，调运灵武清洁煤。检查居民 55813 户次，单位 1388 户次，饮食服务行业、商业门店 15159 户次，锅炉及茶炉 1976 台次，检查供煤点购煤单位和个人 987 户次；累计查处违法、违规单位和个人 1506 家，罚款 104090 元。市财政投入 800 多万元，区政府发放煤补款 200 万元，城区烟尘排放总量比 1997 年减少 60%以上，二氧化硫、氮氧化物达到国家二级标准，总悬浮微粒同期平均值降低 18%，冬季最大降幅为 30%。国家环保总局将延安大气污染治理模式作为成功经验向全国推广。

1999 年，全年新增集中供热、联片供热面积 10 万平方米；完成天然气输配工程全部主干管铺设和门站建设，进户达 5 万多户；机动车尾气治理开始实施。当年烟尘排放总量比 1998 年降低 10%，二氧化硫、氮氧化物年均值分别降低 11%和 5%，总悬浮微粒降低 18.4%，接近国家三级标准。

2000 年 9 月 3 日，国家环保总局在延安召开全国部分城市大气污染综合防治工作座谈会，对延安大气污染治理工作给予高度评价；10 月底，市区环保部门 100 多名工作人员成立大气污染治理督察大队和锅炉茶炉专业检查大队，集中检查城区单位、居民使用指定煤种情况，并对单位锅炉使用指定煤种加强技术指导。实施集中供热和煤改气工程，城区空气质量整体好转，大气中各项污染指数稳中有降，接近国家三级标准。

2001 年，市、区环保部门打击偷运贩卖、燃用非指定煤种的违法行为，净化市区煤炭市场。二氧化硫、氮氧化物控制在国家二级标准以内，总悬浮微粒有3个月达到国家二级标准。

2003年，在城区锅炉茶炉、饮食服务业、工业企业中推行煤改气，至年底，市区燃气锅炉达到68户。当年市区空气质量优、良天数达到244天。2004年，城区煤改气、油改气工程被市计委列为重点工程。10月，针对城区大气污染治理面临的煤源紧张、运输困难、运费大幅上涨的形势，组建督查大队，入户检查9906户次，没收非指定煤69.4吨；检查过境车49173辆，查扣违章车22辆，处罚6650元；当年城区空气环境质量稳中有升，优、良天数达到262天。2005年，城区优、良天数达到272天。2006年，开展城区露天烧烤和饮食服务业油烟污染专项治理，烧烤摊点环保炉具使用率100%。市区空气质量优、良天数达279天。

2007年，"三山两河"治理作为政府重点工作全面启动，完成凤凰山绿化、河道清理、排污管网配套等环保项目。城区新增供热面积70万平方米，累计达到260万平方米；安装使用燃气锅炉225台，公交车和出租车实施油改气，城区天然气使用量2800万立方米。好于二级的天数283天。2008年，采暖期共入户检查2200人次，检查市、区单位180个，清理非指定煤种50吨，处罚65户，罚款3600元。全年城区空气环境质量优、良天数达302天。

2009年，宝塔区按照市政府提出的"集中供热、改燃料、改锅炉"工作思路，投资2705万元改造27家44台锅炉；对延安热电厂实施煤种转换，原煤含硫量由2%降低至0.5%；开展城区油烟专项治理，清理取缔油烟烧烤，全年检查烧烤摊点100余家，收缴木炭烧烤炉67台，取缔烧烤摊点4家，鼓励使用环保烧烤炉具；推进机动车油改气工作，全年新增油改气汽车89辆。全年城区空气环境质量优、良天数313天。2010年，城区空气环境质量优、良天数达到315天。

二、噪声治理

1998年3月，颁布《延安市宝塔区噪声适应区区域划分方案》。当年建设噪声达标小区6个，总面积4.82平方千米。

2003年，宝塔区环保局和宝塔公安分局开展联合执法检查，解决一批群众反映强烈的噪声污染问题；区环保部门坚持开展中高考期间噪声污染源监督检查。配合城管部门加强建筑工地的噪声污染防治，严格限定作业时间，减少噪声扰民。

2006年，开展交通、商业、建筑施工和高、中考期间噪声专项整治。至2008年，共受理热线举报141起，检查工地36家，其他各类噪声源92个。

2009年，共查处噪音源182个，暂扣音响10套；在中、高考期间发起"绿色护考"行动，发布《关于在中、高考期间开展环境噪声特殊管制的通告》，同时公布"12369"环境举报热线，共受理热线举报141起，检查工地36家，其他各类噪声源92个，出动检查375人次，查处率98%。

2010年，高、中考和成人高考期间，与公安部门联合出台噪声管制公告，逐一发放辖区各建筑工地，并通过《延安日报》、延安电视台等新闻媒体广泛宣传。组织15名环境监察人员24小时巡查。查处违规施工企业4家。在校园周围采取暂停施工和限定作业时间等管制措施。

三、“三废”减排

宝塔区“三废”（废水、废气、废物）治理始于20世纪80年代后期。1989年，延安市工业粉尘回收量0.10万吨，历史堆积量82.67万吨，占地14.06万平方米。1990年，全区排放废水879.63万吨，处理881.21万吨，其中工业废水427.01万吨，处理达标187.67万吨，符合标准排放207.58万吨；排放废气65亿标立方米；固体废弃物总量58.79万吨，其中处置40.94万吨，利用12.64万吨，排放5.21万吨。历史堆积为391.54万吨。“三废”综合利用产品产值2.5万元。

1991~1993年，延安市强化污染源的监督管理和治理工作。1993年，完成水质监测25份，获监测数据928个；烟尘监测数据216个。1996年，完成重点污染源监测和服务型监测，获监测数据7574个，编写监测报告99份，完成环境影响报告书3份。

1998年，在宝塔区城东尹家沟建成延安市垃圾填埋场。此前生活垃圾的处置，主要采用集中倾倒、卫生填埋。填埋场占地84.1亩，库容量160万立方米，总投资1126万元。有生产机械11台（辆），30吨磅秤1台，沼气监测仪2部，监控设备1套。按照“计量—倾倒—推平—压实—消毒—覆土”工艺，采用“分区—分阶段—单元式”填埋。同年，延安市污水处理厂立项。项目为集输管网和污水处理厂两部分，其中厂区占地面积115亩，主要建有氧化沟、二沉池各4个，设计日处理能力5万吨，工程总投资20527万元；污水收集管网85千米，中途提升泵站2座、截流闸111处，各类污水检查井850个，收集覆盖面为30平方千米。

2000年，全区工业废水排放量418.87万吨，工业废气排放总量47.56亿标立方米，工业固体废弃物排放量29.60万吨。工业废水、废气比1996年减少113.13万吨、21.54万吨，固体废弃物比1996年增加3.61万吨。

2003年3月，延安市污水处理厂调试运行。一期工程完成厂区主体工程，日均处理污水达到2.5万吨。

2005年，延安市油区清洁文明井场建成率34.8%，石油污水回注率55.8%；全市工业用水总量23983.1万吨，重复利用率65.85%；工业废水排放量886.98万吨，达标率74.4%；生活污水排放量2380万吨，达标率24.5%；工业烟尘排放达标率72%；工业固体废弃物产生量34.79万吨，综合利用率83.3%；城区生活垃圾产生量10万吨，处理达标率100%。

2006~2010年，垃圾填埋场年均处理垃圾量8.1万吨。2007年，实施采油废水处理回注工程建设和城镇污水处理设施建设，新建市区污水处理厂和石油废水处理站5个，污水收集处理率72%。废水排放量呈逐年下降趋势。年底，宝塔区开始实施污染减排工作。

2008年，对不符合国家产业政策又不具备治理能力，没有排污总量指标的项目，不予审批。改、扩建项目要求采用先进工艺，削减污染物排放。关闭淘汰落后生产工艺。1月10日，关闭大唐延安发电厂小火电机组；4月10日，爆破大唐延安发电厂冷却塔。

2009年，在宝塔区川口乡开工建设延安市第二垃圾处理场。总库容503万立方米，有效库容量497万立方米，投资9646.21万元。同时，推进污水处理厂建设和锅炉改造，实施工程减排。延安市污水处理厂加快扩容污水工程建设，实现5万吨/日的污水处理量，出厂水质达到城镇污水处理厂污染物排放一级 B 标准。青化砭采油厂和蟠龙采油厂污水处理站建成投运；城区共改造锅炉 27 台；延安热电厂改用内蒙古东盛低硫份煤。对延安市污水处理厂、长庆采油厂河庄坪综合服务处生活污水处理厂排污口安装在线监测装置。当年，宝塔区主要污染物削减量为：二氧化硫 120 吨，化学需氧量 1700 吨。至年底，全区二氧化硫排放量削减 134.8 吨；化学需氧量排放量削减 1739.2 吨。

2010 年，制定《宝塔区人民政府 2010 年污染物总量削减计划》，确定重点减排项目，落实企业减排责任。并纳入年终政府环保目标责任考核中，实行一票否决。联合纪检监察、经济发展部门开展减排和环境保护措施落实情况执法监察。建成甘谷驿生活污水处理厂、青化砭生活污水处理厂、南泥湾采油厂污水处理站、延安卷烟厂污水处理厂、延大附院污水处理站、蟠龙果汁厂污水处理站；改造长庆采油厂河庄坪生活基地生活污水处理厂；煤改气或煤改煤改造锅炉 38 台；对 7 家新整合煤炭企业集中治理，4 家文明矿井通过环评审批。延安市污水处理厂全年处理污水 1385 万吨，削减化学需氧量 4868 吨，市区污水收集率 90%以上。全年二氧化硫削减 188 吨，总量控制在 3045 吨，分别完成任务的 134.2%和 100.3%；化学需氧量削减 1901.45 吨，总量控制在 2830 吨，分别完成任务的 103.7%和 96.6%。是年，全市工业废气排放量 134 亿标立方米，比 2005 年增加 2 倍；工业废气中二氧化硫排放量为 11196 吨，比 2005 年减少 8.1%；生活废水排放量 11114.52 吨，比 2005 年减少 13.7%；工业废水中氨氮排放量有所增加，石油类排放量随环保设施改善明显减少；烟尘排放量 3.6 万吨；粉尘排放量 0.14 万吨，排放量呈逐年下降趋势。至 2010 年底，辖区内石油开采单位建成注水站 26 个，注水井 1163 口。累计建成文明井场 13431 个，输油管线 170.7 千米。集中处置油泥等危险废物 5786.22 吨，井场泥浆、岩屑固化 200 个。责令停产治理川口等 7 家采油厂 153 口油井，限期治理 65 口。

四、其他污染治理

2009 年，对宝塔区南川 7 个采砂石场污染汾川河状况进行 1 个月的集中整治，对违法排污和无环保手续的砂石场，责令其停止违法行为，限期补办手续，建设配套设施。对砖瓦、建材行业进行检查，共检查砖厂 23 个，9 家砖厂补办了环保手续，并关闭取缔污染严重的宝塔区万花山乡罗崖村岩丰珍珠岩厂。对辖区内 12 家大中型医院的医疗废水、医疗垃圾和放射性污染源进行专项整治，督促宝塔区医院建成 1 个医疗废水处理站、延大附院加快医疗废水处理站建设；要求辖区所有规模医院的医疗固体废弃物，全部送往延安市殡仪馆和宝塔区火葬场集中焚烧处理。

2010 年，环境保护局宝塔分局加大废矿物油对环境危害的宣传，对辖区内废矿物油的生产、贮存、转移、利用、处置实行全过程规范化管理。重点检查机动车维修行业、机械设备制造企业、大量使用矿物油的大型企业以及收购、运输、处置、综合利用废矿物油的企业，对存在问题的汽车修理厂依法下达限期整改通知书，依法处罚逾期没有完成治理任务的企业。排查通讯基站、辐射和放射设备，排查辐射源 15 家，限期补办手续 5 家。对未办理环保手续的俪人医院、现代妇科医院等限期办理环保手续；对无医疗废水处理设施的市中医院、延安妇幼保健院、慈善医院等 8 所医院进行限期整改。6 月底，延大附院废水处理设施竣工投用；8 月 1 日起，医疗垃圾由延安盛源医疗废物集中处置中心和市殡仪馆分类处理，全年共集中焚烧处置医疗垃圾 114.57 吨。

五、农村环境综合整治

2003 年，区环保部门开展以创建绿色村庄、禁烧秸秆、禁挖甘草和保护野生动植物为主要内容的农村环境保护工作，组织宣讲人员深入村镇普及农村环境保护知识。

2004 年，宝塔区政府制定新农村建设环境保护规划，开展以农村垃圾、污水为重点的农村污染源治理。

2009 年，制定《宝塔区 2009～2010 年农村环境保护专项规划》《宝塔区贯彻落实农村环境保护生态创建工作设施方案》。当年建成优美乡镇 1 个——南泥湾镇；生态示范村 5 个——临镇镇任家塬村、李渠镇张兴庄村、柳林镇后孔家沟村、冯庄乡康坪村和梁村乡小刘沟村。宝塔区河庄坪镇试验推广集镇垃圾、污水处理处置工程。

2010 年，完成农村环境污染调查工作，上报农村环境综合治理项目 9 个，申请省级环保专项支持资金 40 万元，建成乡镇生活污水处理厂 2 个。

第四节　环境监管

一、机构

1980 年，延安市政府设环境保护办公室，办公室设在延安市城建局，与城建局两块牌子、一套人马。1985 年，独立设为延安市环境保护局，科级建制，下设延安市环境监测站和延安市环境监理收费所 2 个单位，为科级建制。

2003 年，宝塔区环保局上划归市，更名为延安市环境保护局宝塔分局，科级建制，行政编制 6 名，内设办公室、宣教科、监督管理科、污控科、环评科、生态科、减排办、稽查科、财务科 9 个科室。下设宝塔区环境监察大队和宝塔区环境监测站。

2010 年，宝塔区环境监测站与延安市监测站合并。延安市环境保护局宝塔分局内设办公室、财务科、监督管理科、环评科、污染科和生态科 6 个科室，有职工 19 名，下设宝塔区环境监察大队，科级建制，参照公务员法管理单位。在宝塔区姚店镇设姚店环境监察中队，副科级建制。

二、监管

1998 年，宝塔区对城区 561 台锅炉、茶炉以及工业企业发放排污许可证。对区域内煤矿环境污染提出集中整改意见。2000 年，处理延安发电厂违法生产问题。

2002 年，开展建设项目管理年活动，全区共检查建设项目 36 个，清理出未执行环境影响评价项目 8 个，“三同时”执行不到位的项目 3 个。区环境保护局对此分门别类进行了处理。

2004 年，市环保局宝塔区分局督办宝塔区延园中学生活污水污染问题，将污水管线改道进入市区污水管网；督办王瑶水库饮用水源一级保护区采油井关闭工作。2005 年，关闭采油井 10 口。2005 年，宝塔区国家生态示范区通过国家环保总局组织的考核验收。2006 年 10 月，剩余的 26 口采油井全部关闭。

2006 年，开展电磁辐射和放射源环境安全专项检查，为涉源单位依法办理辐射安全许可证，并建立全区电磁辐射源、放射源档案和数据库。

2008 年，开展污染源普查工作，制定《宝塔区第一次污染源普查工作方案》，成立污染源普查领导小组，选派人员参加省、市举办的污染源普查培训班。全区共有污染源清查对象 1577 家，纳入普查对象的 869 家。当年，完成污染源入户普查、五级审核 842 家，计算机录入 348 家。

2009 年，完成《宝塔区第一次全国污染源普查技术报告》，上报最终污染源 1866 个，其中工业源 124 个、生活源 791 个、集中治理设施 5 个、农业污染源 946 个。治理建材和石油工业企业污染源，实施监督减排。全区有省级挂牌督办的环境整改问题 4 个：延安热电厂安装脱硫设施和在线监测整改，延安卷烟厂供热和污水处理工程，延安市区垃圾处理厂回罐系统检修问题，川口玻璃纤维棉厂另行选址重新建设问题。

2010 年，市环保机构排查核技术应用的 8 家测井公司，对延安盛安公司非法借用其他公司资质招投标，从事放射性测井工作进行处理，责成公司停止放射性活动，取消其招投标资格。当年，延大附院 I 类放射源申请退役。环保宝塔分局对辖区 2008 年以来 177 个建设项目的环保手续全面排查。查处杨家岭小学幼儿园、延炎建筑公司等 4 个单位无环保手续或未按环保要求建设问题，责令限期整改，并处罚款 3.5 万元。对移动公司、联通公司等 10 个单位的 393 个放射设备和延大附院等 12 所医院电磁设备的环评手续和持证情况全面检查，限期补办手续 5 家。

第五编　交通运输

1990 年，延安地区公路通车里程为 6848 千米。至 2010 年，延安市公路通车里程达 2.04 万千米，实现了乡乡通油路，村村通砂石路。其中，宝塔区建成 5 条区（县）级公路、6 条乡镇级公路和 144 条村级公路，区内 11 镇、9 乡和 611 个村庄均通公路。全区公路通车里程达 1703 千米。

1990~2010 年，宝塔区内新建神延铁路与西延铁路对接，新建黄延、靖安高速公路与新改建的包南线国道穿境而过；改建整合的宜定、清延、延靖省道连接组成宝塔区公路的“主骨架”，沟通与内蒙古、宁夏、山西、甘肃等周边省区的联系，形成快捷的公路、铁路、民航交通网络，实现了出行西安、榆林、银川、靖边、定边以及省内重要城市“一日通”。2010 年，延安机场全年航班飞行 2857 架次，完成旅客吞吐量 120121 人次，货邮吞吐量 42.9 吨，与上年同比分别增长 27.0%、39.2%和 51.1%，年增长率位于全国支线机场前列。宝塔区交通运输业的现代化和多样化，促进了全区国民经济和旅游业的快速发展，带动了全区经济社会的全面进步。

第一章　交通设施

第一节　公　路

一、高速公路

（一）黄（陵）延（安）高速公路

黄延高速公路是国家规划的西部大通道包头（内蒙古）至茂名（广东）线在陕西省内的重要一段，也是陕西省“米”字形公路主骨架的重要组成部分。南接铜（川）黄（陵）高速公路，起自黄陵县康崖底村，经洛川、富县、甘泉，终于宝塔区河庄坪与延塞高速公路相接，全长143.21千米，路基宽度24.5米，双向四车道。全线共建设桥梁142座（其中特大桥12座），隧道22座，立交11处，总投资63.70亿元。2002年12月6日开工建设，2006年9月30日通车，2010年12月17日通过竣工验收，工程质量评定等级为优良。黄延高速公路宝塔区段由甘泉县清泉沟与宝塔区界的山神庙隧道相接进入宝塔区，沿经宝塔区南泥湾、南蟠龙设置的半互通式立交、南秋台1号隧道和2号隧道、牛庄沟大桥、南三十里铺、南二十里铺、高坡、山狼岔隧道、万花山乡的罗崖、肖林、杜甫大桥、枣园镇的新窑洞隧道、杨崖、枣园隧道至河庄坪镇的石圪塔（延安北站），与宝塔区内的靖（边）安（塞）高速公路相接，区内辖长47.20千米。

（二）靖（边）安（塞）高速公路

靖边至安塞高速公路是陕西省“米”字形公路骨架的主要组成部分，与国道主干线共同构成陕北地区公路网主骨架。起自榆林市靖边县新农村乡石家湾村，终于宝塔区河庄坪，全长104千米，路基宽度分别为24.5米和35米，双向四车道，全封闭、全立交，总投资45.8亿元。2006年9月5日全线通车。靖安高速公路宝塔区段从河庄坪的石圪塔起经石圪塔大桥、河庄坪一号大桥与二号大桥、石窑村大桥、康家沟中桥、罗家沟大桥、马家沟中桥、马家沟大桥至安塞县界，与榆靖、陕蒙高速公路相接。区内辖长11.20千米。2001年10月始建，2003年9月25日建成通车。

二、国道

210国道包南线，1970年为西包公路。1991年西包线大改造，全程线路达国家二级公路，路基宽12米，行车路面宽9米。1997年交通部确定210国道新线，将原来绕宝塔区姚店镇经青化砭、永坪、子长至清涧县路段改为从宝塔区姚店镇经甘谷驿镇康家沟至延川县、清涧县。1999年大改线工程开工，涉及宝塔区的有3大段：高坡至嘉岭桥11.50千米，开通3条隧道和宝塔山石砭加宽；嘉岭桥至流水沟门9.10千米路基加宽；流水沟门经甘谷驿镇康家沟至延川界37.30千米路面、桥涵、隧道开通与改善。

2003年，开始210国道延安城区过境路改造工程，2004年，210国道延安段整治全面完成。2005~2006年对嘉岭大桥加宽改造，全线仍为国家二级公路标准，路基宽12~14.50米，路面宽度9~14米，双车道，次高级路面，全线均为晴雨通车里程。

210国道宝塔区段，自甘泉县与宝塔区界的湫沿山隧道经宝塔区南三十里铺、高坡、南洼梁隧道、赵庄隧道、二庄科隧道、黄蒿洼沟、嘉岭大桥、川口、李渠、姚店、甘谷驿镇、西沟门、前苏家沟、唐家坪、罗家湾至延川县界的芦草西环节梁隧道，区内辖长63.97千米，涉及5个乡镇、42个行政村。2010年对市区段进行重新改线，新线从柳林镇南三十里铺经桥沟镇、川口乡、李渠镇至姚店镇杨家砭。

三、省道

1990年前，延安市内有延靖公路、延延公路、延定公路、延宜公路、延子公路穿境。1990~2007年公路重建整合后，至2010年改为清延、靖延、宜定线3条，区内线路长131.67千米。

（一）清延线（S205）

经延川县鲁家湾，在鲍家河进入宝塔区界，再经宝塔区玉皇庙、青化砭镇、姚店镇、甘谷驿镇、郑庄进入延长县白家川。区内辖长25.55千米。1990年至2008年间多次改造加宽，2009 年改线，全程均为晴雨通车里程。

（二）靖延线（S206）

原为延靖公路，自宝塔区河庄坪镇石圪塔经安塞县杨家沟，区内辖长 12.41 千米。1990~2010 年多次改造，路基宽度 8.50~12 米，路面宽度 7~11.50 米。2008 年，开工建设 206 省道延安城区北连接线，兰家坪至河庄坪段，线路全长 2.60 千米。

（三）宜定线（S303）

宜定线原为延定、延宜 2 条公路，经 1990~2010 年公路改建整合后，2 条公路合并连通，易名宜定公路。宜定线经南泥湾、南三十里铺、延安市区、枣园、高桥至安塞县界西河口。区内辖长 93.67 千米。其中，2003 年，完成 303 省道延安经南泥湾至云岩三级路改造项目；2007 年，开工建设 303 省道西过境线，经河庄坪镇石圪塔村、枣园镇莫家湾，接延安北过境公路，全长 4.70 千米，2009 年建成通车；路基宽度 8.50~14.50 米，路面宽 6~14 米，次高级路面、国家二级路面，双车道，晴雨通车。

四、专用公路

（一）临姚路

自宝塔区临镇镇经黑舍村、刘村至姚家坡农场，全长 8.20 千米，路基宽度 7.50 米，路面宽度 6 米，中级路面，双车道。2003 年由宝塔区交通局改建为三级公路，沥青渣油表处路面。

（二）延安城区过境路

自宝塔区崖里坪至河庄坪，全长 15.30 千米。2008 年由城区北过境项目管理处改建为二级油路。

（三）原 G210 桥沟段

自宝塔区桥沟至东二十里铺，全长 8.80 千米，主要服务区为延安机场。2009 年由延安市城市管理局改建为二级油路。

G210 线东过境路自宝塔区姚店至三十里铺，2010 年 6 月 28 日开工建设。

五、区（县）公路

1994~1999 年，国家先后分第四、五、六、七批“以工代赈”扶植贫困县乡公路工程建设，拨付宝塔区 483 万元，区交通部门重点改建燕金路、延万路、青张路、玉贯路和阳九路。2001~2003 年，5 条公路全部铺筑沥青渣油路面。截至 2010 年，宝塔区有乡镇公路 5 条 103.34 千米，其中三级公路 4 条 92.54 千米、四级公路 1 条 10.80 千米。

（一）燕金路

自柳林镇燕沟沟口至麻洞川乡金盆湾，沿途经赵庄、四岔铺、南庄河、稍园梁、陈子沟、前新窑、松树林、老虎沟至金盆湾。全长 36.24 千米。1990 年前，燕金路为土路面，部分路段为砂石路面。1990~1991 年秋冬，以民工建勤形式各进行一次普修。1994 年用国家第四、第五批“以工代赈”专款，全线进行改造和沿途桥涵配套工程的建设。1995 年，对全线整修补漏一次。1996 年仍用“以工代赈”专款改造柳林至松树林段。1999 年，再次用国家第七批“以工代赈”专款进行全线改造一次。2001 年改建为三级公路，沥青渣油表处路面。

（二）延万路

自万花山乡张坪至万花山庄，全长 11.20 千米，路基宽度 8.50～12.50 米，路面宽度6～12 米，次高级路面，双车道，二级公路，晴雨通车。1990～1991 年秋冬，各进行一次公路普修与养护。1994 年，用国家第四、第五批“以工代赈”专款进行全线大改造，重铺路面，沥青渣油表处，加宽路基。1995 年再次进行整修。1996 年重点整修桥涵工程。1998 年用“以工代赈”专款进行改善，至 1999 年再次用国家“以工代赈”专款进行改建。2001 年全线沥青渣油表处，达到三级公路标准。2008 年按二级公路标准进行改建，2009 年建成通车。

（三）玉贯路

自蟠龙镇玉皇庙经张山圪台、蟠龙镇、鲁家屯、宋家沟至贯屯乡龙湾村，全长 20.30 千米。1990～1991 年秋冬，以民工建勤形式对全线各抢修一次。1995 年，改造 18.60 千米为三级砂石路面。1999 年仍用“以工代赈”专款进行路面改造。2002 年全线改建为沥青渣油路面。路基宽度 7.50 米，路面宽度 6 米，双车道，中级路面，三级公路，晴雨通车。

（四）青张路

自青化砭曹咀村起，经梁村乡的王庄、梁村、裴渠、裴庄、张坪乡的漫家坪、皮家湾至张坪乡，全长 24.80 千米。1994 年用国家“以工代赈”专款全线改建一次，1995 年改造为三级砂石路面。1996 年对沿途桥涵配套工程改建一次。1997 年再用国家“以工代赈”专款全线改造。1999 年仍以“以工代赈”专款进行改造。至 2002 年全线改建沥青渣油路面。路基宽度 7.50 米，路面宽度 6 米。双车道，中级路面，三级公路。

（五）阳九路

自南泥湾镇阳湾村至九龙泉，全长 10.80 千米。1990～1991 年以民工建勤形式各普修一次。1996 年，桥涵配套建设一次。2003 年，全线改造为四级路面，沥青渣油表处。路基宽度 6.50 米，路面宽度 5 米，中级路面，四级公路，双车道，晴雨通车。

六、乡镇公路

1989 年，延安市有乡村公路 36 条 421 千米，均为土路面，全区通公路行政村占 75%。

1990～2010 年，宝塔区政府以农为本，公路建设政策不断向“三农”（农业、农村、农民）倾斜，启动“村村通公路”措施。继续沿用民工建勤的传统做法，全区各乡镇“乡乡修公路，村村上劳力”。至 1995 年 5 月，全区各乡镇基本完成村村通公路计划。1998 年 100%的行政村通了公路，90%以上的自然村也通了公路。

2004～2010 年，省、市、区投入 4 亿多元修建农村公路。至 2010 年全区建成 150 条乡村公路，其中乡镇公路 6 条、96.50 千米，村级公路 144 条、1209.30 千米。

（一）蟠下路（延 Y001）

自蟠龙镇蟠龙村经核桃坪、下坪乡的王家屯、史家崖底、木家坪至下坪乡政府，全长 13.90 千米，路基宽度 7.50 米，路面宽度 6 米，单车道。1990 年前为土路面。1994 年用国家第四、第五批“以工代赈”扶植贫困县乡公路工程款进行 14.30 千米改建。1995 年 13 千米铺设砂石路面。1999 年再用国家第七批“以工代赈”款进行改建。2002

年改建为三级公路，沥青渣油表处。2010 年改建三级油路，投资 1560 万元，其中省、市补助 560 万元，宝塔区自筹资金 1000 万元。

（二）延丁路（延 Y002）

自李渠镇东村的 210 国道线起经李家沟、贾庄、李庄、冯庄乡政府、高庄至下坪村，全长 17 千米，路基宽度 7.50 米，路面宽度 6 米，双车道。1991 年冬，以民工建勤形式大普修一次。1993 年 7 月，对全线铺筑四级砂石路面，路基宽度达 6.50 米。1994 年用国家第四、第五批“以工代赈”专款全线改造一次，1995 年再次铺筑砂砾石路面，1999 年仍用国家“以工代赈”款进行全线改建。2002 年，改建为三级公路，沥青渣油表处。2008 年重新进行改建。

（三）延碾路（延 Y003）

自李渠镇崖里坪村的 210 国道线起经杨新庄、王家沟、王家砭至碾庄村，全长 6.60 千米，路基宽度 7.50 米，路面宽度 6 米，双车道。1994 年，用国家第四、第五批“以工代赈”扶植贫困县乡公路工程款改建 6.3 千米。1996 年进行一次桥涵配套工程。1997 年再用国家“以工代赈”专款改建为三级砂石路面。1999 年仍用“以工代赈”专款改造 6.30 千米路面。2002 年改建为三级公路，铺筑沥青渣油路面。2005 年改为北过境线，全长 15.70 千米，路况提升为二级公路。

（四）川冯路（延 Y004）

自川口村的 210 国道线至川口乡冯坪村，全长 5 千米，路基宽度 7.50 米，路面宽度 6 米，双车道，晴雨通车。1991 年秋冬，民工建勤普修一次。1996 年桥涵配套建设工程修筑冯坪桥一座，空腹式石拱桥，长 36 米。2000 年全线改建为三级公路，沥青渣油表处。2010 年重新进行改建。

（五）延元路（延 Y005）

自姚店镇郑崖村 210 国道线起经陈家屯村至元龙寺村，全长 7 千米，路基宽度 7.50 米，路面宽度 6 米，双车道。1991 年秋冬，民工建勤普修一次。1994 年用国家第四、第五批“以工代赈”扶植贫困县乡公路工程款全线改造一次。1999 年仍用“以工代赈”款进行改造和桥涵配套工程。2001 年改建为三级公路，沥青渣油表处路面。2008 年重新进行改建。

（六）姚麻路（延 Y006）

自姚店起，经房子沟、寨子沟、沙滩、界和平、赵家沟、新民村、刘台、雪水湾、岳家屯、金家屯、玉家崖至麻川乡，全长 47 千米，路基宽度 7.50 米，路面宽度 6 米，中级路面，双车道。1990～1991 年，民工建勤两次普修。1994 年用国家第四、第五批扶植贫困县乡公路工程款改造 12 千米。1997～1999 年，使用国家第六、第七批“以工代赈”款进行改建。2005 年全线改建为三级砂石路面，2008 年改建为三级油路。

七、村道公路

截至 2010 年底，宝塔区有村道公路 144 条、1209.30 千米，其中三、四级油路 23 条、210.67 千米；三、四级砂石路面 42 条、452.35 千米；等外砂石路面 38 条、332.90 千米；其余 41 条、213.38 千米为等外土路面公路。

八、公路桥梁

1990～2010年，宝塔区内公路新建特大型、大型、中型桥梁21座，长4537.36延米。

2010年宝塔区域内公路桥梁统计表

表5-1-1　　　　单位：米

名称	所在地点		使用年限	桥长			桥宽	设计荷载	结构形式		建成年月
	河渠	路线名称		全长	孔数(个)	跨径长			上部	下部	
嘉岭大桥	延河	西包线	—	181	7	—	12	汽-20级	板拱	"X"形框架	1994.8
郑家崖桥	五羊川	西包线	永久性	85.60	3	60	12.50	汽-20级	板拱	重力式墩	1998.12
姚店桥	蟠龙河	西包线	永久性	82	3	60	20.50	汽-20级	板拱	重力式墩	1998.12
二道湾桥	—	—	永久性	52	1	25	10.50	汽-20级	板拱	—	1999.8
桥沟桥	—	—	永久性	42	1	25	10.50	汽-20级	板拱	—	1999
野狐狸沟桥	—	—	永久性	56	1	30	10.50	汽-20级	板拱	—	1999.8
柿子沟桥	柿子沟	—	永久性	58	1	30	10.50	汽-20级	板拱	—	1999.8
碾庄沟桥	碾庄沟	—	永久性	40	2	32	12.50	汽-20级	空心梁	—	1999.9
采油厂过水桥	川口河	—	永久性	58	4	58	—	—	板拱	重力式墩	1999.10
牛庄沟大桥	牛庄村	黄延高速公路	永久性	291	14	20	—	—	箱梁	—	2004
杜甫大桥	杜甫川	黄延高速公路	永久性	275	—	—	—	—	—	—	2004
石圪塔特大桥	石圪塔	黄延高速公路	永久性	647	—	—	—	—	半幅	—	2005
石圪塔大桥	石圪塔	黄延高速公路	永久性	367	—	—	—	—	全幅	—	2005
石圪塔大桥	石圪塔	靖安高速公路	永久性	218	7	30	—	—	箱梁	双柱式桥墩	2003
河庄坪一桥	河庄坪	靖安高速公路	永久性	457.68	15	30	—	—	箱梁	独柱式桥墩	2003
河庄坪二桥	河庄坪	靖安高速公路	永久性	217.71	7	30	—	—	箱梁	双柱式桥墩	2004
石窑村大桥	石窑村	靖安高速公路	永久性	217.10	7	30	—	—	箱梁	独柱式桥墩	2004
康家沟中桥	康家沟	靖安高速公路	永久性	44.04	3	13	—	—	预应力	柱墩	2004
罗家沟大桥	罗家沟	靖安高速公路	永久性	578.70	19	30	—	—	箱梁	双柱式桥墩	2005

续表

名称	所在地点		使用年限	桥长			桥宽	设计荷载	结构形式		建成年月
	河渠	路线名称		全长	孔数(个)	跨径长			上部	下部	
马家沟中桥	马家沟	靖安高速公路	永久性	52.04	3	16	—	—	板桥	柱墩	2005
马家沟大桥	马家沟	靖安高速公路	永久性	517.49	17	30	—	—	箱梁	双柱式桥墩	2005

九、公路隧道

1990~2010 年的 21 年间，宝塔区内新建公路隧道 12 道，长 14841 延米。

2010 年宝塔区域内公路隧道统计表

表 5-1-2　　　　单位：米

隧道名称	地点线路	使用年限	规格			建成年份
			长	宽	高	
湫沿山隧道	西包线	永久性	235	10.50	6.50	1996
南洼梁隧道	西包线	永久性	227	10.50	6.50	2001
赵庄隧道	西包线	永久性	195	10.50	6.50	2001
二庄科隧道	西包线	永久性	207	10.50	6.50	2002
芦草梁隧道	西包线	永久性	150	10.80	7.20	2002
山神庙隧道	黄延公路	永久性	2500	11	7	2003
南秋台一号隧道	黄延公路	永久性	2300	11	7	2003
南秋台二号隧道	黄延公路	永久性	2285	10.50	7	2003
山狼岔隧道	黄延公路	永久性	1893	10.50	7	2004
山狼岔隧道	黄延公路	永久性	2038	10.50	7	2004
枣园隧道	黄延公路	永久性	1871	10.50	7	2005
枣园隧道	黄延公路	永久性	940	10.50	7	2005

第二节　铁　路

一、线路建设

宝塔区内有西延、神延线铁路，是国家铁路网“八纵八横”布局中“包柳通道”的组成部分和铁路十大煤运通道之一。

（一）西（安）延（安）铁路

1972 年，陕西省革命委员会决定修筑新丰镇至延安铁路线，由临潼新丰镇沿洛河左岸，经蒲城县坡底村、白水、宜君、黄陵、洛川、富县、甘泉县至延安，全长 315 千米，命名为“西延铁路”，总投资约 8.77 亿元。1973 年 1 月，西延铁路开始修建，由铁道部第一工程局承担全线施工。1978 年 12 月，部分路基、桥涵、隧道筑至延安地区四十里铺，临潼县新丰镇至蒲城县坡底 105 千米建成通车。1979 年缓建，坡底至黄陵县秦家川段 93 千米由铁路一局五处、三处施工，1980 年完成全段隧道及部分桥涵和路基工程的 80%。1981 年，西延线因未列入国家重点建设项目而停建。

1985 年 5 月，经国家计划委员会、铁道部批准，西延铁路列入国家计划，恢复施工，以国家投资和地方集资入股分红的方式合资修建，为铁道部与陕西省合资修建的地方铁路。1986 年 9 月，坡秦段 93 千米建成，通车运煤。1987 年 10 月，黄陵县秦家川至甘泉县道镇 62 千米开始施工，1990 年 10 月建成通车。道镇至延安段 1991 年 12 月建成，26 日，在延安南站举行了西延铁路全线开通庆典。1992 年 8 月 1 日，西（安）延（安）线路客运列车通车。1997 年 8 月，铺轨到延安北站（阳山）。

西延铁路全长 334 千米（包括南站至阳山货站 19 千米），总投资 12.2 亿元，其中铁道部投入 8 亿元，陕西省投入 4.2 亿元。全线有桥梁 259 座，总延长 23.885 千米；隧道 103 座，总延长 59.718 千米，坡底村至延安段桥隧总长占全线长度的 38%；线路最大坡度为 12.5‰；最小曲线半径 400 米；联锁设备为色灯电锁器和 6502 电气集中联锁；闭塞设备为 64D 继电半自动；牵引定数上行 1700 吨，下行 3500 吨；列车允许速度为每小时 75 千米。西延段设计年运输能力为 1500 万吨。设计年运力近期 2500 万吨，远期 3000 万吨；通过能力近期 7 对/日，远期 24 对/日。

（二）神（木）延（安）铁路

由铁道部和陕西省合资修建，是西（安）包（头）铁路的重要组成部分，与正在修建的西康铁路相连。

1998 年 5 月 28 日，神延铁路正式开工建设。神延段北起榆林市神木北站，南至西延铁路的延安北站，途经榆林、米脂、绥德、清涧、子长至宝塔区。2001 年 4 月 15 日全线铺通，2004 年 1 月正式交付运营。

神延铁路正线全长 384.67 千米，属国家一级干线（单线），部分区段预留双线，总投资概算 64.743 亿元。全线桥梁 249 座，总延长 49.506 千米；隧道 27 座，总延长 31.765 千米，占线路总长的 8.25%。其中，寺则河隧道长 6216 米，是中国在黄土地质上修建的最长隧道之一。线路最大坡度为 12.5‰；最小曲线半径 450 米；联锁设备为 6502 电气集中联锁；闭塞设备为 64D 继电半自动；牵引定数上行 1700 吨，下行 3500 吨，列车允许速度为每小时 90 千米。神延段设计年运输能力近期为 1420 万吨，开行旅客列车 3 对。

（三）包（头）西（安）铁路复线

包西铁路是国家 13 个大型煤炭基地中的陕北、黄陇煤田煤炭外运的重要渠道，北接京（北京）兰（州）通道的京包线、包兰线，中（中卫）神（神木）朔（朔州）线、侯（马）西（安）线及新建的太（原）中（卫）银（川）和黄（黄陵）韩（韩城）侯（侯马）铁路；南连包（头）柳（州）通道中的西（安）（安）康线、陆桥通道中的陇海线；东连宁西通道［西安—南京（启东）］西南线，是西北地区铁路网骨架的重要组成部分，路网地理位置极为重要。包西铁路通道陕西段，自北向南纵贯榆林、延安、渭南3市18区县，全长622.69千米，为国家一级双线自动闭塞电气化铁路。

2006年，西延铁路扩能改造工程被国家发改委列为第六批开工的固定资产投资的大中型项目，扩能改造采用国铁I级标准，内燃机车牵引，预留电气化条件。根据初步建设规划，对包西线从张桥到延安、延安到大保当共561千米进行复线建设。张桥到延安段按照160~200千米设计时速重新修建260千米长的高标准双线；从延安到大保当301千米，按照同样标准在既有线上增建第二线。西延铁路复线建成后，延安至西安的铁路线路将增加至3条，两地最短可实现2小时直达。1月21日，延安市政府与西安铁路局在西安召开座谈会，市委副书记、代市长陈强，市委常委、常务副市长梁宏贤与西安铁路局局长杨绍清就西延铁路复线建设及延安火车站改造工程有关事项进行座谈。

包（头）西（安）复线电气化铁路2007年12月25日开工建设，至2010年3月，全线设计正线铺轨929.40千米，累计完成112.98千米，已完成设计的12.2%。站线铺轨112.61千米，累计完成19千米，完成设计的17%，全线设车站25个，其中新建车站9个，改建车站16个，2个车站已完成站改（包括延安火车站）。建成投产后，将加快陕北、蒙西能源化工基地建设。

二、站点设置

（一）火车南站

延安火车站位于宝塔区柳林镇柳林村前。始建于1989年，1992年8月建成。曾征占柳林镇柳林村川地260亩，占地面积17.33万平方米。2006年，延安火车站改造工程纳入包西线建设项目，10月，在原有基础上进行改建和扩建，按照铁道部提出的“一百年不落后”的思路规划设计，设计最高出行运量按照3000人设计，站房面积达23940平方米。工程主要包括整个站房重建，原有4条导航线增加到9条（其中货物绕行线2条），原来1站台、1通道增至3站台、3通道，增建无支柱雨棚。车站广场重新改造，设计标准为西北地区一流的火车站，行车组织方式为电气化双线自闭，2007年4月建成，同年10月1日开始营运。新建火车站站房长264米，宽53.60米，站房总建筑面积23987平方米，共有电梯14部。设有候车室、贵宾室、新闻发布中心、无障碍军人团体候车室、软席候车室、广播监控中心、售票房、行包房、旅客服务以及地下停车场等设施。车站集多项国内先进技术为一体，配备旅客引导系统、中央空调系统、自动消防系统。雨棚为大跨度悬梁钢结构。车站建设风格既体现陕北地方风貌，又具备现代化的功能，成为延安的标志性建筑。

（二）火车北站

又名阳山火车站，位于宝塔区李渠镇阳山。主要为货运站。始建于1995年，2002年10月建成营业，占地面积8.13万平方米。2006年，延安火车站改造期间，北站作为临时客站使用。

第三节 航 空

一、机场

延安市宝塔区的航空事业始于1935年9月修建的简易飞机场，当时延安为国民党东北军王以哲部所占，为便于张学良私人座机降落，在延安东关修建简易土石跑道飞机场一处。1936年12月18日，延安飞机场被红军接管。1938年，整修飞机场，加宽跑道。1944年，边区政府对飞机场跑道又进行大规模整修。

1963年，陕西省政府拨款100万元改建旧跑道，用长方形条石（长1.20米、宽0.40米、厚约0.25~0.30米）铺筑，将碎石跑道改建为青石跑道，长1470米，宽25米，能满足伊尔14以下各型飞机、安24型飞机起飞和降落。

1970年，为满足战备工作需要，中央军委批准空军在延安市东二十里铺沿东西走向修建1条长2800米、宽45米、厚0.22米的水泥混凝土跑道，并设有滑行道、停机坪的新机场。可供三叉戟、伊尔18中型运输机起降。

1980年，延安民航站迁至东二十里铺新飞机场。新飞机场为军民合用国家二级机场。同时新建了配套的通信导航和地面服务设施，机场飞行区等级为4C，可保证B737、B146、A320系列等承载100吨以下中小型飞机起降。1989年3月31日，旧飞机场移交延安地区。

2003年7月，延安机场基础设施改造工程正式开工。项目建设包括飞行区道面修补、航站区公用、供电及通信导航设施改造与设备更新等。2006年10月，新建全向信标台工程开工建设。2007年9月，通过民航总局校飞中心设备校飞和管理局组织的行业竣工验收。至2010年，扩建站坪8640平方米，航站楼1000平方米；同年6月，新建候机楼投入运行。

二、延安机场迁建工程

2006年12月，中共延安市第三次党代会确定将延安机场迁建，以拓宽城市发展空间，增强飞行安全和空中运输保障能力。2009年6月30日，国务院、中央军委正式批复延安机场迁建工程立项。新机场场址位于宝塔区南二十里铺尚家沟山顶，距延安市区14.50千米。新机场按军用二级、民航4C级标准设计建设，概算总投资20亿元以上。建成后仍为军民合用，可起降民航ERJ-145、B737-300、A320-300和空军第三代战机等机型。8月28日，举行机场迁建工程试验段开工典礼。试验段长400米，宽520米，占地312亩。由空军第七工程总队施工，至2010年8月中旬全部完成试验段工程。其间取土71.7万立方米、回填62.3万立方米、清淤泥6200立方米、清草皮土3.3万立方米、伐树2500余棵、砍伐灌木林3.6万平方米、处理盲沟480米。地基处理通过碾压、强夯、冲压、冲碾结合、挤密桩和孔内深层强夯等多种方法和工艺，为场区扩大积累地基处理经验。同时完成水土保持、土地预审和环境影响评估等程序报批工作。

第二章　运　输

第一节　公路运输

一、公路运输企业

1989年，延安地区有4个专业汽车运输公司。2003年，交通行政部门对公路汽车运输业实行行业管理，运输企业全部改制。至2010年，参营长、短途客运的主要有公有制、非公有制的企业、团体、集体和个体。

（一）延安市汽车运输（集团）有限责任公司

简称延运集团。其前身为延安地区汽车运输公司，1951年成立，属国营企业，县级建制，地址市区东关，是延安地区当时唯一的汽车运输公司。1997年1月，延安撤地设市，地区汽车运输公司随之更名为延安市汽车运输公司。2003年6月企业改制，公司由国有企业改制为股份制企业，改名为延安市汽车运输（集团）有限责任公司。2010年，延运集团机构设置有党委会、总公司、工会、商会，下设9部4室职能部门。有客车890辆，营运线路202条，在市区东关街和柳林设东、南2个客运汽车站，占地2万多平方米。2010年底，有职工1350人。

（二）延安市第二汽车运输公司

前身为延安地区搬运公司，1983年改称为延安地区第二汽车运输公司，所有制性质不变。1989年底，有汽车20辆，职工343人，固定资产原值152万元。1992年与延安地区汽车运输公司合并。

（三）延安市公共汽车公司

1973年6月，从延安地区汽车运输公司抽调10辆客车、32名职工分设开展城区公交业务。1978年延安地区公共汽车公司正式挂牌成立，为延安最早从事城市公交客运服务的国有企业。1989年，有客车23辆，职工115人，固定资产原值88.45万元。1997年延安撤地设市后更名为延安市宝塔区公共汽车公司。1999年上划为市直企业，隶属于城建部门管理。2000年有职工560人。2002年12月，由市城管局整体移交市交通局管理。2010年11月，以承租、转购的形式将神州集团102辆车并入公司；年底，有营运线路20条，营运客车282辆，线路总长度531千米，承担着延安城市客运80%的客运量。公司内设17个职能业务科室，3个营运车队，1个修理厂，1个广告经营部。在册职工1328人。

（四）延安王家坪汽车联营运输有限公司

1987年，延安水利施工队干部王西林停薪留职组建延安王家坪汽车队，1993年成立延安王家坪汽车联营公司。1998年3月更名为延安王家坪汽车联营运输有限公司，注册资金2000万元，主要经营汽车运输、油运、汽车修理、配件销售等业务，为国家道路二级运输及具有危险品运输资质的企业。至2010年，有员工98人，有危险货物运输车辆150余辆，全部车型为天龙牌罐式货车。负责承运中国石油长庆油田公司延安至西安的原油运输任务以及由吴起、志丹、延川、甘泉至延安炼油厂的原油运输任务。全年运输总量85万吨左右。公司先后被陕西省委、省政府授予“先进私营企业”“省级文明标兵单位”等荣誉。总经理王西林被评为“全国劳动模范”“陕西省十大扶贫之星”“延安市精神文明先进个人”。2008年曾被推选为北京奥运圣火传递延安段火炬手。

（五）延安市龙庆客运服务有限责任公司

1998年4月正式成立，注册资金35万元，为集体企业，主要从事公路运输、客车服务业务。至2010年，有管理人员4人，实行有偿服务，收取一定比例的管理费。有营运线路42条，营运客车151辆。

（六）延安神州实业集团

2004年成立，注册资金7620万元，下设4个全子公司（延安神州集团众城客运有限公司、延安神州汽车出租有限公司、延安圣为工贸有限公司、延安圣地旅行社）和4个参股公司，主要从事城市公交客运、客运出租、旅游服务业、油气混加等业务。2010年，神州出租公司有营运车辆440辆。企业在册人员1000多人，其中安置下岗职工80多人。

（七）宝塔区汽车运输公司

国有企业，为宝塔区交通运输局下属企业。自1973年成立以来，除1982～1983年盈利18万元外，企业年份均为亏损经营，1990年停业瘫痪。至2010年，一直处于停产阶段。有职工102人（离退休24人）。

（八）延安市宝塔区平安汽车货运服务有限公司

集体企业。2000年10月30日注册成立，注册资本200万元。主要经营汽车货运、危险货物运输、城市快捷货运，信息服务、中介服务业务。

此外，宝塔区从事货运、市区交通的集体、民营运输企业还有：延安市汽车运输（集团）有限责任公司兴运分公司（民营企业，2003年11月成立）、宝塔区兴运运输有限公司汽车检测站等。

二、公路客运站

1989年前，除延安地区汽车运输公司在区内外设长期固定汽车站外，县办运输企业一律不设汽车站。至2010年，延安市汽车运输（集团）有限责任公司在东关街（旧址）和柳林设置南、北2个客运站。宝塔区通往各地的旅客车辆均从南、北站发出。南、北汽车站实行了站车分离，打破原来封闭型客运站的行政区域和所有制的界限，采取多种形式，建立了新型的开放式客运站，由单纯为企业服务转向为社会服务。除自己经营少量高速公路客车外，站务实行有偿服务，收取一定比例的业务费或管理费。日发班车百次之多，客车离站座位利用率93%。

（一）汽车东站

1989年10月，延安地区汽车运输公司在延安东关街旧车站东侧新建汽车站，占地面积1.3万平方米。内设办公楼、票房、磅房、安检室、旅客候车大厅、洗车台、停车场等，其中候车厅面积3000平方米。停车场面积1850平方米。车站每天客流量5000人次左右。2006~2008年改造重建，2010年建成。

（二）汽车南站

2004年4月新建，站址七里铺火车站斜对面，为陕西省“米”字形公路骨架网中的二级枢纽站。占地面积1万平方米，主楼建筑面积3728平方米。站内设施齐全，内设停车场，可停放客车百余辆。设计日运送旅客可达1.1万人次。

三、客运线路及客运量

1990年，延安市公路客运量30.12万人次。1994年，延安市有客运汽车283辆。全年完成客运量278万人次，旅客周转量10464万人千米。1997年，宝塔区实现乡乡通客运班车。全区有客运汽车346辆。全年完成客运量89.7万人次，旅客周转量11317.9万人千米。1998年，全区完成客运量104.1万人次，旅客周转量14001.9万人千米；跨省客运线路29条，跨市线路55条，跨县线路41条。累计延伸、开辟县乡客运线路146条。1999年12月，延安市有跨省客运线路30条，宝塔城区跨市线路66条，跨县线路75条，县内线路115条，形成辐射6省9市（地）13县区195乡镇的道路运输网络。

2000年，延安市汽车运输公司发展高档快速客运，增加营运班次，开辟跨省长途班线。车型以小型普客、中档卧铺为主，沃尔沃、桑塔纳等大型中高档客车有所增加。转变经营方式，短线营运向联合作业发展，长线营运向公司发展。客车经营线路286条，营运线路辐射北京、太原、银川、石家庄、临汾、兰州、平凉、武汉、洛阳等地。其中跨省线路30条、跨市线路66条，市内线路190条。至2000年底，宝塔区有营运客车518辆，有192个乡镇通客运班车，农民乘车难问题得到解决。全年完成客运量79.6万人次，旅客周转量14979.4万人千米。

2005年底，宝塔城区有客运班线375条，其中跨省39条、跨市94条，市内有242条，总里程3772千米。2007年底，宝塔区有客运汽车620辆，全年完成客运量1175万人次，旅客周转量103147万人千米；延伸农村客运班线723千米，基本实现路通车通。

2010年8月，开通咸阳机场至宝塔城区的长途客运班车。截至2010年底，宝塔区通往各地的客运线路181条，营运客车615辆。其中，通往宝塔区各乡镇农村客运线路38条，营运客车172辆；通往延安市各县的客运线路48条，营运客车220辆；通往陕西省内市、县、城镇和陕西省外省际间的客运线路95条，营运客车223辆。全年公路客运量为2050万人次，旅客周转量108055万人千米。

四、客运票价

1989年，陕西省交通局、陕西省物价局制定《关于提高公路汽车客运票价的通知》，延安地区交通局、物价局根据《陕西省公路汽车旅客运价计算办法》，印发《延安地区公路汽车客运票价册》，客车票价南线由每人每千米0.037元调整为0.0445元；北线0.0532元。1996年底，客车票价调为每人每千米0.082元。至2010年，宝塔区客车票价均由市交通管理部门和物价局结合运输市场实际情况制定。

2010年宝塔区至省际、省内部分市县客票价目统计表

表5-2-1　　单位：元

区间	起讫地点	票价	起讫地点	票价
宝塔区至省际市县	宝塔区—西安市	115.00（卧铺）	宝塔区—重庆市	360.50
	宝塔区—永和县（山西）	49.30	宝塔区—银川市（宁夏）	143.30
	宝塔区—太原市（山西）	121.30	宝塔区—济南市（山东）	302.50
	宝塔区—临汾市（山西）	117.50	宝塔区—乌海市（内蒙古）	180.30（卧铺）
	宝塔区—华池县（甘肃）	64.30	宝塔区—洛阳市（河南）	221.50（卧铺）
	宝塔区—兰州市（甘肃）	248.50	宝塔区—北京市	257.30（卧铺）
	宝塔区—平凉市（甘肃）	115.50	—	—
宝塔区至省内部分县乡	宝塔区—王瑶	15.80	宝塔区—马岔	55.80
	宝塔区—青阳岔	37.80	宝塔区—槐树岔	56.80
	宝塔区—王家湾	37.30	宝塔区—西庄	59.30
	宝塔区—靖边县	43.30	宝塔区—武镇	58.30
	宝塔区—顺宁	31.80	宝塔区—横山	57.80
	宝塔区—张渠	33.30	宝塔区—绥德县	40.80
	宝塔区—红柳沟	33.30	宝塔区—砖庙镇	52.30
	宝塔区—定边县	79.30	宝塔区—李孝河	54.30
	宝塔区—南沟岔	38.80	宝塔区—吴堡县	54.30
	宝塔区—清涧县	29.80	宝塔区—米脂县	50.30
	宝塔区—高杰村	42.80	宝塔区—佳县	57.30
	宝塔区—解家沟	39.30	宝塔区—坑镇	57.80
	宝塔区—王家沟	37.30	宝塔区—榆林市	63.80～77.30
	宝塔区—永坪	19.30	宝塔区—神木县	109.30
	宝塔区—拓家川	31.30	宝塔区—府谷县	131.30
	宝塔区—老君殿	40.80	宝塔区—大柳塔	131.30
	宝塔区—驼耳巷	50.80	—	—

续表

区间	起讫地点	票价	起讫地点	票价
宝塔区至延安市各县	宝塔区—志丹县	24.30	宝塔区—黄陵县	44.00
	宝塔区—子长县	24.30	宝塔区—黄龙县	48.00
	宝塔区—延川县	22.30	宝塔区—宜川县	38.00
	宝塔区—甘泉县	12.50	宝塔区—吴旗县	41.80
	宝塔区—富县	19.00	宝塔区—延长县	18.30
	宝塔区—洛川县	32.00	—	—

五、公路货运

宝塔区内有汽车货运公有制企业、非公有制企业、团体及集体、个人企业近百家，其中较有影响的为延运（集团）有限责任公司、延安市王家坪汽车联运公司（民营）等，以运送石油为主。1990 年，延安市有货运汽车 380 辆，年货运量 2.66 万吨，货物周转量 30.22 万吨千米。1997 年，宝塔区有货运汽车 560 辆，年货运量 9.5 万吨，货物周转量 1913.1 万吨千米。2000 年，全区有货运汽车 906 辆。2002 年，全区有货运车辆 1039 辆，全年完成货运量 9.2 万吨，货物周转量 1672 万吨千米。2006 年，全区有货运车辆 2203 辆，全年完成货运量 568 万吨，货物周转量 53460 万吨千米。至 2010 年底，宝塔区有普通货运汽车 1141 辆，全年完成货物周转量 2862.5 万吨千米。

第二节　城市公共交通

一、城市公交

延安城区公共交通始于 1973 年 6 月，从延安地区汽车运输公司抽调 10 辆客车，32 名职工分设开展城区公交业务。1978 年延安市公共汽车公司正式挂牌成立，为延安最早从事城市公交客运服务的国有企业。1994 年有公交车 39 辆。1997 年更名为宝塔区公共汽车公司，有营运车辆 51 辆，年客运量 1186 万人次。1999 年上划为市直企业，隶属于城建部门管理，经营 9 条线路 72 辆公交车，线路长度 260 千米，年客运量 2051 万人次。同年，经营城区公交线路的还有延安市汽车运输（集团）公司兴运分公司（以下简称兴运公司），隶属于宝塔区交通运输管理站，为挂靠经营模式。经营城区 5 路、7 路、8 路、18 路公交线路。2002 年 12 月，公交公司整体移交市交通局管理，年内，宝塔区共有公交营运车辆 174 辆，全年完成客运量 4100 万人次。其中，公交公司全年完成客运量 2967 万人次，实现营运收入 2300 万元，营运亏损 3.8 万元，比 2001 年减少 95.3 万元。

2001~2008 年，延安市宝塔区城市化进程加快，城区范围扩大，东到桥沟镇十里铺，南到柳林镇二十里铺，西到万花山乡锁崖，北到枣园镇枣园村。城市公交规模也随之扩大，公交车辆从 2001 年的 168 辆增加到 293 辆，其中市区公交车 228 辆（公交公司 128 辆，客运服务公司 54 辆，延运集团兴运公司 46 辆）；公交线路由 13 条增加到 20 条，线路总长度由 130 千米增加到 200 多千米，年运营里程由 600 多万千米增加到 1000

多万千米，年客运量由4080万人次增加7420万人次。其中，2005年宝塔城区有公交运营车279辆，全年完成客运量4831万人次。2006年完成客运量5765万人次。2006~2008年，城管部门加大公交基础设施建设投入，新建和维修候车亭120多个，更新站牌90多个。2007~2008年，市财政局给市公交公司每年补助362万元。2008年，延安市城区公交线路由市公共汽车公司、客运服务公司、延运集团兴运公司营运，其中客运服务公司和兴运公司为改制的股份制企业，形成以国营为主的公交运营体制。20条营运线路和4条交叉重复线路中，市公交公司11条、客运服务公司9条、兴运公司4条。至2009年11月，延安市公交公司完成客运量3806万人次，日平均客运量11.7万人次。

2010年，延安市交通局按照“政府主导，国有独资，财政投入，特许经营”的总体原则，规范城市客运管理体制，进行公交运营整合，以承租或转购的方式将神州集团客运公司102辆公交车交由市公交公司统一经营管理，并对公交11路、15路运行线路进行调整。新开财校—职业技术学院“教育专线”，在火车站广场设立公交车出租车服务管理站，在东二十里铺建设公交停车场。至年底，宝塔区城市街道交通线路26条，营运客车318辆，覆盖区街半径20千米，市区12个全国重点文物遗址和主要旅游景点均通客车。当年完成客运量162609万人次。

2008年宝塔城区公共交通线路一览表

表5-2-2

线路	起止站点	线路走向	车型	车辆数（辆）
1	姚农小区—兰家坪 丽景花园—宏丰公司	南滨大道—嘉岭路—圣地路	大客	22
2	财校—师范	光华路—南大街—北大街—师范路	大客	30
3	丽景花园—兰家坪	南滨大道—七里铺街—南大街—杨家岭大桥	大客	18
4	南桥—桥沟	南大街—大桥街—东大街—迎宾大道	大客	12
5	小东门—姚店	大桥街—东大街—迎宾大道—姚店	中巴	25
6	桥沟—卷烟厂	桥沟—迎宾大道—北大街—兰家坪桥	大客	18
7	大东门—下李家湾	大桥街—大桥北路—卷烟厂—河庄坪	中巴	8
8	罗家坪—裴庄	罗家坪—迎宾大道—圣地路—枣园路	中巴	11
9	沟门—罗家坪	迎宾大道—东大街—嘉岭路—七里铺街—南滨大道	中巴	12
10	南桥—万花	光华路—万花路	中巴	6
11	罗家坪—沟门	迎宾大道—东大街—嘉岭路—南滨大道	大客	18
12	丽景花园—兰家坪	南滨大道—七里铺—南大街—北大街	大客	10
13	火车站—枣园	七里铺—南大街—北大街—枣园路	大客	10
15	市场沟—西沟	南大街—北大街—西市路	大客	6

续表

线路	起止站点	线路走向	车型	车辆数（辆）
16	罗家坪—兰家坪	迎宾大道—东大街—圣地路	大客	24
18	桥沟—金圣都驾校	迎宾大道—东大街—七里铺街—南滨大道	中巴	10
19	罗家坪—财校	迎宾大道—大桥街—南大街—光华路	大客	31
21	黄蒿洼—王家坪	嘉岭桥—东大街—北滨路—北大街—圣地路	大客	6
22	桥沟—火车站	迎宾大道—东大街—南大街—七里铺街	大客	8
26	南桥—桥沟	南大街—大桥街—迎宾大道	大客	12
27	二庄科—大砭沟	七里铺街—南大街—北大街—大砭沟	中巴	8
28	大砭沟—桥沟	北大街—东大街—长青路	大客	16
合计	22 条		—	321
备注	城区人口 35.3 万人，万人拥有量为 8.40 辆		—	—

二、出租车

1992 年，延安凤凰出租车公司购置几部车辆开展出租车经营业务，公司隶属于延安地区盐务管理局管理，此为延安最早的出租车运营。1995 年，经过交通部门审批的 146 辆出租车正式挂牌运营。

1997 年 6 月 8 日，延安市城市客运出租车辆管理办公室（以下简称客运办）成立，事业性质，科级建制，隶属于市城乡建设委员会。1997 年 10 月，延安市人民政府印发《延安市城市客运出租车辆管理办法（试行）》通知，确定市客运办管理宝塔区城市客运的范围：东至姚店，南至三十里铺，西至裴庄，北至河庄坪；从事客运的车型有中小型面包车、出租车、人力三轮车、机动三轮摩托车。1999 年宝塔区实有出租车 402 辆。

2000 年，市客运办划归市公共事业局管理，并将公交车的管理纳入其职责范围。2001 年，市公共事业局被撤销，市客运办亦划归城市管理局。2002 年 12 月，移交到市交通局管理，其性质、建制及业务范围维持不变，主要承担对城市客运车辆二级维护的安全责任管理、牌证换发和司乘人员从业资格证的发放及年审等职责。

2003 年底，延安市城区有各类出租车 600 辆，其中通过有偿使用方式取得经营权的 453 辆，车型主要以奥拓、羚羊、富康为主，分别挂靠在 6 家出租车公司。因各出租车公司规模小、管理差，造成出租车营运混乱，黑市交易、并客拒载现象严重，外地游客投诉增多。

2004 年初，延安市交通局整治出租车营运混乱现象，延安神州汽车出租有限公司兼并圣地出租车公司和粮贸出租车公司，组建为延安神州集团汽车出租有限公司；延运集团公司收购兼并延安旅游集团通达出租公司，外贸出租公司和凤凰出租公司，组建延运集团通达旅游出租分公司，并取得延安市城市出租车特许经营资格和市内新增 50 辆出租车经营权。4 月 24 日，延安市政府批转市交通局关于《延安市城区出租车行业特许经营管理办法（试行）》。5月9日，延安市交通局举办出租车特许经营权竞标，延运集团有限责任公司取得145辆出租车有偿使用权，其中包括公开拍卖获得有偿使用权的50辆旅游待租车和公司拥有合法经营权的95辆出租车；延安市神州集团汽车出租有限公司取得308辆出租车有偿使用权，有效经营期限从2006年10月1日至2008年9月30日止。经公开拍卖及服务质量招标，将由多家经营的城区出租车特许为延运集团通达出租车公司和神州出租车公司集约化经营；个体经营均挂靠两家公司，经营权过渡至2006年9月30日。至2005年底，宝塔城区有“T”牌出租车453辆。主要车型为桑塔纳、羚羊、奥拓。

2006年9月，延安市城区出租车由挂户粗放经营转变为公司集约化经营，解决了城区出租车经营小、散、乱问题。2007年底，宝塔城区有出租车535辆。2008年，有出租车700辆，其中247辆为公司所有、承包经营，453辆为个体挂靠运营。截至2010年底，宝塔区实有出租车748辆，主要车型为桑塔纳。

第三节　铁路运输

一、客运

1992年8月1日，西（安）延（安）线路客运列车通车。1996年完成客运量53.47万人次，延安站客票发售量26.97万张。1999年，西延铁路年客运量50.89万人次。2003年8月，西延铁路运行列车3对：延安至北京西空调特快1对，西安至神木的4761、4762次1对，安康至神木的4767、4768次1对。2006年，开通客车6对，即延安至北京西空调特快1对，延安至上海空调快车1对，西安至延安、安康至神木空调普快各1对，西安至榆林普客1对。至2010年底，开通固定旅客列车17.5对，其中高等级客车5对，办理旅客业务的15.5对。通往华东、华北、东北、西北、西南等方向，日均发客量4000余人次，到达3500余人次。自2007年以来，共发送旅客450余万人次。

二、货运

1997年8月，铺轨到延安北站（阳山货站）。1999年货运量619万吨。2004年神延线开通，日均开行货物列车9.5对，发送716万吨；西延线日均开行货物列车28对，发送1396万吨。2005年1~4月，神延线日均开行货物列车10.5对，发送256万吨；西延线货物列车30对，发送504万吨。2006年神延段达到1050万吨，西延段达到2050万吨。2007年货物发送量完成2537.30万吨，煤炭发送量完成1954.70万吨。2010年固定货物列车45对。神延段货运量达到3150万吨，西延段达到3080万吨。

第四节　航空运输

一、航线

1989年，延安民航站取消延安—北京航班，仅有西安—延安航班。1991年，民航站恢复北京航线，开设3条航线：延安—西安、延安—兰州、延安—太原—北京。

1996年，延安民航站有延安—西安、延安—北京两条国内航线，每周四飞两个班次，由长安航空公司承运。1999 年，西安—延安航班由每周 1 班增加至 4 班。

2000 年 6 月 25 日，延安—北京航班从每周 1 班增加到 2 班；9 月 17 日，西安—延安航班从每周 4 班增加到 5 班；11 月 7 日，航班机型由国产运七飞机改为美国和德国合作制造的多尼尔 328 喷气式支线飞机。年底，西安—延安航班每周增至 6 班；延安—北京航班增至 3 班。

2003 年，受“非典”影响，4 月 27 日，延安—北京航班停飞。5 月 1 日，延安全部航班停飞，7 月 20 日恢复航班。7 月 23 日，新增每日 1 班延安—银川航班，后因市场原因，9 月 1 日停飞。

2004 年 5 月 18 日，延安市政府对航空运营实行线路补贴政策，发展多家航空公司参营。长安航空公司增加每周二、四、六西安—延安航班，至此，西安—延安航班达到每日 1 个班次。7 月 5 日，海南航空公司将每周一、三、五、周日航班飞机由多尼尔 328 改换为加拿大生产的冲八-400 型飞机执行，航班座位由 32 座增至 78 座。7 月 17 日，延安—西安航班每周二、四、六分别再增加 1 个班次。8 月 1 日，海南航空公司再次增加每周二、四、六西安—延安航班，达到每日 1 个班次。至年底，西安—延安航班达到每周 10 个班次；延安—北京航班达到每日 1 个班次。

2005 年 4 月 1 日，机场售票处新增 BSP 中心机票销售系统，可销售国内外各大航空公司的散客、团体单程、往返、联程 4~9 折特价机票，并开展市内免费送票业务。6 月 22 日，海航将西安—延安往返航班增加 1 个班次，达到每天 2 个班次。11 月 19 日，海南航空股份公司将延安—北京航班机型由多尼尔 328 飞机改为波音 737 飞机执行。12 月，开通广州—重庆—延安首个航班。2006 年 12 月 6 日，西安—延安冬春季航班每日增加 1 个班次。2007 年 12 月 29 日，上海航空公司开通上海—延安每周一、五 2 个定期航班。

2009 年 3 月，天津航空公司将延安—北京航班由原来的 D-328 小型飞机改为 ERJ-190 大飞机执行。4 月 30 日，深圳航空公司开通延安—西安—广州航班。7 月，幸福航空公司加入延安机场航班运营，开始执行西安—延安往返航班。

2010 年 9 月，受“8·24”伊春空难影响，国家民航局对条件复杂机场保障要求进一步提高，深圳航空公司停飞延安—西安—广州航班；幸福航空公司运力投放减少。至年底每日开设航班有延安—北京、延安—西安 2 条航线。10 月 30 日，延安机场 2010 年度第 10 万名旅客获赠天津航空公司北京—延安免费往返程机票 1 张。

二、客货运量

1991 年，延安机场年起降 220 架次，旅客发送量 3285 人次，旅客吞吐量 6167 人次，货邮吞吐量为 35.6 吨。1993 年，起降 8 架次，旅客发送量 68 人次，旅客吞吐量 99 人次，货邮吞吐量为 0.3 吨。1996 年，起降 132 架次，旅客发送量 1583 人次，旅客吞吐量 3224 人次。

1999 年，全年安全飞行 318 架次，完成旅客吞吐量 5733 人次。2000 年，全年保障安全飞行 566 架次，运送旅客 12449 人次，货邮吞吐量为 42.7 吨。在西北地区各机场中年增长率排名第一。

2003 年，受“非典”影响，全年共保证各类飞行 746 架次，其中航班飞行 672 架次，专机飞行8架次，人工增雨、调机、公务和加班飞机66架次。完成旅客吞吐量14887人次。

2006年，全年保障各类飞行1784架次，完成旅客吞吐量48935人次。其中，进港22865人次，出港26070人次。

2010年，全年保障航班飞行2857架次，完成旅客吞吐量120121人次，为通航以来历史最好水平，年增长率位于全国支线机场前列。货邮吞吐量42.9吨。

1990~2010年部分年份延安机场有限公司起降架次及客货运输量统计表

表5-2-3

年份	起降架次（架次）	旅客吞吐量（人次）	货邮吞吐量（吨）	年份	起降架次（架次）	旅客吞吐量（人次）	货邮吞吐量（吨）
1990	306	8811	68.1	2002	982	18045	77.1
1991	220	6167	35.6	2003	746	14887	62.9
1992	70	2365	9.8	2004	1162	35879	170.7
1993	8	99	0.3	2005	1506	35928	151.5
1994	168	3328	15	2006	1784	48935	194.5
1995	160	3918	21.5	2007	1585	31358	151.9
1996	132	3224	16.9	2008	1595	32727	221.7
1999	318	5733	23.1	2009	2387	86285	28.4
2000	566	12449	42.7	2010	2857	120121	42.9
2001	965	21426	87.9				

三、票价

1996年，延安—西安飞机客票价格标准为380元，实际按150元价格执行，延安—北京680元。2010年，延安—北京全票1040元、半票480元；延安—西安全票780元、半票350元。

第三章　交通管理

第一节　管理机构

宝塔区交通运输局　1990 年称延安市交通局，1997 年 1 月，延安撤市设区时更名为宝塔区交通局。2010 年 11 月 23 日，宝塔区交通局更名为宝塔区交通运输局，有职工 38 人，其中离退 18 人，协理员 3 人；下辖事业单位 1 个（宝塔区农村公路管理站），企业 1 户，即宝塔区汽车运输公司，属国有企业，1990 年停业瘫痪。有职工 102 人（离退休 24 人）。

宝塔区农村公路管理站　1981 年 3 月，成立延安市地方道路管理站。1990 年，更名为延安地区公路管理站。1997 年 1 月，随着延安撤市设区更名为延安市宝塔区公路管理站，2003 年改制为延安市宝塔区农村公路管理局。2010 年 11 月 23 日改称宝塔区农村公路管理站，行政事业单位，科级建制，核定编制 16 人。主要负责养护和管理宝塔区区、乡、村公路。下辖 1 个公路养护公司、22 个养路工区，分别为沙滩、砖庙、白庄、刘里府、漫坪、张川、孙台、万花、蟠龙、石咀、冯庄、庙河、陈则沟、松树林、两河口、大山圪塔、陈屯、新民、三台庄、川口、蒲屯和阳台等工区。截至 2010 年底，全站有职工 49 人（退休人员 13 名），其中工程技术人员 22 人（工程师 12 人，助理工程师 3 人，技师 3 人，高级技工 1 人，中级工 2 人，初级工 1 人）。

延安市道路运输管理所　1995 年，成立延安市道路运输管理所，为市交通行政主管部门派出的基层行政管理机构。主要负责对延安地区内从事公路旅客运输、货物运输、机动车维修、运输服务的公有制与非公有制机关单位、团体、企业、个人实施行业管理，维护运输市场秩序。1997 年 1 月，延安撤市设区后更名为宝塔区道路运输管理所。2003 年，上划归延安市交通运输局管理，改称为延安市道路运输管理所。2010 年，管理所设 4 室（办公室、治超办公室、驻延运集团东站和南站办公室）、4 科（法规安全科、客运科、货运科、维修科）及稽查队和业务大厅，有职工 126 人。

西延铁路有限责任公司　1994 年 7 月 31 日，陕西西延铁路有限责任公司正式挂牌成立，为铁道部和陕西省政府共同出资组建的国有合资铁路公司，控股方为铁道部。2010 年 10 月 28 日，西延铁路公司移交西安铁路局，西延铁路公司正式结束运营。

西部机场集团延安机场有限公司　1958 年 10 月 1 日，从北京、西安和延安本地抽调人员组建成立“中国民用航空延安航空站”，由北京民航管理处管理。1959 年移交兰州民航管理处，首任站长刘志农，有职工 13 人。1969~1980 年，划归空军建制，由民航陕西省局管理。1987 年，体制改革，延安民航站改为民航西北管理局直属航站，正科级编制。1993 年升格为正处级。1996 年，有职工 87 人。

2003 年 10 月 14 日，原民航西北管理局直属陕西榆林、延安、汉中、安康 4 个航站整体划归西安咸阳国际机场。同时成立陕西省机场管理集团公司，12 月 18 日移交陕西省人民政府统一管理。2004 年 9 月，按照属地管理原则，航站改制为延安机场有限责任公司，国有控股企业。由西部机场集团和延安市人民政府共同出资组建，其中西部机场集团控股 70%，延安市人民政府控股 30%。董事长刘选民。2006 年 7 月，更名为西部机场集团延安机场有限公司。至 2010 年底，有职工 96 人。

第二节 公路建设管理

宝塔区内的高等级公路建设、投资、规划、设计、施工组织、工程监理验收等均由陕西省高等级公路管理局全权负责。施工期间，宝塔区交通局主要承担着依法协调处理征地、拆迁和施工环境保障工作，直至竣工验收交付使用。宝塔区区、乡、村三级公路建设管理遵循“统一领导、分级负责，统筹规划、分类指导，建养并重、加强管理，注重环境、协调发展”的原则，由延安市交通局负责全市农村公路建设监督管理工作；延安市公路管理处负责全市农村公路建设的组织实施工作。公路建设实行市、县、乡分级实施办法。二级公路、通县三级油路、独立大桥、中长隧道和国债项目，由延安市交通局负责实施；宝塔区域内三级油路和三级、四级砂石路项目，由宝塔区交通局负责实施；等外砂石路项目，由各乡镇人民政府负责实施。乡公路建设规划由宝塔区交通局负责编制，区人民政府批准，报延安市交通局备案；村公路建设规划由乡人民政府负责编制，报宝塔区人民政府审批。凡由宝塔区交通局组织实施的三级（含三级）以上农村公路招投标，需将资格预审结果报延安市交通局审查批复，报送中标结果备案；四级砂石路和等外砂石路项目，由宝塔区交通局委派有资质的专业技术人员进行监理。对施工企业将高填方压实路段、路面铺筑、桥梁和隧道等主体工程分包者，处罚工程总造价5‰～10‰；对在工程上使用或安装未经监理签认的建筑材料、构件和设备的，给予警告或通报批评，情节严重的，处工程合同价款 2%～4%的罚款。对应公开招投标的项目改用其他招投标形式进行招投标，施工过程中质量控制不严出现质量问题的和质量保证年限内出现质量问题的，有效投标企业不足 3 家而定标的，超计量支付建设资金的，擅自变更工程设计、增加工程造价或影响工程质量的，监察部门按违纪对交通行政主管部门、项目法人代表给予行政处分，情节严重的追究法律责任。

三级（含三级）以上油路、独立大桥、中长隧道项目，交工和竣工验收分两阶段进行，交工使用 1 年后竣工验收，由项目法人向延安市交通局申报验收。其他项目交工、竣工验收合并进行，由项目法人向宝塔区交通局申报验收。竣工验收合格后，正式办理公路养管移交手续。未正式移交的工程质量缺陷处理和养护费用继续由原施工企业负责。宝塔区区、乡、村三级公路建设资金，一直是在“民办公助，民工建勤”方针指导下筹措。

1984～1999 年，国家先后“四批”发出库存粮食、棉花、棉布和低档工业品，采取

“以工代赈”的办法，帮助宝塔区贫困乡镇发展交通运输。2000年后，公路投资主要采取宝塔区政府自筹为主，省、市交通行政部门补助为辅的办法解决。

2005年1月，延安市政府制定《延安市农村公路建设管理暂行办法》。宝塔区交通局承担勘察设计、施工组织和安全生产、工程监理、竣工验收等工作。在公路建设中，宝塔区交通局将“吃大锅饭”的计划管理模式改为合同管理，推行各种形式的包干和招标、投标，把承包经营责任制和竞争机制引入公路建设，并推行公路工程建设监理制度来保障工程质量。

2008年，宝塔区抽调交通、国土、公安、林业、果树等部门组成土地征用、树木征用、建筑物征迁、宣传报道、财务、安全保卫6个工作组，出动宣传车、悬挂宣传横幅、张贴标语、散发宣传材料加强宣传，使公路征地各项政策、规定、补偿标准达到家喻户晓。当年延安至吴起二级公路征地拆迁和环境保障工作共征地158亩，拆迁房屋（平房、砖石窑、砖瓦房、土窑）9120平方米，拆大棚990平方米。延壶二级公路征临时用地92亩，解决黄延高速公路征迁工作、遗留问题，共征地315亩，拆迁房屋2080平方米，砍伐树木11508株。协助解决疑难问题183件，处理各种纠纷15起。当年宝塔区完成公路建设274千米，其中县乡改建项目建设改造公路52.5千米，通达工程项目建设161千米，通村公路项目建设公路60.5千米，建设大桥一座，总投资11774万元（省、市补助4488万元，区自筹7286万元）。2月抽调技术人员10名，3月底完成勘测任务。成立了专门施工图设计工作组，分别对三级油路、四级砂石路、四级油路和四级水泥路进行了施工图设计，报经市交通局进行图纸评审后对施工单位进行公开招标。5月11日三级油路、四级砂石路和四级油（水泥）路全面开工建设。区交通局抽调5名科级干部和18名技术人员成立5个公路建设工程项目组，分别负责54条砂石路、油（水泥）路和邓家沟大桥建设。实行公路建设工程“双目标”责任管理，以“优良标准”“质量标准”为目标落实工作责任。

2009年，宝塔区交通局配合国土、公安、林业、果树等部门完成303省道延安至吴起二级公路及黄延高速征地拆迁和环境保障总体工作，补征悬空和降低群众住宅10处396平方米，铲除苗木20万株，拆迁房屋1300平方米，协调土地、规划等部门妥善安置拆迁户36户。省道205线姚店至白家川二级公路建设征地拆迁环境保障工作共征地656亩，铲除苗木100万余株，拆迁房屋（平房、砖石窑、砖瓦房、土窑、简易房）6918平方米。协助解决群众疑难问题181起。处理各种纠纷36起。当年宝塔区完成公路建设189.31千米，其中建设通村四级砂石路56.35千米、四级油路和水泥路33.5千米；部省共建通村四级油路和水泥路99.46千米，总投资7182.42万元（中央、省补助2231.31万元，区自筹资金4951.11万元）。通过招标选定了资金雄厚、技术力量强、机械设备齐全的施工单位。抽调5名科级干部和18名技术人员成立5个公路建设工程项目组，严把“三关”，即材料进场关、施工质量关、工程试验关；按照设计要求施工，规范每道工序，挖填方、路基垫层压实度、桥涵及防护工程等，当年所建项目全部竣工，质量全部合格。

2010年，按照省交通运输厅提出的“十一五”末实现“100%乡镇通油路、100%行政村通公路、80%行政村通油路和水泥路”的目标，宝塔区建设公路163.8千米，其中改建三级油路蟠下路14千米，投资1560万元（省、市补助560万元，区自筹资金1000万元）；建设四级砂石路149.8千米，投资3053.3万元（省、市补助1498万元，区自筹资金1555.3万元）。4月，成立专门施工图设计工作组，对四级砂石路进行施工图设计。至年底，三级油路蟠下路14千米全面开工建设；四级砂石路149.8千米完成130.93千米，完成投资2430.3万元。年内，区交通部门配合国土、公安、林业、果树等部门完成210国道延安过境姚店至三十里铺二级公路建设工程、303省道延安至吴起二级公路改建工程、省道205线姚店至白家川二级公路建设征地拆迁及施工环境保障工作。

第三节　公路养护

1990~2010年，宝塔域内公路养护制度进行一系列改革，由民工建勤养护为主，发展到以专业道工养护为主。后来又由固定工发展到合同工、季节工和临时工养护。

一、高等级公路养护管理

1990~2010年，由陕西省高等级公路管理局直属的黄延高速公路管理所（驻延安市宝塔区南二十里铺）下辖的延安养路工区承担宝塔区黄延路段养护；靖安高速公路宝塔区内段由陕西省高等级公路管理局直属的靖安高速公路管理所（驻安塞县化子坪镇）下辖的安塞养路工区承担养护。

二、国、省道养护管理

宝塔区内的国、省道养护管理由陕西省延安公路管理局直属的宝塔区公路管理段负责养护，其前身为1957年成立的延安市养路处。内设3股1室（生产股、财务股、路政股、办公室）。下辖临镇、金盆湾、黄蒿洼、枣园、河庄坪、姚店、甘谷驿等7个养路道班、1个工程队、1个机械队以及李渠路面养护中心。同时设李渠收费站，甘谷驿收费站、青化砭收费站。2010年，全段有职工184人，其中工程师4人，助理工程师5人，高级工167人，中级工5人，初级工3人。养护机械设备有自卸小型汽车11辆，综合养护车1台，工程机械4台，压路机6台，装载机4台，沥青洒布机1台，交通汽车9辆。

三、区、乡、村公路养护管理

区、乡、村公路养护管理由宝塔区交通运输局直属的宝塔区农村公路管理站承担。2005年前，宝塔区公路管理站对所管辖的公路只养不建，2005年后对所管辖的公路既养又建。

1990年，延安市道路养护工作，在干线上开展“三优美化”活动，地方道路上开展“三文明”建设活动，以提高好路率指标。1991年，地区交通局为市公路管理段投资购置小四轮和碎石机，改善和加强了基层道班工作环境和劳动效率。1998年，针对公路建设重建轻养状况，加强公路大中修工程，当年宝塔区公路养护质量达到干线好路率76%，区公路好路率53%，达到省下达指标。2004年前，区、乡、村公路每年养路经费百万元，2005年增至百万元以上。2006年后，每年养路经费都在500万~600万元以上，新建公路资金每年达亿元以上。

2008年，制定《宝塔区农村公路管理养护办法》。村级公路每4~5千米配备1名管护员兼安全员，负责公路日常养护及道路安全工作。按照“有路必养，确保质量”原则，将村级公路养护资金纳入财政预算：村级油路、水泥路每年每千米区财政补助资金1000元，用于日常养护。并制定完善农村公路养护技术规范和质量标准、路政管理和养护考核验收办法。全区农村公路管理养护逐步规范化，共列养农村公路13条、200.87千米。其中，县道5条，总里程为108.07千米；乡道8条（含1条专用公路），总里程92.8千米。全年累计油路罩面20.8千米；补坑槽2898处、32504平方米；疏通涵洞456道；清理塌方27处、7200平方米；整理路肩3320千米；植行道树4千米。修复挡墙2600立方米；石砌水沟1800立方米；填挖土方9000立方米；铺砂石路面4000立方米。优良里程为169千米，好路率为84%。

2009年，宝塔区列养农村公路22条，里程为322.31千米。其中，县道5条，总里程108.07千米；乡道17条（含1条专用公路），总里程213.605千米。年底，县道好路率为80.7%，优良里程87.2千米；乡道好路率50.7%，优良里程108.3千米。并按季度对各乡（镇）农村公路管理所所辖村道进行全面检查考核，根据考核结果拨付养护资金。

截至2010年底，宝塔区农村公路管理站列养农村公路仍为22条，里程为322.31千米。全年累计备料6540立方米，疏通涵洞486道，清理塌方64处、5650立方米，清理边沟3210千米，整理路面61千米，植行道树10千米。新修桥梁2座，补修桥梁6座，补修涵洞6道，修复挡墙护岸1778立方米，补油路面39753平方米，罩面26千米，处理沉陷106处。区道优良里程86.5千米，好路率80%；乡道优良里程108.9千米，好路率51%。

第四节　路政管理

1990~2010年，宝塔区内的路政管理包括高等级公路、国道、省道和区、乡、村公路的路政管理。

一、高等级公路路政管理

宝塔区内的黄（陵）延（安）、靖（边）安（塞）高等级公路的路政管理，由延安市公安局交通警察支队直属的高速公路大队、市公安局公路巡逻民警支队直属的高速公路巡逻民警大队共同联防执行路政管理任务。高速公路大队下设政秘科、法制科、办公室、违法处理室、违法培训室和6个中队，分别驻防延安北站、南站和南蟠龙站值勤。

二、国、省道路政管理

宝塔区内的国、省道路政管理由陕西省延安公路管理局路政管理支队派出的宝塔区路政管理大队、宝塔区公路管理段下设的路政股共同进行值勤管理。

1988年1月，国务院颁布《中华人民共和国公路管理条例》，使公路管理有法可依。1990年，针对公路上随意挖渠排水、摆摊设点、修窑盖房、打场晒粮、堆放物料挤占公路等现象，地区交通部门加强宏观调控，出台《延安地区公路行道树栽植管理办法》，同时与公安部门协同配合，加强路政管理工作。1991年，延安市清理干线上1800余处违章建筑，通过清障工作，将公路管理纳入依法治路的轨道。

1997年，宝塔区公路管理站利用广播、专栏和上街宣传等形式，宣传《中华人民共和国公路管理条例》和《陕西省公路路政管理办法》。先后出动宣传车200余次，张贴标语300余条，散发宣传材料10万多份。同时，延安市宝塔区交通局与延安市宝塔区公路管理站共同起草制定《宝塔区地方道路管理暂行办法》，经延安市人民政府批准执行。由宝塔区农村公路管理站路政稽查大队配备专车巡逻值勤。1998年对路政执法人员进行培训和调换，全年处理路政案件250件，拆除违章建筑19间，清理非公路标志牌400余处。

2008～2009年，宝塔区公路管理站现场为群众讲解交通有关法规34场次，散发法律法规传单1.71万张，张贴标语76条。出动宣传车40余次，公路沿线悬挂横幅36幅，宣传人数达2.8万余人，营造“爱路光荣、损路可耻”的社会氛围。两年共查处路政案件24起，制止公路控制区内的违法建筑3起58平方米，清理垃圾排污1398立方米，拆除占道经营2处21平方米，合理审批开设平交道口3处25延米，疏通涵洞20道，收缴公路占用、补（赔）偿费38.7万元。

2010年，宝塔区路政大队对全区所有农村公路进行逐一调查摸底。全年向群众现场讲解《中华人民共和国公路法》和《陕西省公路路政管理条例》等交通法规20场次，散发法律法规传单9862张，公路沿线悬挂横幅23条，宣传人数18624人。查处各类毁坏公路、侵占公路路产路权案件8起，制止公路控制区内的违法建筑1起14平方米，清理垃圾排污208立方米，合理审批管线穿越公路2处15延米，疏通涵洞8道，收缴公路占用、补（赔）偿费22.50万元，公路补修款85万元。

第五节　运政管理

20世纪90年代初，延安市政府交通部门转变职能，对公路汽车运输实施行业管理。1995年，成立延安市道路运输管理所（以下简称运管所）。配备专职交通管理人员，负责对延安市内从事公路旅客运输、货物运输、机动车维修、运输服务的公有制与非公有制机关单位、团体、企业、个人实施行业管理，维护运输市场秩序。

1996年，运管所加强行业管理，强化春运安全管理，安全运送旅客130万人次，查堵违禁“三品”案件326起。协助有关市级行政部门制定《延安市出租汽车管理办法》，参与出租车市场的整顿工作。对汽车维修业进行了2次检查和整顿。并配合延安市政府制定《延安市公路义务建勤费征收使用管理暂行办法》。1997年，宝塔区征稽所被评为市级文明单位。1998年，征收拖拉机养路费24万元，征收运管费34.5万元，代征税46万元。

1999年，贯彻执行陕西省政府33号令《道路运输行政处罚规定》。全年，宝塔区征收拖拉机养路费45万元，征收运管费140万元，代征税210万元。对全区客运市场进行整顿治理，清理无证及超类别经营业户92户，对无道路运输证、线路运输牌和用已报废车辆从事客运的经营行为予以取缔。按照“车进站、人归点”的客运管理原则，对客运站实行“三定”（定线路、定班次、定站点）、“二挂”（悬挂营运标志牌和统一票价表），全区客运市场实现开放、公平、竞争、有序的运输市场。2000年，全年征收运管费143万元，拖拉机养路费45万元，代征税220万元。

2002年，延安市征稽处运用现代科技信息手段，开展电子稽查业务，投入使用“车牌通”“掌上通”“全省征费数据网络传输系统”，查处一批长期拖欠费款和未注册登记车辆，并强化对异地欠费车辆偷漏规费现象的监督作用。当年，宝塔区征稽所共发出催缴通知书180份、行政处罚决定书144份，申请法院强制执行6起，累计补征规费16.5万元，征收滞纳金5.03万元。

2004年，运管费由市统收统支。实行收支两条线。设立业务大厅实行一站式服务。对延安城区出租车实行“特许经营、公司化管理、车辆经营权与线路经营权分离”改革。取缔人力三轮车营运，规范运营市场。2007年，宝塔征稽所获厅级“青年文明号”“陕西省交通系统劳动竞赛先进集体”称号，宝塔征稽所征管股被交通部评为全国交通行业“巾帼文明岗”。

2009年，公路养路费征收根据国家政策停止。2010年11月，延安市交通征费稽查处改制为延安市路政执法支队。

第六节　安全管理

2000年，开展创建“平安大道”活动，在延安市城区各大路口设置交通自动化管理系统（电子警察）。运管部门经常性开展“三品”查堵工作，全年强制二级维护车辆2800余辆。

2002年，公安部门投资53万元对全市23个事故多发点段全面进行治理，先后对公交车、出租车、客运车开展6次专项整治，以确保城区交通秩序安全畅通。

2005年，区交通部门制定《预防交通重特大事故工作方案》和《紧急抢救预案》，坚持开展安全生产大检查。应用推广先进的监控技术，在宝塔城区汽车南站安装X射线检测仪，从源头消灭“三品”上车隐患。在延运集团长途客车安装行车记录仪，加强车辆运行过程的动态监控。全年全市共发生交通事故14起，较上年下降56.25%；死亡人数28人，同比下降29.56%；受伤人数120人，同比下降46.66%；直接损失132.5万元，同比下降68.4%。

2006年，加强危桥险路整治，完成210国道和201、205、206、214、303、304省道的安保工程。完成干线公路减速标线14373.57平方米。同时全面推行营运车辆GPS和行驶记录仪的安装。

2008~2010年，宝塔区以治理超限为重点。2008~2009年，金盆湾超限检测站共发放宣传单3.6万份，制作标语横幅128条，共检测车辆8.2万辆，超限车辆180辆。收取公路补偿费1万余元，超限运输现象逐步扭转。全区共发生交通事故6起，死亡人数5人，同比下降44%；受伤人数43人，同比上升59%；直接损失210万元，同比下降15.2%。2010年全年共检测车辆157801辆，卸载货物4.61吨。流动检测车辆18984辆，超限22辆，卸载货物22吨。公安部门集中整治酒后驾车行为，开展专项行动，全区查处酒后驾驶交通违法行为89起，酒醉驾驶交通违法行为55起，行政拘留53人。

第六编　邮政　通信

1991 年，延安地区 5000 门数字程控电话交换机割接开通。1993 年 11 月 7 日，延安地区无线寻呼实现同频同播联网。1995 年 6 月，延安地区 13 个县（区）市话全部实现国际国内直拨，完成由磁石或机电制电话向数字程控化的彻底转变；12 月，建成开通 900 兆数字移动通信 GSM“全球通”2 个基站，32 个信道。1996 年 5 月，建成开通数字数据网；年底，开通中国公用计算机互联网。1997 年，宝塔城区开通中国公众多媒体通信网。至此，一个全方位、大容量、有线无线全面结合的高、精、尖通信网络正式构成。至 2010 年底，宝塔城区有中国电信、中国移动、中国联通、邮政等通信企业，开展移动、固话、互联网以及邮政发行、速递、物流等综合通信全业务。

第一章　机　构

第一节　邮政机构

1973 年 9 月 20 日，延安邮政局和电信局合并，成立延安地区邮电局。至 1990 年，全区有自办局所 141 处。1991 年 4 月，成立农村电话科。1992 年 8 月 13 日，成立延安地区邮电通信开发公司，开发邮电边沿业务和经营商品零售等。1993 年 3 月 24 日，延安地区邮电局单设邮票公司；6 月 15 日，延安地区邮电局成立延安地区邮政储汇局。

1997 年 1 月，延安地区撤地设市，延安地区邮电局更名为延安市邮电局，局长李俊义；6 月 20 日，将延安通信协作区公司、延安邮电服务公司、延安邮电职工技术服务部、延安邮电通信开发有限责任公司合并，成立延安圣通实业（集团）有限责任公司。

1998 年 5 月 27 日，成立延安市邮电分营领导小组，设立分营办公室，实施邮电分营；9 月 20 日，成立陕西省国信寻呼公司延安分公司，10 月 1 日正式对外运营；11 月

13 日，撤销延安市邮电局，分设延安市邮政局、延安市电信局。全市划分邮政在职职工 931 人，离退休人员 133 人，其中延安在职职工 328 人。延安市邮政局辖 12 个县邮政局，内设 1 室 6 部，即综合办公室、计划财务部、经营服务部（下设邮政储汇局、邮票公司 2 个二级机构）、运行维护部（下设邮政运输站二级机构）、人事教育部（辖经警中队）、党群工作部、审计监察部，并设邮政工会工作委员会。

2001 年，成立延安市邮政局城郊分局，撤销延安市农村支局所管理局。2002 年，运行维护部更名为延安市邮政局信息技术局，成立邮政客户服务中心。

2004 年，机构设置为职能部门和专业部门两部分。专业部门设置为：邮政储蓄汇兑局、邮政邮资票品局、邮政邮区中心局、邮政物流局、邮政发行投递局、城郊分局、邮政函件广告局、邮政电信代办部、邮政信息技术开发部。另设立综合服务公司和技协装潢公司。

2006 年，成立速递局、函件广告局；设立客户中心、报刊零售公司、安全保卫部 3 个二级部室。2007 年，撤销电信代办部，成立延安市邮政信息业务局，报刊零售公司升格为正科级建制。

2009 年 2 月 18 日，延安市邮政速递物流公司成立。是年，成立宝塔区东区营业部、南区营业部和延安市邮政分销业务局（对外称延安市“三农服务局”）。至 2010 年底，延安市邮政局有员工 977 人。

第二节　通信机构

延安市邮电局　1973 年 9 月，延安地区邮政局和地区电信局合并，成立延安地区邮电局。1996 年 12 月 26 日，延安地区撤地设市，地区邮电局随之更名为延安市邮电局。至 1996 年底，全区有邮电局所 165 处，职工 2021 人，设有局所的乡（镇）144 个，自办局所 147 处。1998 年 10 月，延安市邮电局将无线寻呼业务剥离，组建成立陕西省国信寻呼公司延安分公司；11 月 13 日，邮电分营，市邮电局分设为延安市邮政局和电信局。

中国电信股份有限公司延安分公司　简称延安电信分公司。1998 年 11 月 13 日，延安市邮电局被撤销，分设成立延安市电信局。内设 1 室 7 部，即综合办公室、党群工作部、计划财务部、人事教育部、市场经营部、审计监察部、运行维护部（下设移动局、数据局 2 个二级机构）、通信建设部（下设农村通信建设联合公司、行业管理办公室和质检计量 3 个二级机构）。实行局、部、班三级管理。

1999 年 6 月 28 日，成立延安市移动公司筹备小组；7 月 30 日，完成电信重组，成立陕西省移动公司延安分公司，独立运营。

2000 年 1 月 17 日，延安市电信局成立新世纪通信有限责任公司，经营通信器材、通信工程、电话装拆移机、无线寻呼、信息及通信物资供应；4 月 12 日，延安市电信局完成信息业务剥离，成立陕西电信信息公司延安分公司，正式对外运营，直属陕西省电信信息公司管理。

2001 年 2 月 26 日，延安市电信实业有限责任公司成立。新组建的电信实业公司由国家控股，先期注册资本 1954 万元；8 月 18 日，中国电信集团陕西省电信公司延安市分公司举行成立挂牌仪式。

2004年5月31日，中国电信集团陕西省电信公司延安市分公司更名为陕西省电信有限公司延安市分公司。

2008年2月15日，陕西省电信有限公司延安市分公司更名为中国电信股份有限公司延安分公司。

2010年，公司从业人员875名，其中合同制740人，派遣制135人。下设17个一级部门，6个二级部门。

中国联合网络通信有限公司延安市分公司　简称延安联通分公司。1998年9月20日，延安市邮电局将无线寻呼剥离出来，成立陕西省国信寻呼公司延安分公司，于10月1日正式对外运营。1999年10月，中国联通延安分公司成立，下设运行建设维护部和综合部。

2000年10月，公司与国信寻呼延安分公司融合，整合人员，设立客服结算与信息系统部，并启用统一客服热线“10010”。年底，有员工240人。主要经营130移动电话，126、191、198无线寻呼，IP电话，193长途电话，165互联网等综合电信服务业务。2001年9月30日，组建县级分部12个，设立商业网点14个。

2002年1月21日，对公司组织机构进行调整，设4个职能部门（行政部、计划财务部、人力资源部、综合市场部），4个业务部（通信建设部、运行维护部、数据固定与互联网业务部、寻呼事业部），2个共享部门（计费信息系统部、大客户发展中心）。2003年1月27日，公司通信终端维修中心成立，正式受理业务；12月，组建成立宝塔、永坪、志丹、宜川、洛川5个片区维护站。其中，宝塔维护站负责安塞、延长、甘泉、宝塔区基站。

2006年10月15日，设立电话增值营销，主要通过“10010”客服系统对新入网资料进行回访及营销自有增值业务，实现由接听到呼出并营销的服务理念转变。2007年10月30日，延安客服中心话务量全部交由省分统一接听“10010”热线服务（地市转为省分），实现全省统一受理客服热线服务。

2008年9月，根据电信体制改革要求，完成对中国电信延安分公司的CDMA资产和业务出售及人员划转，并于10月20日全部交割完毕；10月15日，延安联通分公司与原网通延安分公司融合，逐步实现合署办公，成为集移动、固话、互联网等全业务于一体的综合通信运营企业；11月22日，中国联合通信有限公司延安分公司更名为中国联合网络通信有限公司延安市分公司。2009年8月1日，县分公司内设机构在营销部增设集团客户服务中心和电话营销中心。

2010年3月2日，成立网络公司，内设网络建设部和运行维护部。成立集团客户部，原营销部集团客户服务中心职能划归集团客户部。建设维护中心更名为建设维护班组。至年底，下设综合、党群、财务、人力资源、市场销售、客户服务、集团事业客户、网络建设、运行维护、纪检监察室、信息化支撑中心11个部门和11个县级分公司。

中国移动通信集团陕西有限公司延安分公司　简称延安移动分公司。1999年，进行“邮电分营”改革，6月28日成立延安移动公司筹备小组，7月30日完成电信重组，成立陕西省移动通信公司延安分公司，首任经理白延力。延安移动随之开始独立运营。至2001年底，共有员工199人，其中86名专业技术人员中，中级11人，初级75人。

2002年4月，延安移动改革创新，实行主辅分离，组建主业和实业2个分公司；9月17日，完成内转外的工商注册登记手续，并在延安宾馆举行上市揭牌仪式。至此，延安移动成为全市最大的电信企业。此年，延安分公司将13个县区分公司（营业厅）经营部改为客服部。分公司的固定资产原值达到3.30亿元，在职员工125人，其中生产人员93人，管理人员32人；68名技术人员中，中级11人，初级57人。2005年，延安移动分公司拥有在册员工168人，平均年龄29.85岁。

2008年，陕西省移动通信公司延安分公司改称为中国移动通信集团陕西有限公司延安分公司，仍下辖13个县区分公司。2010年，延安分公司内设7个职能部、室，有员工1400余人。

中国移动通信集团陕西有限公司宝塔区分公司　简称宝塔区移动分公司。2008年12月25日成立。集移动、固话、互联网等综合通信运营全业务为一体，属中央直属国有特大型企业、驻延安企业单位。下设市场拓展室、集团客户室、综合支撑室3个部门，8个农村分部。统一服务热线10086。设立自有营业渠道12个，社会渠道550个，员工编制核定344人。

2010年5月12日，调整公司组织机构，市场拓展室、集团客户室、综合支撑室分别更名为市场经营部、集团客户部、综合部。至年底，公司有营业厅12个，社会渠道553个，员工编制核定361人。

中国网通（集团）西北通信股份有限公司延安分公司　简称网通延安分公司。2003年10月，网通延安分公司成立。2008年10月15日，网通延安分公司与中国联合通信有限公司延安分公司融合，合署办公；11月，更名为中国联合网络通信有限公司延安市分公司。

中国铁通集团有限公司延榆分公司　成立于2002年8月，时称中国铁通集团有限公司延安分公司。2007年1月，中国铁通延安分公司与榆林分公司合并为中国铁通集团有限公司延榆分公司。2008年5月，按照国家深化电信体制改革要求，铁通公司整体并入中国移动通信集团公司，作为其子公司独立运营。主要经营固定电话和有线宽带业务，经营区域在延安宝塔区和榆林的榆阳区、高新区、神木县。2010年，中国铁通集团有限公司延榆分公司设有市场部、综合部2个管理机构；延安经营部、榆林经营部、靖边经营部、集团客户营销中心4个生产机构。在岗员工62人，其中管理人员7人；各类专业技术人员17人。大专以上文化水平的35人，占比57%；有专职维护人员16人，占公司在岗总人数的26%，平均年龄31岁。2010年底，中国铁通集团有限公司延榆分公司有固定电话用户2.3万户，其中延安1.2万户、榆林1.1万户；有线宽带用户4.7万户，其中延安2万户、榆林2.7万户。

第三节　省属单位

延安长途电信线务局　1958年4月1日，由西安长途电信线路中心站分设成立延安长途电信线路中心站。1969 年，延安长途线务站与延安地区邮电局合并。1975 年 3 月，延安地区邮电局分设成立延安长途线务站，属县局一级，实行业务以省长途线务站为主，党、团组织归延安地区邮电局领导的管理体制。1989 年 6 月 1 日，更名为延安长途电信线务局。1990 年底，有职工 90 人。主要负责延安全区长途线路和省级过境干线的维护。随着西安至延安、西安至呼和浩特光缆开通，长途电信线务局维护的明线线路和电缆相继拆除。至 1998 年，有职工 90 人，代维西安至呼和浩特 345 千米一级光缆，维护西安至延安 182 千米二级光缆以及延安至吴起、子长、安塞、宜川和洛川至黄龙等 5 条 697 千米区内光缆。2006 年 12 月，与电信延安分公司合并。

陕西省通信服务有限公司中维通信延安分公司　简称中维延安分公司。前身为 1970 年 10 月开始筹建的延安微波站，1971 年 5 月 1 日正式装机开通。属延安市武装部领导，内部实行军事化管理。1974 年，业务工作改由以省微波总站为主，党、团工作由地区邮电局领导的管理体制。先后曾用名称 420 站、陕西省延安 190 邮政信箱，1980 年 8 月 1 日更名为延安微波站。

1992 年 12 月，在延安地区各县微波站基础上合并成立延安地区无线电信局。负责延安域内长途微波电话、电报电路的传输，微波、载波等终端设备的维护。1994 年，对原设备进行更新改造，采用先进的数字微波设备，提高通信能力和通信质量。1995 年 6 月，维护方式改为无人值守的集中维护。1996 年 12 月 25 日，更名为延安市无线电信局，下辖 5 个高山微波站，局长刘武军。1998 年，有职工 34 人。

2006 年，与电信延安分公司合并，更名为无线通信维护部。2009 年 7 月，归省电信实业公司管理，改称为陕西省通信服务有限公司中维通信延安分公司。至 2010 年，有职工 89 人。

第二章　设　施

第一节　邮政设施

一、邮路

1990 年，延安地区有邮路 79 条，其中干线汽车邮路 8 条，单程 1339 千米（自办汽车邮路 7 条 1225 千米，委办汽车邮路 1 条 114 千米）；农村投递路线 14028 千米。其中，延安市有邮路 10 条，单程 2212 千米；全区有邮运汽车 34 辆，其中延安市 22 辆。

1998 年底，经过几次整合调整，全市有邮路 99 条，单程 13562 千米（含委办邮路），其中自办汽车邮路 1790 千米、委办汽车邮路 225 千米、农村投递路线 11547 千米；宝塔区有邮路 7 条，单程 2004 千米，其中自办汽车邮路 1064 千米、农村投递路线 940

单程千米；全市邮运汽车增至52辆，其中宝塔区23辆。

2000年，全市有干线、支线邮运汽车70辆。2004年，更换、新增运钞车9辆、投递车5辆。2007年，为县局配发速递车辆9辆。

2008年10月25日，延安—西安快速汽车邮路开始试运行，市局先后2次调整延安—西安普通邮路，安塞、宜川、子长3条区内邮路和区内转趟车的运行时刻，使安塞、子长、宜川、富县、甘泉等县及延安区内的特快邮件实现次日递，时限缩短24小时。2009年，市局新增邮运车4辆、投递车7辆、运钞车2辆。

二、电子化设备

1991年，延安全市增配31台多功能电子秤、14台信函电子秤、1台包裹收寄秤。1992年，延安市发行业务开始微机处理，1994年与全省联网，延安市邮件分拣配备1套计算机处理系统，开始使用计算机登单。11月，启动邮政储蓄“绿卡”工程。

1996年，启动邮政营业窗口电子化工程，至1997年10月延安市宝塔区及各县局营业厅均配备计算机，实现邮政营业一台清。1997年5月，延安市邮政局建成邮政商业信函微机处理系统。

1998年1月，延安市邮政局挂号登单计算机处理系统全面更新改造。至年底，延安全市邮政业务用计算机136台，其中延安市邮政局有计算机87台。

2000年，邮政综合网广域网和局域网设备安装、调测完成，经联调接入全国广域网；完成“绿卡”二期工程的设计会审、发卡集合ATM机等设备的选址、环境准备等工作；完成全市13个网点的设备改造、版本升级和设备更新等，解决邮戳更换问题；完成延安市区内8个邮电所邮资机的安装、调试及电源改造及市局邮简机的安装、调试，为发展账单类业务创造条件。2001年，邮政绿卡网正式开通联网使用，全市33处网点实现全国通存通兑，建成电子汇兑网点16处。绿卡用户数发展到7500户。

2003年，对综合网广域网部分（延安中心—省中心），电路由64K提速为512K；对报刊收订系统进行改造；新增邮资票品系统。绿卡网络新增全国联网网点4个；在13个发卡客户机上升级安装代收话费系统；对接点客户机、POS机和ATM进行升级改造；完成宝塔区代收电费收费系统管理和平台建设；新建物流及代办平台9处。

2004年，完成23个基础接入点二期工程网点设备的装调与施工。实施广域网改造，改造后带宽由128K升为2M。局域网升级改造端口由64K扩为10M。44个邮储网点实现全国联网。21个电子化支局联网系统全部投入使用。至2006年，全市有电子化支局80个，邮政网点联网率达54.79%；邮储联网网点92处，余额在200万元以上网点全部联网；全市有ATM机设备7套；新增6个代收话费窗口、5套代收话费设备。

2007年，新增延安市局邮区中心邮政储蓄所、南郊邮政储蓄所等4个邮政储蓄网点，新增ATM机2台、邮资机1台，96个联网网点和市局新局电路全部改造为光纤2M电路。

2008年，延安市邮政局被省公司确定为投递网建设达标单位。至2009年，完成44个西部邮政普遍服务网点装修改造工程，通过省公司检查验收，名列全省第一。当年更新终端46台（套），新增ATM机18台。

第二节 通信基础设施

一、延安电信设施

1990年6月，延安地区开通一部市话环路载波机（1+1）设备，共108门。是年底，延安全区市话交换机容量为8500门。1991年1月，延安地区5000门程控数字交换机割接开通。1993年11月，延安地区完成8000门市话扩容任务新增容量8260门，市话交换机容量达13268门。

1994年，延安地区程控数字交换机综合处理能力由5万门增到10万门。1995年6月，延安全市市话交换机全部实现程控数字化。

1997~1998年，宝塔区相继建成开通七里铺、马家湾、北关3个模块局。1998年，市电信局改造交换点40处，扩容14处，全市市话交换机总容量达88304门。架设农话光缆475千米，总长度达2240千米，完成91个乡镇至行政村的总长度950千米电缆线路工程建设。有线、无线覆盖行政村总数达到1180个，通电话行政村1050个，电话村310个。1998年底，宝塔区市话交换机总容量30312门。

1999年，延安市电信局投资1043.6万元，全面启动农市话入网工程；投资3488.44万元，进行农市话电缆线路新建扩建工程。至2000年，延安市新增农市话交换机容量44880线，出局线对46540线，新增市政SDH传输160个2M系统。初步实现双端局、双汇接局网络体制。

2002年4月初，延安电信分公司开始无线市话工程建设；5月，完成覆盖延安市区163个小灵通基站建设任务。当年完成投资4872.89万元，新增交换能力26708线，新建光缆221.7皮长千米，新增农市话电缆729.57皮长千米，新增出局线对33150线，新扩建电缆管道30.37孔千米。

2004年，信息产业部对陕西农村通信建设实施扶贫政策，延安市430个行政村被列为重点农村通信建设区域，实施村通工程。当年，延安电信分公司在市区繁华商业区和大型住宅区等话务量密集的区域新增小灵通基站167个。2005年，实施IPAS改造，PAS系统核心网容量由原来的13万线增加到20万线。

2006年，延安电信分公司新增宽带接入能力20032线，全市165个乡镇全部实现通宽带目标，出口带宽由2个2.5G提高到2个10G。并实施交换、接入网设备扩容工程，公网新增能力6800线，专网新增能力512线，调配宝塔区交换接入网在网资源1328线，促进固话业务发展。新增农村无线能力28800线，解决125个行政村通电话问题，村通率达98%。

2008年，延安电信分公司完成48个点的光网络接入设备建设。新建FTT×项目立项96个，开通90个，建成开通855个用户接入单元，建成宽带端口11589线，语音端口15340线，覆盖楼宇407栋，其中商务楼宇134栋，覆盖用户19425户。新建C网基站60个，替换站60个。

2010年底，宝塔区有C网基站72个。

二、延安联通设施

联通公司的市话基础设施主要为融合原网通延安分公司的全部基础设施。2003 年初，延安网通四合一综合交换局建成；4 月，延安网通第一个接入网点建成。

2004 年 6 月，延安网通第一个 SCDMA 基站建成。年底，延安网通 SCDMA 业务正式放号。2005 年，延安网通为当地单位组建第一个企业组网。

2008 年 10 月，延安联通分公司与网通延安分公司融合；12 月，建成第一台 EPON 光 OLT 设备。建成数字程控市话交换容量 26700 线，ADSL 宽带接入容量 11176 线，互联网出口带宽 10G。城域光缆线路 235 千米，出局主干电缆 29800 线、直配电缆 14010 线、交配电缆 51140 线。SCDMA 基站 47 个。

2010 年，完成 201 处宽带及数固项目的勘察工作，完成固网立项批复项目 148 个，立项投资 2852.48 万元。累计完成接入能力：语音 4400 线，ADSL 1448 线，LAN 1892 线，互联网专线 56 条，数字专线 65 条。

三、延安移动设施

2001 年，延安移动新建交换机 10 万门，扩容交换机 5 万门。2006 年，新增交换容量 20 多万门，交换容量达到 100 多万门。2007 年，开通交换局 2 套，交换容量达到 145 万门。

第三节　通信机房与服务设施

一、延安电信分公司

2003 年 1 月 19 日，延安电信分公司完成全市 12 县 33 个点数据宽带接入设备割接至 IP 城域网；5 月 10 日，启动宝塔区“蓝色通道”工程，社区经理正式进驻社区；11 月，全面实施本地网综合化维护；12 月下旬，省公司运维部集中对本地网综合化维护验收检查，延安电信分公司名列全省第一。

2004 年，自主开发“无人值守机房巡视管理软件”，实现无人值守机房实时监控和管理。此技术创新受到集团公司的表扬。

2008 年 6 月 25 日，延安电信分公司在宝塔区大砭沟飞天礼品电信代办点开通了首户 EPOS 系统，标志着宝塔区代办电子收费渠道正式启动。

2009 年 11 月，延安电信分公司建成首个 IDC 机房，可为本地网各类客户提供设备托管以及相关增值服务，拓展政企客户的业务范围。

截至 2010 年底，宝塔区建成终端卖场 4 处、合作厅 10 处（CRM）、校园营业厅 1 处、代理点（店）86 处（BOSS）、空中充值网点 356 处。社会渠道有效网点占比达 68.6%、销售占比控制在 60%以上。

二、延安联通分公司

2000 年 5 月，延安联通开始 GSM 四期建设，共建设 39 个基站，于 2001 年底全部开通。2003 年底，有 GSM 和 CDMA 两网基站 584 个；GSM 交换容量 18 万门，G 网交换容量 8 万门。GSM 全市平均覆盖率 76%，CDMA 各县乡镇平均覆盖率 59%。

2004 年 9 月 23 日至 10 月 16 日，进行 G 网华为基站割接工作。9 月 23 日开始对原西门子 3 个 BSC、华为 1 个 BSC，共计 320 个基站、653 个小区、982 个载波进行调整。调整后 BSC1 挂 147 个站，其中华为基站 105 个、西门子 42 个；BSC2 挂 173 个站，其中华为基站 153 个、西门子 20 个。年底，完成中心局机房的搬迁工作，由延安国贸大厦搬迁到延安百米大道自建通信枢纽楼。

2008 年 5 月 14 日，延安联通分公司实施机房 AA 整改；7 月 31 日完成延安 G 网软交换端局的安装、调测、割接入网，VLR 容量达到 47 万。2005～2008 年，建成 1669 个 GSM 基站、1435 个 CDMA 基站。

2009 年，完成核心网软交换 MGW1、MGW2；WCDMA 网 RNC1、RNC2；中兴替换 HLR1、新建 HLR2。完成新建关口局的割接调试工作。建设完成中心局新增 1 套电源系统、WCDMA 工程 79 处基站、18 处拉远基站、50 处 WCDMA 室分工程。完成开通 G 网一期的 20 个基站的全部建设和 G 网 39 个基站紧急建设项目。完成 1800M 基站连续覆盖项目中 53 处基站建设、47 处华为 3001C 设备的替换以及包茂高速新建 6 处基站的建设。

2010 年，建设完成 WCDMA 基站 255 个、2G 基站 27 个、室分 63 处。

三、延安移动分公司

1998 年，建成延安市互联网网站，建立内容较为丰富的主页和新业务演示厅以及网吧。2001 年 3 月，分公司宝塔区中心街营业厅，被延安市妇联授予“巾帼文明窗口”称号，被团市委命名为“青年文明号”。

2004 年，延安移动分公司 OA 系统和 MIS 系统全面上线，实现企业内部管理的科学化。当年，净增客户 12 万户，客户总数突破 40 万户。

2005 年，延安移动以自办渠道为重点，加强渠道建设和管理，初步形成以自办厅、合作厅为主的销售体系。至年底，全市营销网点接近 200 个。

2006 年，渠道建设全面实现一乡（镇）一个营业网点，对符合要求的店面统一制作“中国移动通信沟通 100 标志”，在店内设置营销区与体验区。

2007 年，启动片区管理模式，将全市近 60 个片区优化为 40 个片区和 10 个营销分区，使片区对全市的乡镇覆盖率达 100%。同时，将农村渠道从单一售卡模式转变为集空中选号、空中充值、移动公话、农信通为一体的营销模式，提高农村代办点的营销能力。至年底，共发展农村代办点近 900 个。宝塔区中心街营业厅被授予“全国百佳营业厅”称号。

2009 年，实施自办厅星级划分，指定专营店上岗制度；扩大 VIP 服务覆盖面；开展“66000”网络质量测试活动，为客户提供快速便捷的电子渠道服务。

2010 年，完善村级代办点 2600 余个，累计铺设自助终端近 200 台。当年，客户规模突破 150 万户，运营收入近 9 亿元。

第四节　通信配套设施

一、电信设施

1990 年，延安全市有电报电路 60 路，其中无线报路 13 路；长话有线电路 360 路；

市话线路有明线2647杆千米，4903对千米，电缆83.23皮长千米，用户交换机中继线63对。1993年2月20日，西安至延安全长358.65千米架空光缆工程全面开工，12月开通。总容量1920路，其中延安有长途自动电路180路。1994年4月30日，延安至榆林数字微波电路全线贯通。

1995年12月15日，延安长途传输全部实现了光缆或微波数字电路；12月26日，在延安、黄陵两地建成2个900兆数字移动电话GSM“全球通”基站，共32个信道。1996年7月，又在全区相继建成7个基站。开通延安大学、七里铺2个直放站。至1998年，全市有移动电话基站18个、560个信道，其中宝塔区有基站3个，272个信道；有无线寻呼基站21个，其中宝塔区有基站4个。

2000年7月11日，延安城区光环网完工，延安域内共铺设光缆420千米。2008年4月27日，延安市光（光缆）进铜（铜线）退第一条2000对16号电缆退网。至2010年3月，延安城域网总出口由原来的30GE扩容到60GE，宝塔区各局机房的出口带宽均由1000米提高到2000米，多条链路在物理上实现路由保护。

二、联通设施

1999年10月11日，联通公司开始大唐实验网的建设工作。初建130移动通信网容量4万门、初建基站39个。

2001年7月1日，联通公司CDMA网络开始一期工程建设，9月底建成基站22个。10月底，完成二干（二级干线）二期工程281皮长千米，二干光缆及二干陕北卡特链的建设。2002年11月15日，完成1套华为BSC调测入网，完成开通128处华为GSM基站建设。

2003年10月底，完成开通70处华为GSM基站、99处中兴CDMA基站的建设；12月底，完成开通本地网一期工程373.9皮长千米光缆的建设。完成二干三期工程二干陕北一环建设、二干陕北卡特链优化成环（二干陕北二环）的建设。

2004年5月，完成开通本地网（CDMA）二期533千米光缆线路架设及43套光端设备的安装；10月完成开通本地网（CDMA）二期增补609皮长千米光缆线路架设及126套光端设备的安装。当年完成开通本地网二期工程140.6皮长千米光缆、26套光传输设备的建设。完成二干四期工程190皮长千米二干光缆线路的建设。

2005年，完成开通CDMA二期工程及二期增补工程1165皮长千米光缆、185套光传输设备的建设。完成本地网三期工程43皮长千米光缆建设。完成二干五期工程175皮长千米二干光缆线路的建设。

2006年8月1日，对延安MSC/VLR进行扩容，增加5万，延安MSC/VLR扩为30万。当年完成开通本地网四期工程367皮长千米光缆、81套光传输设备的建设，完成CDMA三期工程14皮长千米光缆建设。2007年11月底，完成开通本地网二期、三期、四期工程共279皮长千米光缆、56套光传输设备的建设。

2008年10月15日，在与原网通延安分公司融合后，公司在延安市区内形成3个大芯数城域光缆环网的光缆城域网。建成西安至延安二干48芯光缆162.6千米（延安域内）；11月21日，完成开通二干九期工程陕北波分环、陕北四环延安域内10套波分设备、1套SDH光传输设备的建设。完成开通本地网530千米光缆线路架设及76套光端设备的安装。

2009年，完成WCDMA基站、室分配套传输线路建设近267千米，完成传输设备安装74套。完成GSM基站、室分配套传输线路建设319千米，完成传输设备安装105套。完成陕西省内二级干线89千米光缆线路的建设工作。

2010年，完成WCDMA基站、GSM基站、室分配套传输线路554千米，完成传输设备安装193套。

三、延安移动设施

1998年，全市建成移动基站37个，总容纳用户30809个。1999年，延安移动分公司成立初，全市有移动基站38个。

2001年，延安移动新建基站50个。同时，利用延安街道改造机遇，加快城域传输工程建设，完成市内主要街道的传输管道敷设。敷设管道8千米，直埋光缆4千米。完成洛川—黄龙、洛川—交口河、延安—安塞、延安—志丹—吴旗的传输线路工程，共计敷设架空光缆440余千米。初步形成延安市和部分县城域网传输链路。

2002年5月17日，延安七期农村覆盖网工程在全省率先完成；9月，中兴动力环境监控一期工程调试完毕，正式投入使用。当年，铺设通讯光缆1740皮长千米，在全市范围内逐步形成5个自愈环。至此，延安移动基站传输电路全部使用移动本地传输网提供的电路。至2003年底，延安移动分公司基站总数近500个，网络覆盖了全市1区12个县的城区，以及国道、省道等主要交通干线和旅游景点，乡镇和各油（矿）区覆盖率达98%以上。在全市范围内，实现移动网络“乡乡通”，并在宝塔区城区实现双频网。2004年基站总数近600个。2005年，基站总数近700个。通过对载波、网优设备、网络结构的科学调整，基站中断总时长明显下降。

2006年，新建基站200多个，基站总数近千个。移动网络覆盖了全市13个县区的城区、石油和煤炭开发区、交通主要干线和旅游景点；实现了高速公路无缝隙覆盖；乡镇网络覆盖率达100%；农村网络覆盖率达73%。

2010年，移动基站总数达到1100余个，传输光缆近8000皮长千米。宝塔区各乡镇的网络质量得到有效改善。

四、宝塔区移动设施

2008年12月25日，建有传输线路2174皮长千米，基站334个，城市覆盖率达98.8%，农村覆盖率达95.3%。2010年5月1日，启动15—1期网络工程建设，9月底完成23个新建基站。11月5日启动延安TD四期工程建设。

第三章　邮政业务

第一节　传统业务

一、函件

宝塔区函件业务始于清光绪三十二年（1906）十一月，延安府设立邮寄代办所，出售邮票、信封，收寄信件、明信片。后函件业务与类别几经变更，至1973年函件业务归并为信函、明信片、印刷品和盲人读物4大类。1987年11月，开办国内邮政快件业务。

1990年1月1日，开始统一使用标准信封；7月31日，取消快递小包、航空快递小包、邮政回执、代收货价和收取回件等5项业务。函件资费从原普通信函本埠0.04元/20克、外埠0.08元/20克，调整为本埠0.10元/20克、外埠0.20元/20克，其他函件资费相应上调。年底，全地区函件业务量为5473127件，其中快件394698件；延安市区函件业务量为1759677件，其中快件112360件。

1992年10月9日，开办礼仪信函业务。1994年5月4日，开办邮政特快专递业务。

1996年12月1日，再次将普通信函资费调整为0.50元/20克，取消本、外埠区别，其他函件资费相应上调。1997年3月20日，开办特快专递邮政礼仪业务和同城特快专递业务。

1998年7月11日，取消邮政快件业务。全年全市函件业务量4025872件，其中快件120713件、特快专递14537件；宝塔区函件业务量为1599132件，其中快件35443件、特快专递10020件。

1999年，延安市邮政在全国率先开发邮资门票明信片。开发延安革命纪念地1套6枚、黄帝陵1套2枚、志丹陵1套3枚等20个景点邮资门票，总计开发1200万枚。到年底，宝塔城区各旅游景点全部使用邮资门票，全年收入近300万元。

2000~2004年，市邮政局先后开发生日礼仪、集团式礼仪、校园明信片、校园邮资封、公司质量跟踪卡、土特产品明信片、企业金卡、消防答题卡明信片、企业拜年卡、代投各类广告等新业务；并与延安移动分公司、延安联通分公司签订代理制作和寄送用户账单业务。2004年，全市函件收入428.93万元。全年开发邮资封31.3万枚，邮资明信片22.2万枚，企业拜年卡22.47万枚，发展邮送广告24期53.85万份，代投各类广告17.5万份，寄递账单3.3万封。

2007年，全市开发定制型邮政贺卡客户175个，“新年邮福”邮政贺卡收入186.18万元，进度排名全省第一。在宝塔区内大中专院校开发招生商函业务，收入8万元，进度列全省第二。全市函件业务累计收入 638.26 万元，增长 33.53%。

2009 年 10 月，市邮政局与中国银行延安分行签订中行银企回执对账单投递协议，账单投递费用由原来的 4.2 元/封提高到 7.2 元/封，为全省资费最高的银企回执对账单。

2010 年，全市函件业务累计收入 996.19 万元。

二、汇兑

延安市宝塔区汇兑业务始于民国 13 年（1924）开办，当时仅办理 100 元以下业务。1981 年 6 月，以 5000 元为限，500 元以上为高额汇款。

1990 年，汇兑业务每笔最高仍为 5000 元，当年全地区汇兑业务量 269618 张，其中延安市 70219 张。1998 年，汇兑最高限额提至 1 万元。年底，全市汇兑业务量为 328422 张，延安市局为 85849 张。

2004 年，利用电子汇兑联网优势，发展实时汇款和 2 小时汇款等新型业务，汇兑业务收入 176.16 万元。

2010 年，汇兑业务累计完成 370.91 万元，同比增长 14.22%。

三、包裹

宝塔区包裹业务始于清宣统三年（1911），肤施二等乙级邮局开办国内包裹业务。1986 年 7 月 1 日，邮政包裹分为民用包裹和商品包裹。1987 年 9 月 25 日，增办大件商品包裹。1988 年 9 月 1 日，快递小包限重由 1 千克放宽至 2 千克。

1990 年 7 月 31 日，邮电部对包裹业务再作调整：取消快递小包、航空快递小包、代收货价包裹、用户专用袋等 4 项包裹业务；取消甲、乙保价包裹区分，一律按保价包裹收寄；停办“收件人总付邮资”。包裹资费收取标准在原基础上调 150%。另有包裹补偿费、包裹逾期管理费、包件处理费等费用。当年全地区包裹业务量为 52084 件，其中延安市 19710 件。

1996 年 12 月 1 日，取消商品包裹、纸制品包裹、航空包裹等 3 项业务。随着商品经济的发展和多渠道流通体制的完善以及 1990 年、1996 年 2 次资费调整，全国包裹业务均呈大幅下降趋势。延安邮电局采取多种营销手段和激励政策，使包裹业务呈微幅上涨。至 1998 年底，延安全市包裹业务量为 61474 件，宝塔区为 20119 件。

2002 年，全市各营业网点重点抓快递包裹和特快专递业务的发展。采取上门揽收、窗口宣传营销、强化客户服务等多种手段加大快递类业务的发展力度。城郊分局制定出台新业务发展奖励考核办法，调动员工的积极性，年底累计完成快递包裹 9618 件，占包裹总数的 45%；特快专递 2279 件，收入 38 万元，其中宝塔区东关所快件收入占总收入的 66%。

2003 年，利用邮件提速和包裹直投到户的有利政策，发展包裹业务。在特快业务中把生日礼仪、同城特快、特快送款作为重点，全年发展生日礼仪 2832 户；投递同城特快 2483 件，其中高考通知书 800 多件，投送电报 600 多件；特快送款 4140 笔。全市完成特快收入 115.19 万元，较上年增长 40.02%。

2007 年，发展校园包裹和家乡包裹业务。通过上门揽收延大、医学院、干部学院等学生包裹累计实现收入 8.49 万元。同时在秋冬丰收季节，发展土特产外寄业务。全市包件业务收入 150.84 万元。

2010年，全年完成包件收入98.01万元，其中校园包裹收入10.88万元，军营包裹收入3.6万元。计划进度和增幅排全省第三位。

四、报刊发行

宝塔区报刊发行业务始于1937年1月，中共中央成立党报发行委员会，先后创办发行《新中华报》《解放》《团结》《军政杂志》等10余种报刊。报纸经邮局发送各地党委，再由党委分发交回邮局分送读者。1948年4月，报纸改由边区邮局发行。1949年3月1日，实行订阅制度，为“邮发合一”之发行。

1990年，延安地区订销报纸23264802份，杂志1480527册，订销流转额360.12万元。其中，延安市订销报纸6096373份，杂志266017册，订销流转额107.81万元。

1992年，延安地区邮政局开始推行报刊发行会计结算微机处理系统。1993年，实行手工、微机并行。1994年，延安局与省局联网。1995年延安局与省局实现全省联网。

1996年7月5日，省邮电管理局制定《陕西省报刊零售业务管理办法》，促进报刊零售业务发展。年底，宝塔区报刊订销流转额1112.2万元。至1998年底，全市订销报纸27865506份，杂志1019945册，订销流转额1360.18万元。其中，宝塔区订销报纸为8971602份，杂志449202册，订销流转额510万元。

1999年，延安市邮政局成立发投局，推行收投合一和段道承包制。2000年，对市内投递网区进行调整，投递段道由原来的11条增加到21条，提高报刊入户率和妥投率。

2005年，《延安日报》自办发行，邮局报刊业务下降，全年全市报刊业务收入552.59万元，占年计划的87.71%，较同期下降22.34%。2006年，全市报刊大收订一次性流转额完成1822万元，占计划的104.05%，计划进度列全省第一位，较上年同期增长7.81%，绝对数增加132万元。

2009年，《陕西日报》在延安自办发行，延安市邮政局调整思路，以私费订阅为核心，加大对投递段道和社会站员的奖励力度，全年完成报刊业务收入754.57万元，占计划的105.09%，同比增长15.53%。全市新增投放报刊亭21个，扩大了书报刊零售阵地；省公司代销的所有期刊均进入各报刊亭，丰富代销品种，零售专业全年实现收入93.78万元，完成计划的110.34%，同期增长10.24%。

2010年，市邮政局把企业形象期刊作为报刊增收的重点经营项目，制定奖励办法。全市开发企业形象期刊创收52万元，完成实绩排全省第一位。全年完成报刊业务收入612.68万元。

五、集邮

延安市集邮业务始于1956年4月，设集邮代销点。1965年10月28日，正式开办集邮业务。1985年5月1日，成立延安地区集邮协会，举办首届邮展。1990年8月1日，延安市举办第二次邮展。全年全地区集邮业务量275459枚，集邮收入305270元，其中延安市172001元。

1992年5月21日，延安地区邮电局在延安市科技馆举办“纪念毛泽东在延安文艺座谈会上的讲话发表五十周年”邮展；5月23日，在杨家岭革命旧址举行“纪念毛泽东在延安文艺座谈会上的讲话发表五十周年”邮票首发式。1992年全市集邮业务量为1751523枚。至1998年底，延安全市集邮业务量为3398699枚，业务收入8344524元，其中邮品收入 5153268 元；宝塔区业务量为 2055245 枚，业务收入 5927921 元，其中邮品收入 4789545 元。

1999 年，延安市邮政局先后发行边区参议会成立六十周年纪念封、革命圣地延安金银铜邮品、阎红彦将军九十周年诞辰纪念封、黄帝陵镀金邮折、黄帝像纪念章等一系列具有地方特色的邮品。全年集邮销售收入 940 万元，其中自制邮品占到六成。开展集邮有奖征文活动 1 次，收到参赛作品 628 篇。

2000 年，先后设计、开发、印制《革命圣地——延安》《黄帝陵》《黄河壶口》《毛泽东在延安》系列金箔邮品，《刘少奇诞辰一百周年》《革命伴侣》《陈云在延安》邮折和纪念封以及清明祭祖纪念封等系列邮品。组织一批畅销邮册投放市场，及时补充货源，满足需求。2001 年，先后开发出《功昭日月》金、银、铜、卡、折等系列邮品、《延安邮资门票专集》8000 册。举办纪念中国共产党成立八十周年集邮展览，年底，全市完成集邮收入 1021.77 万元。

2003 年，完成《毛泽东在延安》《第二轮生肖礼品册》常规邮品 4000 册、各类纪念封 1 万枚，开发企业形象册 1.6 万册、个性化邮票 7250 版，全年完成集邮收入 916.12 万元。

2008 年，开发《圣火在延安》卡书、邮折、纪念封等系列邮品。全市集邮收入累计完成 1718.43 万元，其中奥运特许商品完成 577.84 万元，编年系列邮品完成 91.06 万元，中秋文化礼品营销完成 81.11 万元，新邮预订项目完成 226 万元，个性化邮票开发设计 52247 版，实现收入 120 万元。

2010 年，全市集邮业务累计收入 1632.35 万元。提前完成 2011 年新邮预订，实现新邮预订收入 268.7 万元，完成省局计划的 114%。

第二节 新增业务

一、速递

2001 年，延安市邮政局开办特快汇款业务，全市共完成特快汇款 2 万笔，创收 20 万元，特汇率达 11.2%。完成特快送款业务 1.5 万件，实现收入 1.5 万元。全年完成速递收入 78.88 万元。

2004 年，全年开发生日礼仪 1235 件，办理特快送款 3424 笔，全市速递业务收入 124.21 万元。制定《特快专递信息上网实施办法》和《特快专递质效考核办法实施细则》，速递业务 3 项指标全部达到省局考核标准。

2005 年 5 月，开办身份证专递业务。全年累计办理 14117 件，实现业务收入 34.76 万元。市邮政局先后与市人民银行签订会计凭证专递协议，年创收 4.6 万元；与市人保分公司和寿险公司签订了保险箱专递协议，年创收 5.89 万元。速递业务收入 175.63 万元，同期增长 41.40%。

2007 年，开发驾驶证审验寄递、个性化牌照寄递、烤鸭配送等项目。开发生日礼仪的单位由上年的 6 个增加为 11 个，全年发展生日礼仪用户 5736 户，实现收入 37.77 万元。至 2008 年，共寄递个性化牌照 4718 个、个人补办牌照 328 个，车管所补办牌照

1393 个，实现收入 26.49 万元。

2009 年 2 月 18 日，成立延安市邮政速递物流公司。2010 年，速递业务累计实现收入 739.27 万元。其中，特快完成 628.89 万元，快递包裹完成 104.99 万元，国际包裹完成 5.39 万元。

二、邮路物流

2002 年，延安市邮政局拓展邮政超市新业务，全市邮政企业开办的超市收入 399 万元。物流业务中的仓储、运输配送、销售等环节初具规模。年底，全市物流累计收入 181.41 万元。

2003 年，组建西安货运采购站，实现集中采购、统一配送、统一货款结算。在 8 个县级邮购超市基础上，逐步向农村延伸扩展。年底，建成农村网点 9 个。邮政超市收入达到 339.03 万元，全市物流收入 620.66 万元，较上年增长 242.13%，增收 439.25 万元。物流成为邮政第四大业务。

2004 年 5 月 1 日，开通西安—延安零担货运业务，实现零担收入 13.2 万元，初步创立延安“中邮物流”品牌。

2006 年，开发“思乡月”项目，全市完成中秋月饼销售收入 151.97 万元；销售中秋集邮文化礼品 88 万元；收寄“思乡月”特快邮件 148 件，实现寄递收入 6558 元。

2007 年，开发西凤酒、医药 2 个新项目。化肥、种子项目初步打开销售市场，全年出售化肥 273 吨，出售各种月饼、炉馍 181.4 万元，实现收入 55.81 万元。全市物流业务收入 998.63 万元。

2009 年，全年完成收入 954.92 万元，其中分销业务完成收入 466.32 万元；经销商物流完成 186.87 万元；中邮快货完成 90.93 万元；一体化物流完成收入 201.33 万元。全市超市完成销售额 1223 万元，实现收入 214.1 万元。“真酒传情”项目完成销售额 231.91 万元，收入 39.7 万元，进度列全省第二位。

2010 年，分销业务收入 582.87 万元，物流业务收入 126.33 万元。

第三节　代办业务

1986 年 7 月，延安地区邮电局恢复开办邮政储蓄业务，为银行代办储蓄。经办活期、定期、整存整取和零存整取 4 种业务。1990 年 1 月 1 日，邮政储蓄业务由委代办改为邮电自办，邮储收入由原人民银行支付代办费改为利差收入。

1999 年，依托网点优势，发展代办业务。延安市邮政局先后与电信、移动、联通及保险公司，本着互利互惠、共同发展原则，签订代办（代理）业务协议，开办代收话费、代办保险、代理入网和代售 BP 机业务，全年代办收入 149 万元。

2001 年，市邮政局按照“先开办、后规范、逐步完善”原则，代办联通业务。全市共发展联通用户 10752 户，累计收入 26 万元。启动代理彩票、代办保险、代发工资等中间业务，全年代理销售彩票 502 万元，代办保险 25 万元，累计代发工资 1562 万元、代理医疗保险 279 万元、代发养老金 527 万元。

2002 年，邮政代办业务经营领域不断扩大，与联通协商发展新的合作模式。邮政代办业务的种类由发展手机用户扩展为代理发展193长途注册用户、代理缴费卡和寄送用户话费账单等多个领域。同时加强与移动、电信两大电信运营商的业务合作。年底，全市邮政企业累计发展联通130手机用户7145户，移动放号2035户，133CDMA用户534户，销售联通、移动缴费卡额582万元。累计代办电信业务收入106万元，其中代办联通收入78万元，占70.91%；代办移动收入17万元，占15.5%；代办电信其他收入15万元，占13.59%。

2003年，发展无线公话111部，其中联通公话67部，移动公话44部；全市共开办合作营业厅7个，市邮政局与联通公司合作开办长话超市1处，代收话费463.75万元。

2004年，全市代办电信业务收入完成351.92万元。全年发展130放号12870户，133放号335户，移动放号24341户，代售小灵通269部，销售联通缴费卡434.5万元，销售移动缴费卡923.3万元。全市发展无线公话245部，开办营业专厅2个，专柜34个。延安市代办电信业务在全省排前三位。

2005年，全市代办电信业务收入累计完成286.57万元。同期下降18.57%。宝塔区城郊局开展代收话费业务。全市共建有话吧4处、综合电信专柜2个、联通专厅9个、移动专厅3个。

2007年，争取到电信的代收费业务，综合服务平台可代收移动、联通、电信、网通话费，实现了“代收话费一站通”。全市信息业务收入完成320.75万元。

2008年6月28日，中国邮政航空票务系统在延安市宝塔城区售出首张机票。

2010年，延安市邮政局全年收入472.27万元。发展邮政短信40.23万户，收入231.18万元。其中，发展邮储短信7.25万户，收入198.2万元；汇兑短信完成20.29万户，收入20.29万元；速递短信完成12.69万户，收入12.69万元。三类短信发展进度均列全省第三位。代放号完成25065户。代收话费3672.17万元。销售航空机票2828张、火车票11708张、世博会门票521张，共收入5.59万元。全年发展便民驿站36个，收入61.15万元。

第四章　通信业务

第一节　电　报

延安电报业务最早始于民国6年（1917），肤施电报局和洛川电报局开办官报、商报、新闻、寻常4种电报业务。至1985年初，有天气、水情、公益、政务、新闻、普通、汇款、公电8种电报业务，5月增开公众电报业务。1988年7月，延安局增开礼仪电报和公众传真电报。

1990年，电报业务量为371995份。1992年10月1日至1993年，延安全区各县邮电局均开办礼仪电报业务和公众传真业务。年底，全区电报业务量为565089份。

1996年1月1日，延安全区开办异地鲜花礼仪电报业务。年底，电报业务量为179962份。

2001年8月1日起，中国电信集团公司取消公众电报业务中的特急和加急业务。此后，受通信产业飞速发展的影响，电报业务量逐年减少。

2005年12月1日，公众礼仪和鲜花礼仪电报停办。普通公众电报业务仍然保留。至2010年，电报业务依然保留，但基本无人办理。

第二节　固话业务

一、延安电信分公司业务

（一）长途电话

延安长途电话始于1934年，肤施开通经绥德通山西1条报话合一电路，开办普通电话、加急电话、传呼电话和预约电话等4种长话业务。1985年4月，国内长途电话业务改称为国内公众长途电话业务，业务种类调整为代号、特种、紧急调度、政务、普通、公务等6种；电话会议单列为一项长话业务。1988年，延安市长话业务量为37.71万张。

1991年1月20日，延安地区开通程控数字交换机，启用0911区号，进入全国长途电话交换网。

1993年1月1日，陕西省政府决定：将长话附加费由每分钟0.1元调为0.3元，并免缴营业税。当年，延安市长话业务量为39.08万张。

1995年6月25日，延安地区率先在全省各地市局实现长途传输光缆数字化和市话交换程控数字化，建成延安大本地网，电话号码统一升为七位，全区13个县（市）统一使用0911长途区号。1996年10月1日，开通西安至延安电视会议系统。

2000年7月1日，延安全市开通固定电话网IP业务。

（二）市话

1936年5月，宜川县安装10门磁石交换机总机，并配10部话机。此为延安市市话业务之发端。宝塔区市话从1937年中共中央迁到延安后开始，先后在王家坪、杨家岭、枣园、抗大、三局、中央党校、边区政府等处设立总机，1939年有电话172部。1947年3月，国民党胡宗南部侵犯延安，边区市内电话业务中止。1953年，延安县（今宝塔区）开办市内电话业务，用户仅15户。1988年，全市办理普通电话、电话副机及附件、同线电话、用户交换机、分机、中继线、专线、临时电话、公用电话、租杆挂线、租用管道和代维设备12种市话业务。1989年，延安市用户为1737户。

1991年1月20日，5000门市话数字程控交换机开通，电话号码由4位升至6位，电话用户迅速增加。年末延安市有程控电话4894部，其中私人电话991部。1993年延安市用户为5664户，其中住宅电话3112户。

1994年6月18日，延安地区煤炭进出口公司北桥沟家属楼60户住户全部装上电话，为全区第一幢“电话楼”。年末市内共安装电话9700部，其中住宅电话7412部。1995年，延安市市话用户突破1万户。至邮电分营的1998年底，宝塔区有市话用户26045户，其中住宅电话19958户。

2000年5月1日，延安市电信局推出车载电话新业务。2003年，全市固定电话放号4万户，年末有电话用户72786户。净增公用电话6000部，共有公用电话1万余部。2008年末有固定电话用户112561户。

截至2010年底，延安市区固定电话用户为113588户。

（三）农话

宝塔郊区农村通电话始于1956年，当时在主要区、乡架设明线（6区3乡），开通电话。1958年实现乡乡通电话。1981年，农村电话业务有防空情报电话、特种电话、紧急调度电话、政务电话、加急普通、公务、业务电话和普通电话6种。至1989年延安市有农话用户193户。

1995年3月18日，在开通的延安至安塞、子长、延川、延长4条长途光缆线路上，附设80.71千米全区第一批农话光缆线路，并在沿途李渠、姚店、青化砭、永坪、河庄坪等农话交换点各开120路数字电路。

1996年9月28日，延安全区农村通信实现交换程控化和传输光缆化，3381个行政村具备通自动电话的条件。当年底，延安全区有农话用户12215户，其中延安市有用户2343户（住宅电话1808户），农话通话2872020次。

1998年，宝塔区有农话用户4813户，其中住宅电话4199户，农话通话6286620次。1999年，已通电话的行政村271个。2001年通话行政村增至387个。

2002年2月，延安电信分公司实现程控功能的自动变更。年末农村电话用户16250户。2005年农村电话用户27540户。

2006年，开始在农村建设“小康通”网络。2007年5月1日，延安市宝塔区所有行政村全部实现村村通电话，年末有农村电话用户28210户。截至2010年底，宝塔区有农村电话用户21828户。

二、延安联通分公司业务

2003年6月底，中国网通延安分公司固话业务正式对外放号。2004年11月延安网通分公司市话用户首次突破万户。2008年10月15日，中国联通与中国网通正式合并，时有市话用户达14247户。

2009年12月，推出中国联通无线固话业务，可在限定区域和范围内移动使用。

2010年1月1日零时起，固定电话本地网营业区间通话费由市区区间每分钟0.2元、市县区间每分钟0.3元两档，统一调整为区间每分钟0.2元。

第三节　移动电话业务

一、延安电信分公司业务

（一）移动电话

1995 年 12 月 26 日，延安地区邮电局开通 GSM（全球移动通信系统）数字移动电话业务。每部移动电话入网费为 3000 元，通话费包括基本通话费、本业务区通话（0.4 元/分钟）、漫游费（0.6 元/分钟）和长途电话费，并采取双向计费。1996 年底有移动通信网话 150 路，全区有用户 672 户，其中延安市有移动电话 481 户。

1998 年 12 月，延安市有移动电话基站 37 个，可容纳用户 30809 户。当年，延安市有移动用户 7068 户，其中宝塔区有移动电话用户 4309 户。

2008 年 6 月 4 日，集团公司开展收购 C 网项目（天翼项目）工作；10 月 1 日，中国电信正式成为 CDMA（3G 手机网络）的经营主体。延安电信分公司于 11 月 29 日 20：00至 30 日 02：38 顺利完成 450 个 CDMA 基站割接；12 月 20 日，根据省公司统一部署，延安分公司天翼 189 业务正式对外放号销售。

2009 年，延安市区 3G 覆盖率达 100%，乡镇政府 3G 覆盖率达 41.2%，3G 覆盖 90 个油田油区和 18 个煤炭矿区。完成延安大学、延安职业技术学院两所高校 WLAN（电信公共无线网）建设，建成开通 AP 点 376 个；完成其他 WLAN 热点建设 160 个。WLAN 热点使用率达 97.6%。

2010 年，延安全市油区、矿区、包茂高速、市区 3G 覆盖率达 100%，乡镇政府所在地 3G 覆盖率达 83.5%。宝塔区电信移动电话用户达 6.43 万户。

（二）小灵通

2002 年 5 月 17 日，延安电信分公司“小灵通”业务开始放号运营；10 月 25 日，小灵通二期在宝塔区李渠、姚店 2 镇相继开通，共计发展用户 10187 户。

2003 年 3 月 31 日，延安市宝塔区小灵通全部开通。年底延安电信分公司小灵通用户突破 5 万户大关。之后，增长速度放缓，用户随之下降。至 2010 年，宝塔区小灵通用户仅为 27724 户。

二、延安移动分公司业务

1999 年，延安移动分公司推出 137（本地通）移动电话。至年底，全市移动电话用户达 25920 户。

2001 年，净增用户 5 万多户，用户总数达到 13 万户，市场占有率达 73.38%，位列全省第二；移动电话业务收入 1.50 亿元，同比增长 62.02%，位居全省第一。全市移动电话普及率达 6.34%。

2002 年，推出“动感地带”“彩铃”等新业务。全年净增客户 65188 户，年末客户总数 19 万户。

2006 年 9 月，推出神州行轻松卡，全年净增通话客户 25 万户。年底，通话客户总数达 80 万户。排名全省第一。

2007 年，延安移动分公司先后推出全球通理财系列套餐、神州行长话卡、神州行大众卡、神州行集团卡、动感地带音乐校园行等系列单项产品。

至2010年底，延安移动先后推出短信、彩铃、GPRS、随e行（无线上网服务）、手机证券、手机报、飞信、MM（Mobile Market缩写，手机应用商城）、违章查询等多项新业务；推出电子政务、城市管理、应急指挥、便民服务等一系列行业应用。另外，校讯通、工商通、警务通、农信通等行业信息化应用项目也广泛应用。

三、延安联通分公司业务

2001年4月2日，延安联通开通GSM移动网，接通第一个GSM网电话；4月15日，130GSM移动电话业务开始对外放号；10月10日，延安联通开通CDMA移动网。

2002年1月15日，延安分公司新时空133CDMA移动电话业务开始对外放号。至2003年底，有GSM移动电话用户15万余户，CDMA移动电话用户3万余户。

2004年12月，延安网通分公司"大灵通"业务开始放号运营。

2006年3月，延安联通分公司推出返乡卡业务，在大众主流市场推行话费单向收费；4月，移动业务推出1015699的长途加拨业务。

2008年4月1日，实施调整后的移动业务漫游资费；12月，延安市分公司GSM业务网上用户突破60万。

2009年1月，短信业务取消网内外区别定价，实施网内外统一定价；5月，延安联通分公司3G业务全面开通；10月，iPhone（联通定制版iPhone手机）全面上市。

2010年1月，取消原来多种通话费项叠加收取的计费方式，实行移动用户拨打长途电话一费制。

四、宝塔区移动分公司业务

2008年12月，宝塔区移动公司成立之初，公司经营主要产品有全球通、神州行、动感地带、G3四大品种，有通话客户45.7万户，月运营收入达到2500万元。2009年，开展全球通品牌88套餐、动感地带品牌音乐套餐、音乐校园行等套餐；同年7月30日，开通移动400业务；9月7日，针对老年人市场开通"关爱通"业务。年底客户46万户，运营收入2.6亿元。至2010年底，宝塔区移动公司有通话客户47.7万户，运营收入突破3.1亿元。获省级优秀城区分公司奖。

第四节　宽带业务

一、延安电信分公司宽带业务

1993年11月12日，延安地区开通分组交换网，通过终端与终端、终端与计算机、计算机与计算机以及局域网间的通信，实现数据资源共享。

1995年5月，延安地区开通数字数据网。利用数字传输通道和数字交叉复用设备组成数据传输网。

1996年底，延安地区开通中国公用计算机互联网，由市话汇接，经长途汇接至省163汇接中心，利用163特服号向用户提供电子邮件、全球新闻、远程登录、文件传送网上交谈以及信息查询、检索、电子商务等多种服务。

1997年3月，建成延安市分组交换和数字数据本地网，业务覆盖全市各县区以及部分经济发达的乡镇。4月，延安开通中国公众多媒体通信网，利用169特服号向用户提供电子邮件、远程登录、文件传送、网上交谈、电子商务、交互式信息查询等服务。

1998年3月，建成延安163WEB站点。5月，建成延安互联网网站，在业务演示厅建成全区第一个网吧。年底，延安市区有分组交换用户135户、数字数据用户98户、计算机互联网用户133户、多媒体网用户83户。

1999年，全市有分组交换用户165户、数字数据用户144户、计算机互联网用户428户、多媒体网用户419户。

2002年7月，延安电信分公司宽带二期工程完工，数据业务首次面向个人开放。2003年推广ADSL、LAN等有线接入业务。

2004年2月21日，在丽融广场举行以“宽带·星空体验巡展”为中心内容的陕西电信首届网络节延安站活动。当年，ADSL宽带用户净增6843户，累计13412户。

2006年10月1日，全市实现“乡乡通宽带”建设。

2009年，天翼无线宽带正式商用，用户可通过使用计算机无线网络（WiFi）模块或无线宽带上网卡，利用中国电信提供的客户端软件，选择无线宽带（WLAN）等方式上网。城区及部分乡镇上行链路由100M改为1000M，55%乡镇设备侧接入能力达4M以上。

2010年底，延安电信宽带用户达到13.25万户。

二、宝塔区移动分公司宽带业务

2010年，宝塔区移动分公司开始发展家庭宽带业务。利用中国移动铁通宽带，采用PON技术，通过光纤接入到楼宇（FTTB）建设宽带网络。从业务种类划分，家庭个人宽带产品按照资费可分为包年、包月两大类，按照带宽可分为2M、4M。宝塔区小区宽带项目自2010年4月开始建设覆盖小区。

第五节　公众信息服务

一、无线寻呼

1993年2月13日，延安地区邮电局在延安市开通无线寻呼台，年末有传呼用户1280部。1994年7月1日，延安全市实现无线寻呼同播联网，年底有传呼用户2421部。1995年初，开通“127”自动寻呼业务，并实现全省漫游。同年8月30日，延安地区撤销各县局“126”人工台，将无线寻呼业务由远程终端联网改为全区集中联网。年底，延安地区有无线寻呼网话24路，用户5456户，其中延安市有用户3879户。1997年底，宝塔区有无线寻呼用户12441户。

1998年，成立陕西省国信寻呼公司延安分公司，于10月1日正式对外运营。当年，延安市有无线寻呼用户42343户，其中宝塔区有用户23529户；1999年10月，中国联通延安分公司成立，2000年10月与国信寻呼延安分公司融合；2000年5月17日，延安电信分公司开展信元寻呼业务。当年，全市有无线寻呼用户154007户，其中国信用户75793户。2002年，延安电信取消无线寻呼业务；年底，延安联通共发展寻呼用户8873户，缴费用户11926户，在网寻呼用户20792户。随着其他通信工具的发展和使用，无线寻呼用户逐年减少，2003年发展寻呼用户315户，缴费用户123户，在网寻呼用户1390户。至2004年，仅有寻呼用户3户。2006年，因用户少、资费低、长期亏损原因，中国联通取消无线寻呼业务。

二、特服业务

1993年10月，延安地区邮电局开通“117”报时和“121”气象预报2项特服业务。

1997年2月8日，延安市邮电局使用“968（自动）、960（人工）、966（语音信箱）、985（票据查询报警）”4个特服号码，开办信息服务业务。

2000年10月5日，延安联通分公司开通“10010”客户服务平台。

2002年4月1日，延安电信分公司开通“1000号”服务平台，功能集原来“170”电话费查询、“112”障碍申告、“180”业务投诉、“114”查号服务于一体。2007年3月，开展“10000号”全业务受理工作。

2008年5月5日，延安电信分公司开通农民、企业投诉举报或咨询服务的专用号码“12316”“三农”服务热线。

三、磁卡电话

1995年12月，延安市局在城内东关、南关和中心街安装3部磁卡电话。此后不断扩大安装，1996年安装20部。到2000年达到鼎盛时期，全市安装IC卡电话3300部，其中宝塔区865部。随着手机的普及，IC卡电话逐步淡出市场，至2010年仅剩610部。

四、农村信息服务

2006年3月29日，延安市农牧局和延安联通分公司召开全市“电子农务”推广工作会议，开始在延安推行电子农务。至2007年，延安市电子农务用户达5.4万人。

2007年，陕西省人民政府要求建设农业信息进村入户工程。当年，延安电信分公司建成农村信息服务站558个。

2008年，延安移动分公司建成农村信息站320个。2009年，新建农村信息服务站181个。

至2010年，宝塔区建成319个站点，行政村覆盖率49.03%。

五、其他服务

2003年，延安电信分公司推出“家家e”业务，用户只要对话机进行更换，即可享受到集话音、娱乐、信息、商务等内容于一体的个性化信息服务。2005年底，推出“我的e家”、固定电话与小灵通组合的e6套餐、固定电话与宽带组合的e8套餐业务。

2006年1月和4月，延安电信分公司分别推出“商务领航”和“号码百事通”业务，集纳餐饮、娱乐、家居、旅行等生活常用信息，被人们称为“生活顾问”。

2008年，延安电信分公司在各大宾馆酒店行业推广通过电话线路、宽带业务开办的数字电视业务（ITV）。

2009年，延安移动分公司完成市级政务网建设，为延长油田股份有限公司、延安炼化公司、延长石油集团公司、延安烟草专卖局嵌入MOA办公系统。

2010年，宝塔区移动分公司开通警务通、农信通、工商通、校讯通、移动400、商户通、手机工资单、M2M（无线通信的业务类型）、ADC（托管式信息化应用服务）等业务。

第六节 增值业务

2004年1月，延安联通分公司推出炫铃业务；3月，推出收费电子邮箱“如意邮箱”服务。

2005年5月17日，延安电信分公司开展第一项增值业务——七彩铃音业务；8月，延安联通分公司开通“联通在信”（Uni-Info）无线数据业务，主要提供基于短消息平台的订阅和点播业务，包括信息类、个人信息管理类、交易类、娱乐类、行业应用类等服务；10月15日，延安电信分公司率先在全省启动“家校直通车”业务；11月29日，开通延安G/C网呼叫军网业务。

2006年6月，延安联通分公司推出联通万事通业务；12月19~20日，陕西电信“全球眼”建设暨业务发展研讨会议在延安召开。

2008年3月，延安联通分公司开通网上营业厅，用户足不出户即可办理话费查询、缴费、号码办理等业务；6月，对GPRS业务进行试商用；7月开通手机报业务。

2009年6月，延安联通分公司开通手机邮箱、手机音乐、手机电视业务。延安电信分公司开通天翼视讯、189邮箱、天翼live、爱音乐、掌上营业厅、互联星空等增值业务。

2010年，宝塔区移动分公司的增值业务主要有手机报、12580、139邮箱、飞信、高校WLAN、手机支付、移动MM应用商场、手机游戏、手机电视、手机视频、手机阅读、彩铃、无线音乐俱乐部、GPRS套餐、歌曲下载、短信回执及各SP厂家的增值业务等。

第七节 卡式业务

2001年4月1日，延安电信分公司举行“陕西省黄帝陵IP卡”首发仪式。此套IP卡共5枚，分别由黄帝手植柏、黄帝脚印、桥山龙驭、人文始祖、黄帝墓5幅图案组成。延安电信分公司电话卡业务主要有：2001年5月1日推出的201校园卡，11月1日推出的200IC卡。2002年10月，开通在固定电话和手机上均可使用的“17901全能打”业务以及智通IC、17908、17909、16900等上网卡和固定电话交费卡等；延安联通分公司发放的卡类业务主要有：201校园卡、17968、17969、17960、16900上网卡和固定电话交费卡等。2008年原中国网通延安分公司在各类卡式图案上，印制“北京2008奥运福娃”图片。

第八节 集团信息化

2005年，延安市为公安部第二批“3111工程”（安防工程全国22个试点城市之一。3表示省市县三级；第一个1是在每个省确定一个市；第二个1是每个市确定1个县；第三个1是没有条件的县设定一个区或者一个派出所），延安电信分公司与公安开始联合进行“平安城市”（3111工程）三台合一指挥中心和天网工程建设。

2006 年，延安电信分公司拓展系统集成业务，先后在政府信息网建设、煤炭安全监控、城市监控系统、税务行业、文化等系统中推广应用。

2008 年初，天网工程建设完成项目一、二期工程的建设；6 月 12 日，中国电信陕西分公司商务领航企业信息应用整体解决方案巡展在延安东远商务大酒店举办。其间，延安卷烟厂、南泥湾采油厂等 40 余家中小企业 100 余人出席巡展会；11 月 1 日，全省工商系统信息化建设现场会在延安银海超市举办，电信延安分公司的“诚信通”业务作为现场会的主要成果展示。

2009 年 3 月，延安电信分公司推出烟草终端信息化“烟草 e 通”，烟草零售客户、客户经理可利用 PC（电脑）客户端、手机终端实现与烟草公司的交互；4 月，与延安神州集团圣为工贸有限责任公司签订了 GPS 车辆定位合作协议，率先在全省开启 GPS 车辆定位市场；8 月，与延安市公安局签订“警务 e 通”合作协议，利用中国电信的电话网、移动网、互联网融合优势，在保障安全的前提下使用移动终端与公安信息网进行信息交换。是年，宝塔区移动分公司和延安市政府达成专线建设协议，共计 61 条 10M 互联网专线和 1 条 100M 专线。

2010 年 3 月，延安电信分公司与医疗行业合作建设新型农村合作医疗信息系统，在全省首家将乡镇、村级医疗机构信息系统全部接入到电信网络内。年内，宝塔区移动分公司承担宝塔区公安局公安四级网改造项目，完成全区 22 个重点公安网的建设与开通。至年底，宝塔区移动分公司陆续与中国银行、工商银行、建设银行、农业银行、邮储银行和陕西信合等重点金融单位达成多条数据专线合作协议，累计发展集团专线条数 149 条。

第五章　企业管理

第一节　邮政管理

1990 年 11 月 12 日，邮电部发布《邮政法实施细则》，为中华人民共和国成立后邮政通信的第一部法律文件。1991 年 2 月 21 日始，延安全区各邮电企业开始学习、宣传和贯彻《中华人民共和国邮政法》。至 1998 年邮电分营，延安地区邮电局在业务管理中，执行邮电部及省邮电管理局的各项业务制度，先后制订《延安地区邮电企业全面质量管理与基础管理“双达标”实施细则》《安全保卫目标管理责任制考核实施细则》《通信服务质量监督站管理办法》《企业管理制度汇编》《延安邮电服务窗口星级、等级管理办法》《企业文化管理实施意见》《社会监督员管理办法》等制度，企业管理和行业管理工作不断完善。其间的1992年、1993年、1996年，延安地区邮电局分获陕西省职工思想政治工作先进单位称号，1993年获陕西省文明单位称号，1995年被陕西省政府授予文明标兵单位称号，1996年被陕西省政府命名为文明示范单位称号，1997年延安市邮电局被中共中央宣传部、解放军总政治部授予军民共建社会主义精神文明单位称号。

1999年，邮政独立运营后，延安市邮政局开展整章建制工作，先后修订完善各项岗位责任制、承包经营责任制、财务管理办法、邮资票品管理规定、企业内部各项改革方案和五年发展规划，规范工作程序及标准。健全各级职代会工作机构、党内监督机构、民主监督机构，实行局务公开，企业管理逐步制度化、科学化、程序化、规范化。

2000年，开展“邮政管理年”活动。强化成本管理工作，控制成本费用支出，提高企业效益。延安市邮政局宝塔区中心街储汇营业部被国家邮政局授予2001~2002年度全国邮政服务百优先进集体称号。

2004年，根据国家局下发的《企业形象管理手册》和《陕西省邮政经营服务标准化实施手册》，延安市邮政局加强行业标准化建设，对全市局所门头尺寸进行全面调查，对县城以上、公路沿线及景点局所的门头、局名牌、营业时间、服务设施、业务宣传、人员形象及邮政车辆全面推行标准化。全市配置安装13个新型标准化信筒，21个电子化支局联网系统全部投入使用。对80%网点进行规范，新建合作营业厅6处，全市邮政系统实现会计电算化的全面改版升级，初步实现集邮专业分账核算工作。市邮政局档案管理通过省上AA级标准认证。

2005年3月，市邮政局对物流局西安货运采供站及货运业务实行承包经营，理顺内部作业关系。全年全市清理外欠工程款200万元，外欠工程款基本清理完毕。当年市邮政局资产负债率为19%，资产回报率为21%，现金营运指数达0.85以上，用户欠费率控制在2%以内。

2006年，延安市邮政局规范用工管理，开展编制定员工作。截至12月底，全局从业人员为1146人（含劳务工344人），较省局2005年“双定”编制减员4人，办理退休33人，达到定员目标。对125名符合条件的劳务工实施派遣管理。5月初，根据全省统一安排，在全行业内开展“盾牌行动”邮政风险管理专项整治活动。打击邮政业务经营中的各种违规、违纪行为，提高内控与风险防范能力。市邮政局投资10多万元为工作及家属区域安装了监控设施，同时对5000万元以上邮储网点进行安全改造，消除安全隐患。市邮政局被中共延安市委、市政府评为“2005年‘创佳评差’活动最佳局委”，被陕西省质量管理协会、陕西省用户委员会评为“用户满意服务”单位。2007年12月，延安市邮政局档案管理工作通过AAA级认证，为全省邮政系统内第一家获此认证的单位。

2010年，延安市邮政局制定《关于进一步加强营业资金管理的通知》，禁止坐支营业资金，禁止拖延上交营业款，禁止挪用、占用业务资金。当年获“市级文明单位标兵”称号、“政风行风测评先进单位”称号。

第二节　通信管理

经1998年邮电分营和1999年7月电信重组，延安市电信局设立1室7部，实行局、部、班三级管理，各县实行局、班两级管理；移动通信公司延安分公司设立1室5部，为公司、部、班三级管理，各县为部、班两级管理。细化专业，强化经营，以适应电信经营市场的变化。移动公司建立干部能上能下、人员能进能出的用人机制，并实行易岗易薪、易职易薪的工资制度。由粗放型管理向集约化管理转变。2000年，电信用户满意率达92%，延安市电信分公司被陕西电信公司授予“双创”先进单位称号，被延安市委、市政府评为“最优单位”“五星级文明单位”。延安中心街营业厅被延安市委评为“文明示范窗口”。

2001年2月，延安电信实业公司组建工作完成后，对原有的管理机构和运营方式进行适应性调整，规范收支两条线管理制度，全面推行会计电算化。对全市工程项目实行100%审计；联通公司对全体管理工作人员在进行综合考评基础上，完成人员划转工作。2002年，电信公司对业务技术管理岗实行公开招聘，招聘1名公话中心主任和2名大客户服务中心副经理。先后制订出台《企业绩效考核办法》《大客户等级服务管理办法》等14项规章制度。联合延安市公安局和市安全监督管理局，对宝塔区13个乡镇电信通信线路附挂违章设施进行限期拆除和现场清理。电信分公司连续3年被延安市委、市政府评为“五星级文明单位”；联通分公司2004年被延安市委、市政府授予“五星级文明单位”“市级文明单位”称号，被陕西省消协授予“省级诚信单位”称号。

2005年，延安电信拓宽代理渠道，整合社会资源，促进业务发展。加强内控制度建设，提升管理水平和运营质量。“10000号”客服中心获全国“学习型班组”称号。2006年1月29日（农历大年初一），中共中央总书记、国家主席、中央军委主席胡锦涛在中央政治局委员、书记处书记、中组部部长贺国强以及陕西省委书记李建国、省长陈德铭的陪同下到延安市电信分公司看望慰问“10000号”客服中心和网络监控中心机房的员工，并希望延安电信把工作做得更好。

2007年，电信“10000号”客服中心被全国总工会授予“五一劳动奖章”；延安联通分公司加强资费套餐的规整和业务稽核，使用“赠费管理系统”，回收营业前台赠费、退费、返销权限。加强营业工号权限的管理。公司效益得到提升。公司先后被中央文明委授予“全国创建文明行业工作先进单位”称号，被陕西省委、省政府和延安市委、市政府授予省级和市级“文明单位”称号。

2008年，电信体制改革。同年9月，延安联通分公司完成向中国电信出售CDMA资产、业务及人员划转；10月15日，与原网通公司合并；12月，完成新公司组织调整、人员融合等重组工作。

2010年，延安电信分公司实施绩效工资与岗位工资脱钩激励机制，建立派遣制员工工资体系，以阶段性工作目标为考核重点，发挥绩效管理效应。同时开展多种培训，提升员工综合素质。宝塔区移动分公司开展“管理提升年”活动，共查找问题10余项，完善管理制度10余个，提高公司的基础管理水平。

第七编　农牧业

1990~1993 年，延安市特色农业生产实现稳步发展。果、菜、羊、豆四大主导产业大幅上升。1993 年粮食总产突破 10 万吨大关，达到 100721 吨，多种经营收入 1.28 亿元，占农村经济总收入的 48.7%。

2000 年，宝塔区农业总产值为 36098 万元，比 1990 年增长 1.21 倍，比 1993 年增长 94.2%，比 1995 年增长 36.9%。以“苹果、蔬菜、畜牧”三大农村主导产业开发为主体，农、牧、副、渔全面发展的局面已经形成，并初具规模。

2010 年，宝塔区有农村人口 230038 人，乡村劳动力资源 108900 人，耕地面积 873392 亩，常用耕地面积 483321 亩，宜发展粮、果、牧、菜和小杂粮等多种农作物。全区农业总产值 13.49 亿元，其中畜牧业 2.10 亿元，瓜菜 1.58 亿元，农业总产值比 2000 年增长 2.74 倍。全区粮食总产 93793 吨，蔬菜面积 5.47 万亩，牛、猪、鸡分别达 4.50 万头、15 万头和 130 万只。

第一章　农村体制改革

第一节　土地承包

1989 年，延安市 8 个乡镇、32 个行政村推行“双田制”（口粮田、责任田）试点，建立统分结合的双层经营机制。1990 年 10 月，“双田制”在全市农村全面推行，在土地所有权不变的基础上，村集体除口粮田按人口平均分配外，提留 5%~10%的机动地发包给村民户经营。至 1992 年底，全市乡村两级经济联合社 605 个，其中乡级 24 个、村级 581 个。

1996 年，根据中共中央、国务院《关于当前农业和农村经济发展若干政策措施》和省、地有关要求，中共延安市委、市政府制定《关于延长耕地承包期若干问题的政策措施》，在全市农村组织实施土地延包工作，市委、市政府就土地承包作出明确规定。耕地承包到期后，再延长30年不变，按照中央提出的“增人不增地、减人不减地”的原则，严格执行土地承包期30年不变政策。依据延安市土地延包政策，推行四种形式，即“股田制”，将集体耕地除机动地外，计股承包到户，按福利股、贡献股直接承包到户，既照顾人口，又考虑劳力对村上的贡献，最大限度地发挥土地的生产率；“双田制”将集体耕地分为口粮田、机动田两部分，口粮田按人承包，机动田竞价承包；“人能结合承包制”将集体耕地留出一部分机动地外，其余全部按人核定面积，按各户的生产经营能力和集体对耕地的产业开发要求，确定各户的承包地块；“按人承包制”将集体耕地全部按在册人口平均分配，以户承包，按人口承担各种义务和粮税。

1998年，宝塔区委、区政府制定出台《关于延长土地承包工作的意见》，全区有24个乡镇440个行政村开展土地延包工作，占全区村总数的75.6%。此次延包工作，坚持“增人不增地、减人不减地”原则，“口粮田”“责任田”合并为人口田，签订30年不变的土地承包合同书，统一实行一户一证、一证多页，区政府统一印制，乡镇政府监证，区公证处公证，乡镇建立档案，规范管理。至2007年，全区共签订二轮土地延包合同39007份，落实土地承包面积1062591.18亩，机动地11522.40亩，发放农村土地使用证3735份，补发3286份。依法流转土地746.73亩，签订土地流转合同69份。2010年底，全区土地依法流转32103亩。

第二节　“四荒地”拍卖

1990年，延安市有“四荒地”（荒山、荒沟、荒坡、荒滩）164.77万亩。是年，拍卖承包40.55万亩。1993年6月，中共延安市委、市政府制定《关于“四荒地”实行拍卖和承包治理实施办法》。1994年11月，又制定《农村集体土地产权制度改革实施办法》，至1996年底，“四荒地”拍卖承包40.17万亩，其中拍卖12万亩，非农业人口兴办绿色企业承包认购2.5万亩。1998年，宝塔区“四荒地”拍卖面积109.53万亩。

第二章　农业产业布局

第一节　产业结构调整

1990年，随着农村经济体制改革的深入发展和社会主义市场经济体制的基本建立，延安市结合农业资源优势和生产现状，提出“远抓林果，近抓牧、烟、果、薯、羊齐抓并进”的农业工作思路，大力调整农业产业内部结构。是年，全市粮食播种面积48.52万亩，经济作物种植面积29.35万亩，粮经作物比例为62.30∶37.70。经济作物中苹果栽植面积17.80万亩，烤烟3.04万亩，油料1.90万亩，蔬菜1.56万亩，其他经济作物5.05万亩。

1995年，延安市委、市政府确定以苹果为龙头，“果、菜、羊、薯”四大农业主导产业的发展战略。是年，全市粮食播种面积55.79万亩，经济作物种植面积34.68万亩，粮经作物比例为61.59∶38.41。经济作物中油料作物种植面积2.25万亩，烤烟0.57万亩，苹果栽植面积23.67万亩，瓜类1.09万亩，蔬菜种植面积7.10万亩。

2000年，宝塔区委、区政府提出“在稳定粮食播种的基础上，大力开发林果业、棚栽业、畜牧业，积极开展多种经营发展乡村第三产业增加农民收入”的农业工作思路。是年，全区粮食播种面积41.78万亩，经济作物种植面积33.31万亩，粮经作物比例为55.64∶44.36。经济作物中油料作物种植面积2.35万亩，烤烟种植面积0.84万亩，蔬菜种植面积1.87万亩，瓜类1.08万亩，其他3.52万亩。

2005年，区委、区政府坚持以农村、农业、农民“三农”工作为重点，提出“林果、蔬菜、畜牧”三大农村主导产业开发、产业增效、农民增收的农村工作思路。是年，全区粮食播种面积45.06万亩，经济作物种植面积42.77万亩，粮经作物比例为51.30∶48.70。经济作物中油料播种面积0.98万亩，苹果栽植面积32.65万亩，烤烟0.36万亩，蔬菜3.38万亩，瓜类1.08万亩，其他经济作物播种面积4.32万亩。

2010年，区委、区政府提出“做精做优苹果、蔬菜、畜牧三大农村主导产业，促进农民持续增收”的农村工作思路。是年，全区粮食播种面积42.01万亩，经济作物种植面积48.80万亩，粮经作物比例为46.26∶53.74。经济作物中油料作物种植面积0.71万亩，占经济作物总面积的1.46%；苹果栽植面积41.29万亩，占经济作物总面积的84.61%；蔬菜种植面积4.97万亩，占经济作物面积的10.10%；其他经济作物1.83万亩，占经济作物总面积的3.75%。

第二节　产业化经营

1990年，延安市大力实施农业产业化经营，以家庭模式为主，全市农林牧渔业总产值16356万元，其中农业产值11402万元，占总产值的69.70%；林业产值981万元，占总产值的5.99%；牧业产值2845万元，占总产值的17.39%；副业产值1110万元，占总产值的6.78%；渔业产值18万元，占总产值0.11%。

1995年，全市农林牧渔业总产值26362万元，较1990年增长61.16%。其中，农业产值16087万元，占总产值的61.10%；林业产值3000万元，占总产值的11.38%；牧业产值7163万元，占总产值的27.17%；渔业产值112万元，占总产值的0.42%。

2000年，全区农林牧渔业总产值36098万元，较1995年增长36.93%。其中，农业产值20021万元，占总产值的55.46%，较1995年增长24.45%；林业产值2589万元，占总产值的7.17%，较1995年减少13.7%；牧业产值13312万元，占总产值的36.93%，较1995年增长85.84%；渔业产值176万元，占总产值的0.44%，较1995年增长57.14%。

2005年，全区农林牧渔业总产值54575万元，较2000年增长51.19%。其中，农业产值37675万元，占总产值的69.03%，较2000年增长88.18%；林业产值894万元，占总产值的1.63%，较2000年减少65.46%；牧业产值13038万元，占总产值的23.9%，较2000年减少2.06%；渔业产值468万元，占总产值的0.85%，较2000年增长165.9%；农林牧渔服务业产值2500万元，占总产值的4.58%。

2010年，全区农林牧渔业总产值134951万元，较2005年增长147.27%。其中，农业产值107594万元，占总产值的79.72%，较2005年增长185.58%；林业产值1543万元，占总产值的1.14%，较2005年增长72.6%；牧业产值20578万元，占总产值的15.24%，较2005年增长57.83%；渔业产值804万元，占总产值0.59%，较2005年增长71.79%；农林牧渔服务业产值4432万元，占总产值的3.28%。

1990～2010年宝塔区农业总产值统计表

表7-2-1　　　　单位：万元

年份	总产值	其中粮食作物	年份	总产值	其中粮食作物
1990	16356	9473	2001	36406	11203
1991	14250	4941	2002	39886	11911
1992	16728	4240	2003	35137	9899
1993	18588	9402	2004	45097	11997
1994	20496	11620	2005	54575	12052
1995	26362	13046	2006	59254	12647
1996	27015	12646	2007	72711	13082
1997	19300	6928	2008	96301	17614
1998	28879	12739	2009	98796	16775
1999	28195	10790	2010	134951	24050
2000	36098	11267			

第三章　作物种植

第一节　粮食作物

1990~2010 年，宝塔区粮食作物主要有玉米、谷子、豆类、小麦、马铃薯等。一年两熟，少数以复种两年一熟，以杂粮为主。因地形和气候不同，粮食作物分布和生长条件不尽相同。

一、种类

禾谷类：玉米、小麦、黑麦、谷子、高粱、水稻、糜子、荞麦、春大麦 9 种。

豆类：黄豆、黑豆、双青豆、白小豆、红小豆、绿豆、豌豆、扁豆、豇豆等 11 种。

薯类：洋芋（马铃薯）、甘薯（红薯）2 种。

二、分布与比例

（一）分布

玉米分布在全区各乡（镇）村，主要在地势平坦、水肥条件较好的川、台、坝、埝地上种植。松树林、麻洞川、临镇、南泥湾等乡镇种植 70%。

小麦主要分布在官庄、临镇、甘谷驿的山塬区，其他乡镇小麦主要种在气温较高、有风向阳的山坡地上，但面积较小。南泥湾、松树林因森林覆盖面积大，气候寒冷，阴气潮湿，小麦面积占粮食面积的 8%。易冻害，产量不稳定。

水稻分布在南泥湾、松树林乡。

谷子、糜子、豆类、洋芋等品种在全区各乡（镇）村的川台、山坡地上均有种植。荞麦、糜子、谷子等主要早秋作物之后复种、补种，面积也不稳定。谷子在全区各乡（镇）村都种，在北川占 7%，主要在山坡地上，南川旱塬也有少量种植。洋芋、粮菜兼用作物全区各乡镇普遍种植。

小杂粮和豆类在各乡（镇）村都有种植，面积小，或间作套种，产量极不稳定，一般自种自用。

（二）秋粮、夏粮比例

1990 年，秋粮占 89.5%，夏粮占 10.5%，其中玉米占 19.08%，谷子占 20.8%，大豆占 20.1%，小麦占 8.2%，洋芋占 8.72%；粮豆作物 90.8%，经济作物 9.2%。

1993 年，秋粮占 89%，夏粮占 11%，其中玉米占 16.5%，谷子占 18.4%，大豆占 21.5%，小麦占 7.4%，洋芋占 18.3%。

1995 年，秋粮占 91.5%，夏粮占 8.5%，其中玉米占 24.2%，谷子占 11.1%，大豆占 10.6%，小麦占 3.7%，洋芋占 27.1%；粮豆作物 90.9%，经济作物 9.1%。

1998 年，秋粮占 93.3%，夏粮占 6.7%。

2003 年，秋粮占 93.4%，夏粮占 6.6%，其中粮豆作物 89.5%，经济作物 10.5%。

2008 年，秋粮占 95.5%，夏粮占 4.5%，其中粮豆作物 86.4%，经济作物 13.6%。

2010 年，秋粮占 95.8%，夏粮占 4.2%，其中粮豆作物 85.9%，经济作物 14.1%。

（三）主要作物面积

玉米　1990 年种植面积 97500 亩，1995 年 135000 亩，2000 年 98055 亩，2005 年 158445 亩，2010 年 62770 亩。

谷子　1990 年种植面积 93000 亩，1995 年 62340 亩，2000 年 62445 亩，2005 年 69690 亩，2010 年 52948 亩。

小麦　1990 年种植面积 40800 亩，1995 年 21150 亩，2000 年 1200 亩，2005 年 120 亩。

豆类　1990 年种植面积 98000 亩，1995 年 59205 亩，2000 年 74610 亩，2005 年 85980 亩，2010 年 77562 亩。

稻谷　1990 年种植面积 3300 亩，1995 年 1305 亩，2000 年 1515 亩，2005 年 1560 亩，2010 年 940 亩。

马铃薯（洋芋）　1990 年种植面积 42400 亩，1995 年 151020 亩，2000 年 120750 亩，2005 年 145305 亩，2010 年 103189 亩。

1990～2010 年宝塔区主要粮食作物产量统计表

表 7-3-1　　　　单位：吨

年份	合计	小麦	玉米	谷子	豆类	秋薯类	水稻
1990	74519	3976	38008	12893	10185	8238	1219
1991	61686	4100	33514	9000	8756	5361	955
1992	66085	3473	32330	10408	9746	9120	1008
1993	86259	2389	38776	14555	11072	18826	641
1994	86552	2033	41122	15347	13776	13826	448
1995	91033	4838	46927	7114	4833	26937	384
1996	123384	1685	68242	18282	3350	31187	638
1997	68245	1102	36303	7358	4045	19111	326
1998	123526	1241	58098	22109	12768	28589	721
1999	104666	620	47607	19806	13477	22770	386
2000	77624	68	31019	9508	7735	29193	101
2001	77124	211	28482	8745	6623	32376	687

续表

年份	合计	小麦	玉米	谷子	豆类	秋薯类	水稻
2002	82043	107	33228	8845	6909	32300	654
2003	83223	56	35680	7946	7821	31005	715
2004	92238	22	44090	9629	9902	27670	925
2005	90237	23	46064	7315	7871	28430	534
2006	86262	0	50413	7886	8766	18744	453
2007	84331	0	49983	7452	8486	17995	415
2008	86138	0	51222	7527	8645	18310	434
2009	88103	0	51577	7418	9092	19666	350
2010	150797	0	55648	6859	8067	79804	419

第二节　经济作物

一、种类

油料作物：油菜、小麻（绒麻）、花生、向日葵、黄芥、芒芝、老麻（蓖麻）等。

纤维类作物：线麻、棉花 2 种。

烟草类：烤烟、大烟叶、小烟叶 3 种。

蔬菜类作物：白菜、莲花白、菜花、黄瓜、萝卜、番茄、油麦菜、荆菜、茄子、西红柿、菠菜、韭菜、芹菜、红葱、白葱、蒜、菜豆等。

瓜类作物：西瓜、小瓜、南瓜。

饲料作物：蔓豆、苜蓿、沙打旺、西米等。

绿肥作物：草木栖、紫穗槐等。

药材类：贝母、板蓝根、大黄、小茴香、甘草、车前子、柴胡等。

二、分布与产量

（一）油料

小麻、老麻、油菜一般在川地阳坡、塬上、阳湾上分布，花生、芝麻在气温较暖的川台地种植，向日葵大部分都种在地边、院落。1990 年油料播种面积 19000 亩，亩产 53 千克，总产 1005 吨。1993 年播种面积 21607 亩，亩产 74 千克，总产 1601 吨。1996 年播种面积 10005 亩，总产 868 吨。2000 年播种面积 25104 亩，总产 2386 吨。2005 年播种面积 9870 亩，总产 1123 吨。2008 年播种面积 7230 亩，总产 947 吨。2010 年播种面积 7063 亩，总产 1037 吨。

（二）红薯

主要种在川台地上，1990 年种植面积 24500 亩，分布在甘谷驿、川口、李渠、青化砭、元龙寺、临镇、梁村、蟠龙等 19 个乡镇。亩产平均 530~810 千克。1995 年种植面积22000亩，总产17160吨。2000年播种面积18845亩，平均亩产823千克，总产15509吨。2006年17450亩，亩产819千克，总产14291吨。

（三）甜菜（糖萝卜）

1990~1995年种植150亩左右，亩产量2500~3500千克，除少量熬糖外，农民主要喂猪。1996年后少量种植。

（四）烟叶（烤烟、晒烟）

1989年种植48400亩，总产2930吨，全市乡村均种植。1990年种植30400亩，总产3477吨，其中烤烟29600亩，总产3356吨。1993年种植7919亩，亩产137千克，总产1087吨。1998年种植48150亩，总产3563吨。2003年种植2880亩，总产340吨。2004~2010年南泥湾、麻洞川、临镇、官庄等4个乡镇少量种植。

（五）瓜类

西瓜、小瓜、南瓜在川台地上种，分为露地、温室日光棚种植。1990年种植8145亩，比1989年5000亩增加3145亩，1990年总产量11614吨。1991年种植11500亩，亩产1346千克，总产15482吨。1995年种植10995亩，总产17167吨。1999年种植7785亩，总产9167吨。2005年种植10895亩，总产10482吨。2008年种植12495亩，总产16697吨。2010年种植13751亩，总产36000吨。

1990~2010年宝塔区经济作物产量统计表

表7-3-2　　单位：吨

年份	合计	油料	蔬菜	瓜类	烟草
1990	56050	1005	35580	15988	3477
1991	54043	1235	34577	15482	2749
1992	52537	1437	34050	13148	3902
1993	59304	1601	40158	16458	1087
1994	58424	1501	42737	12737	1449
1995	139349	1591	120102	17157	499
1996	38299	868	24813	11614	1004
1997	36712	596	25874	9035	1207
1998	41602	1448	28029	8562	3563
1999	43153	1236	29805	9794	2318
2000	49489	2386	33746	12236	1121
2001	44786	1998	23366	18255	1167
2002	52942	1530	26892	24171	349
2003	54955	966	26659	26990	340

续表

年份	合计	油料	蔬菜	瓜类	烟草
2004	45399	1162	33043	10548	646
2005	61019	1123	48654	10482	760
2006	65727	670	51590	12798	669
2007	70276	982	53769	15024	501
2008	75830	947	58183	16697	3
2009	86780	998	62756	23018	8
2010	131043	1037	94000	36000	6

第四章　蔬菜生产

第一节　产业概况

1990~2010 年，宝塔区蔬菜产业发展分三个阶段：第一阶段，1990~1994 年。利用自然优势，开发重点乡镇，建立城郊乡镇为中心的辐射型蔬菜商品生产基地，市郊区种植蔬菜的村由 15 个上升到 24 个，有集镇生产蔬菜有：李渠、姚店、甘谷驿、青化砭、蟠龙、麻洞川、临镇和川口乡、梁村乡 29 个村。第二阶段，1995~1999 年。蔬菜生产作为农村产业结构调整、发展商品经济的重要项目，1999 年蔬菜总面积 30255 亩，比 1991 年增加 15155 亩。第三阶段，2000 年后，中共宝塔区委、区人民政府将蔬菜产业作为全区农业三大主导产业之一，大棚菜种植覆盖 16 个乡镇 348 个村组。2007 年 10 月，成立宝塔区蔬菜局，正科级建制，事业单位，核定编制 23 人，财政全额拨款。共有职工 25 人，在编 13 人，合同制 12 人，其中大专学历以上 17 人，具有专业技术职称 23 人（高级农艺师 2 人、农艺师 6 人、助理及技术员 15 人），设局长 1 名，副局长 2 名。负责蔬菜产业的发展规划、产业建设、生产技术的指导与培训，蔬菜新品种、新技术的引进、示范和推广工作，提供市场信息服务。2009 年蔬菜总面积 4.62 万亩，总产量 9.13 万吨，实现产值 1.3 亿元。

第二节 蔬菜品种

20世纪90年代，延安市蔬菜品种以丰产、稳产为主，引进和自繁自育优良品种10类85种。其中，根菜类、绿叶菜类、甘蓝类等三大类40种。2000年以来宝塔区的蔬菜品种有：

黄瓜：津优3号、博耐1号、津优30号、津优35号、津优32号、津优12号、津优11号、津春3号、津美2号。

番茄：粉皇后、斯洞双田、L402、保冠、樱桃番茄、玛瑙、189、菜福60太空1号、摩尔1号、天福501、宝冠、金棚1号、世纪星、毛粉802、春秀1319、千禧、碧娇。

辣椒：巴莱姆、华美1号、金棚8号、37-72、垄椒2号、2313、秦皇22、保加利亚尖椒、年牛角王、山西尖椒、曼迪、塔兰多、萨菲罗。

茄子：美引冠茄、荷兰白茄、安德烈、二苠茄、秋园茄。

西葫芦：冬玉、冬珍、早春一代、美国彼特。

西瓜：新红宝、黑美人、金美人、绿美人、新秀、景黄宝、早霸。

甜瓜：蜜橙、蜜世界、翠蜜、NO.1、状元、景甜1号、伊丽莎白、永甜系列、红城系列等。

豆角：双丰架豆、天马架豆、泰国架豆王等。

甘蓝：中甘11号、中甘22号、8398等。

叶菜类：优他52-70西芹、意大利冬芹、忻三。

薯芋类：克新1号、津引1号、8号。

第三节 种植面积

1990年，蔬菜种植总面积比1989年增加4820亩，商品菜由1989年的4263亩上升到6010亩，农民自种自食菜地9600亩。1991~1995年，蔬菜总面积为88528亩，年平均种植面积17705.6亩。1996~1999年，种植面积77485亩，年平均19371.25亩。

2000~2004年，五年蔬菜种植面积为113895亩，年平均22779亩，其中2001年蔬菜种植面积突破2万亩大关，达到21360亩。2005年蔬菜面积33840亩，较2000年增长91.4%。2007年为37845亩。2008年为40000亩，其中露地菜28000亩。2010年，蔬菜总面积54700亩，其中大棚菜25100亩，露地菜29600亩。

第四节 大棚菜

根据延安气候条件、生产水平、菜农经济能力、菜农建棚材料来源及不同类型棚型的经济效益等综合因素，以大、中、小棚结合，中棚为主，适当发展日光温室的原则，中小型结构简单易建造，投资少，通风性能好，便于管护。

1990年，引进大棚菜种植技术，进行试验示范，1992年推广100棚，1993年538

棚，主要集中在城郊的东关、尹家沟、桥沟、柳树店、大砭沟、东二十里铺、刘万家沟、杨家湾等地。大棚种植品种主要有韭菜、芹菜、黄瓜、西葫芦、小白菜、甘蓝、番茄等7种，春节前后上市，城市居民吃上新鲜青菜，产量比露地菜增产30%~40%，黄瓜每千克1.5~1.9元，韭菜每千克2~2.2元左右。蟠龙镇姚坪村平均每棚产值6000余元，种植0.48亩黄瓜收入9300元，折合亩产值2万多元。

1994年2月，中共延安市委、市人民政府将建设大棚蔬菜作为发展“两高一优”重点强项来抓，提高蔬菜商品生产，农村农民致富一项重要经济收入来源。群众自筹资金加上银行贷款130万元，在桥沟、柳林、河庄坪、姚店、李渠、甘谷驿、蟠龙、万花山、川口、青化砭、南泥湾、麻洞川、临镇等乡镇建成大棚1030个，折合面积780亩，育苗1254床，其中黄瓜458床、西红柿126床、芹菜670床。

1995年，新建蔬菜443棚，折合面积254.4亩，蟠龙镇建棚93个，圪驮村0.27亩大棚黄瓜收入6000元，折合亩产2.2万元，郭家庄21个大棚亩均收入过万元。偏远乡镇发展山地弓棚菜452棚。1997年蔬菜大棚2204棚，其中新建122棚，大棚菜平均亩产值1.2万元，总产值1320万元，发展中小弓棚6000个，面积1200亩，总产6000吨。2001年建成冬暖室日光温室2262座并投入生产，日光温棚6119座。

2005年，新建大中小弓棚31585座，折合面积3194.83亩，李渠镇沙圪崂村新建80米长的种植大棚1座，折合0.8亩，收入1.8万元。弓棚菜生产亩均收入4000元，高的可收入8000元以上。

2008年，有日光温室10627座，大弓棚7021座。2010年底，日光温室发展到1.1万座，大弓棚2万座。

第五节　蔬菜基地

一、区域划分

枣园、万花山、河庄坪等乡镇果菜类为主的日光温室生产城郊区域，种植西红柿、黄瓜、豆类、番茄等10多种，2008年6870亩，2009年7826亩，2010年8506亩。

姚店、冯庄、蟠龙、甘谷驿、青化砭、梁村等乡镇瓜类菜为主的弓棚、日光温室生产东北川区域，种植西瓜、甜瓜、黄瓜等。2006年3270亩，2008年5625亩，2010年6750亩，总产15746吨。

麻洞川、临镇、南泥湾、松树林等乡镇洋葱、白葱、辣椒、红萝卜、甘蓝等为主的露地菜生产的南川区域。2008年种植总面积6225亩，总产8216吨；2010年8094亩，总产16338吨。

二、生产体系

20世纪90年代后，种植品种逐步多样化，早、中、晚品种搭配，耐低温，适宜性品种增加，根据不同区域的土地、气候、水源等自然条件，形成三个体系：以津优系列黄瓜、享椒系列辣椒、金棚、天福系列西红柿为主的早春茬大棚生产体系；以豆角、萝卜、青菜、茄果类为主露地生产体系；以京欣、永甜、红城系列为主的春提早西、小瓜生产体系。

三、育苗

1990年，蔬菜育苗有自栽自育、合伙育苗、联户育苗三种形式。2000年，专业户育苗，栽植户购买。2005年，专业户与集中育苗相结合，根据不同品种、不同时间，由用户提供用苗计划，育苗户按需求、按时间育苗，按时定植，足量供应。2009年，宝塔区建成4个集中育苗站，提供各种菜苗350万株。

四、试验示范

1993～1995年，蔬菜站技术人员分别在临镇、蟠龙两镇3个村大棚种植蔬菜试验示范，主要种植品种有黄瓜、韭菜、青菜、小白菜、甘蓝、西葫芦。平均每棚产值6000～8000元，最高收入1万元。

2001年，在枣园、万花山、柳林、临镇、蟠龙、河庄坪、李渠等12个乡镇建立科技示范点，进行新品种、新技术的试验示范，引进大棚冬季生产专用种，冬季生产用种向耐低温、耐弱光、高产优质方向发展，引进的品种主要有：黄瓜品种有津优3号、津优30号、博耐1号，番茄品种有斯洞双田、L402、保冠、樱桃番茄，茄子品种有美引冠茄、荷兰白茄和黑珍珠糯玉米。试验示范点0.55亩大棚黄瓜产值1.4万元，效益显著。2003年，宝塔区建有蔬菜专业村10个。

2005年，露地菜亩均收入2000元以上，高峁湾村55亩平均亩产值8000元。2007年，两座60米长的弓棚种植甜瓜，收入14000元。2007年，宝塔区蔬菜专业村发展到53个。

2008年，引进示范辣椒嫁接、番茄嫁接、秸秆还田、西甜瓜、辣椒、番茄搭架、整枝技术12项，有6项技术大面积推广，征集白菜、萝卜、油菜、苤蓝、生菜、青菜等叶菜类和根茎类新品种40多个，分别在甘谷驿、枣园、麻洞川3个乡镇进行露地菜新品种对比试验，樱桃、鲜食苤蓝等优势显著，市区领导及种植户2000多人到现场观摩。

2009年，辣椒“亨椒冠龙”、甜瓜“玉皇王子”、龙田6号、西瓜“全美四K”、“改良金欣”新优品种试验示范。改良三型、四型日光温室，增加棚内跨度和高度，温室跨度8米，高度3.9米以上，墙体全部由机械压制而成，保温、采光性能提高。采用秸秆生物反应堆新技术200棚。

2010年，选用砧木嫁接辣椒、西红柿示范。宝塔区列为陕西省“百万亩设施蔬菜工程建设项目”基地县（区）之一，完成基地建设4500亩，其中日光温室1500亩，大弓棚4000亩。建成一个占地600亩的日光温室示范园，其中标准棚一期165座；二、三期235座；2000平方米培训楼1座；2100平方米玻璃连栋温室1座。建成2处规模在500座以上集中连片大棚示范点；100座以上大弓棚和一个1000亩露地菜示范点的4个蔬菜产业示范乡镇。温室示范园种植的甜瓜，棚均收入7万元以上，大弓棚采用“软管滴灌、四膜覆盖”新技术；甜瓜棚均收入2万元以上，最高的6万元以上；1000亩露地辣椒，甘蓝和红萝卜3个品系经济效益显著。

第六节　技术推广

1990年，延安市主要推广电煤热温床育苗，引进优良品种，温室、弓棚栽培技术，露地地膜栽培，蔬菜上市时间比传统种植提早 45~60 天，由一季菜可变为 2~3 茬，棚内可间作套种，产量增加，效益明显。蔬菜站科技人员通过实践摸索出适宜延安栽培韭菜、白菜、黄瓜等技术措施和栽培经验。主要技术有：电煤热温床育苗、苗齐苗壮、移植时间短；选用抗病、稳产、优良品种；施足底肥、适时追肥；加强田间管理、及时搭架、整枝、除草和灌溉；棚内白天定时揭棚口通风，夜间及时覆盖，保持温度；及时防治病虫害；大田地膜覆盖，先整地，施足底肥，适量施入氮、磷化肥等管理技术。起垄铺膜，栽植时先栽植后浇水。瓜类可育苗移植或直接播种，加强田间水肥管理。

1997 年，蟠龙镇瓷窑沟村村民种植 0.6 亩大棚，采取黄瓜与蘑菇立体栽培模式，黄瓜收入 9000 元，蘑菇收入 6700 元，共收入 15700 元，折合亩产值 26000 元。

2000 年，推广的主要有茄子嫁接栽培技术，嫁接西葫芦生产技术，冬西红柿、辣椒栽培及两茬作物种植面积，温室瓜、果、葡萄生产技术，稀有菜种茼蒿、生菜种植面积。

2001 年，大棚菜生产示范典型 21 处。农业示范园建成占地面 3 亩的连栋温室 1 座，延安 AK-5 型日光温室大棚 14 座，投入生产，共示范种植樱桃番茄、美引冠茄、日本南瓜、金皮葫芦、黑萝卜等 30 个名、优、特瓜菜及水果品种，推广无土栽培、立体栽培、CO_2施肥、节水灌溉、病虫害防治、嫁接改良等多项先进适用技术。

2008 年，推广“大弓棚早春移栽增温技术”“辣椒平茬换头再生技术”“辣椒嫁接技术”“番茄单秆换头降位整枝技术”等多项技术。推广自动卷帘机 30 台，秸秆生物反应堆 5 棚。

2009 年，大弓棚甜瓜采用多膜覆盖、软管滴灌技术，具有上市早、病害少、节省水肥等优点，上市期为 5 月 1 日，市场销售价每千克 10 元，最高时达 15~20 元。

2010 年，采用“集中育苗”“增温保温”“合理整枝”“嫁接换根”等多项技术。同时，采用整合栽培技术，膜下灌溉、滴灌等措施降低棚内温度，减轻病害和农药使用量；引进抗病、优质、丰产品种；采用嫁接技术，用抗寒抗热、抗病砧木嫁接优良品种，降低病发率；使用无公害防控技术、黄板粘虫、诱杀器、防虫网、秸秆生物反应堆技术；使用低毒高效化学和生物农药等无公害生产技术。16 个乡镇集中育苗总量为 800 万株，其中嫁接 100 万株，三膜或多膜覆盖的大弓棚占总面积的 52%。甘谷驿镇的西瓜 3 月 15 日上市，每千克售价 50 元，香瓜每千克售价 60 元，棚均收入 2 万元以上，最高可达 4 万元。

第七节　蔬菜营销

1990 年，蔬菜经营管理多为自产、自销，价格随行就市，农民自种菜直接进入销售市场，买卖双方议价交易。

1991 年，东关向阳沟民营蔬菜批发市场成立，经销蔬菜外调菜，调剂品种，农民进入市场批发。市区南桥、马家湾、西沟、东关、北关、二道街等设有蔬菜销售市场，年销售量 8000 吨。1995 年后，建有东关、白坪、北关、二道街农贸市场。

2000 年后，蔬菜营销渠道形成多元化，菜商进入产地进货，菜农将产品进入市场进行批发，年销售 2 万多吨，外销 5000 吨。

2007 年，示范专业村成立各种瓜菜协会，蔬菜远销包头、宁夏、榆林、甘肃等地。南泥湾蔬菜加工配送有限责任公司订单生产、精品配送。净菜上市。

2009 年，注册蔬菜专业合作社 3 个，协会 7 家，发展社员和会员 1000 人，蔬菜营销经纪人 100 多名，将蔬菜销售拓展到西安、银川、铜川、榆林等地，销售 2 万多吨。通过举办“宝塔甜瓜”展示会，销往外地数量增加。

第八节 蔬菜收益

一、产量

1990 年蔬菜总产 35590 吨。1991 年 34577 吨。1992～1994 年总产 116945 吨，年平均总产 38982 吨，年平均亩产 2230 千克。1995 年总产 82102 吨，平均亩产 2719 千克。1996～2000 年总产 154805 吨，年平均总产 30961 吨，年平均亩产 1609 千克。2001～2005 年总产 158614 吨，年平均总产 31723 吨，年平均亩产 1229 千克。2006～2010 年平均亩产 2108 千克，年平均总产 89951. 8 吨。

1990～2010 年宝塔区蔬菜种植情况统计表

表 7-4-1

年份	面积（亩）	总产量（吨）	年份	面积（亩）	总产量（吨）
1990	15600	35590	2001	21360	23366
1991	15100	34577	2002	21310	26892
1992	18700	34050	2003	23415	26659
1993	19600	40158	2004	29105	33043
1994	14128	42737	2005	33840	48654
1995	21000	82102	2006	34605	51590
1996	13940	24813	2007	37845	53769
1997	16380	25874	2008	40000	89000
1998	16910	28029	2009	46200	91300
1999	30255	42343	2010	54700	164100
2000	18705	33746			

二、产值

1990 年蔬菜总产值 971 万元，平均亩产值 622 元。1991 年 1071 万元，平均亩产值 709. 3 元，其中西瓜、小瓜 619 万元，亩产值 399. 9 元。1994 年 1970 万元，亩产值 1394. 4 元。1997 年 2072 万元，亩产值 1264. 9 元。2003 年 2625 万元，亩产值 1121 元。2006 年 5236 万元，亩产值 1513 元。2008 年 9800 万元，亩产值 2450 元。2010 年 26300 万元，亩产值 4808 元。

第五章　农业技术推广

第一节　土壤改良

一、耕作制度改良

20 世纪 90 年代后，宝塔区土壤改良的方式主要有：山坡地修宽幅农田；沟湾地打淤地坝；深翻改土，机械深翻，深度 15.2 厘米，增加活土层，早春及时耙磨保墒；轮作倒茬：山地农田一般采用洋芋—谷子—豆类；川、台、坝地一般采用玉米—地膜洋芋—蔬菜；间作套种：变一年一熟为一年两熟或三熟，实现土壤养分合理分配，农业稳产高产。主要套种采用地膜洋芋套玉米，地膜玉米套蔬菜，玉米套种大豆等；生物肥田，用生物培养地力是投资小、收益大的有效措施。新修地和初建果园可种豆类、草木樨，进行青草翻埊，培肥地力。

二、施肥

20 世纪 90 年代后，增施农家肥，草田轮作，粮豆间套培肥地力。进行配方施肥，测土配方施肥，一般山地亩产 200 千克以上的谷子，亩施 1000 千克农家肥，25 千克碳铵，25 千克过磷酸钙，追施 15 千克尿素；亩产 1000 千克以上洋芋，亩施 1000 千克农家肥，30 千克碳酸氢铵，25 千克过磷酸钙，追施 20 千克碳酸氢铵。川、台、坝地亩产 500 千克以上玉米，亩施 1500 千克农家肥，50 千克碳酸氢铵，50 千克过磷酸钙，追施 20 千克尿素。

三、测土配方监测

2008 年，20 个乡镇测土配方施肥监测 20 个，其中国家级 5 个，长期定位监测建成化验室 1 座。推广配方施肥技术，玉米配方配肥 9 个，大豆 6 个，谷子 9 个；有效配试验 10 个，分布在 6 个乡镇。2009~2010 年，采集土样 11340 个，其中代表性剖面样 60 个，试验前小区试验和大区试验基础土样 70 个，骨干土样 620 个，试验植株样 114 个，大王秋农化土样 10496 个。确定玉米、谷子、大豆、苹果等配方监测点 24 个，肥效试验点 33 个。

1990~2010 年宝塔区化肥使用数量统计表

表 7-5-1　　　　单位：吨

年份	氮肥	磷肥	年份	氮肥	磷肥
1990	2050	323	2001	17686	8508

续表

年份	氮肥	磷肥	年份	氮肥	磷肥
1991	2292	575	2002	20668	10510
1992	2393	742	2003	17364	8144
1993	2598	632	2004	17755	8103
1994	1936	658	2005	15071	7359
1995	3302	752	2006	13971	7320
1996	4392	1058	2007	13697	7220
1997	4239	1056	2008	11232	5806
1998	4850	924	2009	11138	5608
1999	4750	1065	2010	10355	5116
2000	4899	1222			

第二节　种植方式

1990 年，主要推广旱作农业增产技术有 3 项，即水平沟、丰产沟和川地大垄沟种植。粮食产量大幅增长，1994 年夏粮亩产 107 千克，比 1988 年亩产增产 27 千克；秋粮亩产 207 千克，比 1988 年亩产增产 35 千克。1996 年夏粮亩产 170.5 千克，秋粮亩产 195 千克，玉米亩产 392 千克，大豆亩产 92.6 千克，玉米、大豆比 1992 年分别亩产增产 48 千克、12 千克。

1991 年，实施“三法”种植，推广粮食增产技术，粮食丰产工程建设。“三法”种植面积占总耕种面积的 70%，增产粮食 670 万千克。其中，1991 年大垄沟推广 103700 亩。

1993 年，推广山地大垄沟玉米 1360 亩，亩产 350～400 千克，谷子亩产 300 千克，洋芋亩产 1500 千克，最高亩产 2500 千克。1994 年，在川口、柳林、李渠、张坪、梁村、河庄坪 6 个乡镇的 8 个行政村，进行大垄沟和水平沟种植对比试验示范，根据试验示范结果显示，山地大垄沟种植玉米亩产量增产率在 19.49%～41.82%，大垄沟种植洋芋亩产量增产率在 53.4%～112%。

1995 年，延安市大垄沟种植 35 万亩，占农作物播种面积的 62%，大垄沟较平种亩均增产 30 千克，可增产粮食 1071 万千克，增加产值 1017 万元。2001 年大垄沟种植 48 万亩，2005 年 41.6 万亩，占作物种植面积的 92%。2008 年，种植 7.257 万亩谷子，平均亩产 116.6 千克，比 1991 年亩增 11.6 千克，增产 841012 千克，增加产值 210 万元。

1994年延安市大垄沟玉米种植产量调查对比统计表

表7-5-2

种植方式		行距（厘米）	株距（厘米）	密度（株/亩）	穗行数（行）	行粒数（粒）	穗粒数（粒）	百粒重（克）	亩产量（千克）	增产率
川口乡木禾峪	山地大垄沟	100	33	2020	14	49	686	35	485	19.49%
	沟湾地玉米	63	33	2020	14	46	644	31.2	405.9	—
柳林乡鸡蛋峁	山地大垄沟	100	30	2222	14	47	658	35	511.7	41.82%
	沟湾地玉米	63	50	1899	14	46	644	29.5	360.8	—

说明：品种均为中单2号

1994年柳林乡鸡蛋峁大垄沟谷子产量调查对比统计表

表7-5-3

种植方式	行距（厘米）	株距（厘米）	密度（株/亩）	穗粒重（克）	亩产（千克）	比较
大垄沟	56	8.6	13843	30.6	423.6	+126%
水平沟	50	12	11112	16.9	187.8	—

1994年柳林乡鸡蛋峁大垄洋芋与水平沟洋芋产量对比统计表

表7-5-4

种植方式	姓名	品种	面积（亩）	行距（厘米）	株距（厘米）	密度（株/亩）	穴重（千克）	亩产（千克）	较水平沟增产	增产率%
大垄洋芋	常开英	东北白	2	66	33	3016	0.9	2754.9	1459.1	112
大垄洋芋	武战高	东北白	1.5	80	20.6	2924	0.66	1988.3	692.5	53.4
大垄洋芋	郝耀金	东北白	4	66.7	50	1999	1.02	2039	743.2	57.4
水平沟洋芋	郝振兴	东北白	1	55.6	40	2945	0.44	1295.9	—	—

1994~1995年宝塔区部分乡镇大垄沟不同地块产量统计表

表7-5-5

乡镇	村名	作物	田块类别	面积（亩）	株距（厘米）	行距（厘米）	密度（株/亩）	亩产（千克）
李渠	解长沟	谷子	新修农田	100	0.67	33	28000	350

续表

乡镇	村名	作物	田块类别	面积（亩）	株距（厘米）	行距（厘米）	密度（株/亩）	亩产（千克）
李渠	刘家沟	玉米	坝堤	50	25	83	3200	650
		玉米	山坡地	110	40	73	2270	300
		洋芋	山坡地	100	40	73	2270	2000
	登高峁	谷子	梯田	100	10	25	26700	329
张坪	张川	玉米	台地	50	28.7	80	2907	700
河庄坪	芦草湾	玉米	新修农田	45	28	83	2790	500
		谷子	新修农田	70	0.9	37	1800	300
梁村	裴庄	洋芋	山坡地	15	40	73	2270	3228
川口	木禾峪	洋芋	山坡地	100	50	70	2651	2518

第三节　良种推广

一、良种繁育

20 世纪 90 年代后，良种繁育以自繁自用为重点，进行玉米、谷子、大豆、小麦、洋芋等各类品种对比，区域试验和玉米、洋芋测土配方观察。区、乡两级分别引进良种在重点村，重点户进行试验示范，取得可喜的效果。中单 2 号、户单 1 号玉米，农大 36、407 小麦，金星 21、80-89 水稻，辽 81-5052 大豆，长龙晋汾 7 号，变延谷，晋西高粱，东北白洋芋，乌蒙 684、中心 24 洋芋等产量稳中有升，各种种植在万亩以上，共 9.4 万亩，其中中单 2 号玉米占全区玉米面积 54%。

（一）选种

谷子选种通过块选、穗选、水选等，选出抗逆性强、适合本地种植的品种，晾晒后收藏，验看发芽率后适量下种。每年用于再生产育种的种子占当年用种的 90%以上。大豆选种块选、穗选、粒选，一般采用粒选办法，使种子颗粒饱满，色调一致。小麦选种，捆选、风选、建立穗行围，提纯复壮，小麦选种量占小麦播种量的 80%以上。

（二）制种

1990～1994 年，制种面积 10510 亩，产种总量 16.82 万千克，亩产 160 千克。1995 年两杂制种面积 2335 亩，总产 31 万千克，其中中单 2 号 24 万千克。2004 年玉米制种 400 亩，产种 10 万千克。常规繁育良种 1.03 万千克，津引 1 号、8 号脱毒洋芋 2 万千克，各类菜籽 1550 千克。

二、良种引进、推广

1990～2010 年，凡引进之良种都先经过多次区域试验示范而后推广。小区试验——观察抗病性、耐旱性、根系拓展、穗位高低、品质因素、亩产量、生长记录。区域试验示范——划定不同气候环境、田块类别，扩大预示面积、跟踪、生长全过程。成熟时测产、总结试验示范材料，作出大面积推广鉴定。对引进优良品种通过试验示范后，进行复查审定，建立区、乡两级试验示范网络，主栽品种与搭配品种推荐制度。粮食作物推广品种玉米有：屯玉50、航天2号、丹玉69、郑单958、先玉335、强胜16等；大豆品种有晋豆12、晋豆23、晋豆30、中黄13等；谷子品种有晋谷40、长生07等；洋芋品种有克新1号、津引8号等。1990~1995年，引进优良品种54个，其中粮食作物34个、瓜菜19个、亚麻1个。推广良种1386万千克，年平均231万千克，占需种量86.25%。2001年引进优良品种47个，推广良种1197万千克，其中玉米杂交种35.3万千克，商品洋芋良种750万千克，良种推广普及率达98%。2005年，推广各类优良品种1005万千克，其中克新1号洋芋950万千克，晋遗19号大豆、晋丰7号谷子各15万千克。

三、优良品种增产效益

1991年，玉米播种面积103500亩，平均亩产325千克，总产33614吨，玉米主要品种为中单2号、农大60、户单1号等。2008年，玉米播种面积103410亩，平均亩产495千克，总产51222吨，主要品种有屯玉50、航天2号、丹玉69、郑单958等，比1991年亩产提高170千克，总产增加17608吨，增产52.38%。2008年谷子平均亩产比1991年提高24千克，增加23%。豆类1991年平均亩产72千克，2008年亩产116.6千克，亩增产44.6千克，增加62%。洋芋1991年亩产670千克，2008年亩产845千克。

2007~2010年，推广谷子优良品种（晋谷40、长生07）等28万亩，增加产值6720.4万元，大豆（中黄13、晋豆23）等15万亩，增加产值1480万元，玉米（屯玉50、航天2号）等36.8万亩，增产3680万千克，新品种玉米播种面积新占比例达38%。全区主要农作物良种使用率99.6%。农作物新品种使用率57.3%。单位面积产量大幅上升，丹玉69、航天2号平均亩产850~970千克，大豆中黄、晋豆23平均亩产180千克以上，谷子长生07、晋谷40平均亩产450千克以上。

第四节　栽培技术

1990~1994年，宝塔区组织135名农业科技人员选定李渠等11个乡镇，高峁湾等88个行政村进行玉米、谷子、马铃薯、大豆等高产试验示范。2010年，制定玉米、谷子、马铃薯、大豆栽培技术标准。

一、玉米

选用品种　普通品种以丹玉69、永玉3号、豫玉22、郑单958为主；单粒精品有先玉335、强胜16等。

播种　大垄沟种植机播种植，采用机开沟机械播种施肥种植；大垄沟人工种植，采用机械或畜力开沟，人工点播种植；单粒机播种植，选用单粒精品种子，用单粒播种机种植。以4月5日开始播种，5月10日结束。

田间管理　喷施除草剂，播种后地面喷施玉农思、玉大壮除草剂；春苗补苗，缺苗断垄及时催芽补种；合理密植，一般行距60~80厘米，中晚熟品种留苗2800~3000株，早熟品种一般留苗4000~5000株；及时定苗，三叶间苗，五叶定苗，单粒机播玉米不间苗；中耕培土，拔节初期，结合深中耕培土亩追施尿素20~40千克。

二、谷子

选好茬口　前茬以大豆、洋芋为宜。

精选良种　选择耐旱、抗病、生育期适中的优良品种。播前将谷子晾晒2~3天，用清水洗除去杂质，再用5%的盐水选种，清水冲洗干净，农药拌种后堆闷10~12小时，晾干后即可播种。

适时播种　4月15日至5月1日为适宜播期，每亩用种量0.4~0.5千克。播深3~5厘米，播后及时镇压，确保全苗。

合理密植　川台地每亩留苗2.5万~3万株，山坡地2万~2.5万株。

田间管理　及时定苗，幼苗长到“两叶一心”时结合间、定苗进行镇压、蹲苗，控上促下，促进根系生长。

中耕培土　拔节初期中耕培土，埋谷土2~3节。

三、马铃薯

选用良种　选用抗病、耐干旱、商品性的品种。

适时播种　5月20日至6月10日播种。播种时起垄80厘米，株距20~25厘米，露土6厘米左右，亩留苗3000~3500株。

培土、剪花　3~4叶时，锄草培土，中耕高培土，打掉现蕾，防止养分损失。

四、大豆

选种播种　选用抗病耐旱品种，4月20日至5月10日播种。一般采用条播，行距40~50厘米，亩播量4~6千克，播种深度3~5厘米。

田间管理　早间苗，留匀苗，苗高10~13厘米，三叶时定苗，亩留苗8000~14000株。

中耕培土　露真叶和3~4片叶时分次中耕，封行前最后一次中耕培土。

追施化肥　现蕾开花初期结合中耕，追施尿素10千克，开花初期喷施碳酸二氢钾2次。

五、技术培训

1990~1995年，共举办各类学习班2662期，各类培训班2580期，参训人员82690人次，现场会637次，培训人员达82690人次，仅1994年培训人员18500多人次。印发各种技术资料2100份。

2001年，乡、村为单位标准教学班48个，举办理论、实践培训130期，参加学员4200名，召开各类现场会28场，科技“三下乡”4次，电教宣传培训43场，受训人员22000人次，印发技术宣传资料2万余册。

2005年，培训区、乡两级技术人员，乡镇干部5期，参加学员260人。各类技术培训会251场次、57000人次，其中菜农15000人次，共发放各种技术资料42000份，书籍3200本，举办劳务输出培训班200次，培训农村富余劳动力5000人次，输出合格劳动力433人。

2009年，共举办各类培训班292场次，农业实用技术57000人次，绿色证书培训200人，“阳光工程”1500人，招收农村大、中专教育学历生109人。

2010年，科技教育培训农民45000人次，开设中专蔬菜、畜牧兽医班3个，招收学员 125 名。

六、地膜覆盖

1990 年，宝塔区地膜覆盖主要用于粮油、瓜菜等，使用量达到 100874 千克，1995 年农地膜使用量 117149 千克，2000 年农地膜使用量 125533 千克，2005 年农地膜使用量 170738 千克，2010 年农地膜使用量 267783 千克。

1990~2010 年宝塔区使用农地膜数量统计表

表 7-5-6　　单位：千克

年份	数量	年份	数量
1990	100874	2001	141235
1991	234512	2002	141872
1992	305910	2003	137116
1993	118673	2004	161143
1994	204321	2005	170738
1995	117149	2006	175557
1996	100503	2007	186222
1997	247603	2008	169074
1998	109131	2009	248558
1999	92681	2010	267783
2000	125533		

第五节　植物保护

一、监测预警

1990 年，植保站固定 2 名病虫害测报员和 5 名兼职测报员，全区四个不同区域设定测报点，23 个乡镇（村）35 名农技员采取固定科技户、固定田块，定时、定点进行观察和测报。开展病、虫、鼠害中、长、短期预报。采用黑光灯诱成虫、谷草把诱卵、田间调查、农业气象等办法，严密监测病虫发生动态，计算发生量和发生期，及时发布病虫情报，为政府和农民提供预防信息和防治办法。

1990~1996 年，共发布玉米、谷子、大豆、洋芋、小麦和果树病虫情报 68 期 245 份，防治面积 3093316 亩，年平均预报准确率 95.6%。

2000 年，扩大监测规模，按粮、果、蔬、草四大类灾害实施统防、综防、控防，网、带点状结合预防的机制。2001 年，全区发布病虫情报 15 期，准确率 85%以上。

2003 年，宝塔区监测到迁飞性、暴食性重大虫害“草地螟”，将对农作物构成重大威胁。植保专家研究分析和解剖鉴定，此次沉降草地螟均是无抱卵成虫，只是路过歇脚，不会停留危害，监测准确率100%。

2008年，植物防治布局，分区域设立18个病虫与鼠害监测点，其中农作物监测点3个，苹果4个，蔬菜4个，牧草、蝗虫各1个，鼠情3个，专业测报场1个。

二、防虫治病

（一）农作物病、虫防治

农作物病、虫主要有黏虫、红蜘蛛、麦蚜、玉米螟、荞麦钩翅蛾、草地螟、金针虫、地老虎、粟灰螟、二十八星瓢虫、斑毛虫、豆芫菁、谷子白发病、谷子粒黑穗病、谷瘟、玉米丝黑穗病、玉米大小斑病、病毒病、马铃薯早晚疫病等。

1990年，防治病、虫害面积44.93万亩，使用各类农药41340千克，药剂拌种14825亩。

1992~1994年，延安市共防治668554亩，其中玉米198600亩、谷子168500亩、洋芋84020亩、荞麦41833亩、小麦47000亩、苹果109310亩、蔬菜8491亩、柠条10800亩，使用各类农药135783千克。

1997年，宝塔区发生大面积黏虫害，168000亩谷子受到严重威胁。区委、区政府号召全区农民行动起来，采取统防统治的办法消灭黏虫。植保、农技干部逐乡深入田间指导农民防治，出动东方红18型机动喷雾器186台，其他型号喷雾器900余台（件），开展黏虫歼灭战，共防治面积16万亩。梁村、张坪、蟠龙等乡镇同时发生柠条豆荚螟大面积虫害，植保站13名技术干部背负东方红18型喷雾器，携带1605农药展开防治，效果显著。

1998年，推广低容量喷雾六六粉、甲敌粉防治荞麦钩翅蛾和粟灰螟，万花山、蟠龙两乡镇8000亩谷子、2000亩荞麦免遭粟灰螟、钩翅蛾危害，其中万花山乡谷子总量由20万千克增产到50万千克。

2006年，川口乡枣园村发生玉米丝黑穗病，平均病株率为15.3%，个别地块病株率达35%。采取摘除病孢深埋办法，用手握塑料袋包住病孢，然后剪除，防止孢子洒落地面和污染健株，使损失降到最低限度。

2008年，宝塔区50000亩农田发生灰象甲螟。灰象甲俗称象鼻虫、灰老道，两年发生一代，主要危害谷子、玉米、花生、豆类、瓜菜等。虫害平均百株有虫68头，甘谷驿镇背河村平均百株有虫170头，个别单株有虫13头。用四周挖封锁沟，沟宽、沟深各40厘米，放新鲜或腐败的杂草诱集成虫，集中杀死或利用该虫群集性和假死性于9时前或16小时后进行人工捕捉捕杀成虫。喷洒9%晶体敌百虫或8%敌敌畏乳油800倍液，或4.5%高效氯氰菊酯乳油1800倍喷雾，均有较高防效。

（二）蔬菜病、虫防治

宝塔区域内蔬菜病、虫主要有菜青虫、烟青虫、白粉虱、蚜虫、潜叶蝇、甘蓝夜蛾、二十八星瓢虫、黄瓜霜霉病、西红柿早晚疫病、白粉病、茄子黄萎病、辣椒疫病等。蔬菜使用溴氰菊酯、速灭杀丁等高效低度、低残留农药防治甘蓝夜蛾、菜青虫、烟青虫，对保产起到很好的效果。

1990~1999年，引进推广代森锰锌、代森铵、甲基托布津、多菌灵等，防治番茄早晚疫病、黄瓜霜霉病、辣椒疫病有较好的防效。

2000年，蔬菜温室大棚和中小弓棚数量增加，种植田块相对集中，引进种子品种多，棚内通风排污、阳光杀菌有限，病源滋生和相互传染，病虫害防治措施多变，药剂品种名称繁杂，防治难度愈来愈大。2008~2009年枣园镇盐店子村温室大棚中示范绿色防控技术，悬挂黄板2000张，安装防虫网158张。

2000~2010年，使用低浓度、低残留的环保、安全的新农药，引进推广朴力克、大生米-45、杜邦克露、霜霉威小剂等保护加铲除剂，利用害虫的各种活动习性，推广黄板诱杀驱虫剂、避虫网等。

（三）果树病、虫防治

果树病、虫主要有苹果腐烂病、早期落叶病、炭疽病、轮纹病、食花金龟甲、桃小食心虫、苹果小食心虫、金纹细蛾、山楂叶螨、苹果黄蚜等。

苹果树腐烂病一般采取修剪、刮皮、涂药、嫁接、清园进行防治，在病发初期喷波尔多液、石硫合剂预防。严重果园用刀刮除烂皮病疤，涂抹10倍强力克菌清，还可涂黄泥。用塑料包起，抑制交叉感染，减轻危害。

1990~1995年，防治面积1.5万亩。1996~1999年，防治面积4.8万亩，采取树上喷1605农药，树冠喷3911后用锄浅锄，有效控制苹果食花金龟甲和桃小食心虫的危害。

2000~2009年，推广苹果无公害防治新技术，根据害虫成虫的趋光性，利用频屏式、太阳能杀虫灯诱杀果园害虫的成虫技术；根据蚜虫的趋黄性，利用黄板诱杀果园蚜虫技术；根据害虫的趋味性，利用性诱剂诱杀果园害虫成虫技术；捕食螨防治果园害螨技术；推广生物活体农药、生物源农药、超高活性化学合成农药防治果园病害技术。其中，2001年苹果病虫害防治86万亩，2005年98万亩。

2008年，果实套袋11.8亿只，病虫防治102万亩。柳林镇后孔家沟及四十里铺村推广现代防治新技术，实施绿色植保苹果无公害防治，2300亩安装杀虫灯16台，悬挂诱捕金纹细蛾、桃小食心虫、苹果卷叶蛾性诱剂诱捕器4600个，悬挂黄板1500张。防治效果倍增。

2009年，川口、官庄、柳林、姚店等乡镇太阳能杀虫灯、粘虫板、诱虫带的综合立体无公害防治技术示范区2万亩，安装杀虫灯576台，悬挂诱捕器2000个，悬挂诱杀蚜虫、飞虱黄板90张。全区果实套袋15.4亿只，病虫防治127万亩。

2010年，病、虫防治30万亩，有机苹果认证1.2万亩，农药由23种下降到高效、低毒生物农药12种，推广环保器械3种。柳林镇新茂台、九沟—杨家畔村示范区实施禁用化学农药，推广果实套袋、建诱虫带、高科技杀虫灯、粘虫板、捕杀器等绿色食品技术，全镇1万亩苹果获得有机认证。

三、鼠害防治

宝塔区危害农田的鼠类主要有：中华鼢鼠、达乌尔黄鼠、达乌尔鼠兔等。玉米、小麦播种后出现缺苗断垄大多是中华鼢鼠所致。一般采取投药、安弓、支架、追挖等灭鼠技术，开展专业队与群众捕打相结合和集中捕打与经常性捕打相结合的办法。

1991年，投磷锌、大隆等鼠药80千克，各种捕打工具36757件，灭鼠10500只，挽回损失150多万元。1995年，捕打灭鼠85000只，1996年96000只。2008年，柳林镇捕打一只瞎狯奖励7元，全年共灭瞎狯6300只。

2009 年，引进欧丽 6HYC 15 型热力烟雾机防治，将柴油和敌敌畏 25∶1 混合（5 升柴油 + 15 克敌敌畏），洞口喷雾，捕杀效果明显，2010 年全区各乡镇全面推广。种子处理，用 690 或唑醇悬浮种衣剂，每 50 千克种子用 5～100 毫升药剂拌种，减轻玉米丝黑穗病的危害，发病率下降 15%～20%。

四、植物检疫

1990 年，地检 15 次，受检面积 8500 亩，调运检疫 105 批次，其中苗木 15 万株，玉米 28 吨。

1995 年，调运检疫 120 批次，其中苹果 720 吨，苗木 20 万株，玉米 7 吨。产地检疫 10 次，受检面积 10000 亩。

1996～2006 年，开展有害生物普查 300 万亩，发现有害生物 129 种，未发现全国检疫对象。其中，2005 年签发良种、苹果等检疫证 850 份，受检 1 万吨，检疫合格率达 85%。

2008 年，检疫普查 18 个乡镇、645 个村、13708 户，普查面积 31. 81 万亩，其中果树面积 29. 42 万亩，普查株数 2594852 株，占全区苹果树面积 65. 4%；农作物面积 2. 39 万亩，占全区农作物总面积的 5. 3%。2009 年，检疫抽查 756 车次，果品 6331. 56 吨，办理调运检疫 580 批次 6800 吨。

2010 年，设立农业有害生物检测点 213 个，悬挂三角形诱捕器 430 个，专人负责，定时监测，严防疫病传入区内。

1990～2010 年宝塔区使用农药数量统计表

表 7-5-7　　　　单位：千克

年份	数量	年份	数量
1990	68893	2001	34856
1991	87226	2002	41638
1992	94046	2003	37101
1993	49404	2004	36319
1994	42780	2005	26948
1995	94659	2006	22360
1996	74636	2007	23084
1997	65767	2008	28256
1998	47175	2009	23928
1999	41196	2010	23921
2000	42016		

第六节 农村能源建设

1981~1996年，农村能源建设工作分别由延安市农委、蔬菜站负责管理。1997~2002年由宝塔区农委负责计划实施。2003年3月，成立延安市宝塔区农村能源建设办公室，财政全额拨款，事业编制5名，与农业局两块牌子、一套机构。2006年，农村能源建设办公室单设，科级建制，事业性质，编制5名，隶属于区农业局，设主任1名、副主任1名。2010年农村能源建设办公室编制7人，设主任1名、副主任1名。

一、沼气池建设

20世纪70~80年代，延安市在南泥湾、麻洞川、蟠龙、冯庄、丁庄、河庄坪等乡镇建设沼气池，建造技术是土法上马，即在地下挖个坑，夯实地基，坑四周用红胶土密封，接一根管子出来后便可使用，做法简单，技术简陋。枣园供销社在院内建造一个沼气池，获得成功，接管后办公室、营业门市灯光明亮。李渠镇周家湾村及周边几个村建沼气池约50口。

1997年，万花山乡罗崖村建成“四位一体”沼气池1个。1998年，全区建成“四位一体”沼气池29口。1999~2000年，全区20个乡镇建设沼气池879口。其中，1999年设计出“自压循环式沼气池”技术，建成270口。

2002年11月29~30日，农业部西北地区沼气技术培训班在延安举行，200多人参观松树林乡高尧村沼气池建设。年内，引进推广“旋流布料自动循环高效沼气池”建设新技术。2003~2006年，全区建成沼气池6154口。其中，2003年设计建设“暖棚式双排太阳能猪舍”“单排太阳能猪舍”。2004年先后设计并建设“拱棚式太阳能牛棚”“拱棚式双排太阳能牛棚”“猪舍混合型太阳能暖棚”，产能、利用率、取暖效果大幅提升。2007年，建成沼气池1349口，农业部副部长危朝安对柳林镇孔家沟村的在建沼气池和利用进行考察。澳大利亚摄制组就宝塔区“围绕农村沼气建设对人类生活改善和生态环境改变”这一主题进行采访和拍摄。

二、太阳能利用

2008年，农村新能源建设以质量第一、科技配套集中连片的原则，“地下建池、池上建圈、圈上建棚、圈旁建厕、厕内洗浴”的模式，利用沼气配套的厕所，通过地面和四壁铺设瓷砖，安装换气窗和推拉门，改造成卫生间、洗澡间，并在顶部安装太阳能热水器，便可洗澡，是保障农民身体健康的重要因素之一。全区共安装太阳能热水器306台，合格率和利用率均达100%。2009年，安装太阳能热水器328台，合格率和利用率100%。2010年，全区20个乡镇149个村共配套安装太阳能热水器1200台，安装合格率和利用率均达100%。

第六章　畜　牧

第一节　畜牧机构

1979年，延安市革命委员会畜牧局成立，下设畜牧站、兽医院、奶牛场、种畜场、种猪场。1981～1993年改称延安市畜牧局。1993年机构改革中，畜牧局更名为延安市畜牧业总公司，为具有行政职能行业领导双重责任的财政全额拨款的事业单位。下辖畜牧站、种畜场、奶牛场、种猪场、兽医院、检疫站、养鸡服务公司7个单位及24个乡镇兽医站。主管全区畜牧业生产年度计划，实施畜牧业生产任务和目标。引进畜禽优良品种、养殖示范、先进技术的推动及应用。对农民和科技人员的培训，督促检查畜牧业政策落实，保护农民在发展畜牧业生产过程中的积极性，维护其合法的经济利益。1996年12月，延安市畜牧业总公司更名为宝塔区畜牧局，1998年更名为宝塔区畜牧事业管理局，担负生产发展、防疫治病、畜牧执法职责。1999年，成立宝塔区草原监理站，负责全区草原建设与管护工作，具有执法检查处罚职责。24个乡镇兽医站因4个乡镇合并，机构改革随之裁减4个（张坪、下坪、碾庄、丁庄站），全区乡镇兽医站20个。2007年11月，畜牧兽医体制改革，撤销宝塔区畜牧事业管理局，组建宝塔区畜牧兽医局，为畜牧行政管理机构，参照公务员法管理单位，具有畜牧兽医执法职能。同时，撤销宝塔区动物检疫监督站，组建宝塔区动物卫生监督所；将宝塔区畜牧兽医服务中心更名为宝塔区畜牧技术推广站。组建宝塔区动物疫病预防控制中心，与畜牧技术推广站实行两块牌子、一套机构。2010年，宝塔区畜牧兽医局有干部职工194人，其中专业人员83人，高级职称1人，中级职称14人，初级职称28人。

第二节　畜禽品种

20世纪90年代后，随着社会经济发展，畜禽品种改良工作愈来愈受到重视，良种化率提高。

一、家畜品种

（一）牛、马

以牛为主，马、驴、骡次之。牛分为役牛、奶牛两种。牛的役用价值逐渐减弱，肉牛的使用价值越来越高。马、驴、骡三种牲畜使用价值越来越小，大幅度淡出市场。1989年底大家畜总存栏量38万头（匹），1997年底大家畜存栏56746头（匹），其中牛

42451 头，马 1821 匹，驴 10164 头，骡 2310 头。2008 年大家畜存栏 27182 头（匹），其中牛 25214 头、马 8 匹、驴 1761 头、骡 199 头。2010 年大家畜存栏 26470 头（匹）。全区奶牛饲养量 780 头，除区奶牛场、市种畜繁殖场饲养 125 头外，均为 86 户个体饲养，主要分布在城郊的柳林、万花山、枣园、桥沟、河庄坪、李渠等乡镇。

1990~2010 年宝塔区大家畜养殖数量统计表

表 7-6-1

年份	牛（头）	马（匹）	驴（头）	骡（头）	合计［头（匹）］
1990	27602	616	10494	1926	40638
1991	27578	479	10224	2287	40568
1992	31298	479	10786	2338	81206
1993	32446	602	10205	2418	45671
1994	32064	1042	12387	3129	48622
1995	34582	1086	11645	3468	50781
1996	35635	1514	11992	4172	53313
1997	42451	1821	10164	2310	56746
1998	47095	1089	7221	1795	57164
1999	34630	908	6532	1089	43159
2000	32562	620	9043	1346	43571
2001	37131	225	3728	943	42027
2002	38139	83	4082	743	43047
2003	24645	29	2386	658	27718
2004	32507	30	2077	588	35202
2005	33839	30	2116	562	36547
2006	34072	26	2202	508	36808
2007	32386	24	1989	445	34844
2008	25214	8	1761	199	27182
2009	23226	48	1626	321	25221
2010	24815	37	1484	134	26470

（二）猪

猪肉位居延安城乡居民消费第一大类肉食品。从 2000 年之后，群众养猪食肉猛增，由 2000 年的 72384 头增长到 2010 年的 15 万头。2007 年 8 月，万花山乡徐寨村个人筹资

380万元，建成养猪配套圈舍，完成一期工程。2008年7月增加投资到500万元，引进、补充适繁母猪600头，生产场区2.8万平方米，建成标准化猪舍8栋，消毒防疫、饲料加工库房、办公用房等基础设施6000平方米。采用陕西正大集团养殖模式，年生产良种猪1万头，月平均出栏仔猪900头，年出栏良种仔猪1.2万头。2007～2008年，甘谷驿小张沟村三元商品猪繁育基地投资360万元兴建的养殖基地，建成高标准圈舍8个，年生产仔猪6000头。松树林乡、青化砭镇等乡镇也有千头以上的养殖场。南泥湾镇、冯庄乡、元龙寺乡饲养百头以上养猪户50户。全区商品猪良种率92%以上。枣园镇刘家河现代化生猪育肥园占地2公顷，基础设施投资280万元，2010年6月动工，10月底建成并投产，棚内育肥整体设计从温度、供料饮水、防疫等全部程序化，以每亩棚饲养550头，一次饲养2200头，年出栏6000头。

1990～2010年宝塔区猪养殖数量统计表

表7-6-2　　　　单位：头

年份	猪	年份	猪
1990	42588	2001	71747
1991	44084	2002	81100
1992	44823	2003	66475
1993	47945	2004	69207
1994	53068	2005	64542
1995	107239	2006	64182
1996	101978	2007	68932
1997	100515	2008	78151
1998	110265	2009	100980
1999	87633	2010	150037
2000	72384		

（三）羊

宝塔区区内乔灌林保存面积200多万亩，天然草场面积保留169.9万亩，载畜量大，羊是农村农民一项优势产业。1996年，羊饲养量达285001只，其中绵羊20753只，是中华人民共和国成立以来的最高水平。1999年，国家实施“退耕还林，封山禁牧，个体承包，以粮代赈”政策，全区开始推行封山禁牧，当年羊存栏降至50469只。2000年以后，区推行舍养给予多种扶持办法，养殖产业呈现恢复性增长，2008年末羊存栏26879只，2010年末存栏40199只。白绒山羊、布尔山羊、小尾寒羊、槐羊、黄羊等小量饲养。

1990~2010 年宝塔区羊养殖数量统计表

表 7-6-3　　　　单位：只

年份	山羊	绵羊	合计
1990	151909	33977	185886
1991	156722	31129	187851
1992	167361	28612	195973
1993	181173	27000	208173
1994	221459	31679	253138
1995	243150	27774	270924
1996	264248	20753	285001
1997	219391	11181	230572
1998	157341	4904	162245
1999	45571	4898	50469
2000	71906	5811	77717
2001	98515	2381	100896
2002	192493	3220	195713
2003	57949	1124	59073
2004	19728	1088	20816
2005	12958	494	13452
2006	13873	391	14264
2007	27567	445	28012
2008	26864	15	26879
2009	34898	17	34915
2010	40181	18	40199

二、家禽品种

养殖家禽以鸡为主。1990 年以来，蛋鸡的品种主要有罗斯、海兰、罗曼等几个优良品种；肉鸡品种有肉杂鸡、黄鸡、麻鸡等。2001 年底，全区养鸡总量为 68.16 万羽。

2007 年 8 月，治平养殖公司先后投资 1500 万元，挖山填沟约 80 万立方米，造地 7.5 公顷，建设养鸡基地。2009 年存栏商品代蛋鸡 5.4 万羽，年产鸡苗 40 万羽、鲜蛋 200 万千克、活鸡 150 万千克，首创陕北最大的蛋、肉鸡生产基地和鸡饲料科研、种源示范基地。宝塔区绿壳蛋鸡父母代种鸡场位于元龙寺乡。绿壳蛋鸡又称黑凤乌鸡，亦名黑羽乌鸡，体型小，行动敏捷，产蛋95%以上为绿色蛋壳，故称绿壳蛋，它富含脑磷脂、中神经磷脂，属于高维生素、高微量元素、高氨基酸、低固醇、低脂肪。因此，被专家誉为“鸡蛋中的人参”，是极为理想的营养保健品。绿壳蛋鸡系轻型鸡，抗病能力强，适应性能广，饲养成本低，经济效益高，特别适合农村散养、草地放养形式的生态养殖。从2008年开始首先在元龙寺乡两个村40户、每户50～100只的规模以散养的形式进行，经过三年试养，经济效益可观，每枚鸡蛋平均售价1元左右，养殖户平均纯收入在5000元以上。

2010年底，养鸡总量为106.73万羽。绿壳蛋鸡以元龙寺乡为主，甘谷驿、贯屯、冯庄等4个乡镇260户养殖存栏1.5万羽。同年，投资20多万元注册成立“宝塔区黑羽养殖农民专业合作社”，建成2000羽绿壳父母代种鸡场，从江西省引进良种父母代种鸡2000羽，可向养殖户提供10万羽母雏鸡苗。此外，鸭和鹅饲养量比较少，主要分布在水源较为充足的松树林、麻洞川、南泥湾、川口、柳林等地，采取传统的饲养方式，从事家庭养鸽、鸵鸟等甚少，一般为自养自食。

1990～2010年宝塔区鸡养殖数量统计表

表7-6-4　　　　单位：万羽

年份	鸡	年份	鸡
1990	27.6	2001	68.16
1991	27.68	2002	79.18
1992	28.97	2003	68.42
1993	29.89	2004	66.16
1994	30.3	2005	55.7
1995	40.61	2006	53.22
1996	41.95	2007	55.19
1997	40.67	2008	81.65
1998	41.1	2009	92.03
1999	52.8	2010	106.73
2000	63.13		

第三节　良种引进与推广

20世纪80年代开始，全区从关中引进秦川牛种和黄牛改良种。1994年，在川口、李渠等乡镇实施黄牛人工授精405头，种公牛76头，引进西门塔尔牛、红安格斯、利木赞等多个世界著名的肉用牛冷精液改良，两年共改良杂交2万头，其中利木赞、西门塔尔、红安格斯改良牛 660 头，淘汰土种公牛、混杂种牛 280 头，良种率达 85%以上。1992 年开始白绒山羊改良，并形成毛、绒、肉同时兼用型山羊发展趋势，耐逆性强、易饲养，毛、绒比普通山羊产量高出一倍，肉产量增长 40%。同时，引进少量北京黑、长白、大约克夏，肉型品种，以杜洛克为父本的三元杂交、四元杂交的商品猪，南泥湾镇三台庄村，甘谷驿镇小张沟村，分别从杨凌、河北省引进斯格尔瘦肉型杂种猪 300 头。1997 年由陕北黄土高原研究所将安哥拉山羊引入，并在南泥湾建成安哥拉山羊试验场，极大推动羊改良工作。1998 年底安哥拉山羊发展到 1 万只，成为全省最大的马海毛生产基地。2002 年，从山东、河南、四川、宝鸡等省市地区引进小尾寒羊 380 只、槐羊 180 只、黄羊 230 只，极少量布尔山羊等品种，开展肉用羊杂交改良试验。2003 年，区绒山羊顺利通过国家鉴定验收。2005 年，区畜牧站被陕西省人民政府评为陕北绒山羊培育先进集体，正式命名的“陕北绒山羊”品种获“十五”期间陕西省十大农业科技成果奖，区畜牧站站长乔琳获省农业厅陕北绒山羊品种培育突出贡献奖。2007 年，斯格尔瘦肉型杂种猪比例占到 90%。全区禽类良种率达 80%。奶牛优良品种引进黑白花，并用上海、北京种公牛站优良冷精液进行人工授精。

第四节　饲草饲料

一、天然草场

1996 年全区土地调查结果显示，由于植树造林、草场整地、石油开发等原因，全区草场面积 106 万亩；草场类型主要以山地灌木林、草丛类草场和农林间隙类草场为主；全区各乡镇均有不同程度的分布，主要草种有胡枝子、白刺花、铁杆、针茅、茵陈蒿、野豌豆、毛油子、野西米、猪耳朵、羊耳朵等。

1999 年，随着退耕还林政策的实施，灭荒造林 15 万亩，全区天然草场保留面积约 90 万亩，同时退耕还林、封山禁牧政策的全面推行，天然草场植被恢复迅速，产草量大大提高。1999~2001 年连续三年监测结果显示，天然草场亩均产鲜草量 345 斤，较 1983 年的 185 斤提高 86%，全区天然草场年产量为 31050 万斤。2010 年底，全区天然草场可利用面积 127. 84 万亩。

二、人工草场

1991 年，延安市按照山、水、田、林、草综合治理模式，加大规模人工种草和飞播种草。先后引进试种阿尔冈金、苜蓿王、金皇后、323、232、龙瑞等紫花苜蓿 8 个品种，及鲁梅克斯、籽粒苋、小冠花、白三叶、甜高粱、科多八号等共计 30 多种牧草品种，其中大面积推广的有苜蓿王、金皇后、甜高粱、科多八号饲草玉米等，为舍饲养畜提供饲草。1992~1996 年，人工种草 9. 8 万亩，飞播种草 8000 亩。1997~2005 年，种草 7. 6 万亩。2006~2010 年，种草 2. 8 万亩。

三、林木枝叶

宝塔区域内林木资源分布广，可作为饲料的林木主要有刺槐、榆树、杜梨、山桃、山杏、沙棘、柠条、白刺花、文冠果、荆条等十余种，其青枝、嫩梢、树叶可作为好饲草料，且产量巨大。年均产量约 92150 万千克。

四、农作物

20世纪90年代后，农作物是养殖业所需的主要饲草饲料。宝塔区主要的作物种类有玉米、高粱、糜谷、豆类等，其作为饲草饲料主要分为三个部分：一是以玉米事业类加工为主的精饲料及豆类加工后的豆饼，二是以玉米、糜谷糠皮、豆渣等农副产品加工为主的辅助饲料，三是以玉米、糜谷、豆类等农作物秸秆为主的粗饲料。另外，以青玉米秆青贮后制作及蔬菜下脚料，非商品土豆、南瓜为主的块根块茎多汁饲料也是发展畜牧业重要资源。

第五节　畜牧结构调整

宝塔区畜牧业结构以猪、牛、鸡为主，兼养羊、马、驴、骡、鸭、鹅等。1990年，延安市大家畜存栏43608头（役畜28985头），生猪存栏42588头，羊存栏185886只，出栏24755只，家禽存栏27.6万羽，出栏23.5万羽。全区畜牧业产值达2845万元，占农业总产值17.4%。1999年以前，羊产业是宝塔区畜牧业发展的重中之重，市、区扶贫办、养羊公司采取“羊扶贫，4：6比例提取”的政策，以通过购进绒山羊发放给贫困户，每户50只左右不等，三年后，羊存出栏迅速增加，涌现出一大批依靠扶贫政策致富的典型村、户。据统计1990年羊存栏185886万只，出栏2.48万只，1996年羊存栏28万只，出栏10万只，饲养量创历史新高，1999年因贯彻落实封山禁牧政策，羊存栏45198只，下降近84%。

2000年后，推行舍饲养羊，政府在圈舍建设加工机械、青贮等方面给予扶持办法，羊产业呈现出恢复增长。2002年底羊存栏达57130只，区委、区政府为了农民适应产业调整后充分利用广阔人工草场资源增加收入，一度与山东省安丘兔业公司签订产销合同，引进伊普肉兔1154只。2003年饲养量达5万只，2004年肉兔产业受市场、价格、饲料等波动影响，产业未能做大。2004～2006年，从关中地区购回秦川适繁母牛4056头，确立以养牛为主的畜牧业发展方向。

2007年，区委、区政府《关于大力发展农村主导产业的决定》优惠政策出台后，对重点养殖大户、一村一品、专业规模养殖场以奖代补，优先解决水、电、路等基础设施的优惠政策，对于饲养千头猪、万只鸡、十头牛的给予重点扶持，同时启动村企联合、企业扶贫、个人部分投资等办法建设养殖小区，形成规模化、机械化、标准化、现代化畜牧业，生猪、肉牛、鸡养殖三个骨干种类占畜牧业比例在90%以上。是年，大家畜存栏34844头（役畜16099头），其中牛存栏32386头，出栏12467头；生猪存栏68932头，出栏74668头；羊存栏27567只，出栏11798只。畜牧业产值15136万元，比1990年增长4.3倍。

2010年，建成李渠镇水眼沟、羊圈沟两个养鸡小区，元龙寺乡5个适度规模土鸡养殖专业村建成投产，全区百头以上养猪大户55户，万花山乡高家沟村年出栏1000头养猪场已投入生产，枣园镇刘家河村“公司+农户+基地”的生产模式。年出栏5000头现代化养猪场投入生产。年底，全区累计建成百头以上肉牛育肥场6个，发展10头以上养牛大户159户，建成年出栏3000头以上商品猪示范村5个，年出栏1000头以上育肥专业村 10 个，建成存栏 600 头二元母猪繁育场 3 个，发展百头以上养猪大户 200 多户，1000 头以上 8 户；建成养鸡小区 7 个，散养鸡专业村 11 个，发展 1000 羽以上养鸡大户 150 户，其中 2000 羽以上 25 户，1 万羽以上 8 户，5 万羽以上 1 户。李渠镇治平养鸡场、万花山乡徐寨养猪场经过检查验收，被评定为陕西省省级规模化养殖场。全年肉类总产量 6523.75 吨，禽蛋产量 3207 吨，牛奶产量 2750.3 吨，畜牧业总产值 2.19 亿元，畜牧业人均收入 890 元。

1990~2010 年宝塔区畜牧业肉蛋奶产量统计表

表 7-6-5 单位：万元、吨

年份	总收入	家禽肉	猪肉	羊肉	牛肉	禽蛋	牛奶
1990	1119	54	—	276	104	1095	433
1991	2637	70	1812	348	172	1289	437
1992	1872	80	2172	796	237	1307	455
1993	2187	93	2284	884	241	1351	298
1994	2495	91	2832	1051	318	1495	422
1995	3689	156	5957	1107	326	2012	420
1996	4547	144	5761	1227	352	2292	396
1997	3740	168	5422	1653	419	2306	238
1998	3749	249	6610	1848	380	1507	246
1999	4648	355	6402	1852	523	2082	297
2000	3795	389	6494	345	713	2433	410
2001	3635	482	5960	340	540	2811	458
2002	4521	692	5810	739	684	3184	859
2003	5568	642	5261	1544	754	3723	1520
2004	4419	682	5200	948	999	2859	2466
2005	4279	688	5583	263	1552	2760	2454
2006	4488	696	5376	245	1685	2407	2394
2007	4868	707	5392	189	1916	2703	2405
2008	6119	623	3146	162	1006	2813	2535
2009	8624	701	3740	167	1321	3164	2522
2010	9318	705	4078	219	1273	3207	2750

第六节　畜牧项目建设

1990年以来，由畜牧系统实施较大财政项目6个，项目主要集中在2000年以后。2001～2003年，实施的天然草恢复与建设项目，涉及甘谷驿、蟠龙、梁村3个乡镇，项目总投资921万元（中央财政475万元），种植苜蓿4.5万亩，建设圈舍300个，累计受益5000人。

2002～2003年，实施《陕北苜蓿原种基地建设项目》，涉及麻洞川1个乡镇，项目总投资240万元（中央财政200万元），建设规模1000亩，同时还实施《宝塔区5000亩苜蓿草种植扩繁基地建设项目》，涉及青化砭、临镇、孙台水库等单位和乡镇，项目总投资398.75万元（中央财政261.25万元），建设规模5000亩。由畜牧站负责实施《动物防疫冷链体系建设项目》，项目投资60万元，主要解决疫苗储运难的突出问题。2004～2005年，动物检疫站实施《基层动物检疫监督基础建设项目》，项目总投资80万元，极大地改善动物卫生监督执法水平。

2006～2008年，实施《基层兽医站建设项目》，项目总投资374万元，共维修、扩建、新建成19个基层兽医站（不含柳林站），基层兽医体系建设得到前所未有的加强。乡镇兽医站43人，技术员以上的40人。负责本乡镇的防疫及病情诊断和治疗。村级防疫员143人，30%的通过资格认证。

2009年，区疫控中心化验室经过省审核验收为县级防控合格单位，化验室200平方米，内有疫苗冷库1座和血清检测室、病源检测室、消毒洗涤室、解剖室、接样保管室。主要化验设备有：生物安全柜、显微镜、尸体解冻柜、纯水机、恒温培养箱、疫苗效果检测仪、电子天平、超净工作台、自动菌落计数器、离心机生化培养箱、酶标仪、移液器、冰箱、高压灭菌设备等80台（套），及完整的活水处理系统。

第七节　畜禽疫病防治

一、防疫体系建设

1991～2010年，宝塔区建立区、乡、村三级联动防疫体系，实行政府保密度率百分之百、业务部门保技术防疫率百分之百的双百率免疫工作机制，积累不少可贵的资料，基本掌握了宝塔区畜禽流行种类和发生的原因以及治疗办法。进入20世纪90年代后期，口蹄疫病和布病呈点状时有发生。2003年以来周边国家及地区禽流感疫情蔓延趋势，所养殖的牛、羊、猪、鸡受到危害，影响到畜禽的健康发展。2004年实行动物防疫免费政策，区财政单列60万元，改过去春秋防疫为春、夏、秋、冬四季防疫，实施按季防疫，适时补针，同时由区政府聘用村级防疫员142人。2006年，按照国家推进兽医体制改革的要求，中、省、市、区共同出资对乡镇兽医站进行建设。2008年招聘录用畜牧兽医专业大中专毕业生29人，区、乡、村三级防疫体系已全部建成并运行。至2009年，全区举办8期防疫兽医、黄牛、养猪专业技术培训，920人次参加学习，其中村级防疫员768人次。此外，利用乡镇集市，每年开展春季科学技术下乡活动，发放各种技术资料5000

余份，区、乡、村三级防治体系健全，经费有保障，形成了一支技术力量较强的防疫治病队伍，对全区发展畜牧事业发挥了重要作用。

二、疫情的发生与防治

1984年，在南泥湾镇马坊村首次发现马传染性贫血，在省、市兽医部门的指导下，对南泥湾镇、麻洞川乡504头（匹）进行驴肉细胞狗毒疫苗注射，病情有所控制。

1990~1997年，猪瘟、鸡痘传染病在部分乡村呈点状发生。1998年6月，一名猪商贩从河北省保定市采购回250头活猪在尹家沟屠宰场进行屠宰，发现19头有明显类似口蹄疫病症状，被收回存放冷库，其内脏全部出售，与之一墙之隔的4户养猪户饲养的63头猪监测出26头呈阳性。1998年口蹄疫病蔓延至桥沟、蟠龙、李渠、青化砭等4个乡镇，共扑杀病猪及同群猪86头。

1999年，桥沟、冯庄乡一带发生口蹄疫病奶牛8头，口蹄疫病猪及同群猪151头，被全部扑杀。2003年，甘谷驿镇43头、临镇镇31头、松树林乡5头、李渠镇5头、姚店镇2头、青化砭镇29头、川口乡5头、姚家坡农场9头，共计129头牛发生口蹄疫病被扑杀，同年扑杀枣园镇367头、万花山乡85头、河庄坪镇101头、桥沟镇41头、柳林镇76头、李渠镇23头、姚店镇2头、元龙寺乡21头、麻洞川乡10头、冯庄乡57头，共计扑杀783头口蹄疫病猪及同群猪。1998~2003年口蹄疫病发生共涉及17个乡镇，按国家规定进行扑杀和无害化处理牛129头、猪963头，历年共抽血检测出羊布病236只，奶牛布病8头，全部按规定进行处理。

2009年，重点对全区11个乡镇32个行政村的家畜开展了布病监测，共检测采样2746份，分离血清2705份，其中羊2016份、奶牛531份、黄牛102份、猪56份，对检出的阳性布病奶牛3头、阳性羊5只进行扑杀深埋、圈舍消毒等处理。

2010年，对乡镇三分之二的村组进行抽检、采样1567份，分离血清1510份，实际监测1510份，对检出的阳性布病奶牛2头、羊3只进行扑杀深埋及无害化处理。

附：秦晋两省第44届畜疫联防会议

秦晋两省第44届畜疫联防会议，于2010年12月15~17日在延安市宝塔区召开。陕西省榆林市、延安市、山西省吕梁市的畜牧兽医局局长主管副局长，动物疫病预防控制中心主任，动物卫生监督所所长，吕梁市交城县主管县长，延安市宝塔区主管区长，榆林市绥德县主管县长，榆林、延安、吕梁三市的38县（区）畜牧局局长、分管副局长、动物疫病预防控制中心主任，动物卫生监督所所长200余人参加了会议。宝塔区委、区政府领导出席会议并致辞。吕梁、榆林、延安三市畜牧局局长发表讲话。大会以贯彻落实《中华人民共和国动物防疫法》为主线，以交流协作、联防联控、科学发展为主题，坚持畜疫“预防为主、防重于治”的方针，协同作战，互通情报，共享信息资源。

宝塔区代表秦晋两省畜防委员会作2010年工作报告，总结一年来的工作成绩和防疫难点，提出奋斗目标建议。山西省交城县、榆林市府谷县、延安市子长县作了先进经验介绍。会议通过秦晋两省畜疫联防委员会公约，制订出六章、二十条联防职责及畜疫协作运行办法。会议对2010年联防工作中取得优异成绩的府谷、子长、交城等六县（区）进行表彰奖励。会议期间与会人员参观了革命旧址、王家坪革命纪念馆、李渠镇张兴庄养鸡场。会议闭幕时，由宝塔区人民政府主管区长将会旗、印章和有关材料移交给下一届主任县——山西省交城县人民政府主管县长。会上形成的联防许多共识，对于加强疫病防控通力协作，促进畜禽防疫产生积极作用。

第七章　农业机械

第一节　农机机构

一、宝塔区农机局

1975年8月，延安市、延安县合并改称延安市革命委员会农机局。1976～1993年，延安市农机局下设4个事业单位（科级建制），即农机安全监理站、农业机械化学校、农机公司（事业单位，企业管理）、农机推广站。全区共有24个乡镇农机管理服务站，属股级建制事业单位。此外，还设有农机厂（1990年移交乡镇企业局）。农机局主要负责编制农业机械化发展规划并组织实施，农业机械化服务体系建设，农业机械产品质量的鉴定和农机安全监理；农业机械化科学技术研究，技术推广和农机人员的教育培训；组织机械化农业生产、农田作业质量监督；农业机械维修管理；农业机械化统计和资金、物资的管理、农机新产品的引进等。

1994年4月，政府机构改革，延安市农业机械局改为延安市农业机械总公司，公司的性质和业务和原农机局相同。

1996年8月，根据陕西省人民政府《关于加速发展农业机械化的决定》，市委常委会决定恢复延安市农机局，撤销延安市农业机械总公司。

1996年12月，延安市农机局更名为延安市宝塔区农机局。1998年，宝塔区农机系统有干部职工118人，其中离退休人员29人，专业技术人员23人，24个乡镇农机管理服务站管理人员38人。

二、宝塔区农机技术推广服务中心

2002年8月，宝塔区政府机构改革，将区农机局和区农机推广站合并为宝塔区农机技术推广服务中心，同时将各乡镇农机服务站组建为农业综合服务站。农机局下设单位移交区农业局，农机中心隶属于农业局，区农机中心主要负责农机技术推广，农业机械的引进，农机具补贴发放，指导农业机械组织（户）开展社会化服务，组织农机适用技术培训，农机质量监督和农业机械维修管理，提供农机信息服务。

2010年底，区农机技术推广服务中心编制20人，其中大专以上学历8人，中专学历3人，专业技术人员6人，工程师3人。

第二节　农牧机械

20世纪90年代以来，农村家庭承包责任制改革深入发展，农业生产结构发生重大变化，农民对农业机械的需用量大幅上升。2010年农机总动力分别是1985年的3.71倍，1991年的4.76倍，1995年的4.03倍，2000年的166%，2005年的119.6%。川台坝堤宜耕作面积80%以上实现机械化，基本农田90%实现机械化或半机械化，农村农田作业运送肥料、拉运果实基本实现机械化。畜牧机械在规模养殖企业、畜牧大户饲草饲料加工中使用率95%以上。

农用运输机械除在农田作业外，还进入城市的铁路、公路、物流等行业，成为一支强有力的材料运输力量。农用运输机械数量1995年比1990年增长55.8%，2000年比1990年增长3.47倍。其他农业机械由1990年末的4015件分别上升到1994年末的5751件，1998年的11841件，2005年的16517件，2010年的18993件。

2010年，全区共有农机械化服务组织7610个，从业人数7699人（农机中心20人），自营农机户7319户，拥有拖拉机2560户，农用运输车4759户。农业机械共有农田耕作类的推土机、轮式拖拉机、小四轮拖拉机、手扶拖拉机；排灌类的农用灌溉拖拉机、柴油机、电动机、水泵；农产品加工类的粉碎机、磨石机、碾米机、榨油机、制粉机、乳制品加工机；作物收获类的玉米收割机、机动脱粒机、种子精选机；运输类的农用载重车、农运柴油车、农运三轮车；畜牧类的饲料粉碎机、铡草机、机动挤奶机；植保类的机动喷雾（粉）器、人力机动喷雾（粉）器等7个类别数十种。农业机械配套机具有播种机、山地微型犁耕机、地膜覆盖机、农田铺膜机等。

截至2010年底，宝塔区农业机械中有大中型拖拉机3117台，配套农机具345台（套），小四轮拖拉机2442台，农用运输车4818辆，手扶拖拉机905台，柴油机151台，电动机2688台，薯类播种收获机械23台（套），饲料加工机械（大、中、小型）1550台，大型玉米收获机3台，机动、人力喷雾（粉）器7800台，挤奶机90台。

第三节　农机推广

1990年，推广上海泰山东风-50推土机47台，各种小型拖拉机245台，配套农机具312套（件）。排灌、运输、畜牧、植保、农产品加工机械1328台（件）。

1992年，全市共有大中型拖拉机194台，小型拖拉机1625台，其他农机具280台（件），全年农机销售367.8万元。

1996年以来，实施粮食自给工程项目，国家与农民投资各占50%，总投资264万元，生产推广双行条播机1500台，引进推广CEQ-A型根注器（追肥枪）1000把、“小公牛”山地微型犁耕机4台、2BFM-7型小麦覆盖膜穴播机2台、玉米地膜穴播机6台、2BM-1/2型畜力小麦地膜覆盖播种机10台，推广畜力开沟器2500台、新型农具1920件、2BFM-2/4型机引小麦地膜覆盖机2台、新型铺膜机40台，生产并推广开沟犁20台、起垄器4000个、山地步犁1980部、田间作业配套机具1350件。

1998 年，大中型拖拉机 307 台，比 1990 年增加 154 台，增长 100.5%。机修宽幅农田 52000 亩，农机经营收入 4100 万元。机耕、机播面积、机械开沟分别比 1990 年增长了 74.4%、50.2%、48.7%，农机化综合水平显著提高。

1998 年，成立宝塔区农机统筹统调服务队，购置 802 推土机 10 台、东 70 型推土机 3 台、铁牛-55 型拖拉机 1 台。

1999 年，购置东-70Q 型推土机 18 台，农机服务队开展主要业务有：机翻、机播、平整土地、打坝造地、机械租赁、新技术推广和农机技术咨询。服务队有加油站 1 个、推土机 20 台、铁牛-55 型拖拉机 1 台、小四轮拖拉机 1 台、山地微型耕作机 3 台、小麦地膜播种机 14 台和双行条播机、开沟器、追肥机等小型农机具 189 台（件）。

2003 年，投资 18 万元购置拖拉机及配套 3 台，提高农田作业机械化。

2004~2005 年，实施省级农机购置补贴项目——陕北草业开发和饲草加工机械化项目。

2008 年，引进推广先进适用机具 900 台（套），其中小四轮拖拉机 28 台，配套铧式犁、旋耕机 36 部、微型耕作机 180 台、秸秆揉搓机 559 台、播种机 4 台、手扶拖拉机 149 台。

2010 年，推广先进适用机具 1118 台（套），其中四轮拖拉机 48 台，配套农机具 61 台，手扶拖拉机 247 台，饲草加工机械 16 台，大棚卷帘机 170 台，诱虫灯 100 台，农业机械拥有量 12376 台（件）。

第四节　农机技术培训

农机学校重点培训农机管理人员、技术人员和农业机械操作人员。每期时间 10~20 天，学习内容为机械构造原理、机务规章、操作技能、田间作业、排除故障等。培训结束进行考试，合格者发放驾驶证和操作证，不合格者下次参加培训。1990 年，培训农机人员 696 人，其中拖拉机驾驶员 576 人，农用车驾驶员 120 人。

1995 年，培训农机人员 1453 人，其中拖拉机驾驶员 765 人、农用车司机 215 人、内燃机手 61 人、汽车司机 193 人、农机技术人员 51 人、农机修理人员 168 人。1996~2005 年，全区共举办各种技术培训班 258 期，参加学员 6760 人次，其中驾驶员 5848 人、农机管理人员 86 人。

2006~2010 年，举办农机人员培训班 70 期，学员 3380 人，其中农机技术人员 806 人、农机监理人员 106 人。其中，2004~2008 年培训畜牧业机械操作员 1393 人，微型耕作机操作人员 199 人。2007 年，培训农机维修人员 93 人。2008 年，培训农机技术人员 103 次，参加学员 1300 人次，印发宣传资料 2000 份，举办农机具技术使用现场演示会 12 次，培训农民 1586 人。2010 年，专项培训农机、畜牧、运输、植保等 116 次，培训学员 1296 人次，举办现场演示会 10 次，培训农民 1598 人，印发宣传资料 1 万份。

第五节　经营管理

一、经营

20世纪90年代，农机化进入集体、联户、个体多种经营形式并存的新阶段。集体农机具实行承包与租赁形式经营。联户农机所有者，从事农田、其他作业项目收入除去费用，进行分配。个体农机户采用自选作业项目。

1994年，农业机械走向市场化，形成以农户为重点、多种作业发展的趋势，农机户生产按市场价格作业，油料以市场价格购买，不再享受平价农用柴油补贴。区农机统筹统调服务队实行项目承包，农机人员定额工资制的经营形式。从事农田作业，打坝造地，平整土地，以面积、以土方量计算作业收取费用。服务队1999年有推土机、拖拉机32台，固定资产360万元，从业人员86人，全年收入234万元，实现利润70万元。

1999年，修建姚店镇杨家砭农机综合服务站，从事加油、农机维修等。2000年建成杨家砭、东二十里铺加油站，为全区农业机械提供各种农用油料，年供油量达800吨。1996~2000年农机年平均收入3790.6万元，2005年6227.38万元，2010年9216万元。

1990~2010年宝塔区农机收入统计表

表7-7-1　　单位：万元

年份	金额	年份	金额
1990	1173	2001	4936
1991	1192	2002	4019
1992	2761	2003	4898
1993	2983	2004	6227
1994	3349	2005	6227.38
1995	3268	2006	6985
1996	3486	2007	8238
1997	2967	2008	8870
1998	3756	2009	9215
1999	4436	2010	9216
2000	4308		

二、管理

（一）机务管理

20世纪90年代后，建立三级管理监督机制，对农机具进行统计，建立台账，每年进行审验检查，对带病机具进行检修，对超服役期的进行封存、改装或报废处理。2009

年进行审验的农机具完好率占85.6%，同时封存或报废带病不能继续使用的农机具50台（件）。

（二）农机具维修

1990年，延安市定级农机维修网点27个、修理人员67人，其中二级修理点2个、10人，三级修理点25个、57人。1998年修理网点82个、修理点人员165人。2000年后，全区修理业发展迅猛，2010年农机具修理网点108个，从事农用汽车修理、小型三轮农用车等农机具维修业务。

第六节 农机效益

1990年，全市机械耕作面积105400亩，玉米机播面积58000亩、高粱3000亩、谷子10500亩、小麦15000亩。提高单位面积产量15%~20%。1996年采用追肥枪深施化肥，化肥利用率由传统表施的28%~30%提高到40%，平均每亩增产粮食16%。2002年，大棚蔬菜采用小型手扶拖拉机进行深耕松土地和开沟，比人工提高工效10倍，比畜力提高工效6倍。果园机械增加，耕地、修剪防虫等使用机械化程度高，节省了人力资源，效益显著。

1999~2007年，平整土地16500亩，其中1999年机械平整土地2600亩，亩平整地价800~1000元，总收入247万元，每亩增粮75千克，共增产粮食19500千克。饲草加工用P3ZP-6型和9RC-1型铡草机，铡草比人工提高工效10倍，饲草利用率提高85%，机械修返坡梯田提高工效15倍，一台机械相当15个人工作业量。

2008年，全区机修基本农田1.8万亩，机械加工各种饲草50.35万吨、青豆42.2万吨。2009年机修基本农田4100亩。2010年机修基本农田4100亩，加工各种饲草25.54万吨、青豆21万吨。

1990~2010年宝塔区农业机械作业情况统计表

表7-7-2

年份	机耕面积（亩）	机播面积（亩）	农用柴油（吨）	年份	机耕面积（亩）	机播面积（亩）	农用柴油（吨）
1990	105400	86900	1028	2001	151794	64644	4145
1991	101300	66600	1137	2002	86130	56355	3033
1992	109600	70300	1254	2003	79830	35370	3569
1993	107160	58186	1489	2004	81045	31920	3562
1994	118350	59640	1693	2005	86460	40356	3954
1995	131940	81990	1720	2006	102120	32295	4554
1996	130005	63000	2182	2007	105570	30015	4674
1997	133500	60000	3497	2008	90589	37455	4760

续表

年份	机耕面积（亩）	机播面积（亩）	农用柴油（吨）	年份	机耕面积（亩）	机播面积（亩）	农用柴油（吨）
1998	141000	61500	3830	2009	104550	37725	5903
1999	143700	80100	4929	2010	105045	42300	5589.3
2000	147750	81000	4010				

1990～2003 年宝塔区农业机械动力统计表

表 7-7-3　　单位：千瓦

年份	农业机械总动力	耕作机械	排灌机械	收获机械	农产品加工机械	运输机械	植保机械	其他机械
1990	39175	23215	1900	65	4852	9118	25	—
1991	43130	24498	2338	—	7030	9162	98	—
1992	46231	26703	1852	—	5180	12433	153	—
1993	42499	21117	2172	—	3314	9907	238	5751
1994	45812	21360	2172	941	3314	11320	954	5751
1995	48663	22265	2172	954	3314	14207	954	5751
1996	51797	23215	1668	—	4880	14947	780	7009
1997	66920	31114	1724	—	4880	8179	78	20927
1998	72593	40667	2024	—	6598	11385	78	11841
1999	80711	28529	2434	—	7062	28076	93	14517
2000	88782	31187	2678	—	7768	31681	102	15366
2001	92479	32169	2958	—	8176	32610	169	16397
2002	99767	35100	3148	—	—	46368	—	15151
2003	108976	34121	3551	—	—	55653	—	15651

2004～2010 年宝塔区农业机械动力统计表

表 7-7-4　　单位：千瓦

年份	农业机械总动力	柴油机动力	汽油机动力	电动机动力
2004	116884	108430	105	8349
2005	123229	113485	115	9629
2006	130478	117569	152	12757

续表

年份	农业机械总动力	柴油机动力	汽油机动力	电动机动力
2007	132748	120806	191	11751
2008	140695	127230	191	13274
2009	144674	129166	191	15317
2010	147419	131984	191	15244

第八章　生态农业建设

第一节　综合措施

1984～1994 年，枣园镇庙沟村退耕 7000 亩，栽植用材林 3800 亩、经济林 3000 亩，人均林果面积 13.4 亩，其中经济林 6.6 亩，用材林、经济林分别是 1984 年的 15.2 倍和 16.8 倍。耕地面积 1800 亩，仅为 1984 年的 1/4，粮食总产 26 万千克，果品产量 100 万千克，经济收入 210 万元，人均 4100 元，全村储蓄额达 30 多万元，有 390 孔新窑，95%的家庭喜迁新居，全村共有 97 台电视机、4 台推土机、8 台拖拉机。其中，1990 年延安市委、区政府推广庙沟村生态农业建设典型经验，作出建设 62 个庙沟村的决定；1991 年中共延安市委、延安市人民政府制定《生态农业建设总体规划》五年治理荒山、十年绿化全区的依山致富、兴果抓牧、荒坡种草、沟壑造田生态农业工程，退耕 77 万亩，陡坡地上开垦农田 100 万亩，造人工林 100 万亩，种草 100 万亩，建成以苹果为主的水果生产基地 50 万亩。1993 年农业生态村 220 个。

1994 年 11 月 19 日，延安市颁布农村集体土地产权制度改革的实施办法，共 7 项 47 条，对集体土地产权制度改革的政策作出详细规定。同时，坚持了规模治理，打破乡村行政区划界线，集中连片、大平大整、全面治理、综合治理配套。以一个流域作为一个完整的单元，沟、坡、塬、峁、梁综合治理，林、果、菜、粮、草全面开发。点、带、网、体配套组合，山、水、田、林、路一步到位的治理。

1996 年，建成万亩以上流域治理区 72 个，其中枣园流域，由枣园、万花山、桥沟 3 个乡镇组合，总面积 73 平方千米，治理面积 41.45 平方千米，集中 6 次 3 个乡镇大会战，共投工 30 万个，新修基本农田 9440 亩，新建果园 15410 亩，造林 31530 亩，种草 5800 亩，全流域治理程度 70%。全区建成生态农业典型乡（镇）6 个，小康村 220 个，其中省级11个、市级23个。

1997年，宝塔区生态农业建设完成植树造林5万亩。其中，经济林1.4万亩，新修基本农田6050亩，种草1.24万亩。新建淤地坝30座。1998年，完成植树造林11.6万亩。其中，经济林4.2万亩，新增基本农田2.19万亩，种草2.04万亩，新建淤地坝16座，治理流域面积37.48平方千米。1999年，延安市宝塔区委、区人民政府制定《关于封山育林草保护生态建设成果的决定》《关于开展封山禁牧舍饲养羊工作的通知》《关于退田还林封山绿化的政策规定》《关于实施天然林保护的决定》等，当年完成造林6.9万亩，新修基本农田1.24万亩，种草2.3万亩。同时在姚店镇开展封山禁牧、舍饲养羊试点，对已建成的飞马河等4个生态农业示范区实施监督和管理，实行区、乡（镇）、村（组）按地权管护责任制。2002年，完成造林57597.4亩，其中乔木林54860亩，经济林2865.9亩。种草1647亩，新增流域治理面积39.94平方千米。2003年完成造林7993.5亩，其中乔木林6562.5亩，灌木林1431亩，天然草场封育28621.8亩，新修基本农田3143.3亩，完成骨干（坝）1座，淤地坝3座，水窖19处。设施养殖畜棚43694.78平方米。2005年，完成植树造林21095亩，新修基本农田8050亩，新建淤地坝3座，流域面积24.75平方千米，人工种草4000亩。2008年，完成造林145000亩，新修基本农田12005亩，建成淤地坝4座，治理流域面积17.24平方千米。

2010年，完成植树造林23458亩，新修基本农田4500亩。实施柳林镇新茂台村、枣园镇川口村、万花山乡贺沟村、冯庄乡白坪村“三化一片林”绿色家园建设，栽植各种乔木、灌木林5.6万株。宝塔区马四川流域、麻庄流域、张天河流域被命名为市级退耕还林精品流域，王家沟村、井家湾村、康坪村被命名为市级生态文化村。

第二节　示范区建设

1991~1995年，新修基本农田15.9万亩，累计面积34.9万亩，人均1.78亩，退耕72万亩，造林88.2万亩，种草58万亩。

1991~1997年，建成6个农业生态示范区，涉及11个乡镇、88个行政村，新增基本农田21208亩，新建淤地坝25座。河庄坪镇芦草湾流域连片治理1.7万亩，三年规划一年完成，卧虎湾村实行的户均千株杨、百株柳、百株果。蟠龙镇王家沟流域一个秋冬治理面积1万亩。柳林镇1990~1994年造林10.3万亩，其中经济林3.1万亩、人均2.5亩，建成绿色长廊工程示范区。经济总收入6558万元，人均纯收入1365元，成为延安市钱粮“双过千”的乡镇之一。下坪乡种草5.8万亩，其中千亩以上草场10个，500亩以上6个，朱塔湾村王明金一户种草1500亩，其中甘草200亩、牛夕26亩。丁庄乡建成5.1万亩牧草基地，其中郭家沟、新庄科、西河沟等7个行政村一条草带达1.2万亩。

1997年，全区建成10个生态农业典型村，经济强村110个，生态村280个，占行政村总数的48%，其中人均纯收入2000元以上的村146个，果树面积30亩以上的大户788户，农林牧等各类专业户3528户。全区完成流域综合治理工程折算资金7.5亿元，区财政1000多万元，利用世行贷款及上级各项专款2000多万元，几项合计的投入占总额的4%，其余均由群众自筹资金或投劳解决。

一、飞马河生态示范区

位于柳林乡，是西延线进入宝塔区的南大门，南北长15千米，东西宽3.7千米，总面积55.6平方千米。示范区涉及飞马河、三十里铺、高坡等18个行政村，1200户、5100人。1993~1995年，示范区集中全乡51个行政村的劳力开展大会战，共投资240万元，投工45万个，完成治理面积累计30.6平方千米，治理程度达65%。基本农田1700亩，经济林1.2万亩，用材林6000亩，种草1200亩，修环山公路40千米、乡村道路20千米，建引水上山高抽站3处。

二、枣花生态农业示范区

位于延安市城郊，由枣园、万花山、桥沟3个乡、33个行政村组合，1827户、7956人，总面积73平方千米。项目实施前，治理程度为13.2%，人均农田0.4亩，人均果园0.7亩，人均占有林草面积0.8亩，人均产粮300千克，人均纯收入400元。示范区被列为延河流域世行贷款重点治理区，1994年完成治理面积41.45平方千米。其中，基本农田9440亩，果园15410亩，造林31530亩，人工种草5800亩，建成淤地坝17座，修生产道路151.5千米，累计完成治理面积51.1平方千米，治理程度70%。集中3个乡的3000名劳力、48台机械，打破乡村界限，集中会战与常年治理结合、人机结合的办法，联乡、联村会战。1996年完成桥沟乡凤凰流域23.5平方千米的治理。示范区人均产粮680千克，人均纯收入1450元。

三、贺沟口生态示范区

位于万花山乡，包括9个行政村，568户、2282人，流域面积16.02平方千米，其中水土流失面积14.65平方千米。1995年列为延河流域水土保持世行贷款项目重点治理区，完成水土流失治理面积7.07平方千米，其中基本农田2505亩，造林3800亩，建果园3100亩，种草1200亩，建成淤地坝3座。1996年示范区为国家首批山区综合开发示范点，每亩基本农田解决专项贷款200元，共投资200万元，投劳6.9万个。

四、四岔铺生态农业示范区

四岔铺生态农业示范区内有四岔铺、吴枣园等8个行政村，385户、1750人，总面积26.02平方千米，其中水土流失面积17.26平方千米，延安市确定的第二批治理水土流失、建设生态农业重点示范区，1995年投劳83万个，投资120万元，治理面积13200亩，其中基本农田1830亩，人均1亩，造林7080亩，果园3600亩，修环山生产道路20千米，治理程度78.32%。1996年新修基本农田采用科学种田丰产技术，谷子平均亩产350千克，玉米平均亩产450千克，洋芋平均亩产2000千克。

1994年宝塔区生态农业典型村完成主要指标统计表

表7-8-1

乡镇	村名	退耕（亩）	林果（牧）（亩）	人均产粮（千克）	总收入（万元）	人均收入（元）
枣园	庙沟	5700	3800	500	210	4100
	枣园	1300	1182	498	132.06	2200
蟠龙	张山疙台	—	501	400	90.7	2500

续表

乡镇	村名	退耕（亩）	林果（牧）（亩）	人均产粮（千克）	总收入（万元）	人均收入（元）
临镇	任家塬	2600	1200	582	120.92	2341
李渠	登高峁	600	600	1050	47	2000
柳林	石头沟	300	473	400	21.45	1500
	飞马河	1000	1420	500	110	3000
南泥湾	桃宝峪	2200	2715	550	60	2262
河庄坪	余家沟	1821	2714	515	63	1500
川口	百峁	1150	600	500	60	3000

第三节　生态农业实施效益

1990 年以来，延安市实施生态农业工程建设，农村产业结构得到重大调整，种植业与林牧副渔杂的比例 60.5：39.5，1996 年调整到 45：55。全区以苹果为龙头，“果、菜、羊、薯”四大主导产业的农业商品产值占农业总产值的比重由 1990 年的 39%上升到 58.9%，增长 19.9 个百分点。畜牧业中的大家畜 1989 年末存栏 3.8 万头，1997 年末存栏 5.67 万头，增加 1.87 万头；羊 1989 年末存栏 12.8 万只，1996 年存栏 28.5 万只，增加 15.7 万只，年出栏 10 万只，产值 3000 万元；生猪 1989 年存栏 3.8 万头，1996 年末存栏 6.89 万头，增加 3.09 万头；家禽 1989 年末存栏 28.6 万羽，1996 年末存栏 55.19 万羽，增加 26.59 万羽，畜牧业商品产值与粮、果、蔬产业比例上升。

生态农业工程建设促进八个生态农业转变，即由过去的两杨（杨树、洋槐）挂帅，转变为以经济林为主，突出苹果基地建设；由过去的荒地造林为主，转变为荒山和耕地并举，突出以退坡耕地为主；由过去的造林以生态效益为主，转变为三大效益并重，突出以工程措施为先；由过去的以生物措施为主，转变为生物措施和工程措施并重，突出以工程措施为主；由过去单一植树造林为主，转变为山水田林路草综合治理，突出整体效益；由过去小打小闹、零星栽植，转变为大规模、集中连片治理，突出创流域治理；由过去的抓典型、搞会战为主，转变为点面结合，突出以林自战；由过去的以造林为主，转变为造林管护相结合，突出管护。

实施生态农业工程效益。1994 年粮食产量 9.8 万吨，农村人均 508 千克，比 1990 年增长 20%；果品总产量 3000 万千克，比 1990 年增长 3 倍；全市畜禽总量达 57.6 万头（只），较 1989 年增长 19.8%，其中羊存栏数由 1985 年的 5.8 万只，增长到 25 万只；大棚菜面积增加，1994 年达 1568 棚；流域治理面积增加，其中万亩以上流域治理点 30 多个，流域治理程度 1990 年为 34.9%，1995 年 47.9%；人工草场面积 1994 年 32 万亩，其中集中连片上万亩人工草场 10 个；森林覆盖面积增加，新造林 52 万亩，果树面积 41 万亩，农村人均 2 亩；农村通电、通路村，生产道路增加，通电率由 73%上升到 94%，通路率由75%上升到92%，农村山上生产路达1000万千米；乡镇企业产值增加，1994年总产值2.4亿元；农民收入1994年918元，比1990年增长12%；生态环境趋于稳定，森林覆盖率提高，空气相对湿度上升12%。旱、涝、雹及极端气候灾害下降，区内小气候开始改善。

1996年后，随着生态农业建设的推进，山坡地退耕面积逐年扩大，基本农田建设加快，植树造林、人工种草面积增加，科学种田技术提高，多种经营意识形成。1999年，粮食总产量达到10.29万吨，比1990年的8.33万吨增加1.96万吨，农业总产值28195万元，比1990年的13936万元增加14259万元，增长率达50.57%。农业经济种植业收入18936万元，比1990年6919万元增长1.74倍；养殖业4689万元，比1990年1127万元增长3.16倍；工副业9102万元，比1990年4903万元增长85.64%；服务业4562万元，比1990年786万元增长4.8倍。2005年，粮食总产达94336吨，比2000年增加8275吨，增长率达9.62%，农业总产值54575万元，比2000年28100万元增长94.21%，农村农民人均纯收入2105.49元，比2000年的1516元增加589.49元，增长率38.9%。

2010年，全区农业总产值134951万元，较2005年增长1.47倍，苹果总产值57600万元，比2005年20464万元增长1.81倍，粮食作物、经济作物比例为46.26∶53.74，农民可支配收入达到5051元，比2005年增长1.39倍。通过生态农业建设，生态环境呈现森林植被覆盖率提高，降水量逐年增加，黄土地逐渐变绿，河流逐渐变清的趋势。

第九章　农业综合开发

第一节　农综机构

1981年，延安市农业委员会成立，正科级建制，县政府农业综合职能部门，主要负责全市农林牧水和农机及其农业综合开发的协调工作。1994年，延安市农业委员会更名延安市农林牧局。1996年12月，更名为宝塔区农林牧局。1997年11月，延安市老区扶贫办公室更名老区扶贫开发办公室。1998年，延安市宝塔区农业委员会恢复，撤销延安市宝塔区农林牧局。

2002年10月，政府机构改革，宝塔区农业委员会和宝塔区老区扶贫开发办公室合并，成立宝塔区农业综合开发办公室，保留扶贫开发办公室牌子，实行两块牌子、一套机构，内设宝塔区扶贫经济合作社和扶贫开发服务中心，有职工35人。

2010年12月，宝塔区农业综合开发办公室更名为宝塔区农业综合开发局（宝塔区扶贫开发局），实行两块牌子、一套机构。主要负责农业综合开发、扶贫开发的编制，中长期年度、项目开发评估、论证和申报，资金使用管理和农村劳动力技能培训等。协调社会扶贫互助资金协会的管理。

第二节　综合开发项目

1985~1990 年，延安市调整农业结构，改变单一种粮食习惯，实行梯田种粮食、缓坡种林果、陡坡种草木，宜粮则粮、宜林则林、宜果则果、宜草则草、宜菜则菜，增加经济作物，农林牧副渔多种经营全面发展。农业与多种经营比例，1990 年为 60.5∶39.5，农业商品产值占农业总产值比重由 1985 年 29%上升到 39%，增长 10 个百分点。1994 年农业综合开发首次实行项目申报制度，农业羊、果、烟、薯四大主导产业有项目 12 个，农业技术推广应用 12 个，乡镇企业 13 个，经济实体 3 个，新建、扩建、技改 5 个。

1991 年，林果基地建设新栽 5940 亩，补植苹果 1 万亩，建成优质丰产示范样板园 1.86 万亩，优质丰产示范园 10 万亩，推广幼树覆盖、复剪拉枝、改土施肥、防虫灭鼠等 6 项技术，面积 0.96 万亩，引进新乔纳金、北斗、王林等苹果优良品种 6 个，巨峰系黑奥林、先峰等葡萄优良品种，分别在枣元乡莫家湾、侯家沟等村新建良种葡萄园 100 亩。畜牧业生产重点推广“四改、六定”饲养管理技术和人工授精、胚胎移植改良品种技术，改良白绒山羊 5.5 万只，建成南泥湾、麻洞川等 5 个乡镇和市种羊场 11 个安哥拉山羊改良人工授精站，改良安哥拉山羊 8100 只，利用胚胎移植技术改良 77 头。水利水保开发建成项目有：新建成小型水利工程 6 处、新建恢复抽水站 13 个、人畜饮水工程 9 处；建立农业服务体系，官庄、临镇、柳林、蟠龙等 11 个乡镇成立园艺站，为农民提供果树、瓜果技术服务和农科知识培训。引进和推广优良品种有：农大 60 玉米、晋汾七号谷子、407 小麦、四倍体荞麦、中绿一号绿豆、乌蒙马铃薯 684、中甘 11 号、西红柿早丰、晋菜 3 号、郑杂 5 号、新红宝等 30 多个，玉米良种化率达 97%，谷子、荞麦良种率 96%以上，甘蓝、番茄、黄瓜、大白菜、葫芦等主要蔬菜普遍实现杂交一代化。

1995 年，农业综合开发项目坚持山、水、田、林、路、草综合治理，生物、工程技术一齐上，经济、生态、社会三大效益一齐抓的开发原则，粮食生产上政府作出《关于主要农作物实行科学种田的决定》，玉米、马铃薯（洋芋）、谷子、豆类四大骨干农作物实行大垄沟种植，推广面积 46.1 万亩，占农作物播种总面积的 73.8%，山坡地玉米比同地类增产 30%，山坡地谷子亩增产 40 千克，马铃薯亩增产 500 千克。农田水利工程，新修农田 3.58 万亩，较上年增长 18%；兴建加固淤地坝 5 座，淤地 755 亩；完成延河改道整治维修 1000 米，保护耕地 500 亩。幸福渠、延惠渠、汾川渠三大灌溉区扩建、改造、维修渠道分别为 1500 米、550 米和 100 米，扩大灌溉 1 万亩，投资 82.5 万元。延河流域被世界银行确定为综合治理项目区，项目分布在全市 14 个乡镇、271 个行政村、人口 8 万多人，新修农田 1.65 万亩，建淤地坝 28 座，治理水土流失面积 106.9 平方千米，人工造林 9.51 万亩（经济林 2.53 万亩），人工种草 5.17 万亩。建成优质果园 10 万亩，果品产量 3172 万千克，产值 6345 万元。建立科技示范园，引进安丘蜜桃、日本油桃、藤稔葡萄、矮化果树等优良品种。畜牧业养殖大户4000户，养猪养鸡联养专业村1个。1996年末建成百头猪场69个，50头以上猪场100个，15头以上猪场177个。羊改良白绒山羊8万只，安哥拉山羊2万只。农产品加工厂120个，年加工洋芋1万多吨，饲料加工厂104个，年加工各类饲料2万吨。农村电力建设有乡镇8个，行政村51个，自然村65个，完成通电里程134.4千米。建成蔬菜大棚443棚（254.4亩），小弓棚452棚，全市蔬菜面积3万亩，年产5.5万吨。乡村企业66个，实行股份制有37个（乡办10个、村办27个），股金总额54.7万元，年收入403.3万元，创收174.5万元。新修、改造乡村道路1598.3千米，新修桥涵1600多座。建成小康村84个，小康村总数增加到146个，占全市行政村的25%，被延安地委行署命名为地级“小康示范村”16个，省委、省政府命名为省级“小康示范村”有7个。

1997年，农业综合开发项目列入国家级项目。2002年，完成农业综合开发元龙寺乡桃屯村流域区项目，营造水土保持林4520.2亩，人工种草2512亩，建骨干坝、淤地坝9座，台阶坝157座，抽灌站2座，土壤改良1.4万亩次，坡改梯田908亩，良种繁育500亩，机耕路30千米，示范推广农作物3项，面积2000亩次，培训农民4200人次。项目区水利工程措施完成投资371万元，占总投资的86.48%；林业完成投资49.5万元，占计划投资的159.68%；牧业措施完成投资38.5万元，占计划投资的110%；农业完成投资79.12万元，占89.9%；农业科技推广完成投资18万元。项目总投入556.14万元。

2003年，宝塔区农业综合项目有：新建和加固骨干坝、中小淤地坝5座，建设排灌站6座、渠系建筑30座；衬砌渠道6千米，埋设管道15千米，配备喷灌设备10台（套）；新打机井20眼，机耕道路20千米；造林2600亩，新增基本农田500亩，种草500亩；兴建沼气池22座。完成投资491.98万元（财政资金381万元）。元龙寺乡郝家河村新修基本农田365亩。打机井6眼，配套专用化肥2吨，农村文化建设等投入资金65万元。

2008年，麻洞川乡小园峁、刘台、砖庙、雪水湾等流域农业综合开发项目有4个：营造水保林3000亩，经济林600亩，种草500亩；改良土壤2000亩，新修淤地坝2座、台阶坝50座，新打机井7眼，开挖疏浚渠道13千米，坡改梯和平整土地1600亩，修机耕路8千米；培训农民3000人次，农业示范推广3项2000亩。流域开发总面积11.2平方千米。新农村建设：小园峁新修平板房44间、窑洞19孔、配套围墙25户、圈舍25户、厕所25户，硬化道路385米，建广场1座，新修基本农田300亩，栽植果树100亩。

2009年，麻洞川乡岳屯流域农业综合开发项目建成淤地坝2座、台阶坝100座、新打机电井5眼、配套低压输变电线路4千米、开挖疏浚渠道8千米、生产道路15千米、坡改梯2500亩、改良土壤2000亩、营造水土保持林5000亩。项目区有岳屯、金屯、雪水湾、黑龙沟等村4个，完成治理9000亩，总投资891万元（财政投资668万元）。技术培训2500人次，试验示范推广2000亩。

2010年，麻洞川金屯流域农业综合项目建成淤地坝2座、台阶坝50座；新打机电井5眼、坡改梯2000亩、土壤改良4000亩；营造水保林2000亩、经济林1000亩、培训农民3000人次，示范推广500亩。至2010年底，全区实施农业生态工程项目7期、中低产田改造项目9期、治理水土流失面积17.4万亩、修基本农田2.75万亩，完成坡改梯1.9万亩、建骨干坝3座、淤地坝40座、修台阶坝845座、治地0.84万亩、打机电井224眼、建抽灌站17座、衬砌渠道79.6千米、维修渠道7千米、造林5.59万亩、种草1.1万亩、修沼气池560座、改良土壤12.5万亩、修机耕路249千米、培训农民6.77万人次、示范推广5.77万亩。中央国拨农业建设资金60万元（农业部2万元），市财政4万元；以工代赈工程项目：国家150万元，省、地、市配套85万元，群众投劳筹资120万元；世界银行项目资金150万元，市财政配套70万元，群众筹资630万元，项目总投资850万元。各级银行发放支农贷款1400万元，市农经站发放支农贷款900万元。

附：南泥湾高效农业示范区

1995年，“南泥湾高效农业示范区”以羊、肉牛、名优杂豆、马铃薯、大棚菜、优质水稻等产业开发为重点建立示范点，抓好主体技术，引进推广优良品种试验示范，形成主导产业开发规模效益趋势。示范区涉及南泥湾、麻洞川、松树林、临镇、官庄等乡镇5个，8737户、34521人。

南泥湾示范区五乡镇采用“早播、大垄沟技术”，种植玉米2.5万亩，高产玉米试验500亩，平均亩施农家肥1000~2500千克，碳铵125千克、过磷酸钙100千克、尿素10千克，平均亩产650千克以上；麻洞川乡高产玉米试验120亩，平均亩产800千克。示范区麻洞川乡北姚家坡村示范点，引进大豆新品种试验，参试品种有：日本超巨丰、千斤黄、美国D-90和灵珍一号等4个，分别从武汉市和山西省引进，品种属高油高蛋白品系，试验结果D-90和千斤黄，农艺性状表现良好、生育期适宜、抗寒抗病虫能力均较强，亩产分别达243千克、295千克，日本超巨丰和灵珍一号生育期较长，不宜在本示范区推广种植。春油菜参试品种有：春杂一号、春杂二号，材料来源于陕西省农科院特作研究所，属适宜高寒干旱地区种植，甘蓝型杂交油菜品系，生育期均为134天左右，通过示范试验，两个春油菜品种在示范区种植农艺性状良好，亩产在58~83千克，适合种植。花生新品种冀花一号在旱川台地上种植试验，亩产160千克，亩产值达638元。南泥湾马坊村建立水稻高产试验示范基地，种植水稻300亩，总产135.6吨，平均亩产452千克，较1994年亩增产10.8%。示范区推广种植辽豆4号大豆13100亩、巨丰一号5900亩、津引一品红小豆11720亩，推广良种玉米11.8万千克，购买化肥3740吨、农地膜38.7吨，投资355万元。陕西省黄土研究所和延安地区农技站技术干部在示范区进行技术培训、技术指导，示范区的科技含量显著提高。

示范区五乡镇粮食总产18518吨，较上年增加2.3%，总产值6615.9万元；羊、牛、豆、薯、菜、稻等六项产值3613.9万元，占农业总收入54.6%；人均纯收入达1354.6元，较上年增加317.6元。

第三节　扶贫开发

1978年11月6日，中共陕西省委决定，为落实中共中央关于抓好老革命根据地建设的指示，加强对陕北的建设，成立陕北革命建设委员会，王任重任主任，委员会下设办公室，驻绥德县。1979年3月3日，陕北革命建设委员会第一次会议在西安召开，确定委员会性质、任务和组织机构，制定1978~1985年陕北农业生产建设规划，贯彻党在农村的各项政策，执行"农林牧并举"和"改广种薄收为少种高产多收"建设方针，争取实现陕北老革命根据地"三年小变、八年大变、二十年内根本改变面貌"的建设蓝图。省委确定，陕北革命建设委员会担负代表省委、省革命委员会领导延安地区、榆林地区、铜川市耀县、咸阳地区彬县、淳化、旬邑等革命根据地经济建设任务。1979~1988年扶贫乡镇19个，扶持贫困户5700户，种植业户4811户，养殖业户517户，开矿业16户，加工业、运输业、商业等356户，兴办经济实体4个，脱贫户2863户，占贫困户35.8%。其中，1985年底延安市有贫困乡镇15个，占乡镇总数62.5%，贫困户22800户，占农业总户数57.2%，贫困人口97900人，占农业人口55.8%，贫困乡镇人均纯收入144.6元，人均生产粮食230.6千克，是全省34个贫困县之一。

1986~1990年，陕北老区建设资金和扶贫专项贴息贷款1801.3万元，其中老区建设资金861.3万元，扶贫专项贴息贷款940万元。林果投资231万元，占总投资26.8%，建成苹果基地乡镇7个，重点乡3个，全市发展苹果18万亩。畜牧业投资26万元，占总投资0.3%，种草4.5万亩，引进白绒山羊300只，黄牛改良1000头，冷精配种400头，受胎率达69%，培植牛黄1000头，购畜牧专业设备60台（件）。延安市财政扶贫资金达310万元，用于经济作物种植补贴、成效显著，薯类由1985年3.84万亩增加到1990年4.72万亩，总产量由21630吨上升到36990吨，年产值591.2万元。蔬菜面积由1985年0.93万亩增加到1990年156万亩，总产量由18876吨上升到35590吨，实现产值854万元。

1994年，根据国务院提出的《国家"八七"扶贫攻坚计划》和陕西省提出的《"五七"扶贫攻坚计划》，延安市制定《"六七"扶贫攻坚计划》，计划在1994~2000年，基本解决6万贫困人口的脱贫问题。同时巩固好扶贫成果，在解决温饱的基础上，实现脱贫致富。攻坚扶贫范围：东北川有蟠龙、贯屯、梁村、丁庄、张坪、元龙寺、青化砭、甘谷驿、冯庄等乡镇10个，列入扶贫攻坚村315个、14560户、60145人。扶贫主要经济指标有：贫困农户人均占有粮食500千克以上；贫困农民人均纯收入800元以上；贫困村和贫困户人均基本农田2.5亩；全市行政村通电、自然村通电率95%；村庄通公路95%；农村安全饮用水普及率90%。扶贫攻坚工程划分为三个阶段：第一阶段1994~1995年，重点扶持行政村90个、4500户、18000人；第二阶段1996~1998年，重点扶持行政村135个、6560户、28145人；第三阶段1999~2000年，重点扶持行政村90个、3500户、14000人。

1997年，中共宝塔区委、区人民政府制定《关于尽快解决农村贫困人口温饱问题的决定》和《关于党政企事业单位包扶贫困村、贫困户安排的通知》，抽调党政企事业单位257个，干部1220名，包扶贫困村61个，贫困重点户3100户。依托资源，实施"735"生态农业发展战略，以"果、牧、菜、薯"四大主导产业为重点进行区域划分：北部乡镇发展林果、养殖、薯类；南部乡镇发展烤烟和养殖业；公路沿线贫困村发展大棚菜和服务业。1997年全区有贫困村112个、贫困户5230户、2.4万人，在扶贫资金上，采取上级贷一点、财政挤一点、干部职工集一点、富户帮一点、向外争一点的办法，筹集各类扶贫资金达2917.5万元，农田基本建设项目68个，新增农田3500亩，林果和经济作物项目3200个，扶持规模1.6万亩。粮食生产上采取科学种田，早播化、大垄化、良种化、大垄沟种植技术和良种普及率95%以上。全区施用各种化肥2.8万吨，农地膜90吨，较上年增长30%，无偿提供3100户重点户化肥2778吨，比上年增加3~5倍。农业综合开发与以工代赈、延河流域治理工程项目、扶持贫困村户治理项目380个，扶持资金1140万元。农田水利工程投入1100万元，作业推土机195台，新修农田3.02万亩，人畜饮水工程建成项目19个，解决9852人、1528头大家畜饮用水问题。完成各类小型产业项目12011个，项目覆盖贫困户率98%，教育“双基工程”投资1898万元，软、硬件建设显著提高，农村学校全部告别土窑洞，教育教学条件成效明显。举办农业技术培训班100期，培训人数4万人次，贫困户占40%，扶持计生贫困户326户。宝塔区“两联一包”扶贫有部、省、市单位22个，驻村干部17名，包扶贫困村26个，人总行驻延扶贫小组包扶贫困村4个，引进捐款395万元，协调扶贫贷款500万元。1997年，部、省市包扶单位投资扶贫总额1001万元，有50%贫困村越过温饱线，67%贫困户跨过温饱线。全区扶贫三项主要指标：人均产粮371千克，人均纯收入837.5元，解决温饱率85%，距90%的标准相差5个百分点，从8项保证指标总扶贫达95.3分，超过85分标准。

1998年，全区扶贫攻坚乡镇有贯屯、丁庄、贫困村56个，贫困户1870户，贫困人口8880人。按照中央扶贫政策“四不变”的要求，1997年对在册56村、5230户、2.4万贫困人口继续进行扶持，林果瓜100个重点村、1000户重点户、1万亩重点果园，养殖业（猪、羊、鸡）5230户养猪1.2万头，养羊2.1万只，养鸡5万只，种植地膜玉米和地膜马铃薯（洋芋）3万亩，贫困村新修基本农田1.12万亩，种植高效经济作物1058亩，建大棚菜502棚。扶贫资金开发式扶贫“造血”和适当资金投入“输血”相结合，筹集资金480.45万元。部门、单位扶持64.45万元，联县扶贫单位130万元，购买化肥2922吨，农地膜116.97吨。

1999年，各类扶贫资金1518万元，按分类分：扶贫信贷资金1350万元，老区发展资金98万元，中央、省、市支援资金70万元。中共宝塔区委、区人民政府《关于实施1999年“温饱工程”的通知》，人均种植好“温饱工程”面积1亩，全区种植地膜玉米2.7万亩，地膜马铃薯（洋芋）1.1万亩，地膜小麦0.3万亩，地膜玉米平均亩产584千克，较露地玉米平均亩产325千克，增产79.7%，总增产粮食877.5万千克，增产总值932万元，贫困户人均收入达158元。组建联保小组1559个，发放小额信贷资金626万元，扶持贫困户4232户，种植大垄沟农作物17916亩，大棚菜35棚、果树5800亩、2000户养殖户、养牛1895头、养猪4217头、养鸡18857只。“两联一包”扶贫投资村24个，建成电视差转台3座，人畜饮水工程33处，解决1964户、9356人、1459头大家畜饮水困难，新建希望小学1所，购化肥75吨等，投资额168.98万元。移民搬迁有：姚店镇赵家沟村整体搬迁22户84人，分散插花就近安置；下坪乡后中沟村15户75人，员外沟8户38人；梁村乡石家河22户108人，闪天玉12户55人；蟠龙镇史家沟26户169人；万花山乡花园头村17户85人。2000年完成脱贫越线，2001年被省政府确定为省级扶贫重点县（区）。

2002~2007年，宝塔区有扶贫重点村91个，移民搬迁村44个，搬迁1353户5265人。其中，2004年扶贫开发重点村7个，新修桥5座，基本农田256亩，村级道路33千米，人饮工程4处，打井64口，维修校舍32间，建牛圈210个，养秦川牛212头，养猪1200头，改厕226个，建沼气池156个。完成投资287.44万元（财政扶贫资金138.75万元）。联县扶贫情况：省电力公司、市级扶贫单位15个，新建改造高低压农电线路12.2千米，更换变压器11台；新建大桥1座，养牛56头，养猪60头，人饮工程2处，打井10口；改造村级道路2千米，栽植核桃150亩，投入扶贫资金143.3万元。全区扶贫信贷资金扶持1320户、5500人，养牛1400头、猪3000头、鸡25000只，建蔬菜大棚120座，投资总额1560万元（发放小额贷款600万元）。移民搬迁村有3个，新建平板房、窑洞274间（孔），完成投资348.7万元（财政扶贫资金85万元）。2005年，财政扶贫新增基本农田688亩，改造村级道路14.7千米、桥涵3座，建成防雹网236亩、果库35个、蔬菜小弓棚403个。

2008年，全区有扶贫重点村15个，建成沼气池350口、果库24个，生产道路26千米，人饮水塔2处，农田治理1320亩，排洪渠1500米，防雹网200亩，建成果园380亩，淤地坝3座。移民搬迁有行政村2个，完成建房主体135间。林果业、草畜业、棚栽业扶贫项目发放信贷扶贫资金400万元。陕西省新闻出版局系统10个单位，用于农村道路、产业开发、农田治理、科技教育等建设投资25万元，建成科技扶贫基地10个，主要培训农民低收入家庭，采取发放资料、集镇设点的技能工程培训办法，培训人员120人，农村劳动力转移达550人次。农村减灾安居工程建设，采取扶贫开发与改善贫困村危窑危房相结合，按照就近便利的原则，进行插花和整体安置。农村减灾安居工程与农户签订建设协议745户，完成主体工程905人，建房2267间（孔），惠及乡镇19个、村组100个，共3639人。

2009年，全区扶贫开发重点村有14个，新修基本农田432亩，排水渠2千米，打灌溉井13眼，生产路8.4千米，大小弓棚190个，集雨窖50个，村道硬化5.5千米，沼气池122口。移民搬迁项目建设村2个，建成平板房95间。千村移民搬迁项目：贯屯乡贯屯村、蟠龙镇瓷窑沟村2个，99户373人，建房465间（孔），建筑总面积12846平方米，人均34平方米，配套水电工程2处。农村安居工程：实施505户，建成平板房1311间。2009年陕西省奖励宝塔区财政扶贫资金全部用于河庄坪镇田塔村、南泥湾镇蟠龙村等安居工程村7个、138户490人，建成移民房410间，建筑总面积11480平方米。互助资金项目：青化砭镇赵家沟、甘谷驿镇小张沟、川口乡蟠龙、柳林镇稍元梁、枣园镇上砭沟、官庄乡崾岘、临镇刘村、姚店镇沙滩、李渠镇九沟、南泥湾镇南阳府等村10个，成立扶贫互助协会10个，入会会员531户，互助资金规模总量达286万元，省、市财政补助160万元（市财政80万元）。小额扶贫贴息贷款用于主导三大产业投放400万元。

2010年，全区扶贫重点村有临镇镇碾盘沟、官庄乡下吕家塬等村13个，农田治理400亩、修果树条带800亩、生产道路10千米、人饮工程1处、沼气池60口、排水渠900米、扶贫重点村项目投资425万元。移民搬迁村2个、119户498人，新修房屋248

间，搬迁项目投资 189.74 万元。千村互助资金项目有乡镇 10 个、725 户 2982 人，互助资金村 10 个；成立扶贫互助资金协会 10 个，入会会员达 460 户，入会率达 10 个村总户数的 63%，绝对贫困户、低收入户入会率达 80%，互助资金 206 万元，协会会员自有入会资金 46 万元，发放借款 71.4 万元，受益农户 156 户。开展千企包千村扶贫以来，采取“带项目、带技术、带信息、带资金”，全区有 37 个企业一村一企结对帮扶，省定企业有 11 个、区定企业有 26 个，帮扶项目 24 个，扶贫资金 14.5 万元。

第十章　农业管理

第一节　综合服务

一、服务机构与人员

1990 年，延安市农业局为科级建制，财政拨款，内设办公室，下辖农业技术推广站、种子公司、植保植检站、蔬菜指导站、良种繁殖场，有干部职工 82 人。1996 年 12 月延安地改市，更名为延安市宝塔区农业局。2004 年，成立蟠龙、姚店、临镇、柳林 4 个农业综合服务站，副科级建制，有职工人员 22 人。

2010 年，宝塔区农业局内设办公室，下辖农业技术推广站、植保植检站、农业广播学校、良种场、农机推广中心、农经站、农机监理站、农村新能源办公室、农业科技执法大队、农机公司（企业），代管畜牧局、果业局、农业综合开发局 3 个科级部门，农业局有干部职工 257 人，设局长 1 名，副局长 3 名，有专业技术职称 168 人，其中高级 9 人、中级 68 人、初级 91 人。

二、技术推广服务

农业技术采用举办专门培训班、现场会，科学技术下乡，农业实用技术资料的编写，向农民赠送农科书籍等。粮食生产上，建立丰产方、试验示范项目，建立科技示范乡镇村、重点户，普及农业科技知识，给农民传授技术。林果生产上，建立示范园、示范户，提供建园、栽植、管理等技术咨询。畜牧生产上，品种选择、圈舍建造、饲养管理、防疫治疗等实行产前、产中、产后配套服务。农机方面，农田耕作、播种、作业技术的应用和新式农机具的现场演示。蔬菜方面，为温室、大弓棚的设计与建造，种植技术应用提供农科书籍及技术资料。

1991~1995 年，建粮食丰产方 196 个，科技示范户 24600 户，林果、蔬菜种植典型户 802 个，试验项目 39 个，新修农田增产技术承包田块 80 个，应用新技术 15 项。

1996~2000 年，举办各类培训班 24 期，参加人员 7000 人次，建立粮食、林果、畜牧、蔬菜农业实用人才培训规划，培养有文化、懂技术、会经营的新型农民15000人。

2001年，聘请科研单位、大专院校专家教师84名，编写《农村实用简易技术》和果、蔬、畜生产技术宣传资料等。

2005年，建立培训基地，依托周家湾农业科技示范园为教学基地，按照理论与实践相结合的教学原则，分类型、分阶段、分期分批对区、乡镇技术员、村组干部、重点户进行授课，室内学习、室外实验操作相结合。

2010年，实行农业科技下乡。农业科技人员联乡、联村、联户开展技术讲座85场次，现场演示1632次。粮、果、蔬、牧各种技术示范项目27个，其中玉米、豆类谷子3个，苹果示范15个，畜牧繁育仔猪、种猪、育肥等4个，农机具现场演示2个，蔬菜嫁接、节水灌溉等3个。

第二节 农资管理

1990~1996年，农资调运储备由农业部门提出计划，供销部门负责调运，基层供销社负责销售。1997年农资市场放开后，化肥、农药、地膜三种农资，供销社、合作企业、个体均有经营，农业部门与工商、公安、质检联合检查或专项检查。2001年对种子、化肥、农药等农资市场清查整顿。

2004年12月，农业综合执法大队成立，编制11人，实有执法队员13人，2008年与农产品检测中心为两块牌子、一套机构。主要负责种子、化肥、农药、苗木、农机配件等农业生产资料的经营、生产、销售活动的行政监管。审查经营者的资格和颁发经营许可证、受理农资案件的举报、立案及处理，对经营农资市场门店的检查和监督。同年，化肥使用量：氮肥1.1万吨、磷肥0.5万吨、钾肥0.1万吨、其他化肥0.3万吨，农地膜110吨，农药13吨。至2010年，办理案件23起，处理农民投诉123起，为农民挽回经济损失3000多万元。

第三节 经营与管理

一、机构

1988年5月，成立延安市农村经济经营管理站，科级建制，事业单位，隶属于农业局。共有职工5人，设站长1名。1996年12月，更名为宝塔区农村经济经营管理站。1998年共有职工20人，设正职1名、副职2名。2010年编制15人，其中经济师以上职称资格10人。

二、管理

承担农村集体资产管理、农民负担监督管理、农村土地承包合同管理、农村专业合作经济组织的指导管理。1988年，对农村集体资产管理进行核查和登记。实行村级资金村有乡管，只设会计、不设出纳，信用社专设账户，村级收支集中报账的财务管理制度。

1989~1991年，全区设立乡镇农经管理站16个，以村级专业会计为主，乡镇农经站为辅的农经服务组织288个，人员414人，负责农村资金管理，其中统管资金251.34万元，融资总额181.46万元。1994年，统管资金764.7万元，较上年的559.8万元增加36.6%，其中集体股金201万元，个人股金451.1万元，实现纯收入194万元，自有资金累计100万元。乡镇农经站22个，基金会20个，村一级农经服务点506个，农经专业人共76人。自有资金积累10万元以上的基金会8个，经济效益显著。

1995年，基金会统管资金1100万元，与1991年相比增长3.37倍。全区累计投放370万元用于修路拉电，建蔬菜大棚，帮扶贫困户种植业和养殖业。强化农村集体财务管理，培训会计人员687人次。对桥沟乡黄蒿湾村、东关村和南泥湾镇南阳府村财务审计。同年，推行农民负担明白卡管理，明白卡入户率达100%。采取“一事一议”，将农民负担控制在5%以内。

2001年，组成4个清算小组，完成农村合作基金会的审计清算，审计查处农村违纪案件2起，查处违纪资金5.1万元。2005年查处4个乡镇8个村财务上访案件，结案6起。关闭20个农村基金会。同年取消村级招待费。

2007年，实施土地承包合同管理。第二轮土地延保共签订合同39007份，面积1062591亩，机动地11522亩，总面积1074113亩，发放农村土地使用证37353份，其中补签5600份，补发农村土地使用证3286份。以“依法、自愿、有偿”的原则共签订土地流转合同69份，面积746.73亩。新治理土地面积4300.3亩，其中延保到户39703亩。2010年底，全区土地依法流转32103亩。

第四节　农情信息

1990年，采用简报形式发布农情信息24期。1995年，发布农业技术、病虫害情报、市场农产品价格等信息16条。2000年，发布畜牧养殖、蔬菜瓜果、新品种引进、农用物资等有关信息12条。2006年7月，宝塔区农业信息工作网委托延安市信息中心开发制作，由农业局负责运行维护。信息发布内容：农作物栽培、畜牧业养殖、新品种推荐、无公害绿色栽培技术等；市场价格行情、农产品、农业生产资料供求信息；农作物病虫害综合防治技术；畜牧疫情防控、自然灾害预警、农业会议精神、农业政策法规等；农产品质量安全法、畜牧法、防疫法、农业执法等；农业综合分析、科技培训、科技动态、农技推广、重大突发性事件；学术论文、经典经验、调研报告、重大科研成果等。

2008年，加强农村信息综合服务站建设，每站配备电脑1台、打印机1台、信息员1名。全区建成农村信息服务站611个，有信息专家9人、信息员及工作人员620人。农业信息内容涉及种植、养殖、气象、能源、执法、农产品检测、储运和营销等方面。对信息员的计算机操作技能和收集、分析、发布信息进行培训，人员达650人次。至2010年，发布农业信息500条。

第八编　林果业

1990~2010年，宝塔区坚持以生态建设为中心，通过实施“三北”防护林工程、黄防工程、造林灭荒工程、绿色长廊工程、退耕还林工程、天然林保护工程、野生动物保护工程以及加强森林资源的保护和管理，使区域森林面积快速增长，林草覆盖率进一步提高，生态建设取得了突破性发展。依据2006年森林资源二类调查表明，宝塔区林地面积274106.5公顷，占总经营面积的77.9%。其中，有林地面积126727.9公顷，疏林地面积3965.0公顷，灌木林地面积20391.2公顷，未成林造林地面积45464.1公顷，无林木林地面积1400.2公顷，宜林地面积76144.5公顷，苗圃地面积8.9公顷，辅助生产林地面积4.7公顷。森林覆盖率为36%，林木绿化率为41.9%。

第一章　植树造林

第一节　林业机构

1975年8月，延安县、延安市合并，成立延安市林业局。1994年，县级机构改革，林业局更名为林业总公司。1996年，恢复延安市林业局，是年12月，撤销县级延安市，设县级宝塔区，改称延安市宝塔区林业局。

2008年，宝塔区林业局为区政府行政工作部门，科级建制，财政拨款，内设办公室等科室，编制11人，实有20人，局下属事业单位14个。

2010年，宝塔区林业局编制11人，实有14人（不包含借调人员和协理人员），内设办公室、林政科、造林科、财务科。设局长1名、副局长2名，局下属14个事业单位，即林业站、退耕办、森林公安局、派出所、防火办、“天保”办、种苗工作站、林政稽查大队（木材检查站）、南泥湾林场、麻洞川林场、姚家坡林场、马四川林场、南郊林场、枣园苗圃。林业局系统共有干部职工 462 人，其中在职 408 人，各类林业工程技术人员 119 人，其中高级职称 7 人、中级职称 22 人、初级职称 90 人，持国家林业局发证执法人员 262 人。

第二节　种苗培育

一、采种

主要采选的种子有刺槐、侧柏、油松、白榆、臭椿、火炬、柠条、山定子、山桃、山杏、沙棘等多个种类。1990~1998 年累计采种 10.78 万千克，除满足宝塔区需要外，还向区外、省外调定。1999 年实施退耕还林工程以来，采种工作侧重于苗木培育，对种子质量要求规范，种子的储存和供给主要来源于外省的种子基地。至 2010 年，全区累计调运各类种子 30.59 万千克。

1990~2010 年宝塔区林业种子供应统计表

表 8-1-1　　　　单位：千克

年份	供应数量	年份	供应数量
1990	18500	2001	62100
1991	22000	2002	78000
1992	23000	2003	95000
1993	25000	2004	98000
1994	12000	2005	72000
1995	13000	2006	25000
1996	12000	2007	20000
1997	38000	2008	14000
1998	56000	2009	12800
1999	67000	2010	10000
2000	58000		

二、育苗

1990 年后，实行责任制，采取国营、集体、个人育苗的育苗体系，至 1998 年全区累计育苗 8910 亩，基本满足群众造林需求。随着退耕还林和其他各项林业绿化工程的实施，林业生产需苗量大幅增加。1999~2010 年，全区累计育苗 38206 亩，产苗量 55680 万株。2006 年后，苗木生产以培育乡土树种逐步向绿化长青苗木培育转变，绿化树种培育比例增加。

1990～2010年宝塔区育苗数量统计表

表8-1-2　　单位：亩

年份	育苗数量	年份	育苗数量
1990	850	2001	3700
1991	1000	2002	3600
1992	900	2003	6850
1993	920	2004	3336
1994	700	2005	2570
1995	780	2006	2600
1996	750	2007	2000
1997	1230	2008	2300
1998	1780	2009	3150
1999	2500	2010	2300
2000	3300		

第三节　四旁植树

宝塔人民历来有在四旁（村旁、水旁、路旁、宅旁）植树的传统。村庄周围栽植有柳树、榆树、臭椿、水桐等用材树种，房前屋后院落栽植枣树、桃李、杏、葡萄、花椒、梨等水果树种，除自食外，还可以赠送亲朋好友。随着农村道路的改善，道路两旁也栽植树木，新农村建设，绿化也是一项重要美化内容。据年报统计，1990～2010年，全区四旁植树1886.29万株，主要树种有柳树、杨树、中槐、银杏、桃李、梨、桃、葡萄、云杉、油松等，村庄、巷道、院落普遍得到绿化、美化。

1990～2010年宝塔区四旁植树数量统计表

表8-1-3　　单位：万株

年份	数量	年份	数量
1990	150	2001	105
1991	118.70	2002	100
1992	106.84	2003	60
1993	114	2004	60

续表

年份	数量	年份	数量
1994	104.51	2005	60
1995	133.28	2006	60
1996	104.96	2007	60
1997	106	2008	100
1998	102	2009	10
1999	106	2010	10
2000	115		

第四节　工程造林

一、“三北”防护林工程

1978年，延安市（延安县）被列入“三北”防护林生态工程建设重点县以来，先后完成四期工程建设。第一期工程从1978~1985年，完成造林43.98万亩，造林成活率为73.2%。二期工程从1986~1995年，完成造林和补植49.9万亩，其中防护林16.34万亩，用材林4.93万亩，特种用途林0.03万亩，封山育林28.6万亩。三期工程从1996~2000年，累计完成造林和补植42.7万亩（包括1996年造林和补植5万亩，1997年5万亩，1998年11.6万亩，1999年16.9万亩，2000年4.2万亩），占计划造林面积22.5万亩的189.8%。四期工程从2001~2010年，采用针阔混交造林6.8万亩，封山育林1万亩。造林的工程和质量进一步提高，树种搭配逐步合理。

二、黄防工程造林

黄河中下游防护林工程是国务院批准的国家大型生态防护建设工程。1996~1998年宝塔区完成人工造林和补植面积3.5万亩，占规划面积3.4万亩的103%，其中1996年造林0.5万亩，1997年造林1.4万亩，1998年造林1.6万亩。

三、造林灭荒工程

1995年10月30日，中共延安市委、延安市人民政府下发《关于奋斗三年基本消灭宜林荒山的决定》，三年完成新造林面积任务40.6万亩。1995年，24个乡镇、3个办事处、6个国有林场完成造林16.86万亩，栽植用材林4.38万亩，山桃、山杏等经济林12.48万亩，完成封山育林2.08万亩，补植9.2万亩。1998年，宝塔区掀起绿化灭荒高潮，全区共设会战点40多个，日上劳2.8万多人，完成造林7.8万亩，补植15.46万亩。累计三年完成造林面积30多万亩。

四、绿色长廊工程

1992~1996年，实施南起柳林镇九燕山，北至蟠龙镇鲍家河山，沿延河7个乡镇69个行政村、3个街道办事处、2个国有林场范围内的长廊建设工程。其中，1992~1994

年，重点完成道路沿线山体坡面治理9.8万亩，造林成活率和保存率约占总面积68.3%；1995～1996年，对长廊空白地带进行补植。2008年完成城区绿化0.5万亩，对柳林镇金庄、冯庄乡康坪进行“三化一片林”建设。2009年完成扩大内需造林2.5万亩（包括城区绿化0.5万亩）。2010年完成扩大内需造林1万亩（包括城区绿化0.5万亩）。基本完成区域内210国道沿线山体绿化建设，改善城区周边和公路沿线生态环境。

五、天然林保护工程

（一）工程实施范围

宝塔区天然林资源保护工程实施范围包括宝塔区姚家坡、麻洞川、南泥湾、南郊和马四川5个国有林场和20个乡镇。

保护工程主要内容为：全面停止天然林采伐。通过工程实施使全区工程区内的175.54万亩森林得到切实保护，森林资源消耗量从1997年的106956立方米减少到58068立方米，降低46%；2001年商品材产量从16644立方米减少到0立方米，降低100%。

加快工程区森林资源恢复。2001～2010年造林总规模36.32万亩，其中封山育林24.87万亩，飞播造林10.05万亩，人工造林1.4万亩。工程分两期实施，第一期（2000～2005年）造林17.56万亩，其中封山育林12.2万亩，飞播造林4.14万亩，人工造林1.22万亩；第二期（2006～2010年）造林18.76万亩，其中封山育林12.67万亩，飞播造林5.91万亩，人工造林0.18万亩。

（二）工程实施措施

制定《宝塔区天然林保护工程实施方案》《宝塔区公益林建设管理办法》《宝塔区公益林建设核查验收办法》《宝塔区国有林场天然林保护工程护林员管理办法》《宝塔区集体林管护办法》《宝塔区“三位一体”管护队管理办法》等，形成“天保”管护长效机制；强化护林队伍管理，坚持护林员实行“一年一聘”招聘制度、培训考试的上岗制度、每月25天以上的巡山护林制度、“季度考察、半年考评、全年考核”的工作考核制度；严格考核、严明奖惩。严格按照考核办法，开展“天保”考核，逐项量化打分，考核优秀的林场、管护站、乡镇护林大队、护林员分别给予奖励，不合格的乡镇护林大队或护林员按合同规定从工资中扣减，不合格护林员不兑现管护费，并予以辞退。形成森林资源管护合力。

（三）“天保”工程实施成效

2000～2010年，宝塔区完成“天保”造林2万亩，封山育林6.3万亩，飞播造林11万亩，中幼林抚育2万亩，低效林改造0.58万亩。各项重点林业生态工程的实施后，全区有林地面积大大增加，灌木林地、宜林地和非林业用地面积减少，森林资源数量逐年增加，森林质量明显提高。

第五节　退耕还林

1984年，延安市退耕还林在枣园乡庙沟村开始实施，通过5年的大面积退耕还林果，栽植用材林3000亩，栽植苹果等1300亩，集体苹果园实行“两固定、三轮流”管理办法，即固定领导、固定技术员，三年内全体劳力轮流上果园，经济效益日趋增长。大面积退耕还林栽果以后，人均粮食作物面积大幅下降，土地投入增加，实行科学种田，人均粮食和经济收入显著增长，人均纯收入1102元。成为全市退耕还林果的典型村。

1989年9月10日，中共中央总书记江泽民考察庙沟村，对该村的发展方向给予充分肯定，并赞扬“庙沟村苹果可以与美国蛇果相媲美”。庙沟村的巨变，给人们以深刻的启示，按照“趋利避害、扬长补短、因地制宜、择优发展”的原则，走上一条产业结构调整之路，形成“穷也在山、富也在山、优势在山、出路在山、希望在山”的共识。

1990年，延安市委、市政府在总结庙沟村6年变化的基础上，作出《关于建成62个庙沟式村的决定》。一个学庙沟、赶庙沟、建设生态村的热潮在全市掀起，各地按照人均“千树、百果、两亩田”（人均千株用材林、百株果树、种好两亩高产田）的生物标准和“千粮千果800元”（人均实施千斤粮、千斤果、收入800元）的经济收入指标，进行组织实施、大上林果。1991年，市委、市政府提出“五年治理荒山、十年绿化全市”的设想，作出《关于77万亩山地退耕还林还草的决定》，分6年实施。

1993年7月20日，市委、市人民政府下发《关于固定基本农田退耕还林还草的决定》，决定明确要求凡人均基本农田2亩以上者，全部退耕；人均1亩以上不足2亩的，可耕种2亩山地；人均不足1亩的，可耕种3亩山地，所耕种的山坡地必须在15度以下；剩余山地全部退耕还林还草。1991~1993年，全市造林395114亩，因退耕还林成效显著，1993年被农业部、林业部、水利部、财政部等七部委列为全国50个生态农业建设试点县（市）之一。1994~1998年，造林665700亩。

2000年3月，宝塔区成立退耕还林领导小组，下设办公室于区林业局，各乡镇成立乡镇退耕办。5月，成立宝塔区退耕还林工程管理办公室。事业性质，财政全额拨款，隶属于区林业局，科级建制，领导职数1正2副，设主任工程师1名，编制34名，负责宝塔区退耕还林工程建设的组织实施与管理工作。按照林地条件及资源的分布规律，合理布局林种、草种。坚持国家、集体、个人和“谁投资、谁受益”的原则，带动社会资金的投入。

1999~2010年，共造林1273965亩，其中国家补助认可面积962100亩。

一、技术措施

1990~2010年，宝塔区退耕还林技术措施有：整地、挖鱼鳞坑、选用良种壮苗；柠条、紫穗槐采用直播或植苗，按照“三埋两踩一提苗”造林技术栽植，选用抗旱、保墒造林技术，如截杆、蘸浆、覆土、APT生根粉、保水剂，在生态林营造中实行地膜覆盖技术等方法；加强松土、锄草、扩穴、病虫害防治等幼林抚育措施。

二、资金来源渠道

退耕还林（草）是一项复杂的系统工程，需要投入大量人力、物力来完成，1990~2010年，在资金来源方面，坚持国家、集体、个人一起上，多渠道、多层次、多方位筹集，以国家投资为先导，群众投工投劳为主体，以“谁投资、谁受益”的原则，鼓励社会上的各类投资加入到造林种草建设中来。

三、政策兑现

2000年12月15日，宝塔区委、区政府召开退耕还林政策兑现工作会议，成立兑现领导小组，下设办公室，抽调林业、水利、财政、纪检委等部门工作人员，实施兑现工作。退耕还林草，每亩每年补助粮食100千克，生活补助费20元，一次性补助种苗造林费50元。荒山荒地造林种草，一次性补助种苗造林费50元。粮食和生活补助年限、还草补助按2年计算；还经济林补助按5年计算，还生态林补助按8年计算，补助粮食的价格按每千克1.4元计算。2007年8月，国务院《关于完善退耕还林政策的通知》规定在退耕还林粮食和生活费补助期满后，中央财政继续对退耕农户给予补助，补助标准为：每亩退耕地每年补助现金70元；原每亩退耕地每年20元生活补助费，继续直接补助给退耕农户，并与管护任务挂钩。补助期限为：还生态林补助8年，还经济林补助5年，还草补助2年。

退耕还林草兑现方式为区退耕办检查验收后，向区财政局提供验收结果相关表册和文件，区财政局根据验收结果将资金下拨各乡镇信用社，各乡镇财政所向信用社提供退耕农户兑现明细表，信用社以存折（卡）的形式发放到退耕农户，退耕农户凭身份证和存单领取补助资金。做到资金到乡、存单到户、凭证领款。1999～2010年，全区兑现国家钱粮补助8.16亿元，其中粮食补助6.6亿元，生活补助1.04亿元，种苗费0.47亿元，封育资金84万元，农村人均受益4534元。

四、巩固措施

2005年后，贯彻国务院办公厅《关于切实搞好“五个结合”进一步巩固退耕还林成果的通知》，把退耕还林与基本农田建设、农村能源建设、生态移民、后续产业发展、封山禁牧舍饲等配套保障措施结合起来的要求，采取五条巩固措施：加快基本农田建设，解决农民吃饭问题。2010年底，全区基本农田面积35.53万亩，较退耕前增加14.08万亩；加大农村主导产业开发力度，解决农民“花钱”问题。大力发展农村主导产业，初步形成山上苹果、川道瓜菜、拐沟养畜、城郊三产的产业发展格局；大力调整畜种结构，逐步压缩羊数量，大力发展牛、猪、鸡等便于舍饲、对植被破坏较小的畜种，有效解决林牧矛盾；积极发展新型能源，扶持群众大力发展沼气、液化气、石油伴生气等新能源，有效解决农民的“灶口”问题，保护退耕还林成果；稳妥推进生态移民，从根本上解决特困户生计问题。实施移民的村逐步开展弃耕封育。15度以上的坡耕地实行弃耕封育，植被自然恢复速度明显。

2008年2月，省发改委、西部开发办、财政厅、农业厅、林业厅、水利厅制定《关于做好巩固退耕还林成果专项规划编制工作的通知》（以下简称《通知》）。宝塔区委、区政府召集计划、林业、退耕、财政、农业、国土、环保、水利、农综办、粮食、统计等有关部门，就《通知》要求的各项工作进行安排部署，编制《宝塔区巩固退耕还林成果规划方案》以及各专项规划方案，其中补植补造面积22.47万亩，补植每亩按47元计算、补造每亩按74.6元计算，投资1190.22万元。

2010年，全区完成退耕还林成果项目任务补植2.4万亩，补造2.3万亩。

五、效益与成果

1990～2010年，宝塔区完成国家确认退耕还林面积96.21万亩（其中退耕地造林59.92万亩，荒山造林34.29万亩，封山育林2万亩），涉及20个乡镇、584个行政村、4.48万户，占到农户总数的89.7%，治理水土流失面积1580.5平方千米，治理程度

50.1%，较退耕前提高13个百分点，林草覆盖率46.8%，一些重点流域治理区已经达到水不下山、泥不出沟。与退耕前相比，年降雨量增加50~100毫米，持续干旱现象明显减少。其间的1999年，粮食播种面积130万亩，单产水平80千克，粮食总产10万吨左右。退耕还林后，粮食播种面积减少一半多，平均亩产200千克以上，粮食总产与退耕前基本持平，农民人均产粮480千克。

1999年8月6日，中共中央政治局常委、国务院总理朱镕基，在温家宝副总理和省、市领导的陪同下，考察宝塔区的流域治理和生态农业建设情况。在考察宝塔区燕沟流域治理区时，朱镕基指出：治理黄河的关键就在于中上游的水土流失治理；治理的总体思路就是“退耕还林（草），封山绿化，个体承包，以粮代赈”。朱镕基的指示，指明黄河中上游治理水土流失的总方针。从此宝塔区乃至全国退耕还林（草）工作进入一个新的时期，全国掀起退耕还林（草）的高潮。

2002年3月29日，中共中央总书记江泽民再次来到延安考察，他强调，要认真搞好天然林保护、防沙治沙和退耕还林等重点生态工程。要正确处理经济发展与人口资源环境的关系，实现可持续发展。7月16~17日，国务院总理朱镕基和副总理温家宝到延安，先后考察川口乡党庄流域和柳林镇燕沟流域退耕还林、水土保持工作，听取全区退耕还林工作汇报，对所取得的成绩给予肯定，并就进一步做好退耕还林工作提出要求。

2005年9月20~22日，国务院西部开发办在延安市召开西部地区退耕还林现场会。会议总结六年来退耕还林取得的成绩，分析当前退耕还林面临的新情况、新问题，探讨巩固成果、稳步推进的思路。

2006年1月28日，中共中央总书记胡锦涛在延安考察退耕还林时作出“坚持不懈，巩固成果”的指示。3月13日，中共宝塔区委、宝塔区人民政府发出《关于表彰奖励2005年度退耕还林先进集体和先进工作者的决定》，区委、区政府决定，对2005年度退耕还林工作做出突出贡献的冯庄乡、元龙寺乡、柳林镇、河庄坪镇、松树林乡、区退耕办、区审计局、区农税局、区果业局、区种苗站等10个先进集体奖给奖牌各1块、奖金各10000元，对王鑫、张长虎等11名先进工作者奖给荣誉证书各1个、奖金各500元。

2007年3月28日，延安市退耕还林工作会议在延安宾馆召开。宝塔区荣获2006年度延安市退耕还林综合考评第二名。

2008年3月11日，延安市委、市政府在延安宾馆召开全市退耕还林工作会议，对全市退耕还林综合考核前三名的县区给予表彰奖励，对综合考核第二名的宝塔区，颁发奖牌1块，区委书记、区长各奖励人民币8000元。

第六节　流域治理

1990~2010年，宝塔区流域治理示范区采取因地制宜，合理规划，整体推进。坚持中、长、远结合，进、退、还结合，确定“阳山经济林、背山用材林、陡坡人工草、缓坡修农田”的治理模式，坚持集中治理与常年治理相结合，集体治理与分户治理相结合，工程措施和生物措施到位，确保“退一块栽一块，栽一块活一块”，加快综合治理进程。落实产权，彻底封禁，加强管护。坚持“谁退耕、谁造林，谁管护、谁受益”原则，明确管护责任，“不造无主林，不栽无主树”，明晰林木产权，核发林权证，落实管护责任。对造林质量不达标、管护抚育措施不到位的退耕户，不予兑付钱粮。实行彻底的封山禁牧政策，加大巡查力度，每个村设立一名护林员，形成“山有人封，树有人栽，畜有人管，林有人护”的封禁管护格局。兴修农田，开发产业，巩固成果。

一、青化砭镇新庄科示范区

流域面积28平方千米，涉及11个行政村616户、2730人。治理前植被稀疏，沟壑纵横，属强度水土流失区，治理程度为13.2%。1999年以后，按照梁、峁、沟、坡、洼综合治理，山、水、田、林、路统一规划，粮、经、果、菜、牧全面开发的总体思路，开展大规模的联村集中治理，完成退耕还林16400亩，人均6亩，累计水土流失治理面积22.3平方千米，治理程度达79.6%，较退耕前提高66个百分点。

示范区坚持生态优先，重点在远山地、陡坡地、背坡地实施退耕还林。1992年，营造生态林10800亩，人均4亩，林草覆盖率58.6%。坚持农田奠基，集中在村边、路边、水边新修梯田5500亩，沟道内建淤地坝8座、治理台阶坝60座，造地1050亩。基本农田由退耕前的550亩增加到7100亩，农民人均从不足0.2亩增加到2.6亩。2004年，农民人均产粮502千克，与退耕前持平。坚持产业支撑，积极引导农民调整产业结构，发展弓棚为主的瓜菜生产，多渠道增加农民收入。新发展小弓棚1500个、大弓棚68个，瓜菜种植面积2600亩，亩收入3000元以上，效益比种粮提高5倍以上。2004年，农民人均纯收入2580元，较退耕前净增870元。坚持基础配套，围绕发展苹果产业，新修村级四级砂石路12千米、环山生产道路25千米；围绕发展蔬菜产业，建成引水灌溉工程3处；围绕发展畜牧产业，新建农村人畜饮水工程9处，建成沼气池90个，牛、猪存栏分别为1520头和3500头。

二、梁村乡刘坪示范区

流域面积104平方千米，涉及梁村、冯庄2乡26个村1370户、5480人。1999年以后，坚持“远山陡坡退耕还林，近山缓坡修田栽果，山底治沟打坝淤田，户户发展致富产业”的思路，一手抓退耕还林，一手抓成果巩固，取得显著成效。完成退耕还林31800亩，人均5.8亩，水土流失治理程度76%，较退耕前提高45个百分点。

示范区突出山、水、田、林、路综合治理，把山上退耕还林与沟底打坝造田结合起来。2000~2004年，治理大小支毛沟56条，建淤地坝58座，新造地1100亩，围绕村边、水边、路边新修梯田5080亩，实现水不下山、泥不出沟的目标。人均基本农田面积由退耕前的0.9亩增加到2亩。2005年，人均产粮602千克，较退耕前增长20%。突出果、牧、菜三大产业发展，把退耕还林与致富产业结合起来。示范区建成9个苹果专业村、6个养牛专业村、4个养猪专业村和4个棚栽专业村，人均苹果面积2亩，户均养牛2头，人均养猪2头。2004年，农民人均纯收入2480元，较退耕前净增760元。突出建、管、巩多管齐下，把退耕还林与封、禁、管、护结合起来。坚持“谁退耕，谁造林，谁管护，谁受益”的原则，明晰林木产权，落实管护责任。全面实行封山禁牧，乡上成立禁牧队，村上设立护林员，形成“山有人封，树有人栽，畜有人管，林有人护”的格局。

三、冯庄乡王家沟示范区

流域面积50平方千米，涉及12个行政村710户、2800人。1999年以后，坚持把退耕还林与农田基建、产业开发和生态移民搬迁有机结合起来，按照“高山远山还林草，阳山缓坡建果园，沟渠打坝治农田”的思路，实行梁、峁、坡、沟、洼综合治理，取得明显成效。累计退耕还林15600亩，农民人均5.5亩，林草覆盖率由退耕前的23%提高到56%。

示范区抓基本农田建设，确保粮食自给自足。2000~2003年，围绕村边、路边、水边新修梯田2900亩，建淤地坝6座、台阶坝30座，基本农田面积由退耕前的1300亩增加到4200亩，人均1.5亩，农民人均产粮稳定在500千克以上，自给有余。抓主导产业开发。结合退耕还林，围绕“人均两亩田、户均两个园、家庭收入上万元”目标，每个农户在山上建一个经济林园，在庭院周围建一个养殖园和沼气池，按照“猪—沼—果”或“牛—沼—果”的模式，实行产业配套，确保退耕还林后，农民增收致富。2004年，农民人均纯收入2460元，较退耕前净增820元。抓移民新村建设，改善农民生活居住环境。争取国家移民搬迁项目，对偏远闭塞、生存条件恶劣的王家沟村实行整体搬迁。按照统一规划、分户实施的原则，建成新居304间，入住76户。配套水、电、路、程控电话、有线电视等基础设施，完成村庄绿化和道路硬化，发展苹果园680亩，建成“四位一体”沼气池50座，为实现“山变绿、村变美、人变富”目标奠定坚实基础。

四、柳林镇燕沟示范区

流域面积78平方千米，涉及20个行政村1805户、7050人。1999年以后，坚持“远山高山上林草，近山阳坡建果园，围绕三边（村边、路边、水边）修农田，封山禁牧畜进圈”的思路，开展以退耕还林为主的水土流失综合治理，完成退耕还林32000亩，人均4.4亩，治理程度由退耕前的29%提高到75%，生态环境得到明显改善。

示范区把退耕还林与发展苹果产业有机结合，解决国家要“被子”与农民要“票子”的矛盾，为巩固退耕还林成果提供保障。在3.2万亩退耕还林面积中，经济林占到1.4万亩，人均2亩。2004年，农民人均纯收入3200元，较退耕前净增980元。苹果一项人均纯收入1780元，占到农民人均纯收入的55%。后孔家沟、新茂台等山地苹果专业村，实现人均“万斤果、万元钱”目标。把人工造林与自然封育有机结合。全面实行封山禁牧，改放羊为舍饲养羊、养猪，加快植被的自然恢复。羊数量由退耕前的1.2万只下降到260只，牛、猪存栏1800头和6300头。把退耕还林与基本农田建设有机结合。坚持修田造地与治沟淤田并重，大搞基本农田建设。新修基本农田5200亩，沟道打坝5座，基本农田面积8010亩，人均1.1亩，农民人均产粮482千克，自给自足。

五、柳林镇太春沟示范区

流域面积78平方千米，涉及20个行政村1805户、7050人。1999年以后，柳林镇贯彻“退耕还林，封山绿化，个体承包，以粮代赈”政策措施，坚持“远山高山上林草，近山阳坡建果园，封山禁牧畜进圈，围绕三边（村边、路边、水边）修农田”的综合治理思路。2000~2002年，完成退耕还林32000亩（其中生态林17000亩、经济林14000亩、种草1000亩），新修基本农田8000亩，沟道建坝5座，水土流失治理程度75%，生态环境明显改善。

示范区遵循自然规律，按照生态建设的客观规律办事，坚持生态优先、因地制宜、适地种树，尊重农民意愿，统一规划落实，严格治理标准，明确治理期限，加快治理进程。坚持“谁退耕、谁造林、谁管护、谁受益”原则，认真落实个体承包和以粮代赈政策。明确产权，签订合同，给农民吃定心丸，激发农民造林和管护的积极性。全面实行封山禁牧，引导群众舍饲养畜。在强化封禁措施的基础上，改放羊为舍饲养羊、养猪、养牛，发展沼气能源，以沼促畜，以牧促果。坚持农田奠基、产业支撑，巩固退耕还林成果。围绕群众的生存大计，制定“人均建好2亩果园、1亩农田，户均养殖5头猪，川道沿线建三产”的目标，加大产业结构调整力度，多渠道增加农民收入。2004年，人均纯收入3200元，“国家要被子”和“农民要票子”的矛盾得到解决，做到退得下、还得上、稳得住、能致富、不反弹。

六、南泥湾示范镇

位于延安市区东南45千米的汾川河上游，辖14个行政村、18个驻镇单位，总人口6751人，其中农业人口4351人。土地面积365平方千米，辖区内有天然林45.44万亩，森林覆盖率83%。

1999年以后，实施退耕还林工程，消灭荒山秃岭，完成退耕还林12922亩，其中退耕地还林还草11822亩，荒山造林1100亩。昔日的“兄妹开荒”变成“兄妹造林”，过去天然次生林区内开垦的荒地被人工幼林覆盖。全面实行封山禁牧，有效保护森林资源。实行全面封禁后，变采伐经营为封育管护，林木蓄积量增加6.5万立方米，林草植被的自然恢复速度明显加快，人工幼林生长良好，森林覆盖率由新中国成立前的53%提高到83%。发展致富产业，巩固退耕还林成果，依托资源优势，按照“以牛为主、以沼养畜、以畜促沼”的思路，发展畜牧业生产。14个行政村达到养殖专业村水平，其中养牛专业村11个、养猪专业村3个。群众建成“四位一体”沼气大棚330座，解决农民的“灶口”问题，杜绝乱砍滥伐，有效保护退耕还林成果。改善基础设施条件，加快小城镇建设步伐。南泥湾镇完成农村电网改造，实现村村通路、通电、通电话，建起移动通信讯号基站，开通有线电视网络，小城镇公用设施配套和管理日趋规范。

七、梁村乡小刘沟流域

位于宝塔区以北45千米处，流域总面积54平方千米，涉及13个行政村713户、3181人。1999年以后，贯彻“退耕还林（草），封山绿化，个体承包，以粮代赈”十六字方针，掀起大规模、全方位的退耕还林热潮。按照山、水、田、林、路、草统一规划的思路，科学布局、分步实施，完成退耕还林54400亩，其中生态林46000亩、经济林2400亩、草6000亩，建成基本农田6080亩、淤地坝58座，生态环境明显改善，林果、草畜、棚栽三项产业开发形成规模。

2004年后，流域治理示范区内人均农田2亩，建成6个果业专业村、4个养殖专业村、4个棚栽业专业村，人均苹果面积2亩，户均羊牛2头，大棚平均收入7000多元，弓棚亩收入3000多元。

1990~2010年宝塔区植树造林统计表

表8-1-4　　单位：亩

年份	群众造林	国营（有）林场造林
1990	44100	5000
1991	45004	5100
1992	149190	5316
1993	201000	—
1994	218100	—
1995	163650	—
1996	250740	—
1997	216210	—
1998	115950	—
1999	18000	—
2000	158700	—
2001	119250	—
2002	185625	—
2003	270000	—
2004	150000	—
2005	34995	—
2006	33990	—
2007	60050	—
2008	195000	—
2009	66000	—
2010	58605	—
合计	2754159	15416

1999~2010年宝塔区退耕还林国家确认面积统计表

表8-1-5 单位：亩

乡镇	合计	退耕地还林			荒山造林	封育
		小计	生态林	经济林		
合　计	962100	599200	480645.51	118554.49	342900	20000
枣　园	41316.5	26604.5	21953.6	4650.9	14712	—
河庄坪	41201.9	25673.93	18312.23	7361.7	15417.1	—
桥　沟	24344.5	14647.5	8476.7	6170.8	9697	—
柳　林	45121.3	38551.38	31110.58	7440.8	6524.5	—
万花山	31335	18366	14119.8	4246.2	12469	2500
川　口	47765	41314.44	33673.19	7641.25	6187	—
李　渠	37185.1	23544.3	16057.3	7487	13638.8	—
姚　店	29240.5	20240.5	15668.5	4572	9000	—
元龙寺	63458.6	37998.34	33377.54	4620.8	25438.4	—
甘谷驿	74014.1	40338.26	38029.16	2309.1	33958.7	—
青化砭	34962	21762	10461	11301	13200	—
梁　村	96913.6	53246.6	40530.8	12715.8	43667	—
蟠　龙	88864.6	47547	41632.3	5914.7	41401	—
贯　屯	55879	27035.7	23087.1	3948.6	28837	6000
冯　庄	79562.1	51236.59	36477.65	14758.94	28365	—
南泥湾	24104	18533	18533	0	5571	—
麻洞川	42072	29177.86	25249.86	3928	9918	3000
松树林	30628.5	24522.5	21654.5	2868	6100	—
临　镇	47129	26322.4	23199.3	3123.1	12333	8500
官　庄	19002.7	12537.2	9041.4	3495.8	6465.5	—

第二章　林木管护

第一节　天然林保护

2003年1月，宝塔区天然林保护工程办公室成立，与区森林防火指挥部办公室实行两块牌子、一套机构。设区、乡、村三级“天保”工程领导小组、区“天保”办，组建20个乡镇护林大队、5个国有林场“天保”管理站，招聘护林员858名。实施范围包括宝塔区姚家坡、麻洞川、南泥湾、南郊和马四川5个国有林场和20个乡镇。贯彻“严管林、慎用钱、质为先”的工作方针，坚持“管、造、封”并举，停止天然林采伐，加快工程区森林资源恢复，创新“天保”工程管理机制，落实森林资源的管护和“天保”公益林建设。

2004年，全区建林木管护宣传碑200座、宣传牌500块，印发“天保”宣传画图、公告、布告3万份，刷写标语5000幅，宣传覆盖面95%以上。关闭所有木材加工厂，集中整顿木材流通秩序，禁止生产、销售、运输活动，商品木材计划为零，从源头管住森林资源。实施森林分类区划界定，划定天然林管护任务175.54万亩，制定“天保”实施方案。全区28.73万亩集体林管护任务落实到20个乡镇611个行政村。一个行政村为一个管护责任区，招聘落实村级护林员611名。林业局与乡（镇）护林大队、护林员层层签订“天保”管护责任书。146.81万亩国有林的管护落实到25个管护站，林业局与林场、管护站、护林员签订管护合同书858份，责任人858名。

2005年，宝塔区制定《宝塔区天然林保护工程实施方案》《宝塔区公益林建设管理办法》《宝塔区公益林建设核查验收办法》《宝塔区国有林场天然林保护工程护林员管理办法》《宝塔区集体林管护办法》《宝塔区“三位一体”管护队管理办法》等，形成“天保”管护长效机制；强化护林队伍管理，坚持护林员实行“一年一聘”招聘制度、培训考试的上岗制度、每月25天以上的巡山护林制度、“季度考察、半年考评、全年考核”的工作考核制度。

2003~2010年，天然林工程实施，全区175.54万亩森林得到保护，森林资源消耗量从1997年的106956立方米减少到58068立方米，降低46%。

第二节 森林保护

一、护林防火

1999年4月，宝塔区森林防火指挥部办公室成立。各乡镇、办事处也成立相应的机构。组建1支专业森林消防队、30支半专业扑火队、6支机动扑火队、611支义务扑火队。每年修订森林防火预案，落实领导责任、部门责任、行业责任、地块责任和包片责任，明确林业系统、乡镇政府、教育部门、气象部门、石油生产企业森林保护责任。防火期内，全区天然林区、人工林区、飞播区、退耕还林区、林地边缘的农耕地内，禁止一切野外用火。在防火期内派出专人把守关口要道，对入山人员进行检查登记。瞭望台看守人员坚持24小时在岗巡查。领导和防火办对区内各乡镇、办事处、各林场、延安国家森林公园、风景林场、各油矿单位和驻区主要机关、单位、学校等森林防火工作进行检查，对宝塔山、清凉山等重点旅游景区，坚持巡查看守，清理闲散人员，减少火灾隐患。

2004～2007年，查处野外用火案件130余起，警告59人，补种树木1000余株，罚款67.69万元。

2008年，制订《宝塔区森林防火暂行办法》，印发宣传资料83000份（件）、签订防火公约4万份，坟头公约3.8万份，张贴3000份，向学生家长致公开信2万份，悬挂横幅90幅，发放年画5000张。

2009年，制订《宝塔区处置森林火灾事故应急预案》和《宝塔区专业森林消防管理制度》，规范各乡镇、办事处防火值班记录和森林防火日常工作制度，明确森林火情上报程序和扑救处置，专业森林消防队伍的管理。新建和刷写固定标语、固定宣传牌、碑3800块（条），防火大门100块、警示牌900块。印发宝塔区森林防火暂行办法、中共延安市委“1号”戒严令，禁止上坟烧纸通告、致学生家长公开信13万份。签订防火公约4600份，组装宣传车10辆，分别到乡镇集贸市场、村庄巡回宣传110次，在区电视台、广播中心等新闻媒体滚动式宣传30次。

2010年，发放戒严令、森林防火公开信等宣传资料8万份，新建和刷写固定标语、宣传牌1200条，防火大门60个，组装宣传车定期赴各乡镇集贸市场巡回宣传，石油单位、城郊、南川森林区域内，对重点地段、路口和坟墓集中地区实施监控。

二、森林治安管理

1980年，延安市公安局林业科成立，下设南泥湾和城郊林业两个派出所。1988年12月，延安市森林公安局成立。1990～1991年，查处刑事、行政案件265起，收审15人，治安处罚7人，查处遗留案件12起，追缴木材102.5立方米，检查拉运木材车辆30余次，收缴赔偿款、木材变价款及罚款7.1万余元。

1993～1994年，区森林公安局开展两次大规模的打击乱砍滥伐、制止毁林开荒的专项斗争。精心组织、统筹安排，对乱砍滥伐、非法盗运木材的犯罪分子给予严厉打击。1994年，南郊林场木材检查站全年登记过往车辆达3000车次，处理427起，其中12起偷运柏木321根，罚款68万元。查处各类林业刑事和行政治安案件141起，处罚违法人员171人次，拘捕6人，追缴木材40立方米，挽回直接经济损失10.56万元。

1996年12月，抽调50人，动用11辆汽车（摩托车）在市区和南泥湾等5个乡镇，进行护林防火宣传，受教育人数11万人次。

1999年，南泥湾林业派出所开展林业专项斗争，森林公安局对辖区木材经营加工企业进行清理整顿，要求木材经营加工企业办理木材加工经营许可证，实施木材来源、加工、销售规范管理。

2001年11月，区森林公安局会同市野生动物保护站，检查城区各酒楼、饭店19家，两家饭店受处罚。

2005~2010年，查处森林刑事案件11起，判刑13人；查处森林行政案件48起，处罚50余人；调解因树木引发的民事纠纷6起；清查非法占用林地40余次。其间的2007年12月，延安市（地级）森林公安局宝塔分局更名为宝塔区森林公安局。

三、林木病虫害防治

20世纪90年代后，域内林木虫害有双条杉天牛、小灰长角天牛、树粉蝶、黑金龟、白杨透翅蛾、桑天牛、黄斑星天牛、钢绿顾金龟、薄翅锯天牛、白小食心虫、顶菜角蛾、大小地老虎、刺槐蚜、华北蝼蛄、勾金针虫、介壳虫等42种。病害有白粉病、立枯病、花叶病、腐烂病、根腐病、柳病等7种。病虫害防治采取育苗前对土壤进行消毒和毒饵随籽下种，或药物拌种以消灭病虫害；苗木幼期生长时发生病虫害时，及时喷洒药于叶面、树干，及时拔除病株烧毁，防止传染扩大；严格林木种子、苗木调整检疫、以防带有病虫的各种树种和苗木进入区内；采用混交林，可以收到互相抑制各种病虫害的作用。对于林区发生的虫类和树枝上的真菌，及时采取用人工喷药、清理病株枯枝，防止病虫害蔓延；各乡（镇）村、集体林、个体林、国有林场、四旁林建立以单位、乡镇、村组、户包干防治的统防、片防、点防体系，林业站派出技术人员，深入基层发现病虫害区组织人力指导防治。

1990年，防鼠面积8万亩，灭鼠7.5万只。1995年7月，蟠龙、梁村、下坪等7个乡镇发生柠条虫害，防治面积10800亩。2003~2005年，每年购买10万元石灰，分配各乡镇，用于退耕还林地幼树涂干。

2006年5月，国家林业局森防总站在柳林镇太春沟流域召开全国鼠兔害防治工作经验交流现场会。2007年宝塔区被国家林业局森防总站列为西北地区林业鼠兔害防治综合实验示范项目区。

从2007~2010年，每年投资50万元，用于项目的实施工作。项目涉及蟠龙镇、梁村乡和冯庄乡，实施面积10万亩（鼠害6万亩、兔害4万亩），提高林木成活率和保存率，推动林木鼠（兔）害治理工作的开展，逐步实现鼠（兔）害可持续控制。

四、林地管理

20世纪90代年后，实行“国家、集体、个人一齐上”的方针，坚持“谁造林、谁管理、谁受益”的原则，国有次生林由国有林场管理，集体林地管理由乡村共同负责，村组落实专人管理，承包“四荒地”和小流域栽植的林地由承包户负责，乡镇实行检查和监督。区、乡、村三级有管理机构622个，按照国有林、集体林、个体林的地界四至清楚的林地，严格控制林地内石油开发，公路基础设施建设及其他项目征占面积，对于征占的均按国家政策规定办理审批手续，收取补偿费用。人工造林的地域实行封山育林，一封五至七年。2000年后，实施全面封禁，林地内禁止放牧和开垦种植其他农作物；禁止在林地内办企业，从事养殖。

五、林木管护

20世纪90年代后，每年整理1~3年内的幼树栽植地块、清理树坑内杂物，维修树坑，提高蓄水量，保持幼树正常发育生长；每年进行1~2次锄草、培土、松土和补栽；实行林草、林粮、林菜间作，既抚育幼树，又可获得粮食和蔬菜成活率提高，土地利用价值增加；4~7年的树木进行修枝抚育，除劣存优；清除幼树的病、腐和生长不良的树株，适时补栽。1990年，幼树抚育185700亩次；1995年73800亩次；1997年，幼树抚育151140亩次；2000年幼树抚育157800亩次，成林抚育11250亩次；2005年，幼树抚育189990亩次；2008年10080亩次；2010年补植24000亩次。

六、野生动物保护

1990年，延安市林业局设有林业科，负责市林业局辖区野生动物保护工作，同时落实各林场主管林政的副场长野生动物保护责任。1995年后，按照《中华人民共和国野生动物保护法》的规定，实施对辖区野生动物保护，严格禁止捕杀国家级一、二类保护动物和省级一、二类保护动物，对国家级二类以下、省级二类以下，如羊、鹿、野猪、野兔等野生动物实行有计划狩猎，不许私捕滥宰，在省政府规定的每年4月第二个星期"爱鸟周"及市政府规定的每年4月"爱鸟月"期间，宝塔区均组织宣传活动。在城区主要广场和重点乡镇设宣传点进行宣讲和发放资料。2000年后，随着退耕还林面积大幅增加，种草面积成倍增加，森林覆盖率上升，给鸟类提供栖息觅食场所，鸟类种群繁殖增大，数量上升，宝塔区组织公安、森林公安人员开展清查收缴猎枪、土枪和自制捕杀铁夹、捕套等捕杀工具，收缴铁夹11副、捕套9个。2005年4月，区森林公安局开展"爱鸟月"活动，发放宣传资料1500份。2006~2010年，宝塔区在城区主要广场设点，宣传野生动物保护法，发放保护鸟类宣传资料1万多份，从群众手中接收猫头鹰20余只，在南蟠龙森林放飞，回归大自然。

第三节　山林权属

1990年，全市人工林经营对次生林改造也做出相应规定。1993年，制定《关于集体"四荒地"土地实行拍卖和承包治理的有关政策规定》《关于固定基本农田退耕还林还草的决定》《关于"四荒"地实行拍卖和承包的实施意见》，25°以上坡地退耕还林还草。1994年，制定《关于农村集体土地产权制度改革实施办法》，对土地明确所有权、搞活使用权、强化管理权作出详细规定，承包期限为30~70年，农耕地使用期限30年不变。"四荒"地使用权一次性拍卖或承包。"四荒"地内的地下资源和公共设备不属于拍卖或承包范围。实行统一规划，合理开发，实行山、水、田、林、路、草综合治理，按工程作业标准，依照合同（契约）规定拥有经营、生产、受理、收益、分配和产品处理权利，按合同交纳承包费、税金等。

一、国有林

1990年，国有林面积为125698.8公顷，其中林地面积90079.33公顷，荒地林面积5115.47公顷，灌木林面积30504公顷。2010年底，宝塔区国有林地面积为141589.2公顷，占林地总面积的51.7%，其中有林地面积为97150.3公顷，占国有林地面积的68.6%；疏林地面积1880.1公顷，占国有林地面积的1.3%；灌木林面积17526.2公顷，占国有林地面积的12.4%；未成林面积为927.9公顷，占国有林地面积的0.7%；宜林地面积为24100.0公顷，占国有林地面积的17.0%。

二、集体林

2006年后，制定《宝塔区集体林管护办法》《宝塔区林业局“三位一体”林草管护队管理办法（试行）》。行政村护林员由管护队统一管理。实行聘用制，一年一聘，择优上岗，动态管理。区林业站、“天保”办负责各乡镇管护队的管理考核，采取阶段抽查、半年考评、年度总结的办法。制定详细的巡山检查制度、险情事故报告制度、应急处置制度、林地林木管护制度以及护林员量化考核办法，实行“人员聘用制、工资浮动制”。护林员工资每人每年1000元，每年全区投入管护资金61.1万元。2010年底，宝塔区有集体林地198.78万亩。

三、个体林

森林公安局、林业派出所和稽查大队负责宝塔区个体林的执法检查，严厉打击各种乱砍滥伐、乱挖滥采等违法行为；林业局按照《中华人民共和国森林法》规定，负责办理农村居民自留山和个人承包集体林木的采伐手续。

四、集体林权制度改革

2008年，宝塔区开始进行集体林权制度改革工作，区林业局抽调技术人员和川口乡政府乡村干部组成7个工作组，在川口乡31个行政村进行集体林权、面积的核实，权属范围的摸底调查。进行集体林权制度改革试点，完成集体林地调查登记574宗，占应申请明晰产权的100%，签订合同574份，面积6345亩；输入电脑管理31个村、574宗、面积6345亩。

2009年，林业系统抽调19名科级干部、40名技术人员派驻各乡镇进行技术指导，宣讲中央关于集体林权制度改革政策。印发《宝塔区委、宝塔区人民政府致全区林农的公开信》1万多份、《宝塔区集体林权制度改革工作手册》1000本，发放《陕西省集体林权制度改革资料汇编》600多本、《中共中央、国务院关于推进集体林权制度改革的意见学习辅导资料》300余本，对区、乡、村干部进行宣传和培训。完成集体林勘界确权村组298个，面积123.21万亩（其中退耕还林94.91万亩），集体林地28.30万亩，调处林权纠纷2起，面积0.02万亩，签订承包合同9.35万份，发放林权证面积0.63万亩。

2010年，全区完成林权主体改革任务，发放林权证49405本，涉及669个村组47697户，发证面积181.39万亩。

第三章　果　业

第一节　果业机构

1990年，延安市园艺站和林业站合并，成立延安市果树管理局，下设园艺站。1996年，更名为宝塔区果树管理局。1998年改为宝塔区果业局，具有行政职能，财政全额拨款的事业单位，有干部、职工17人，园艺站23名。2004年成立柳林、姚店、蟠龙、临镇等4个农业技术综合服务站。2005年宝塔区园艺站改称宝塔区园艺技术服务中心。2010年果业局编制14人，内设4股（室），局内设果业服务中心。下设园艺技术服务中心，18个乡镇果业技术服务站，其中10个副科级站、8个股级站，果业系统职工95名，高级职称2名，中级16名，初级39名（助农25名）。

第二节　苹果种植

一、品种引进

1989年，元帅系（红星、红冠、红元帅）占20%，大国光占32%，小国光占21%，鸡冠、红玉、秦冠、青香蕉和印度占3.2%。1990~1991年，苹果有秦冠、红玉、倭锦、国光、红元帅、黄元帅、新红星、红富士等30多个品种。1990~1995年大国光、元帅系、小国光等比例下降，红富士、秦冠面积大幅上升，红富士面积8万亩，占苹果总面积40%，秦冠面积5万亩占25%。其中，“新红星”产量260万千克。1997年，发展“乔纳金”8000亩。2000年，红富士占83%，秦冠保留面积占6%。千秋、嘎拉占6%，美国8号、红津轻、乔纳金、北海道9号、北斗等10多个品种，没有集中连片约占3%，澳洲青苹果占2%。2008年红富士系列占苹果总面积的70%以上。2010年，红富士系列占总面积的88%，美国8号、乔纳金、红津轻、澳洲青苹果占9%，秦冠、红元帅、黄元帅占3%。

二、苗木管理

建立苹果苗圃，以山定子、水秋子原种为培育砧木，幼苗出圃后，进行嫁接，形成一年育苗、二年接种、三年出圃的种苗繁育周期，采取芽接、皮接、根接等办法，嫁接元帅系、国光、红玉等20万~70万株，1990年后，主要培育红富士、秦冠等10多个品种，苗木出圃80万~100万株。2000年后，本地培育苗木逐年减少，2004年，苗木出圃15万株。2006年后，主要从杨凌示范区调入，2010年，调入红富士系列等30万株。

三、种植面积

1990 年，延安市水果保留面积 17. 8 万亩。1991 年，全市有果园 189540 亩，占水果总面积的 89. 7%。1993~2005 年，柳林、枣园、河庄坪、万花山、川口、李渠、冯庄、青化砭、梁村、官庄等 14 个乡镇，均种植苹果万亩以上，占乡镇总数的 70%。其中，1993 年苹果面积 20 万亩，1996 年新增苹果面积 43975 亩。1997 年，宝塔区水果总面积 229695 亩，其中苹果 209460 亩，占 91. 1%。1998 年，苹果 202425 亩，2000 年 21 万亩。2003 年，水果总面积 236595 亩，其中梨、桃、葡萄、杏等 26070 亩，占 11%。2005 年 326520 亩，其中苹果 300450 亩，占 92%。2007 年全区水果总面积 368715 亩，其中种植 3 万亩以上的乡镇有 1 个，2 万亩以上的 7 个，1 万亩以上的 8 个。2008 年全区苹果面积 37 万亩，2009 年 392645 亩，2010 年 412995 亩，其中新增苹果面积 20355 亩。

第三节　基地建设

1990 年，杜甫川、万花山建立苹果基地 1 万亩。

1992 年，延安市制定《关于加快五十万亩果业商品基地的决定》，新增苹果面积 71235 亩，其中柳林镇四十里铺村至蟠龙镇永胜村 210 国道沿线阳山坡及部分川面地种植苹果 1 万亩。

1993~1995 年，农业生态建设进入大发展时期，三年栽植苹果面积 187350 亩，其中万亩以上乡镇 8 个，达到 127500 亩。以苹果为主要收入的经济强村 146 个，果树面积超过 30 亩的有 788 户。1998~2000 年，新增苹果面积 72600 亩，年增加 24200 亩。1999 年，宝塔区被陕西省列为 20 个优质苹果基地县（区）之一，1000 亩苹果示范优果率 80%以上，带动区域优果率 50%以上。

2001~2005 年，宝塔区新增优质苹果基地 44640 亩，建立省级苹果绿色基地示范区，面积 93000 亩。

2008 年，建成柳林镇（九沟—杨家畔）“九杨苹果无公害示范区”，面积 3710 亩，丈子沟流域万亩果业示范区，川口标准化示范区 6000 亩。

2009 年，苹果绿色基地面积 56000 亩，其中幼园精细管理 21000 亩，山地苹果无公害面积 8000 亩，区域内停止使用农药，改为黄板和太阳能杀虫灯。安装杀虫灯 1190 个，粘虫板 10800 张。

2010 年，建成临镇镇任家塬流域、官庄乡庙塬流域塬地苹果示范区，有专业村 28 个，面积 42150 亩。建成柳林镇新茂台、后孔家沟山地苹果示范园，面积 10000 亩。柳林镇有苹果面积 48000 亩，人均 4 亩。

第四节　技术推广

1992 年，推广“大改形、强拉枝、巧施肥、无公害”四项技术。延安市实施“四项技术”面积 21000 亩，老果园改造面积 10850 亩，占 45%，亩产增加 20~30 千克。1993 年，地膜覆盖幼树 45000 亩，占幼树面积的 70%。1995 年，推广“四项技术”面积 24100 亩。

1997 年，姚店镇麻科义村实施苹果果实套袋试验示范，面积 105 亩，防虫效果显著，优果率 75%以上。1998 年，全区苹果套袋 11050 亩。1999 年，全面推广果树管理八项技术：规范树型、品种改良、疏花疏果、果型素应用、穴贮肥水、摘叶转果、病虫害综合防治、适期采收。对自由纺锤形树形，实施稀枝修剪和提杆修剪。

2003 年，大改形，在果园大动作大力度上，挖除过密植株，主杆提高到一米左右，疏除过多的主枝和侧枝，保留 4 个左右主枝，控制树的高度垂落头，保持株间有足够的作业空间，控制主枝间的平衡，培养下垂的结果枝组。强拉枝，实施个体单株适龄树不结果校直拉枝。巧施肥，针对树势衰弱，土壤地力差，偏施化肥，配方施肥。无公害，果实全部实行套袋管理。果袋要求：外袋为木浆纸袋，灰褐色（灰白）内黑色，疏水性、透光性、透气性、拉张力均达省标要求；内袋红色涂抹蜡层均匀，高温不溶流蜡液。选用国家无公害果品允许使用的高效、低毒、低残留农药，防治病虫害。同年，苹果“大改形、强拉枝、巧施肥、无公害”四大技术推广面积 41200 亩，地膜覆盖幼树 18585 亩。同年，临镇任家塬村建果园防雹网 30 亩，防雹效果明显。

2008 年以来，借助中央财政支持现代农业生产发展资金苹果产业项目，大力推广太阳能杀虫灯，果园挂粘虫板，秋季树干绑诱虫带。全区 2 万多亩山地苹果示范区停止使用农药，使用高科技杀虫灯、粘虫板、诱虫带。同时，不断完善基础设施建设，在果业重点乡镇实施集雨窖、防雹网、沼气池等设施建设。年内，新增集雨窖 3400 个。是年，全区大改形 36 万亩，强拉枝 76 万亩，巧施肥 80 万亩；果实套袋 11. 8 亿只，优果率由 45%提高到 68%。2009 年，全区大改形 38 万亩，强拉枝 80 万亩，巧施肥 87 万亩；果实套袋 15. 4 亿只。

2010 年，宝塔区大改形 15 万亩，强拉枝 22 万亩，巧施肥 22 万亩；地膜覆盖幼树 7200 亩；防雹网面积 19900 亩，四项关键技术覆盖率为 90%以上。

第五节　优果工程

1990～1999 年，果业科技人员进行分片管理，区、乡技术人员对重点果园进行技术指导，提高苹果优质率。建成优质苹果示范园 1000 亩。

2003 年 1 月，北京果树专家在姚店镇狼卧沟村三株红富士树上改形示范，优果率由 50%提高到 80%。各乡镇成立果树大改形专业队 20 个，专业队和乡镇干部人均配备一把剪一把锯，进行果树大改形修剪面积 15000 亩，补贴或无偿发放果树修剪伤口保护剂。果业局建成姚店郑崖反季节大棚油桃试验示范基地，繁育良种苹果苗木，填补大棚果树的一项空白。

2005 年，宝塔区制定《关于进一步加快农村主导产业发展的决定》，苹果产业连续三年的直补政策，修建果园生产道路，每千米补助 5000 元，新建防雹网，每亩补助 600 元，保水条带，每亩补助 300 元，果园集雨窖每个补助 600 元，修果库每个补助 2000 元，果苗每株补助 0. 4 元。新建防雹高炮点 30 处，购置火箭炮 2 门，防雹建场设备、炮弹费用、人工工资给予补贴，免费提供石硫合剂、膜等物资。建成果园集雨窖 500 个。

2007 年，全区果树专业村 118 个，有机苹果 1.2 万亩，标准化示范园面积 5 万亩。2008 年，建成“果、牧、沼”省级示范园 2700 亩，生态示范园 5000 亩。

2010 年，宝塔区建成市级优果工程 5 万亩。自 2006 年以来，区财政投入果业发展资金 3000 多万元，用于优果工程建设。乡（镇）用于苹果打瞎狳支出 30 多万元。

第六节　果农培训

20 世纪 90 年代，延安市培训区、乡园艺站技术骨干 50 名，每个技术骨干再培训 50 个科技示范户，科技示范户带动 3000 户。1990~1999 年举办果树栽植、地膜覆盖、冬春季修剪、疏花疏果等技术培训班 243 期，参加学员 120500 人，发放果树技术书籍 1.5 万册、技术资料 6.8 万份。

2000~2010 年，宝塔区聘请日本专家及北京、山西、省果业局和西北农林科技大学专家或教授，采取理论培训与果园实地操作示训相结合，参加人员达 10080 人次；选派技术干部到北京、山东等地培训学习，提高区、乡技术干部的理论知识和实践技能。2001 年后编写《山地苹果栽培技术》《宝塔区绿色苹果生产基地果园管理手册》《绿色苹果出口基地建设生产技术操作规程》《苹果园无公害管理技术守则》等资料发放到村、到户。2008 年各果业乡镇成立乡镇果业技术服务站，每个乡镇增加技术服务人员 3~5 名，进一步完善果业管理建设力量。2008 年，“四大关键技术”累计培训 1300 多场次，受训技术人员达 1500 人次，参加培训的果农达 8.3 万人次。2009 年培训果农达 8.5 万人次，2010 年培训果农达 8.65 万人次。

第七节　苹果产量

1990 年，苹果产量 7836 吨。1991 年，水果总产量 11570 吨，其中苹果产量 9697 吨，占 83.8%。1992 年苹果产量 13885 吨，1993 年 11837 吨，1994 年 13288 吨。

1995 年，苹果总产量 23694 吨，产量比 1990 年增长 15858 吨。1997 年 14420 吨，2001 年 26110 吨。

2003 年，宝塔区水果总产量 35400 吨，其中苹果 32017 吨，比 1990 年分别增长 3.29 倍、3.08 倍，比 1996 年分别增长 11.7%和 11%。

2005 年，全区水果总产量 108021 吨，比 1995 年增加 7.64 万吨。2006 年苹果产量 128000 吨；2007 年产量 161040 吨，平均亩产 1073.6 千克。

2008 年，全区水果总产量 183689 吨，亩产 1074.2 千克，其中苹果产量 181000 吨，平均亩产 1131.2 千克。

2009 年，全区苹果产量 217000 吨。2010 年 241400 吨，亩产 1097 千克。全区苹果优果率达 70%以上。

第八节　苹果贮销

一、苹果贮藏

集体果园、苹果大户建有果库，主要以挖土窑洞为主，贮存量在2～10吨。1995年，建土洞式果库800个，2000年2700个。2010年，苹果专业村、专业户建成简易苹果贮藏库，果品贮藏能力6万吨。

二、果品销售

1990～1996年，果品销售以果商销售户收购，销往外地，也有果农直接上市销售。1992年，果品除本地市场，远销内蒙古、山西、甘肃等地区，销售量9500多吨。

1997年，在上海、广州、北京、重庆、深圳等地建立10多个外销窗口。2001年，举办苹果展销会、推介会18次。2004年包头市、东莞市建有宝塔山地苹果直销点。

2005～2010年，建立农民经济合作会、果农协会等产、供、销为一体的服务网络，乡镇果业站、区园艺技术服务中心，联系客商、提供销售信息、专业村有2～3名信息员，形成网状式销售趋势。中央电视台、《人民日报》和《农民日报》宣传延安宝塔山地苹果，开辟马来西亚、泰国、越南等市场，销售苹果22万吨。2007年宝塔山地苹果进入香港展销。2008年，举办首届中国延安宝塔山地苹果文化节，省、市领导和各地果商60多人走进果园，观看山地苹果展览，一颗“苹果王”卖出3000元高价。2009年11月，举办宝塔山地苹果北京推介会。至2010年底，宝塔区建有外地销售网点20多个，山地苹果远销北京、上海、内蒙古、四川、银川、福建等20多个省区市，出口俄罗斯、泰国和新加坡等国家。

第九节　苹果收益

1990年，苹果产值981万元，占农业总产值5.9%。1993年2064万元，1995年3113万元。1998年3012万元，占农业总产值13.74%；2003年5277万元，占农业总产值29.3%；2004年12689万元，占农业总产值45.2%；2005年20464万元，占农业总产值的54.3%；2007年34377万元，占农业总产值64.3%。2008年苹果产值46040万元，果农收入人均2715元，20个果树专业村人均纯收入1万元，62户收入10万元，5万元的有405户。2009年苹果产值46252万元，果农人均纯收入3360元，农民人均收入万元村28个，2万元村4个，户收入5万元600户，户收入10万元120户。2010年，宝塔区水果总产值65961万元，占农林牧、副、渔服务业总收入的48.87%，占农业总产值61.38%。其中，苹果总产值5.76亿元，果农人均收入2万元的村4个，收入5万～10万元的有796户，收入10万～20万元的有180户，20万元以上的10户，人均苹果收入万元乡镇1个。

第十节　其他水果

区域内人工栽植梨、葡萄、杏、桃、枣、山楂果、小沙果、李子、玉皇、草莓等10

种。分布在各乡（镇）村组的阳坡地、农户的房前屋后。杂果栽植梨（酥梨、鸭梨、长把梨、灌梨、传统小梨等）、葡萄（龙眼、玫瑰、委牛奶、巨峰、黑奥灵、新疆白葡萄等）、杏（关中大杏、小黄杏、小红杏等）、桃（水蜜桃、油桃、传统秋桃等）、枣（条枣、团枣等）、桃李子（杏李子、小红果、小沙果、草莓）。1990 年栽植面积 13619 亩，总产 523 吨。1995 年 28305 亩，总产 2575 吨。1994～1996 年，栽植梨树 5000 亩，油桃 5000 亩，大杏 5000 亩，葡萄 5000 亩，蜜桃 5000 亩。1997 年，挂果面积 10 万亩，总产 4000 万千克，收入过亿元，农民人均收入 615 元。2000 年 26070 亩，总产 1946 吨。2010 年 19485 亩，总产 4039 吨。

一、梨

1990 年，梨栽植面积 5411 亩，总产 155 吨，平均亩产 28.6 千克。1992 年总产 245 吨，1995 年 801.4 吨，平均每千克价格 0.6～0.8 元。1997 年 519 吨，1999 年 636.5 吨，2000 年 637 吨。2003 年 1558 吨，平均亩产 1848.1 千克，平均亩收入 1108.8 元。2005 年栽植面积 8430 亩，总产 2337 吨。2008 年梨产量 1050 吨，2009 年 1060 吨，2010 年产量 770 吨，每千克市场价 2～2.5 元。

二、葡萄

1990 年，葡萄种植面积 300 亩，产量 22 吨，1995 年 278.1 吨，平均亩产 67.6 千克，每千克市场价 1.5～2.2 元。1997 年 274 吨，2003 年 668 吨。2005 年种植面积 3495 亩，总产 1032 吨，2008 年 1077 吨，2010 年面积 4485 亩，总产 2640 吨，平均亩产 588.6 千克，每千克市场价 6～7 元，亩收入 3825.9 元。

三、杏

1990 年，杏种植面积 2125 亩，产杏 73 吨，1992 年 328 吨，1995～1999 年五年杏总产量为 1374 吨。2000 年 439 吨，平均亩产 570 千克，亩产值 1425 元，市场价平均每千克 2.5 元。2003 年杏产量 594 吨，2008 年 400 吨，2009 年 400 吨。2010 年 385 吨，亩收入 1230.5 元。

四、桃

1990 年，桃种植面积 4927 亩，产量 127 吨，1995 年产桃 721 吨，2000 年 410 吨，2003 年 380 吨，2005 年种植面积 5190 亩，总产 570 吨，每千克市场价 5～6 元。2008 年桃产量 420 吨。2010 年 444 吨，平均亩产 112.5 千克，亩产值 1237.5 元。油桃每千克 7～9 元市场售价。

第九编 水利 水保

宝塔区地处陕北黄土高原沟壑区、乔山次生林区北部，属温带半干旱气候区。域内梁峁起伏，沟壑纵横，地形破碎，除延河、汾川河流量较大外，其余各支流流量很小。土壤松软，植被差，水土流失严重。年降雨量少，水资源匮乏。

20世纪90年代，宝塔区水利水保开始重点实施生态农业、世行延河流域贷款项目、小流域承包、拍卖、人畜饮水等建设工程。1990～2010年，完成基本农田建设面积1.36万公顷，治理水土流失面积2320平方千米，治理程度73%。新建农村饮水安全工程674处，农村人口居住村自来水入户率85%。流域综合治理由1989年的治理程度32.3%提高到2010年的73%，上升40个百分点，基本农田增长87.08%。农田有效灌溉面积增加573.3公顷，节水灌溉面积增加1924公顷，水产品增长20.4倍。水土保持环境开始向山变绿、水变清、水不下山、泥不出沟的良性循环发展，水土保持生态效益、经济效益、社会效益日趋明显。

第一章 水土流失

第一节 流失因素

宝塔区水土流失主要由水力侵蚀和重力侵蚀所致。宝塔区南北长，东西窄，地势西高东低，中部偏南隆起，类似环状，向东倾斜。域内有两个干流河谷，十大川以及许多支毛沟，河谷高860～1000米，峰谷高差300～400米，极端高差665米。北部高1525米，汾川河最低860米，域内有长0.5千米以上的沟道6703条（长10千米55条、0.5～5千米6621条），沟壑密度3.04～6.25千米/平方千米。因土壤多类型，渗透力不尽相同，南部残塬、台地、河谷高阶地、梁峁鞍部有少量黑垆土残存外，其余山丘坡面和谷川地均为新黄土（马兰黄土），统叫黄绵土。全境黄绵土面积22611.3公顷，占总土地面积的63.59%。黄绵土土质轻壤，结构松散，渗透力强，黏粒含量低，固结力弱，易为水力所分散，崩解速度一般为1~3分钟，抗蚀能力很低。因陡坡多，密度大，沟谷深，易产生径流。尤其下暴雨时，汇流快，水势猛，形成高浓度洪水下泄，是水土流失的主要因素。区域内森林覆盖率低，植被差，东北部的蟠龙、梁村等森林覆盖率仅为3.5%~4.2%，易造成水土流失。加之人为开垦荒地、砍伐林木、放牧以及石油开采中修建井场、油台、选油站、生产道路等，改变原地貌形态和地表土壤结构，毁坏地面植被，降低原有水土保持功能，形成新的侵蚀区，进一步加剧水土流失。

第二节　流失区域

宝塔区域内有延河、汾川河两大流域，因地形地貌、植被等不同，两大流域内水土流失差异较大，可分为三大水土流失区。

一、北部重度流失区

包括延安城区以北的河庄坪、枣园、桥沟、李渠、冯庄、青化砭、蟠龙、梁村、甘谷驿9个乡镇，以及延河南岸的川口、万花山、姚店、柳林4个乡镇的47个行政村，面积1674.1平方千米，占总面积的47%。区域内梁峁起伏，沟壑纵横，坡面陡峻，植被稀疏，耕垦指数高。地表以黄绵土为主，黄土覆盖深度为30~180米。区域内降雨多集中在7月、8月、9月三个月，且常以大雨、暴雨出现，水流集中，易形成径流，有时还会出现滑坡、崩塌等现象，水力侵蚀剧烈，面蚀和沟蚀都严重，侵蚀模数12156吨/平方千米，局部地区高14000~15000吨/平方千米，故为水土流失严重区域。

二、东南部残塬中度流失区

主要包括临镇镇14个行政村，土地面积133.52平方千米，海拔1061~1127米之间，沟谷密度3.4~3.7千米/平方千米。区域由12个互不相连的小塬组成，并伴有梁、沟、壑。塬面坡度5°~10°，塬边破碎，河谷坡度28°~38°之间，塬沟相对高差在160~200米，河谷呈“V”字形，坡面侵蚀轻微。暴雨时，塬面径流集中于沟头而下泄，造成严重的沟蚀，沟头延伸，沟岸扩展明显，年平均侵蚀模数为2180吨/平方千米，年侵蚀量94.25万吨/平方千米，水土流失以重力侵蚀为主。

三、南部梢林轻度流失区

包括南泥湾、麻洞川2个乡（镇）、48个行政村，以及临镇、柳林、万花山、川口、姚店等乡镇的部分行政村，面积1755平方千米，海拔1100~1463米，沟谷坡度24°~57°，沟谷密度3~3.5千米/平方千米。该区域属天然次生林区，森林覆盖率66%。以坡耕地为主，有少量的沟台地、坝地等，土壤以褐土为主，肥力高，结构良好，含水能力强，水力、重力、风力侵蚀不明显，水土流失较轻。

第二章　水土保持

第一节　基本农田建设

1991 年，延安市制定《延安市生态农业建设总体规划》，全面实施水土保持生态农业战略，开展规模化、单元化、标准化基本农田建设。组织实施万花山千亩农田大会战，动员市属机关、学校、部队、驻延安单位 370 个、15.6 万人次参加会战，新修基本农田 85 块，面积 1550 亩。枣园乡韩家沟村集中联村会战，新增梯田 452 亩，人均基本农田 2.7 亩，被陕西省黄河中游局评为先进单位。全市设基本农田建设会战点 124 个，新修面积在 100 亩以上有 39 个，50 亩以上 56 个，全年新修基本农田 7036 亩。

1992～1994 年，实行基本农田建设常态化、专业化作业模式，柳林、元龙寺、姚店等组建农田工程常年作业队 15 个，区、乡、村三级筹资 226 万元，购置推土机 47 台，采取人机结合，连片平整，新修基本农田 3926.8 公顷。1993～1994 年，枣园、万花山、桥沟 3 乡实行联合会战，集中会战 6 次，投工 30 万个，新修基本农田 692.3 公顷。

1995 年，基本农田建设实行项目目标责任制管理，采取立项评估、审查定项、统一规划、专业设计、规范施工、竣工验收等办法，各项基本农田建设资金捆绑一起，统筹使用。全年立项 62 个，开工 62 个，完成基本农田面积 2022.8 公顷，投工 21.45 万个，投资 462.87 万元。

1996 年，基本农田建设以突出重点、集中连片、单元治理为目标，打破乡村行政区划界线，实行大流域治理。全年全市动用推土机 110 台，作业 29700 台班，集中大会战 56 次，新修基本农田 1120 公顷，完成新增治理面积 97.4 平方千米，占延安地区下达任务的 159%，占市计划任务的 149.8%。采用 CitysTar-GIZB 和 CPM 系统完成柳林乡孔家沟、万花山乡曹家沟等 9 条小流域规划文件和 5 个项目管理文件，绘图 170 张，代表陕西省给世行官员演示和问题解答。同时，还为在北京召开的“世界发展中国家旱作农业研讨会”提供世行流域治理经验材料，受到专家和学者的高度评价。

1997 年，全区治理片 14 个，重点小流域 16 条，新增基本农田 1232.6 公顷，治理总面积 82.85 平方千米，加工提高治理面积 34.34 平方千米。14 名区级领导包抓 14 个治理点，新修梯田 739.6 公顷。

1998 年，河庄坪、李渠、枣园、万花山、蟠龙、甘谷驿等乡镇组织全乡大会战。联村会战50余次，日上劳2.8万人，动用推土机240台，新修梯田1333.3公顷。柳林、川口、松树林、桥沟4乡镇联合建设的燕沟示范区，被中科院列为“黄土高原中尺度地区生态农业建设科技研究专题”，也是延安市政府与中国科学院签署的“九五”攻关项目。全年联村会战3次，动用推土机51台，最高日上劳3500人，新修梯田300公顷。青化砭镇张坪建设区为国家批准的生态环境重点建设区，涉及青化砭、梁村、张坪3个乡镇；全年动用推土机60台，各乡大会战4次，日均上劳4000人，新修梯田400公顷。

1999~2004年，基本农田建设形成规模化发展趋势，质量不断提高，新增农田面积6045.6公顷。

2005年，宝塔区制定《关于进一步加快基本农田建设的实施意见》，提出每年新修基本农田1.5万亩以上，围绕“三边”（村边、水边、路边），兴修农田。全区上推土机223台，千亩以上农田建设示范点3个，500亩以上5个，新增基本农田366公顷。

2008年，基本农田建设千亩以上示范点有3个，分别在蟠龙镇何家沟、麻洞川乡刘台、南泥湾镇前九龙实施，新增面积3001亩。至2010年底，全区基本农田面积2.32万公顷，保留面积33.76万亩。

1990~2010年宝塔区基本农田建设面积统计表

表9-2-1　　　　单位：公顷

年份	面积	年份	面积
1990	1100	2001	622.5
1991	980.5	2002	297.2
1992	900	2003	700.8
1993	1465.9	2004	836.8
1994	1560.9	2005	1466.7
1995	2393.1	2006	1424
1996	2010	2007	1246.5
1997	2013.3	2008	1220
1998	2000	2009	853.3
1999	2533.3	2010	300
2000	1055		

第二节　淤地坝工程

一、淤地坝建设

20世纪90年代初，延安市提出建设生态农业市总目标，坚持把治沟工程与淤地坝建设作为治理水土流失的重点之一，也作为粮食增产的重要途径。

1990~1993 年，建成淤地坝 24 座，淤地 738 亩。1994 年淤地坝建设实施工程、生物、技术三大措施一齐上，把骨干坝工程和坝系配套建设结合起来，增强坝体抗洪能力。打坝主要分两种形式：一种是沟底锁坝、山坡造林、沟畔种草、山顶修田；另一种是沟底打坝、沟坡种草、山顶造林。1994~1995 年，建成淤地坝 48 座，控制流域面积 69. 84 平方千米，总库容 549. 12 万立方米，拦泥库容 320. 88 万立方米，可淤地 59. 68 公顷；动用土方 481779 立方米，石方 162 立方米，完成投资 155. 2 万元。

1996 年，淤地坝工程主要分布在碾庄、枣园、河庄坪、姚店、青化砭、冯庄、柳林、甘谷驿、川口等 9 个乡镇的 38 个行政村，建成淤地坝 45 座，可淤地 31. 51 公顷，完成投资 174. 48 万元。

1997 年 3 月，在宝塔区川口乡白峁村动工兴建白峁坝，同年 10 月 15 日竣工。白峁坝控制流域面积 8. 14 平方千米。工程由土坝和放水建筑物两大部分组成，土坝高 22 米，顶宽 4. 0 米，总库容 90. 94 万立方米，拦泥库容 31. 3 万立方米，可淤地 70 亩，设计淤积年限 10 年，总投资 37. 59 万元。

1998 年，建成骨干坝工程有：冯庄乡红交寺坝，坝高 23 米，流域面积 26. 1 公顷，总库容 50. 6 万立方米，拦泥库容 20. 72 万立方米，可淤地面积 8 公顷，工程量 13. 43 万立方米；青化砭镇常塔坝、张马河坝控制流域面积分别为 8. 9 平方千米和 13. 1 平方千米，总库容 70 万立方米和 314. 4 万立方米，拦泥库容 66. 5 万立方米和 200. 1 万立方米，可淤地 8 公顷、14. 6 公顷；元龙寺乡高山、蒲屯、石中河 3 座骨干坝控制流域面积 36. 3 平方千米，总库容 772. 7 万立方米，拦泥库容 570. 8 万立方米，可淤地 177. 7 公顷；李渠镇管道沟、双柳树、双田 2#坝，控制流域面积 15. 40 平方千米，总库容 282 万立方米，拦泥库容 194. 1 万立方米，可淤地 22. 87 公顷。

1999~2003 年，建成淤地坝 97 座，其中骨干坝 7 座、中型坝 49 座、小型坝 41 座。

2005 年，宝塔区淤地坝系工程建设被水利部确定为全国试点县区之一，也被黄河中游局确定为淤地示范工程建设区。宝塔区制定《关于高庄、麻庄、碾庄三条流域坝系工程建设的实施意见》，成立淤地坝工程建设领导小组，负责设计、施工和管理，对骨干坝工程推行“四制管理”，实行公开招标，全程接受行政监察部门监督。三条坝系 2005 年动工，2006 年竣工，建成骨干坝 8 座、中型坝 7 座、小型坝 35 座，完成投资 1957 万元。

1990~2010 年，建成淤地坝 206 座，其中骨干坝 53 座，中、小型坝 153 座。至 2010 年底，全区有淤地坝 4112 座，其中大型坝 305 座、中型坝 840 座、小型坝 2967 座。

二、淤地坝维修

宝塔区约 80%~90%的淤地坝建于 20 世纪 60~70 年代，运行时间大多在 30 年左右。因年久失修，设施老化，不同程度地存在病险问题，多年的淤积，使淤地坝丧失继续拦泥和滞洪能力。2005 年，对全区 3957 座淤地坝进行调查，大型坝 99 座中有水毁坝 29 座；中型坝 238 座中水毁 122 座；小型坝 3620 座中水毁 225 座。2007 年，对 10 座水毁坝进行试点维修加固，工程投资 100 万元。2008 年，完成修复水毁坝 50 座，投资 700 万元。2009 年，完成修复加固水毁坝 30 座，投资 240 万元。

2010年宝塔区骨干坝基本情况统计表

表 9-2-2

乡镇	坝名称	流域面积（平方千米）	坝高（米）	总库容（万立方米）	拦泥库容（万立方米）	可淤地面积（公顷）	工程量（万立方米）
贯屯	史家沟	3.00	22.00	104.00	69.00	10.00	3.36
	云山寺	3.10	20.00	66.60	34.00	4.67	4.78
蟠龙	马家沟	3.70	22.00	88.60	48.78	6.80	5.34
	南洼	4.65	25.50	144.20	93.00	51.67	13.83
	王庄	2.10	22.00	58.80	35.20	23.33	3.48
梁村	高家沟	10.10	21.00	242.40	144.30	112.22	6.25
	高庄沟	2.25	26.30	54.00	40.00	5.60	8.06
	呼家湾	6.10	19.60	205.10	134.70	21.07	9.02
	闪天玉	1.50	24.80	50.20	33.70	4.87	2.20
	石家河	9.60	34.00	230.40	101.50	106.67	10.43
青化砭	张马河	13.10	21.00	314.40	200.10	145.56	4.60
	常塔	8.90	11.50	70.00	66.50	8.00	6.20
元龙寺	大山圪塔	3.80	18.00	131.20	85.93	42.22	3.90
	高山	4.90	18.00	117.60	78.40	54.44	8.20
	蒲屯	7.30	18.00	175.20	115.90	81.11	4.80
	石牛河	24.10	12.00	578.40	376.50	267.78	3.40
冯庄	丁庄	30.00	25.50	250.00	235.00	20.00	16.48
	河交寺	26.10	23.00	50.60	20.70	8.00	13.43
	芋子沟	17.30	23.00	415.20	229.60	192.22	9.82
河庄坪	田塔	8.30	22.00	1666.00	110.90	92.22	5.03
	枣圪台	5.10	21.00	102.00	64.60	56.67	5.34
姚店	好家沟	3.50	23.00	92.80	55.00	5.00	5.80
万花山	后楼塌	3.10	24.00	66.60	45.90	6.47	3.90
	肖渠	27.80	24.00	333.60	215.00	308.89	6.20

续表

乡镇	坝名称	流域面积（平方千米）	坝高（米）	总库容（万立方米）	拦泥库容（万立方米）	可淤地面积（公顷）	工程量（万立方米）
柳林	沟门	2.10	15.00	62.00	61.00	12.00	3.86
	何庄	5.00	24.00	85.90	28.30	12.00	6.70
	湫沟	5.60	19.80	55.00	36.00	62.22	3.80
	克来沟 1#	4.80	20.50	52.00	34.00	7.00	3.40
	克来沟 2#	4.80	11.00	50.00	40.00	6.00	3.10
	龙寺	24.30	20.00	52.54	34.00	270.00	5.20
	麻庄 1#	13.10	15.00	164.20	144.00	145.56	4.78
	马科玉 1#	5.50	19.50	52.00	41.95	7.53	4.20
	马科玉 2#	3.10	25.50	725.80	31.90	79.45	8.97
	阳窑沟	3.83	22.00	56.80	23.80	3.70	13.76
	寺沟	5.00	20.20	51.70	45.00	7.80	4.63
	九沟	6.65	25.70	70.93	40.67	54.40	10.56
临镇	七连队	81.02	17.00	385.40	250.51	675.17	4.20
	三连队	131.24	9.00	131.20	85.00	772.00	3.80
枣园	韩家沟	7.20	25.40	128.40	52.00	5.67	4.70
	刘家河	3.20	22.00	51.20	33.00	35.56	3.90
	盐店则	16.10	20.00	257.60	165.00	178.89	7.20
官庄	老中沟	7.10	24.00	84.00	55.00	78.89	7.98
李渠	好义沟	3.40	15.00	68.00	44.20	37.78	6.47
	庙圪台 9#	2.60	13.50	59.90	37.70	28.89	5.23
	管道沟	6.50	26.00	129.00	59.80	8.20	8.24
	碾庄 2#	5.20	17.00	69.00	29.00	5.80	6.43
	沙家沟	1.60	15.00	50.20	33.00	17.78	5.20
	蛇木咀	2.20	18.00	54.60	29.70	3.50	6.99
	双柳树	6.50	15.50	93.00	93.00	4.00	3.60
	双田 2#	5.50	20.00	60.00	60.00	10.67	1.29
	水眼沟	3.20	29.00	54.60	24.60	3.47	11.12
	双田	3.40	16.00	56.00	36.40	37.78	3.20

续表

乡镇	坝名称	流域面积（平方千米）	坝高（米）	总库容（万立方米）	拦泥库容（万立方米）	可淤地面积（公顷）	工程量（万立方米）
李渠	王家沟	6.00	31.60	87.60	22.20	0.00	4.00
	新庄科	5.90	17.60	118.00	89.40	8.27	6.40
	羊圈沟	2.90	24.50	58.00	33.60	5.33	5.72
	中庄	1.50	17.00	51.90	33.74	16.67	4.50
	杨新庄	8.80	17.00	88.00	54.00	0.00	8.78

第三节　世行贷款项目

世行贷款项目是引进世界银行贷款，对延河流域水土保持进行综合治理的一个项目。1993 年，延安市成立延河流域世行贷款项目办公室，并进行前期准备工作。编制项目区总体规划，实施典型小流域治理，为总体项目评估提供各种论证资料、评估现场等。国内外专家学者先后 10 次对项目进行考察，世行官员、专家 8 次深入项目区实地考察，进行预评估和评估。8 月 1～20 日，预评估团考察枣园温家沟村、柳林飞马河、桥沟十里铺村“双百里林带”“绿色长廊”工程等。10 月 20 日，开始对项目正式评估。以世行官员伏格乐为团长，畜牧专家奥其司和环评处长琪薇瑟等一行 10 人组成的世行评估团，对项目区桥沟乡二十里铺村草场、柳林乡飞马河流域治理、枣园乡庙沟村等现场进行考察。同时，对项目机构设置、政策及组织措施等方面进行审查。1994 年 3 月签约，7 月正式生效。项目治理期为 8 年，还贷期 22 年。1993 年延河流域治理完成治理面积 72.43 平方千米，占超前实施任务的 126.9%，新修基本农田 510 公顷（梯田 457.5 公顷、坝体 52.5 公顷），占全市基本农田的 75%，造林 3400 公顷（乔木林 2000 公顷、灌木林 1400 公顷），占 1993 年任务的 126%，果园 7333.3 公顷，占任务的 227%，人工种草 3333.3 公顷，占全市任务的 149%，动用机械 243 台（推土机 195 台、拖拉机 48 台），架子车 1450 辆，完成工程量 427.5 立方米，总投劳 983 工日，完成项目投资 1158 万元。

一、一期工程

延安市延河流域水土保持世行贷款项目一期工程，自 1994 年正式实施。项目区位于黄土高原丘陵沟壑Ⅱ付区，土壤为黄绵土，地形复杂，沟壑纵横，植被稀少，干旱少雨；年侵蚀为 8000～1000 吨/平方千米，平均年降雨量 495.5 毫米，且集中在 6～9 月，多为暴雨；年平均气温 9.5℃，无霜期 187 天。项目区涉及柳林、万花山、枣园、河庄坪、桥沟、碾庄、李渠、冯庄、姚店、青化砭、蟠龙、甘谷驿、元龙寺等 14 个乡镇，271 个行政村，11.85 万人，总面积 1027.4 平方千米，水土流失面积 984 平方千米。

1994～2001 年，一期项目建成基本农田 6705.2 公顷（梯田 6432.8 公顷、坝地 176.4 公顷、水地 96 公顷），造林 20322.3 公顷（乔木林 6741.3 公顷、灌木林 8581

公顷、果园5000公顷），人工种草11172.5公顷，建骨干坝、淤地坝161座，灌溉工程8处，建设中心苗圃10公顷；完成治理面积382平方千米，占一期项目目标407.7平方千米的93.7%；完成总投资13410.8万元，其中世行贷款8467.2万元，国内配套资金4943.6万元。

经过8年治理，治理程度由41.5%提高到78.5%，森林覆盖率由27.4%提高到54.1%，土壤侵蚀量减少35.5%。流域内侵蚀模由8000~10000吨/平方千米降低为6000~7000吨/平方千米，新建坝年可拦泥21万立方米（30万吨），有效减少水土流失。基本农田的增加，有效推进农业生产结构的调整，种植业与林牧业的产值比由1993年60.5∶39.5调整为2000年的45∶55，以"果、牧、菜、薯"四大主导产业为主的农业产业化格局初步形成，四大主导产业产值占农业总产值的59.7%。粮食产量大幅提高，人均产粮比1994年增加57.3%。经济收入逐年增加，农民人均收入2000年比1994年增长3.6倍。

二、二期工程

1997~1998年开始延河流域世行贷款项目二期工程前期准备，并实施流域治理4处，项目通过预评估和评估。1999年5月25日，获世界银行董事会通过，9月17日签署项目法律文件，12月生效。项目区山丘密布，沟谷纵横，地貌类型为峁状丘陵，最低海拔860米，最高海拔1425米，年平均降雨量500毫米，6~9月降雨占全年降雨量的70%~75%。因山高坡陡，高峰数量少，峰形尖瘦等特点，耕垦指数高，植被稀疏，水土流失严重。年均径流深35毫米，年侵蚀模1.04万吨/平方千米，年平均输沙量为1023.4万吨。二期项目流域治理包括丁庄、梁村、张坪、蟠龙、甘谷驿、下坪、贯屯、元龙寺等8个乡镇，161个行政村，4.3万人（农业人口4.1万人），劳动力1.8万个，水土流失面积800平方千米。

1999~2004年，二期工程完成治理水土流失面积17189.2公顷，新增基本农田2104公顷（梯田1954公顷、坝地120公顷、水地30公顷），造林7285公顷（乔木林5585公顷、灌木林1700公顷），人工种草3500公顷，园艺2000公顷（果园1000公顷、经济林1000公顷），天然草场封育2300公顷，建成小型水利工程2处，骨干坝7座，淤地坝60座，旧坝加固18座，水窖50处，苗圃25.1公顷，修道路38条330千米，二期治理面积占目标的101%，项目投资7908.7万元，占计划投资的99%，世行支付4629万元，国内配套资金3279.7万元。

二期项目治理开发，使项目区农村经济和农村产业结构发生明显变化。1998年底项目区农业总产值4566.8万元，2004年末增加到11431万元。林草面积从13119公顷增加到24904公顷，林草覆盖率由1998年的16%提高到2004年的31.13%。2004年项目区果品产量2.23万吨，收入680万元，人均147.6元；建日光温室600棚，产值276万元；舍饲养羊1万户，占全区总农户的22.3%，羊崽饲养量3.2万只，占全区羊崽总量的51%，产值528万元。项目区人均基本农田由1998年1亩增到1.6亩，人均耕地面积10亩减少到6亩，退陡坡耕地14455.6公顷，粮食产量增加50%，土地产出率由1137.6元/公顷，提高到2281.8元/公顷。项目区治理措施减少流沙量296.16万吨，输沙量832吨，减少效益35.6%，较项目实施前提高22.31%。

2010 年底宝塔区 50 条小流域治理情况统计表

表 9-2-3

名称	流域面积（平方千米）	流失面积（平方千米）	完成治理程度（%）	综合治理措施						
				梯田（公顷）	坝地（公顷）	淤地坝（座）	乔木林（公顷）	灌溉林（公顷）	果园（公顷）	种草（公顷）
上桥	14.03	14.03	46.86	48.46	3.60	3	3.79	81.43	315.00	205.17
山狼岔	20.83	20.83	39.72	79.24	3.60	3	13.73	143.31	116.31	73.96
四岔铺	34.28	34.28	53.13	304.01	3.60	3	518.35	266.65	273.80	454.83
孔家沟	7.50	7.50	32.76	31.52	—	—	—	38.58	60.20	115.36
飞马河	7.84	7.84	46.52	50.44	—	—	13.00	98.91	163.01	39.39
王家沟	4.32	4.32	37.26	0.92	—	—	31.69	46.09	69.81	12.45
梁家沟	5.11	5.11	53.36	14.57	1.20	—	154.08	19.55	12.99	71.49
曹家沟	4.25	4.25	41.94	82.97	—	—	82.97	79.80	5.75	9.75
贺沟口	8.76	8.76	39.43	88.83	—	—	97.10	46.20	15.07	98.18
韩家沟	13.12	13.12	22.58	83.94	3.60	3	40.04	20.99	—	147.70
张天河	23.19	23.19	48.66	78.26	4.80	4	117.94	358.65	56.65	512.25
侯家沟	8.41	8.41	23.70	87.45	—	4	47.99	—	63.88	199.32
黄蒿坬	14.20	14.20	28.83	239.34	—	—	56.08	63.20	50.78	—
柳树店	13.80	13.80	23.09	71.77	3.60	3	8.16	43.72	72.24	119.19
进塔	16.80	16.80	51.09	34.72	2.40	2	—	5.10	15.71	800.33
三十里铺	7.80	7.80	33.32	44.48	—	1	14.75	105.25	47.58	47.84
西窑沟	8.23	8.23	25.15	70.58	—	—	84.18	15.29	—	36.94
同岔	6.82	6.82	59.19	55.65	—	—	146.83	87.50	11.56	102.24
偏桥	4.49	4.49	34.95	57.07	—	10	21.49	19.37	40.00	19.01
王庄	5.18	5.18	37.72	78.01	—	—	9.52	52.45	10.24	21.10
刘渠	8.14	8.14	43.20	106.33	—	—	82.40	71.24	31.00	60.72
枣园	5.12	5.12	64.89	13.79	—	—	26.35	156.20	63.44	72.44
核桃树塔	6.05	6.05	35.47	34.96	2.40	2	—	77.15	26.68	73.56
曹家沟	3.94	3.94	39.37	18.29	—	—	39.25	29.99	30.07	36.91

续表

名称	流域面积（平方千米）	流失面积（平方千米）	完成治理程度（%）	综合治理措施						
				梯田（公顷）	坝地（公顷）	淤地坝（座）	乔木林（公顷）	灌溉林（公顷）	果园（公顷）	种草（公顷）
中庄	15.89	15.89	30.20	106.17	8.40	7	113.57	11.75	146.79	93.23
姬庄	10.25	10.25	36.91	65.37	3.60	3	108.51	26.40	79.31	95.12
庙沟	8.35	8.35	38.43	61.18	3.60	3	14.94	153.46	—	87.72
英沟	8.46	8.46	27.11	33.97	2.40	2	64.85	56.27	27.02	44.86
杜坪	8.52	8.52	30.44	76.19	—	—	70.07	33.91	64.14	15.07
牛奋沟	7.60	7.60	14.80	1.95	1.20	1	32.00	—	20.70	56.61
贺家沟	16.16	16.16	28.21	100.46	2.40	2	38.66	127.79	112.54	74.02
丈子沟	17.14	17.14	17.72	57.81	7.20	6	160.19	8.61	—	61.30
新庄科	18.19	18.19	25.03	135.42	1.20	1	166.19	—	58.34	94.20
曹刘家沟	13.75	13.75	21.10	39.82	—	—	67.66	163.53	2.75	26.74
桃屯	6.18	6.18	25.69	18.46	—	—	67.50	—	—	72.79
梁屯	25.80	25.80	21.98	73.19	—	—	175.00	5.00	12.77	301.23
薛家沟	16.50	16.50	22.78	85.32	—	—	145.39	11.00	57.23	76.98
上砭沟	5.57	5.57	26.31	—	1.20	4	—	20.00	—	35.59
庙咀沟	3.94	3.94	51.73	3.15	—	—	60.00	—	65.68	75.00
邓家沟	4.48	4.48	41.75	13.62	6.00	5	67.86	66.40	—	33.16
莫家湾	6.05	6.05	42.71	15.37	3.60	3	39.61	—	199.79	2
小砭沟	4.08	4.08	36.41	67.12	—	1	36.67	44.77	—	—
阵团峪	5.70	5.70	33.38	115.44	3.60	3	—	21.96	—	49.28
沙马坪	3.75	3.75	38.15	35.86	—	—	97.74	—	9.46	—
红庄	3.53	3.53	25.32	46.14	—	—	18.78	7.50	16.95	—
余家沟	10.58	10.58	38.25	104.29	7.20	6	22.70	59.14	72.26	154.47
芦草湾	9.48	9.48	48.42	175.39	—	—	145.40	—	21.40	116.85
解家沟	3.14	3.14	42.58	3.33	—	—	7.32	12.82	4.15	106.07
万庄	27.31	27.31	67.04	255.93	8.40	7	453.38	412.82	238.61	461.76
小沟	10.45	10.45	48.94	145.60	—	—	97.73	13.21	46.80	208.12

第三章 水利工程

第一节 水源工程

宝塔区域内径流量11217.4万立方米，其中延河流域8281.7万立方米，汾川河流域2935.7万立方米，过境水23943.3万立方米，合计总流量35160.7万立方米，按全区人口28.81万计算，人均径流量1220.43立方米，低于全省人均1258.17立方米。20世纪50~80年代，修建孙台、胜利、幸福、向阳、方塔等中、小型水库16座，池塘68处，总蓄水2800万立方米，电灌站91处，机电井30处。2010年，有中（二）型水库1座，小（二）型水库2座，小型抽水站156处，机电井224眼，浆砌式水窖67个。

一、孙台水库

位于宝塔区蟠龙川上游雷鼓川，1972年动工，1980年竣工投入使用，水库控制水土流域面积76.4平方千米，水库枢纽工程由大坝、泄洪洞、卧管三部分组成，设计总库容1475万立方米，有效库容1390万立方米（兴利库容875万立方米），防洪库容515万立方米，可为蟠龙、青化砭、姚店3个镇6600亩川台地灌溉和沿川群众、工矿企业用水提供水源。因灌溉配套工程一直未能实施，加之卧管地基沉陷，发生严重断裂和塌方。1993年，封堵废弃，水库实测总淤积量930万立方米，已不能正常运行和发挥效益。2007~2008年利用国家病险水库专项资金进行水库除险加固，工程竣工后重新蓄水利用，可为蟠龙、青化砭居民用水、水库下游农田灌溉提供用水需求，总投资820万元。

二、胜利水库

位于松树林乡老虎沟，水库控制流域面积137.5平方千米，设计总库容582万立方米，有效库容398万立方米，水库为黄土均质坝，分1958年、1970年两期工程建设，1972年投入使用。2009年4月进行除险加固，加固后设计总库容为395万立方米，调洪库容57.9万立方米，有效库容99.74万立方米，为下游麻洞川、临镇、官庄等乡镇1.5万亩农田灌溉提供水源。

三、金庄水库

位于南泥湾镇金庄村水围沟，是以灌溉为主的小（一）型调节水库，水库设计灌溉面积1.16万亩。2006年8月开工，2008年5月竣工，水库控制流域面积16.14平方千米。枢纽工程由大坝、溢洪道及放水设施组成，总库容155.8万立方米，兴利库容103.84万立方米，死库容16.16万立方米，设计洪水标准为30年一遇，校核标准为300年一遇。正常蓄水量约120万立方米，为南灌区补水、汾河川蔬菜无公害基地提供水源保障。

2006年，建成蓄水坝1座，位于柳林乡九沟村，为下游4个行政村和姚家坡农场提供水源。

第二节 人饮工程

1990年，建成农村人饮自来水3处，抽水站2处，解决1100人、7300头牲畜饮用水问题。1991～1995年，延安市建成人饮工程174处，34501人、11078头牲畜受益。1995年，利用以工代赈项目实施人饮工程55处，总投资117.77万元（以工代赈补助50万元、地市配套15.3万元、群众自筹52.47万元），解决1.01万人、2600头大家畜饮水问题。

1996年，延安市实施一期“甘露工程”，建成人畜饮水工程68处，其中自流引水40处，提水21处，打井7眼；修水塔61座，兴修水源池61座，总投工5.7万个工日（技工0.75万个、普工4.95万个），铺设管道142.43千米，完成总投资354.39万元（国家投资219.9万元、地市配套45.86万元、群众自筹88.63万元），解决23个乡镇、68个村、3.18万人、0.48万头大家畜饮水困难。建成人总行扶贫饮水工程36处，解决1.03万人饮水问题，总投资159.14万元。1996年建成以工代赈饮水工程17处，打井27处，总投资67.37万元（以工代赈补助36.5万元、地市配套11.3万元、群众投劳抵资19.57万元），7961人、2591头大家畜受益。

1997年，宝塔区建成“甘露工程”25处，即抽水站9处，自流8处，打井3处22眼，水塔15座，水源池15座。总投工1.45万个工日，完成投资134.9万元（国家投资78.7万元、市区配套12.07万元、群众自筹44.13万元），使14个乡镇、25个行政村、1.16万人、1805头大家畜受益。

1998年，实施“甘露工程”二期项目，建成人饮工程120处。1999年，建成人饮工程42处，12个乡镇、42个行政村、17220人、2490头大家畜受益。2000年，建成人饮工程41处，解决41个行政村、16230人、970头大家畜饮水困难。2001年，建成人饮工程37处，37个行政村、13470人、2099头大家畜受益。1997～1998年，利用以工代赈项目完成人畜饮水工程21处，工程投资105万元（以工代赈补助70万元、群众自筹35万元），解决8050人、1105头大家畜饮水困难。

2004年，新建人畜饮水工程65处，完成投资267万元，解决18000人、1860头大家畜饮水困难。官庄乡实现村村通水，解决3300人、200头大家畜饮水问题；建成苹果滴灌示范园30亩，蔬菜、瓜果供水工程31处，面积3800亩，果园滴灌2000亩。

2005年，宝塔区制定《关于全面解决农村人畜饮水困难的实施意见》，把农村饮水工程建设列入民生工程之一。当年建成人饮工程84处，完成投资499.63万元。临镇镇塬区实现村村通水，6058人、700头大家畜受益。建成大棚、弓棚供水工程21处，养殖节水示范户15户，蔬菜大弓棚灌溉1500亩。

2008年，建成农村安全饮水工程84处，4260户、21400人受益。2009年，建成饮水工程92处，总投资1092万元，农村安全饮水人口22000人。2010年，实施人饮工程

43 处，投资 680 万元，15000 人受益。

1990~2010 年底，宝塔区建成人饮工程 779 处，农村 611 个行政村有 571 个村饮用自来水，全区受益人口 23 万人。

第三节　灌溉工程

一、延惠渠

延惠渠于 1958 年动工修建，1960 年 10 月竣工投入使用。延惠渠河坝位于河庄坪镇狄青牢村，以滚水坝抬高水位自流取延河水，浇灌坝址下游川地，工程分为渠首枢纽工程、干渠工程、灌区工程。大坝为砌石重力滚水坝设计，洪水流量 3000 立方米/秒，坝顶高程为 362.87 米，坝身长 86 米，坝身高度 5 米，建有 175 米钢筋混凝土饮水明渠，渠宽 2.7 米、高 1 米，进水闸宽 3 米、高 11.78 米，进水量 2.5 立方米/秒，泄水闸宽 2.76 米、高 2.03 米，启门高度 3.83 米，进、泄水闸由手拉启闭机控制。干渠工程设计从狄青牢至甘谷驿，全长 50 千米，因姚店有 120 米退水冲垮，未予修复，干渠长 33.15 千米，通水至姚店镇四十里铺。灌区工程支渠有 2 条（罗家坪、柳树店），引水渠 54 条，长 26.15 千米。延惠渠流经河庄坪、枣园、桥沟、川口、李渠、姚店 6 个乡镇，29 个行政村，设计灌溉面积 1.15 万亩，有效灌溉面积 0.9 万亩。

1990 年，灌溉面积 4.5 万亩次，冬灌 0.5 万亩，春灌 1.0 万亩，夏灌 3 万亩，灌溉水有效利用系数 0.6，渠系水有效利用系数 0.66，灌溉定额 200 立方米/亩，排灌渠道完好率 70%，建筑物和设备完好率 85%。

1992 年，灌溉面积 4.02 万亩次，冬灌 0.4 万亩，春灌 1.25 万亩，夏灌 1.95 万亩，灌区平整土地 0.92 万亩，待配套面积 0.25 万亩，灌区总装机容量 17.5 万千瓦，粮食产量，夏粮 100 千克/亩，秋粮 200 千克/亩，蔬菜 3200 千克/亩。

1995 年，新建延惠渠刘万家沟支渠 400 米。维修尹家沟、丁家沟、李渠段渠道 280 米，动土方 3039 立方米，砌石方 747 立方米，工程投资 46 万元（国家补助 13.21 万元、群众自筹 32.79 万元）。

1997 年，延惠渠灌区改造 1.5 千米，恢复灌溉面积 3000 亩，投资 30 万元。1998 年，修复丁家沟干渠 50 米，砌石 570 立方米，清挖风化灰石 1170 立方米，完成丁泉砭等 10 处干渠渗漏处理，总投资 27.6 万元。2000 年，延惠渠抢险病危干渠 1000 米，改善灌溉面积 6000 亩，投资 50 万元。

2010 年，延惠渠全部废弃。

二、汾川渠

汾川渠于 1960 年开工修建，分为一期、二期两个阶段建设，1973 年竣工投入使用，为陕西省万亩以上灌区之一。灌区含松树林、麻洞川、临镇、官庄 4 个乡镇、17 个行政村，设计面积 1.5 万亩，配套 0.25 万亩。灌区由两大部分组成。

（一）渠道枢纽工程

渠首金盆湾，坝址老虎沟村，主沟长 21 千米，流域面积 137.5 平方千米。枢纽工程由土坝、输水洞、溢洪道组成，坝高 22.6 米，坝顶长 240 米。输水洞由卧管涵洞组成，涵洞高程1061.7米，为钢筋混凝土涵管，管径0.8米，全长206米，设计泄水量1.5立方米/秒。溢洪道进口高程1070.4米，全长115米，最大泄洪能力160立方米/秒。

（二）渠道工程

渠道工程为多管制引水，由7条分渠道组成，总长51.7千米。灌区有渡槽92座，排洪桥109座，涵洞102个，闸门121处，各种建筑物452座。汾川一渠，由胜利水库直接引水，流经金盆湾老沟等4个行政村，全长4千米，可灌溉1013亩。汾川二渠，从金盆湾滚水坝起水至西村，全长16.7千米，灌溉面积3596亩。汾川三渠，从西村滚水坝起水流经樊村至付家湾，全长6千米，引水0.4立方米/秒。可浇灌2474亩。汾川四渠，从曲里村滚水坝起水，经付家湾村至黑舍村退水，全长6千米，可灌溉1343亩。汾川五渠，付家湾汾河建滚水坝引水，经临镇至觉德村，全长14.5千米，可灌地2725亩。汾川六渠，从临镇河道建滚水坝起水，流经河南坪至官庄乡王家沟村，全长6千米，可浇灌960亩。汾川七渠，由“八一”水库引水，全长4.5千米，流经王家崖、麻洞川至胡家湾退水，可灌溉389亩。

1990年，实际灌溉农田0.24万亩。1992年，灌溉农田0.54万亩。

1994年，汾川灌区三渠、四渠进行改造和水库保养工程，投资10万元。1997年，南泥湾灌区利用以工代赈资金进行部分水利设施修复、配套改造工程，完成三条渠首、渠道、防洪渠道及护坡等，工程浆砌石443.3立方米，动土方723立方米，用水泥70.5吨，沙子290立方米，总投劳工日3262个（技工720个、普工2542个），投入资金13.75万元，恢复设施灌溉面积4500亩，有效灌溉面积2800亩。

2000年，对南灌区麻洞川干渠衬砌、进退水闸、高度槽等进行改建，投资42万元，恢复灌溉面积3800亩。

2010年，南泥湾灌区原有7条渠道，因水源缺乏因素，停止浇灌2条。2010年汾川渠实际灌溉面积6000亩。

三、小型灌溉工程

1990年，全市建抽水站2个，新增灌溉面积372亩。1993年，新建小型水利工程6处，恢复抽水站7处，新增有效灌溉面积1120亩。1997年，维修完成河庄坪芦草湾、石圪塔、孙台、临镇寺沟等9处灌溉工程，完成土方2.63万立方米，石方2170立方米，总投3.65万个工日，投入资金112万元，增加灌溉面积4000亩。

1998年，建成高家塬和刘小沟2处抽水站，工程投资20万元，新增有效灌溉面积1000亩。2000年，实施车沟门、鲁屯、小刘沟、泥沟、李岔、贯屯、碾庄等7处灌溉工程，新增灌溉面积2800亩，投资53万元。2001年，新建灌溉工程9个，分别为下坪乡下坪村、河庄坪镇枣圪台村、蟠龙镇殷咀村、何峁村、卧虎湾村、青化砭镇二峁区村、桥沟镇狄青牢村、梁村乡郭家畔等，新增灌溉面积690亩，改善灌溉面积800亩。2005年，建成麻洞川金屯、王家崖，贯屯乡韩家沟灌溉工程3处，新增灌溉面积670亩，完成大小弓棚供水工程21处，蔬菜灌溉面积1500亩。

2010年底，全区有灌区2处，小型抽水站156处，灌溉总面积5.66万亩。

四、集雨工程

1999年，陕西省实施集雨节灌工程，宝塔区被列入项目县区。集雨节灌工程9月底动工，11月初竣工，建成水窖1108处（项目区建成1005处、项目区外北六乡建成103处），总容积量3.5万立方米，硬化集雨场8.5万立方米（混凝土集雨场2.8万立方米），铺设输水暗管1.2万米，完成土方3.8万立方米，砌砖7051立方米，水泥防渗处理5.2万平方米，用砖387.8万块，水泥1715吨，总投资294.20万元，其中国家投资120万元，群众自筹资金174.20万元；新增灌溉面积3324亩。项目涉及万花山、柳林、枣园等3个乡镇，24个行政村。2008年，建成集雨窖3400处。2009年，建成3200处。2010年建成水窖2300处，蓄水总容量26.7万立方米，新增灌溉面积2.9万亩。

第四节　堤防工程

从20世纪90年代起，随着城区建设规模不断扩大，政府不断加强堤防工程建设。

一、西川小砭沟堤防工程

位于延安城西北，东南起兰家坪，西北止枣园。2000年3月开工，5月竣工。主排涵洞为拱形结构，全长1091.59米；支排洪涵洞2条，拱形结构，长781.04米；总投资6546.99万元。

二、杜甫川朗润安置小区堤防工程

2007年3月开工，5月30日竣工，堤防长847.49米，均为浆砌护岸，土方开挖24789.80立方米，石方开挖1372立方米，砌石13643立方米，技工6832个工日，普工23308个工日，总投资446.55万元。

三、黄蒿洼沟排洪渠工程

黄蒿洼沟排洪渠总长3689米，由1393米暗涵段、1090米明渠段、1205米的黄蒿洼小区暗涵段组成。2008年5月开工建设，2009年9月竣工。主要工程量为：动土方73.79万立方米，挖石方2.15万立方米，砌石7.7万立方米；投劳34.79万工日（其中技工7.31万工日、普工27.48万工日）；工程总投资5378.27万元。

四、万花山庄堤防工程

位于万花山乡花园头村，2010年5月建设，12月竣工。堤防工程建设长291.81米，堤防工程设防标准为30年一遇洪水，相应洪峰流量为48.7立方米/秒。同时，建设万花湖排洪排污工程，主要包括修排洪渠290.46米，浆砌石拦河坝32米，清除淤泥3.01万立方米，下游护岸180米。总投资955.21万元。

五、柳林镇龙寺堤防工程

位于龙寺左岸，2010年4月25日开工，5月30日竣工。工程全长215米，高6米，设计标准为30年一遇洪水标准，洪峰流量为58.59立方米/秒，堤距为10米，设计底坡为1米，用工3085工日，投资66.61万元。

六、柳林镇柳树巷堤防工程

2010年6月实施，11月完工。新修堤防460米，加固堤防70米，挖土方2.06万立方米，浆砌石1.01万立方米，河道清障1.22万立方米，总投资495.15万元。

此外，还有延河堤防李渠庙沟段，2010年5月动工修建，全长2123米，工程总投资6248万元。

第四章　水资源利用与保护

第一节　渔　业

1990 年，全市水产品养殖面积 130. 2 公顷（国有 57. 93 公顷），其中池塘 40 公顷（鱼塘 20. 6 公顷），库坝养殖水面 90. 2 公顷。延安市鱼种场有鱼种池 64 个，面积 6. 2 公顷，生产鱼苗 70. 5 万尾，除自给外，还向其他县供应 15 万尾。乡村养鱼户 76 户，从业人员 150 人。

1992 年，延安市有养殖水面 135. 4 公顷，其中国有养殖水面 80 公顷，集体 55. 4 公顷。淡水养鱼专业户 2 户，面积 3. 13 公顷，产鲜鱼 7. 05 吨。全市产鲜鱼 203 吨，生产鱼种 75 万尾。1995 年，延安市鱼种场增加黄河鲤、野鲤、镜鲤、白鲫、银鲫、高背鲫、团头鲂（武昌鱼）等鱼种，产量 98 万尾，鱼种场成鱼生产水面 6. 24 公顷，捕捞 25 吨。2000 年，桥沟乡十里铺、刘万家沟、二十里铺村、柳林赵庄村、碾庄、川口、姚店、万花山等乡镇，有养鱼池塘 84 个，养殖水面 15. 6 公顷，库坝养鱼水面 161. 86 公顷，年产成品鱼 398. 8 吨。其中，1996～2000 年，延安市鱼种场产成鱼 120 吨。2001 年，延长石油集团工贸公司兼并宝塔区鱼种场，渔业生产停止。

2003 年，成立水产工作站（渔政监督管理站），科级建制，有干部职工 13 人（水产专业技术人员 2 人），主要负责水产养殖技术推广和鱼病防治、渔业资源增殖保护费的征收和管理、水产品的监测、水生动物的防疫检疫、渔业违法案件的查处。2003 年起，先后引进锦鲤、匙、吻、鲟、螃蟹 5 个品种，并全面推广库坝生态养殖和池塘精养技术，在水产重点养殖区域设立病害测报点 3 个。先后印发《水产品安全知识》《水产品质量安全行业标准》等各类宣传资料 1. 5 万份。依法推行渔业养殖水域滩涂使用证，实行标准化生产，强化鱼药、鱼饲料的监管。2009 年，宝塔区年生产成品鱼 500. 16 吨。

2010 年，宝塔区有各类水面 566. 66 公顷，可开发宜渔荒滩地 141 公顷，水资源总量 31940. 3 万立方米。全区有养鱼池塘 163 口，养殖水面 243. 33 公顷，其中池塘 84 公顷，库坝 159. 33 公顷，主要养殖品种有草鱼、鲢鱼、鳙鱼、鲤鱼、鲫鱼、鲂鱼、鲶鱼等，全年渔业总产量 502 吨，产值 804 万元。

第二节 水资源保护

一、区域划分

饮用水水源地保护区划分，一级保护区水域范围：水库全部水域。陆域范围：水库正常蓄水位外延100米的陆域。西川河、延河取水口以上5千米，以下100千米，两侧纵深2千米，一级支流两侧纵深1千米，上游5千米，为一级保护区。二级水源地保护范围是干流两岸纵深2千米的陆域范围。

（一）孙台水库

控制流域面积76.4平方千米，保护范围是坝址以下500米及上游整个流域，水库设计库容岸界两侧纵深2千米，一级支流两岸纵深1千米的陆域范围。

（二）胜利水库

控制流域面积137.5平方千米，保护范围是坝址以下500米及上游整个流域，水库设计库容岸界两侧纵深2千米，一级支流两岸纵深1千米的陆域范围。

（三）红庄水库

控制流域面积31.4平方千米，保护范围是坝址以下500米及上游整个流域，水库设计库容岸界两侧纵深2千米，一级支流两岸纵深1千米的陆域范围。

（四）泉水、井水水源地

保护区至边界采水井最小距离30~75米内的区域。

二、保护措施

1990~2010年，宝塔区坚持预防为主、防治结合、整体推进、综合治理的工作方针，建立区、乡（镇）、村三级管护组织，实行入河排污口管理、污染物入河总量控制、取水排水许可等制度。主要措施有：一级保护区实行拉网封闭工程，采取水源涵养林及岸边草、灌营造，生物和生态工程技术相结合，对湖库型水源周边湿地、环库生态和植被进行修复和保护，禁止凿井、挖沙、砍伐林木、取土。引水管渠及附属设施两侧外延5米，区域内不得从事有污染饮用水的企业和个人建造房屋、工商业经营活动。石油开采企业，坚持做好废弃油井复垦、井场道路绿化、硬化和油区植被恢复，实施原油管输、污水回注、生态建设三大工程。至2010年，宝塔区污水回注率40%以上。农村生活污水、畜禽粪便实行沼气化处理，养殖企业产生的污水粪便进行无害化处理；建立垃圾台，配备保洁员，开展绿色村庄创建活动，控制农村污染面，改善水资源环境质量。开展法制宣传教育，提高水法宣传普及率，增强全民水资源保护意识，形成爱护水源就是爱护生命的良好气氛。加强环境监测体系建设，建立水质化验检测中心，严格水政执法，查处涉水案件，依法征收水资源费、水土流失补偿费、水土流失防治费。

第五章 防汛抗旱

第一节 防 汛

一、防汛机构

1990年，延安市防汛抗旱指挥部下设办公室，编制14人。1996年12月，延安市防汛抗旱指挥部更名为延安市宝塔区防汛抗旱指挥部，其办公室同时更名为延安市宝塔区防汛抗旱办公室。各乡镇、城市3个办事处设防汛抗旱指挥分部23个。在防汛期间建立防汛应急指挥部、直属医疗队、防汛抢险队等。设有固定报警系统，负责向市区居民广播汛情。区域内南川河沟门、杜甫川、万花各设报汛站1处，临镇、枣园、甘谷驿各设水文站1个，配有通信器材、报汛交通工具、发电机组等。2010年，宝塔区建成防汛会商多媒体会议中心，与省、市防汛专用网络联网，配备数码相机、数码摄像机、笔记本电脑，防汛抢险人员可在灾害现场采集图像信息，通过网络系统传输到会商中心。2010年，延安市宝塔区防汛抗旱办公室编制24人，实有20人。全区组建抢险队6支，队员300人，应急抢险队1支，队员505人，医疗救护队4支，救护人员76人，备床位120张。市区疾控中心组建防疫队1支，队员28人。

二、防汛工作

1990~2003年，建成防汛工程18.5千米，较大的排洪渠35千米。每年4月，组织技术人员对各河道进行实地测量和计算，编制防汛实施方案。汛期时，对库坝、河堤、桥涵、排水渠、居民住房、中小学校舍等全面进行排查，造册登记，制定和落实预案，做到早发现、早排除、早落实。坚持24小时值班制，建立健全预测预警和指挥调度系统。李渠、姚店等重点乡镇安装有超声防汛报警器，主要河流增设防汛报警点9个，建成全区水情互联网电脑系统。

2005年，宝塔区人民政府制定《宝塔区防汛总体应急预案》《宝塔区关于实行防汛指挥部分片岗位责任制》，实行驻延单位防汛组织机构、人员名单备案制度管理。绘制延河、汾川河、南河、蟠龙川等流域防汛示意图，扩大对流域内的水库、游地坝、滑坡点、洪水淹没范围和沟道、沿河等的监测和预警。全年防汛教育6次，受教育人数13500人次，发放防汛知识材料2000份、防汛简报10期，防汛普及率85%以上。依法整治河道，查处违法案件10起，下发清障通知书4份，限期整改通知书3份，清除河道障碍物1.7万立方米。

2006~2009年，先后制定《宝塔区防洪应急预案》《宝塔区山洪灾害防御应急预案》，并及时审查各乡镇、办事处、城区企业单位的防汛预案，对组织机构、人员编制、抢险物资等进行备案。

2010 年底，全区储备防汛物资草袋 7000 条、麻袋 5000 条、铁丝 15 吨、塑料编织袋 7000 条、水泥 30 吨、架子车 60 辆、铁锹 1.5 万把。其中，孙台、胜利、方塔、红庄水库和各乡镇均储备防汛抢险物资。市级物资储备库位于红庄水库，库存物资主要有汽艇 1 艘、冲锋舟 2 艘、充气橡皮船 5 条、卫星电话 2 部、移动照明设备 2 套、发电机 4 台、应急照明灯 30 个、水泵 9 台、救生衣 570 件、救生圈 200 个、土工布 800 千克、铁丝 5 吨、编织袋 2 万条、铁锨 100 把、木桩 300 根。宝塔区防汛库存物资主要有：铁锹 1225 把、铁丝 13.5 吨、架子车 45 辆、救生圈 150 个、救生衣 250 件、探照灯 10 个、帐篷 10 顶。

第二节 抗 旱

宝塔区地处陕北黄土高原，气候干燥，降雨量少，旱灾时有发生。1993 年 6 月，延安市成立抗旱服务队。抗旱采取群众与专业抗旱相结合、水库调水与地下水提灌结合、机械排灌和人力运水相结合。抗旱用水以资源承载能力为基础，坚持统筹规划，科学调度，优化配置原则。

1995~2000 年，全区抗旱上劳 15.6 万人次，动用中小型拖拉机 1200 台次，拉水 86240 吨，灌溉农作物面积 24200 亩；打机电井 7 眼，打大口井 21 眼，新建和维修各种水利设施 85 处，灌溉农作物面积 7.5 万亩（延惠渠、汾川渠灌溉 2.7 万亩），购置机械 17 套，水泵 17 套，小型水泵 50 套。2000 年，制定印发《宝塔区抗旱应急预案》，抗旱应急响应分为Ⅳ级响应、Ⅲ级响应、Ⅱ级响应、Ⅰ级响应。抗旱工作实行各级政府行政首长负责制，统一指挥，分级负责。

2001~2005 年，完成抗旱浇地 2.87 万亩，购置各种抗旱灌溉机械设备 180 台（套），抗旱灌溉总动力 1553 千瓦，维修机械设备 240 套，挽回经济损失 861 万元。

2010 年，抗旱水利设施有：孙台水库、胜利水库、红庄水库、金庄水库。孙台水库蓄水量 75 万立方米，胜利水库蓄水量 100 万立方米，金庄水库蓄水量 100 万立方米。红庄水库、方塔水库均为市区供水水源库。并建有塘坝坝 21 座，大型引水工程南泥湾灌溉 1 处，引水渠道总长 33 千米；抽水站 57 处，总装机容量 1840 千瓦；有大口井 212 眼，其中配套机电井 54 眼；水窖 300 个。2010 年，全区抗旱物资储备主要有：汽油发电机组 30 套，柴油发电机组 18 套，柴油机 18 台，潜水泵 36 台，汽油自吸泵 30 套、喷灌机（502B-25AQ170A）18 套、（5028-45/R175A）18 套、（652B-55/2S1100）18 套，10 立方米洒水车 3 辆，各种口径胶管、消防带、水带 45080 米，喷灌机配套部件 345 套，储备物资总价值 200 多万元。

第六章　水务管理

第一节　水务机构

水利水保局　1990年，延安市水利水保局有干部职工34人，科级建制，设正副局长5人，纪检员1人、工程师4人、助工2人、干部14人、工人20人。下设水利工作队、水土保持工作队、鱼种场、孙台水库管理处、延惠渠管理处、汾川渠管理处、水利水保机械化施工队、水资源管理办公室、防汛办公室等事业单位9个。水利水保系统有职工405人（干部76人，工人329人）。

1996年12月，延安地改市，延安市水利水土保持局改称延安市宝塔区水利水保局。

2008年，延安市宝塔区水利水保局编制11人，实有17人。机关内设办公室、水利股、水保股、政策法规股，设正副职领导9人。下设11个科级事业单位，即水利队、水保队、水资局、水保监督站、防汛办、孙台水库、水产站、延河流域项目办、延惠渠、南灌区水利施工队。全系统有职工401人，其中在职人员317人、离退休84人；工程师30人、助理工程师54人、技术员26人，具有工人技术等级187人，其中技师12人、高级工65人，中级工51人。

2010年12月，延安市宝塔区水利水保局更名为延安市宝塔区水务局，编制11人，机关内设3股1室，水利股、水保股、财务股、综合行政办公室，设局长1人，副局长、总工等领导职数6人。全系统有职工416人。

水利水保事业机构　1991年3月，汾川渠管理处更名为南泥湾灌区管理处。1994年6月，成立水土保持监督管理站，科级建制，与水利队两块牌子、一套班子，编制7人。

1995年5月，成立延安市延河流域世行贷款项目领导小组办公室，科级建制，编制20人。1996年6月，成立水利抗旱服务队，科级建制，与水利队两块牌子、一套班子，编制15人。1997年11月，宝塔区水政水资源办公室更名为水资源管理局。

2000年9月，水保监督站与水保队分设，科级建制，经费实行自收自支，编制10人。2002年，宝塔区鱼种场（渔政监督站水产工作站），整体移交延炼工贸公司。2003年，成立水产工作站（渔政监督管理站），副科级建制，编制5人。

2006年8月，成立宝塔区河道管理处。2009年10月，成立蟠龙供水工程管理处，科级建制，编制10人。

2010年5月，水利水保机械化施工队更名为南泥湾水库管理处。

第二节 管 理

一、孙台水库管理

宝塔区设有孙台水库管理处，财政全额拨款，单位驻地蟠龙镇孙台村。管理处主要负责水库大坝工程运行管理，库区绿化，维护和加固水库设施。2010 年，孙台水库管理处有职工 33 人。

孙台水库是一座集防汛、排洪、抗旱、供水、水产养殖为一体的综合性水库。至 2000 年水库淤积泥沙 930 万立方米，剩余库存仅为 545 万立方米，多年空库运行。2008~2009 年，宝塔区投资 821 万元，实施水库除险加固工程，使库容蓄水量恢复到 876 万立方米。孙台水库为一级水源地保护区，水库两岸采取植树造林、人工种草，以及入库排污总量控制和监测等保护措施。

二、延惠渠管理

1990 年，延惠渠有渠道 50 千米，支渠 3 条，斗渠 52 条，建筑物 289 座。延惠渠管理处主要负责主干渠维护和农田灌溉。1993 年，有职工 12 人，实施农田灌溉 9000 亩。1994~2000 年，年灌溉面积 6000 亩，涉及桥沟、川口、李渠、姚店 4 个乡镇、28 个行政村。2010 年，延惠渠全部废弃。

三、南泥湾灌区管理

南泥湾灌区主要包括胜利水库、灌溉渠道。南泥湾灌区管理处主要负责水库安全，管护灌区主干渠道，指导农民科学用水灌溉。管理渠道长 54.4 千米（石渠 21.6 千米、土渠 32.8 千米），实施灌溉面积 1.5 万亩（抽灌 0.25 万亩、自流灌溉 1.25 万亩）。1990 年，有职工 25 人。1994 年，完成水产品产值 2 万元，自营收入 1.8 万元；灌溉农田 5500 亩。1995 年，生产水产品 3 吨，实现产值 1.8 万元。2010 年，管理处有职工 21 人，灌溉农田 2 万亩。

四、水资源管理

1989 年，延安市成立水政水资源管理办公室，科级建制，编制 4 人。1997 年 11 月，宝塔区成立宝塔区水政监察大队，与水资源管理局实行两块牌子、一套班子，隶属于区水务局。

水资源管理坚持统一管理和取水许可证制度，对饮用水水源品质和水生态进行全面监测，加强排污口审批和节约用水新技术推广。1990 年，发放取水许可证 13 本。1995 年，发放取水许可证 2 本。2005 年，全区有效期内取水许可证 17 本。2007 年，陕西省确定宝塔区为节水型社会建设试点区。为此，宝塔区及时编制完成《宝塔区水资源开发利用规划》，该规划 2010 年 10 月通过省评估，并获延安市科技进步一等奖。2008~2010 年，全区换发取水许可证 17 本。2010 年，年检取水许可证 16 本。

1990~2010 年，先后完成 1991~1995 年、1996~2000 年、2001~2005 年、2006~2010 年宝塔区水资源规划编制。开展水资源费征收工作，2003 年，征收水资源费 25 万元。2006 年，征收水资源费 361 万元；2007 年，征收水资源费 340 万元；2008 年，征收水资源费 322 万元；2009 年，征收水资源费 314 万元；2010 年，征收水资源费 417

万元。

五、农村饮水管理

2010年，宝塔区政府制定印发《关于全面加强农村饮水设施运行管理实施意见》。全区20个乡（镇）成立水利水保工作管理站，配备站长和水利水保员，形成“区有中心，乡镇有站，村村都有水管员”的水管运行体制。全区农村饮水666处，落实管护责任666处；有村级水管员635人，签订设施管护合同635份，全年管护人员报酬55.9万元。2010年底，宝塔区有各类农村饮水设施736处，其中抽水301处（电配288处、柴配13处），自流365处，水井70处。

六、河道管理

2006年8月，宝塔区成立河道管理处，负责延安市城区以外的河道管理、堤防工程、执法监督检查、收缴河道砂石资源费等。2006～2010年，查处违法采砂石180余起，清障6万立方米，纠正涉河违法行为事件120件，联合行政执法15起，收缴砂石资源费120万元。2003年，征收河道采砂石及河道修建管理费用4万元。2008年，征收河道采砂石费20万元。2009年，征收河道采砂石费15万元。2010年，征收河道砂石开采费16.36万元。

七、水保监督

1990年8月，延安市水利水保局内设水保监督管理站，核定5人。1994年6月，成立水土保持监督管理站，科级建制，与水保队两块牌子、一套班子，事业编制7人。2000年9月，水土保持监督管理站和水保队分设，科级建制，编制10人，实有职工26人。

1990～1999年，水保监督以小流域综合治理成果为重点，对基本农田、坝库、人工林草实行区、乡、村三级管护制度。根据不同的区域，制定具体的保护措施。次生林区，重点防止乱垦乱伐。石油开采区，实行水保与工程同步规划、同步实施、同步验收的防治措施。2000年，实施征收水土流失补偿费管理。2001～2005年，全区编报石场个人宅基地等水土保持方案1300余份，监督辖区石油生产建设单位及重点生产项目编报水土保持方案40份，申报率80%，审批率100%，实施率70%。查处水土保持违法案件380起，依法征收“两费”（水土流失补偿费、防治费）150万元。2006年，查处涉水案件35起，依法收缴水土流失补偿费、防治费35万元，责成生产建设单位和个人编制水土保持方案报告书10份，水土保持报告表319份，栽植树木8000株，种草750亩。

2010年，重点对松树林—甘泉段输油管道工程管沟掩埋恢复治理工程进行监督，治理输油管道工程长度3.5千米，栽植乔木2600株，种草17.5亩。投劳715个工日，动用机械2000台次，投资17.5万元。

八、水政执法

（一）《中华人民共和国水法》宣传

宝塔区利用一年一度的“世界水日”（3月22日）、“中国水周”（6月29日）、“法制宣传日”（12月4日）等，通过发放宣传资料、设立咨询点、广播电视、图片展等形式，开展《中华人民共和国水法》宣传教育。2003年，发放宣传资料2万余份。2008年，制作固定宣传牌12块，印发“四法”宣传资料3万份。2009年，制作水法宣传标语牌60块，发放资料6万份。2010年，发放宣传资料6.1万份。2000~2010年，利用乡镇集市宣传108次，受教育18.6万人次。

（二）水事案件查处

2003年，制止河道采砂石3起，发放禁止河道采挖通知书5份；依法查处破坏山体违法案件150起、各类水事案件7起；拆除违章建筑2处，罚款3200元；开具水土保持违法行为通知书25份，征收水保“两费”17万元。2008年，查处各类水保违法案件70起，取缔非法采石场15家、取土7家，停业整顿17家，征收水保“两费”50万元。2009年，开展渔政检查监督，办理水产品市场准入、检疫证40份，查处各类水保案件59起，征收水保“两费”67万元。2010年，征收油、气、煤开采企业水土流失补偿费5000万元、水土流失防治费3702万元；查处各类水事违法案件28起，结案28起，结案率100%；征收水保“两费”35万元；开展水产品质量专项执法检查8次。

第十编　工　业

20世纪90年代，延安市按照“深化改革，扩大开放，优化结构调整，注重挖潜改造，加强企业管理，提高经济效益”的指导思想，坚持“区别对待、分类指导、重点发展、优先扶持”的原则，抓恢复、停产和半停产企业，抓扶持重点企业，抓企业内部挖潜改造；抓横向联合，促进企业技术进步。

1993年，延安市工业总产值1.14亿元，较1988年的2138.1万元增长4.33倍；实现利税2145.6万元，较1988年的27.1万元增长78.2倍。1988～1993年，全市工业产值、利税总额分别净增9256.9万元和2118.5万元。

1995年，延安市确立工业的主导地位，制定“开发石油，突破建材、化工，加快轻工业发展步伐”的指导方针，坚持“一厂一方、区别对待”的原则，保证重点，扶持骨干，开展“转机制、抓管理、练内功、增效益”活动，使工业总产值和利税同步高速增长，经济效益大幅度提高，成为财政收入的主要来源。工业实现利税4106.1万元，比1990年增长8.6倍，年平均递增57.2%。主要产品产量，原油完成6.1万吨，比1990年增长4倍；原煤完成23.3万吨，比1990年增长22.4%；水泥完成2.54万吨，比1990年增长49.4%；机砖完成3245.1万块，比1990年减少11%；塑料制品完成700吨，比1990年增长1.3倍；炸药完成2891吨；抽油机完成436台。

2000年，宝塔区有工业企业1036个，工业总产值6.005亿元，其中国有企业产值3.352亿元，集体企业产值3299.7万元，街道企业产值1126.6万元，乡属企业产值2410万元，村及村以下企业产值1.97亿元。区属工业产品产量完成情况：原油22.68万吨，机砖3254.50万块，水泥3万吨，纸箱72.85万平方米，炸药1043吨，抽油机1043台。

2010年，宝塔区区域内完成工业总产值56.28亿元，其中区属完成工业现价产值25.1亿元，其中规模以上工业完成总产值19.7亿元。四种主要工业产品中，原油完成58.4万吨，纸箱16.3万平方米，抽油机955台，炸药6771吨。全区工业现价销售24.1亿元，较上年同期增长14%，产销率96%，完成销售收入21.96亿元，同比上升17%。实现税金2.04亿元，利润9727万元。

第一章　工业概况

第一节　管理机构

1990 年，延安工业管理部门为延安市工业局。1994 年 4 月，延安市工业局机构改革，更名为市工业总公司。1996 年 12 月，更名为延安市宝塔区工业总公司。

1998 年 3 月，宝塔区经济委员会、宝塔区工业总公司合并，组建宝塔区工业经济局。

2002 年 10 月，轻工业局被撤销，并入工业经济局，更名为工业经济办公室。

2008 年，成立工业经济办公室，科级建制，编制 21 人，内设办公室、企政科、综合科、信访接待室等科室 4 个，代管室内装饰行业管理办公室和区原油运输办公室。

第二节　工业企业

工业企业管理以块为主，以条管理为辅，分行业管理为原则。市属国有企业、集体企业以政府管理为主，行业上级部门进行业务指导。区属企业实行三级管理，即区属单位管理一部分，街道办事处和乡（镇）管理一部分，乡村管理一部分。1990 年，工业主管系统有煤炭、石油、机械工业、纺织工业、二轻工业、电力工业等系统，非工业主管系统有水电、社队企业、粮食、商业、城建、林业、民政、畜牧等系统分别管理本系统的工业企业。

1993 年，市属工业企业 1036 个，其中全民企业 31 个、集体 9 个、城镇个体 120 个、乡镇办工业 18 个、村办工业 9 个、农村个体工业 835 个，其他 14 个。工业企业有：新华陶瓷厂、新华化工厂、印刷厂、兰花公司、净化材料厂、建设煤矿、市化工厂、宇丰包装装潢有限公司、制革厂、铸锅厂、地毯厂、美术公司、塑料厂、服装公司、粘合剂厂、花炮厂、荟萃厂、城市街道办、制鞋厂、粮油加工厂、粮油食品厂、粮油综合公司、挂面厂、饲料厂、酿造厂、碘盐加工厂、民政福利厂、民政福利修理厂、自来水公司、水泥厂、建筑材料厂、水泥制品厂、延河水泥厂、姚家坡木材加工厂、南泥湾木材加工厂、奶牛场、南泥湾石油钻采公司、通用机械厂等。

2004 年，宝塔区有国有企业 16 个，集体企业 10 个，街道工业 21 个，乡镇企业 10 个，村及村以下企业 930 个。

2008 年底，对新华陶瓷厂、塑业公司、建筑材料厂、粮油加工厂、花炮厂、挂面厂、粘合剂厂、铸锅厂、粮油食品厂、水泥制品厂、民政福利厂、制鞋厂、服装公司等23个企业改制。

2010年，宝塔区有通用机械厂、新华化工总公司、宝塔区水泥厂、宝塔区延河水泥厂、南泥湾钻采公司、综合修理厂、建设煤矿、制革厂等8户企业。乡镇、街道有工业企业10户，从业人员3536人。

第三节 乡镇工业

一、发展概况

1990年后，乡镇工业进入稳步发展时期，产业门类和企业个数逐年增加，从业人数比1989年上升20.8%。1991年有工业企业842个，从业3790人，固定资产960万元，生产设备2100多台（件），年末收入1654万元。2001年底，企业1126个，从业5068人，分别比1991年增加284个、1278人，工业产值比1991年增长12.84倍。2010年，工业产值76273万元，比2001年的22990万元增长2.31倍，税金2089万元，利润5743万元。

二、工业产值

1991年，工业产值1660万元，1992年2041万元，1995年2806万元，1997年17389万元，比1995年增长5.2倍。2000年22110万元，2004年25078万元，2007年58697万元，2009年46920万元。

三、销售收入

1990年，产品销售收入1480万元，1992年1750.44万元，1994年5935万元，1996年2375万元，1999年15605万元，2000年22110万元，2005年31576万元，2008年54224万元。

四、工业效益

1992年税金15.3万元，利润21.45万元；1993年税金188.19万元，利润390.28万元；2004年税金667万元，利润1832万元；2008年税金1195.8万元，利润3547万元；2009年税金1863万元，利润3977万元，较上年分别增加667.2万元、430万元。

五、产业结构

宝塔区乡镇工业企业有砖瓦、水泥制品建材业、农机制造业、挖掘采矿业、农副产品工业、副食品加工业、酿造业、农机修造业、金属制品业、水暖器材、机械维修、农用机械维修、建筑业、运输业、工业服务业等。

1990~2010年宝塔区工业总产值统计表

表10-1-1 单位：万元

年份	1990年不变价	当年价	工业销售产值（当年价）	年份	1990年不变价	当年价	工业销售产值（当年价）
1990	5650	5815	4721.4	2001	36808.8	66877.7	39333

续表

年份	1990 年不变价	当年价	工业销售产值（当年价）	年份	1990 年不变价	当年价	工业销售产值（当年价）
1991	6753	7183	5638. 3	2002	37869. 4	69840. 2	48124. 7
1992	8735	9247	5111	2003	42699. 9	85491. 7	66767. 4
1993	11395	14765	8851	2004	—	107104. 1	97646. 5
1994	14332	19066	14929	2005	—	148222. 1	138665
1995	9729	12064	9104	2006	—	246652	223475. 8
1996	17215	39597	13848	2007	—	334239	3256152
1997	30065	43005	17823	2008	—	424800	372312. 4
1998	33677	46988	19406	2009	—	562000	503600
1999	36426	51487	24668	2010	—	562800	481886. 1
2000	35804	60058. 3	31583. 1				

说明：2004 年后 1990 年不变价统计局未列科目统计

1990～1997 年宝塔区独立核算工业企业主要经济指标情况统计表

表 10-1-2

年份	企业（户）	亏损企业（户）	工业总产值（万元）	工业增加值（万元）	销售收入（万元）	固定资产原价合计（万元）	资产总计（万元）	利润总额（万元）	利税总额（万元）
1990	27	6	5650	1165	3023	4215	5951	259	160
1991	25	3	6753	2035	4208	5814	7523	594	222
1992	25	5	7478	2454	5516	6807	11912	926	299
1993	32	9	11395	4565	2859. 7	8979	9425	-499	-127. 7
1994	35	3	10608	2863. 5	2863. 5	12275	21151	-926	-304
1995	28	5	12064	2398	10653. 9	20813. 6	29124. 7	2717	643. 1
1996	28	10	17215	11535. 6	13484. 8	27232. 2	36071. 5	1744. 2	3347. 7
1997	28	9	20294	12835. 5	16335. 4	27993	42498. 9	2158	4016. 2

1998～2010 年宝塔区规模以上工业企业主要经济指标情况统计表

表 10-1-3

年份	企业（户）	亏损企业（户）	工业总产值（万元）	工业增加值（万元）	销售收入（万元）	固定资产原价合计（万元）	资产总计（万元）	利润总额（万元）	利税总额（万元）
1998	38	23	22134.1	1396.5	16271.4	38535.8	50085.2	2781	4816.6
1999	37	24	17386.2	14385.6	14367.3	39662.9	52478.6	3916.8	5068.3
2000	39	18	26050.3	15039.9	299635	42442.1	59541.8	10576	15089.1
2001	33	17	57253.2	50439.2	108893.6	68245.9	50597.1	8149.6	2496.9
2002	33	17	49904.3	25488.2	40383.2	76383.9	77247.3	2862.8	10846.3
2003	30	14	54047.1	26040.6	55486.9	87541.9	62172.9	12646.2	20714.5
2004	25	12	107104.1	49668.3	63921.1	40746.2	94556.8	15241.5	23518.1
2005	25	4	125167.7	62297.9	132657.6	64666.7	145980.5	36185.4	52956.3
2006	20	9	280186.3	131218.7	128762.3	46179.8	136981.4	40598.2	635235
2007	19	8	334239	280253.8	325615.2	86129	140969.8	2633.9	23647
2008	23	10	377821	—	372312.4	—	17030	1400	7374.7
2009	27	14	511100	—	210500	—	40810	12400	7100
2010	23	11	505731.3	—	124800	—	264300	-0.28	-0.05

说明：2008 年后工业增加值、固定资产原价统计局未列科目统计

第四节　工业经济结构

1990 年，延安市工业总产值 33730 万元，比 1989 年下降 10.62%，其中轻工业产值 23256 万元，比 1989 年下降 17.08%，重工业产值 10474 万元，比 1989 年增长 9.59%，乡以上独立核算企业净产值 13510 万元，比 1989 年下降 11.58%，工业净产值占工业总产值的比重为 40.05%。乡镇企业总产值 5844 万元，比 1989 年增长 29.81%，乡镇企业总收入 6576 万元，较上年增长 31.47%。全年有工人 15405 人，其中市属 4202 人，轻工业 2247 人，重工业 1955 人，女性 1598 人。1992 年底，区属工业系统有工人 4709 人，其中固定工 2082 人，合同工 2886 人，临时工 154 人，计划外用工 1587 人，固定资产原值 6807 万元，人均占有固定资产原值 14455 元。1993 年，工业总产值 52079 万元，其中地级以上产值 39775 万元；其中：轻工业产值 26387 万元；重工业产值 25692 万元；工业产品销售收入 53907 万元。1994 年，固定资产原值 9955 万元，净资产 8817 万元，较 1992 年分别增长 14.6%和 15.4%。

1995年，延安市工业总产值125098万元，其中市属全部乡及乡以上工业产值16273万元。1996年，工业企业固定资产原值14413万元、净资产10889万元，比1994年分别增长41.7%、23.5%。1997年，工业总产值174929万元，其中中央企业产值132872万元，区属企业20715万元，集体企业7520万元；全年工业产品销售收入76631.40万元，其中中央企业33356万元，地区企业26940万元，区属企业16335.40万元。2001年，全部国有及500万元及以上的非国有工业总产值106209.70万元，其中中央企业产值46135.40万元，市属企业产值9942.80万元，区属企业产值41571.20万元，轻工业产值46448.40万元，重工业产值59761.30万元；产品销售收入108893.60万元，其中区属企业销售收入59315.90万元，非公有工业产品销售收入45491万元，股份制企业产品销售收入466007万元。

2005年，宝塔区工业企业总产值361230.80万元，工业企业1033个，其中中央属3个、省属2个、市属24个、区属1004个。中央企业工业产值198264万元，市属企业产值141822.10万元，股份制合作企业工业产值958.30万元，有限责任公司工业产值8130.20万元，其他有限责任公司（私营企业）工业产值12056.20万元，区属工业产值125167.70万元。2008年，工业总产值3778721.90万元，其中国有企业工业产值3289722.90万元，非公有工业产值470604万元。区属工业产值42.48亿元（不含石油企业），规模以上工业产值37.79亿元，规模以下工业产值4.69亿元。

2010年，宝塔区规模以上工业总产值505731.30万元，其中国有企业产值439604.20万元，非公有工业产值59660.40万元。区属工业产值101.26亿元（含石油企业），规模以上工业产值95.54亿元，规模以下工业产值5.71亿元。

一、国有工业

20世纪90年代，实行“抓好大的，放开小的，搞活经营项目，提高经济效益”的方针，抓10个重点企业，工业经济发展较快。1990年，工业总产值5650万元，国有企业产值3458万元，占总产值的61.2%；实现产值、税利同步增长；全民所有制工业企业固定资产原值4215万元、净资产3236万元。1992年，固定资产原值6807万元、净资产5704万元。1993年，国有企业总产值6672万元，较1992年的4947万元增长34.87%。1994年，国有企业产值10714万元，占总产值的92%。1995年12064万元，2000年60058.30万元。2004年，国有工业总产值75280万元，占总产值的70.2%。2005年125167.70万元（含南泥湾采油厂），其中区属国有12516万元。2008年5845.70万元，比2005年下降119322万元。2009年工业总产值159478万元，其中国有企业3738万元。

产品销售收入　1990年3023万元，1991年4208万元，1992年5111万元，1997年16335.40万元，1998年16271.40万元，1999年16822.80万元，2000年29963.50万元，2001年34256.10万元，2002年40383.20万元，2005年12633.10万元，2006年15460.30万元，2010年20711.50万元。

工业产品销售税金　1990年160万元，1991年222万元，1992年299万元，1997年192.8万元，1998年203.90万元，1999年224.70万元，2000年363.80万元，2001年428.50万元，2002年458万元，2005年1741.90万元，2006年65.10万元，2010年

7700.21万元。

实现工业企业利税　1990年388万元，1991年816万元，1992年1116万元，1997年4016.20万元，1998年4816.60万元，1999年5332.20万元，2000年15039.90万元，2001年2496.90万元，2002年17433.20万元，2005年52956.30万元，2010年9300.40万元。

二、集体工业

1990年，集体所有制工厂40个，其中市直属集体9个，城市街道16个，乡镇15个。工业产值1215万元，占工业总产值的23.76%，其中市直属集体工业产值654万元，城市街道工业产值207万元，乡（镇）工业产值217万元，分别占工业总产值60.6%、19.2%、20.2%。1993年，有工厂41个，产值2240万元，比1990年增长1倍。1995年产值4129万元，占工业总产值的29.2%。1996年，集体工业总产值7611万元，其中区直属集体3224万元，城市街道1817万元，乡属企业2570万元。1998年工业产值7653万元。2000年，工业产值29582万元，比1990年增长23.35倍。2001年，有集体工业企业38个，产值5931.10万元。2004年，产值7233.10万元，其中区直属集体2778.1万元，街道4010万元，乡办445万元。2010年，工业产值4200万元。

集体工业企业职工数　1990年2099人，1995年1395人，1999年754人，2001年477人，2006年385人。

集体企业销售收入　1993年1487.30万元，1995年3218.10万元，1998年4447.90万元，2000年5302.70万元。2002年，销售收入2572.40万元，利税197.80万元。2010年销售收入4428.40万元，税金281.10万元，利润72.30万元。

三、非公有制企业

1990年，非公有制企业759个，其中城市个体49个，合作联营54个，农村个体656个。工业总产值1065万元。1991年，有非公有制工业企业858个，工业总产值1498万元，其中城市个体产值79万元，合作联营529万元，农村个体792万元。1993年，工业总产值4381万元。2000年，工业总产值19700万元，村及村以下工业企业990个。2005年，非公有制企业998个2452人，工业总产值21144.70万元。2008年产值47060.40万元，销售收入86182万元，税金4230万元，利润5904万元。2010年，工业产值80670万元，实现利润5743万元，税金2089万元。

第五节　企业改革

一、国有工业企业改革

（一）地毯厂

2008年10月，区地毯厂采取关闭清算，资产对外公开出让方式处置。资产评估值3431.37万元。职工247人，其中在职职工94人，退休人员87人，从未上班人员66人。

（二）新华陶瓷厂

2008年11月，由于新华陶瓷厂厂区土地纳入桥沟革命旧址保护和建设范围，为配合项目实施，区政府对新华陶瓷厂实施关闭清算方式改制。资产评估总值4232.74万元，负债总额3251.67万元。该厂职工545人，其中在职职工394人，离退休人员75人，新中国成立前参加工作1人，从未上班人员75人。

（三）塑业公司

2008年12月，区企业改制领导小组批复区塑业公司改制方案，同意实行内部职工优先购买原企业资产方式改制。资产转让底价2737万元。该公司职工169人，其中退休人员42人，在职职工113人，从未上班人员14人。

（四）纸箱厂

2008年12月，纸箱厂选择资产优先内部职工竞买方式改制，资产转让底价5264万元，但在竞买方案职工大会测评环节终止程序，区政府筹资对企业职工进行安置。后应大多数职工的请求，区政府准许企业二次做出选择。2010年9月，启动第二次内部职工购买程序。鉴于流动资产变化较大，区产权转让领导小组决定，将流动资产及负债剥离，调整后资产转让底价4995万元。该厂职工339人，其中离退休人员77人，在职职工261人，新中国成立前参加工作1人。

（五）新华总公司

2009年5月，区企业改制领导小组批复区新华总公司改制方案，同意实行内部职工优先购买原企业资产方式改制。资产转让底价5959万元。职工319人，其中离退休人员72人，在职职工247人。

（六）建筑材料厂

2006年3月，区建筑材料厂基于城市建设规划的总体要求和企业生产经营的实际，采取“改制与厂区土地开发同步进行，用土地开发补偿资金安置职工、清偿企业负债”的方案实施改制。账面资产总额728.34万元，负债总额2516.10万元。职工547人，其中离退休人员148人，在职职工337人，从未上班人员62人。

二、集体工业企业改革

2006年5月，宝塔区企业改制领导小组批复服装公司（集体企业）改制方案。2008年4月，区企业改制领导小组批复区振华造纸厂（集体企业）、粘合剂厂（集体企业）改制方案。3户企业均采取“量化资产安置职工，企业股份制改造”方式改制。2009年7月至2010年6月，区印刷实业公司由于不能清偿到期债务，实施关闭清算。2006年、2010年，延安化工厂（集体企业）实施深化改革方案，对职工进行量化资产安置。

第二章　工业门类

第一节　煤炭工业

一、机构

1998年3月10日，成立宝塔区煤炭工业局。内设办公室、煤炭科、业务科、财务科，事业性编制12人，下属煤炭管理检查站，事业性编制12人，局站两块牌子、一套机构，业务分工不分家，有职工32人。

2002年10月16日，宝塔区事业单位机构改革，撤销煤炭工业局，保留煤炭管理检查站，编制20人，原煤炭局职能交经济发展局。同年12月23日，将煤炭管理检查站更名为煤炭安全管理检查站，履行原煤炭局职能。

2004年12月28日，成立煤炭管理办公室，与煤炭安全管理检查站为两块牌子、一套机构，编制人员、内设科室未变。

2010年12月，煤炭管理办公室实有人员38人，其中驻矿安监人员14人。

二、煤炭生产

1989年末，生产煤炭18.10万吨、产值145.90万元，市内国有煤矿2个，建设煤矿、蟠龙煤矿。乡办及村联办煤矿31个，个体联办煤矿9个。1990年，生产原煤17.96万吨，产值246.23万元；煤炭销售收入146万元、产品销售税金5万元、产品利润6万元。

1992年，生产原煤18.26万吨，其中建设煤矿完成产值238万元，比上年增长52.94%，销售收入194万元、销售税金6万元、利润6万元。

1994年，完成总产值226万元，其中市属乡办煤炭产值77万元，村及村以下煤炭产值691万元。1995年，生产原煤22万吨。

1996年，建设煤矿引进南泥湾钻采公司石油钻采项目，部分采煤井口关闭，全年煤炭生产量下降到10万吨。1997年，国家禁止单眼井开采煤炭，退出煤矿15个，全年原煤生产量3万吨。

2008年，宝塔区制定《宝塔区煤炭资源整合实施方案》，将原17处煤矿整合为7处，占有资源面积77.62平方千米，占资源储量4174.80万吨。整合后的矿井生产能力由原来的1万~3万吨/年提高到9万~21万吨/年，全区煤炭年生产能力达到99万吨。全区有煤炭经营资质的公司19家，从事煤炭经营。是年起，向各煤矿派驻专职安全监督员，煤管办检查33次，培训煤矿管理人员24人，特种作业人员180人，工人岗前培训120人，对矿长1正3副、总工30余人进行培训和复训。2009年，整合后的7个矿区中有5个进入开工建设，其中有两个矿井见到煤层，巷道掘进生产原煤5000吨。

2010年，全年完成整合投资10819.75万元，占计划的105%，生产工程煤4万吨，上缴区财政200万元。全区年内经营公司达23家，年经营销售煤炭56万吨，交纳税费2452万元。

第二节　电力工业

一、电力企业

延安市市区电力局成立于1976年。2010年，在册职工175人，其中农电工127人。设局长1人、副局长3人。内设办公室、计划财务科、安监科、生产技术科、市场营销科、农电科等6个科室、生产班组7个、供电所12个、供电站5个、多经公司1个。延安市市区电力局负责延安市20个乡镇、3个街道办事处、8.05万客户的生产、生活供电。有35千伏线路41.4千米、总容量35.05兆伏安，10千伏配网线路53条，其中城网19条、线路总长1305.9千米，0.4千伏线路全长1579千米，10千伏总容量为403.15兆伏安，其中专变容量为310.93兆伏安，公变容量为92.22兆伏安，用户专用线路35条。

二、电网建设

延安市地处山区，人口居住分散，农村电力发展滞后，电气化程度低，改革开放前村村通电率为68%，经过10余年发展，到1991年村村通电率80%。1991~1993年，为解决46个村9234人口用电，架设10千伏农村线路132千米，通电率上升到87%。

1994年，根据“三个一点”的原则，为解决10个乡镇43个行政村2509户、10823人用电，架设6~10千伏农电线总长92.33千米，投资417万元。同年5月，中电联理事张绍贤和西北电管局局长刘宏在南泥湾现场办公，落实资金100多万元，南区3个乡镇15个行政村3560人口实现村村通电。

1995年4月，陕西省人民政府省长程安东到延安考察，了解村村通电建设工程，落实“三通”资金，并给予支持。丁庄、张坪、元龙寺等8个乡镇55个行政村1558户、7257人用电得以解决，下坪乡三志沟村为最后一个通电村庄，合上电闸，10千伏线路总长142千米。35千伏蟠龙变电站投入运行，35千伏李渠变电站投运，供电区域电压由6千伏升至10千伏。

1997年，为解决南川石油工业发展用电，由世行亚洲信贷部委派延安的挂职学习干部，引资黑龙江省七台河电厂扶持老区电力建设，援建麻洞川35千伏变电站1座、投资100多万元。

1998年，延安被列为国家首批农网改造行列，省电力公司列为示范点工程。1999年，农村电网改造工程涉及24个乡镇，639个行政村，883个自然村，改造10千伏线路685.37千米，0.4千伏线路1880.76千米，配电变压器677台，容量26697千伏安，户表工程41687户。农村供电可靠性99.7%，电压合格率90%以上，低压线损由过去的30%下降到12%以下，农民电费负担明显降低，万花山乡新窑则村改造前每户每月电费10元，改造后降到4元。

1999年12月10日至2000年10月28日，历时11个月城网改造工程竣工。新建10千伏支线31.21千米，改造10千伏干线26.11千米，支线26.55千米；新建10千伏电缆1.65千米，0.4千伏线路62.91千米，改造0.4千伏线路139.84千米；新建配变台区69个，容量为8115千伏安；改造配变台、区58个，容量为14470千伏安；改造增加容量12885千伏安，完成表户工程22791户。建成配调自动化系统并在配变台、区试行电表，远程控制抄表系统。10千伏配网实现“手拉手”供电，城区电网达到N-1安全供电准则，工程投资700万元。

2002年，为南川2个35千伏变电站改造增容。原35千伏临镇变电站增加容量2000千伏安，35千伏南泥湾变电站增加容量3150千伏安，一次带电成功，投入运行。2003年3月，兰商133馈路杨家岭支线首次10千伏高压带电作业。

2007年，实施农网、城网建设工程项目11个，其中农网5个、城网6个。农网工程项目总投资572.59万元，完成517.20万元。改造农村户表3741户，10千伏线路12.38千米，0.4千伏线路34.23千米，安装变压器12台，容量570千伏安，安装枣园4个台区运行监测装置。4个新农村电气化建设，建设改造10千伏线路1.8千米，0.4千伏线路7.51千米，安装更换变压器4台，容量800千伏安，改造10千伏姚店151线路。城网工程改造，配网工程总投资552.23万元，实际完成506.65万元，改造10千伏线路9.53千米，铺设电缆线路1.76千米，架设电缆2.4千米，安装开关2台，安装变压器630千伏安，10千伏线路0.355千米。为解决北区和南区140、130线路，投建兰中156线路，采用国内领先技术集成电缆，架设电缆3650米，新立15米钢管塔四级分解线路负荷4000千伏安。

2008年，农网基建配网和城区配网34项，总投资2954.23万元。农网配网与完善化工程26项、投资1939.23万元，实际完成1194.38万元。基建项目3个，建设新农村电气化村12个，包西铁路复线基建用电线路改造8个，完善化工程3个。青化寺架设10千伏线路4.04千米，铺设电缆0.11千米，安装变压器、配电箱248台，无功补偿装置32台。枣园镇裴庄、李渠镇朱家沟等12个新农村电气村工程，改造10千伏线路2.7千米，0.4千伏线路27.3千米，更换变压器17台，容量2100千伏安，改造户表1536户。配铁路基建工程，农村电网供电的8条线路改造，10千伏线路50.12千米，安装开关13台。完善工程0.4千伏线路2.7千米，更换变压器21台，容量2450千伏安，台、区配电箱220台。城区配网项目8项，投资1556万元，完成1334.01万元。建设改造10千伏架空线路25.28千米，铺设10千伏电缆线路3.67千米，安装柱上开关6台，接地保护开关30台，更换配变区熔断器60组，隔离开关40组，10千伏电缆分支箱3台，更换变压器13台，容量4945千伏安。

2009年，农网西部完善化工程投资515.21万元，改造户表829户，更换变压器31台、配电箱74台，10千伏线路建设改造5.1千米、0.4千伏线路31.17千米。城网架设10千伏架空线路1.86千米，更换变压器23台，容量7925千伏安，安装开关1台，综合智能配电箱70台。

2010年，新建改造10千伏线路65.73千米，0.4千伏72.76千米，更换配电变压器37台，安装配电箱140台，计量采集器375台。项目投资1309.36万元。城区配网项目建设10千伏架空线路15.34千米，铺设10千伏电缆1.13千米，安装综合智能配电箱50台；更换变压器16台，容量5720千伏安。

三、企业管理

1992年，电力局机构进行变动，原职能部门由组变股，为改善农村用电环境，增设农电总站。

1999年，实行乡镇供电体制改革，供电站和电管站合二为一，城乡同网同价管理。

2001年，建设投运MIS系统，采用全新图形终端技术，自动化管理，实行成本否决，计划审批，供电所收费委派制。

2003年2月12日，市区电力局与延安供电局设计室签订关于成立中低压设计组协议书，市区电力局中低压设计组成立，电力工程管理走向逐步规范。

2010年11月，调整农电工绩效岗位薪点工资，岗位薪点工资全部纳入月度绩效考核。

四、供电营销

（一）电力营销与管理机构

1991年，市区电力局设置3个班组，姚店、青化砭、贯屯、甘谷驿、郊区、南泥湾供电站6个。1992年，增设蟠龙、临镇、城区供电站3个。

1998~2000年，下设客户服务中心，李渠、枣园、麻洞川等站所10个。2001年，成立东关、北关、南关、万花山、冯庄供电所。

2007年，成立电费核算中心，负责电费核算、账务管理。2009年，成立南区、东区、城南、城北、城东供电站，负责专变客户和大客户的集中管理。

2010年，完成机构改革，营销下设城东、城南、城北、东区和南区5个供电站，15个供电所由农电科直管。

（二）营销服务

1994年，推行农村分类综合用电价和农村生活照明最高限价专项治理，整改低压线路180千米，安装集装箱648个、电度表7240块，180个村实现农村分类综合电价和农村生活用电最高限价，效果显著。

1997年，市区电力局成立用电营业厅，负责城区事故报修、电费收缴、查询、报装接电等。

1999年，农村生活照明用电由0.8~1元下降到每千瓦小时0.545元，实现电费回收率100%。

2001年，成立“张思德电力便民服务队”，建成枣园供电所旅游景区示范窗口，获国家电网公司、陕西省农电工作部“农村供电营业规范服务示范窗口”，做法和经验在延安供电局36个基层班推广。

2008~2010年，枣园、杨家岭、王家坪等7个革命旧址和景区引入国网标识。

（三）科技应用

2000年，完成一户一表2.4万户，其中50个台、区10180户实现集抄；建成配调自动化系统及生产管理自动化系统（MIS）；购买创富公司用电管理信息系统。2001年6月，为美化延安旅游环境，由陕西省电力公司和延安市区电力局，实施宝塔山点亮工程，投资额120万元。2004年，与工商银行、邮政储蓄业务连接，部分电费由银行代收。2005年，建成“电力客户服务支持系统”，将业务扩报装、计量管理、电费抄核收模块高度集成。采用欣能200系列抄表器，降低错抄、误抄的发生率。2008年，城区引入自助收费机，方便客户缴费、查询用电信息。2009年，建成电费代收网点30个。

第三节　建材工业

一、机砖生产

1990年，延安市建材厂占地面积8.57万平方米，建筑面积0.85万平方米，生产机砖3651.44万块，产值504万元，利税91万元。1992年，建材厂有职工408人，350、450型制砖机2套，20门轮窑1座，40门轮窑1座，年产能力4500万~5000万块。1993年，建材厂生产机砖4100万块，产值502万元。1995年，工业产值998万元，利税204万元，产品除供应本市外，远销子长、永坪、延川、延长、安塞、志丹等地。1997年，生产机砖3485万块，1999年4451万块，2000年3254万块，2004年6630万块，2005年4613万块。2006年企业改制停产。

二、水泥及制品

延安市水泥厂、水泥制品厂、延河水泥厂共占地面积16.07万平方米，建筑面积1.56万平方米，共有职工371人，生产325号、425号、525号普通硅酸盐水泥，生产预应力空心楼板、水泥电杆等品种。1990年，延安市水泥厂生产水泥1.63万吨，实现工业产值240万元，水泥制品厂262万元、延河水泥厂28万元。1991年生产水泥1.9万吨，1993年生产水泥3万吨，水泥厂实现工业产值283万元、水泥制品厂实现工业产值163万元、延河水泥厂实现工业产值73万元。1994年，生产水泥电杆4900根。1995年生产水泥2.7万吨，生产水泥电杆5400根、楼板3.4万块。2000年生产水泥1.39万吨，2001年生产水泥1.14万吨。2003年，治理区域内“五小工业污染”，水泥厂关闭。

第四节　机械工业

1989年，延安市农机修造厂生产机引三犁开沟器、拖拉机拖车、农用冲水枪、砖瓦厂制砖机等，工业产值32.16万元。1991年9月改为延安市通用机械厂（1997年地改市，更名为延安市宝塔区通用机械厂），占地面积14060平方米，拥有各种机床62台（套），有职工175人，其中工程技术人员35人。1991年，工业产值85万元。1993年651万元，比1992年增长43.47%，生产各类抽油机198台。

1994年，抽油机的设计采用国内新技术曲柄和双圆弧齿轮减速器，生产二型、三型、二型半、小三型、四型、五型抽油机。生产抽油机410台，产值1505万元。1995~1997年，生产抽油机798台；1998~2000年687台；2004~2006年，生产抽油机2712台。2008年，工业总产值3679.5万元，产品销售税金1556万元，利润995万元。

2010年，有职工314人，其中专业技术人员38人，具有大专学历以上人员50人。企业总资产3815万元，其中固定资产1284万元，工业产值1967.2万元，生产型抽油机

445 台，利税 152.4 万元。

第五节 化学工业

1989 年，境内有延安市新华化工厂、丰足火柴厂、延安市化工厂、延安市塑料厂、延安市粘合剂厂 5 户化工企业。有职工 579 人，完成工业产值 466.76 万元。固定资产原值 1102.93 万元。1994 年，延安市有丰足火柴厂、新华化工厂、塑料厂、化工厂、粘合剂厂 5 户化工企业。1995 年，延安丰足火柴厂转产，改建成纸箱厂。1998 年，宝塔区粘合剂厂因产品市场销售不畅停产。2000 年，宝塔区新华化工厂因产品滞销停产。2006 年，宝塔区塑料厂产品竞争力不强，销售不畅停产。2008 年宝塔区化工厂改制为陕西北方民爆有限公司延安分公司。2010 年，区内有陕西北方民爆有限公司延安分公司化工企业 1 户。

一、新华化工厂

1989 年，新华化工厂改建年生产 2 万吨复合肥生产线一条，生产复合肥 148 吨，产值 50.14 万元。1990 年完成产值 63 万元；1991 年产值 136 万元，较上年增长 115.87%；1992 年生产复合肥 690 吨，产值 234 万元；1993 年产值 786 万元，生产复混肥 2581 吨。1994 年 9 月，新华总公司成立，下设 8 个厂（公司），科级建制，分别为新华机械磷肥厂、新华复合肥厂、新华服务公司、新华综合公司、新华化工厂、新华修理厂、物资配件公司和新华甘草酸厂，公司占地面积 25000 平方米，有职工 320 人，固定资产 680 万元。1994 年产值 731.70 万元，1995 年产值 1327.60 万元，1996 年产值 1202.04 万元，1997 年产值 701.90 万元，1998 年产值 704.90 万元，2000 年停产。

二、宝塔区化工厂

1990 年，延安市化工厂有职工 92 人，生产铵油炸药 1403 吨，总值 153 万元，比 1989 年增长 3.3 倍。1992 年，建成年产 3000 吨铵锑炸药生产线，生产炸药 2126 吨，产值 234 万元。1995 年产值 326 万元，生产炸药 2891 吨，产量比 1992 年增加 765 吨。1996 年 12 月，改称为宝塔区化工厂。2000 年生产炸药 1043 吨，2001 年 2632 吨，2002 年 4587 吨；2005 年，生产炸药 5132 吨，产值 2512.90 万元，销售收入 2748.5 万元，利税 493 万元。2008 年 5 月，延化集团（宝塔区化工厂）参股兵器工业集团公司 051 实验基地精细化工厂，成立陕西北方民爆有限公司延安分公司，建成年产 1.2 万吨的连续化、自动化胶状乳化炸药生产线 2 条，投资 6000 万元。2010 年，生产乳化炸药 6771 吨，产值 4428.40 万元，产品销售税金 281.10 万元。

三、宝塔区塑料厂

1990 年，延安市塑料厂占地面积 1.5 万平方米，有职工 103 人，生产设备 17 台（套），固定资产 599 万元，生产聚乙烯农用塑料地膜和农膜。农膜产品规格 1000×0.06 毫米，主要用于农作物栽培、食品和各类产品包装。地膜规格 800×0.01 毫米，可用于 -40℃ ~80℃的农作物覆盖。1991 年，生产塑料产品 450 吨，产值 341 万元，比 1989 年分别增长 22%和 11.4%。1992 年，生产塑料产值 502 万元，产量 648 吨。1994 年，生产塑料制品 733 吨，产值 570 万元，1995 年产量 1000 吨。1996 年底，改称为宝塔区塑料厂。1997年产量790吨，2000年463吨，2004年109吨，2005年38吨。2006年停产。

四、宝塔区粘合剂厂

宝塔区粘合剂厂，以聚醋酸乙烯乳液为主要原料，应用科学配方和独特工艺制作白乳胶，产品质量达GB11178-1989国家标准，产品有较强耐热性、耐水性、防冻性和防污染等性能，主要产品聚醋酸乙烯乳胶、VAE白乳胶、RC-919聚乙烯塑料膜胶两大系列10个规格。1994年，产量达200吨，产值100万元，实现利税5.7万元。1998年因产品市场销售不畅停产。

第六节 纺织工业

1990年，延安市地毯厂生产地毯2575.55平方米，比1989年的3044.56平方米减少469平方米。1991年，生产毛毯2584平方米，产值70万元。1992年3002平方米，产值92万元。1993年产值37万元。1994年产值145万元，销售收入88万元，利税9.70万元。1997年停产。2010年进行企业改制，原企业注销。

第七节 酿造工业

1990年，延安市酿造工业有酿造厂、碘盐加工厂、奶牛厂、粮油加工厂和粮油综合公司。生产酱油、食醋、酱菜、果酱、糖醋蒜、泡菜、碘盐、汽奶、冰冻果汁、冷冻食品，加工米、面、植物油、挂面、各种糕点。2010年宝塔区无酿造工业。

一、酿造厂

1990年生产酱油、食醋、酱菜等10多个品种，工业产值59万元。1991年48万元，1992年45万元，1993年41万元，1994年38万元。1997年后产量下降，处于半停产状态。2003年后，因城市道路加宽改造，厂房整体拆迁，停止生产。

二、碘盐加工厂

1990年产值37万元，1991年40万元，1992年28万元，1993年69万元，1994年75万元。1995年因省市统一碘盐生产，延安市碘盐加工停产。延安市奶牛场，奶制饮料品种有健宝乐、延青汽奶、冰冻果汁、冷冻食品等8个品种。1990年实现工业产值33.18万元，1993年34.46万元。1995年4月停产。

三、粮油加工厂、粮油综合公司

1990年，加工品种有小米、面粉、荞麦面、植物油、挂面、各种糕点等，实现工业产值780万元，销售收入864万元，税金12万元，利润54万元。1994年产值1004万元。2000年停产，原厂区改造为轻工产品批发市场。2005年，因粮食企业改制，原企业注销。

第八节 印刷造纸工业

一、印刷

1989 年由延安地方国营印刷厂改为延安市印刷厂。

1990 年，延安市印刷厂有职工 220 人，固定资产原值 124 万元，资产净值 91 万元，年生产 18000 对开色令和 15000 令印刷品。1991 年，实现产值 152 万元，较上年 106 万元增加 43.4%，工业净产值 77 万元。产品销售收入 179 万元，产品销售税金 23 万元，产品销售利润 7 万元。1992 年，产值 165 万元，销售收入 198 万元，利税 39 万元。1995 年产值 280.5 万元，销售收入 55.24 万元，利税合计为-31.36 万元。1996 年，实行法人代表租赁经营。1997 年 10 月进行股份合作改造，成立宝塔区印刷实业公司，有在册职工 242 人，占地面积 3800 平方米，建筑面积 3300 平方米，资产评估为 475.2 万元。1999 年后停产，转为房地产开发，兴建中际大厦，主要经营酒店及租赁业务。2010 年，宝塔区印刷实业公司上市拍卖。

二、造纸

延安市振华造纸厂 1987 年生产防水油膏，产值 1.89 万元，1989 年 2.56 万元，1990 年 3.12 万元。1994 年 4 月，造纸车间向外承包，生产卫生纸。1995 年，卫生纸产量 180 吨，1998 年 148 吨，2000 年 213 吨，2003 年 168 吨。2004 年在原厂址修建农贸市场，企业停产。

三、纸制品

1993 年，将延安市丰足火柴厂改建为延安市纸箱厂，占地面积 9000 平方米，建筑面积 4500 平方米，有职工 229 人，固定资产值 201 万元，以生产纸质包装箱为主。1994 年生产纸质包装箱 15 万平方米，1998 年生产纸质包装箱 71 万平方米。2000 年，投资 40 万元扩建工房 150 平方米。

2003 年，投资 300 万元，建成一条年产能 700 万平方米的三层瓦楞纸板生产线，生产工艺由泡花碱改为玉米淀粉胶，两片成型为一片成型。产品有烟箱、炸药箱、纸盒、纸袋、各种蔬菜、苹果、食品箱 8 种。是年生产纸质包装箱 115.02 万平方米。2004 年，完成产量 189 万平方米，产值 940 万元，销售收入 560 万元，利税 47 万元。

2008 年，纸箱厂企业改制，组建宝塔区华昱纸制品有限责任公司，在姚店工业园区新建纸箱生产线项目，投资 3000 万元。2010 年 6 月投产，纸箱生产量 16.3 万平方米。

第九节 陶瓷工业

1990 年，新华陶瓷厂有职工 355 人，占地面积 11000 平方米，建筑面积 4100 平方米，固定资产原值 55.90 万元，主要生产紫砂茶具和日用陶瓷，耐火度达到 1160℃。1989~1990 年，生产茶具和日用陶瓷 77.64 万件，产值 109.7 万元。1991 年，生产 36.92 万件，产值 131 万元，实现利税 29.60 万元。1992 年产值 240 万元，生产陶瓷 52 万件。1993 年，生产陶瓷 30.49 万件，产值 252.26 万元。1994 年，开发多功能工艺彩陶，种类增加。1995年，生产总值616.64万元，生产陶瓷69.1万件，利税34.89万元，产品远销甘肃、青海、新疆、宁夏、内蒙古、山西等地。1997年，生产陶瓷15万件，产值170万元。1998年停产。2010年因涉及桥沟鲁艺革命旧址改造，新华陶瓷厂厂区整体移交延安市文物局。

第十一编　油气工业

延长油气区是中国陆上最早认识和开发石油的地区。东汉班固《汉书·地理志》记载："高奴（今延安东北），有洧水，可燃。"北宋沈括《梦溪笔谈》道"鄜延境内有石油，旧说高奴县出脂水，即此也"，首次为"石油"命名，并预测"此物后必大行于世"。

延长油气区的勘查工作始于19世纪末。清光绪三十一年（1905），试办延长石油厂。清光绪三十三年（1907），机械顿钻钻出中国陆上第一口油井，同年9月建成中国陆上第一座炼油房，开创中国陆上石油开发炼制之先河，填补中国民族工业一项空白。

中华人民共和国成立后，燃料工业部石油管理总局把陕北作为石油勘探的重点地区。1950~1957年，陕北地质勘探大队和延长油矿地质队对延安境内枣园、延川、杜甫川、延河湾、青化砭、姚店等地区进行了不同程度的钻探，初步查明域内石油储量面积约为240平方千米，总储量约为4845万吨。

20世纪90年代，延安地区从实际出发，确立"以资源为依托、以市场为向导"的工业发展战略，大力发展以石油、电力、煤炭、卷烟四大主导产业为依托的工业经济。延安市石油工业快速发展，成为支撑全市经济的骨干。延长油田采用滚动勘探开发与采炼结合的方式，逐步调整布井和开采方式，试验和引进适合本油区地质特征的油层改造手段，形成延长特色的特低渗透油田开发技术，实现低品位油田的高效开发。针对低渗透、低压力、低产量的"三低"，用"三简"（简易的钻井技术、开采方式、集输模式）克"三低"，依靠"顿旋钻、裸眼井、捞油车"，因地制宜，实现低品位油田的持续开发；单井设罐、汽车集输、管道长输、间歇抽油等一整套具有延长石油特色工艺取得良好经济效益；油层改造工艺经历了油井爆炸、清水压裂、清水加砂压裂、冻胶压裂等发展阶段。1985年起，先后吸收、引进国内外勘探、开发技术数百项，开发水平与国内其他油气田达到同步。自延长石油厂创建之后，机构多次更迭，先后称延长石油官厂、延长油矿、延长油矿管理局、陕西延长石油（集团）有限责任公司（以下简称延长石油集团）等名称。经1998年、2005年两次重组后的延长石油集团下设延长油田股份有限公司、炼化公司、销售公司、管道运输公司和财务中心等，实行以产权清晰、权责明确、政企分开、科学管理为主要特征的现代企业制度。2009年，延长石油集团排名中国企业500强第87位。

至2010年，延长石油集团在宝塔区内有延长油田股份有限公司（简称油田股份公司）、管道运输公司和油气勘探公司3个子公司，其中，油田股份公司下设23个采油厂、3个勘探开发指挥部、6个辅助生产单位。2006～2010年，连续5年保持上缴财政税费全省第一和全国地方企业前列。

第一章　油气机构

第一节　管理机构

陕西延长石油（集团）有限责任公司　延安石油管理机构创建于清光绪三十一年（1905），始称延长石油厂，之后机构多次更迭，先后称延长石油厂、延长石油官厂、军工五厂、兵工十三厂、延长油矿等。

1986年10月，延安地委、行署将延安地区石化局与延长油矿合并为延安地区石油化学工业局、延长油矿管理局，实行两块牌子、一套机构。

1992年8月，经国务院经济贸易委员会、计划委员会等6部委审批，延长油矿管理局成为全国大型一档企业。11月，延安地委、行署撤销延安地区石油化学工业局，成立延安地区石油化学工业集团公司和延长油矿管理局，实行两块牌子、一套机构。

1998年12月，中共陕西省委、省政府将延长油矿管理局、延安炼油厂实业集团公司、榆林石油化工有限责任公司合并组建成立陕西省延长石油工业集团公司（简称延长石油工业集团公司），为省政府直属国有企业。

2005年9月，中共陕西省委、省政府对陕北地方石油企业再次进行重组。延长石油工业集团公司及其所属的延长油矿管理局、延炼实业集团公司、榆林炼油厂等6家企业，与延安、榆林2市14个县区石油钻采公司通过整合，重组为陕西延长石油（集团）有限责任公司（简称延长石油集团），与延长油矿管理局实行两块牌子、一套机构，为省国有资产监督管理委员会监管的国有独资企业。下设延长油田股份有限公司（简称油田公司）、炼化公司、管道运输公司、销售公司和财务中心等管理部门。其中，宝塔区内有油田股份公司、管道运输公司和油气勘探公司3个子公司。2009年，延长石油集团排名中国企业500强第87位。

宝塔区石油钻前工作办公室　成立于1989年，编制12人。截至2010年12月，共有人员23人，超编6人。内设井场建设审批科、井场道路绿化科、办公室等3个科室。主要职能是为驻区石油企业的生产和发展服务；拟定石油勘探年度发展规划，根据规划和各石油企业的申请，勘察和审批井场；并会同石油企业和油区乡镇、村组及区石油钻前相关部门确定井位，清点地面附着物、测算工程、签订施工合同，监督工程质量，督促工程进度，保证井场平修任务按时完成；对全区的井场道路绿化工作本着“谁破坏、谁治理”的原则，由石油企业出资，区钻前办组织实施和验收；协调解决各石油生产企业在油气勘探开发与生产过程中同油区群众的各类纠纷和问题。

第二节 油气企业

一、延长油田股份有限公司

2005年10月，延长油矿管理局所属8个原油生产单位及相关辅助生产单位和延安、榆林2市14个钻采公司重组为延长油田股份有限公司（以下简称油田公司）。基地位于延川县永坪镇。2008年11月4日，延长油田股份有限公司机关迁至延安市宝塔区李渠镇崖里坪基地。2010年8月25日，迁入延长石油枣园办公基地。

至2010年，油田公司下设23个采油厂、3个勘探开发指挥部、6个辅助生产单位、23个职能部门，从业人员6.2万人。其中，宝塔区内有延长油田股份有限公司下属单位11个。资产总额700亿元，拥有资源面积5.58万平方千米，探明地质储量17亿吨。

（一）延长油田股份有限公司石油机械制造厂

1937年始建，前身是由原山西太原兵工厂派来的几名技工组成的“维修作坊”。1954年成为延长油矿机电车间，主要从事机床、钻机、汽车、炼化设备的修理业务。1987年更名为延长油矿管理局机修厂。

2001年，延长油矿管理局机修厂生产的抽油机系列产品获得“投产技术鉴定合格证书”，取得进入市场的资质。2003年研制、开发、生产出抽油泵系列产品。2004年，抽油机、抽油泵系列产品获得国家质监总局颁发的全国工业产品生产许可证。主要产品有Ⅲ、Ⅳ、Ⅴ、Ⅵ、Ⅷ、Ⅹ型抽油机、弯梁变距、下偏杠铃等节能型抽油机，整筒式、组合式、斜井式抽油泵，车拉油罐等。2006年，延长油矿管理局机修厂更名为延长油田股份有限公司石油机械制造厂。2007年生产抽油机1250台。2010年具备年生产抽油机1300台，抽油泵2000套的能力。

截至2010年底，石油机械制造厂有员工248人，厂行政下设10个科室和3个生产车间，4个党支部以及纪检、工会等部门，共有资产12782万元，其中流动资产11439万元，固定资产原值3405万元，其中房屋、建筑物1263万元，机器设备1332万元，运输工具449万元。

（二）延长油田股份有限公司青化砭采油厂

位于延安市宝塔区东北34千米处的青化砭镇，地跨青化砭和蟠龙2个镇。辖区域面积584.33平方千米。1950年始探，1960年5月成立青化砭综合车间，1967年投入开发。1973年成立青化砭油田，1986年更名为青化砭油矿。2006年3月，改称为青化砭采油厂。下辖姚店油田（1986年6月23日成立姚店探区试采领导小组，1990年升格为处级单位）和丰富川油田（2000年11月成立丰富川试采指挥部）。

截至2010年底，青化砭采油厂下设10个生产及辅助单位、21个职能科室及5个副科级二级单位。有员工2739人，其中正式职工1310人，聘用工1429人；专业技术人员314人，高级职称29人。累计探明含油面积289.8平方千米，探明地质储量11209.67

万吨，动用储量7299.15万吨。共有油井总数7825口，其中采油井6412口，开井6199口，累计生产原油633.3万吨。注水井539口，开井450口，水井利用率81%。受益油井1985口。

（三）延长油田股份有限公司甘谷驿采油厂

地处延安市宝塔区甘谷驿镇以东1.5千米处，地跨延安市宝塔区与延长县5个乡镇。始探于1953年，发现于1970年，1974年成立延长油矿甘谷驿试采指挥部，并开始试采，1975年改称延长油矿甘谷驿油田后正式投入开发。1986年，更名为延长油矿管理局甘谷驿油矿，县级建制。甘谷驿采油厂主力油层开采为长6油层。探明地质储量面积181.5平方千米，探明地质储量8846.06万吨；控制储量面积42平方千米，控制储量1540万吨。1991年原油产量率先在延长油田突破10万吨大关，2004年产量突破26万吨。2006年3月，改称为甘谷驿采油厂。

截至2010年底，甘谷驿采油厂下设9个生产单位，21个职能科室，在册职工1306人，大专以上学历人员343人，各类专业技术人员291人。有生产井4326口，注水井251口，各类设备5695台（套），机动车辆355部，固定资产原值27.84亿元。至2006年，甘谷驿采油厂连续6年实现稳产，累计生产原油421.79万吨。

（四）延长油田股份有限公司南泥湾采油厂

位于宝塔区松树林乡，油区横跨宝塔区9个乡镇。油田开发主要层位为长2、长4+5、长6等油层组。资源总面积1660平方千米，其中矿区面积1460平方千米，累计探明地质储量8163.3万吨，控制储量4140万吨，探明含油面积160.45平方千米，控制含油面积120.55平方千米，已动用含油面积201.9平方千米，尚未动用含油面积79.1平方千米；有油井6032口，生产井5616口，其中注水井120口。

采油厂前身为1987年成立的延长油矿管理局玉皇庙钻采公司。1990年改称为延长油矿管理局南泥湾钻采公司。1995年9月更名为延长油矿管理局南泥湾钻采总公司。2006年3月，更名为南泥湾采油厂。2010年，按照集团公司、油田公司的安排，对宝塔区建设煤矿进行了整体接交整合。

截至2010年底，南泥湾采油厂设办公室、计划科、生产运行科等19个机关部门，设纪委（与监察室合署办公）、工会（女职工委员会设在工会）、团委，7个原油生产单位，7个辅助生产单位，2个后勤服务单位。党委设12个党支部。在册人员2115人，在岗人员2819人。累计生产原油585万吨，资产总额27.96亿元；累计实现销售收入105.27亿元，利税总额41.31亿元，上缴财政43.42亿元，其中上缴地方财政26.58亿元。

（五）延长油田股份有限公司川口采油厂

位于宝塔区东南7千米的川口乡，油田分布在川口、碾庄、桥沟、李渠、柳林等乡镇。1985年始探，1986年发现，1992年成立川口试油队。川口油田主力开采油层为长6油层。资源面积为203平方千米，占延安市面积比例5.7%，探明地质储量7004.23万吨。

1994年，成立川口试采大队。1997年3月，成立延长油矿管理局川口采油厂。2006年3月，改称为川口采油厂。至2010年底，采油厂设置机关科室19个，原油生产单位

4个，辅助生产单位7个，后勤服务单位1个。有员工2124人，其中正式职工913人。有各类专业技术人员312人，各类车辆405辆；拥有固定资产原值36.79亿元，负债16.17亿元。共有采油井4420口，注水井255口，受益油井1185口，产油368188吨。累计生产原油463.44万吨，上缴利税费2274.03万元。

（六）延长油田股份有限公司蟠龙采油厂

位于延安市宝塔区以东约50千米的蟠龙镇，油田地处贯屯乡、梁村乡、蟠龙3乡镇内。始探于1952年，1986年钻探，2000年12月25日成立延长油矿管理局蟠龙勘探开发指挥部。2006年3月，改称为蟠龙采油厂。蟠龙采油厂主要开发层位为长2、长4+5、长6油层，资源面积425平方千米，探明含油面积56.81平方千米，探明储量2239.48万吨，控制含油面积10平方千米，控制储量200万吨。有油井总数1193口。至2010年底，蟠龙采油厂下设7个生产单位（采油大队、井下作业大队、修井队、原油集输站、注水大队、机修车间、供电车间），13个职能科室。有职工1163名，其中正式职工267名，雇用职工896名；各类专业技术人员93名。拥有生产能力为8.5万吨/年，固定资产14.72亿元，负债12.07亿元；累计生产原油69.5013万吨，累计上缴利税费1.06亿元。

（七）延长油田股份有限公司南区采油厂

位于宝塔区南十里铺，油田分布在宝塔区、甘泉县域内。前身为2001年7月成立的南区勘探开发指挥部。2010年3月撤部建厂，更名为南区采油厂。下设劳山采油大队、柳林采油大队、井下作业大队、试油队、注水大队等5个生产及辅助单位和12个职能科室。有职工831人，其中正式工402人，聘用合同工429人，大专以上学历208人，具有中级以上专业技术人员33人。拥有总资产13.66亿元，其中固定资产13.12亿元。

该厂于2007年试采，2008年在万80井发现长8油层，当年生产原油5万吨。2009年开发生产原油91000吨。至2010年底，油田占有资源面积1350平方千米，累计探明含油面积7.27平方千米，探明石油地质储量302.60万吨，勘探开发面积55平方千米，控制石油地质储量227.50万吨，动用储量188.80万吨，累计完成探井130口；共有油水井1185口，注水井88口。年产原油12万吨，累计生产原油29.94万吨，累计上缴税费2.19亿元。

（八）延长油田股份有限公司井下作业工程公司

该公司是集测井、固井、射孔、压裂为一体的专业化工程施工队伍。1993年3月，由原管理局直属单位测井站、固井队、压裂队3个机构合并组建延长油矿管理局油田开发工程公司。2008年，改称为延长油田股份有限公司井下作业工程公司（部）。生产基地位于宝塔区李渠镇崖里坪201国道南侧，占地面积42930平方米，建筑面积20628.12平方米。作业区域地处黄土高原腹地，作业范围分布在陕西、甘肃和内蒙古等地，主要分布在延安市和榆林市。

至2010年底，公司下设测井、固井、压裂、特种车辆修理车间4个基本生产单位及办公室、生产计划科、井下作业工程研究所、人力资源科等15个职能科室。有正式职工688名，大专以上文化程度273名，工程技术人员123名。拥有数控测射装备15套、固井机组9套、压裂机组9套及辅助配套设施，固定资产原值4.7亿元。年压裂能力

3000井次以上，测井能力1700口以上，射孔能力1000口以上，固井能力1600口以上。测井解释符合率：生产井可达90%以上，探井可达80%以上。固井质量合格率保持在99%以上，优质率在55%以上。

（九）延长油田房地产开发公司

1993年，成立延长油矿管理局房地产开发公司。2000年3月，丰源实业总公司成立后，划归丰源实业总公司。2005年9月集团公司重组后，更名为延长油田房地产开发公司。2009年11月，房地产开发公司划归油田公司直接管理，为油田公司下属的全资子公司，正处级建制。2010年底，原丰源实业总公司管理的延安石油建筑安装工程公司划归房地产开发公司管理。公司具有房地产开发二级资质，注册资金1亿元。驻地位于延安市百米大道三期210国道旁。

2010年，公司设有综合部、市场开发营销部、工程技术部、预决算审计部、财务部、生产运行部6个管理部门，1个独立法人单位：延安石油建筑安装工程公司。有员工160人，其中正式员工58人，聘用员工102人。公司资产总额为2.72亿元，其中流动资产2.69亿元，固定资产净值174.44万元，无形资产145.77万元，负债总额为2.51亿元。截至2010年底，计划投资25.70亿元，建筑面积97.94万平方米，完成计划投资8.30亿元。

（十）延长油田丰源实业总公司

成立于2000年3月14日，原名为延长油矿管理局丰源实业总公司，2005年重组后更名为延长油田丰源实业总公司，2008年12月由延川县永坪矿区迁至宝塔区姚店镇经济技术开发区。至2010年底，公司下设10个职能管理部门，16个生产经营单位，有员工1148人，其中正式员工239人，聘用专业技术人员及家属员工909人；拥有固定资产1.34亿元。

2000年成立之初，丰源公司主要负责延长油矿管理局原油运输。2008～2009年初，随着原油管道的全面投运，业务逐渐转变为经营油田化工产品的生产销售、石英压裂砂生产销售、服装加工与销售、石油物资材料经营、成品油销售、油气装卸、物流配送、物业管理服务等业务。2010年，完成经营收入20.50亿元，实现利润4150万元。2008～2010年3年累计实现经营收入40亿元。

（十一）陕西延长石油钻井工程有限公司（简称钻井公司）

公司是经陕西延长石油（集团）有限责任公司批准，由延长油田股份有限公司绝对控股，联合陕北地区资金实力雄厚、技术装备先进的29家股东共同出资组建的混合所有制股份企业。公司成立于2009年3月，股东共拥有钻机348部，注册资本1亿元，其中延长油田股份有限公司出资5100万元，其他民营钻井企业出资4900万元。注册地为陕西省延安市宝塔区。

公司下设综合部、财务资产部、经营管理部、生产运行部、工程技术部、物资供应部、市场开发部、安全运行部8个部门。设立永坪、靖边2个成品油销售办事处和延安东部、延安西部、榆林、勘探公司、山西煤层气、吐哈油田、吉林油田7个项目组以及安塞园区、定边工业区、柳林加油站3个筹备小组。有职工180人，其中正式工62人、借调10人、聘用工108人。

钻井公司主营钻井工程业务，兼顾固井、钻井技术服务、设备维修、物资购销等钻井工程配套服务。2009年完成营业收入51.77亿元，钻井10594口，进尺1528万米，实现利润1534万元，形成固定资产387.26万元。2010年实现营业收入63.99亿元，实现利润2929万元，全年钻井9792口，进尺1494万米，井身质量合格率和固井质量合格率分别为98.9%和99.4%。

二、陕西延长石油（集团）有限责任公司管道运输公司

2005年12月，陕西延长石油（集团）有限责任公司管道运输公司（以下简称管道运输公司）成立，下设17个机关职能处室，5个专业化输油处。主要负责集团内部油品管输、原油外购和管道建设等工作。位于宝塔区延长石油枣园办公基地。

2010年底，公司有原油、成品油输送管道15条（含定—靖原油管道复线）。管道途经榆林、延安、铜川、咸阳、西安5市24个县（区），全长1500多千米。年管输原油规模为1385万吨，管输成品油规模为750万吨。成为西北地区具有较大影响力的专业化管输公司。有从业人员1658人。

三、陕西延长石油（集团）有限责任公司油气勘探公司

2007年11月28日，由石油勘探事业部、天然气勘探开发事业部、地质化验室、钻井公司筹备小组重组成立油气勘探公司，为集团公司核心板块之一。成立之初基地位于宝塔区七里铺大街。2010年8月25日，迁入延长石油枣园办公基地。油气勘探公司下设14个机关职能部门、4个生产单位和1个LNG项目建设指挥部。主要从事石油天然气勘探开发业务，负责集团公司陕北地区天然气勘探、省内外新区块油气勘探。至2010年底，在陕西、内蒙古、宁夏、甘肃等12个省区13个盆地登记石油天然气勘查面积85312平方千米，其中省内10301.95平方千米，主要分布在延安、榆林两市；省外75010平方千米，主要分布在内蒙古、甘肃等地。天然气产能6.07亿立方米，形成延气2井区和延128井区2个天然气先导性试验区。有正式职工1206人。

四、中国石油长庆油田分公司第一采油厂

厂部位于宝塔区河庄坪镇，距宝塔城区10千米。矿权范围横跨陕、晋2市20县，总面积2.9万平方千米。累计探明含油面积1176.65平方千米，动用地质储量5.58亿吨。

1970年，成立长庆油田会战指挥部第一分指挥部，1971年开始勘探。1978年12月，改称为长庆油田会战指挥部第一试采指挥部。1982年2月，改称为长庆油田会战指挥部第一勘探开发指挥部。1984年5月，更名为长庆石油勘探局勘探开发公司。1986年8月，改称为长庆石油勘探局开发公司。1990年改称为长庆石油勘探局第一采油厂，1999年9月，更名为长庆油田分公司第一采油厂。下设直属单位20个，机关科室及附属部门22个，用工总量6800余人，有9500余口油水井，360多个站点，固定资产原值达到369.9亿元。

1990年，采油厂全面注水开发，年产能10万吨，1997年产量突破百万吨大关。2004年年产能达到200万吨，2010年产能跨越300万吨。至2010年底，累计生产原油3100余万吨。

长庆第一采油厂经过30余年的开发与探索，形成一套国内领先的特低渗透油田开发技术体系，创新了多项先进管理方法。先后获得各类科技、管理创新成果1000余项，获“中华环境友好企业”、中国石油、石化系统首家“国家级绿色矿山试点单位”“全国五一劳动奖状”“全国模范职工之家”“中国文化管理先进单位”等荣誉称号。

1990～2010年宝塔区内采油厂石油开采数据统计表

表11-1-1

年份	青化砭采油厂		姚店油田		丰富川油田		南泥湾采油厂	
	总井数（个）	年产油（万吨）	总井数（个）	年产油（万吨）	总井数（个）	年产油（万吨）	总井数（个）	年产油（万吨）
1990	301	0.40	526	7.01	—	—	136	1.20
1991	301	0.40	614	8.25	—	—	222	1.70
1992	301	0.33	709	9.59	—	—	288	2.24
1993	301	0.26	758	10.38	—	—	381	3.02
1994	301	0.24	816	10.24	—	—	495	4.52
1995	301	0.25	859	10.51	—	—	633	6.12
1996	301	0.23	909	10.87	—	—	769	10.02
1997	301	0.20	957	11.07	—	—	902	12.04
1998	301	0.22	1015	12.08	—	—	1086	14.02
1999	301	0.20	1129	15.75	—	—	1250	16.07
2000	301	0.19	1244	18.50	28	0.10	1443	20.61
2001	301	0.17	1397	20.86	50	0.71	1701	24.04
2002	301	0.18	1543	20.72	348	2.40	1976	26.62
2003	301	0.18	1543	20.80	1182	30.00	2282	31.85
2004	301	0.17	2207	22.63	1311	26.43	2669	34.51
2005	301	0.14	2491	32.93	1276	16.99	3162	42.73
2006	153	0.07	3322	35.89	1295	14.04	3707	43.58
2007	160	0.07	4149	38.00	1295	12.00	4099	48.32
2008	32	0.03	4638	40.00	1298	8.00	4486	49.30
2009	6373	46.20	—	—	—	—	—	—
2010	7825	45.20	—	—	—	—	6032	58.00

接上表

年份	甘谷驿采油厂		川口采油厂		长庆采油一厂	
	总井数（个）	年产油（万吨）	总井数（个）	年产油（万吨）	总井数（个）	年产油（万吨）
1990	1068	9.30	—	—	156	29.24
1991	1165	10.00	—	—	355	38.30
1992	1261	10.02	—	—	406	49.30
1993	1285	10.52	—	—	515	55.80
1994	1378	10.58	—	—	705	54.92
1995	1450	10.51	—	—	982	68.00
1996	1518	10.62	—	—	1194	91.03
1997	1567	11.44	257	6.00	1311	100.30
1998	1584	12.70	352	10.40	1335	101.02
1999	1690	14.00	473	16.00	1512	96.21
2000	1781	15.02	610	19.00	1632	102.16
2001	1937	18.02	789	20.60	2094	140.50
2002	2109	20.50	925	22.00	2383	170.01
2003	2186	21.02	1450	37.00	2498	184.91
2004	2521	26.30	2274	52.20	2715	193.50
2005	2793	26.04	2753	52.00	2717	212.97
2006	3063	26.00	3186	50.30	2935	228.79
2007	3317	26.00	3709	50.00	3268	243.57
2008	3579	26.12	4014	45.00	3896	266.73
2009	—	—	—	—	4336	297.71
2010	4134	26.50	4417	36.52	4997	301.10

说明：1. 姚店油田和丰富川油田为青化砭采油厂下辖油田，表中2009年和2010年青化砭油田总井数与年产量为3个油田之和；2. 宝塔区内南区采油厂2007年试采，至2010年累计生产原油29.94万吨。因其2010年建厂，故表中未列之

第二章 油气勘探

第一节 地质研究

延长石油勘探历史可追溯至1895年德国人李希霍芬（F. V. Richthofen）对陕北地区进行的石油调查。之后，美孚公司等几次进行地质调研得出陕北“贫油”的结论。1923年，地质学家王竹泉、潘钟祥等完成《陕北油田地质》一文，对“三延”（延长、延川、延安）储油层进行了划分，对勘探潜力进行早期评价，向“陕北贫油论”提出挑战，为“陆相生油”理论奠定基础。之后，地质学家不断开展地面地质调查和地球物理综合普查，并进行钻井验证，对延长组进行了早期的划分与评价，探讨油藏分布特征及油藏成因，先后形成了“构造鼻油藏说”“裂缝油藏说”“水驱油藏说”等多种成藏理论，逐步认识了低渗油层孔隙出油的潜力，提出了“主攻孔隙出油区块、兼顾裂缝油藏”的和岩性油藏概念，并进一步发展为“沉积环境控制油砂体分布”的认识。根据“三角洲沉积体系控制了油气生成分布”理论及划分的6个延长组大型三角洲沉积体系，以有利的沉积相带为勘探方向，通过钻探，在延长、延安、安塞三角洲发现甘谷驿、姚店、子长等油田，使延长油田区域不断扩大，地质储量逐步增加。

20世纪90年代，延长石油开展地质研究，以高分辨率层序地层学理论为指导，建立区域地层层序格架；通过烃源岩及其有机质类型与丰度、生烃能力、排烃强度、运移通道、储层圈闭条件及成岩作用等成藏条件，探讨油气富集规律与油藏分布特征，并对区域油气生成与运移过程进行模拟研究。在此基础上，进行勘探有利区及勘探潜力预测研究，利用各种非地震物化探技术方法缩小勘探范围。钻探取得突破后，对区块开展沉积相与沉积微相研究，通过地层对比，研究油藏构造特征，进行油藏综合评价与储量计算，为开发方案的制定和开发部署提供依据。

第二节 石油勘探

陕西石油资源主要分布在陕西北部延安、榆林两地。2000多年前，班固在《汉书》中就有关于延长一带有石油的记载。延长石油初期的油气勘探工作主要按油苗露头钻探，20世纪50年代起按构造、裂缝钻探。20世纪90年代以后，逐步开展沉积相研究寻找砂体找油，同时针对老油田勘探程度较高，后备资源不足的局面，围绕老油区主体及周边区域进行扩边勘探，寻找新的富集区块，成为油田发展的主要方式。

延长石油早期物化探技术用于地质普查。1994 年起，采用包含自然电位、土壤测氡、伽马能谱、高精度磁测及电阻率测深技术的综合物探方法，以及包含吸附烃、酸解烃、热解碳酸盐、碳同位素、紫外荧光及氧化还原指数等分析技术的综合化探方法在有利沉积相带进行勘探，克服了单一参数的多解性，有效提高勘探成果的可靠性。

2004 年，制定出《油气勘探工作手册》，规范勘探工作程序及技术要求，完善钻探程序。

2005 年，由国土资源部与国家发展改革委员会安排，延长油矿开展区域油气资源评价工作，预测区域资源总量，系统、客观评价了油气资源潜力，为国家和企业制定油气资源战略、勘探开发政策及发展规划提供了依据。

2006~2010 年，在地震和物化探异常区部署钻探井 222 口，试油 148 口，有 84 口探井获得工业油流。至 2010 年底，共在 1 万余平方千米面积内圈定各级异常区面积 3000 余平方千米。

一、扩边

1985 年在七里村最早开展扩边勘探。至 2010 年底，扩边勘探共圈定面积 556.53 平方千米，探明面积 943.96 平方千米，控制面积 428.03 平方千米，动用面积 237.84 平方千米，预计探明储量 21711 万吨，探明储量 36756.46 万吨，控制储量 11636.4 万吨，动用储量 9921.5 万吨。

二、新区块

20 世纪 80 年代，延长油田新的富集区块不断发现，油田面积、石油储量持续扩大。1990~2010 年，延长油田先后发现 50 多个含油区块，累计圈定含油面积 1944.63 平方千米，预测面积 317 平方千米，控制面积 441.43 平方千米，探明面积 558.99 平方千米，动用面积 26.1 平方千米，预测储量 24674.65 万吨，石油地质储量 20314.86 万吨，石油可采储量 2558.98 万吨，控制储量 3922.55 万吨，探明储量 42292.22 万吨。

三、新油层

1996 年以前，延长油田主要开采长 1、长 2、长 4+5、长 6、长 8、延 7、延 8、延 9 油层。1996~2010 年，相继在英旺、南泥湾、永宁、靖边油田发现长 7 油层；子北、杏子川、永宁、定边、南泥湾、直罗、西区、吴起油田发现长 9 油层；在杏子川、定边、直罗、西区、吴起油田发现长 10 油层；在定边油田发现延 4+5、延 6、延 10 油层。

四、新油田

1989 年之前延长油田开采有 19 个油田。1990~2010 年，相继发现开发了一些新油田，其中延安市宝塔区内有 2 个，即丰富川油田和蟠龙油田。丰富川油田：1960 年始探，2000 年进行二次勘探，同年发现并投入试采，2002 年投入开发。至 2004 年底，累计探明含油面积 41.10 平方千米，探明石油地质储量 2029 万吨，溶解气地质储量 1.42 亿立方米。蟠龙油田：1999 年发现油气显示。2004 年投入开发，计算储量面积为 21.4 平方千米，探明地质储量为 957 万吨，当年完成原油 13 万吨。

至 2010 年，延长油田累计探明含油面积 3952 平方千米，石油储量达到 19.62 亿吨，其中申报国家储委审批储量 8.40 亿吨，待申报储量 11.22 亿吨。

第三节 天然气勘探

延长油田对中生界石油勘探开发已有百余年的历史，对古生界天然气勘探仅在20世纪50年代在延长县完钻参数井延深探一井，完钻层位为奥陶系下统马家沟组（未钻穿），该井在上古生界多套层系中都见到气显示，但未试气。

2003年，延长油矿管理局总工程师顾根深带领孟志学、康雪林、张化安、严云奎、曹金舟、孟祥振7人组成古生界天然气勘探前期调研小组，赴西安向从事油气勘探开发的专家和大学教授进行技术咨询。9月13日，延长油矿管理局第一口天然气探井——延气1井开钻，12月9日完井，在二叠系下统山西组、中统石盒子组底部、上统石千峰组见到气显示。

2005年8月24日，延气2井开钻，10月28日完井。2006年8月20日，延气2井二叠系下统山西组山2段试气，获得无阻流量3.08万立方米/天。

2008年，延128井本溪组本1段自然求产获无阻流量15.10万立方米/天，6月13日，延长气田第一个采气站——延128井区撬装式集气压缩采气站设计通过审定，项目分一、二期工程，集气井试采、天然气处理、数据采集和CNG生产于一体。11月12日一期工程验收通过。6月14日，陕西延长石油（集团）有限责任公司第一个采气站——位于宝塔区姚家坡农场延144井区撬装式采气站开始试运行，首批天然气产品正式投放市场，标志着延长石油的商品天然气实现零突破。天然气处理规模为5万立方米/天。

2009年7月，试8井本溪组试气获无阻流量150.37万立方米/天，为该区单井单层最高产量。

至2010年底，延长油田共完井383口，试气331口，进行49个科技项目研究，完成二维地震8391.65平方千米、三维地震344平方千米，VSP12口。发现了石千峰组、石盒子组、山西组等气藏。探明含气面积1286.49平方千米、探明储量1060.06亿立方米，生产CNG商品气1373.40万立方米，跨入国内千亿方气田行列。

第三章 油气开发与开采

第一节 开发部署

一、井位部署

延长油气区主要开发三叠系延长组和侏罗系延安组油层，其中延长组长6油层是开发的主力油层，为特低渗—超低渗透储层，自然产量一般在几十千克，措施改造后产量可大幅度提高。原油产量提升主要依靠多钻井稳产上产。井位部署以地质认识为前提，在剖析钻遇油层、研究油层分布规律、分析统计油井试油试采成果的情况下，结合钻井工艺、采油工艺、地面工程及经济效益。井位部署大致经历依据油苗露头部署、寻找构造与裂缝部署、研究沉积砂体部署3个阶段。20世纪80年代至2010年，先后在定边县韩渠区域、宝塔区川口油田、志丹西区油田旦八区和义吴区以及吴起油田开展长6油层组沉积微相的划分及沉积相研究与评价，长8、长6、长4+5、延10和延9油层组沉积相的研究。其中，宝塔区内2002—2003年，川口油田开展延长组沉积相研究及长6油层组沉积微相的划分，确定油田北部和川46区主要开发区域部署方案。

二、滚动开发

滚动开发是延长油气区的基本开发方式。从点到面滚动式开发的模式，是开发延长油气区最有效的方式，也是延长石油百余年发展的宝贵经验。在油苗附近钻井，在高产井周围布新井，在油田外围扩边，寻找新的富集区块，经历高产井连片、富集区扩边和区域滚动3个阶段。1988~2010年，先后在七里村油田东部老区、横山油田白狼城区、西区油田义吴区高产井周围1~2井距完钻生产井，在取得油气显示、试油（或试采）产量均取得较好效果的情况下，以辐射状外扩，高产井连片分布，逐步形成新的开发区块。

（一）富集区扩边

20世纪80年代，在已开发油田周围扩边钻探，寻找新的富集区块，成为油田发展的主要方式。新的富集区块不断发现，油田面积持续扩大。至2010年形成七里村、西区、永宁、吴起、定边、靖边等石油储量超过亿吨的大油田，建成吴起油田、永宁油田、定边油田和西区油田4个百万吨级以上油田，靖边油田、杏子川油田、南泥湾油田3个50万吨级以上油田。

南泥湾油田汾川区是南泥湾油田最早投入开发的区域，开发层位为三叠系延长组长61、长62油层，完钻井深500米以内。1988年以后，按照顺沟、路、梁的部署原则，采用150米×150米井网部署生产井的同时，向油气富集区外围扩张，先后发现并开发康台区、刘台区、松树林—新窑区，原油产量稳步增长。2008年南泥湾油田原油产量达到63万吨。

（二）区域滚动

20世纪50年代，在陕西北部北起大理河，南至延长、延安，东至黄河，西至安塞的广大地区，进行地质普查和细测工作，进一步证实并发现延长、永坪、枣园、青化砭等构造和其他可供勘探地区。在继续开发七里村油田基础上，永坪油田、青化砭油田、甘谷驿油田分别于1954年、1967年、1975年投入开发。

1979年，延长油矿转变“三延”（延长、延安、延川）勘探思路，在子长县完钻探井4口，于延长组长6油层见到不同程度油气显示，探明石油地质储量2854.70万吨。1984年子长油田投入开发。

1986年，延安地区东部的石油勘探开发加快，同时北上横山县进行勘探，在已开发油田外围寻找新油田，一批富含油区块相继发现，先后投入开发姚店、王家川、瓦窑堡、南泥湾、丰富川、川口、子北、涧峪岔、蟠龙、劳山、青平川、英旺、横山、子洲共14个油田。其中，延安市域内投入开发的油田有姚店、南泥湾、丰富川、川口、蟠龙5个油田。

1987年以后，延长油矿勘探开发由延安地区东部拓展到延安、榆林2地西部6县石油勘探开发空白区，1987～2003年，相继发现并开发杏子川、永宁、西区、吴起、定边、靖边6个西部油田。至2010年，6个西部油田分别探明石油地质储量9245万吨、20316万吨、12761万吨、20283万吨、19793万吨、9601万吨，共91999万吨，占延长油气区探明石油储量的46.34%；原油年产量757.9万吨，占延长油气区原油产量的63.67%。

2010年延长油田股份有限公司宝塔区内各采油厂基本信息统计表

表11-3-1

所属采区（采油厂）	首口油流井时间（年）	原油产量峰值		2010年产油（万吨）	至2010年底部分开发指标		
		时间（年）	年产油（万吨）		采油井总数（口）	注水井数（口）	累计产油（万吨）
青化砭	1957	2003	50.04	45.0	5982	437	584.0
甘谷驿	1960	2010	26.80	26.8	4085	172	421.2
南泥湾	1987	2008	63.00	58.4	5595	47	582.2
川口	1986	2004	52.20	36.8	4420	255	463.7
南区	1992	2010	12.00	12.0	927	40	29.7
蟠龙	2000	2005	14.00	9.3	1215	86	78.8

说明：青化砭采油厂数据包括青化砭油田、丰富川油田和姚店油田三部分

三、开发调整

（一）开发层系调整

2005年以前，延长油气区以横向区块接替的滚动勘探开发格局为主。姚店油田开发层位以长6^1油层亚组为主，长6^2、长6^3、长6^4次之。初建产能阶段开发层位为长6^1，其他层位未动用。1994～1998年稳产阶段，开发层位以长6^1为主（约占总产量的80%～90%），长6^2次之；二次上产阶段仍以长6^1为主（约占总产量的60%～70%），长6^2、长6^3作为层间接替开发。

2006年后，应用层间接替和层系互换来实施层位调整，提高油藏纵向上的动用程度。2006～2010年，初步实现多层系开发的格局。至2010年底，长6^1已全部动用，开发层位以长6^2、长6^3为主。长6^4为辅助开发层位。

（二）井网井距调整

1988～1996年，南泥湾油田井位按照150米×150米井网部署，1996年在汾川区进行了加密井试验，在井距大的区域部署加密井，井距为110米×110米，试验4口油井，效果差。其中，青化砭油田开发初期，井位多采用150米井距正方形井网部署。1994年后，采用井距150～200米不规则三角形井网。

1997~2001年，采用大规模加砂压裂后，在汾川区采用170米×170米正三角形井网部署，在康台区、松树林区、刘台区采用160米×160米正三角形、菱形井网部署。

2002~2008年，统一采用160米×160米正三角形井网部署，平均单井日产量较调整前提高0.05吨。2002年8月，延长油矿管理局召开会议，推广反九点法注采井网丛式井注水开发模式。此后，姚店油田采用井距140米×160米矩形反九点法注采井网，与正北方向夹角25度。至2004年，丰富川油田开发采用100米×100米正方形反九点法注采井网，井网密度100口/平方千米。2005年，依据长2油层开发方案，将丁52井区东部扩边区域调整为150米×150米正方形反九点法注采井网，井网密度44口/平方千米。同年，甘谷驿油田对唐114井区进行整体注采规划设计，采用规则的矩形反九点面积注采井网，井距为150米×125米。2006年，青化砭采油厂对丰富川油田丁2井区和丁52井区衔接区域进行开发，据油层情况调整井网井距。采用200米×200米正方形反九点法注采井网，井网密度25口/平方千米，考虑中靶井深410~560米，决定不钻直井，部署4口定向井。中靶位置为正方形四个角。

（三）完井方式调整

1988~1995年，油田完井方式普遍采用裸眼完井。裸眼完井，节约原材料，生产成本低，通过压裂可提高油层利用率，但井径不规则，压裂时封隔器不易坐封；多次压井后，井壁易垮塌，油层直接裸露易受污染，不利于油层保护。南泥湾油田1993年开始，进行射孔完井试验，解决了裸眼井的缺点。1996年大规模推广射孔完井工艺，与裸眼完井在油田同时应用。2004年淘汰裸眼完井方式。

（四）注水方案调整

2005年6月，完成《青化砭油矿丰富川油田注水开发方案》。注水开发方案在实施中受地面配套和前期井网的影响，未按设计实行。至年底，部署范围内总井数1489口（方案总井数1748口），其中生产井1299口（方案1412口），注水井190口（方案336口），年产原油16.99万吨。采油速度0.84%（方案1.50%~2.00%），综合含水率62.40%，注采比1.04（方案1.2），未能达到方案要求。

2006年12月，青化砭采油厂副厂长兼主任工程师郑忠文、开发科副科长何跃东、董满仓编制完成《丰富川油田长2油层稳油控水方案》，对2005年的注水方案做了调整。方案由唐登平审核，顾根深批准实施。调整后，油田开发采用周期注水开发方式。确定油田开发初期采用反九点注采井网，后期含水上升到90%以后，调整为五点或线状注水；调整注采关系，水淹井转注，完善井网，最终形成线状注水格局。单井合理采液量5~10立方米/天，注水量18~25立方米/天，初期压力恢复期注采比1.2以上，含水上升较快时，保持油藏整体注采平衡和温和注水，将注采比调整在1~1.1之间。

至2008年底，受油层能量先天不足、油层薄、含水高、工艺技术等各种因素影响，未能实施周期注水，其他方面按照方案要求逐步进行。单井注水量6.24立方米/天，采油速度0.49%，综合含水80%，注采比1.5。

（五）区块部署调整

南泥湾油田早期开发主要集中在汾川区。1989年，在油田西部的岳屯区部署并完钻预探井1口（南10井），发现延长组长4+5、长6^1、长6^2油层。1990~1999年，先后在油田西部的康台区和松树林区、刘台区、马坊区、新窑区部署并完钻预探井 6 口（南 6 井、南 11 井、南 15 井、南 21 井、南 30 井、南 31 井）、发现延长组长 4+5、长 6^1、长 6^2油层。逐渐将开发重点转移至康台区、刘台区、松树林区。并将岳屯区并入刘台区；马坊区、新窑区并入松树林区。经过调整，至 2008 年底南泥湾采油共有 4 个生产区块，分别为汾川区、康台区、刘台区、松树林区。

延长油气区在开发过程中，主要是遵循“先肥后瘦”的原则，优先开发含油富集区，再开发较差区域。2005～2010 年，不断因地制宜，科学规划。东部油田以稳中有增为主，产量由 399. 16 万吨增长到 443. 07 万吨，其中中国陆上开发最早的七里村油田持续 4 年稳产 30 万吨；西部油田通过扩边勘探、多层系开发，产量由 439. 08 万吨增长到 757. 96 万吨。同时，针对油区西部油层变化的因素，将开发油层按延安组、长 2+3 层、长 4+5～长 6 层、长 7～长 10 层划分为 4 个开发层段，对各区块潜力重新认识，将新建产能工作量部署在潜力相对较大的西部区域。2010 年，延长油区西部完钻生产井占当年开发总井数的 54. 6%，原油产量占总产量的 63. 67%。

第二节　开发工艺

一、开采试验

从 1945 年七里村油田进行油井爆炸增产试验开始，延长油气区先后开展油井爆炸、盐酸解堵、注水、压裂、热洗、水泥塞堵水、火烧油层、注气驱油、井网井距调整、注表面活性剂等一系列工艺技术试验，寻求提高产量的途径，逐步探索出一套开发特低渗透油田的实用技术。

（一）田菁粉压裂试验

1992 年 9 月 15 日，青化砭油矿在上 104 井第一次进行田菁粉压裂试验。压裂车配田菁液 120 立方米，顶替液用清水，破压 20MPa，共加砂 12 立方米，砂比 10. 5%，比清水加砂压裂增产约 2 倍。同年 10 月又试验 3 口，平均加砂 6 立方米，砂比 10%～15%。

试验结果分析认为，田菁粉存在携砂能力不强、不溶物含量高等特点，砂比提升不高，造成储层污染且成本较高，不适应油田开发工艺要求，故未推广。

（二）油层爆炸试验

1994 年 3 月，南泥湾油田在汾川区对 4 口裸眼井进行高能气体爆炸处理，处理后个别油井有增油效果，单井平均日产增加 0. 15 吨。此措施对井径破坏严重，不易再次改造，停止试验。

（三）香豆粉试验

1997 年 3 月 16 日，青化砭油矿在刺 238 井用香豆粉代替瓜尔胶进行试验。在瓜尔胶压裂液配方的基础上配置香豆胶粉配方，每井次储水 120 立方米，配液 90 立方米，设计加砂 12 立方米。结果发现油井增长周期长，单井平均增产量比清水加砂高 3～4 倍，遂逐步在油田推广。之后，在应用中发现香豆粉压裂液存在交联状况差、携砂能力弱、不溶物含量较大等缺点，随着配方不断完善和瓜尔胶成本降低，瓜尔胶压裂液逐渐代替香豆粉作为压裂液。至 1998 年 5 月，淘汰香豆粉，全部使用瓜尔胶压裂液。

（四）高能气体预处理试验

南泥湾油田1998年引进高能气体预处理技术，在大杨树沟山上对松409井进行试验。实施后，压裂施工中破裂压力由34MPa降至33MPa。全年累计实施高能气体预处理80口，后推广应用。

（五）小井距试验

1999年4月，甘谷驿油田开展共大滩试验。井距分别考虑50米、75米、83米，然后部署钻加密井。经过2年试验，共钻加密井6口，测试地层压力与温度24井次，压裂试验施工12井次，对12口井进行测产计量。其中，9月11日3024井进行大砂量压裂试验，加砂68.4立方米，周围油井未见压穿现象，表明人工压裂裂缝半径没有超过120米。加密井地层压力测试结果表明，油层平均地层压力水平只有原始压力的40%左右（枯竭式开发20年后）。通过对计量测产数据进行处理，得出在自然能量开发方式及当时油价水平下，较经济的人工压裂裂缝半径为45~50米，经济井距为175米；加密井压裂后产量水平为老井的50%左右。在自然能量开发方式下，很难判断加密钻井与扩大压裂规模的优劣，两种方式均属在自然能量开发方式下加强油层动用程度，只提高采油速度，不能提高最终采收率。

（六）分层压裂合采试验

1999年8月，南泥湾油田首次在松564井进行分层压裂合采试验，初周月产油154.2吨，与临井相比，增产78.55吨。因采油工艺技术不成熟，未推广。

（七）双射流射孔试验

2000年，南泥湾油田应用双射流射孔技术，在松树林区油井对部分油层致密，加砂难度大的井采用双射流射孔技术。累计施工74井次，压裂成功63井次，成功率85%，平均破裂压力32MPa。与1997年、1998年该区块相比，压裂成功率提高10%，平均破裂压力降低了4MPa。

（八）热注热采试验

2001年3月10日，青化砭油矿在庙沟区域进行热注热采试验，采取单井吞吐。该工艺分为热解堵和热渗析单井吞吐两部分。

热解堵工艺，是针对地层条件较差，地层水锁效应严重，原油黏度高，胶质、沥青质沉积过快等因素导致地层污染的油水井研究的一项酸化解堵技术。施工时，由锅炉车将油层水加热至80℃以上后，将几种有机化合物混合，利用催化剂控制反应速度，在井筒环形空间内形成瞬间高温热水及大量氮气，在氮气的压力下，热量迅速沿井筒、油管壁传导，很快将滞留在井筒、油管内的蜡质融化。进入地层后，将积存在井筒周围的蜡质融化，可综合解除蜡、沥青质、泥质等堵塞，同时产生的气体可提高油井压力，从而达到解堵增油和提高残酸返排率的目的。解堵后两三天内，产量会明显增加。

热渗析工艺，是在热解堵的情况下，对油井进行单井吞吐式采油技术。施工时，将含有表面活性剂的热水不定期注入井下，增加油层驱动能量，降低原油黏度，减少流动阻力，改善流度比，提高波及系数，提高驱油效率，原油受热膨胀有助于提高采收率。

至2001年9月20日，累计试验123口。初期在庙沟区域全套管井试验，效果明显，特别是庙49井，实验前日产500千克，试验后日产5吨，持续43天。后期试验转入刺崖沟东沟区域，裸眼井试验，试验后产液量增加，产油量变化不大。之后试验逐步停止。

（九）注氮气单井吞吐试验

2002年，青化砭油矿从辽河油田引进油井注氮气单井吞吐新工艺。2002年11月21日，首次在丰富川油田丁1井实施注氮气单井吞吐试验。试验于21日16时开始，24日9时45分结束，注入量40024立方米，套管压力7.85MPa。丁1井的产量有明显提高，注氮气前日产油1.2吨，注氮气后日产油5吨，而且递减慢，注氮气前含水率95%，注氮气后含水率60%。

2003年，丰富川油田扩大注氮气单井吞吐试验规模。6月11日至7月21日共注9口（丰1224-3、丰1221-1、丰1222-1、丰1222-2、丰1220-4、丰1218、丰1219、丰1283-3、丰1223），高产期在10~20天，油井日产油4~5吨，高产期过后有明显降产，但降产比较平缓，稳产时降产幅度80%。因该工艺单井施工费用3.2万元，增产效果只能维持3个月，需重复施工，2003年后停止试验。

姚店油田于2003年1月13日进行油井注氮气采油工艺试验。使用NPV-900制氮注氮设备，通过注氮气改变地层压力，降低原油黏度，达到增产目的。在油井高压、低压上装有压力表和注氮气工艺设备连接，氮气从低压阀门进入油井。注完后，关闭低压阀门，关井憋压一星期左右，油井投产。每口油井平均注氮气总量约4万立方米，所耗燃油3吨。受天气状况和设备检修影响，每月可施工10井次。共试验施工油井30口，见效井24口，占80%。累计增油778吨。综合评价分析认为，此项试验增产期短，工艺复杂，未推广。

（十）分子膜驱油（纳米MD膜驱油剂）试验

2004年，青化砭油矿对丰1227-3、丰1227-4、丰1227-5等10口井开展了分子膜驱油试验，平均单井日增油1.24吨，平均单井累计增油26.50吨。由于工艺复杂，增产时间短，对选井要求严格，大部分油井不符合此工艺要求等原因，2004年后停止试验。

（十一）注空气—泡沫段塞驱油试验

2007年9月，甘谷驿油田在注水试验区唐80井区开展空气—泡沫段塞驱油试验。选择唐80井区丛54、丛55井为注入井。至2008年9月20日累计注入泡沫液1524立方米，累计注入空气1545立方米。从2008年1月到6月，丛54井组累计增油220.64吨，丛55井组累计增油617.09吨，两井组合计增油837.73吨，投入产出比为1∶3。采出气中的氧气含量从2007年12月15日的平均6%逐步下降，至2008年3月基本降为零。初步证明此试验在甘谷驿油田有较好的驱油作用。

（十二）驱油剂驱油试验

2007年10月1日，青化砭采油厂引进YC-2驱油剂驱油技术，在丰1212注水井进行试验，累计注驱油剂150天，共注7.50吨，5口受益井累计增油349吨，有效期6个月。2008年6月，陕西延长石油（集团）有限责任公司调研该项目实施情况，之后成立驱油剂应用试验领导小组。7月1日，在丰富川油田丰1231配水间进行扩大规模试验。丰1231注水区域面积1.5平方千米，有注水井12口，控制油井52口。到12月底，共注驱油剂100吨，试验油井相继见效。52口油井日产液量由注前的78.7吨变为138.5

吨，日产油量由注前的 12.1 吨变为 25.5 吨，52 口油井日增油 13.4 吨，累计增油 1930 吨。

二、压裂

（一）压裂液

1991 年，延长油矿在子长 5240 井进行田菁粉压裂试验成功，并于 1994 年起，采用千型压裂机组进行胍胶压裂，开始水基冻胶压裂，使压裂加砂量及压后油井产量显著增加。之后，开展高能气体、二氧化碳、泡沫、酸化等压裂液体系方面的试验，并对压裂液配方进行优化研究，改善压裂液交联、破胶等性能，逐步形成适用于各油藏的压裂液体系。另外，还开展支撑剂的优选研究与试验，应用陶粒、核桃壳等改善支撑剂的性能。

（二）压裂工艺

针对各种油藏特征，通过优化压裂施工参数及在压裂液体系中添加各种控制压裂裂缝延伸形态的用剂等技术，改善压裂效果；针对浅油层压裂形成水平缝油层利用低的问题，开展小承压段压裂工艺，使油层打开程度显著提高；为了提高老油层利用率，应用各种暂堵转向剂实现压开新裂缝的重复压裂工艺；针对多层系开发油藏，采用滑套式分层压裂工具，实现一次压开多层等。

（三）压裂装备

延长油矿先后引进 500、700、1000 等多种型号的压裂机组，提高装备能力；建设配液站，并使用压裂仪表车对压裂施工参数进行监测，不断研发改进封隔器、水力喷砂器及其他地下地面各种压裂工具，使压裂技术装备水平显著提升。

延长油气区从 20 世纪 30 年代起试验油基压裂，20 世纪 50 年代进行水力压裂试验，20 世纪 70 年代清水压裂和清水加砂压裂技术成为增产的主要手段。20 世纪 90 年代之后，推广应用水基冻胶压裂技术，形成一套适合延长油气区的压裂工艺技术。

三、注水

1952 年起，七里村油田开展井组注水试验。1973～1984 年，青化砭油田进行面积注水试验。

1991 年，延长油矿管理局在子长油田开展注水开发试验，水源为煤层水，采用储水罐自然沉降和烧结管精细过滤除机械杂质、加药杀菌、除氧的工艺流程，进行水质处理；注水管网采用普通油管；注水井采用全套管完井，经小规模压裂后排液、洗井，然后投注，井网为不规则“反九点”，注采井距 150 米左右。日注 25 立方米，初期注水压差约 5.5 兆帕。试验取得了显著的增产效果，但由于水质造成堵塞，之后出现水淹、管线腐蚀等问题，注水试验效果不够理想。

1998 年，川口油田开展面积注水试验，注水工艺与子长油田相似。在取得明显增产效果后，延长各油田于 2001 年起逐步推广注水开发工艺，并开展同期、早期注水开发试验，以及油层水回注工艺。

2001 年 10 月，青化砭油矿在姚店油田王庄采区进行先导性注水开发试验。共转注水井 12 口，对应油井见效率 75%。

2002 年 8 月，延长油矿管理局推行“反九点”开发注水井网。在庙沟采区进行注水试验，共转注水井 27 口，取得注水开发经验。在注水测试中进行吸水剖面测井，通过生产测试组合测井仪，对油水井井内流体温度、压力、流量、密度等进行测试，从而获得水驱动用程度、水线推进等方面的开发动态信息，为注水动态分析及效果评价研究提供重要依据。

2007 年，川口油田针对中高、特高含水井，实施调剖、调驱、调堵结合、分层调参和区域性整体综合治理措施，部分中高含水井的含水率有所下降，注 207 区块的 6 口水淹井治理后累计增产原油 323.9 吨。

2008 年 5 月，延长油气区组建定边、西区等 5 个注水开发示范区。2010 年又将横山白狼城列为注水开发示范区。经过两年多的建设，注水开发示范区初见成效。水驱控制程度达 60%以上，水驱动用程度达 55%以上，配注合格率达 50%以上，动态监测完成率达 80%以上，年综合递减率平均值低于同油层未注水区域 3%。

截至 2010 年底，延长油气区共有注水站 558 个，注水井 6608 口，日注水量 5.06 万立方米，年注水量 1419.61 万立方米，累积注采比 0.89，注水规模达到 14.46 万立方米/天，水驱控制面积为 1331.8 平方千米，开发区适宜注水面积占总面积的 75%，实际注水面积仅占适宜注水面积的 33.8%。注水仍有较大的挖潜增效空间。

第三节　钻　井

延长油田早期采用顿钻工艺，20 世纪 50 年代开始在探井进行旋转钻井，由于油藏低压低渗，钻井泥浆堵塞井底油流通道，之后除探井外，一直采用顿钻工艺。20 世纪 70 年代末，引进三牙轮旋钻、二开钻井工艺，钻井液为清水，进行裸眼完井。针对裸眼井井壁不规则，导致压裂封隔器难以坐封，以及多层系油藏难以高效开发等问题，从 1993 年起，延长油田逐步采用射孔完井工艺，在射孔技术方面，不断提升射孔枪、射孔弹等装备水平，优化射孔孔密、方位角等参数，射孔完井逐步趋于成熟。

1992 年 11 月，延长油矿第一组丛式定向井在子长油田完钻，之后至 2000 年，丛式井逐步在延长油田各区普及。丛式井克服了地面条件对开发井网的限制，使开发井网规范合理化，便于油井管理，并减少土地使用，降低钻前与原油运输费用。

2000 年，延长油矿管理局在永宁油田试验钻成第一口水平井。采用井下动力钻具+转盘转动的复合技术，并使用 MS3 随钻仪进行井身轨迹控制。之后，川口、西区等钻成水平井。

2001 年 4 月 1 日，南泥湾油田采用 TSJ-2000 型钻机，应用定向钻井技术完钻第一口定向井新 197-1 井，完钻井深 789 米，靶点水平位移 170 米，最大井斜角 26.77°，井身轨迹设计采用直—增—稳剖面。2002 年，油田全面采用丛式定向井开发，钻机类型主要为 TSJ-2000、ZJ15，井身质量采用电子多点测井和连续测斜检查，合格率达 99%以上。至 2008 年底，南泥湾油田共完钻丛式井 459 组 2591 口，合理利用资源面积 18 平方千米，减少土地占用面积 255.84 万平方米。

一、顿钻钻井

1985 年前，开发井用顿钻完成。20 世纪 90 年代快速减少。其中，1984 年顿钻比例占到92%，1988年占67%，2002年仅为8%，2006年顿钻停用。

（一）钻井

清光绪三十三年（1907）正月，从日本新潟购买的钻机运抵延长。4月25日，日本技师佐藤弥市郎同6名工匠，在延长县城西门外延河北岸，用木质橹台（井架）的汽动顿钻开钻，历时98天，钻成延一井。20世纪50年代，使用的顿钻钻机型号有：锄型、星牌、延安牌等。1989年起，顿钻钻井工艺因不能适应钻深发展的需要而逐渐减少。2006年，最后一部顿钻钻机在南泥湾油田停用。

（二）录井

常用的录井方式为岩屑、荧光、钻时和地层水测试录井（包括取水样试验和试水），其中以岩屑录井为主，2008年仍在使用。岩屑录井一般每1米录取1包砂样，进入油层后每0.50米录取1包砂样，每钻进2米取1瓶水样，每班校正1次井深，对录取的砂样由现场人员描述记录后，在荧光灯下进行鉴定，观察其含油级别，确定层位，素描地质剖面草图。对水样化验其含盐量，绘制含盐量曲线。钻遇水层后每钻进4米，探液面一次，确定出水位置，用回声法测液面上升情况，计算产水量。

二、旋钻钻井

1950年，西北石油管理局陕北勘探大队在七里村、永坪油田开始用旋转钻机开展钻探工作。1967年，延长油矿组建旋钻队伍。20世纪90年代，旋转钻井逐步成为主要钻井工艺。1992年，子长油田引进长庆石油勘探局IC-20中型旋钻机及队伍，完钻延长油气区第一个丛式井组。2000年，永宁油田开钻第一口水平井，至2008年先后在川口和西区油田完钻水平井3口。

（一）直井

1992年前，延长油矿管理局完钻的井全部为直井，从2001年开始，直井数量逐年减少。

（二）定向井

1992年10月，延长油气区第一组丛式定向井——丛1井组（4口定向井），在子长油田瓦窑堡镇张家岸村开钻，由长庆石油勘探局18133钻井队使用IC20型钻机承钻。井身轨迹剖面为直—增—稳三段制，使用直螺杆加2°弯接头定向，照相式磁性单点测斜，完钻井深850米，最大井斜34°，井底水平位移239.51米。

1999年，姚店油田成功完钻浅层丛式井刘7井组，其中刘7-2井垂直井深518米，水平位移145米，最大井斜30°。此后，浅层丛式井钻井工艺在延长油气区逐步推广。

2001年，全面推广应用丛式定向井钻井工艺，当年完成丛式井277组，其中定向井934口。5月2日，甘谷驿油田完钻第一口丛式定向井丛11-8井，垂直井深500米，最大井斜32.91°。

2002年起，对单层系油藏采用直—增—稳三段制井身剖面设计，对多套油层采用直—增—稳—降—直五段制井身剖面设计。1000米以上井的水平位移一般在200~400米，1000米以下井的水平位移一般在100~200米，最大井斜角一般控制在35°内。同年，胜利油田定向井公司在川口油田采用单弯螺杆钻具，有线随钻测斜仪定向，机械钻速8.6米/小时。钻井单位开始使用单弯螺杆定向，从4级直螺杆变为4级半、5级多头大扭距、大功率的单弯螺杆钻具，钻井速度提高 15%～30%。2003 年，延长油气区采用电子多点检测井身轨迹。

2007 年，延长油气区完钻生产井 14392 口，80%以上为定向井。2001～2008 年，部分钻井单位对水源系列钻机进行改造，以适应定向井钻井工艺。TSJ-1000 型钻机，将转盘通径改为 Φ660 毫米，增大转盘扭矩；游车系统改为 4×5，提高提升能力，能承钻井深 600 米、水平位移 150 米以内的井，一个平台可布钻井 3～4 口。GZ-2000 型钻机将底座改为钢制组合式，井架加高到 27 米；游车系统改为 4×5，提高提升能力，改进后能钻井深 600～1000 米的井，一个平台可钻井 7～9 口，且机动灵活，成为钻浅层定向井的主力钻机。

至 2008 年底，延长油气区共建成丛式井组 1 万多个，钻成定向井 46059 口，占总井数的 60%以上，节约井场 3 万多个。其中，宝塔区域内姚店油田 487 组，丰富川油田 231 组、1431 口，川口油田 291 口，甘谷驿油田 1592 口，南泥湾油田 459 组、2591 口。形成不同井深条件对应不同型号钻机的开发体系，甘谷驿、青化砭、川口、蟠龙等油田完钻井深 800 米左右，主要使用 TSJ-2000 型钻机。

（三）水平井

2000 年 6 月 18 日，永宁油田在双河乡朱家湾开钻延长油气区第一口水平井——双平 1 井，由胜利油田 32308 钻井队采用大庆-130Ⅱ型钻机承钻。11 月 11 日，川口油田川平 1 井也由该井队用同一型钻机开钻，11 月 25 日完钻，完钻层位长 6，完钻井深 945 米，垂深 515 米，水平段长 335 米，最大井斜角 92. 7°。使用 MS3 随钻仪完成井身轨迹控制。二开采用聚合物钻井液钻进，水平段添加润滑剂、抗盐、抗高温降滤失剂，分子聚凝包被剂。至 2010 年底，延长油气区先后在永宁、川口、西区 3 个油田不同油层钻井试验 3 口水平井。

录井　主要采用岩屑、钻时、荧光、钻井液等录井方式，探井及个别开发井做岩心录井。录井工作主要由钻井队负责。20 世纪 90 年代后，为了提高录井质量，部分重点生产井和探井录井逐渐聘请专业录井公司承担，实现录井和钻井同步，录井和资料整理同步。为了加强录井质量管理，陆续制定录井规范标准。

测井　延长测井始于 1950 年，使用苏联 2000 米半自动测井仪和陕北电测站自制的轻便电测仪进行标准电测。之后，先后引进 JD-581 多线测井仪、感应及声速测井仪，进行自然电位、自然伽玛测井，采用横向测井实现测井资料定性及半定量解释。

1992 年，延长油矿管理局引进 JD-581 多线测井仪数字采集系统，并成立测井资料解释微机工作站，利用计算机技术进行测井资料的处理与解释工作，测井技术由模拟发展为数字化。之后，在测井设备方面，逐步引进应用感应测井、声速测井及多参数综合测井仪器，测井参数不断增加，有效克服单参数的多解性，并解决了裸眼井井眼不规则的测井问题。1997 年，引进小数控测井设备，测井从此进入数控时代，测井装备成为一套完整的由计算机控制的数据采集、数据传输、数据交换和数据实时处理的测井系统；在测井解释技术方面，通过岩心测试与录井检验，制定出适合延长油田实际的测井解释模板和解释标准，并不断完善，先后引进开发 Forward2. 1 及“YANCHANG”测井解释软件，提升了测井解释符合率、准确率。1999～2001 年，购置 DF-1 小数控测井仪 4 套和数控射孔仪1套，淘汰JD-581多线测井仪。2008年10月，配置综合数控测井仪车载远程传输系统18套，测井资料实现车载远程传输。至2010年底，仍然沿用此传输系统。

三、井身结构

顿钻钻井及早期的旋钻钻井完井方式是以裸眼完井为主。1981年子长油田进行第一口油层套管井试验。随着油层改造工艺的不断进步，完井方式逐步变为以射孔完井为主，对不同的完井方式配套采用不同的井身结构。固井工艺发展经历人工固井、简单机械固井、双塞法固井三个阶段。在各个开发时期，钻井工艺逐步发展变化，不同的完井方式对应采取不同的井身结构。

（一）裸眼井

根据顿钻钻井工艺和土层厚度，采用二开与三开两种井身结构。土层厚度较小的区域采用二开井身结构：一开用Φ200~Φ190毫米钻头钻至水层以下，下Φ139.70毫米技术套管；二开用Φ121毫米或Φ118毫米钻头钻至设计井深完钻。土层厚度大的区域采用三开井身结构：一开用Φ273毫米土层钻头，钻至基岩后用Φ250毫米一字钻头钻大眼，下Φ219毫米表层套管；二开用Φ190毫米一字钻头钻至水层或易垮塌层以下，下Φ139.70毫米技术套管；三开用Φ118毫米一字钻头钻至设计井深完钻。此外，先期裸眼完井还使用Φ285毫米一开钻头，下Φ219.7毫米的表层套管，Φ197毫米二开钻头，下Φ140毫米技术套管，Φ118毫米三开钻头。

旋钻以先期裸眼完井为主，极少数油井采用后期裸眼完井。先期裸眼完井的井深结构为：一开用Φ311.15毫米钻头开钻，进入基岩后3~5米下入Φ219毫米表层套管封固土层，防止垮塌及漏水；二开用Φ190毫米钻头钻至水层下部，下Φ139.70毫米技术套管封水；三开用Φ118毫米钻头钻穿油层至设计井深完钻。后期裸眼完井的常见结构为：一开采用Φ311.15毫米三牙轮钻头开钻，进入基岩2~3米后，下入Φ219毫米表层套管；二开采用Φ190毫米三牙轮钻头钻至油层底部20米，下Φ139.7毫米技术套管，再用Φ118毫米牙轮钻头通至井底后完井。

（二）射孔井

2000年之前，直井井身结构：一开用Φ311.15毫米三牙轮钻头，钻至基岩后，下Φ219毫米表层套管；二开用Φ190毫米三牙轮钻头，钻至设计井底后，下入Φ139.70毫米油层套管。宝塔区境内，南泥湾油田小套管井：一开用Φ311.15毫米钻头开钻，进入基岩后下入Φ244.5毫米表层套管封固土层；二开用Φ215.9毫米钻头钻穿油层至设计井深完钻，下入Φ114毫米油层套管。

（三）定向井

一开采用Φ311.15毫米钻头钻穿黄土层和风化带后，下Φ244.5毫米（或219毫米）表层套管固井，水泥返至地面；二开用Φ215.9毫米（或190毫米）钻头钻穿油层底部30~50米后完钻，下入Φ139.70毫米油层套管。

2003~2006年，天然气井井身结构为（直井、定向井）：一开采用Φ343.00毫米钻头，下Φ273.05毫米套管；二开采用Φ241.30毫米钻头，下入Φ177.8毫米套管。为了缩短钻井周期，保护储层，降低钻井成本，2007年3月在延122井改变井身结构：一开采用Φ311.10毫米钻头，下Φ244.50毫米套管完钻；二开采用Φ215.90毫米钻头，下

Φ139.70 毫米套管。

（四）水平井

川平 1 井（川口油田）一开使用 Φ444.5 毫米钻头，钻至井深 51 米，下入 Φ339.7 毫米表层套管 50 米；二开首先使用 Φ241.30 毫米钻头，钻至井深 313.62 米，后使用 Φ215.90 毫米钻头，钻至井深 930.10 米，下入 Φ139.7 毫米油层套管 930 米。

四、完井方式

延长油气区完井方式主要有裸眼完井和射孔完井两种。裸眼完井主要在东部油田应用，西部油田绝大多数采用射孔完井。

（一）裸眼完井

裸眼完井贯穿延长油气区石油开发全过程，至 2008 年，王家川、青平川油田依然采用。20 世纪 90 年代初推广应用射孔完井方式后，逐步减少。

先期裸眼完井基本工艺：一开钻完黄土砾石层，下表层套管固井；二开钻穿油层上部水层后，下技术套管固井；三开钻至油层底界以下 15~20 米完钻，在部分土层厚度较小的区域，不下表层套管。后期裸眼完井基本工艺：一开钻至基岩 2~3 米后，下入表层套管固井；二开钻至油层底部 20 米，下技术套管固井，再用牙轮钻头通至井底后完井。

有些油田为节约成本，表层套管不固井，待技术套管固井后，拔出表层套管重复使用。

（二）射孔完井

1953 年，七里村油田七 1 井、七 47 井射孔试验成功。

1991 年，使用 SQ-691 射孔仪、73 陶瓷弹进行无枪身射孔试验。工艺流程是用铁丝把 8~10 个陶瓷弹连在 2 根铁杆架上，装上引爆雷管，连接磁定位器，将装有雷管的炮弹与电缆传输系统连接，按照设计要求下至所射位置，然后引爆。

1992 年 9 月，在子长油田 5212 井有枪身射孔试验取得成功，该试验技术项目获延长油矿管理局科技进步二等奖。之后，射孔完井工艺推广应用。1994 年，射孔记录仪改为推拉式 SQ-691。

2000 年，南泥湾油田针对油层致密、加砂难度大的油井，开展双射流射孔技术试验。5 月，深穿透复合射孔技术在甘谷驿油田试验成功。

2001 年 9 月，引进超正压射孔加砂压裂联作工艺，在川口油田丛 5~6 井采用 Q102-13-90 枪，102、127 射孔弹，射孔成功，射孔完井方式推广。2002 年，针对低孔、低渗、致密等油层特性，开始选用 Φ102 毫米枪，127 弹、DP44RD×38-4 或 DP43RD×45-2 深穿透射孔弹（俗称“小 1 米弹”，即理论穿透能力为 1 米），孔密 13 孔/米、16 孔/米，任意优选组合，以适应生产需要。至 2010 年仍采用此射孔完井方式。

第四节　采　油

延长早期采用吊油工艺进行油气举升。部分油田开发初期油井采用 Φ38 毫米、Φ44 毫米杆式泵抽油，检泵方便，不需起出油管，因结构复杂、成本高、排量小，随后被管式泵取代。1954 年，永坪油田采用 2 1/4英寸自制皮碗式抽油泵和苏联产金属泵抽油。

1965年将皮碗式抽油泵改为钢心涨圈泵，泵径增大3/16英寸。20世纪70年代起，逐步普及游梁式抽油机，之后，试验气举、螺杆泵、潜油电泵等油气举升技术，未取得突破性进展。20世纪80年代多应用泵径为Φ38毫米、Φ44毫米、Φ56毫米管式抽油泵，下泵深度一般在射孔段以上20米。在井斜大于30°时，抽油泵泵球阀复位效果差，泵效低，多数油田使用斜井泵抽油。1994年，甘谷驿油田试验螺杆泵采油，因油杆不易卸扣及倒转问题，未推广。2002年8月，丰富川油田应用抽油泵固定阀总成，安装于普通抽油泵底部，在斜井内使用。

至2010年，游梁抽油机仍是最普遍的举升设备，其间多次对油气举升技术及设备进行研究与试验，研发或引进试验双驴头抽油机、开齿式天轮抽油机及一机多抽等多种抽油机装备，通过改善抽油机传动机构、平衡方式等，以及引进变频控制、节能电机、电容节能控制开关等电力节能技术，探讨节能、环保、耐用易维护的抽油机技术。研发应用了多种扶正器等防止抽油杆偏磨，以及各种气锚、砂锚、降粘防蜡、堵水等井下工具，以有效解决油气举升过程中的各种问题。在油井维护技术方面，采用热水、泡沫、热化学洗井工艺，有效解决井底附近及井筒杂质造成的堵塞、腐蚀等问题，并引进油井自封封井器，实现密闭洗井，避免了洗井液的污染。研发刮蜡器、清壁规等机械清蜡工具，应用化学清防蜡剂，解决油井结蜡问题；在修井作业中应用捞砂泵、泄油器等器具；利用无机及有机酸、表面活性剂、微生物及热化学方法，进行油井解堵作业；采用机械胀套、公锥钻铣扩径、套管爆破整形等工艺技术对套损井进行修复。

第四章　油井生产管理

第一节　井下作业

一、油井日常维护

油井日常维护作业主要有检泵、洗井、调整泵挂、清防蜡、防砂等，提高油井利用率。

（一）检泵

20世纪50年代以前，主要以吊油为主，油井日常维护作业较少。50年代，检泵工作量增加。判断油井故障方法主要有：摸油杆是否发热、井口三通是否“出气”、抽油机负荷轻重、油井上液状况等，在实践中总结出“一敲、二打、三灌水”的检修方法。1967年，青化砭油田利用滚筒、卷扬机改装2部绞车，进行油井检泵、解卡、洗井、井下落物打捞等。20世纪80年代，延长油矿将改装淘汰的星牌等钻机用以修井。1984年，甘谷驿油田成立井下作业队，负责对油井进行检泵或换泵。检泵逐渐成为油井日常维护的重要工作之一。2008 年，延长油气区各油田全部开展检泵作业。

（二）洗井

延长油气区推广应用清水加砂压裂工艺后，出现油层吐砂，油井内砂面过高，埋没射孔段及抽油泵砂卡等现象，油井产量降低。1989 年，子长油田技术人员研制成功“滑管式洗井工艺”，在延长油气区推广应用。2000 年，川口油田采用洗井沉砂罐对丛式井定期洗井，提高洗井作业质量，降低劳动强度。2008 年，延长油气区主要以正洗为主、反洗为辅，洗井液以活性水为主。

（三）调整泵挂

20 世纪 90 年代，延长油气区大部分油田采取调整泵挂措施，提高油井产量。由技术人员每天使用油井诊断仪进行动液面和示功图测试，发现供液不足、沉没度低的油井，及时进行泵挂调整。1999 年南泥湾油田对产量降低的油井探砂面，对砂埋段进行冲洗，再加深泵挂。

（四）清防蜡

20 世纪 70 年代，延长油矿采用火烧法，即将油杆、油管、抽油泵等井底设备，起出后，在地面火烧油管熔蜡。因损坏油管，污染井场，停止使用。1987 年，延长油矿推广应用强磁防蜡器、热油熔蜡车。1997 年，选择有代表性油井逐月测示功图，按照单井产量、含水高低，分类总结不同层位和不同区块油井结蜡规律。1999 年，油杆刮蜡器经现场试验，有效清除油杆黏附的石蜡等机械杂质，井下作业广泛使用。2000 年，姚店油田实施化学清防蜡，对不同程度的结蜡井注清防蜡剂，试验 13 口，结蜡周期延长 90～150 天。2008 年，延长油气区形成以热油熔蜡车清蜡、自生热洗清蜡、化学清防蜡为主，机械清蜡为辅的清防蜡工艺。截至 2008 年底，该油田注化学清防蜡剂 1500 口。

（五）防砂

1998 年，宝塔区域内川口油田针对新井投产后吐砂严重问题，分别在 11 口油井应用中原油田防砂尾管、胜利油田三种防砂泵、湖北国营三八八厂倒置式防砂泵，效果较好。2008 年，延长油气区主要采用冲砂洗井、滤砂管机械防砂工艺。

二、事故井处理

（一）打捞

开发初期，主要是打捞吊油桶，同时打捞油井内的柴草、石头等落物。2003 年，各油田逐步配备捞、磨、铣、套、倒、震、钻等工具，具备复杂打捞解卡、油管磨铣、落物磨铣等大修技术。2008 年，延长油气区根据井下落物的鱼顶形状，选定不同作业设备和打捞工具，作业设备主要有钻机、通井机，打捞工具有矛类、筒类、锥类、钩类、磨铣类等系列。逐步形成弯油杆打捞、双封选压封隔器打捞以及套铣打捞等多种技术，打捞成功率达 100%。

（二）解卡

裸眼井压裂形成砂卡事故较多。2008 年，延长油气区采用上提下顿法、倒扣套铣解卡法、震动解卡法及专用钻机等处理卡钻事故。

（三）套管修复

2000年后，套管事故井逐渐增多。2004年，宝塔区域内蟠龙油田蟠2038-5井采用套管补贴技术（补贴已射孔井段），进行套管修复，重新选段进行压裂施工作业，获得成功。2008年，延长油气区主要采用倒换套管、机械胀管、公锥钻铣扩径、套管补贴、套管侧钻等技术修复套管。

第二节　油井管理

一、油井计量

初期吊油时，各井吊油量不在井口记录，每班吊油结束后，将总吊油量平均分摊，单井产量误差大。20世纪50年代末，开始井口设罐，采用井口计量，到选油站交油后，按顺差比例分摊。70年代，大部分油井采用单井单罐检尺计量，每8小时或24小时计量1次。井口伴生气量少，放空不计量。

2002年，宝塔区域内川口、甘谷驿、蟠龙等油田试用油—水密度测量仪、翻斗计量仪器、超声波流量计等计量方式，由于单井产量低、间歇上油、成本高等原因，均未推广。

2008年，西区、南泥湾、子长、川口、定边等5个注水开发示范区安装油井智能测试终端，实现单井智能示功图计量。至年底，延长油气区大部分油井以单井单罐计量为主，管线集输计量间用双容积分离器计量。

二、间歇抽油

1952年，七里村油田采纳苏联专家建议，在第15号井进行间歇采油试验。1994年，针对延长东部油井产量低的特点，推行间歇抽油的油井工作制度，延安市域内甘谷驿油田安装单井抽油机自动控制器，定时抽油。1997年采用区域变压器自动重合器，定时送电，自控限时间歇采油。2002年，有序采油方式在延长油气区推广使用。2008年，间歇采油井约占采油井开井总数的80%。

第五章　油气集输

第一节　油田集油

原油储存最初采用木槽、铁槽、土窖等储存设施。1950年起，开始采用油桶、水泥池和钢制油罐，后逐渐发展应用拱顶式、浮顶式储油罐。开发初期，靠人力畜力运油。

20世纪50年代，采用井口设罐，汽车集运方式。90年代开始管道集输，逐步形成切合油田生产实际的汽车集运、管道集输体系。天然气集输始于2004年，后逐渐配套完善。

一、原油集输

油田集油经历人力畜力、汽车、管道三个阶段。延安市境内青化砭油田1967年生产初期，油气水处理工艺简单，在井场储油罐现场脱水，泵油车将原油运入青化砭选油站后再次脱水（有50立方米储油罐1具）。每日油罐车将原油运往永坪选油站。1974年，青化砭常屯村建成选油站并投入运行。姚店油田开发初期，将油水统一运输到青化砭常屯选油站处理，日处理能力400吨。

20世纪90年代，随着集油管道建成，管道集油逐渐成为主要集油方式，汽车运输比例开始逐年下降。2002年10月16日，宝塔区境内姚店王皮湾集输联合站建成投用（有容积3000立方米处理罐2具，容量3000立方米沉降罐2具）。同时常屯选油站废弃。此后，原油运至王皮湾集输站处理，日处理能力1500立方米，分离油层水400吨。2002年后，原油运输车辆改用大吨位原装运油车，承担油井到选油站、选油站到联合站、联合站到炼油厂的原油运输。

丰富川油田开发初期，原油交付王皮湾集输联合站。2004年7月丰富川联合站开始建设，于2006年12月投入运行。油田所产原油全部交付该站进行处理，年原油处理能力30万吨（站内设有容积3000立方米处理罐2具，容积3000立方米沉降罐1具，容积1万立方米储油罐2具）。交付原油采用蒸汽加温、加破乳剂后进入处理罐，通过压差作用进入沉降罐进行油水分离，处理合格后用罐车运至王皮湾联合站。

二、天然气集输

延长油气区天然气集输包括气井气和油井气集输，2004年开始在部分区域投产采气井，逐步建成撬装式采气站和天然气压缩站，集输管道日益完善。

（一）气井气

延长气田2008年11月在宝塔区境内姚家坡延128井区建成撬装式采气站，辖4口采气井，分别为延128井、延172井、延173井和延174井。铺设Φ89×5毫米管线6.64千米，通过井口节流、水套炉加热，将延128井天然气输至采气站；铺设Φ60×4毫米管线4.49千米，将延172井、延173井、延174井采出气输至采气站。至2008年底，建成天然气集气管道51.13千米。

（二）油井气

油井伴生气在油田开发初期以放空和生产生活自用为主。2001年后部分区域利用油井伴生气发电。2006年4月，在永宁油田双410井、双557井安装套管气定压回收井口装置，通过Φ60×3毫米管线将油井伴生气输至双689脱水站，管线全长8.70千米。2007年8月，永宁油田建成东区1号油井伴生气增压站，将双4、双5、双6、双7转油站和双2计量站的油井伴生气全部汇集到该站，经增压后输至双河联合站轻烃回收装置，铺设Φ89毫米×4毫米钢管线19.20千米。次年10月，永宁油田野山联合站轻烃回收装置建成投运，将7号、8号接转注水站及野山联合站所辖5座增压站的油井伴生气，通过管线集输至野山联合站轻烃回收装置，铺设管线总长60.80千米。6号接转注水站及所辖7座增压站的油井伴生气由7号接转注水站通过管线集输供给，铺设管线21.50

千米。至2008年底，建成油井伴生气集输管道110.20千米。

第二节　输油管线

宝塔区内的输油管线，始于2001年10月开工建设的永坪—姚店输油管道。至2010年，延长石油集团公司共有永坪—姚店、川口—姚店、甘谷驿—姚店、七里村—姚店、双河—顺宁、定边—靖边和小河、天赐湾—榆炼、子北—永炼、安塞—永炼、吴起—延炼10条原油输油管道和永坪—姚店、靖边—榆炼、延炼—西安3条成品油输油管道。其中，宝塔区内有4条原油输油管道，1条成品油输油管道。永姚、川姚、甘姚、七姚管线均采用一泵到底输送工艺。

一、永坪—姚店输油管道

同沟敷设有4条管道：永姚汽油、柴油、石脑油和姚永原油。2001年10月开工建设，2003年6月竣工投运。其中，姚永原油管道全长52.1千米，设计输送能力200万吨/年，实际输送能力180万吨/年，外输压力2.6兆帕，泵出口设计压力6.4兆帕，实际运行压力4.5兆帕；永姚汽油、柴油、石脑油管线分别长55.3千米，汽油和柴油管径为Φ219毫米，壁厚6.7毫米，设计输送能力75万吨/年，设计运输压力3.6兆帕；石脑油管径为Φ141毫米，壁厚6.3毫米，设计输送能力为20万吨/年，设计运输压力为3.6兆帕。2010年管输原油138万吨，管输成品油130万吨。

二、川口—姚店原油输油管道

2003年4月开工建设，6月竣工投运。管线全长17.4千米，设计输送能力45万吨/年，实际输送能力35万吨/年，外输压力1.6兆帕，泵出口设计压力4.0兆帕，实际运行压力3.2兆帕，2010年管输原油13万吨。

三、甘谷驿—姚店原油输油管道

2003年3月开工建设，同年6月竣工投运。管线全长16.8千米，设计输送能力40万吨/年，实际输送能力26万吨/年，外输压力1.6兆帕，泵出口设计压力2.5兆帕，实际运行压力2.0兆帕，2010年管输原油26万吨。

四、七里村—姚店原油输油管道

2003年11月开工建设，经大规模修复，2007年7月投入运行。管线全长42千米，设计输送能力100万吨/年，实际输送能力54万吨/年，外输压力3.5兆帕，泵出口设计压力6.4兆帕，实际运行压力5.0兆帕，2010年管输原油53万吨。

第六章　油气水处理

第一节　原油处理

1967年，青化砭油田投产初期，油气水处理工艺简单，在井场储油罐现场脱水，泵油车将原油运入青化砭选油站后再次脱水。

1974年，常屯村建成选油站并投入运行。采用大罐沉降脱水工艺。工艺流程为原油运入选油站后加破乳剂使油水分离，进行脱水，存入500立方米油罐。再进行蒸汽加热，进行二次脱水，脱水完成，将油存入1000立方米罐中，含水小于0.2%为合格。后将原油运往永坪选油站。

2002年10月16日，姚店王皮湾集输联合站建成投用。采用溢流沉降法脱水，将进站原油经计量后泄入收油方槽，进入沉降罐，再通过压差作用和蒸汽加热，脱出的采出水通过沉降罐调节水箱进入采出水储水罐，油经沉降罐内收油槽进入净化油罐，处理合格后交付炼油厂。

第二节　采出水处理

采出水处理经历坑渗、自然蒸发、简易除油、常规过滤、二级除油+二级过滤、四级精细过滤、微生物+膜等工艺。采出水处理合格后全部回注。

2002年，宝塔区境内青化砭采油厂建成第一座污水处理站，设计日处理含油废水1200立方米，采用“三级”处理工艺，即隔油（斜校卧旋罐除油）纤维球、纤维素过滤、精细过滤，回注地层。因工艺复杂、基建投资和运行费用高，管理不便，不能完全满足生产的需求。

2006年，引进1套针对长2油层水处理工艺，设计日处理能力2800立方米，处理后水质可排可注，回注水达到《延长油区各油层注入水实用水水质标准》、排放水达到《陕西省石油开采废水排放标准》（DB 61/308-2003）和《污水综合排放标准》（GB 8978-2001）。

2007年，引进1套针对长6油层水处理工艺，即微生物+膜处理，运行成本大幅度降低。

至2010年底，宝塔区境内姚店油田平均日产油层水量1800立方米，日回注处理后油层水1200立方米，剩余油层水通过深层回注井注入地层，实现油层水零排放目标。

第三节　天然气处理

延长油气区自清光绪三十三年（1907）钻成中国陆上第一口油井后，一直采用单罐存油、单井抽油的方式，井口伴生气直接释放于大气中，造成大气污染，天然气资源浪费。各油田对伴生气的利用不足10%，仅限于锅炉供暖或农家生活，90%以上的伴生气被排空或者点燃。2006年后开始试验伴生气发电。2007年，作为节能减排的重点项目，青化砭油田通过伴生气发电，节约资金40余万元。

一、气井气处理

2004年，下寺湾油田采气井天然气经管道集输进入天然气压缩站，经计量、压缩、脱水、分离处理后，由加气柱向天然气运瓶车或者充气罐充装外运。日处理天然气1万立方米。

2007年，直罗油田和尚塬区东部含气区有11口气井，通过输气管线输送至南山天然气压缩站，经脱水、净化、增压后外运，日处理天然气1.80万立方米。

2008年11月，延长气田延128井采气站将集输到站的天然气采用脱水、计量、深度脱水、增压处理后将成品气通过压缩天然气运输车给延安市区及周边县区加气站供气。日处理天然气能力5万立方米。

截至2008年底，延长油田各天然气压缩站日处理天然气7.80万立方米。

二、油井气处理

2003年8月，永宁油田双河联合站轻烃回收装置投运，年处理油井伴生气能力990万立方米。采用膨胀机制冷为主、氨冷为辅的轻烃回收工艺。原料气经回收装置可生产液化气产品和轻油。至2008年底，该站累计生产液化气3557.14吨、轻油2959.32吨。

2008年10月，永宁油田野山联合站轻烃回收装置建成投运，采用膨胀机制冷为主、氨冷为辅的轻烃回收工艺，年处理油井伴生气能力1650万立方米。至2008年底，累计生产液化气121.06吨、轻油50.18吨。同时，建成轻烃回收装置2套，年处理油井伴生气能力2640万立方米。

第七章　产品销售

第一节　原油产品

一、汽油

汽油为延长石油集团的主要产品。根据国家标准要求及市场需求，从1996年至

2010年产品品种不断更新，低标号汽油退出市场，高标号汽油进入市场。截至2010年底，延长石油汽油种类有90#、93#、97#。

1996年以前，延长石油各炼油厂未建成投用催化重整装置，只能生产石脑油和70#含铅汽油，没有生产无铅高标号汽油的能力。1996年12月8日，延炼15万吨/年重整装置建成并一次试车成功，生产出合格的90#汽油。1999年，七里村炼油厂生产出无铅车用汽油；永坪炼油厂成功开发出90#无铅车用汽油。当年12月28日，国家颁布实施GB 17930-1999车用汽油国家标准，要求2000年1月1日全面停止生产70#汽油和含铅汽油，2000年7月1日起全国停止销售和使用含铅汽油。

2001年5月23日，永坪炼油厂15万吨/年催化重整装置一次试车成功，生产出高辛烷值汽油调合组份（RON=93-97），开始全部生产90#无铅汽油。9月10日，延炼15万吨/年重整扩能技改工程一次试车成功，改造后重整装置加工能力扩大到30万吨/年，全厂除生产90#汽油外，并根据市场需求生产部分93#高标号车用汽油。

2004年9月22日，榆林炼油厂15万吨/年催化重整装置一次开车成功，10月15日生产出93#高标号汽油。

2006年12月6日，国家颁布GB 17930-2006《车用汽油》标准，针对不同的排放标准分为车用汽油国Ⅱ标准、车用汽油国Ⅲ标准。规定自2006年12月6日起，在全国范围内执行车用汽油国Ⅱ标准，该标准将车用汽油硫含量降低到不大于0.05%。2010年1月1日起在全国范围内执行车用汽油国Ⅲ标准，该标准规定车用汽油硫含量降低到不大于0.015%、烯烃含量降低到不大于30%、苯含量不大于1.0%。

2006～2010年，延长石油各炼油厂在催化裂化装置、催化重整装置相继实施MIP降烯烃、深拔碳六等质量升级技术改造，成品汽油质量由GB 17930-2006（国Ⅱ）向GB 17930-2006（国Ⅲ）全面升级。延安炼油厂、榆林炼油厂成品汽油烯烃含量由50%降低到30%以下，达到国Ⅲ指标要求；永坪炼油厂、榆林炼油厂成品汽油苯含量达到小于1%的国Ⅲ指标要求；2009年6月底建成的延安石油化工厂，7月投产，其120万吨/年连续重整装置采用美国UOP公司第三代超低压连续重整工艺，生产出辛烷值达102以上重整汽油，与延炼催化汽油调合后，可全部生产93#以上高标号汽油，并根据市场需求生产部分97#高标号汽油，填补了陕西省不能生产97#高标号汽油的历史空白。

二、柴油

1996年，延长石油柴油销售品种有-20#、-10#、0#、+5#柴油。1997年7月，陕西省名牌战略指导委员会审定延炼生产的“洛河牌”0#、-10#轻柴油为省名牌产品。1998年，增加-5#柴油；2001年6月，-5#柴油退出市场。

2000～2010年，延长石油各炼油厂相继建成4套柴油加氢装置。其中，2001年7月1日，永坪炼油厂20万吨/年柴油加氢装置一次试车成功；2003年6月20日，延安炼油厂40万吨/年柴油加氢装置一次试车成功；2004年11月5日，榆林炼油厂20万吨/年柴油加氢装置一次试车成功；2009年7月，延安石化厂140万吨/年柴油加氢装置建成投产（同年10月将延安炼油厂40万吨/年柴油加氢装置整体搬迁到榆林炼油厂）。4套柴油加氢装置均采用抚顺石油化工研究院开发的国内先进的“MCI+临氢降凝组合”柴油加氢技术。使各炼油厂成品柴油牌号增加到5个：分别为-20#、-10#、-5#、0#以及

+5#，柴油质量基本可达到国家车用柴油推荐标准 GB/T 19147-2003。延安炼油厂成品柴油质量已提前达到 GB 19147-2009 标准。2009 年 7 月，+5#柴油退出市场。至 2010 年底，延长石油柴油种类有-20#、-10#、0#。

第二节　销售网络

一、延长石油集团公司销售网络

2005 年，延长石油重组之初，提出“控制一级销售、扩大二级销售、发展终端销售”的思路。2008 年，开始加速发展终端加油站网络建设。至 2010 年，延长石油集团成品油销售市场辐射陕西、山西、重庆、青海、云南、浙江、山东等 27 个省（市、区）。主要销售市场是陕西、四川、山西、河南等地。从销售途径来看，公路市场主要在陕西、内蒙古、山西、四川等地；铁路市场主要在四川、山西、北京、陕西、云南、河南、宁夏、重庆、湖南、湖北、青海等地。

二、终端加油站

（一）集团内部加油站

2009 年前，延安地区分布有 19 座加油站，主要保证油田公司各采油厂生产用油，分属各采油厂管理。其中，吴起县张坪加油站、子长县瓦窑堡加油站、富县直罗加油站、志丹县永宁加油站、宝塔区加油站 5 座有对外经营资质，可以对外销售。2009 年 7 月，根据集团公司内部加油站整合方案要求，原属油田公司各采油厂管理的加油站统一移交西安分公司管理。

（二）终端销售网络

延长石油终端加油站在 2005 年重组之前站点很少，主要是集团内部加油站。2005 年第二次重组后主要发展外部加油站。2008～2010 年，在整合规范内部加油站的同时，与壳牌公司、高速集团、交通建设集团等合作建设加油站，终端销售网络初步形成。截至 2010 年底，公司拥有加油站 147 座，其中延长壳牌公司 60 座，延长壳牌四川公司 52 座，高速延长公司 17 座，交通延长公司 18 座。加油站覆盖省市主要是陕西、四川；山西市场正在开发。2010 年共销售油品 50.87 万吨，实现销售收入 35.49 亿元，全年控股、参股公司共实现利润 2219.65 万元。

第十二编　商贸服务业

1990 年，延安市商业机构 1466 个，从业人员 10358 人。其中，全民所有制商业机构 105 个，占全部机构的 7.2%；供销合作商业机构 112 个，占 7.6%；其他集体所有制商业 162 个，占全部总数的 11%；个体商业 942 个，占全部机构 64%。1995 年，全市有商业机构法人单位 98 个，活动单位 98 个，网点 4104 个，从业人员 10637 人。社会消费品总额 21697.30 万元。1996 年后，随着改革开放进一步深入，宝塔区国有商业企业、集体商业实行门店责任承包、柜台承包和对外租赁等方式经营，个体私营商业逐步壮大，全市有个体工商户 2821 户，从业人员 4546 人，商业机构占总数 3020 户的 93.4%，从业人数占总数 7367 人的 61.7%。社会商品零售总额 17778.80 万元，其中个体商业零售额 8194.02 万元，占全社会商品零售总额的 45.96%。2001 年，全区批发零售贸易总额 43989.10 万元，其中国有商业 18146 万元，集体商业 5824.40 万元，私营个体 20186.50 万元。2010 年，社会商品零售总额 503599.70 万元，其中批发业 145895.60 万元，零售业 292513.20 万元，住宿餐饮业 65190.90 万元。

第一章　商贸体制

第一节　管理机构

1975 年，延安市、延安县合并，成立延安市商业局。1993 年仍称商业局。1994 年，延安市政府机构改革，成立商贸局，撤销延安市商业局，成立延安市商业总公司，行政职能移交商贸局管理。1997 年 1 月，改称宝塔区商贸局。2002 年，政府机构改革，撤销商贸局，改称宝塔区商业贸易办公室，行政职能和业务性质不变。2008 年，宝塔区商业贸易办公室与生猪定点屠宰管理办公室两块牌子、一套机构，内设办公室、财务科、业务科3个科室，有干部职工15人，设主任1名、副主任3名。

2010年11月，宝塔区商业贸易办公室、招商局合并，组建宝塔区商务局（招商局），科级建制，财政拨款。内设办公室、财务科、业务科3个科室。有干部职工16人，设局长1名、副局长3名。下属区对外经济协作办公室、区畜牧定点屠宰管理办公室2个事业单位和8户国有商贸企业。主要负责全区内外贸易、服务业监管、招商引资和对外经济合作等。

第二节　国有商业

1990年，延安市商业局所属企业经营范围包括食品、饮料、烟酒、日用百货、五金交电、日用化工、棉麻、服装和饮食住宿服务。全市全民商业企业有百货公司、五金交电化工公司、副食公司、食品公司、蔬菜公司、石油公司、饮食公司、服务公司、百货大楼、食品加工厂、酿造厂、粮油销售公司等118家经营企业，干部职工3605人。同年5月，延安市人民政府决定将百货公司关闭，营业执照注销，实行重组。

1993年，将百货公司一分为四，组建法人单位国有企业，由百货公司机关人员、百货批发部、百货四商店进行重组，成立新的百货公司，资产总额291万元，建筑面积1286平方米，营业面积1100平方米，有职工120人。由百货六商店、百货七商店、友谊商店重组为友谊公司，资产总额525万元，营业面积2747平方米，有职工82人。由百货一、二、三商店和劳保商店组建为商贸工业品公司，资产总额58.2万元，建筑面积3651平方米，营业面积2196平方米，职工114人。由百货八商店、解放大厦合并为解放大厦，资产总额473万元，建筑面积3877平方米，营业面积2244平方米，职工212人。

1995年，有百货、食品、五金交电、化工、餐饮、医药器械、能源批发等企业17个，网店43个，从业人员1307人。

1998年，百货大楼改制为国家控股、企业内部职工参股的股份制企业。2005~2008年，对国贸大厦、美术公司、解放大厦、饮食公司、五金公司等企业改制。

2010年，有百货大楼、国贸大厦、美术公司、解放大厦、饮食公司、五金公司、食品公司、蔬菜公司、服务公司、友谊公司、物资总公司、药材公司商业法人单位12个，从业人员1692人。

第三节　集体商业

1990年，延安市集体商业企业有市综合公司、饮食服务公司、合作商店、照相馆、理发馆、烟酒副食店、浴池、旅店等26个，职工590人。各公司、门店实行第二轮经济责任承包制，承包合同期为2年，根据承包经济责任完成指标，进行考核奖罚。

1992年后，南泥湾钻采公司、通用机械厂等单位开办劳动服公司5家，主要经营烟酒副食、劳保用品、日用品等；姚店镇政府开办加油站1座，主要经营汽油、柴油、黄油等产品，至1995年，全市有集体商业企业32个，有职工705人。

1996年后，随着延安市二道街改造，部分商店、理发馆、旅店被拆迁，集体商业企业下降到21个，有职工480人。1997年后，随着改革开放深入，市场竞争激烈，集体商业企业普遍经营困难，各公司、门店因经营周转资金短缺，将部分商业经营门店、柜台实行租赁经营。2000年后，延安大街、二道街集体商业企业的理发馆、旅馆、烟酒副食等经营场所，因城市开发改造被拆迁，企业职工至此自谋职业，通用机械厂等4家劳动服务公司因资金短缺，经营困难，先后停办。

2010年，区属集体商业有南门坡新世纪商贸大楼、东关理发店、延安照相馆、劳保门市部、黄土情食府等集体商业5家，从业人员156人。

第四节 个体私营商业

1990年以前，个体私营商业存在着机构数量多、从业人员多、经营规模小的特点。主要从事经营日用杂品、烟酒、日用饮具和其他小商品，个体有证商业942户、从业人员1785人。

1995年以后，个体私营出现规模经营企业，商业股份制企业增加，经营范围逐步扩大。经销主要商品有家用电器、品牌服装、五金交电、化工材料、办公用品、加油站、太阳能利用等十多个大类、上千个品种。个体私营经济完成社会消费零售总额8174万元，比1993年增加3325万元，增长68.6%。

2000年，全区有个体私营工商户4511户、从业人员6787人，餐饮业1486户、5097人。社会消费品零售总额17278.70万元。

2010年，全区个体经营工商户8525户，从业人员26109人。经营主要商品有日用百货、家用电器、五金交电、水暖器材、化工材料、能源批零、办公用品、体育器材、服装鞋帽、粮油食品、蔬菜水果等十多个大类上千个产品。个体工商户经营中餐饮业，呈上升趋势，餐饮业由2006年的1701户增加到2010年的2080户从业人员8128人，个体经营总额82174.7万元，分别比2006年增加379户、增长22.3%，增加17854.2万元，增长27.8%。

第五节 商贸企业改革

1996年开始，宝塔区国有商业企业、集体商业实行门店责任承包、柜台承包和对外租赁等方式经营，个体私营商业逐步壮大，国有商贸企业改革也陆续展开，2005~2010年，宝塔区所属的国有商贸企业大多经历了改制改革。其中，2006年按照中央、省、市关于国有粮食企业改革的政策精神，宝塔区制定《宝塔区国有粮食企业改制实施方案》，以粮食系统为单位，实行“统一公开上市处置企业资产、统一标准安置职工、统一清偿债务”的“三统一”办法进行改制。33户企业（财政预算统计口径23户企业）一次安置职工897人，离休人员15人，退休人员258人，71名遗属及供养人员全部上划区粮食局代管。33户企业资产账面值11026万元，负债10165万元，净资产861万元。

一、国贸大厦改制

2005年12月，区企业改制领导小组批复国贸大厦改制方案，同意实行内部职工优先购买原企业资产方式改制。资产转让底价6316万元。2006年12月资产过户，成立延安国贸大厦（集团）有限公司，有股东38人。

二、解放大厦改制

2005年12月，区企业改制领导小组批复解放大厦改制方案，同意实行内部职工优先购买原企业资产方式改制。资产转让底价1712万元，有职工199人，其中入股154人，内退17人，退休25人，其他3人。2007年5月资产过户，改制为延安解放大厦商贸有限公司，有股东89人。

三、美术公司改制

2005年12月，区企业改制领导小组批复区美术公司改制方案，同意实行内部职工优先购买原企业资产方式改制。资产转让底价2218万元，有职工162人，其中买断工龄10人，内退2人，退休46人，入股104人。2006年12月资产过户，改制为宝塔区美术楼有限责任公司。

四、延安百货大楼改制

2007年9月，区企业改制领导小组批复延安百货大楼改制方案，同意实行内部职工优先购买原企业资产方式改制。延安百货大楼实施全面的股份制改造，国有资产完全退出。资产转让底价16708万元。有职工437人，其中买断工龄25人，内退12人，退休62人，参与入股335人。是年11月资产过户，改制为延安百货大楼（集团）公司。

五、五金公司改制

2008年6月，区企业改制领导小组批复五金公司改制方案，同意实行内部职工优先购买原企业资产方式改制。改制为宝塔区北方大厦有限责任公司。资产转让底价3665万元，有职工209人，其中入股职工140人，买断工龄34人，内退1人，退休33人，其他1人。

六、饮食公司改制

2008年6月，区企业改制领导小组批复饮食公司改制方案，同意实行内部职工优先购买原企业资产方式改制。资产转让底价3324万元，职工305人，其中在职职工154人，离退休151人。2009年资产过户，同时成立宝塔区延州饮食服务有限公司。

七、工业品公司改制

2008年7月，区企业改制领导小组批复工业品公司改制方案，同意实行内部职工优先购买原企业资产方式改制。资产转让底价1583万元。企业各类人员163人，其中在职职工99人，离休2人，退休54人，未上班人员8人。

八、物资总公司改革

2008年10月，采取关闭清算，资产对外公开出让方式处置。资产评估值4789.55万元。职工162人，其中离退休人员48人，内退9人，在职职工105人，均按照政策安置到位。

九、友谊公司改制

2009年5月，区企业改制领导小组批复友谊公司改制方案，同意实行内部职工优先购买原企业资产方式改制。资产转让底价 1770 万元，职工 86 人，其中入股 39 人，买断工龄 4 人，退休 40 人，其他 3 人。2010 年 2 月资产过户，成立友谊商贸有限公司。

十、物资储运公司改制

2009 年 10 月，区物资储运公司采取关闭清算方式改制。在册职工 27 人，由区改制专户资金按照政策予以安置。

十一、延河饭店（实验饭庄）改制

2010 年 2 月，区企业改制领导小组批复延河饭店（实验饭庄）改制方案，同意实行内部职工优先购买原企业资产方式改制。资产转让底价 6969 万元，职工 328 人，其中在职职工 226 人，离休 2 人，退休 100 人。

十二、药材公司改制

2008 年 9 月，区企业改制领导小组批复区药材公司改制方案，同意实行内部职工优先购买原企业资产方式改制。资产转让底价 1570 万元。职工 85 人，其中退休人员 30 人，在职职工 52 人，从未上班人员 3 人。2009 年 6 月产权过户，并成立宝塔区药材医药有限责任公司。

第二章　商贸市场

第一节　集　市

1990 年，宝塔区有集市场所 7 个，即姚店、甘谷驿、青化砭、蟠龙、李渠、临镇、麻洞川集市，每五天为一个集日，全区集市实行时差集日交易活动。1991 年 8 月，南泥湾镇设立集市，每逢一、六为集日。2002 年 10 月松树林乡设立集市，每逢三、八为集日。2010 年，宝塔区有集市场所 10 个，即姚店、李渠、青化砭、蟠龙、甘谷驿、南泥湾、麻洞川、临镇、官庄、松树林集市；姚店、南泥湾农历每月逢一、六集市；李渠、麻洞川农历每月逢二、七集市，青化砭、官庄、松树林农历每月逢三、八集市；蟠龙、临镇农历每月逢四、九集市；甘谷驿农历每月逢五、十集市。赶集者多为当地及相邻地域群众，也有城市个体商户赶集推销产品。

20 世纪 90 年代，集市交易商品主要有农副产品、烟酒副食、布匹绸缎、针织百货、农用工具等。1993 年集市交易 2346.20 万元，1995 年 3070.60 万元，2000 年 5600 万元。

2000 年后，随着人民群众水平提高，集市交易活跃。主要有服装、家用电器、水果蔬菜、名烟名酒、日用百货、饮食小吃、儿童玩具、农副产品、农用物资、皮衣皮鞋、家具餐灶、活畜活禽及肉蛋产品。2005 年集市交易 8250 万元，2010 年 9800 万元。

第二节　商　场

1990 年，延安市商业局所属国营商场营业面积 39509 平方米。1993 年、1994 年食品公司建成南门坡新世纪大厦，营业面积 1995. 48 平方米，投资 131 万元。二道街商贸大厦营业面积 1900 平方米，投资 210 万元。1997 年全区商贸系统营业建筑面积 39508. 77 平方米。

1998 年，宝塔区建成酿酒厂综合大楼营业面积 1700 平方米，安排就业人员 310 人，投资 960 万元。2000 年，建成二道街国贸大厦营业面积 11000 平方米，集写字楼、餐饮、娱乐、商场为一体的大型商场，投资 3600 万元。经营户 300 户、从业人员 516 人。

2001 年，延百集团与英国怡华洋行集团合资建设延安百货大楼综合大厦，建筑总面积 24880 平方米，其中经营面积 9524 平方米，双方投资比例延百集团占 58. 33%。英国怡华集团占 41. 67%。总投资 5203 万元，设 225 个营业专柜，安排 800 人就业。是年，延百集团租赁投资 30 万元，营业面积 6600 平方米，设 6 个营业柜组，东兴购物广场开业，从业人员 450 人。

2005 年，经贸公司建成二道街中延国际大厦，营业面积 18600 平方米，投资 6300 万元，租赁商户 210 户，安排就业 500 人。

2008 年，延百集团租赁营业面积 9672 平方米，投资 110 万元，设 165 个专柜，450 人就业的东大百货商场开业。

2009 年后，宝塔城区开工建设有延河饭店、实验饭庄、美术公司、五金公司等。至 2010 年，全区商场营业总面积 155159 平方米，其中商贸系统平改坡、改建、扩建和租赁，增加营业面积 85213 平方米，比 1990 年增长 20. 9%。

1990~2010 年宝塔区社会商品零售总额统计表

表 12-2-1　　　　单位：万元

项目		1990 年	1991 年	1992 年	1993 年	1994 年	1995 年	1996 年	1997 年	1998 年	1999 年	2000 年
社会商品零售总额		17778. 80	18812. 70	21600. 60	19530. 30	24512. 00	27233. 40	23964. 00	30441. 30	56809. 50	62525. 50	69045. 50
一、按销售地区分其中：市属		13856. 70	13959. 30	14691. 60	13406. 00	18863. 00	21697. 30	18366. 10	25025. 10	52691. 20	56526. 40	56526. 00
二、按行业分	批发零售贸易业	12809. 30	13661. 30	15214. 10	12337. 30	14403. 00	17809. 10	14521. 00	18513. 50	32097. 70	34050. 60	37180. 10
	餐饮业	335. 00	339. 20	550. 20	862. 70	1639. 00	1452. 00	1547. 00	3303. 90	577. 39	5791. 50	6477. 00
	制造业	2090. 10	2682. 00	2374. 10	2475. 00	2201. 00	1959. 30	1918. 00	1474. 70	1689. 60	839. 20	881. 20
	其他	2544. 40	2235. 60	3453. 20	3855. 50	6259. 00	6013. 00	5978. 00	7184. 20	730. 40	5843. 00	11987. 70
三、按经济类型分	国有经济	9045. 20	10450. 60	12960. 40	1277. 98	11100. 10	11907. 70	9632. 00	8951. 80	10176. 00	12269. 60	13959. 20
	集体经济	4828. 60	2235. 70	3654. 20	3346. 20	5573. 90	4118. 00	5180. 00	7172. 10	8137. 60	7600. 20	5942. 20
	私营经济	2195. 10	3346. 70	3654. 20	3346. 20	5573. 90	5118. 00	5180. 00	7172. 10	24711. 80	1405. 80	1047. 00
	个体经济	1609. 90	1780. 10	1225. 20	1633. 00	3358. 00	3056. 00	2826. 00	2392. 00	13784. 10	12775. 00	25477. 40

接上表

项目		2001 年	2002 年	2003 年	2004 年	2005 年	2006 年	2007 年	2008 年	2009 年	2010 年
社会消费品零售总额		79994. 30	86428. 20	92906. 50	132528. 50	194779. 80	222388. 60	262753. 80	331952. 30	398253. 30	503599. 70
一、按销售地区分 其中：市属		79994. 30	86428. 20	92906. 50	132528. 50	194779. 80	222388. 60	262753. 80	331952. 30	398253. 30	503599. 70
二、按行业分	批发零售贸易业	43989. 10	49822. 10	76331. 70	97844. 00	171633. 10	192340. 20	224658. 70	281253. 60	338157. 20	438408. 80
	餐饮业	6782. 90	7558. 50	13301. 40	33358. 90	21984. 90	27967. 80	35566. 10	47463. 70	55920. 10	65190. 90
	制造业	1330. 40	1225. 70	—	—	—	—	—	—	—	—
	其他	27891. 90	27821. 90	3273. 40	1325. 60	1761. 80	2080. 60	2529. 00	3235. 00	4176. 00	—
三、按经济类型分	国有经济	21019. 20	25769. 60	36507. 90	48997. 70	64446. 00	75131. 40	49876. 90	135360. 60	180503. 60	168581. 00
	集体经济	6711. 40	7856. 20	8469. 90	6308. 20	65786. 00	9436. 40	7326. 00	3532. 10	6361. 60	10638. 80
	私营经济	2789. 90	28220. 00	2749. 50	2693. 50	23146. 70	117480. 50	92144. 60	249883. 70	97082. 60	154480. 60
	个体经济	26648. 70	—	28604. 40	39844. 60	41401. 10	20340. 30	113406. 30	64975. 90	114304. 50	168989. 10

第三节　商品购销

1990 年，随着市场经济化推进，商业局所属商业企业已经没有计划经济物资调配，完全由市场调解物资供给和商品销售，但是，商品采购仍然坚持地、市两级以上批发单位，以及国有商品生产单位为主渠道，商品采购主要来源有西安、天津、北京、上海、杭州、济南、兰州、咸阳等城市，采购方式主要有订单采购和零星采购，各商业企业负责商品采购及组织商品运输，个体工商户自行采购和调运。主要销售全市城乡居民，商品销售价格国有和集体企业，执行税务、物价部门核准的加价率。个体工商户实行商品市场价格。全年商品零售额 17101 万元，其中衣着类 2959. 5 万元，食品类 9306. 2 万元，日用品类 2788. 40 万元，文化娱乐用品类 1112 万元，书报杂志类 171. 1 万元，燃料类 256. 6 万元。

1993 年，商品购进总额 39992. 1 万元，其中市属 10585. 3 万元。从生产者购进 22503 万元（农副产品购进 1273. 5 万元），从批发零售贸易业购进 16925. 8 万元，其他 563. 3 万元。商品销售总额 44330. 1 万元，其中市属 12967. 4 万元，对生产经营单位批发额 3330. 4 万元，农业生产资料销售 1036. 8 万元，对居民和社会集团商品零售额 11492. 2 万元，年末库存额 945. 1 万元。销售商品主要品种有粮食 7662 吨，食用植物油 394 吨，生猪（猪肉）42013 千克，棉花 8430 千克，布匹 364700 米，其中棉布 261400 米，黄金饰品 306 万元，自行车 3621 辆，电视机 4571 台，录音机 1998 台，录像机 91 台，家用电风扇 1410 台，洗衣机 3527 台，电冰箱 2317 台，房间空调器 254 台，服装 288800 件。1995 年，商品购进总额 74163. 2 万元，其中市属 21025. 9 万元，从生产者购进 42827. 3 万元（其中农副产品购进 3963. 3 万元），从批发零售贸易业购进 31332. 3 万元。商品销售总额 79369. 8 万元，其中市属 21399. 1 万元，对生产经营单位批发 7161. 9

万元，对批发贸易业批发额 56304.7 万元，出口额 205 万元，零售 15960.1 万元。销售主要种类有食品、饮料、烟酒类批发额 14302 万元，零售 1442.8 万元，纺织类 5988.6 万元，零售 7291.3 万元，服装鞋帽类 563.7 万元，纺织品类 795.3 万元。日用品类 2180 万元，家用电器类 672 万元，文化体育用品类 53.10 万元，化妆品类 49.2 万元，首饰类 100 万元，书报杂志类 818.5 万元，化工材料及制品类 1937.5 万元，机电类 2317.2 万元。

1998 年，限额以上批发零售贸易商品购进总额 6480.85 万元，从生产者购进 41315.9 万元，商品销售总额 68035.5 万元，批发 62907.4 万元，其中向生产者批发 31205 万元，零售 5128.1 万元，年末库存总额 3335.07 万元。按经济行业分，食品、饮料、烟草商品购进 19538 万元，商品销售总额 20880.5 万元，批发 19699.8 万元，零售 1180.7 万元，年末库存总额 1341.4 万元。石油及制品批发业购进总额 36918.4 万元，销售总额 40433.7 万元，批发 38064.6 万元，零售 75.9 万元，年末库存额 871.2 万元。煤炭及制品批发业购进商品总额 1961.7 万元，销售 2293.2 万元，库存额 583.4 万元。农业生产资料批发业商品购进 2656.8 万元，销售 2849.8 万元，库存 368 万元。日用百货零售业商品购进 2754.9 万元，销售 2870.4 万元。年末库存 579.3 万元。图书报刊零售业，购进 978.7 万元，销售 100.1 万元，库存 175.8 万元。小型和个体批发零售商品购进总额 19199.1 万元，批发 6731.6 万元，零售 26569.5 万元，年末库存 8195.8 万元，其中国有企业商品购进 12851.2 万元；批发 1551.6 万元，零售 4447.9 万元，库存 5625.6 万元，集体企业商品购进 6347.9 万元，批发 3466.2 万元，零售 8337.6 万元，库存 2569.3 万元，个体商品批发 1713.8 万元，零售 13784.1 万元。

2000 年，商品购进总额 24774.81 万元，销售总额 256359.8 万元，比 1998 年增加 18293.96 万元和 188324.3 万元，分别增长 2.82 倍、2.77 倍。食品、饮料、烟草商品购进额 4203.27 万元，销售 4468.67 万元。能源购进额 19881.73 万元，销售 20187.19 万元，农业生产资料购进额 3386.9 万元，销售 3791 万元，日用百货购进额 3386.9 万元，销售 3791 万元，图书报刊商品购进额 1218.1 万元，销售 1207.1 万元。

2005 年，限额以上批发零售商品购进总额 34776.2 万元，销售总额 26997 万元，年末库存总额 12728.3 万元。限额以上综合零售业商品购进总额 160489.8 万元，销售 1923.2 万元。百货零售业购进 12273 万元，销售 14395.3 万元。超级市场零售业购进 12273 万元，销售 4835.9 万元，文化、体育用品及器材专门零售商品购进 1837.6 万元，销售 1860.2 万元，家用电器零售业商品购进 1634.3 万元，销售 2046.6 万元，计算机、软件及辅助设备零售商品购进 2727.3 万元，销售 2861.4 万元。

2010 年，宝塔区所属中型企业百货商场，完成销售额 6.4 亿元，上缴税金 8880 万元。

第三章　供销合作商业

第一节　管理机构

1990年，延安市供销合作社联合社（以下简称供销社）内设4个科室，即办公室、财务科、业务科、审计科机关工作人员15人。联社直属企业有4个，分别是土畜产品公司、生产资料公司、果品茶叶公司、供销联营公司，下辖基层供销社21个、农村分销店42个，全社共有职工723人。

1994年，政府机构改革，延安市供销社改称延安市供销总公司，对外仍挂供销合作社联合社牌子，两块牌子、一套机构，业务范围未变。1996年12月，更名为延安市宝塔区供销合作社联合社。2008年，联社机关工作人员工资纳入财政预算，全额拨款。

2010年，宝塔区供销联社为科级建制，事业性质，财政拨款，内设人秘科、财务科、市场办公室等科室3个，有干部职工21人，设理事会主任1名，副主任1名，监事会主任1名，副主任1名，工会主席1名，经营公司5个，基层供销社16个，联社系统有干部职工176人。主要负责全区农业生产资料组织供应，建设“新网工程”（农资、日用百货、农副产品、废旧物收购、烟花爆竹销售等综合购销网络），扶持农业生产中的种植业、养殖业龙头企业，培训林果、蔬菜、畜牧农业三大产业农民技术人员，引导农民创办不同类型合作经济组织，对联社所属企业实行出资管理，进行“协调、指导、监督和服务”。

第二节　经营网点

1990年，延安市供销合作社经营网点分为社直属经营公司、基层供销社、基层社分销店、农村代销店四级网络购销，遍布城乡各地。

一、专业公司

（一）生产资料公司

1995年，生产资料公司在城区二道街建成商住楼1幢，建筑总面积9800平方米。2007年又在柳林建立区农资配送中心，开展万村千乡市场建设工程，建成姚店、蟠龙、临镇、川口等乡镇农资专营店28个。成立农资流通行业协会，吸收会员23人。

（二）土畜产品公司

2004年，宝塔区土畜产品公司成立宝塔区庆元烟花爆竹有限公司，注册资金50万元，实行专业民爆经营，开展预约批发和零售业务。同年 11 月成立宝塔区再生产资源流通协会，吸收会员 136 人。2005～2006 年，建成占地面积 100.5 亩，建筑面积 43460 平方米的废品交易市场 4 个，设经营摊位 101 个，总投资 750 万元，在建工程土产公司有西沟商住楼 1 幢，建筑总面积 3483 平方米，其中营业面积 662 平方米。

（三）果品茶叶副食公司

1990 年，延安市果品茶叶公司更名为延安市果品茶叶副食公司。2001 年固定资产 350 万元。2005～2007 年分别出售所属第二、第四门市部，2010 年有经营门店 35 个。

（四）联营公司

1990～1994 年，延安市联营公司因市场发生变化，经营萎缩。1995 年停止营业，人员自谋职业。

二、基层供销社

1990 年，延安市基层供销社有 21 个，即南区、河庄坪、枣园、桥沟、川口、李渠、冯庄、姚店、甘谷驿、元龙寺、青化砭、梁村、张坪、蟠龙、贯屯、南泥湾、松树林、麻洞川、临镇。万花山、下坪、官庄 3 个乡镇设分销店。全市农村设村级代销店 42 个。1994 年，恢复官庄、万花山、下坪供销社，债权债务分别由临镇、南区、蟠龙、供销社分担。1996 年，元龙寺供销社并入姚店供销社。1998 年，河庄坪供销社因修建停业。2000 年，李渠供销社建成商住楼，其中营业面积 800 平方米，设摊位 30 个。2002 年，蟠龙、梁村、贯屯供销社的人员、资产并入青化砭供销社，进行资产重组，成立青化砭中心供销社，制定中心社章程和规定，实行开放式办社，走兴社富民的发展路子。对松树林、官庄基层社交由南区供销社，临镇供销社进行托管。2006 年，临镇供销社建成农贸市场，营业面积 3000 平方米，设摊位 200 个，投资 100 万元。2007 年，枣园供销社经营场地整体开发建成宾馆，官庄供销社投资 120 万元，在院落建成农贸市场，集市时，设摊位 300 多个，经常性经营 6 户。川口供销整体开发建成 54 套住宅楼，桥沟供销社建成商住楼，营业面积 260 平方米。至 2010 年底，供销系统有南区供销社、河庄坪供销社、桥沟供销社、枣园供销社、川口供销社、李渠供销社、姚店供销社、甘谷驿供销社、青化砭供销社、南泥湾供销社、麻洞川供销社、临镇供销社、青化砭供销社、冯庄供销社、官庄供销社。

三、服务网点

1990 年，基层供销社设代销店 42 个，1994 年农村代销店交个人经营。1995 年，建立村级农资服务站 55 个。1998 年区供销社创办下岗职工再就业农贸市场，投资 150 万元，安置下岗职工 200 名，设经营摊位 280 个，为农民提供蔬菜、水果、鸡蛋等农产品批零场所。2002 年，创办北关供销市场，七里铺南区供销社市场，二道街生产资料公司市场，在乡镇供销社院内引进集贸市场 4 个。2008 年，开展新网工程创建、整合、改造、规范加盟店 50 个，开办直营店 2 个，建立配送中心 3 个。在枣园镇培育示范店，加盟店 20 个，规范 6 个，新网销售配送金额 1698 万元。2009 年，建立新网连锁店 265 个，其中农资 28 个，花炮 28 个，日用品 68 个，农产品 11 个，建成加盟超市 2 个，连锁店网店经营额 14916 万元。建成再生产资源绿色回收废品站（亭）130 个，再生资源市场 4 个，收购总额 7022 万元。2010 年，建立日用工业品、农副产品、农资化肥连锁网店

65个，争取农资网络建设项目2个，以奖代补国家资金155万元，申报新网工程建设项目4个，进入全国新农村现代流通网络平台，建设争取资金20200万元。

第三节　供销经营

一、农业生产资料供销

1990年，农业生产资料供应主要品种包括化肥、农药、农具、塑料农膜等。随着农村粮、果、薯、菜产业发展，各种化肥使用量上升，全年供应氮肥、磷肥、烤烟专用肥、复合肥等7246吨，较上年增长11.82%；农地膜45吨，增长85%；农药22吨，增长34%；中小农具74400件。

1991年，采取派员赴外地驻生产厂家组织货源，调回化肥3000吨，全年供应各种化肥8748吨，农地膜85吨，农药18吨，中小型农具23480件。

1994年，随着农资市场放开，经营市场出现"三乱"（市场乱、渠道乱、价格乱），以假充真、以劣充优的各种化肥流入市场，进行流通秩序整顿，取缔非法经营户8户，收缴伪劣化肥107吨。确定以市生产资料公司等34个单位为农资经营主渠道，市植保站、塑料厂等单位为农资经营辅助渠道，理顺市场流通秩序，规范农资市场行为。是年，供应各种化肥2594吨（折纯），其中氮肥1913吨。

1996年，农资供应采取驻点营销、基层社直销、农村村级农资服务站销售等办法。全年组织购进化肥12689吨，销售14746吨，较上年增加4375吨。村级农资服务站组织化肥1280吨，销售1268吨。

2000年，销售各类化肥3767吨，销售额206.14万元。2004年销售1997吨，销售额178万元。

2010年，全区销售各类化肥23100吨，其中氮肥10355吨，磷肥5116吨，农地膜267783千克，其中地膜182146千克，农药23921千克。

二、生活资料供销

1990年，延安市供销社生活资料供应主要商品有食品、烟酒、调味品、针织百货、五金交电、服装布匹、家用电器、自行车、缝纫机、洗衣粉、肥皂等，全年销售食糖475吨，食盐850吨，棉布3585百米、呢绒401百米、自行车275辆、畜力车1470辆、缝纫机796架、手表3409只、电视机2232台、电风扇402台。全年商品销售额3186.82万元。随着经济改革体制的深入，城乡个体工商户不断增多，供销社经营网点减少，生活资料销售量下降，供销系统出现亏损。1995年供销社销售额1386.70万元，1998年销售额1022.40万元，2000年销售额598.40万元，2001年后开始回升，2002年销售额4240万元，2008年销售额13597万元，2010年销售额14820万元。

三、经济效益

1990年，联社系统完成商品销售总额479882万元，占年度计划的101.21%，利润14.97万元。1991年，商品销售总额4036.44万元，纯购进完成783.20万元，纯销售完成2052万元。1996年完成商品销售总额3454万元，实现税金86.10万元。2002年，商品销售总额4240万元，上缴税金170.10万元，实现利润5.30万元。2008年，供销系统完成商品销售总额15574万元，占年计划106%，较上年同期增加11%，实现税金110万元，占年计划102%，实现利润44万元。2009年，销售总额15595万元，实现利润44万元，上缴税金110.80万元。2010年，完成商品购进总额16128万元，销售总额17840万元，实现利润48万元，上缴税金111万元。

四、经营管理

1990年，延安市供销社所属企业经营管理延续1988~1990年第一轮企业承包责任制管理，供销社经营承包责任书考核承包人主要经济责任指标完成情况，兑现相应的奖惩，具体考核内容主要有：商品购货值、商品销售总额、经营成本、实现利税、职工工资福利待遇、上缴管理费及企业的留利分配等。1991年，制定《供销系统第二轮任期目标责任制试行办法》，承包经营期间企业按经营内容划小经营承包单位，责任目标分解到小组，实现分级核算的定额管理。

1992年，供销系统经营管理进一步放开，对果品公司第一、三、四批零商店，第二经营部，生产资料公司综合商店，联营公司综合商店，青化砭、姚店、李渠、桥沟、枣园、南区、临镇供销社经营工业品的柜组（门市）放开经营，实行“任务到人，包死基数、盈亏自负、确保上缴”柜组承包经营责任制，包括联销计酬、百元工资含量计酬、联销联利计酬三种形式。对柜组实行“定人员、定销售、定利润、定资金（库存）、定商品适销率，工资与利润挂钩”，超利分成、欠利自补，超利柜组分成比例不低于50%。桥沟供销社1992年推行“两制、三岗、四放开”经营责任制，商品销售额大幅上升，实现利润10647元。1993年该社实行固定资产集体所有，抽本经营、租赁经营、经营责任制三种个体经营机制，全年抽回资金151436.46元，收取承包费90037.50元，实现利润8400元，占年度计划的186.6%。

1994年，延安市制定市属国有商业企业推行固定资产公有抽本个人经营实施办法，供销系统实行抽回公有流动资金，商品资金的占用，将小型企业、门点柜组抽本承包给个人经营，将集体所有权和经营权分离，把企业推向市场，提高企业竞争能力，把原有的企业经营机制转变为个体或私营机制，给企业注入活力。公有资产得到有偿使用，保证固定资产经营设施保值和增值，加快供销商业企业发展。同年5月，供销系统从承包责任制转为内部柜组经营，抽本经营按劳动取酬，多劳多得，最大限度地调动职工的积极性，经济效益一度呈上升趋势。但是计划经济遗留下的“铁饭碗”始终没有破除，越来越多的离退休人员福利待遇及超能力用工等问题始终不能彻底解决，加之企业流动资金不足，商品库存量增大呈市场竞争力下降趋势。

1999年，宝塔区政府对供销社财务进行清理核算，挂账总额6362.40万元，清理清退社员股金101万元。

2000年，宝塔区供销社采取盘活资产、整体开发等多种措施，至2010年，先后建成北关、二道街、南区供销社、柳林、李渠农贸市场5个，整体开发项目。

五、扶持生产

宝塔区供销社为农民提供资金、物资、技术服务，支持农民发展经济作物，增加农民收入。扶持生产的主要有种植业烤烟、红小豆、果园、蔬菜、中药材等，养殖业猪、鸡、牛、羊等。

1991年，供销系统在各乡镇发展烤烟、林果、豆类等多个项目，扶持官庄、临镇、麻洞川、南泥湾等4个乡镇烟叶生产、种植面积15793亩，占全市烤烟种植总面积25900亩的60.9%，烟叶总产量1884.03吨，占全市总产量2749吨的68.93%。市土产公司从河北省引进1085红小豆新品种扶持农民试种，官庄供销社从陕西省华县调回优质棉花种子1000千克，推广种植面积200多亩。南泥湾供销社扶持南泥湾科技示范点水稻1800亩，优先化肥、种子、农药供应，进行稻田管理技术培训，指导稻田药剂除草工作，稻谷亩产较上年增长15%，扶持临镇镇任家塬村、川口乡白峁村、枣园乡庙沟村等24个，提供化肥120吨，用于苹果幼园管理、老果园改造，经济效益显著。

1996年，供销社响应全国供销社提出的“基层社建设年”号召，配合延安市委、市政府生态农业试点县（区）建设，工程加大农资供应和粮食、林果、蔬菜三大产业扶持力度，供应各种化肥6161吨（折纯），农地膜51吨，农药8.23吨，新修回田面积11200亩，实现当年种植，当年增产，全市粮食总产131450吨，创新中国成立以来最高纪录。扶持林果基地建设乡镇18个，重点村85个，新增果园面积172500亩，协助蔬菜专业村19个，新建大弓棚209座、小弓棚750座。

2002年，宝塔区供销社除提供农业生产资料供应、技术指导外，重点扶持川口乡南岸村产业开发，新建大棚菜20棚，发展舍饲养羊户10户，羊存栏160只，养鸡户4户，饲养蛋鸡3700只，建成20立方米蓄水塔，投资5万元，解决大棚菜用水。帮助果园技术改造30亩，全村人均实现年纯收入2300元，较上年递增10%。

2008年，宝塔区以南泥湾小杂粮加工厂为依托，开展一村一品种植，建立玉米、谷子、水稻、南瓜、红小豆种植基地3000亩，种植农民2000户，增加收入2000多万元，农民户均纯收入1万元。协助万花山、枣园、官庄等3个乡镇登记注册养猪、苹果专业合作社4个，参加社员375人。

2010年，协助松树林、官庄乡建立养猪、苹果专业社3个，参加社员168人，培训农民经纪人222名，通过农业种植、畜牧饲养、果树栽培、大棚蔬菜管理等知识学习，获得结业证书。

第四节　农副产品收购

1990年，延安市供销社有市土产公司，各基层供销社设立农副产品收购点22个，有从业人员38人，主要收购粮油、药材、蜂蜜、苹果、羊毛、羊绒等。年收购总额245.6万元。

1992年，农副产品收购总额180.6万元。其中，蜂蜜65.27吨，价值15.54万元；苹果6.8吨，价值0.75万元；中药材收购价值41.03万元；棉花17.5吨，价值15.8万元；畜产品皮毛收购总值48.62万元；桑蚕茧3.5吨，价值10.24万元；茶叶16.6吨，价值47.2万元。

1994年，药材转由市药材公司收购，市供销社停止收购药材。供销社收购蜂蜜50吨，洋芋100吨，葵花籽94吨。

1996年，市供销社下属23个基层收购点被撤销，全市农副产品收购由常年收购转为季节性收购，主要收购蜂蜜。1997~2003 年，停止蜂蜜收购业务。2004 年，恢复收购，但数量甚少，蜂蜜年收购量仅有 2 吨左右。

2010 年，收购蜂蜜 2 吨，盈利 2 万元，开展面粉、食用油联购联销代理业务，全年销售面粉 200 吨，食用油 80 吨。

第五节　再生资源回收

1990 年，延安市有再生资源经营部 1 个，即土产公司综合经营部，有 21 个再生资源收购站，从业人员 30 人。收购物品主要有废旧钢铁、有色金属、废旧包装、塑料制品、废旧书纸物品等，是年，全市收购总额 29.12 万元。

1995 年，市土产公司不再经营回收业务，基层收购站随之业务停止。1996 年，从事回收再生资源业务个体 15 户，年收购额 85.40 万元。1997~2005 年，全区再生资源收购、销售由个体经营，收购数量、金额供销社未作统计。

2006 年，根据延安市政府制定《再生资源回收利用管理暂行办法》，宝塔区供销社成立宝塔区再生资源有限公司，负责再生资源收购场地建设、协调物品收购销售等。

2010 年，再生资源有限公司有柳林十里铺、刘万家沟、罗家坪、阳山 4 个废品交易市场，收购网点 130 个，年收购总额 7022 万元。

第六节　烟花爆竹购销

1990 年，烟花爆竹由市土畜产品公司组织购进调运，外地烟花爆竹，批发给各基层供销社，城区土产公司门店和个体经营销售，是年，全市销售额 6 万元。

1992 年，随着烟花爆竹市场放开搞活，市内有供销社、出货门店、个体工商户经销呈多元化格局，参与经营的个体户数量逐年增多，全年烟花爆竹销售额 7.50 万元。1995 年，全年烟花爆竹销售额 9.80 万元。

1998 年，根据省、市有关部门关于实行烟花爆竹归口管理的精神，宝塔区制定《烟花爆竹管理规定》，由区土产公司独家经营烟花爆竹批发业务，基层供销社负责零售业务。城区个体户销售必须办理经营许可证，在指定地点销售。全区烟花爆竹经营步入正规化、制度化轨道。是年，烟花爆竹销售约 30 万元。2000 年销售 50 万元。

2001 年后，随着人民群众生活水平的提高，烟花爆竹消费量逐年上升，品种增多，燃放范围扩大，包括红白喜事、农历春节、婴儿满月、老人过寿、商场开业、工程竣工、乔迁新居及各种庆典活动等。全年烟花爆竹销售额 100 万元。

2004 年 10 月，成立宝塔区庆元烟花爆竹有限公司，注册资金 50 万元，并建立烟花爆竹仓库 2 座，实现专业经营和连锁经营，建立门店，基层连锁店 100 多个，全年销售额 120 万元。2006 年 1 月，《烟花爆竹条例》实施，此后，烟花爆竹不再专营。

2008 年，开展烟花爆竹市场检查活动，规范销售门店安全防范措施。是年烟花爆竹销售额 180 万元，比 2004 年增加销售额 60 万元，实现利润 40 万元。

2010 年，宝塔区实行安全经营承包责任制，与经营户签订责任书 108 份，新增经营网点28个，年销售烟花爆竹276万元，盈利45万元。开展烟花爆竹大检查专项整治活动，收缴非法经营无厂址、无标识、假冒伪劣产品3850件，货值35万元，依法进行经济处罚。

第七节　南区供销社

一、社史沿革

1989年，柳林分销店被撤销，东关长青路增设废品收购点。1992年，万花山供销合作社并入南区供销合作社。1994年11月又分出实行单独核算，同年开办庄稼医院。1995年，南区供销合作社下设4个经营网点、10个核算柜组。

1996年1月，南区社成立农资服务部，在柳林乡55个行政村成立村级农资服务站，聘请站长55名。

1998年，南区社资产实行租赁形式，除保留行政管理人员外，其余职工停薪留职，自谋职业。1999年，在柳林成立石油液化气经销部，经营范围包括：石油液化气灶及配件，抽油烟机、液化气钢瓶等。

2005年10月，成立南区农民经纪人暨农产品流通协会，有会员86名。2006年6月，南区社以沟门农资服务站房屋、土地评估作价，与陕西新合作西果连锁超市有限公司组建成立延安新合作商贸连锁有限公司，注册资金380万元，其中南区社房屋、土地作价130万元，注入资金20万元，公司董事会由5人组成，监事会由3人组成，南区社主任为总经理，公司有员工26人。在沟门修建物流配送中心1个，经营面积1200平方米，有直营店3个，加盟店100个。公司下设行政人事部、财务信息部、采购营运部、1个配送中心。

2010年，南区社下设超市1个，供销市场1个，配送中心1个，直营店5个，加盟店151个，小杂粮加工厂1个。有职工50人，其中退休29人，设主任1名、副主任2人。

二、经营管理

1990年，南区供销社总销售139.7万元，其中农业生产资料销售16.5万元，商品纯购进27.9万元，其中农副产品购进12.6万元，实现利润2.7万元，共销售化肥400多吨，地膜1167千克，各种农具840件。

1992年，延安市全市各行业掀起了破“三铁”（铁饭碗、铁工资、铁交椅）的高潮，南区供销社吸取外地“四开放”（经营开放、价格开放、分配开放、用工开放）的先进经验，对全社的门店、柜组、收购站全部实行“五定一挂”即定人员、定销售、定利润、定资金（库存）、定商品适销率，工资与利润挂钩的经营承包责任制，根据前三年实绩，加一定的增长比例，确定任务基数，承包人员按铺底资金的15%交纳风险抵押金（按银行一年定期付息），经营超利部分税后全归柜组，由柜组自行分配，欠利部分在承包人员的风险抵押中补齐。人员自由组合，组合不上的人员停薪留职自谋职业。承包期一年。按月考核，工资当月兑现，超利和欠利半年预算，年终决算。

1994年，南区供销合作社对所属4个网点，即七里铺（综合门市、生产日杂门市、收购站）、三十里铺分店、沟门分店、南桥门市，共10个核算店组（三十里铺分店、沟门分店、南桥门市、收购站、物资供应站、百货组、针棉组、副食组、生产日杂组、化肥组）采取四种经营形式，即抽本经营，有沟门分店、生产日杂门市、针棉组、百货组4个店组，共抽回资金11.43万元。“五定一挂”利税承包的收购站每年上缴净利润2.12万元，税金0.98万元，按月向社里交清；副食组每年上缴利税1.5万元，工资每月下浮30%，按月检查任务，年终兑现奖罚；物资供应站因生意不景气造成亏损，最后被撤销，人员自谋职业；租赁经营的三十里铺分店每年租金7000元，当年4月交清，南桥门市每年租金5400元，年底交清。化肥组由社里统一经营，不实行承包。

1996年，在中央、省、市主管部门的重视下，决定立项对南区供销社的设施进行改造，新建供销大厦。七里铺的门市、收购站等经营网点全部拆迁。各柜组6月底已处理完全部库存，8月底拆迁达“三通一平”。经营业务除农资供应外，基本停滞。

1999~2005年，先后与200多户农民搞联合经营，建起优质牧草基地、特种鲜食玉米基地、百亩南瓜生产基地、槐山羊养殖基地、种兔繁殖基地、草粉加工厂、小杂粮加工厂等，形成“供销社+农户+基地”的产业开发格局。同时，组建玉米种植专业合作社和南瓜种植专业合作社。

2008年，新合作公司直营店扩大到5个，加盟店151个，总销售额1698万元，实现利润25万元，上缴税金27万元，其中直营店销售698.60万元，实现利润22.60万元。

2010年，延安新合作商贸连锁有限公司总销售315万元，实现利润15.70万元。

第四章　物资经营

第一节　经营管理体制

一、机构

1975年8月，县、市合并为延安市物资局。1993年，政府机构改革，物资局改为延安市物资总公司。1996年12月，更名为延安市宝塔区物资总公司。2010年，物资总公司有职工113人，设总经理1人、副总经理2人。

二、体制演变

1990年前，物资流通基本遵循由申请单位按需报物资申请计划，再按管理系统逐层上报地区和省物资部门平衡审批，确定物资供应指标，由市计划部门向物资部门下达物资调拨供应计划，物资部门按计划组织调定物资供应的管理原则。随着改革的深入，市场经济的发展，1991年物资流通全面放开，物资需求单位可以自由选择物资供应渠道，决定物资采购批准和数量，物资管理也由行政部门计划调拨管理，转变为物资经营单位自主经营，按市场需求调剂余缺，采购存储，批发零售。物资流通的行政管理逐渐演变为市场经济条件下的行业管理和服务。

1992年后，延安市基础设施建设、工业项目建设快速增长，拉动物资流通领域的经济增长，加速物资流通专业市场建设，建筑材料、机电产品、化工材料及制成品、普通钢材等私营股份制企业经营规模逐渐扩大，品种增多。

1995年，随着物资流通领域的改革深入，计划管理基本取消，各种物资自由销售，由市场进行资源的优化配置，国有物资企业面临市场竞争，钢材、水泥、气体、木材、金属材料、煤炭等销售量大幅度下降。1998年，国有物资企业主要清仓处理库存商品。1999年，国有物资总公司除少数留守人员外，其余自谋职业。至此区内物资经营体制实现民营化。

2000年，宝塔区开展整顿物资市场，抓源头，取缔和撤销区内劣质钢材、建材经营资格，查堵假冒机电产品、金属材料进货渠道，净化市场，同时规范市场经营秩序，物资经营者依法经营，公平竞争。

2010年，宝塔区建成南十里铺钢材批发市场、尹家沟建材批发市场、东关街轻化市场，物资流通领域呈健康有序发展态势。

第二节　物资购销

1990年，延安市物资局主要经营9大类，有金属、木材、建材、轻化12种，机电、基本建设配套物资、化工产品、煤炭燃料、公路交通车辆、机械生产设备、暖气锅炉配套、化工生产原料、矿山爆破13类上千种物资，其中国家指令性物资钢材、水泥、木材、汽车和化工原料等，均由国家调拨，执行国家调拨价向用户提供。同年成立陕西省建材产品展销贸易中心延安分公司，经营五金交电机电产品、建材设备、家用电器。全年物资局销售煤炭19711吨，焦炭109吨，生铁251吨，钢材727吨，水泥1736吨，平板玻璃376箱2153平方米，原木5395立方米，锯材348立方米。市属集体所有制单位销售煤炭1385吨，焦炭5吨，平板玻璃360平方米，原木18立方米，锯材70立方米。

1993年，物资系统商品购进额9056万元，商品销售总额7838.6万元，年末库存额147.3万元。批发汽车83辆，其中载货汽车43辆；钢材10168吨，其中普通中型钢材344吨，小型钢材3535吨，线材3742吨，钢板794吨，硅钢片30吨，无缝钢管893吨，焊接钢管808吨，零售钢材57吨；硫酸12吨，烧碱16吨，水泥3426吨，平板玻璃482重量箱，原木428立方米，煤炭48000吨。

1994年，物资商品购进总额7467万元。其中，从生产者购进6120万元，从批发零售贸易业购进1320万元，其他购进27万元，商品销售总额6239万元，对生产经营单位批发额3165.9万元，对批发零售贸易批发额2808.6万元，对居民和社会集团零售额264.5万元，年库存1194.5万元。主要销售类型有：煤炭制成品585万元，化工材料及制品505.4万元，基本建设配套物资246.7万元，木材41.9万元，建材286.4万元，金属材料3849.6万元，机电设备624.2万元，其他81.8万元。

1996年，随着物资流通的全面放开，物资局行政管理职能转变为行业管理职能，私营企业和个体工商户进入物资流通领域，物资局下设的木材公司、轻化建材公司、机电公司、燃料公司等公司有人员182人，经销的木材、建筑材料、化工材料及制品、黑色金属材料、机电设备等产品，批发额3042.2万元，零售额29.1万元，库存商品额908.9万元。全年购进额2898.6万元，较上年购进总额下降38.9%，销售额下降减少销售收入2617.1万元。

1997年，因市场变化，物资经营企业物资批发零售额大幅下降，经营的木材类、有色金属材料类、石油及制成品类停止购进。建筑材料年销售15万元，较上年减少销售额576.9万元，有色金属材料销售额394.6万元，较上年减少销售额1048万元，机电设备销售额111.1万元，石油及制品销售额0.01万元，化工材料及制品销售额260.9万元，煤炭及制品销售额181万元，物资系统全年销售额962.6万元，比上年销售额3071.3万元减少2108.7万元。年末存货值651.9万元，出现亏损。1998年，物资局停止购进商品，主要清仓处理库存商品业务，至此，区国有物资经营退出市场。

2000年，随着社会主义市场经济的发展，各种所有制企业发展加快，物资购进总额399927.7万元，销售总额411317.4万元，其中能源批发企业商品购进额198817.3万元，商品销售额204642.4万元；石油及制品企业商品购进额196652.3万元，商品销售额201971.9万元；煤炭及制品购进额2165万元，销售额2770.5万元；农业生产资料购进总额2293.1万元，销售总额2032.6万元。

2002年，从事限额以上批发物资经营能源企业有9个，网点51个，从业人员370人；化工材料批发企业5个，网点34个，从业人员52人；木材批发企业4个，网点35个，从业人员35个；建筑材料批发企业22个，网点63个，从业人员210人；矿产品批发企业1个，从业人员100人；金属材料批发企业11个，网点30个，从业人员60人；机械电子设备批发企业11个，网点36个，从业人员82人；汽车摩托及零售批发4个，网点22个，从业人员60人；再生物资回收企业1个，网点10个，从业人员42人；农业生产资料批发企业2个，从业人员130人；五金、交电化工制品企业2个，网点30个，从业人员80人。年底，企业总数72个，网点311个，从业人员1221人，全年商品购进总额217621万元，商品销售总额225092.8万元，零售13655.8万元，年末库存总额2364.1万元。

2005年，矿产品、建材、化工产品购进额252190.6万元，批发22306.14万元，零售35850.9万元，年末库存4199.8万元。

2008年，物资批发企业有431个，零售网点757个，从业人数7203人。购进总额233687.5万元，销售总额255063.1万元，其中批发190060.9万元，零售65002.2万元，库存51930万元。

2010年，物资商品购进总额436298.8万元，其中煤炭及制品3068.6万元，石油及制品418158.6万元，建材5283.3万元，机械设备五金交电、农业机械9788.3万元。商品销售总额436304.5万元，其中煤炭及制品4000万元，石油及制品417620.1万元，建材5197.7万元，机械设备、五金交电、农业机械9486.7万元。矿产品、建材及化工产品、机械设备、五金交电等批发商品总额308192.4万元，零售总额128112.1万元，库存商品总额 7210.5 万元。

第五章　粮油贸易

第一节　管理机构

1990 年，延安市粮食局机关分设人秘、财务、业务、审计、保防、工业基建、总务、保卫、总务、供热维修、小车管理等 10 个科（室），有干部职工 253 人。

1992 年 8 月，撤销延安市粮油公司，成立粮油贸易总公司，与粮食局政企合一，两块牌子、一套机构。内设机构由 10 个合并精简为业务科、人秘科、财务科、保卫科、总务科等 5 个科（室）。

1994 年 3 月，政府机构改革撤销延安市粮食局，保留粮油贸易总公司，行政职能划归市商贸局，人员编制和科室设置不变。

1996 年 7 月，恢复延安市粮食局与粮油贸易总公司政企合一，两块牌子、一套机构。12 月，更名为延安市宝塔区粮食局，延安市粮油贸易总公司更名延安市宝塔区粮油贸易总公司，有干部职工 245 人。为延安市粮食局和宝塔区政府双重领导单位。

2008 年，宝塔区粮食局科级建制，内设办公室、流通调控科、粮食流通稽查队 3 个科室，编制 15 人。

2010 年，宝塔区粮食局科级建制，事业性质，有干部职工 20 人，设局长 1 名、副局长 1 名。内设政策法规股、流通调控股、内审监督股、稽查队 4 个股室，下设区军粮采购供应站（事业单位）、瑞和粮油购销公司（企业）。

第二节　粮油企业

1990 年，延安市粮食局下属科级企业有城区粮站、粮园饭店、粮油食品综合公司、粮油议购议销公司、粮油加工厂、饲料加工厂、挂面加工厂、食品加工厂、粮油仓库 9 个。下辖粮站有川口、李渠、冯庄、姚店、元龙寺、甘谷驿、青化砭、梁村、蟠龙、金盆湾、临镇、官庄等 12 个，主要负责农村 24 个乡镇粮食购销和经营；城区粮站主要负责城区和城郊居民粮食收购和粮油供应。

1991 年 9 月，设立姚店粮站，主要负责居民供应和成品粮经营；姚店粮库主要负责原粮收购和储存。

1992 年 5 月，农村 12 个粮站更名为粮油购销公司，城区粮站更名为城区粮油食品经销公司。

1995 年 11 月，市政府将果树局管理的河庄坪苗圃人、财、物整体移交粮油贸易总公司。

1997 年，对停产、半停产挂面厂、饲料加工厂和食品厂 3 家粮办企业实行人员、资产、负债整合，组建宝塔区绿色饮品有限责任公司。

1998 年，成立宝塔区军粮采购供应站，事业单位编制 7 人，财政拨款，负责年粮供应工作。成立粮油收购管理中心，为自收自支事业单位，主要负责粮食收购、储存、销售及退耕还林政策性粮油兑现工作。农村 12 个粮油购销公司改为粮油收储站和粮油经销公司，收购与经销分离。

2000 年 6 月，粮油加工厂和绿色饮品有限责任公司实行“退二进三”（退出加工业进入服务业）改革，将生产场地改造为商贸综合市场；12 月，确定川口粮油收储站为国家退耕还林政策兑现粮食补助试点单位。

2005 年 12 月，完成粮园饭店、粮油食品综合公司、粮油议购议销公司和粮油贸易总公司等 4 户改制工作和企业职工安置任务。至 2007 年，粮食系统 47 户企业改制全面完成。

2008 年 3 月，由姚店、青化砭、李渠、金盆湾 4 个粮站和河庄坪苗圃资产整合，组建宝塔区瑞和粮油购销有限公司，正式挂牌运营。

2010 年，宝塔区有瑞和粮油购销公司 1 家，青化砭、姚店、李渠、金盆湾储粮点 4 个。

第三节　粮油收购

1990~2003 年，粮食流通体制先后经历定购与议价收购双轨运行，粮食经营向多种经营转轨，取消定购，实行平议价并轨。其中，1992 年，随着粮食价格放开，取消粮票的使用，计划经济体制下的粮食流通体制向市场经济体制转变。1994 年 6 月，按上级部门关于粮食购销价格的通知，延安市粮食部门针对市场经济运行中一些深层次矛盾、通货膨胀、物价大幅上涨等困难，采取广泛宣传，周密安排，发挥主渠道作用，担负起平抑物价、稳定秩序重任，先后派员 30 多人，赴全国各地调运粮食 18250 吨，其中小麦 6490 吨、面粉 8000 吨、大米 1990 吨、食用油 500 吨、杂粮 1270 吨，调剂花色品种，安定人心，稳定社会秩序，平抑粮油物价。粮油加工厂生产面粉 440 吨，成品杂粮 140 吨，投入市场平抑粮价，实现产值 646 万元，实现利润 6.4 万元，上缴税金 5.9 万元，全市粮食系统实现利税 60 多万元。1997 年实施保护价政策。1998 年 6 月国务院颁布《粮食收购条例》，粮食收购进一步规范化，全区 14 个国有粮食收储企业，全部常年挂牌按保护价敞开收购农民手中余粮，当年收购 9472 吨，使处于低潮的粮食收购工作发生明显转机。1999 年全面落实“三项政策一项改革”（按保护价敞开收购农民余粮，粮食收储企业实行明价销售，粮食收购资金封闭运行；粮食流通企业体制改革），粮食企业严格执行政策、价格、等级、结算“四公开”制度，严明政策，强化监督，提高服务质量。粮食局稽查队配合工商部门加强粮食市场管理。

2004 年，取消合同定购，全部实行市场收购。2005~2010 年，主要对粮食市场进行粮食经营企业、个体粮食经营户粮食收购市场准入、许可证办理、粮食质量、仓储设施、统计制度及台账建立档案。审核办理粮食经营企业7户，个体经营户230户。

第四节　粮油销售

1990年，在定购与议价双轨运行机制下，市粮食部门面对粮食市场疲软、议价粮食销路不畅的实际困难，深入市场调查研究，不断拓宽销售渠道，增加议价销售数量。居民供粮购销价格倒挂逐渐缩小，年议价销3795吨，实现议价利润0.14万元。粮食部门以保障供应城镇居民基本粮为原则，开展多种经营和附营业务，实现利润15.75万元。1991年3月，城镇食品加工、副食和酿造等行业用粮退出统销，改为议价供应。全年议价销售实现利润9.88万元，附营利润27.20万元。

1992年4月，在上年度提高粮食平价销售后，再次提高平价粮食销售价格，实现购销同价，城乡不同企业和个体工商户经营粮油销售人群扩大，数量剧增，国有粮食企业粮本供应平价销售比重大幅下降，企业生存压力增大。

1998年，粮食流通体制改革，宝塔区粮食局实行政企分开，贸易总公司与粮食局分开，粮食局主要负责粮食购销宏观计划、行业管理、市场监管，贸易总公司成为经济实体，实行独立核算、自主经营、自负盈亏的现代企业化管理。农村基层粮站也对政策性业务和经营性业务进行调整，成立13个粮油经销公司，开展粮油购进和销售。

2003年，全面放开粮食收购市场和粮食收购价格，实现粮食购销市场化，国有粮食企业、个体经营户按市场经济规则运行。

2010年，宝塔区粮食部门粮油经营单位有瑞和粮油购销有限公司负责全区粮油收购销售，与3家区外粮食企业签订长期粮食购销协议。全年收购粮油159696吨，以保障居民供应。区军粮采购供应站，负责驻区部队的粮油供应工作。

第五节　粮油储运

1990年，延安市粮食仓型主要有石窑洞仓、基建式房仓、苏式房仓、简易仓、地下仓、土圆仓等6种，其中石窑洞仓面积7724平方米，仓容量12225吨；基建式房仓面积9211平方米，容量23625吨；苏式房仓面积2643平方米，容量5200吨；简易仓面积428平方米，容量445吨；地下仓面积100平方米，容量550吨；土圆仓面积141平方米，容量165吨。另有水泥晒场10179平方米。共有国有粮食仓储企业14家，即市粮油仓库（沟门库）、城区粮油仓库及蟠龙、梁村、青化砭、姚店、李渠、元龙寺、甘谷驿、川口、冯庄、金盆湾、临镇、官庄等粮食收储站，总面积20247平方米，总容量42210吨。其中，市粮油仓库面积5920平方米，仓库容量14950吨，城区粮油仓库面积3193平方米，仓容量6390吨，担负着全市的粮食收购、销售、储存和国家储备粮、省储备粮及商品周转粮的储存任务。

1992年，新建市粮油仓库基建式房仓18340平方米，仓库总面积增至24260平方米，新增库容量10000吨，全市总仓容量达到52210吨。

1998 年，报废仓容量 14060 吨，全区总仓容量下降至 38150 吨，仓库总面积减少至 16276 平方米。

1999 年，宝塔区粮油仓库（沟门库）上划延安市粮食局管理，全区实有仓储面积 7641 平方米，仓容量 13200 吨。

2006 年，粮食企业改革后，宝塔区粮食系统保留李渠、姚店、青化砭、金盆湾 4 个存粮点，仓库总面积 3031 平方米，总库容量 5455 吨。

2008 年，建立区级应急成品粮储备，储备规模 300 吨。2009 年，区级应急成品粮食储备入库 300 吨。

2010 年，对入库的应急储备粮油进行监管，采取定期和不定期相结合检查办法，加强科学管理，确保储存安全。全年新增区级小麦储备 100 万吨，食用油 50 万吨。

1990~2010 年宝塔区粮食收购及销售统计表

表 12-5-1　　单位：吨

年份	收购	销售	年份	收购	销售
1990	9932	26450	2001	5050	70280
1991	11265	44944	2002	5100	75666
1992	5410	26684	2003	5357	76880
1993	6787	26830	2004	44000	78199
1994	6000	26960	2005	4350	80150
1995	6000	27050	2006	45800	85490
1996	6000	26305	2007	43087	88785
1997	11681	34245	2008	105106	105099
1998	9472	47858	2009	164927	150753
1999	4950	52330	2010	195303	164000
2000	4870	67850			

第六章　居民服务业

第一节　餐饮业

一、经营商户

1990 年，全市有餐饮业经营户 670 户、1737 人。全面所有制饮食企业有人防招待所、南关招待所餐饮部、延安饭庄、延河饭店餐饮部、万花山庄等 8 户，从业人员 202 人。饮食公司饭馆、供销社系统餐饮部等集体经营户 34 户、从业人员 247 人。城乡个体有证餐饮经营户 628 户、从业人员 1299 人。

1995 年，国有餐饮经营户 6 户、从业人员 159 人，集体经营户 3 户、从业人员 47 人，私营企业 2 户、从业人员 15 人，个体经营户 1442 户、从业人员 2957 人。1996 年，国有餐饮机构 5 个，网点 10 个，从业人员 383 人，集体经济 3 个、从业人员 67 人，个体经营户 1517 户、从业人员 3125 人。

2000 年，全区有餐饮经营户 1511 户、从业人员 5449 人。其中，国有餐饮经营企业 5 户、从业人员 35 人，集体经营户 20 户、从业人员 150 人，私营个体户 1486 户、从业人员 5264 人。

2006 年，餐饮法人单位 27 个，网点 1728 个，人员 7447 人。其中，国有经营企业 2 户、从业人员 82 人，集体企业 2 户、168 人。股份制餐饮企业 1 个、人员 157 人，有限责任公司 8 户、376 人，私营企业 13 户、376 人，股份有限公司 1 户、90 人，个体经营户 1701 户、从业人员 6198 人。

2010 年，全区餐饮企业法人单位 70 个、从业人员 1689 人，网点 2080 个、人员 9817 人。其中，国有法人单位 2 个、人员 229 人，有限责任公司 19 个、从业人员 690 个。私营企业 48 个、750 人，其他企业 1 个、20 人，个体私营户 2080 户、从业人员 8128 人，全区从事餐饮从业人员 9817 人。

二、经营效益

1990 年，国有和集体餐饮企业价格实行物价部门核定价格进行销售，个体经营户实行市场经营运作，全年经营收入 335.5 万元。

1993 年，餐饮经营户数增加，经营效益提高，全年营业额 862.7 万元，人均营业额 4504 元，比 1990 年人均营业额增加 2573 元，增长 133%。

1995 年，随着城市商业基础建设投资增加，餐饮运营面积增长，居民婚丧嫁娶用餐选择市内宾馆、饭店数量大幅提高，经营活动呈活跃时期，全年营业餐厅增加 159 个，营业额 1452 万元，比 1993 年增加 589. 3 万元，居民在餐馆包饭用餐约 30%。

1998 年，餐饮营业总额 6036. 8 万元，其中零售 5773. 9 万元，餐厅包餐 262. 9 万元。

1999 年，餐饮企业全部市场经济体制运作，年增加网点 513 个，人员增加 2358 人，年营业总额 6404. 20 万元，商品零售额 5791. 5 万元，营业额增加 367. 4 万元。2000 年，国有、集体、私营个体经营户营业总额 7124. 7 万元，商品销售 6477 万元。

2002 年，限额以上餐饮企业收入 268. 4 万元，限额以下餐饮营业收入 7824. 7 万元，全年营业总收入 8093. 1 万元。

2005 年，餐饮业总收入 21384. 9 万元，其中限额以上企业收入 2241. 4 万元，限额以下企业收入 1546. 6 万元，个体经营户收入 17596. 9 万元，其他餐饮收入 1761. 8 万元。营业总收入比 2000 年营业总收入增加 14260 万元，增长 2 倍。

2008 年，国有餐饮业营业额 37033 万元，集体 10586 万元，有限责任公司 6100 万元，旅游饭店 47621 万元，个体餐饮 19951. 7 万元，其他经营户 3235 万元，全年营业总额 124526. 7 万元。餐饮经营企业按登记注册分，有限责任公司 13263 万元，私营企业 52499 万元，私营有限责任公司 46779 万元，港澳台商投资企业 16932 万元。

2010 年，限额以上餐饮有限公司营业额 4745. 3 万元，私营企业 4477. 6 万元，私营合伙企业 281 万元，私营有限责任公司 4196. 6 万元，外资投资企业快餐营业额 1461. 1 万元。个体经营户营业额 82174. 7 万元。全年餐饮营业总额 97336. 3 万元。

第二节　住宿业

1990 年，全市较大旅馆、饭店有人防招待所、南关招待所、粮园饭店、凤凰迎宾楼、延河饭店、金融宾馆、粮贸大厦、虹桥饭店、东关旅社、邮电宾馆、姚农招待所、电力宾馆、喜来登大酒店、军分区招待所、服务公司旅社、白天鹅宾馆等 18 家，有从业人员 958 人，年营业收入 750 万元。

1995 年，新增旅游大厦、窑洞宾馆 2 个，从业人员 1205 人，年营业收入 1470 万元。

2005 年，宝塔区住宿业有星级和限额以上法人企业 11 个、从业人员 1632 人，其中国有企业 7 个、从业人员 1087 人，房费收入 27217 万元；集体企业 2 个、从业人员 343 人，房费收入 8146 万元；有限责任公司 59 个，房费收入 1991 万元；股份有限公司 1 个、从业人员 80 人，房费收入 92 万元。

2008 年，全区住宿业限额以上有企业法人单位 21 个、从业人员 2908 人，房费收入 80327 万元，其中国有住宿业企业法人单位 7 个、从业人员 1135 人，营业额 35958 万元；集体住宿业法人单位 2 个、从业人员 363 人，客房收入 10074 万元；有限责任公司 8346 万元，旅游饭店营业收入 41323 万元。

2010 年，宝塔区限额以上住宿营业收入 20783. 7 万元，限额以下企业收入 7582. 1 万元，个体户 36825. 1 万元。按住宿行业小类分组，旅游饭店企业法人 14 个，从业人员 2344 人，营业总收入 17280. 2 万元；一般旅馆 6 个，从业人员 545 人，营业额 3153. 7 万元。按等级注册类型分组的国有企业 5 个，从业人员 880 人，营业额 4388. 50 万元；集体企业 2 个，从业人员 310 人，营业额 2081.6 万元；有限责任公司 10 个，从业人员 1320 人，营业额 10887.1 万元。按星级分组的四星级 3 个，从业人员 860 人，营业额 5359 万元；三星级 6 个，从业人员 627 人，营业额 3787.8 万元；二星级 3 个，从业人员 275 人，营业额 1693.4 万元。全年，住宿业营业总收入 65190.9 万元。

第三节　美容美发

1990 年，全市有理发店 58 家，主要分布在城区、桥沟、柳林、李渠、姚店、甘谷驿、青化砭、蟠龙、临镇等乡镇，规模较大的理发馆有青年理发馆、凤凰理发馆、东关理发馆，服务主要项目有剃头、理发、剪发、剃须、刮脸、烫发、吹风等。

1995 年，全市有理发店 105 家，服务项目增添烫发、染发、局部皮肤护理、增白、婚庆化妆、造型等。是年，全市有理发、美容店 117 家，从业人员 550 人。

2000 年，全区有理发、美容店 178 家，增加服务项目有祛斑、美白、瘦身减肥、保健按摩等。

2010 年，有美容美发店 369 家，城区、各乡镇、居民、住宅小区均有理发、美容店，提供服务有理发、洗头、剪发、烫发、染发、拉丝、美容、化妆、造型、保健等。

第四节　洗　浴

1990 年，延河饭店、服务公司浴池、桥沟驻军部队洗浴池、毛织厂自用洗澡堂、丝绸厂自用洗澡池和第二毛纺厂洗澡堂、青化砭油矿洗澡池等 7 家，为企业职工和城区居民提供服务。

2000 年，全区有个体洗浴经营户 24 家，主要分布于城区、李渠、桥沟、河庄坪、姚店、临镇、青化砭、蟠龙等乡镇，为当地居民提供洗浴外，增添搓背、按摩等服务。

2010 年，全区有个体洗浴中心和个体洗浴经营户 52 家。

第五节　广告牌匾制作

1997 年前，宝塔区仅有 7 家国有广告经营单位。1998 年，下岗职工王延兴创办第一家广告专业公司，购置扫描仪、彩色喷绘、打字机和写真机等设备，投资 10 万元，制作、安装城区灯箱广告 350 个。1999 年又有 4 家专业广告公司挂牌成立，提供广告策划、制作、安装等服务，承揽客户门牌制作和多种庆典活动策划与宣传包装。2001 年，梦想广告展示有限责任公司成立，提供户外广告发布、电视台、车体广告、广告制作及店面装潢等服务，代理延安城市公交车体广告发布、延安电视台《延安新闻》和《天气预报》栏目内广告发布。同时，在中心街、各住宅小区及入城交通要道设立灯箱、展牌、高层顶楼及户外广告牌。2003 年，黑马广告有限公司成立，以公共空间及创意家居审计，广告策划、户外传媒为主，设计各个领域的品牌广告。2010 年底，全区有广告经（兼）营企业户 52 户，其中专业广告公司 15 户，从业人员 469 人，年经营额 900 万元。

第六节　摄影摄像

一、照相影楼

1990年，全市有照相馆9家，其中国有、集体3家，个体6家，各照相馆设备简陋，只能冲洗放大黑白照片，所照彩色照片要到西安冲洗。照相馆使用相机为120、135等老式相机。

1995年，随着人们生活水平的提高，延安旅游业不断发展，个体照相户逐渐增多，特别是在延安大桥、宝塔山、万佛洞、王家坪、杨家岭、枣园、南泥湾大生产纪念革命旧址，个体照相者随处可见。是年，全市有个体照相户21户。

2006年，全市照相业务个体户发展到60户，多数分布在区内革命旧址和纪念馆、万花牡丹亭景区。9个建制镇均有照相网点，其设备先进、技术高超，主要有彩照、快照、数码照相、电脑制作等。城区影楼婚纱照相，并兼营婚纱出租、摄像器材销售等业务。

2010年，全区有照相影楼、照相馆和网点78家，从业人员430人，其中城区有照相馆、影楼16家，从业人员230人。规模较大的主要有新娘百分百、凤凰影楼、延河照相馆、索菲亚等。影楼提供服务项目有：摄像、摄影、扩印放大、相片装裱、新娘化妆、婚纱租赁、旧照翻新、出外摄录、编辑制碟。

二、摄像

1996年前，摄像多为单位庆典、工程开竣工、商场、饭店开业等服务。1998年后，摄像业务进入家庭，城区男婚女嫁喜庆一般采用婚礼摄像、制碟服务。2010年，除影楼、婚庆公司外，农村乡镇也有个体摄像制碟经营户，在红白喜事、老人寿诞、婴儿满月等提供照相、摄影服务。

第七节　修配保养

一、服务项目

1990年，宝塔区修配保养业经营企业有国有、集体股份制公司、有限公司、合伙、个体、售后服务等所有制类型。开展服务项目有汽车、拖拉机、摩托车维修，电机、水泵、机床、油泵洗缸、冰箱电视、自行车、空调洗衣机、钟表眼镜等16个门类上百个品种。2000年后，增加手机维修保养、汽车美容装饰、电脑等维修服务项目。至2010年服务项目共10大类120个品种。主要分布在城区、长青路、刘万家沟、城南三十里铺。1995年后，修配保养区域范围进一步扩大，东北川、李渠、姚店、甘谷驿、青化砭、蟠龙、麻洞川、临镇等商贸交易乡镇均有维修网点。2000年后，210国道从南四十里铺至玉皇庙沿重点村设有汽车、农用车补胎打气、配件销售经营网点，市区各百货商场、家用电器等专营店增设售后服务中心，城郊川口、河庄坪、枣园、万花山等4个乡镇开办家用电器修理门市部。至2010年，全区有汽车、农机修理、工程机械、摩托车修理厂（公司）网点351个，家用电器维修户200户。维修规模较大的有东风轿车修理厂、福利汽车检测服务中心、迅捷汽车技术服务中心、大众汽车服务站、鹏程汽车修理厂、小马汽车修理厂、诚信汽修厂、保捷汽车服务中心、车友汽车装潢等。

二、维修量

1990年，汽车维修量约1500辆次，拖拉机约850辆次，摩托车700辆次，家用电器、冰箱电视、洗衣机年维修量约1200台次，畜力车、自行车2000辆次，修钟表、修鞋、换拉链、修煤气灶、补锅焊盆、修钢笔手电、配钥匙、修配眼镜等万余件次。

1995年，汽车数量由1990年的2271辆增至3057辆，外地过境车辆1542辆，年维修量1750辆；拖拉机由1754辆增加至1950辆，年维修量640辆；摩托车由781辆增至1310辆，年维修量514辆；特种车维修20辆，农用汽车维修110辆，其他车辆维修185辆。全年家用电器维修1450台（件），其他小型日用维修8500件。

2000年，汽车美容数量增加，全年汽车装潢美容数量约15000辆，自行车使用量急剧下降，城区保有量在千辆左右，维修量大幅减少；农用三轮车、汽车数量增加，随之维修量也在增大，年维修量1000辆以上，钟表、修鞋、经营户减少，维修量下降，比1995年减少60%。

2005年，电子产品、电脑、手机使用量上升，除城区有专修店外，城郊和有商贸交易集市的乡镇也开办手机维修和护膜保养个体门店，全区年电脑维修量约500台次，手机8000部。

2010年，汽车维修总量65500辆，其中东风汽车修理厂10000辆，合格率95%，福利汽检中心15000辆，大众汽车服务站18800辆。私营、个体企业21700辆。拖拉机修理1450辆，农用汽车550辆，摩托车1700辆，工程机械80台。全年维修电机水泵801台，冰箱、电视、洗衣机2548台，手机6500部，光明、西北、西光、延安附院等10家眼镜行，验光配镜维修1845副，修理天然气、煤气灶1200个。

三、专业汽车修理

1990年前，延安地区汽车修理业务主要由陕西延安汽车工业联营公司（1958年成立延安汽车修理厂，1985年1月更名为陕西延安汽车工业联营公司）和地区汽车运输公司保养厂承担。

1992年10月，陕西延安汽车工业联营公司更名为延安汽车工业总公司。1995～1997年，延安汽车工业总公司每年亏损600多万元。据延安会计事务所评估，截至1998年8月底，全公司资产总额7330万元（包括土地2063万元），负债总额8322万元，企业所有者权益-992万元，濒临破产。

1998年10月，延安汽车工业总公司将总公司汽车改装厂、配件厂自卸工段、物资供销部、销售公司、神塔公司合并，组建成延安汽车改装有限责任公司；将劳动服务公司、小车修理厂、青年门市部、无线电修配门市部合并，组建成延安汽车工业工贸有限责任公司；在广告装潢公司基础上组建延安汽车工业广告装潢股份合作公司。在原有的基础上组建东风汽车服务站、南京汽车服务站、夏利汽车服务站和重型汽车服务站。全年生产改装车47辆，完成产值643万元。

至1998年底，宝塔区城区和各乡镇凡经营货运、客运汽车的公有制、非公有制企业、团体、集体均自设维修车间，对经营汽车自保自养自修，并对外承接汽车修理业务。延安市汽车维修厂点发展到436户，其中一类维修厂3户、二类维修厂16户、三类和其他专业维修厂点417户。

2004年，延安汽车工业总公司全年生产改装汽车28辆，总公司与兰州通用机械制造厂、延安汽车修理厂联合开办兰通实业集团公司延安特种车辆维修厂，填补陕北特种车维修的空白。业务范围扩大为汽车修理、汽车改装及汽车检测等综合性业务。

2006年，原延安地区汽车运输公司保养厂（2003年延安市汽车运输公司企业改制，公司由国有企业改制为股份制企业），改名为延安市汽车运输（集团）有限责任公司，厂址改建为商业城，停止汽车修理业务。

截至2010年底，延安市有汽车维修行业站点577家，其中一类企业6家、二类企业106家、三类企业465家；国有企业14家、个体私营企业531家、股份制联营企业32家。宝塔区城区和各乡镇有汽车修理车间、摊点435个，从业人员3170人；有一类企业4家。维修企业设备及技术不断更新，常用的设备有多功能汽车系统诊断仪、二氧化碳气体保护焊机、车身外形修复整形机、燃油系统免拆清洗机、四轮定位仪等；维修技术由靠技术人员实践经验解体检修转变为通过电脑与诊断仪器检测维修。

第八节　装饰装潢

20世纪90年代起，人们对办公、居住、公共经营场所环境质量要求不断提高，催生装饰业快速发展，成为新的服务行业。1995年装饰多为宾馆饭店、百货商场、单位办公、城区居民楼、医疗机构和各种纪念馆、展览室等，1998年后，少量农村居民进行装饰房屋。2000年后，装饰业遍及城乡各处。随着装修装潢规模扩大，装饰材料需求量增加，经营户数量上升，至2010年，全区有装饰材料经营门店230家，其中注册登记规模较大的有13家，营业面积3900平方米，主要经营装潢材料、油漆、涂料、五金、水暖器材等，全区有专业装修公司38个，从业人员2000余人，年装饰装修面积9万平方米。

第九节　家政服务

1990年，延安市家政服务主要以家庭保姆为主，其他有需求时中介公司临时组织人员，提供服务。2004年，宝塔区妇联创办劳务服务站，组织城乡妇女以钟点工形式，为200多户居民提供房间窗户清洗服务，计件结算工资。全年推荐家庭保姆100多名。

2005年，延安丝绸厂郝秀兰在工商局登记注册全区第一家爱心家政公司，组织下岗职工及退休人员100余名，向社会提供家庭保洁、室内室外墙壁刷洗、门窗清洗、疏通下水道、洗窗帘、木工、电工、瓦工和保姆等多项服务。至2010年，全区开办家政服务公司69家，提供服务4500人次。

第十节　中　介

一、职业介绍所

1990~1994年，全市无职业介绍所，基建用工场所打工人员主要集中在延安大桥解放剧院广场，城乡用工采取在此地现场约定人员数量、用工时间、工资待遇等。1995～1999年，成立职业介绍所9家，因信息不灵，就业困难，经营清淡，2000年，相继关门停业。2003年，广州、深圳等地劳务市场用工数量大幅上升，职业介绍所又重新开业，先后介绍输出劳务人员2000人。2008年，延安利民毛织厂下岗职工王雪梅创办职业介绍所，两年为全区介绍输出农民工3000人。至2010年全区有职业介绍所6家，共介绍输出劳动人员8250人。

二、婚姻介绍所

宝塔区婚姻介绍所起步较晚，1999年才有介绍机构，张香按开办“满意”婚介所，介绍成功婚姻百余对。至2010年，全区注册登记有“满意”婚介所3家。

第十一节 其他服务

一、歌厅

1990年有歌舞厅8家，规模较大的有南门坡歌舞厅、七里铺歌舞厅、百乐门歌舞厅、北关歌舞厅等，1995～2000年，原有舞厅和露天舞厅相继关停。2001年后，歌舞厅逐渐发展成市内大众歌舞厅和音乐茶座，至2010年全区有歌舞厅、音乐茶座33家，其中宝塔歌舞厅曾被评为省级文明歌舞厅。

二、网吧

20世纪90年代全区有游戏厅30余家。1990年后，城区接入互联网服务，持证服务经营户9户。2000年网吧有9家。2010年持证经营户16户，其中乡镇3户，电子游戏、录像放映退出市场。

三、租赁

20世纪90年代，租赁业逐渐兴起，以租房、租赁建筑机械、农业机械为主。2000年后，租赁种类增多，有养殖场用地租赁、养鱼水面、推土机、机井水泵、物资仓库、货场、婚纱、果园和红白喜事餐具桌凳租赁等。

四、洗染

2000年前洗染店较少，2001年逐渐增加。至2010年，城区有干洗店、水洗店30家，主要提供毛毯、各种毛料服装干洗。

五、婚丧礼操办

1990年，婚丧喜事乐队有28家，主要以吹乐为主，每队有5人左右。2000年后乐队增加至70家，音乐设备增加，普遍使用电子、电子音像等，每队人员增至7～9人。2010年，全区有操办红白喜事经营户100多家，有婚庆公司、专业乐团、歌手、唱戏队伍和专业主持人、专用婚车、灵车、礼炮等。

六、打字复印

1990年，打字复印经营户较少，提供简单的材料打字和复印。1995年后发展迅速，市区有50多家打字复印服务经营户。2000年后，全区经营户100多户，业务有打字、复印、图表复制、标语印刷等。2005年，打字复印经营户有电子邮件发送、扫描、图表制作业务。至2010年，全区有打字复印服务机构230家，除城区外，各乡镇均有打字复印经营户。

第七章　专营商品

第一节　烟草专卖

1987 年，成立延安市烟草专卖局（延安市烟草公司），内设办公室、业务部、财务科。2010 年内设综合办公室、客户服务部、专卖管理股、烟叶股 4 个科室，有干部职工 100 人，设局长（经理）1 人、副局长（副经理）2 人。主要负责卷烟购销、市场监管、烟叶生产、客户服务工作。

一、卷烟销售

1990~1993 年，全市销售卷烟 60088 箱，完成销售收入 6408 万元。1994 年，销售卷烟 17548 箱，占计划任务的 126.6%，完成销售收入 1858 万元，实现利润 46 万元。

1996 年，完成卷烟销售 13541 箱，其中地产烟 13009 箱，销售总额 2676 万元，实现毛利 195 万元，较 1995 年的 107.60 万元，增长 81.23%。

2000 年，烟草专卖局成立 3 个卷烟销售配送队，在南川、东川设立卷烟批发部 5 个，形成“一个龙头放水”卷烟配送销售网络。全年销售卷烟 10631 箱，较上年 9159 箱增长 16%，其中地产烟销售 8404 箱，较上年 8900 箱下降 5.5%，销售收入 2834 万元，实现销售毛利 180 万元，较上年 82.50 万元增长 118%。

2003 年，完成卷烟销售 14314.95 箱，完成全年销售任务 11904 箱的 120.25%，占年初目标责任书销售任务的 124.48%，较上年销售 6657.38 箱增加 7657.57 箱，增长 115.02%，其中地产卷烟完成 13898.87 箱，占计划任务 11000 箱的 126.35%。完成卷烟销售总额 10532 万元，较上年同期 4765.67 万元增加 5766.33 万元，增长 121%；单箱均价 7356.41 元，较上年 7158.49 元增加 197.92 元，增长 2.76%；实现卷烟销售毛利 1229.71 万元，较上年 474.02 万元增加 755.69 万元，增长 159.20%；毛利率为 11.68%，较上年同期 9.95%提高 1.73 个百分点。年末库存 615 箱。

2005 年，卷烟销售实现由传统模式向现代流通转变，推行“电话访销、电子结算、网上配货、现代物流”网络模式，形成科学化、规范化趋势。通过网络配送，持证零售户入网率 100%，入网销售率 100%，送货率 100%，落地销售率 100%，落户率 100%，电话订货率 100%，电子结算率 80%。全年销售各类卷烟 19225.52 箱，较上年同期减少 2304.92 箱；完成销售收入 18918.96 万元，单箱均价 9958.79 元，比上年同期单箱均价增加 1198.17 元；实现毛利 2411.40 万元，较上年同期减少 558.52 万元；毛利率为 12.6%，较上年同期 15.75%下降 3.15 个百分点。

2008年，销售各类卷烟24574.89箱，占年计划99.90%，实现毛利8247.31万元（含税），占年计划121.28%，同比增长2987.84万元，增幅56.80%。

2009年，销售卷烟25219.82箱，比上年增长2.6%，单箱均价15516元，同比增长12.2%；实现毛利10366万元，同比增长25.7%。其中，“20+10”全国骨干品牌卷烟销售7100.9箱，占卷烟总销量的28.15%；黄鹤楼卷烟销售340.39箱，同比增长175.5%。

2010年，根据国家烟草专卖局提出的“532”“461”品牌发展战略，以工商协同营销为抓手，制定《宝塔区分公司零售户卷烟货架陈列工作方案》，按照方案实施细则，实行货架分区管理，新建形象户2户、示范店7户、标准店3户，推行营销人员站柜服务活动，营销人员站柜1000余人次。全年销售各类卷烟26033.86箱，比1996年增长92.25%。毛利12000万元，比1996年增长60.53倍。单箱销售额17353元，比上年增加1837元，增幅11.8%；全国知名品牌销售量8847.3箱，同比增长24.6%。

二、烟叶生产

1990年，延安市（县级市）烟草专卖局（延安市烟草公司），负责烟叶种植、技术指导、烟叶收购工作。同年，种植烟叶30460亩，平均亩产113千克，总产3441.98吨。

1994年，种植烤烟7670亩，平均亩产189千克，总产1449吨，总产值336.25万元，平均亩产值438.4元，交纳税金53.2万元。

2000年，烤烟生产以“稳定面积、增加效益”为原则，加大投入，科学种烟，种植烤烟8400亩，总产1120吨。

2005年，烟叶生产呈下降趋势，全区有麻洞川、临镇、官庄3个乡镇种植，种植面积3255亩，总产760吨。2008年，种植烤烟面积75亩，总产3吨。

2010年，种植烤烟面积110亩，总产6吨。烟草专卖局实施麻洞川烤烟中心示范园区建设，租赁土地82.3亩，示范区内的6个行政村实施土地置换、基本烟田整治、烟田用水、生产道路、农机作业配套的工程项目建设。

三、卷烟稽查

1990～1996年，延安市多次开展假冒伪劣卷烟查处工作，共收缴假冒伪劣卷烟70450条。

1997年，根据陕西省烟草专卖局提出烟草专卖市场整顿的实施意见，开展卷烟销售稽查工作。全年检查市场2500人次，共查处各类涉烟案件130起，查扣走私烟116.2条，查扣倒流烟和非法渠道购进卷烟14042条（合280.84箱），取缔非法经营5户，处罚没收16290元。

1998～2000年，开展以无证经营、非法购进、贩卖走私烟为重点，查处倒流烟、非法渠道购进卷烟违法案件。烟草专卖局组织检查人员检查市场3120人次，共查处各类案件182起，查处走私烟160.4条，查扣倒流烟和非法渠道购进假冒、无商标卷烟55364.2条、2014.7件，取缔非法经营户8户，处罚没款68341元。全年新增持证经营户294户，全区持证户971户。

2005年，稽查实行划片管理、责任到人整治措施，采取面上查、路口堵、派人跟、暗中盯的办法，上市检查2680人次，查处万元以上案件6起，共查获各类违规卷烟7040.3条，案值460106.3元。其中，非法渠道购进卷烟5174.6条，价值430850.50元；

走私烟307.3条，价值9243元；假冒烟1558.4条，价值20012.8元。处罚没款14640元，取缔无证经营户36户，行业整顿122户，吊销许可证1户。

2008年，加大市场稽查力度，以打源头、端窝点、断网络为重点，共查处各类违法违纪案件85起，其中一般案件53起、简易案件28起、移送案件4起。违法违规卷烟9918条，总案值110万元，其中涉假烟案件38起，假冒商标卷烟4708条，标值62.73万元。9月28日，现场查处22个品牌假烟377条，标值52.46万元，刑事拘留1人。全年注销、取缔卷烟零售户126户。

2010年，开展卷烟无证经营专项整治工作，与工商、公安联合执法检查活动，破获20万元以上案件1起，万元以上假烟案件11起，查处违法案件189起，涉案卷烟17508条（350.16箱），总标值129.09万元。公检法机关刑拘5人，批捕1人，判刑1人。

第二节　盐业专营

1990年，食盐由市副食品公司专营。1992年，延安市盐务管理局成立，与市副食公司合署办公，实行两块牌子、一套机构。1996年12月，市盐务管理局改称宝塔区盐务管理局（宝塔区副食公司）。

2001年3月，根据省、市盐业体制精神，盐务局与副食公司分设，组建宝塔区盐务管理局。同时，设立宝塔区盐业公司，两块牌子、一套机构。

2007年6月，区盐务局（盐业公司）上划省级盐务局，实行垂直管理。

2010年，宝塔区盐务管理局（盐业公司），内设办公室、财务科、销售科、稽查科4个科室，编制12人。实有干部职工35人，其中财政拨款18人，自收自支17人。主要负责编制中长期盐业发展计划和年度食盐分配、调拨、销售、指令性计划和食盐储备计划，盐业稽查和零售盐许可证发放，年检价格监督管理工作。

一、食盐销售

1990年，延安市食盐由市副食公司统一购进、加工和销售，按照国家规定标准加碘，批发给乡镇供销社、国营商店，全年销售食盐975吨。

1995年，购进食用盐和工业用盐1650吨，销售1470吨。

2001年，根据延安市人民政府《关于推行碘盐配售，实现消除碘缺乏病阶段目标的实施意见》精神，在全区推行碘盐配售制度，成立领导小组，下设办公室（设在区盐务局），将碘盐配售到村，由村分配到户。全年完成销售碘盐1775吨，占市下达任务的122%；销售工业用盐335吨。农村乡镇碘盐计划销售807吨，实际完成672吨，占计划的83%；碘盐覆盖率97%，销售率99%，合格率98%。

2002~2005年，销售碘盐8920吨，其中乡镇配售2984吨，年均销售746吨。据调查资料显示，食用率由2003年89%上升到98%，碘缺乏病由2003年以前的11%下降到2.38%，“一盐防三病”效果显著。

2008年，销售合格碘盐2783吨，比上年同期增加257吨；工业用盐销售4044吨，较上年增加1917吨。

2010年，食盐零售网点835个，对持证零售网点，采取定期送货、电话预约、免费送货上门经营办法。全年销售食盐 2750 吨，完成计划 101.92%；工业盐销售 2600 吨，比 2009 年的 1342 吨增长 93.74%。多品种营养盐销售额 24.70 万元，全区“三率”99%。区盐务局与市盐业公司创建罗家坪“七盐堂”品牌百姓生活店，投资 100 万元，同年 10 月挂牌开业。

二、盐政稽查

1992 年，延安市盐务局联合卫生、工商、公安、税务等部门，开展食盐市场专项整顿活动，在河庄坪、李渠、蟠龙、麻洞川、甘谷驿等乡镇查获私盐和原盐 13.6 吨。

2001 年，区盐务稽查科组织在全区开展打击涉盐案件 7 起，查获没收私盐 28 吨，处罚金 2846 元。2002 年，开展盐业市场整顿活动，查处案 5 起，查获各类私盐 22.74 吨，上缴财政罚没款 11000 元。

2003 年 7～12 月，以稽查私盐贩卖为重点，打击违法活动，查获私盐 37.5 吨，处罚金 29750 元。2004 年查获私盐 7.5 吨，处罚金 4640 元。

2008 年，根据省、市有关文件精神，组成食盐安全保障领导小组，盐政稽查人员采取拉网式排查、蹲点守候等方式，对辖区内旅游景点、小吃摊点、运输线路、农家乐进行为期两个月的整顿检查活动。全年查处涉盐案件 9 起，没收私盐 14.5 吨，处罚金 5000 元。

2010 年，开展工商、公安、税务、质检、盐务联合执法 6 次，盐政稽查 1500 人次，查处涉盐案件 12 起，结案 12 起，结案率 100%，查获私盐 64.1 吨，处罚金 7500 元。

第三节　定点屠宰

1990 年，延安市食品蔬菜公司开始对生猪实行“定点屠宰、统一检疫、持证经营、代征税费”的管理办法。1991 年，在丁家沟、姚店、河庄坪、青化砭、甘谷驿、临镇等地设立 8 个定点屠宰场，在商贸大厦、圣龙大厦等设多个经营网点。1996 年，政府投资 210 万元，新建、扩建、恢复屠宰场 3 个，其中新建南泥湾屠宰点 1 个，全区有屠宰场 11 个，营业总面积 8980 平方米。同时，根据国务院《生猪定点屠宰条例》成立定点屠宰稽查队，负责全市生猪屠宰行业检查管理工作，开展定点屠宰政策宣传活动，深入 16 个乡镇和 5 个屠宰点进行检查。2008 年，宝塔区扩建丁家沟生猪屠宰场，工程投资 80 万元，扩建为肉羊定点屠宰场，年屠宰羊 9700 只。2010 年，屠宰生猪 47500 头，羊 42000 只。

第十三编 旅 游

延安历史悠久，文化灿烂，山河壮丽，是全国著名的历史文化名城。宋代范仲淹赞道："延州胜可游。"《大明一统志》云："形胜之地，五路襟喉，秦地要区。"中华几千年史上发生的重大历史事件几乎都与它息息相关，在中华文明发展史上占有重要地位。

宝塔区居延安旅游业的中心地位，旅游资源得天独厚。延安市内有 9262 处历史遗迹、近 7 万件珍藏文物，是国务院首批公布的历史文化名城。延安文物居全省之首，占全省文物点总数 3. 5 万处的 1/6，占全国文物点总数 35 万处的 1/60。1990 年，延安市内有国家 AAAA 级景区 2 处（枣园、王家坪革命纪念馆）、国家 AAA 级景区 2 处（宝塔山、杨家岭）、国家 AA 级景区 3 处。国家森林公园 1 处（延安凤凰山），国家重点文物保护单位 24 处，省级文物保护单位 10 处。2000 年后，宝塔区大力发展旅游业，恢复摘星楼、烽火台、摩崖石刻、文昌阁等 50 多处景点，万花山公园新增 200 亩牡丹，"四山"（宝塔山、清凉山、凤凰山、万花山）森林覆盖率 55. 4%，被林业部批准建设国家级森林公园。至 2010 年，宝塔区有全国科普教育基地 28 处，爱国主义教育基地 55 处。全国农业旅游示范点有枣园、万花和井家湾 3 个，旅游专业村 4 个。2003 年，建成抗日军政大学纪念馆、延安新闻纪念馆。2008 年，维修新闻出版革命旧址、陕北公学院。2009 年，延安革命纪念馆新馆落成，西北局旧址维修保护完工。

延安，人杰地灵，黄土风情文化富集。延安木兰鼓、腰鼓、陕北信天游、秧歌、剪纸、说书、唢呐、面花、风味小吃演绎着独特的延安风情，是中国民间艺术的精华。2006 年，剪纸、陕北秧歌、陕北说书被国务院批准为第一批国家级非物质文化遗产。2008 年，陕北道情被列入第二批国家级非物质文化遗产。2010 年，剪纸被联合国教科文组织选入人类非物质文化遗产代表作名录。被林业部批准建设国家级森林公园。这为旅游业提供了丰富资源。

第一章　旅游资源

第一节　革命纪念馆

一、延安革命纪念馆

位于延安城西北延河东岸王家坪，是全国爱国主义教育示范基地“一号工程”的核心。1950年6月，在延安南关原陕甘宁边区政府交际处旧址建馆，是中华人民共和国成立后最早建立的革命纪念馆之一。随着发展的需要，几经迁址，数次更名。现在的展馆是2009年8月在原址上重建新馆，列为中央“一号工程”，历时5年多、总投资50055万元。新馆总设计师为张锦秋院士，2009年被评为“新中国百项经典暨精品工程”。新馆广场3.8万多平方米，以花岗岩和名贵石料铺就。广场周围花坛栽植名贵树木2万多株，种植花木草坪6万多平方米。广场正中央巍然耸立的是名为“高瞻远瞩”的一尊毛泽东铜像，铜像总高16米，毛泽东身着中山装，双手叉腰目视远方。由雕塑家程允贤设计。铜像基座高7米，镌刻着江泽民题写的“毛泽东在延安”六个金色大字。展馆前东西两翼塑有18尊“工、农、商、学、兵和国际友人”神态各异的雕塑。陈列馆入口的三层台阶，喻示着中国共产党在延安经历土地革命战争、抗日战争和解放战争三个历史阶段。新馆建筑吸收陕北民居窑洞的建筑风格，融入现代建筑的理念。新展馆总面积为29870平方米，其中布展面积10677平方米，展线长1600米。展示文物2000多件，历史照片1400多幅，全方位多角度展示党中央和毛泽东在延安13年领导中国革命的光辉历史。展馆配以声光电等多媒体、巨型电子显示器、沙盘、无线遥控等现代化科技手段，把展品有机地融为一体。整个展览分为红军长征的落脚点、抗日战争的政治指导中心、新民主主义的模范试验区、延安精神的发祥地、毛泽东思想在全党指导地位的确立、夺取全国胜利的出发点六个单元。展览再现八路军战士抗日斗争、边区老百姓支援人民子弟兵、军民大生产、青年爱国知识分子奔赴延安投身革命、国际友人到延安参加中国革命、领袖们的革命活动。毛泽东著作墙、1937年的延安城市沙盘，50米长的“延安新市场一条街”是整个展览突出的亮点。馆藏文物3.5万余件，历史照片近2万张，资料卷1.2万余册。这些文物见证延安和陕甘宁边区人民对中国新民主主义革命的巨大贡献。1996年被中宣部定为全国爱国主义教育示范基地，革命传统和延安精神教育的重要基地，首批国家一级博物馆。建馆40多年来，累计接待中外观众1800多万人次。

二、延安抗日军政大学纪念馆

位于延安城中心二道街原抗大旧址，距凤凰山革命旧址100米处。抗日战争胜利后更名为军事政治大学，今国防大学前身。1964 年，在原址修建抗大校史展室，1966 年对外开放，1971 年停展，2003 年 6 月建成专题纪念馆。纪念馆大门依抗大原样修建，两侧是毛泽东题的“团结紧张，严肃活泼”的校训。纪念馆展厅面积 1200 平方米，分六个单元，陈展 400 多幅历史图片、200 多件文物和大量资料。展馆第一单元为“抗战将才的摇篮”，第二单元“教育方针指航向”，第三单元“窑洞大学育英才”，第四至第六单元分别是“挺进敌后显神威”“回师陕北夺胜利”“抗大精神放光芒”。纪念馆运用半景画、场景复原等艺术手法，配以声光电等现代科技手段，生动形象地展示抗大创立、发展的经历和业绩。展现抗大为人民军队壮大，为抗日战争、解放战争胜利所建立的历史功勋。抗大纪念馆是国防大学延安教学基地、中国延安干部学院现场体验基地、三大红色教育基地之一和抗大精神宣传基地。

三、延安新闻纪念馆

位于清凉山南麓，负责管理延安新闻纪念馆展馆、清凉山新闻出版革命旧址、桥儿沟革命旧址、枣园王皮湾新华广播电台旧址、中国医科大学旧址、陕北公学旧址。1986 年 6 月 24 日，延安清凉山新闻出版革命纪念馆在清凉山顶成立。2003 年，中宣部、广电总局、新华社、人民日报社、新闻出版总署等部门共同在现址重建，更名为延安新闻纪念馆。2004 年 9 月 30 日对外开放。纪念馆的外形设计呈窑洞型，总建筑面积 3000 平方米，4 个展厅面积共 1580 平方米，展出文物 180 余件，珍贵历史图片、文献、图表等 400 多件。陈列包括中央党报委员会、新华通讯社、解放日报、延安新华广播电台、延安电影团、中共中央出版发行部、中央印刷厂 7 个部分。陈列大量运用旧址窑洞场景复原、景象合成，配以声、光、电等现代展示手段，生动展现中共中央在延安时期新闻事业的艰辛发展历程和光辉业绩，是革命传统教育的生动课堂。

四、毛泽东大型图片展馆

位于距市中心 6.5 千米的枣园革命旧址内。2001 年建成。展馆面积 3000 平方米，展厅面积 1800 平方米。展馆共分三个展区，即“伟大的一生”展区，以 500 余张照片，大量史料、图片、书籍、雕像、美术作品、手工丝织像、全国罕见的巨幅油画等，展示毛泽东的思想、军事战略、个人情趣爱好、家庭生活；“闪光的红星”展区，展出 2 万枚各个历史时期和各种材质的毛泽东像、章，部分为难得一见的极品、孤品；“大师的风采”展区，展出毛泽东的诗词、早期书法作品和语录。

五、延安南区合作社纪念馆

位于宝塔区柳林镇柳林村南区合作社旧址旁。该馆筹建于 1992 年 3 月，同年 12 月 18 日对外开放。是全国第一座供销合作社专题类纪念馆。由宝塔区延安南区供销合作社负责管理。纪念馆陈列内容共分四个部分：第一部分，南区合作社的创建和发展；第二部分，拓宽服务领域，繁荣边区经济；第三部分，走南区合作社式的道路；第四部分，发扬革命传统，争取更大光荣。展室共陈列实物 126 件（书籍文件 28 件），照片 116 张。有文物 242 件，其中三级文物 13 件，一般文物 33 件，未定级 196 件。

1992~2010 年，参观学习、考察调研的各级领导，中外游客近 2 万人次。特别是日本友人、《高干大》的译者多田正子女士曾先后五次来纪念馆参观。中国延安干部学院将南区合作社纪念馆确定为现场体验教学点；中华全国供销合作总社命名为“全国供销合作社传统教育基地”。为了使来参观学习的同志更深入了解南区合作社精神，先后编写出版《南区合作社史话》《南区合作社史料选》《合作社的方向》《合作经济功臣刘建章》等书籍，满足参观学习者的需求。

六、陕甘宁边区银行纪念馆

位于延安市区市场沟原陕甘宁边区银行旧址，是我国第一个银行纪念馆。1991 年开馆，陈云题写馆名。展馆面积近 800 平方米，馆藏文物 400 多件，陈列实物资料照片 600 件。2006 年，被国务院列为全国第六批重点文物保护单位。

第二节　革命旧址

一、凤凰山革命旧址

位于凤凰山麓延安城内西北角。原为吴宏恩、李修文的宅院。他们为抗战主动出借，1937 年 1 月至 1938 年 11 月为中共中央在延安的办公地。旧址有毛泽东、朱德、周恩来、刘伯承、彭德怀、萧劲光、滕代远等旧居，中国工农红军总参谋部、中共中央机要科旧址，12 孔石窑洞和 55 间平房，另有西佛寺、石凿防空洞等。以石窑为主室，瓦房为厢房，门窗镂花，具有鲜明的陕北民居风情。在此居住期间，毛泽东会见加拿大援华大夫诺尔曼·白求恩、印度援华医疗队成员、海伦·斯诺、英国记者贝特兰、史沫特莱、卫立煌等各界人士，撰写《实践论》《矛盾论》《论持久战》《反对自由主义》《抗日游击战争的战略问题》《中国共产党在民族战争中的地位》《战争和战略问题》等著作；主持召开“三月政治局会议”，清算张国焘的错误；筹备中国共产党全国代表会议、洛川会议、六届六中全会，在政治上和组织上作出从土地革命战争向抗日战争的战略转移等重大决策。1938 年 11 月 20 日，日本侵略军飞机首次轰炸旧居和延安城，中共中央及毛泽东等领导同志当晚迁往延安城西北的杨家岭。

二、杨家岭革命旧址

位于延安城北 2.5 千米的杨家岭村，山上有明代太子太保、兵部尚书杨兆的陵园而故名，中共中央入驻后改名杨家岭。1938 年 11 月至 1947 年 3 月，中共中央在这里领导抗日战争敌后战场、解放战争，领导大生产运动、整风运动，召开延安文艺座谈会、中共七大。旧址有中央大礼堂、中共中央办公厅、毛泽东等中央领导和中共中央直属机关旧居。毛泽东在这里撰写《中国革命和中国共产党》《经济问题和财政问题》《纪念白求恩》《改造我们的学习》《整顿党的作风》《反对党八股》等著作。在中共七大会议上，确立毛泽东思想为党的指导思想。毛泽东在杨家岭窑洞前的小石桌旁，接见美国记者安娜·路易斯·斯特朗，针对当时流行的“恐美病”，提出“一切反动派都是纸老虎”的著名论断。

三、枣园革命旧址

位于延安城西北 7.5 千米处，因园内枣树繁多而得名。1937 年 2 月至 1940 年，为中央社会部驻地。后更名为延园。1940～1942 年和 1944～1947 年，这里成为中共中央书记处所在地，社会部迁往枣园后沟。旧址有中共中央书记处小礼堂、作战研究室、政策研究室、机要办公室、行政办公室，毛泽东、周恩来、张闻天、刘少奇、朱德、任弼时、彭德怀等领导人和苏联医生阿洛夫的旧居，中央医务所、警备团战士张思德巨型雕像、《为人民服务》的讲话台、1943 年修建的幸福渠、中央社会部及其三室、共产国际情报局驻延安苏式旧居等旧址和景点，共计西洋式建筑 4 栋、石窑 37 孔、瓦房 76 间、凉亭 1 座。旧址共展出珍贵文物 815 件。毛泽东在这里写下《论联合政府》《愚公移山》《对日寇的最后一战》《建立巩固的东北根据地》等重要著作。中共中央在这里继续领导整风运动和大生产运动，筹备中共七大会议。在这里，中共中央做出毛泽东赴重庆谈判的决定；毛泽东接见美国总统罗斯福的私人代表（后任美驻华大使）赫尔利、美军观察组组长包瑞德；决定率领 2 万干部和 11 万大军挺进东北，建立和扩大根据地。

枣园是一个园林式的革命纪念地，园内林木茂盛，树种繁多，建筑半隐半现，四季风光迥异，景色秀丽，环境清幽，交通方便，终年游客不断。1996 年，第五届全国大学生运动会“世纪之火”火炬传递活动，采集“革命之火种”的仪式在枣园革命旧址隆重举行。为全国 AAAA 级重点文物保护单位。是全国革命传统教育的重要基地之一。

四、王家坪革命旧址

位于延河东岸，延安城北 1 千米处。1937~1947 年，中共中央军事委员会和八路军总司令部所在地。占地面积 60 亩，共计石窑 22 孔，平房 53 间、礼堂一座和土窑洞数十孔。共展出文物 291 件。旧址分南、北两院。南院是政治部，有军委礼堂、军委会议室、毛泽东旧居、防空洞、桃林公园。军委礼堂，建于 1943 年。由八路军 359 旅木工伍积禅设计，面阔 15 米，进深 28 米。1943 年 12 月，在此举行欢迎边区第一届劳动英雄代表的大会。桃林公园建立于 1941 年 5 月。建有八角攒角尖顶和圆形攒尖顶凉亭各一座及音乐台、养鱼池、跳舞场、儿童游戏场、篮球运动场、花卉园圃和机关合作社。园内曾举办过一些重要的时事报告会和欢迎中外记者西北参观团等活动。北院是司令部，有朱德、彭德怀、叶剑英、王稼祥等领导人的旧居。在中央军委和总部领导抗日战争取得伟大胜利，又粉碎了国民党的全面进攻。旧址于 1956 年修复，1959 年开放。

五、中共中央西北局旧址

位于延安城南花石砭。原为陕甘宁边区师范学校校址，是中共中央西北局 1942 年 9 月至 1947 年 3 月办公地（原办公驻地在张崖村）。旧址总占地面积为 32000 平方米，有高岗、习仲勋、马明方、马文瑞等领导人的旧居 50 余孔土、石窑洞，和大、小会议室及机关办公厅、组织部、宣传部、统战部等部室，内设《中共中央西北局简史陈列展》展馆。展馆面积 195 平方米，展陈中共中央西北局成立、建设模范抗日根据地、西北局高干会议、解放战争时期的西北局等内容。西北局作为中共中央的派出机构，是西北地区和陕甘宁边区的最高领导机关，在党的建设、政权建设、经济、军事、文教、统一战线建设等方面取得重要业绩，为将陕甘宁边区建设成为模范的抗日民主根据地，为抗日战争和全国解放战争的胜利做出了巨大贡献。1994 年 7 月，延安地区文物管理局在此树立标志性纪念碑。2005 年，列入全国革命遗址保护“一号工程”之列。2006 年 5 月，国务院将旧址归入 1961 年 3 月 4 日公布的第一批全国重点文物保护单位。2006 年 6 月，被公布为全国重点文物保护单位。旧址维修保护工程于 2007 年 4 月动工，2009 年 8 月竣工并正式对外开放。2010 年 10 月，成立延安西北局革命旧址管理处。每年接待观众游客近万人次。中共中央西北局旧址景区是延安干部学院、西安政治学院的教学基地，是革命传统和延安精神教育基地。

六、鲁迅艺术文学院旧址

位于延安城东5千米的桥沟镇，保存有中共中央六届六中全会和党校礼堂所在地天主教堂1座，鲁艺文学、戏剧、音乐、美术等系数十孔石窑洞旧址。1938年9月29日至11月6日，中共中央在此召开六届六中全会。第一次提出马克思主义中国化的命题任务，批准毛泽东为核心的中央政治局路线；批判王明右倾投降主义路线，确定独立自主原则、巩固和扩大抗日民族统一战线等抗战时期的基本政策。1938年2月，在毛泽东、周恩来、林伯渠、徐特立、成仿吾、艾思奇、周扬倡议下，中共在延安北关云梯山麓的文庙台（今延安军分区和延安机械厂一带），以已故文豪鲁迅之名创立鲁迅艺术学院（1940年改称“鲁迅艺术文学院”），康生、吴玉章、周扬先后任院长。1938年8月，鲁艺教学园地迁入桥沟天主教堂和周围的石窑洞、瓦房。师生在东侧山亲手挖修的一排数十孔土窑洞作校舍。1943年4月，并入延安大学。鲁艺是综合性艺术学院。从1938年3月至1945年11月，共开办文学系四届，戏剧、音乐、美术系各五届，培养680多名艺术人才，其中文学系197人，戏剧系179人，音乐系162人，美术系147人。创作演出歌剧《白毛女》、秧歌剧《兄妹开荒》、话剧《日出》、音乐作品《黄河大合唱》等，成立鲁艺评剧团，并编辑出版《文艺战线》《草叶》等文艺刊物。1961年，列入国务院公布的首批全国重点文物保护单位。1988~1990年，中央政府拨款全面维修加固，2005年列入全国爱国主义教育示范基地“一号工程”项目。经过彻底的保护维修，2008年8月，旧址布展完成并对外开放。

七、陕甘宁边区政府旧址

位于延安市南关，市场沟口以北。原有53孔土石窑洞和百余间平房。是当年边区政府办公及主席副主席林伯渠和李鼎铭旧居。张国焘、高自立、李鼎铭、刘景范、杨明轩先后任副主席，谢觉哉、周文、李维汉先后任秘书长。边区政府有效的推行抗日、民主、生产、文化、统一战线等工作，被称为“模范的抗日民主根据地”。其各项政策措施的实施，成为中华人民共和国的雏形。陕甘宁边区参议会大礼堂位于边区政府旧址北侧，1941年修建，砖、石、木混合建筑。1973年翻修，并改名“延安大礼堂”。

八、延安清凉山新闻出版革命旧址

位于清凉山半山腰。占地60余公顷，为全国重点文物保护单位。南侧山麓石门额刻“解放日报”是毛泽东手迹。中央印刷厂、新华书店设在万佛洞石窟群、中央印钞厂设在蓬莱仙境仙人洞内，贺子珍曾任厂长。卫生所设在八仙洞，还有纸币厂等革命文物旧址。山腰有两排面东的10孔石窑和8孔土窑组成的四合院是新华社、新华广播电台业务部（播音室在枣园镇王皮湾）、解放日报社旧址。三个机构分别成立于1935年、1940年、1941年。1941年后合署办公，社长先后由秦邦宪（博古）、向仲华、廖承志担任。另外有中央出版发行局、边区群众报社等旧址。1947年3月7日，胡宗南进攻延安时各单位先后撤离，转战陕北。1964年和1983年两度修复并开放。2008年，维修陕北公学院及博古、陆定一、廖承志、丁玲、艾思奇、范长江、成仿吾和余光生等新闻工作者的旧居窑洞。抗日战争期间，陈毅诗云：“百年积弱叹华夏，八载干戈仗延安。试问九州谁做主，万众瞩目清凉山。”

九、南泥湾革命旧址

位于距延安市区东南45千米的汾川河上游。保留有大生产运动时开辟的大片耕田、毛泽东视察南泥湾旧居、中央管理局干部休养旧居、南泥湾垦区政府旧居、红楼、炮兵学校旧址、三五九旅旅部旧址、马坊抗日阵亡将士纪念碑、九龙泉烈士纪念碑。1941年至1944年11月，王震奉朱德总司令之命率八路军一二〇师三五九旅到这里屯垦。披荆斩棘，打窑建房，到1944年底，开荒种地35.4万亩，收获粮食3.7万多石。把狼狐出没的荒山野岭的“烂泥丸”变成“到处是庄稼，遍地是牛羊”的“陕北好江南”；做到物资全部自给自足；有力推动边区大生产运动。南泥湾是大生产运动发祥地，也是中华人民共和国军垦事业的发源地。南泥湾大生产运动展览馆通过大量实物、图片详细介绍三五九旅在南泥湾艰苦奋斗、自力更生经过。2003年，宝塔区全面改善景区基础设施、周边环境。优良的自然生态环境，优质的森林资源，良好的植被山地，静谧和谐的农田，为南泥湾环境优美的生态旅游提供优越条件。1992年4月，被陕西省政府公布为第三批重点文物保护单位。

十、毛岸英拜师学农旧址

位于距离延安市中心15千米的柳林乡吴家枣园村。毛泽东长子毛岸英参加苏联卫国战争后回国。1946年春，拜陕甘宁边区特等劳模吴满有为师，学习农耕业。旧址有毛岸英生平事迹陈列馆，6孔土窑洞，3个大棚（牛棚、羊棚、草料棚），1个200平方米的院落，劳作区试验地，纪念地打谷广场，生活体验区等7大板块，占地7.2平方千米，总投资1.5亿元，工程正在建设中。毛岸英是中国上山下乡第一代知青，是兼学别样、参加社会实践的典范。旧址是革命传统、延安精神、社会实践、人生体验和当代军人核心价值观的教育基地。

十一、陕甘宁边区高等法院旧址

位于嘉岭山南侧的戴帽山山腰。1937年7月12日正式成立，2006年11月，旧址恢复工程竣工。有1座大礼堂、监狱。有谢觉哉、董必武、雷经天等办公的55孔窑洞。大礼堂布展陕甘宁边区审判史陈列馆，展示照片200多张、文件300多件、文物40多件。是全国法院革命传统教育基地。

十二、延安保安处旧址

位于城西南角棉土沟。1937年成立，周兴任处长。保安处下设情报、侦察、预审、干部、治安、总务、保卫等科室。在防奸反特、刑事侦查、社会治安、户政管理、消防和交通管理等方面进行工作，也为中华人民共和国的公安工作积累经验，培养一大批领导者和骨干力量。2002年7月3日，公安部领导参加旧址维修暨全国公安系统革命传统教育基地授牌仪式。

十三、陕甘宁边区政府交际处旧址

位于延安城南关街。旧址现保留有小礼堂1座和土窑洞10孔。交际处先后接待美国记者斯诺、史沫特莱、加拿大大夫诺尔曼·白求恩、新西兰人路易·艾黎等国际友人和世界学联代表团、加拿大美国与印度援华医疗队、中外记者西北参观团等团体客人。也接待过卫立煌、邓宝珊、陈嘉庚、老舍、黄炎培等知名人士。

十四、八路军后方留守兵团旧址

位于延安城北关街云梯山和云梦山之间延中沟（原名瓦场沟）。负责保卫陕甘宁边区。留守处主任由军委参谋长萧劲光兼任。1942 年 6 月，归陕甘宁晋绥联防司令部领导。

十五、陕甘宁晋绥联防司令部旧址

位于延安城北关延中校园内。贺龙、徐向前、王世泰先后任司令员，关向应、习仲勋先后任政委。旧址现存砖木结构房屋 12 间，及部分土窑洞。

十六、延安市政府旧址

位于延安南关市场沟口南侧。西安事变爆发后，国民党肤施县政府县长高景尚北撤。1936 年 12 月 18 日，江华司令员率红一团解放延安城。延安成立了以王观澜任书记的工作委员会，以江华（黄春圃）为司令的城防司令部。1937 年 1 月 13 日，中共中央由北门举行入城仪式。同年 10 月初边区政府组建延安市政府，驻凤凰山东麓的一排土窑洞内（今延安中医院半山腰），马南风为首任延安市市长。1938 年 11 月，延安城遭日本飞机轰炸后，市政府开始在南关建设新址办公。旧址原有 10 孔石窑在城市改建中被拆迁。1999 年 7 月，延安市文物管委会在此树立标志性纪念碑。

十七、南区合作社旧址

1936 年 12 月，陕甘宁边区延安县南区合作社在柳林镇沟门村的一孔窑洞里成立。1938 年 5 月迁往柳林村。1992 年，商业部、全国供销合作总社举办“纪念毛泽东南区合作社讲话发表 50 周年”活动，中央、省供销社拨款维修全部旧址营业楼，南边新建“延安南区合作社纪念馆”展室。2005 年 3 月，全国总社拨款 15 万元对旧址进行扩建。2007 年，延安市文物局对旧址进一步维修，并对外开放，供游人参观学习。

十八、延安“四八”烈士陵园

位于延安城北 6 千米处的河庄坪镇李家洼村。1945 年 4 月，初建于延安东关飞机场西北角。1969 年初，迁到现址人民公墓。1970 年，恢复现名。占地面积 3.6 万平方米。1990 年，陵园中央矗立起一座纪念碑，高 19.46 米，碑身后部呈四层平台，分八个阶梯，寓意 1946 年 4 月 8 日空难（飞机从重庆飞返延安误撞山西兴县黑茶山遇难）。塔尖上为镰刀斧头图案。碑顶四面分别镶嵌着一颗镀金五角星。碑身正面镌刻着毛泽东手迹“为人民而死虽死犹荣”的镏金大字。正面碑座上镶嵌着汉白玉花环。陵园安葬着秦邦宪、王若飞、叶挺、张浩、邓发等“四八”烈士遗骨，也有关向应、张浩、张思德的迁葬。陵园为全国第一批重点革命烈士纪念建筑物保护单位。

宝塔区其他革命旧址一览表

表 13-1-1

名称	位置	现状
中共中央党校延安旧址	城东桥沟	桥儿沟旧址，即鲁艺旧址
	城北小沟坪	小沟坪旧址现存留 11 孔石窑洞，数十孔土窑洞，中央党校大礼堂地基

续表

名称	位置	现状
马列学院旧址	城北兰家坪	马列学院（包括后来并入的中央研究院，中央党校第三部）旧址，现仅保留部分土窑洞，多为群众居住
陕北公学院旧址	杨家湾村清凉山南麓	杨家湾为延安学生疗养院旧址，现仅存10余孔土窑洞，清凉山南麓仅存部分石窟，一座纪念碑亭
自然科学院旧址	马家湾、桥沟、文化沟3处	仅保留部分土窑洞
八路军军政学院旧址	延安城北文化沟	现仅存宏大的八路军大礼堂遗址和部分土窑洞
八路军军事学院旧址	延安城北文化沟	现仅存部分土窑洞
陕甘宁边区民族学院旧址	延安城北文化沟北侧山上	2003年，维修5个院落28孔窑洞
泽东青年干部学校旧址	延安城北文化沟北侧山上	旧址后为民族学院所用
延安大学旧址	南桥、王家坪、桥沟	南桥旧址现存延大行政院礼堂墙基及百孔土窑洞，王家坪校址即女子大学校址，桥沟即鲁艺院址
中国女子大学旧址	王家坪	现存部分土窑洞，由中央延安市委党校和群众使用
中国医科大学旧址	桥沟柳树店村	现存校部和病房石窑洞32孔，石砌手术室1间
陕甘宁边区儿童保育院旧址	宝塔区河庄坪镇白家沟村	现保留22孔石窑洞和部分土窑洞
史沫特莱在延安旧居	延安城西凤凰山半山腰	系一排5孔土窑洞，她住北起第2孔窑洞
马海德在延安旧居	延安城西凤凰山半山腰	住在北起第1孔窑洞内
斯特朗在延安旧居	延安城北关延安中学校园内	保存完好
美军驻延安观察组旧址	延安城北关延安中学校园内	现存8孔完好的石窑洞
陕甘宁边区银行旧址	延安城南市场沟内	1991年，在原银行大楼建成陕甘宁边区银行纪念馆
白求恩国际和平医院旧址	宝塔区桥沟镇刘万家沟村	现有大门1座，手术室1间，病房石窑宿舍16孔
中央医院旧址	宝塔区河庄坪镇李家洼村	现保存石砌大门1座，手术室和门诊部石窑10孔、土窑百孔

续表

名称	位置	现状
陕甘宁边区医院旧址	延安城南白家坪	仅保留部分土窑洞
中央印刷厂	延安清凉山	现存清凉山万佛洞石窑（机器部）、仙人洞石窑（医务部）
光华印刷厂	延安南关市场沟	现存部分土窑洞

第三节 风景名胜

一、宝塔山景区

古名丰林山，宋代起称嘉岭山，位于延安城延河与南杏子河交汇处东南方向。与清凉山、凤凰山鼎立相望。临河险要，是城东屏障，古代军事要塞。海拔高度1135.5米，山上有宋代宝塔、城寨遗址，明代巨型铁制洪钟一口，有复修的摘星楼、烽火台，原有魁星阁、嘉岭书院、范公井、东岳庙等建筑，日本工农学校仅存遗址，山麓有嘉岭山摩崖石刻等景点景物。

（一）延安宝塔

又称岭山寺塔。始建于唐朝，宋代重建，以后多有修葺。“古刹名山”，闻名于世。塔高44米，底层围长36.8米，塔尖呈八角覆钵攒尖状，为八角九级中空阁楼式砖塔。古塔各层间用青砖叠涩出檐，上面有砖雕枋木结构椽。南北各辟拱形门，额书“高超碧落”和“俯视红尘”八字。2~9层辟拱形窗，登梯可眺望延安市容。有名句云：“宝塔钟声三川闻，肤施鸡鸣五城应。”与太和山庙宇遥相呼应，盛极一时。历代咏宝塔的诗赋很多，明弘治年间（1488~1505）延安知府李延寿作咏嘉岭山：“嘉山叠叠倚晴空，景色都归夕照中。塔影倒分深树绿，花枝低映碧流红。幽僧栖迹烟霞坞，野鸟飞归锦绣从。翘首峰头故营垒，令人追忆范文公。”杨鼎瑞诗赞嘉岭古塔：“巍巍一柱壮延州，天险由来籍宋贤。夹岸长涛青草没，侍空孤剑白云连。钟声夜度三山月，岗气朝收万井烟。登眺年年人自乐，何须范老更忧先。”1937年后，始名延安宝塔。延安宝塔成为革命圣地的标志和象征。历尽近千年沧桑和枪林弹雨，古塔岿然屹立。1959年和1984年人民政府两次大规模维修，塔身安装彩色电灯，塔尖安装避雷针，4层以上用钢筋水泥箍塞。塔南侧、西北侧各建一个八角凉亭。1984年6月，成立“宝塔山文物管理所”。延安旅游集团公司成立后，在山下修仿古式山门、上山踏步道、烽火台。夜间，泛光和霓虹灯把宝塔映照得雄伟壮丽、金碧辉煌。1956年8月和1961年3月，分别被陕西省人民政府和国务院归入全国第一批重点文物保护单位。当代诗人贺敬之“几回回梦里回延安，双手搂定宝塔山”的诗句，凝聚着人们对延安无限深情和向往，是中外游客到延安旅游向往景点。

（二）嘉岭山摩崖题刻

誉为“嘉岭第一胜境”。位于宝塔山西麓石崖间。面积2864平方米，高6~7米，长260米的平整的石湾，布满历代政要墨客石壁题刻，宋代以来名人石壁题刻甚多，其中

“嘉岭山”三字隶体阴刻（每字高3.68米，宽3.37米）是范仲淹所题，三大字遒劲有力，气势磅礴。有“一韩一范”“出将入相”“胸中有数万甲兵”“泰山北斗”“高山仰止”“嘉岭胜景称第一”“重岗叠翠”等题刻。“发扬革命传统，争取更大光荣”是毛泽东手书。“全民导师”是蒋中正为纪念孙中山题写。

（三）烽火台

位于宝塔山东面，距塔约400米处。宋庆历元年（1041）范仲淹修建时台高15米，底边周长11米。据记载，当年被覆有城墙砖，上有城垛，乃焚狼烟、燃柴火的场所。1993年，修复成倒斗形砖砌烽火台，有台阶直通顶端，上修堞垛、中置焚火台，高10.65米，台底面积243.82平方米。该台地处要冲，视野开阔，东、北、南三道河川一览无余。

（四）嘉岭书院

亦称范公书院。位于宝塔山宝塔东面200米处坐东南向西北的山坡上，宋代范仲淹修建。后被毁，明清两代在其遗址上多次重建，有正堂三间，内塑范公像，五经会讲堂三间，给诸子讲经教学之用；另有宿号、厨舍若干间。后又被毁。遗址旁现仅存清乾隆十六年（1751）重修时记碑，风化雨蚀，字迹模糊，书院荡然无存。1979年延安市政府拨款在其旧址复修“嘉岭书院”。新建的书院，依坡就势有上下两个层次，畔下有两个书厅，两个工作间，畔上又建一书厅，两厅之间有穿廊相连，共计462平方米；其建筑采用今古结合，底部用块石砌墙，采用椭圆形窗户，上部用现代材料筑成，整个建筑物掩映在绿树丛中，显得格外古朴典雅。

（五）摘星楼

位于宝塔山最高峰。宋范仲淹镇守延州时，为观察敌情指挥御敌而修建，故名望寇台（又名瞭望台）。又因此楼筑于山巅，势若高悬，星辰逼临，故又名摘星楼。原建筑已毁。1988年在原址上重建，为两层周廊十字歇山顶重檐仿古楼阁，高15米，其中一层高8米，呈正方形，边长12米；二层高7米，边长8米。金顶朱栏，雕梁画栋。2009年，改建为四层朱红色宋式楼阁，钢筋混凝土仿木结构，栏杆、台阶、地面采用福建泉州花岗岩石材火烧面制作，总面积427平方米，高23.26米。内置直径2.1米、高1.1米平安鼓一个。临此绝顶，极目八方，一览众山小，是俯瞰延安全景的最佳之地。

（六）东岳庙

位于宝塔山东侧山岭稍下一平台上，占地400多平方米，宋筑，明延安知府王彦奇大加修葺，庙宇焕然一新。民国初年，东岳庙颇负盛名，方圆数十里乃至数百里的虔诚信徒都纷纷来此焚香许愿，尤其是每年农历四月初八庙会之时，香烟弥漫，人山人海，盛况空前。1938年日本飞机炸毁，至今只见原大殿石基和成堆的瓦砾，但仍有人到此烧香许愿。

（七）范公井

位于宝塔山脚延河与南杏子河交汇处的石畔上。井深24米，井口呈长轴1.4米、短轴0.75米的椭圆形，井口四周以块石围砌。井直通河水，可在悬崖上汲取河中之水。据弘治本《延安府志》载：“范公井在嘉岭山之畔，当二水合流之冲，范公镇延时，于山上为寨备寇，凿之，取水便守。”故名范公井。

二、清凉山景区

位于延安城东，隔延河与凤凰山、宝塔山形成“三山鼎立，二水环绕”的景观。北宋范仲淹诗云：“金明阻西岭，清凉寺其东。延水正中出，一郡两城雄。”自古以来为游览胜地。景区名胜主要有万佛寺、延安新闻纪念馆、山顶太和殿等处。1956年8月6日公布为第一批省级重点文物保护单位；1981年5月，成立清凉山文物管理处，专门负责该寺的保护管理及维修工作。2006年5月25日公布为全国重点文物保护单位。其景观简介于后。

（一）清凉山石窟

是陕北四大石窟之一。开凿于隋代以前，以后历代皆有造像或维修。主要有四个石窟，规模宏大，是珍贵的历史文化遗产。由北向南依次编号。

一号窟　即万佛洞窟，为主窟。门联题：名山名水名诗千首天下少，石岩石洞石佛万尊世上奇。洞窟宽约17米，深12.9米，高6.7米。窟中央凿石成基坛，上有三世佛和迦叶、阿难二弟子塑像，已毁无存。现有泥塑像，系1985年重塑。基坛左右两侧各有一石屏壁连接窟顶，屏壁有佛涅槃图、十五级浮屠，有浮雕小千佛、佛、菩萨、罗汉、弟子像。窟四壁浮雕小千佛、释迦、弥勒、多宝净瓶观音、文殊、普贤菩萨和千手观音像等。据题记知宋神宗元丰元年至三年（1078～1080）完成开凿造像。造像高者1米有余，低者仅仅0.13米。全窟神态各异的大小佛像10014尊，婀娜多姿、形态各异。范仲淹《清凉漫兴》赞其为“凿山成石宇，禅佛一万尊。人世亦稀有，神功岂无存”。洞窟内有金、元明代造像或彩绘题记。窟口两侧洞壁有金、元代修葺万佛洞纪事摩崖碑碣。

二号窟　窟深4.6米，宽5.3米，高4.6米。窟内正壁释迦牟尼三世佛结跏趺坐于圆形莲座上，姿态优美，神态静雅，阿难、迦叶两旁侍立，左壁雕文殊菩萨骑青狮，右壁普贤乘六牙白象，形象生动。

三号窟　窟深9米，宽6.7米，高4.8米。前半部分及左右两座观音坐像凿造于宋，雕技更完美、逼真、成熟。后半部分是明代开凿雕造的弥勒洞，门联趣题“大肚能容容天下难容之事，开口便笑笑世上可笑之人”，额题“皆大欢喜”。洞中2米高的莲花台上，仰坐着1.8米的弥勒佛，袒胸开怀，大腹便便，阔鼻薄唇，两耳垂肩，满脸笑容。

四号窟　俗称释迦洞。位于鹫峰岩下。洞口联题“事能知足人常乐，人到无求品身高”。窟平面略呈梯形，窟前部宽4米、后部宽5.9米，深5米，高3米。窟口两侧为浮雕护法大天王像，气宇轩昂，赳赳而立。窟口壁用高浮雕手法雕成山崖、岩石、行云流水，亭台楼阁及童子拜观音、太子游西门等佛传故事图像，布局精妙，错落有序。窟顶中央为一覆斗式莲花藻井。藻井周围为平棋格天井，内雕有宝相花、如意云纹、飞天、朱雀、花卉、几何纹等图案。尤其是其中一组4个飞天造像，雕刻极其精美。飞天绕中心花卉急速旋转、衣带飘扬、富有动感。窟四周雕有南海观音、九华地藏王、文殊、普贤。窟内浮雕造像，构成一个佛像理想境界，具有强烈的艺术感染力。

（二）清凉山摩崖石刻

有40多处，有诗词、题词等石刻，历代文人墨客游览胜景后，在附近石壁上镌刻题诗（字）甚多，仰首可观，是书法诗歌艺术的苑地。有“环翠”“苍生一望”“柳湖胜景”“云轩”“仙石灵宕”等题刻。

（三）清凉山牌坊

位于西南登山路口，原砖牌坊，1984年，重建仿古牌坊。三开门楼式，青灰色石料雕砌而成。正面有书法家舒同题写的“万佛寺”牌额，两边立柱镌联一副：二水绕座晨望嘉岭塔边烟，八景环山夜对凤凰楼上月。背面额书“清凉第一”。牌坊上方雕有八仙庆寿、二龙戏珠图案。两边是麒吐玉书，牌坊下面八块石鼓雕“犀牛望月”“海马朝阳”“鹿鹤同春”“凤戏牡丹”等图案，做工精细，具有古代传统建筑艺术风格。

（四）月儿井

传说是吕洞宾点化而成。清知府吴瑞题写“涌月”二字。井中光线有明有暗，泉水不停地流动，皓月当空时，水波往上推涌月影，形成“涌月”奇观。石壁上“鹫峰泉”三字是清代大理寺左少卿曹琏所题。四周垂柳依依，假山、花坛、水池、石雕鱼龙喷泉，环境幽雅，曲径通幽。有万佛洞、弥勒洞、释迦洞、定痂泉、卢毗崖等景点。

（五）诗湾摩崖题刻

在万佛洞南侧上方石崖上，有历代名人学者摩崖题刻50多处，题咏石谒众多，内容丰富，真草篆隶，参差错落，布满全湾。摩崖石刻，琳琅满目，令人流连忘返。“诗中画”位于清凉山万佛寺弥勒洞左上方，每字高0.8米，宽0.5米，行草书、阴刻。为明正德十五年（1520）延安知府吴存礼手书。字体潇洒圆润，刀功有力，堪称明代书法之精品，清代吴瑞诗赞“新蝉鸣高柳，攀跻坐清明”。以吟诗亭、石崖中心是新诗湾，题有毛泽东等老一辈革命家题刻的15首新诗。

（六）清凉碑林

位于清凉山西北方，建于1997年。内集毛泽东、陈毅、叶剑英、谢觉哉、林伯渠、陈慕华、钟毅、肖华、贺敬之、王定国、李木然以及学者名士书法精品一百余幅，内容多与延安相关，已成清凉山新景观。刘广经颂道：“万佛洞府接苍穹，琵琶桥边闻晓钟。奇观楼前三滴翠，鹫峰涌月一笑逢。桃花洞口飞红霞，仙人石上枕青松。定痂泉水清波绿，文冈诗湾又几重。”

（七）范公祠和庞公祠（天下奇观楼）

位于清凉山西南侧印月亭左上方。1984年，延安四山委员会在清凉山重建。为歇山四出水九脊十兽的古典殿宇，殿门匾额上刻有“天下奇观”4个字。范公祠祠堂为三开间大殿，长14米，宽9.8米，面积133平方米。门匾额书“宋朝人物第一人”。柱联为“先天下之忧而忧，后天下之乐而乐”。祠堂右旁碑刻记载宋仁宗康定年间驻守延州抗击西夏时陕西经略副使、延州知事范仲淹的生平业绩，祠堂正中有范仲淹在延州抗御西夏时的彩塑戎装按剑像。身着铠甲，手握宝剑，头戴盔帽，目视远方，貌甚威严。西侧侍立着战功赫赫、威震边疆的名将狄青，东侧立的是文武双全的种世衡。祠内有范仲淹手书《梅花庵》《清凉漫兴》4首，毛泽东手书范公词《苏幕遮》。

庞公祠在范公祠的下方，长10米，宽5.5米，左右矗立两个“望延亭”。祠堂右旁碑刻记载龙图阁学士，足智多谋的功臣名相庞籍，于宋仁宗庆历元年至五年（1041～1045）知延州兼延路都总管，在延守边五载，抗御西夏、战功赫赫，建设延州、修柳湖胜景，厚泽边民，功勋卓著，人民感恩戴德，遂建祠敬奉。

（八）蓬莱仙境

全国稀有的道教石窟。位于万佛洞右侧百步上方处，经睡佛东、藏经洞，过仙灵堂、华佗庙遗址；从药王庙越白云幽处，经延寿洞（古称落星岩）过朝观音洞曲径通幽来到蓬莱仙境。此处素有“福地洞天”之称。额名“蓬莱阁”是全国书协主席叶元超题刻，左右浮雕石刻“福地洞天神仙府，钟灵毓秀道士家”，联刻苍劲有力。穿拱形石门入四合院落，古槐成荫，幽雅静谧，景致集萃，有十洞八景。十洞是桃花洞、仙人洞、十八罗汉朝观音洞、老君洞、鲁班洞、活龙洞、雷公洞等。八景是仙人石、仙人亭、蓬莱阁、仙人桥、撒珠坡、烂柯泉、定痴泉、俊峰泉景观。

（九）琉璃塔

位于延安城东清凉山仙人洞右上方，是所知陕西唯一的一座琉璃塔，弥足珍贵。明崇祯二年（1629）八月，山西汾州府侯大阳建造。1985 年 7 月，由延安市甘谷驿镇唐家坪村半山坡迁至清凉山上。八角七级阁楼式实心塔，据唐家坪村村民传说塔端原为半球状铜质顶，现已损毁无存。残塔高 6.25 米，底层周长 6.04 米。每层内由土坯、泥浆填实，外表用 56 块长方形琉璃构件围拱而成。琉璃构建造像丰富，且各层有异：饰有 214 尊大小不等的佛和菩萨，另有天王、飞天、小千佛、力士、龙、凤、朱雀、麒麟、鹿、马等象征吉祥如意的灵异动物。塔体构件色彩绚丽、造型精美，造像逼真、栩栩如生。每层间屋檐装饰，檐下有额枋杉、柱头、斗拱，檐基上饰有牡丹、忍冬、如意云纹、鸱吻、蛟。造型美观，工艺精湛，具有极高的艺术价值。可惜，塔 2 层部分琉璃构件残缺不全，毁损严重，难见昔日之华美。1992 年，被陕西省政府列为第三批重点保护文物。

三、太和庙景区

是真武殿为主的道教圣地，位于城东北清凉山之巅“莲花峰”（又名天山）上。太和山素有“三山鼎峙，太和第一”之美誉，海拔 1137 米。山顶建有清凉山公园，方圆约 4 千米。园内松柏蓊郁，庙宇殿堂林立，星罗棋布，蔚为壮观。园内有清凉寺、老子塑像及其《道德经》碑刻廊榭、崇正书院、扫叶楼、驻马坡、翠薇园、魁星楼等景点。寺庙历史悠久，始建时间无证可考。史载：隋炀帝大业三年（607），在山顶修建莲花城，建有奉国寺。北宋知延州沈括在《梦溪笔谈》中记述：“延州天山之巅有奉国佛寺，寺庭中有一墓，世传尸毗王（释迦牟尼第三代弟子）之墓。庆历中，施昌言镇鄜延，坏奉国寺为仓，掘藏得金银玉器甚丰。宋代元丰初年（1078）道士郇道虚遂改兴紫极宫。”可见，北宋太和山寺庙即有敬奉佛祖的宗教活动。是陕北颇具影响的道教圣地。吸引晋、甘、蒙的善男信女，远道而来焚香许愿，顶礼膜拜，香火极盛，延年不辍至新中国成立初年。1938 年日本飞机轰炸毁大部分殿堂，仅存祖师大殿一座、三天门山门等。1956 年和 1960 年，两次修葺。1985 年，集资复建道观等 64 处。2005 年又修建两条上山步道、两条上山公路。2009 年，修建道教文化交流中心楼宇 6 层。循旧规，每年农历正月十五、三月三、四月八、七月七、九月九有多次庙会，其中四月八为正会。届时，虔诚的信徒焚香许愿，赶庙会、看戏、交流物资的人山人海，摩肩接踵，热闹非凡，有时达 6 万多人。

此外还有琵琶桥，传说以足蹈之，即赋优美华章，似琵琶奏出曼妙的乐曲，故得名。

四、万花山景区

万花山又名牡丹山，位于延安城西南16千米杜甫川花园头村。万花山下，为牡丹川，因唐代诗圣杜甫曾到此避难观览，故名之曰杜甫川。清溪潺湍，逶迤东北，日夜不息。主要景点有牡丹园、万花湖、崔府君庙、毛主席观花台、木兰故里、花木兰陵园、群芳谱、从军亭、望仙亭、吟诗亭等。万花山三峰耸立，钟灵毓秀，古柏蓊郁，四季常青，环境清幽。主峰上有一道山梁，传说是巾帼英雄花木兰跑马习武、弯弓射箭的跑马梁。梁上塑有高大的石雕马。有一棵古柏5株并生，虬枝缠绕，如同五龙腾空，因名“五龙柏”。每年立夏时节，漫山遍谷翠绿，林木繁茂，奇花异草丛生，约十万多株牡丹竞相盛开，花蕾硕大、五彩缤纷，浓香四溢、沁人肺腑。明弘治《延安府志》有“花源头产牡丹极多，樵者以之为薪”的记载。其中，地理志记载“中国牡丹产源于延州（延安）、丹州（宜川）、青州、越州”。延安牡丹有延州红、丹州黄白、紫褚色等。

（一）*崔府君庙*

位于万花山东坡上。庙为两间神祠，一间彩绘唐代大诗人杜甫游万花山的故事。一间墙壁上绘有传说中王母娘娘的女儿四姐私自下凡与樵夫崔文瑞结亲，把天上带来的牡丹花种在万花山的故事。整个庙宇处于万株牡丹和青松翠柏掩映之中，十分典雅清幽。李延寿《游牡丹山诗二首》诗赞：“劝巡行到牡丹山，花发偏宜雨后看。万朵鲜荣无异种，一樽噙赏有同官……”“一株豪垒人争赏，守似延安花满山。远近随风香馥郁，高低迎日锦烂班……”1939年和1940年，毛泽东、周恩来、朱德等曾到此观赏牡丹。1979年起，在人工湖西岸修建牡丹花圃——群芳谱。人工种植和移栽洛阳、甘肃等地的野生优良牡丹70余种、9000平方米。同年，开辟为风景游览区。延州牡丹历史最久，且优良品种在唐朝已引进洛阳，延续已千年以上。景区内还有数道石刻长壁，镌刻着历代名人即景诗和题词。

（二）*花木兰陵园*

位于万花山隔湖对面的果园山上，原名花家陵。陵园门额“木兰陵园”四字由原延安地区行署副专员王廷壁手书。传说园内墓穴为花木兰的坟墓。墓碑上雕刻着舒同、廖沫沙撰写的“花将军之墓”“木兰祠”。墓碑前矗立一尊4米多高、头戴毡笠、肩披战袍、英姿飒爽的花木兰跨马征战的戎装雕像。园内石碑刻写着《木兰诗》全文。

五、凤凰山景区

山势险要，雄踞市区中心，环（屏）拱府城，是延安府的军事要地。海拔1167.4米，为四周群山之冠。灌乔茂密，森林覆盖率为89.8%。延安城依山而建，形如凤凰展翅，故清代陈天植曰“凤翼连城势，乌延古郡名”。亦有因“叶生吹箫引来凤凰仙子”的传说而得名之说。山上山下，名胜古迹甚多：有秦朝古城墙、唐代西佛寺石窟、千佛洞遗迹；有1995年复建的招凤亭、留佳亭、吹箫引凤亭、百花亭，原有杨六郎（杨延昭）寨和调兵遣将而挖筑的转兵洞、狄青寨、小木屋、狩猎场；有毛泽东和美国记者史沫特莱等20多处革命历史旧址；有2008~2009年，延安旅游局重修的文昌阁、邀月台、四条登山游步道；另有私语林、怡馨园及凤凰山公园等人文景观。据考证，秦始皇统一中原后，命名将蒙恬北征匈奴，于公元前215年在高奴（今延安）凤凰山沿山势堑山堙谷筑城垣为池，雄浑苍凉，是延安城防建设最早、规模最大、保留最完整的一座城池，距今2200多年的历史。大唐名将尉迟恭，北宋名将韩琦、范仲淹、庞籍、杨文广、狄青、钟世衡、科学家沈括镇守期间督修扩城。蔚为壮观的文昌阁，雄踞延安城中心的凤凰山山巅。宋仁宗庆历元年（1041），扩建整修改名，内塑文昌神像。范仲淹重修此楼，为抗击西夏侵扰，以求国泰民安，改名为镇西楼。清《延安府志》载："城跨其上，雉堞巍然，为郡山首，上有镇西楼，宋范仲淹建，残碑犹存。"1937年，毛泽东登临写诗："登山到顶我为峰，凤凰山上定乾坤。"周恩来咏诗："庆寿步步登仙山，凤凰拜神祷苍生。"

六、杜公祠

杜公祠坐落在延安城南七里铺中段南杏子河与杜甫川河汇流处，东侧山脚下，为纪念唐代诗圣杜甫在延安之行而修建的。杜公祠右侧摩崖石刻"少陵川"，每字高0.85米，宽0.63米，楷书、阴刻，是清道光二十三年（1843）肤施县事西粤陈炳琳书。现存杜公祠，正殿深2.35米，宽4.48米，高3.20米，平面呈长方形。敞口有砖木结构的接檐。窟内有高0.94米、宽4.48米的石台基，杜甫卧像，不知何时被凿去。唐朝天宝十五年（756），杜甫避安史之乱，经鄜州羌村、万花山到此石崖下露宿一夜。《延绥览胜》载："川口有杜拾遗祠，祀象石室，登望杜亭，得地高爽，俯瞰河南流。祠有石刊，墨人骚客多有凭赋吊。"宋范仲淹手书"杜甫川"三大字，鸠工勒石于石壁上，后绝迹。清道光二十七年（1847），建"唐左拾遗杜公甫祠"。殿窟前建石拱形洞门一座，门面上方镶嵌有一面匾，上刻"唐左拾遗杜公祠"七个大字，门左右两侧的石柱上雕刻有陈炳琳所书"清辉近接鄜州月，壮策长雄芦子关"的楹联。清光绪五年（1879）、1940年、1959年多次复建和维修，"文化大革命"期间复遭破坏，1984年5月2日地、市两级政府再复建。被市政府列为市级文物保护单位。

七、狄青牢石窟

位于延安城北河庄坪镇狄青牢村西，延惠渠东岸。开凿于宋。石窟坐东面西，平面略呈方形，三门单室窟。面阔4.96米，高3.8～4.5米不等，进深6.5米。窟内有四根方形石柱接顶连地，柱边长0.55米。基坛上的造像已无存。左右两壁、前壁的两侧、四柱每面浮雕千佛坐像，其间加杂有部分菩萨站像。洞外墙壁上凿有7个造像龛，造像组合均为1佛2菩萨或坐或站像，2个戴盔着甲，握枪怒目，赳赳而立的武士。窟旁立有碑记一通，是清嘉庆二十五年（1820）重修该窟时所立，左右联题"一代忠良昭日月，万年赫濯满乾坤"。该窟所处位置极低，临近延惠渠，内阴暗潮湿，造像风化十分严重。传说此处是宋代名将狄青受难处，故人呼为"狄青牢"。据学者考究，实为祭祀之所。

八、后薛家沟舍利塔

位于甘谷驿镇后薛家沟村北约500米处。也名清净正德明王如来佛塔。1607年，明代白水县石匠冯拜治、冯拜为僧侣慈氏德舟建造，张登科拜撰的舍利塔。是一座楼阁式实心塔，六角十一级，通高5.5米。底有莲花盆基座，顶有鼓形座、相轮及宝珠组成的塔刹。第1层为塔铭。第2层开龛，龛内有火化慈氏"嘉靖己未（嘉靖三十八年，1559）生，万历丁未（万历三十五年，1607）焚"铭文。第3层小龛上刻有"真情投凡体，渡尽世上人"字样。第4层龛内刻有"吾是西方客，啱吊东土人"字样。塔身各层均雕刻有龙、虎、飞禽、宝相花、莲花等图案。塔身各层间以石雕塔檐出檐。此塔虽经

400 余年的风吹雨淋，迄今仍挺拔隽秀，不偏不斜，保存完好。

九、青化寺

位于延安城东北 36 千米处青化砭镇。建于隋，唐朝尊奉。据《中国国情丛书——百县市经济社会调查》延安卷载，唐高宗李治曾亲书“皇帝万岁”4 字于高 2 尺许的玉石碑上，立于寺院正殿，文武百官进入，均得跪拜。庙宇宏大，僧侣济济，香火十分兴盛。寺中的娘娘庙久有盛名。每逢庙会，山西、内蒙古及陕北各地都来此焚香膜拜的信徒络绎不绝。“文化大革命”中被破坏，现除留有几孔窑洞外，寺院石碑、佛像、庙宇俱毁。

十、延安枣园公园

位于延安市西北川，东距延安宝塔山约 6.5 千米，西距枣园约 0.5 千米，西临中国延安干部学院，是集生态绿化、儿童游艺、民俗风情、文化娱乐活动为一体的开放型、综合性城市公园。公园从 2008 年 12 月开工建设，2010 年 10 月建成开放。占地面积 29.6 公顷，投资 2.6 亿元。园区布局分为：两轴、两带、一水、六园。两轴：是由 8 个广场贯穿其中的北、南景观轴。北景观轴：由北至南依次贯穿社火广场、喷泉广场、林荫道、威风锣鼓等四个主要广场。南景观轴：由东北至西南依次贯穿山丹丹广场 1 区、山丹丹广场 2 区、九曲黄河阵广场、莲花灯广场等四个主要广场和金水桥。两带：包括西川河滨河路景观带，枣园大道景观 1~5 区带设有东健身广场、西健身广场。西川河滨河路景观带滨河路 1~5 区，设有望川台、临风台、滨水漫步。一水：贯穿全园的人工湖。水系由西向东蜿蜒园区，走势西高东低，全长 1117.6 米，水面总面积约为 28972 平方米。六园：全园由东至西依次分为欢乐园、文化园、民俗园、风情园、自然园、湖景园等六个园区，具有儿童游戏、文化娱乐、生态休憩等功能。欢乐园（儿童公园）设有快餐厅、观景塔、景亭（童曦亭）、景廊等建筑物。文化园内有露天小剧场。

第二章　民俗生态

第一节　黄土风情

延安是陕西省第二大市。域内土壤深厚，物产富饶。汉代延安是“水草丰茂，土宜产牧，牛马衔尾，群羊塞道”的天然富饶牧场。

延河千蜿百折，结成九曲连环。诗云“清溪一曲抱城流，几处寒砧动碧秋”“延水陡添两岸阔，古城斜峙一肱横”。清澈壮美的延河曾是人们汲水饮用的源泉，也是浣洗赛美、沐浴晒衣、游泳滑冰、捉鱼戏蝶、游园嬉戏、赏花看柳的娱乐场所。昔日，社会动乱，不断重现“峰头辟土耕成地，崖畔剜窑住作家。濯濯万山无草木，萧萧千里少禽鸦”的境况。后来又掠夺性开发，生态环境严重恶化。

近年来坚持长年治理，随着第2~4期“三北”防沙、治沙天然林保护生态工程建设期建设，完成造林6.6万公顷。完成基本农田建设面积1.3万公顷，治理水土流失面积1.58万公顷。全区完成国家确认退耕还林面积6.414万公顷。延安开始山变青水变绿，生态环境显著改善。

一、生态景区

2010年，宝塔区乡村生态旅游景区有：河庄坪镇井家湾村、枣园镇枣园村、万花山乡花园头村等3个全国乡村生态旅游示范村；万花山乡向阳村等4个乡村旅游专业村、5个休闲山庄。农家乐经营户300个，其中示范户10个、星级户36个。

（一）井家湾村

位于宝塔区河庄坪镇，村庄交通便利。被誉为陕北休闲农业第一村、黄土风情美食村。全村总绿化面积1950亩，绿化率72%。休闲农业包括观光农副花卉产业、农家美食、农家生活、休闲垂钓、乡村文化、民间艺术。建有大型连栋温室花卉基地，引进兰花系列、灵芝、美国金琥、幸福树、金钻等400多个花卉品种。2010年，实现经济总收入570.8万元，仅农家乐、花卉、旅游业收入510万元，农民人均纯收入10450元。被评为“全国农业旅游示范村”，被中央精神文明委员会办公室评为“全国创建文明村镇先进村”。

（二）枣园村

距枣园旧居1.5千米处，开发有延园大酒店、仁和大酒店、农家乐及其休闲、娱乐、垂钓、民俗风情展现等设施与项目，有红色旅游产品、土特产品市场及个体摊点，满足人们游玩、娱乐、吃住、购物等多方面的需求，是人们旅游休闲的乡村好去处。

（三）民俗文化村——万花山乡花源屯民俗文化村

位于延安城区西南杜甫川，距市区16千米，相传为古代巾帼英雄花木兰的故乡。七十余户人家，散落有致，民风淳朴，勤劳敦厚。20世纪80年代，相继建成万花山旅游风景区和万花山庄。1997年，建成“延安民俗文化村”。2008年，被评为“全国乡村旅游示范点”。全村每年接待国内外100多个团队13万余名游客，综合收入120余万元。

（四）田野生态休闲娱乐山庄

位于宝塔区柳林镇上桥村，2007年建成。山庄设有动物园、蒙古包群、垂钓池、水上乐园、跑马场、卡丁车场、广场、真人CS拓展训练等项目。此后，增设水上乐园、激流勇进、摩天轮、狂呼、海盗船等30多个大小游乐项目。山庄达到宝塔区四星级农家乐标准。

（五）龙祥休闲山庄

位于宝塔区南二十里铺尚家沟，占地面积100多亩，2007年建成。山庄经营各种陕北特色美食，设湖内游艇、水上步行球、垂钓、游泳等娱乐项目，设有豪华标间、单间，有KTV包间、高档茶艺。投资3500余万元。

二、文化景区

主要有《梦回延安保卫战》景区 。位于延安城西7千米枣园村后坝梁处（距离枣园革命旧址 500 米)。2006 年，景区首创全国红色旅游由静态展览转向动态战争剧展示。2010 年 4 月 8 日，由陈维亚执导，浙商投资 1000 多万元的战争实景剧——《延安保卫战》上演。实景剧用写实的艺术手法，充分利用声、光、电等现代影视技术，聚集 300 多人的演出阵容，动用当年国共两军使用的真枪、大炮和装甲车“作战”。再现 1947 年英勇的西北野战军和边区群众抗击胡宗南 14 万国民党军进犯，胜利保卫延安的恢宏历史画卷。游客们可以穿上军装、参加硝烟弥漫惊心动魄的战争；也可以加入欢庆胜利的队伍，和着节奏扭起热情如火的拥军秧歌、打起粗犷豪放的腰鼓、唱响高亢嘹亮的陕北民歌。

第二节　风味小吃

在长期的生活实践中，宝塔人善于粗粮细做、细粮精做，创造和积累丰富的烹调经验，有许多佐餐佳品受人喜爱，始则做自食，后则上街出售，逐渐形成久负盛名的地方风味小吃。

（一）荞面饸饹

陕北盛产荞麦、养殖山羊。荞麦有减脂、降压、防治糖尿病的功效。羊肉有滋补暖胃、降血脂的作用。荞面饸饹是精制荞麦制作成粉条状，与羊肉腥味汤相配食用，味道鲜美可口。从家庭食用到上街设摊馆，千百年来已成为名食。凡到延安参观旅游的国内外客人，都想享此口福。延安人食用饸饹历史悠久，据元代农学家王祯著《农书·荞麦》载:“北方山后，诸郡多种……谓子河漏”，这里所说的河漏，即指当今饸饹。当地群众多在小孩满月、过岁待客食用，意在长命百岁，儿女对象进门食用图个吉祥如意。

（二）羊杂烩

延安自古以放牧山羊为主业，食用羊肉历史悠久、吃法多样，而羊杂烩以其独特的做工和美味成为地方名食。羊杂烩由羊头肉、羊的耳、蹄、血、心、肝、肺、肠、肚等切碎混合烩制成的一种肉食，故称“羊杂碎”。羊杂碎烩集各部分内脏于一锅，形色繁多，肉质各异，汤鲜、无膻、不腻，香辣适口、色形俱佳，也是滋补身体的美食。

（三）碗饦

荞麦仁为料的小吃。碗饦，坚、软、滑，富有弹性，形状别致。碗饦一般在放凉后食用，食时切片，愈薄愈佳，加麻辣蘸汤（用盐、醋、油辣椒、花椒粉、姜粉、蒜泥、芥末、葱花、干芫荽、熟芝麻加凉开水调成），清爽利口，为夏秋美食；若加上麻辣猪肝，则更为香醇，又叫“麻辣肝碗饦”。

（四）油糕

是延安最具代表性的地方风味小吃之一。“糕”与“高”同音，寓意高升、高兴、吉祥。以黍科糜子、大枣为原料，汽蒸油炸而成。色泽红黄、油光发亮，外脆里软，细腻柔软，趁热食用味道鲜美，米味油香诱人食欲，卷有枣泥的油糕更惹人馋。群众多在逢年过节、祝寿、贺满月、宴请宾客和婚丧事食用。因此也有“年糕”“喜糕”或“寿糕”之称。酒宴食用以示隆重丰盛。

（五）米酒

以软黄米为料，经过发酵、封存等加工制作而成的民间酒类总称。根据配料及制作过程的不同，分为黄酒、糖酒、清酒、稠酒等品种，其中尤以黄酒最为著名。黄酒不仅色泽金黄、气味芳香、口味微甜醇厚，还具有补充营养、暖胃、增进食欲之功效，且可作药和料酒，为人们逢年过节必备饮品。

（六）油馍馍

以糜子为原料，是中间有孔的环状小圆饼，油炸熟后呈金黄泛红色。在逢年过节的筵席中食用，在延安民俗中是富裕吉祥的象征。

（七）洋芋擦擦

洋芋即土豆，把洋芋用擦子擦成寸长的薄片，拌入花椒、葱丝、姜粉、盐末等，同面粉搅匀，上锅蒸熟。食用时调入蒜泥、辣子面、酱、醋和葱炝清油等，或者入锅爆炒。味道酥绵可口。

（八）凉粉

由绿豆、扁豆、洋芋或荞麦加工而成，清爽可口，酸辣香味俱全，具有清热解毒、消暑止渴之效。用绿豆粉面制作而成的叫“绿豆凉粉”，用扁豆粉面制作而成的叫“扁豆凉粉”，由洋芋淀粉制作而成的叫“洋芋凉粉”，由荞麦糁子制作而成的叫“荞面凉粉”。凉粉中以绿豆凉粉为上乘，其色泽嫩绿鲜亮，一年四季皆可食用，盛夏时节最佳。有冷热两种吃法，老少皆宜。

（九）杂面

以豌豆、红豆或豇豆作原料的风味面食。将五六升圆豆粒儿在石磨上磨成豆瓣，与麦子按比例搅拌起来，磨成精细的面粉，而后就可以擀成杂面。

（十）搅团

意为“用面搅成的糨糊”。根据用料不同，分为荞面搅团、玉米搅团和洋芋搅团，其中用荞面做搅团，更筋道味美。民间有一种说法：谁家娶的媳妇儿贤不贤惠，是要看看她做的搅团光不光，或筋道不筋道。搅团的做法有很多种，有水围城、漂鱼儿。有烩搅团、炒搅团和凉拌搅团等多种吃法。

（十一）洋芋磨磨

也叫洋芋馍馍或黑楞楞或歪歪等，是巧媳妇用薯类代粮的杰作。把洋芋放在抿节床的背面磨成糊状，去掉多余水分，然后拌面，加进调料，捏成丸子状蒸熟食用。

（十二）煎饼

由精制荞麦糁加工而成，薄如蝉翼、凉爽味鲜，一年四季均可食用。种类有“豆腐干煎饼”“热豆腐煎饼”“菜卷煎饼”“酥肉煎饼”等。

第三章 旅游设施与服务

第一节 旅行社、宾馆、酒店

1990年，延安市旅游接待设施有延安宾馆、延安招待所、延安饭店等14处。随着经济的迅速发展，宝塔区旅游业和旅游服务业发展很快。2010年，宝塔区有旅行社42家，导游员500多名。星级宾馆涉旅饭店22家，其中四星级3家、三星级13家、二星级6家。其他宾馆、旅社、招待所327家。旅游从业人员3万余人，年接待能力2000多万人。全区有乡村旅游接待村30余个，“农家乐”经营户300余户。2007年，接待游客272万人次，实现旅游综合收入8.16亿元。2010年，全区共接待海外游客12.01万人次，收入908.50万美元，分别比上年增长40.65%和37.88%；接待国内游客497万人次，收入20.69亿元，分别比上年增长20%和19%；旅游总收入21.27亿元，增长20%。

第二节 旅游线路

至2010年底，来宝塔区域内旅游的国内外游客，根据游赏内容及景点分布的不同，可游线路主要有3种。尤其是延安市宝塔区的红色景点比比皆是，贯穿于各式旅游线路之中。

一、一日游

延安革命纪念馆—杨家岭革命旧址—枣园革命旧址—清凉山—延安新闻纪念馆—抗日军政大学纪念馆—宝塔山—观赏《延安颂》。

二、二日游

第一天 观赏延安保卫战实景剧—枣园革命旧址—杨家岭革命旧址—延安革命纪念馆—清凉山—延安新闻纪念馆。

第二天 宝塔山—凤凰山革命旧址—抗日军政大学纪念馆—西北局旧址—杜公祠—南泥湾景区—鲁艺旧址—观赏《信天游》。

三、三日游

第一天 枣园革命旧址—观赏延安保卫战实景剧—中国延安干部学院—杨家岭革命旧址—延安革命纪念馆—清凉山—延安新闻纪念馆—宝塔山—观赏《延安颂》。

第二天 抗日军政大学纪念馆—凤凰山革命旧址—延安大桥留影—鲁艺学院旧址—

观赏《信天游》《延安保育院》。

第三天　南泥湾景区—杜公祠—西北局革命旧址—西北局革命纪念馆—万花山景区—花源屯民俗文化村—观赏黄土风情演出。

第三节　旅游商品

1990 年，延安有延安市荟萃工艺厂、延安市新华陶瓷厂两家旅游商品制造厂，主要产品有石雕狮子、紫砂壶等。旅游商品还有棉絮画、陕北剪纸、刺绣、农民画、毛绣、泥塑等。

随着红色旅游业发展，20 世纪 90 年代后，旅游商品逐年增加，有毛泽东像章、毛泽东铜像、腰鼓、旅游提包、棉絮画、布堆画、布玩具等产品；陕北民歌、陕北秧歌、陕北说书、腰鼓、唢呐等民间艺术音像制品及出版发行物；荞麦、杂豆、小米、豆腐干、红枣、苹果、枣酱、米酒、油糕、延安烟等土特产。其中，陕北剪纸，以粗犷淳朴简明的风格著称而广为流行，享誉海内外。延安刺绣，特点为色彩艳丽、古朴、粗犷。延安农民画，融绘画、剪纸、刺绣于一体，以想象奇特、构图丰满、夸张传神、色彩浓艳、装饰性强等特点著称。布堆画，以造型古拙完美、朴素大方、色彩华丽为特点。

第四节　旅游宣传

1996 年 8 月，旅游局与外事办分置，正式单设，科级建制，属区政府具有行政职能事业单位。2010 年，全局编制 10 人，协理 2 人，由区政府办公室代管。

2008 年，为《中国旅游报》选送 10 幅本区乡村旅游图片；制作图展、折页宣传；深入景点景区宣传指导；制作旅游专题片在延安电视台滚动播出。有 300 多户“农家乐”经营户、从业人员 1200 多人，直接收入 3800 多万元。2009 年，接待国内外游客 386 万人次，旅游综合收入 14. 6 亿元。2010 年，参与“陕北过大年”黄土风情旅游活动，展示“圣地延安、魅力宝塔”旅游形象；借助中央电视台、凤凰卫视拍摄宣传；配合省旅游局编制“十二五”旅游调研规划；参加省第十四届“西洽会”、旅游文化展览馆等布展工作，发放宣传折页及资料 1. 4 万余份；举办首届“万花山牡丹节”。截至 2010 年底，建成 6 个旅游休闲山庄、400 多个农家乐。接待国内外游客 413 万人次，实现旅游综合收入 15. 7 亿元。

第十四编　财税　金融

1980 年后，农村改革取得显著成绩，城市经济体制改革逐步深入，全区经济发展速度加快，财政收入不断增长。1994 年，财政总收入 4278.90 万元，比 1978 年增长 2.9 倍，财政支出 6895.8 万元，比 1978 年增长 2.92 倍。1994 年，国家实行分税制的财政体制改革，税收划分为国家税、地方税和国家地方共享税三大类。由于大宗税源划为国税，1995 年延安市财政收入由 1994 年的 4278.90 万元减为 3748.10 万元。2000 年，地方财政收入首次突破亿元大关，达到 10455 万元。2005 年财政总收入达到 76590 万元。2010 年财政总收入 152783 万元（上划中央两税 67471 万元），较上年增加 9.72%。国税入库工商各税 30452 万元，地税入库工商各税 52603 万元。全区金融机构健全，金融行业持续健康发展。2010 年底，区内金融机构 9 家，全区存款余额 3269470 万元，理赔支出 3714 万元。

第一章　财　政

第一节　财政机构

宝塔区财政局　1990 年称延安市财政局，科级建制，内设政办股、综合计划股、农财股、预算股。下辖财政生产管理局。下设柳林、桥沟、枣园、河庄坪、川口、李渠、姚店、甘谷驿、青化砭、蟠龙、南泥湾、麻洞川、临镇、万花山、梁村城区 16 个财政所。1996 年 12 月，延安地改市，更名为延安市宝塔区财政局，下辖下设机构不变。2002 年 9 月，在机构改革中，宝塔区财政局职能部门调整，内设机构 10 个，分别为：政秘股、综合股、预算股、国库股、农财股、企业股、会计股、政策法规股、国有资产经管中心（事业性质）、机关后勤服务中心（事业性质）。行政编制 25 人，设局长 1 人、副局长3人、总会计师1人；11月，成立“延安市宝塔区财政局后勤服务中心”，全额拨款，事业性质，编制8人。2006年12月，政策法规股更名为政府采购管理股。区财政局下辖17个基层财政所。2010年1月，将原17个基层财政所整合成11个，即川口财政所并入桥沟财政所，河庄坪财政所并入枣园财政所，冯庄财政所并入李渠财政所，甘谷驿财政所并入姚店财政所，官庄财政所并入临镇财政所，南泥湾财政所并入麻洞川财政所。城区、柳林、蟠龙、青化砭、万花山5个财政所维持不变。整合后的11个财政所为副科级建制。截至年底，宝塔区财政局内设办事机构仍为10个，分别为政秘股、综合股、预算股、国库股、农财股、企业股、会计股、采购管理股、国有资产经管中心（事业性质）、机关后勤服务中心（事业性质）。下辖11个乡镇财政所。

会计师事务所延安市分所　1991年成立。属社会中介机构性质，主要业务有：查账验资、资产资金评估、财务管理咨询、会计人员培训及会计报表审计等独立审计业务。按照1999年财政部《会计师（审计）事务所脱钩改制实施意见》的要求，停止办理验资、评估及审计业务，2000年人员归并宝塔区会计管理中心。

延安市宝塔区财税监督检查局　1992年，成立“延安市税收财务大检查领导小组办公室”，归口延安市财政局，科级建制，编制5人，设主任1人，副主任1人。1994年7月，更名为“延安市税收财务大检查办公室”。主要职责：贯彻落实相关财政法律法规，组织实施对全市各部门财务收支的检查和整改。1998年12月，依据宝塔区机构编制委员会《关于调整区属事业单位编制的通知》，编制9人，其中主任1人、主任科员1人、副主任科员3人、科员4人。2000年9月，更名为“延安市宝塔区财税监督检查局”，业务范围、职能未变。2009年1月，根据延安市宝塔区机构编制委员会《关于〈宝塔区行政编制置换意见〉的通知》精神，财税监督局列入宝塔区行政编制置换范围，并入区财政局。改为区财政局内设机构，公务员身份人员划入区财政局，非公务员身份人员编制划入区财政局机关后勤服务中心。

宝塔区国有资产管理局　1992年成立。隶属于延安市财政局，事业单位，科级建制，编制8人，设局长1人、副局长2人。主要负责全市国有资产管理。2002年9月，宝塔区机构改革，国有资产管理局并入宝塔区财政局国有资产经管中心。

宝塔区农业税收管理局　1998年成立。隶属于宝塔区财政局，事业单位，科级建制，编制15人。主要负责全区农业税、农业特产税、耕地占用税、契税、水利建设基金的征收管理。

延安市宝塔区政府采购管理中心　2000年成立。隶属于宝塔区财政局，事业单位，科级建制，编制7人，设主任1人、副主任1人。主要职责是区直属单位集中采购。

延安市宝塔区会计管理中心　2000年成立。隶属于宝塔区财政局，事业单位，副科级建制，编制3人，设主任1人。负责全区行政事业单位及国有企业的会计统管委派。2001年6月1日升为科级建制，编制32人，行政管理人员6人，专业技术人员26人，设主任1人、副主任2人，负责全区行政事业单位的会计集中结算和各乡镇结算站的业务。宝塔区会计管理中心更名为宝塔区会计结算中心。

宝塔区中小企业信用担保中心　2000年成立，与宝塔区资金局为两块牌子、一套机构。负责担保项目的初审、论证、评估；对经评审通过的项目出具担保文书，落实反担保措施，对再担保项目进行监督管理；对有关担保资金进行财务管理，实行会计核算；按照有关管理办法，办理担保项目代偿业务，追索代偿金，与有关部门共同协商处理各类合同争议或纠纷。

延安市宝塔区财政投资评审中心　2009年成立，与区财政生产资金管理局为两块牌子、一套机构，增加事业编制2人。负责财政性投资，预算内资金、预算外资金、部门专项资金、政府性外资贷款；实施基本建设、技术改造、国土资源勘探项目的评估、审查、咨询工作；开展与财政性投资、咨询有关的市场研究、财务管理、投资风险分析、信息服务等业务。

第二节　财政体制

1989年，延安地区实施的以利改税、划分税种、核定收支、分级包干的财政管理体制。1993年10月，实行收入划分、增长分成的管理体制，为“分税制”奠定基础。

1994年，财政管理体制改革。实施“分税制”，原税务机构分为国家税务、地方税务两套机构。根据《国务院关于分税制财政体制税收返还改为与本地区增值税增长率挂钩的通知》及《国务院关于分税制财政管理体制的决定》规定，1994年以后，税收返还额在1993年的基数上逐年递增，递增率按本地增值税和消费的平均增长率的1∶0.3系数确定，即上述两税全国平均增长1%。涉及地方与中央利益分配格局的大调整。延安地区关于实行“分税制”财政体制后有关预算管理问题的暂行规定，各县市将75%的增值税和100%消费税上交中央财政，85%部分用为“预抵税收返还收入”，由中央财政通过省级财政返还给地区，地区财政局根据县（市）上交的所属企业增值税和消费税的数额，按照分成上解比例在“预抵税收返还收入”中予以返还。

1996年，对乡镇实行“划分税种，拟定收支，定额补贴或定额上解、超收分成、短收超支不补”的乡财政管理体制。

1998年1月1日，对区、乡实行“分灶吃饭，乡级管理”财政体制，制定《宝塔区乡（镇）财政管理体制》，理顺区乡财政分配关系。制定《延安市宝塔区乡（镇）财政机构改革方案》，对乡镇财政的工作职能、机构设置、岗位设置、编制设置和岗位职责进行规范。

第三节　财政收入

1990年以来，全区地方财政收入大幅增长，财政实力明显增强。2010年，地方财政收入达到85312万元，较1990年增长50.27倍，年均增长21.76%。

一、税收收入

1990~1993年，宝塔区税收收入12335万元，其中工商税收类10417.8万元，农牧业税和耕地占用税类收入668万元，国营企业所得税收入1058.2万元，国营企业调节税191万元。

1994~1997年，宝塔区税收收入17781.30万元，其中工商税收类12377.3万元，农牧业和耕地占用税类 2479.3 万元，企业所得税 2924.7 万元。

1998～2004 年，宝塔区税收收入 83217 万元，其中增值税 11902 万元，营业税 38994 万元，企业所得税 11365 万元，农业税 1645 万元，农业特产税 1668 万元，耕地占用税 1667 万元，契税 51 万元，其他税收收入 15925 万元。

2005～2007 年，宝塔区税收收入 50502 万元，其中增值税 13305 万元，营业税 20069 万元，企业所得税 3467 万元，耕地占用税 3772 万元，契税 571 万元，其他税收收入 9318 万元。

2008～2010 年，宝塔区税收收入 80358 万元，其中增值税 15032 万元，营业税 32199 万元，企业所得税 3446 万元，耕地占用税 6382 万元，契税 2426 万元，其他税收收入 20873 万元。

1990～2010 年宝塔区税收收入统计表

表 14-1-1　　　　单位：万元

年份	税收收入合计	工商税收收入					农业税和耕地占用税					
		合计	增值税	营业税	企业所得税	其他税收	合计	农业税	农业特产税	耕地占用税	契税	烟叶税
1990	2035.3	1833.7	66	825.8	198	743.9	201.6	68.4	29.6	103.2	0.4	—
1991	2597.8	2460	94.1	966.3	175.7	1223.9	137.8	66.4	33.6	35.7	2.1	—
1992	3117.4	2927.8	85.6	1178	417	1247.2	189.6	67.2	54.8	63.8	3.8	—
1993	4584.5	4445.5	304.1	1702.3	600.8	1838.3	139	65.6	55.3	15.1	3	—
1994	3621.1	3295.5	354.6	1069.5	517.7	1353.7	325.6	127.2	191.1	3.6	3.7	—
1995	4036.6	3402.5	459.7	1222.2	176.3	1544.3	634.1	124.2	373.5	133.6	2.8	—
1996	5001.6	4173	658	1386	1094.7	1034.3	828.6	166	345.6	313.1	3.9	—
1997	5122	4431	728	1495	1136	1072	691	144	384	159	4	—
1998	5840	5109	806	1990	1129	1184	731	144	387	191	9	—
1999	7884	6823	745	3023	1501	1554	1061	173	385	501	2	—
2000	9378	8635	894	3717	2790	1234	743	138	222	376	7	—
2001	11107	10603	1858	2559	4420	1766	504	80	249	175	—	—
2002	10492	9955	2099	4798	582	2476	537	25	118	380	14	—
2003	18447	17548	2389	10515	516	4128	899	589	247	44	19	—
2004	20069	19513	3111	12392	427	3583	556	496	60	—	—	—
2005	13666	11608	3518	5179	855	2056	2058	—	—	1945	113	—
2006	16978	15376	4544	6284	1336	3212	1602	—	—	1358	114	130
2007	19858	19045	5243	8606	1276	3920	813	—	—	469	344	—

续表

年份	税收收入合计	工商税收收入					农业税和耕地占用税					
		合计	增值税	营业税	企业所得税	其他税收	合计	农业税	农业特产税	耕地占用税	契税	烟叶税
2008	23562	22562	5542	9699	1300	6021	1000	—	—	790	210	—
2009	27349	23594	4913	10857	957	6867	3755	—	—	2693	1062	—
2010	29447	25394	4577	11643	1189	7985	4053	—	—	2899	1154	—

二、非税收入

1990~2010年，宝塔区非税收入276053.3万元，其中国有资产经营收益（国有企业上缴利润）247304.6万元，占非税总收入的89.59%；罚没收入6745.9万元，占非税收入的2.44%；专业收入19858.5万元，占非税收入的7.19%；其他收入2144.3万元，占非税收入的0.78%。

1990~2010年宝塔区非税收入统计表

表14-1-2　　单位：万元

年份	非税收入合计	国有资产经营收益	国有企业计划亏损补贴	罚没收入	专项收入	其他收入	说明
1990	-371.2	—	-443.3	59.7	29.9	-17.5	其他收入含国营企业承包退库-20.6万元
1991	-53.9	—	-591	85.6	53.6	397.9	其他收入含社会保险基金收入418.60万元
1992	-265.7	—	-504.3	185.3	63.9	-10.6	其他收入含国有企业承包退库-10.60万元
1993	-1020.6	—	-734.9	49	65.1	-399.8	其他收入含国有企业承包退库-408.70万元
1994	-384.9	68	-734	103.1	103.2	74.8	—
1995	-288.5	54.4	-717.7	195.1	115.2	64.5	—
1996	255.9	435.2	-546	227.1	69.6	70	—
1997	-102	—	-345	97	—	146	—
1998	884	200	-435	715	395	9	—
1999	820	300	-429	647	300	2	—
2000	1077	300	-445	740	482	—	—
2001	986	7	-137	524	590	2	—
2002	3996	2400	-104	1077	623	—	—

续表

年份	非税收入合计	国有资产经营收益	国有企业计划亏损补贴	罚没收入	专项收入	其他收入	说明
2003	1188	—	-86	208	976	33	—
2004	12392	10700	—	352	1227	58	—
2005	25324	23226	—	239	1376	103	—
2006	31823	29000	—	153	2160	47	—
2007	45737	42428	—	200	2372	229	—
2008	47415	44617	—	23	2696	79	—
2009	48469	45029	—	278	2876	45	—
2010	55865	48540	—	588	3285	1182	—

三、上级补助收入

1990 年，上级补助收入分为财力性收入、转移支付收入和专项转移支付收入。1994 年以来，按照新的财政收支科目分类，将上级补助收入分为税收返还补助收入、财力性转移支付收入、专项转移支付性收入。

1990~2010 年宝塔区上级补助收入统计表

表 14-1-3　　单位：万元

年份	上级补助收入合计	税收返还补助收入	财力性转移支付收入	专项转移支付性收入
1990	2454.9	—	1329.6	1125.3
1991	2272.4	—	1188.2	1084.2
1992	2067.5	—	1130.4	937.1
1993	3351.9	—	2272.7	1079.2
1994	3524.3	849.1	1190	1485.2
1995	5007.9	1265.9	1220.9	2521.1
1996	4551.3	1064.4	973	2513.9
1997	4624.7	1081.7	1377	2166
1998	4471	1098	1155	2218
1999	4528	1086	1591	1851
2000	4566	1118	1748	1700
2001	5307	1297	2365	1645

续表

年份	上级补助收入合计	税收返还补助收入	财力性转移支付收入	专项转移支付性收入
2002	10602	4399	4466	1737
2003	11912	4601	5454	1857
2004	11791	4782	5265	1744
2005	18583	5177	10684	2722
2006	24032	5435	12232	6365
2007	32894	5580	15828	11486
2008	39942	5637	14386	19919
2009	46867	5536	16401	24930
2010	57227	5488	15932	35807

第四节　财政支出

一、地方财政支出

1990～2005 年，财政支出总额 247327 万元。其中，基本建设支出 825.3 万元，占财政支出总额的 0.33%；企业挖潜改造资金 944 万元，占财政支出总额的 0.38%；农林水利气象事业支出 22333.4 万元，占财政支出总额的 9.03%；发展文教科学卫生事业支出 87702 万元，占财政支出总额的 35.46%；社会保障支出（抚恤和社会救济、行政事业单位离退休方面的支出）13911.3 万元，占财政支出总额的 5.62%；行政管理费支出 36637.1 万元，占财政支出总额的 14.81%；公、检、法支出 18797.9 万元，占财政支出总额的 7.60%；城市维护费 16233.2 万元，占财政支出总额的 6.56%；工商业交通等部门的支出 15110.7 万元，占财政支出总额的 6.11%；专款支出 5558.9 万元，占财政支出总额的 2.25%；其他支出 29270.2 万元，占财政支出总额的 11.83%。

2006～2007 年，宝塔区财政支出总额 128440 万元。其中，公共服务支出 30922 万元，占财政支出总额的 24.08%；公共安全支出 5344 万元，占财政支出总额的 4.16%；农林水事务支出 18374 万元，占财政支出总额的 14.31%；文教科学卫生事务支出 49102 万元，占财政支出总额的 38.23%；社会保障和就业支出 5803 万元，占财政支出总额的 4.52%；交通运输支出 9856 万元，占财政支出总额的 7.67%；城乡社区事务支出 5892 万元，占财政支出总额的 4.59%；其他支出 3147 万元，占财政支出总额的 2.45%。据 2007 年底统计，宝塔区自 1990 年以来地方财政支出总额 375767 万元，财政总支出 422546.60 万元。

2008 年起，由于中央、省、市各类专项支出的不断增多，以及公务员津补贴和事业单位绩效工资政策的执行，全区支出水平大幅提高。同时，支出结构趋于合理，各项重点支出，教育、卫生、科技、社会保障、“三农”等支出得到较好保障，财政宏观调控能力大幅增强，各项财政支出改革成绩显著。至 2010 年，财政一般预算支出 334360 万元。

1990～2005 年宝塔区地方财政支出汇总统计表

表 14-1-4　　单位：万元

年份	支出总计	基本建设支出	企业挖潜改造资金	农林水利气象事业费支出	文教科学卫生事业费支出	社会保障支出	行政管理费支出	公检法司支出	工业交通及商业等部门事业费支出	城市维护费	专款支出	其他支出
1990	4605.1	—	—	579.1	1201	234.8	485.4	248.8	—	703.5	29.9	1122.6
1991	4883.3	—	7	400.4	1291.2	249.5	574.1	227.8	—	877.4	53.6	1202.3
1992	5263.4	—	2	525	1477.7	341.7	759.5	288.4	250.1	936.6	63.9	618.5
1993	6659.8	—	113	466.2	1627.6	306.5	765.9	295	185.9	2018	75.1	806.6
1994	6895.8	—	15	668	2407.1	330.4	1164.8	469.1	338.6	887.1	103.2	512.5
1995	8596.8	697.30	51	799.2	2651.5	394.3	1133.7	582.6	203.3	691.6	115.2	1277.1
1996	9948.8	—	89	944.5	3578.9	419.1	1602.7	841.2	346.8	618	28	1480.6
1997	10038	—	165	1011	3672	577	1466	567	338	1087	—	1155
1998	11480	—	113	1087	4108	585	1587	1223	531	645	395	1206
1999	12788	—	151	1206	4884	879	1818	1286	466	552	340	1206
2000	14626	—	160	1217	5415	890	2378	1565	506	378	517	1600
2001	17482	—	23	1401	6908	1082	3332	1978	573	336	633	1216
2002	22680	—	20	1661	8518	1650	3639	2116	644	1322	667	2443
2003	28082	—	—	2061	10095	2124	4045	2856	1193	1701	795	3212
2004	39021	20	35	4169	12093	1732	5294	1521	4328	2226	973	6630
2005	44277	108	—	4138	17774	2119	6592	2733	5207	1254	770	3582

2006～2007 年宝塔区地方财政支出汇总统计表

表 14-1-5　　单位：万元

年份	支出总计	一般公共服务	公共安全	农林水事务	文教科学卫生事务	社会保障和就业	城乡社区事务	交通运输	工商业金融等事务	环境保护	其他支出
2006	55828	11419	2582	7373	22296	2568	2152	5595	887	306	650
2007	72612	19503	2762	11001	26806	3235	3740	4261	1033	50	221

2008～2010 年宝塔区财政支出汇总统计表

表 14-1-6　　单位：万元

项　目	2008 年	2009 年	2010 年
一般公共服务	25916	33736	37185
公共安全	2852	2975	3031

续表

项　目	2008 年	2009 年	2010 年
教　育	32506	30176	32896
科学技术	1080	1071	1137
文化体育与传媒	2259	1627	2156
社会保障和就业	4132	6630	6074
医疗卫生	7523	7421	9684
环境保护	158	7065	1493
城乡社区事务	7860	4983	1240
农林水事务	11503	12367	19050
交通运输	2636	1433	2739
采掘电力信息等事务（国土资源气象等事务）	154	120	261
粮油物资储备及金融监管事务（住房保障支出、粮食安全物资储备事务）	3235	1232	3178
商业服务业等事务	—	0	1496
其他支出	10	45	35
合　计	101824	110881	121655

二、上解支出

上解支出是指地方按照有关法律法规或财政体制的规定，上解中央的各项支出。宝塔区 1990~2007 年上解支出 46779.60 万元，2008~2010 年上解支出 50943 万元。

1990~2010 年宝塔区上解支出统计表

表 14-1-7　　单位：万元

年份	上解支出	年份	上解支出
1990	6.1	2001	288
1991	38.5	2002	2331
1992	—	2003	2857
1993	44.5	2004	5161
1994	17.7	2005	8056
1995	91.7	2006	11051

续表

年份	上解支出	年份	上解支出
1996	20. 1	2007	16142
1997	124	2008	16871
1998	70	2009	17117
1999	259	2010	16955
2000	222		

第五节 预算管理

一、财政收支概况

1990~2010 年，宝塔区地方财政收入总额 518135. 40 万元。其中，税收收入 244390. 30 万元，占收入总额的 47. 17%；非税收入 273745. 10 万元，占收入总额的 52. 83%；上划中央税收收入 292879. 20 万元；财政总收入 903467. 60 万元；上级补助收入 300576. 90 万元。

1990~2010 年，宝塔区地方财政支出总额 710127 万元，上解支出 97722. 90 万元。

1990~2010 年宝塔区地方财政收支状况统计表

表 14-1-8

年份	财政收入合计（万元）	较上年增减（%）	财政支出合计（万元）	较上年增减（%）
1990	1664. 1	—	4605. 1	—
1991	2543. 9	52. 87	4883. 3	6. 04
1992	2851. 7	12. 10	5263. 4	7. 78
1993	3563. 9	24. 97	6659. 8	26. 53
1994	3236. 2	-9. 19	6895. 8	3. 54
1995	3748. 1	15. 82	8596. 8	24. 67
1996	5257. 5	40. 27	9948. 8	15. 73
1997	5020	-4. 52	10038	0. 90
1998	6724	33. 94	11480	14. 37
1999	8704	29. 45	12788	11. 39
2000	10455	20. 12	14626	14. 37

续表

年份	财政收入合计（万元）	较上年增减（%）	财政支出合计（万元）	较上年增减（%）
2001	12093	15.67	17482	19.53
2002	14488	19.80	22680	29.73
2003	19635	35.53	28082	23.82
2004	32461	65.32	39021	38.95
2005	38990	20.11	44277	13.47
2006	48801	25.16	55828	26.09
2007	65595	34.41	72612	30.06
2008	70977	8.2	101824	40.23
2009	76015	7.1	110881	8.89
2010	85312	12.23	121655	9.72

二、预算管理

1990 年，延安市制定《1990 年单位用款计划办法》，由单位按照核定的预算数提出分月用款计划，有效地控制财政支出，加强预算的总额管理，保证重点项目用款和特殊情况急需资金的使用。同年，财政部实施契税征收，税收纳入区级财政预算管理，省市不再参与分成。

1991 年 7 月，支农资金管理实行投资、效益、责任、奖罚四挂钩的经济责任体制，制定《延安市财政支农资金项目目标管理试行办法》，规定申请使用财政支农资金的单位，首先要搞好项目的可行性分析、论证，落实自筹资金，提出扶持金额，写出书面报告，主管部门接到报告，从事业发展的总体规划、技术条件、经济效益等方面进行审核，从宏观上进行综合、协调、择优淘劣，对筛选出的项目，报财政部门进行审核。财政部门根据项目选定原则，结合财力状况进行全面考察，确定扶持项目，报市政府批准后，安排扶持资金。

1992 年 9 月，根据延安地区财政局要求，延安市石油钻采公司自 1993 年 1 月 1 日起纳入财政预算内管理，各项税利收入按现行预算收入管理，由税务部门负责监交和征收并按规定报送报表。

1998 年 6 月 22 日，制定《宝塔区“零基预算”实施办法》，零基预算编制时分为个人经费支出、公用经费支出和专项业务费支出三部分。个人经费支出包括基本工资、补助工资、其他工资、职工福利费，社会保障费、助学金。公用经费支出包括公务费、设备购置费、零星修缮费和其他费用。

1999 年，宝塔区财政实行银行代发工资制，按照编办核实编制，人事、组织部门核实工资，财政核拨经费，银行统一发放工资的办法，在全区党政机关和全额拨款事业单位实施 IC 卡发工资制度。

1999 年 1 月 1 日起，打破按隶属关系和税目划分所得税收入的办法，实施所得税收入分享改革，实行中央与地方按比例分享。

2003 年，制定《宝塔区农业综合开发资金区级报账制管理办法》和《宝塔区财政扶贫资金报账管理办法》，对农业综合开发资金、扶贫资金和退耕还林资金实行专账核算，专人管理，专款专用。

2005 年，制定《宝塔区项目资金预算管理试行办法》，对区属行政事业单位的项目支出预算管理作了规范，对项目分类、项目申报、项目管理原则等进行说明，建立项目库。制定《延安市宝塔区财政局财政资金内部管理暂行办法》，对财政局内部资金的管理从职能分工、部门预算、指标管理、资金拨付、文档管理和监督进行规定，增加财政资金管理透明度，规范内部运作程序，完善财政内部监督制约机制。实施《宝塔区各中小学执行生均公用经费定额标准》。同年 8 月，全面实行“两免一补”政策。

2007 年，制定《延安市宝塔区财政投资项目预评估管理试行办法》，对财政投资项目实行“先预评估，后下达预算”“先预评估，后招标”“先预评估，后拨款”的管理办法。同年，加强财政专项资金的管理，规范工作程序，明确工作职责，优化办事环节，制定《专项资金管理及报账制职责》。

2008 年，执行公务员津补贴和事业单位绩效工资政策和“乡财乡用县监管”改革。制定《宝塔区乡财乡用县监管实施方案》。

2009 年，全面启动部门预算软件编制，全区 314 个预算单位的部门预算实现软件编报。在全区教育系统实行“蛋奶工程”。

三、预算外资金管理

1992 年，对全市各行政事业单位管理的预算外资金，在所有权不变的情况下，由财政部门实行“专户储存”管理，对实行“专户储存”单位的预算外资金实行“收支两条线”的管理办法。

1994 年，对行政事业性收费实行收支两条线开设收支专户管理，要求收入户用来集中各项收费收入，不能直接划款用作支出，支出户用来核算经批准拨入的经费和专项支出，不能直接存入各项收费收入。完善和强化行政事业单位的预算外资金管理，执行“计划管理，专户储存，财政审批，银行监督”的管理办法，将全市预算外资金，在所有权不变的情况下，全部存入财政专户，实行综合财政预算，统筹安排预算内外收支，实行源头票据交旧领新管理办法。制定《延安市行政事业性收费收支两条线管理办法》，对全市 51 户行政事业性收费单位进行清理整顿，使财政专户储存由上年的 29 户上升到 49 户，专户储存率 96%，专户储存金额由上年的 361 万元上升到 406 万元，增长 12.4%。

1997 年，制定《延安市宝塔区区直单位行政事业性收费资金收支管理暂行办法及实施细则》，区直单位行政事业性收费资金的收支由财政部门按不同性质，实行分类、统一管理。要求各单位原有的收费资金过渡户报区财政局审核后撤销，保留一个支出户，按照“单位开票，银行收款，统一开户，收支统管”的办法进行管理。

1998 年 11 月，制定《延安市宝塔区区直罚款决定与罚款收缴分离暂行办法》，加强对行政性收费收入和罚没收入的财政管理，完善和规范罚没收入的监缴行为，保证罚没收入及时足额地上缴国库和财政专户。

1999年，规范预算外资金收支行为，建立良好的收费资金管理秩序，为制止乱收费、乱罚款、乱摊派，制定《延安市宝塔区行政事业性收费资金收支管理暂行办法》。

2010年，宝塔区制定《关于实行财政票据年检制度的通知》，对行政性收费票据、事业性收费票据、罚没票据实行财政票据年检制度。为加强社会抚养费征收管理工作，有效杜绝截留、挪用、坐支社会抚养费的问题，与计生局联合制定《关于进一步加强社会抚养费征收票据管理的通知》，确立社会抚养费征收实行“收缴分离”的管理模式。

四、会计集中结算管理

2001年7月1日，宝塔区实行会计集中结算工作，制定《延安市宝塔区会计结算集中管理暂行办法》，首批纳入会计集中结算的区级行政事业单位149个。

2002年4月，全区20个乡镇和南区区委实行会计集中结算管理。制定《宝塔区乡镇会计结算集中管理实施意见》。各乡镇政府会计集中结算工作由区会计管理中心（以下简称中心），委托各乡镇会计集中结算管理工作站（以下简称结算站）承办。乡镇结算站统一设在各乡镇财政所，工作人员由财政所工作人员兼任，设会计主管1人（财政所所长兼）、结算会计1人。

2007年，会计中心对纳入会计集中结算的单位实行“五笔会签”报账制，增强财务支出的透明度。确保项目资金的规范管理，中心设立项目资金专柜，同时对其他业务柜组的项目资金实行分户核算。

2010年，农业综合开发项目、农村扶贫、农村减灾安居、以工代赈项目资金、巩固退耕还林成果专户、实施设施蔬菜项目专户、草业公司、现代农业（苹果）发展资金专户、延安地质环境检测站、宝塔区高校毕业生见习资金专户、区委办基建专户、区救助站基建专户等纳入会计集中结算，全区纳入会计结算的区乡单位215个。

2001~2010年宝塔区会计结算办理报账情况统计表

表14-1-9

年份		办理报账（笔）	收支总额（万元）	拒付和纠正报账（笔）	拒付和纠正金额（万元）
2001	区直（后半年）	6808	9080	415	180
2002	区直	13156	16169	1271	240
2003	区直	19224	31628	973	310
	乡镇	3100	4065	186	84
2004	区直	19182	37555	744	271
	乡镇	3562	4541	161	129
2005	区直	22791	74379	756	195
	乡镇	3905	4856	136	148

续表

年份		办理报账（笔）	收支总额（万元）	拒付和纠正报账（笔）	拒付和纠正金额（万元）
2006	区直	24000	94300	716	380
	乡镇	4200	5918	137	163
2007	区直	20937	103122	509	283
	乡镇	5081	7318	149	144
2008	区直	26225	165831	446	211
	乡镇	8469	17321	193	89
2009	区直	24452	119108	265	151
	乡镇	4193	8917	151	72
2010	区直	28545	130933	286	303
	乡镇	6102	8724	129	97

第六节 国有资产管理

一、清产核资

1993 年，制定《延安市国有企业股份制改造中企业出售、占用、租赁国有资产的暂行规定》《关于市属国有企业在股份制改造中“账销实挂资产”的管理规定》《延安市产权制度改革中有关产权界定问题的试行办法》《延安市行政事业单位机构改革国有资产的转移合并管理办法》。对 268 户行政事业单位占用的国有资产进行全面认真地清查，使国有资产达到账账、账卡、账实相符，建立国有资产管理制度和台账。

1994 年，对全市国有企业中的 82 户进行清产核资，企业资产总额 3.16 亿元，负债 6290 万元。对固定资产的价值进行重估，资产净值增加 1980 万元。

2005 年，制定《宝塔区行政事业单位非经营性资产转经营性资产管理办法》《延安市宝塔区企业国有产权转让办法》和《企业国有产权转让有关问题的补充意见》。

二、资产处置

2007 年 6 月，对全区 109 户行政单位、195 户事业单位资产进行清查，总资产 7.52 亿元，其中盘盈资产 0.19 亿元，资产损失 450 万元。负债 2.35 亿元，净资产 5.16 亿元。

2009 年 6 月，委托东信和圣融两个拍卖公司，拍卖粮油加工厂、马家湾粮站和地毯厂一层门面房，成交价 0.26 亿元。

2009 年，全区 304 个单位，资产总额 9.60 亿元，其中流动资产 3.20 亿元、固定资产 6.40 亿元。对全区 50 个行政事业单位的“非转经”资产收入进行调查，资产总额约 0.43 亿元，收益 600 万元。配置新车的单位旧车收回财政，收回 42 辆，拍卖总成交价

150万元。

三、政府采购资金管理

2001年4月，制定《延安市宝塔区政府采购管理暂行办法实施细则》。4月27日，制定《延安市宝塔区车辆统购暂行办法》。政府采购中心实现采购资金326万元，节约资金25万元，节资率7.71%，审批自行采购项目16个，资金26.50万元。完成机动车辆保险定点和会议接待定点，建立政府采购供应商库、专家库、需求单位库。

2003年6月，政府采购的监督管理职能、采购职能进行分离：政府采购的监督管理、审批采购项目、专户管理采购资金由区财政局负责，组织采购业务由区政府采购中心负责。对区属单位的采购限额由1000元提高到5000元。

2004年，制订《宝塔区政府采购供应商库管理暂行办法》，建立“宝塔区政府采购供应商库”，7月1日起，对入库供应商实行统一管理、统一考核、统一使用。

2010年，制定《2010~2011年宝塔区政府采购目录和限额标准》，对政府采购范围、采购项目、采购限额做出相应的调整，将医疗设备、农用物资纳入集中采购，限额标准由原来的1万元降低为3000元。

第七节　财政监督

1990年，延安市各行政、企事业单位进行税收财务大检查活动，共查出违纪资金214.33万元。其中，偷漏工商各税107.3万元；挤本截利36.5万元；偷漏能交基金和国家预算调节基金15.35万元；截留、挪用、侵占罚没收入38.22万元；任意扩大消费基金，挥霍浪费及超发私车补贴、差费补贴、误餐补贴等1.96万元；违反控制社会集团购买力规定5.13万元；违反价格规定9700元；其他8.83万元。1991年，延安市税收财务重点检查单位482户，占全地区应检查户数的58%，查出违纪资金82.05万元，入库73.88万元。1992年，重点检查单位878户，占应检查户数的34.2%，查出违纪资金24.62万元，入库24.6万元。1993年，查出违纪单位130个，违纪资金98.4万元。

1994年6月，检查全市有行政事业性收费的单位57个，检查面达96.6%。对不使用统一票据等违纪行为进行处理，通过对行政事业性收费的重点检查，实行财政专户储存的单位，由1993年末的29户上升到49户，专户储存率96%；专户储存额由1993年的361.6万元上升为406.4万元，净增44.8万元。

1995年，在延安市范围内开展清理检查“小金库”工作，抽调财政、国税、地税、审计等部门151人，组成39个检查组，从11月10日开始至1996年1月底，检查1958户，其中国有企业200户、集体企业307户、行政事业单位24户。查出违纪资金99.50万元，应入库金额99.5万元，已入库金额96.40万元，入库率为96.9%。其中，国有企业违纪资金36.13万元，集体企业违纪资金43.42万元，行政事业单位违纪资金5万元，个体工商业户14.95万元。1996年4月，对43个事业性收费单位和部门，清理出累欠收入260多万元，上缴金库49.26万元。对市级各工作部门23个，汽车修理厂（部）71个，全市有预算外资金收入的单位78户，各单位进行自查，自查面达100%。1997年，收缴违纪资金16000元。检查国有企业96户，集体企业111户，行政事业单位9户，个体工商业户 747 户，其他企业 14 户，检查出违纪资金 51.10 万元。

1998 年，对年度工会经费计提、计拨、上解、使用情况进行重点检查，查出少提、漏提工会经费 25.65 万元，截留、挪用、欠解工会经费 20.82 万元，责成补提工会经费 17.73 万元，收回 61 个单位欠解经费 11.45 万元；9 月，检查区公、检、法系统罚没收入以及行政事业性收费，查出违纪资金 12.50 万元。1999 年，对防汛专项资金和农发基金进行专项检查，检查 23 个单位，查出违纪户数 16 个，违纪资金 4.1 万元，应入库金额 3.2 万元。2001 年，对农口系统 26 个单位财务进行全面检查，共查出违纪资金 16.50 万元，应收违纪资金 5.80 万元，收回违纪资金 5.80 万元。

2006 年 4 月，延安市财政监督检查处委派工作组对全区 2 户民营企业、2 户行政单位、5 户事业单位进行全面检查。检查资金总额 2.2 亿元，查出违纪资金总额 0.36 亿元，占检查资金总额的 16.37%，收缴财政资金 420 万元，罚款 79482 元。2009 年，抽查的 10 个单位“五笔会签”制度，对 8 个单位违纪问题进行处罚，罚款 6 万余元。2010 年，对有收入的 10 户事业单位进行检查。

第二章　税　务

第一节　税务机构

一、宝塔区国家税务局

1990 年，延安市税务局下设 15 个基层税务所，负责各乡镇的税收征管工作。1994 年，根据国务院《关于实行分税制财政管理体制的决定》，国税与地税分设，成立延安市国家税务局，内设人事教育股、计财股、税政征管股、监察股、办公室、企业税收管理所、个体税收管理所、南北郊税务所、稽查队、发票管理所和 8 个乡镇税务所。

1996 年 12 月，延安市国家税务局改称宝塔区国家税务局。

1998 年 4 月，成立宝塔区国家税务稽查局城区征收分局、姚店征收分局、凤凰市场税务所、柳林税务所，撤销南泥湾、麻洞川、李渠、姚店、甘谷驿、蟠龙、南郊、北郊 8 个乡镇税务所和企业税务管理所、发票管理所、税务稽查所。

2001 年，撤销青化砭税务所、姚店征收分局、临镇税务所，成立李渠税务征收分局，恢复南泥湾税务所。

2005 年，城区税务征收分局改称城区税务分局、凤凰市场税务所改称为凤凰税务分局、李渠征收分局改称李渠税务分局、柳林税务所改称柳林税务分局，增设宝塔区国家税务局办税服务厅。

2010年，宝塔区国家税务局内设办公室、政策法规科、税源管理一科、税源管理二科、收入核算科、纳税服务科、征收管理科、人事教育科、监察科、办税服务厅等11个科室。直属机构有稽查局、城区税务分局、凤凰税务分局、李渠税务分局、柳林税务分局、杨家岭税务所、南泥湾税务所、信息中心。有工作人员158人。

二、宝塔区地方税务局

1994年9月，根据国务院《关于实行分税制财政管理体制的决定》，延安市地方税务局设立。正科级建制，实行条块结合、地方领导为主的管理体制。内设机构4个：办公室、计划股、税政征管股、人教监察股；派出机构10个：城区税务所、李渠税务所、姚店税务所、甘谷驿税务所、青化砭税务所、蟠龙税务所、南泥湾税务所、麻洞川税务所、临镇税务所和稽查队。

1998年11月，根据《陕西省人民政府关于地方税务机构管理体制有关问题的通知》精神，宝塔区地方税务局人员、机构、编制上划延安市地方税务局管理，开始实行条块结合、垂直为主的领导体制。

2002年9月，延安市地方税务局宝塔分局更名为延安市宝塔区地方税务局，是延安市地方税务局的派出机构，正科级建制。内设机构有政治工作股、办公室、计划财务股、税收政策征收管理股、监察室等股室。下辖城区税务所、北郊税务所、姚店税务所、李渠税务所、青化砭税务所、蟠龙税务所、南泥湾税务所、南郊税务所。

2010年，延安市地方税务局宝塔分局，外设编制18人，内设政治工作股、办公室、计划财务股、税收管理股、监察室5个股室，设局长1名、副局长2名。下辖办税服务厅、城区税务所、北郊税务所、南郊税务所、李渠税务所、姚店税务所、青化砭税务所、南泥湾税务所、蟠龙税务所，有工作人员105人。

第二节　税种税率

一、税种税制改革

1993年，宝塔区开征工商税四大类32种。

流转税9种：产品税、增值税、营业税、工商统一税、印花税、牲畜交易税、集市交易税、盐税、城市维护建设税。

收益税9种：资源税、国营企业所得税、集体企业所得税、国营企业调节税、私营企业所得税、外贸投资企业和外国企业所得税、城乡个体工商业户所得税、个人所得税、个人收入调节税。

财产税4种：房产税、城市房地产税、车船使用税、车船使用牌照税。

特别行为税10种：国营企业奖金税、集体企业奖金税、事业单位奖金税、国营企业工资调节税、固定资产投资方向调节税、烧油特别税、筵席税、城镇土地使用税、屠宰税、特别消费税。此外税务机关还负责征收教育附加费、国家能源交通重点建设基金、国家预算调节基金。

1994年，实施新税制，税收分工商税、农业税、关税三大类。工商税类由税务机关负责征收；农业税类由财政机关负责征收；关税类由海关机关负责征收。

1994 年后，工商税类有 18 种，取消 14 个税种，税种是：产品税、国有企业所得税、国有企业调节税、集体企业所得税、私营企业所得税、牲畜交易税、集市交易税、国有企业奖金税、集体企业奖金税、事业单位奖金税、国有企业工资调节税、工商统一税、城市房地税、车辆牌照税。

合并 5 个税种。把盐税并入资源税；烧油特别税、特别消费税并入消费税；城乡个体工商户所得税和个人收入调节税并入个人所得税。

保留 13 个税种：增值税、营业税、资源税、城镇土地使用税（税改后税名改为土地使用税）、房产税、印花税、屠宰税、筵席税、固定资产方向调节税、城市维护建设税（税务改为城乡维护建设税）、个人所得税、外商投资企业和外国企业所得税。

增加 5 个税种。消费税、企业所得税、土地增值税、证券交易税、遗产税。

二、新税范围及税率调整

增值税：包括生产、批发、零售和进口商品及加工、修理修配劳务。基本税率为 17%，低税率为 13%。增值税的纳税人分为一般纳税人和小规模纳税人两种，一般纳税人的应纳税额＝当期销售收入×税率－当期允许扣除的进项税额。小规模纳税人的应纳税额＝销售额×征收率 6%。

消费税：由改革前的产品税转化而来，品目有烟、酒及酒精、化妆品、贵重首饰及珠宝玉石、鞭炮焰火、成品油、汽车轮胎、摩托车、小汽车、高尔夫球及球具、高档手表、游艇、木制一次性筷子、实木地板 14 种。应纳税额的计征公式：实行从价定率、从量定额办法计算的应纳税额＝销售数量单位×税额，或应纳税额＝销售额×税率。

建筑业：建材、建筑、安装、修缮、装饰、其他工程作业，税率为 3%。

金融保险业：金融、保险典当，税率 5%。

文化体育业：文化活动、艺术表演、体育比赛、播映、公园，税率 3%。

娱乐业：歌厅、舞厅、卡拉 OK 歌舞厅、音乐茶座、台球、游艺，税率 5%～10%。

服务业：旅店业、饮食业、旅游业、其他服务业，税率 5%。

转让无形资产：转让土地使用权、商标权、著作权、技术权，税率 5%。

销售不动产：销售建筑物及其他附属物，税率 5%。

资源税税目有：原油、天然气、煤炭、其他非金属原矿、黑色金属原矿、盐、资源税应纳税额＝课税数量×单位税额。

第三节　国家税收

一、税种征收

1988～1993 年，延安市主要税种有增值税、产品税、营业税、国营企业所得税、集体企业所得税、私营企业所得税。

1994 年，省级及省以下税务机构分设国家税务局和地方税务局两个系统。国家税务局主要负责征收税种有增值税、消费税、企业所得税、个人所得税、车辆购置税、城市建设维护税、中央税滞纳金、补税、罚款、教育费附加。

2010 年，宝塔区国家税务局负责征收税种有增值税、消费税、车辆购置税、企业所得税、个人利息储蓄所得税 5 个税种。

二、税种收入

1988 年，延安市工商税收入 1108.30 万元，1989 年 1893 万元；1991 年比 1989 年增长 12.19%，1995 年比 1990 年增加 897 万元，2000 年比 1996 年增长 70.9%，2005 年比 2001 年增加税收 15256 万元，2007 年比 2006 年增长 17.25%。2010 年比 1990 年、1995 年、2000 年分别增长 16.96 倍、11.06 倍和 4.84 倍。

2008 年，国税局税收收入 39356 万元，较 2007 年减收 265 万元。其中，增值税入库 36890 万元，同比减收 41 万元；消费税 63 万元，同比增收 34 万元；企业所得税入库 963 万元，增收 763 万元；个人利息所得税 1373 万元，同比减收 979 万元；车购税 67 万元，减收 42 万元。

2010 年，宝塔区增值税收入 29807 万元，消费税 28 万元，企业所得税 2951 万元，个人所得税 150 万元，车辆购置税 17 万元。

1990~2010 年宝塔区国税收入统计表

表 14-2-1　　　　单位：万元

年份	金额	年份	金额
1990	1835	2001	9641
1991	2150	2002	11523
1992	2460	2003	12911
1993	3692	2004	16231
1994	3755	2005	24897
1995	2732	2006	33791
1996	3298.8	2007	39621
1997	4073	2008	39356
1998	4793	2009	30452
1999	4525	2010	32953
2000	5639		

三、征收管理

1990~1994 年，改征、管、查一体的征管办法为征收管理与稽查业务分离。2004 年后，改为征、管、查三种管理办法，办税服务厅负责征收，税务所（分局）负责税源管理，稽查局负责管户监察。同时，以申报纳税和服务为基础，以计算机网络为依托，形成集中征收、重点稽查、规范管理税收征管趋势。税源管理推广税收征管分析与风险管理信息系统，所有增值税一般纳税人和企业所得税纳税人纳入风险管理系统，按预警分值大小筛选排序，分析对比，采取评估和检查相结合征管办法。征管日常管理将每年 9 月至次年的 2 月确定“漏征漏管户清理检查月”，严格税收管理员制度，进行巡查监管。

以票管税日趋完善，将每年的8~10月确定为“普通发票清理检查月”，通过开票收入和申报收入按季、按户、按比例，比对核查，根据发票领购开具数量和开具金额适时对管户税负核定，合理调整。坚持发票领购和定额核定审批制度。推行纳税人户籍资料“一户式”储存，实行属地管理的基础上，对征管进行分类建立档案，按税种分别实施管理办法，以票控税，按照国家政策对不同时期、不同行业实行区别对待、合理负责的原则进行管理。

第四节 地方税收

一、地方税种税目税率

1990年，延安市税务局开征主要税种有：增值税、工商税、资源税、工商所得税、企业所得税、营业税、产品税、集体企业所得税、车船使用税、农业税、印花税、城市维护建设税等。

1994年，实施新税制后，地方税务局征收主要税收种类有：增值税，税率为13%~17%；营业税，税率为最高5%~20%，最低3%；企业所得税，税率所得额3万元以下的18%，3万元以上的10万元以下的28%；个人所得税，税率5%~45%的9级超额累进税率；外商投资企业投资和外国企业所得税，税率30%；地方所得税，税率3%；资源税，最高原油税额为5~30元/吨，最低煤炭0.3~5元/吨，其他非金属原矿税额为0.5~20元/吨；城镇土地使用税，最低税率为30%，最高为60%；土地增值税，4级超额率累进税率，税率为30%~60%。

2010年，延安市地方税务局宝塔分局负责征收管理的税种有营业税、企业所得税、个人所得税、资源税、印花税、房产税等类。

（一）营业税税目

交通运输业，税率3%；建筑业，税率3%；金融保险业，税率5%；邮电通信业，税率3%；文化体育业，税率3%；娱乐业，税率5%~20%；服务业，税率5%；转让无形资产，税率5%；销售不动产，税率5%。

（二）企业所得税

税率为25%。符合条件的小型微利企业，减按20%的税率征收企业所得税。国家需要重点扶持的高新技术企业，减按15%的税率征收企业所得税。非居民企业减按10%的税率征收企业所得税。

（三）个人所得税

工资、薪金所得，适用5%~45%的9级超额累进税率；个体工商户的生产、经营所得，适用5%~35%的5级超额累进税率；对企事业单位的承包经营、承租经营所得，适用5%~35%的5级超额累进税率；劳务报酬所得，适用20%的比例税率；稿酬所得，适用20%的比例税率；特许权使用费所得，适用20%的比例税率；利息、股息、红利所得，适用20%的比例税率；财产租赁所得，适用20%的比例税率；财产转让所得，适用20%的比例税率；偶然所得，适用20%的比例税率；其他所得，适用20%的比例税率。

（四）资源税

原油，税额为8～30元/吨；天然气，税额为2～15元/千立方米；西部地区原油、天然气资源税实行从价计征，税率为5%；陕西省延长石油集团有限责任公司所生产的原油、天然气资源税从2010年12月1日为4.09%；煤炭，税额为0.3～58元/吨；其他非金属原矿，税额为0.5～20元/吨或立方米；黑色金属矿原矿，税额为2～30元/吨；有色金属矿原矿，税额为0.4～30元/吨；盐，固体盐税额为10～60元/吨、液体盐税额为2～10元/吨。

（五）印花税

购销合同，适用税率0.3‰；账簿股票转让书据，适用税率2‰；加工承揽合同，适用税率0.5‰；建设工程勘察设计合同，适用税率0.5‰；建筑安装工程合同，适用税率0.3‰；财产保险合同，适用税率1‰；税额不足1元，按1元贴花；货物运输合同，适用税率0.5‰；仓储保管合同，适用税率1‰；借款合同，适用税率0.05‰；财产租赁合同，适用税率1‰；技术合同，适用税率0.3‰；产权转移书据，适用税率0.5‰；营业账簿中的资金账簿，适用税率0.5‰；记载资金以外的其他营业账簿、权利许可证照，每件5元。

（六）房产税

分为两种：一是依照房产余值计算缴纳的，税率为1.2%；二是依照房产租金收入计算缴纳的，税率为12%。

（七）城镇土地使用税

每平方米年税额为：大城市1.5～30元；中等城市1.2～24元；小城市0.9～18元；县城、建制镇、工矿区0.6～12元。

（八）土地增值税

实行4级超率累进税率，最低税率为30%，最高税率为60%。

（九）车船税

采用定额税率计税，分别按车船的种类、大小、使用性质，规定不同税率。

（十）城市维护建设税

纳税人所在地为城市市区内，税率为7%；纳税人所在地为县城、乡镇，税率为5%。

二、地方税收入

1993年，延安市工商税收比1988年1108万元增加2800万元、比1989年增加1799万元，增长95%。2005年，宝塔区地方税收比1994年2254万元增加22344万元，增长9.9倍。2010年比2005年增长1.13倍。1998年突破5000万元，2001年达1亿元以上，2004年突破2亿元，2007年达到4亿元以上。

2008年，宝塔区地税局税收收入44173万元，同比增收4140万元。营业税收入22007万元，同比增加3343万元，增长17.91%；企业所得税收入5404万元，同比减收3119万元，减少36.6%；个人所得税收入7557万元，同比增收636万元，增长9.19%；资源税收入1735万元，同比增加44万元，增长2.59%；城建税收入2245万元，较上年增加220万元，增长10.89%；房产税收入1159万元，同比减少70万元，减少5.7%；

印花税 521 万元，较上年增长 24.87%；土地使用税 1634 万元，同比增加 1276 万元，增长 356.64%；车船税 1115 万元，增长 557.29%；土地增值税 796 万元。全年完成国家级税收 7776 万元，省级税收 10553 万元，市级税收 12455 万元，区级税收 13389 万元。征收教育费附加 1652 万元，养老基金 8976 万元，失业基金 431 万元，文化事业建设费 15 万元，水利基金 25 万元，工会会费 199 万元，残疾人保障基金 65 万元，水资源费 752 万元。

2010 年，各项税收入库 75955 万元，其中税收 52106 万元，比 1994 年增长 43.25 倍，突破 5 亿元大关。比 2000 年增加 7.57 倍，比 2005 年增长 1.18 倍，比 2007 年增加 12073 万元，增长 30.15%。

1994～2010 年宝塔区地税收入统计表

表 14-2-2　　　　单位：万元

年份	金额	年份	金额
1994	2254	2003	19852
1995	2985	2004	22500
1996	3186	2005	24598
1997	4169	2006	31845
1998	5112	2007	40033
1999	6135	2008	44173
2000	9156	2009	46161
2001	11147	2010	52106
2002	15402		

三、地方税征收管理

1990～1994 年实施征收、管理、检查的税收征收管理办法。实行分税制后，按照国家税收征管法的规定进行。2001 年后，区地税局按照新修订的《中华人民共和国税收征管法》实施管理，规范地税局征收各类税收的申报期限、纳税时间。

营业税的缴纳期限。税法规定营业税的纳税期限分别为 5 日、10 日、15 日、1 个月或者 1 个季度。

企业所得税纳税时间。企业所得税按纳税年度计算。纳税年度自公历 1 月 1 日起至 12 月 31 日止。

企业所得税申报缴纳。企业所得税的申报分为预缴申报和年度申报。企业应当自月或者季度终了之日起 15 日内预缴申报，年度终了之日起 5 个月内汇算清缴企业所得税。

个人所得税纳税期限。扣缴义务人每月所扣的税款，自行申报的纳税人每月应纳的税款，都应当在次月 7 日内缴入国库，并向税务机关报送纳税申报表。年所得 12 万元以上的纳税人，在纳税年度终结 3 个月内向主管税务机关办理纳税申报。

资源税的纳税期限，核定为1日、3日、5日、10日、15日或者1个月。以1个月为一期纳税的，自期满之日起10日内申报纳税；以1日、3日、5日、10日、15日为一期纳税的，自期满之日起5日内预缴税款，于次月1日起10日内申报纳税并结清上月税款。

印花税的纳税期限，在凭证的办理或领证时缴纳。

房产税的缴纳期限为按年计算，分期缴纳。宝塔区按半年缴纳，每年的4月和10月申报缴纳。

城镇土地使用税的纳税期限。城镇土地使用税的缴纳期限为按年征收，分期缴纳。2010年按半年缴纳，在每年的4月和10月申报缴纳。

土地增值税的征收方式是先预缴后清算，实行查账征收和核定征收办法，采取派税务人员进驻房产交易场所的一体化管理方式征收土地增值税。

车船税的申报纳税期限为每年1月1日至12月31日。车船税的纳税人应当一次申报缴纳全年的车船税。由保险机构代收代缴车船税的，纳税人应当在购买机动车交通事故责任强制保险的同时缴纳车船税。

城市维护建设税应在纳税人缴纳增值税、消费税、营业税的同时缴纳。

第五节　税务稽查

1989~1994年，延安市税务局设有税务稽查队，负责企业和个人偷税、漏税稽查和案件的处理。1998年，稽查队改称宝塔区国家税务稽查局，局设办公室、选案科、检查科、审理科、执行科。

2008年，宝塔区国家税务稽查局检查86家纳税户，查补税款11855.63元，加收滞纳金24790.57元，罚款12455.73元。全年办理增值税防伪税限额审批（万元版以下）142起。税收执法专项检查47户，结案44户，查补入库税款、滞纳金、罚款147.8万元。同年，评估疑点案例119起，补征入库税款1108万元。

2010年，核查增值税一般纳税人52户，核查增值税进项发票6362份，销项发票6043份，清查欠税300多万元，主要对医药、石油、煤炭、计算机、加油站、建材、房地产等七大重点行业进行税收专项检查，检查纳税人46户，查补入库各项税款1154.69万元，较上年增加170.18%。全区660户增值税一般纳税人纳入风险管理系统，筛选后，采取核查、稽查和评估相结合的办法，通过风险管理系统核查和评估纳税人47户，查补入库税款145.05万元。实施“以票管税”措施，适时调整定额300户，年增额近百万元。同年，受理年所得税12万元个税，自行申报203人，补缴税款117.31万元，稽查评估房地产企业260户，查补税款251.3万元。

第六节　农税征管

一、农业税收收入

农业税收包括农业税、农业特产税、契税和耕地占用税。

1990～2010 年宝塔区农业税收收入明细统计表

表 14-2-3　　　　单位：万元

年份	农业税收收入合计	农业税	农业特产税	耕地占用税	契税	烟叶税
1990	201.6	68.4	29.6	103.2	0.4	—
1991	137.8	66.4	33.6	35.7	2.1	—
1992	189.6	67.2	54.8	63.8	3.8	—
1993	139	65.6	55.3	15.1	3	—
1994	325.6	127.2	191.1	3.6	3.7	—
1995	634.1	124.2	373.5	133.6	2.8	—
1996	828.6	166	345.6	313.1	3.9	—
1997	691	144	384	159	4	—
1998	731	144	387	191	9	—
1999	1061	173	385	501	2	—
2000	743	138	222	376	7	—
2001	504	80	249	175	—	—
2002	537	25	118	380	14	—
2003	899	589	247	44	19	—
2004	556	496	60	—	—	—
2005	2058	—	—	1945	113	—
2006	1602	—	—	1358	114	130
2007	813	—	—	469	344	—
2008	1983	—	—	1606	377	—
2009	4940	—	—	2916	2024	—
2010	8107	—	—	5798	2309	—

二、农业税费改革

2002 年，根据中央和省有关政策规定，宝塔区停止征收与农村税费改革有关的乡统筹费、村提留费、屠宰税、教育集资等；暂停征收农业税、农业特产税及两税附加，待新的征收标准确定后再执行。同年还出台《农村税费改革转移支付实施办法》，确定转移支付的核算办法及标准，规定农村税费改革后，“村委会干部工资补贴”“计划生育”

“优抚”“农村义务教育”“乡村道路建设”等五项支出纳入区乡财政支出范围，在预算管理上坚持量入为出、收支平衡，保证重点、兼顾一般，统筹安排、专项专用的原则。

2003年，农村税费改革第一阶段任务基本完成，全区农民人均负担从改革前的63.7元下降到44.66元，减幅29.86%。同年还制定出台《宝塔区农村税费改革转移支付实施办法》，转移支付资金全部落实到位，保证基层政权的正常运转。

2003年，农业税的工作重心向耕地占用税和契税征管转移。由宝塔区农业税收管理局负责，全区20个乡镇进行全面的清理核查。

2006年，开展粮食综合直补，补贴资金实行专户专人管理；建立“金财网”交流平台，直补工作实行全程电子化操作，切实提高兑现工作效率；实行“一折通”，确保直补资金安全按时足额地兑现到农民手中。

2008年，全面落实粮食综合直补政策，完成补贴网数据采集录入、评审和上报。按每亩35元标准，实行“一折通”兑现；对全区20个乡镇的转移支付情况进行全面检查；全面推行乡财乡用区监管体制，规范乡镇财政收支行为。

2009年，重点对粮食直补、粮种补贴、农机购置补贴等涉农资金进行检查。

2010年，向上申报新增种粮面积，推进“一折（卡）通”“一事一议”项目财政奖补资金250万元，另申报2011年项目119个，资金1136万元。

2006~2010年宝塔区粮食综合直补情况统计表

表14-2-4

年份	涉农户（户）	人口（人）	兑现面积（亩）	直补资金（万元）
2006	40404	190729	473143.53	284
2007	37968	166870	473143.53	473.17
2008	38000	200000	473129	1655.95
2009	38000	200000	473129	1655.95
2010	42000	200000	507743	1777.1

三、退耕还林资金管理

1999~2010年，宝塔区退耕还林国家确认面积96.21万亩，其中耕地59.92万亩、荒地36.29万亩。由宝塔区财政局负责兑现的资金57636.16万元，其中种苗费4710.5万元，现金补助6598.21万元，粮食补助46187.45万元，封育费140万元。

1999~2010年宝塔区退耕还林政策由区财政负责兑现资金统计表

表14-2-5

年份	面积（亩）	种苗费（万元）	现金补助（万元）	粮食补助（万元）	封育费（万元）
1999	138300	731	1894.68	13262.76	—
2000	45000	285	677.59	4743.11	—

续表

年份	面积（亩）	种苗费（万元）	现金补助（万元）	粮食补助（万元）	封育费（万元）
1999～2000年补充	37100	200.5	433.2	3032.4	—
2001	30000	300	405.79	2840.54	—
2002	80000	800	942.15	6595.04	—
2003	150000	1250	1500	10500	—
2004	30000	650	240	1680	—
2005	74800	399	448.8	3141.6	—
2006	14000	70	56	392	—
2007	5000	25	—	—	—
2008	7000	—	—	—	49
2009	5000	—	—	—	35
2010	8000	—	—	—	56
合计	624200	4710.5	6598.21	46187.45	140

第三章　银行业

第一节　银行机构

一、中国农业银行股份有限公司延安宝塔支行

中国农业银行延安县支行成立于1955年3月（今宝塔区支行）。1975年8月，改称中国农业银行延安市支行，是主办农村金融业务的专业银行，承担部分财政职能，根据国家金融政策，统一管理国家支农资金，办理信贷储蓄业务，管理农村信用组织，培训和辅导农村财务人员，并对农村国营、集体企业资金活动情况进行管理和监督。

1997年，中国农业银行延安市支行改称中国农业银行延安市宝塔区支行，实行商业化经营。2007年，国务院确定农业银行“面向三农，整体改制，商业运作，择机上市”的股份制改革原则。2009年，更名为中国农业银行宝塔支行，隶属于延安市农业分行。

2010年，中国农业银行宝塔支行内设公司业务部、个人业务部、计划财务部、综合管理部。下辖支行营业部，北郊、马家湾、尹家沟、迎宾路、光华路、二道街、姚店、青化砭等分理处和北大街支行。全行有员工172人，劳务派遣用工32人。主要职能：办理各项存款、贷款、结算、代理基金、保险等业务。

二、中国工商银行宝塔区支行

1984年12月，中国工商银行延安市支行与市人民银行分设。1990年工商银行内设办公室、营业部、现金出纳、计划信贷、劳动人事、储蓄、保卫、稽核室8科。下辖北关、南关、七里铺3个办事处和机场分理处；大桥街、东关、七里铺等9个储蓄所。有职工197人。2006年，工商银行延安市分行进行城区机构扁平化改革，将原支行分设为5个支行。宝塔区原支行营业部改建成中国工商银行有限公司延安宝塔支行，直属工行延安分行管理。2010年有职工38人。

三、中国建设银行股份有限公司延安分行

1990年，在延安市设立延安地区中心支行营业部，下辖营业室1个；办事处7个，即南门坡、南郊、东关、河庄坪、姚店、甘谷驿、火车站办事处；储蓄所9个，即凤凰、大桥、嘉岭、长青路、北门、南关、市场沟、南区、采油一厂储蓄所；3个代办所，即地区医院、东苑小区、延安大学代办所。

1997年8月，延安分行对辖内营业机构进行调整，撤并办事处2个，即姚店办事处、甘谷驿办事处，储蓄所7个，即大桥、市场沟、南区、长庆路、北门、嘉岭、大桥储蓄所。

2002年，撤销分行营业部，将原营业部管理宝塔区范围内的机构由分行直管，分行在宝塔区有营业室1个，支行5个，分理处2个，储蓄所1个。2008年6月，设立延安迎宾路支行。2009年10月，设立延安延长油田支行。

2010年，建行分行在宝塔区有办事机构10个，即分行营业部、南门坡支行、南桥、东关、迎宾路、河庄坪、火车站、延长油田、枣园路支行和中心街分理处。经营业务有对公、个人房改金融、信用卡、电子银行、理财产品等。年底，建行分行宝塔区从业人员272人，其中机关106人，城区网点166人。

四、宝塔区农村信用合作联社

1989年，延安市有农村信用社23个，信用分社3个，职工38人。1996年12月，延安市信用社更名为延安市宝塔区信用社。2010年，设17个信用社，15个信用社分社，1个营业部（清算中心），33个营业点，从业员工296人。

第二节　货币发行

一、第四套人民币发行

1987年4月17日和1988年，延安市根据中国人民银行总行的规定，市内各金融机构分两批发行第四套人民币，与未停止流通的二、三套人民币在市场上等值混合流通。第四套人民币发行的有1角、2角、5角、1元、2元、5元、10元、50元、100元9种纸币（之后发行1990版1元、50元、100元，1996版1元），合计面额168.80元。

1990年8月，发行第十一届亚洲运动会纪念币1套1枚，面值1元。1991年3月，发行全民植树10周年纪念币全套3枚，每枚面值1元；6月，发行中国共产党成立70周年纪念币全套3枚，每枚面值1元；11月，发行第一届世界女子足球锦标赛纪念币全套2枚，每枚面值1元。

1992年，发行金属铝镁合金1角、铜锌合金5角、铜芯镀镍合金1元3种，面额为1.60元，加上继续流通的二套纸币、硬币各1分、2分、5分，三套硬币1角、2角、5角、1元共10种，面额1.96元，总面额为172.36元；6月1日，发行三种金属币；12月，发行新宪法颁布10周年纪念币1套1枚，面值1元。1993年7月，发行宋庆龄100周年诞辰纪念币1套1枚。1997年12月10日，发行澳门特区成立纪念币1套2枚，面额10元，发行2000万套，与现行人民币等值流通。1999年9月27日，发行“庆祝中华人民共和国成立50周年”50元面值纪念钞票，同时发行第一套流通纪念钞，与同面值人民币等值流通。

二、第五套人民币发行

1999年10月1日起，宝塔区各金融机构陆续发行第五套人民币。在市场上与未停止流通的二、三、四套人民币等值混合流通。

2000年11月28日，发行“迎新世纪”普通纪念币1套1枚，面额10元，共发行1000万套，与同等值人民币流通。同时，发行第二套流通纪念钞，百元面值塑料纪念钞票与同面值人民币等值流通。

2001年10月26日，发行北京国际钱币博览会纪念银票1枚，面额10元。

第三节 储 蓄

一、储蓄种类

1990年，开设活期性储蓄，活期存折、存单，随时存取。定活两便储蓄，存款不定额、不定期，支取时按同等档次定期储蓄利率9折计算，1993年改为6折。定期性储蓄，一次性存入，到期一次性支取本息。零存整取储蓄，按月存入金额相等的货币，到期支取本息。

1991年，开设住房储蓄，住房储蓄和贷款实行存贷结合，存足所需资金30%方可申请贷款，此后每月储蓄积零成整归还贷款。

1997年，大额存单储蓄，存款面额固定，最低500元期限最短3个月，不能提前支取，过期部分不计利息，利率较同档次上浮10%，后改为5%。教育储蓄，分1年、3年、6年3个档次，年息分别为1.98%、2.52%、2.79%。

二、居民储蓄利率

1988年9月10日至1991年4月1日，实施居民储蓄存款第一次保值补贴。自1988年9月1日起，将个人存款一年期的利率由年息7.2%调至8.64%；企事业单位存款由年息5.04%调至8.64%；9月10日推出城乡居民三年期以上的存款实行保值补贴。1990年3月21日、1990年8月21日、1991年4月1日连续三次降低存款利率，同时决定从1991年4月起，停止办理城乡居民三年期以上储蓄存款保值补贴。

1993 年 7 月 11 日至 1996 年 4 月 1 日，实施居民储蓄存款第二次保值补贴。因 1993 年 3 月 15 日、7 月 11 日连续两次调高存款利率，决定从 1993 年 7 月 11 日起恢复居民储蓄存款保值补贴。至 1996 年 4 月 1 日，停办城乡居民三年期以上的储蓄保值补贴。

1999 年 8 月 31 日，征收储蓄利息税，为个人所得 20%，对 1999 年 10 月 31 日前存款利息所得不征收；11 月 1 日后，储蓄存款利息开始征收个人所得税，由所存储蓄机构代扣代缴，在利息结付清单上注明所扣金额。

2000 年 4 月 1 日，居民储蓄存款实行实名制，在金融机构所开立个人存款账户，办理储蓄时，须出示本人身份证，使用真名。

2002 年 2 月 21 日，银行卡储蓄利率按活期利率 0.72%计，自动转存储蓄利率：按约定各档次计。

2010 年，城乡居民活期储蓄利率为 0.36%；一年定期利率 2.5%，三年定期利率 3.85%，五年定期利率 4.2%。

三、银行机构储蓄与存款

（一）城乡居民储蓄

20 世纪 90 年代，金融业发展迅速，城乡居民储蓄增长幅度越来越大，由 1989 年的 14705 万元增长到 1991 年的 31515 万元，1995 年储蓄余额 86107 万元，1997 年 114800 万元，2000 年增至 286471 万元，比 1993 年、1998 年分别增长 459%、53%。2002 年 363292 万元，2003 年 460362 万元，2005 年 693738 万元，2007 年 863677 万元，2008 年 1074400 万元，2010 年 1534223 万元。

（二）银行各项存款

1990 年末 37489 万元，较上年增长 40.39%；1992 年末 70955 万元，1995 年末 125427 万元；1997 年末 233793 万元，较上年增 36.29%，其中企业存款 80666 万元，城乡居民储蓄余额 114800 万元；2000 年末金融机构各项存款 469431 万元，2005 年 1403370 万元；2008 年底，银行机构各项存款 2361700 万元，其中中国农业银行股份有限公司延安宝塔支行各项存款余额 140517 万元，农村信用社各项存款余额 139514 万元，中国工商银行宝塔支行各项存款余额 759000 万元，中国建设银行股份有限公司延安分行（宝塔区部分）各项存款余额 218858 万元。2009 年底，金融机构各项存款 2766802 万元，其中中国农业银行股份有限公司延安宝塔支行各项存款余额 221065 万元，农村信用社各项存款余额 174118 万元。2010 年底，银行机构各项存款增至 3269470 万元，比 1996 年增长 18 倍。其中，农村信用社各项存款余额 241200 万元，中国农业银行股份有限公司延安宝塔支行 261958 万元，增加 40893 万元，中国工商银行宝塔支行 116900 万元，中国建设银行股份有限公司延安分行（宝塔区部分）757702 万元。

1990~2010 年宝塔区各项存款、城乡居民储蓄存款余额统计表

表 14-3-1　　　　单位：万元

年份	各项存款余额	城乡居民储蓄余额	年份	各项存款余额	城乡居民储蓄存款
1990	37489	—	2001	525100	286471

续表

年份	各项存款余额	城乡居民储蓄余额	年份	各项存款余额	城乡居民储蓄存款
1991	50739	31515	2002	660182	363292
1992	—	37049	2003	837857	460362
1993	70955	51164	2004	989932	533303
1994	90714	58029	2005	1403370	693738
1995	125427	86107	2006	1868360	823994
1996	171543	110231	2007	1864433	863677
1997	233793	114800	2008	2361700	1074400
1998	297393	187074	2009	2766802	1328875
1999	365438	224256	2010	3269470	1534223
2000	469431	286471			

四、邮政储蓄

1990 年 1 月 1 日，邮政储蓄业务由委代办改为邮电自办，邮储收入由原人民银行支付代办费改为利差收入。年底，全区邮政储蓄余额 1514.91 万元，邮储收入 25.99 万元；延安局邮储余额为 500.50 万元，邮储收入 8.10 万元。

1993 年，延安邮电局开始扩展邮政储蓄网点，组建内部和社会营销网络。新办代收电话费、代发工资等代字号业务，至 1998 年底，全市邮政储蓄存款余额已达 5.58 亿元，邮储收入 1155.29 万元；延安局邮储余额为 2.53 亿元，邮储收入 368.11 万元。

2001 年，邮储业务重点加强对城市网点的基本能力建设和单点经营效益的提高。宝塔区实现绿卡网点联网运行，通存通兑电子化。市局中心街营业部建成陕北地区首家初验合格的“精品网点”。年底全市邮储余额达到 11.73 亿元，全年邮储收入 2808.85 万元。

2003 年 7 月 24 日，市邮政储汇局中心街营业部为邮政储户办理第一笔邮政定期储蓄存单质押贷款业务，贷款金额 7 万元。2004 年 12 月，全市邮政储蓄余额突破 20 亿元。年累计净增 1.84 亿元。至 2006 年底，全市邮储余额达到 28.33 亿元。

2007 年，实施多元化发展战略，发展绿卡、代理保险、发放小额质押贷款、销售基金等中间业务。全年新增发卡 10.88 万张，绿卡用户累计达到 25 万户，卡户余额 3.65 亿元；代理保险 2358.83 万元；发放小额质押贷款 2925.52 万元；销售基金 8573.68 万元。全市储蓄业务收入完成 5154.17 万元，占计划的 90.58%，同期下降 0.9%。

2008 年，推广电话银行业务，全年累计注册电话银行用户 6833 户，排名全省第二。2009 年，全市企业公司业务余额 26321 万元，列全省第一位。

2010 年，全市邮政储蓄余额 39.51 亿元，其中企业 28.71 亿元，占比为 72.67%。

第四节 信 贷

20世纪90年代，银行信贷业务大幅度增加，信贷规模呈上升趋势。1990年，延安市各项贷款47534万元，比1989年28878万元增加18656万元，增长64.6%；1991年59972万元（流动资金贷款44473万元、固定资产贷款12528万元），1993年83010万元，1995年113208万元，2005年552685万元。2008年，农行各项贷款余额113544万元，工行170400万元，建行67740万元，农村信用社贷款余额97584万元。2010年，农行各项贷款余额203694万元，工行351900万元，建行422137万元，农村信用社120000万元。

1990~2010年宝塔区银行机构各项贷款余额统计表

表14-3-2　　单位：万元

年份	各项贷款余额	其中农业贷款	年份	各项贷款余额	其中农业贷款
1990	47534	1093	2001	301100	11300
1991	59972	1376	2002	360100	15400
1992	74358	1948	2003	434712	12923
1993	83010	2179	2004	498589	18339
1994	97779	802	2005	552685	20925
1995	113208	2431	2006	724951	13491
1996	144897	2467	2007	873973	20503
1997	170302	—	2008	885200	19400
1998	202906	5790	2009	1350156	17555
1999	226584	4949	2010	1633371	24158
2000	267295	7528			

第五节 金融电子化

1995年，延安市银行机构开通使用电子连行汇兑业务。1997年，工行开通牡丹卡业务。1999年，实现储蓄活期通存通兑，开发代发工资应用系统。2000年，发放牡丹信用卡6283张，牡丹灵通卡38263张。

2008年，工行实现中间业务收入366万元，新增单位网上银行证书版51户，网银代发工资完成13户，办理消费POS业务17户，新增电话银行675户、个人网上银行1193户、个人手机银行323户、信用卡837张、灵通卡4944张，个人理财产品销售

4453万元，新增中高端客户481户，新增理财账户115户。农行中间业务规模日趋拓展，POS业务发展扩大，发放银行卡13600张，新增网银客户244户，基金销售279万元。建设银行依托银行卡、理财产品和代理业务，开办实物黄金销售业务，销售金额500万元、1000万元等多笔公司理财产品，中间业务收入占全行中间业务净收入32%。

2009年，工商银行中间业务和电子银行业务收入378万元，较上年增加12万元，新增个人网上银行1099户，个人手机银行开户145户，个人电话银行353户，借记卡5119张。农业银行借记卡发放860张，新增特约商户22户，网银个人客户876户，第三方存管295户，注册短信通2529户，办理惠农卡5791张，代理保险791万元，手续费收入49万元，中间业务收入544万元。建设银行发放借记卡45433张，新增代工单位10户，达157户，收费单位44户，月代发9.63万笔，金额22000万元。宝塔区信用联社新增自动取款机4台，安装POS机12台，发放富秦卡10884张，卡存金额15991万元。

2010年，工行发放信用卡2519张，实现收入5200万元，实现电子银行交易额1943亿元，通过地税公务卡、工商公务卡、个私协会员联名卡等项目带动发卡，提高信用卡高端客户渗透率，高端客户渗透率17.87%，中间业务收入2351万元，电子银行和银行卡中间业务增收效果明显。农业银行电子银行客户12185户，个人贵宾客户新增794户，惠农卡发行33650张，中间业务收入1155万元，建设银行信用卡、电子银行等全员营销，对公网点单位人民币结算收入535万元，中小企业中间业务收入254.5万元，实现“百易安”贷款资金托管收入205万元。宝塔区信用联社安装开通自动取款机10台，安装POS机30台，办理富秦家乐卡34778张，卡存金额29214万元。

第六节　金融管理

20世纪90年代后，人民银行依照法律对辖区内金融机构实施金融监管，包括对金融机构设立、进出、高级管理人员的任职资格及国家货币政策性监督管理。信贷管理，与货币总量扩张有关，政策措施影响货币乘数与货币流动性，规格住房、汽车消费信贷的付款比例，证券抵押贷款、配合国家产业政策，通过贷款贴息手段，引导信贷资金向国家政策要鼓励的地区与行业流动，以扶持经济发展；限制性的信贷政策，商业银行调整信贷额度，调整信贷风险评级和风险溢价等方式，限制向某些产业、行业和过度投放，体现择优限劣原则；制定信贷法律。

2005年，建设银行以基础管理为重点，建立网点晨会、学习日、例会和帮扶制度。以稽核差错和省行操作风险控制能力综合评价为依据，柜员发生各类稽核差错实行责任追究。坚持突击检查、日常检查、专项检查和落实整改检查相结合，推行网点转型、业务操作流程、绩效管理，建立会计经营管理平台，实行会计主管每旬工作报告制度。实施电子化申报和审批，开展贷后平行作业，识别“假个贷”和贷款用途不合理的能力，建立个人贷款风险提示系统，检查个人消费和助业贷款，下发风险预警提示单，重点落实信贷风险责任制。

2006年，工商银行坚持“内控优先”的原则，修订《规章制度汇编》，制定综合绩效考核办法，绩效挂钩办法。全年按月召开案件防范、内控管理、安全保卫分析会，支行建立检查监督和检查情况通报制度。每月主管行长和业务主管检查营业网点，落实银监局、人民银行和上级行依法合规大检查，内控检查、内控评价存在问题纠改。制定《业务操作指南》《员工违规行为处理暂行规定》，实施岗位轮换制度，推行员工轮岗、换岗、银企对账、权限卡、反交易等易发案件部位检查、监督，横向到边、纵向到底、不留死角。

1990 年，延安市银行机构贯彻执行“控制总量、调整结构、保证重点、压缩一般、适时调节、提高效益”信贷货币政策，银行现金收入 42777 万元，银行现金支出 43138 万元，货币净投放 361 万元。

1993 年，银行机构现金收入 114628 万元，现金支出 125546 万元，货币净回笼与净投放相抵，现金净投放 10918 万元。

1998 年，全区银行机构城乡居民储蓄余额 187074 万元，较上年增长 29. 2%，各项存款余额比上年增长 27. 2%，各项贷款增长 19. 1%，其中农业贷款 5790 万元，增长 93%，银行现金收入 547437 万元，增长 39. 3%，现金支出 595667 万元，增长 35. 6%。

2008 年，全区银行机构各项存款余额比 2006 年增长 39%，城乡居民储蓄存款增长 24. 40%，金融机构各项贷款比 2006 年增长 22%，较上年增长 1. 28%，新增贷款主要投向工业和个人中长期消费等领域。

2010 年，全区银行机构各项存款余额增加 503000 万元，城乡居民储蓄增加 205000 万元，各项贷款增加 283000 万元。

第四章　保险业

第一节　保险机构

一、中国人寿保险股份有限公司延安市宝塔区支公司

1981 年 4 月，成立中国人民保险公司延安市支公司。1995 年，财产保险与人寿保险分设，改称为中国人寿保险股份有限公司延安市支公司。1996 年 12 月，延安市支公司改称中国人寿保险股份有限公司延安市宝塔区支公司，设办公室、经理室、团险部、个险部、理赔室、财务室、营业室和河庄坪、枣园营销点，2008 年有员工 77 人。2010 年，公司设办公室、团险部等 7 个科室，2 个营销网点，有职工 95 人。

二、中国人民财产股份有限公司延安市宝塔区支公司

1995 年，中国人民保险公司延安市支公司改制，财产保险与人寿保险分设，改称中

国人民财产股份有限公司延安市支公司。1996 年 12 月，改称为中国人民财产股份有限公司延安市宝塔区支公司。

2010 年，财产保险公司下设综合部、车险部、非车险部、电子销售服务部、销售管理部、理财客户服务部、营业部、营销部、意外健康保险部等，有员工 269 人。

第二节　保险种类

一、财产保险种类

2010 年，宝塔区财产保险有机动车保险、企事业单位财产保险、家庭财产保险、建筑和安装工程保险、货物运输保险、能源保险、船舶保险、责任保险、农业保险等 200 多个险种。

二、人寿保险种类

2010 年，宝塔区人寿险有人寿保险、健康保险、意外保险、分红养老保险等 100 多个长期、短期险种。

第三节　保险业务

一、保险业务范围

1984 年，延安市保险机构承保业务有运输工具、企业财产、家庭产险和团体意外保险。1989 年增加到 3 大类 36 种，保险业务项目增多，主要有国有财产、集体财产、家庭财产、机动车货运、牲畜、烤烟、人身意外、简易人身、养老、子女备用金、学生平安、母子平安、公旅意外、生猪、羊、奶牛、苹果等，承保金额 8.93 亿元，保费收入 401 万元。

1990～2010 年，财险、人寿两公司的保险种类 300 多个，保险范围涉及企业、家庭财产、建设安装、货物运输、农业、健康、信用、责任、能源、分红养老等领域。公司采取增设网点、电子营销、开通“95518”电话服务专线等方式，提高城乡保险覆盖率。

二、保险费收入

1990 年，延安市保险费收入 683 万元，较 1989 年增加 282 万元，增长 70.3%。1995 年，全市保险费收入 1388 万元。2000 年，宝塔区保险费收入 5033 万元。至 2010 年，人寿保险宝塔区支公司保险费收入总计 22150.80 万元；财产保险宝塔区支公司保险费收入总计 13530 万元。

三、理赔

1990 年，延安市保险机构理赔金额 148 万元，2000 年为 2541 万元。2008 年，人寿保险宝塔区支公司理赔各类人身险赔案 184 人次，金额 205 万元，财产保险宝塔区支公司理赔 1326 万元。2009 年，人寿支公司理赔 118.86 万元，财险支公司理赔 2013 万元。2010 年，人寿、财险理赔金额分别为 300 多万元、3414 万元。

1990~2010 年宝塔区财产保险保费收入、理赔情况统计表

表 14-4-1　　　　单位：万元

年份	财产保险保费收入	财产保险理赔金额	年份	财产保险保费收入	财产保险理赔金额
1990	446	146	2001	1812	997
1991	559	227	2002	2013	1136
1992	693	469	2003	—	—
1993	760	406	2004	2582	1503
1994	1128	670	2005	2788	1315
1995	—	—	2006	1814	1143
1996	1025	599	2007	2524	907
1997	1302	606	2008	3524	1326
1998	1566	1984	2009	4139	2013
1999	1503	692	2010	5867	3414
2000	1633	856			

第十五编　综合经济管理

1990年，延安市经济管理机构有市计划委员会、经济委员会、财贸委员会、农业委员会、财政局、统计局、审计局、工商行政管理局、标准计量局、物价局、农业局、土地管理局、商业局、乡镇企业局、二轻局等。农村实行土地承包及“四荒地”（指属于农村集体经济组织所有的荒山、荒坡、荒沟、荒滩）拍卖为主的农村集体土地产权制度改革。城镇国有企业、集体企业、私民营企业及个体户分行业管理的体制。

1994年，延安市贯彻落实中共十三届三中全会《关于建立社会主义市场经济体制若干问题的决议》，在财政、金融、经济管理、企业制度、社会保障体系等方面进行一系列重大改革，并对相关机构进行撤并和重组。全市经济管理机构变更为计划经济局、经济贸易局、农林牧局、财政局、审计局、工商局、乡镇企业局等。

1996年12月，县级延安市改为县级宝塔区后，对部分机构进行分设和重组。至2010年底，全区经济管理机构有区经济发展局、财政局、农场、审计局、统计局、商务局、工商行政管理局、物价局、质量技术监督局、国土资源局、非公有制经济管理局等。全区经济管理体制完全转入市场经济，农村在联产承包责任制的基础上推行土地合理流转；工商业实行产权制度改革，向股份制和民营方向转变。政府彻底退出对各行业的微观管理，只制定中长期规划和年度计划，对全区经济实现宏观指导，并加强社会中介组织建设，为各经济行业、单位提供服务。市场经济多种运行体制和机制得到不断完善，全区经济运行平稳，区域经济实力不断增强，人民生活水平有较大的提高，社会各项事业稳定、健康、持续发展。

1990～2010年，是宝塔区各行各业发展速度最快、效益最好、变化最大的21年，各主要经济指标位居全市前茅。

第一章　计　划

第一节　计划机构

1975 年 8 月，延安县、延安市合并，称延安市计划委员会。1990 年，计委主要职责是制定农业计划、工业计划、商业流通计划、基本建设计划、以工代赈计划、社会发展计划，时有工作人员 16 人。

1994 年，政府机构改革，延安市计划委员会改称延安市计划经济局。1996 年 12 月 26 日，撤市设区，更名为延安市宝塔区计划经济局。1998 年，恢复计划委员会。2002 年，机构改革时改称延安市宝塔区经济发展局。

2010 年，宝塔区经济发展局内设办公室、综合计划科、投资管理科、农财科、行业管理科、企业改革管理科 6 个科室，有干部职工 18 人，设局长 1 人、副局长 2 人。下设建设项目管理办公室、工业经济办公室、商业贸易办公室、非公有制经济管理局、供销社、金融办公室、煤检局。代管物价局、粮食局、盐务局。挂靠机构：石油钻前工作办公室、安全生产监督管理局。

第二节　计划编制

宝塔区国民经济和社会发展规划主要有长期（10 年）、中期（5 年）和短期（年度）计划。国民经济和社会发展计划主要内容有农业生产、工业生产、交通运输、基本建设、科学研究、财政收入、人民生活、人口、文化、教育、卫生、体育等，根据上年计划完成情况，本年度重点指标及完成指标的重点工作和措施等。

宝塔区国民经济和社会发展短期计划（年度计划），根据长期和中期计划分年度指标和上年实际执行情况，由市（区）计委（计划经济局、经济发展局）编制草案，经市委（区委）、市政府（区政府）审查同意，上报地区（市）计委、根据地区（市）计委下达控制指标进行修改，最后经市（区）人民代表大会审议批准。

一、中长期计划

1991 年 4 月 30 日，延安市第十二届人民代表大会第二次会议，审查批准《延安市国民经济和社会发展十年规划和第八个五年计划纲要》，“八五”计划（1991～1995 年）坚持一个中心，两个基本点，从本地实际出发，着眼发展，提高效益，围绕“八五”计划和“十年”规划，解放思想，开拓进取，实现“双脱”（财政脱补、经济脱贫）和国民生产总值翻番目标。

“八五”计划主要奋斗目标是：到1995年底，国民生产总值达2亿元，年均递增12.78%，到2000年末达3亿元，年均递增8.45%，较1980年5500万元翻2.4番。社会总产值3.2亿元，2000年达5亿元，年均递增分别为14.87%和9.3%。其中，工业产值1995年达1亿元，2000年达1.8亿元，年均递增分别为20.53%和12.5%。农业总产值1995年达1亿元，2000年达1.2亿元，年均递增分别为8%和3.7%。国民收入1995年达1.7亿元，2000年达2.8亿元，年均递增分别为15.49%和10.5%。财政收入1995年达3000万元，2000年达8000万元，年均递增分别为14.3%和21.67%。社会商品销售总额1995年达2亿元，2000年达3亿元，年均递增分别为7.22%和8.45%。乡镇企业总值1995年达1.3亿元，2000年达2亿元，年均递增17.6%和9%。固定资产投资1995年达1.3亿元，2000年达1.5亿元，年均递增16.5%和2.9%。农民人均纯收入1995年达6000元，2000年达10000元，年均递增7.47%和10.76%。粮食总产量1995年达10万吨，2000年达12万吨，农民人均生产粮食500千克。人口自然增长率控制在13‰。

1996年1月22日，延安市第十三届人民代表大会第四次会议，审查批准《延安市国民经济和社会发展“九五”计划及2010年远景目标》，“九五”计划（1996~2000年）及2010年远景目标贯彻省委、省政府关于“以开放促开发，以开发求发展”的战略思想，依托资源，面向市场，以农奠基，以城带乡，科教兴市，择优开发，提高效益，促进全市经济和社会事业持续健康快速发展。“九五”末，全市国民经济和社会发展主要目标：国民生产总值8亿元（1990年不变价），年均递增16.4%，第一、二、三产业比例为25∶38∶37；农业总产值5亿元，年均递增14%；工业总产值5亿元，年均递增15.6%；财政收入1亿元，年均递增14.2%；乡镇企业总产值10亿元，年均递增25.8%；社会商品零售总额3.1亿元，年均递增7.4%；固定资产投资1.6亿元，其中基本建设投资1.15亿元；农民人均纯收入2200元，比“八五”末增加1062.5元；总人口34.25万人，人口自然增长率控制在10‰以内。2001~2010年远景规划目标：10年期间国民生产总值年均递增11.6%；工业总产值9亿元，年均递增6.1%；农业总产值11亿元，年均递增8.2%；财政收入2.5亿元，年均递增9.6%；社会商品零售总额6.5亿元，年均递增7.68%；固定资产投资1.3亿元，其中基本建设9900万元。乡镇企业总产值18亿元，年均递增6.1%，乡镇企业总收入20亿元，年均递增5.7%；粮食总产量12万吨，农民人均纯收入5000元，年均递增8.6%；人口37.46万人，人口自然增长率控制在9‰以内。

2001年3月2日，延安市宝塔区第十四届人民代表大会第四次会议，审查批准《宝塔区国民经济和社会发展第十个五年计划》。“十五”计划（2001~2005年）编制以“面向市场，发挥优势，突出特色，优化结构”的发展战略，以建设“林牧大区，工业强区，旅游名区，经济富区”为目标，发展提高“果、牧、菜、薯”四大农村主导产业；以石油工业为龙头，重点发展石化、建材、食品加工三大支柱产业及配套工业；开发旅游产品，依托商贸优势和旅游资源，发展培育集吃、住、行、游、购、娱于一体带动旅游业；以小城镇建设为重点，构筑覆盖城乡、布局合理、网络健全、功能完善的基础设施体系，逐渐形成一、二、三产业相互促进、多种成分共同增长、生态环境与经济社会协调统一的可持续发展新格局。

“十五”末，全区国民经济和社会发展主要目标：到2005年，国内生产总值（1990年不变价）8.5亿元。“十五”期间年平均递增10%；农业总产值4.7亿元，年均递增10.8%；工业总产值5亿元，年均递增6.6%；财政收入2亿元，年均递增8.7%，其中地方财政收入1.5亿元，年均递增7.5%；社会消费品零售总额13亿元，年均递增13.5%；乡镇企业总产值10.75亿元，年均递增12%；城镇居民人均可支配收入7580元，年均增加500元；到2005年底，固定资产累计投资13亿元；总人口35.77万人，人口自然增长率控制在8‰以内；粮食产量10万吨，农民人均纯收入2500元，年均增加200元。

2006年2月9日宝塔区第十五届人民代表大会第二次会议，审查批准《宝塔区第十一个五年规划纲要》（2006~2010年）。规划编制以邓小平理论和“三个代表”重要思想为指导，贯彻中共十六大和十六届六中全会精神，坚持以科学发展观统领经济社会发展全局，实现经济社会又快又好协调发展。“十一五”期间坚持“产业富民、工商强区、城镇带动、项目推动、超常发展、建设小康”的发展战略。到2010年全区生产总值达到200亿元，年均递增11%；财政总收入12亿元，年均增长11%，地方财政收入达6.5亿元，年均增长11%，由吃饭型财政转向建设型财政；全社会固定资产投资54亿元。优化产业结构，增强经济实力。全区一、二、三产业结构调整为2∶80∶18。非公有制经济上缴税金占财政总收入的70%，农村“三大主导产业”收入占农民人均纯收入的60%。

基础设施和生态环境明显改善。到2010年实现村村通水、通路、交通、水利、通讯及城镇基础设施等全面完善，信息化建设迈出新步伐。水保治理保存面积2208平方千米，森林覆盖率达57.5%。

人民生活水平稳步提高。到2010年，城镇居民人均可支配收入达到9400元，农民人均纯收入达到3100元，年均增加200元。

以增加农民收入为中心，扩大三大主导产业规模，加大资金扶持和科技投入，加快产业化发展。林果业：到2010年，全区果树面积30万亩，总产20万吨。建设生态果园8万亩，优果率达60%。草畜业：到2010年建设优质牧草20万亩，肉牛饲养量达8万头。生猪达13万头，禽类饲养量达130万只。蔬菜业：到2010年，发展日光温室大棚3500座，大弓棚35500座，小弓棚3000个。种植面积5万亩，总产10万吨。“十一五”期间新增基本农田10万亩，完成50个果业重点村集雨窖灌溉工程，新建淤地坝60座、节水灌溉工程49处，新建南泥湾全庄水库。

工业以石油发展为龙头，开发利用石油伴生气，壮大建材、化工、机械、包装、农副产品加工业，到2010年实现规模以上工业总产值95亿元。

商贸旅游业。到2010年实现社会消费品零售总额22.5亿元。依托红色旅游和宝塔山、清凉山、凤凰山、万花山资源，形成宝塔区生态农业、现代民居、民俗文化、休闲度假、传统教育五大旅游项目。到2010年，接待国内外游客300万人次，实现旅游综合收入9亿元。

到2010年，非公有制经济占财政收入的70%，个体私营企业户达到2.3万户。“十一五”期间共实施重点项目65个，其中工业类8个、农业类14个、三产类23个、社会事业类20个，全区固定资产投资51.26亿元。

“十一五”期间，实现区乡公路黑色化，乡村公路砂石化。完成三级路119千米，油路罩石113.6千米，四级砂石路664.93千米。完成30个重点贫困村脱贫和8个贫困村的移民搬迁工程。加快实施临镇等5个农村小城镇建设，到2010年，全面完成小城镇建设，全区基本实现城乡一体化。

坚持以人为本，加快发展各项社会事业。到2010年，全区传统产业运用新技术达78%，新技术产业占到国民生产总值的60%，农业先进技术覆盖率和农作物优良品种覆盖率分别达95%和98%。全区骨干工业企业和85%的民营企业拥有技术开发机构或有稳定可靠的技术依托，科技进步对经济增长的贡献率达50%。“十一五”期间完成中小学布局调整，校舍达到省颁标准要求，乡镇中小学教学仪器、体育、艺术设施达到省颁Ⅱ类标准。到2010年，小学、初中和高中教师的学历达标率分别达98%、90%、75%，小学、初中、高中毛入学率达99%、98%、80%，辍学率控制在2%以内。“十一五”期间，完善疾病预防控制、医疗救治体系和农村三级服务网络，提高公共卫生事件应急处理能力。到2010年，现代结核病控制覆盖率达95%，儿童全程免疫接种率以乡为单位达90%，全区居民基本卫生知识普及率达85%。到2010年底，出生人口政策符合率达96%，人口自然增长率控制在6‰以内。“十一五”期间，新建乡镇街道文化站20个，建设宝塔文博馆，组建文艺表演团体，发展体育事业，推进全民健身活动，创建全国文化先进县（区），实施信息工程建设，实现广电网络全覆盖。

深化社会保障制度改革，完善社会保障体系。扩大养老、医疗、失业、工伤和生育保险的征缴面，到2010年，养老保险、失业保险、医疗保险参保人数达应参保人数的80%，工伤保险、生育保险参保人数达应参保人数的50%。落实城乡最低生活保障制度，城镇居民低保标准由每月130元提高到180元。农村居民达到“应保尽保”，低保标准由每年625元提高到1000元。新增就业1.4万人，城镇登记失业率控制在4.5%内。

实施可持续发展战略，加快环境污染治理。坚持经济、社会、环境同步规划、同步实施的环境评价制度，建立环境监测体系，加快城区环境综合整治步伐。到2010年，城市污水集中处理率达70%。工业用水重复利用率达70%，工业固体废弃物综合利用率达98%，城镇生活垃圾无害化处理率达65%。实施原油管输、污水回注、生态建设三大工程。油田污水治理率达90%。原油管输率达60%。清洁文明井场建成率达100%。泥浆废液无害化处理率达90%。

二、年度计划

1990年，延安市依照中共延安地委、行署确定的“依托资源、面向市场、区域开发、重点突破”的方针，以发扬延安精神为动力，以稳定大局为重点，深入治理整顿为目标，促进经济建设和社会事业持续稳定协调发展。主要计划编制目标是：实现工农业总产值9800万元，较上年增长2.75%，力争突破1亿元，其中工业总产值3800万元，较上年增长3.7%，农业总产值6000万元，增长2.15%。工业生产坚持突破石油、发展轻工、巩固建材、促进交通的调整工业结构方针，重点推行挖潜改造技术进步，加强管理、提高效益的措施。乡镇企业总产值5500万元，较上年增长8.9%。社会商品销售总额实现13540万元，与上年持平，财政总收入1757.7万元，较上年增长5.1%。科研教育、卫生、广播电视等社会事业建设基金主要用于技术引进、设备购置、乡镇中学维修、卫生院扩建等。农民人均纯收入400元，较上年增长19.2%，人口自然增长率控制在15‰以内，年末总人口为29.64万人。

1991年，延安市坚持“以农奠基、城乡兼顾、协调发展、富民富市”的指导思想，编制计划的原则是：继续加强农业、基础工业、交通和城市基础设施建设，工商业企业和乡镇企业，推进科技、教育事业发展，加快扶贫开发步伐，提高物质和文化生活水平。计划工农业总产值11000万元，比上年增长0.67%，其中农业总产值7000万元，较上年增长3.06%，农村经济总收入1.4亿元，比上年增长11%。粮食种植面积45万亩，粮食总产77000吨，计划乡镇企业总产值6700万元，比上年增长15.8%，力争10000万元，比上年增长72.83%。社会商品销售总额15000万元，较上年增长14.40%；财政收入1900万元，比上年增长14.18%。计划工业总产值4000万元，与上年基本持平，力争5000万元，增长20.92%，其中市直工业3100万元，增长2.09%。延安地区核定延安市基本建设投资规模为1970万元（不含中央补助地方项目和银行贷款），比上年初增加762万元，其中国家预算统筹投资80万元，增加16万元；集体单位投资350万元，增加170万元；个体投资1540万元，增加540万元。社会事业建设安排七里铺火车站广场开发、延安市供水工程、延安市图书馆等3个重点项目建设。推进“科技兴农”和公交企业技术进步，完善科技服务体系，加大科技资金投入和新技术推广。教育计划高中招生1560人，初中招生4042人，小学招生7220人，农业职业中学招生200人。计划农民人均纯收入440元，较上年增长5.14%。人口自然增长率控制在13.5‰以内。

1992年，根据陕西省计划会议精神，延安市编制计划坚持“一个中心，两个基本点”的基本路线，坚持自力更生、艰苦奋斗的延安精神，解放思想，放宽政策，深化改革，扩大开放，依靠科技进步，调整结构，提高效益为重点，推进教育、文化、科技、卫生、广播电视等社会各项建设，促进经济与社会协调发展和全面进步。计划工农业总产值23000万元，增长9.1%，其中工业总产值8000万元，增长17.4%，农业总产值15000万元，增长5.3%。粮食播种面积55万亩，产量85000吨，较上年增长19.39%；乡镇企业贯彻“调整、整顿、改造、提高”的方针，优化结构，提高经济效益，计划总产值9000万元，总收入达到1亿元。工业以立足当地资源为重点，钻采公司等10户重点企业为突破口，增加产能，强化销售。计划社会商品零售总额1.8亿元，财政收入2354万元，较上年增长10%。固定资产投资优先安排基本建设工程重点和续建项目。科学、教育、卫生等社会事业适度投资，量力而行，重点资金投入改善办学条件和计划生育网络建设。是年，人口自然增长率控制在14.07‰以内，总人口控制在31.24万人。

1993年1月4日延安市第十三届人民代表大会第一次会议经过审查，批准延安市1993年度国民经济和社会发展计划。计划编制以“依托资源、面向市场、以农奠基、以城带乡、重工、强农、兴商”为指导思想，加速社会主义市场经济体系建设，促进国民经济的高速增长。计划国民生产总值2.5亿元，较上年增长25%，工农业总产值23943万元，其中工业产值7500万元，较上年增长38.9%。粮食种植面积48.52万亩，总产达到8万吨。乡镇企业总产值11639万元，较上年增长10.9%，社会商品销售总额20亿元，比上年增长7.5%，财政收入3000万元，较上年增长12.7%。农民人均收入520元，较上年增长12.4%，人口自然率控制在16‰以内。科学、教育、文化、卫生等社会事业稳步推进，计划市三中、农职中、中医院扩建等重点项目安排17个项目，基础设施建设安排北南街、王瑶水库饮水，小区住宅开发等市政建设工程项目9个，总投资758万元。

1994年，延安市坚持“依托资源、面向市场、以农奠基、以城带乡、重工强农兴商”的发展战略，推进经济持续、快速、健康发展。经济和社会发展主要目标是：国民生产总值（现价）4亿元，比上年增长42.86%；工农业生产总值达到5.12亿元，比上年增长70.88%；乡镇企业总产值3亿元，较上年增长138.1%；社会商品零售总额3亿元，较上年增长42.8%；财政收入4148.9万元，较上年增长16.4%；农民人均纯收入900元，较上年增长28%；人口自然增长率控制在12‰以下。计划农业总产值2.12亿元，较上年增长14.17%；农业增加值1.45亿元，增长7%；计划工业总产值3亿元，较上年增长163.27%，其中村及村以上产值1.5亿元，增长71.68%，工业销售产值（现价）2.8亿元，增长107.88%；实现利税3000万元，增长49.14%。推进科技、教育、卫生等社会各项事业发展，计划高中招生800人，初中招生3320人，小学招生5728人，农业职业中学招生330人。

1995年2月13日，延安市第十三届人民代表大会第三次会议经过审查，批准延安市1995年国民经济和社会发展计划。编制计划“以农奠基、以城带乡、依托资源、择优开发、强工兴商”的发展战略，以实现加快改革步伐，加快经济发展，增加财政收入和农民收入为目标，推动经济持续、快速、健康发展，促进社会全面进步。计划国民生产总值4.5亿元，较上年增长28.6%。工业总产值4亿元（其中市直2亿元），较上年增长93.4%，实现利税4200万元（其中市直3000万元），较上年增长41.1%；农业总产值2.6亿元，较上年增长26.5%；乡镇企业总产值5亿元，较上年增长78.5%；国企商业销售总额1.8亿元，增长20%，实现税金600万元，增长25%；财政收入4500万元，力争5000万元；农民人均纯收入1100元，增长19.8%；人口自然增长率控制在11‰以内。固定资产投资依托中央文件精神，有保有压，本年度不再批准新开工非生产性项目，重点保证基础设施和城镇住宅项目建设。推进社会事业发展，使教育、卫生、体育、计划生育等设施有明显的增长和改善。

1996年，延安市计划编制坚持以“抓住机遇、深化改革、扩大开放、促进发展、保持稳定”的基本方针，落实“以开放促发展，以开发求发展”的战略，处理好发展与稳定的关系，加强和完善宏观调控，抑制通货膨胀，深化国有企业发展为重点，完善宏观管理体制。优化农业结构调整，推动技术进步，促进经济增长，由粗放式数量型向等级式质量型、效益型转变，实现国民经济的持续、快速、健康发展。经济和社会发展的主要奋斗目标是：计划国民生产总值4.61亿元（1990年不变价），比上年增长22.9%，计划工农业总产值5.71亿元，比上年增长8.8%，其中农业总产值2.7亿元，比上年增长11.1%；工业总产值3.1亿元，比上年增长24.1%，国企商业销售总额2.2亿元，增长7.3%；财政收入5628万元，比上年增长9.5%；计划农民纯收入1300元，净增长162.5

元；人口自然增长率控制在10.4‰以内。基本建设项目，重点安排农业、能源、交通、城市基础项目。计划水利项目11个，投资214万元，交通项目3个，投资170万元。增加教育、文化、卫生等社会事业投资，推动各项社会事业发展，投资额370万元。

1997年2月17日，延安市宝塔区第十三届人民代表大会第七次会议，审查批准延安市宝塔区1997年国民经济和社会发展计划。计划编制以邓小平理论和党的基本路线为指导，贯彻中共十四届五中、六中全会精神，坚持“以开放促发展、以开发求发展”的战略方针，突出扶贫攻坚、绿化灭荒、专业化生产、企业机制转换、旅游业和第三产业开发5个重点，建设粮食、果品、畜牧三大基地，实现农业增产、农民增收、企业增效、财税增长等4个增长，推进2个转变，促进经济快速健康发展和社会进步。经济和社会发展主要奋斗目标是：计划国民生产总值3.9亿元，较上年增长11.4%；工业总产值达到3.3亿元，其中区直企业1.8亿元，增长11.5%，实现利税5800万元（其中区直企业4500万元），增长10.2%。农业总产值达到3亿元，较上年增长11.1%；农民人均生产粮750千克，增长10.3%，人均纯收入达到1500元，增长13.6%；乡镇企业总产值达到5.2亿元，增长18.2%；国企商业零售总额3亿元，较上年增长18.6%，实现利税1200万元，增长20%；财政收入达到8000万元，较上年增长10.4%；全社会零售物价指数控制在108.0以下；人口自然增长率控制在10‰以内。固定资产投资，继续贯彻中央的宏观调控政策、建立投资风险约束机制、推行项目法人制、投资项目资本金制度、工程建设监理制、招投标制。严格控制新开项目，压缩非生产项目，重点安排安居工程建设、天然气工程等工程建设。推进各项社会及事业发展，科技以巩固东川、南川各乡镇、村组科技示范成果和“星火”计划建设项目为重点，引进技术10项，推广实用技术。教育计划安排高中招生1150人，初中招生3700人，职中招生200人。卫生完成初级卫生保健制度，解决农民看病难的问题，全面推行计划免疫，使“四苗”覆盖率达100%。

1998年，宝塔区经济和社会发展计划编制以调整优化经济结构、增强农业基础地位、加快国有企业改革步伐、放手发展非公有制经济和第三产业、增强城镇服务功能为指导思想。实施突出特色、择优开发、以农奠基、强工兴商的经济发展战略，实现国民生产总值、财政收入和农民人均纯收入上台阶，使宝塔区成为全市农业强区、工业大区和经济富区。主要奋斗目标是：计划国民生产总值3.7亿元，较上年预计增长20.9%。工业总产值3.5亿元，较上年预计增长16.7%，其中乡及乡以上工业总值1.65亿元，较上年增长0.7%。农业总产值2.7亿元，较上年预计增长39.9%。社会消费品零售总额3亿元，较上年预计增长20%。地方财政收入5000万元，较上年同口径相比预计增长8.7%。农民人均纯收入1300元，较上年预计增长16.1%。商品零售物价涨幅控制在4%以内。人口自然增长率控制在9‰以内。固定资产投资以调整和优化投资结构为重点，以增量带存量，促进投资效益。计划新建尹家沟百年垃圾填埋场一期工程投资700万元，建成南关、文化沟、火车站、七里铺联片供热工程，投资额1590万元，改造河庄坪镇红庄-Ⅲ型澄清池，提高日供水2.4万吨，投资额720万元。计划以工代赈基础设施项目投资额411万元，其中国家投资354.8万元，配套资金56.2万元。水利建设112万元，基本农田建设47万元，县乡公路建设97万元，经济林、农电线路、通讯等建设投资35万元。社会事业建设，计划新增教学面积7000平方米，总投资额500万元，解决1500名学生入学难，科技教育引进新技术3～5个项目，引进新产品10～15种，推进卫生、文化、体育社会事业深入发展。

1999年，宝塔区以"依托资源、突出特色、优化结构，实施科教兴区"为指导思想，以实现"农业强区、工商大区、旅游名区、经济富区"为目标，实施科教兴区战略。提高经济运行质量和效益，加快农业基础设施建设、生态环境建设、旅游开发、国有企业改制和非公有制经济发展步伐，促进全区经济持续发展和社会进步。1999年宏观控制的主要预期目标是：国内生产总值5亿元，经济增长率11%，固定资产投资1.8亿元，增长率38.5%。居民消费价格涨幅4%。社会消费品零售总额5.8亿元，增长率10.1%。地方财政收入10218万元，增长率11.8%，其中地方财政收入7518万元。农民人均纯收入1560元，较上年增长200元。粮食总产12万吨，人口自然增长率7‰。计划安排建设项目30个，山区综合开发、农业生态环境建设等8个，乡镇道路提级改造、农村低压电网改造、李渠中心卫生院等改建项目5个，城区防洪、经济适用住房等新建项目13个，延河河堤松树林卫生院等扩建4个。计划完成蟠龙、青化砭、临镇、甘谷驿等镇的总体规划编制4个。开发旅游产品，丰富旅游项目。计划开辟"延安—南泥湾—壶口"旅游路线和"万花—安塞"旅游专线，辐射和带动沿线村庄第三产业的发展。科技、文化、教育、卫生等各项社会事业发展，以引进新技术、开发新产品，依法治理教学环境，筹措教学经费，文化、卫生坚持"三下乡"活动，推动各项社会事业与经济建设协调发展。

2000年，延安市宝塔区第十四届人民代表大会第三次会议，审查批准宝塔区国民经济和社会发展计划，编制计划围绕农民增收和财政增长，加快基础设施、生态环境和山川秀美工程建设步伐，调整产业结构，大力发展特色经济，推进各项改革，提高经济运行的质量和效益，促进全区经济持续增长和各项社会事业全面进步。实现"林牧大区、工商强区、旅游名区、经济富区"的宏伟目标。2000年，全区宏观调控的主要预期目标是：国内生产总值5.4亿元，增长10%，固定资产投资2亿元，下降4%。社会消费零售总额6.7亿元，增长7.2%。财政收入1.2亿元，增长9.6%。农民人均纯收入增加200元。居民消费价格涨幅4%。人口自然增长率控制在7‰以内。计划安排重点项目12个，其中新建项目6个、续建3个、技改项目3个。坚持科教兴区战略，推进各项社会事业全面发展。大力宣传《中华人民共和国科技进步法》，提高劳动技能，加速科技成果转化，提高科技在经济增长中的贡献率。加强教育教学管理，提高办学水平和管理水平，计划全区高中招生1512人，初中招生8640人，小学招生10880人。以国家加大社会事业投资为契机，完善卫生服务设施，推进卫生改革。增加对农村有线电视网络建设的投资，提高广播电视人口覆盖率。

2001年，宝塔区国民经济和社会发展编制计划，坚持"面向市场，发挥优势，调整结构，突出特色"的发展战略，以解放思想为先导，以产业开发为支撑，以科技教育为动力，以基础设施建设为重点，以山川秀美建设为开局，以富民强区为目标，实施西部大开发战略，促进全区经济社会持续健康发展。全区经济社会发展的预期目标是：国民生产总值5.8亿元，较上年增长10%，固定资产投资3.82亿元，较上年增长5.8%。社会消费品零售总额7.6亿元，增长10%。财政收入1.46亿元，较上年增长11%，其中地方财政收入1.2亿元，增长14.8%。农民人均纯收入净增200元。居民消费品价格总指数上升0.7%，商品零售价格总指数上升2.4%。人口自然增长率控制在8‰以内。科技以贯彻“科技进步法”宣传为主，加快科技示范和试验，增进全民科技意识。教育以机制创新为突破口，全面推行“四制改革”建立优胜劣汰竞争激励机制。计划新建四中综合教学楼和五中综合实验楼，缓解中小学生入学难问题。坚持科技、文化、卫生“三下乡”活动，普及科技知识，增强卫生、文化、体育投资，实现经济与社会建设的同步发展。

2002年，宝塔区经济社会发展计划以邓小平理论和中共十五大精神为指导，深入贯彻“三个代表”重要思想，深化改革，扩大对外开放，调整产业结构，加快基础设施建设，优化投资环境，开展“产业开发年、公路建设年、投资环境整治年”活动，推动经济社会持续快速协调发展。2002年宏观调控的主要预期目标：国内生产总值7.3亿元，增长10%，其中第一产业增长27.5%，达到2.55亿元；第二产业增长2.3%，达到2.5亿元。固定资产投资4.2亿元，增长7.7%。社会消费品零售总额9.1亿元，增长10%。财政收入2亿元，增长13.1%，其中地方财政收入1.35亿元，增长11.6%。农民人均纯收入1700元，增长10%。居民消费价格总指数上涨2%。城镇居民人均可支配收入5700元，增长6.9%。人口自然增长率控制在8‰以内。计划安排重点项目15个，其中续建项目9个，新建项目6个。原油新增产能6万吨，丽融大厦、圣业大厦、银海大厦、二道街改造等项目，年内支付使用。交通完成青化砭—张坪、玉皇庙—贯屯、蟠龙—下坪、延安—丁庄、延安—碾庄4条乡级油路改造项目，落实全区乡乡通油路。科技以引进新技术、新产品为重点，推广试验示范成果，提高科技对经济发展贡献率。计划扩大一中、二中教学建筑面积和第一幼儿园迁建。完善村级医疗卫生室建设，实施农村防疫、地方病防治全覆盖。文化坚持“三下乡”活动，组织专业文艺团体、社区文艺业余演出队演出，丰富城乡人民文化生活。坚持竞技体育和全民健康相结合，促进全民健身活动发展。实施以优生优育为核心的计划生育技术服务，总人口控制在35.3万人以内。

2003年，宝塔区以邓小平理论和“三个代表”重要思想为指导，贯彻中共十六大精神，以加快发展为主题，以结构调整为主线，以科技进步为动力，扩大对外开放，深化国有资产和农村改革，提升城市经济，发展以非公有制为主的第三产业，推进农村产业化，加快山川秀美和基础设施建设。实施宝塔区“产业富民、工业强区、城镇带动、项目支撑、超常发展、建设小康”的发展战略，推动国民经济持续快速健康发展。主要预期目标：国内生产总值8.1亿元，增长11%；固定资产投资5亿元，增长13.6%；社会消费品零售总额7亿元，增长6%（按新口径计算）；财政收入2.26亿元，增长8.7%，其中地方财政收入1.6亿元，增长10.4%；农民人均收入1790元，净增150元以上；城镇居民人均收入6100元，增长10.4%；人口自然增长率控制在8‰以内。发展非公有制经济，改善政策环境、服务环境和社会环境，把非公有制经济发展纳入国民经济发展整体规划，与国有经济一视同仁。贯彻《关于城市经济发展环境的若干规定》，降低市场准入门槛，扶持非公有制经济快速发展。计划全年非公有制经济实现增加值2.6亿元，占国内生产总值的33%；实现税收5500万元，占财政总收入的24.3%。固定资产投资资金投向基础设施、退耕还林、改善农村生产生活条件等领域。计划重点基本建设项目20个，投资额4亿元，其中续建项目9个，新建项目9个，扩建项目2个，王良寺经济适用窑洞小区、二道街北段改造等续建项目。年底，交付使用的有水利服务中心、物资总公司大厦；延安果蔬批发市场等项目完成主体工程，柳树店大桥、原油产能建设等工程完成全部工程。同时加快社会事业建设，推动经济社会协调发展。以创建“全国科技进步先进县（区）”为目标，完善科技服务体系，改革创新科技服务机制。开展科技下乡活动，引进推广新技术、新品种，提高科技对经济增长的贡献率。教育、文体、卫生等事业与经济增长同步发展。

2004年，宝塔区以全面建设小康社会统领工作全局，坚持以人为本，树立全面、协调、可持续发展观，继续实施退耕还林，做大做强农村主导产业，加快国有企业改革，发展非公有制经济，加快基础设施小城镇建设，推进农业产业化、新型工业化、城乡一体化、经济民营化，发展科技、教育、文体、公共卫生等社会事业，实现国民经济和社会各项事业持续、快速、协调发展。2004年经济和社会发展主要预期调控目标：宝塔区生产总值29.9亿元，增长11%。根据统计要求，2004年起，不再统计区属国内生产总值，改为辖区生产总值，称宝塔区生产总值，其中第一产业增加值1.8亿元，增长2.9%；第二产业增加值21.8亿元，增长14.1%，第三产业增加值6.3亿元，增长4.3%；固定资产投资6.2亿元，增长12.7%；社会消费品零售总额10.5亿元，增长12.9%；财政收入3亿元，增长11.9%，其中地方财政收入2.2亿元，增长12%；居民消费价格指数103%；城镇居民可支配收入6500元，增加500元；农民人均纯收入增加100元以上；人口自然增长率控制在7.5‰以内。全区计划安排重点项目23个，其中续建项目8个，新开工项目11个，前期筹建项目4个，计划年末完成固定资产投资3.71亿元。原油产能建设新打井370口，新增产能8.5万吨；完成延安果蔬批发市场一期工程；完成华龙大厦、商务大厦、柳树店、延安大桥等6个项目的续建工程；建设张天河、庙咀沟、刘家河等村骨干坝5座；完成公安局、检察院办公楼、技侦楼等4个项目主体工程，农村13所小学扩建。商贸业调整经营思路，引进现代营销理念，向超市、连锁经营、便民店等方向发展，实现社会消费品零售总额10.5亿元，增长12.9%。加快发展非公有制经济，引导和支持非公有制经济进入农业、旅游、基础设施、市场建设、公用事业等领域，实现产值5.16亿元。实现利税总额8220万元。科技围绕产业开发和经济结构调整，引进新技术试验、示范，为产业开发提供技术支撑。教育推进农村中小学布局调整，加强联业教育，结合劳务输出，合理设置联教专业，培养社会适用人才。增加资金投入，文化、体育、公共卫生等事业与经济协调发展。

2005年，宝塔区以中共十六大、中共十六届四中全会精神为指导，全面贯彻落实科学发展观，坚持“产业富民、工商强区、城市带动、项目推动、超常发展、建设小康”战略，以农业、农村、农民“三农”问题为重中之重，加快农村基础设施建设步伐。推进国有企业改革，优化经济发展环境，推动非公有制经济，加快小城镇建设和二、三产业发展，坚持以人为本，发展社会各项事业，完善社会保障体系，构建和谐社会，使经济与社会发展同步推进。经济和社会发展主要宏观调控目标：宝塔区生产总值42亿元，增长11%，其中第一产业增加值2.27亿元，增长4.9%；第二产业增加值32.6亿元，增长13%；第三产业增加值7.49亿元，增长5.7%；固定资产投资7亿元，增长11.1%；社会消费品零售总额14.2亿元，增长10%；财政收入5.18亿元，增长11.75%，其中地方财政收入3.54亿元，增长9%；城镇失业登记率控制在4%以内；农民人均纯收入增长8%；人口自然增长率控制在5‰以内。实施项目拉动战略，增加固定资产投资，促进经济社会发展。计划重点项目21个，投资6.59亿元。新建石油增加产能9万吨；建成2万吨草产品生产线；完成高庄、麻庄、碾庄三条坝系建设，建设骨干坝14座，中小型淤坝67座，完成马家湾小区、黄蒿洼小区开发基础设施建设；完成蟠龙中学、川口中学教学楼、公寓楼、区法院审判厅等建设交付使用；文体局、教育局、工业办等办公楼、综合楼、惠泽老年服务中心等完成主体工程；柳林窑洞群经济适用房、延河大厦、七里铺村综合楼完成基础；区委党校年内开工建设。计划投资2.64亿元，安排民生工程14项，重点建设兰家坪、韩家窑则、王良寺二期经济适用房，实施青化砭、蟠龙小城镇基础设施建设，完善南泥湾、临镇、甘谷驿小城镇配套设施等项目建设。营造和谐社会环境，促进各项事业全面进步。增加教育投入，改善办学条件，完成区一中综合楼尾留工程和职业教育综合楼主体工程建设，完成梁村等10所中学校舍维修改造。文化以“兰花花”为特色文化品牌，新组建群众艺术团，协调落实文化大楼建设，完成3个镇、5个村的基层文化、体育阵地建设。发展广电事业，广播覆盖率达97.1%，电视覆盖率92.5%，增加公共卫生投资，加快卫生建设，实施宝塔区疾病控制中心、甘谷驿、松树林卫生院建设，每万人拥有医院病床50张。建成50个环境卫生示范村，推行农村新型合作医疗制度，推动卫生事业健康发展。

2006年，宝塔区编制经济和社会发展宏观控制目标，坚持以中共十六大、中共十六届五中全会精神为指导，以科学发展观统领经济社会发展全局，坚持“产业富民、工商强区、城市带动、超常发展、建设小康”发展战略和农业产业化、新型工业化、城乡一体化、经济民营化的发展思路，依靠科技进步，提高经济增长质量和效益，实现经济又快又好发展，为实施“十一五”规划开好局、起好步。2006年经济和社会发展主要预期调控目标：宝塔区生产总值132亿元，增长12%；固定资产投资8.3亿元，增长13.7%；财政收入8.5亿元，增长11%，其中地方财政收入4亿元，增长2.6%；农民人均纯收入净增200元以上；社会消费品零售总额20.9亿元，增长7%；人口自然增长率控制在6‰以内；城镇失业登记率控制在4%以内。固定资产投资计划安排重点项目28个，其中原油产能、农林水利生产类项目6个，住宅、商住、综合楼等基建类10个。区乡医院、城市社区等建设项目4个，商贸经营、市场建设等项目4个。区财政投资建设民生工程11个，人畜饮水工程50处，乡村道路建设完成项目4个，17条三级、四级砂石路196.1千米，其中柏油路8千米。小城镇建设和冯庄、川口等乡镇基础设施改造工程，实施12个新农村建设和100个村广电网络配套设施。加快各项社会事业建设，构建宝塔和谐社会。实施科教兴区战略，普及科技知识，坚持科技三下乡活动，引进新技术3项。优先发展教育、增加教学基础设施建设，新建临镇中学、柳林中学等8所学校教学楼，配备教学器材、仪器、图书等，完成135所学校的校舍维修和部分学校的信息化建设，优化资源配置，促进城乡教育均衡发展。完善乡镇文化站建设，送电影下乡，繁荣群众文化生活。增加公共卫生投资，加快基层卫生机构基础设施建设，全面完成贯屯等12个乡卫生院的扩建任务。计划生育开展生殖健康优质服务活动，对育龄妇女开展健康检查，计划建成计划生育超市，提供集宣传、教育、信息咨询、技术服务为一体的专业服务。

2007年，宝塔区以中共十六大和十六届六中全会精神为指导，全面贯彻落实科学发展观，实施产业富民、工商强区、城市带动、项目支撑、超常发挥、建设小康的发展战略，坚持走农业产业化、新型工业化、城乡一体化、经济民营化的路子，推进新农村、城市化、社会事业三大工程建设，构建宝塔区和谐社会，经济与社会协调发展。经济和社会发展主要预期调控目标：宝塔区生产总值160亿元，增长11%；固定资产投资11.5亿元，增长10.6%；财政收入11.3亿元，增长13.9%，其中地方财政收入5.25亿元，增长7.6%；农民人均纯收入净增200元；社会消费品零售总额23.6亿元，增长7%；人口自然增长率控制在6‰以内；城镇登记失业率控制在4.5%以内。固定资产投资以片区开发为重点，加快城郊农村三产开发进度。实施七里铺片区、工人文化宫片区、黄蒿洼区域商住楼开发建设。计划完成七里铺村、高家园则等5个住宅楼、综合楼建设项目。续建兰家坪、延河大厦等7个经济适用房工程建设。教育优化投资，加快教育基础设施建设。续建东关、市场沟小学教学楼和综合楼，新建柳林中学、区五中教学楼、公寓楼，扩建维修改造金盆湾中学、元龙寺小学等中小学6所。实施城区义务教育纳入“两免一补”范围。增加文体事业投资，加快文化设施建设。新建图书馆电子阅览室、老年门球场，新建农村基层活动场所136个，完成柳林、兰家坪、罗家坪等3个城市社区办公场所的建设工程。公共卫生以改善基础设施为重点，提高医疗技术为目标，改变基层医疗卫生落后状态。续建河庄坪卫生院，实施桥沟卫生院、枣园卫生院迁建，新建南市社区卫生服务中心，筹办建设民办公助卫生服务站3个，农村医保参合率达90%。完成计划生育服务站、甘谷驿计生服务站体系建设。

2008年，宝塔区经济和社会发展计划编制以邓小平理论和“三个代表”重要思想为指导，全区贯彻中共十七大精神，深入贯彻落实科学发展观，坚持解放思想、改革开放，推动科学发展观，构建和谐宝塔，实现富民强区目标。实施“工商强区、城镇带动、项目支撑、产业富民、科教引领、建设小康”的经济发展战略，推进农业基础建设，推动苹果、蔬菜、畜牧三大主导产业开发，做强工业、商贸、民营三大城市经济，促进城乡经济协调发展。2008年全区经济和社会发展主要预期调控目标是：宝塔区生产总值131亿元，增长12%；全社会固定资产投资55.8亿元，增长11.5%；财政收入13.3亿元，增长5%，其中地方财政收入6.89亿元，增长5%；农民人均纯收入3000元，净增200元；城镇居民人均可支配收入11100元，净增500元；社会消费品零售总额28亿元，增长7%；人口自然增长率控制在5.5‰以内；城镇登记失业率控制在4.5%以内；万元GDP能耗降低4.4%；二氧化硫排放削减3.58%；化学需氧量削减1.06%。全区安排重点项目28个，财政非重点项目25个，两类项目合计53个，年度计划投资11.99亿元，其中财政年度总投资1.86亿元。重点项目中，交通2个，工业2个，水利7个，城市基础设施类12个，社会事业和其他2个，三山两河项目2个。实施城乡减灾安居工程，完成棉土沟拆迁安置和500户的农村危窑危房改造工程。完成韩家窑则道路建设、续建马家湾小区开发、七里铺旧楼改造等基础建设工程。财政非重点项目中，农林水牧3个，城乡基础设施建设类13项。新建37个村级组织活动场所，新建30个农村警务室，新建邓家沟大桥，完成万花山、李渠、姚店小城镇建设工程。发展各项社会事业，推进和谐社会建设。实施科教兴区战略，推广优良品种和产业技术，建成3个科技示范乡镇、20个科技示范村，推进素质教育，发展职业教育，加快普及高中教育。新建区五中综合楼，姚店小学、柳林小学、冯庄小学教学楼，扩建姚店中学，续建金盆湾中学等。完成农村中小学远程教育及信息教育工程和18所中小学供暖改造工程。加快公共卫生服务体系建设，提升综合服务能力。新建枣园卫生院，完成区医院污水处理工程。社区卫生覆盖率达65%，扩大新型农村合作医疗覆盖面，参合率达90%。加快发展文体事业，推动文化设施建设。新建临镇镇文化活动站，续建枣园镇文化站，新建民众剧团排练厅等文化项目。实施农村调频广播延伸工程，提高广播电视覆盖率。

2009年，宝塔区以中共十七大和十七届三中全会精神为指导，贯彻落实科学发展观，编制计划按照“推动科学发展，构建和谐宝塔，落实富民强区”的原则，推进工业、商贸、民营三大城市主导经济优化升级，加快苹果、蔬菜、养殖三大农业主导产业发展，实施民生工程，促进经济与社会各项事业协调健康发展。全区经济和社会发展主要预期调控目标：宝塔区生产总值141.5亿元，较上年增长13%，其中第一产业6.4亿元，较上年增长9%；第二产业91.8亿元，增长10%；第三产业43.3亿元，增长22%；全社会固定资产投资105亿元，增长10%；地方财政收入7.45亿元，较上年增长5%；农民人均纯收入3940元，增长14%；城镇居民人均可支配收入14530元，增长14%；社会消费品零售总额40亿元，增长20.5%；人口自然增长率控制在4.2‰内。万元GDP能耗降低5.15%。固定资产投资计划安排重点项目40个，项目总投资54.1亿元，其中续建项目18个，新建项目22个，年度计划投资11.23亿元。煤炭产业、林果业等生产类项目8个，年度计划投资14895万元。棉土沟地区灾害治理工程、麻塔村开发等基础设施类项目6个，年度计划投资29539万元。中石油延安希望小学、城区绿化、第三幼儿园、新农村等社会事业类项目9个，年度计划投资6468万元。七里铺服装市场综合楼、桥沟镇向阳村、东关村三产商住楼等开发类项目7个，计划年度投资51625万元。实施十大民生工程，加快社会各项事业发展。计划安排住房9000平方米，完成延安救助站主体工程、完成农村减灾安居工程、社区服务中心17个建设工程，完成蟠龙中学教师周转房、农村健身中心20个，乡镇数字电视周转工程9个。完成人力资源市场设施设备配套、道教文化交流中心等十大民生工程，计划年度投资9726万元。

2010年，宝塔区编制计划以中共十七大和十七届三中、四中全会精神为指导，深入贯彻落实科学发展观，实施“科教引领、民营带动、园区推进、项目支撑”发展战略，以经济结构调整为主线，重点项目为支撑，推动工业、商贸、民营三大城市主导经济发展。提高苹果、蔬菜、畜牧三大产业的规模效益，加快推进农业产业化。以改善民生为根本，加快推进民生十大工程建设，建设富裕、生态、和谐新宝塔。经济和社会发展主要预期调控目标：宝塔区生产总值141亿元，较上年增长13%，其中第一产业6亿元，增长1.5%；第二产业66亿元，增长9.5%；第三产业69亿元，增长19.3%；全社会固定资产投资136.5亿元，增长30%；地方财政收入8亿元，增长5%；社会消费品零售总额47亿元，增长19%；单位生产总值能耗降低5.18%；城镇居民人均可支配收入

17980元，增长14%；农民人均纯收入4740元，增长14%；人口自然增长率控制在5.5‰；城镇新增就业人数4600人；城镇登记失业率控制在4.2%。固定资产投资按照量力而行、续建项目优先为原则，突显重点，面向财源建设、基础设施、社会事业项目，计划安排重点项目42个，项目总投资70.68亿元；其中续建项目29个，新建项目13个，年度计划投资11.85亿元；建设煤矿原油产能建设、农村三大产业等生产类项目4个，年度计划投资3.76亿元；延河庙沟段河堤改造工程、土地整理项目等基础设施类项目8个，计划年度投资3.42亿元；百乐门三产商住楼、北关农贸市场商贸楼、林苑小区经济适用房建设等开发类项目13个，年度计划投资3.18亿元；廉租房建设、宝塔区光荣院、社区阵地建设、农村减灾安居工程等民生十大工程4个，年度计划投资6856万元；枣园中学校舍建设工程、农村饮水安全、户用沼气项目、社区服务设施建设等扩大内需项目4个，年度计划投资1962万元；巩固退耕还林成果项目1个，年度计划投资3275万元。安排延安市贯屯洗煤厂、蟠龙煤炭集装站、南区物流中心、友谊大厦、新东方大厦、区武装部迁建等前期重大项目11个。加快社会事业建设，促进社会和谐。新建廉租房400套，改建农村危窑危房500户，完成省上下达乡镇综合文化站建设项目和农家书屋，实施文化信息资源共享工程及农村体育健身设施，新建区级社会服务中心和11个农村社区。加快蟠龙中学等3所中小学基建进度，年底交付使用。完成宝塔调频广播电视台建设工程等，推动经济与社会建设协调发展。

第三节　计划执行

1990~2010年，宝塔区（延安市）制定并组织实施国民经济和社会发展“八五”计划、“九五”计划、“十五”计划、“十一五”规划。

随着改革开放的深化，农业完成第二轮土地承包30年不变的农业生产责任制和土地延包工作。工商企业完成产权明晰的承包、租赁、托管、股份改造和进行国有、集体、工商企业改制。扶持发展个体私营企业和股份制企业。随着体制的变化，计划管理也从过去的注重微观计划向宏观计划，由注重指令性计划向注重指导计划的转变。更注重客观指导在社会主义市场经济条件下的公共设施建设、社会发展、生产建设，实现经济发展与社会各项事业协调发展、环境保护统筹发展相结合。2010年，国民生产总值完成1487650万元，按可比价计算比1990年的39719万元增长36.45倍。其中，第一产业完成46250万元，比1990年的10275万元增长3.5倍；第二产业完成798870万元，比1990年的16255万元增长48.15倍；第三产业完成642530万元，比1990年的13189万元增长47.7倍。财政收入、各项存款、社会商品零售总额、职工年平均工资逐年增加。2010年，全部财政收入152783万元，比1990年的1664万元增长90.8倍；金融机构各项存款余额3269470万元，比1990年的37489万元增长86.21倍；社会商品零售总额完成503599万元，比1990年增长27.3倍，全部职工年均收入34040元，比1990年1560.58元增长20.8倍。

一、“七五”计划（1986~1990年）

第七个五年计划期间，实施烤烟、林果、畜牧业三大商品生产基地“一、二、三”

的农村经济发展战略，调整产业结构，坚持“靠政策、靠投入、靠科技、靠领导”，农村经济发生较大的变化。坚持深化企业政策落实企业承包责任制，实现产值、销售、利润、税金四个同步增长，城市基础设施建设、交通、财贸、文化教育、卫生科技事业也有新的发展，城乡居民生活水平有新的提高。

1990年，全市完成国民生产总值68996万元，其中市属为29477万元，比上年增长15.63%，粮食总产量83373吨，比上年增长34.41%，增加粮食21342吨。社会商品零售总额17779万元，比上年下降5.95%。地方财政收入1664万元，比1985年322万元增长4.16倍。农民人均纯收入560元，比1985年增加381.1元，城市居民人均收入895.81元，比上年增长18.40%。

二、“八五”计划（1991~1995年）

1991年4月28日，延安市第十二届人民代表大会第二次会议审议批准《延安市国民经济和社会发展“八五”计划和2000年（十年）远景目标纲要》，是在社会主义市场经济条件下第一个中长期规划，也是跨世纪的规划，按照“解放思想、开拓进取、着眼发展、提高效益、差距要缩小、位次要前移”的战略思想，编制“八五”计划和十年远景目标的纲要。“八五”期间及2000年的奋斗目标是：到1995年底，国民生产总值达2亿元，年递增12.78%，到2000年达3亿元；社会总产值1995年达3.20亿元，2000年达5亿元，年递增分别为14.87%、9.3%。其中，工业产值1995年达1亿元，2000年达1.80亿元，年递增分别为20.53%和12.5%；农业总产值1995年达1亿元，2000年达1.20亿元，年递增分别为8%和3.7%；国民收入1995年达1.70亿元，2000年达2.80亿元，年递增分别为15.49%和10.5%；财政收入1995年达3000万元，2000年达8000万元，年递增分别为14.3%和21.67%；农民人均纯收入1995年达600元，2000年达1000元。

到1995年，全市完成国民生产总值135868万元，其中市属比1990年增长89%，年均递增13.9%；地方财政收入3748万元，比1990年增长1.3倍，年均递增17.6%；社会消费品零售总额27233万元，比1990年增长53%，年均递增8.9%。

三、“九五”计划（1996~2000年）

1996年1月22日，延安市第十三届人民代表大会第四次会议审议批准《延安市国民经济和社会发展第九个五年计划》和《2010年远景（十年）规划》，坚持“以开放促发展，以开发求发展”的战略，依托资源，面向市场，以农奠基，以城带乡，科教兴市，提高经济综合实力，促进全市经济和社会事业持续、健康、快速发展。“九五”末计划完成国民生产总值8亿元，一、二、三产业比例为25∶38∶37；农业总产值5亿元，年平均递增14.0%；工业产值5亿元，年平均递增15.6%；财政收入1亿元，年平均递增14.26%；乡镇企业总产值1亿元，年平均递增25.8%；市属社会商品零售总额3.1亿元，年平均递增7.4%；固定资产累计投资134257万元；农民纯收入2200元，比“八五”末增加1062.5元；人口34.25万人，人口自然增长率控制在10‰以内。到2010年国民生产总值达到24亿元；10年期间年平均递增11.6%；工业总产值达到9亿元，年平均递增6.1%；农业总产值11亿元，年平均递增8.2%；财政收入2.5亿元，年平均递增9.6%；市场社会商品零售总额6.5亿元，年平均递增7.68%；固定资产投资1.3

亿元，乡镇企业总产值18亿元，年平均递增6.1%；人均纯收入5000元，年均递增8.6%；人口37.46万人。

到2000年，全区完成国内生产总值21.45亿元，比1995年平均增长12.6%。其中，农业总产值完成2.18亿元，比1995年增长6.6%，年均增长1.3%；工业生产总产值3.63亿元，比1995年增长72.6%，年平均递增30.1%；地方财政收入达到10455万元，比1995年增长1.79倍，年均增长22.7%；社会消费品零售总额6.90亿元，比1995年增长1.5倍，年均增长19.9%；全社会固定资产投资完成12.87亿元，比1995年增长6.93倍，年均增长48%；农民人均纯收入1486.70元；人口自然增长率2.03‰。

四、"十五"计划（2001～2005年）

2001年2月28日，延安市宝塔区第十四届人民代表大会第四次会议审议批准《延安市宝塔区国民经济和社会发展第十个五年计划》。"十五"时期经济发展主要经济指标：国民经济年递增10%，高于全国、省平均水平；农业总产值年递增10.8%，达到4.70亿元；工业总产值年均递增6.6%，达到5亿元；社会消费品零售总额年均递增13.5%，达到13亿元；财政收入年均增加2000万元，达到2亿元以上，其中地方财政收入达到1.50亿元以上；农民人均纯收入年均增长200元，达到2500元；人口自然率控制在8‰以内。加快生态环境建设，实现环境保护与经济的可持续发展，力争5年退耕还林还草30万亩，累计治理水土流失面积200平方千米。实施科技兴区战略，促进社会各项事业协调发展，科技对经济增长贡献率达50%以上，城区普及高中教育。加快小城镇和市场建设，坚持统一规划，合理布局，设施完善，各具特色的小城镇群体，"十五"期间主要抓好省市试点镇姚店镇、河庄坪镇及210国道沿线经济实力较强的甘谷驿、青化砭、李渠、临镇四镇建设，到2005年，建成辖区人口3万人以上的小城镇（姚店镇、河庄坪镇、李渠镇）3个，2万人以上的小城镇（甘谷驿镇、青化砭镇）2个，城镇化水平达40%，通往村庄道路铺装率达95%。

以经济多元化、市场集中化为原则，以市区为重点，建立健全商品市场批发体系，以乡镇为重点，建立健全商品零售市场和农副产品集散体系。兴建宝塔区百货综合大厦、丽融大厦、延印商务大厦、银海大厦、东方大厦、延河大酒店、万隆商场、友谊综合大楼等商业网点，开发建设马家湾农贸市场、毗圪堵农贸市场、大砭沟农贸市场、向阳沟蔬菜批发市场、罗家坪农贸市场、尹家沟建材批发市场、高家园则建材批发市场、火车站农贸市场、桥沟振化农贸市场、石佛沟果菜批发市场。城区发展连锁配送、代销、超市、专卖店、购物中心、电子商务等现代零售业。

到2005年，宝塔区完成国内生产总值68.91亿元，比2000年增长2.21倍，年均增长19.9%。地方财政收入3.90亿元，比2000年增长2.73倍，年均增长30%；全社会固定资产投资30.54亿元，比2000年增长1.37倍，年均增长18.9%；社会消费品零售总额19.48亿元，比2000年增长1.8倍，年均增长23%。围绕"5552"工程战略，组织实施封山绿化、天然林保护、经济林建设、草畜业建设与舍饲养畜、农田水利建设五大工程，到"十五"末，建成高产基本农田50万亩，经济园林50万亩，种草50万亩，生态林200万亩。"十五"末原油产能45万吨，产量达到40万吨；"十五"期间区乡公路完成新铺柏油路8条、130千米，实现乡乡通油路；"十五"期间每年新增个体工商户

1000户，新增民营企业100户。

五、“十一五”规划（2006~2010年）

2006年2月8日，延安市宝塔区第十五届人民代表大会第四次会议审议批准《延安市宝塔区国民经济和社会发展第十一个五年规划纲要》，实施“产业富民、工商强区、城镇带动、项目拉动、超常发展、建设小康”的发展战略。加快农业产业化进程，做大做强“林果业、草畜业、蔬菜业”三大主导产业；开创新型工业化格局，依托石油产业，抓好建材、化工、机械、包装、农副产品加工及配套产业，大力发展非公有制经济，加快推进民营化进程，形成多种经济成分共同增长，一、二、三产业互相促进，生态环境与社会协调统一的可持续发展新格局；以小城镇建设为重点，覆盖城乡，布局合理，功能完善的基础设施体系，改善城乡水、电、路、通信等基础设施条件，逐步实现城乡一体化；实施项目推动战略，抓好重大项目的策划和论证，以项目促发展，增强经济发展后劲；着力推进企业改革，农村产权制度改革，行政管理体制改革；大力发展社会事业，坚持科教兴区战略，加大科技成果引进推广和信息化建设力度；健全各项社会保障制度，扩大就业机会，提高人民生活水平和质量。“十一五”期间主要奋斗目标：生产总值年均增长11%，到2010年全区国民生产总值达到200亿元（以2005年价计算），人均4万元。财政总收入12亿元，年均增长11%；地方财政收入达到6.50亿元，年均增长11%，由吃饭型财政转向建设型财政。全社会固定资产投资54亿元。全区经济结构优化，一、二、三产业结构调整为2：80：18。非公有制经济贡献率占财政收入的70%，特色优势产业对经济发展的支撑作用明显增强，“三大”农村主导产业收入达农民纯收入的60%，社会事业明显进步。

2010年，宝塔区完成国内生产总值1487650万元，比2005年增长1.15倍，年均递增13.4%。全部财政收入152783万元，其中地方财政收入85312万元，比2005年增长地方财政1.19倍，年均增加财政收入9260万元；完成全社会固定资产投资137.2亿元，比2005年增长3.49倍；完成社会消费品零售总额50.36亿元，比2005年增长1.59倍，一、二、三产业结构由2005年的4.3：59.8：35.9调整到5.5：45.3：49.2。全区城乡居民收入由7471元、2177元增加到18486元、5051元，年均增加收入2203元和574.8元。

第四节　项目建设

1990年，延安市完成石油液化气、街道公路改造、油田开发、紫砂陶瓷、制革、塑料、水泥制品生产线7个项目，投资额952万元。

1993年，全市重点项目38个，完成建安工作量5890万元，占计划投资的99.7%，其中国家预算内省级统筹项目38万元，完成38万元，占100%。建成南泥湾钻采公司建材厂住宅、新华化工厂综合楼、市中医院制剂楼、市第二医院门诊楼等22个项目竣工投入使用，竣工率58%。1994年，完成项目建安工作量4500万元，其中农业生产项目投资200万元，社会事业发展项目投资250万元，城市基础设施建设项目投资1550万元，住宅建设项目投资2500万元。至年底，城区建成工商银行、二道街商业群等20项工程，竣工面积 7.9 万平方米，开工建设项目有市武装部民兵训练基地、东关小学住宅等项目 20 个，建筑面积 5.2 万平方米。安排以工代赈工程项目投资 206 万元，有水利项目 13 个、交通 2 个、通信 2 个。完成投资 256 万元，占计划的 112.4%。

1996 年，完成基础性项目投资 4312 万元，生产性投资 260 万元，竞争性项目投资 1329 万元，项目总投资额 5901 万元，其中完成预算内省级统筹资金 175 万元。建成二道街商业综合楼、南区供销社等 6 个商贸新建改造项目，完成投资 2600 万元，住宅建设 30 处，安排投资 1978 万元，建筑面积 23100 平方米，建成人武部、规划局、征迁办等 15 处，建筑总面积 15860 平方米。农行等 8 处封顶，物业公司等项目进行主体建设或地基处理。城市基础设施建设投资 800 万元，建成项目有街道路政改造、公厕、游园、供水等。以工代赈建成项目有农村道路、灌区、淤地坝和人饮工程，投资 404 万元。

1997 年，宝塔区完成安居工程建设 7.58 万平方米，七里铺供水管网改造 6600 米。安排住宅工程项目 14 个，总投资 2635.6 万元，建筑面积 38916 平方米，有国有资产管理局、双退所、粮油仓库等 6 个项目竣工投入使用。教学设施建设项目投资 2719 万元，其中国家投入 100 万元，扩建城区中小学 17 所，新建校舍面积 5 万平方米；扩建农村中学 18 所，完成投资 876 万元，新增校舍面积 12600 平方米；新建希望小学 30 所，以工代赈项目 446.1 万元，其中国家投资 250.7 万元，配套资金 195.4 万元。完成水利、农田、人饮、乡村公路建设项目 4 个。争取到国家预算内项目投资 2090 万元，其中城区教育投资 1000 万元，到位 500 万元，王家坪防洪桥 1000 万元，国家教育扶贫工程两所学校 160 万元。

1998 年，重点项目建设呈上升趋势，全区全年立项 85 个，其中生产经营性项目 51 个，基础性建设项目 34 个。实施项目 48 个，完成投资 13000 万元，占年计划的 52%，较上年增长 8.6%。完成基本建设建安工作量 8636 万元，较上年增长 99.6%。建成尹家沟垃圾场、国贸大厦，新增油井 172 口、低聚糖生产线、南区供销社、东关轻化市场等，安排住宅项目 11 个，总投资 3067 万元，建筑面积 37820 平方米，建成的有国税局、自来水公司、石油公司、生产资料公司住宅楼 4 个，在建的有工商银行等 7 个。李渠、姚店小城镇建设地下管网铺设和街道路化工程按时竣工。教学设施建设力度加大，新建校舍 17000 平方米，维修中小学 51 所，扩建中小学 13 所，新建小学 4 所，完成投资 1641 万元。新建商贸市场商用房面积 12000 平方米，新增贸易场地 22000 平方米，完成投资 1532 万元。项目资金争取国家生态环境建设投资、农村低压电网改造、经济适用住房贷款、以工代赈、国家教育扶贫工程、地区防洪工程等建设资金 16000 万元，其中到位 1895 万元。6 个项目启动建设，其中实施以工代赈“甘露工程”恢复灌溉面积 6000 亩，打水井 128 口，新修农田 7600 亩，受益群众 1600 人。

2000 年，全区安排建设项目 66 个，其中重点项目 12 个。完成投资 36.10 亿元，其中重点项目完成投资 2.20 亿元，千型压裂机组投资项目完成投资 1830 万元，原油产能建设完成投资 8554 万元，新增产能 55000 吨，建成有粮食批发市场、二十里铺综合批发市场、大东门综合市场、白坪农贸市场、家具城等 7 个。完成广播电视网建设投资 320 万元，燕沟、川口油路改造 13.5 千米，投资 386.55 万元，生态建设完成投资 1395 万元，山区综合开发 1200 万元。

2001年，宝塔区有建设项目56个，其中重点项目15个。全年完成固定资产投资3.90亿元，占年计划102%，较上年增长2.1%，其中重点项目完成投资2.73亿元，占总投资的70%。原油产能建设投资1.10亿元，打井268口，新增产能55000吨；乡村道路建设改造完成燕金路、万花路等柏油路总长32.7千米；完成丽融大厦、东方大厦、银海大厦主体工程，生态建设项目完成投资120万元；完成扩建第四中学教学楼，新建第五中学综合实验楼。完成广播电视传输网一期工程干线270千米，架设光缆线80千米，投资600万元。

2004年，全区建成的重点项目有：白坪农贸市场扩建工程，原油产能建设，打井464口，新增产能8.8万吨，柳树店延河大桥，商务大厦，延百大厦等；主体工程完成的有：华龙大厦、水利服务中心、区法院审判厅、区检察院技侦楼等。农业生态建设完成退耕还林13万亩，其中退耕3万亩，荒山造林10万亩。枣园生态示范园建设，完成造林7000亩，新建骨干坝2座，完成柳林、南泥湾、临镇等中心小学续建工程7个。全年安排23个重点项目和社会事业发展建设，年度计划投资4.95亿元，其中社会事业发展投资8796万元。重点项目投资3.71亿元。全年实施重点项目19个，社会事业建设项目10个，完成总投资4.40亿元，占年计划的96%。

2005年，全区安排重点项目21个，社会事业发展项目14个，年度计划投资6亿元，实际完成7.06亿元，占年计划的117%。其中，退耕还林、原油产能带产品生产线、中小学布局等21个项目，完成投资4.88亿元，占计划的152%，工业办综合楼、民众剧团综合楼等6个项目年度计划，改造维修学校34所，装配实验室学校13所，投资1680万元。新修改造乡镇卫生院5个，投资480万元，完成川口至庙庵、松树林至杨家峪三级柏油路19.43千米，完成投资7500万元，19个乡镇沙石路370.6千米，投资2200万元，建成基本农田22000亩，投资1180万元，人饮工程完成投资190.45万元，建成乡镇农贸市场6个，投资5508万元。

2006年，全区实施重点项目28个，社会事业发展项目11个，年度计划投资10.39亿元，实际完成12.04亿元，占计划的115%。其中，重点项目计划投资8.75亿元，实际完成10.28亿元，占计划的115%，社会事业发展项目计划投资1.64亿元，实际完成1.96亿元。重点项目新增原油产能12.50万吨，完成淤地坝53座，维修乡镇畜牧兽医站11个，建成川口、蟠龙、检法两院等9个单位办公楼。区教育局、区党校培训楼，职教大楼竣工投入使用，建成罗家坪批发市场1号楼，川口、贯屯、蟠龙卫生院等，完成天河生态示范园砂石公路17.1千米。

2007年，宝塔区计划安排重点项目85个，投资总额19.83亿元。重点项目完成的有果园生产道路、苹果冷藏库、果汁加工厂、农村沼气能源建设、水毁坝加固工程、金庄水库、农村安全饮水、电教中心、26所学校供暖工程、政府信息网工程一期等33个。完成年度计划的有扶贫重点村、移民搬迁、农业综合开发项目、延河大厦、嘉岭商城扩建、乡镇三产开发等6个，在建的有20个，办理前期手续的有21个。全年重点项目实际完成年度投资9.96亿元，占计划的51%。

2008年，宝塔区实施重点项目28个，财政性非重点项目25个。28个重点项目完成的有25个，其中全部完成工程有14个。完成年度计划的有11个。财政性非重点项目有

25个，完成24个。全年实施项目53个，完成投资11亿元，占计划的113%。

2009年，全区安排重点建设项目40个，实施39个，其中续建18个，新建21个。全部建成畜牧产业、蔬菜产业、苹果产业、农村新能源（沼气）建设、长青路改造、城区绿化、人力资源市场等项目14个。完成年度计划的有黄蒿洼片区麻塔新村开发、新农村建设、第三幼儿园建设、农村党员干部现代远程教育终端接收站点建设、纸箱厂生产线、煤炭开发等25个。项目总投资54亿元，年度计划投资11.23亿元，实际完成投资11.97亿元，占计划的106%，区级财政拨款3053万元，占计划的73%，项目建设成效显著。

2010年，安排区级重点项目42个，总投资70.70亿元，年度计划投资11.85亿元。全部建成的项目有乡镇污水处理厂建设、中国石油希望小学、蟠龙中学建设、广电及政务内网建设、城区绿化、桥沟镇向阳村三产商住楼、桥沟镇东关村商住楼、延安枣园仓储式物流中心、柳林镇高坡村三产房建设、宝塔区光荣院、枣园初级中学校舍改建工程、农村安全饮水、户用沼气项目、宝塔区服务设施建设、防护林工程、建设煤矿原油产能建设。完成年度计划项目的有煤炭产业开发、农村三大产业、乡村道路建设、延河至庙沟河堤改造工程、宝塔山周边民居改造、宝塔区少儿体校综合训练楼、区委后院改造、农业综合大楼、七里铺旧楼改造、万花山毗屹崂村三产及村民住宅建设、新建北关农贸市场商住楼、凤凰大厦、桥沟镇桥沟村商住楼、农村减灾安居工程、巩固退耕还林成果项目、延安（宝塔）中小企业产业园、黄蒿洼片区新村建设、新农村重点村建设、工人文化宫礼堂片区旧城改造工程、廉租房建设、社区阵地建设、小城镇建设（河庄坪镇）、土地整理项目、百乐门三产商住楼、林苑小区经济适用房小区建设。年内41个项目完成投资11.95亿元，占计划10.08%。

第二章　统　计

第一节　统计机构

1990年，时称延安市统计局。1994年8月，市统计局与延安市计划委员会合并为延安市计划经济局。

1996年11月，恢复延安市统计局；12月地改市时更名为延安市宝塔区统计局。1998年12月，宝塔区微机电教站编制10人。

2004年7月，延安市宝塔区普查中心成立，副科级建制，编制4人，设主任1人。2008年4月，宝塔区普查中心编制9人，加挂宝塔区城乡社会调查队牌子，设主任1

人、副主任1人。

2010年，宝塔区统计局内设办公室、综合股、法规监督股、业务股4个股室。编制7人，设局长1人、副局长2人。下设宝塔区普查办公室，编制22人，设主任1人。

第二节　综合统计

一、年度综合统计

1990年，综合统计包括国内生产总值、社会总产值、人口情况、财政、金融、保险、国民收入核算等。1994年，综合统计主要项目有：人口情况、人口分布情况；财政、金融、保险；国民生产总值表（按当年价格计算），国民生产总值（按可比价格计算），市属国民生产总值表（按当年价格计算），市属国民生产总值（按可比价格计算），居民总消费水平。

1997年，宝塔区综合统计核算部分有：国内生产总值（按当年价格计算），国民生产总值（按可比价格计算），区属国民生产总值（按当年价格计算），区属国民生产总值（按可比价格计算），人口情况、人口分布情况，各乡、镇办事处人口密度表，居民总消费水平。

2001年综合统计有：人口情况、人口分布及密度一览表，计划生育情况，财政金融及保险业；国内生产总值（按当年价格计算，按可比价格计算）；区属国内生产总值（按当年价格和可比价格计算）；居民消费水平。

2010年，综合统计核算的项目有：宝塔区生产总值，分第一、第二、第三产业生产总值（统计核算按现价和可比价格计算）、财政、金融业、人口情况等。

二、专业统计

专业统计包括农业、工业、城市公用事业、商业、物资供应、固定资产投资、劳动工资、科教文卫、乡镇企业等专业。农业统计包括种植业、林业、牧业、渔业、副业，主要采取抽样调查、典型调查和重点调查等调查方法。1990年，农业统计的主要指标有农村基层组织（乡、镇、村民委员会个数）、乡镇总户数、总人口、农村劳动力、年末总耕地面积、农作物播种面积、农产品产量、农业总产值、净产值等指标。1991年，增加城镇个体劳动者人数统计表。1999年，农村劳动力按农林、牧、渔业分类统计，农村通电话村、自来水受益村也纳入统计，农业增加值、生产补贴列入统计内容。

1998年，工业统计口径又作调整，统计范围为辖区全部国有工业企业及年产品销售500万元以上的非国有工业企业。与工业有联系的还有主要能源消费与库存统计。2010年，全社会固定资产投资统计报表有《全社会固定资产投资表》《反馈跨县区投资表》《房地产投资完成情况表》《房地产财务综合表》，建筑业统计报表有《建筑企业生产情况表》《总承包企业财务汇总表》。劳动工资统计口径及范围包括国家机关、党政机关和社会团体、各级企事业单位，包括国有经济、城镇集体经济、其他类型单位，不包括个体和私营经济以及乡、村企业。

2010年劳动工资统计报表有《国有经济从业人员和劳动报酬情况》《城镇集体经济从业人员和劳动报酬情况》《其他经济从业人员和劳动报酬情况》。

商业（批发、零售贸易、餐饮业）统计的对象和范围为具有法人资格的独立核算企业及附属营业业务活动单位。批发型限额以上企业、限额以下批发企业和个体户；零售业：限额以上企业，限额以下批发企业和个体户；住宿和餐饮业：星级限额以上企业，星级限额以外企业和个体户。统计报表有限额以上批发和零售业法人企业商品购销存综合表，商品购进总额，批发总额销售总额，零售额年末商品库存总额，年末零售营业面积，限额以上住宿业和餐饮业法人企业经营情况综合表，批发业、零售业机构、网点人员统计表，餐饮业机构、网点人员统计表 12 种。

第三节　统计调查

按照国家周期性普查制度规定，组织开展 1990 年第四次人口普查，1995 年第一次农业普查，1996 年第三次工业普查，1998 年第一次非公有制经济普查，2000 年第五次人口普查，2001 年基本单位普查，2004 年第一次经济普查，2006 年第二次农业普查，2008 年第二次经济普查，2010 年第六次人口普查。第六次人口普查于 11 月通过省统计局质量技术验收，12 月普查审核，编码完成。

组织开展农村和城市社会经济抽样调查及人口调查工作，把握农民人均纯收入、城镇居民可支配收入、居民消费价格指数等指标数据，反映职工群众生产生活状况。农村住房经济调查，包括农民家庭基本情况、农民家庭生产和出售产品情况、农民家庭总收入总支出指标、农民家庭实物消费量指标等。1990～2010 年，农村住户抽样调查 60～80 户，全区农民人均纯收入指标主要取自农村住户调查的结果。城市住房调查，全区共抽选 50 户住房进行经常性调查样本，调查的主要指标包括居民家庭状况、居民家庭劳动就业状况、居民家庭收入状况、居民家庭现金支出状况、居民家庭消费水平和消费结构状况、居民家庭住房情况等。1998 年增加限额以下批发零售抽样调查，采取抽样与全面调查相结合，每年进行 1‰人口抽样调查和劳动力调查、群众安全感调查，每五年进行 1%人口抽样调查，2006 年增加全社会能源消耗调查。

1990 年延安市农村住户总收入、纯收入及总支出抽样调查统计表

表 15-2-1　　　　单位：元

指标名称	金额	指标名称	金额
全年总收入	157271	全年总支出	126930
一、从集体经营中得到收入	5374	一、家庭经营费用支出	25173
二、家庭经营收入	139908	二、购置生产性固定资产支出	3636
1. 农业收入	81410	三、缴纳税款	563
其中：粮食收入	57423	四、上交集体承包任务	1067
2. 林业收入	73	五、生活性消费支出	88583
3. 牧业收入	22745	1. 食品支出	61075

续表

指标名称	金额	指标名称	金额
4. 手工业收入	1031	2. 衣着支出	8584
5. 采集捕猎收入	2802	3. 住房支出	3156
6. 工业收入	360	4. 燃料支出	2161
7. 运输业收入	300	5. 日用品及其他	13607
8. 生产性劳务收入	23648	六、其他支出	7908
9. 商业收入	536	1. 非商品支出	5621
10. 其他收入	7003	2. 其他非生产性支出	2287
三、其他非生产性收入	11989	七、现金支出	94430
平均每人纯收入	449	八、期末预存现金	71287

说明：1990 年调查户数 60 户，常住人口 281 人。以上数据为 60 户总数合计

2000 年宝塔区农村住户总收入、可支配收入及总支出抽样调查统计表

表 15-2-2　　单位：元

指标名称	金额	指标名称	金额
全年总收入	480654	全年总支出	467583
一、工资性收入	51387	一、家庭经营费用支出	77782
在非企业组织劳动收入	17314	其中：农业生产	59514
常住人口外出从业收入	2700	二、购置生产性固定资产支出	12298
其他	31373	三、生产性固定资产折旧	9262
二、家庭经营收入	360562	四、税费支出	10898
1. 农业收入	293026	五、生活消费支出	343127
其中：种植业收入	293026	食品消费支出	139939
2. 林业收入	75	衣着消费	25650
3. 牧业收入	14030	居住消费	11477
4. 建筑收入	1316	家庭设备用品支出	14473
5. 交通、运输、邮电业收入	31665	医疗保健	11556
6. 批发、零售、餐饮业	8047	交通通信消费	12189
7. 社会服务业收入	42	文化娱乐用品及服务	45869

续表

指标名称	金额	指标名称	金额
8. 文教、卫生收入	1760	其他商品和服务消费	5050
9. 其他家庭经营收入	6780	六、财产性支出	1458
三、财产性收入	30119	七、转移性支出	22020
四、转移性收入	38540	其中：赠送亲友	16732
全年可支配收入	356150	交纳保险费	95
人均可支配收入	1516	其他	5193

说明：2000年调查户数50户，常住人口235人。以上数据为50户总数合计

2010年宝塔区农村住户总收入、总支出及纯收入抽样调查统计表

表15-2-3　　单位：元/人

指标名称	金额	指标名称	金额
全年总收入	6796. 3	全年总支出	5845. 9
一、工资性收入	1816. 5	一、家庭经营费用支出	1403. 2
1. 在非企业组织劳动收入	255. 9	1. 第一产业生产费用	881. 4
2. 在本乡地域劳动收入	755. 1	2. 第二产业生产费用	160. 5
3. 外出从业得到收入	805. 5	3. 第三产业生产费用	361. 4
二、家庭经营收入	3949	二、购置生产性固定资产	43. 9
1. 第一产业收入	2994. 4	三、改造生产性固定资产支出	0. 5
2. 第二产业收入	180	四、收费支出	16. 3
3. 第三产业收入	744. 6	五、生活消费支出	3713
交通运输业收入	129. 3	1. 食品消费支出	1226. 8
批零贸易业、饮食业收入	387. 7	2. 衣着消费支出	216. 7
社会服务业	127. 8	3. 居住消费支出	294. 1
其他行业收入	106. 4	4. 家庭设备用品消费	143. 9
三、财产性收入	528. 2	5. 交通通讯消费	604. 3
其中：租金	106. 6	6. 文化教育娱乐用品消费	414. 3
四、转移性收入	502. 7	7. 医疗保健消费	285. 4
1. 寄回带回收入	152. 7	8. 其他商品和服务消费	53. 4

续表

指标名称	金额	指标名称	金额
2. 退耕还林补贴	211.1	六、财产性支出	4
3. 粮食直接补贴	20.5	七、转移性支出	665
其他	118.4	期内纯收入	5051

说明：2010 年调查户数 80 户，常住人口 311 人

1990 年延安市城市住户现金收入、支出抽样调查统计表

表 15-2-4　　单位：元

项目	金额	项目	金额
一、期初手存现金	11151.47	三、现金支出	209056.5
二、现金收入	210149.4	（一）实际支出	172109.14
（一）实际收入	182086.36	1. 生活费支出	150871.42
其中：生活费收入	159812.99	2. 非消费支出	8806.88
1. 全民所有制职工工资	103664.59	赡养支出	8802.88
2. 集体所有制职工工资	14466.95	非储蓄保险	4
3. 从单位得到其他收入	10610.53	3. 特别支出	12430.84
4. 个体经营者收入	1800	赠送支出	12003.49
5. 其他劳动收入	9509.61	其他特别支出	427.35
6. 财产性收入	1615.11	（二）借款支出	36947.36
7. 转移性收入	34702.57	1. 存入储蓄款	25375
8. 特别收入	5717	2. 归还借款	7546.71
（二）借贷收入	28063.04	3. 借出款	2089.85
提取储蓄存款	17319.2	4. 储蓄性保险	15.8
借入款	9288	5. 购买有价证券	1920
收回借出款	1180	四、期末手存现金	12244.37
出售证券及其他借贷收入	275.84		

说明：1990 年调查户数 50 户，常住人口 178.4 人。以上数据为 50 户总数合计

2000 年宝塔区城市住户人均现金收入、支出调查统计表

表 15-2-5　　　　单位：元

项目	金额	项目	金额
一、期初手存现金	281.5	四、现金支出	7735.51
二、可支配收入	5082.92	（一）实际支出	6217.88
三、现金收入	7683.07	1. 消费性支出	4349.4
（一）实际收入	5290.37	2. 非消费性支出	1868.48
1. 国有经济单位职工收入	8072.1	（1）个人所得税支出	2.35
（1）工资性收入	6358.64	（2）其他各种税金	0.24
其中：奖金	196.62	（3）非储蓄性保险	39.79
（2）非工资性收入	1713.46	（4）赡养支出	234.07
2. 离退休再就业者	6855.17	（5）赠送支出	523.42
3. 其他劳动收入	30.92	（6）购房与建房支出	993.86
4. 财产收入	201.11	（7）其他	74.75
（1）利息	7.95	（二）借贷支出	1517.63
（2）红利	2.45	1. 存入储蓄款	1079.07
5. 转移收入	1168	2. 归还借款	216.63
（二）借贷收入	2392.7	3. 借出款	79.64
1. 提取存款	1662.42	4. 储蓄性保险支出	85.59
2. 借入款	700.26	5. 其他	56.69
3. 收回借出款	28.46	五、期末手存现金	229.06

说明：2000 年调查户数 50 户，常住人口 152.25 人

2010 年宝塔区城市居民家庭现金收支情况调查统计表

表 15-2-6　　　　单位：元/人

项目名称	金额	项目名称	金额
一、期初手存现金	1816.25	一、家庭总支出	20094.44
二、家庭总收入	19970.2	二、消费支出其中： （一）消费性支出	12662.46
其中可支配收入	18485.71	（二）转移性支出	3023.07

续表

项目名称	金额	项目名称	金额
（一）工资性收入	11618.64	（三）衣着	1903.48
（二）经营性收入	2442.92	（四）食品	3933.95
（三）财产性收入	343.18	三、居住	1310.95
（四）转移性收入	5565.45	四、家庭设备用品及服务	953.01
1. 养老金或退休金	3917.68	五、医疗保健	1709.45
2. 社会救济收入	44.65	六、交通通信	1147.29
其中：最低生活保障	44.65	七、教育文化娱乐服务	1238.2
3. 购养收入	835.51	八、其他商品和服务	466.14
4. 捐赠收入	499.43	社会保障支出	1307.81
5. 记账补贴	144.88	1. 个人交纳养老基金	337.34
6. 其他转移性收入	113.88	2. 个人交纳住房公基金	833.57
三、出售财物收入	3341.51	3. 个人交纳医疗基金	128.05
（一）出售住房收入	3333.33	4. 个人交纳失业基金	6.38
四、借贷收入	7068.17	借贷支出	10589.03
（一）提取储蓄存款	5975.75	其中：存入储蓄	10007.31
（二）借入款	1083.66	归还住房贷款	209.41
（三）其他借贷收入	8.76	期末手存现金	1562.15

2004年宝塔区第一次经济普查总产出情况统计表

表15-2-7

指标名称	按当年价格计算（万元）	按可比价格计算（万元）	较上年增长（%）
总产出	1594821	1317145	40.44
第一产业	46032	40928	1.2
第二产业	1269452	1024741	48.95
工业	1050531	841839	59.58
国有和年产品销售收入5000万元以上	1038342	832072	60.4
其他	12189	9767	11.11

续表

指标名称	按当年价格计算（万元）	按可比价格计算（万元）	较上年增长（%）
建筑业	218921	182902	14
第三产业	279337	251476	20.08
运输仓储邮电通信业	60225	56589	20.4
批发零售贸易餐饮业	61570	59672	15.2
金融保险业	19941	18172	1
房地产业	8883	7775	5.27
其他服务业	128718	109268	26

2004 年宝塔区第一次经济普查生产总值情况统计表

表 15-2-8

指标名称	按当年价格计算（万元）	按可比价格计算（万元）	较上年增长（%）
生产总值	806210	664732	29.82
第一产业	30980	24610	0.55
第二产业	623081	500821	36.35
工业	588392	470678	39.19
国有和年产品销售收入 500 万元以上	584028	466924	39.78
其他	4364	3754	-8.68
建筑业	34689	30143	3.45
第三产业	152149	139301	15.82
运输仓储邮电通信业	25489	36872	15.75
批发零售贸易餐饮业	35394	34303	13.74
金融保险业	11831	10782	0.53
房地产业	7587	6641	-1.32
其他服务业	71848	50702	24.26

2004年宝塔区第一次经济普查构成项目口径统计表

表 15-2-9　　单位：万元

指标名称	增加值	劳动者报酬	生产税净额	固定资产折旧	营业盈余
生产总值	862210	187193	259803	133364	225850
第一产业	30980	18054	—	1284	11642
第二产业	623081	91194	244697	109125	178065
工业	588392	75494	239888	106495	166515
国有和年产品销售收入500万元以上	584028	74428	239095	105776	164729
其他	4364	1066	793	719	1786
建筑业	34689	15700	4809	2630	11550
第三产业	152149	77945	15106	22955	36143
运输仓储邮电通讯业	25489	11172	2260	3535	8522
批发零售贸易餐饮业	35394	11351	8505	3902	11636
金融保险业	11831	4611	1659	949	4612
房地产业	7587	1196	850	4472	1069
其他服务业	71848	49615	1832	10097	10304

2008年宝塔区第二次经济普查情况统计表

表 15-2-10

指标名称	快报		经普		2008年较2007年增长	
	现价（万元）	可比价（万元）	现价（万元）	可比价（万元）	调整前（%）	调整后（%）
生产总值	1252560	1017050	1350674	1193385	12	13.6
第一产业	58560	40020	58560	40020	9	9
第二产业	833990	715550	799748	700778	10.4	11.8
工业	782580	674630	734037	648439	10.9	11.1
规模以上	776790	669190	710490	625210	11	10.9
规模以下	5790	5440	23547	23229	6.7	17.4

续表

指标名称	快报		经普		2008年较2007年增长	
	现价（万元）	可比价（万元）	现价（万元）	可比价（万元）	调整前（%）	调整后（%）
建筑业	51410	40920	65711	52339	3.2	19.9
第三产业	360010	261480	492366	452587	17	17.1
交通运输仓储邮政业	61330	49710	69405	56453	15.8	14.5
批发零售业	44890	39380	79653	69865	15.6	16
住宿餐饮业	25930	17530	35303	32361	16	20.8
金融业	20150	17300	47908	41134	10.9	21.2
房地产业	16090	9810	30972	24159	14.6	14.5
房地产行业	8490	7210	23962	18796	19	19
居民自有住房	7600	2600	7010	5363	4	1
其他服务业	191620	127750	229125	228616	19.1	17.2
其他营利性服务业	37110	30720	54821	67302	10.8	45.5
信息传输、计算机服务业	19530	17830	25763	27320	11.1	32.9
信息以外传输服务业	17580	12890	29058	39982	10.4	55.7
其他非营利性服务业	154510	97030	174304	161314	22.1	8.4
工业管理和社会组织	102680	59380	64906	62789	22.6	4.6
工业管理社会组织非营利性	51830	37650	109398	98524	21.1	11
住宿业	4930	4830	12986	13027	1.7	30.4
餐饮业	21000	12700	22317	19334	22.6	15.1

第四节　统计执法

1990年，延安市开展统计法制宣传教育工作，对企事业单位、乡镇统计人员进行培训，严格按照统计法填写各种统计报表科目和数量，禁止虚报、漏报和瞒报，依法履行职责，使统计数据准确可靠，为政府决策提供可靠依据。

1994年，按政府要求统计局会同监察局、司法局开展第一次统计执法联合大检查活动。

1998年，宝塔区统计局会同组织、纪检、司法等部门开展第二次统计执法大检查活动。

1999年后，宝塔区每年开展普法教育工作，纳入“五五”普法教育规划，普法培训90次，参加人员2000余人次，使各级领导和统计人员统计法制意识明显增强，依法统计自觉性不断提高，为依法统计营造良好的社会氛围。

2006年，宝塔区制定《宝塔区统计行政处罚案件及评查制度》，实行全省统一统计执法法律文书，并建立统计执法检查回访制度。查处延安常泰药业公司瞒报统计资料案1起，结案1起。2010年，统计执法检查单位300家，查出虚报、漏报和瞒报等问题，通报批评15家，给予警告并处罚30家，处罚金额57300元。

第五节　统计服务

发挥统计信息咨询和监督职能，加强统计分析服务，负责农村小康建设及乡镇区直部门目标责任书中经济指标的监督和考核，为区委、区政府宏观决策和有效管理当好参谋。

一、统计网络

1990年，市统计局在24个乡镇确定24名统计员，负责各乡镇统计数据收集、汇总和上报，同时，落实专人负责市级行政机关、事业单位统计数据收集、汇总和上报。1997年，上级给统计局配备计算机5台。

1998年6月，根据延安市统计局文件精神，组建由农业统计、农民技术员、乡镇企业统计、农经站统计、水利、林业、计生专干等人员组成的乡镇统计工作站。2004年，宝塔区对农村统计机构工作经费列入财政预算。2009年，宝塔区统计局为各乡镇办事处统计工作站配备电脑23台。

2010年，区统计局在职工作人员人均配有计算机，每间办公室配备打印机1台，内网服务器2台，乡镇、办事处统计站有20～40平方米办公室场所，配备电脑、打印机、档案柜等设备设施，有分管领导、工作站长，1～2名专（兼）职统计工作人员。

二、统计资料

1990年后，宝塔区统计局每年坚持整理、汇编、出版年度国民经济和社会发展统计资料，发布统计公报。1998年后，汇编经济月报，按月向有关部门提供经济运行快报，按月提供经济运行情况和趋势分析“统计信息”，至2010年编印《宝塔区国民经济和社会发展统计资料》21期、4720册，《经济月报》117期。

第三章　审　计

第一节　审计机构

1984年1月，延安市审计局成立，有干部职工9人。内设办公室、企业审计股、行政事业审计股和财政金融审计股4个股室，设局长1人，副局长1人。1987年4月，成立延安市审计所，定编8人，隶属于审计局。

1993年，审计局、审计所有干部职工22人，局机关内设办公室、企业审计股、行政事业审计股3个股室，市级14个部门和单位设立专职审计员，17个部门和单位设立兼职审计员。

1996年12月，延安撤地设市，延安市审计局改称为延安市宝塔区审计局。2004年7月，将审计所并入经济责任审计局。

2006年7月，审计局内设办公室、行政事业审计股、企业审计股、财政金融审计股、基建审计股5个股室。

2010年，宝塔区审计局为区政府工作部门，科级建制，财政拨款，内设机构有办公室、财政金融审计科、行政事业审计科、固定资产投资审计科、企业审计科5个科室。经济责任审计局（事业编制，科级建制）与审计局合署办公，两块牌子、一套机构。有干部职工20人，设局长1名、副局长2名。主要负责全区年度审计计划的编制，制定审计规章制度，并组织实施。依据国家审计法，对本级财政预算执行情况和其他财政收支审计；区级各部门、事业单位的财务收支审计；国有及国有控股企业资产、负债、损益审计；乡镇财政决算审计；区级国家重点建设项目的预算执行和竣工决算审计；上级审计部门授权对中省驻区金融机构及其他企事业单位收支审计；对社会保障基金、环境保护资金、社会捐赠资金及其他基金、资金的财务收支审计；国际组织和外国贷款、援助和赠款项目的财务收支审计；其他法律法规应由区审计局进行的审计；组织实施国家财经政策和宏观调控措施的行政审计；专项审计和审计调查；指导、参与、监督领导干部任期经济责任审计。

第二节　财税金融审计

1990年，延安市审计局贯彻“抓重点、打基础、上台阶”的审计工作方针，当年审计农机局、畜牧局、老区办和乡镇政府一级财政预算单位37个，查出转移隐瞒收入、乱列支出、骗取财政补贴、扩大各种收入分成等违纪金额12.3万元。1996年，完成桥沟、万花山两个财政所1995年度财政决算审计；对城建局、教育局、卫生局1995年度财政预算执行情况的审计；对农业银行、保险公司1995年度资产、负债、损益审计，完成市农业银行单位职工养老金受理使用情况审计调查，同级财政预算外资金的审计调查。1997年，完成1996年度同级财政预算审计，对临镇、麻洞川财政所财政决算进行审计，延审地税局、烟草公司、土地局等16个单位及企业的预算情况审计，对宝塔区农行1996年度资产、负债、损益审计。对临镇财政所、麻洞川财政所1996年度财政决算审计，查出漏缴税费、滞留财政资金、应缴未缴预算收入、挤占挪用专项资金等违纪违规金额980.46万元，上缴财政121.3万元，罚款4.67万元。

1999年后，审计署改变金融审计组织形式，从上级授权审计变为由审计署统一组织，各地审计机关不再自行对金融机构进行审计。

2000年，对本级1999年预算执行及其他财政收支情况进行审计，抽审地税局、资金局、环保局、林业局、法院等财政预算执行情况，审计查出挪用专款、部分预算收入不能及时解缴国库等违纪资金1246.40万元，处罚31.20万元，指明纠正1215.20万元，上缴财政1万元。对甘谷驿、柳林、万花山3个财政所进行审计，查出农业税、农林特产税上清下不清、农业特产税没有据实征收问题，根据有关规定分别作出处理。2003年完成本级财政2002年度预算执行审计，对南泥湾镇、枣园镇、万花山乡2002年度财政决算审计，查出违规资金15.66万元，上缴财政3.6万元，指明纠正12.06万元。

2005年，对本级财政预算执行情况和单位预算外资金缴存受理情况进行审计，完成川口乡、冯庄乡、南泥湾镇2004年财政决算审计，抽审区技术监督局财务收入情况，查出违规挤占、挪用专项资金等问题，进行处理处罚。2008年，根据中央、省、市审计机关指令，规范审计程序和行为，宝塔区制定《审计复核制度（试行）》《审计执法责任制（试行）》，实行三级复核，落实执法责任制，提升审计质量的规范操作规程。对2007年度本级财政预算执行情况进行审计，延审区财政局、地税局、农税局、会计结算中心、卫生局、经济发展局、工业经济办公室等部门预算执行情况，查出乱列开支、税费滞留等违纪资金196.50万元，罚款11万元，追回侵占资金59万元。2009年，对本级财政预算执行情况及其他财政财务收支情况进行审计，延审财政局、地税局、农税局、政府采购中心。对文体事业局、城建局、教育局等部门预算情况进行抽审，完成南泥湾镇、桥沟镇、临镇镇等2008年度财政决算审计，查出超预算级次拨款、虚增科技三项费用投资、非税收入不到位、招待费超支等违纪违规金额696万元，上缴财政8万元，罚款11万元，归还原渠道资金134万元。

2010年，对本级财政预算执行情况及其他财政财务收支情况进行审计，完成延审财政局、地税局、农税局、政府采购中心。抽审科技局、人劳局、旅游局等部门受理资金使用情况，抽审教育局、科协、蔬菜局、贯屯、麻洞川乡政府等单位预算执行情况。查出应缴未缴国库预算收入、截留应拨下级预算资金、挤占挪用专项资金等违规金额1450万元，受理不规范金额208万元，依据有关规定进行处罚，上缴财政16万元，罚款24万元，归还原渠道资金103万元。

第三节　行政事业单位审计

1990年，对城建局、工业局、交通局、老区办、卫生局等8个行政事业单位财务收支进行审计，查出乱摊成本、偷税漏税、滥发钱物、截留国家建设资金等违反财经法律等问题的金额123.80万元，依据有关规定进行处理，上缴财政12.86万元，追缴税金1.24万元，指明纠正54.63万元。1992年，对水利水保局、林业局、工商局等15个单位预算内、预算外财务收支情况，市交通管理站、地方道路受理站、绿化处等1991年财务收支进行审计，查出虚列支出、税费滞留、截留应缴财政收入、经济实体挤占行政经费等违纪违法金额108.96万元，审计上缴财政4.5万元，指明纠正27.80万元。1994年，对土地局、教育局、老区办等11个行政事业单位财务收支进行审计，查出挤占挪用资金、不合规票据进账、截留税费等违纪违规金额71.48万元，审计上缴财政0.99万元，追缴税费4.21万元，指明纠正27.69万元。

1995年，对教育局贷款、资金管理使用情况，老区办扶贫资金受理使用情况，乡镇企业局、果树局、党校、林业站、水保队、水利队、水资源办公室等17个行政事业单位财务收支进行审计，查出专项资金管理不规范、滞留下拨款项、购置固定资产未进账、预算内收入转入预算外收入、滥发财物等违纪违规金额241.17万元，依据有关规定进行处理，审计上缴财政20.8万元，指明纠正70.21万元。1997年，对宝塔公安分局、建设局、环保局及下属单位、区技术监督局、市政养护处、环卫处、区医院、中医院、妇幼保健院等1996年度财务收支情况，区民政局1993～1996年度财务收支进行审计，查出滞留罚没款上缴财政、挤占挪用行政经费、乱发钱物、乱收费、报支个人费用及财务管理混乱等问题违纪违规金额232.1万元，依据有关规定进行处理。审计上缴财政21.3万元，指明纠正69.45万元。

2000年，对宝塔土地局、计委、交通局、老区办、水利队、水资源受理局、地方道路管理站、麻洞川、青化砭、姚店、川口土地所等行政事业单位财务收支进行审计，查出挤占挪用专项资金、截留应缴财政收入、漏缴税费、滞留应拨下级资金、乱发钱物、报支个人费用及财务管理混乱等问题，审计查出违纪违规金额854.10万元，处罚19.30万元，上缴财政20.2万元，指明纠正805.60万元。当年完成工商系统、技术监督系统审计调查，查出违规资金61.90万元，审计处罚12万元，上缴财政10万元，指明纠正49.90万元。2003年，对区总工会、工人文化宫礼堂、公安宝塔分局、宝塔土地分局、果业局、粮食局、交通局外协委等16个行政事业单位2002年度财务收支进行审计，查出漏缴税金、超标准收费、会计信息失真、不合票据进账、招待费超支，财务处理不规范等问题，审计查出违纪违规金额11.8万元，指明纠正46.76万元。

2005年，对农业局、林业局、水保局、畜牧局、农综办等18个行政事业单位2004年度财务收支进行审计，审计查出挤占挪用专项资金、滞留经费下拨不到位、招待费超支、不合规票据进账、个人支出费用及财务管理不规范等问题，查出违纪违规金额567.80万元，依据有关规定进行处理，上缴财政11万元，指明纠正196.40万元，调账处理360.40万元。2010年，对财政局、政府采购中心、果业局、人劳局、旅游局、交通局、文体事业局、商贸局、司法局、供销社、农综办等18个行政事业单位财务收支进行审计，查出专项资金管理部门在资金使用中存在挤占、挪用、滞留、发放不规范、不合规票据进账、招待费超支问题，查出违纪违规金额1707万元，受理不规范金额1520.47万元，依据有关规定进行处理，上缴财政16万元，指明纠正468.20万元，对资金管理不完善、财务管理不规范、财务制度不健全等问题提出整改意见。

第四节　固定资产投资审计

1990年，对南关街道路修建工程、新华陶瓷厂、制革厂、水泥制品生产线等7个项目进行审计，审定工程造价972.86万元，共核减工程资金87.50万元。1993年，对新华化工厂、综合楼、中医院制剂楼、市第二医院门诊楼、南泥湾钻采公司、建材厂住宅楼等21个工程进行竣工决算审计，审计送审工程总造价3988.47万元，审计审定工程造价3694.56万元，审计核减293.91万元。1996年，对市劳动服务公司、粮食局、教育局住宅楼3个工程决算审计，送审工程总造价1230.90万元，审计审定工程造价1120.40万元，审计核减110.50万元。1998年，对国有资产管理局、双退所住宅楼、粮油仓库、人武部民兵训练基地、二道街商业综合楼等11个工程竣工决算审计，审计送审工程总造价4982.78万元，审计审定工程造价4794.26万元，审计核减188.52万元，核减率3.78%。2000年，对第四中学、党校、水保局住宅楼、国贸大厦等11个基建工程进行决算审计，送审工程总造价9708.45万元，审计审定工程造价9439.89万元，审计核减工程费用268.56万元。2006年，对桥沟职教中心综合楼、临镇初级中学公寓楼、第一中学学生公寓楼、李渠镇中心小学综合楼、蟠龙镇中心小学综合楼、青化砭镇小学综合楼、甘谷驿镇中心小学综合楼、川口乡中心小学教学楼、官庄等5个集贸建设工程、蟠龙等5个乡镇小城镇建设工程进行竣工决算审计，审计报审工程总造价6519.77万元，审计审定工程造价5568.73万元，审计核减951.04万元，核减率14.59%。2008年，对东关小学综合楼、教学楼工程，城区中小学供暖改造，川口乡、姚店镇等乡镇机关改造文化基础设施建设项目工程决算审计，审计报审工程总造价4141万元，审计审定工程造价3685万元，审计核减456万元，核减率11%。2009年，对枣园镇温家沟等17个新农村建设工程、李渠镇阳山三产地回填工程、交通局2008年乡村道路建设项目、临镇镇中心文化站工程、李渠法庭办公楼工程、延安市枣园干部学院周边环境整治工程等进行决算审计，审计报审工程总造价3526.76万元，审计审定工程造价3275.46万元，审计核减资金251.30万元，核减率7.12%。

2010年，对宝塔区南泥湾法庭办公楼及室外工程、柳林镇新茂台等4个新农村续建工程、宝塔区第二中学、桥沟镇中心小学等45所中小学防雷装置安装工程、第五中学新建综合楼工程、盘龙镇中学教师周转用房工程等12个项目进行决算审计，审计报审工程总造价7573万元，审计审定工程造价6686万元，审计核减工程费用887万元，核减率11.7%。

第五节 企业审计

1990年，对新华化工厂、建设煤矿、通用机械厂、新华陶瓷厂、水泥厂、二轻系统皮革厂、工艺美术公司、荟萃工艺厂及商贸系统的粮油公司、副食公司、饮食服务公司、果品公司、土产公司等第二轮工商企业承包经营责任制实施了审计，查出固定资产少提折旧、挤占成本费用、漏缴税金、少提公会会费等问题，查出违纪金额108.42万元，上缴财政38.94万元。1992年对34户届满的工商企业采取分层次、抓重点、分步走的方法实施终期审计。1996年，对自来水公司、南泥湾钻采公司、纸箱厂、兰花公司、建材厂、延安百货大楼、粮油公司、生产资料公司资产、负债、损益审计，查出违规金额478.33万元，上缴财政32.48万元。1997年，对区塑料厂、石油液化气供应处、公共汽车公司、友谊公司资产、负债、损益审计，查出违规金额784.62万元，上缴财政19.78万元。

2000年，对通用机械厂、区二建公司、水泥制品厂资产、负债、损益审计，共查出违规金额831万元，决定处罚25.5万元，指名纠正805.5万元，上缴财政2.9万元。2001年，对区建设煤矿1999~2000年资产、负债、损益进行审计，查出非生产性开支过大、虚列开支、提高工程造价等问题，查出违规金额1308万元，决定处罚745万元，指名纠正563万元。2002~2004年完成国贸大厦、解放大厦、美术公司、百货大楼、建筑材料厂等工商企业资产、负债、损益审计，查出违规金额469.77万元，处罚24.69万元，指明纠正445.08万元。同时对1998年以来粮食企业的粮食财务挂账等问题进行了彻底的清理审计，为妥善处理粮食购销企业“老粮、老账”问题提供了决策依据。

2005~2010年，完成五金公司、饮食服务公司、工业品公司、物资总公司、地毯厂、新华陶瓷厂、塑业公司、友谊公司、纸箱厂、新华总公司、建筑材料厂、建设煤矿等工商企业的资产、负债、损益审计，查出虚报或瞒报转移收入、虚列成本费用、少记少交税金、不合规票据进账、招待费超支等违规金额2878.47万元，处罚42.16万元，指名纠正2420.22万元，进行调账416.09万元。同时帮助企业完善内控制度，提出8条建设性建议。

第六节 专项资金审计

1990年，对老区办、林业局、畜牧局等单位，陕北老革命根据地援助建设专项资金，种植业、养殖业扶贫专项资金审计，查出部分乡镇援建款、扶贫款随意变更项目截留、挪用支农专项资金4.6万元，依据有关规定进行处理。1997年，对计划经济局、水保局、交通局1994~1996年度以工代赈资金使用专项审计，老区办1994~1996年度老区发展资金专项审计，水利水保局1994~1996年度“甘露工程”专项资金审计，劳动服务局1996年度失业保险资金专项审计，区工业医疗办专项资金审计，查出挤占挪用等违纪金额91.76万元，上缴财政18.60万元，纠正73.16万元。

1999年，对1992~1998年“希望工程”专项资金进行审计调查。2000~2004年对农业局专项资金进行专项审计，农业与资源环保专项资金审计，对2001~2003年退耕还林还草工程资金专项审计，宝塔区防治非典型性肺炎专项资金审计，查出资金受理不规范、下拨款项滞后、挤占挪用等问题，依据有关规定进行处理。2006年对住房公积金、住房资金、农村社会养老保险资金、残疾人保障资金、天然林保护工程资金、中庄小流域治理专项资金、农业综合开发资金、水利专项资金、新型农村合作医疗基金进行专项审计，查出专项资金管理不规范，存在资金被挤占、滞留、发放不规范，投入机制不完善、不到位等问题，提出整改意见，并依据有关规定作出相应处理处罚。2009年，对现代农业生产发展专项资金专项审计，农业综合开发土地治理专项审计，计划生育专项资金审计，查出专项资金受理部门存在着专项资金被挤占、滞留等问题，提出整改意见。

2010年，对救震救灾、抗洪救灾专项资金审计，建设煤矿节能减排专项审计，宝塔区7个社区运行情况审计调查，儿童公园上划前资产负债专项审计，果业局2008~2010年财务收入专项审计，查出专项资金在受理使用中存在挤占、挪用、发放不规范，投入机制不合理、不到位等问题，进行处理处罚，提出完善政策、加强受理的意见，查出违规金额50.80万元，受理不规范金额248万元，审计追回被占专项款33万元。

第七节　经济责任审计

1990年，对工业局、商业局、城建局、粮食局、供销社所属企业1988~1989年承包经营情况实行经济责任审计，查出设备折旧粗放估算、虚列开支、票据不规范、白条进账等问题，金额389.20万元，上缴财政1.86万元，指明纠正28.8万元，调账358.54万元。1996年，对南泥湾钻采公司、市纸箱厂、兰花公司、建材厂、供电公司、建材公司、液化气站等企业法人代表离任经济责任审计，查出违纪违规金额938.80万元，上缴财政24.1万元，指明纠正914.7万元。1998年对川口乡、冯庄乡、万花山乡、南泥湾镇、枣园乡、柳林乡、桥沟镇等7名领导干部离任经济责任审计，查出挤占挪用专项资金、不合规票据进账、税费坐支其他项支出等违纪违规资金23万元，上缴财政3.2万元，指明纠正19.8万元。

2000年，对农业局、计委、旅游局、外协委、党校、乡镇企业局、铁路办、蟠龙镇、青化砭镇、南泥湾镇、宝塔街道办、南市街道办、川口乡、工人文化宫、工业品公司、建材厂等16个行政事业和企业领导干部的任期经济责任审计，查出挤占挪用专项资金、偷税漏税、部分乡镇财务混乱等问题19件，查出违纪违规资金644.30万元，决定处罚196.5万元。其中上缴财政8.9万元，指明纠正447.80万元。2004年，对水利水保局、城乡建设局、物价局、广播电视局、统计局、党校、南市街道办、凤凰办、万花山、梁村、枣园、松树林、元龙寺、官庄、姚店、李渠、贯屯等乡镇领导干部离任经济责任审计，供销社、食品蔬菜公司、友谊公司等领导干部任期经济责任进行审计，查出财务管理不善、不合规票据收入账、挤占挪用专项资金、漏缴国家税费等问题，查出违纪违规资金336万元，上缴财政33.2万元。

2005年，对司法局、人劳局、民政局、科技局、林业局、畜牧局、经济发展局、农业局、冯庄、桥沟、柳林、工艺美术公司、图书馆等21个党政事业单位领导干部任期经济责任审计，查出财务管理不善、部分乡镇财务混乱、虚列开支、挤占挪用专项资金、招待费超支等问题，查处违纪违规资金 431 万元，上缴财政 11 万元。2006 年，对卫生局、档案局、农工部、招商局、宝塔街办、石油钻前办、退耕办、姚店镇、南泥湾镇、河庄坪镇、青化砭镇、麻洞川乡、房地产经营管理总公司、通用机械厂等 23 个单位领导干部经济责任审计，查出专项资金拨付不到位、无依据收费、招待费超支、漏缴国家税费等违纪违规金额 1588 万元，上缴财政 9 万元，指明纠正 1364 万元，调账 215 万元。2009 年，对区反贪局、编制办公室、文体事业局、外事接待办、司法局、交通局、电教中心、商贸办、松树林乡等 24 个行政事业单位领导干部任期经济责任审计，查出无依据收费、招待费超支、漏缴国家税费等违纪违规金额 696 万元，上缴财政 8 万元。

2010 年，完成蔬菜局、退耕办、区科协、临镇镇、麻洞川乡等 37 个领导干部经济责任审计，发现被审单位存在招待费超支、无依据收费、不合规票据进账、漏缴国家税费、未经有关部门批准擅自采购等问题，查出违纪违规金额 968.75 万元，上缴财政 16 万元，指明纠正 708.45 万元，调账 260.30 万元。

第四章　工商行政管理

第一节　工商机构

1990 年，延安市工商行政管理局为市政府工作部门，科级建制，财政拨款，内设行政办公室、工商企业管理股、市场管理股。下辖凤凰、宝塔、南市、蟠龙、青化砭、姚店、李渠、甘谷驿、南泥湾、临镇工商所。1992 年增设个体私营协会。

1994 年，市级机构改革，市物价局、技术监督局并入市工商行政管理局。1996 年，市物价局、技术监督局又从市工商局分出。同年 12 月，延安地改市时，更名为延安市工商局宝塔分局，隶属于市工商局，建制和职能不变。

2002 年，根据延安市工商行政管理局文件精神，宝塔分局机构设置和人员编制进行调整，将原有 11 个内设科室合并为 9 个股室，即办公室、政策法规股、市场规范管理股、法治管理股、商标广告监管股、工商注册分局、消费者申诉举报中心、经济检查大队、后勤服务中心；同年，撤销蟠龙、甘谷驿、南泥湾工商所。2004 年，麻洞川工商所迁至南泥湾，更名为南泥湾工商所。

2010 年，延安市工商局宝塔分局内设股室有办公室、法治工作股、政策法规股、市场管理股、商标广告监管股、注册分局、经检大队、后勤服务中心、消费者申诉（投诉）举报中心，3 个社会团体即个体私营者协会、消费者协会、经纪人协会。下辖宝塔、凤凰、南市、河庄坪、火车站、李渠、姚店、青化砭、临镇、南泥湾工商所。宝塔分局和基层工商所职工总数，1991 年实有 186 人，其中协管员 41 人；1996 年 349 人，2005 年 363 人，2008 年 306 人，2010 年 328 人。

第二节　企业登记

1990 年，全市有工商企业 1328 户，其中工业企业 199 户，商业企业 524 户。

1993 年，全市登记注册工商企业 1078 户，其中企业法人 338 户，营业登记 740 户，从业人员 17915 人，注册资金 10068 万元，办理变更登记 38 户，注销登记 3 户，年检各类企业 480 户，年检率 98%，对未按规定年检的 14 户企业分别给予警告、罚款处理。

1995 年，全年新增注册登记工商企业 103 户，清理“三无”（无执照、无资金、无场地）企业 3 户，年末有工商企业 1300 户。1996 年，延安市各类注册企业有 1440 户，其中企业法人 443 户，营业登记 1007 户，包括国有企业 735 户，集体企业 620 户，联营企业 6 户，股份制企业 79 户，企业注册资金 13209. 8 万元，资产总额 39242 万元。年末新增企业 140 户。

1998 年，变更登记 83 户，注销登记 8 户，全区共有工商企业 1448 户，其中各类公司 135 户，其他法人 427 户，营业登记 881 户，有限责任公司 123 户，年检工商企业 895 户，年检率 95%。

2000 年，全区规范企业名称、字号 42 户，取缔“三无”企业 3 户，完善前置审批手续 112 户，注销企业 3 户。年底，实有登记企业 1649 户，其中企业法人 936 户，注册资本 38204 万元，国有企业 695 户，集体企业 628 户，联营企业 8 户，股份合作制企业 78 户，公司 237 户，其他类型企业 3 户，登记企业年检率 98%，查处企业违法案件 22 起，结案 22 起，案值 5 万元，结案率 100%。

2002 年，宝塔工商分局制定《关于企业信用公示制度》。2003 年建立日常动态监管一览表，划类公示，全区注册 1874 户工商企业，A 类占 80%，B 类占 15%，C 类占 5%。2005 年，新登记企业 187 户，注销 5 户，查处无照经营 80 余起。

2007 年，注册登记 216 户，全区共有注册登记企业 1630 户。完成 57 家国有企业改制、变更、注销登记工作。2008 年，注册登记各类企业 125 户，全区私营企业 969 户，注册资金 62305 万元，从业人员 4396 人。2009 年，新增注册登记 82 户，年检企业 860 户，年检率 98%。

2010 年，宝塔区注册登记 94 户，依法注销长期停业歇业 6 户，全区共有工商企业 963 户。

第三节　个体工商户登记

1990 年，延安市工商局登记 1213 户，全市共有个体工商户 2155 户。1991 年，新增个体工商户 274 户，年末全区 2429 户，从业人员 5297 人，全年验明 1312 户，验明率 75%。

1993 年，新增个体工商户 957 户，全市共有 2398 户，从业人员 4335 人。

1996 年，新发展登记个体工商户 1245 户，全市共有 2886 户，注册资金 1976 万元，总产值 3990 万元，占全市工业总产值 16%，实现销售收入 9430 万元，占全市社会零售总额 27.8%，上缴国家税金 1770 万元，占全市财政收入 14.8%。

1998 年，宝塔区个体工商户 7968 户，从业人员 16435 人，注册资金 2685 万元，比 1996 年工商户增加 5082 户，增长 1.76 倍，注册资金增加 709 万元，增长 35.88%，从业人员增加 5702 人，增长 53.1%。

2000 年，全区注册登记个体工商户 2867 户，注册资金 7800 万元，较上年同期分别增长 18.8%和 21.7%。

2002 年，全区注册登记个体工商户 1912 户，年内共有工商户 16661 户，注册资金 10256 万元，依法注销长期停业、歇业个体工商户 1278 户。

2004 年 7 月起，宝塔区授权委托凤凰、姚店、李渠、南泥湾等工商所进行个体户注册登记，新增注册登记 2084 户，登记合格率 100%，贴花验明率 98%，本期注销 1516 户，全区共有 8600 户，注册资金 7255 万元。

2006 年，全区新注册登记 1070 户，年内共有个体工商户 8900 户，贴花验明率 96.9%。2007 年，新注册登记 2558 户，全区共有 8950 户，个体工商户贴花验明率 96%。2010 年，新注册登记个体工商户 1772 户，全区共有 9600 户。

第四节　商标广告管理

一、商标管理

1990 年，延安市加强商标管理，维护知识产权。1991 年，核转商标 5 件，查处 3 起制造假酒厂家，没收散装假酒 1000 千克、瓶酒 70 箱、商标 400 余幅，罚款 2000 元。

1995 年，开展城区、李渠、姚店等集镇打假行动 6 次，捣毁制假窝点 8 个，检查农贸市场 10 个、商场 13 个、批发市场 4 个。

1998 年，对区域内使用商标企业进行监督检查，共检查商标 320 多种，办理临时商标 4 件，查处各种假冒商标 86 种，捣毁制假窝点 7 个，价值 32 万元，办理临时商标 4 件。

2000 年，对全区专卖店、专修店进行检查，受检企业 36 户，个体工商户 78 户，查处违法案件 16 起，发现有未经商标注册允许，将其注册商标制作为专卖店、专营店的名称和营业牌匾企业 2 户，个体户 4 户，给予补办手续，罚款处理；对允许但未依法办理备案手续企业 3 户、个体户 5 户，给予补办手续、罚款处理。

2004 年，全区内注册商标 2 件，备案登记 2 件，其中扶持帮助注册 3 件，开展商标专用权保护执法 3 次，查处商标违法案件 2 起，假冒“百威”啤酒案，涉案人员 4 人，没收冒牌“百威”啤酒 98 件，案值 2 万余元。

2005 年，宝塔工商局开展以“保护注册商标专用权”为重点，维护知识产权专项整治活动，制定《工商宝塔分局开展保护商标注册专用权行动的方案》，推动商标管理工作，引导企业、农户申报商标注册。至2005年，全区注册商标5件，其中省级评为著名商标2件，引导延安窑洞宾馆、甘谷驿红薯等申请注册商标。区内各大市场设立检测点，对驰名、著名商标，涉外商标及食品、药品、服装、涉农商品等46件商标实施重点检测，使西凤酒、可口可乐、中华烟、茅台酒等20件商标得以有效保护。全年进行专项检查30余次，出动执法人员445人次，检查经营户1680户，立案查处侵犯驰名、著名商标专用权案3起，侵犯他人商标专用权案1件，简易处罚12家，罚款1900元。

2008年，开展驰名、著名商标专用权专项检查行动，查处商标侵权案件3起。收缴迷信、欺诈、不健康非法小报3000余份。

2010年，推荐陕西省著名商标8件、延安著名商标5件。开展户外广告、商标标识等市场专项整治39次，查处违章案件1026起。

二、广告管理

1990年，延安市有广告兼营单位5个，即延安报社广告科、延安市广播站、延安电视台、延安市印刷厂、延安地区旅游公司设计室，负责广告制作与发布。

1991~1993年，查处来自区城外广告违法案件18件，清理虚假广告429张，检查广告经营单位8户，规范广告经营行为。查处没收外地到延推销产品非法广告3万余份，对1户非法印制企业进行查处，拆除店堂牌匾40块。

1999年，查处违法广告牌21块，印刷广告发布者81户，清理张贴广告2000张，收缴药品、医药保健品、化妆品、店堂广告等32种，6万余份，更新门店牌匾300户。

2002年，开展以“反误导、反欺诈”为重点的广告市场整治行动，出动执法检查人员400多人次，查处各类广告违法案件167起，捣毁非法印制广告窝点1个，收缴各类非法印刷品广告16万余份，查处各大类涉嫌非法广告宣传药品300盒，案值1万余元。

2005年，开展以惩治虚假广告为重点的专项整治行动，全年进行专项检查34次，出动执法人员320人次，查处虚假违法广告案件48起，其中保健美容12起，药品类12起，其他20起，罚款68650元，审查各类广告386条，更换牌匾广告4800块。

2007年，查处违法广告案件18起，检查广告经营户131户，更换店堂牌匾1045块。

2010年，检查户外广告、路牌广告8次，规范广告80块，收缴违法广告小板400份，更换牌匾805块。

第五节　市场建设

1990年，全市城乡共有固定市场19个，年贸易成交额2419.8万元。

1992年，集贸市场增加到25个，其中城区17个、乡镇8个，城乡集贸市场成交额3998.5万元。

1993年，坚持适度规模、重点突出、辐射西北、城乡兼顾原则，规划新建市场10个，总面积54204.8平方米，新建河庄坪、兰家坪、粮食局市场、柳林以南二十里铺起，向东北发展小区5个，公路沿线新建平板房200间，从杨家岭到长青路建成平板房764间，蟠龙镇、孙崖等村自筹资金建市场，玉皇庙建210间平板房，3个乡镇新建市场可容纳 1000 户经营。

1996 年，新建东关、王家坪、火车站、果品交易中心 4 个瓜果、蔬菜批发市场。

1997 年，集贸市场增至 40 个，营业总面积 97060 平方米，累计总投资 1143 万元，市场商品交易额 13500 万元。

1998～2003 年，改、扩建市场 20 个，新建市场 1 个，建成专业市场 3 个，规模超市 7 个。

2004 年，改建农贸市场 2 个，新建专业市场 2 个、规模超市 5 个。至 2010 年，有集贸市场 37 个、较大超市 40 个。

第六节　市场管理

1990 年，市场监管主要以维护市场交易秩序，重点打击欺行霸市、强买强卖、哄抬物价、缺斤少两、制售假冒伪劣商品等，加强对生产资料和专营商品监督管理。

1991 年，开展集贸市场检查 4 次，受检个体户 142 户，处罚 41 家，罚款 4500 元，没收假冒伪劣商品总价值 10 万元，包括冒牌汾酒 71 箱，劣质洗衣粉 2040 袋；查处制造假酒案件 3 起，没收散装酒 1000 千克、瓶装酒 70 瓶。

1995 年，根据陕西省《商品交易市场管理条例》，成立经济检查大队，按照《延安市市场规范管理要求》规定，全年检查农贸市场 10 个、商场 13 个、批发市场 4 个；捣毁制假窝点 8 个，查处伪劣产品 76 种，总价值 34 万元，收缴罚款 6 万元；销毁伪劣化肥 56.4 吨，立案查处案件 6 起。

1998 年，对医药、文化、粮食、煤炭、种子、烟草等市场进行整顿治理。对城郊 120 多家医药店和诊所进行检查和重新登记，收缴伪劣过期药品 70 余种，价值 4000 元。整治歌舞游戏厅 120 家，责令停业 5 家，收缴电脑、VCD 机 20 台，罚款 2 万元。由宝塔区粮食局、工商局联合成立粮食市场稽查大队，检查经营企业和个体粮油经营户 128 户，取缔无照经营 26 户，粮食批发企业 10 户，查处违法案件 33 起。全年查处各类经济违法案件 154 起，立案 14 起，处理 12 起，罚款 3.2 万元，没收假冒伪劣商品 96 种，价值 32 万元，捣毁制假窝点 7 个。

2000 年，检查粮食经营户 301 户，立案查处 58 户，结案 58 件，罚款 13.2 万元，没收玉米 27 吨、大米 4 吨、面粉 80 吨。开展红盾农资专项执法，没收过期农药 6000 袋，伪劣种子 1495 千克，总价 31047 元，为群众挽回经济损失 2 万余元。查处文化市场音像制品经营户 163 户，书屋、书摊 39 户，收缴盗版 VCD 光盘 4080 盘，盗版录像带 112 盘，总价值 3 万余元。查处“奇强”地下加工厂 1 处，收缴生产物品 2 万余袋。全年共查处各种违法案件 453 起，其中一般程序 171 起、简易程序 282 起。

2005 年，开展专项检查 12 次，出动执法人员 19330 人次，检查食品经营户 4110 户次，捣毁制假窝点 13 个，没收价值 8 万余元的各种过期食品，取缔无照经营 147 户。查办涉农经济违法案件 48 起，没收假农资价值 36 万元的伪劣产品。检查石油经营企业 63 户，立案 38 起，罚款 26 万元。全年共开展各类专项市场整治 68 次，查处违法案件 1766 起，案值 126 万元。

2008年，开展猪肉市场、奶粉市场专项整治活动，出动执法人员9361人次，检查食品批发市场、商场、超市主体13629户次，取缔无照食品经营户126户，查处不合格奶粉45.23吨，召回45吨，处理食品违法案件21起，罚款5.12万元。检查广告经营户68户，处理违法案件42起，罚款7万元。查处涉嫌侵犯奥林匹克标志经营户3户，罚款5000元。开展烟草、供热、电信等公用企业专项整治，查处移动、联通、供气等部门强制推销商品违法企业6户，罚款4万元。查处汽车配件、农机配件违法案件10起，没收假冒配件价值4万元。全年共查各类违法案件825起，罚款万元以上案件38件，罚款150万元。

2010年，开展食品市场专项整治20次，检查经营户2700户次，查处违法经营5起，没收假冒伪劣和过期霉变食品价值约3万元。开展户外广告整治，查处各类广告违法案件38起，罚款4.2万元，清理各类违法户外广告牌186块。开展旅游市场整治，依法规范枣园景区35户经营者门头牌匾，王家坪纪念馆周边34块广告牌匾。开展装饰装潢市场整治，对王家坪、圣明宫、东源、黄蒿建材市场进行抽检、送检单品22种，其中19个单品不合格，依法对劣质建材经营户进行处罚。开展广播电视地面接收设施市场整顿，依法查处违法经营户9户，没收并销毁广播地面接收设施140套。开展商标市场整治，与九阳、惠普等厂家实施联合打假，收缴侵权九阳电磁炉、豆浆机109个，苏泊尔电饭锅、电热锅31个，惠普打印机硒鼓78个、墨盒115个。依法查处仿冒“梦特娇”羽绒服150套，侵权五粮液10瓶、西凤酒103瓶。开展校园周边黑网吧、无照电子游戏厅整治，立案查处黑网吧3家，取缔无照电子游戏厅4处，查扣游戏机36台，取缔校园周边临时摊点232个。开展文化市场整治，查处违法违章案件12起，取缔无照经营3户。全年共查处各类违法违章案件1026起，依法取缔无照经营860户，罚款2773.5万元。

第七节　消费者权益保护

1994年1月1日起，《中华人民共和国消费者权益保护法》开始执行；6月9日，延安市消费者协会成立，负责消费者申诉、投诉工作。

1995年，开展“3·15”消费者权益保护日宣传教育活动，散发传单10080份，受益者3万人次，全年受理消费者投诉案件28起，结案28起，结案率100%，挽回经济损失99340元。是年，在各大市场、商场设置投诉标志，设立复秤台、复尺台、投诉站；设立扩音设备进行宣传教育活动，组织各经营公司和商场公开实行承诺制度。

1996年，接访投诉案件226件，处理226件，挽回经济损失10余万元。查处各类违章案件280起，其中立案15件，开展专项治理活动12次，收缴假冒伪劣商品148种，价值43万元，捣毁制假窝点9个，罚款3万元。

1997年，在“3·15”消费者权益保护日活动中，工商宝塔分局会同市局共300名工商干部职工上街宣传，组织6家生产企业宣传地方名优产品，发放宣传材料21200份。同时，销毁6卡车假冒伪劣商品，价值20余万元。全年受理投诉案件492起，处理491起，为消费者挽回经济损失5万元，罚款1.2万元。

1998 年，在市区设立假冒伪劣商品咨询服务处 8 个，向群众散发各种宣传材料 2 万份。“3 · 15”活动中，利用召开扶优治劣宣传动员会议，将价值 34 万元的假冒伪劣商品进行现场销毁，全年共受理消费者投诉 133 件，为消费者挽回损失 5. 75 万元。

2002 年，建立以消费者协会为中心，以乡镇举报为重点，村级、城区商场投诉点为依托的三级消费者维权执法网络。全区 24 个乡镇、633 个行政村、33 个商场建立举报站和举报点，全年共受理投诉 518 件，为消费者挽回经济损失 36. 6 万元。

2004 年，在“3 · 15”活动日开展宣传咨询，南关、东关中心街、河庄坪等地设点宣传，发放有关问答知识读本千余册，散发宣传材料 2000 份。全年处理两起农民集体投诉案件，涉案金额 55 万元，处理消费者投诉案件 197 起，挽回经济损失 60 多万元。

2006 年，全区设立消费者维权点 727 个，受理投诉、申诉案件 166 起，为消费者挽回经济损失 40 万元。

2008 年，全区建成投诉中心 1 个、投诉站 11 个、投诉点 727 个。全年受理消费者投诉案件 65 起，查处 65 起，为消费者挽回经济损失 24 万元。

2009 年，推进“一会两站”建设，建成 23 个分会 648 个投诉点，依托“一会两站”网络受理投诉 168 件，办结 168 件，为消费者挽回经济损失 82 万元。

2010 年，全年受理消费者投诉 211 件，结案 211 件，为消费者挽回经济损失 23 万元。

第五章　质量技术监督

第一节　质监机构

1991 年 6 月，延安市技术监督局成立。1996 年 12 月，延安地改市时更名为延安市宝塔区质量技术监督局。1999 年 10 月，由陕西省质量技术监督局垂直管理，隶属于延安市质量技术监督局，更名为延安市质量技术局宝塔分局，正科级建制，内设质量标准股、特种设备安全监察股、法制宣传股、办公室 4 个股室，有干部职工 11 人，其中大专以上文化程度 10 人。2010 年，分局设办公室、质量标准计量股、特种设备安全监察股、法制宣传股 4 个股室，有干部职工 14 人，大专以上文化程度 13 人，设局长 1 人、副局长 1 人。

第二节　计量管理

1990 年，延安市标准计量局重点开展企业计量定级工作，有延安市印刷厂、化工厂、地毯厂、水泥制品厂、皮革厂、水泥厂6家企业通过延安地区三级计量考核验收。对全市使用的强检计量器具实行周期检定，建立健全计量管理各项规章制度。先后制定《仪器收发管理制度》《计量检定印章管理制度》《计量检定收费制度》，使计量工作有章可循，照章办事。是年，检定、检修计量器具4321台（件），收检修费8420元。

1994年，延安市计量局计量检定业务项目有：各类衡器、血压计、焦油器、压力表等，全年共检定5183台（件），业务收入6万元。

1999年，以计量器具管理和计量合格确认为重点，全年共检修、检定各类计量器5849台（件），在用计量器具受检率97%，检定合格率100%。

2000年，坚持“以质量为中心，标准化、计量为基础”工作方针，深入厂矿、医疗卫生、商贸生产企业，现场进行检定检修，全年完成各类计量器具5800台（件），在用计量器具受检率95%，检定合格率100%。宝塔质监分局开展计量合格确定工作，帮助通用机械厂、水泥制品厂、延河水泥厂、太兴活性炭厂等企业提高计量器具配备率，建立健全计量管理制度和计量器具台账，按要求向市局进行申报。

2003年，对全区集贸市场、加油站计量器具进行检查，查处计量违法案件90起，没收各类不合格计量器具110台（件），查出未经检定的4台加油机，并进行现场处罚。

2008年，对辖区33个加油站207台加油机进行检查，对辖区粮油、小食品等定量包装产（商）品进行计量检测。2010年，开展超市、酒店、农贸市场、眼镜店、加气站计量执法检查，对1家加气站伪造密度数据欺诈消费者行为给予现场处罚。

第三节　标准化管理

1989年4月1日，《中华人民共和国标准化法》颁布实施后，延安市标准计量局依法对区域内现行的国家标准、专业（部）标准、地方标准进行清理和整顿，收集工业产品标准，建立产品标准化档案。要求各企业对所有产品进行备案登记。至1991年7月，域内企业产品标准收集建档工作基本完成。对全市30多个工业企业的主副产品标准进行发表调查和登记注册，共有71种产品，执行国家标准的19个，执行行业标准的26个，执行地方标准的10个，执行企业标准的1个，非标产品15个，采标率78.5%。1992年，帮助10个企业建立产品标准。1993年，通用机械厂生产的2.5型抽油机、延安化工厂生产的铵油岩系列爆炸药、新华陶瓷厂生产的紫砂餐具达到专业标准，分别荣获陕西省第二届科技成果交易会金奖。同时与农业、水利、林业等部门一起制定粮食高产试验田标准，延河流域治理项目标准，造林工程技术规程，栽植技术规范，淤地坝建设标准，优质苹果园技术规范和规程，建成优质苹果示范园1000亩。1996年帮助企业制定企业标准5个，标准备案12个。

1997年，宝塔区被列为“消灭无标准生产县（区）”，年初成立以主管区长为组长的“消灭无标生产”工作领导小组，制定实施方案，深入基层调查摸底，查清全区企业产品执行标准情况，帮助企业制定产品标准。1999年宝塔区消灭无标生产工作通过省质监局验收。全区65个生产企业101个产品，执行合同约定产品3个，执行国家标准44个，执行行业标准46个，执行企业标准7个，标准覆盖率99%。

2000 年，延安市质量技术监督局宝塔分局配合政府实施山川秀美工程建设，先后制定 2001~2003 年《宝塔区山川秀美工程建设示范区建设规划》。组织草拟山川秀美工程建设相关标准 11 项，即《延安市宝塔区明星流域治理标准》《小流域综合治理标准》《工程造林综合技术标准》《淤地坝技术标准》《人工种草综合技术规程》《人工种草技术规程》《林木育苗技术标准》《造林技术标准》《草地防虫灭鼠技术规范》《人工草地建设和管护技术规程》《陕西省造林技术规程》，上报省质量技术监督局发布执行。

2002 年，标准化工作以农业为重点，从宝塔区退耕还林（草）入手，制定《宝塔区水土保持—退耕还林（草）标准化建设项目实施方案》，确定冯庄乡武装沟流域治理为标准化示范区，流域治理 10.78 平方千米，治理度 43.6%。2004 年根据省政府和国家局出口苹果备忘录精神，质监宝塔分局向果农宣传新标准，按陕西地方标准DB 61-310-2003《陕西苹果》进行技术规范，提高产品竞争力。建成国家确认绿色无公害果品基地面积 8 万亩，出口创汇基地面积 5000 亩，省级苹果示范村 4 个，面积 5000 亩。

2006 年，按照“政府推动、市场引导、果农实施、以点带面、龙头带动”的方针，为宝塔区优果工程标准化生产先后制定《宝塔区苹果园管理技术规程》《宝塔区苹果示范园标准》《宝塔区山地苹果建园技术规程》等苹果生产技术规范。建成有机苹果生产基地面积 1.2 万亩，全区有 118 个果树专业村，实施标准化示范园 5 万亩。通过苹果标准体系的建立和实施，规范生产过程，提高管理科学化和效益化，宝塔区苹果被获准使用“绿色食品”标志，在国家注册“宝塔山苹果”品牌，进行贴牌生产，全区苹果产值占农业总产值的 60.8%。

2008 年，进行审查、登记、备案、废旧标准清理工作，企业标准年审率为 93%。组织机构代码管理按照国家代码中心、省代码要求，采集录入代码数据。全年新办代码证书 183 户，换证 252 户，年检 2197 户，完成档案扫描 1944 家。帮助 3 家生产桶装饮用纯净水生产企业开展采用国际先进标准和外国先进标准及采标标志，完成采用国际标准的申报工作。对全区家具企业标准进行清理，有 4 家企业重新备案，完成率 100%。

2009 年，宝塔区新办代码证 267 户，换证 209 户，年检 1131 户。2010 年，为 3 家企业开展制（修）订企业标准服务，并进行企业标准备案。全年新办代码证 247 户，变更 109 户，换证 215 户，年检 862 户。

第四节　产品质量管理

1990 年，延安市新华陶瓷厂生产的工艺陶瓷、黑陶工艺品、高档茶具、手壶，经延安地区标准计量局检验为合格，产品远销北京、山西、山东、河南、江苏、广东及西北五省区，在第一届发明展览会上被评为陕西省优质产品。1991 年荣获“七五”全国星火计划成果博览会金奖。1994 年荣获首届中国杨凌农业高新科技成果博览会“后稷”金奖。

1991 年，延安市皮革厂生产的嘉岭牌男式线缝皮鞋和女式胶粘单皮鞋获陕西省优质产品称号。1992 年，该企业被陕西省公安厅确定为军用皮鞋厂家。1993 年各类皮鞋、劳保用品获陕西省第二届科技成果交易洽谈会三等奖。

1992年，延安市服装公司生产的“圣地”牌防寒服，经延安市技术监督局检验为全部达标合格，颁发产品质量合格证书，1994～1995年，分别荣获“全国星火科技精品金奖”“西安中国时装博览会银奖”“1994年西安中国时装博览会十大名牌奖”“陕西名牌产品”称号。

1994年，延安市水泥厂生产的延安牌325、425、525普通硅酸盐水泥，先后获延安地区优质产品、全国水泥质量优质产品等称号。1996年在国家监督抽查中产品质量为合格。1997年被延安市技术监督局授予“计量合格确认”企业称号。是年，在全省水泥质检中获“先进单位”称号。

1999年，根据国务院颁布《质量振兴纲要》，帮助企业完善质量管理体系，向产品质量比较稳定的化工厂、塑料厂、水泥厂、建材厂等生产企业，宣传ISO 9000系列标准，促进产品质量上台阶。依法实施市场商品售前报检，全年实施报检31户、6类产品、38批次。

2003年，开展企业质量建档工作，重点对12户企业建立和完善质量体系，通过推动企业质量管理工作，提高企业综合管理水平和市场竞争力。

2005年，对10家年产值500万元以上企业建立质量档案数据库，企业产品质量状况，执行标准，生产工艺、设备、人员素质等重新进行登记备案。

2006年，为建立食品质量安全长效机制，宝塔区制定《宝塔区食品安全专项整治方案》《宝塔区重大食品安全事故应急工作预案》，落实“三员四定”（食品安全专业监督员、政府协管员、社会信息员；定人员、定责任、定区域、定企业）、“三进四图”（进村、进企业、进户；企业质量安全监管档案和企业变化动态图、食品行业分布图、监管责任落实图和食品安全警示图）及“两书一报告”制度。聘请质量协管员41名，质量监管信息员252名，划分食品安全监管责任区4个，建立质量档案41个，与企业签订食品安全承诺书38份。

2008年，开展工业产品许可证监管工作，建立企业信息库，全年获得食品生产许可证企业40家，工业企业生产许可证目录产品12家，十类重点产品中家具生产企业4家，协助18户生产企业加入产品质量电子监管网。

2009年，以食品建材、农资等工业产品为重点开展监督抽查，食品类主要对纯净水、糕点进行抽查，合格率为87%，纯净水不合格项目主要为电导率，糕点主要为微生物指标超标。农资产品主要对经销化肥产品进行抽查，合格率为80%，电线合格率为40%，不合格项目为实体电阻不符合国家标准规定，对于不合格产品责令下架，停止销售，并进行现场处罚。

2010年，宝塔区制定《质量兴区工作实施方案》，成立质量兴区领导小组，完善质量管理组织机构，各相关部门按照分工组织实施，推动质量兴区工作。

第五节　特种设备安全管理

1990年，延安市城区使用压力容器的有延安大学、延安师范、卫生学校、延安卷烟厂、延安毛纺织厂、延安丝绸厂、延安宾馆、延安地区医院、中医院、南关招待所、延安军分区、延安地委、行署、延安市委、市政府、延安医学院、延安财校等机关企事业单位100多个。1991年，劳动部下发《锅炉压力容器安全监察钢印管理规划（试行）》，全市锅炉压力容器安全监管工作由市劳动人事局负责。

1992年，随着延安城区建设步伐加快，宾馆饭店、居民住宅楼、企事业单位办公楼修建数量不断上升，锅炉压力容器使用增加。至1999年底，有锅炉等压力容器400多台。

2000年，全区锅炉压力容器安全监管工作移交延安市质量技术监督局宝塔分局负责。对420台锅炉压力容器建立档案，进行现场质量监督与安全监察和锅容管特（锅炉、压力容器、压力管道、特种设备）资格执业审查，加强对特种设备操作人员安全技术培训。全年，组织大型安全检查4次，检查起重机80台，承压锅炉102台，液化气充装设备12台，发现安全隐患142处，下发整改通知书42份，查处违法大案3起，查封非法液化气充装站1处。

2002年，开展锅炉容器普查工作，共登记锅炉368台，其中承压179台；压力容器352台，其中医用氧舱3台，电梯45部，起重机械243台，场内机动车辆77台，游乐设施32台（套）。

2003年，开展锅容管特专项治理，坚持日常监督和专项检查相结合，对延大附属医院、火车站、延安百圣商厦、延安化工厂、延安供热公司等单位，下发监察意见书60份，对超过同期登记进行换证并对使用起重机未进行检验的责令限期检验，没有防护装置的责令限期安装。

2005年，全区检查特种设备使用单位28家，特种设备100多台（件），下发《特种设备安全监察指令书》27份，特种设备安全隐患整治率100%。

2008年，全区全年开展安全大型检查5次，出动执法人员864人次，重点检查企业112家，检查锅炉183台、压力容器427台、电梯414台、起重机112台、大型游乐设施26台、厂（场）内机动车225台，年检率100%。全年发出《特种设备安全监察指令书》32份，查处违法违章行为21起，排除安全隐患12起。与企业签订安全目标责任书、安全承诺书112份。

2010年，开展“特种设备安全达标县（区）”创建工作，制订宝塔区特种设备安全管理达标县实施方案。以锅炉、电梯、石油配件修理单位使用的特种设备为重点，开展专项整治工作。全年共签订安全责任告知书230份，帮助企业开展特种设备检验工作，会同延安市特检所对驻区采油厂等重点企业特种设备进行检验和检测，特种设备检验率100%。宝塔区“特种设备安全管理达标县”创建活动通过市级验收合格，质检宝塔分局2008～2010年分别荣获延安市“行政执法先进集体”“安全生产工作先进集体”称号。

第六节　质监执法

1990年，延安市监督检查农机具、农药、化肥、种子经营企业16家，钢窗加工企业和个体工商户8家。对生产企业的主要产品红砖、糕点、冷饮制品等抽检156批次，其中红砖38批次，合格率98%，糕点74批次，合格率75%，冷饮制品42批次，合格率38%。对流通领域的商品进行监督检查，重点以没有检验报告单，无产地、无厂址或超过保质期规定及外观明显有问题（失效、变质）的商品为主，包括白酒、果酒、糕点、汽水等，综合合格率为55%。国庆前夕，又检查门店260多个，对存在不合格商品的18个门店罚款8247元。全年共检查108次，检查单位893个，检查产（商）品数963811件，其中伪劣变质产（商）品98341件，无证产（商）品74500件。

1993年2月，《中华人民共和国产品质量法》颁布后，质监、工商等有关部门开展大规模的上街宣传活动，通过设举报、投诉、咨询点，向群众讲解识别假冒伪劣产品知识，组织集中销毁伪劣产品，扩大宣传影响，提高教育效果。同年4~5月，开展农资专项打假活动，先后出动296人次对366家门店的农药、化肥、种子、农用电机、水泵、农用橡胶管6类31种产品进行检查，查处失效、变质农药19个品种982瓶，价值12500元；查处无证农药、无标准代号、无生产日期、无保质期农药8种，约4.7吨，价值32万余元；查处劣质农用电机18台、水泵90余台、再生橡胶管700米，价值1.8万元；查处不合格磷酸二氢钾9吨，假磷酸二氢钾12吨，价值6万余元；配合农业局对个体出售过期、假玉米种子2万千克，进行追回和没收处理。是年，还先后对全市名烟名酒及调味品、医药品和建筑材料市场320家门店进行全面检查，查处门店47个，收缴假冒伪劣名烟300多条、名酒471瓶、过期药品280盒，对出售建筑材料无标识产品的47家门店现场进行处罚。

1995年，主要检查各种食品、饮料、煤气、水表、压力锅、机油、建材、粮食、食用油、汽车配件等，检查国有、集体、个体1014家。没收实物16778件（袋），罚款15.68万元，接待群众举报投诉来访46人次。

1999年，宝塔区质监局开展元旦和春节食品市场专项大检查，查处制售假烟、假酒大案5起，捣毁制假窝点5个，查获假冒烟酒价值10.6万元。同年3月，开展“查农资、保春耕、争丰收”突击检查，对全区28户农资企业经销的种子、化肥、农药、农具及配件进行检查，对产品包装不标注生产日期，农药超过保质期及无厂名、厂址、合格证的物品进行收缴和现场处罚。同年5月，对市区、郊区和农村集贸儿童用品市场进行检查，检查各类批发零售门店320家，食品、饮料102种，对问题严重的27家门店分别进行现场查处。同年7月，查处柳林乡制作假酒大案1件，查获假冒五粮液、茅台、泸州老窖、西凤等白酒210箱，货值8万余元，移送公安机关处理16人，罚款12.9万元。全年出动执法人员1700人次，检查各类企业、个体工商户900户次，查处违法案件270起，结案270起，结案率100%，其中立案132起，万元以上大案6起，捣毁制假售假窝点7个，查获伪劣商品总值210万元，挽回经济损失70多万元。

2000年，新修订的《中华人民共和国产品质量法》公布后，质监宝塔区分局采取召开宣讲大会、印发宣传资料、悬挂横幅标语等形式进行广泛宣传，以“抓大案、端窝点、清柜台、整市场、维权益”为原则，坚持经常性监督检查与专项治理相结合，质监部门整治与群众举报相结合，行政执法与整改服务相结合，建立企业、社会、执法部门三级打假网络。开展对面粉、食用油、水泥、化妆品等十类定量包装商品专项检查，抽查定量商品包装86批次，合格52批次，合格率60%，查处假冒伪劣商品价值10.3万元。是年，共检查各类企业、个体工商户800余次，查处违法案件263起，其中立案查处127起，其中大案要案9起，现场查处136起，捣毁制假售假窝点12个，查获假冒伪劣商品总值150万元，挽回经济损失约58万元。

2002年，开展农资、成品油、农贸市场专项检查。查处农资违法案件16起，查获伪劣柴油、机油1200千克，假冒劣质农具1000余把，及劣质农用水泵电机等产品，涉案值24.3万元。质监分局与公安等部门联合开展整顿成品油市场，取缔非法土炼油窝点3个，查缴劣质成品油21吨，查封油罐6个、油桶45个、抽油泵1套。全年查处各类假冒伪劣违法案件239起，其中立案69起，万元以上大案16起；捣毁制假售假窝点14个，查处产（商）品价值234万元；受理消费投诉54起，处理52起，挽回直接经济损失22万元。

2003年，开展专项检查有烟酒类、农资类、电器类，检查烟酒批发零售企业6个，个体工商户122个。查处出售不合格野生葡萄酒窝点2个，收缴劣质野生葡萄酒270箱，罚款2.7万元。检查农资经营户42户，查处违法案件12起，查获8种伪劣产品，涉案货值7.56万元，处罚金额1.2万元。对56家电线、电缆、低压电器经营户进行专项检查，查处案件32起，伪劣产品11种，涉案物品货值23.9万元。是年，共查处各类违法案件170起，其中立案31起，大案要案9起，捣毁制假售假窝点11个，查获各类假冒伪劣产品货值206万元，销毁伪劣产品货值16万元。

2006年，根据中央、省、市整顿和规范市场经济秩序工作会议精神，重点开展食品安全、农资产品、建筑材料等三类专项检查，共处罚53起，取缔制假售假窝点5个，查处假冒伪劣产品13种，涉案物品货值26.5万元，处罚款11.6万元。

2009年，开展食品、农机、建材、危化品、特种设备等五大类专项检查，查处各类案件126起，其中立案68起，现场处罚58起，收缴或查封伪劣产品价值200余万元，处罚款80万元。

2010年，质监宝塔分局全年开展执法专项检查20次，出动执法人员2490人次，检查生产经销企业329家，涉及农资、食品、汽车配件、乳制品、烟酒、化妆品、药品、医疗器件等10多个门类上百种商品。查处各类案件127起，其中立案89起，大案要案11起，现场处罚38起，查处产品货值210万元，罚款40多万元。受理投诉案件5起，结案5起，结案率100%。

第六章　物价管理

第一节　管理机构

1980 年，延安市物价局成立，编制 5 人。1986 年，延安市物价局内设政秘、综合（对外为物价检查所）、农价（对外为农本队）、工价股室 4 个，有干部职工 25 人。

1994 年政府机构改革时，物价局和工商局、质量技术监督局合并，成立延安市工商物价质监局。1996 年又恢复市物价局，由经济发展局代管；同年 12 月，延安市物价局更名为延安市宝塔区物价局。2010 年，区物价局内设办公室、收费管理股、价格管理股、价格调节基金办公室，下设物价检查所、价格认证中心、成本调查队。设局长 1 人、副局长 2 人，有干部职工 47 人。

第二节　价格管理

1990 年前，由于基本建设投资过大，消费基金增长过猛，货币投放过多，许多商品供不应求；价格结构性调整步子较大，放开价格的商品较多，物价上涨幅度较大。区物价局围绕“稳定市场、稳定物价和安定人民生活”的物价工作方针，对 19 种人民生活必需品不准涨价，对 51 种同人民生活密切相关的商品销售价格进行监控，对 130 种重要放开商品实行提价申报制度。物价工作采取调、放、管相结合的改革方式，对粮食、棉花、能源、交通及重要的原材料计划内的部分价格由国家调控，对于工业消费品、国家定价以外的农产品及部分工业生产资料，采取逐步放开引入市场机制，形成国家定价、国家指导价、市场调节价三种价格形式并存的双轨制格局。对调整经济结构，促进经济良性循环起到积极作用。从 1991 年起，陆续放开木材、水泥、钢材、面粉、大米、肉类、服装等地方管理的生产资料和生活资料的价格。

1992 年 4 月，根据国家统一部署，市物价局提高粮油经销价格。进一步深化肉食品产销体制改革，取消凭票供应办法，实行敞开销售。放开中央管理的重工业生产资料和交通运输价格近 60 个种类，农产品价格 30 个种类，轻工业产品价格 32 个种类，区级放开的有牛奶、酱、醋、煤炭、火柴、炸药、砖价格，保留农副产品、住宅商品房、物业管理、农村客运票价、游览参观等其他收费的定价权。

1993 年，按照国家规定，放开粮油购销价格，接着又上报调整燃料、电、牛奶、自来水价格。至此除行政事业性收费由国家管理外，实现 95%以上商品价格、服务收费放开，由市场形成。商品价格由政府定价为主转变为主要由市场形成企业定价。有 27 个产品和服务收费品种属间接管理，如白砂糖、旅馆业、饮食业、娱乐业等。由于大批商品价格和服务收费放开，物价部门积极探索在社会主义市场经济条件下，物价工作主动从微观管理转为宏观管理，从计划经济观念中解放出来，主动为企业服务。对酒家、饭店开展分等定级工作，确定每个等级毛利率，实行差率控制，明码标价。第一批定级 59 户，其中特一级 3 户、特二级 11 户、一级 29 户、二级 10 户、三级 6 户。

1998 年，宝塔区实施城区大气污染防治，从境外调运无烟煤批发、零售，价格实行政府定价。1999 年 9 月供电农网改造结束，通过调查、测算、评估、认证、听证、上报审批，制定出全区城乡居民生活抄表到户 0.495 元/千瓦时，实行全区分类用电同网同价，取消城乡同网不同价的不平等电价差别。

2003～2006 年，对于实行市场调节的涉及“非典”预防的甲肝疫苗、口罩、塑料手套、体温表以及过氧乙酸、84 消毒液、二氧化氯等医疗器械、消毒用品、卫生材料，实行顺作加价，零售环节进销差率统一确定为 25%并实行报批制度。对其他涉及“非典”药品、食醋、大米等品种的商品价格实行监控，开展涉农价格和收费专项检查，规范农用生产资料价格秩序，对尿素等农业生产资料实行最高零售限价管理。用价格杠杆推进农业产业结构调整。

2007～2010 年，以粮油为主的居民生活消费品价格大幅上涨，宝塔区实行临时价格干预等措施，对市区 13 家较大规模批发、零售企业及农贸市场成品粮油、猪肉、牛肉、羊肉、鸡蛋、牛奶等 1062 种商品实行调价备案制度，并以公告形式在媒体向社会公示，对部分抗震救灾和重建物资价格实行最高限价，发放对经营者的告诫提醒函，坚持每周对煤炭、钢材、尿素等 14 种城镇居民日用工业消费品、农副产品和米、面、油等 39 种粮油等食品价格进行监测，快速、准确、及时向省、市物价部门和区政府上报监测数据，着力稳定市场物价。

2000～2004 年宝塔区主要粮食及农用生产资料销售价格统计表

表 15-6-1　　　　单位：元/千克

品名	2000 年	2001 年	2002 年	2003 年	2004 年
一、粮食类					
玉米	0.62	0.81	0.89	0.92	1.04
谷子	1.2	1.1	1.2	1.7	1.80
大豆	2	2	2	2.7	3
特一粉	1.8	1.8	1.6	1.52	2.08
标准粉	1.28	1.36	1.44	1.44	2
粳米	2	2	2.5	2	2.8
菜籽油	6	5.6	5.2	6.6	8

续表

品名	2000年	2001年	2002年	2003年	2004年
二、农资类					
尿素	1.4	1.4	1.4	1.5	1.55
碳铵	0.46	0.43	0.45	0.45	0.5
磷肥	0.45	0.4	0.37	0.44	0.37
农膜	5.7	6.2	5.89	9.5	9.5

第三节　收费管理

1991年，延安市对乱收费清理整顿，调查摸底。1993年进行全面清理整顿，审核收费单位246个，项目864个，取消涉及66个单位和部门的不合理收费47项，可减轻企业和群众负担400余万元，收集汇编《延安市行政事业性收费情况汇总表册》。

1995~2001年，宝塔区共审查收费许可证1784个，项目611个，标准1500个，注销许可证60个，取消收费项目49个，降低收费标准9个，减少收费金额620万元。

2002~2005年，按中央要求，全面治理乱收费、乱罚款、乱摊派等问题。2002年针对全区短期培训班过多，收费标准无序，群众反映强烈的现象，经调查研究后，采取强制性措施规范全区短期培训班的收费行为。对全区行业协会、学会和中介组织进行清理，审发收费许可证26个，收费项目40个，收费标准102个，使全区行业协会、中介服务收费行为步入正轨。对全区幼儿园进行现场评审定级工作，对合格幼儿园颁发收费许可证，制发统一收费标准，规范收费行为，对不合格幼儿园提出限期整改，推动社会办学的发展。对下岗再就业免收104个收费项目。

2006年以后，收费政策更加完善，收费行为日益规范，收费管理工作延伸到进一步惠及百姓、民生和优化投资发展环境方面。在主要公共场所公示收费项目标准，印发收费公示册（单），让百姓明白交费。2009年，调高宝塔高级中学（民办）学费标准和部分幼儿园、学校冬季取暖费。至2010年，宝塔区共办理收费许可证1848个，收费项目178个，标准1197个，注销收费许可证90个，取消收费项目44个，标准71个。全区行政事业性单位、各类医疗机构及个体诊所、学校幼儿园、停车场、宾馆饭店、物业管理企业收费总金额9190万元。

第四节　物价检查

1990~1992年，国家按差率控制作价和企业按差率定价的政策，放开物价管理权限。到2005年底，90%以上的商品价格放开。物价部门采取从价格管理到明码标价，打击价格欺诈，逐步建立完善市场经济条件下新的市场价格秩序。至1992年，开展节假日、明码标价、专项检查13次，重点检查议价粮油利润率、经销粮油价格行政事业性收费、饮食业综合毛利率，医疗卫生、农用生产资料、理发、停车、摩托车修理、电价、学杂费，检查商家和单位14280个，查处违纪违规行为1746起，查出违纪资金149.3万元，没收非法收入148万元，罚款2.3万元，退还用户1.3万元，收缴财政123万元。

1993～1995年，开展清理整顿行政事业性收费检查，预算外资金与收费资金使用情况检查，重点检查公路汽车运输价格、集资用电、城市电管费、户口增容费、证照手续费、城市配套费及与人民生活密切相关的监控商品的价格，对公安、工商、医疗、教育单位实行收费公开制度，制作价格公示牌。共检查单位409个，其中重点检查219个，查处违纪资金273万元，收缴入库183万元，查处退还中小学乱收费和超标准收费42万元。

1996～1999年，物资局与公安、城建、交通、教育、医疗卫生行业检查和生产资料、粮食收购、石油液化气、无烟煤价格检查及涉农价格（收费）、停车场、饮食业酒水加价检查295次，查处违规违纪行为82起，罚没入库金额32万元，退还多收价款31万元。

2000～2004年，开展涉农价格和收费、电价、工商集贸市场收费、教育收费、公安收费、短期培训办班的专项检查和15次节日市场检查及“非典”期间涉非药品、药具价格检查，查出各种违规价格“收费”41万元，清退多收价款6万元，罚没上缴财政金库35万元。

2005～2007年，检查农村义务教育阶段“两免一补”、公办中小学校“一费制”政策执行情况，开展价格服务进万家活动，监制下发收费（价格）公示牌到全区所有的行政单位、中小学校、村和社区、景区、医院，与商家签约开展价格诚信活动。加强价格法律法规宣传，加大对明码标价和价格欺诈行为的监督检查力度，对二道街商业区、大型超市、商场、旅游景区、农家乐的价格行为进行规范，对社会反响强烈的手机卖场、婚纱影楼、网吧虚构原价、串通涨价等价格违法行为在电视、报纸进行曝光。共检查单位及个体户4661个，查处376个，经济制裁金额100万元，其中没收非法收入5万元，罚款5万元，退还多收价款90万元。

2008～2010年，开展九年义务教育阶段实行“两免一补”政策执行情况检查，医疗卫生、抗震救灾、涉农价格（收费）专项检查及商业流通企业“虚假优惠、虚假折扣、低价招客、高价结算”和价格异常波动期间捏造、散布、串通涨价等价格欺诈案件。共检查单位和个体户3426个，查处658个，其中下发“责令改正通知书”398个，处罚262个，经济制裁总金额12.9万元。及时受理价格咨询、投诉、举报，共受理价格举报案件290件（价格咨询178件），罚款1.3万元，退还多收款4300元。其中，仅2008年就查处医疗药品价格（收费）违法金额66万元，2009年退还多收学生费用53650元，检查公务用车定点维修厂8个，处罚2个，罚款4000元。

第五节　价格调节基金

延安市价调基金会成立于1996年9月，后更名为宝塔区价调基金会，是依据国家、省、市有关文件精神开征的。开征初期由于征收渠道不够通畅，少征、漏征现象严重，价调基金征收增长速度缓慢。2003 年采取征收优选代征单位和奖励办法，价调基金征收增长速度明显加快，2005 年达到 1000 万元。

2007 年 3 月，制定《延安市宝塔区价格调节基金征收管理使用办法》，使价调基金管理工作进一步走上制度化、法制化轨道。针对宝塔区价格调控项目较多的情况，争取到市级价调基金 400 多万元。累计投放使用农村乡镇集贸市场工程 1200 万元，棚栽业 980 万元，草畜业 740 万元，林果业 220 万元和临时价格低保补贴及一批副食品流通加工基地项目。2010 年，征收价格调节基金 1800 万元，投放 485 万元。

第六节　价格监测服务

1998 年，宝塔区物价局成立“价格事务所”，人员内部调剂使用。2000 年“价格事务所”更名为“价格认证中心”。2006 年，中心由副科级建制升为正科级建制，依据《陕西省涉案财物价格鉴定条例》从事价格咨询、价格认证、价格鉴定、价格评估等方面的业务。中心有工作人员 10 名，其中鉴证师 1 名、会计师 2 名，其他人员均有价格鉴证员岗位证书。

2007 年，宝塔区物价局成立“成本调查队”，负责粮油副食品等重要商品价格监测、成本调查和政府定价项目的成本监审，为政府决策提供服务。

2010 年底，对全区开发的 10 处经济适用房成本进行审核，共核减金额 1. 09 亿元，核增 0. 09 亿元，召开价格决策听证会，制定预售价格，为政府确定经济适用房价格提供重要依据，切实维护低收入购房群体的利益。开展物业成本监审，公布小区的水费、电费、物业费及冬季供暖费，化解物业公司和业主因价格矛盾引发的纠纷。对政府扶持农民发展生产提供的优惠尿素、碳铵等农用物资，退耕还林补植苗木，定点屠宰进行监审，对殡葬业成本进行调查。通过对本地特色饮食成本审核公开，引导经营者合理定价、诚信经营，消费者理性消费、明白消费。

1990~2010 年宝塔区居民消费价格指数统计表

表 15-6-2

年份	总指数	食品类	衣着类	家庭设备及用品类	医疗保健类	交通和通信工具类	娱乐文化教育用品类	居住类	服务项目类
1990	101. 4	95. 8	106. 9	100. 7	105. 2	121. 4	91. 5	100. 7	123. 4
1991	108. 0	121. 1	111. 1	99. 4	141. 8	112. 0	91. 1	101. 4	101. 1
1992	109. 9	117. 7	101. 4	102. 3	126. 3	125. 0	92. 7	101. 1	110. 4
1993	112. 5	111. 4	106. 3	102. 8	116. 6	115. 0	100. 9	101. 8	144. 7
1994	122. 6	126. 5	109. 8	108. 0	109. 7	98. 4	114. 5	103. 8	156. 0
1995	120. 2	128. 2	113. 9	107. 4	112. 1	97. 0	107. 2	106. 4	117. 3

续表

年份	总指数	食品类	衣着类	家庭设备及用品类	医疗保健类	交通和通信工具类	娱乐文化教育用品类	居住类	服务项目类
1996	110. 1	107. 9	119. 2	104. 4	99. 3	96. 5	109. 6	127. 0	109. 0
1997	105. 5	101. 5	112. 9	100. 1	105. 8	92. 7	100. 4	111. 4	117. 6
1998	97. 8	95. 3	106. 8	97. 0	—	87. 1	102. 0	98. 0	105. 9
1999	100. 0	97. 5	101. 9	98. 9	102. 0	95. 8	100. 2	102. 3	104. 9
2000	101. 3	96. 7	101. 2	96. 6	100. 8	96. 8	107. 6	114. 4	109. 4
2001	102. 4	99. 6	96. 8	98. 5	100. 2	102. 3	112. 3	111. 3	116. 7
2002	98. 7	99. 5	99. 3	93. 5	94. 9	104. 5	98. 7	99. 3	106. 2
2003	102. 1	105. 0	98. 3	96. 8	108. 5	98. 4	100. 1	103. 9	105. 6
2004	102. 4	108. 9	99. 6	97. 2	94. 5	99. 1	103. 1	102. 0	101. 9
2005	101. 8	101. 1	103. 7	98. 8	103. 2	99. 2	100. 7	104. 2	101. 1
2006	102. 5	103. 0	103. 0	112. 6	101. 3	100. 3	100. 3	107. 4	101. 5
2007	105. 2	115. 8	101. 0	101. 4	99. 5	97. 1	99. 0	105. 1	102. 3
2008	105. 9	115. 2	101. 7	99. 8	97. 8	100. 2	99. 7	107. 8	101. 9
2009	101. 6	103. 2	101. 0	100. 9	100. 0	100. 3	101. 3	101. 8	100. 6
2010	104. 3	109. 1	100. 5	99. 8	105. 1	99. 1	104. 8	101. 4	103. 6

说明：以 1989 年为基数 100 指数

1990～2010 年宝塔区商品零售价格指数统计表

表 15-6-3

年份	总指数	食品类	饮料烟酒类	服装鞋帽类	纺织品类	中西药类	化妆品类	书报杂志类	文化体育用品类	日用品类	家用电器类	首饰类	燃料类	建筑装潢材料类	机电产品类	农产品交易类
1990	99. 0	96. 1	99. 0	105. 8	109. 9	100. 3	109. 5	142. 5	124. 9	100. 7	94. 8	—	104. 9	102. 4	94. 8	90. 6
1991	108. 7	121. 5	99. 8	107. 3	102. 6	107. 3	105. 5	106. 1	103. 6	99. 4	96. 1	—	117. 1	101. 4	87. 6	106. 4
1992	109. 8	135. 2	101. 7	104. 5	101. 7	108. 5	103. 2	95. 0	89. 2	102. 3	105. 2	—	104. 1	115. 6	105. 2	116. 9
1993	108. 9	145. 6	101. 6	114. 5	102. 8	116. 6	103. 6	119. 1	100. 9	102. 8	101. 4	—	157. 0	136. 5	99. 4	101. 1
1994	118. 9	143. 9	106. 6	112. 9	108. 6	110. 1	114. 8	129. 0	113. 6	112. 4	105. 4	106. 9	96. 4	99. 8	99. 7	121. 1
1995	121. 0	131. 9	113. 9	116. 7	114. 6	110. 9	123. 6	101. 9	121. 6	112. 7	104. 0	100. 9	109. 1	104. 4	101. 1	126. 4
1996	108. 6	110. 4	101. 4	121. 1	112. 8	99. 8	108. 1	119. 6	115. 5	105. 6	98. 4	98. 6	105. 0	102. 9	95. 3	101. 6
1997	103. 9	101. 5	103. 5	118. 1	101. 1	108. 4	110. 0	104. 4	101. 9	104. 1	96. 1	99. 2	106. 2	112. 0	91. 7	125. 7
1998	97. 8	95. 3	96. 1	106. 8	96. 8	103. 1	95. 3	106. 1	102. 0	102. 3	97. 0	83. 5	99. 9	96. 8	94. 5	84. 2

续表

年份	总指数	食品类	饮料烟酒类	服装鞋帽类	纺织品类	中西药类	化妆品类	书报杂志类	文化体育用品类	日用品类	家用电器类	首饰类	燃料类	建筑装潢材料类	机电产品类	农产品交易类
1999	99.6	99.1	95.6	101.8	101.1	101.9	103.8	102.6	97.7	99.4	97.7	96.2	101.5	101.7	97.9	90.6
2000	98.6	95.2	94.8	101.0	101.7	100.6	99.0	114.9	100.7	95.7	98.3	94.9	116.3	99.0	98.4	92.3
2001	100.2	99.1	100.3	99.3	100.6	97.0	102.0	146.9	99.2	94.0	92.4	92.8	101.8	107.6	96.0	—
2002	96.9	99.8	95.2	95.5	99.7	93.5	91.1	93.1	97.3	94.4	88.9	100.0	101.0	92.9	94.2	—
2003	100.5	105.0	97.7	99.0	99.2	103.5	98.9	101.2	94.8	99.7	93.7	113.8	101.1	97.1	102.2	—
2004	102.2	109.2	99.0	99.5	99.5	90.2	98.2	100.5	96.2	100.1	95.9	113.7	112.1	98.6	95.4	—
2005	101.2	101.1	101.1	103.7	101.1	105.5	98.2	100.0	95.9	100.3	98.5	104.0	112.7	99.2	94.5	—
2006	102.5	103.0	100.7	102.7	102.6	101.0	100.7	100.5	98.3	106.1	99.4	118.0	117.9	99.8	98.7	—
2007	104.8	116.3	102.0	100.9	101.3	99.0	100.4	102.3	96.2	101.3	92.8	106.1	104.5	105.0	93.2	—
2008	107.3	115.5	104.7	101.9	97.6	95.1	103.3	100.0	95.9	105.8	94.8	111.3	127.3	106.4	97.9	—
2009	101.5	103.2	101.3	101.1	92.5	100.6	98.8	102.1	101.5	105.6	97.3	101.1	105.2	97.2	99.4	—
2010	104.1	109.4	103.0	100.5	107.0	109.9	100.8	98.5	98.6	102.8	97.5	111.0	—	—	—	—

说明：以 1989 年为基数 100 指数

第七章　国土资源管理

第一节　土地机构

1987 年 4 月，延安市土地管理局成立，内设办公室、监察科、审批科、地籍管理科、宣传科，下设土地管理所 1 个，有干部职工 36 人。1996 年 12 月延安地改市，更名为延安市宝塔区土地管理局，局属科室有办公室、财务科、估价所、地籍科、建设用地科、土地监察大队（副科级）、土地管理所（副科级）。下设南川土地管理所、北川土地管理所、东川土地管理所、城郊土地管理所。有干部职工 86 人，设局长 1 人、书记 1 人、副局长 2 人。2002 年 9 月，政府机构改革，宝塔区矿产资源局、宝塔区支铁办并入宝塔区土地局，成立延安市国土资源局宝塔分局，内设股室有：办公室、发展规划与地籍管理股、耕地保护与土地利用股、地质环境与测绘管理股、矿产资源管理股。下设统征统迁办、地质环境监测站、土地收储中心 3 个正科级建制单位，监察大队、测绘中心 2 个副科级建制单位，信息中心、南川国土所、北川国土所、东川国土所、城郊国土所 5 个股级建制单位。

2007 年 12 月，国土资源系统体制改革，宝塔区国土资源分局上划延安市国土资源局管理。分局内设办公室、地籍规划科、耕地保护与土地利用科、矿产资源管理科、地质灾害与测绘管理科，派出城郊、东川、南川、北川国土所 4 个，下设国土资源监察大队、土地收购储备中心（土地开发整理中心）、国土资源测绘中心（国土资源信息中心）、地质环境监测站等事业单位 4 个。全系统有干部职工 137 人，其中行政编制 14 人，设局长 1 人（副县处级），副局长 2 人。主要负责全区土地资源、矿产资源总体规划，编制土地、矿产年度计划，组织实施土地、矿事管理技术标准、规程、规范和办法，编制地质灾害防治和地质遗址保护规划，实施土地统计动态监测和耕地保护等。

第二节　土地规划

1996 年 5 月，根据国家土地管理局《关于开展土地利用总体规划工作报告》，陕西省土地管理局《关于开展全省土地利用总体规划工作的报告》，陕西省土地利用总体规划领导小组《关于开展全省各级土地利用总体规划编制工作意见》通知精神，宝塔区以 2010 年为基期，编制完成《宝塔区土地利用总体规划》。

根据延安市《1996～2010 年土地利用总体规划修订主要指标分解表》，贯彻落实“十分珍惜和合理利用每寸土地，切实保护耕地”为国策，牢固树立土地资源可持续利用观念，坚持供给引导和制约需求的原则，实现耕地总量动态平衡目标。至 2010 年，宝塔区耕地总面积稳定在 132. 92 万亩，基本农田面积保持在 48. 91 万亩，耕地保护率达 36. 45%，非农建设用地面积严格控制在 22. 28 万亩，其中建设占用耕地控制在 7 万亩。

土地利用结构调整，规划期内增加耕地面积 1. 4 万亩，其中整理复垦 1. 0 万亩，开发耕地 0. 4 万亩，减少耕地 2. 7 万亩，净减少 1. 3 万亩。全区园地面积由 29. 29 万亩增加到 31. 07 万亩，主要利用陡坡地、荒地、退耕地和部分复垦地。全区林地面积增至 233. 04 万亩，主要通过陡坡地退耕还林，小流域综合治理为主，逐渐消灭荒山、荒坡。同时，将疏林地、未成林造林地、迹地及部分灌木林改造为有林地，森林覆盖率达 55%。牧草地由 105. 11 万亩减至 101. 10 万亩，主要是部分陡坡地退耕还牧，部分草地改村改园或非农建设，该类用地应增加人工草地和改良天然草场比重，提高产草量，增加载畜量，充分挖掘资源潜力。居民点及工矿用地由 12. 60 万亩增加到 13. 52 万亩，主要用于中心城市建设用地扩大规模，重点建设项目占地，优势资源开发用地。同时对村庄用地严格按标准控制，加大整理复垦力度，增加耕地和建设用地。对部分建制镇进行挖潜改造，提高容积率，节约用地。对乡镇企业用地严格审批，并向城镇集中，制止浪费土地资源现象。交通用地由 5. 24 万亩增加到 8. 76 万亩，主要用于西延铁路向北延伸至区境段，210 国道拓宽、改线，县乡公路改造提高等级和农村道路完善和提高，加快基础设施建设步伐。水域面积由 8. 76 万亩增加到 8. 94 万亩，主要用于延河堤防建设，修筑水库、池塘、蓄水池增加农田灌溉面积和发展水产养殖业。未利用土地至 2010 年由 3. 55 万亩减少到 1. 80 万亩，主要用于基本农田建设，修建宽幅梯田，减少田坎占地，增加耕地面积，部分未利用土地用于林、草、果和建设发展用地。

根据宝塔区土地总体规划，科学指定区域土地利用，从全区土地资源实际出发，结合土地利用现状和发展趋势，按照其相似性、差异性及利用方向，将全区土地利用分区规划为二级系统，即土地利用区3个、土地利用亚区7个。

一、东北部峁梁土地利用区

宝塔区包括东北川下坪、贯屯、张坪、梁村、丁庄、蟠龙、冯庄、碾庄、李渠、姚店、元龙寺、青化砭和甘谷驿13个乡镇，土地面积1297.04平方千米，占全区土地总面积的36.63%；总人口123114人，占全区总人口的37.72%。草地、耕地比重高，煤炭、石油资源丰富。土地利用方向是退耕还林还草、发展园地致富，开发利用优势矿产，加快交通建设，促进二、三产业和城镇发展。

（一）北部峁梁牧、农、采矿土地利用亚区

包括下坪、贯屯、张坪、梁村、丁庄、冯庄和碾庄7个乡，土地面积为883499.71亩，人口为41296人，人口密度为69.0人/平方千米。耕地面积大，人均负担重，地处北川拐沟，交通不便，但煤炭、石油资源较丰富。土地利用方向是积极退耕还林还草，加强园地建设，以草兴牧，以牧促农，以园致富，发展交通，扩大采煤规模，加快乡镇建设发展。稳定耕地面积，增加农业投入，推广垄沟种植法，使耕地利用达到最佳效益；大力植树造林，促进园地发展，实施苹果四项新技术，提高果品质量，扩大外销数量，增加农民经济收入；加快以贯屯矿区为中心的煤矿、油田开发工业发展，增加经济效益。

（二）东北川道农牧、林果、重工业、交通土地利用亚区

包括蟠龙、姚店、李渠、青化砭4个镇，土地面积605445.3亩，人口58814人，位于延河及其一级支流蟠龙川地区，土地利用结构以耕地、草地为主，林地、园地次之，其他用地相对比重亦较高，城镇交通发达，石油资源丰富开采程度高，土地利用结构较为均衡。土地利用方向是发展城镇二、三产业，以工养农，以果富农，提高耕作技术和投入产出水平，走城乡一体化道路；加快基本农田建设，严格控制建设占用农田，大力发展集约化种植业。生产、推广先进技术，提高单位面积产量和产出水平；进一步加强城镇建设，提高交通运输能力。加快农业商品流通，发展果品和土特产品生产。积极发展已有工矿企业的生产配套设施建设，调整园地布局，以坡地栽果为方向，提高土地利用率。

（三）东部峁梁川道牧、农、采油土地利用亚区

本亚区包括甘谷驿、元龙寺两个乡镇，土地面积455129亩，人口23004人，劳均耕地20.4亩，土地垦殖率37.25%，投入不足产出率较低，经济发展缓慢。土地利用方向是加大退耕还林力度，增加园地面积，改善生态环境，增加土地投入，建设基本农田和推广种植技术，提高亩产，增加收入；发展交通建设，促进经济发展；加快以苹果为主的林果基地建设，实现农林牧均衡发展目标。

二、中部梁峁土地利用区

涉及河庄坪、枣园、桥沟、川口、柳林和万花山6个乡镇，土地面积911.35平方千米，占全区土地总面积的25.73%，土壤以黄绵土为主，淤土占有一定比重，耕地质量高、比重大，林地、草地亦有较大比例，交通方便，旅游业兴旺，为中心城市区所在地。土地利用方向是充分利用接近城市的区位优势，调整产业结构和农业内部结构；深

度开发和集约利用资源，加快城市建设步伐，发展二、三产业，提高土地利用的经济效益。

（一）中心城市城郊型农业、工矿、交通、旅游土地利用亚区

包括河庄坪、枣园和桥沟3个镇及城区3个办事处。土地总面积474865亩，其中耕地135525.5亩，园地55395.3亩，林地94535.2亩，牧草地141443.7亩，居民点及工矿用地22266.3亩，交通用地5443亩，水域用地15615.1亩，未利用土地4910.9亩。该亚区土地利用方向是充分利用接近城市的区位优势，调整产业结构，挖掘城市建设用地潜力，加快城区改造、扩大速度，提高土地利用率，加强工商业、旅游业，发展种植、养殖业，发展二、三产业，提高土地利用的经济效益；加强基本农田建设，尽快修复水利设施，扩大灌溉面积，提高机械化水平，保证粮食稳定、高产；大力发展日光温室、大棚蔬菜和饲养为主的肉、奶、蚕等养殖生产，保证城市供应；充分利用红色革命旧址和名胜旅游景点，做好参观、旅游，吃、住、行一条龙服务，提高经济发展增长点。

（二）中南部梁峁农业、林果、工业、交通、旅游土地利用亚区

涉及川口、柳林、万花山3个乡（镇），土地面积902690.3亩，耕地占26.72%，林地占52.27%，草地仅占13.33%，该区土地利用方向是利用柳林川上、杜甫川、马四川较优的生态环境和近市区的区位优势，以过境交通为龙头，充分利用资源优势，坚持农、林、牧、工、商、旅游业综合发展。柳林镇部分划入市区建设用地范围，万花山乡将建设自然保护区和旅游度假区，川口乡列入油气生产基地，是经济发展重要区域之一，以城市带动农村，大力发展生态农业，调整产业结构，走农、工、商一体化道路，坚持节约土地为原则，精细使用土地评估，全面开发土地的综合效益。

三、南部梁峁土地利用区

包括南泥湾、松树林、麻洞川、临镇和官庄5个乡镇，土地面积1332.3平方千米，占全区土地总面积的37.63%。土壤以灰褐土为主，林地面积比重高，国有林场、农场集中，生态环境好，并有石油资源和大面积的天然次生林。土地利用方向是改造天然次生林及灌木林、疏林地；增加有林面积，发展林特产品，集约利用高产农田；禁止占用基本农田，充分利用资源优势，坚持农、林、牧、副业综合发展，按照土地适宜评价结果，因地制宜开发利用荒草地，做到生态、经济、社会效益相统一。

（一）南部川道梁峁梢林农、林牧土地利用亚区

涉及南泥湾、松树林、麻洞川和姚农坡农场，宝塔区林业局管辖林区，临镇、官庄残塬以外的所有地区，面积1569564.3亩，其中天然次生林面积93.34亩。该区土地利用主要方向是大力发展林特产品，以苹果为主的林果生产。改造中低产林、增加木材蓄积量；集约利用高产农田，增加种植业投入，提高农作物单产；扩大经济作物种植，提高产出效益。推广农业、林业、牧业先进技术和优良品种，加强土地管理，理明权属关系，杜绝毁林开荒、毁林种植现象。

（二）东南部残塬林果、牧、农土地利用亚区

本区包括官庄乡8个行政村，临镇镇6个行政村，土地面积410522亩。土地利用方向是以林草建设护沟固塬，发展畜牧业和塬区林果业，扩大经济作物种植，以果、牧、

经养农，增加投入；提高耕作技术水平，增加经济作物比重，提高经济效益；大力建设基本农田，提高机械化、集约化种植水平。

第三节　土地管理

一、耕地保护

1986 年 6 月《中华人民共和国土地管理法》颁布后，延安市对土地管理逐步转为集中统一管理，纳入法制管理轨道，实行土地利用计划管理，对国家企事业单位及农村住宅占用耕地进行严格控制，做到土地资源与国家建设用地供需平衡。制定《延安市土地管理实施办法》，建立健全城乡建设用地审批制度，对全市国家建设用地、乡镇建设用地、村民建房用地政策、审批权限、奖罚办法作出具体规定。实施国有土地、集体土地按要求登记，颁发土地证、土地使用证及居民宅基证，保护土地所有者和使用者合法权益。

1990 年，延安市统计年报显示，全市耕地保有量 1689001 亩，占总土地面积 31.78%，常用农耕地 503164 亩，占耕地总面积 33.56%，其中水田 3322 亩，水浇地 22459 亩。在农用耕地中粮食种植面积 485200 亩，经济作物 17964 亩。年末有“四田”248300 亩，复垦造田 7653.4 亩，新增“四田” 16500 亩。

1993 年，新增加耕地面积 33100.5 亩，其中新开垦面积 19.5 亩，废弃地利用面积 12940.5 亩，还耕地面积 17737.5 亩，围垦面积 190.5 亩。当年减少耕地面积 34803 亩，其中退耕改果面积 16264.5 亩，退耕造林面积 17250 亩，国家基建占地 106.5 亩，乡村基建占地 58.5 亩，农民宅基占地 91.5 亩，因灾废弃耕地 232.5 亩，年末实有耕地 497011.5 亩。

1995 年，耕地常用面积 483645 亩，当年新增面积 56055 亩，其中复垦面积 36840 亩。全年减少面积 59385 亩，其中退耕改果 14940 亩，退耕还林面积 23550 亩，退耕还牧 14250 亩，国家基建占地 480 亩，乡村基建占地 270 亩，农民宅基地 270 亩，因灾废弃耕地 900 亩，其他 4725 亩。年末实有耕地 480315 亩。

1998 年初，实有耕地常用面积 484920 亩，当年新增耕地面积 22110 亩，其中废弃地利用面积 1725 亩，还耕面积 10335 亩，新复耕地 10215 亩。当年减少耕地面积 26085 亩，其中退耕还果面积 1365 亩，退耕还林 20100 亩，退耕还牧 1770 亩，国家基建占地 1875 亩，乡村农民建房占地 585 亩。年末实有耕地 480945 亩，其中水田 1680 亩，水浇地 20550 亩。

2000 年初，耕地常用面积 480945 亩，当年新增耕地面积 42165 亩，其中废弃地利用 26580 亩，还耕地面积 10155 亩。当年减少耕地面积 42480 亩，用于退耕还果面积 5565 亩，退耕还林 28920 亩，退耕改牧 6855 亩，国家基建占地 990 亩，乡村基建占地 60 亩，农民个人建房占地 45 亩，因灾废弃耕地 45 亩，年末实有耕地 480630 亩。

2003 年初，耕地总资源 1183875 亩，年内新增 1125 亩，年内减少 160050 亩，其中退耕还林还草占地 160005 亩。年末耕地总资源 1024950 亩，常用耕地面积 513150 亩，其中国有单位面积 16590 亩。

2005年初，实有耕地总资源994410亩，年内新增3615亩，其中废弃耕地利用1500亩，园地改耕地375亩。年内减少82095亩，用于退耕还林还草占地74805亩，国家基建占地1035亩，乡村基建占地225亩，农民个人建房占地195亩。年末耕地总资源915930亩，其中常用耕地面积511170亩，粮食作物种面积450615亩，经济作物耕种60555亩。

2010年初，实有耕地保有量875617亩，当年新增耕地720亩，其中废弃耕地利用696亩。当年减少2945亩，其中耕地改园地1200亩，国家基建占地1180亩，乡村基建占地195亩，农民个人建房占地210亩。年末耕地总面积873392亩，其中常用耕地面积483321亩，水地1115亩，水浇地12165亩。

二、基本农田保护

1990年，全区共划定基本农田保护田块5025块，实际保护面积489114亩，比基本农田保护方案面积多114.7亩，占全区总耕地面积的34.7%，占全区集体耕地面积的35.2%，其中一级基本农田保护面积96867.0亩，占全区基本农田保护总面积19.8%；二级基本农田面积208248.2亩，占42.6%；三级基本农田183999.5亩，占37.6%。

（一）基本农田保护面积划定

划定的地类以川、台、塬、沟、梯田、耕地为主，质量以三、四、五、六等地为主，土壤以黄绵土、淤土和黑垆土为主，一级基本农田保护区以延河川、汾川河为主，二级保护区以沟旱地和梯旱地为主，三级保护区以峁梁旱地为主。一级基本农田长期不能占用，二级2020年前不能占用，三级2010年前不能占用。

（二）基本农田保护面积分布

一级保护基本农田田块1235块，保护面积96867亩，分布在麻洞川、柳林、姚店、临镇、南泥湾、李渠、甘谷驿、青化砭、枣园、官庄、川口、河庄坪、蟠龙、松树林、万花山、冯庄、丁庄17个乡镇。贯屯、碾庄、元龙寺、梁村、张坪、下坪6个乡镇均未划定一级基本农田保护区面积。二级保护基本农田面积有208248.2亩，分布在碾庄、柳林、桥沟等16个乡镇。以蟠龙镇保护面积最大，为24152.4亩，占全区基本农田保护面积11.6%；以丁庄乡保护面积最小，为2539.8亩，占全区基本农田保护面积的1.2%。三级保护基本农田面积有183999.6亩，分布在全区张坪、元龙寺、贯屯、梁村、下坪、桥沟、李渠等18个乡镇，松树林、官庄、临镇、麻洞川、官庄5个乡镇均未划定三级基本保护区农田。

（三）未列入保护区耕地

全区未列入保护区集体耕地面积有899825.6亩，占集体总耕地面积的65.7%。分布在24个乡镇，青化砭镇占比例最大，未列入面积42346.6亩，占全区未列入保护区耕地面积的4.7%，碾庄乡未列入保护区面积8388.7亩，占0.9%。

（四）基本农田保护管理措施

根据国务院和陕西省《基本农田保护条例》，宝塔区制定《关于开展划定基本农田保护区的安排意见》和《宝塔区划定基本农田保护区技术规范实施细则》，主要措施有签订基本农田保护责任书，实施区、乡、村、户、人五级责任落实制度，区级与乡镇签订责任书24份，乡镇与村级签订583份，村级与户、人签订52141份；设立保护标志，全区设立乡镇级基本农田保护牌24个，村级583个，田块保护牌260个。重要内容有：保护单位名称；保护田块面积，编号，保护区位置图，保护措施，保护责任人和时间；悬挂基本农田保护图，全区悬挂1∶2.5万基本农田保护图24幅，村级悬挂1∶1万基本农田保护图583幅，为依法保护管理基本农田提供科学依据；建立基本农田保护区档案，实施文件类、表格类、图件类三种方式建档，其中图件类主要有：区级1∶7万基本农田保护图1幅，乡镇1∶2.5万基本农田保护图24幅，村级1∶1万基本农田保护图583份；制定基本农田保护制度，主要有非农业建设占用保护区耕地实施公开报批制度、保护区耕地的地力补偿及环境监测制度、保护区耕地面积、质量递补制定、村规民约等。

2010年宝塔区基本农田保护面积统计表

表15-7-1　　单位：亩

乡镇名称	实际保护面积	人均保护面积	乡镇名称	实际保护面积	人均保护面积
临镇	19708.2	1.5	桥沟	10181.2	0.7
南泥湾	13872.9	2.2	河庄坪	16723.6	1.8
麻洞川	19573.1	1.7	川口	28954.6	2.7
松树林	6931.2	1.5	碾庄	12168.7	2.3
官庄	15647.1	2.6	冯庄	15495.9	1.8
李渠	24119.3	1.2	丁庄	9088	1.3
姚店	31189.5	1.4	元龙寺	27633.3	2.6
甘谷驿	32024.3	1.9	梁村	12509.4	1.5
青化砭	21690.2	1.4	张平	14164	2.2
蟠龙	49904.5	3.7	贯屯	19304.2	2.6
柳林	34200.1	2	下坪	14054.9	2.6
万花山	19577.7	2.3	合计	489114.7	1.27
枣园	20399.8	1.8			

三、土地征用

1990年，延安市政府征用临镇付家湾、甘谷驿镇西沟门、姚店镇四十里铺行政村土地250.06亩，用于南泥湾采油厂生产基地建设、延长油矿甘谷驿油矿建设、青化砭油矿井场建设。

1993年，征用土地156.5亩，涉及城郊桥沟、柳林、万花山、枣园等乡镇，用于学校医院、企事业单位新建扩建项目。

1995年，征用土地480亩，用于城区居民住宅小区、区内油田井场建设。

1998年，征用桥沟、柳林、万花山、枣园、松树林、川口、甘谷驿、青化砭等乡镇土地1875亩，主要用于泽子沟住宅小区、罗家坪小区一期、尹家沟企事业单位迁建办公用房、红化小区等和区内4个采油企业生产用地。

2000年，征用桥沟镇罗家坪、桥沟、锁崖、七里铺、马家湾、大砭沟等10个行政村，枣园镇枣园村、阳砭行政村，柳林镇柳林村、王家沟村、山狼岔、柳树巷、高坡行政村，甘谷驿、川口、冯庄、梁村等乡镇部分行政村土地990亩，用于罗家坪住宅小区二期、三期、柳林丽景花园住宅小区等开发，建设和青化砭、甘谷驿、川口、南泥湾采油厂生产用地。

2005年，全区征用土地1035亩，用于红化二期、三期住宅小区、二庄科小区、姚农小区、燕沟南山小区、卷烟厂—枣园村一条街及西川公园建设。

2008年，申报两个批次农用地转用土地征收3580.5亩。上年末石油用地转征工作全面完成，占地38040亩，其中耕地22693.5亩，林地12031.5亩，未利用地3316.5亩。

2010年，申报四个批次农用地转用土地征收200.25亩，供地13宗，总面积284.25亩，其中耕地213.75亩。国土城区分局完成13个批次农用地转用土地工作，涉及20个项目，申请用地总面积2624.25亩，其中农用地1435.5亩（耕地883.2亩），存量建设用地413.55亩，未利用363.3亩，审批建设用地179.4亩。

四、土地储备与出让

2001年前，宝塔区无土地收储转让机构，未开展土地收储、转让、拍卖，各项建设用地由区政府根据有关政策规定划拨。

2002年10月，宝塔区土地收购储备中心（土地整理中心）成立，科级建制，为两块牌子、一套机构，财政差额拨款，隶属于宝塔国土分局，编制20人，设主任1名、副主任2名。

2007年，国土资源管理体制改革，宝塔分局上划延安市国土局管理，根据延安市编委关于国土宝塔分局职能设置，土地收储中心规定为事业性质，科级建制，隶属关系不变，财政全额拨款，编制9人，设主任1人。全年完成13个批次农用地转用征收报批和1个市局审批村民住宅农用地转用工作，涉及20个项目，申请面积2624.25亩，其中农用地1435.5亩，存量建设用地413.55亩，未利用地363.3亩，缴纳耕地开垦费1042.88万元，审核、审批建设用地179.4亩，供地816.45亩。2003～2007年，挂牌出让国有土地17宗，出让面积880.14亩，成交价款23286.52万元，拍卖面积1宗，出让面积5.42亩，成交价款5590.00万元。

2008年，收购储备土地8宗，175.95亩，其中出让国有土地2宗29.85亩，收取出让金172万元，挂牌出让国有土地使用权3宗，209.4亩（存量土地33.45亩），出让价款5294.32万元。

2009年，收购储备3062.7亩（其中耕地1332亩），原挂牌出让建设用地155.7亩，收取出让金492.7万元，挂牌出让294.9亩，成交价款5245万元。

2010年，出让土地284.25亩，其中耕地213.75亩，挂牌出让5宗，协议出让1宗，划拨6宗，集体用地1宗，全部录入土地市场动态监测监管系统，兑现村集体油井转征款69宗、1870.24万元。挂牌成交国有土地8宗、面积319.95亩，成交价款5145.00万元。

五、地籍管理

1990年，市土地局向村居民发放宅基证541本，登记面积177.02亩，符合发证标准的24个单位和40宗地，全市国有土地登记发证率达92%，给92户居民颁发国有土地使用证，给石油企业钻采井口、19个个体营业户颁发国有土地临时使用证。

1993年，审批民房建筑住宅1337户、3985孔（间），面积326.68亩，发放宅基证。

1995年，审批住房建筑面积203.38亩，给519户发放宅基证。

2000年，审批667户居民住房建设，占地面积179.38亩，给677户发放宅基证。

2005年，区国土局对全区598户居民宅基地进行审批，审批面积140.42亩，修建房屋3094孔（间）。

2008年，发放土地使用证212本，其中集体土地使用证190本，国有土地使用证22本。对29个项目进行规划调整，调整面积2813.4亩，其中耕地1217.4亩。审批发放居民宅基证160户，占地面积35.66亩。

2009年，发放土地使用证126本，其中集体土地证109本，国有土地证17本。全年审批居民建房住宅基地面积40.36亩，发证209本。

2010年，发放土地使用证151本，其中集体土地使用证149本，国有土地证9本。审批居民宅基建房175户、875孔（间），占地面积30.49亩。

第四节　矿产管理

一、规划

2002年，根据国土资源部文件精神，宝塔区在调查摸底的基础上，编制完成《宝塔区矿产资源总体规划》，基期年为2001年，规划期限为2001~2010年。2002~2005年为规划期，2006年、2010年为展望期。资源规划目标是，培育和规范矿权市场，建立政府宏观调控与市场配置相结合的探矿权、采矿权市场体系，调整优化资源利用结构和布局，促进矿产资源的勘查，开采与生态建设协调发展。2005年目标是年生产原煤50万吨，原油产量达到45万吨，建筑材料砖产量1.5亿块，石料20万吨。2010年原煤产量达90万吨，原油产量65万吨，建筑用砖产量1.8亿块，石料30万吨。宝塔区矿产资源划分为禁止开采区、限制开采区、鼓励开采区三大区。

（一）禁止开采区

主要为重点水源地二级以上保护区；风景名胜、重点文物保护区，革命历史纪念地；国家、省、市划定的自然保护区；主要城镇，铁路、公路、基础设施，重点工程范围内规定的需加强保护的区域。该区规划为3个小区，即延安国家森林公园保护区、红庄水库、方塔水库保护区。

（二）限制开采区

该规划限制开采区划为4个，即孙台水库、胜利水库两个保护区，桃宝峪革命旧址保护区，南泥湾镇九龙泉保护区。

（三）鼓励开采区

鼓励开采区矿产资源丰富，易于形成规模开采，区内外开采条件较好，能有效控制对环境的影响，该规划为 8 个区域、19 个小区。宝塔区北部煤炭开采区内有蟠龙镇四嘴煤矿、蟠龙河家沟四矿、冯庄乡张渠联办煤矿、青化砭镇白坪煤矿、大草湾煤矿、后丈子沟煤矿、冯庄乡李庄煤矿、后安家沟煤矿、后安家沟第二煤矿、安家沟煤矿、青化砭镇惠安煤矿、李渠镇崖力坪红星煤矿、条子沟煤矿、川口乡建设煤矿、冯坪煤矿、苗家沟煤矿。贯屯煤矿鼓励开采区，该区为宝塔、子长、延川三县区三角形煤藏区组成部分，含煤层位三叠系，基础储量 3388.4 万吨，资源量为 648.3 万吨，资源储量 4036.7 万吨，煤质优良，开采条件好，长期停产，鼓励恢复开采，发展煤炭工业，从整体上提高区内原煤生产能力。宝塔区东北部石油开采区，包括蟠龙、梁村、姚店、甘谷驿等乡镇中型油田，有青化砭油田、甘谷驿油田、姚店油田。宝塔区中西部石油开采区包括川口、河庄坪、枣园等乡镇，有中型油田川口油田。宝塔区南部石油开采区包括南泥湾、麻洞川、柳林、松树林、临镇等乡镇，有中型油田南泥湾油田。

罗家坪紫砂陶土鼓励开采区。该紫砂陶土储量为 521.42 万吨，紫砂陶土质量好，开采条件好，预测市场销路较好，确定为紫砂陶土鼓励开采区。蟠龙瓷窑沟瓷土矿开采区，柳林镇三十里铺水源地地下开采区。

二、管理

1999 年，宝塔区开发利用矿产资源主要有煤炭、石油建筑材料砖瓦黏土、砂岩、石沙。全区有煤矿企业 18 个，其中地方国有中型煤矿停产 1 个、区国有小型煤矿 1 个、集体小型煤矿 1 个、私营小型煤矿 15 个，建材厂（砖瓦）29 个，开采面积 0.65 平方千米，采石场 34 个，开采面积 0.26 平方千米。

2001 年，全区从事矿产采掘和矿产品生产人员 3774 人，实现工业总产值 9485.60 万元，工业销售收入 30327.60 万元。

2003 年后，对全区小煤矿数量多、规模小、设备简陋、开采技术不高、回采率较低、浪费资源严重进行煤炭资源整合。2008 年完成整合矿区 7 个，注销采矿许可证 6 个，挂牌出让采矿权 3 个，报审采矿许可证 13 个。

2010 年，宝塔区延续登记采矿许可证 25 本，对 70 个矿山企业进行年检，年检率达 100%，对 62 个非煤矿山企业设立“采矿权公告牌”，收取矿产资源补偿费 2.3 万元。

第五节　地质灾害防治

一、机构设置

1994 年，延安市成立抗震减灾办，隶属于延安市城乡建设局，配备人员 1 名。1995 年人员增加到 2 名。1996 年，延安市制定《城区抗震减灾总体规划方案》。1998 年 7 月，抗震减灾办由宝塔区城乡建设局兼管。2003 年抗震减灾工作移交宝塔区科技局管理，隶属于区科技局，事业编制 2 人。2008 年，成立区防震减灾应急处置指挥部。

二、地质灾害调查与评估

宝塔区地质灾害主要类型有滑坡、崩塌、泥石流和矿区地面塌陷等。其中，以滑坡、崩塌为主，主要分布于人口集中、工程活动强烈的延河及其支流南川、杜甫川两岸斜坡地带；泥石流多以洪水泥流出现，一般无典型堆积区；矿区地面塌陷偶见北部采煤区。

区内环境地质与灾害工作起步较早，但以水土流失调查为主，随着城市与工程建设地质均不同程度包含地质灾害工作内容。20 世纪 90 年代完成代表性成果有以地质灾害调整为陕西省 1∶50 万比例尺区城环境地质调查报告。2000 年，宝塔区开展地质灾害调查与区划工作，初步建立地质灾害群防群测网络体系。2000 年后，以建设用地地质灾害危险性评估，开展不同等级线状或点上地质灾害评估工作。

2005 年，中国地质调查局在陕西、四川、云南三省安排地质灾害详细调查示范项目，宝塔区被列入示范项目之一。实施项目的名称是“典型地质灾害监测预警与示范治理工程”，计划项目实施单位是中国地质环境监测院，承担单位为西安地质矿产研究所。本次详细调查目的是：在“宝塔区地质灾害调查与区划”基础上，开展滑坡、崩塌、泥石流等地质灾害详细调查与测绘，提高调整精度，为防灾减灾提供基础地质依据；总结试点调查工作，为开展 1∶5 万比例尺滑坡崩塌泥石流详细提供示范。

宝塔区地质灾害详查有野外实地调查地质点 396 个，其中滑坡 293 处，占灾害点总数的 74.0%；崩塌 52 处，占灾害点总数的 13.1%；不稳定斜坡 49 处，占灾害点总数的 12.4%。地质灾害威胁 13921 人，房屋 11770 间。地质灾害种类主要有滑坡、崩塌、泥石流、黄土湿陷、黄土洞穴、黄土节理裂隙、地石塌陷等。

三、地质灾害区划

2005 年，依据地质灾害易发程度区划结果，地质灾害易发程度划分为高易发区、中易发区、低易发区和非易发区四个级别。

（一）地质灾害高易发区

主要分布在北部延河流域内，延安市城区、碾庄、川口、元龙寺、丁庄、牡丹川、蟠龙川上游，总面积约 985.33 平方千米，区内共发育滑坡 729 处，崩塌 38 处，不稳定斜坡 28 处，共计地质发育点 795 处，灾害占面密度 76~165 处/100 平方千米。

（二）地质灾害中易发区

主要分布在宝塔区中北部延河流域高易发区外围黄土梁峁地带及南部汾河流域部分区域，总面积 1318.75 平方千米，共计发育有各类灾害点 270 处，地区灾害点总密度达 1~69 处/100 平方千米。

（三）地质灾害低易发区

包括南泥湾、松树林、麻洞川、临镇、官庄 5 个乡镇，面积约 1251.92 平方千米，发育滑坡 1 处，不稳定斜坡 3 处，地质灾害点总密度 0.2 处/100 平方千米。

（四）地质灾害非易发区

主要分布在延安市城区宽阔河谷地带。

四、地质灾害危险区划

2005 年，依据地区灾害危险程度评估原则和宝塔区地质灾害危险程度等级分区图，划分为高危险区、中危险区、低危险区 3 个级别区域。

（一）高危险区

主要分布在宝塔城区，城郊五乡镇，姚店、丁庄、牡丹川、雷鼓川上游和蟠龙川上游，面积约 907.84 平方千米，占全区总面积 25.53%。该区城镇化建设速度较快，城镇化率在 20%～30%，分布有公路、铁路、城镇建筑以及著名革命圣地等旅游风景区，以及许多重要工程设施。有地质灾害点 228 处，危险程度在次生危险地质灾害点占区内总地质灾害点 73%，威胁 4702 人生命财产安全，其资产期望损失近 11421 万元，有宝塔山滑坡、棉土沟滑坡、二庄科武警中队滑坡等 26 处重要地质灾害点分布在该区。

（二）中危险区

主要分布在中北部高危险区外围黄土梁峁地带，南部汾川河流域官庄乡附近有小面积分布，涉及 18 个乡镇和 3 个街道办部分区域，总面积约 1417.34 平方千米，占全区总面积 39.85%。有地质灾害点 102 处，其中危险滑坡 15 处，次危险 38 处，崩塌 16 处，其中危险崩塌 11 处，灾害威胁 2676 人生命财产安全，其资产期望损失近 851.8 万元，柳林镇柳林村崩塌隐患、后庙沟不稳定斜坡等 12 处重要地质灾害点分布在该区。

（三）低危险区

主要分布在汾川河的南泥湾、松树林、麻洞川、临镇、官庄 5 个乡镇和延河河沟区，面积约 1259.92 平方千米，占全区面积 35.2%，有发育灾害点 12 处，其中不稳定斜坡 6 处，危险斜坡地段 4 处，次危险斜坡地段 2 处，威胁到 79 人生命、79 孔窑洞安全，其资产期望损失 200 万元。

五、灾害治理

2002 年 8 月，宝塔国土资源分局负责全区地质灾害防治工作。2003 年，成立地质环境监测站，正科级建制，财政拨款，隶属于宝塔国土分局，主要负责地质环境监测和治理。编制《宝塔区地质灾害防治方案》，防治以与可持续发展相结合原则，应急搬迁避让与新农村建设相结合原则，环境保护与灾害防治相结合，保护优先与防治相结合，工程措施和生物措施相结合为原则，对查明列入省、市、区重点地质灾害防治方案的 35 处灾害点，采取设立乡镇监测联络员；对威胁 30 人以上的隐患点，设立监测小组，签订责任书 134 份，发放救灾避险明白卡 2339 份；发生地质灾害 29 起，其中成功预防 5 起，无一人伤亡，确保地质灾害造成损失降低到最低程度。

2005～2006 年，聘请西安地质矿产研究所进行 1∶5 万地质灾害详查，以遥感、地面调查测绘和野外信息采集手段，查明区内地质灾害形成的地质环境条件和发育特征，圈定地质灾害易发区和危险区，完成评查工作。编制《宝塔区地质灾害防治规划建议》，完成灾害分布图易发分区图、危险分区图、地质灾害试点调查工作总结报告，为全区防治工作提供科学依据。

2007 年，棉土沟—电影院滑坡治理工程项目动工。区域内有住户 610 户、1921 人，房屋 1451 间。采取整体搬迁，房屋拆除，坡底加固，坡面梯式削坡工程措施。植树造林，坡面打桩种草，该项目于 2010 年竣工，总投资 10570 万元。

2008 年，根据详细调查结果显示，全区灾害隐患点 32 年，其中不稳定边坡 4 处，滑坡 22 处，崩塌 6 处，威胁到 536 户、2450 人，1327 间（孔）房屋，学校 2 所，企事业单位 5 个，采取主要措施有：对灾害点实施拉网式排查，跟踪监测 3～6 月、6～9 月专人负责，建立值班制度，落实“防、抢、撤”方案，全年专项检查 20 次，设立警示牌 61 块，下发整改通知书 42 份。2010 年，全区培训各类人员 26 次，参加人员 3000 人，使群众的防灾减灾意识得到显著提高。

第六节　国土执法监察

一、执法监察机构

1987年4月，延安市土地管理局成立，内设土地监察科。1997年12月，成立延安市宝塔区土地监察大队（副科级），隶属于延安市宝塔区土地分局，事业单位，编制10人，自收自支。2002年10月，机构改革后，更名为延安市宝塔区国土资源监察大队，事业性质，财政全额拨款，副科级建制，编制20人，设队长1名。2007年12月，宝塔区分局上划延安市国土资源局管理，科级建制，事业单位，财政全额拨款，编制10人，队长1名，副队长1名。隶属关系不变。负责依法查处全区土地纠纷和违法占用土地、违法开采矿产行为。

二、违法案件查处

1990年，在市区3个办事处、城郊4个乡镇，清查出各类违法违章建房1245户、4614孔（间），总面积125428.07平方米，共处理纠纷1994起，退回耕地721.19亩，罚款57111元。全市共查处各类违法占地案件459起，罚款19.4万元。

1997年，在全区开展第二次土地大清查工作，共查处各类违法案件299起，结案290起，结案率96.9%，收回非法占地20.5亩，罚款200多万元。

2008年，宝塔区违法占用土地立案15起，结案14起，给予党纪政纪处分10人，行政应诉3起，办结3起，制止3起，立案处理2起。与2007年相比，土地违法案件总量下降54%，面积下降81%。对全区矿山企业进行清查，发现无证采石厂2处，取缔2处。全区查处信访案件11起，结案8起。

2009年，对百日行动中的14起案件，全部移交法院处理。全区立案查处违法案件4起、25.63亩，其中耕地25.49亩，收缴罚款14.97万元，处理土地纠纷信访案件6起，结案6起，结案率100%。

2010年，全区查处土地违法案件11起共106亩，其中制止8起、立案3起，罚款17.87万元。开展核查分片执法工作，涉及20个乡镇3987亩。经核查，实际新增建设用地202宗、1948.2亩，其中合法用地186宗，违法用地16宗，未变化193宗。违法用地立案16宗，其中13宗为国家、省级重点项目铁路、公路用地。违法用地面积占新增建设用地面积的11.47%，违法占用耕地面积占新增建设占用耕地面积14.91%，扣除中央、省项目，上述比例分别为2.74%和2.9%。

第八章　非公有制经济管理

第一节　管理机构

1978年，延安市社队企业管理局成立，1984年更名为延安市乡镇企业管理局。1996年12月26日，更名为延安市宝塔区乡镇企业管理局。

2002年，政府机构改革时，改称宝塔区非公有制经济局。

2010年，宝塔区非公有制经济局，科级建制事业性质，隶属于宝塔区经济发展局，内设办公室、企业管理科、项目统计科、财务室、信访接待室5个科（室），编制14人，设局长1人、副局长2人、党委书记1人、副书记2人。下设机构1个，为宝塔区供销公司。主要负责实施全区非公有制经济行业管理，非公有制经济发展规划、协调、监督和服务工作。

第二节　企业发展

中共十一届三中全会后，中央指明非公有制经济发展方向，规定方针和政策，激发群众兴办企业的积极性，企业发展类型数量增多，经济收入、经济效益呈上升趋势。1990年，乡镇企业总产值5844万元，较上年增长29.81%，乡镇企业总收入6576万元，比上年增长31.47%。

1991年，延安市有企业463个，从业人员6491人，完成总产值8792万元（按1990年不变价格计算），按类型分：农村企业产值852万元，工业企业产值1694万元，建筑业产值3256万元，交通运输业产值2279万元，商业贸易企业产值48万元，饮食业产值663万元。全年实现总收入9536万元，缴纳税金64.44万元，利润76.63万元。

1994年，延安市委、市政府制定《关于加速发展乡镇企业的决定》《关于大力发展乡镇企业的若干政策规定》，成立乡镇企业协调领导小组，推动乡镇企业发展。全年乡镇企业发展到5693个，其中新增309个，从业人员19451人，总产值23085万元，增加值4616万元，经营总收入24169万元，实现利润总额1160万元，上缴税金688万元，占财政收入16%。乡镇企业拥有固定资产5837万元，同比增长57%，一、二、三产业比重5∶55∶40，桥沟镇营业收入超过5000万元，达5254万元。达到500万元的企业2个，100万元以上的行政村24个。

1995年，乡镇企业完成建设项目591个，其中新建394个，食品类加工厂120个，饲料加工厂104个，粮油加工、农机修理、建筑材料等170个。年底，各种企业达5870个，从业人员23951人，较上年增加177个、4500人。完成总产值34643万元，营业收入35870万元，较上年增长50%、48%，实现利税1890万元，上缴税金918万元，占财政收入18%，固定资产值8357万元，同比增长43%。

1997年，完成总产值49053万元，增加值12920万元，乡镇企业总收入50320万元，交纳税金1000万元，实现利润2909万元。桥沟乡镇企业总收入10068万元，成为全市第一个过亿的乡镇。

2000年，为乡镇企业推荐项目20个，实际完成7个。全年完成产值61086万元，企业增加值14780万元，总收入64323万元，实现税金2024万元。

2002年，随着改革开放的深入，乡镇企业、集体企业逐步改制或改组，演变成民营控股、私营企业。宝塔区制定《关于保护扶持非公有制经济发展的若干意见》《关于鼓励和引导个体私营非公有制经济发展的若干意见》《发展个体私营经济奖励办法》优惠政策，推进非公有制经济的健康发展，全年实现增加值124000万元，上缴税金4900万元。占地方财政收入的23.6%。个体私营企业达16523户，从业人员达33800人。坚持“产业抓特色、环境抓优化、大户抓发展、小户抓提高”，个体私营经济放手发展，扩大私营企业招商引资，新上项目给予政策支持，提供法制保障，环境改善，表彰奖励，加大对私营王家坪实业集团、圣安公司、嘉盛公司等优势骨干企业的扶持力度，促其进一步壮大，成为主体财源。向省、市上报项目60个，招商引资签约项目5个，签约资金21000万元，引进资金19000万元。

2004年，乡镇企业经营户7090户，从业人员24667人，完成总产值7.30亿元，增加值20533万元，经营收入7.80亿元，上缴税金2700万元，同比增长35%。

2007年，全区乡镇企业经营户7328户，较2004年增加238户，从业人员27300人，完成总产值10.31亿元，增加值30420万元，总收入10.91亿元，上缴税金3700万元，较2004年增加1000万元，增长13.7%。

2008年，宝塔区非公有经济控股企业总量快速增长，完成现价总值592906万元，增加值229980万元，实现利润总额123385万元，上缴税金24583万元，总资产349219万元，固定资产原值208625万元。

2009年，非公有经济控股企业完成现价总产值629847万元，增加值23528万元，实现利润135869万元，上缴税金26988万元。

2010年，全区非公有经济组织及企业、个体户共有28584户，其中非公有制企业2836户，个体工商户23018户，较上年增加691户，年底从业人员98300人。完成增加值48.30亿元，占全区生产总值的33%，营业收入213.40亿元，实现利润总额24.60亿元，上缴税金40500万元。

第九章　安全监督

第一节　安监机构

2001年4月30日，成立宝塔区安全生产监督管理局，与宝塔区安全生产管理委员会办公室、宝塔区安全生产应急救援指挥中心一套机构、三块牌子，科级建制，事业编制9人，行政编制4人。2010年，局内设4个科室（办公室、职安科、矿山科、宣教科），有工作人员13人。

第二节　安全检查

安全生产管理始终贯彻预防为主的方针，积极消除隐患，减轻危害，始终贯彻在企业新建、改建和扩建工程时，将保障安全生产和消除有害物质的设施与主体工程同时设计、同时施工、同时投产（“三同时”原则），使安全生产有设施保障。

2001年7月19～28日，中共宝塔区委、区政府在全区开展为期10天夏季安全生产大检查。对全区20个乡镇、3个街道办事处及辖区厂矿、企业986个单位进行检查。共查处各类隐患509处，现场整改85处，限期整改424处，发放通知书424份。同年12月全部整改到位，整改率100%。

2002年4月25～30日，全区开展为期6天的安全生产大检查。共检查辖区学校、医院、商场、饭店等540个单位和场所。共查出安全隐患144处，现场整改121处，限期整改23处，发放整改通知书12份。同年9月10～24日，全区开展为期14天的秋季暨“双节”安全大检查。共检查商场、饭店等公众聚集场所189个，厂矿企业21个，学校79所，滑坡地段24处，客运车辆120辆，农用三轮车245辆。共查出安全隐患45处20条，发出限期整改通知书25份，并落实相关单位和责任人。

2003年，在行业自查自纠的同时采取专项检查与大检查相结合，全年共进行安全生产大检查4次，查出安全隐患652处，现场整改537处，限期整改115处，下发整改通知书105份。进入区安全隐患库10个，对辖区17个煤矿进行16次检查，经省、市检查组验收，有14个乡镇个体煤矿达到小煤矿基本条件。已关闭的71处矿井无一处非法开采。

2004年，全区开展大检查4次。对车站、商场、工矿企业、饭店、旅游景点等126个单位、场所进行排查。共查处火灾隐患167处，当场整改98处，下发限期整改通知书

16份。对警苑宾馆、丽融大厦等10个单位不具备消防安全条件的经营场所，全面实施24小时监控。对烟花爆竹生产和销售实行专营和定点销售制度。

2005年，共检查生产经营单位37家，查出隐患69条，下达整改指令书3份。全区共排查未整改的各类安全隐患745条，进行4次专项整改，整改消除739条安全隐患，6处需长期动态监控，整改率为91.3%。

2006年，全区开展春季、五一、夏季和国庆节4次综合大检查。采取市、区联动联合执法的办法，由区级领导带队，邀请市级有关行业主管和执法人员参加开展安全隐患排查活动。共检查建筑施工单位、厂矿企业、公众聚集场所、烟花爆竹等生产经营单位209个，查出隐患441条。检查出的安全隐患，由各执法主体下达执法文书，对查出中央、省、市驻辖区单位存在的限期整改隐患发放安全隐患整改通知书，区级单位发放安全隐患整改责任书，明确整改目标，夯实整改责任。

2007年，“五一”旅游黄金周，区安委会印发《关于搞好“五一”期间安全生产大检查、督查工作的通知》，全区对道路交通、危险化学品、非煤矿山等9个行业、76家企业的安全管理工作进行督查。共查出安全隐患113条，现场整改95条，发放限期整改通知书18份。截至12月底，整改率达100%。

2008年，对全区隐患排查、四季安全大检查进行全面安排部署，重点对煤矿的整合、生产，非煤矿山的生产条件，道路交通安全监管，公众聚集场所消防器材完好及消防责任制落实，危险化学品的生产、运输、储存、使用；建筑施工的安全管理、民爆物品专营及非法生产、锅炉压力容器的安全认证，地质灾害的防范，森林火灾的预防进行督查、检查，发现问题能现场整改的全部现场整改，需限期整改的待整改完成后，申请验收合格后，才销号、恢复生产。建立隐患排查治理分级管理和重大危险源分级监控制度，实行隐患登记、整改、销号全程管理。排查共发现隐患297条，现场整改、限期整改，全部整改到位。开展安全生产“百日”督查专项整治活动，消除重大安全隐患，确保安全生产。宝塔区安委会印发《关于在非煤矿山、石油天然气运输管道等重点行业领域开展安全生产百日督查专项活动的通知》。结合市上火炬传递实施方案和宝塔区承担的工作任务，制定详细具体的实施方案。成立奥运火炬传递指挥部，下设氛围营造、安全保障、环境整治3个工作组。区安委会印发《关于开展奥运会前安全生产大检查的紧急通知》，对各行各业，包括机关、事业单位、生产经营单位安全工作进行全面检查，由行业职能部门牵头，组成12个督查组，通过现场检查、查阅资料等方式，对各单位贯彻执行《中华人民共和国安全生产法》等有关安全生产法律法规情况进行督查，确保奥运会期间安全生产形势稳定。

2009年，是“安全生产年”，宝塔区安监局以安全生产三项行动（执法行动、治理行动、宣传行动）和三项建设（安全监督体系建设、安全生产基础建设、安全监督队伍建设）为主线贯穿全年工作，成立“安全生产年”工作领导小组，制定工作方案，明确工作任务、时序进度和工作要求。同时，采取五项措施积极推动安全生产年活动深入开展，以科室为单位分片包干辖区隐患排查治理工作进程；明确分管局领导为分片乡镇和部门“三项行动”工作责任人；完善隐患整改挂牌督办等五项基本制度，层层落实治理行动方案；邀请专家集中时间全力排查事故隐患；局领导挂钩的督查组到有关部门和乡镇督查“三项行动”贯彻落实情况，促进安全生产监管工作推向纵深。

2010年，是深化“安全生产年”活动年度，宝塔区安监局以落实《国务院关于进一步加强企业安全生产工作的通知》精神为核心，以强化企业安全生产主体责任为重点，开展安全生产“三项行动”和“三项建设”。成立“安全生产年”工作领导小组，制定工作方案，明确工作任务、时序进度和工作要求，抓好安全生产落实。年初，区政府与20个乡镇、3个办事处、25个安委会成员单位签订2010年安全生产目标责任书；各乡镇、办事处与辖区企事业单位签订《2010年安全生产目标责任书》847份，《农机安全协议》6415份；将安全生产责任落实到人、到岗，形成“横向到边、纵向到底”的安全管理工作格局。

第三节　专项治理

一、道路交通安全专项治理整顿

2002年，对宝塔区186辆客运车辆均在醒目位置上张贴“人命关天，责任重于泰山”的安全标语。印发宣传材料1300余份，举办车辆驾驶员安全常识培训班4期，受教育达800多人。全年共出动检查人员1426人次，出动稽查车152车次，检查机动车5320车次，纠正违章300余起。农机部门抽调监理人员20名，每人包一乡镇，配合乡镇开展治理整顿工作，与农机驾驶员签订责任书6635份。全年上路检查510车次，参与检查人员2950多人次，检查车辆6900车次，纠正各类违章2300起，查处“黑车非驾”70起。

2003年，开展交通秩序专项整治11次，加大公路巡查力度，共出动警力2760人次，纠正违章31265人次，吊扣驾驶证5257本，行政拘留68人，卸客转运86人次，卸货转运21辆，责令停运563台次，农机部门共审验农机车辆驾驶员4200人次，检验机动车辆3750台。全年检查农用机械4100车次，纠正违章900余次，其中超重违载700车次，“黑车非驾”260车次，违章载客75车次，吊扣驾驶证23人。

2004年，针对城市车辆增多、交通事故时有发生的形势，宝塔区人民政府依据延安市人民政府《关于加强预防道路交通事故工作的二十四条意见》，印发《宝塔区预防道路交通事故工作实施意见》，逐步完善道路交通安全防范体系，落实各项责任，强化各项措施，降低道路交通事故发生。宝塔区农机安全监管部门按照“乡村监管、行业管理、公安协同、交警巡查”的监管体制，进一步夯实乡镇监管和当地公安派出所协管的责任。全年组织本系统执法人员，对20个乡镇进行巡查，共检查农机1960台次，纠正各类违章245台次，有效地遏制农机事故的发生。

2005年，针对运输企业开展“五个一活动”。一是对全区道路运输企业对驾乘人员进行安全生产教育，举办驾驶员学习班14次，参加学习驾驶员1000人次；二是在系统内开展以客运安全生产知识为主要内容的竞赛活动；三是对营运客车进行一次安全检查，发现隐患68起，整改68起；四是对道路交通隐患进行排查整治；五是对危险化学品货运企业和客运、旅游运输企业以及驾校等16个单位进行突击检查，纠正违章车辆32台次，打击非法营运“黑车”6台次。

2006年，宝塔区人民政府成立以常务副区长担任组长的道路交通专项治理整顿工作领导小组，从5月1日至6月1日在全区开展道路交通安全宣传活动。张贴、悬挂标语、横幅1197条，乡村道路每10千米有2~3条（幅）宣传标语，制作农村道路管理内容的展牌30多块，在各乡镇巡回宣传。印发《致驾驶员朋友的一封信》和《致农用车辆驾驶员的一封信》3万余份。对农用车辆超载运营、非法载人和“黑车非驾”等违规行为进行查处。

2007年，共出动警力8000余人次，检查客运车辆2.6万辆，查处酒后驾车114起，查处无牌无证403起，查处套牌车29辆，卸客转运500人次，处罚驾驶人员及运输单位主管人共8831人，拘留驾驶员70人。

2008年，市交警支队一、二大队加强道路交通安全监管，全年查处套牌车辆80余辆，收缴机动车号牌75副、收缴报警器6套，查处无证驾驶行为30人，酒后驾驶8人。全年查处各种交通违法行为124500人次，行政拘留198人，罚款91万元。2009年，重点整治酒后驾驶，全年道路交通事故42起，死亡48人。

2010年，重点开展无牌无证专项活动，全年出警2.8万人次，扣分2172分，罚款4.2万元，收缴假牌套牌42副。

二、危险化学品安全专项治理整顿

2002年，对宝塔区40家危化企业进行检查。查处1处非法收购原油的加油站，3处土法炼油销售“黑窝点”，监控2处土炼油场点，摧毁10处非法土炼油炉，铲除相关设备，并限期恢复植被。

2003年，对全区99家涉爆单位进行检查。对民爆品存放不符合要求、硬件设施较差的11个单位下达停业整顿、限期整改通知书11份，提出口头整改意见20条。

2004年，对全区烟花爆竹销售点进行检查。纠正并处罚6家不按正规渠道进货的销售点，销毁1处私制烟花爆竹的“黑窝点”，收缴46千克私藏炸药、96枚雷管、320米导火索等火工产品。

2005年，对全区液化气站、加油站、氧气厂、化工厂等24家高危场所开展专项治理整顿。共检查51次。危化品生产、使用、仓储、运输、经营的规范率达95%。

2006年3月4日至4月2日，对全区的油库、加油站、加气站、天然气储备站、液化气储备站、制气公司进行联合执法检查。共查出安全隐患56条，当场得到整改。

2007年，宝塔区人民政府办公室印发《关于开展危险化学品及民用爆破器材安全专项整治工作的通知》，区政府成立以分管区长李志锋为组长的专项联合执法检查领导小组，对全区油库、加油站、加气站、天然气储备站、制气公司、液化气储备站、市轻化公司、宝塔区庆元烟花爆竹有限公司、值腾化工厂进行专项检查，规范涉及危险化学品和民用爆破器材企业（单位）的安全管理，落实38家企业的主体责任，治理和整改事故隐患。

2009年，重点开展危化企业安全质量标准化活动。6月召开危化品企业工作会议，35家危化品生产企业交流工作情况，8月召开全区化工生产企业负责人会议，进一步落实工作责任，部署重大危险源监控。

2010年，区安监局印发《危险化学品安全生产专项整治实施方案》，从3月20日至

4月20日，对全区94家危化企业进行为期1个月的专项治理，针对检查中发现的问题，落实整改时限、整改责任，使发现的隐患全部整改到位。

三、非煤矿山安全专项治理整顿

2002年，对全区174个非煤矿山企业进行安全专项治理整顿。174个非煤矿山企业有砖厂28个，采沙场、石场146处。无证非法开采的有78处，占非煤矿山企业的45%。区安监局会同行业管理部门及技术人员现场考察，对符合办矿条件的企业，需申请办理采矿许可证、营业执照、爆炸物品准购证、放炮证方可进行生产作业。全年共取缔非法石场36处，砖厂2个，没收雷管100个，导火索1000余米，炸药100千克，采矿工具180余件，罚款3000余元。矿山企业持证率达85%。

2003年，对全区非煤矿山162个企业（其中砖厂50家、砂石场111家、油矿1家）进行整治。共查出存在安全隐患的企业82家，安全隐患83处，现场整改3处，限期整改79处，注销1处。关闭无证采石场78家。全年累计注销到期采矿许可证53个。2004年，对全区166家非煤矿山企业进行整治，共查出安全隐患94处，现场整改18处，限期整改76处。2005年，对全区108家采石场进行专项治理整顿，共查出隐患72处，整改72处，整改率达100%，关闭无证采石场14家。

2006年，开展非煤矿山安全生产专项整治活动。共检查出安全隐患60处，下发整改指令书40份，取缔非法采石场10处。2007年，对辖区64家砖厂、210处采石厂的安全设施、设备及相关证件、资料进行检查。共查出隐患20条，发放限期整改通知书15份。共取缔非法采石场169处。

2008年，区安委会制定印发《关于春季非煤矿山安全生产复产验收的紧急通知》，组织安监、国土、公安等部门开展五次专项整治，共发现非法采石场175家，全部予以取缔。

2009年，宝塔区安监局把非煤矿山专项治理作为全年工作监管重点，先后组织召开6次专项整治会议，及时协调整治工作中遇到的问题。8月召开专项整治推进会，11个专项整治牵头部门交流工作经验，总结专项整治工作取得的成绩。全年共排查出隐患681条，全部整改到位。

2010年，非煤矿山整治的重点是进一步规范生产经营秩序，印发《非煤矿山安全生产专项整治的通知》。区安监局分3个组对300家打井企业进行专项检查，关停5家，现场处罚3家，下达限期整改通知书20份。

四、煤矿安全专项治理整顿

2002年，对全区17个矿井（国营矿井1个、乡镇个体矿井16个）开展5次安全生产监督检查。经延安市专家验收，有14个矿井符合安全生产要求，3个停产整顿，宝塔区属煤矿未发生一起人身伤亡事故。

2003年，对全区17个煤矿进行39次安全生产检查，共查出隐患42条，现场整改22条，限期整改20条。

2004年，宝塔区安监局、煤检站、国土资源宝塔分局等部门对全区17个煤矿进行3次排查。对安全生产隐患较大而擅自进行井下作业的蟠龙镇四咀煤矿、冯庄乡安家沟煤矿、后安沟三矿企业，分别下达隐患整改通知书，并进行经济处罚。

2005年，对区属煤矿开展以“一通三防”，即防瓦斯、防煤尘、防水和通风为主的煤矿安全整治。重点检查瓦斯监测是否到位，火工产品购买、储存、使用是否按章操作。经安全评价、现场初评、分批上报，全区通过安全评价矿井17个，达到B级标准，并开展安全生产许可证申办工作。依法炸毁蟠龙镇非法开采的12个小黑矿井。

五、公众聚集场所消防安全治理整顿

2002年，对全区易燃易爆场所、烟花爆竹市场、公众聚集场所及消防安全重点单位进行检查。全年共检查场所292个，查出火灾隐患430处，发放《重大火灾隐患限期整改通知书》17份，《责令限期整改通知书》162份，依法给予停产停业处罚41家，罚款13900元。同年，依据《中华人民共和国森林法》《森林防火条例》，宝塔区政府制定《宝塔区护林防火基础设施建设计划和规划报告》，健全和完善指挥系统火险监测、灭火设施、通信网络、专业森林消防队伍建设等防范措施。

2003年，根据市局《关于公众聚集场所消防专项整治的通知》，区安监局对网吧、车站、歌舞厅、影剧院、商场、学校、旅游景点等142个单位、场所进行消防安全检查。共查出隐患193处，整改193处，同时对丽融大厦、亚圣大酒店、百货大楼等17处应急预案编制不符合要求的单位派专人进行指导。

2004年，对车站、商场、工矿企业、烟花爆竹市场、影剧院、歌舞厅、网吧、饭店、旅游景点等126个单位、场所进行消防安全检查。共查出火灾隐患167处，当场整改98处，下发《限期整改通知书》69份。对市督查组发现的警苑宾馆、丽融大厦等10处不具备消防安全条件的经营场所，全面实施24小时监控。

2005年，对公众聚集场所、劳动密集型企业的消防灭火器械、消防设施运转情况进行治理整顿。共排查隐患153条，下达整改指令书11份。组织丽融大厦、亚圣大酒店、国贸大厦、百货大楼的主要负责人和安全员在奥特购物广场进行消防安全知识培训和现场扑救、撤离实战演习两次。

2006年，宝塔区安监局对辖区烟花爆竹市场、公众聚集场所及消防安全重点单位进行检查，全年共检查场所328处，查处隐患680处，现场整改188处，限期整改492所，依法停产停业72家，罚款21000元。

2007年，依据《延安市集中开展火灾隐患普查整治工作方案》，宝塔区安委员印发《关于转发延安市安全生产委员会〈关于印发延安市集中开展火灾隐患普查整治工作方案的通知〉的通知》，区政府成立联合执法组，对辖区40家网吧进行消防安全专项治理整顿。共检查6次，下发行业管理部门的隐患整改通知书9份。全区网吧步入规范化管理。同年8月，区安委会印发《关于开展公众聚集场所安全专项整治活动的通知》，对辖区40家网吧、75家娱乐场所安全工作开展督查。共查出安全隐患90条，下发隐患通知书5份，收回保证书1份。

2008年，加强对公众聚集场所、物资库房、易燃易爆场所等消防安全重点单位的消防安全检查力度，共检查各类场所1200余家次，发现隐患200余处，停业整改5家，现场处罚12家，罚款14700元。2009年，共检查单位217家，发现隐患180处，现场整改117处，下发文书63份，下达责令整改通知书53份，行政处罚3家，停业1家，罚款3.1万元，培训宣传997人。

2010年，定期开展专项检查3次，对辖区内企业、酒店、宾馆、网吧、歌厅等单位进行检查，共查出安全隐患210家，全部整改到位，杜绝公共聚集场所安全事故发生。

六、锅炉压力容器专项检查

2002年，宝塔区安监局共普查锅炉308台，特种设备、塔式起重机129台，电梯43台，提升机52台，压路机16台，推土机6台，游乐设备29台次。检查重点为生产单位取得资质、销售单位注册、使用单位登记、检验情况，操作人员持证情况。共发放安全监察意见通知书6份，特种设备安全监察意见书、通知书53份。

2003年，全年共普查承压炉179台、常压炉189台、压力容器352台、电梯45部、起重机243台、游乐设备32台。

2004年以后，按照机构改革要求，特种设备安全监管由质量技术监督宝塔分局负责。

七、地质自然灾害专项治理整顿

2002年，全区有地质灾害点、危险点24处。其中，滑坡地段13处、崩塌10处、地面塌陷1处、建筑物602间（孔），受威胁人口1200人。对辖区内的地质灾害隐患点和开挖山体滑坡脚的工程建设项目进行4次检查，查出地质灾害隐患38处，搬迁受威胁户31户121人。4月，对全区的水利工程大型水库及农田基本建设施工现场进行检查。已建成的3897座淤地坝有21座坝体排洪渠堵塞、坝体裂缝、渗漏隐患，对查出的隐患给所在地乡镇、村委会发放《整改意见书》，当年整改18座。

2003年，宝塔区人民政府印发《延安市宝塔区突发性地质灾害应急预案》，与责任单位签订明白卡32份，抢险责任书32份，确定滑坡、崩塌点监测员56人。搬迁受威胁户472户1957人。下发整治通知、函5份，整改通知书48份。

2004年以后，按照机构改革要求，地质灾害由国土资源宝塔分局地质监测站负责监管。

八、民用爆炸物品专项治理整顿

2002年，全区开展集中治理整顿民用爆炸物品专项活动4次。检查沙石场217处、煤矿17家。对涉爆单位主管部门的办理证件，危爆物品购买、使用、运输及从事爆破作业人员持证上岗进行重点检查。与涉爆单位负责人签订安全责任书119份，发放整改通知书48份，停业整顿通知书12份，对2名私藏民爆物品人员予以行政拘留处理。

2003年，对17个煤矿、69个采石场涉爆单位进行检查。对民爆物品存放零乱、硬件设施较差的11个单位下发停业整顿、限期整改通知书11份，提出口头整改意见20条。

2004年，按照机构改革要求，民爆物品移交公安系统监管。

九、中小学校舍专项治理整顿

2002年，宝塔区人民政府筹措危房改造资金617.3万元，对凤凰小学等25所小学校舍的渗漏校舍、金盆湾中学等15所中学的危房进行维修和改造。

2003年，全区抽调268人，对456所中小学开展6次大检查，未发现危漏校舍。

2004年，按照机构改革要求，中小学校校舍安全工作由区教育局负责。

十、建筑业安全专项治理整顿

2003年，对建筑企业和施工现场，开展10次安全达标和安全创优活动。全年未发生一起重大安全事故。

2004年，对全区59个建筑企业进行安全认证。督促21个企业申请换发安全生产证件。

2005年，延安市联昌建筑有限公司在育英三号公寓施工现场，雇佣架子工张某某在五层楼外紧外架抬杆扣件螺丝时，不慎跌落地面，造成死亡事故。依据区政府印发的《宝塔区重大安全生产事故责任追究规定》，经调查死者虽然应负主要责任，但市联昌建筑有限公司责任人安全生产防范意识差，对事故亦应承担监管责任。

2006年，为保证建筑行业安全稳定，区安监局和区城建局联合检查。在开工前、停工前、施工中进行3次专项治理整顿，共排查39家，施工工地92处，发现隐患142处，全部整改。

2007年4月10~20日，全区开展为期10天的建筑施工安全生产检查，检查建筑施工工地22个，一半施工现场存在材料置放不规范、用电乱接乱拉严重、现场作业人员不戴安全帽、消防器材配备不足等问题，检查组责成各施工企业责任人立即整改。同年10月29日~11月8日，对全区建筑工地的特种设备进行检查。共排查施工单位32家，施工工地80处，责令停止安装使用起重机械6台，现场处罚2000元。

2008年，宝塔区认真汲取“3·23”塔吊事故教训，深入开展3次建筑工程安全大检查，共检查建筑面积65万平方米，查出隐患34条，发放整改通知书7份，停工整改通知书1份。对查出的隐患一时难以整改的，区政府用送阅件的形式，送达有关部门，督促其完成整改。

2010年，宝塔区安监、城建、质检、墙改办对辖区内在建工程进行3次全面检查，共检查涉及工程292项，发现安全隐患47处，全部进行现场整改，下发特种设备停止使用通知书4份。

第四节　安全目标责任管理

宝塔区安全生产监督管理局在全区各乡镇、城市街道办事处设立安全生产领导小组和安全工作监督管理办公室，行政村（组）、社区建立安全工作组。20个乡镇的252个行政村设立安全信息站，配备1~2名信息员。形成区、乡、村三级领导机构和区、乡、村、企业四级监管网络。

2002年3月21日，宝塔区政府与20个乡镇、3个街道办事处、29个安委会成员单位签订《安全生产管理目标责任书》51份。明确各级领导安全生产工作职责和年度目标任务，实行安全生产定期汇报制度。并将目标责任管理列入年度考核的主要内容之一。

2003年，区政府与20个乡镇、3个街道办事处、18个行业管理部门签订安全生产目标责任书48份。全区共发生各类安全事故305起，死亡55人，受伤264人，直接经济损失204.4万元。

2004 年，宝塔区政府与 20 个乡镇、3 个街道办事处和 20 个行业管理部门签订目标管理责任书 43 份，各乡镇、办事处与各村委会、辖区重点单位签订目标管理责任书 300 份。同年 7 月 3 日，区人民政府印发《宝塔区安全工作责任追究规定》，严肃追究领导责任、分管责任以及其他人员的责任，按照“四不放过”（事故原因未查清不放过，责任未得到处理不放过，整改措施未落实不放过，有关人员未受到教育不放过）的原则，对触犯法律的必须依法追究其法律责任。全年处罚单位 6 个、责任追究 4 人。

2005 年，区政府与 20 个乡镇、3 个街道办事处及 22 个安委会成员单位签订安全生产目标管理责任书 45 份。同年 4 月 7 日，区政府印发《宝塔区关于设立副科级以上领导干部任职期发生安全生产责任事故档案的通知》，对副科级以上领导干部任职期间发生安全责任事故的处理结果进入本人档案，作为进一步考察干部政绩的主要内容之一。

2006 年，区人民政府印发《关于切实落实安全管理责任的通知》，全面明确各级各部门安全属地管理责任，依法监督管理责任、行业主管责任和行政许可管理责任。建立安全管理例会制度，协调解决安全管理工作中的重大问题。各乡镇、城市街道办事处按照属地管理工作要求，认真做好辖区内的组织协调、宣传教育、信息报送、预案制定和事故发生后抢险、撤离、处置等安全管理工作。同年，区安委会与 20 个乡镇、3 个街道办事处、23 个行业主管部门的主要负责人签订安全生产目标责任书 46 份。各企业将《安全责任书》层层分解，逐级签订责任书，将安全生产责任落实到班组（车间）、到人、到岗，进行细化管理。各乡镇实行安全管理基础台账制度。

2007 年，宝塔区安全生产管理委员会与 20 个乡镇、3 个街道办事处、23 个行业主要负责人签订安全生产目标责任书 46 份。各乡镇与辖区企业单位签订安全生产目标责任书 280 份，与农机户签订《农机安全协议书》6020 份。全区已形成横向到边、纵向到底的安全生产责任制。

2008 年，宝塔区人民政府与 20 个乡镇、3 个办事处和 23 个负有安全生产监管职能的行业部门签订《安全生产目标责任书》。各乡镇与辖区企事业单位签订《2008 年安全生产目标责任书》768 份，与农机户签订《农机安全协议书》5308 份。

2009 年，宝塔区人民政府先后召开区政府常务会、区长办公会和安委会专题会议 9 次，研究部署安全生产工作。严格要求各级领导，特别是各乡镇、各部门行政“一把手”和分管副职要切实担负起安全生产工作的领导责任，认真落实目标责任制，促进全区安全生产工作稳步发展，与 20 个乡镇、3 个办事处和 23 个负有安全生产监管职能的行业部门签订《安全生产目标责任书》，区安委会各成员单位又与本系统、本行业以及各生产经营单位签订《安全生产目标责任书》，将责任落实到人、到位。

2010 年，宝塔区人民政府把安全生产工作作为各项工作的重中之重，并列为全年工作的重要议事日程。3 月 5 日，区政府召开全区安全生产工作会议，会议总结 2009 年安全生产工作，对 2010 年安全生产工作进行全面部署，会上与乡镇、办事处、区安委会各成员单位签订《安全生产目标责任书》56 份，进一步强化和落实安全生产责任。至年底，全区建成安全领导机构和监管组织 60 个，配备专、兼职安全监管和管理员 180 人。

第五节　重大安全生产事故

2002 年 3 月 4 日 6 时，延安皮革厂发生一起路畔塌方事故，造成路畔房屋倒塌，职工田某某死亡，造成直接经济损失 6.74 万元。同年 6 月 5 日 1 时，柳林镇沟门村狄某某在焊接修理厂油罐车时发生爆炸事故，造成 1 人死亡、1 人重伤，直接经济损失 20 余万元。

2003 年 8 月 14 日，延安市建筑工程总公司二十五处承建的宝塔区振华造纸厂建筑工地施工工长富某某违反操作规程，徒手拉吊笼，致使塔吊钢丝绳与新华化工厂供电专线相碰连电，富某某被击倒在地。虽及时送往就近医院仍抢救无效死亡。

2004 年 10 月 3 日 21 时 30 分，宝塔区桥沟镇常兴庄村道路上发生一起交通事故。车号为陕 J13638 的东风 153 加长型货车装载约 20 吨苹果，从村道涵洞经过时，将涵洞压塌，致使车辆翻下 3 米深的沟底。车上共载 6 人，造成 4 人当场死亡、1 人重伤的重大交通事故。同年 12 月 9 日上午 11 时，宝塔区贯屯乡贯屯村村民张某某无证驾驶该村牛场陕 J 64920 时风牌农用三轮车，在前往该乡云山寺行政村途中，由于操作不当致使三轮车翻入公路西侧 12 米深的河道内，造成 2 人当场死亡、2 人重伤的农机重大交通伤亡事故。

2006 年 5 月 29 日晚，宝塔区王良寺经济适用房小区滑坡治理工程发生一起土方崩塌事故，造成 2 人死亡、2 人受伤，直接经济损失 20 余万元。

2007 年 5 月 27 日 3 时 40 分许，宝塔区姚店镇前街忠平农机门市发生一起重大火灾事故，造成一家 4 人死亡，经济损失约 6 万元。

2008 年 3 月 23 日上午 11 时 45 分，延安华龙（集团）建安公司在宝塔区百米大道承建的龙锦园小区 5#楼 1 号吊塔在施工中违章操作，造成吊塔倒塌，致使 2 人死亡、4 人受伤的生产安全事故，直接经济损失达百万元。

2009 年 3 月 19 日 14 时 21 分，延安龙飞公司第五项目部在百米大道永昌路承担的林凯唐缘建设工地，在农用车倒土过程中违章操作，将工地围墙碰倒，致使 1 名行路人朱某某死亡，造成经济损失 30 多万元。

2010 年 10 月 8 日上午 10 时许，延安圣运建筑公司延安水利局项目部工地施工中，违章操作致使 9 楼转料平台砖头高空坠落，将正在楼下装料工赵某某砸死，造成直接经济损失 40 万元。

第十六编　中共地方组织

1990～2010年，中共宝塔区委求真务实，开拓创新，大力实施农业“三大”（林果、棚栽、草畜）主导产业开发，退耕还林和生态环境建设；深化国有企业改革，发展非公有经济；实施教育强区战略，加强社会保障体系建设；加强民主党派建设，开展多党派合作；加强农村工作，开展农村改革试验，完善土地承包，实施“四荒”地拍卖，推进社会主义新农村建设，发展农村经济合作协会等组织。

加强基层组织建设，开展创建“庙沟式”党支部、“六好”党委、“五好”支部、“党建红旗村”“健康示范村”等活动。加强私有制经济党组织建设，成立社区党建工作联系委员会，实行常委联系社区党建工作制度和党建中心户制度。加强党员思想教育，开展“三讲”教育、学习“三个代表”重要思想、保持共产党员先进性教育、“学理论、找差距、求创新”新一轮解放思想大讨论、学习科学发展观等活动，以及争先创优、“三级联创”“争当绿色先锋”“旗帜工程”等活动，推进学习型党组织建设。

加强作风建设，实行党建工作责任追究制。开展“筑防线、保廉洁、树形象”作风建设主题教育活动和“弘扬延安精神，加强作风建设”主题教育活动。加强党风廉政建设，贯彻《廉政规则》，实行党风廉政建设目标责任制。促进依法行政，纠风工作坚持“谁主管、谁负责”和“标本兼治，纠建并举”原则，实行“一把手”负总责和责任追究制。推行政务公开，规范政府采购、行政性收费，治理公路“三乱”、中小学乱收费、“小金库”、医药购销回扣等不正之风。

全面贯彻干部选拔任用条例，实行领导干部任期经济责任审计、重大事项报告、任前廉政鉴定等制度。加强理论学习宣传，组织学习邓小平视察南方重要讲话、邓小平文选、“三个代表”重要思想、科学发展观，以及中共十四大、十五大、十六大、十七大精神。加强政法队伍思想建设，学习贯彻“五项禁令”，开展主题教育实践活动和法治理念教育活动；实行社会维护稳定工作责任追究制，开展“平安宝塔”创建活动。

第一章　中共宝塔区委

第一节　党员代表大会

一、中共延安市第十四次党员代表大会

1990年10月30日至11月1日召开，出席代表193人。大会听取和审议题为《坚持党的基本路线，继续发扬延安精神，为实现延安市政治、经济、社会持续稳定协调发展而努力奋斗》的工作报告和纪律检查委员会的工作报告，并作出相应决议。大会选举产生中共延安市第十四届委员会委员35人，候补委员6人。十四届一次全委会上，选出常委9人，书记魏延平，副书记周万龙等4人。同时，选举产生中共延安市纪律检查委员会成员。

二、中共延安市第十五次党员代表大会

1993年1月4~6日召开，出席代表195人，列席人员42人。大会听取和审议题为《加快改革开放步伐夺取延安市社会主义建设事业的新胜利》的工作报告和纪律检查委员会的工作报告，并作出相应的决议。大会选举产生中共延安市第十五届委员会委员35人，候补委员6人。十五届一次全委会上，选出常委11人，书记马福雄，副书记周万龙等5人。同时，选举产生中共延安市纪律检查委员会成员。

三、中共延安市宝塔区第十六次党员代表大会

1998年1月1~4日召开，出席代表201人，列席人员44人。大会听取和审议区委题为《两年打基础，三年上台阶，为实现宝塔区跨世纪宏伟目标而奋斗》的工作报告和纪检委题为《认真贯彻十五大精神，深入开展反腐败斗争，促进宝塔区经济社会各项事业全面发展》的工作报告，并作出相应的决议。大会选举产生中共延安市宝塔区第十六届委员会委员34人，候补委员6人。在区委十六届一次全会上，选出常委10人，区委书记韩烨，副书记冯毅等4人；在区纪委十六届一次全会上，选出常委9人，选举王金玉为区纪委书记。

四、中共延安市宝塔区第十七次党员代表大会

2003年2月20~22日召开，出席代表205人。大会听取和审议区委题为《以“三个代表”重要思想为指导，为全面建设小康社会和建设西部经济强区而奋斗》的工作报告和纪律检查委员会的工作报告，并作出相应的决议。大会选举产生中共延安市宝塔区第十七届委员会委员35人，候补委员6人。在区委十七届一次全会上，选出常委11人，区委书记、副书记等3人；在区纪委十七届一次全会上，选出常委9人，选举李炳智为纪检委书记。

五、中共延安市宝塔区第十八次党员代表大会

2006年10月31日至11月2日召开，出席代表207人。大会听取和审议区委题为《以科学发展观为指导，为加快建设西部经济强区构建和谐社会而奋斗》的工作报告和纪律检查委员会的工作报告，并作出相应的决议。大会选举产生中共延安市宝塔区第十八届委员会委员41名，候补委员8名。在区委十八届一次全会上，选出常委11人，区委书记、副书记等2人；在区纪委十八届一次全会上，选出常委9人，选举张建朝为纪检委书记。

第二节　区委常委会

一、中共延安市第十四届常委会组成人员

书记：魏延平；副书记：周万龙、康永强、解煜、方世新；常委：刘少锋、郝忠生、芦为民、王金玉。

二、中共延安市第十五届常委会组成人员

书记：马福雄；副书记：周万龙、康永强、李建社、张致远、牟晓良；常委：冯毅、郝忠生、孙广森、芦为民、王金玉。

三、中共延安市宝塔区第十六届常委会组成人员

书记：韩烨；副书记：冯毅、丁成年、董智安、雷增高；常委：王金玉、张世祥、张俊雷、薛占海。

四、中共延安市宝塔区第十七届常委会组成人员

书记：高春义；副书记：董智安、李炳智、呼延鹏；常委：王建军、侯世怀、雷元高、杨世禄、张永祥、李志锋。

五、中共延安市宝塔区第十八届常委会组成人员

书记：高春义；副书记：李炳智；常委：侯世怀、雷元高、杨世禄、朱国龙、杨东平、高鹰、张建朝、杨树栋、王子信。

1990～2010年中共宝塔区（延安市）区（市）委书记、副书记一览表

表16-1-1

职务	姓名	性别	出生年月	文化程度	籍贯	任职时间
区委书记（市委书记）	魏延平	男	1938.7	初中	陕西子长	1985.8～1992.9
	马福雄	男	1943.7	大学	陕西米脂	1992.9～1997.10
	韩　烨	男	1949.4	大专	陕西扶风	1997.10～2002.12
	高春义	男	1953.4	大专	陕西神木	2002.12～2007.6
	杨　霄	男	1958.2	在职研究生	陕西定边	2007.6～2010.5
	阚延军	男	1962.2	大学	山东蒙阴	2010.5～

续表

职务	姓名	性别	出生年月	文化程度	籍贯	任职时间
副书记	周万龙	男	1947	大学	陕西靖边	1990. 10~1997. 10
	康永强	男	1939. 1	中专	陕西延长	1990. 10~1998. 1
	解　煜	男	1939	研究生	陕西延安	1990. 10~1991. 6
	方世新	男	1937	大学	四川泸定	1990. 10~1993. 1
	刘少锋	男	1940. 9	中专	陕西延安	1991. 9~1992. 10
	王登记	男	1954. 11	大专	陕西黄陵	1991. 10~1993. 1
	李建社	男	1955. 11	大学	陕西富县	1992. 4~1996. 12
	张致远	男	1942. 10	初中	北京	1992. 10~1995. 10
	牟晓良	男	1954. 5	在职研究生	山东潍坊	1992. 10~1997. 10
	丁成年	男	1950. 8	研究生	陕西吴堡	1997. 10~1999. 6
	董智安	男	1956. 6	大学	陕西安塞	1997. 8~2004. 1
	冯　毅	男	1953. 3	大学	陕西延长	1997. 10~2002. 10
	雷增高	男	1954. 9	大学	陕西宜君	1997. 10~1998. 5
	刘永岗	男	1948. 3	大专	陕西吴起	1999. 6~2000. 12
	薛占海	男	1963. 9	在职研究生	陕西清涧	2000. 5~2002. 12
	祁玉江	男	1958. 2	大学	陕西子长	2000. 12~2006. 7
	张俊雷	男	1951. 4	大学	陕西佳县	2000. 12~2002. 12
	李炳智	男	1956. 12	大学	陕西子长	2002. 12~2007. 5
	呼延鹏	男	1958. 3	在职研究生	陕西延长	2002. 12~2006. 7
	吴　铁	男	1968. 4	经济学博士	陕西华州区	2003. 12~2006. 5
	冯振东	男	1966. 11	研究生	陕西延长	2006. 7~2007. 6
	张建朝	男	1962. 3	大学	陕西富县	2007. 5~
	阚延军	男	1962. 2	大学	山东蒙阴	2007. 7~2010. 5
	吴　耀	男	1969. 1	硕士研究生	陕西岐山	2010. 5~

第三节　工作机构

1990 年，延安市委设办公室、组织部、宣传部、统战部、政法委、党校、农村工作部、机关工作委员会、老干部工作局、党史研究室、信访局、保密局、政策研究室等 13 个工作机构。

2002年，实施机构改革，调整后区委设置工作部门9个，即纪律检查委员会（监察局）、办公室、组织部、宣传部、统一战线工作部、政法委员会（与社会治安综合治理委员会办公室合署办公）、农村工作部、机构编制委员会办公室、区直属机关工作委员会。同时，设行政机构1个，即区委防范和处理邪教问题领导小组办公室；设具有行政职能事业单位2个，即区志档案局（含档案馆）、老干部工作局。

2010年，区委设工作机构10个，即纪律检查委员会（监察局）、办公室、组织部、宣传部、统一战线工作部、政法委员会（与社会治安综合治理委员会办公室合署办公）、农村工作部、机构编制委员会办公室、区直属机关工作委员会、老干部工作局。同时，设具有行政职能事业单位1个，即区志档案局；事业单位3个：党校、政策研究室、党史研究室。

一、区委组织部

1990年，延安市委组织部内设有秘书科、组织科、干部科、党建队，编制20人，实有20人。1998年，宝塔区委组织部内设有办公室、组织科、干部科、党建队，编制20人，实有20人。2007年，内设有办公室、干部科、干调科、组织科、党管科、党员电化教育中心。2008年，内设有办公室、干一科、干二科、干调科、组织科、党管科、党建办、党员电化教育中心，编制20人，实有20人。2010年，内设有办公室、干部任免科、干部监督科、干部调配科、组织科、党管科、党建办、基层办、人才办及电教中心，编制27人，实有27人。

二、区委宣传部

1990年，宣传部下设讲师团、通讯组，编制4人。2002年，机构改革，宣传部核定为编制5人，将区委讲师团、区委通讯组核定为事业单位，正科级建制，编制各5人，隶属于区委宣传部。2003年，成立延安精神研究会宝塔分会，核定事业编制2人，与讲师团两块牌子、一套机构。2008年9月，区委通讯组新增事业编制2人。2010年，区委宣传部内设讲师团、通讯组、延安精神研究会宝塔分会，编制19人。

三、区委统战部

1990年，市委统战部编制5人。1991年5月29日，设立“中共延安市委台湾工作办公室”“延安市人民政府台湾事务办公室”，两块牌子、一套人员，事业编制2人，属市委序列。1994年3月，撤销台办。1997年，延安市改称宝塔区，统战部改称“中共延安市宝塔区委统战部”，隶属于中共延安市宝塔区委员会，编制5人。1998年6月，统战部内设3个科室，行政编制8人，实有8人。2002年8月，区级机关机构改革中，核定行政编5人，内设1室1股。2003年7月1日，恢复台办，称“中共延安市宝塔区委台湾工作办公室”“延安市宝塔区人民政府台湾事务办公室”，与区委统战部两块牌子、一套机构；编制2名。截至2010年底，区委统战部内设办公室、业务科、台办，工作人员7名。

四、区委政法委

1989年10月，成立延安市社会治安综合治理委员会，下设办公室。1996年12月撤地设市，改称宝塔区社会治安综合治理委员会。2002年10月，成立中共延安市宝塔区委维护稳定工作领导小组办公室，并与政法委员会合署办公。2010年，中共延安市宝塔区委政法委员会内设办公室、政治科（政工科）、执法监督科，编制 10 人。下设社会治安综合治理委员会办公室、维护稳定工作领导小组办公室。

五、区委农工部

1990 年，成立中共延安市委农工部，编制 10 人。1990 年 9 月，成立延安地区农村改革试验区领导小组办公室。1990 年，成立延安地区农村社教办公室，为临时机构。1993 年，成立延安地区小康办。农工部包括试验办、小康办，均为行政单位。2002 年机构改革，农工部核定为行政编制 5 名，将区试验办、小康办核定为事业单位，正科级建制，编制共 9 名，其中试验办编制 6 名，小康办编制 3 名，隶属于区委农工部。2006 年，成立延安市宝塔区建设社会主义新农村领导小组办公室，核定为事业单位，与农工部两块牌子、一套机构。2010 年，宝塔区委农工部编制 5 人。下设新农村建设办公室，编制 12 人。

六、老干部工作局

1990 年，延安市老干局编制 8 人。2002 年，实施机构改革，老干部工作局改由区委组织部管理。2006 年 3 月，成立宝塔区老干部活动中心，设专职副主任 1 名，主任由老干局局长兼任。2007 年 5 月，成立宝塔区离退休干部党总支。2007 年 5 月，成立宝塔区离退休干部党总支。2008 年，老干部工作局由原来的具有行政职能的事业单位改为行政单位，科级建制。2008 年 9 月，成立延安老年大学宝塔分校，设专职副校长 1 名，校长由老干局局长兼任。2009 年，宝塔区离退休干部党总支升格为中共宝塔区离退休干部党委，设书记 1 名，副书记 2 名。2010 年，全区共有离退休党支部 45 个，离退休老干部党小组 3 个，管理党员 896 名。2010 年底，宝塔区老干局编制 5 人。下辖老年大学、干休所。

七、区委党史研究室

中共宝塔区委党史研究室成立于 1982 年，时称延安市党史资料征集小组。1990 年 8 月，成立延安市委组织史资料征编领导小组，下设办公室；配备主任 1 名、副主任 1 名，编辑 3 人。1991 年 4 月，正式启用“中共延安市委党史研究室”名称。1998 年 12 月，区委党史研究室审定编制 10 人。2003 年，设立“中共延安市宝塔区组织史资料征编工作办公室”，与区委党史研究室合署办公，挂两块牌子，增配专职副主任 1 名。2010 年，编制 10 人，实有 10 人。

八、区委政策研究室

中共延安市宝塔区委政策研究室成立于 1986 年 3 月，原称为中共延安市委研究室，属市委直属机构。1996 年 12 月，延安市改称宝塔区，中共延安市委研究室改称为中共延安市宝塔区委政策研究室。2002 年机构改革时，将其确定为区委具有行政职能的事业单位，隶属于区委办，正科级建制。2010 年，核定编制为 7 人，实有人员 7 人。

九、区委党校

1990 年，延安市党校内设办公室、总务科、教务科、函授部，编制 24 人。1992 年，经中央党校成教院批准，成立中函大专延安站。1994 年，经延安地委、行署批准，在党校设立延安市行政干部学校，与市委党校实行两块牌子、一套管理机构的体制。1995 年，经中央党校成教院批准成立中函本科延安站。1996 年 12 月，延安撤地设市后改名为中共延安市宝塔区委党校。2010 年，区党校内设办公室、教务科、函授部、总务科 4 个科室（按副科级干部选配）；学校核定事业编制 34 人（领导职数 4 人），其中参照公务员管理岗位 10 人、专业技术岗位 20 人、工勤岗位 4 人。

十、中共宝塔区直属机关工作委员会

简称机关工委，原名机关党委。1994 年 3 月，改为市直属机关工作委员会。1996 年 7 月，改为市机关党委，协管城市各党委工作。2001 年 6 月，更名为区直属机关工作委员会，作为区委的派出机构，领导所属基层党的建设工作，指导区直机关各系统党委工作。2010 年，机关工委直属 13 个机关党总支、85 个机关党支部、1674 名党员。同时，对教育局、卫生局、城建局、信用联社、经济发展局、农业局、水利水保局、非公有制经济局、林业局、宝塔办、凤凰办、南市办 12 个系统党委进行工作指导。机关工委有行政编 4 个，事业编 2 个。设书记 1 人、副书记 2 人、工会工委主任 1 人。机关工委内设政秘股、组织股、宣传股、纪工委 4 个股（委）。

十一、延安市宝塔区机构编制委员会办公室

1980 年 10 月，延安市编制委员会办公室成立，办公室设延安市人事局。1986 年，正式启用印章。1992 年 8 月，更名为“延安市机构编制委员会办公室”。1996 年 12 月，更名为“延安市宝塔区机构编制委员会办公室”。1998 年 4 月，区编办改为独立机构；同时，成立延安市宝塔区事业单位登记管理中心，与编办为两块牌子、一套机构，隶属于区政府。2002 年机构改革中，改为区委工作部门，在区委、区政府和区机构编制委员会的领导下开展工作，既是区委的工作机构，又是区政府的工作机构。内设机构设置有：办公室、业务室、政策法规室。同年 6 月，延安市宝塔区事业单位登记管理中心更名为延安市宝塔区事业单位登记管理局，与编办为两块牌子、一套机构。2010 年，区编办在编人员 10 名。

十二、中共延安市宝塔区委办公室

1990 年，中共延安市委设有市委办公室。1996 年 12 月，延安撤地设市，原延安市改为宝塔区，中共延安市委办公室更名为中共延安市宝塔区委办公室。正科级建制，内设区委国家保密局、区委督查信息室；下设区委值班室、区委机关后勤服务中心、区委政策研究室、区志档案局、区关工委。

2010 年，区委办公室核定行政编制 26 个，设主任 1 名、副主任 6 名。区委机关后勤服务中心，正科级建制，核定事业编制 27 个，设主任 1 名、副主任 2 名。区委值班室，副科级建制，核定事业编制 6 个，设主任 1 名。

第四节　区委常委会会议及重要决定

1990 年 10 月至 1992 年 12 月，中共延安市第十四届常委会共召开会议 79 次。

1993 年 1 月至 1997 年 12 月，区（市）委第十五届常委会召开会议 107 次。其中，1994 年 2 月 17 日，常委会讨论通过《抓百强村，促小康，建设生态农业市》；1995 年 11 月 27 日，常委会讨论通过《关于加强精神文明建设的决定》；1997 年 11 月 27 日，常委会讨论同意印发《延安市宝塔区常委会议议事规则》《延安市宝塔区干部职工调配暂行管理办法》《关于科级干部管理及任免工作的暂行规定》，同意延安市宝塔区纪律检查委员会《关于党政机关厉行节约制止奢侈浪费行为若干规定（试行）》。

1998年1月至2003年1月，中共宝塔区委第十六届常委会召开会议143次。其中，2002年6月12日，常委会讨论通过《维护企业和社会稳定联席会议制度》；2002年7月8日，常委会讨论通过《宝塔区重大事项民主决策制度》。

2003年2月至2006年10月，区委第十七届常委会召开会议70次。其中，2003年3月14日，常委会讨论通过《宝塔区封山禁牧管理办法（试行）》《宝塔区宾客接待工作规定》《关于因公出国（境）管理的若干规定》；6月12日常委会讨论通过《关于城市社区建设的实施意见》；7月7日常委会讨论通过《区级有关部门（单位）退耕还林工作一把手负总责实施办法（试行）》《乡镇党政一把手退耕还林工作负总责实施方案（试行）》；10月31日，常委会讨论通过《关于开展下评上活动的实施方案》；2004年2月20日，常委会讨论审定《枣园生态旅游风景区规划》；7月12日，常委会讨论审定《延安市宝塔区事业单位工资及分配制度改革实施办法》《延安市宝塔区事业单位工作人员流动管理办法》《延安市宝塔区事业单位未聘人员分流安置实施办法》《延安市宝塔区事业单位新进人员考试聘用管理办法》《延安市宝塔区事业单位工作人员考核暂行办法》；2005年1月17日，常委会同意印发《延安市宝塔区新型农村合作医疗制度改革实施方案（试行）》；1月21日常委会讨论通过《延安市宝塔区人口与计划生育综合改革实施方案》；6月10日常委会讨论审定《关于在全区进一步推行政务公开工作的实施意见》《宝塔区政务公开考核办法（暂行）》《关于贯彻〈建立健全教育、制度、监督并重的惩治和预防腐败体系实施纲要〉考核细则》；8月26日，常委会讨论通过《宝塔区进一步做好义务教育阶段控辍工作的实施办法》《宝塔区落实农村贫困学生“两免一补”的意见》；2006年1月9日，常委会审定《宝塔区机关事业单位用人实行聘用制暂行办法》；4月2日，常委会讨论通过《关于推进社会主义新农村建设的实施意见》《关于控制越级上访、集体上访和引发集体性事件责任追究的办法》。

2007年3月2日，常委会讨论通过《关于创建省级教育强区工作的实施意见》；7月17日，常委会讨论通过《关于进一步加强领导干部作风建设的若干规定》；8月2日，常委会讨论通过《宝塔区年度目标责任考核试行办法》。2008年2月16日，常委会讨论通过《关于进一步加快农村主导产业发展的决定》；2月20日，常委会讨论通过《关于实施科技引领战略，创建省级教育强区的决定》；7月11日，常委会讨论通过《宝塔区关于进一步加快非公经济发展的若干意见》；8月1日，常委会讨论通过《关于在农村和街道社区推行“党员中心户”制度的实施意见》；9月19日，常委会讨论通过《关于加强党外干部培养选拔和管理工作的意见》；11月13日，常委会讨论通过《关于进一步加快旅游产业发展的实施意见》；12月24日，常委会讨论通过《宝塔区年度目标责任制实行党风廉政建设责任制目标考核“一票否决”暂行办法》《重大事项“一把手”末位表态制度》《关于实施事业单位绩效工资的意见》。

2009年3月12日，常委会讨论通过《宝塔区非公有制企业发展专项资金使用管理办法》；3月18日，常委会讨论通过《关于加强新形势下基层“党建带团建”工作的实施意见》《关于开展第一批学习科学发展观活动实施方案》；4月14日，常委会讨论通过《中共宝塔区委关于贯彻中央〈建立健全惩治和预防腐败体系2008～2012年工作规划〉实施细则》；4月29日，常委会讨论通过《宝塔区关于深化党员帮扶承诺制的实施意见》《宝塔区关于推进科学发展的年度考核暨领导班子和领导干部考核评价试行办法的实施细则》；7月10日，常委会讨论通过《关于进一步加强维护稳定工作，落实领导责任制的意见》；7月15日，常委会讨论通过《宝塔区村（组）集体开发项目管理暂行办法》；9月2日，常委会讨论通过《宝塔区集体林权制改革实施方案》；9月4日，常委会讨论通过《关于宝塔区实施中小学义务教育阶段，学生“蛋奶工程”工作方案》；9月23日，常委会讨论通过《宝塔区国有重点企业领导人员任用及管理办法》；11月27日，常委会讨论通过《关于开展“户进位、村进档、乡（镇）创优”活动，全面推进农村科学发展的决定》；12月24日，常委会讨论通过《宝塔区干部履职承诺述职工作实施方案》。

2010年2月5日，常委会讨论通过《中共延安市宝塔区常委会、全委会干部任免票决定实施方案办法（试行）》；7月6日，常委会讨论通过《宝塔区中小学“四制”改革工作意见》；8月23日，常委会讨论通过《关于进一步加强招商引资工作的决定》《关于加快工业经济发展的意见》《关于加快煤炭产业发展的意见》《关于加强重点项目建设的意见》《关于加快商贸物流业发展的意见》《关于加强财税工作的意见》《关于支持辖区石油企业发展的意见》；11月23日，常委会讨论通过《关于在全区党的基层组织中推行党务公开的实施意见》《延安市宝塔区机关事业单位人员分流实施意见》。

第二章　纪律检查（监察）

第一节　纪检机构

1990年，延安市纪检委内设办公室、案件审理室、纪律检查室、教育研究室、信访接待室，编制26人。下辖24个乡镇、3个办事处、14个直属单位纪检机构。1993年，延安市纪检委内设有办公室、举报信访室、党风廉政建设室、纪检检查室、审理室、监督检查室，编制45人。2002年8月，区纪委（监察局）定编内设7个副科级科室，代管区委廉政办和区政府纠风办两个正科级事业单位。2008年2月，设立警示训诫室（副科级建制）；12月，设立党群及街道、行政综合系统、政法系统、农林水牧系统、科教文卫系统纪工委、监察室5个派出（驻）机构，科级建制，隶属于区纪检委（监察局），核定编制30名（其中行政编制22名、政法专项编制3名、事业编制5名）。2009年1月，区委廉政办和区政府纠风办置换为行政编制后，并入区纪委、监察局。2010年1

月，设立正科级建制效能办（三问办）和副科级建制机关后勤服务中心 2 个科室；12 月，区纪委（监察局）内设办公室、廉政办、纠风办、纪检监察室、监督检查室、信访室、审理室、警示训诫室、宣教室、干部室、效能办、机关后勤服务中心，共 12 个科（室），编制 35 名。

第二节　案件查处和警示训诫

1990~1995 年，收到来信来访 687 件，立案查处 245 件，共处理违纪党员干部 366 人，受到党纪处分 286 人，移送司法机关 11 人，为国家挽回经济损失 126.8 万元。

1996~2000 年，收到来信来访 704 件，立案 403 件，处分违纪人员 395 人（其中党纪处分 237 人），移送司法机关 26 案 32 人，挽回损失 832.4 万元。

2001~2005 年，收到来信来访 798 件次，立案 524 件，处分违纪人员 546 人（其中党纪处分 368 人），移送司法机关 33 案 33 人，挽回经济损失 322 万元。

2006~2010 年，区纪委信访室共受理来信（访）415 件次，立案 329 件，处理违纪人员 373 人（其中党纪处分 315 人），移送司法机关 2 案 2 人，挽回经济损失 147.7 万元。

2008 年，设立警示训诫室。2009~2010 年，对 289 名党员干部进行警示训诫，其中警示提醒 158 人，诫勉督查 17 人，责令纠错 26 人，涉及科级干部 67 人；对 70 名新任科级干部进行任前廉政谈话。

第三节　党风廉政建设

1990~1995 年，先后制发《关于开展“两大院、十条线、一个片”廉政制度建设工作安排意见》《关于加强党的组织纪律的通知》《关于全市县（处）级领导干部廉洁自律，落实中央新旧“五条规定”的安排意见》《关于党政机关县（处）级领导干部收入申报的规定》《关于党和国家机关工作人员国内交往中收受礼品实行登记制度的规定》《关于企业招待费向职代会报告的规定》《关于进一步完善和推行副科级以上领导干部办理个人及家庭重要事项向组织请示汇报制度的规定》《关于提拔任用干部实行廉政鉴定的办法》等，不断加强党风廉政建设。同时，组织党员观看《焦裕禄》《党规党纪教育讲座》《严峻的课题》《夕阳在秋色中沉沦》《大地的回声》《权与钱》《红墙》等警示教育片 1370 多场次，受教育者达 3 万余人次。组织人员汇编 5 万多字的《党风党纪基础知识讲座》。1991 年，在公安系统开展整顿工作，复查刑事案件 22 起，纠正 13 案，报捕 12 案 25 人，批捕 6 案 13 人；查处干警违法违纪案件 11 起 17 人；检查罚没款案件 923 起，清理上缴财政 17 万元。

1996~2000 年，全面贯彻《廉政准则》，深入开展清房工作。1996~1997 年落实违规住房 191 人 197 处，清退 128 人 178 处，收回加租加价款 10.14 万元；并为全区 6000 余名干部职工建立个人住房档案。1998 年，开展清理通信工具工作，收回价款 20 万元，每年可节约财政支出40万元；制定出台《关于提拔任用干部进行廉政鉴定的实施办法》和《关于建立领导干部廉政档案的实施办法》，为全区850名党政部门科级干部建立廉政档案。实行责任追究制，对44名党员干部进行责任追究，给予党政纪处分36人，组织处理2人；全面推行领导干部任期经济责任审计和会计委派制度，试行政府采购。2000年，对55个单位主要领导进行经济责任审计，查处违规资金1173万元，移送执纪执法机关立案查处5案6人。向88个单位委派会计人员，对部分采购项目进行公开招标竞价。

2001～2005年，实行党风廉政建设目标责任，乡（镇）及各部门定期向区委常委会报告履行党风廉政建设职责情况。把党风廉政宣传教育列入目标责任制中，与案件查处工作同安排、同检查、同考核。制定《宝塔区领导干部家庭廉洁承诺书》，全区140多名正科级领导干部家属与组织签订廉政承诺书。制定《宝塔区党政事业单位小汽车管理中党政纪处分规定》和《宝塔区党政企事业单位车辆管理规定》，实行车辆编制管理，严格车辆配备标准，加强车辆采购、使用、维修、投保、费用支出管理。认真贯彻执行省纪委《关于实行党风廉政谈话制度的实施办法》，推行纪委负责人同下级党政主要负责人谈话制度。汇编《宝塔区廉政建设制度选编》，进一步规范干部选拔任用民主推荐、差额考察、任前公示和试岗等制度。制定《关于印发宝塔区领导干部报告重大事项申报表的通知》《关于进一步加强机关单位纪律的规定》《关于改进领导干部作风的若干规定》等，在廉洁从政、党风政风和工作生活作风等方面做出22项硬性规定。

2006～2010年，健全和完善宝塔廉政网站，将原来的11个栏目更新为单位简介、本地动态、宣传教育、案件检查、领导要论、廉政论坛等16个栏目，进一步拓展党风廉政建设和反腐败斗争网络宣传阵地。积极开展“筑防线、保廉洁、树形象”作风建设主题教育活动，制作50多块大型廉政公益广告牌，刷写宣传标语45条；建立廉政文化专栏、廉政文化墙、廉政橱窗。开展廉政文化“六进”活动，建立45个廉政文化建设示范点。制作刘易、安全先进事迹光碟1200盘，在延安电视台黄金时间播放刘易先进事迹专题片。组织陕北民歌剧《乡医刘易》剧组在各县区巡回演出20余场，观看人数10万人次以上。开展民主生活会，全区244个单位1400多名副科级以上领导干部在专题民主生活会上进行自我剖析。开展警示教育，通过请监狱服刑人员现身说法，组织党员领导干部观看警示教育片，请专家讲廉洁自律课等形式，增强领导干部廉政意识。开展“提能增效促发展，勤政节俭树形象”为主题的作风纪律整顿活动，实施治骄、治懒、治奢、治庸、治梗“五治”工程，下大力气整治“庸、懒、散、浮、骄、奢”以及“不愿为”“不作为”“不会为”“胡作为”“乱作为”等问题。开展廉政宣传，举办“扬正气，促和谐”反腐倡廉文艺演出和“唱响红色歌曲、舞动红色旋律”系列消夏文艺演出活动。学习贯彻《廉政准则》，对全区460名副科级以上党员领导干部和100名科级后备干部进行《廉政准则》培训。对118人实施警示训诫（科级干部17人），其中警示提醒40人，诫勉督导24人，责令纠错54人；对2名党员领导干部进行提醒谈话、3名党员领导干部进行诫勉谈话、8名单位一把手进行廉政谈话；对70名新任科级干部进行任前廉政谈话，对65名干部进行任前廉政考察和鉴定。9名科级以上领导干部进行大事申报。

第四节　执法监察与纠风

1990~1995年，查处“三违”房62户，清理清查违反计划生育政策186人。对招生、招工、征兵和农转非等工作实施重点监督，严格执行“三榜公开”（事前、事中、事后公开）和“三定方案”（定时间、定人员、定条件）制度，先后查出70多名往届生弄虚作假，参加应届生初中专考试事件。把清理乱罚款、乱收费、乱集资等现象作为保证经济工作顺利进行的重大举措，先后开展4次清理活动，共计审核收费单位246个，收费项目864项，纠正增项目、超标准收费107个单位58项，清理乱收费514.7万元；清理乱罚款部门和单位5个，金额9.8万元；清理乱集资摊派部门和单位16个，金额84.2万元；整治金融系统，清理拆借资金11479万元；规范农业系统13个部门的43项农民负担项目申报，取消16项涉农收费。打击毁林毁草等违法犯罪行为，查处大要案8起，拘留15人，行政处分1人，缴获偷伐木材100余立方米，挽回经济损失20万元。查处公安系统违纪案件11起16人，分别给予罚款、待岗、行政通报批评等政纪处分，清理上缴财政罚没款13万元。清理公费安装私宅电话28部，收回资金5.5万元。查处超标、超编小汽车10辆，征收控购附加费3.75万元。对35所中小学乱收费情况进行检查，共查出违纪资金12.9万元，处理兑现金额1.14万元。深入开展纠风和专项治理工作，对38个单位“收支两条线”执行情况和私设“小金库”情况进行检查，共清理违纪资金4.4万元；对278个单位公费医疗进行清理清查，共收回违纪资金1.2万元，并对有关责任人进行罚款处理。

1996~2000年，在纠风方面，狠抓减轻农民负担和企业负担、清理预算外资金、深化治理公路“三乱”和中小学乱收费现象等，不断规范政府采购行为，促进依法行政。2000年，区政府先后制发《延安市宝塔区会计管理暂行办法》《延安市宝塔区直单位政府采购管理暂行办法》《延安市宝塔区行政事业性收费资金收支管理暂行办法》。强化预算外资金管理，实行收支两条线，进一步清理“小金库”，共清理预算外资金468万元，将95户收费单位纳入预算外资金统管，交入财政专户收费收入1352万余元；查结私设“小金库”3起，涉及资金37.5万元，党政纪处理4人。开展汽车修理费专项检查，重点检查23个单位和71个修理厂，查出违纪发票207份，查出违纪资金47万元，入库30.8万元；查出违规违纪资金368万元，为国家挽回经济损失82.9万元，收缴财政22.5万元，处理13人，通报批评19个单位。大力纠正医药购销不正之风，对4家市级医院、26家乡镇卫生院、36家诊所和21家药店进行检查，取缔无证诊所、药店175家，罚款10300元，没收假劣药品和失效药品2844种551箱，没收医疗器械1148件，共计折价8.4万元。开展减负工作，向24个乡镇875个村45600户农民发放“一据一卡”，到户率100%；吊销收费许可证26个，取消收费项目49项，减轻企业负担51万元。查处10所学校乱收费、乱集资行为，涉及违规违纪资金150万元，清退77.2万元，受到党纪政纪处分40人。

2001~2005年，纠风工作坚持“谁主管、谁负责”的原则，实行纠风专项治理责任制。清查整顿农资市场，制止和纠正违法经营户45户，没收种子1150千克，假冒伪劣农药567瓶（袋）47.1千克，减轻农民负担110万元。以农村税费改革为契机，切实减轻农民负担。通过改革，全区农民人均负担由过去63.7元下降到44.66元，减幅29.9%。帮助解决拖欠和克扣农民工工资问题，共接到投诉案件142件，立案57件，结案52件，追回工资18.4万元、押金1.3万元。在医药市场治理工作中，取缔无证诊所85家，没收药品900余种178件，医疗器件23件，罚款15万元；对区属医疗机构药品进行集中招标采购，采购总金额65.76万元，让利于患者6.5万元。查处教育乱收费案件线索28件，涉及金额149.45万元。

2006～2010年，纠风工作坚持标本兼治、纠建并举的方针，实行“一把手”负总责和责任追究制，认真纠正群众反映强烈的部门和行业不正之风。清理干部拖欠公款125.44万元，涉及借款人员290人，共收回98人借款31.55万元；治理教育乱收费，给予11名责任人行政警告处分，实施警示训诫51人，共清退违规收费19.8万元；加大减轻农民负担治理工作，查出不合格肥料种子1562千克，农药32件，整顿农资经营点22个，捣毁制假窝点3个，挽回经济损失2.5万元。加强医药购销和医疗服务中不正之风的专项治理，取缔非法行医104家，下达罚款16.8万元；没收医疗器械174件、药品326箱；审核区级医疗卫生机构集中招标采购920批次，涉及金额3367.6万元。加强信访举报工作，实施信访“阳光工程”，推行实名举报双向承诺制、信访听证终结制和重点信访公开制。在全区37个系统行业230个站所、106个窗口单位开展“创建人民群众满意基层站所”“创建人民群众满意服务窗口”“创建人民群众满意社区”活动。开展工程建设领域突出问题专项治理工作，在项目招投标方面，将100万元以上工程全部纳入建设工程招标有形市场进行交易，涉及金额1.419亿元；集中对18项工程进行8次检查，排除各类隐患33宗，下发《违法违章停工通知书》25份，《行政处罚告知书》21份，涉及工程25项，概算10.7亿元。清理整顿农资市场，查处不合格玉米种子30多个品种11840千克，查处过期、无生产日期的农药40多个品种80多件。在全区23个乡镇建立纠风工作组，在611个行政村、20个社区设立纠风监督员。严格执行车辆购置、更新标准，先后3次对39辆旧车进行公开拍卖，拍卖所得资金149.95万元全额上缴国库，对违规购车的3名领导干部进行处理。

第三章　组织建设

第一节　基层组织建设

1990年，延安市确立62个“庙沟式”的村党支部，作为基层组织建设示范点，选派优秀后备干部蹲点包抓。1992 年，基层党建提出“4321”奋斗目标，即树立 4 个标杆党委、评选 30 个先进支部、建立 20 个以党员活动室为中心的村级文化大院、树立 100 名科技致富标兵。1993 年，在全市农村党支部中，开展“争创学庙沟，奔小康标杆党支部”活动，决定用 3 年时间创建 100 个标杆党支部。1994 年，按照一类创先进、二类上台阶、三类变面貌的总体要求，对 108 个“百强村”、56 个党员致富村和 77 个后进村党支部进行全面整顿。1997 年，完成 34 个农村基层组织整建工作。1998 年，开展“双创双争”竞赛活动，全区 24 名区级领导干部为所包村协调落实致富项目 38 个，协调资金 130 万元，帮助调运化肥 5200 吨，涌现出科技示范村 84 个。1999 年，在农村党支部中开展“创五星级支部（班子建设星、经济建设星、精神文明建设星、制度建设星、计划生育星），树红旗村”活动，全区 591 个农村党支部参加活动。

2000 年，在农村党组织中开展“四创三强两争当一挂牌”活动［创先进县（区）委、“六好”党委、“五好”支部、五星级支部、红旗村；强班子、强班长、强队伍；争当科技带头人、绿色先锋；党员挂牌管理］。实行基层组织“第一责任人”制度，乡（镇）党委书记为党建第一责任人，全面负责本乡（镇）党建工作。对南泥湾、蟠龙、临镇 3 个镇党委和 60 个村党支部、6 个居委会党支部进行整顿建设。2001 年，开展“三级联创”活动［创建农村基层组织建设先进县（区）委、“六好”乡镇党委、“五好”村支部］。桥沟镇尹家沟村党委被评为“全国先进基层党组织”和“全省农村十面红旗支部”。2002 年，开展创建“党建红旗村”“小康示范村”等活动，全区共涌现“六好”乡镇党委 18 个、“五好”村党支部 538 个、“五星级”支部 21 个。2003 年，按照“顺排抓党建、倒排抓整建”的工作思路，创建 15 个党建红旗村、整建 50 个先进支部；筹集资金 220 万元，建成 223 个高标准党员活动室。非公有制组织党建工作，按照“先组建、后规范、先搭架子、后创路子”的思路进行，全年有 11 家非公有制经济组织建立党组织。2004 年，制定出台《关于进一步加强农村党建工作的十条措施》；实行区委常委联系社区党建工作制度，新建社区阵地 4 个。

2005 年，成立宝塔区街道社区党建工作指导委员会，开展“五联一包”创建活动，在社区初步形成以“街道党委为核心，社区党组织为基础，服务群众为重点，广大党员积极参与”的党建工作格局。2007 年，开展创建和树立“综合示范先进乡（镇）党委”“综合示范先进村党组织”活动，全区涌现出省级先进基层党建组织 2 个、市级 5 个、区级 20 个。2008 年，区委印发《实施“四树五建”旗帜工程，创建党建先进区的指导意见》。“四树”即区委树核心，党委树旗帜，支部树榜样，党员树典范；“五建”即思想建设，组织建设，作风建设，制度建设，反腐倡廉建设。以及《关于宝塔区在农村和街道社区推行党建中心户制度的实施意见》。2009 年，区委印发《关于在全区开展村级党组织“升级晋档，科学发展”活动的实施意见》，开展“户进位、村晋档、乡（镇）创优”活动。

2010 年 6 月，区委印发《关于在全区党的基层组织和党员中深入开展创先争优活动的实施意见》。同时，印发《关于推进学习型党组织建设的实施意见》。进一步强化“户进位、村晋档、乡（镇）创优”活动，新创 4 个综合示范党委，新增 13 个富裕和谐新村、4000 户文明富裕农民；2 个乡镇党委、8 个村级党组织受到省、市表彰奖励，25 个村级党组织阵地通过省市验收。截至2010年底，全区共有党（工）委40个，其中区委直属党工委1个，部门党委10个，乡镇党委20个，街道党工委3个，企业党委4个，村级党委2个。下设党总支52个，其中城市街道社区22个，城市机关、企事业单位28个，乡镇机关、事业单位2个。党支部共有1009个，其中城市274个，街道社区59个，农村党支部572个，乡镇机关站所95个，集镇社区居委会5个。

第二节　党员教育和发展

1991年，全市抽调干部830名，分赴蟠龙、下坪、贯屯、梁村等9个乡镇分批开展农村社教活动，新建党校30所，其中乡镇党校24所、街道党校3所、机关党校3所，全年举办各类培训班197期，受训党员18106人次。1992年，制作10集党建系列片《圣地党旗飘》。1994年，在党员中开展“甘当人民公仆”竞赛活动。1995年，在机关党员中开展“奉献在岗位，岗位学雷锋”活动。1996年，实施“双万”工程（1996年初，陕西省委、省政府决定选派1万名年轻干部到全省1万个村任职3年），抽调180名优秀年轻干部到180个整建村接受锻炼；下派干部先后为村上协调筹集资金420.9万元，化肥691.9吨，良种523吨，新修农田4700亩，修建人畜饮水工程39处，整修道路184千米，维修校舍108间，恢复村广播室155个，举办培训班541期，受训人员45508人次。1998年，对党务工作者、预备党员、入党积极分子进行专门培训，培训人数1200人次。

2000年，在县处级领导干部中开展为期60天的“三讲”教育活动。教育活动分发动学习、自我剖析、交流批评、整改巩固4个阶段进行。教育活动中，发放《征求意见表》236份，召开座谈会12次，征集意见、建议1060条，发放《民主测评表》264份，群众满意率90%以上。2000年11月22日，中共延安市宝塔区第十六届委员会第五次全体会议审议通过《关于学习贯彻江泽民同志“三个代表”重要思想，全面加强党的建设的意见》，学习“三个代表”重要思想活动全面展开。2001年机关党建以“提高素质，增强党性”为目标，开展“三抓三树一强化”活动（抓学习、抓教育、抓阵地，树立机关形象、出外新形象、党员新形象，强化服务意识），以及“争当人民公仆，奉献在岗位”活动。社区党建按照“服务城市建设、服务社区发展、服务居民生活”的思路，遵循“民思我想、民需我办、民求我应、民困我帮”的原则，推行党员目标责任管理制度。2001年，中共延安市宝塔区第十六届委员会第七次全会讨论通过《关于贯彻〈中共中央关于加强和改进党的作风建设的决定〉的实施意见》。2002年，结合农村“三个代表”重要思想学习教育活动，开展“千人调查研究”“千人交友帮困”“千人义务劳动”“千人包抓产业”“千人科技致富带头人”的“五个千”活动。城市党建以“强素质、强党性、强作风”为目标，开展“三抓三树一强化”和“双争双创”活动。2003年，区委先后印发《关于认真学习“三个代表”重要思想的通知》以及实施意见、《关于在全区实行党建工作责任追究制的通知》等。农村党建围绕“三级联创”，组织实施“一帮一结对子”“争当绿色先锋”“树千名农村科技致富带头人”等活动。2004年，制定出台《关于进一步加强农村党建工作的十条措施》，在农村党组织实施“旗帜工程”等活动，全区涌现出市级科技致富带头人5名，区级党员科技示范户58户，乡镇级科技带头人300名。

2005年1月，区委印发《关于在全区党员中开展以“三个代表”重要思想为主要内容的保持共产党员先进性教育活动实施方案的通知》，保持共产党员先进性教育活动全面展开。党建工作即以保持共产党员先进性教育活动为根本，开展“金色党徽胸前戴，我为宝塔添光彩”主题实践活动，以及“千人百日大调研”活动，组织实施“一百个单位包扶一百个村（组）”“一千名党员帮扶一千户贫困户”的“双百双千”活动，全区17805名党员参加学习教育活动。先后制定出台《关于在全区乡镇和党政机关进一步推行政务公开的实施意见》《关于改进领导干部作风的若干规定》等一系列文件，初步建立党员“长期受教育，永葆先进性”长效机制。2006年3月，区委印发《关于在全区广大共产党员中开展向刘易同志学习的决定》以及《关于在全区共产党员中推行承诺制的通知》。2007年，开展创建和树立“党员科技致富带头人”旗帜工程，全区涌现出省级党员科技致富带头人1名、市级3名、区级17名。开展党员承诺制，全区各级基层党组织和党员提出承诺事项13926条，兑现90%以上。开展“筑防线，保廉洁，树形象”作风建设主题教育活动和学习刘易、安全先进事迹活动，推行“一线工作法”（调查研究在一线，问题解决在一线，工作创新在一线，难点突破在一线，锻炼提高在一线，干部选拔在一线），倡导“三风”（调查研究风、求真务实风、勤政廉洁风），做到“三实”（深入实际、多办实事、实干兴区）。实行区级领导包抓“六个一”（每人包抓一个乡镇、一个党建综合示范村、一个重点项目、一个贫困村、一个专业村、一户非公有制企业），部门、乡镇领导包抓“四个一”（每人包抓一个党建综合示范村、一个贫困村、一个专业村、一户非公有制企业）工作责任制。制定出台《进一步加强领导干部作风建设的若干规定》，完善常委会议事规则、干部考察任用、工程招标、政府采购等10项制度。

2008年，党建工作实行“五联系”制度（区级领导联系党委，党委委员联系支部，党支部委员联系党小组，党小组长联系党员，党员联系群众）。开展“三双”活动，即双承诺（党支部、村委会或机关单位向党员和群众承诺，党员向党支部承诺）、双公开（党务公开、政务公开）、双评议（党员和群众代表评议党组织，党员和群众代表评议村委会或机关单位）。开展“学理论，找差距，求创新”新一轮解放思想大讨论活动、“弘扬延安精神，加强作风建设”主题教育实践活动和“推动延安科学发展，党员争当创业先锋”活动，坚持用延安精神培育延安新人，用延安精神建设新宝塔。2009年3月，区委印发《关于开展第一批深入学习实践科学发展观活动的实施方案》。按照“党员干部受教育，科学发展上水平，人民群众得实惠”的总体要求，提出“弘扬延安精神，推动科学发展，构建和谐宝塔，实现富民强区”实践载体。全面开展“机关单位联村，党员干部联户”活动，做到制定1份帮扶计划、扶持1项致富产业、协调1名劳动力转移就业、救助1名贫困学生、记好1本民情日记的“五个一”。学习实践活动中，全区180个联村部门，先后投资4000多万元帮助农村改善基础设施、扶持产业发展，帮助4500人转移就业。党员干部与8431户（个）贫困户（人）结为帮扶对子，其中贫困学生3661名；安置农村剩余劳力2000多人，累计投入帮扶资金7000多万元。

2010年6月，区委印发《关于在全区党的基层组织和党员中深入开展创先争优活动的实施意见》。开展《弘扬延安精神，推动科学发展，构建和谐宝塔，实现富民强区》为主题的创先争优活动。以党员“八个一、八带头”（每年至少重点读好一本书，带头学习提高；联系培养一名入党积极分子，带头联系群众；解决一起信访案件或化解一次矛盾纠纷，带头维护稳定；帮扶一名贫困户或贫困大学生，带头奉献爱心；精通一项业务技能，带头爱岗敬业；每年至少撰写一篇调研报告，带头调查研究；每年至少参加一次社区志愿者活动，带头服务群众；每年至少到基层参加一次劳动，带头深入实际）活动为载体，开展党员示范上岗和挂牌管理等活动，全区党员累计落实承诺事项9万余条，落实帮扶资金210万元。开展万名党员挂牌上岗“当表率、争优秀、促先进、树旗帜”主题实践活动。推进农村党员干部现代远程教育站点建设，全年完成站点建设308个，实现农村党员干部远程教育全覆盖。

在发展党员中，遵守《党员发展程序》，注重质量，慎重发展。截至2010年底，全区共有党员19602名，其中正式党员18844名，预备党员758名；男15238名，女4364名；党政机关和国有企事业单位5458名，非公有制企业在岗党员330名，农民党员11044名，社区居民党员946名，离退休党员1824名。

第三节　干部管理

1990年，在换届选举中，先后考察领导干部452名，调整充实领导干部103名。1991年，建立200名科级后备干部队伍，其中非党40名、妇女36名；选拔18名青年干部到乡镇、办事处任职；培训科级干部300人。1992年，举办科级干部培训班7场次，培训1000人次。

1994年，在机构改革中，有230名青年干部被选配到部门领导班子中。举办培训班7期，对635名副科级以上干部进行集中培训。制定印发《关于进一步搞好干部推荐考察工作制定》《关于重视培养选拔妇女干部的通知》等。1996年，对科级后备干部实行优进劣汰动态管理。1998年，举办培训班5期，培训科级干部759人次；在24个乡镇领导班子中，配备妇女干部18名，非党干部12名。2001年，区委印发《宝塔区公开选拔党政领导干部的暂行办法》。2002年10月，区委以公开选拔形式，对区委、区政府部分工作部门正职领导职位进行公开选拔，有10名干部被选拔到民政、文体、林业等部门担任主要领导职务。

2004年，制定《延安市宝塔区委管理的干部职务名称表》，规范领导干部管理。贯彻干部选拔任用条例，健全完善领导干部述职述廉、诫勉谈话、任期经济责任审计、重大事项报告等制度。制定印发《关于提拔任用干部进行廉政鉴定的实施细则》《关于在干部选拔任用过程中做好计划生育考察考核的有关规定》《关于对新提拔的科级领导干部实施试岗制度的通知》《关于进一步加强和改进党政干部任前公示制的意见》《关于推行党政领导干部任前公示制的意见》《关于对不称职、不胜任现职等领导干部的管理办法》等规范性文件，实行任前计生、廉政鉴定、新提拔干部试岗等制度。深化干部人事制度改革，扩大民主，提高选人用人的公信度。按照“到龄改任、空职补缺；大局稳定、部分调整；择优选拔、优化结构”的原则，严格干部选拔任用民主推荐、测评、考察、酝酿、讨论等工作程序，做到成熟一批、调整一批，实现干部选拔任用工作规范化。

2010年底，全区共配备科级干部1382人，其中正科级领导干部511人，副科级领导干部871人。

第四节 干部教育培训

利用党校培训教育平台，对党政领导干部、新提拔干部和后备干部队伍进行培训教育。2008~2010年，累计举办各类培训班122期，培训干部11573人次，其中党政干部2712人次，事业单位管理干部2980人次，专业技术人员5416人次，选调生和大学生“村官”465人次。

动员和鼓励广大干部参加函授、夜大、成人高等教育等不同形式再教育。实施“人才强区”战略，先后接受省派选调生44人，分派到20个乡镇和3个街道办事处。2010年，有33人提拔到领导干部岗位。2008~2010年间，按照“省定规划、市县选聘、乡镇管理、服务基层”的原则，全区共有162名（2008年45名、2009年48名、2010年69名）高校毕业生到农村和社区任职，担任村（社区）党支部书记助理或村委会（社区）主任助理职务。

第四章 宣传教育

第一节 理论学习

1990年，开展以东欧、苏联局势为主要内容的国际形势教育和全民国防教育，作形势报告135场，受教育群众达3万人次。1991年，以宣传贯彻中共十三届七中、八中全会精神为重点，举办辅导班18场，培训4000多人次。1992年，以学习宣传贯彻邓小平视察南方重要讲话精神为主要内容，开展一系列学习宣传教育活动和解放思想大讨论，举办辅导报告1870场、培训班1143期。1993年，以宣传贯彻中共十四大精神为主题，印发《关于深入学习建设有中国特色社会主义理论的通知》《关于开展社会主义市场经济大讨论活动的通知》《关于认真学习〈邓小平文选〉第三卷的通知》。1994~1995年，以建设中国特色社会主义理论为指针，宣传中共十四大和十四届三中、四中全会精神，举办学习培训20多期，辅导报告会240多场次，受教育4万人次。

1996年，宣传中共十四届六中全会精神，巡回宣讲32场次，受教育人数达1万多人次。在党员干部中开展“三学、三查、三克服、三树立”活动和“学习张家港，树立圣地新形象”宣传活动。1997～1999年，重点宣传十五大和十五届三中、四中全会精神。印发《关于进一步深化思想理论教育的实施意见》《进一步掀起学习邓小平理论新高潮》的通知。开展基层干部“三基”教育和民主法制教育，举办理论学习班60多期，干部受教育面85%以上。加强和深化中小学生爱国主义教育活动，举办“庆国庆、迎回归”“石油杯”爱国主义教育演讲比赛。2000年，以宣传贯彻落实“三个代表”重要思想为重点，开展“三讲”“六教育”等系列教育活动。开展“百人宣讲千场，受教育十万人次”的理论教育活动，举办宣讲会1200场，培训会800场次，培训理论骨干3000余人，培训干部职工15万人次。

2001～2005年，以宣传中共十六大精神、“三个代表”重要思想，以及胡锦涛“两个务必”讲话、“七一”讲话精神为重点，开展延安精神“五进”和《公民道德建设实施纲要》宣讲活动，组织“百人理论宣讲”团，深入基层宣讲130余场，受教育干部群众3万人次。印发《关于在全区开展学习〈“三个代表”重要思想学习纲要〉活动的安排意见》《中共延安市宝塔区委关于贯彻落实〈中共中央关于在全党兴起学习贯彻“三个代表”重要思想新高潮的通知〉的实施意见》和《关于建立党政领导干部理论学习考核制度的实施意见》。成立宣传学习贯彻“三个代表”重要思想领导小组，邀请专家学者对全区360多名区级、科级领导进行为期3天的“三个代表”重要思想培训。全区共举办宣讲辅导15000场次，各类知识竞赛70场，演讲比赛96场，座谈会126次，报告会56次。参加市委宣传部举办万名党员干部参加的“三个代表”重要思想知识竞赛活动，并荣获优秀组织奖。2005年，区级领导深入乡镇、农村，宣讲中央“一号文件”以及惠农政策40多场。

2006年，开展宣传学习胡锦涛总书记在延安考察时的讲话精神、中共十六届六中全会精神等。印发《关于创建学习型机关的意见》。举办刘易先进事迹报告会，在北京和西北五省区巡回报告50余场次，听众近3万人次。开展以“八荣八耻”为主要内容的社会主义荣辱观学习竞赛和“知荣辱、树新风、促和谐”“争做文明市民，共建文明城市”宣讲比赛活动。2008年，以学习宣传贯彻中共十七大精神和科学发展观为主，开展弘扬延安精神，加强作风建设主题教育实践活动、“六大三提升”（大学习、大讨论，提升新水平；大宣讲、大宣传，提升影响力；大实践、大创建，提升文明度）系列学习实践活动和“学理论、找差距、求创新”新一轮解放思想大讨论活动。在全市“学理论、找差距、求创新”新一轮解放思想大讨论活动中，宝塔区被评为全市第一名，受到通报表彰。

2010年，区委下发《中共延安市宝塔区委关于推进学习型党组织建设的实施意见》，推进学习型党组织建设。理论宣传教育坚持做到“五落实”“四定”“五结合”。“五落实”，即落实组织机构、学习计划、学习时间、学习内容、辅导人员；“四定”，即定学习专题，定学习书目，定学习调研重点，定学习思考交流内容；“五结合”，即个人自学与集中学习相结合，系统学习与专题辅导相结合，常规学习与电教化相结合，调研文章与交流经验相结合，理论学习和解决问题相结合。开展学习十七届四中、五中全会精神、科学发展观、中央“一号文件”、延安精神等为主要内容的宣讲活动，举办各种专题辅导报告会40多场次。

第二节　新闻宣传

2003年3月，由区委宣传部主编的《宝塔通讯》，以内部刊物的形式创刊发行。宝塔区冯庄乡西河沟村党支部书记李加禄不畏艰辛，打坝造地奔小康的感人事迹，以题为《32座淤地坝见证的人生》，在《陕西日报》发表。2004年，李加禄做客央视《实话实说》栏目，推广乡村致富经验。大力宣传由联合国世界粮农组织颁发的“亚洲杰出农民”郭志清、当代子弟兵的母亲——拥军模范吴彩玲、无锡市到延安支教教师丁建华的先进事迹。《新华每日电讯》发表《宝塔区农村做饭不再烟熏火燎》的文章，《延安日报》《陕西日报》等先后发表《踏访退耕还林第一乡》《千万元打造陕北秦川牛养殖基地》《为了神圣的使命》《小协会念出大文章》《青山作证》等文章，宣传宝塔区退耕还林成果。《经济日报》发表《构筑黄金台，换得彩虹来》，《陕西日报》《延安日报》等刊发的《西部开发五年来宝塔区经济实现跨越发展》《大商贸战略带来大繁荣》等文章，彰显宝塔区招商引资取得的成效。《乡医刘易》《情系纸坊沟——纪念安全同志》2个剧目的推出，彰显新时代党员模范典型。

2008年，宝塔区成功举办首届山地苹果文化艺术节，CCTV-7现场录制文艺演出，并多次播放。2009年6月，CCTV-7《乡村大世界》栏目组走进延安宝塔区张兴庄，以“宝塔山下快乐行”为主题，用5个板块，展示宝塔区经济、文化和社会建设取得的成就；7月26~29日，会同新华社陕北支社，举办“新华社签约摄影记者培训活动”暨“今日延安、魅力宝塔”采访实践活动，优秀新闻摄影作品在新华网上予以刊发；8月26日，接待由省委宣传部组织中央驻陕及省内15家媒体组成的“走三秦、看变化”采访团，对全区农业产业化、退耕还林成果、城区绿化特别是山地苹果产业方面进行采访报道。

2010年7月13~17日，接待中宣部“三项学习教育”新闻采访实践团成员50多人，在4个乡镇进行劳动实践活动和采访报道；9月，接待市委外宣办组织的“红色圣地、绿色延安”中央、省大型媒体记者采访实践活动；11月，接待中央电视台新闻调查组记者，开展2周的新闻调查采访活动。

第五章　统一战线工作

第一节　统战成员结构

2010年，宝塔区有民主党派5个，其中民革、民建、民进、农工党成立区级组织，民盟只有成员。各党派共有成员254人（民革党员28人，民建会员56人，民进会员96人，农工党党员38人，民盟盟员36人）。工商联有会员315人，执委32名，其中非公有经济会员150名。有18个少数民族、339人。有台属26户，有华人、华侨、港澳同胞、出国留学生155人，侨属、侨眷、出国留学人员眷属288人。全区非公有制企业建立工会组织80个，工会会员达到7600余人。

第二节　统战合作

开展多党合作和政治协商，各民主党派主委每年不定期应邀参加区委、区政府召开的重大决策、协商、征求意见会议；各民主党派成员深入工厂、学校调研，形成调研报告，发挥参政议政作用。2000年，区委常委与5个民主党派、工商联结对子、交朋友，建立联系制度。2002年，5个民主党派与部门结对子，建立联系制度，相互协商，征求意见。做好涉台突发性事件的防范和处理工作，对去台探亲人员，协助办理去台手续，交代政策，做好行前教育工作。坚持对部分侨眷侨属进行过年慰问、平时走访，每月联系一次侨界代表人士，鼓励他们通过多种渠道参政议政。按照“拓宽视野、坚持标准、重点培养、梯次配备”的要求，加强对非公有制人士的考察、培养和举荐工作。将党外干部培训任务纳入党政干部培训工作体系，完善非党干部和非党后备干部人才库，建立各民主党派班子考核办法。截至2010年底，全区共有科级以上党外领导干部122人，其中县级5人，科级117人（正科16人、副科101人），党外后备干部20人。

动员工商联会员、非公有制经济代表人士和新的社会阶层代表人士投身全区新农村建设，开展“百企联百村、共建新农村”“光彩事业”等活动。截至2010年12月，全区共有207家非公有制企业参与新农村建设，在全市召开的“一企帮一村，共建新农村”表彰大会上，治平建工集团、圣安房地产公司、王家坪实业集团、川口建筑工程公司、资协公司、龙飞建筑公司、慧泽房地产公司7家民营企业受到表彰。开展全区无党派人士人才库的摸底、登记工作，建立健全无党派人士队伍，完善新的社会阶层代表人士的考察选定和信息建档工作，拓宽统战工作领域。全区共培养新的社会阶层代表人士27名。

第六章　政法工作

第一节　政法队伍思想建设

1990~1997 年，在全区政法系统开展政法队伍集中教育整顿活动，切实加强政法队伍建设。2002 年，开展“转作风、抓纠纷，树形象、变面貌”教育活动，树立政法队伍良好形象。2003 年 3 月，在全区政法系统组织学习贯彻“五条禁令”，并形成制度，规范执法行为。2004 年，以“公正执法树形象”学习教育活动为主线，全面加强政法队伍建设。2005 年，以党员先进性教育活动为契机，在全区政法系统开展向陈波、张本树、王书田等先进事迹学习活动。2006 年，按照“政治建设、素质强警”的工作思路，以法治理念教育为主线，全面加强政法队伍建设。2010 年，政法各部门以“创先争优”活动为契机，开展“公正廉洁执法、建设和谐延安”主题实践活动和社会主义法治理念教育活动，进一步加强队伍思想教育和业务素质教育。

第二节　维护稳定

1999 年，区委制定出台维护稳定工作责任追究制度、情报信息制度、定期排查制度、接待和值班制度四项规章制度。2002 年，区委制定《宝塔区维护稳定工作责任追究暂行办法》，确定维护稳定责任目标。2003 年，认真贯彻落实信访首问责任制，变“上访”为“下访”。2004 年，按照“排查是基础，调处是关键，稳定是目的”的工作思路，实施“机制、措施、宣传、落实”四到位，全力维护社会稳定。2005 年进一步完善维稳机制，各乡镇、各部门成立维稳领导小组，配有专兼职人员。2006 年，建立“三位一体”矛盾纠纷调处工作机制，完善“大调解”工作格局。2007 年，把维护社会大局稳定放在政法工作的首要位置。抓排查，掌握工作主动权；抓调处，探索新途径；抓预防，切实将矛盾纠纷化解在萌芽状态。2009 年，维稳工作以落实第一责任人为重点，制定出台《关于加强维护稳定工作落实领导责任制的意见》，进一步完善维稳工作“五项”制度和“六项”机制。2010 年，紧紧围绕“社会矛盾化解、社会管理创新、公正廉洁执法”三项重点工作，开展社会稳定风险评估工作，对工商银行建设项目、第三幼儿园改造项目和桥沟镇桥沟村三产住宅建设项目进行风险评估。全年无群体性事件发生，社会安全稳定。

第三节　平安建设

1995年，开展“创建治安模范市”活动。1997年，开展创建安全文明小区活动。1998年，开展校园治安综合治理活动。1997～2000年，区综治办被中央综治委评为全国综合治理先进单位。2000～2002年，开展“平安工程”建设，争创省级治安模范区活动。2003年7月14日，全市城镇社会治安综合治理现场会在宝塔区召开。2004年，制定出台定期考核检查通报制度、重大案件查究制度、治安形势一月一通报制度等制度。

2005年，建立县级领导包干责任制度，每个乡镇、办事处由1名县级领导包片负责，指导该乡镇（街道）社会治安综合治理工作。2006年，制定下发《关于创建“平安宝塔”的实施意见》，成立创建“平安宝塔”工作领导小组。2007年，以创建“平安宝塔”为核心，强化领导责任，全力构建“四级防控网络”。2008年，从“抓组织、抓人员、抓机制”三个保障入手，深入开展平安创建活动。2009年，对社会治安综合治理基层基础工作力量进行全面整合，重点开展“十大平安”创建和“防范打击年”活动。

2010年，继续开展“平安宝塔”和“十大平安”创建活动，对社会治安重点地区、文化娱乐场所进行严厉打击和整顿治理。

第七章　农村工作

第一节　农村政策研究

一、调查研究

每年年初，结合各行各业实际，就事关全区经济社会发展的重点、难点、热点问题，有针对性地确定重点调研专题，组织落实调研。同时，定期不定期对各单位调研工作开展情况进行督查，对优秀调研成果及时在《政策研究》上刊发。11年来，在《政策研究》刊物上大量刊发宝塔区领导干部撰写的调研报告，为解读与宣传政策、交流工作经验、服务领导决策提供平台。2001年起，每年年底将全区各级领导干部撰写的观点鲜明、论证充分、内容翔实的调查报告和工作研究编印成《年度优秀调研成果集》。开展调查研究，就产业开发、园区建设、项目引进、推进城乡统筹发展、加强和改进党的建设、推动干部作风转变等问题进行调研，先后形成《官庄经济社会发展调查》《关于松树林乡实施村干部任职承诺制情况的调查》《小辣椒可以做成大文章》《优势在山、潜力在山、希望在山》等报告。

二、开展农村固定观察点工作

农村固定观察点是中央政研室和省委政研室定点、定期跟踪“三农”问题的一个窗口，是进一步了解广大农民群众生产、生活状况的信息台、传感器。川口乡安寺村30户村民被确定为农村固定观察点。多年来，对观察对象的生产收入、消费支出、饮食结构、能源使用及教育培训等方面进行全面系统的调查，并将调查结果及时上报。2002~2009年，连续8年被陕西省农村固定观察点办公室评为“农村固定观察点先进单位”。2002年起，在设有农村固定观察点的县区增设农产品月调查项目。每月15~17日派专人深入大型农贸市场、乡镇集市进行农产品市场价格调查，并将调查结果及时传送到中央政研室。

第二节　新农村建设

1990~1993年，开展农村改革试验工作，11个村进行农村改革试验；成立股份制砖厂，建起股份制合作基金组织5个。开展农村社教工作，对24个乡镇、275个企事业单位、583个行政村、755个自然村进行社会主义教育。

1994年，加强小康村建设，实行部门包村，干部蹲点。全市抽调264名干部，深入农村指导工作。全年举办各类培训班31次，培训基层干部群众1.2万人次；组织1600名干部、致富标兵分赴大荔、江苏等地考察学习。全市有64个村率先实现小康。

1995年，落实35个部门包村，抽调244名干部到122个行政村蹲点，指导农村工作。乡镇企业实行股份制改革，全市37个乡村集体企业实行股份制改制、改组。配合中央电视台制作完成专题片《家在庙沟》，并在中央电视台播出。1995年小康村总数增加到146个，占到全市行政村的25%。

1997年，落实包建干部，加快小康村建设。小康村总数由146个增加到220个，总数比例由25%上升为37%。

2006~2010年，实施建设社会主义新农村战略，出台《关于推进社会主义新农村建设的若干措施》《关于推进社会主义新农村建设的规划纲要》，确立“总体规划，重点示范，产业支撑，基础突破，因地制宜，稳步推进”的新农村建设总体思路，坚持“产业奠基，继承创新，政策激励，尊重实际，尊重农民”的原则。实行区级领导包抓“六个一”和科级领导包抓“四个一”制度，实施“百企联百村”工程；安排230个部门或企业包抓230个新农村建设，确立47个农村为新农村重点示范村，共涉及6915户18417人。5年间先后投资2.48亿元，其中市区两级财政投资5691万元，私营企业和社会投资4401万元，农民自筹1.47亿元。完成硬化主侧巷道58412米；修排洪排污渠31484米；帮畔护坡4268米；中心广场建设及凉亭建设24个共17436平方米；铺人行道14200平方米；修围墙52374米，新建大门980余个。新修住宅2470余间（孔）、粉刷窑洞6680余孔（间）、栽绿化树1.2万余株。几年间，全区投资8.5亿元用于基础设施建设、农村医疗卫生、文化教育、村村通油路、人畜饮水、社会福利、产业开发等新农村建设项目。

实施农村改革试验工作，发展合作经济、专业协会等农民自治组织，培训新型农民，维护农民合法权益，探索巩固退耕还林（草）成果的生态治理模式和促进农民增收的各种有效机制与途径，建立职能明确运转高效的政府管理体制。发展农村合作经济组织，围绕“三农”办协会，办好协会为“三农”，围绕产业建协会，建好协会促产业。2010年，全区共有各类协会128个，其中果农协会121个、养猪协会4个、经纪人协会1个、养鸡协会1个、养牛协会1个，会员共3260户。

第八章 其他党务

第一节 机构编制

一、机构管理

1998年，组织实施全区乡镇机构改革和事业单位改革。通过改革，乡镇、街道办事处机构由原有的320个精简为187个，精简133个，精简41.6%。事业单位改革中，对30个具有行政职能事业单位进行全面改革，重新核对职能、内设机构和人员编制。在教育系统开展以“校长聘任制、教师聘任制、校长任期目标责任制、结构工资制”为主要内容的“四制”改革。

2002年，组织实施区乡机构改革。改革后区委设置工作部门9个，政府设置工作部门21个、行政机构2个、具有行政职能事业单位11个。

2004年，对农业、林业、水利、卫生、城建等5个系统的事业单位进行改革，精简事业单位10个。

2010年，组织实施政府机构改革，设置政府工作部门22个，部门管理机构4个，具有行政职能事业单位4个。同时，调整部分事业性机构，其中改变隶属关系机构2个，变更规范名称19个，撤并5个。

二、编制管理

1998年，制定《宝塔区机构编制管理暂行规定》。实行“控员通知制度”，禁止人员“逆向流动”，实行组织、编办、财政、人事劳动社会保障“四位一体”管理办法，使全区的机构编制工作走上规范化、制度化管理轨道。

2004年，对《宝塔区机构编制管理暂行规定》进行重新修订，建立机构编制管理“账、台、卡、册”，实行机构编制月报制度和季度分析的动态管理制度。同时，制定《宝塔区党政群人员调配管理办法》。2008年，在全区党政群、乡镇办事处和事业单位实行“编制实名制”管理。

三、事业单位登记

1998年，依据《陕西省事业单位登记管理暂行条例》，制定宝塔区相关的制度。2003年，根据《事业单位登记管理暂行条例》，全面完成全区事业单位法人由省级转换为国家级法人。2007年，按照《事业单位登记管理暂行条例实施细则》，增改登记、年检、变更制度和流程图。

第二节　老干部管理

一、落实老干部政治待遇

组织离退休老干部学习国内外重大时事政治和科技知识，学习省、市、区有关文件精神。坚持每年两次向老干部通报全区经济和社会发展情况制度，落实老干部参加重要会议制度，组织调研考察，发挥老干部参政议政作用。坚持走访和慰问制度，利用春节、中秋节、敬老节等节日，对老干部进行走访慰问，对生病住院的老干部进行看望，对病故的老干部积极配合原单位和家属做好丧事处理工作。

二、落实老干部各项生活待遇

对企业改制中离休干部管理中出现的新情况、新问题，及时调查研究，形成专题报告，报请区委、区政府研究解决。关心老干部的“两费”问题，协助解决医药费拖欠和报销标准不一难题。2001年，在中央、省、市、区财政的支持下，对1999年前拖欠离休干部的“两费”进行彻底清理，共兑付拖欠费380多万元。2002年，对2000年前的拖欠费给予全部兑现，共兑付187万元。2003年，全区老干部的“两费”，实现当年费用当年付清。2004年，全区企业离休干部参加医疗统筹，建立“三项机制”，困扰多年的离休干部“两项”待遇得以落实。2007年3月，宝塔区老干局会同区委组织部、区人劳局、区财政局，下发《关于调整因瘫痪等原因生活长期不能自理的离休干部护理费标准的通知》，将离休干部的护理费由每月100元调整至200元。2009年，将瘫痪离休干部护理费由每月200元调整至600元；并将55名企业离休干部收归干休所管理。2011年1月，将离休干部护理费提高为1000元/月、1200元/月。

三、老干部活动中心

2006年3月，成立宝塔区老干部活动中心。同时投资20余万元，办起桥牌室、麻将室、台球室、象棋室、娱乐室、阅览室等，为老干部活跃文化生活提供保障。2008年9月，成立延安老年大学宝塔分校。2009年4月，招收第一批学员，开设3个教学班，招收90多名学员。

第三节　党史研究

1990~2010年，相继编辑出版《宝塔区大事记（1927~1991）》《宝塔区大事记（1991~2002）》《中共延安市宝塔区组织史资料第一卷（1926~1987）》《中共延安市宝塔区组织史资料第二卷（1987~1993）》《中共延安市宝塔区组织史资料第三卷（1993~1998）》《延安保卫战系列丛书》《红色记忆——红一方面军在宝塔区》等党史、组织史书籍；编辑出版《宝塔新歌》《宝塔党建文集》等资政书籍；征集撰写《党史工作如何服务区委中心工作》《新时期党史工作的努力方向》等，为区委决策和中心工作提供可参考的资政调研文章。组织宣讲团深入机关、校园进行党史宣传教育。2006年，在全区范围内开展一系列的党史知识竞赛活动和革命传统教育进校园活动。2007年，参与延安电视台《追寻转战陕北之路》大型纪录片的制作工作。

第四节　党校教育

一、干部培训

1990～1995年，培训轮训全市科级领导干部、村级领导干部、组织、宣传、政工干部及意识形态部门理论骨干30期3020人次。1996～2000年，培训全区各级各类干部34期3490余人次。2001～2005年，培训轮训全区各级各类干部35期3500多人次。2006～2010年，举办培训班80期，培训干部8000多人次。2009年，组建以党校老师为主、大专院校教授兼职的教师队伍。

二、学历教育

中专专修班教育。1990年，经中共陕西省委、省政府批准，在市党校开办中专班教育。在校学完所规定的课程，并经考试考核合格后，发给国民教育中专毕业证。中专学历班分2个专业，2种教学方式。1999年因生员萎缩，停止招生。大专和本科函授学历教育。大专函授教育从1992年开始招生，本科函授教育从1995年开始招生。2006年，因政策原因，停止招生。

1990～1998年中共宝塔区委（延安市委）党校中专班统计表

表16-8-1

班次	专业	教育形式	学制	人数
1990级	党政管理	脱产	2年	50
1991级	党政管理	函授	1.5年	220
1992级	党政管理	函授	1.5年	185
1992级	经济管理	函授	1.5年	120
1993级	党政管理	函授	1.5年	58
1993级	经济管理	函授	1.5年	238
1993级	党政管理专修班	脱产	2年	22
1994级	党政管理	函授	1.5年	120
1994级	经济管理	函授	1.5年	190
1995级	经济管理	函授	1.5年	108
1996级	经济管理	函授	1.5年	37

续表

班次	专业	教育形式	学制	人数
1997 级	经济管理	函授	1.5 年	45
1998 级	经济管理	函授	1.5 年	110

1992~2004 年宝塔区委（延安市委）党校大专、本科函授教育统计表

表 16-8-2

班次	主办单位	专业	学制	学员数
1992 大专班	中央党校函授学院	政治	3 年	117
1993 大专班	中央党校函授学院	政治	3 年	130
1994 大专班	中央党校函授学院	政治	3 年	159
1995 大专班	中央党校函授学院	政治	3 年	156
1995 大专班	中央党校函授学院	经济管理	3 年	54
1995 本科班	中央党校函授学院	党政管理	2.5 年	117
1996 本科班	中央党校函授学院	经济管理	2.5 年	46
1997 大专班	中央党校函授学院	经济管理	3 年	112
1997 大专班	中央党校函授学院	法律	3 年	66
1997 大专班	中央党校函授学院	法律	3 年	49（子长班）
1997 本科班	中央党校函授学院	党政管理	2.5 年	84
1997 本科班	中央党校函授学院	经济管理	2.5 年	128
1999 大专班	中央党校函授学院	经济管理	3 年	115
1999 本科班	中央党校函授学院	经济管理	2.5 年	113
2000 本科班	陕西省委党校函授学院	经济管理	2.5 年	263
2000 本科班	陕西省委党校函授学院	党政管理	2.5 年	66
2001 大专班	中央党校函授学院	党政管理	3 年	54
2001 本科班	中央党校函授学院	经济管理	2.5 年	85
2002 大专班	中央党校函授学院	经济管理	3 年	25
2002 本科班	中央党校函授学院	经济管理	2.5 年	45
2004 大专班	中央党校函授学院	经济管理	3 年	44
2004 本科班	中央党校函授学院	经济管理	2.5 年	26

第五节　督察督办

1990～1995年，督办各类批件1769件。1995～2000年，督办各类批件1180件，编发《宝塔区督查情况通报》84期。

2001年，重点对贯彻区委十六届六次委员会、退耕还林钱粮兑现、安全生产工作等进行督查。2002年，主要对学习江泽民考察陕西时讲话、产业开发等进行督查。2003年，主要对贯彻全区经济工作会议精神、区十八次党代表会议精神、防治“非典”、大气污染治理、淤地坝建设等进行督查。2004年，重点对贯彻中央“一号文件”精神、禽流感防治、农业农村工作等进行督查。2005年，重点对先进性教育、农业生产、创卫工作等进行督查。2001～2005年，督办各类批件450件，编发《宝塔区督查情况通报》118期。

2006年，重点对贯彻中央“一号文件”精神、学习胡锦涛来延讲话、教育“普九”、新农村建设等进行督查，全年督办各类批件82件。2007年，督办各类批件68件、政协提案9件；编发《宝塔区督查情况通报》10期。2008年，先后对春季农业农村工作、重点项目建设、企业改制、合作医疗、新农村建设、减灾安居工程、安全生产等重点工作进行督查，受理、督办领导批办件30件，对6件政协提案和2件人大议案进行督办；全年编发《督查通报》20期。2009年，重点对林权制度改革、重点项目等进行督查，督办领导批件11件，编发《督查通报》12期。2010年，编发《督查通报》12期。

第六节　机关党的建设

一、党员教育

1990～1995年，党员政治理论学习以《中国共产党章程》《社会主义基本理论》、建设有中国特色社会主义理论、邓小平视察南方重要讲话、《邓小平文选》等为主要内容。同时，组织党员广泛开展延安精神再教育、岗位学雷锋、学习焦裕禄、孔繁森、王思明等活动。1990年，开展党课活动108次，参加1300人次。1991年，结合纪念中国共产党建党70周年，组织开展“学党史，加强党的建设，密切党群关系”主题活动。在岗位学雷锋活动中，开展便民服务24次，参加1380人次，做好事85件。1992年，组织党员参观革命纪念馆、旧址5次，观看革命传统影片14场次，受教育5000人次；召开座谈会、演讲会、专题报告会12场次；举办大型宣传活动3次，参加1000人次；做好事1200件次。1993年，开展便民活动150次，接待咨询群众600人次。1995年，举办理论报告会14场次，培训理论骨干878人次。

1996～2000年，组织党员学习《邓小平文选》《中国共产党章程》等。开展爱国主义教育、创建“十星级”文明单位等活动。1998年，组织5000名党员参加党的基本知识有奖竞赛活动；区直机关党员向灾区捐款6.4万元，为下岗职工捐款5.3万元。1999年，建立《党员大会制度》《党课教育制度》《党员活动日制度》等，培训支部书记、委员69名，为下岗职工、灾区捐款60余万元。2000年，举办学习班200次，培训会100次，座谈会70余次，对215名支部班子成员进行培训；创办《机关党建》期刊。2000年，党刊学习发行工作被省直机关党委评为先进单位。

2001~2005年，组织党员学习“三个代表”重要思想、中共十六大报告等，开展演讲、重温入党誓词、用延安精神建设延安学习教育、专题辅导等活动，组织观看《郭秀明事迹录》《张思德》《三秦大讲堂》等。2001年，在开展“三个代表”重要思想学习教育活动中，撰写调研报告367篇，发放征求意见书3845份，召开座谈会571次，走访群众1120人次，征求意见481条，形成整改方案64份，个人整改计划367份；全年编发《机关党建》13期。2004年，组织590名科级领导干部进行政治理论水平任职资格考试；向贫困大学生捐款4.45万元，向灾区捐衣物1070件。2005年，开展保持共产党员先进性教育活动，1580名党员参加。活动中，组织专题报告会185场，党课专题辅导345场，学习培训会140次，形成调研报告540篇，发放调查问卷1383份，形成整改方案51份，整改措施1283条。开展党员帮扶联户活动，660名党员联帮593户群众，落实帮扶资金12万元、化肥12万千克、种子757千克、塑料薄膜1957千克。向灾区捐款5.9万元，向贫困大学生捐款10万元。

2006~2010年，党员学习教育以学习新《中国共产党章程》《中共十七大报告》以及科学发展观为主要内容，开展“送温暖，献爱心”、党员承诺、学刘易、安全等活动。2006年，建立保持共产党员先进性长效机制。2007年，组织1134名党员参观青化砭、蟠龙战役烈士陵园。2008年，开展“学理论，找差距，求创新”新一轮解放思想大讨论和“我为宝塔发展献良策”活动。2009年，以学习科学发展观为主，全力打造“五型机关”（学习型、服务型、创新型、廉洁型、节约型），实现“五好五强”（建设一个好班子、打造一支好队伍、创建一套好机制、营造一个好环境、树立一个好形象，科学发展意识强、解决复杂问题能力强、业务工作能力强、服务群众意识强、开拓创新意识强）目标。学习教育活动中，开展谈心4000次，召开座谈会43次，组织专题辅导56场，办学习专栏325期，办简报175期。开展结对帮扶活动，1354名职工结对帮扶特困职工251人、特困户979人、特困学生311人。2010年，开展以“创建五型机关，争当五型模范”（创建学习型机关，争当带头学习的模范；创建效能型机关，争做爱岗敬业的模范；创建廉洁型机关，争当遵纪守法的模范；创建服务型机关，争当为民服务的模范；创建和谐型机关，争当科学发展的模范）为载体的学习型党组织建设活动。同时，积极实施党员承诺制。2010年，提出承诺事项4851条，兑现承诺4693条。

二、党的组织建设

1990年，机关党委下辖28个党支部，有党员435名。1990年，开展支部班子整顿活动，实行党委委员包点、包支部制度，制定党建工作目标责任制。1992年，开展“五整顿，一完善”（整顿机关纪律、工作作风、办公秩序、机关卫生、办公用房，完善管理制度）活动；制定党员5年发展计划；投资1.6万元，建立标准化党员活动室5个。1994年，成立市直机关工委，对30个党组织隶属进行调整；机关工委下辖284个党组织，4575名党员。1995年，进一步加强支部班子建设，落实党建工作责任制。在党员发展中，严格按照“坚持标准，保证质量，改善结构，慎重发展”十六字方针。1990~

1995 年共发展党员 103 名。

1998 年，调整总支班子 24 个，支部班子 25 个，改、补选支委 32 名。1999 年，补选支部班子 36 个。2000 年，改选支部书记 11 名，新组建支部班子 3 个，调整支部班子 14 个。1998～2000 年发展党员 152 名。

2001 年，改选支部班子 15 个，增补完善支部班子 18 个。2004 年，开展创建“五个好”党委和“十佳”党支部活动；调整、补充总支、支部班子 25 个，改选支部书记 10 名、支部委员 25 名；建立党员活动室 70 个。2005 年，新建总支 1 个、支部 4 个。2001～2005 年发展党员 122 名。

2006 年，调整、改选总支委员 2 名、支部书记 14 名、副书记 2 名、委员 16 名；建立党员信息库，为 1680 名党员建立党组织和党员信息。2007 年，加强离退休党员管理，设立老干部支部 38 个；调整、改选总支委员 14 名、支部书记 18 名、副书记 18 名、委员 54 名、纪检委员 18 名。2008 年，设立离退休党支部 1 个、离退休老干部联合支部 6 个、党小组 4 个，调整总支、支部 18 个、班子成员 83 名。2009 年，调整支部班子 7 个，班子成员 23 名。2010 年，调整支部班子 4 个，班子成员 12 名。2006～2010 年发展党员 157 名。

三、党风廉政建设

1991 年，组织党员观看《党规党纪教育片》《夕阳在秋色中沉沦》等影片，强化廉政意识；查处违规建私房、多占公房、用公款送子女上学等违纪案件。1993 年，全面贯彻中央关于领导干部“五项规定”，开展反腐败斗争，推进廉政建设。全年收到群众检举材料 212 件，立案 55 件，涉及干部 35 人，处分党员 21 人，开除党籍 4 人，留党察看 5 人，严重警告 4 人，警告 6 人，撤职 2 人，移交司法机关 2 案 2 人，查处违纪资金 35 万元。1994 年，清理拖欠党费 2000 元。1998 年，开展党风党纪教育，学习《中国共产党纪律处分条例》，组织 150 名科级干部观看党风党纪电教片。2000 年，制定、完善党风廉政建设规章制度 24 项，查处案件 2 起，处理违纪党员 1 名。2001 年，实施签订党风廉政建设目标责任书，全年查处违纪案件 10 起。2004 年，实行党风廉政建设联系点工作制度；组织党风廉政教育专题演讲 2 场，观看廉政教育专题片 10 次、1200 人次。2007 年，开展廉政承诺宣誓、签字、廉政答题、书画展等活动，开通廉政监督电话 11 部，悬挂监督意见箱 11 个。2008 年，开展“问责、问廉、问效”活动，组织 1180 名党员参加廉政答题活动，处理违纪党员 1 名。2009 年，实施政务公开制度。

第十七编　地方人民代表大会

1990～2010年，宝塔区人民代表大会及其常委会认真履行宪法和法律赋予的职责，依法行使决定权、监督权、任免权，为推动全区社会主义政治文明、精神文明、物质文明协调发展，推进全区社会主义民主法治建设，构建和谐社会，发挥积极作用。

第一章　代表选举

第一节　区（市）人大代表

根据《中华人民共和国宪法》第34条规定，凡年满18周岁以上的公民，不分男女性别、宗教、职业、民族、党派、文化程度等都有选举和被选举权（不包括剥夺政治权利者和精神病患者）。

一、延安市第十二届人民代表大会代表选举

1989年11月下旬至1990年3月下旬，历时4个月。首先成立延安市选举工作委员会，各乡（镇）、街道办事处成立选举领导小组，选派30名部门领导作为换届选举联络员，对全市24个乡（镇）、3个办事处进行详细的人口普查登记。全市共有人口290974人，18周岁以上公民168667人，依法规定选民168294人，占18周岁以上的99.77%，无法行使权利的275人，占0.16%，被剥夺政治权利的98人，占0.06%。设立代表选举区111个。

经选民充分酝酿，讨论、确定代表名额，组织选民采取差额和无记名投票的办法进行选举，全市共有162521名选民参加代表的选举，参选率为96.5%。选举产生延安市第十二届人民代表大会代表181人，其中男140人，占代表总数77.3%；女41人，占代表总数的22.7%；中共党员117人，占代表总数64.6%，非党人士64人，占35.4%；

民主党派人士5人，占2.8%。

二、延安市第十三届人民代表大会代表选举

1992年9月上旬至1992年12月上旬，历时3个月，在全市进行代表选举的工作。成立延安市换届选举工作委员会，下设办公室，各乡（镇）、办事处先后成立代表选举工作委员会和选举领导小组，抽调培训联络员27人，分别在各乡（镇）、办事处负责联络代表选举工作，选举日期确定为1992年12月10日作为代表选举日，全市普选人口总数是308145人，18周岁以上人口数为180290人，选民人数实际参加为179697人，占18周岁以上的99.7%；无法行使选举权的323人，占18周岁以上的0.18%；暂停选举权的50人，占18周岁以上的0.028%；被剥夺政治权利的220人，占18周岁以上的0.92%，参加投票的总数为173328人，占选民人数的96.5%。设立代表选区112个。选举产生的延安市第十三届人民代表大会代表211人，其中男157人，占代表总数的74.4%，女54人，占代表总数25.6%；代表中中共党员127人，占代表总数60.2%，非党84人，占代表总数39.8%；大专以上文化程度41人，占19.4%；中专文化程度29人，占13.7%；中学文化程度102人，占48.3%；小学文化程度39人，占18.5%。连选连任32人，占15.2%，新当选代表179人，占84.8%。

三、宝塔区第十四届人民代表大会代表选举

1997年12月初至1998年3月上旬，历时3个半月。按照《中华人民共和国宪法》《中华人民共和国地方各级人民代表大会和地方各级人民委员会组织法》的规定届满换届，省、市人大换届选举会议精神，宝塔区人大常委会做出认真细致的“换届选举工作安排意见”。成立换届选举工作委员会，下设办公室，各乡镇、办事处成立换届选举工作委员会和选举领导小组，为了加强培训，抽调有经验、能力强的54名联络员，深入到27个乡镇、办事处负责指导换届选举工作。1998年1月8日（农历腊月十日、星期四）作为全区选民选举日。全区普选人口总数为307845人，18周岁以上人口总数为191590人，选民人数为190925人，占18周岁以上的99.7%；无法行使选举权的167人，占18周岁以上的0.08%；暂停行使选举权的11人，占18周岁以上的0.006%；被剥夺选举权的102人，占18周岁以上的0.05%。参加投票的185022人，占选民人数的96.6%。全区共设选区112个，应选代表总数186人，实选代表人数186人。选举产生的宝塔区第十四届人民代表大会代表186人中，男144人，占代表总数的77.4%；女42人，占代表总数22.6%；中共党员122人，占65.6%；民主党派6人，占3.3%；非党1人，占0.5%；大学本科以上23人，占12.4%；大专文化49人，占26.3%，中专及高中文化57人，占30.6%；初中文化44人，占23.7%；小学文化13人，占7%；连选连任28人，占15%，新当选代表158人，占85%。

四、宝塔区第十五届人民代表大会代表选举

2002年11月至2003年3月下旬，历时4个月。按照《中华人民共和国宪法》《中华人民共和国地方各级人民代表大会和地方各级人民委员会组织法》的规定和省、市人大换届选举会议精神，区人大常委会做了认真细致的“换届选举工作安排意见”。成立宝塔区换届选举工作委员会，下设办公室，各乡镇、办事处成立换届选举工作委员会和选举领导小组，把2003年1月18日作为全区选民选举日。全区普选人口总数为328953

人，18 周岁以上人口总数为 202350 人，选民人数为 201130 人，占 18 周岁以上的 98.6%；无法行使选举权的 162 人，占 18 周岁以上的 0.08%；暂停行使选举权的 14 人，占 18 周岁以上的 0.006%；被剥夺选举权的 113 人，占 18 周岁以上的 0.06%；参加投票的 193208 人，占选民人数的 97.4%。全区共有选区 114 个，应选代表总数 186 人，实选代表人数 186 人。其中，干部 99 人，占代表总数的 53.2%；工人 6 人，占代表总数的 3.2%；农民 66 人，占代表总数的 35.5%；知识分子 9 人，占代表总数的 4.8%；解放军 1 人，占代表总数的 0.5%；其他 5 人，占代表总数的 2.7%。党员代表 123 人，占代表总数的 66%；非党代表 63 人，占代表总数 34%；妇女 43 人，占代表总数 23%；大专以上文化 96 人，占代表总数的 52%；高中、中专文化 50 人，占代表总数 27%；初中文化 36 人，占代表总数的 19%；小学文化 4 人，占代表总数的 2%。35 岁以下 34 人，占代表总数的 18%；36~55 岁 152 人，占代表总数的 82%。

五、宝塔区第十六届人民代表大会代表选举

2007 年 7 月初至 10 月上旬，历时 3 个半月，宝塔区人大常委会根据《中华人民共和国全国人民代表大会和地方各级人民代表大会选举法》，省、市人大换届选举会议精神，作“换届选举工作安排意见”。成立换届选举工作委员会，下设办公室，各乡镇、办事处成立换届选举工作委员会和选举领导小组，把 2007 年 9 月 21 日作为全区选民选举日。全区普选人口总数为 423597 人，18 周岁以上人口总数为 244754 人，选民人数为 244041 人，占 18 周岁以上的 99.7%。未列入选民名单的 713 人，参加投票 233795 人，占选民人数的 96%。全区共有 113 个选区，分配代表总数 184 人，实选代表 184 人。依法选举产生的宝塔区第十六届人民代表大会代表 184 人，其中干部 60 人，占代表总数 32.6%；文教卫生 20 人，占代表总数 10%；农民 59 人，占代表总数 32.1%；工人 30 人，占代表总数 16.3%；军队 2 人，占代表总数 1.1%；其他 13 人，占代表总数 7%。中共党员 122 人，占 66.3%；非党 62 人，占 33.7%；妇女 42 人，占 22.8%；连选连任代表 36 人，占 20%；大学本科以上文化 72 人，占 39.1%；大专及高职 42 人，占 22.8%，中专及高中 24 人，占 13%；初中及以下 46 人，占 25.1%；35 岁以下 27 人，占 14.7%；36~55 岁 150 人，占 81.5%；56 岁以上 7 人，占 3.8%。

第二节　乡（镇）人大代表

1989 年 11 月 24 日至 1990 年 3 月 25 日，历时 4 个月。市人大常委会根据乡（镇）换届选举的有关规定，作全面部署。在选举委员会的领导下，各乡（镇）在宣传动员选民的基础上，提出乡镇人大代表候选名单，24 个乡镇（总人口为 197402 人）以 555 个选区同时召开选举大会，共选举产生乡镇人民代表 888 人，其中男 707 人，占代表总数 79.6%；女 181 人，占代表总数 20.4%；中共党员 509 人，占代表总数 57.3%；非党人士 379 人，占代表总数 42.7%；代表中干部 122 人，占 13.74%；农民 666 人，占 75%；知识分子 525 人，占 59.12%；其他 95 人，占 10.7%。

1992 年 9 月上旬至 1992 年 12 月底，延安市乡镇换届选举工作同时进行，在市选举委员会的领导下，各乡镇分别成立选举委员会，通过宣传动员，发动选民登记，共有选区598个，实际参选人数为121083人，代表候选人1520人，应选900人乡镇人大代表全部选出。代表中，男688人，占代表总数76.4%；女212人，占代表总数的23.6%；中共党员446人，占49.6%；非党454人，占50.4%；大专文化35人，占4%；中专文化76人，占8%；中学文化521人，占58%；小学文化226人，占25%；连选连任198人，占22%；新当选702人，占78%。

1998年10月下旬至1999年1月30日，历时3个月。区人大常委会根据乡镇换届选举的有关规定成立“乡镇选举指导委员会”“换届选举领导小组”和“乡镇换届选举工作委员会”，下设办公室，各乡镇人大主席团认真作了“乡镇换届选举工作安排意见”，26名区级领导干部联系指导各乡镇换届选举工作，乡镇党委书记、人大主席及派驻各乡镇24名联络员，加强乡镇换届选举工作的指导，将1998年12月28日确定为全区乡镇级人民代表选举日。宝塔区24个乡镇有辖区人口总数207375人，18周岁以上人口总数115923人。实际参加选举人数115669人，占18周岁以上的98.8%，无法行使选举权225人，占0.19%，暂停选举权14人，占0.012%，被剥夺选举权15人，占0.013%，参加投票选举的112440人，占97%。全区乡镇共划分选区605个，应选乡镇人民代表1107人，实选1107人。各乡镇人民代表中，男838人，占代表总数的75.7%；女269人，占代表总数的24.3%。其中，中共党员537人，占48.5%；非党570人，占51.5%；大专文化以上64人，占0.58%；中专（高中）350人，占31.6%；中学以下693人，占62.6%；连选连任271人，占24.5%，新当选836人，占75.5%。

2001年12月20日至2002年3月31日，历时3个半月，宝塔区人大常委会认真落实全面部署，在区十四届24次会上作出“宝塔区乡级人民代表大会代表于2002年2月底前选出”的决定。选举日定为2002年1月28日，依法成立乡镇换届领导委员会，下设办公室，各乡镇成立选举委员会，抽调配备工作联络员20人。全区20个乡镇有辖区人口211942人，18周岁以上人口总数128290人，选民人数128026人，占18周岁以上的99.8%，暂停行使选举权的19人，占18周岁以上的0.01%。全区共划分选区633个，应选代表951人，实选代表951人，其中男717人，占代表总数的75.4%；女234人，占代表总数的24.6%；中共党员503人，占52.9%，非党448人，占47.1%；大专文化105人，占11%，中专文化122人，占12.8%，高中文化125人，占13.1%，初中文化423人，占45.4%，小学文化176人，占18.5%；连选连任273人，占28.7%；新当选代表678人，占71.3%。

2007年7月，宝塔区、乡镇人大同步换届代表选举。本次乡镇换届代表选举，共划分选区626个，依法登记选民153734人，参加投票的选民147052人，参选率达96%。依法选举代表951人，其中干部223人，占代表总数的23.4%；文教卫生21人，占代表总数2.2%；农民697人，占代表总数73.3%；工人2人，占0.2%；其他8人，占0.8%；中共党员531人，占55.8%；非党420人，占44.2%；妇女239人，占25.1%；连选连任代表234名，占24.6%；大学本科以上文化88人，占9.3%；大专及高职文化121人，占12.7%；中专及高中文化146人，占15.4%；初中及以下文化596人，占62.6%。

第二章　代表大会

第一节　第十二届人民代表大会

一、第一次会议

1990年5月15~18日在延河饭店召开，出席会议代表181人，列席人员42人。会议听取和审议政府工作报告。报告对三年来全市经济社会指标呈“四个增长”“三个突破”的趋势作了阐述。会议决定批准这个报告。会议审查和批准《1989年国民经济与社会发展计划执行情况和1990年国民经济与社会发展计划草案》的报告和《延安市1989年财政决算和1990年的财政预算（草案）》的报告。会议听取和审议市人大常委会主任纪文达所作的《延安市人大常委会工作报告》，市人民法院代院长王忠孝所作的《延安市人民法院工作报告》和市检察院代检察长高虎所作的《延安市人民检察院工作报告》经过大会代表讨论，一致通过，并作出各项决议。会议选举产生市第十二届人大常委会委员14名，选举纪文达为市人大常委会主任，张万成、毋晓岚、曹双定、郭慧君（女）为副主任；选举周万龙为延安市人民政府市长，刘少锋、张致远、刘向东、冯毅、周福元、刘文西、杨毅刚、张福寿为延安市人民政府副市长，选举王忠孝为延安市人民法院院长，高虎为延安市人民检察院检察长。

二、第二次会议

1991年4月28~30日在延河饭店召开，出席会议代表180人，列席人员41人。这次会议是在认真贯彻中共十三届七中全会精神下召开的，是贯彻七届全国人大四次会议和省七届人大四次会议决议精神，坚持以经济建设为中心，坚持四项基本原则，坚持深化改革方针。会议听取和审议市长周万龙所作的《关于延安市国民经济与社会发展十年规划和第八个五年计划纲要草案的报告》，认为过去五年全市各项经济指标有较大幅度增长，为顺利实现十年规划和“八五”计划创造良好的基础。会议决定通过批准这个报告。会议审查和批准《关于延安地区1990年国民经济和社会发展计划执行情况与1991年的国民经济与社会发展计划草案的报告》和审查批准《延安市1990年财政决算执行情况与1991年财政预算草案的报告》。听取和审议《延安市人大常委会工作报告》《延安市人民法院工作报告》和《延安市人民检察院工作报告》，并作出各项决议。会议通过《关于延安市人大常委会办事机构由科改为工作委员会的决议》。决定办事机构由原来“五科一室”改为“四委一室”。即法制工作委员会、财经工作委员会、科教文卫工作委员会、人事代表工作委员会和办公室。

三、第三次会议

1992年2月20~22日在城内延河饭店召开，出席大会的代表177人，列席人员50人。会议是在贯彻中共中央十三届七中、八中全会精神，坚持以解放思想、更新观念为先导，以经济建设为中心的形势下召开的。会上市长周万龙作题为《解放思想，深化改革，振奋精神，鼓足干劲，努力实现延安市经济和社会各项事业稳步发展》的政府工作报告，报告对三年来的工作给予充分肯定和全面总结。会议审查和批准《延安市1991年国民经济与社会发展计划执行情况及1992年国民经济与社会发展计划（草案）的报告》《延安市1991年财政决算和1992年财政预算（草案）的报告》。会议听取和审议《延安市人大常委会工作报告》《延安市人民法院工作报告》，经过代表讨论，一致通过并作出各项决议。

1993年起，延安市人民代表大会依照相关法律规定，任职期由每三年一届改为每五年一届，各届人民代表均由选民无记名投票差额选举产生。

第二节　第十三届人民代表大会

一、第一次会议

1993年1月1~4日在延河饭店召开，出席大会的代表211人，列席人员53人。会议听取和审议市长周万龙所作的题为《全面深入贯彻党的十四大精神推动延安市经济建设和社会事业跨上新台阶》的政府工作报告。会议审查和批准《延安市1992年国民经济与社会发展计划执行情况和1993年国民经济与社会发展计划安排意见的报告》《延安市1992年财政决算执行情况与1993年财政预算安排意见的报告》。听取和审议《延安市人大常委会工作报告》《延安市人民法院工作报告》《延安市人民检察院工作报告》，经代表讨论通过，作出各项决议。会议选举产生第十三届人大常委会委员13名，选举康永强为延安市第十三届人大常委会主任，曹双定、周福元、石俊贤（女）、朱万有、李生科为副主任；选举周万龙为延安市人民政府市长，冯毅、何宁、李芳琴（女）、张小民、刘正中、韩耕洲、高雨田为副市长；选举刘永岗为延安市人民法院院长，张汉武为延安市人民检察院检察长。选举贾治邦、乔尚法、杨蔼云（女）、周万龙、刘爱玲（女）、刘玮（女）为陕西省第八届人民代表大会代表。

二、第二次会议

1994年2月21~23日在延河饭店召开，出席大会的代表199人，列席人员63人。会议听取和审查市长周万龙作的题为《建新体制，上新台阶，为开创延安市经济快速发展的新局面而努力奋斗》的政府工作报告。会议审查和批准《延安市1993年国民经济和社会发展计划执行情况与1994年国民经济与社会发展计划草案的报告》《延安市1993年财政决算执行情况和1994年财政预算草案的报告》。会议听取和审议《延安市人大常委会工作报告》《延安市人民法院工作报告》《延安市人民检察院工作报告》，通过讨论作出各项决议。

三、第三次会议

1995年2月11~13日在延河饭店召开，出席大会的代表大会207人，列席人员65

人。会议听取和审查市长周万龙所作的《政府工作报告》。会议审查和批准《延安市1994年国民经济与社会发展计划执行情况和1995年国民经济与社会发展计划安排意见的报告》，审查和批准《延安市1994年财政决算执行情况和1995年财政预算安排意见的报告》。会议听取和审议《延安市人大常委会工作报告》《延安市人民法院工作报告》《延安市人民检察院工作报告》，会议通过代表讨论，作出各项决议。

四、第四次会议

1996年1月22~24日在人防招待所召开，出席大会的代表203人，列席人员91人。会议听取和审议市长周万龙所作的题为《励精图治、开拓进取，为实现延安市跨世纪宏伟目标而奋斗》的政府工作报告。会议审查和批准《关于延安市1995年国民经济和社会发展计划执行情况与1996年国民经济和社会发展计划（草案）的报告》《关于延安市1995年财政决算和1996年财政预算（草案）的报告》。会议听取和审议《延安市人大常委会工作报告》《延安市人民法院工作报告》《延安市人民检察院工作报告》，通过讨论，作出各项决议。

五、第五、六次会议

1996年12月23~25日在人防招待所召开，出席会议的代表200人，列席人员91人。会议主要有两项议程：一是审议通过撤销县级延安市设立宝塔区各项改任决定；二是选举地级延安市第一届人民代表大会代表。两次会议完成原县级延安市改建宝塔区的任务，会议审议通过《延安市第十三届人民代表大会第五次会议关于撤销县级延安市设立县级延安市宝塔区后人民代表大会届次计算、人民代表职务改任、人大常委会变更、组成人员改任和人大常委会各工作机构变更、人员改任的决定》《延安市第十三届人民代表大会第五次会议关于撤销县级延安市设立县级延安市宝塔区后人民政府、政府各职能部门变更和政府组成人员改任决定》《延安市第十三届人民代表大会第五次会议关于撤销县级延安市设立县级宝塔区后人民检察院变更和检察院代检察长、副检察长、检察委员会委员、检察员、反贪局局长、副局长改任的决定》以及《延安市第十三届人民代表大会第五次会议关于撤销县级延安市设立县级延安市宝塔区后人民法院变更和法院院长、副院长、审判委员会委员、审判员、庭长、副庭长改任的决定》。

宝塔区第十三届人民代表大会第六次会议补选高宜新为出席陕西省第八届人民代表大会代表。大会还选举冯毅、高宜新、康永强、曹双定、刘永岗、马福雄、周万龙、姚代明、牛文杰、马维（女）、常增武、张华、石何、肖长华、胡援强、刘亚那、王有明、李晓玲（女）、郭慧君（女）、王建军、郭春兰（女）、刘世林、牛志应、曹宏杰、李松、张锦亮、吴颖春、王延成、庞海燕（女）、赵宏胜、刘金明、马爱玲（女）、王刚、冯春荣（女）、李志存、王世生、拓生平、曹久旺等38人为出席延安市第一届人民代表大会代表。

六、第七次会议

1997年2月14~17日在人防招待所召开，出席会议的代表200人，列席人员103人。会议听取和审议区长周万龙作的《政府工作报告》。会议审查和批准《延安市宝塔区1996年国民经济和社会发展计划执行情况与1997年国民经济和社会发展计划安排的报告》《延安市宝塔区1996年财政决算和1997年财政预算（草案）的报告》；听取和审议宝塔区人大常委会主任康永强作的《延安市宝塔区人大常委会工作报告》，宝塔区人民法院院长秦随富作的《延安市宝塔区人民法院工作报告》，宝塔区人民检察院检察长白清琦作的《延安市宝塔区人民检察院工作报告》。通过代表讨论，作出6项决议。

会议选举秦随富为宝塔区人民法院院长，白清琦为宝塔区人民检察院检察长。

第三节　第十四届人民代表大会

一、第一次会议

1998年1月19～22日在延河饭店召开，出席大会的代表186人，列席人员94人。会议听取和审议代区长冯毅代表区人民政府所作的题为《解放思想、开拓进取，以更加坚实的步伐迈向二十一世纪》的政府工作报告。会议审查和批准《延安市宝塔区1997年国民经济和社会发展计划执行情况与1998年国民经济和社会发展计划安排报告》和《延安市宝塔区1997年财政决算和1998年财政预算（草案）的报告》。会议听取和审议《宝塔区人大常委会工作报告》《宝塔区人民法院工作报告》《宝塔区人民检察院工作报告》，经代表讨论，一致通过并作出各项决议。会议选举产生宝塔区第十四届人大常委会委员16名，选举韩耕洲为宝塔区第十四届人大常委会主任，孙广森、高雨田、朱万有、马维（女）为副主任；选举冯毅为宝塔区人民政府区长，王建军、呼延鹏、刘亚那、张春阳（女）为副区长，选举符善荣为宝塔区人民法院院长，白清琦为宝塔区人民检察院检察长。

二、第二次会议

1999年3月18～21日在延河饭店召开，出席大会代表184人，列席人员102人。会议听取和审议冯毅区长代表区人民政府所作的《政府工作报告》。报告系统地回顾区人民政府1998年的工作，确立1999年宝塔区的目标任务。会议审查和批准《宝塔区1998年国民经济和社会发展计划执行情况与1999年国民经济和社会发展计划安排的报告》《宝塔区1998年财政决算和1999年财政预算（草案）的工作报告》。会议听取和审议宝塔区人大常委会主任韩耕洲作的《宝塔区人大常委会工作报告》；宝塔区法院院长符善荣作的《宝塔区人民法院工作报告》；宝塔区人民检察院检察长白清琦作的《宝塔区人民检察院工作报告》，通过代表讨论，一致通过并作出各项决议。

三、第三次会议

2000年2月21～24日在延河饭店召开，出席大会的代表182人，列席人员114人。会议听取和审议冯毅区长代表区人民政府所作的《政府工作报告》，报告系统地回顾1999年的工作，提出2000年的经济和社会发展的主要任务。会议审查和批准《宝塔区1999年国民经济和社会发展计划执行情况与2000年国民经济和社会发展计划安排的报告》《宝塔区1999年财政决算和2000年财政预算（草案）的报告》。会议听取和审议《宝塔区人大常委会工作报告》《宝塔区人民法院工作报告》《宝塔区人民检察院工作报告》，通过代表讨论，作出各项决议。会议补选闫丽、李荣为宝塔区人大常委会委员。

四、第四次会议

2001年2月27日至3月2日在延河饭店召开，出席大会的代表181人，列席人员

119人。会议听取和审议冯毅区长代表区政府所作的《抢抓历史机遇，乘势而上，为实现宝塔区新跨越而努力奋斗》的工作报告。会议审议和决定批准《宝塔区国民经济和社会发展第十个五年计划》。会议审查和批准《宝塔区2000年国民经济和社会发展计划执行情况与2001年国民经济和社会发展计划（草案）的报告》《宝塔区2000年财政决算和2001年财政预算（草案）的报告》。会议听取和审议《宝塔区人大常委会工作报告》《宝塔区人民法院工作报告》《宝塔区人民检察院工作报告》，通过代表讨论，作出各项决议。会议选举张银祥为宝塔区人民检察院检察长。

五、第五次会议

2002年3月4~6日在延河饭店召开，出席大会的代表177人，列席人员117人。会议听取和审议区长冯毅代表宝塔区人民政府作的《政府工作报告》。会议审查和批准《宝塔区2001年国民经济和社会发展计划执行情况与2002年国民经济和社会发展计划（草案）的报告》《宝塔区2001年财政决算和2002年财政预算（草案）的报告》。会议听取和审议《宝塔区人大常委会工作报告》《宝塔区人民法院工作报告》《宝塔区人民检察院工作报告》。通过代表讨论，作出各项决议。会议选举田轮澍、梁凤民、白龙彪、孙玉祥、崔文瑞、霍满鹏、韩烨、韩耕洲、冯毅、董智安、马维（女）、刘洁、李炜、董义龙、沙张明、赵国壮、刘涛、杜韬、杨照丽（女）、王辉（女）、朱国龙、行军、曹存萍（女）、李长久、张素梅（女）、朱津明、沙石万、安小兵、袁凤珍（女）、张爱莲（女）、万芳琴（女）、姚进才、牛江涛、薛仰海、郭玉平、郑宝宝等37人为延安市第二届人民代表大会代表。

第四节　第十五届人民代表大会

一、第一次会议

2003年2月25日至3月1日在延河饭店召开，出席会议的代表186人，列席人员82人。会议听取和审议《政府工作报告》，报告对2002年和过去五年来的工作作了全面回顾，报告重点对政府今后五年工作的指导思想、目标任务、工作措施和2003年重点工作，以及为全区人民计划办理的十件实事作了具体的落实。大会一致认为报告贯彻中共十六大和省、市有关会议精神，充分反映全区人民的愿望和要求，符合宝塔区的实情，报告是切实可行的。会议审查和批准《宝塔区2002年国民经济与社会发展计划执行情况和2003年国民经济与社会发展计划（草案）的报告》《宝塔区2002年财政决算执行情况和2003年财政预算（草案）的报告》。会议还听取和审议《宝塔区人大常委会工作报告》《宝塔区人民法院工作报告》《宝塔区人民检察院工作报告》。经大会代表讨论，一致通过并作出各项决议。

会议选举产生宝塔区第十五届人大常委会委员18名；选举韩耕洲为宝塔区第十五届人大常委会主任；高雨田、马维（女）、孙树清、王座山为副主任；选举王建军、呼世杰、杨东平、高鹰（女）、张建朝、张兴虎为副区长；选举常东山为宝塔区人民法院院长，张银祥为宝塔区人民检察院检察长。

二、第二次会议

2004年2月11～13日在延河饭店召开，出席会议的代表184人，列席人员82人。会议听取和审议区长代表区人民政府所作的《政府工作报告》。报告系统回顾了区人民政府2003年的工作，确定了2004年政府工作的指导思想和目标任务。会议审查和批准《宝塔区2003年国民经济与社会发展计划执行情况和2004年国民经济与社会发展计划（草案）的报告》《宝塔区2003年财政决算的执行情况和2004年财政预算（草案）的报告》。会议听取和审议《宝塔区人大常委会工作报告》《宝塔区人民法院工作报告》《宝塔区人民检察院工作报告》。经大会代表讨论，一致通过并作出各项决议。

会议补选朱国龙为宝塔区第十五届人民代表大会常务委员会委员。

三、第三次会议

2005年3月2～4日在延安宾馆召开，出席会议代表184人，列席人员85人。会议听取和审议区长代表区人民政府所作的《政府工作报告》。报告全面系统地总结和回顾区人民政府2004年的工作，并确定2005年全区经济社会发展的总体要求和预期目标。会议审查和批准《宝塔区2004年国民经济与社会发展计划执行情况和2005年国民经济与社会发展计划（草案）的报告》《宝塔区2004年财政预算执行情况与2005年财政预算（草案）的报告》。会议听取和审议《宝塔区人大常委会工作报告》《宝塔区人民法院工作报告》《宝塔区人民检察院工作报告》。

四、第四次会议

2006年2月7～9日在延安宾馆召开，出席会议代表183人，列席人员92人。会议听取和审议区长代表区人民政府所作的《政府工作报告》。报告系统地总结和回顾过去的一年区人民政府所做的工作，确立2006年全区经济社会发展的总体要求和目标任务。会议审查和批准《宝塔区国民经济和社会事业第十一个五年规划》《宝塔区2005年国民经济与社会发展计划执行情况和2006年国民经济与社会发展计划（草案）的报告》《宝塔区2005年财政预算执行情况和2006年财政预算草案的报告》。会议听取和审议《宝塔区人大常委会工作报告》《宝塔区人民法院工作报告》《宝塔区人民检察院工作报告》。到会代表一致讨论通过，并作出各项决议。

会议选举文小平为宝塔区人民法院院长。

五、第五次会议

2007年2月27日至3月1日在交际宾馆召开，出席大会的代表180人，列席人员73人。会议听取和审议代区长代表区人民政府所作的《政府工作报告》，报告对2006年和过去五年来政府工作作总结和回顾。会议审查和批准《宝塔区2006年国民经济与社会发展计划执行情况和2007年国民经济与社会发展计划（草案）的报告》《宝塔区2006年财政预算执行情况和2007年财政预算草案的报告》。听取和审议《宝塔区人大常委会工作报告》《宝塔区人民法院工作报告》《宝塔区人民检察院工作报告》，代表一致讨论通过，并作出各项决议。

会议免去侯忠义、高立光宝塔区第十五届人大常委会委员职务。大会还选举产生出席延安市第三届人民代表大会代表41人。

第五节　第十六届人民代表大会

一、第一次会议

2007年10月24~26日在延安宾馆召开，出席大会代表184人，列席人员75人。会议审议通过代区长阚延军代表宝塔区人民政府所作的《政府工作报告》；通过人大常委会副主任王建军所作的《宝塔区人大常委会工作报告》，宝塔区人民法院代院长侯文春作的《宝塔区人民法院工作报告》，宝塔区人民检察院代检察长作的《宝塔区人民检察院工作报告》。会议共列议案两件：李永军等10名代表提出的关于尽快制定乡村道路养护管理办法的议案和王东成等17名代表提出关于落实淤地坝产权，治理病险库坝和修复水毁渠坝的议案。会议选举产生第十六届宝塔区人大常委会委员19人；选举王建军为宝塔区第十六届人大常委会主任，孙树清、王座山、张兴虎、李延莉（女）为副主任；选举阚延军为宝塔区人民政府区长，杨东平、高鹰（女）、张智慧、张永祥、李志锋、雷世全为宝塔区人民政府副区长；选举侯文春为宝塔区人民法院院长。

二、第二次会议

2008年3月4~7日在延安宾馆召开，出席大会的代表185人，列席人员73人。会议审议通过区长阚延军代表区人民政府所作的《政府工作报告》。报告确立2008年工作经济社会发展主要目标。会议审查和批准《宝塔区2007年国民经济与社会发展计划执行情况和2008年国民经济与社会发展计划（草案）的报告》《宝塔区关于2007年财政预算执行情况和2008年财政预算（草案）的报告》。审议通过宝塔区人大常委会主任王建军所作的《宝塔区人大常委会工作报告》，宝塔区人民法院院长侯文春所作的《宝塔区人民法院工作报告》，宝塔区人民检察院检察长所作的《宝塔区人民检察院工作报告》。会议补选刘华伟、陈东为宝塔区第十六届人大常委会委员，免去刘仰明宝塔区第十六届人大常委会委员职务。

三、第三次会议

2009年2月11~14日在延安宾馆召开，出席大会的代表185人，列席人员81人。会议听取审议并通过区长阚延军代表区人民政府所作的《宝塔区人民政府工作报告》，报告对2008年以来政府工作作了总结和回顾，确立2009年政府工作经济社会发展主要目标。会议审查和批准《宝塔区2008年国民经济与社会发展计划执行情况和2009年国民经济与社会发展计划（草案）的报告》和《宝塔区关于2008年财政预算执行情况和2009年财政预算（草案）的报告》。听取和审议并通过《宝塔区人大常委会工作报告》《宝塔区人民法院工作报告》《宝塔区人民检察院工作报告》。还听取、审议和通过区长阚延军所作的《关于区十六届人民代表大会〈关于尽快完善乡村道路管理养护机制的议案〉办理情况的报告》，审议通过《延安市宝塔区人民代表大会议事规则》。

四、第四次会议

2010年2月24~26日在延安宾馆召开，出席大会的代表186人，列席人员83人。会议听取和审议并通过区长阚延军代表区人民政府所作的《政府工作报告》，报告对2009年以来政府工作作了总结和回顾，确立2010年政府工作经济社会发展的主要目标。

会议审查和批准《宝塔区2009年国民经济与社会发展计划执行情况和2010年国民经济与社会发展计划（草案）的报告》《宝塔区关于2009年财政预算执行情况和2010年财政预算（草案）的报告》。听取、审议并通过《宝塔区人大常委会工作报告》《宝塔区人民法院工作报告》《宝塔区人民检察院工作报告》。

第三章　人大常委会

第一节　组成人员

一、第十二届人大常委会

1990年5月15～18日，延安市第十二届人民代表大会第一次会议选举产生，纪文达为主任；张万成、毋晓岚、曹双定、郭慧君（女）为副主任；马文清、马殿祥、李生科、牛文杰、牛占德、马莉（女）、姜富海、陈慧明（女）、霍世芳（女）、刘桂英（女）、李忠、朱聿明、李文艾（女）、高有祥为常委会委员。

二、第十三届人大常委会

1993年1月1～4日，延安市第十三届人民代表大会第一次会议选举产生，康永强为主任；曹双定、周福元、石俊贤（女）、朱万有、李生科为副主任；马文清、马珍富、王延成、牛文杰、牛占德、刘大印、刘平举、李文艾（女）、芦为民、陈慧明（女）、姜建成、高长平、高有祥为常委会委员。

三、第十四届人大常委会

1998年1月19～22日，延安市宝塔区第十四届人民代表大会第一次会议选举产生，韩耕洲为主任；孙广森、高雨田、朱万有、马维（女）为副主任；白玲（女）、刘大印、刘平举、李静、李培俊、沙张明、张玉香（女）、张俊雷、张锦亮、张殿亮、拓建雄、周延东、姜建成、高长天、琚玲（女）、蔡永明为宝塔区第十四届人大常委会委员。

四、第十五届人大常委会

2003年2月25日至3月1日，延安市宝塔区第十五届人民代表大会第一次会议选举产生，韩耕洲为主任；高雨田、马维（女）、孙树清、王座山为副主任；王巧芳（女）、白玲（女）、刘仰明、刘宏飞、刘翠莲（女）、闫丽（女）、李芬兰（女）、杨世泰、余江、沙张明、张平、拓海平、侯世怀、侯忠义、贾小利、高天山、高立光、蔡永明为宝塔区第十五届人大常委会委员。

五、第十六届人大常委会

2007年10月24～26日，延安市宝塔区第十六届人民代表大会第一次会议选举产生，王建军为主任；孙树清、王座山、张兴虎、李延莉（女）为副主任；马保平、王春生、白百琴（女）、吕海潮、刘仰明、刘桂梅（女）、杨刘锐、沙张明、张平、拓海平、周延东、姜良东、高杰、高寒、高巧玲（女）、曹茜（女）、曹存萍（女）、寇亮、薛延明（按姓氏笔画为序）为人大常委会委员。

1990~2010年宝塔区（延安市）人大常委会主任、副主任一览表

表17-3-1

职务	姓名	性别	出生年月	文化程度	籍贯	政治面貌	任职时间
主任	纪文达	男	1934.9	中专	咸阳彬县	中共党员	1987.11~1993.1
	康永强	男	1938.12	中专	陕西延长	中共党员	1993.1~1998.1
	韩耕洲	男	1948.12	大专	陕西延安	中共党员	1998.1~2007.10
	王建军	男	1956.10	本科	陕西延安	中共党员	2007.10~
副主任	刘少锋	男	1940.9	中专	陕西延安	中共党员	1987.11~1990.1
	陈长发	男	1931.10	小学	陕西延安	中共党员	1987.11~1990.5
	张世民	男	1933.1	中专	陕西咸阳	中共党员	1987.11~1990.5
	李生彪	男	1938.7	初中	陕西甘泉	中共党员	1987.11~1990.5
	郭慧君	女	1939.8	高中	北京	民革	1987.11~1992.10
	曹双定	男	1940.8	中专	陕西富县	中共党员	1990.4~1998.1
	张万成	男	1935.9	初中	陕西横山	中共党员	1990.5~1992.10
	毋晓岚	男	1932.9	大专	陕西延安	中共党员	1990.5~1992.10
	周福元	男	1936.10	高中	陕西富平	中共党员	1993.1~1998.1
	石俊贤	女	1940.2	高中	陕西华阴	民进	1993.6~1998.1
	朱万有	男	1944.7	大专	山东沂源	中共党员	1993.6~2003.3
	李生科	男	1937.11	初中	陕西渭南	中共党员	1993.6~1998.1
	孙广森	男	1941.10	中专	河南郑州	中共党员	1998.1~2003.3
	高雨田	男	1951.9	中专	陕西榆林	无党派	1998.1~2007.10
	马 维	女	1949.8	大专	陕西清涧	中共党员	1998.1~2007.10
	孙树清	男	1951.10	大专	陕西绥德	中共党员	2003.3~2007.10
	王座山	男	1952.8	中专	陕西横山	中共党员	2003.3~
	张兴虎	男	1953.2	本科	陕西彬县	农工党	2007.10~
	李延莉	女	1958.3	大专	陕西渭南	中共党员	2007.10 ~

第二节　常委会会议

1990年5月至1993年1月，延安市十二届人大共召开19次常委会议，决定任免国家机关工作人员134人次，听取审议“一府两院 ”有关工作报告30项，作出《关于贯彻执行〈中华人民共和国义务教育法〉和〈陕西省义务教育法实施办法〉的决议》《关于在全区公民中深入开展第二个五年法制宣传教育的决定》《关于废止延安市十一个城市管理规定和办法的决定》等决议、决定20项。

1993年1月至1998年1月，延安市十三届人大共召开30次常委会议，决定任免国家机关工作人员207人次，听取和审议“一府两院”有关工作报告59项，作出《关于生态农业总体规划的决议》等决定、决议24项，制定《国家机关工作人员述职办法（试行）》，对23名国家机关工作人员进行述职评议。

1998年2月至2003年2月，宝塔区十四届人大共召开30次常委会议，补选市一届人大代表2人，决定任免国家机关工作人员263人次，听取和审议“一府两院”和人大常委会等有关工作报告49项，作出《关于宝塔区农业特产税征收管理办法的决定》《关于封山育草保护生态农业成果的决定》等决定和决议10项，修订宝塔区《任免国家机关工作人员办法》《选举任命的政府组成人员和法院、检察院领导人员及其他国家机关工作人员述职办法》，制定《人民代表联系及代表活动试行办法》。组织市、区人大代表视察3次。

2003年2月至2007年10月，宝塔区十五届人大共召开32次常委会议，任免国家机关工作人员235人次，补充高春义、王建军、郝飚为延安市第二届人民代表大会代表。通过《延安市宝塔区人大常委会联系人民代表办法》《宝塔区人大常委会任免国家机关工作人员办法》。听取国家机关工作人员述职10人次，并对述职人员进行测评。听取和审议宝塔区人民政府、人民法院、人民检察院工作报告等60余项，作出《关于加强法制宣传教育的决议》《延安市宝塔区人大常委会关于建立宝塔区人民法院执行案件特困群体救助基金的决议》等决定和决议。组织市、区人大代表对宝塔区农业农村工作、城市居民住宅乱修乱建、小城镇建设方面等各项工作进行5次大型视察。

2007年10月至2010年12月，宝塔区十六届人大共召开23次常委会议，决定任免国家机关工作人员203次，听取“一府两院”工作报告80个，作出决议、决定35项，督办代表建议193件。十六届人大常委会共组织人大代表及常委会组成人员对“一府两院”有关职能部门的视察、执法检查15次。对《中华人民共和国农村土地承包法》《中华人民共和国森林法》的贯彻突出情况进行了执法检查；重点对《中华人民共和国劳动合同法》的学习宣传情况和党政事业单位用工情况进行了视察调研；为提高代表履职能力，对全区20个乡（镇）、3个办事处的区代表和部分乡（镇）代表分批次进行了培训。从2007年《中华人民共和国各级人民代表大会常务委员会监督法》颁布后，常委会在每年12月听取和审议区人民政府财政预算执行和其他财政收支情况的审计工作报告，并向常委会报告审计反映问题的整改情况，提高了审计监督力度。对《中华人民共和国治安管理处罚法》《中华人民共和国道路交通安全法》等法律的贯彻实施情况进行了执法检查。

第四章 人大工作

第一节 议案办理

1990年5月至1993年1月，十二届人代会期间，收到议案3件，转“一府两院”办理的代表建议、批评、意见257件。均已按期办理，并向人大常委会作了办理情况的报告。办理重要的议案有：《关于加强城镇农贸市场管理和建设》的议案，已在姚店镇建起新型农贸市场，于1987年11月12日正式投入试用；《关于制定“延安市加强社会治安管理的规定”》的议案，1988年7月27日，市人大常委会第9次会议已通过《关于加强社会治安管理的规定（试行）》《关于加强城市基础设施建设》的议案，市政府于1989年改建枣园路、长青路，完成液化气储备站和二水源工程。新建和改建5个供水点、18个公厕、3个垃圾台，检修全部街灯，补平市区道路。关于代表建议、批评、意见的办理情况，已分别答复代表本人，并在《会刊》上刊登办理情况。

1993年1月至1998年1月，十三届人代会期间，收到对“一府两院”和市人大常委会提出的建议、批评、意见397件，人大常委会及时移交“一府两院”和人大常委会机关办理，并要求承办单位主要领导要予以高度重视，狠抓落实。“一府两院”和人大常委会机关，对代表建议、批评、意见按期办理完毕，通过书面形式答复代表本人，并向人大常委会作办理情况的报告。

1998年1月至2003年2月，十四届人代会期间，收到议案5件，建议、批评、意见200件，全部得到相应处理，并反馈给代表。偏远乡镇师资力量短缺议案的办理和撤并乡镇中学的恢复，解决山区教育面临的突出问题，为农村贫困学生依法接收教育提供支持。治理汾川河石油污染议案的办理，对于防治环境污染，保障汾川河两岸群众的生命健康，实现经济社会可持续发展具有积极作用。常委会坚持每年至少一次专门听取“一府两院”关于代表建议、批评、意见办理的情况汇报，对一些单位领导不重视、责任心不强、交差应付等问题给予批评，要求限期整改，并始终加强与“一府两院”的联系，加强督办催办，强化跟踪监督，努力从整体上提高代表建议、批评、意见办理工作水平。

2003年2月至2007年10月，十五届人代会期间，收到议案2件，建议、批评、意见170件。均已按期办理，并向人大常委会作了办理情况的报告。办理重要的议案有

《关于尽快治理集镇农村生产、生活垃圾乱堆乱倒的议案》，常委会高度重视，听取办理情况的专题汇报，组织代表视察，常委会1名领导全过程进行督办。区政府把议案的办理列入重要的议事日程，由区长总负责，成立环境指挥部和4个工作督查组，制定下发《议案实施方案》和《关于进一步加强城乡环境卫生整治工作的实施意见》，先后召开4次政府常务会，13次指挥部办公会，研究环境卫生整治工作。经过1年努力，全区农村集镇脏、乱、差现象有了明显改观，环卫基础设施得到较大改善，并建起长效管理机制，全面完成议案办理任务。十五届人大五次会议期间，代表联名提出的《关于农村实施新型合作医疗存在的问题》，被大会批准为议案，议案办理期间，常委会专题听取汇报，针对政府对议案落实不严肃、研究部署不到位、成立组织规格低等问题，提出批评和整改意见。区政府对常委会的批评和意见非常重视，认真落实整改意见，加强组织领导，强化工作措施，促使议案办理取得实效，农村新型合作医疗覆盖面得到进一步扩大，降低医药费报销起付线，较好地解决农民群众就医难、看病贵的问题。

2007年10月至2010年12月，十六届人代会期间，收到意见、建议193件，已办结186件，办结率96%，群众关注度高的问题得到有效解决，人大代表普遍满意。2008年5~9月，城区内有一些人利用游戏机进行赌博和非法开设黑网吧、歌舞厅、KTV、书籍音像店，存在违规违法经营行为，严重影响青少年身心健康和社会安全稳定，百姓呼声大，代表反映强烈。为此，人大常委会组成人员参与、部分市区代表参加的执法检查组，对《陕西省文化市场管理条例》（以下简称《条例》）贯彻执行情况，在全区范围内开展执法检查，并及时召集区政府和文化、工商、公安、消防、安监、环保、物价等部门主要领导进行通报，对照《条例》归纳七个方面问题，依法要求限期整改。同时，制定《进一步加强和完善文化市场综合治理工作的意见》，理顺申报、审批、监管责任，形成联合执法等行之有效的工作机制，使文化市场监管工作步入规范化轨道。

第二节　调研视察

1990年5月至1993年1月，十二届人大常委会组成人员对19部法规在全市的实施情况进行检查、视察19次。主要的视察活动有：1991年3月21~24日，对贯彻执行《中华人民共和国义务教育法》和陕西省《实施办法》情况进行检查。1992年5月6~7日，8名人大常委会组成人员和市政府有关领导参加，分两组对14户全民所有制企业贯彻《中华人民共和国企业法》（以下简称《企业法》）的情况进行检查；提出要进一步贯彻《企业法》的安排部署，充分发挥主管部门的协调服务作用，帮助企业解决企业本身难以解决的问题；尽快健全职代会制度，不断提高工人的主人翁地位；要依法制定各项收费标准，制作统一收费证，坚决制止乱摊派等建议。之后，市政府召开有关部门参加的协调会，使检查后提出的建议得到落实，促进《企业法》在延安市全面贯彻实施。6月3~7日，对《中华人民共和国食品卫生法（试行）》执行情况和市场管理工作进行视察。视察组在城内二道街检查时，发现个别工商业户存在回避检查的问题。随后，市工商局对关门回避检查的10户个体工商户批评教育并处罚款30元，对批销伪劣商品、检查时态度恶劣的陈某某，除没收价值500余元的伪劣商品外，责令其停业整顿并处罚款200元。历次区人代会召开之际，区人大代表在充分调研、考察的基础上，年均提出事关宝塔区经济、政治、文化、社会和民生类议案、建议、批评意见50余件。区人大常委会及时进行归纳整理，确定每年主办议案，并通过召开议案交办会等形式，移交“一府两院”办理。

1993年1月至1998年1月，十三届人大常委会组成人员对18部法律、法规执行情况进行21次检查、视察。主要视察活动有：1993年5月，第十二次常委会安排审议市政府工交、财贸工作；1997年7月20~23日，对全区贯彻实施《中华人民共和国水法》和《中华人民共和国水土保持法》的情况进行执法检查，要求领导干部要学法、知法、懂法，提高依法行政的自觉性，增强水资源保护和水土保持工作的紧迫感和责任感。

1998年1月至2003年2月，十四届人大常委会共组织人大代表及常委会组成人员，对“一府两院”有关职能部门的视察、执法检查18次。重要的活动有：1998年6月7~22日，人大常委会在听取审议区人民政府关于普及九年义务教育达标工作汇报之前，常委会部分组成人员和工作人员，先后深入到19个乡（镇），城乡33所中小学进行调查，针对“普九”工作中存在教育、法律、法规落实不到位，学校管理与服务滞后，学生失学辍学现象严重，基层统计数字不实等问题，在审议时要求区政府认真整改。为顺利通过省上“普九”达标验收起到积极作用。1999年4月7~10日，在开展《陕西省个体工商户和私营企业条例》，执法检查和评议工商分局依法行政两项专题工作中，深入实际进行大量的明察暗访，找准具体问题，进行严格监督。取消7种收费项目，处罚28名执法人员。检查中，对公安、卫生、文化、税务、城建、技术监督等部门存在着一系列损害经济发展，影响投资环境的行为进行彻底监督，督促有关部门纠正违法行为，处理责任人，规范行政执法工作，有力促进宝塔区投资环境的根本好转。

2003年2月至2007年10月，十五届人大常委会组成人员对17部法律法规在全区的实施情况进行检查、视察26次。重要的视察活动有：2003年4月15~21日，对全区文化市场和校园周围环境进行检查，要求区政府将“扫黄打非”工作纳入重要议事日程，常抓不懈，一抓到底，不断加大打击力度，净化校园周围和文化市场环境；执法部门加强执法人员的法制、技术和业务培训工作，建立健全有效的监督、管理机制。2005年4月17日，对《中华人民共和国环境保护法》贯彻执行情况进行执法检查，及时提出整改意见，责成有关部门和单位认真办理，并对办理情况进行跟踪检查，确保整改工作取得实效。2007年7月，对全区贯彻执行《中华人民共和国法官法》《中华人民共和国检察官法》情况进行检查，要求“两院”开展社会主义法治理念教育，完善监督制约机制，抓紧解决人才不足、经费短缺等问题。

2007年10月至2010年12月，十六届人大常委会组成人员对《陕西省文化市场管理条例》（以下简称《条例》）贯彻执行情况，在全区范围内开展执法检查，并及时召集区政府和文化、工商、公安、消防、安监、环保、物价等部门主要领导进行通报，对照《条例》归纳七个方面的问题，依法要求限期整改。同时，制定《进一步加强和完善文化市场综合治理工作的意见》，理顺申报、审批、监管责任，形成联合执法等行之有效的工作机制，使文化市场监管工作步入规范化轨道。其间，又组织市区代表和部分学校校长、学生家长就文化市场整治情况进行视察、检查，听取区政府和相关部门的专题汇报。重点听取和审议“一府两院”专项工作报告8项，内容涉及区政府“保工资、保运转、保重点、保稳定”财政工作落实情况、招商引资、重点项目建设责任制落实情况、公共卫生服务，区检察院预防犯罪、制度执行，区法院特困群体救助基金使用、加强内部审判监督，形成审议意见8项；听取驻区垂直管理部门专题汇报2项；内容涉及社会治安综合治理、电力供用，形成反馈意见1项，建议1项，听取区政府宗教、城建、水利、教育、民政、统计6位局长的履职报告，物价、旅游、畜牧、仲裁、广电5家事业单位的工作汇报；对全区苹果幼园建设及管护工作进行视察检查；对全区乡村道路建设及管护进行视察调研；对农村沼气的建设、利用、质量效益、发展前景和乡镇人大工作情况进行专题调研，形成调研报告；对全区项目建设情况进行两次视察调研；重点听取和审议“一府两院”专项报告5项，内容涉及区政府农村饮用水设施管护责任落实、律师执业监管、区人民法院的案件执行工作、区检察院内部监督工作等方面，形成审议意见7项；听取公安宝塔分局主动要求的专题工作汇报和环保宝塔分局关于辖区油气开发中对农村饮用水监管专题工作汇报2个；对区法院部分副院长、庭长、审判员和检察院部分副检察长、检察员25人开展履职评议；听取区政府经济发展局和科技局两位局长履职报告和区商贸办的工作汇报；对棚栽业新技术引进与推广情况和区检察院预防职务犯罪工作情况，组织部分市、区人大代表进行视察；对区法院审判环境整改情况进行视察检查；对农村专业合作社情况和沼气建设情况进行专题调研形成调研报告；对《陕西省文化市场管理条例》贯彻实施情况进行执法检查。

第十八编　地方人民政府

1990年后，宝塔区人民政府所属工作机构随着政治经济形势发展而有所变化。2001年调整乡镇区划，撤销4乡并入毗邻乡镇。至2010年底，宝塔区总面积3537.5平方千米，全区总人口45.82万人，有22个工作部门、9个直属事业单位，辖11镇、9乡、3个街道，611个行政村，37个城市社区。

1990~2010年，宝塔区出台的规范性文件进行认真审查和全面清理，共审查规范性文件391件，其中拟予废止94件，继续有效297件。共有法定行政执法部门30个，法律法规授权组织11个，受委托执法组织76个。

1990~2010年，宝塔区信访局共办理市以上立案376件；区立案1306件；一般案件13766件。来信来访主要反映城里居民拆迁安置、补偿，企业改制中职工安置、补偿、涉法涉诉等问题，结案率95%。

1990~2010年，宝塔区外事受理活动依照有关规定先后3次对《宾客接待工作规定》进行完善和修改，从而规范和健全全区的接待工作。在具体工作中以全区经济发展为大局，以服务中心工作为己任，正确认识和把握新形势下接待工作新理念、新特点，坚持与时俱进，不断提升接待工作的层次和水平，圆满地完成每次的接待任务。

第一章　政府机构

第一节　区（市）人民政府

1990年，延安市人民政府设办公室、民政局、财政局、税务局、工商行政管理局、商业局、物价局、粮食局、物资局、统计局、烟草专卖局、供销合作社、财贸委员会、计划委员会、教育局、文化文物局、广播电视局、卫生局、档案局、计划生育委员会、体育运动委员会、爱国卫生运动委员会、城乡建设局、建委、环境保护局、房地产管理局、土地管理局、科学技术委员会、劳动人事局、规划办、文明城市建设指挥部、农委、农业局、水利水保局、农机局、林业局、标准计量局、乡镇企业管理局、公安局、司法局、外事办公室、咨询办公室、人民防空办公室、老区建设办公室、市志编纂办公室、体制改革办公室、对外经济技术协作委员会、中国人民银行宝塔区支行、中国农业银行宝塔区支行、中国工商银行宝塔区支行57个工作机构。每个单位均设正职1名、副职2至3名。随着体制改革的深入发展和工作需要，以后又陆续增设督查办、资金管理局、建材局、科教文卫委员会、监察局、职称改革办公室、果树局7个工作机构。

1993年5月，延安市人民政府内设64个工作机构。1996年12月，宝塔区人民政府内设75个工作机构。1997年1月，宝塔区人民政府设区长1人、常务副区长1人、副区长5人。1998年1月，宝塔区人民政府内设81个工作机构。

2010年12月，宝塔区人民政府内设办公室、人力资源和社会保障局、教育局、住房和城乡建设规划局、民政局、文化体育和广播电视局、财政局、司法局、卫生局、食品药品监督管理局、水务局、林业局、农业局、商务局、审计局、经济发展局、统计局、交通运输局、科技局、人口和计划生育局、民族宗教事务局、安监局、物价局、教育督导室、信访局、广播电视办公室、旅游局、粮食局、果业局、农综办、畜牧局、机关后勤服务中心、发展研究中心、电子政务办、应急办、法制办、对外经济协作办公室、非公有制经济局、蔬菜局、供销社、延河流域办、石油协调办、工业办、煤炭局、考核办、外事办46个工作机构。均设正职1人，副职2~3名。

1990~2010年宝塔区（延安市）人民政府区（市）长、副区（市）长一览表

表18-1-1

职务	姓名	性别	出生年月	文化程度	籍贯	政治面貌	任职时间
区长（市长）	周万龙	男	1947	大学	陕西靖边	中共党员	1990.1~1997.10
	冯　毅	男	1953.3	大学	陕西延长	中共党员	1997.10~2002.10
	祁玉江	男	1958.2	大学	陕西子长	中共党员	2002.10~2006.7
	冯振东	男	1966.11	研究生	陕西延长	中共党员	2006.7~2007.6
	阚延军	男	1962.2	大学	山东蒙阴	中共党员	2007.7~2010.5
	吴　耀	男	1969.1	硕士研究生	陕西岐山	中共党员	2010.5~
副区长（副市长）	刘少锋	男	1940.9	中专	陕西延安	中共党员	1990.1~1991.9
	张致远	男	1942.10	初中	北京	中共党员	1990.1~1992.10
	刘文西	男	1933	大专	浙江嵊县	中共党员	1990.1~1992.10
	杨毅刚	男	1934	大学	甘肃天水	中共党员	1990.1~1992.10
	张福寿	男	1950	大专	辽宁大连	中共党员	1990.3~1995.9
	周福元	男	1936.10	高中	陕西富平	中共党员	1990.5~1992.10

续表

职务	姓名	性别	出生年月	文化程度	籍贯	政治面貌	任职时间
副区长（副市长）	刘向东	男	1941.2	大学	陕西子洲	中共党员	1990.5～1992.10
	冯　毅	男	1953.3	大学	陕西延长	中共党员	1990.5～1997.10
	何　宁	男	1958	大专	江苏泰州	中共党员	1993.1～1996.1
	李芳琴	女	1955.10	大学	陕西甘泉	中共党员	1992.10～1996.2
	张小民	男	1956.6	大专	陕西延长	中共党员	1992.10～1997.11
	刘正中	男	1945.11	大学	陕西子长	中共党员	1992.10～1998.1
	韩耕洲	男	1948.12	大专	陕西延安	中共党员	1992.10～1998.1
	高雨田	男	1951.9	中专	陕西榆林	无党派	1992.10～1998.1
	李云高	男	1951	大专	山东潍坊	中共党员	1993.6～1993.7
	杜同和	男	1955	大学	山东招远	中共党员	1993.6～1994.6
	张辉耀	男	1959	大学	陕西咸阳	中共党员	1993.7～1997.10
	王善春	男	1954	大专	山东潍坊	中共党员	1993.10～1994.12
	冯振基	男	1952.2	大学	河北定县	中共党员	1995.4～1996.5
	田维宽	男	1953.1	大学	河南沈丘	中共党员	1995.9～1996.6
	旷仁山	男	1964.9	研究生	江西永新	中共党员	1996.6～1997.4
	王建军	男	1956.10	大学	陕西延安	中共党员	1997.8～2006.9
	祁玉江	男	1958.2	大学	陕西子长	中共党员	1997.11～2002.10
	刘亚那	男	1961.4	在职研究生	陕西宜川	中共党员	1997.11～1999.7
	呼延鹏	男	1958.3	在职研究生	陕西延长	中共党员	1997.11～2002.11
	孙树清	男	1951.10	大专	陕西绥德	中共党员	1997.11～2002.12
	张春阳	女	1961.3	在职研究生	陕西延川	中共党员	1997.11～2002.11
	胡柏梧	男	1950	大学	广东新会	中共党员	1998.2～1998.7
	马　林	男	1959	大专	河北乐亭	中共党员	1998.4～2000.7
	王少军	男	1959.6	大专	北京	中共党员	2000.7～2001.7
	呼世杰	男	1961.7	大学	陕西延长	中共党员	2000.12～2004.5
	张锦亮	男	1951.1	大学	陕西子长	中共党员	2001.1～2002.12
	杨东平	男	1963.1	在职研究生	陕西延川	中共党员	2002.12～
	高　鹰	女	1962.3	在职研究生	陕西吴起	中共党员	2002.12～
	张建朝	男	1962.3	大学	陕西富县	中共党员	2002.12～2006.9

续表

职务	姓名	性别	出生年月	文化程度	籍贯	政治面貌	任职时间
副区长（副市长）	张兴虎	男	1953.2	大学	陕西彬县	农工党	2002.12～2007.9
	姜晓龙	男	1966.3	大学	陕西黄陵	中共党员	2003.7～2004.8
	高　寒	男	1964.11	大学	陕西神木	中共党员	2003.2～2007.5
	张中军	男	1964.12	大专	河南孟津	中共党员	2004.8～2006.5
	童兆军	女	1953.9	大专	湖北均县	中共党员	2006.5～2009.9
	张永祥	男	1968.7	在职研究生	陕西黄龙	中共党员	2006.9～
	李志锋	男	1968.9	在职研究生	陕西吴起	中共党员	2006.9～
	张智慧	男	1962.7	在职研究生	陕西子长	中共党员	2007.9～
	雷世全	男	1962.6	大学	陕西富县	民建会员	2007.9～

2010年宝塔区人民政府工作部门一览表

表18-1-2

区政府办公室	人力资源和社会保障局	监察局	教育局
水利局	住房和城乡建设规划局	民政局	宗教局
林业局	卫生局	审计局	财政局
司法局	计生局	经济发展局	文化局
科技局	交通局	统计局	农业局
安监局	文体广播电视局		

2010年宝塔区人民政府具有行政职能事业单位一览表

表18-1-3

物价局	粮食局	信访局
果业局	农综局	广播电视办公室
畜牧局	盐务局	旅游局

2010年宝塔区其他行政事业单位一览表

表18-1-4

法制办	招商局	蔬菜局
非公有制经济局	气象局	供销社
退耕办	工业办	煤炭管理办
考核办	外事办	商贸办

第二节 乡（镇）人民政府

1990~2000 年，宝塔区有 11 个镇人民政府、13 个乡人民政府、633 个村民委员会、3 个街道办事处、45 个居民委员会。

2001 年 9 月 20 日至 12 月 10 日，宝塔区根据中央、省、市有关文件精神，对 8 个乡镇进行区域调整。下坪乡人民政府和蟠龙镇人民政府合并称蟠龙镇人民政府，张坪乡人民政府和梁村乡人民政府合并称梁村乡人民政府，丁庄乡人民政府和冯庄乡人民政府合并称冯庄乡人民政府，碾庄乡人民政府和李渠镇人民政府合并称李渠镇人民政府。调整后乡镇总数净减少 4 个。全区有 20 个乡镇人民政府，3 个街道办事处。各乡（镇）视其规模设乡（镇）长 1 人、副乡（镇）长 2~3 人，由乡（镇）人民代表大会选举产生，每届任期 5 年；村民委员会设主任、副主任各 1 人，由村民选举产生。到 2010 年，全区设 9 个乡人民政府、11 个镇人民政府、611 个村民委员会，3 个街道办事处（南市、凤凰山、宝塔）、37 个社区居委会。办事处属区政府派出机构，行使在城区一个区域行政管理职能。各办事处设主任 1 人，副主任若干。设党委办、行政办、企业办、财务室、武装部、土地办、文明办、纪检委、计划生育办、律师事务所、团委、妇联。社区居委会设书记 1 人，主任 1 人，由办事处考察，区委、区政府任命。

第三节 政府机构改革

2002 年 8 月，中共宝塔区委、区政府制发《关于区乡机构改革的实施方案》，启动区委、区政府机构改革。调整后的区委设置工作部门 9 个，即纪律检查委员会（监察局）、办公室、组织部、宣传部、统一战线工作部、政法委员会（与社会治安综合治理委员会办公室合署办公）、农村工作部、机构编制委员会办公室、区直属机关工作委员会；区委设置行政机构 1 个（区委防范和处理邪教问题领导小组办公室）、具有行政职能的事业单位 2 个，即区志档案局（含档案馆）和老干部工作局。

调整后区政府设置工作部门 22 个，即办公室、经济发展局、教育局、科学技术局、民政局（含民族宗教事务局）、公安局、司法局、财政局、人事和劳动保障局、国土资源管理局、农业局、林业局、水利水保局、文体事业局、卫生局、计划生育局、城乡建设局、交通局、统计局、监察局（占区委机构数）、环境保护局（不占机构数）；行政机构 1 个（安全生产监督管理局）；区政府具有行政职能事业单位 9 个。区人大设置 3 个综合办事机构（办公室、人事工作委员会、法制工作委员会）、政协设置 3 个办事机构（办公室、提案委员会办公室、综合委员会办公室）。乡政府设置 1 个综合性办事机构（党政综合办公室）；镇机关设置 3 个综合性办事机构（党政综合办公室、农业发展办公室、社会事务管理办公室）；办事处机关设置 2 个综合性办事机构（党政综合办公室、社会事务管理办公室）。乡设置 2 个事业机构：农业综合服务站、计划生育服务站；镇政府设置 3 个事业机构：农业综合服务站、计划生育服务站、乡镇企业管理办公室；街道办事处设置2个事业机构：社区服务办公室、计划生育服务站。

2010年11月，宝塔区调整优化政府组织机构，实行职能有机统一的大部门体制，合并业务相近、职能单一的部门，规范区政府机构设置。宝塔区政府不分组成部门和直属机构，统称政府工作部门。组建宝塔区住房和城乡建设规划局，将区城乡建设局职责、区住房制度改革委员会办公室的行政职能，整合划入区住房和城乡规划局，不再保留区城乡建设局；组建宝塔区文体广播电视局，将区文体事业局职能、区广播电视局行政职能整合，区广播电视局（站）更名为区广播电视办公室；组建区商务局（招商局），将区商贸行业管理办公室、区对外开放领导小组办公室、区招商局的职责，整合划入区商务局，挂区招商局牌子，撤销区对外开放领导小组办公室牌子，撤销区外商投诉协调中心牌子；区人事和劳动社会保障局改为区人力资源和社会保障局；区交通局改为区交通运输局；区水利水保局改为区水务局；区计划生育局改为区人口和计划生育局；区安全生产监督管理局由部门管理机构调整为区政府工作部门；成立区食品药品监督管理局，挂宝塔区食品药品监察大队牌子；区农业综合开发办公室更名为区农业综合开发局，挂老区扶贫开发局牌子，由区农业局代管，为区政府工作部门；区物价局（所）由具有行政职能事业单位改为区经济发展局部门所属机构；区信访局由具有行政职能事业单位改为区政府办公室部门所属机构；人民政府教育督导室由事业单位改为区教育局部门所属机构；区旅游局为具有行政职能事业单位，由区政府办公室代管；区果业局为具有行政职能事业单位，由区农业局代管；区粮食局为具有行政职能事业单位，由区经济发展局代管。

改革后，区政府设置工作部门22个，即办公室、经济发展局、教育局、科学技术局、民政局、司法局、财政局、人力资源和社会保障局、住房和城乡建设规划局、交通运输局、水务局、农业局、林业局、文体广电局、卫生局、人口和计划生育局、审计局、统计局、食品药品监督管理局、安全生产监督管理局、商务局（招商局）、民族宗教事务局。

监察局占区委机构数，环境保护局既是区政府工作部门，又是延安市环境保护局的派出机构，但不占区政府机构数。

区政府设置直属办事机构4个：农业综合开发局（老区扶贫开发局）、物价局（物价检查所）、教育督导室、信访局。

区政府设置具有行政职能事业单位4个：旅游局、果业局、畜牧兽医局、粮食局。

结合政府机构改革和《宝塔区事业单位总量控制实施方案》精神，调整部分事业性机构，新设置机构1个（区对外经济协作办公室）；升格机构1个（区森林公安局）；撤并机构7个。

第四节　施政纪要

1990年，全市坚持以经济建设为中心，克服困难，全力推进治理整顿、深化改革，整个经济形势继续朝着好的方向发展。农业获得全面丰收，工业生产逐步回升，科技、教育和各项社会事业有新的发展，人民生活继续改善。全年国民生产总值达3.89亿元，社会固定资产投资完成9689万元，社会消费品零售总额达7779万元，完成地方财政收入1664万元，农民人均纯收入560元。

1991年，全市落实国务院采取的一系列改革措施，克服经济调整中的各种困难，较好地完成国民经济和社会发展计划以及治理整顿的各项任务，改革开放进一步深化和扩大，经济社会有了新的发展。国民生产总值达4.37亿元，社会固定资产投资完成1.02亿元，社会消费品零售总额达1.71亿元，完成地方财政收入1769万元，农民人均纯收入449元。

1992年，全市贯彻邓小平视察南方重要讲话、中央政治局全体会议和中共十四大精神，坚持"一个中心、两个基本点"的基本路线，经过全市人民的共同努力，加快改革开放和经济发展的步伐，各项工作取得新的成绩。国民生产总值达5.5亿元，完成社会固定资产投资1.24亿元，社会消费品零售总额达9517万元，地方财政收入2852万元，农民人均纯收入440元。

1993年，全市围绕建立社会主义市场经济体制的目标，解放思想，真抓实干，全面完成国民经济和社会发展各项指标，人民生活水平普遍提高，社会事业全面进步，各方面工作都取得新的成绩。国民生产总值6.79亿元，完成社会固定资产投资2.1亿元，地方财政收入3564万元，农民人均纯收入570元。

1994年，全市坚持以经济建设为中心，在精神文明建设、农村产权制度改革、财政收入、工业发展、石油开发、绿色长廊建设、大棚菜建设、社会治安等方面取得丰硕成果。国民生产总值8.59亿元，粮食总产量9.8万吨，工农业生产总值4.12亿元，乡镇企业总产值2.8亿元，完成社会固定资产投资2.08亿元，社会消费品零售总额达2.45亿元，财政收入3236万元，农民人均纯收入856元，人口自然增长率11.8‰。

1995年，全市紧紧抓住经济建设这个中心全面深化改革，扩大开放，依靠全市广大干部群众的智慧和力量，完成各项工作任务，物质文明和精神文明建设取得丰硕成果，为"九五"计划开了好头。国民生产总值达13.58亿元，完成社会固定资产投资1.78亿元，社会零售品总额达2.72亿元，地方财政收入3745万元，农民人均纯收入1011元。

1996年，全市全面落实省委、省政府提出的"抓大事、抓落实"的工作方针和"以开放促开发、以开发求发展"的发展战略，扎实工作，狠抓落实。农业生产再夺丰收，工业生产总值持续稳定增长，商贸流通繁荣活跃，科技文卫工作继续加强，重点工程建设进展顺利，农村"三通"工程稳步推进，民主法制、精神文明、廉政建设取得新成绩。全市国民生产总值达15.73亿元，工农业生产总值5.66亿元，完成社会固定资产投资2.01亿元，社会零售品总额达2.39亿元，财政收入7246.2万元，农民人均纯收入1336元。

1997年，全区深化改革、扩大开放、突出重点、扎实工作，较好地完成国民经济和社会发展的各项任务。农业在大旱之年取得比预期要好的成绩。深化企业改革，国有企业"双放"取得明显进展。技术改造力度加大，产业产品结构得到调整，城乡市场繁荣，物价稳定。重点项目建设进展顺利，实施以工代赈总投资446.1万元。围绕"双基"达标任务，改善教育教学条件。国民生产总值19.51亿元，农业总产值1.93亿元，完成社会固定资产投资3.74亿元，社会零售品总额达3.04亿元，地方财政收入5458万元，农民人均纯收入1007元，人口自然增长率9‰。

1998年，全区认真贯彻中共十五大精神和陕西省委、陕西省政府两个《决定》精神，团结奋进，顽强拼搏，经济建设取得新成就，各项社会事业有新发展。实现粮食总产量13.16万吨，农民人均产粮677千克，创历史最高纪录。造林11.6万亩，种草15.8万亩，“果、菜、牧、薯”四大主导产业产值达1.3亿元。对列入改制范围的38个企业进行改革。全区社会消费品零售总额实现5.68亿元，完成基础性项目建设14个，生产经营项目10个。国民生产总值25.43亿元，社会固定资产投资达11.6亿元，财政收入9150万元，其中地方财政收入6724万元，城镇人均可支配收入3432元，农民人均纯收入1313.6元，人口自然增长率3.26‰。

1999年，全区锐意改革、扎实工作，克服严重的自然灾害和国家产业政策带来的困难，完成各项经济任务。提高农业生产科技含量，“果、牧、菜、薯”四大主导产业产值占到农总产值的59.7%，工业生产坚持“面向市场，发挥优势，调整结构，突出特色”的发展战略，运行平稳。农村电网改造完成626个行政村。山川秀美工程全面启动。各项改革稳步推进，推行公务员制度，各项社会保险制度。教育“双基”达标通过省级验收。社会秩序保持稳定，全面实施下岗职工基本生活保障和再就业工程。国民生产总值28.96亿元，农业总产值2.82亿元，粮食总产量10.3万吨，财政收入10952万元，其中地方财政收入8704万元，城镇居民人均可支配收入4047元，农民人均纯收入1483元，人口自然增长率2.09‰。

2000年，全区以中共十五大为指针，以西部大开发为主线，以“三讲”教育为动力，突出重点，开拓创新，全区国民经济保持健康发展的势头。山川秀美工程开局良好，退耕还林以粮代赈深入实施。工业企业以提高经济效益为中心，南泥湾钻采公司、通用机械厂、建材厂、纸箱厂等骨干企业发展迅猛。国民生产总值21.45亿元，工业总产值3.63亿元，农业总产值2.81亿元，财政收入13153万元，地方财政收入10455万元，完成固定资产投资12.87亿元，社会消费品零售总额达6.90亿元，城镇居民人均可支配收入5083元，农民人均纯收入1487元，人口自然增长率2.03‰。

2001年，全区贯彻落实中共十五届五中、六中全会精神，实现“十五”时期开好头、起好步的目标。农业产业结构调整加快，“果、菜、草、畜”快速发展，山川秀美工程流域治理173.4平方千米。工业产业规模化、商贸企业扭亏增盈。开展投资环境整治取得初步成效。教育“四制”改革（校长聘任制、教师聘用制、岗位责任制、结构工资制）全面实施，文化事业日益繁荣，被陕西省政府授予“陕西省文化先进县（区）”。全区完成国民生产总值24.91亿元，固定资产投资15.45亿元，地方财政收入1.2亿元，城镇居民人均可支配收入5333元，农民人均纯收入1536元，人口自然增长率6‰。

2002年，全区抓住西部大开发历史机遇，完成国民生产总值31.04亿元，地方财政收入1.45亿元，固定资产投资19.48亿元，城镇居民可支配收入5525元，农民人均纯收入1640元。林果业、草畜业、棚栽业三大主导产业格局初步形成，发展以沼气为主的农村新型能源936个，以非公有制为主的第三产业快速发展，财政收入持续增长，城乡居民收入提高，消费能力增强。

2003年，全区经济建设和社会各项事业取得长足发展。全年完成国民生产总值37.49亿元，完成财政总收入2.68亿元，其中地方财政收入1.96亿元，社会消费品零售总额9.3亿元，固定资产投资32.42亿元，城镇居民人均可支配收入5994元，农民人均纯收入1757元。推行乡镇机构改革等税费配套改革。“山川秀美”工程按照大规范、高标准的要求推进。企业降耗节支工作成效突出、改制顺利，商贸经济加大网点开发、效益大幅提高，顺利完成二道街改造、南泥湾小城镇建设等10件实事、20个重点项目。防治“非典”取得胜利，科技创造活动全面开展，撤并学校35所，家政服务培训中心建立，社会大局安全稳定。

2004年，全面完成区十五届人大二次会议确定的各项任务，在全面建设小康社会和西部经济强区的伟大进程中迈出坚实的步伐。全年完成国民生产总值52.96亿元，经济增速是历史上最快的一年，完成财政收入4.74亿元，其中地方财政收入3.25亿元，城镇居民人均可支配收入6334元，农民人均纯收入达到1962元，高于全市平均水平。取消农林特产税，免征农业税，农村信贷和包扶包建工作全面开展，三大主导产业占到农民人均纯收入的51%，退耕还林全面实施封山禁牧措施。重点项目建设和10件实事胜利完成。社会事业全面进步，被授予“全国科学进步先进区”称号。大力开展爱国卫生活动，落实“四包两禁止”责任制，城乡环境卫生逐步改善。

2005年，全区各级各部门坚持以科学发展观统领工作全局，按照既定的发展战略和目标，开拓创新，锐意进取，圆满完成各项工作任务，经济继续保持快速发展的良好势头。全年完成国民生产总值123.90亿元，完成财政收入7.66亿元，其中地方财政收入3.90亿元，农民人均纯收入2177元，在取消农业“两税”的基础上，免收农村畜禽防疫费，对新栽苹果、防雹体系建设、发展大棚等实行定补。全区电视覆盖率达90.4%，实现村村通电话。14件实事和21个重点项目顺利完成。城乡基础设施条件明显改善。列支1000万元，用于国企改革。全面实施“两免一补”政策和“2131”数字电影放映工程，被评为“全国农村电影放映先进县（区）”，城乡低保实现“应保尽保”。

2006年，坚持“产业富民、工商强区、城市带动、项目拉动、超常发展、建设小康”发展战略和“农业产业化、新型工业化、城乡一体化、经济民营化”的思路，依靠科技进步，提高经济增长质量和效益，实现经济又快又好发展。全年完成生产总值108.69亿元，固定资产投资44.13亿元，完成财政收入7.91亿元，其中地方财政收入4.88亿元，农业总产值5.93亿元。工业总产值20.15亿元，社会消费品零售总额22.23亿元，城镇居民可支配收入9109元，农民人均纯收入2381元。对河庄坪乡井家湾村、临镇镇任家塬等18个村进行社会主义新农村建设，投入资金2549.8万元。退耕还林成效显著，被国家绿化委员会授予“全国绿化模范县（区）”称号。三大产业总收入达3.81亿元，占农民纯收入的63%。城市经济增势强劲，财政收入稳步增长。油路建设、农村集贸市场建设等11件实事，28个重点项目已基本完成。社会事业统筹发展，“双高普九”（高标准、高质量普及九年义务教育和扫除青壮年文盲）通过市上验收，参加农村新型合作医疗达17.02万人，参合率82.5%。

2007年，全区以邓小平理论和“三个代表”重要思想为指导，围绕“推动科学发展，构建和谐宝塔，实现富民强区”的奋斗目标，经济社会步入加快发展、科学发展、和谐发展的新阶段。全年完成国民生产总值129.31亿元，财政总收入12.60亿元，其中地方财政收入6.56亿元，完成固定资产投资50.03亿元，城镇居民可支配收入达10580元，农民人均纯收入达2739元，经济总量连续多年位居全市各县区首位。

2008年，全区继续解放思想，坚持改革开放，紧紧围绕“推动科学发展、构建和谐宝塔、实现富民强区”的目标，大力实施“产业富民、工商强区、城镇带动、项目支撑、科教引领、建设小康”的经济发展战略，切实加强农业基础建设，全力抓好苹果、蔬菜、畜牧三大主导产业开发，着力做强工业、商贸、民营三大城市经济，加快十大项目建设，实施十大民生工程，城乡经济协调发展，全面加强党的建设，为建设经济强区、产业大区、旅游名区、生态文明区和党建先进区奠定坚实的基础，全面完成各项目标任务。全年完成国民生产总值135.07亿元，财政总收入13.40亿元，其中地方财政收入7.09亿元，完成全社会固定资产投资95.60亿元，完成社会消费品零售总额33.20亿元，城镇居民可支配收入12748元，农民人均纯收入3458元。

2009年，全区着眼于保增长、扩内需、调结构、上项目、促发展，大力推进重点项目建设和工业、商贸、民营三大城市主导经济优化升级；全面加快苹果、蔬菜、养殖三大主导产业建设，积极拓展农民增收空间；继续实施十大民生工程，加快社会各项事业发展，全力维护社会大局和谐稳定；大力弘扬延安精神，全面加强党的建设，努力建设经济强区、产业大区、旅游名区、生态文明区和党建先进区，争当全市科学发展排头兵，经济社会呈现出平稳运行的良好态势。全年完成生产总值125.20亿元，完成地方财政收入7.60亿元，完成全社会固定资产投资105.20亿元，实现工业总产值92.90亿元，其中规模以上工业总产值87.83亿元，实现社会消费品零售总额39.83亿元，城镇居民人均可支配收入达到15771元，农民人均纯收入达到4147元。

2010年，全区以中共十七届四中全会精神为指导，深入贯彻落实科学发展观，以经济结构调整为主线，狠抓重点项目建设和工业、商贸、民营三大城市主导经济，加快推进工业园区建设；以增加农民收入为目标，提高苹果、蔬菜、养殖三大产业的规模效益，加快推进农业产业化；以改善民生为根本，加快推进十大民生工程建设，全力维护社会和谐稳定，努力建设富裕、生态、和谐的新宝塔。全年实现生产总值146.40亿元，完成地方财政收入8.53亿元，完成社会固定资产投资137.20亿元，实现工业总产值101亿元，其中规模以上工业实现总产值75.50亿元，实现社会消费品零售总额50.36亿元，城镇居民人均可支配收入达18486元，农民人均纯收入达5051元。

截至2010年底，宝塔区总面积3556平方千米，全区总人口45.82万人，辖11镇9乡、3个城市街道办事处，611个行政村、37个城市社区，是全国双拥模范城、全国生态示范区、全国绿化模范区、中国优秀旅游城市、全国计划生育优质服务先进区、全国体育工作先进区、省级教育强区。是中共延安市委员会、延安市人民政府所在地，是延安政治、经济、文化中心，也是西部大开发的前沿，具有承东启西的发展优势。

第二章　政府会议

第一节　政府常务会

宝塔区（含县级延安市）政府常务会议，由区长（市长）或主持日常工作副区长（副市长）召集和主持，一般每月召开一次。

1990年1月至1993年1月，县级延安市十二届政府共召开常务会35次，印发纪要35期。其中，1990年3月9日会议决定，原市工业局所属“延安市水泥厂”“延安市水泥制品厂”“延河水泥厂”“延安市建材厂”四个单位划归市建委口管理，隶属于建委系统；“延安市标准计量局”更名为“延安市技术监督局”；市政府大楼建设问题，决定改造、新修办公大楼，合计建筑面积3400平方米，由政府拿出80万元，用于改造修建，节约奖励，超支不补，确定由市一建、二建及川口建筑公司承担，力争是年底主体竣工，对工队优惠条件是明年优先安排基建工作；6月20日会议决定，复转军人安置问题，成立以张致远副市长为组长的复转军人安置领导小组，会议决定复转军人安排原则上都下企业，不增加财政负担，为了加强行政基层工作，决定分配给基层派出所7人、边远乡镇20人、街道办事处9人，36个名额不能突破，要采取统一考试的办法择优录用，其余统一由民政局直接介绍到位，重点分配在公交、财贸企业，对1989年22名没有上编的复转人员，坚持按文件办事，不予上编，都下企业；8月6日，会议决定城市集贸市场的规划与建设问题，同意工商局近期安排的18个集贸市场的规划意见，要求大小市场都要有详细的规划意见，并要有逐年实施方案；要本着勤俭办一切事业的原则，少花钱，多办事，办好事；南河集贸市场可作为一个大型市场，先搞试点。由工商局代政府起草上报地委、行署取得支持；木器厂市场建设先成立领导小组研究实施可将木器厂搬迁到大砭沟，用部队营房一部分人搞加工，同时木器厂可采取多种形式在原厂址处办集贸市场，会议要求工商局要加快建设东关大桥市场和白坪市场的地面硬化改造工作，如果市场营业额突破5000万元大关，市政府可奖给工商、税务各15万元；延安火车站新建商业综合大楼问题。为了落实投资，加快基建建设，决定成立延安火车站商业服务综合大楼建设领导小组，全权负责该项目的建设工作。会议还有石油商品计划指标归市石油公司管理经营和新建加油站的议题，决定从1991年8月17日起，石油商品平价油指标由计委划归市石油公司统一管理和经营，石油公司将平价指标的15%留给主管市长安排，用于本市平衡的特殊用油；计委必须将所余指标按期如数交给石油公司；凡在8月17日前批供的平价油，未办理手续一律停办；会议同意市石油公司在王家坪和东川新建加油站 2 个，2 个加油站年内动工修建，资金来源靠银行贷款。1992 年 1 月 5 日的会议决定，征收城市配套费的问题，同意延安市规划委员会办公室 1991 年 1 月提出的征收城市基础设施配套费的方案，原则上区分为两类，新开发区为一类：每亩征收设施配套费用 2.5 万元、3 万元、3.5 万元；旧城区改造为一类：每亩征收设施配套费 1.5 万元、2 万元、2.5 万元。方案修改后，由市政府报市人大审批。起征时间从 1991 年 1 月 1 日以后审批的项目开始；同意在城市规划内由水政、水资源管理部门委托市城建局负责规划区内水资源的开发、利用和保护，并收取水资源费。但此款必须如数上缴财政，专款专用，主要用于城市水资源的开发，利用和供水配套设施的建设和改造；同意提高自来水价格，水价自 1966 年以来，一直为 0.28 元/吨，随着固定资产的增加，供水量的增长，物价指数上涨，近年来企业连年亏损。为了自来水事业的发展，减轻国家财政负担，在本着微利的原则下，根据市委常委会议的意见同意实行三部水价制：工业、商业、基建用水 0.55 元/吨；党政、事业单位用水 0.50 元/吨；城市居民点用水 0.40 元/吨。对城市居民供水点管理，由城建局督促自来水公司进行整改，供水点收取的水费不得超过 0.40 元/吨，调整后的水价从 1992 年 1 月 1 日起执行。

1993 年 1 月至 1998 年 1 月，第十三届区（市）政府共召开常务会 63 次，印发纪要 63 期。其中，1993 年 1 月 3 日会议决定，对已建成的石油公司周家湾加油站和正在兴建、筹建中的蔬菜公司、酿造厂、集贸市场、副食公司院内的副食综合大楼给予扶持政策；市石油公司在资金困难的情况下，自筹和贷款扩建高坡油库储量外，改建南桥加油站和新建周家湾加油站，同意石油公司 1992 年、1993 年两年在保证完成承包利润 25 万元基数的前提下，新增的税（所得税）和利润全部由财政返还，用于归还基建贷款；蔬菜公司正在二道街兴建和酿造厂厂区内正在筹建的集贸市场，自建成投入使用之日起，在三年内财政不列入预算收入，将三年的全部税利（包括一年的营业税）由财政返还，全部用于归还基建贷款，并将城市配套费免征一半，缓征一半；副食公司院内正在兴建的副食品综合大楼。自建成投入使用之日起，在三年内的全部税（所得税）和利润由财政返还，用于归还其基建贷款，城市配套费按二道街集贸市场规定办。1994 年 4 月 27 日会议决定，就市建设局在机构改革后的管理等问题，将原延安市建材集团公司，更名为延安市建筑建材集团公司，办公地址设在建材厂，集团公司所属的单位有延河水泥厂、市水泥厂、市水泥制品厂、市建材厂、市一建、市二建。更名及所属单位情况，由市建设局上报市机构改革办公室；市综合开发公司，市建筑建材集团公司，市建材厂隶属于市建设局管理；市建设局可根据新职能需要，调整内部人员，设立相应的股级科室，进行统一管理；9 月 29 日会议决定，计划在延河南寨砭处建一座 3 米高的橡皮坝，拦截延河水建成人工湖，有效水面（深度 50 厘米以上）可达 150 亩，平时供群众划船、溜冰，到汛期排掉湖水及橡皮坝体蓄水，以利泄洪；此方案经防汛部门及有关专家研究论证，认为不影响防汛泄洪；延河水上公园建成后，将使延安市达到有山有树又有水，既可美化净化城市，又可为市区增添一大景观，为广大群众提供一个高档次的娱乐场所；会议决定成立延河水上公园建设指挥部，指挥部下设 3 个领导小组，即质量监督检查小组、工程技术小组、施工小组，成员由指挥部具体确定。水上公园要精心设计，保证既不碍洪，又能保河堤，并合理安排游乐设施，使其与延河大桥、嘉岭大桥周围的景点相互点缀，融为一体；整个工程建设要想办法争取在10月1日开始动工，采取多上工队的办法，加快进度，务必于11月底全部建成投入使用。指挥部要精心组织施工，保证工程质量，工程建成后使用期限至少要达到15年以上。整个工程建设总投资不得突破150万元。1995年8月29日会议决定，新编延安市总体规划大纲，此项工作由冯毅、张福寿副市长总负责。根据地区要求大纲修编总体工作，由延安市主办的精神，市规划办要认真组织实施，紧密配合修编小组开展工作，积极提供有关资料。同时立即与修编小组联系，务必于9月3日前拿出粗线条的大纲草案上报地区。关于争取省农业厅粮食丰产方支持的问题，由农林牧业局、农业总公司领导负责，抓好“3个10万亩”，即10万亩谷子、10万亩玉米、10万亩洋芋。同时，丰产方要写出书面效益分析报告。另外明年以工代赈资金争取，涉及水利、林业、农业等部门，必须于9月底前拿出报告，尽快呈报。1996年11月22日会议决定，全市旅游业发展和延安国家森林公园建设等问题，根据林业部、陕西省林业厅关于建立延安国家森林公园有关问题的通知精神，延安国家森林公园与国营风景林场实行两块牌子、一套班子。但鉴于现在延安市设有“四山”（宝塔山、凤凰山、清凉山、万花山）建设委员会的实际情况，决定延安国家森林公园与延安市“四山”委合署办公，市风景林场和城郊林业派出所归森林公园管理。聘请刘德章为延安市人民政府顾问，在延安国家森林公园的机构尚未正式批复之前，由刘德章负责分管国家森林公园建设，管理具体工作；王书人负责分管“四山”委日常工作。互相之间要搞好协调，密切配合，全力搞好森林公园和“四山”的建设管理工作。延安市旅游局为市政府主管全市旅游工作的直属事业单位，原属“四山”委管辖的宝塔山管理处、清凉山管理处、摩崖石刻管理处和杜公祠管理处划归市旅游局直接管理。市旅游局在业务上受延安国家森林公园的具体指导，必须严格按照全市旅游业发展总体规划和延安国家森林公园建设总体规划的要求，切实加强对下属单位的管理，促进全市旅游业更快发展。1997年6月5日会议决定，全面展开帮困工作，完成市上下达宝塔区帮困任务300户；各部门收缴的基金要在每月20日前汇入财政帮困专户，区财政局要在每月25日前汇入区劳动服务局帮困专户，区公安分局、地税局要于6月20日前将去年未收足部分（1996年度公安局欠4万元、地税欠6万元），及年内一、二季度的帮困基金汇入财政专户，保证去年605户困难职工第四季度救济金和全年300户困难职工第一、二季度救济金和是年300户困难职工第一、二季度救济金顺利发放。各收缴部门每月要向帮困小组办公室以书面形式汇报基金收缴情况，办公室按季向领导小组汇报。对不重视此项工作，收缴不力的部门，帮困领导小组将从工资账户中足额扣除，由区财政局监督执行。各区属企业要将应交的帮困基金纳入工资预留户，确保基金足额交纳。

1998年1月至2003年2月，第十四届区政府共召开常务会67次，印发纪要61期。其中，1998年11月16日会议决定，自来水公司、环卫处等10个单位上划移交有关议题，成立区清产核资移交领导小组，常务副区长任组长，副区长孙树清、刘亚那、张俊雷任副组长，成员由区建设局、人事局、财政局、政府办、计委、审计局、粮食局、编办、房产总公司、国有资产局组成；移交工作由常务副区长总负责；孙树清、张仲平、程建华具体负责日常事宜；人员编制问题，由人事局牵头，编办参与，主要负责核清移交单位现有人员的身份，编制与工资状况；关于党团、工、青、妇等移交问题，由组织部牵头负责处理；财产的审核、移交问题，由财政局牵头，国有资金局、审计局参与，负责审核各移交单位的债权、债务及国有资产，以便全部移交；档案移交问题，属区委组织部管理的档案和人事局管理的档案，随单位整体移交；移交后遗留问题的处理。向市政府申请移交的河道管理处和房产总公司，由财政局、审计局会同各有关部门，认真核查移交后预算内、预算外收入情况；由城建局会同城市“三个办事处”（南市办事处、凤凰办事处、宝塔办事处）向市政府提出解决辖区内小巷的管理权限和居委会书记、主任的工作职责、工资待遇等问题。1999 年 1 月 5 日会议决定，长庆石油管理局延安北石油专线委托西延铁路办公室征用土地的遗留问题，西延铁路联合办公室签订的委托宝塔区征迁办征地协议书，委托代征土地及附属物协议书有效；征用土地 101.659 亩，其中 97.809 亩（含石油专线南侧水渠用土地 1.334 亩），土地使用权属于石油专线项目法人；征迁办代征的石油专线北侧 3.85 亩水渠土地使用权不属于石油专线项目法人，征用和代征土地费两项计 198.65 万元；地面附着物赔偿费以延安市征办协议确定的 24.33 万元为准，三项费用共计 222.98 万元；根据《中华人民共和国土地管理法》《土地管理条例》有关规定和宝塔区实际情况，宝塔区土地局及有关部门实收各种费用 45.02 万元；西延铁路联合办公室应付给宝塔区征迁办、土地局征地、土地审批手续等各种费用 268.01 万元；石油专线项目法人、西延铁路联合办公室要尽快办理土地使用手续，完善各种证件，把遗留问题解决好。2000 年 4 月 13 日会议决定，宝塔区和银海集团共同建设银海高科技大厦有关问题，建设银海大厦的征迁工作于 4 月 15 日开始，各有关单位要各司其职，通力配合，确保征迁工作顺利进行；由区征迁办负责提前发布通告，与水厂、电力、电信、有线电视等单位进行联系，妥善处理好征迁中的有关事宜，并负责兑现征迁补偿费，随时掌握征迁工作出现的各种动态；由副区长呼延鹏、区商贸局局长负责处理好商贸系统有关单位的搬迁和人员安置工作；由副区长孙树清、区工商分局局长、凤凰办事处书记负责处理好凤凰工商所和凤凰办事处的搬迁和人员安置工作；由常务副区长负责组织法院、公安分局、司法局、法制办等单位，全力配合征迁工作；由副区长孙树清负责组织体改委、房产局、建设局等单位，向市上有关部门申请返还国有土地出让费。2001 年 6 月 19 日会议决定，提高井场奖励和占地费问题，按照全市石油钻前工作会议精神，参照延长油矿管理局执行的标准，从 2001 年 1 月起，南泥湾钻采公司井场奖励款提高为每推 1 个井场，奖励区政府 800 元，奖励油井所在乡镇和区钻前办各 500 元；占用耕地每年每亩补偿费提高为上川地、上坝地 800 元，中川地 700 元，下川地、台地 600 元，沟湾地 500 元，坡地 400 元；占用无收益荒地一个井场一次性付给 500 元；井场奖励款由南泥湾上缴区财政后再划拨给乡镇和钻前办，占地补偿费由南泥湾钻采公司直接和农民结算。2002 年 2 月 13 日会议决定，农村公路建设问题，会议原则同意《宝塔区农村公路发展规划》，会后由区交通局负责组织实施。会议要求，要着重抓好“十五”期间乡乡通油路工程的实施。

2003 年 2 月至 2007 年 10 月，第十五届区政府共召开常务会 90 次，印发纪要 78 期。其中，2003 年 5 月 30 日会议决定，蟠龙镇、元龙寺乡、贯屯乡学校布局调整有关问题，会议指出，各部门、各单位、各乡镇都要牢固树立教育为本的思想，积极支持教育部门搞好此项工作。会议认为，利用蟠龙、元龙寺、贯屯供销社闲置房屋发展教育事业，既有利于加快完成农村中小学布局调整任务，加快乡村教育事业的发展，也盘活闲置资产，是一个有益于区、乡、村和供销社四方发展，一举四得的好思路，要积极支持乡镇和教育部门组织实施。会议原则同意区教育局与区供销社形成的意见，将贯屯、蟠龙、元龙寺供销社闲置的房屋有偿用于上述三乡镇中小学布局调整，扩大办学规模。区财政一次性拨给区供销社43.2万元。会后，由副区长呼世杰牵头，组织蟠龙镇、元龙寺、贯屯乡和教育局、国土局、法制办、改制办、区供销社，尽快处理好有关债权债务问题，做好基层供销社干部和广大群众的思想工作，妥善履行好相关手续，确保布局调整尽快付诸实施。2004年8月30日会议决定，原则同意区劳人局提出的《宝塔区2004年教育、卫生类本科毕业生聘用工作的意见》及《宝塔区2004年师范类大专毕业生招聘工作实施意见》；同意从省、市两次人才交流会上签订就业协议的师范类本科毕业生27人，陕师大委培的师范类本科毕业生12人，市人才交流会上签约的卫生类本科生6人，区人才交流中心入库的师范类本科毕业生9人，2004年8月30日之前在区人才交流中心入库注册的师范类大专毕业生（小学教育专业除外）中招聘教师；聘用人员在聘期内实行月薪制，师范类大学专科毕业生月薪为650元，偏远乡镇中学聘用人员为700元。会议决定，对省、市两次人才交流会上签订就业协议的师范类本科毕业生，市人才交流会上签约的医学类本科毕业生中的聘用人员办理有关编制手续；对在区人才交流中心入库的师范类本科毕业生及师范类大专毕业生中的聘用人员不予办理有关编制手续。所有聘用人员在聘期内享受养老、失业、医疗三项社会保险待遇及取暖、降温等各种福利待遇。辞职、解聘后，工资、编制、社会保险待遇及各种福利待遇全部取消，人事档案移交回区人才交流中心。具体招聘工作由区招聘领导小组负责组织实施。对已签约的师范类本科毕业生严格按协议履行有关招聘手续；对未签约的本科毕业生采取报名、资格审查、面试、填报志愿、体检、签订聘用合同等程序进行招聘；对师范类大学专科毕业生除严格履行相关招聘程序外，由招聘领导小组负责组织统一考试。同时，要严明考试纪律，坚持“公平竞争，择优录用”的原则，坚决杜绝徇私舞弊和“暗箱操作”等不正之风，一经发现，严肃处理。2005年8月18日会议决定，原则同意区教育局提出的《关于对农村义务教育阶段学生实施“两免一补”工作的实施意见》。根据延安市人民政府《关于对全市农村义务教育阶段学生实施“两免一补”工作的通知》和《关于实施农村学生“两免一补”工作暂行办法》文件精神，会议决定，从2005年后半年起区财政每年要如实列支区上应承担的“两免一补”经费。会议强调，区教育局要对“两免一补”享受范围、享受对象和享受标准认真审核，区财政要严格把关，相互加强资金管理，实行专户拨付，专款专用，坚决杜绝挪用截留现象；区教育局和主管区长负责将宝塔区落实“两免一补”情况分别向市教委和市政府作专题汇报，争取市上的支持。2006年7月14日会议决定，加强环境卫生整治，建立保洁队伍，同意区爱卫办提出的在过去已建176个垃圾屋、33座公厕、83个保洁员的基础上，再新建垃圾屋263个，累计达到439个，每个补助2000元；新建公厕55座，累计达到88座，每座补助1万元。

2007年10月至2010年12月，第十六届区政府共召开常务会40次，印发纪要40期。其中，2007年4月4日会议决定，原则同意区教育局起草的宝塔区2007年中学教师聘用工作实施意见。在各乡镇中学（含金中、姚中）招聘短缺教师55名；招聘范围限在2007年应届毕业生的师范类大学毕业生和2007年7月31日以前在区人才交流中心入库注册的师范类大学毕业生以及陕师大委培生；聘用办法和待遇严格按照《延安市宝塔区人事和劳动社会保障局关于事业单位聘用人员待遇暂行办法》的规定执行，合同期为三年。原则同意区教育局关于将杨家岭中学改建成幼儿园的意见。幼儿园按省颁一级一类标准建设，由区政府全额投资兴办，区教育局要抓紧实施，确保2008年秋季开始招生。改建所涉及杨家岭中学的教师和学生全部就近分流其他中学任教、就学。学校建成后，原区一幼教师全部到新建成的幼儿园任教。2008年3月13日会议决定，同意《宝塔区乡镇畜牧兽医站招聘工作人员实施办法》，聘用乡镇畜牧兽医站技术人员28人，其中在畜牧系统内部招聘6人，此6人必须是在编在册人员，不参与考试，由区人劳局、畜牧局考察后确定；其余22人从区人才交流中心入库的毕业生中通过考试择优选聘，考试人员必须为年龄在30岁以内、属宝塔区生源的中专以上（含中专）畜牧兽医类专业毕业生。拟聘人员确定后按照《宝塔区事业单位聘用人员待遇暂行办法》执行聘期待遇。2009年5月9日会议决定，同意将2005年和2006年复退军人和转业士官57人先行安置；原则同意将2005年和2006年复退军人和转业士官全部安置在区财政全额供养事业单位。具体由区政府常务副区长杨东平负责，区民政局、人事局、编办等相关部门配合进行安置。2010年9月28日会议决定，聘用医学类专业技术人员有关问题，会议原则同意聘用医学类专业技术人员11人，会议要求：成立以常务副区长杨东平为组长，副区长高鹰为副组长，编办、人劳、财政、监察、卫生等部门为成员的领导小组，下设办公室于卫生局，具体负责聘用的日常工作；要坚持公平、公正、公开的原则，择优录取，聘用对象为持有宝塔区户籍的专科以上医学类专业人员。

第二节　区（市）长办公会

区（市）长办公会是由区（市）政府研究解决重要问题的主要形式，由区（市）长或主管副区长（副市长）召集和主持，一般半月召开一次，根据需要可不定期召开。

1990年2月至1993年1月，第十二届市政府共召开市长办公会116次，印发纪要112期。其中，1990年3月27日会议决定，新修建中山图书馆，地址定于市场沟沟口农贸市场处，占地面积约5亩，馆舍建筑面积3802平方米，工程施工由文化局负责，整个工程必须在4月初开始施工；会议同时决定，农贸市场搬迁到白坪。3月29日会议决定，凡单位或个人在城区水源保护区内取水（地表水和地下水），须经城建水管部门同意后方可由市水资源管理办公室批准，否则一律不予以批准。10月16日会议决定，同意延安电视台在宝塔山摘星楼上架立铁塔。由延安电视台负责铁塔的设计建设等工作，城建局要给予必要的协助和配合。同意延安电视台基建地址选在旧机场小区，具体地址和占地面积按照广播电视部颁布标准技术要求，由副市长刘向东（副县级）会同城建规划部门和延安电视台按照城建规划要求决定。1991年3月4日会议决定，延安火车站广场用地范围：原则同意市规划办委托西北建筑设计院进行广场规划设计的用地范围，要求规划广场桥中轴线应以火车站站房中轴线为基准点；延安火车站铁路用地范围内的建设由铁路上自建，但应符合城市规划的要求，其他用地（两色线两侧用地），应统一规划、统一征地、统一开发，分期实施；除地区开发公司征用的14亩土地外，其余的用地均由延安市组织统一开发管理建设，需请示地区的由延安市（及有关部门）按程序进行；火车站广场的征地由支铁办按铁路征地价格进行征用，其他建设用地的征地费用于铁路征地费价格，低于现城市建设征地费用；征地后应做好农民农转非及就业安置工作，首先摸清有关情况和底子，按照有关政策，采取多渠道的方式解决就业问题，即部分招工、修田造地，也可征用部分土地，留给有关村庄自筹自建，发展第三产业。1992年1月24日会议决定，从1992年1月21日起，市建委原直管的一建公司、二建公司、城市综合开发公司、建材公司、建材厂、水泥厂、水泥制品厂、延河水泥厂交由市建工建材局直管；市建工建材局为上述8个单位的行政和业务主管部门、负责统一管理和协调日常工作；市属乡镇、城镇有资质等级的施工企业、建筑制品生产、企业的人才、技术培训、企业资质升降的考核、业务指导和施工管理；施工企业、建筑制品生产企业应按有关规定向建工建材局缴纳管理费用；市建委原建工科的具体业务工作和科室人员（2人）从即日起移交市建工建材局；市建工建材局为市招标委员会成员之一，并参与全市招投标、施工合同签订、施工管理竣工验收、工程决算等活动；市建工建材局内部设置为“一室二科”，即办公室、计财科、建材科。市建工建材局的经费待政府参照有关规定研究行文后执行。同年3月5日会议决定，为了不误农时，提早动手，做好烤烟生产的前期准备工作，各乡镇和市级有关部门要认真贯彻执行市人民政府《关于烤烟生产所需专用肥、地膜的组织供应办法的紧急通知》精神，精心组织，合理安排，切实做好春季烤烟专用肥、地膜的调拨落实工作。由冯毅副市长牵头，新华化工厂、塑料厂负责搞好生产，确保烤烟专用肥和地膜的按时供给。市烟草局必须在3月底前，将90万元返还款拨付给企业，不足部分由生产资料公司贷款解决，以便用于化肥和地膜生产。市生产资料公司、供销社具体负责经营，必须按文件精神将烤烟生产所需化肥、地膜落实到位。生产资料公司将烤烟专用地膜、化肥调拨进展情况每两天（双日）向市政府报告一次（报市农委）。各乡镇、各有关部门要积极认真组织，协调配合，抓紧抓好烤烟生产的前期准备工作。任何部门、单位都不得有抵触情绪，若不按文件精神限期完成任务的，要给予黄牌警告；对工作环节上造成严重失误的，要追究领导者的责任。

1993年1月至1998年1月，第十三届市（区）政府共召开市长（区长）办公会168次，印发纪要168期。其中，1993年4月2日就城区内供水工程建设进行会议研究，城区内供水工程建设共计8个建设项目，预算投资3650万元，按上级要求，1994年5月底全部竣工。根据延安市实际，在资金到位的情况下，节约资金650万元，用3000万元赶在1993年底完成全部工程，并确保质量，达到优良工程。清凉山窑洞居民拆迁户问题。共计70户，由政府拨款25万元拆迁费，赶在4月20日前全部拆迁完毕，一次妥善安置，不留尾巴，待拆迁完毕后，筹集资金逐步恢复窑洞景观扩大旅游规模。根据市区部分街道、道路路面陈旧、年久失修状况，会议决定，1993年年内对南关街、北关街、南滨路北段、北滨路南段、延师路五条道路进行改造，铺设水泥路面，总长4390米、49200平方米，预算投资1000万元（包括地下管网道改造资金）。由城建部门负责，各街道办事处协助，督促各沿街单位、个人房屋院落、房顶垃圾进行统一清扫，对沿街破墙、破台等由单位自行修补。同时，按照“各扫门前雪”的原则，市区主要街道道路改建到哪里由沿街单位、个人出资铺设人行道水泥砖，市上统一验收，改变市容市貌。市场建设方面，年内共新建10个农贸市场，完善1个由市工商局负责，年内全部建成。原则同意交警大队关于整治交通秩序的方案，对全市交通秩序实行严管重罚，加强交通秩序管理，力争步入全省先进行列。1994年3月2日会议决定，驻延安各党政群机关、市企业单位，干部职工中征收基本工资2%人民教育基金。凡在本市（区）辖区内的中央、省、地、市各党政机关，市属企业（包括国营集体）单位、在地、市银行开户的一律由开户银行代征，转市教育基金办专户，教育基金征收工资于3月1日开始，各单位在发3月工资前，带上本单位工资表到所在开户银行核对发放工资人员和基本工资额（基础工资、职务工资、级别工资、工龄工资）。在发放工资的同时缴纳当月人民教育基金，否则由财政拨款的单位，财政停拨工资，由银行支取工资的单位，银行停止支付工资。如果3月工资已经拨付的单位，于4月补缴。同时要求教育基金办于3月底前对所有单位应缴纳的教育基金准确核算。各单位教育基金转到后，及时给单位开回收据。因各种原因，未在银行开户的单位，由本单位负责足额代征，转交市教育基金办。凡属市辖区内（东至丝绸厂、北至卫校、南至火车站、西至化工厂）党政机关、事业、企业国营、集体单位的教育基金由开户行代征，直接转市教育基金办专户。1995年10月29日会议决定，对原由人劳部门分配的127名大中专毕业生中的36名委培、定向毕业生实行双向选择，其余91名由人劳局分配，市级行政部门、全额拨款单位不分配新毕业生；按照专业对口的原则，将医疗、卫生、农、林、牧专业的毕业生分配到所对口的事业单位；对36名委培、定向毕业生采取试点的办法，由人劳局办理有关手续；对自费毕业生，原则上实行自主择业；委培、定向毕业生工资起薪时间由人劳部门办理手续之日起执行。1996年8月3日会议决定，政策性调整粮食销售价格，标粉每1市斤销售价格1.22元，于8月1日起执行；议价销售实行最高限价管理，标粉每50市斤定价64元，上白粉每50市斤定价68元。1996年9月7日会议决定，在全市推行生猪等禽兽定点屠宰办法。市区内确定桥沟、尹家沟冷库、河庄坪、大砭沟、燕沟冷库5个屠宰点，各乡镇根据本地实际确定1~2个屠宰点，由畜牧局具体负责落实场地、屠宰人员、屠宰设施等一系列具体问题；工商局和环保局协助工作，市区内5个屠宰点于春节前确定并能正式运行。1997年7月12日会议决定，全区紧急开展煤炭生产秩序整顿。整顿工作由区工业总公司、矿产资源管理局牵头，公安、工商、电力、土地、人劳、计经及7个产煤乡镇主要领导参与，分三个阶段开始整顿。第一阶段，从7月13日开始，3天时间取缔关闭一切无“陕西省乡镇矿业采矿许可证”的乡镇小煤矿，并将整顿结果报市政府；第二阶段，从7月18日开始至8月31日，按省政府办公厅的清理整顿要求，对不符合安全规定，存在事故隐患的乡镇小煤矿进行全面清理整顿；第三阶段，从9月1日至30日，复查验收阶段，由区依法整顿生产秩序领导小组组织复查验收，写出清理整顿专题报告，报市政府。

1998年1月至2003年1月，第十四届区政府共召开区长办公会172次，印发纪要172期。其中，1998年8月1日会议决定，区政府提供专款2万元，解决武警中队营建欠款1.7万元，剩余资金用于图书馆设施建设的补充；省武警总队要求，宝塔区武警中队组建10人防爆小分队，由武警中队向公安宝塔分局提出组建申请报告，公安宝塔分局审核后报区政府，防爆小分队组建要逐步完善设备配套，力争年底正式组建成立；武警中队营房基建遗留问题，由副区长孙树清负责，区建设局具体实施，营房基建遗留问题处理结束后，由副区长孙树清组织验收。1999 年 9 月 23 日会议决定，神延铁路宝塔段建设是西延铁路建设的继续和延伸，是全省乃至全国的重点建设工程。宝塔区李渠镇阳山村搬迁、征地工作，阳山村农户必须在 10 月 10 日前完成搬迁任务的 60%，10 月 15 日前全部搬迁完毕，力争提前 5～10 天完成市政府交办的任务。会议决定，搬迁工作建立奖罚激励机制。对这次搬迁工作中听取指挥、认真负责、吃苦卖力、成绩卓著的有关人员给予一定的物质奖励，并在全区通报表扬；对不服从组织安排、不按时到位到岗、工作措施不力、延误搬迁时机的有关人员，在全区范围内通报批评，并给予相应的纪律处分和经济处罚。与此同时，对阳山村农户识大体、顾大局，按规定时限提前搬迁的，给予适当资金奖励；按计划时限搬迁的如数兑现补偿搬迁资金；不按计划时限搬迁的不予补偿搬迁资金，并按有关规定强行拆迁，从严处罚。2000 年 7 月 21 日会议决定，陕西省天然气分输站在山体下修建防风护坡占用枣园乡枣园村荒坡地 0. 2 亩，以每亩 10 万元的征地价格一次性补偿枣园村土地征用款 2 万元，双方按要求签订协议书，所征土地归省分输站永久使用；省天然气分输站要规范处理院内排洪、排污渠道，不得将洪、污水排入枣园村菜地、鱼塘，避免产生新的纠纷因素。8 月 20 日会议决定由宝塔区林业局牵头，区果树局、区畜牧局参加，研究和完善旱作造林技术，并付诸实施；林业部门要切实加强学术研究、技术指导和检查监督工作；要从苗木质量运输、假植，以及整地、栽植、抚育等环节着手，严格按技术规范操作，从严把关；继续坚持植苗造林采用泥浆根、使用生根粉等成熟有效的技术。同时，要探索新技术，切实提高苗木成活率，苗木要以自育为主。会议还要求，凡冯庄乡、丁庄乡流域项目未成活的苗木都要在当年秋天补植。各有关乡镇和部门要各司其职，协调行动，确保补植任务高质量完成。补植苗木所需资金，申请上级部门解决一块、地方财政拿一块，保证补植所需苗木及时到位。

2003 年 2 月至 2006 年 12 月，第十五届区政府共召开区长办公会 51 次，印发纪要 51 期。其中，2003 年 3 月，梁村乡政府和新民村委会提出解决果园引水上山、果园上山道路、发展订单肉兔养殖以及修桥等问题，26 日会议认为，应按照突出重点、分步实施的原则，逐年予以解决，年内重点解决两项工程，即由省电力公司出资 2 万元，解决新民村果园上山道路问题，要求在 2003 年 4 月 20 日前完成；由省电力公司出资 3 万元，扶持新民村发展订单肉兔养殖，原则上今年先发展 30 户（每户养 3 组，需投资 2000 元），每户省电力公司扶持 1000 元（一年后收回资金，用于第二批农户发展肉兔养殖或其他项目，实行滚动发展），剩余资金由区农综办和梁村乡政府负责，通过小额信贷扶贫和群众自筹予以解决，要求在 2003 年 4 月实施到位；会议要求，新民村要尽快制定 2003～2004 年发展规划，以及果园引水上山实施规划和养殖业发展规划，后两个规划务必在一个星期内拿出，分别上报省电力公司、市电力局、区政府和区农综办。2004 年 3 月 18 日会议决定，元龙寺乡农业综合开发和移民搬迁项目，将需要区财政配套的 19. 58 万元移民搬迁资金列入财政预算，区财政局预借项目启动资金 100 万元，当前先借 50 万元，待省、市项目计划批复、资金到位后，予以归还；从区延河流域办拆借资金 100 万元支持项目建设，项目资金到位后归还。2005 年 2 月 20 日会议决定，全区推行新型合作医疗制度，从2005年3月1日起，在全区推行新型合作医疗制度。由区卫生局严格按照市上有关文件精神，参照洛川县的经验，结合区内实际，对已制定的实施方案进行再修订再完善。具体工作由一名副区长负责落实；预算所需的310万元配套专项资金由区财政列入2005年全区财政预算。

第三节 专题会议

2005年2月，区政府始设专题会。会议由区长或副区长召集和主持，一般每月召开1~2次，特殊情况可随时召开。

2005年2月至2007年1月，第十五届区政府共召开专题会60次，印发纪要60期。其中，2005年6月11日就基层民政工作站、辖区烈士陵园建设、民政救助站、婚姻登记管理中心规范化建设问题进行专题研究。会议决定，基层民政工作站建设，由区编办负责，提出宝塔区乡镇、办事处民政工作站机构和人员编制的意见，提交编委会审定。原则上民政工作站站长由乡镇、办事处一名副职兼任，每个工作站人员编制根据辖区人口核定在3~5人以内，人员乡镇内部调配解决；各乡镇、办事处负责为民政工作站提供2~3间专用办公场地，并配备必要的办公设施；区民政局负责指导基层工作站抓好制度建设和业务开展，确保发挥职能作用。关于“四八”烈士陵园、蟠龙战役烈士陵园、青化砭战役烈士陵园等著名革命传统和国防教育基地建设问题，会议决定成立“宝塔区烈士陵园建设管理领导小组”，由区委常委、常务副区长王建军任组长，区民政局、财政局、交通局、文体局、党史办、蟠龙镇、青化砭镇及相关部门主要领导为成员，对全区3个烈士陵园进行全面维修和改扩建；领导小组要尽快制定总体建设方案，多方筹措资金，加快建设进度，确保烈士陵园总体面貌得到根本改善；蟠龙战役烈士陵园、青化砭战役烈士陵园维修改扩建工程力争于2005年10月1日前完成。关于民政救助站、婚姻登记管理中心规范化建设，会议决定，由区民政局负责协调市区建设、规划等部门，加快民政救助站建设步伐，早日解决场地不足问题；要尽快理顺婚姻登记、证件发放等管理权属，实行全区统一管理、统一发放，切实规范宝塔区婚姻登记管理工作。2006年5月17日会议决定，枣园镇裴庄村“农家乐”示范村建设和中央军委三局旧址恢复纪念馆建设项目，由区政府副区长高寒负总责，枣园镇党委、政府和区旅游局，文体局共同实施，区国土、财政、城建、电力等部门全力配合，加快项目建设进度。区建设局会同文体局、旅游局、枣园镇尽快完成裴庄村建设详细规划。区文体局负责协调市文物局加快中央军委三局纪念馆项目建设进程，力争早日实施。区水利局、林业局、交通局、市区电力局、旅游局、爱卫办等部门负责配合枣园镇裴庄村实施好村庄给排水、环卫设施、村庄道路硬化、绿化、美化等基础设施建设工程。基础设施建设资金由区、村共同承担，区财政负责筹措100万元项目建设资金，不足部分由裴庄村自行筹集解决。区委宣传部、区广电局要通过媒体多方宣传推荐裴庄的旅游项目，为该村的经济发展做出贡献。2007年1月15日会议决定，陕西西美机械设备进出口有限责任公司在枣园镇裴庄村投资建设浓缩果汁加工厂项目，为解决宝塔区及周边地区残次果销售问题提供便利，区上将该项目列为2007年全区重点建设项目，同意陕西西美机械设备进出口有限责任公司在枣园镇裴庄村征地60亩，一期建成年生产浓缩苹果果汁1万吨的苹果加工生产线，消化残次苹果7万~8万吨，2007年9月完成；二期工程计划于2009年完工，建成后每年生产浓缩苹果汁2.5万吨，消化残次苹果20万吨；一、二期工程建设资金由陕西西美机械设备有限责任公司全额投入；成立由区政府副区长张永祥为组长的宝塔区浓缩果汁加工建设项目协调领导小组，全力保证该公司进行前期手续办理和后期建设。

2007年2月至2010年12月，第十六届区政府共召开专项问题会134次，印发纪要134期。其中，2007年3月16日召开专题会议，就2006年以来，宝塔区先后组织实施的韩家窑则、王良寺二期、南二十里老涯沟、兰家坪4处经济适用住房项目相关问题进行研究。会议认为，4处经济适用住房项目虽有效地解决宝塔区干部职工的住房困难问题，但也存在许多不容忽视的问题，开发商擅自销售房屋，擅自提高住房价格，增大建设成本，不能按照合同约定的价格售房，不能按时给购房户交房等，老百姓意见较大，到处上访。会议决定，由区建设局牵头，国土资源宝塔分局、区审计局、区物价局、区监察局配合，组成联合调查组，重点对开发商私自售房，提高住房价格的行为进行调查处理，给群众一个满意的答复。原则同意区建设局起草的《宝塔区经济适用住房委托开发建设合同》。参照已建成经济适用住房成本价，结合当前建筑材料、土地价格、项目建设地点和4家房地产开发公司的估算价格，初步确定4处住房的最高限价，桥沟砖瓦厂多层住房最高限价为1580元/平方米，高层价格定为2380元/平方米；二庄科多层住房最高限价为1450元/平方米；王家坪多层住房最高限价为1600元/平方米。2008年4月7日会议决定，同意在宝塔区青化砭镇中庄村建设规模在2000头生猪养殖小区，投资120万元，建设长20米、宽15米的大猪舍10栋，并配套建设相关设施，必将成为中庄村增加农民收入的主要途径。为此，各相关部门和乡镇要通力配合，全力建设好中庄村养殖小区。养殖小区四条生产道路拟建设为水泥路，资金由青化砭镇政府协调解决；引水工程、排污渠和水渠建设一并纳入产业用水项目，由区水利局负责，尽快拿出设计方案，并付诸实施；更换变压器事宜由青化砭镇政府协调市区电力局予以解决。猪舍建设预计需90万元，村民户均需投入4.5万元，其中区上政府扶持1万元，协调小额贷款1万元，村民需自筹2.5万元；水、电等基础设施建设纳入产业项目通盘考虑；公用设施建设预计需30万元，由区、镇两级负责协调解决。2009年3月9日会议决定，在柳林镇高坡村建设1所中石油延安希望小学，确定占用54亩土地，项目分两期实施。一期项目征地23亩，是年开工建设并投入使用，涉及拆迁户9户。未纳入项目一期建设拆迁的住户，政府将给予5万元补助；村民住宅楼及拆迁户安置用地由区、镇两级两级与市规划、土地部门协调争取，力争留足；项目涉及的拆迁、安置等事项严格按照《延安市人民政府关于印发延安市城市规划区各类房屋拆迁货币补偿评估基准价格的通知》和《延安市宝塔区人民政府关于中石油延安希望小学工程建设征迁安置实施方案的批复》执行。2009年7月13日会议决定，宝塔区第一幼儿园搬迁遗留问题，在桥沟镇政府及杨家岭村的大力支持和积极配合下，区一幼新教学楼按期完成。对于一幼当前存在的排水、天然气、垃圾台搬迁等问题，镇、村两级及市城管部门要千方百计协调解决，确保当年秋天开学不受影响；考虑到杨家岭村为一幼的建设做出积极贡献，同意持有杨家岭村户籍和杨家岭村委会出具证明信的幼儿，在一幼就读时学费减半收取。2010年1月22

日会议决定，春节前后烟花爆竹经营管理工作要严格按照市城管局、区安监局的有关要求，合理布局，尤其是人口密集的地方少布点或不布点；各有关部门要抓紧时间，尽快介入，密切配合，通力协作，搞好经营证发放、岗前培训和监督检查工作，确保烟花爆竹安全经营工作顺利进行。

第三章　依法行政

第一节　政府法制机构

1998 年 4 月，成立延安市宝塔区法制局。科级建制，行政编制 5 人。2002 年 9 月机构改革，宝塔区法制局改称为宝塔区人民政府法制办公室。科级建制，行政编制 7 人。主要负责依法确认宝塔区各行政执法部门及单位的主体资格和受委托执法组织；审查区政府各部门上报区政府的规范性文件草案；负责承办各部门上报区政府规范性文件的备案工作以及组织清理规范性文件，编辑《宝塔区规范性文件汇编》；负责行政执法的监督检查工作，对检查中发现的问题提出处理意见，重大问题报区政府作出决定；负责全区行政执法工作，协调解决行政执法争议；负责行政复议案件的审理工作；代理区政府参加行政应诉，指导延安仲裁委员会宝塔工作站工作；承办上级部门有关法律、法规及规范性文件意见的征集、上报工作；负责区政府行政赔偿工作；负责全区行政执法部门行政执法人员申领“行政执法证”资格审核工作及监督使用；负责全区行政执法人员的培训工作。

第二节　法制管理范围与对象

2002 年，根据《陕西省行政执法证件管理办法》，宝塔区加强行政执法证件的发放管理，严格证件申领资格：采用省政府法制办统一教材，统一试卷，对区属各级行政执法部门及单位的执法人员进行公共法律知识培训考试，全区参加培训考试 522 人。对持证人员的身份、职务、执法岗位、执法类别等基本情况进行审核，收回原有旧证和无效证件，规范执法行为。

2008 年，对全区各行政执法机关、法律法规授权的组织和行政机关依法委托组织（统称行政执法机关）中，从事管理社会公共事务，具有明确行政执法岗位和具体的行政执法职责的机关正式工作人员。采取网络传输、网络审批、数据库管理查询方式，申领新证 602 本。2010 年，宝塔区共有法定行政执法部门 30 个，法律法规授权组织 11

个，受委托执法组织 76 个。全区共换发新的执法证件 704 本。

第三节　规范行政审批制度

一、审批服务

2004 年，《中华人民共和国行政许可法》颁布后，宝塔区人民政府法制办对行政许可事项进行全面清理，此后逐年进行清理精简和规范。2010 年，按照深入推进审批服务制度改革的相关要求和规定，纳入宝塔区行政审批制度改革清理整顿事项共 216 项，清理精简后依法保留行政许可 114 项，拟予依法取消 102 项（含取消、降级、合并、改变管理方式），取消调整项目占原有项目的 47%。按照《关于宝塔区驻市政务大厅单位和事项实施方案》的要求和规定，结合市、区同处一城，共用一个政务大厅的基础上，宝塔区对进驻政务大厅的单位和事项进行调整，原来进驻的 4 个单位继续保留，又将残联、文体事业管理、质量技术管理、卫生、食品药品监督管理 5 个单位的 8 项行政许可事项进驻大厅办理。

二、执法监督

1998~2007 年，审查规范性文件、通告及其他文件共计 1666 件。其间的 2002 年，制定出台《延安市宝塔区行政执法监督办法（试行）》《延安市宝塔区行政执法错案责任制追究办法（试行）》。各部门也都建立行政执法公示制、行政执法错案责任追究制和行政执法案卷评查制。采取半年和年末定期检查考评和日常不定期检查等形式对各乡镇、城市街道办事处、各部门、各单位行政执法工作进行监督检查。按照规范性文件“立、改、废”的原则，对不适应 WTO 规则和国家法律、法规及西部大开发政策的规范性文件进行全面清理。共审查清理 692 件，其中依法废止 213 件。审查规范性文件、通告等其他文件 45 件。

2010 年，对宝塔区 1980 年以来出台的规范性文件进行认真审查和全面清理，共审查规范性文件 391 件，其中拟予以废止 94 件、继续有效 297 件。

第四章　群众工作

第一节　信访机构

1990 年，延安市信访局为科级建制。有工作人员 14 人。1997 年 1 月更名为宝塔区信访局。下设办公室、区委信访接待室、区政府信访接待室、信访督查督办室、案件室

5个科室。2004年，区信访局对内设机构调整，下设区委信访接待室、区政府信访接待室、案件室、办公室4个科室。2005年，区信访局增设督查督办室。2010年，把多功能信访接待大厅改建为“一站式”联合信访接待大厅；12月，全局工作人员增至22人，其中局长1人、副局长2人、正科级干部2人、副科级干部6人、工作人员11人。离退休及协理员11人。

第二节　来访接待

1990～1996年，延安市信访局共受理来信来访12860件，其中群众来信2507件，单个来访11852人次，集体上访181起。1997～2010年，宝塔区信访局共受理来信来访59624件次，其中群众来信5047件，单个来访13627人次，集体上访2013批次、40950人次；宝塔区区级领导接待来访群众20475人次，阅批群众来信2617件。

1990～1996年延安市信访群众来信来访统计表

表18-4-1

年份	信访总量（件次）	其　中		
		来信（件）	个体上访（人次）	集体上访（起）
1990	1770	335	1435	21
1991	2654	491	2163	19
1992	1241	297	944	9
1993	1665	261	1404	14
1994	2188	312	1876	58
1995	3296	385	2911	38
1996	1545	426	1119	22
合计	14359	2507	11852	181

1997～2010年宝塔区信访群众来信来访统计表

表18-4-2

年份	信访总量（件次）	其　中				越级上访（人次）		
		来信（件）	个体上访（人次）	集体上访		中央	省	市
				批次	人次			
1997	5824	527	1087	136	4210	—	—	—
1998	7924	661	2423	156	4840	—	—	—
1999	4179	431	1272	103	2476	—	—	—

续表

年份	信访总量（件次）	其中				越级上访（人次）		
		来信（件）	个体上访（人次）	集体上访		中央	省	市
				批次	人次			
2000	5489	428	1089	165	3972	—	—	—
2001	5568	521	1147	182	3900	—	—	—
2002	8120	953	1689	392	5478	—	—	—
2003	5174	454	1591	134	3129	—	—	—
2004	5961	470	1314	203	4177	—	—	—
2005	2165	87	439	120	1639	6	56	698
2006	2418	290	589	106	1539	12	62	1277
2007	2153	—	380	100	1773	11	35	1968
2008	1526	—	41	85	1485	17	65	1240
2009	1697	186	285	70	1226	57	36	1625
2010	1426	39	281	61	1106	2	142	1429
合计	59624	5047	13627	2013	40950	105	396	8237

1997~2010 年宝塔区区级领导信访接待统计表

表 18-4-3

年份	接待来访群众（人次）	阅批群众来信（件）	处理集体上访（起）	参与处理重大信访问题（件）
1997	1874	272	28	23
1998	2165	279	41	0
1999	1370	218	0	0
2000	998	433	0	48
2001	2019	237	0	42
2002	1163	342	0	103
2003	1366	217	0	65
2004	2816	168	0	86
2005	2354	158	120	68
2006	1964	58	106	33

续表

年份	接待来访群众（人次）	阅批群众来信（件）	处理集体上访（起）	参与处理重大信访问题（件）
2007	1031	235	100	20
2008	475	0	0	0
2009	600	0	0	0
2010	280	0	0	0
合计	20475	2617	395	488

第三节　信访案件办理

1990～1996 年，延安市信访局共办理市以上立案件 230 件。1997～2010 年，宝塔区信访局共办理市以上立案件 376 件，区立案案件 2076 件，一般案件 13766 件。

1990～1996 年延安市信访案件办理统计表

表 18-4-4　　单位：件

年份	省立案	地区以上立案	市立案	合计
1990	—	4	44	48
1991	—	2	5	7
1992	—	2	2	4
1993	—	3	16	19
1994	—	6	33	39
1995	8	17	42	67
1996	—	8	38	46
合计	8	42	180	230

1997～2010 年宝塔区信访案件办理统计表

表 18-4-5　　单位：件

年份	市以上立案	区立案	一般案件	备　注
1997	24	168	—	—
1998	27	122	512	—
1999	26	130	305	—

续表

年份	市以上立案	区立案	一般案件	备　注
2000	6	182	343	—
2001	9	121	276	—
2002	4	593	2288	—
2003	8	426	1572	—
2004	42	86	2034	—
2005	91	11	2165	其中国家立案 9 件，省立案 21 件
2006	41	49	2118	其中国家立案 13 件，省立案 6 件
2007	24	99	2153	其中国家立案 5 件，省立案 5 件
2008	24	0	0	其中国家立案 7 件，省立案 3 件，市立案 14 件
2009	23	56	0	—
2010	27	33	0	—
合计	376	2076	13766	—

第四节　纠纷排查与处理

2006 年，宝塔区组织信访排查 23 次，协调解决积累案件 19 件，解决信访老户 9 户，实现“零上访”目标。

2007 年，宝塔区被列为全国矛盾纠纷排查调处试点区，区信访局全面开展矛盾纠纷排查调处工作。健全区、职能部门、乡镇（办事处）、村组（社区）四级组织网络。建立“按辖区、按职能”的全方位排查网络。实行分级调处制度。全年组织矛盾纠纷排查 21 次，排查出各类矛盾纠纷 320 起，调处 314 起，调处率达 98%。协调资金 400 多万元，集中处理历史积累案件 9 件。

2008 年，区信访局开展重信重访和信访突出问题专项治理活动。解决原美术公司、建材厂改制遗留问题，桥沟镇向阳村、十里铺、延河饭店开发建设等 29 个突出信访问题，解决万花山乡毗圪堵村“女子户”信访问题。

2009 年，化解马家湾小区拆迁户、区建材厂职工、宏远小区逾期交房、川口乡小李渠村村干部挪用集体资金、冯庄乡张渠村煤矿承包、桥沟镇罗家坪村村务财务等 16 批重大信访问题。

2010 年，区信访局共组织矛盾纠纷排查 22 次，排查出各类矛盾纠纷 321 起，化解 311 起，调处率 96. 9%。解决建设煤矿 377 名离退休工人要求重组进延长油田集团、原木器厂 49 名一次性买断工龄人员要求解决养老统筹、榆林子洲县农民要求建设煤矿解决“老工伤”待遇等15个信访问题，化解枣园西河改造工程等12件积案。

第五章　外　事

第一节　外事机构

2006年3月13日，宝塔区外事接待办公室、宝塔区侨务办公室成立，为两块牌子、一套机构，属事业单位，隶属于区政府办公室，科级建制。编制9人，其中主任1人、副主任2人，有工作人员9人，财政全额拨款。主要负责组织接待或协助接待前来访问的重要外宾，进行公务活动的外国驻华外交人员和到访的外国记者；对宝塔区因公出国（境）的公务人员进行初查初审；贯彻落实党和国家关于侨务工作的方针和政策，保护华侨、华人、归侨、侨眷的正当权益；负责对归侨、侨眷身份的认定工作。

第二节　外事活动

一、外国代表团和外国领导人到访

2001年5月23日，法国人一行3人到延安考察宝塔区川口乡两河口村引水项目和贯屯卫生院建设项目。

2004年3月4日，日本香川中日友好协会会长藤井贤先生代表日本中日友好协会、日本放送协会（NHK）向陕北贫困学生捐资9.7万元助学金，其中宝塔区柳林中学51名贫困学生，接收捐资8万元。3月24日，叙利亚共产党（费萨尔派）代表团，考察枣园村基层党组织和农民脱贫致富情况。9月17～19日，中日友好协会会员一行，对宝塔区冯庄乡沟门中日友好小学进行参观访问。11月5～6日，日本友好访问团一行21人到宝塔区进行访问。

2005年4月7～9日，美国驻华大使馆二等秘书 Christopher Klein（中文名何伟夫）到延安访问，参观宝塔区枣园村。

2007年4月21日，厄立特里亚人民民主与正义阵线干部考察团一行15人，在中联部处长王赫明、陕西省外办处长宫贵俊陪同下，考察宝塔区基层党组织建设、扶贫、农业技术推广、农村信用社等情况。

2008年5月31日，厄立特里亚人民民主与正义阵线干部考察团一行16人，在宝塔区李渠镇张兴庄村就新农村建设情况进行座谈；11月4日，尼泊尔左翼政党新闻委员会宣传干部考察团一行6人，参观宝塔区李渠镇张兴庄村新农村建设。

2009 年 6 月 11 日，来自丹麦的两名记者到宝塔区柳林镇水利希望小学了解宝塔区农村“两免一补”政策落实情况。

二、侨务工作

2004 年 8 月，宝塔区外事办按照省、市安排，在全区开展侨情普查。掌握海外延安籍华侨华人、海外留学生及其国内眷属的基本情况，经统计，宝塔区国内人员 75 户、293 人（男 148 人、女 145 人）。其中，归侨 1 户、3 人（男 2 人、女 1 人）；华侨眷属 29 户、116 人（男 60 人、女 56 人）；华人眷属 23 户、97 人（男 51 人、女 46 人）；留学生眷属 18 户、54 人（男 25 人、女 29 人）。宝塔区国外人员 152 人，其中有华侨、华人 123 人，留学生 21 人。分别居住在日本、马来西亚、德国、美国、英国、加拿大、澳大利亚、意大利、西班牙、沙特阿拉伯、挪威、荷兰、新西兰等 14 个国家。

2009 年 3 月 24 日，区侨务办为宝塔办、南市办、麻洞川乡、姚店镇的 10 户贫困侨眷发放困难补助 6000 元（每户 600 元）。

第三节　外事管理

2003 年 3 月 18 日，宝塔区委办、政府办印发《宝塔区因公出国（境）管理的若干规定》。2008 年 8 月底，成立由区纪委和区外办牵头，区委组织部、区监察局、区财政局、区审计局参与的“宝塔区制止党政干部公款出国（境）旅游专项工作联席会议办公室”，负责落实制止党政干部公款出国（境）旅游专项工作。同年 9 月 8 日，制定《宝塔区关于制止党政干部公款出国（境）旅游专项工作的实施意见》，对出访团组境外活动情况监管、经费管理、责任追究等方面做具体规定。

第六章　开放与引资

第一节　对外经济协作机构

1985 年 2 月，延安市对外经济技术协作委员会成立，科级建制，行政拨款，编制 7 人，设主任 1 名、副主任 2 名。

1992 年，延安市政府为减轻财政负担，决定外协委、土地局、粮食局、工商局等部门与财政脱钩，实行自收自支，行政职能不变，事业单位性质，业务范围不变。

1996 年 12 月，延安地改市，更名为延安市宝塔区对外经济技术协作委员会。

2001 年 7 月，成立宝塔区对外开放领导小组，办公室设于外协委，两套机构、一套班子。

2002 年 8 月，成立宝塔区招商局，与外协委、对外开放领导小组办公室三块牌子、一套机构，属自收自支事业单位。

2003 年 3 月，宝塔区政府决定，恢复外协委财政全额拨款，事业单位性质不变。同年 10 月，在招商局增设外商投诉协调中心，副科级建制。

2004 年 7 月，政府机构改革，撤销外协委，对外挂招商局、对外开放办公室牌子，隶属于宝塔区政府办公室，事业单位，科级建制，财政拨款。

2010 年 11 月，政府机构改革，撤销招商局、对外开放办公室、外商投诉协调中心，成立宝塔区对外经济协作办公室，为具有行政职能的事业单位，隶属于区商务局，科级建制，财政全额拨款。内设 3 个科室，即办公室、业务科、党办。有干部职工 15 人，设主任 1 名、副主任 2 名。办公室下属企业有宏利商贸有限责任公司、宏利建筑安装公司、外协公司。主要负责编制全区经济技术协作中期规划和年度计划，开展跨地区、跨行业、跨部门的资金、技术、物资等全方位、多层次的经济技术横向联合与协作，拟定对外开放、经济协作、招商引资工作的决策规定。审核审批全区跨省、市、区，跨行业的联合项目和经济组织。参与与本区重大经济技术联合与协作项目的考察、论证、洽谈、协议签订、合同鉴证等。开展信息采集和整理，提供信息传递和咨询服务。

第二节　对内对外开放工作

随着全国改革开放不断深化和步伐加快，延安市的对外工作随之不断深入，开放领域不断拓宽，从 20 世纪 80 年代末期的引资金、引项目、引技术、引人才的横向联合，转变为改善投资环境，放宽市场准入，简化办事程序，提供全新服务，推动全面开放深入发展。

1991 年，中共延安市委、市政府制定《关于进一步加强横向经济联合的决定》，在全市切实形成扩大开放、发展经济的大气候，市政府投资 220 万元，建成大桥、白坪大东门中转集散型市场和李渠、姚店两个集贸市场。同年，在陕西省第二届科技成果贸易洽谈会和第六届全国发明展览会上与北京市、上海市、南京市、山东省等 20 多个省市及省内 20 多家科研单位、大专院校签订 100 多个经济技术协作，引进资金 883 万元。1992 年 4 月，新华陶瓷厂与宜兴紫砂工艺厂合作，开发紫砂陶瓷 4 大类 60 多个品种，产品远销甘肃、内蒙古、新疆、青海、湖北、石家庄、郑州、银川等地。

1993 年 3 月，延安市召开对外开放动员大会，在“开放年”活动中，广泛开展两个“五个一”活动，即在全市人民中间开展推荐一个人才、寻找一个项目、介绍一笔资金、提供一条信息、引进一项技术活动；市直各部门和各企事业单位，开展“疏通一个部委（国家部委）、联结一个厅局（省直厅局）、挂靠一个行业（各级金融机构）、联系一个院校（大专院校或科研单位）、依托一个工厂（大中型企业）”的“五个一”活动，共联系资金总额 1781 万元，引进技术 41 项，其中 10 个项目已投产；推荐人才 356 人次，长期受聘 13 人，其中市外高中级技术人才 6 人，市内企业技术人员 7 人。疏通中央水利部、国务院扶贫办、农业部、民政部等 6 个部委和省水利厅、农业厅、老区办、林业厅、农机局、农电局等10个厅局，挂靠农行、建行、工行等5个行，联系科技大学、延安大学、西北农学院、省农林学院、咸阳工业制造学校、陕西师范大学、陕西中医学院、省农科院陕北试验站等9个大专院校和科研单位，依托延长石油管理局、兰州石油通用机械制造公司、伟志服装集团公司等12个大中型企业。同年中秋节，举办延安市首届苹果节，来自广东、上海、福建、江苏、湖北、包头、银川、呼和浩特等10多个省市的100多位客商，现货成交32.34万千克，签订长期合作协议8个。1995年市委、市政府确定全市开放总基调是“强开放、快发展、求突破”，5~6月为“开放外联月”，在上海、深圳、成都设立办事处，加强对外开放窗口，组织有关部门和单位参加西安“中国东西部贸易与投资洽谈会”和组织市级、部分乡镇、企业100多人组团赴山东省潍坊市、淄博市、深圳市宝安区等省市考察学习，引进项目18个，引资800多万元。

1998年，中共宝塔区委、区政府召开经济工作会议，提出“抢抓机遇、主动出击、全面开放、主体思维、内联入手、外引突破、多极辐射、整体推进”的开放思路，开放工作努力实现“四个转移”，即开放的定位由周边西安、包头、榆林为主，向巩固西、包、榆，打入沿海，挤进港澳台转移；开放主体由现在领导干部抓开放向社会特别是企业为主角跑开放转移；开放内容由过去引进资金为重点，向既引进资金又引进项目、引企业、引人才和引进先进管理方法转移；开放的形式由一般化的招商介绍向提高层次、提高水平转移、努力提高外联项目的成功率和履约率转移。在全区经济形势分析会、半年工作汇报会上进行再动员、再加压、再部署，层层鼓励，紧逼加压，环环扣紧，围绕解放思想、更新观念、优化环境、强化服务为重点，进行动员，发动区内形成人人议开放、干开放的共识，把开放的声音喊到底，把开放的精神树到底，把开放的目标抓到底，让发展的劲头足起来，让发展的思路活起来，让全区发展步伐快起来。在使用土地、项目审批、经营办照、缴纳税金等方面，实行优先办理，重点办理，全程“绿灯”，通过加强对外宣传，利用延安政治优势，依托丰富的土地资源、人力资源组团参加“西洽会”，赴山东、江苏、深圳等省市考察学习，进行对外交流和项目推荐，全年引进项目18个，引进资金15248万元。

2000年，“以开放促开发，以开发求发展”战略，推动全区经济发展。对内从实际出发，强化环境建设，加强项目基础工作，为优化发展环境，转变机关职能和干部作风，将优惠政策落到实处。对外不断拓宽和深化以西安、江苏、山东为主的对外开放合作领域，向浙江、温州、广东深圳、四川成都等省市延伸，先后参加西安中国东西部经济与贸易洽谈会和全国小城市联谊会、省外洽谈会、项目推荐会、博览会等5次大型经贸洽谈活动，共接触国内外客商200余人，洽谈签约项目14个，引进资金28720万元。2002年，宝塔区开展以投资环境整治年为主的产业开发年、调查研究年活动，制定《关于深入开展投资环境整治年活动的决定》《宝塔区投资环境整治年活动实施方案》，区直各部门、单位清理、整顿涉外规范性文件及收费项目，共清理各类规范性文件172件，废止58件，清理收费项目508项，废止35项，降低收费标准3项。登记办照实行“咨询、核算、注册、登记”一厅室办公，直接由工商部门审批登记和注册。对进入工业园区的企业简化审批程序，提高办事效率，同时成立外商投诉中心，负责协调处理有关问题，并对行风进行测评，纠风办跟踪检查和监督，营造良好的投资政策环境、法制环境、经营环境和生产环境。在产业开发年活动中，宝塔区与广州绿源之圣农业科技发展有限公司、山东安丘市绿源兔业总公司签订蔬菜（番茄椒太空1号）新产品项目和百万只肉兔繁养基地项目。区各机关、企事业单位、各乡镇、办事处开展调查年活动中，要求每个领导干部写一份调查报告和提供一条信息，全区收集各类有较高价值的信息有50多条，撰写调查报告达150多份，形成宝塔区治理投资环境扩大对外开放问题的思考与对策的区级调研成果，为对外开放奠定基础。全年引进项目16个，引进资金43450万元。

2005年，开放工作以“抓项目、上台阶”为主旨，全面实施对外开放、项目带动战略，争取日常宣传、会议宣传、网上宣传，建成区招商网站，通过互联网、各种新闻媒体多种渠道向外介绍区域优势、优惠政策、项目推荐等内容。区委、区政府制定开放项目工作的安排意见，先后组织企业和相关部门、乡镇参加“2005第九届东西部贸洽会”，四川省、成都市召开的新形势下地方政府招商工作研讨会，第十二届中国杨凌农业高新科技成果博览会等外联活动。全年引进项目24个，其中签约合同项目12个，协议项目12个，总投资额14.31亿元，引资额达13.54亿元，其中引进国外资金2352万美元。

2008年，宝塔区以实施项目带动战略和招商引资为重点的对外开放工作，区委、区政府由主要领导带队组团赴山东、广东、浙江、内蒙古等地考察学习，与广东寿光、兰山、蒙阴和广东省潮州市枫溪区签订陶土资源开发等协议，并在南京等大中城市为宝塔区山地苹果开辟销售市场。组团参加东西部贸洽会等项目推介活动，全年共引进项目16个，总引资额65.83亿元，其中合同项目12个，总投资38.75亿元，到位资金6.65亿元。协议项目4个，总投资额27.08亿元。争取省发改委项目7个，投资额4604.82万元。

2010年，宝塔区确立“今天的招商就是明天的经济”的未来发展理念，把招商引资作为经济工作的第一引擎和有力抓手，主动承接“长三角、珠三角、环渤海”等发达地区产业转移，积极寻求与大企业、大集团的合作，采取“走出去、引进来”的办法，一批重大招商引资项目落地建设，招商引资取得历史性突破，全年共引进项目15个（其中合同项目13个），协议项目2个，总引资额60亿元，完成目标任务10亿元的5倍，到位资金达12.83亿元。全区新上投资1000万元以上项目2个、5000万元以上2个、亿元以上2个，投资3亿元1个、5亿元1个、10亿元1个、30亿元1个。

第三节　友好交流

1990年12月，延安市周万龙、刘少锋、张致远率延安市学习考察团一行30人赴江苏省南京市江宁县开展友好交流。其间，参观江宁县的工业、商业、乡镇企业等，并与县政府领导座谈，双方在建立经济技术协作关系，发展横向经济联合，优势互补、互惠互利等方面取得共识，签订江苏省江宁县、陕西省延安市缔结友好县市协议书和两县市建立经济技术协作关系发展横向经济联合的协议，本着“增进友谊、长期合作”的宗旨，延安市在石油、煤炭等能源方面给予江宁县支援，江宁县给予延安市在人才、技术管理等方面大力支援。

1992年3月，延安市魏延平、周万龙一行8人赴西安学习考察，开展经济联合交流，并与西北电力设计院缔结友好市院关系，签订加强技术支援和物资供应等五项协议。5月，市委、市政府组团赴山东省潍坊市潍城区进行考察，并与潍坊市潍城区结为友好市区。同年11月，延安市马福雄、周万龙赴珠海、深圳等市考察，设立珠海、深圳两个“窗口”。全年共接待潍坊市潍城区、西北电力设计院、轻工部等多家访问团，清华大学、西安交通大学等7所大专院校到延安考察、洽谈、落实项目，全年共接待代表团19批、189人次。

1993年12月，延安市刘正中率政府代表团到靖边县进行友好参观访问；1994年1月，靖边县高京安、郑文卿、刘刚、王建民率团回访，两市县在经济技术合作、科技咨询、人才信息交流、商品流通以及资源开发等多渠道、多形式、多层次的横向联合达成广泛共识，并签订友好市县协议书。

1995年，延安市为加强对外交流和经济技术协作，开展跨地域、跨行业、跨部门的资金、技术、人才、物资等全方位、多层次的交流与合作，成立延安市政府驻西安办事处，科级建制，编制15人，驻深圳办事处，编制15人，驻成都办事处，编制15人，驻上海办事处，编制18人。驻外机构成为发展外向型经济的信息联络窗口。通过内联外引，签订经济技术协作项目68项，组织经济考察、互访26次，创办《经济信息》10期，为企业提供有价值信息85条。

2003年，宝塔区韩烨、冯毅率学习考察团赴贵州省仁怀市、云南省大理市学习考察，参观考察工业园区、乡镇企业、村镇建设情况，并与两市缔结为友好市区。2004~2005年，区委、区政府组团前往深圳市龙岗区、河北省秦皇岛市、北戴河区、内蒙古自治区包头市东河区、广东省珠海市香洲区考察学习，开展农业、工业、商业、旅游、房地产开发等方面交流，达成协作意向。

2006年，宝塔区张永祥等率团赴内蒙古自治区和林格尔县考察学习，参观畜牧业养殖企业、乳制品加工、区域经济发展园区，并对畜牧业合作达成意向，缔结为友好县区。同年与浙江省台州市椒江区、杭州市萧山区签订经济协作合作书。

2008年，宝塔区杨霄、阚延军率团前往山东省寿光市、临沂市兰山区、蒙阴县，广东省潮州市枫溪区进行考察学习，并缔结为友好县区。与南京市鼓楼区、温州市龙湾区达成缔结为友好县区意向，对外交往呈上升趋势。

2009年，宝塔区组织四套班子赴内蒙古、浙江、江苏和榆林等地考察学习，组团参加全国旅游产品博览会、长三角红色旅游宣传等大型对外交流活动，与甘肃省武威市凉州区、庆阳市合水县和西安市高陵县缔结为友好关系，为加强项目合作奠定基础。

2010年5月，宝塔区阚延军、吴耀率党政代表团赴甘肃省华亭县、宁夏银川市兴庆区考察学习，并缔结为友好县区。全年先后组团前往广东、上海、浙江等省市考察学习，加强与外地县区的合作与交流，建立有利于两地共同发展合作机制和合作平台，推进两地在政治、经济、文化、科技、教育等各个领域长期、稳定、全面合作关系，全区对外交流、招商引资大开放、大合作格局初步形成。

第四节 区域协作

1990年，延安市政府组织部门、企业负责人前往上海、山东、江苏等省市考察学习，与上海皮革公司建立协作关系，该公司委派技术人员到延安市传授技术，帮助市皮革厂设计皮鞋款式、增加花色品种，通过指导制作技术培训职工，皮鞋质量有显著提高，经济效益增加。围绕南泥湾油田开发，通过省、地外协委协调，引进外地帮扶资金达220万元。山东省淄博市博山区柳杭村支援枣园乡枣园村3万元新建山楂园300亩，支援10台织毛机、5000元流动资金，代培12个技术人员，建起小型羊毛衫厂，当年生产羊毛衫700件。协调市陶瓷厂与延安地区计委驻厦门通海公司销售产品，打开南方市场销路。市新华化工厂与航天航空局签订液肥生产协议、与临潼化肥研究所签订磷肥生产协议，当年生产果树专用肥200吨。全年签订经济技术协作项目15个、省际11个、省内4个、经济联合9项、技术协作6项，引进资金226万元。市外协委从外地协进尿素50吨、钾肥10吨。同年接待到延洽谈区域协作的有四川省广元市代表团、西安美院师生和港商等。

1991年，区域协作的域外市、县有北京、沈阳、邯郸、江宁、太仓、温州、珠海等；省内17个科研单位、院校、部分厅、局、委、办共签订经济技术协作98项，其中技术协作项目36个，联合项目16个，合作项目46个，实施项目20个，落实资金635万元。参加第六届全国科技发明博览会与全国各地有关科研单位签订协议16个，成交总额1307.98万元，其中引进产品发明成果转让成交额353.45万元；引进技术6项，双方联营2项，成交额915万元。物资协作7578吨，协进化肥928吨、钢材150吨，协出成品油6500吨。

1992年，江苏省宜兴紫砂工艺厂副厂长翟秀林等5人技术咨询组在市陶瓷厂进行为期3个月的技术指导，合作开发50种近500件泥色新、造型美的各种紫砂产品，在延安科技馆展出，受到广大消费者的青睐。进入批量生产后，产品远销银川、乌鲁木齐、兰州、湖北等地，经济效益显著提高。市农机修造厂与兰州石油化工机械研究所共同研制的二型半抽油机经省级石化部门专家鉴定质量合格，填补陕北的空白。深圳市宝安县投资31万元，修建李渠镇李家沟、甘谷驿镇康坪村道路石桥2座。全年签订经济技术协作项目35个，其中经济协作项目4个、技术协作21个、其他合作项目10个。引进资金248万元，其中无偿支援48万元、联建项目投资200万元。开展物资外协、广开区域交流门路，先后与山西省汾阳、柳林、离石、宁夏的盐池、吴忠和西安、宝鸡、神木等石油公司和加油站建立长期协作业务关系。

1994年，延安炼油厂与延安市物资技术协作公司，开展各类物资、工农业产品的协作串换及石油、煤炭等燃料销售业务，全年销售柴、汽油1.5万吨，实现利税达10多万元。陕西省土肥工作站与延安市新华总公司协作的过磷酸钙农作物专用复合肥项目，生产烟草专用肥320吨，开发新产品34%柴油哒螨灵乳油等。西北电管局、省电力公司支援资金100万元，实施延安市南泥湾、麻洞川、临镇3个乡镇村村通电工程项目，受益15个行政村3560人。1995年4月，延安市政府通过积极争取被西北电管局、省电力公司列入全省“三通”重点实施工程市县之一，采取电力部门重点扶持，省、地补助，扶贫贴息贷款投入等办法，共架设10千伏高压线路142千米，解决丁庄、贯屯、元龙寺、张坪等8个乡镇、55个行政村、1558户、7257人的用电困难。中国农业银行总行、农业部对延安市实施对口扶贫协作项目，总投资450万元，建立南泥湾、麻洞川、松树林、临镇、官庄5个乡镇农业示范点，实施项目有：肉牛养殖、安哥拉山羊改良、名优杂豆、薯类、蔬菜、水稻等。完成发展肉牛8124头，改良安哥拉山羊14600只，名优杂豆种植面积15870亩，种植脱毒马铃薯11109亩，建成蔬菜大棚258个，总面积120亩，水稻种植1500亩。示范区实现总产值6615.9万元，占农业总收入54.6%，人均纯收入1354.6元，较上年增加317.6元。

1998年，深圳开发银行、上海浦东银行对宝塔区实施对口协作项目，投资70万元，购置推土机4台，新修基本农田1000亩，建成人畜饮水工程6处。黑龙江省七台河电厂为促进老区电力建设事业发展，出资100余万元，援建麻洞川35千伏变电站，当年开工建设并投入使用。

2008年，张兴庄新农村建设项目由延安治平集团公司投资1480万元，建成石窑洞121孔，人畜饮水、用电工程，建设大型养殖基地，养殖肉鸡、蛋鸡8万余只。王家坪实业集团支援麻洞川乡樊村110.25万元，修建柏油路3千米和整治村容村貌。延安圣安房地产开发公司投资160万元用于柳林镇新茂台村新农村建设。

2009年，中国石油天然气集团公司投资1718万元，在柳林镇高坡村新建中国石油延安希望小学，占地54亩，建筑总面积31618平方米，概算投资6250万元。陕西省新闻出版局为河庄坪镇井家湾村捐赠农业实用书籍5000余册，建成农家书屋1座。省文化厅支援8000余册图书和文艺器材价值近20万元，贵州省仁怀县、甘肃省华池县、重庆市等旅游参观团与宝塔区旅游局开展区域旅游业务交流并建立协作关系。延长油田公司支援建成杨家岭幼儿园。

2010年3月，三五九旅后代部分代表在北京与延安代表举行座谈会，共商南泥湾生态风景区开发建设事项。4月，由中国将军书画研究院筹资50万元捐建的“延安红军希望小学书画室”工程启动仪式在北关小学举行，在校内建设将军碑文走廊和将军书画室。宁波市广济中心小学进行教育合作，每年资助宝塔区15名贫困学生，每年接收2~3名校长和6~10名小学教师到广济中心小学进行挂职锻炼和培训。

第五节　项目引进

1994年，位于延安城二道街南段的亚圣大酒店建成，建筑总面积2.5万平方米，主楼高14层，电梯3套，有高中档床位418张，餐厅可容纳500人同时就餐，提供全国八大菜系及陕北小吃，大厦顶层有旋转餐厅，一次可容纳300人就座。设有高中档舞厅，电子游戏、美容、洗浴、健身等设施，地下停车场可同时停放汽车80辆。延安市纸箱厂引进河北省邯郸市瓦楞纸箱生产线2条，当年建成并投入试产阶段，生产纸箱16.2万平方米。

1998年，建筑面积9600平方米的延安国贸大厦竣工，高48米，整体建筑11层，为集商业、餐饮、办公为一体的综合性大厦。1~3层为购物中心，4层为酒楼，可容纳200人同时就餐，5层以上为写字楼，可供办公使用。二道街奥特购物商城建成，设150个摊位，营业面积2800平方米。延安南区供销大厦位于七里铺大街，建筑总面积3412平方米，投资384.6万元，建成投入运营。

2000年，大东门融利轻工批发市场项目建成，营业面积8000平方米，设摊位300个，总投资9000万元。百米大道二十里铺综合批发市场、白坪万国家具城相继建成，设摊位150个。动工修建的有由浙江商人陈银海独资兴建的银海大厦，高22层，系集知识产权交易、高科技产品交易、信息工程、网络工程为一体的商贸综合大厦，投资10亿元。由宝塔区与延炼工贸公司合作建设的丽融大厦，高22层，总投资1.6亿元。位于杜甫川的慧泽山庄开工建设，在山地建设居住小区，占地1000亩，分三期工程，建筑面积59万平方米，采取窑洞式的外观造型，楼房式结构，合理利用地形地貌和自然生态的居住群。

2003年，二道街北段商用房改造工程竣工，建筑面积3.63万平方米，各类户型322套。柳林镇建成汽车驾驶学校，投资1500万元，当年招收学员80人。冯庄乡流域治理招商引资项目一期工程，营造经济林6000亩，完成投资400万元。2004年，粮油工贸大楼、二道街商城改造，原油破乳剂生产，美术公司后院市场建成，并通过验收。

2005~2006年，建成的项目有金鑫大厦，建筑面积2010万平方米，各类户型98套，水利大厦建筑面积1.80万平方米，各类户型144套，圣业大厦建筑面积1.80万平方米，各类户型112套。续建项目有新建综合服务大楼、枣园莫家湾开发项目、桥沟泽子沟商贸综合楼、黄蒿洼综合楼等建设项目。

2007年，新建超细玻璃纤维棉厂项目建成投产。枣园镇沙马坪农副产品深加工项目，果汁加工厂投入生产，肯德基连锁店建成开业。开工建设的有南滨路旧城改造一期工程、李渠综合楼、瑞林综合服务大楼、联合开发窑洞群、向阳沟商住大厦等。

2008年，新世纪大厦建成，总投资2100万元，东大百货购物广场投资9800万元，建成并投入运营。合资组建民爆企业、清泉豆制品加工厂；洁景生物能源燃料实验基地和果品冷藏库建成投入使用，续建项目有丽景花园扩建、延河大厦、龙锦园开发等项目13个。

2009年，柳林镇二十里铺龙泉山庄建成，投资3500万元，引资新建尼桑4S店，投资4300万元建成开业，白坪商住综合楼项目竣工，投资5700万元。在建项目有李渠镇阳山村新农村建设、延长油田128井天然气液化厂、枣园仓储物流中心、丰泉生态农业综合示范基地、南蟠龙山生态旅游项目、苹果出口加工储藏项目、大型商品鸡场、大型养猪场、大型商品杂交猪繁育基地等10个。

2010年，丰泉物流园仓储中心项目建成投入使用，赵庄小区建筑面积6000平方米，各类户型230套，业主入住。马家湾小区建筑面积16万平方米，各类户型1557套，韩家窑则小区建筑面积3.95万平方米，各类户型302套。续建项目有凤凰大厦、南区物流配送仓储中心、七里铺旧楼改造、东方大厦、井家湾大自然运动休闲娱乐山庄、开泰国际商城等12个；新开工建设项目有黄蒿洼片区开发、天宝盛世建材家居城、中陕大华物流园、农业综合楼、宝塔区家居建材博览中心、桥沟村商住楼、法式整体吊装房制造项目、丰泉物流园煤炭专营市场、李渠等5个乡镇天然气建设项目。

第六节　项目签订

1990年，延安市与上海、南京等开展横向经济联合及经济技术协作，全年签订经济技术协作项目15个，引入省际11项、省内4项，经济联合9项，技术协作6项，引进资金226万元。1992年，签订经济技术协作项目35个，其中经济协作4个、技术协作31个，引进资金248万元，其中无偿支援48万元，联建项目投资200万元。

1996年，延安市与山东、深圳、江苏、西安等地签订各类经济技术协作项目13个，引进资金700万元。同年10月，市工业总公司与美国伟嘉集团签订玉米深加工技术项目，引进50万美元，在燕沟冷库建成延安伟嘉食品厂，当年建成并投入生产。

2000年，招商引资项目签订合同6个，协议项目9个，引进资金55000万元。2002年，在第六届东西部合作与投资贸易洽谈会上签订合同15项，协议1项，合同协议额50927万元，其中引进资金43450万元。

2005年4月，宝塔区组织参加西安第九届东西部洽谈会，发放宣传资料1300份，收集全国各地工业、农业、房地产开发、商贸交易、科技成果转让、物资流通和旅游信息近万份。签订项目有：陕西海盛科贸有限公司与枣园镇裴庄村联合建设水上乐园附属项目，总投资3380万元。延安华龙（集团）房地产开发有限公司与江苏省三兴建工集团有限公司西安分公司签订引资建设延安华龙大酒店，总投资3000万元。宝塔区延河饭店与延安市京安房地产投资有限公司签订建设延河大厦项目，总投资9980万元，引进外地资金9980万元。区政府与陕西宏业房地产责任公司签订5000吨气调库建设项目，投资2000万元。南泥湾酒厂与北京金长恒商贸责任有限公司签订南泥湾酒厂扩建项目，总投资2600万元。延安市冯庄农贸有限公司与美国新亚洲控股集团有限公司签订农产品综合加工项目，投资300万美元。陕西华龙（集团）房地产开发有限公司与江苏三兴建工集团西安分公司签订区工人文化宫综合楼建设项目，总投资5600万元。桥沟镇东关村与陕西玉龙房地产开发有限公司签订联合开发东关村商贸住宅建设项目，总投资9800万元。桥沟镇罗家坪村与江苏三兴建工集团西安分公司签订引资开发罗家坪三产、住宅项目，投资8000万元。

2008年4月，在第十二届西洽会上，发放招商引资项目宣传资料3500份。区政府信息网建立招商引资专栏，设立永久性网页，发布招商引资信息。年内签订的合同有：宝塔区副食公司与陕西振宇工贸公司签订的新世纪大厦建设项目，总投资2100万元；延安东大百货有限公司与陕西宏业房地产开发有限公司签订的东大百货购物广场招商项目，总投资9800万元；延安圣果果业有限公司与呼和浩特鑫龙旺煤炭有限公司签订的蟠龙果渣综合饲料厂建设项目，投资500万元；宝塔区岩砂晶建材有限公司与沈阳市岩砂晶建材有限公司签订的新建岩砂晶建材厂建设项目，总投资1200万元；宝塔区清泉豆制品有限公司与陕西百恒实业有限责任公司签订的新建豆制品加工建设项目，总投资3000万元；枣园镇邓家沟行政村与陕西玉龙房地产开发有限公司签订新农村建设项目，总投资4亿元；桥沟镇柳树店行政村与陕西玉龙房地产开发有限公司签订的建材交易市场建设项目，总投资6000万元；延安盾腾化工有限责任公司与中国兵工第051基地化工厂签订合资组建民爆企业建设项目，总投资6000万元；延安金阳汽车贸易有限公司与西安运北工贸公司签订的南二十里铺汽车综合服务中心建设项目，总投资8400万元。

2009年4月，在第十三届西洽会上，发放招商引资项目推介册2800份，宣传资料3000份。展出苹果、土特产、清泉豆制品等，现场销售豆制品500件。5~11月，组团参加长三角招商引资会、红色旅游推介会、厦洽会、全国旅游产品博览会、杨凌农高会等大型活动，年内签订合同项目有：区经贸公司、解放大厦与陕西艾维置业有限公司签订的新东方大厦建设项目，总投资1.5亿元；区国营南郊林场与陕西旭泰工程设备有限公司签订的南蟠龙山生态旅游建设项目，总投资4000万元；延安合力农机有限责任公司与陕西顺新商贸有限责任公司签订的农机市场建设项目，总投资6000万元；延安隆跃物资有限公司与山东胜利油田金泰管道公司签订南区物资物流配送仓储中心建设项目，总投资9800万元；官庄乡人民政府与陕西华富果业有限公司签订的苹果出口加工储藏建设项目，总投资2500万元；区丰泉生态农业农民专业合作会与上海微盟数码科技发展有限公司签订的丰泉生态农业示范基地建设项目，总投资7000万元；蟠龙镇镇政府与陕西国弘科技有限公司签订的大型商品鸡场建设项目投资240万元，大型养猪（种猪）场投资100万元和大型商品杂交猪繁育基地建设项目投资160万元；区政府与陕西延长石油集团有限责任公司签订的延长气田延128#天然气液化厂建设项目，总投资30414万元；区粮食局与陕西瑞郎置业有限公司签订的延安开泰国际商城建设项目，总投资4亿元；李渠镇阳山行政村与陕西玉龙房地产开发有限公司签订的阳山村开发建设项目，总投资4.38亿元；枣园镇裴庄行政村与陕西欣欣实业有限公司签订的枣园仓储式物流中心建设项目，总投资4亿元。

2010年4月，在第十届东西部贸易洽谈会上，发放招商引资项目推介册1000册，光碟200张，发放旅游资源宣传资料3000份。区政府组团参加靖边义乌小商品博览会、厦门贸易洽谈会和苏浙项目推介会等大型活动，除利用电视、报纸、会展等宣传外，完善“宝塔区招商网”，重点介绍区情概况、优惠政策、招商动态、项目推介、客商投诉、名优企业等情况，进一步拓宽宣传渠道，促进招商引资工作的开展。全年签订的合同项目有：延安高峁湾丰泉物流园与法兰西共和国巴黎市朱罗公司签订法式整体吊装房制造项目，总投资1.6亿元；桥沟镇桥沟村商住建设项目，总投资5206万元；李渠镇庙沟行政村与陕西锦雄工贸公司签订的宝塔家居建材博览中心建设项目，总投资1.17亿元；延安高峁湾丰泉物流园与湖南省海龙工贸公司签订的引资新建丰泉物流中心建设项目，总投资2600万元；区招商局与陕西中苑燃气有限公司签订的李渠等5个镇天然气建设项目，总投资5645万元；高峁湾物流园与内蒙古神华集团签订的引资新建物流园煤炭专营市场建设项目，总投资1600万元；桥沟镇尹家沟行政村与天津市东方雷格商贸有限公司签订的天宝盛世建材家居暨尹家沟物流中心建设项目，总投资5.5亿元；延安大华工贸有限公司与陕西中陕物流集团公司签订的延安中陕大华物流园建设项目，总投资10亿元；区城乡建设投资有限公司与陕西嘉丰房地产开发有限公司签订的黄蒿洼片区开发建设项目，总投资30亿元；区农业局与陕西诚合房地产开发集团有限公司签订的农业综合楼招商引资项目，总投资3亿元；桥沟镇二十里铺行政村与西安瑞康房地产开发有限公司签订的新农村建设项目，总投资8300万元；桥沟镇桥沟村与陕西盛迪房地产开发有限公司签订的商住楼建设项目，总投资8200万元。

第七节　项目审批

1999年前，宝塔区没有统一规范的招商引资审批程序和要求。2000年后，随着开放范围扩大，招商引资项目增多，行政审批程序日趋完善，先后制订招商引资项目论证和审批程序及签约项目的管理办法。凡来宝塔区投资规模较大的项目要委托有资质的专业机构编制项目建议书，可行性研究报告。生产性经营项目在区经济发展部门立项前须征询土地城建、环保、文物、消防等部门对项目的建议意见。城建规划部门的选址意见书须提供区政府同意选址纪要，土地、环保、消防、文化、旅游、防汛等部门的选址意见。环保部门环境影响评价审批须提供建设单位申请，计划部门的项目建设书或可行性研究报告批复，规划部门建设选址意见书，消防部门选址意见书须提供建设单位申请，建设项目选址意见，计划部门可行性研究报告批复，项目规划图，申办人及联系方式。计划部门立项审批须提供区政府同意建设纪要，城建部门规划选址意见书，土地使用证件或用地合同，资信证明，住宅楼高度及房改办审批意见，法人代表身份证，营业执照，项目建设书或可行性研究报告，各类资料齐全后，组织有关部门和专家对项目的可行性、建设条件、经济效益进行综合评估，提出评审意见。项目承办单位将项目建设书或可行性研究报告一并报区经济发展部门审批。经济发展部门对招商引资项目的立项，属区级审批权限内的按时审批，属市级计划部门审批权限的，按有关程序及时上报。

经区经济发展局批复的项目，由项目承办单位委托专业中介机构编制招商引资说明书和商业计划书。招商引资项目由各乡镇、区级部门或企业将项目建议书、可行性报告、专家论证评审意见和招商引资说明书一并报送区商务局，再由区商务局会同有关部门对项目进行审核，对符合国家产业政策的项目进入招商引资项目储备库。国内投资企业由投资促进服务机构代办到商务局直接咨询。国外、港澳台投资企业申请认定需提交合营双方签订的合同文本复印件，外来投资方决策机构的投资证明材料。须提供项目建议书及行业主管、消防、环保等部门的预审意见，形成审批的可行性报告，环境影响评价，用地、工程规划许可，建设用地审批，消防设计审批，初步设计审批，年度投资审批，工程施工许可证。银行验资，工商登记，企业代码办理，税务登记等齐备后，方可开始建设运营。

第十九编　政协地方组织

1990～2010 年，宝塔区人民政协组织历经第八届、第九届、第十届、第十一届和第十二届委员会。21 年间，区政协高举爱国主义和社会主义两面旗帜，坚持团结和民主两大主题，团结和依靠全体政协委员、各民主党派、工商联、各人民团体和各族各界人士，认真履行政治协商、民主监督、参政议政职能。加强提案工作以及提案交办督查工作；坚持调查研究，组织政协委员开展各种调研活动，积极献言献策；加强对外联络联谊，扩大统一战线，全力推进社会主义民主政治建设。加强文史资料编研和交流，发挥资政育人职能。

第一章　组织机构

第一节　政协宝塔区委员会

一、政协延安市第八届委员会

1990 年 5 月至 1992 年 12 月，政协委员 144 人，常务委员 22 人，主席：李生彪，副主席：过士明、卜崇周、王素秋（女）、连仁暖（女）、兰振汉，秘书长：牛文彦。

二、政协延安市第九届委员会

1992 年 12 月至 1997 年 12 月，政协委员 145 人，常务委员 23 人，主席：方世新，副主席：史进录、连仁暖（女）、兰振汉、郭慧君（女），秘书长：牛文彦。

三、政协宝塔区第十届委员会

1998 年 1 月至 2003 年 2 月，政协委员 145 人，常务委员 19 人，主席：刘正中，副主席：兰振汉、侯俊海、李文铭、郭春兰（女），秘书长：张昊明。

四、政协宝塔区第十一届委员会

2003年2月至2007年10月，政协委员153人，常务委员18人，主席：张俊雷，副主席：郭春兰（女）、张锦亮、李延芳（女）、曹卉、雷世全，秘书长：胡延斌。2007年2月25~28日第五次会议选举孙建华、李延莉（女）为区政协副主席，付永发为区政协秘书长。

五、政协宝塔区第十二届委员会

2007年10月至2010年12月，政协委员170人，常务委员22人，主席：张俊雷，副主席：李延芳（女）、曹卉、孙建华、王宁、刘乐萍（女），秘书长：付永发。

1990~2010年政协宝塔区（延安市）委员会主席、副主席一览表

表19-1-1

职务	姓名	性别	出生年月	文化程度	籍贯	政治面貌	任职时间
政协主席	刘登云	男	1931	高中	陕西清涧	中共党员	1987.5~1990.5
	李生彪	男	1938.7	初中	陕西甘泉	中共党员	1990.5~1993.1
	方世新	男	1937	大学	四川泸定	中共党员	1993.1~1998.1
	刘正中	男	1945.11	大学	陕西子长	中共党员	1998.1~2003.2
	张俊雷	男	1951.4	大学	陕西佳县	中共党员	2003.2~
政协副主席	过士明	男	1934	初中	江苏无锡	中共党员	1987.5~1993.1
	卜崇周	男	1933.8	中专	陕西富平	中共党员	1987.5~1993.1
	许道南	男	1924	大学	湖南宁乡	中共党员	1987.5~1993.1
	王素秋	女	1926	大学	甘肃武都	民革	1987.5~1993.1
	何剑常	男	1930.10	大学	广东开平	中共党员	1989.9~1990.5
	连仁暖	女	1936.12	大学	福建龙岩	无党派	1989.9~1997.2
	兰振汉	男	1944.7	中专	陕西西安	无党派	1990.5~2003.2
	史进录	男	1938	初中	陕西子长	中共党员	1993.1~1998.1
	郭慧君	女	1939	高中	河北山海关	民革	1993.1~1996.12
	侯俊海	男	1942	高中	陕西子洲	无党派	1995.9~2003.2
	李文铭	男	1945.1	中专	陕西延安	中共党员	1998.1~2003.2
	郭春兰	女	1946.1	中专	陕西咸阳	中共党员	1998.1~2006.9
	张锦亮	男	1951.1	大学	陕西子长	中共党员	2003.2~2006.9
	李延芳	女	1956.12	大学	陕西宜川	民进	2003.2~
	曹　卉	男	1958.2	大学	陕西延安	民建	2003.2~
	雷世全	男	1962.6	大学	陕西富县	民建	2006.9~

续表

职务	姓名	性别	出生年月	文化程度	籍贯	政治面貌	任职时间
政协副主席	孙建华	男	1954.9	大专	陕西延安	中共党员	2007.2～
	李延莉	女	1958.3	大专	陕西渭南	中共党员	2007.2～2007.10
	王　宁	男	1962.2	大专	陕西子长	中共党员	2007.10～
	刘乐萍	女	1955.3	大学	陕西延长	无党派	2007.10～

第二节　政协委员

政协延安市第八届委员会委员144名。选举产生主席1名、副主席5名、秘书长1名、常务委员22名。

政协延安市第九届委员会委员145名。选举产生主席1名、副主席4名、秘书长1名、常务委员23名。

政协延安市宝塔区第十届委员会委员145名，其中女委员34名，占委员总数的23.4%，；党员委员58名，委员平均年龄43.5岁，大专以上文化程度76名。共设23个界别，其中中共22名，占15.2%；民主党派和无党派人士28名，占19.3%；工青妇3名，占2.1%；农业界8名，占5.5%；教育、文化、科技、体育界33名，占22.7%；少数民族2名，占1.4%；经济界29名，占20%；其他界别20名，占13.8%。

政协延安市宝塔区第十一届委员会委员153名，其中中共党员61名，占39.9%；男委员119名，占78%，女委员34名，占22%；大专以上文化程度110名，占71.9%。委员平均年龄44岁。新增科协、宗教2个界别，共25个，其中中共19名，占12.4%；民革3名，占2%；民盟2名，占1.3%；民建7名，占4.6%；民进7名，占4.6%；农工党3名，占2%；无党派人士4名，占2.6%；青年、妇女各1名，分别占0.66%；工商联7名，占4.6%；侨联1名，占0.66%；武装部2名，占1.3%；农林界10名，占6.5%；文艺界5名，占3.3%；科学技术界5名，占3.3%；教育界8名，占5.2%；体育界2名，占1.3%；新闻出版界6名，占3.9%；医疗卫生界7名，占4.6%；少数民族界1名，占0.66%；宗教界3名，占2%；科协1名，占0.66%；国有经济界12名，占7.8%；非国有经济界19名，占12.4%；特邀界17名，占11%。

政协延安市宝塔区第十二届委员会委员170名，其中中共党员65名，占38.2%；男委员119名，占70%，女委员51名，占30%；大专以上文化程度136名，占80%。委员平均年龄40.2岁。新增青年联合会界、社会科学界2个界别共27个，其中中共20名，占11.76%；民革3名，占1.76%；民盟2名，占1.18%；民建8名，占4.71%；民进9名，占5.29%；农工党4名，占2.35%；无党派人士4名，占2.35%；青年、妇女、总工会、军队、青年联合会、社会科学界、少数民族界各1名，分别占0.59%；工商联8名，占4.71%；农林界10名，占5.88%；文艺界6名，占3.53%；科学技术界6名，占3.53%；教育界9名，占5.29%；体育界2名，占1.18%；新闻出版界5名，占

2.94%；医疗卫生界7名，占4.12%；宗教界4名，占2.35%；经济界37名，占21.76%；特邀界17名，占10%；侨联1名，占0.59%；科协1名，占0.59%。

第三节 内设机构

1990年，政协延安市第八届委员会机关共设办公室、宣传教育科、文史资料科、侨务民族科4个工作机构。1990年12月，市政协第八届三次常委会议决定，撤销宣传教育科、文史资料科、侨务民族科3个科室，设祖统委办公室、经委办公室、教文委办公室、学委会办公室、文史委办公室、提案委办公室6个专门委员会办公室。2002年底，区政协结合全区机构改革意见，对政协机关工作机构设置进行相应的调整，共设2委1室1中心，即综合委员会、提案委员会、政协办公室、政协机关后勤服务中心（隶属于办公室，事业单位）。2005年1月，政协延安市宝塔区第十一届委员会常务委员会决定将由委员组成的专门委员会与政协机关设置的专门委员会办公室合二为一，综合委员会办公室改设为经济委员会、科教文卫委员会、法制宗教文史委员会，提案委员会办公室改设为提案委员会。2010年，区政协机关设办公室1个（内设机关后勤服务中心1个）、专门委员会4个，编制19人。

第二章 政协会议

第一节 政协全委会

一、政协延安市第八届委员会

（一）第一次会议

1990年5月14~17日，政协延安市第八届委员会第一次全体会议在延安凤凰迎宾楼召开，出席会议的政协委员144人。会议听取并审议政协延安市第七届委员会常务委员会工作报告和七届一次会议以来提案工作情况报告，列席延安市十二届人大一次会议，听取讨论政府工作报告等，并讨论通过《政治决议》等。会议选举李生彪为主席，过士明、卜崇周、王素秋（女）、连仁暖（女）、兰振汉为副主席，牛文彦为秘书长，卜云贵等22人为常务委员。

（二）第二次会议

1991年4月24~26日，政协延安市第八届委员会第二次全体会议在延安科技馆召开。会议听取并审议政协延安市第八届委员会常务委员会工作报告和提案工作报告，列席延安市十二届人大二次会议，听取并讨论市政府工作报告等，通过有关决议。

（三）第三次会议

1992 年 2 月 20~22 日，政协延安市第八届委员会第三次全体会议在延安粮园饭店召开。出席会议的政协委员 120 人。会议听取并审议政协延安市第八届委员会常务委员会工作报告和提案工作报告，通过有关决议，表彰奖励 4 个先进集体和 19 名先进个人。

二、政协延安市第九届委员会

（一）第一次会议

1992 年 12 月 30 日至 1993 年 1 月 2 日，政协延安市第九届委员会第一次全体会议在延安凤凰迎宾楼召开。出席会议的政协委员 145 人。会议听取和审议政协延安市第八届委员会常务委员会工作报告和提案委员会关于八届一次会议以来提案工作情况的报告，列席市十三届人大一次会议，听取和讨论政府工作报告等，通过有关决议。会议选举方世新为主席，史进录、连仁暖（女）、兰振汉、郭慧君（女）为副主席，牛文彦为秘书长，马振虎等 23 人为常务委员。

（二）第二次会议

1994 年 2 月 20~22 日，政协延安市第九届委员会第二次全体会议在延安粮园饭店召开。出席会议的政协委员 115 人。会议听取和审议政协延安市第九届委员会常务委员会工作报告和提案工作报告，列席市十三届人大二次大会，听取和讨论政府工作报告等，通过有关决议。

（三）第三次会议

1995 年 2 月 10~12 日，政协延安市第九届委员会第三次全体会议在延安粮园饭店召开。出席会议的政协委员 122 人。会议听取和审议政协延安市第九届委员会常务委员会工作报告和提案办理工作情况报告，列席市十三届人大三次会议，并通过《政治决议》等。会议补选张昊明为秘书长，增选李堆尚、刘亚那为常务委员。

（四）第四次会议

1995 年 9 月 24~28 日，政协延安市第九届委员会第四次全体会议召开。市委副书记、市长周万龙向全体委员通报全区加强农业基础建设情况；会议听取和审议政协延安市第九届委员会常务委员会工作报告和提案工作报告；会议增选侯俊海为市政协副主席。

（五）第五次会议

1996 年 1 月 15~18 日，政协延安市第九届委员会第五次全体会议召开。会议听取和审议政协延安市第九届委员会常务委员会工作报告和提案工作报告，听取讨论政府工作报告以及《延安市“九五”计划和二○一○年远景目标》。

（六）第六次会议

1996 年 12 月 22 日，政协延安市第九届委员会第六次全体会议召开。会议作出《关于撤市设区有关问题的决议》，政协延安市委员会改为政协延安市宝塔区委员会。

（七）第七次会议

1997 年 2 月 14~16 日，政协延安市宝塔区第九届委员会第七次全体会议召开。会议表彰奖励九届一次会议以来的 36 名先进政协委员。全会通过连仁暖（女）不再担任区政协副主席的申请。

三、政协延安市宝塔区第十届委员会

（一）第一次会议

1998年1月18~21日，政协延安市宝塔区第十届委员会第一次全体会议在延安一所召开，出席会议的政协委员145人。会议听取和审议区政协第九届委员会常委会工作报告、关于第九届委员会以来提案工作情况的报告，审议和通过提案审查报告和大会《政治决议》。会议选举刘正中为主席，兰振汉、侯俊海、李文铭、郭春兰（女）为副主席，张昊明为秘书长，贺淑梅等19人为常务委员。

（二）第二次会议

1999年3月18~20日，政协延安市宝塔区第十届委员会第二次全体会议在延安粮园饭店召开。出席会议的政协委员154人。会议听取和审议区政协第十届委员会常委会工作报告、关于十届一次会议以来提案工作情况的报告，通过大会《政治决议》。增选李凤兰为常务委员。

（三）第三次会议

2000年2月20~23日，政协延安市宝塔区第十届委员会第三次全体会议在延安交际宾馆召开，出席会议的政协委员138人。会议听取和审议区政协第十届委员会常委会工作报告、关于十届二次会议以来提案工作情况的报告，审议通过大会《政治决议》。会议选举贺淑梅为秘书长。

（四）第四次会议

2001年2月26日至3月1日，政协延安市宝塔区第十届委员会第四次全体会议在延安嘉岭宾馆召开，出席会议的政协委员151人。会议听取和审议区政协第十届委员会常委会工作报告、关于十届三次会议以来提案工作情况的报告，审议通过大会《政治决议》。会议选举胡延斌为秘书长，增选雷世全、李延芳（女）、胡延斌、李养民为常务委员。

（五）第五次会议

2002年3月2~5日，政协延安市宝塔区第十届委员会第五次全体会议在延安市粮园饭店举行，出席会议的政协委员126人。会议听取和审议区政协第十届委员会常委会工作报告、关于十届四次会议以来提案工作情况的报告，审议通过大会《政治决议》。

四、政协延安市宝塔区第十一届委员会

（一）第一次会议

2003年2月24~27日，政协延安市宝塔区第十一届委员会第一次全体会议在延安宾馆举行，出席会议的政协委员153人。会议听取和审议区政协第十届委员会常务委员会工作报告、区政协第十届委员会提案委员会关于五年提案工作情况的报告；列席区十五届人大一次会议，听取和讨论《政府工作报告》及其他报告，通过区政协第十一届委员会第一次会议《政治决议》。会议选举张俊雷为主席，郭春兰（女）、张锦亮、李延芳（女）、曹卉、雷世全为副主席，胡延斌为秘书长，牛江涛等18人为常务委员。

（二）第二次会议

2004年2月9~12日，政协延安市宝塔区第十一届委员会第二次全体会议在延安市

粮园饭店举行，出席会议的政协委员141人。会议听取和审议《政协延安市宝塔区第十一届委员会常务委员会工作报告》《政协延安市宝塔区第十一届委员会常务委员会关于十一届一次全会以来提案工作情况的报告》；列席区十五届人大二次会议，听取和讨论《政府工作报告》及其他报告；通过《政协延安市宝塔区第十一届委员会第二次会议政治决议》。

（三）第三次会议

2005年2月28日至3月3日，政协延安市宝塔区第十一届委员会第三次全体会议在延安银海大酒店举行，出席会议的政协委员134人。会议听取和审议《中国人民政治协商会议延安市宝塔区第十一届委员会常务委员会工作报告》《中国人民政治协商会议延安市宝塔区第十一届委员会常务委员会关于十一届二次会议以来提案工作情况的报告》；列席延安市宝塔区第十五届人民代表大会第三次会议，听取和讨论《政府工作报告》及其他报告；增选李宝庆、刘涛为常务委员；通过《中国人民政治协商会议延安市宝塔区第十一届委员会提案委员会关于提案审查情况的报告》《中国人民政治协商会议延安市宝塔区第十一届委员会第三次会议政治决议》。

（四）第四次会议

2006年2月7~9日，政协延安市宝塔区第十一届委员会第四次全体会议在延安银海大酒店举行，出席会议的政协委员154人。区委政法委、国土资源宝塔分局等18个部门和单位的负责人列席会议。会议听取和审议《中国人民政治协商会议延安市宝塔区第十一届委员会常务委员会工作报告》《中国人民政治协商会议延安市宝塔区第十一届委员会常务委员会关于十一届三次会议以来提案工作情况的报告》；列席延安市宝塔区第十五届人民代表大会第四次会议，听取和讨论《政府工作报告》及其他报告；通过《中国人民政治协商会议延安市宝塔区第十一届委员会提案委员会关于十一届四次会议提案审查情况的报告》《中国人民政治协商会议延安市宝塔区第十一届委员会第四次会议政治决议》；会议对15名优秀政协委员、10个提案承办先进单位、3个提案先进集体、13名提案先进个人进行表彰奖励。

（五）第五次会议

2007年2月25~28日，政协延安市宝塔区第十一届委员会第五次全体会议在延安银海大酒店举行，出席会议的政协委员154人。区直18个部门和单位的负责人列席会议。会议听取和审议《中国人民政治协商会议延安市宝塔区第十一届委员会常务委员会工作报告》《中国人民政治协商会议延安市宝塔区第十一届委员会常务委员会关于十一届四次会议以来提案工作情况的报告》；列席延安市宝塔区第十五届人民代表大会第五次会议，听取并讨论《政府工作报告》及其他报告；审议通过《中国人民政治协商会议延安市宝塔区第十一届委员会第五次会议政治决议》《中国人民政治协商会议延安市宝塔区第十一届委员会提案委员会关于十一届五次会议提案审查情况的报告》。会议选举孙建华、李延莉（女）为区政协副主席，付永发为区政协秘书长。

五、政协延安市宝塔区第十二届委员会

（一）第一次会议

2007年10月22~25日，政协延安市宝塔区第十二届委员会第一次全体会议在延安银海大酒店举行，出席会议的政协委员 170 人。区直 43 个部门和单位的负责人列席会议。会议听取和审议《中国人民政治协商会议延安市宝塔区第十一届委员会常务委员会工作报告》《中国人民政治协商会议延安市宝塔区第十一届委员会常务委员会关于十一届政协提案工作情况的报告》；列席延安市宝塔区第十六届人民代表大会第一次会议，听取和讨论《政府工作报告》及其他报告。会议选举张俊雷为主席，李延芳（女）、曹卉、孙建华、王宁、刘乐萍（女）为副主席，付永发为秘书长，牛江涛等 22 人为常务委员。会议审议通过《中国人民政治协商会议延安市宝塔区第十二届委员会第一次会议提案审查委员会关于提案审查情况的报告》《中国人民政治协商会议延安市宝塔区第十二届委员会第一次会议政治决议》。

（二）第二次会议

2008 年 3 月 3~6 日，政协延安市宝塔区第十二届委员会第二次全体会议在延安银海大酒店举行，出席会议的政协委员 157 人。区直 51 个部门和单位的负责人列席会议。会议听取和审议《中国人民政治协商会议延安市宝塔区第十二届委员会常务委员会工作报告》；列席延安市宝塔区第十六届人民代表大会第二次会议，听取和讨论《政府工作报告》及其他报告；审议通过《中国人民政治协商会议延安市宝塔区第十二届委员会提案委员会关于十二届二次会议提案审查情况的报告》《中国人民政治协商会议延安市宝塔区第十二届委员会第二次会议政治决议》。

（三）第三次会议

2009 年 2 月 10~13 日，政协延安市宝塔区第十二届委员会第三次全体会议在延安银海大酒店举行，出席会议的政协委员 160 人。区直 43 个部门和单位的负责人列席会议。会议听取和审议《中国人民政治协商会议延安市宝塔区第十二届委员会常务委员会工作报告》《中国人民政治协商会议延安市宝塔区第十二届委员会常务委员会关于十二届一次会议以来提案工作情况的报告》；列席延安市宝塔区第十六届人民代表大会第三次会议，听取和讨论《政府工作报告》及其他报告；审议通过《中国人民政治会议延安市宝塔区第十二届委员会提案委员会关于十二届三次会议提案审查情况的报告》《中国人民政治协商会议延安市宝塔区第十二届委员会第三次会议政治决议》。会议补选张红军为政协延安市宝塔区第十二届委员会秘书长。

（四）第四次会议

2010 年 2 月 22~25 日，政协延安市宝塔区第十二届委员会第四次全体会议在延安银海大酒店举行，出席会议的政协委员 164 人。区直 43 个部门和单位的负责人列席会议。会议听取和审议《中国人民政治协商会议延安市宝塔区第十二届委员会常务委员会工作报告》《中国人民政治协商会议延安市宝塔区第十二届委员会常务委员会关于十二届三次会议以来提案工作情况的报告》；列席延安市宝塔区第十六届人民代表大会第四次会议，听取并讨论《政府工作报告》及其他报告；审议通过《中国人民政治协商会议延安市宝塔区第十二届委员会提案委员会关于十二届四次会议提案审查情况的报告》《中国人民政治协商会议延安市宝塔区第十二届委员会第四次会议政治决议》。

第二节　政协常委会

一、政协延安市第八届委员会常务委员会

1990年6月至1992年12月，政协延安市第八届委员会常务委员会共召开18次常委会会议。1990年6月15日在政协会议室召开第一次常委会，会议讨论通过市政协1990年工作要点、常委会工作规则、各专门委员会组织通则及结构设置、人员组成、学习活动小组划分等；10月5日，在政协会议室召开第二次常委会，会议讨论《提案工作条例》、汇报八届一次委员会以来政协工作情况、学习贯彻全国统战工作会议精神；12月25日，在政协会议室召开第三次常委会，会议听取提案委员会关于八届一次会议以来提案办理情况汇报、有关人事任免，讨论1990年工作总结和1991年工作要点。1991年3月29日，在政协会议室召开第四次常委会，会议主要传达省政协六届四次全委会精神、研究八届二次全委会筹备情况、关于同民主党派联系发挥民主党派作用的意见、表彰先进和人事任免；4月15日，在政协会议室召开第五次常委会，会议讨论通过八届二次会议议程、编组名单、全委会报告、八届一次会议以来提案工作报告；4月25日，在政协会议室召开第六次常委会，会议听取小组讨论情况并通过有关决议；4月26日，召开第七次常委会，会议听取3个决议讨论情况和提案审查意见；6月22日，在政协会议室召开第八次常委会，会议讨论政协工作计划和专门委员会活动情况、提案条例的修改、省政协召开祖国统一会议情况和地委统战部、政协联络组检查全地区政协工作情况、人事任免；12月，召开第九次常委会，会议学习十三届八中全会公报、通报全市经济运行情况、通报外地考察情况。1992年1月24日召开第十次常委会，会议讨论八届三次全委会筹备情况，评选1991年先进集体和先进个人；2月19日，召开第十一次常委会，会议听取关于召开八届三次全委会筹备情况的汇报、研究会议的有关问题；2月21日，召开第十二次常委会，会议听取各小组讨论情况汇报，讨论2个决议；3月5～6日，召开第十三次常委会，会议专题学习邓小平重要讲话；6月5～6日，召开第十四次常委会，会议主要传达市委常委会会议精神、学习白清才省长在省委工作会议上的讲话、观看国际形势报告录像、听取学习邓小平谈话的辅导报告、讨论如何发挥政协职能作用和办好经济实体；9月29日，召开第十五次常委会，会议听取1992年1～8月市国民经济计划执行情况通报、传达地委统战工作会议精神；10月24日，召开第十六次常委会，会议主要学习十四大工作报告；12月15日，召开第十七次常委会，会议讨论通过八届常委会工作报告、八届委员会提案工作报告、九届一次会议有关事宜；12月25日，召开第十八次常委会，会议审议通过九届政协委员概况、九届常委名单、九届一次会议主席团和秘书长名单、九届一次会议提案审查委员会名单和提案截止日期、九届一次会议日程安排和编组名单。

二、政协延安市第九届委员会常务委员会

1993年1月至1997年10月，政协延安市第九届委员会常务委员会共召开常委会会议28次。1993年1月3日，召开第一次常委会，会议讨论1993年政协工作要点和各专门委员会工作要点；3月10日，召开第二次常委会，会议讨论1993年政协工作要点、

在政协委员中开展“为我市经济建设上台阶献计献策”的倡议、机关机构改革、人事任免；6月25日，召开第三次常委会，会议主要传达省政协会议精神及省上举办政协主席培训班情况；6月26日，召开第四次常委会，会议讨论全区经济现状。1994年1月13日召开第五次常委会，会议讨论关于召开九届二次全委会事宜、研究增补委员、学习有关文件；1月25日，召开第六次常委会，会议研究九届二次全委会有关事宜；2月21日召开第七次常委会，会议讨论通过九届二次全委会两个决议；3月29日，召开第八次常委会，会议主要传达、学习全国政协八届二次全会会议精神、省政协七届二次全委会会议精神；9月16日，召开第九次常委会，会议学习市委、市政府《关于抓百强村、促小康，建设生态农业市的决定》文件、研究组织政协委员视察农业生产、乡镇企业和城市建设工作；12月17日，召开第十次常委会，会议欢送连仁暖（女）副主席。1995年1月14日，召开第十一次常委会，会议讨论九届三次常委会工作报告、九届二次全委会以来提案工作报告、九届三次全委会有关事宜；2月10日，召开第十二次常委会，会议研究人事安排；2月27日，召开第十三次常委会，会议传达省政协七届三次会议精神、讨论1995年工作要点；7月25日，召开第十四次常委会，会议听取市政府冯毅副市长关于1995年上半年经济工作的通报、学习有关文件、人事任免；9月15日，召开第十五次常委会，会议讨论侯俊海为市政协副主席人选、九届四次全委会事宜；11月17日，召开第十六次常委会，会议讨论关于政治协商、民主监督、参政议政的实施意见、讨论通过工业调查报告；12月21日，召开第十七次常委会，会议讨论九届五次全委会有关事宜。1996年3月12日，召开第十八次常委会，会议讨论1996年工作要点；5月17日，召开第十九次常委会，会议学习全国政协主席李瑞环《在全国政协八届九次会议闭幕会上的讲话》、传达地区政协工委会议精神、讨论赴榆林考察事宜；9月3日召开第二十次常委会，会议通报“严打”斗争情况、增补委员；12月16日召开第二十一次常委会，会议讨论政协延安市委改名为政协延安市宝塔区委的决议、讨论决定召开九届六次全委会有关事宜。1997年1月14日召开第二十二次常委会，会议决定九届七次全委会有关事宜、表彰奖励先进委员、讨论新增委员候选人；1月24日，召开第二十三次常委会，会议讨论通过九届七次会议议程、日程、常委会工作报告、提案工作报告；2月25日，召开第二十四次常委会，会议讨论通过九届七次全委会提案审查情况报告、表彰先进委员决定、九届七次会议政治决定（草案）；3月7日，召开第二十五次常委会，会议讨论1997年工作要点；6月26日，召开第二十六次常委会，会议讨论教育“双基”达标工作情况；7月25日，召开第二十七次常委会，会议通过关于九届七次全委会提案工作办理情况；10月6日召开第二十八次常委会，会议学习十五大会议精神、通过有关人事任免。

三、政协延安市宝塔区第十届委员会常务委员会

1998年2月至2003年2月，政协延安市宝塔区第十届委员会常务委员会共召开常委会会议20次。1998年2月19日，召开第一次常委会，会议讨论政协十届常委会工作规则、专门委员会组织通则、区政协常委会1998年工作要点、领导分工、决定人事任免；同日，召开第二次常委会，会议研究各民主党派如何监督区上工作；5月22日，召开第三次常委会，会议研究区政协机关人事任免。1999年2月8日，召开第四次常委会，会议讨论通过常委会工作报告、提案工作报告、协商全委会日期、会期、议题、日程、分组名单、常委、委员增补名单、工作机构设置及负责人；3月10日，召开第五次常委会，会议讨论1999年政协常委会工作要点、确定十届二次全委会事宜、有关人事任免；8月4日，召开第六次常委会，会议传达省政协工作会议精神；9月9日，召开第七次常委会，会议通报区政协十届二次全委会以来提案办理情况。2000年1月14日，召开第八次常委会，会议讨论召开十届三次全委会事宜；6月14日，召开第九次常委会，会议讨论中小学生减负问题；9月5日召开第十次常委会，会议听取区政府关于提案办理情况的通报、提案跟踪办理情况、评议区政府对提案的办理情况、讨论《监督员跟踪暂行规定》《提案及办理实施细则（暂定）》；12月28日，召开第十一次常委会，会议讨论常委会跟踪报告、召开十届四次会议有关事宜、增补委员、人事任免。2001年2月26日召开第十二次常委会，会议讨论常委会工作报告、小组划分及召集人名单、日程、增补委员、常委候选人、调整专委会成员；3月1日，召开第十三次常委会，会议审议讨论情况；3月3日，召开第十四次常委会，会议讨论区政协2001年工作要点；7月16日，召开第十五次常委会，会议学习江泽民在全国统战工作会议上的讲话、汇报外出考察学习情况、讨论2001年大型视察调研活动内容、人事任免；10月18日，召开第十六次常委会，会议听取区政府对提案工作办理情况的通报。2002年2月22日，召开第十七次常委会，会议讨论十届五次全委会召开事宜、全委会会议材料；6月25日，召开第十八次常委会，会议讨论全区产业开发现状、存在问题及建议；11月8日，召开第十九次常委会，会议听取提案工作办理情况的通报。2003年2月16日，召开第二十次常委会，会议讨论十一届一次全会有关事宜。

四、政协延安市宝塔区第十一届委员会常务委员会

2003年2月至2007年7月，政协延安市宝塔区第十一届委员会常务委员会共召开常委会会议20次。2003年2月28日，召开第一次常委会，会议学习政协知识、确定专委会组成人员、讨论2003年工作要点；6月30日，召开第二次常委会，会议讨论通过关于乡镇农村医疗卫生事业情况调查报告、视察工业、商贸业情况的报告；10月21日，召开第三次常委会，会议讨论提案办理情况的报告、视察农业产业化建设的报告、农村中小学布局情况的调查报告、人事任免；11月21日召开第四次常委会，会议研究有关人事任免。2004年1月5日召开第五次常委会，会议讨论十一届委员会工作报告、提案工作情况报告；2月12日，召开第六次常委会，会议讨论2004年工作要点、办公室、综合委、提案委工作计划；6月25日，召开第七次常委会，会议讨论对社区组织建设情况、发展三大主导产业、城市经济运行情况的调查报告；10月18日召开第八次常委会，会议讨论《关于对我区农业产业化建设情况的视察报告》。2005年1月11日，召开第九次常委会，会议讨论通过十一届委员会常委会工作报告、十一届三次全会以来提案工作情况报告、十一届四次全会议程、日程；3月3日，召开第十次常委会，会议讨论通过2005年工作要点；3月18日召开第十一次常委会，会议讨论各专门委员会组成人员、政协活动小组划分、联系群众制度、人事任免；9月30日，召开第十二次常委会，会议讨论关于对乡村公路建设、农业产业化建设调研视察的报告，听取并审议提案办理情况的报告。2006年1月11日，召开第十三次常委会，会议研究十一届四次全会召开有关事宜、讨论常委会工作报告、提案工作报告；2月9日，召开第十四次常委会，会议讨论2006年工作要点及各专门委员会2006年工作计划；5 月 30 日，召开第十五次常委会，会议讨论关于城市居民低保情况的调查报告；10 月 18 日，召开第十六次常委会，会议讨论通过《关于宝塔区建设社会主义新农村的视察报告》、增补委员。2007 年 2 月 6 日，召开第十七次常委会，会议讨论常委会工作报告、提案工作报告；2 月 27 日，召开第十八次常委会，会议听取各小组讨论常委会工作报告、提案工作报告、政府工作报告、选举办法等的情况汇报；2 月 28 日，召开第十九次常委会，会议讨论 2007 年工作要点及各专门委员会工作计划；7 月 20 日，召开第二十次常委会，会议讨论《关于对我区水利基本建设情况的调查报告》《关于对公安宝塔分局基层派出所工作及执法情况的调查报告》。

五、政协延安市宝塔区第十二届委员会常务委员会

2008 年 1 月至 2010 年 11 月，政协延安市宝塔区第十二届委员会常务委员会共召开常委会会议 14 次。2008 年 1 月 22 日，召开第一次常委会，会议讨论通过《中共延安市宝塔区委关于贯彻〈中共延安市委关于加强人民政协工作的意见〉的实施意见》（讨论稿）、常委会工作报告、二次会议议程、日程、工作机构及人员名单、学习活动小组划分、人事事项；3 月 6 日，召开第二次常委会，会议讨论通过 2008 年工作要点及各专门委员会工作计划；9 月 12 日，召开第三次常委会，会议讨论通过《我区社会主义新农村建设情况的调查报告》、提案办理情况的通报；11 月 28 日，召开第四次常委会，会议讨论通过工业全区畜牧业发展情况、中小学教育资源整合与布局调整、新型农村合作医疗工作、区法院工作及执法情况的调查报告。2009 年 1 月 19 日召开第五次常委会，会议讨论通过常委会工作报告、提案工作报告、三次会议日程、议程、小组划分、召集人名单、表彰优秀提案和提案办理先进单位事宜；2 月 11 日，召开第六次常委会，会议协商提出十二届委员会秘书长初步候选人名单、通过大会《选举办法（草案）》；2 月 12 日，召开第七次常委会，会议听取各小组讨论情况汇报、通过大会《选举办法》、秘书长正式候选人名单、三次会议政治决议；2 月 13 日，召开第八次常委会，会议讨论 2009 年工作要点；3 月 2 日，召开第九次常委会，会议研究有关人事任免；12 月 17 日，召开第十次常委会，会议审议《提案工作条例》、听取关于劳动就业、司法行政、检察院法律监督、蔬菜产业发展现状、非公经济现状、苹果产业的调查报告。2010 年 1 月 20 日召开第十一次常委会，会议协商增补委员、讨论常委会工作报告、提案工作报告、大会议程等；2 月 25 日，召开第十二次常委会，会议讨论 2010 年工作要点及各专门委员会工作计划、常委包抓提案办理事宜；6 月 7 日，召开第十三次常委会，会议讨论《关于全区环境保护工作的调研报告》《关于全区安全生产情况的调研报告》；11 月 10 日召开第十四次常委会，会议讨论关于林业工作、农村沼气能源建设、区人民法院工作、公安宝塔分局工作、全区城镇居民基本医疗保险实施、全区教育工作的调查报告。

第三节　联席和联谊会议

一、联席会议

2005 年区政协与区政府协商建立《延安市宝塔区政府与政协延安市宝塔区委员会领导联席会议制度》。2005 年 10 月，区政府与区政协第一次领导联席会议召开，会上，区政府通报全区交通公路建设情况，区政协通报对全区交通公路建设有关问题的讨论意见，双方就加强全区公路建设进行专题协商，并就进一步加强区政府与区政协工作联系，共同推进宝塔区各项事业发展进行探讨。2007 年 12 月 27 日，区政府与区政协第二次领导联席会议召开，会议围绕全区退耕还林工程建设情况进行专题协商。2008 年 11 月 10 日，区政府与区政协第三次领导联席会议召开，会议就全区畜牧产业发展情况进行专题协商。2009 年 12 月 23 日，区政府与区政协第四次领导联席会议召开，会议就全区蔬菜产业发展情况进行专题协商。2010 年 12 月 7 日 ，区政府与区政协第五次领导联席会议召开，会议就全区林业工作进行专题协商。

二、联谊会议

2001 年 10 月，宝塔区政协举办延安市县（区）政协联谊会第一届一次会议。2003 年 9 月下旬，政协主席张俊雷带队参加在子长县举办的延安市县（区）政协联谊会第三次会议。2007 年 7 月 23～25 日，主席张俊雷带队参加在安塞县举办的陕甘宁蒙毗邻县（区）政协联谊会第二十次会议。2007 年 9 月 15～17 日，主席张俊雷带队参加在黄龙县举办的延安市县（区）政协联谊会第八次会议。2009 年 5 月 26～29 日，主席张俊雷带队参加在志丹县举办的延安市县（区）政协联谊会第十一次会议。2009 年 9 月 5～8 日，副主席曹卉带队参加在志丹县举办的陕甘宁蒙毗邻县（区）政协联谊会第二十四次会议。2010 年 6 月 9～12 日，主席张俊雷带队参加在甘肃省庆阳市西峰区举办的陕甘宁蒙毗邻县（区）政协联谊会第二十五次会议。2010 年 9 月 1～3 日，主席张俊雷带队参加在延川县举办的延安市县（区）政协联谊会第二届第三次会议。

第三章　参政议政

第一节　提案办理

一、政协延安市第八届委员会提案

1990～1992 年，政协延安市第八届委员会共收集委员提案 281 件，其中立案 186 件，意见、建议 95 件。1992 年底办复 164 件，办复率 90%。政协委员张清义、齐文光提出的“解决白坪居民的吃水问题”提案，得到市委、市政府高度重视，先后多次召集相关单位进行专题研究，使供水问题得以解决。政协委员张贵才所提“关于兰家坪农贸市场移位的建议”的提案，引起工商、城建部门重视，使问题得到顺利解决。

二、政协延安市第九届委员会提案

1992～1997 年，政协延安市第九届委员会共收集提案 270 件，其中立案 58 件，作为意见、建议办理166件。办结提案56件，办结率96%；办结意见、建议150件，办结率90%。1993年，政协委员徐怀远提出“关于尽早开放延安市图书馆的意见”，得到图书馆积极响应，经过精心的准备，图书馆实行全日对外开放。政协委员侯自力等提出“制止乱集资、乱摊派、乱罚款”的建议，区委、区政府极为重视，成立清理整顿“三乱”领导小组和减轻农民负担领导小组，开展自查自纠。重点抽查建章建制等，严格票据管理；对62个部门、单位乱收费进行处理，取消66个单位的不合理收费47项，可减轻农民负担400余万元；并制定印发《关于取消六十五个集资基金和收费项目的通知》《关于减轻农民负担的紧急通知》等政策性文件。1994年，政协委员文强、李平等提出“严厉打击青少年吸毒贩毒活动”提案，市委、市政府高度重视，及时成立“延安市禁毒指挥部”及禁毒办公室，组织开展打击吸毒贩毒活动。政协委员崔辑提出“延安市大气污染亟待解决”提案，引起市委、市政府关注，及时制定《延安市大气污染治理实施方案》，全面开展大气污染治理工作。1995年，政协委员孙联珍、屈丽萍提出“延安市医疗市场亟待整顿”提案，市卫生局高度重视，组织开展大规模整顿活动，打击非法行医，没收假冒伪劣药品，规范医疗市场。

三、政协延安市宝塔区第十届委员会提案

1998~2002年，政协延安市宝塔区第十届委员会共收集提案368件，其中立案243件，立案率66%。提案办结率100%，提案办理满意度达93%。《关于生猪检疫权归属的建议》《建议加强网吧管理》《关于减轻农民负担的建议》等提案得到相关部门重视，有关问题得以及时解决。

四、政协延安市宝塔区第十一届委员会提案

2003年，政协延安市宝塔区第十一届委员会共收到提案282件，其中立案264件，立案率93.6%。提案答复率为100%，提案办理满意度达100%。

五、政协延安市宝塔区第十二届委员会提案

2007~2010年，政协延安市宝塔区第十二届委员会共收到提案258件，立案246件，立案率95.3%。提案答复率为100%。

第二节　调查研究

1990~1993年，市政协先后组织开展调研活动8次、考察视察活动10次，形成调查、考察报告13份。针对工业企业承包、待业就业、小学生负担等社会热点、难点问题，提出许多建设性的意见。待业就业存在问题提出后，引起市政府重视，及时安排23名孤儿和168名特困户待业青年就业。

1994年9月，市政协组织政协委员、民主党派、工商联负责人近百人，对全市生态农业建设、城市建设进行集中视察。全年先后组织9次调研，形成《柳林乡农村土地产权制度改革调查》《增值税对小型生产企业的利弊》《发展中药材的前景》等报告。文教组撰写的《延安鲁迅艺术学校招生调查》的报告，引起市政府的高度重视，使该校以招生包分配蒙骗学生问题得到及时纠正。1995年，市政协重点对市属国有企业改革进行调研，所反映的国有企业资产严重流失问题，引起市委、市政府重视。9月，市政协组织政协委员及各民主党派、工商联负责人等60多人，重点对张坪、下坪、丁庄等12个乡镇的农业基础设施情况进行视察。

1996年，市政协组织大型视察2次；各专门委员会组织调研6次、视察2次，撰写调研报告6篇、视察报告2篇，印发简报6期。5月，市政协组织委员对城建、工商、交警3个系统26个窗口单位的"行业形象建设工程"进行为期3天的视察，就班子建设、人员素质提高、改进管理、政策落实等方面提出意见和建设。1999年10月，区政协提案委员会组织委员对校园周边环境、审计工作进行调研，形成调研报告3篇。2000年，区政协组织政协委员以及民革、民建成员，先后对南泥湾钻采公司、集雨节灌工程、减轻农民负担、流域治理、非公有制经济发展等进行调研，形成调研报告6篇，提出建议28条。区政协撰写的《关于视察山川秀美工程建设的报告》《加强提案工作，发挥政协职能》，分别在西部开发研讨会上和全省政协提案工作座谈会上进行交流。

2001年6月，区政协组织委员对国有企业改制、社会保障体系建设进行调研；召开专题座谈会，进行工作评议和情况反馈。8~9月，组织61名委员对甘谷驿、川口、李渠等15个乡镇的山川秀美工程建设进行视察。同时，对燕金路改造工程、四中扩建等7个重点建设项目进行视察。2002年6月、10月，区政协组织政协委员分别对棚栽业、林果业、非公有制经济进行调研，形成调研报告17篇。

2003~2007年，区政协组织委员对工商经济发展、农村医疗体系建设、山川秀美工程、农村中小学布局调整、社区建设、乡村公路建设、管护、退耕还林工程、城市居民低保进行调研，形成调研报告22篇，提出意见、建议118条。

2008~2010年，区政协组织委员分别就农村中小学教育资源整合、新型农村合作医疗、非公有制经济发展、司法工作、退耕还林、集体林制度改革、劳动就业、城镇居民医疗保险等，进行17次调研、视察活动，形成调研、视察报告20篇，提出意见、建议81条。

第三节　统战联谊

1991年，市政协制定印发《关于进一步加强同民主党派的关系，充分发挥民主党派在政协中作用的意见》，对加强同民主党派的关系提出6个方面的要求。加强同"三胞"亲属联系。通过走访、座谈、写信等形式，宣传党的"一国两制""和平统一"等方针。对全市40户"三胞"亲属进行走访、调查，了解情况，征求意见。开展对外联络，加强互相了解，促进政协工作。1991年，接待外地政协到延客人24批443人次。1994年，市政协接待各级兄弟县（区）政协客人21批235人次，交流文史资料72册。1994年10~11月，组织部分委员到北京、辽宁、浙江、福建等地考察学习，交流经验，开阔视野。1995年，市政协推行走访委员制度。市政协主要领导深入基层，走访部分政协委员、民主党派和工商部门负责人以及部分"三胞"亲属。1995年，接待外地政协客人18批260人次。

1996年4月，召开市政府有关部门与市政协专门委员会负责人会议，明确关系、协商内容、程序、组织领导等。一年间，政协各专门委员会与政府各职能部门的联系进一步加强，政协组织的调查视察活动得到各部门的支持与帮助，有11名政协委员被聘请为客运、税收、市政建设等方面的监督员。加强与民主党派、工商联、各界人士的联系与合作，全年走访民主党派、工商联负责人及政协委员35人次。在组织的调研视察、专题座谈、情况通报等活动中，邀请民主党派、工商联负责人参加。开展对外联络交流，全年接待外来客人26批340人次。

2000年，区政协接待外地政协客人20批254人。2001年，区政协接待外地政协客人14批153人。组织政协委员赴西南地区20多个市县进行学习考察；2002年，区政协接待外地政协客人31批420人。2003年7月、10月，区政协组织委员、机关干部赴北京、辽宁、江苏、福建等地学习考察。全年先后接待外地政协客人21批235人。2004年，区政协接待外地政协客人28批263人。

2005年，区政协与广西壮族自治区凭祥市政协缔结友好关系。2008年，延安市宝塔区政协与呼和浩特市赛罕区、乌鲁木齐市新市区、甘肃省庆阳市西峰区等地政协建立友好关系。

2010年，区政协与湖北省襄阳市樊城区、陕西省安康市汉滨区、安徽省滁州市南谯区等地政协建立友好关系。2005~2010年，区政协接待外来客人141批、1296人次。

第四节　文史工作

1990~2010年，区政协文史资料编纂工作，坚持走“开门办文史”的路子，强化文史工作力量，形成全方位协作工作机制。通过网媒，借用社会力量办文史，发布征集信息，挖掘、搜集、整理有存史价值的文史资料，同外地政协进行文史资料图书与经验交流，相互赠送文史资料3000余册。联系在政协工作过的老同志，通过交流、座谈、征稿等多种方式，搜集第一手资料及珍贵的图片、报纸、书籍等史料，至2010年底，区政协收集各级政协文史资料、图书2000余册，累计收集各类文史资料4000余册。加强制度建设，制定完善《图书阅览室管理人员岗位职责》《政协委员撰写文史资料制度》《特邀文史委员聘用管理制度》《文史工作业务培训制度》《文史资料征集制度》《文史资料档案管理制度》《文史资料借查阅制度》《文史工作协作制度》《文史工作年会制度》《文史资料整理、编辑、出版制度》《学习培训制度》《图书资料管理制度》《借还制度》《征集文史资料稿件付酬标准与发放办法》14项制度。推进文史信息化建设，政协文史资料全部实现数字化管理。

21年间，区政协编辑出版文史资料图书《延安文史资料第六辑》《延安政协四十年》《峥嵘岁月　肝胆相照》《西延铁路建设集锦》《延安游击队纪实》等共120余万字。其中，《西延铁路建设集锦》《延安游击队纪实》分别荣获延安市文史资料图书评比一等奖、二等奖。

第二十编　民主党派

1990~2010年，宝塔区各民主党派组织会员开展调查研究，提交议案、建议，参政议政；开展招商引资，扶贫帮困，以及公益活动，全力促进宝塔区经济社会发展。2010年，宝塔区有民主党派5个，其中民革、民建、民进、农工党成立区级组织，民盟只有成员。各党派共有成员254人（民革党员28人、民建会员56人、民进会员96人、农工党党员38人、民盟盟员36人）。

第一章　国民党革命委员会

第一节　组织机构

1990年9月24日，民革延安市委员会成立。2002年1月19日，民革延安市委（地级）成立后，原民革延安市委（县级）更名为民革宝塔区委。2008年，中国国民党革命委员会延安市宝塔区委员会共有党员20人，男女各有10人。党员中有县级调研员1名，科级干部1名，副科级干部3名，担任延安市人大代表1名，担任宝塔区政协委员3名，具有中级以上技术职称12人，大专以上文化程度15人。2009年，吸纳党员4名。2010年，吸纳党员4名。2010年，中国国民党革命委员会延安市宝塔区委员会有党员28人，其中男党员13人、女党员15人。党员中有县级调研员1名，科级干部1名，副科级干部3名；党员中担任延安市人大代表1名，宝塔区政协委员3名，具有中高级技术职称的15人，大专以上文化程度23人。

第二节　主要工作

履行参政议政职能，出席区委、区政府召开的民主协商会、征求意见会、情况通报会、座谈会等。1990~1991 年，民革籍党员提出提案 19 条，并得到采纳和答复。1996 年，参加各种视察考察活动 24 次，提交提案和建议 12 件。1997~1998 年，民革籍政协委员、人大代表在市、区两会上提交提案、建议 15 件。2000 年，在区政协委员会上，民革党员提交提案 11 件。2002 年，在延安市“两会”上，民革党共提交提（议）案 15 件。提案《关于加强民主党派干部实职安排力度》荣获 2002 年度优秀提案奖。在子长县特大洪灾中，市、区委会全体民革党员共计捐款 3800 多元，捐物 100 多件。

2010 年，开展调查研究活动，形成《浅议民主党派机关干部的能力建设》和《民主党派贯彻科学发展观对履行参政议政党职能具有重要指导作用》等多篇调研报告。民革党员、市人大代表王辉所提的《关于在市区内建一所公办幼儿园的建议》的议案受到市委、市政府的高度重视。甘肃玉树地震发生后，组织动员全区民革党员向玉树灾区捐款 900 元。

第二章　民主建国会

第一节　组织机构

1993 年，民建延安市支部委员会辖金融、商贸、综合 3 个活动小组。1994 年 11 月 24 日，民建延安市委员会成立，辖金融、商贸、综合 3 个支部，有会员 31 人。2000 年 7 月 15 日，民建延安市委员会（地级）成立，原民建延安市委员会改称民建延安市宝塔区委员会，辖综合、商贸 2 个支部，有会员 21 人。2008 年，中国民主建国会延安市宝塔区委员会辖 4 个支部，会员 49 名。其中，大专以上学历 38 人，高级职称 2 人、中级职称 12 人，市人大代表 1 人，市政协委员 4 人，市工商联合会副会长 1 人，区政府副区长 1 人，区政协副主席 1 人，区政协常委 1 人，区政协委员 7 人。2009 年，中国民主建国会延安市宝塔区委员会辖 4 个支部，会员 51 名，其中男 22 名、女 29 名，平均年龄 42 岁。

2010 年，中国民主建国会延安市宝塔区委员会辖 4 个支部，有会员 56 人。其中，市人大代表 1 人，市政协委员 4 人，市工商联合会副会长 1 人，区政府副区长 1 人，区政协副主席 1 人，区政协常委 1 人，区政协委员 7 人。

第二节　调查研究

1990~2010年，民建会员提出各种提案、议案30多件，其中提出的《关于加强经济适用住房建设监管的提案》《关于解决延大附院医疗废水直排延河的提案》等，受到市、区委和政府的重视，部分意见和建议得到采纳。2008年，区民建与区环保局组成调研小组，对宝塔辖区厂矿企业的节能减排进行调研，形成《关于宝塔辖区厂矿企业节能减排情况的调查报告》，受到区委、区政府的高度重视，并在《延安政协》和《政策与研究》上刊登。2008年，协调资金10万元，完成临镇镇义家塬村沼气池建设，该沼气池配有太阳能热水器、水冲厕，成为宝塔区新农村建设示范点之一。“5·12”汶川特大地震和玉树地震后，全区广大民建会员积极捐款捐物。第二支部会员李晓林捐款28200元，被民建中央授予全国抗震救灾优秀会员称号。会员闫伯奋向宝塔区元龙寺乡、甘泉、延川、延长捐赠鸡苗15300羽，并向甘泉县崂山乡王台村人畜饮水工程捐款3000元，受到当地政府表彰和群众称赞。

2009年2月，在宝塔区政协十二届二次会议上，民建委员共提交提案3件，其中以区委会名义提出《关于加强物业管理的提案》《关于解决延大附院医疗废水直排延河的提案》受到区委、区政府的高度重视，授予民建委员会优秀提案先进集体称号。在市政协三届二次会议上，民建委员共提出《关于加强我市物业公司管理的提案》等4件提案，《关于加强我市物业公司管理的提案》被市政协评为优秀提案。在市人大三届二次会议上，民建委员会代表提出《关于建议市人大对市政府〔2008〕35号文件不适当条款进行修正的议案》等9件议案。在4月召开的全区统战工作会议上，民建区委会荣获“调研工作先进集体”荣誉称号。5~6月，对东苑物业管理公司等5个物业管理公司，宏远家园小区等8个住宅小区，区城建局、经房办、物业管理中心及东苑小区业主委员会5个业主委员会和众多业主，就物业管理情况进行调研，形成《关于宝塔区物业管理情况的调查报告》，受到党委、政府重视。

2010年2月，在市、区人大、政协两会上，民建委员提出《关于加强经济适用住房建设监管的提案》《关于将东关汽车站东迁刘万家沟的建议》等15件提案、议案。民建部分政协委员参加区政协组织对法院工作情况、宝塔辖区内部分企业社会保险参保情况进行调研，形成《关于宝塔辖区部分厂矿企业社会保险参保情况的调查报告》。区委会工作人员对全区大中专毕业生就业情况进行调研，形成《关于宝塔区大中专毕业生就业情况的调查报告》。

2007年，区民建与民建浙江省台州市椒江区委会经过协商，建立友好组织联系。2010年，区民建第三支部与民建西安市雁塔区第一支部结为友好支部；区委会第二支部与民建榆林市榆阳区支部结为友好支部，开展互相交流。

第三章　民主促进会

第一节　组织机构

1985 年 11 月 13 日，民进省委在延安破例特批第一批 11 名会员。1985 年 12 月 4 日，成立延安大学支部、延安师范学校支部和延安地区市区支部。1986 年 6 月，将原来的 3 个基层支部调整为延大、延师、东关、南关、市进修学校、文化沟 6 个基层支部，有会员 32 人。1991 年，设 8 个支部。2000 年，民进延安市委员会成立，民进宝塔区支部调整为 6 个。2008 年 4 月 8 日，成立北关支部。全年吸纳新会员 12 名。2008 年，区委会有支部 7 个，分别是南关支部、文化沟支部、七里铺支部、柳林支部、北关支部、宝塔支部、东关支部，会员 86 人，其中女性 58 人；县级干部 1 人、正科级干部 2 人、副科级干部 8 人；高级职称 15 人，中级职称 49 人。76%的会员是来自教育界。2009 年，中国民主促进会延安市宝塔区委员会下设 7 个支部，会员 94 人，其中女 62 人；县级干部 1 人、正科级干部 2 人、副科级干部 8 人；高级职称 16 人，中级职称 54 人。

2010 年，民进宝塔区委有会员 96 人，其中女性 63 人。中国民主促进会延安市宝塔区委员会下设 7 个支部。即：宝塔支部、七里铺支部、东关支部、南关支部、文化沟支部、柳林支部、北关支部。有会员 96 名，其中女 64 人；县级干部 1 人、正科级干部 2 人、副科级干部 8 人；高级职称 16 人，中级职称 56 人。

第二节　工作调研

围绕全区重大战略决策，人民群众普遍关注的热点难点问题，对义务教育和职业教育、繁荣农村文化事业、劳务输出、旅游开发、新农村建设、党外干部任用机制等重点课题进行调研。2005 年，形成的《关于宝塔区松树林乡陈子沟小学教育情况的调研报告》，在“宝塔区千人百日大调研”活动优秀调研报告评选中荣获二等奖。2006 年，形成的《关于宝塔区农村小学义务教育情况的调查》被中共宝塔区委、宝塔区人民政府评为三等奖，《关于宝塔区职业教育现状调查及对策探讨》的调研报告，获中共宝塔区委、区人民政府授予的调研成果二等奖。2008 年，形成《关于宝塔区党外干部队伍建设的调研报告》和《关于我区开展百企联百村共建新农村活动情况的调查及对策探讨》2 篇调研报告，其中《关于我区开展百企联百村共建新农村活动情况的调查及对策探讨》获得宝塔区 2008 年调研成果一等奖。郝燕妮撰写的《关于我市职业教育发展情况的调查报告》被延安市政府授予优秀调研成果一等奖。2009 年，民进区委会就民主党派组织建设和宝塔区儿童预防接种疫苗等课题，组织专人进行调研，形成《宝塔区民主党派基层组织建设现状的调查》《关于宝塔区儿童预防接种情况的调查》2 篇调研报告。2010 年，就乡村道路管护和民主党派社会服务情况开展调研，形成《关于对乡村道路管护情况的调研》《关于宝塔区民主党派社会服务工作的调查》2 篇调研报告。2010 年，民进区委会被中共宝塔区委统战部评为"全区统战理论调研工作先进集体"。

第三节　提案议案

1990~2010 年，区委会共提交集体提案、个人提案和议案共计 379 件，其中《关于尽快解决中小学校门口车辆堵塞现象的建议》《关于在市内增设公厕的建议》被区政协评为"优秀提案"。2005 年、2006 年连续 2 次荣获市政协"优秀提案奖"；2006 年，李延芳主委获市政协"优秀提案者"奖。姚进才于 2003 年、2006 年 2 次被区政协评为"优秀政协委员"；支部主任樊丽、孙凯被区政协评为"提案先进个人"。任兴华、刘静等提出的《关于北桥沟大桥的修建》《关于尽快减轻小学生的课程负担》等 30 多件意见和建议，被列为重点提案和议案。2008 年，全年共提交提案 11 件，其中 4 件提案予以立案；《关于加大对出租车辆管理和监督力度的建议》《关于改善乡镇餐饮业卫生状况的建议》列入重点提案。在宝塔区政协十二届二次会议上，民进 17 名政协委员围绕"三农"问题、针对医疗卫生、教育、社会治安等方面群众关心的热点、难点问题提出 7 件提案（党派提案 1 件，委员个人提案 6 件）。

2009 年，民进区委会市、区政协委员共提交提案 15 件，其中市政协委员李延芳提的《关于开通我市农业三大主导产业便民服务热线的建议》提案，受到民进市委会的奖励。在区政协十二届三次会议上，民进区委会被区政协评为"优秀提案先进集体"、会员高宏伟荣获"优秀提案个人奖"。委员们提出的《关于开通宝塔区服务畜牧业"热线"的建议》《关于规范城市居民低保的建议》《关于方便当事人诉讼的建议》《加强我区教师体检工作确保教师身体健康》《关于进一步加强民办中小学校、幼儿园硬件设施建设的检查力度的建议》等提案，均予立案，部分被立为重点提案。充分发挥特邀监督员、人大代表、政协委员的作用，积极参与各种活动。义务监督员孙凯、柳延林参加公安宝塔分局的行风评议。会员张海参加关于第四高级中学收费标准的听证会和关于王良寺、马家湾十三区、老崖沟经济适用房听证会。

2010 年，民进区委为延安市政协三届四次会议提交提案信息 15 件。市政协委员李延芳提出《关于维修宝塔区二中铁桥的建议》获延安市政协优秀提案奖。宝塔区政协十二届四次会议共提出提案 13 件，立案 12 件，其中，民进宝塔区委会《关于加强乡村道路管护力度的建议》中提出"将村级公路养护纳入区政府对各乡镇的年终目标责任考核范围"被宝塔区考评办采纳。

第四节　社会服务

1990 年，民进市委会与青化砭中学、杨家湾小学结成帮教对子。2001 年后，先后把柳林中心小学、柳林朝阳小学、中国水利希望小学、市场沟育英小学确定为教育支边学校，赠送价值1.8万余元的办公桌椅、体育用具、教学仪器、计算机等教学用品。2001年，松树林乡陈子沟村被民进中央确定为“科教扶贫示范村”。为此，区委会先后为陈子沟村争取扶贫资金80多万元，帮助发展养殖业和改善该村小学教育环境。2004年，在陈子沟小学修建“杏琴园”教学楼，解决周边5个村孩子的上学难问题。同时，区委会还联系宁波广济小学、中国农业出版社等有关单位，向陈子沟小学捐赠价值13万余元的图书、电脑以及学习用品和助学金。2004年9月，民进中央“科教扶贫生态富民”现场会在陈子沟村召开。2005年4月6日，民进中央主席许嘉璐到延安市期间，前往陈子沟村视察。2009年，通过民进区委会牵线搭桥，浙江省宁波市广济中心小学与宝塔区松树林乡中心小学缔结为手拉手友好学校。仪式上，浙江宁波广济中心小学副校长陈巨开代表该校给松树林乡中心小学15名贫困生每人捐赠200元的助学金，并且每年都进行这样的捐助。2010年，双方达成教育合作意向，签字仪式在宁波举行。开展向孤寡老人、残疾儿童、贫困学生、特困家庭、下岗职工等社会弱势群体、地震灾区献爱心活动，1990~2010年，民进区委会向社会捐款共计57306元，捐献衣物2295件（套）。

2010年，在民进延安市委成立十周年纪念大会上，李延芳、姚进才、樊利、孙凯、马骁、任兴华、柳延林、师道峰、李燕、苗赟被市委会评为“先进工作者”；高晓秀、郑延玲、张海、延志琴、王江婷、杨婕、付延红、曹伯涛、王青云被评为“优秀会员”；宝塔支部、七里铺支部被评为“先进支部”；区委会被评为“先进集体”。2010年，民进宝塔区委被民进陕西省委评为“社会服务先进集体”，宝塔支部被民进陕西省委评为“先进基层组织”。

第四章　农工民主党

第一节　组织机构

1990年，成立中国农工民主党延安市总支。1997年，延安撤地设市后，更名为农工民主党宝塔区总支。2003年12月28日，成立中国农工民主党宝塔区委员会。2008年，农工党宝塔区委会共有农工党员32人，其中医疗卫生界21人，占66%；大专以上学历23人，占72%；高级职称7人，占20%；中级职称20人，占62%。党员中担任副县级职务1人，主任科员1人，副科级3人。农工党省委委员1人，区人大常委会委员1人，市政协委员1人，区政协常委1人，区政协委员4人，延安市人民陪审员1人。当年发展党员7名。2009年6月18日，在延安宝塔宾馆召开农工党宝塔区委员会第二次党员大会暨换届工作会议。主委张兴虎代表第一届委员会作《树立科学发展观，认真履行参政党职能，在构建和谐宝塔中做出贡献》工作报告；会议选举产生农工党宝塔区第二届委员会。

2010 年 5 月 12 日成立宝塔区第四支部，6 月 25 日成立宝塔区疾病预防控制中心支部。2010 年，发展中国农工民主党党员 6 名。2010 年，农工党宝塔区委共有党员 38 人，其中男 14 人、女 24 人；县级干部 1 人，主任科员 1 人，副科级 5 人；农工党省委委员 1 人，市政协委员 1 人，区人大代表 1 人，区政协委员 5 人。

第二节 调查研究

2008 年，农工党宝塔区委会先后与区人大深入 20 多个部门和单位对劳动用工情况及《中华人民共和国劳动合同法》贯彻实施情况进行调研；与区政协经济委对区畜牧业发展情况以及宝塔区法院李渠法庭、姚店法庭工作进行调研；与区政协科教文卫委对新型合作医疗工作进行调研，食品安全、广播电视村村通工程、旅游产业开发、民族宗教活动现状及存在问题等方面内容进行调查研究，撰写调研报告。2009 年，参加市人大组织的“关于全市食品安全工作情况”的调研。组织农工党员及人大代表开展《陕西省文化市场管理条例》贯彻实施情况的视察调研，提出 7 个方面意见建议，引起政府高度重视。参加区政协组织的现代农业实施项目——宝塔区果业发展现状的大型视察活动。2010 年，组织农工党员及人大代表，会同环保宝塔分局成立专题调研组，深入 6 个厂矿公司、13 个污水处理厂站、选油站和井区、水库和一些乡镇饮用水源地，开展关于在石油、天然气开发过程中农村水源地和生活饮用水环境保护工作情况的专题调研。通过调研形成极具说服力的调研报告，就饮水安全方面亟待解决的问题提出 4 个方面的意见、建议。据此，区人民政府作出《关于加强孙台水库水源地保护的决定》和《关于加强金庄水库水源地保护的决定》。

发挥参政议政、民主监督职能。2008 年，在宝塔区政协十二届二次会议上，提交提案 5 件，其中区委会《关于进一步加强监管粮油门市建议》的提案被评为优秀提案。参加延安市政协对宝塔区法院工作调研座谈会，参加区法院公开审理债务纠纷 1 案。全年共陪审案件 6 起、调解案件 3 起。

2009 年，在宝塔区政协十二届三次会议上，提交提案 8 件，其中委员常海生提出的《关于加强小户型经济适用住房建设的提案》得到采纳，并及时给予办理。2010 年，在宝塔区政协十二届四次会议上，提交提案 3 件，其中《关于规范物业管理，提高物业服务水平的建议》的党派提案，被评选为优秀提案。

第三节 公益事业

2008 年，开展“送医、送健康”大型扶贫义诊活动，就诊群众上百人次。同时，开展义诊和送医送药活动。四川汶川发生地震后，开展“心系灾区人民，奉献真情爱心”募捐活动，为灾区人民捐款共计 2630 元，上交“特殊党费”2877 元。2009 年，经过协调，农工党中央、中国初级卫生保健基金会向延安市区捐赠价值1100多万元的医疗设备。2009年8月9日，在蟠龙镇卫生院开展以“发扬农工党优良传统，积极投身延安医疗扶贫救助新长征工程”为主题的庆祝农工党建党79周年大型义诊活动。在本次活动中，农工党中央及中国初级卫生保健基金会捐赠价值50万元的药品及医疗器具。2010年，区委会积极参与捐资献爱心活动，为玉树地震灾区捐款3200余元，为修建邓演达纪念馆捐款1350元。区疾控中心支部为益童幼儿园30多名教职工健康体检，提供价格优惠和优质上门服务。

第二十一编　社会团体

1990~2010 年，中共宝塔区委一直重视加强基层工会组织建设，全面贯彻《中华人民共和国劳动法》，推行集体合同制度，建立劳动关系三方协调机制和联席会议制度，维护职工利益。开展“交友帮扶”活动。开展学雷锋、学赖宁“双学”、“青年星火带头人”“青年文明号”“青年文明社区”等活动，动员广大青年积极参与“保护母亲河行动”、秀美山川建设。开展基层团组织整顿工作，建立“党建带团建”工作机制。开展青年志愿者活动，实施青年志愿者注册制。加强非公有制团组织建设，开展“红领巾传递”“手拉手”“我为圣地护新绿”等活动。实施希望工程，资助贫困大学生、农村留守儿童完成学业。开展“五好家庭”“巾帼建功”“三八红旗手”创建活动，加强农村妇女扫盲和妇女技能培训，组织妇女积极参与流域治理、秀美山川建设。加强基层妇女组织建设，拓展社区和非公有制妇女工作。宣传贯彻《中华人民共和国妇女权益保障法》（以下简称《妇女权益保障法》），大力维护妇女权益。实施“关爱妇女”“春蕾计划”等活动。加强文艺创作，创办《宝塔山》文艺季刊。开展残疾人社会保险、医疗保险、就业等工作。建立关心下一代工作机构，加强未成年人思想道德教育。成立老区建设促进会，大力开展调查研究、对外联络工作，努力促进老区社会经济发展。

第一章　总工会

第一节　组织机构

一、宝塔区总工会

1990 年，延安市总工会内设财务部、组宣部、权益部、俱乐部、办公室，编制 12 人。下设科级建制自收自支单位 2 个，即工人文化宫礼堂、职工培训中心。2010 年底，宝塔区总工会机关内设4部1室1中心，即财务部、组宣部、权益部、俱乐部、办公室、困难职工援助中心。下设科级建制自收自支单位2个，即宝塔区工人文化宫礼堂、宝塔区职工培训中心。职工培训中心在职职工12人，与工会机关合署办公；工人文化宫礼堂在职职工7人。工会机关及所属单位共有职工32人。

二、基层工会组织

1999年，全区23个乡镇（街道）建立工会联合会。2007年，凤凰山街道办事处文化沟社区、南市街道办事处马家湾社区组建街道工会联合会社区分会，枣园镇裴庄村饮食一条街、万花山乡花园头村等有“三产”的村子建立村级工会分会。2008年10月，宝塔区总工会下发《关于进一步加强全区“小三级”工会组织网络建设的实施方案》。2009年5月，宝塔区总工会下发《关于加强村级工会组织组建工作的实施意见》，宝塔办事处、凤凰办事处、南市办事处所辖社区全部建立工会分会。截至2010年底，全区共建基层工会组织440个。其中，系统工会工作委员会8个，乡镇（街道）工会联合会23个，村级（社区）工会分会127个，党政事业单位工会157个，国有企业工会48个，驻区垂管单位工会委员会8个，私营企业工会委员会57个，个体私营工会联合会1个，个体工商所分会11个。此外，有女工委138个。全区会员总人数50979人，其中农民工会员19368人。全区基层工会建立职工之家146个，其中市级职工之家57个，省级职工之家3个。延安公路管理局宝塔公路管理段职工之家、王家坪实业发展集团公司职工之家被评为全国模范职工之家。

三、延安市宝塔区第一届农民工联合工会

2006年9月1日，宝塔区农民工联合会首次会员代表大会在延安百悦饭店召开，出席会议代表121人。会议讨论通过《宝塔区农民工联合工会章程》，成立延安市宝塔区第一届农民工联合工会。

第二节　工会代表大会

一、第十五次代表大会

1998年5月27~29日，宝塔区工会第十五次代表大会在延河饭店召开，出席会议代表149人，选举产生区总工会委员23人，常委9人；主席康树建，副主席康风云、钱建军。

二、第十六次代表大会

2003年7月10~12日，宝塔区工会第十六次代表大会在亚圣大酒店召开，出席会议代表183人，选举产生区总工会委员21人，常委9人，主席朱国龙，副主席康风云、吕毅、陈燕。

三、第十七次代表大会

2008年3月27~28日，宝塔区工会第十七次代表大会在延安交际宾馆召开，出席会议代表193人，选举产生区总工会委员23人，常委13人，主席吕海潮，副主席高志旺、薛建雄、张小平、李玉明。

第三节　工会活动

一、权益维护

1996年，市总工会下发《关于贯彻〈劳动法〉，推行集体合同制度的实施意见》。1997年，印发“延安市宝塔区关于建立平等协商机制和集体合同实施意见”，全区35家企业签订集体合同。2003年，指导和督促54户企业按期进行平等协商和集体合同的续签、完善工作。2005年，成立宝塔区职工维权工作领导小组。2006年，宝塔区总工会与经济发展局、人事和劳动社会保障局建立劳动关系三方协调机制和联席会议制度，各企业也相应地建立三方协调机制。印发《宝塔区总工会关于在改制企业中加强工会工作的通知》《区改制企业召开职工（代表）大会对资产转让方式、竞买人拟定的职工安置和经营方案认可度的测评办法》，规定企业改制方案、职工安置方案和经营方案必须经过职工大会或职工代表大会通过；截至2010年底，协助政府对39户企业进行改制。举行宝塔区企业集体合同签订仪式，22户国有企业、7户非公有制企业在大会上签订集体合同。2007年，宝塔区总工会与司法局联合成立“宝塔区弱势群体法律援助中心”，聘请4名律师无偿为农民工和弱势群体进行法律援助。全年32户国有企业、27户非公有制企业与2800余名职工签订用工合同。2008年，有41户国有企业、20户非公有制企业签订劳动合同和集体合同872份，劳动合同和集体合同的签订率96%。从用工合同上规范劳资双方的权益，维护双方的利益。2010年底，接待来电来访咨询1689人次，办理法律援助案件83件，减免诉讼代理费1.2万多元。

二、扶贫帮困

开展“交友帮扶”和帮扶困难职工活动，至2010年底，区总工会慰问困难劳模、困难职工2369人次，帮扶救助衣物5600余件、米面120余吨、现金135万元；资助特困职工子女上大学561人，资助现金136万元。2008年起，与延安技工驾校、金圣都驾校、延运驾校联合建立驾驶技能培训基地；至2010年底，培训驾驶员12864人，减免学费996万元。与延安技工学校联合培训电焊工320人，微机人员468人。选送268名困难职工子女到陕西工运学院学习，解决再就业985人。

第二章　共青团

第一节　组织机构

1990年，共青团延安市委内设办公室、学少部、青农部、青工部。编制7人。下辖青少年活动中心。2005 年 3 月 18 日，成立宝塔区青年联合会。2010 年，共青团宝塔区委编制 7 人，其中书记 1 人，副书记 2 人，青联副主席 1 人；内设办公室、学少部、青农部、青工部。团区委下辖青少年活动中心。全区下辖团委 51 个，团支部 852 个，少先大队 312 个。

第二节　团员代表大会

一、第十四次团代会

1988 年 12 月 28~30 日召开。出席代表 175 人，特邀代表 5 人，列席 20 人。大会听取并审议团市委所作题为《坚持党的基本路线，站在改革前列，为振兴延安经济培养“四有”新人而奋斗》的工作报告。选举产生第十四届团市委委员 25 人，候补委员 5 人，常委 9 人，书记贺亚平。

二、第十五次团代会

1992 年 4 月 20~23 日召开。出席代表 175 人。大会听取并审议共青团延安市第十四届委员会所作的《振奋精神，坚定信念，深化改革，为建设延安而勇敢奋斗》的工作报告。大会选举产生共青团延安市第十五届委员会委员 28 人，候补委员 5 人，常委 11 人，书记艾绍雁，副书记李长民、杨海滨。

三、第十六次团代会

1995 年 9 月 27~30 日召开。出席代表 182 人。大会听取并审议共青团延安市第十五届委员会所作的《继往开来，面向新世纪，努力开创我市共青团工作新局面》的工作报告。大会选举产生共青团延安市第十六届委员会委员 27 人，候补委员 5 人，常委 11 人，书记刘世忠，副书记杨海滨、孙建军。

四、第十七次团代会

2003 年 11 月 29 日至 12 月 1 日召开。出席代表 161 人，特邀代表 5 人，列席代表 11 人。大会听取并审议共青团延安市宝塔区第十六届委员会所作的《实践“三个代表”重要思想，与时俱进，奋发有为，团结带领全区团员青年为全面建设小康社会和建设西部经济强区而奋斗》的工作报告。大会选举产生共青团宝塔区第十七届委员会委员 23 人，候补委员 3 人，常委 9 人，书记滕云，副书记李平、谢云鹏。

五、第十八次团代会

2007 年 9 月 16~17 日召开。出席代表 161 人，特邀代表 5 人，列席代表 11 人。大会听取并审议共青团延安市宝塔区第十七届委员会所作的《落实科学发展观，唱响青春主旋律，为建设富裕文明和谐的宝塔区而努力奋斗》的工作报告。大会选举产生共青团宝塔区第十八届委员会委员 23 人，候补委员 13 人，常委 9 人，书记王子信，副书记马保平、李平、王榆明。

第三节　组织建设

1991 年，以农村社教为契机，在青化砭、李渠等 9 个乡镇开展团组织整顿工作。主要开展“一个竞赛”（即合格团委、团支部、优秀团员、先进青年争先创优竞赛）、“二个整顿”（组织整顿、思想整顿）、“三个建设”（制度建设、文化阵地建设、脱贫致富项目开发建设）、“四个教育”（爱国主义教育、集体主义教育、社会主义教育、团员奉献意识教育），从而实现“一提高”（团员思想政治水平提高）、“二合格”（团委、团支部合格）、“三落实”（团的活动阵地落实、经费落实、团干部报酬落实）、“四有”（有计划、有措施、有制度、有各类花名册）。9 个乡镇建立团支部 216 个，普遍达二类以上，有 802 名青年加入共青团组织。

1992～1995 年，开展团的基层组织整顿工作。通过整顿，914 个基层支部中，一类支部达到 364 个，占总数的 39.8%。南泥湾镇团委被评为省级先进。吸收各条战线的先进分子和技术人员加入团组织，壮大团员队伍。全市共发展新团员 4000 名，团员总数达到 1.2 万多人。

1998～2003 年，开展社区团组织建设工作，加强非公有制经济、农村团组织建设，制定《关于在非公有制经济组织中组建团组织的实施办法》。建立私营企业团组织，先后建立宝塔区第三建筑工程公司和王家坪联营公司 2 个团支部；建立全市第一家村级团委——桥沟镇尹家沟村团委。同时，在尹家沟市场建立流动团支部。2000 年 12 月，区委成立“党建带团建”工作领导小组，把团的建设纳入党的建设总体规划之中，规范“党建带团建”工作机制，形成“五带一优化”的局面，构建党团“同规划、同推进、同考核”的工作格局。

2004～2007 年，采取向非公有制经济组织派遣团建“联络员”“指导员”方式，加强非公有制经济组织团建工作，全区 5 个非公有制经济组织建立团组织。

2008～2010 年，建立基层团组织建设长效机制，以落实《县乡村基层团组织规范化建设指导意见》为核心，推行乡镇团委《委员“三一”轮值书记制》《委员包片联村制》《委员联系青年制》和《考核激励机制》等。

2010 年底，全区共有青年 8.5 万人，团员 1.3 万人，少先队员 3.8 万人。

1993～2010 年部分年份宝塔区共青团组织发展情况统计表

表 21-2-1

年份	青年总数（人）	团员人数（人）	基层团委数（个）	团总支和团支部数（个）
1993	81570	9885	52	726
1995	82431	10639	52	731
2003	85210	13542	53	752
2007	88535	16586	52	776
2010	85359	13000	51	852

第四节 主要活动

1991年，开展学雷锋、学赖宁“双学”活动。3月，组织大型活动5次，出动宣传车17辆，设立宣传点578个，参加青年团员11.6万人次；组建送温暖小组416个，为孤寡病残老人、老红军做好事3.8万件次。实施西延铁路延安段青年绿化工程，组织动员600多名团员，在燕沟栽植油松、火炬树2600余株；与市林业局合作育苗2700亩。12月，团市委与解放大厦联合举办青工技能比赛，150多人参加。

1992~1995年，团市委与市林业局、柳林乡政府联合组织动员西延铁路沿线的厂矿、企事业单位和乡村青年团员，参与铁路沿线绿化工程，植树1.3万亩，育苗4000亩。营造“青年林”1.2万亩，农村少先队员采集树种2.5余吨。与市建设局团委联合举办“青工技术比武”活动，70多名青工参加比赛。在金融系统开展“金融系统青工技术比武”活动，20多名青工参加比赛。在农村青年中以培养“青年星火带头人”为重点，培养科技示范户47户，有7000多名青年依靠科技走上致富道路。组织动员团员青年和少先队员，开展“学雷锋、学赖宁、树新风”活动，利用图片、板报、墙报等形式，宣传雷锋、赖宁事迹。组织青年上街打扫卫生、修理电器、提供咨询等便民活动。1995年3月3日，市委、市政府在市礼堂举行动员大会，为20支青年志愿者服务队授旗。开展以“奉献、友爱、互助、进步”为宗旨，以“做好事，办实事，改陋习”为主题，以“便民、利民”为目的的志愿者活动。组建各种青年志愿者服务队（组）227个，参加人数24万人次，组织活动22次，做好事累计70多万件次。

1996年，在农村团组织中开展“致富奔小康”“青年星火带头人”活动，通过传、帮、带形式，帮助农村青年脱贫致富。在青工系统以“培养跨世纪合格人才”为重点，开展争做文明岗位（号）活动。南泥湾钻采公司副总经理董义龙荣获“中国杰出（优秀）青年科技创业奖”。贯彻落实《公民道德建设实施纲要》，开展“青年文明号”“青年文明社区”创建活动和青年志愿者行动。制定《宝塔区青年文明号管理办法》，规范“青年文明号”的申报、评选、考核、管理、监督等工作，建立健全青年志愿者服务网络。

1998~2003年，团区委响应团中央等八部委发出的“保护母亲河行动”的号召，带领全区团员青年紧紧围绕山川秀美建设这一主题，开展保护母亲河行动和植绿护绿活动。5年共计完成作业小班161个，造林21094.5亩，完成造林任务的105%。在农村青年中开展“青年星火带头人”创建活动，举办各类科技培训班10次。组织万花山、枣园30名青年农民到洛川谷咀参观，学习家庭旅游开发。培养省级青年科技星火带头人2名、区级青年科技星火带头人430名，培养农村青年科技大户13户，姚店镇农民陈奋民荣获“市级青年星火带头人”称号。开展青工创新创业、岗位能手竞赛、青工联谊等活动，培训青工200名，培训外来务工青年200名。实施跨世纪青年农民培训工程，举办培训班10次，培训农民1200余人次。开展青年文明号创建活动，创建国家级青年文明号1个，省级1个，市级4个，区级18个。开展青年文明社区创建工作，以马家湾社区为试点，在3个街道办事处、20个社区中开展争创“青年文明社区”活动。

2004～2007年，修改制定《宝塔区青年文明号管理办法》，对“青年文明号”创建工作实行动态化管理。组织省、市、区三级青年文明号单位青年1000余名，举行纪念青年文明号创建10周年暨信用公约宣誓签字活动。在纪念五四运动85周年之际，为延安百货大楼文体专柜等10个国有制单位、集体进行授牌，并首次对5个非公有制企业文明集体进行授牌。与区教育局联合举办“继承光荣传统，弘扬延安精神”讲革命故事比赛。组织千余名优秀团员，在枣园《为人民服务》讲话台前，举行重温入团誓词宣誓活动。开展“同饮延河水，共护母亲河”护绿活动，组织千余名青少年在杨家岭、枣园等地植树造林。组织广大青年投身山川秀美工程建设，加大青化砭新庄科流域治理区建设。建成南泥湾青年活动中心。开展“践行公民道德，共铸诚信延安”为主题的学雷锋社会实践活动，以及“学毛岸英，走延安路，做延安人，铸延安魂”主题活动。开展“参与禁毒斗争，构建和谐社会”为主题的禁毒知识宣传进校园活动，在百圣商厦广场举行“宝塔区禁毒志愿者大队成立暨授旗仪式”。制定印发《在保持共产党员先进性教育活动中，加强团员意识教育的实施意见》，在基层团委中开展“八个一”活动，即：开展“三个代表”重要思想及党史团史知识讲座活动，开展一次革命传统教育活动，开展一次“我是后备军，党在我心中”大讨论活动，开展一次关爱未成年人思想道德教育活动，开展一次团员民主评议活动，开展一次扶贫济困活动，开展一次团干部作风整顿活动，开展一名团干部联系一个团建示范点活动。开展“青年岗位能手”评选活动，表彰11名区级青年岗位能手。围绕“与祖国共奋进，与宝塔同发展”主题，组织开展新农村建设“三下乡”服务、“红色记忆驻校园”等活动，命名挂牌蟠龙战役烈士陵园、冯庄团支部旧址等5个青少年爱国主义教育基地。在青年文明号创建中，严格青年文明号申报、考核程序，开展“信用建设示范”青年文明号创建活动，大力推行“青年文明号信用公约”承诺制，构建社会信用示范体系。全区共建成省级“青年文明号”1个，市级14个，区级50个。推行志愿者注册制度，规范志愿者队伍、项目和机制建设，全区组建各类青年志愿者服务队16支，注册青年志愿者2300余人。

2008～2010年，组织各类培训班40次，培训农村青年2500人次，培养5类新型青年农民30人。开展“助飞农村青年创业，发放小额贷款”活动，首批为20名青年发放贷款60余万元。开展就业创业青年培训活动，落实培训资金29万元，培训170人次。组织青年参与“我为延安种棵树”活动。加强团组织信息交流，建立团委书记、委员联系网，创建《宝塔团讯》期刊。在冯庄村投资60万元，兴建“宝塔青年纪念林”“解放军纪念林”2000余亩。

第五节　希望工程

1992年，延安市开始实施希望工程。1993年，成立延安市希望工程领导小组及其办公室。1994年，开展“1（家）+1”救助活动，救助学生176人。至1995年，全市共收到捐款900多万元，修建希望小学60所，1.5万名小学生搬进宽敞明亮的教室，救助贫困失学儿童700多名。中直机关领导捐资修建的“延安希望小学”可容纳学生600余名。国务院总理李鹏和夫人朱琳致信延安希望小学并捐款1000元。原国家主席杨尚昆致信延安希望小学的同学，对全体同学寄予殷切的期望。国家七部委捐赠电视机 10 台、录像机 50 台和价值 10 万元的爱国主义视听读物。

1996 年，落实希望工程资金 370 万元，扩、新建希望学校 20 所，落实救助对象 165 名。1997 年，修建希望小学 18 所，落实“1+1”救助贫困儿童 540 名。1998 年，200 名贫困儿童得到“1+1”资助。2001 年，发放救助金 9 万元，救助贫困儿童 900 名。

2005 年，中国航空工业规划设计院为李渠镇沟门银燕希望小学捐资 10.3 万元和 150 套课桌、3000 册图书、21 台计算机等学习用品。北京金融时报社向河庄坪金时希望小学捐资 6 万元，用于教学设施。广东省青少年发展基金向李渠镇周家湾村捐资 50 万元，新建希望小学。

2008~2010 年，中央红办、明日之星教育集团、中国平安保险公司、延百集团、浙江余姚市爱心人士等单位和个人，援助资金 100 多万元，扶持家庭困难大学生、农村留守儿童等完成学业。

第六节　青少年工作

1991~1996 年，开展“像赖宁那样心中有祖国，心中有他人”主题教育活动和“沿着党的足迹走，誓做革命接班人——红领巾传递”活动。“红领巾传递”活动主要围绕“七个一”展开，即：组织少年儿童开展学一段革命历史，访一位老党员，参观一处革命旧址，做一次社会调查，送一次温暖给贫困小朋友，写一篇歌颂党的文章，献一份好成绩。在杨家岭举行“红领巾在延安”主题队会。在宝塔山举行“延安市红领巾传递”交接仪式，“红领巾传递”活动在延安历时 7 天，1.4 万人次参加。原国家主席杨尚昆为延安儿童题词“好好学习，做党的好孩子”。团延安市委被全国儿童少年活动中心授予“红领巾传递活动优秀组织集体”称号。配合《少年月刊》杂志社，在全市中小学生中开展“即兴作文”比赛活动，6000 多名学生参赛，有 47 篇作文获奖，部分作品在《少年月刊》杂志上刊登。在全市中小学中开展“露一手”活动，7 名小能手被选拔参加省级比赛，市职业中学 4 名同学经过选拔参加团省委举行的“金质奖”劳动技能竞赛资格。在团省委举办的“我身边的故事”作文竞赛活动中，有 16 篇作文获奖。全国少儿活动中心举办的“我爱你”配乐诗朗诵竞赛活动，获创作奖 2 个、二等奖 2 名、三等奖 7 名。在“手拉手”活动中，帮助全市 27 所中小学与外地 90 所中小学建立“手拉手”关系，团市委向农村小学捐书 800 多册。

1997~2002 年，在青少年中开展“十佳青年”“十佳少年”评选活动、雏鹰争章达标、“新世纪我能行”社会实践、少儿书法绘画大赛、青年歌手大赛、夏令营等活动。全区评选出“十佳青年”“十佳少年”40 名。有 53 名青少年荣获省市“十佳青年”“十佳少年”“青年创业先锋”、优秀团干、团员、辅导员等荣誉称号。开展《中华人民共和国未成年人保护法》《中华人民共和国预防未成年人犯罪法》的学习宣传，贯彻省委《关于进一步加强预防青少年犯罪工作意见》。结合“三五”“四五”普法工作，开展争创优秀青少年维权岗、法制讲座、法制报告、法制宣传等活动。

2003~2010 年，开展“手拉手”“红领巾——革除陋习从我做起”“我为圣地护新绿”等实践活动，以及“民族精神代代传”“我与祖国共奋进、我与宝塔同发展”、圣地红领巾“丰碑在我心中”等主题教育活动。开展“十佳青年”“十佳少年”“优秀团干”“优秀团员”等评选活动，恢复冯庄团支部旧址，建立青少年爱国主义教育基地10个。开展“青少年维权岗”创建活动和“青少年远离毒品”行动，以法制报告会、青少年模拟法庭等形式进行宣传教育。举办少儿书法大赛，收到作品300余幅，评出优秀作品50余幅。开展争当“四好少年”活动，发放宣传画2000余份。

第三章　妇女联合会

第一节　组织机构

1996年12月，延安市改为宝塔区，延安市妇联随之改称宝塔区妇女联合会，区妇联内设办公室、农村组、城市组，编制8人，实有8人。下辖3个办事处和24个乡（镇）妇联组织及591个村妇代会。1999年，成立区妇女儿童工作委员会办公室，副科级建制。2009年，区妇女儿童工作委员会办公室由副科级建制升格为正科建制。2010年，区妇联内设办公室、组织宣传部、城乡工作部、维护妇女儿童权益部，编制10人。下辖11个镇、9个乡、3个街道办事处妇联，19个机关妇委会，138个工会女职工委员会，21个社区妇联，611个村妇代会，8个非公有制经济组织妇委会。

第二节　妇女代表大会

一、延安市第十六次妇女代表大会

1990年3月8～10日召开。会议选举产生第十六届执行委员会，主席1人，副主席3人。

二、延安市第十七次妇女代表大会

1996年6月8～10日召开。会议选举产生第十七届执行委员会，妇联主席1人，副主席5人。

三、宝塔区第十八次妇女代表大会

2000年11月27日召开。出席大会代表109人，实到106人。特邀代表27人，列席代表23人。李芬兰主席代表区妇联第十七届委员会向大会作题为《抢抓机遇，迎接挑战，努力开创宝塔区跨世纪妇女运动新局面》的工作报告。选举产生第十八届执行委员15人，主席1人，副主席2人。

四、宝塔区第十九次妇女代表大会

2005年10月27日召开。应出席大会代表129人，实到129人。特邀代表35人，列席代表13人。刘桂梅主席代表区妇联第十八届委员会向大会作题为《落实科学发展观，团结动员广大妇女，为全区经济社会全面发展而努力奋斗》的工作报告。大会选举主席1人，副主席2人。

五、宝塔区第二十次妇女代表大会

2010年11月23日召开。应出席大会代表135人，实到125人。特邀代表27人，列席代表23人。大会常务主席、区妇联主席郭晏代表宝塔区妇女联合会第十九届执行委员会作题为《坚持科学发展，勇于开拓创新，团结动员广大妇女为宝塔区经济社会全面发展而努力奋斗》的工作报告。大会选举第二十届执行委员25人，主席1人，副主席2人。

第三节　妇女专项活动

1990~1995年，在农村开展争创“五好家庭”活动，评选“五好家庭”29386户，双文明户12284户。举办烤烟、养猪、果树栽培等各类技术培训班累计1671期，培训妇女25976人次；发展科技示范户1531户，培养妇女技术员292名，发展庭院经济示范户471户。将扶贫工作寓于“双学双比”活动之中，全市各级部门联包扶贫户465户，落实扶贫资金59.4万元。在科技、卫生、商业等行业开展“巾帼明星”赛活动，涌现出马维、乔素云、王翠花、范明等一批先进妇女。在女职工中开展“巾帼建功”活动，全市5000余名妇女参加。在绿色长廊建设中，妇女投工29.3万个，绿化面积1666.5公顷，新修农田9538亩。开展“三八”绿色工程，全市21000名妇女参加。涌现“三八红旗手”33名。组织1000名娘子军，开展争夺“水利振兴杯”竞赛活动，农村妇女整治荒山荒坡81580亩。在“双学双比”和“巾帼建功”活动中，涌现致富女标兵12名，致富女能手29名，“巾帼建功”标兵10名。开展“四个一”（献一份爱心，送一份温暖，捐一件衣物，做一件好事）、百名好婆媳竞赛活动、创建“五好家庭”“美好家庭”活动。评出地级“双文明户”8户，“五好家庭户”5户，市级“美好家庭”28户，“五好家庭”29户。开展“水利振兴杯”竞赛活动，组织万名娘子军投入基本农田建设。全市完成农田面积3.5万亩，完成土石方1599.2万立方米，投劳104.7万个工（日），其中妇女投劳占35%。在农村青壮年妇女中开展“学文化，迎四大（第四次世界妇女大会）、扫文盲、奔小康”活动，全市2450名青壮年妇女脱离低文盲线。

1996~2000年，开展妇女技能培训，举办各类培训班739期，培训妇女26952人次，培养女科技示范户134户，女农民技术员128名。组织万名娘子军参加“水利振兴杯”竞赛活动，全市完成流域面积19.1平方千米，总投劳45.2万个工日，其中妇女投劳20.3万个工（日），占总投劳的45%。在流域治理中，先后组织10.2万名女劳力，营造“三八”林4.5万亩。在李渠镇刘家沟举行“环保妈妈——建设21世纪绿色家园”启动仪式，省政府副省长潘连生出席并为省妇联和宝塔区妇联共同营建百亩“环保妈妈”示范林揭牌。开展扶贫帮困活动，通过抓点扶贫、结对扶贫等形式，帮助贫困户脱贫。全区妇联组织包扶贫困户645户，女能手同贫困户结对400对。在农村青壮年妇女中开展“扫文盲、奔小康、学科技、创高产”和“识字女状元”竞赛活动，创办扫盲夜校573所，农民技校541所，5200名妇女文盲脱离低文盲线。对农村586个妇代会组织进行整建，调整妇代会主任410名，成立妇委会、女职工委员会52个，创办妇女活动室560个。枣园乡庙沟村妇代会、万花山乡张坪村妇代会被省妇联命名为“五好妇代会”。

2001～2005年，组织妇女投身“山川秀美巾帼赛”“巾帼文明示范岗”“绿色家园示范户”等活动，全区妇女营造“三八”林2.7万亩。举办各类农业种植、养殖技术培训班494期，培训妇女3.2万人次，培养女农民技术员180人，涌现出“巾帼示范岗”15户，“绿色家园示范岗”170户。拓展社区和非公有制经济领域妇女工作，建立社区妇女组织20个，非公有制经济妇女组织1个。建立农村省级妇女学校4所，市级妇女学校8所，区级妇女学校13所。开展农村基层妇代会组织整建，全区611个村妇代会，一、二类妇代会90%。2005年，川口乡川口村陈改琴被全国妇联五好文明家庭创建活动协调小组授予“第五届全国五好文明家庭”荣誉称号。

2006～2010年，各级妇女组织利用妇女学校，开展多门类多样化技术培训，举办培训班196期，妇女技能培训8500余人次，培训下岗失业妇女485人，转移富裕女劳力2000人。创建“文明和谐家庭”12户，“巾帼文明示范岗”3个。陈改琴获全国妇女“双学双比”活动女能手称号。开展“五好家庭示范点”创建活动，评出省级“五好文明家庭”4户，省级“平安家庭”创建活动示范单位1个，示范社区10个，示范村10个，省级“平安家庭”创建活动示范户70户。开展以树行业新风为目标的“巾帼建功”“双学双比”活动，创评市“双学双比”先进集体2个，市“巾帼文明岗”1个，市“老区妇女创业致富能手”3名。吴彩玲获陕西省“百年三八·杰出女性”荣誉称号。

第四节　妇女儿童权益维护

1990～1995年，开展《中华人民共和国妇女权益保障法》宣传活动，举办培训班12期，培训骨干625人次，发放宣传图书资料1330册。提高妇女政治地位，全市女科级领导干部占科级干部比例8%。建立延安市妇女儿童服务中心，为妇女开展法律咨询服务，解救被拐卖妇女2名。开展家庭教育活动，建立家长学校70所，发放教材3000册。开展妇女工作法律法规宣传，散发宣传材料6万余份，悬挂大幅标语24幅。

1996～2000年，开展“爱心献春蕾”活动，有437名失学或家庭生活困难儿童得到资助。开展“年轻妈妈读书演讲”活动，育才小学在读书演讲活动中，获得全国先进集体奖。在官庄乡、下坪乡各创办女童班1个，82名家庭生活困难儿童得到中国儿童基金会资助。成立宝塔区维护妇女儿童合法权益投诉中心。开展“148”妇女维权周活动。

2001～2005年，制定《宝塔区2001～2010年妇女发展规划》《宝塔区2001～2010年儿童发展规划》等。开展马克思主义妇女观以及男女平等基本国策等宣传活动，发放宣传资料2000余份。开展“医疗、科技、法律”三下乡活动，接诊妇科病、常规病检查300余人，发放健康、婚育知识宣传资料3.5万份。实施“双合格”家庭育人工程，创建示范家长学校41所。刘桂梅被陕西省妇女联合会、陕西省教育厅授予“家庭教育先进工作者”荣誉称号，杨照丽被授予陕西省“双合格”家庭教育工作先进个人荣誉称号。举行“不让毒品进我家、预防艾滋病”为主题的千名妇女签字活动，发放宣传资料5000余份。实施“春蕾计划”和“纠风工程”，资助、救助失学、辍学儿童和贫困大学生447名。

2006~2010年，开展《中华人民共和国妇女权益保障法》宣传活动，维护妇女儿童合法权益，发放妇女维权宣传单32000份，反对家庭暴力、防治艾滋病、关爱女孩等方面资料2300册。成立“维权法庭”“家暴110”妇女维权机构，开通法律咨询“12348”热线。开展“为国教子，以德育人”为主题的“双合格”活动和“百万家长教育工程”活动。文化沟社区被省文明办、省妇联、省教育厅授予“陕西省优秀社区家长学校”荣誉称号，延安希望小学爱心家长学校被全国妇联授予“全国流动人口子女、农村留守儿童示范家长学校”荣誉称号。开展以“关注妇女、打击艾滋”为主题的宣传活动，发放宣传资料2万余份。实施延安医疗扶贫“新长征”工程，即宝塔区关爱妇女、儿童健康普查项目，先后为2000余名农村妇女做健康检查，为城乡妇女进行乳腺癌检查7000人次，宫颈癌检查1000人次。成立“延安红雨伞妇女之家”，为6名受害妇女儿童提供庇护，为63名儿童、84名孤儿、169名残疾儿童提供法律援助。区妇联张美玲获省级“优秀红凤工程志愿者”荣誉称号，王巧芳被全国维护妇女儿童权益暨平安家庭创建协调组、中华全国妇女联合会授予“全国维护妇女儿童权益先进个人”称号，郭晏获陕西省“维护妇女儿童权益先进个人”荣誉称号，李梅获省级“优秀巾帼志愿者”荣誉称号，宝塔区妇联被全国妇联、国家信访局授予“全国妇联单位信访工作先进集体”称号。实施“春蕾计划”，资助贫困失学辍学儿童、贫困大学生、贫困妇女、孤残儿童242人。

第四章　其他社会团体

第一节　工商联

一、组织机构

延安市工商联于1986年恢复成立。1995年，成立延安市商会。1997年，宝塔区商会成立建筑建材分会、木制品装潢分会、水土产蔬菜分会、资源开发分会和民营业分会。1998年，成立延安市宝塔区商会宝塔分会、南市分会、凤凰分会和民间艺术分会。2010年，延安市宝塔区工商联编制7人。全区共有工商会员150人。

二、参政议政

1990~2010年，工商联会员中的政协委员积极履行参政议政职能，深入基层，调查研究，共形成提案200多件。其中，《关于退耕还林后加强林木管理的建议》《关于规范管理旅游景点纪念品市场的建议》《关于自来水厂前“新华中学”移址的建议》《关于打造兰花花文化品牌及相关产业的设想》《关于巩固退耕还林成果，增加农民经济收入的建议》等提案得到市、区政府及有关部门的重视和采纳。组织人员深入基层，对“三农”问题、城乡统筹发展等方面工作开展调研，形成《关于宝塔区淤地坝建设情况的调查》《关于农村基层班子建设情况的调查》《关于宝塔区小城镇建设情况的调查》等调研报告20余篇。开展对会员企业走访调查，了解企业经营管理等方面存在的问题，寻求解决办法及对策，形成多篇关于非公有制经济投资发展环境等方面的调研报告。同时，参加区政协组织的农业产业建设、城市经济发展、非公有制经济发展等调研视察；参与物价、技术监督等行风调研，以及非公有制经济发展中党组织建设的调研。提出的意见和建议，得到相关部门的重视和采纳。

三、服务社会

为会员提供法律咨询和法律服务。多年来，为会员提供法律咨询服务200余次，代理诉讼案件30余起，涉及工程事故纠纷、商标侵权纠纷、债务纠纷等，挽回经济损失300多万元。维护商会会员合法权益。2001年，因租赁费问题，使白坪国际家具城商户停业罢市，商会出面与双方进行协商，使问题得到妥善处理。同年8月，东关轻化市场沿街盖楼，与经营户发生纠纷，经营户联合起来停业罢市，商会与有关单位、主管局和个体商户代表反复协商，召开座谈会，解决纠纷。组织会员参加各种贸易洽谈会，学习先进的企业管理经验。2006年11月，组织会员参加在北京展览馆举办的“第三届中国中小投资项目创业合作洽谈会”。会上达成合作意向项目11个。2007年9月，组织会员参加在西安曲江国际会展中心举办的“特许加盟暨创业项目（西安）展览会”。2008年，组织会员参加在延安宾馆举办的“提高领导力——管好人和事的艺术”的经济管理知识讲座。邀请国内知名企业管理专家为会员企业讲授《如何让你的企业基业长青》《营销管理》等课程。动员广大非公有制经济企业人士投身于公益事业。2008年汶川特大地震发生后，会员企业慷慨解囊，先后累计捐款224万元。截至2010年，会员企业在捐资助教、扶贫帮困、建桥修路、支援农村产业建设等领域无偿捐资4500多万元。其中，用于建桥修路、发展农业产业资金约650万元，用于支教助学资金约2250万元，用于救灾、助残、治病救人、扶贫帮困等慈善事业资金约1600万元。捐资额比较大的企业有：延安王家坪实业发展集团、延安腾格尔实业发展公司、延安资协有限责任公司、延安龙飞建筑有限公司、宝塔利民有限责任公司、延安圣火建筑安装有限公司、宝塔区圣乐商贸有限公司、延安合力农机公司、延安笑林商贸有限公司、延安融利工贸公司、延安慈善医院、延安杨家岭石窑宾馆等。

第二节　残疾人联合会

一、残联组织

延安市残疾人联合会成立于1991年4月，隶属于区民政局，1996年12月改称宝塔区残疾人联合会。1999年7月，由区民政局划出，归口区政府，属区政府直属事业单位。2002年，改为群团组织。2010年，建立23个乡镇办事处残联、31个社区残协组织和536个村级残疾人协会；建立5个专门协会。

二、残联代表大会

1991年4月，延安市残联第一次代表大会召开。1998年5月15~16日，宝塔区残联第二次代表大会在粮园饭店召开，出席大会代表60名，大会选举执行理事会理事长1名，副理事长1名。2003年3月28~29日，宝塔区残疾人联合会第三次代表大会在粮园饭店召开，出席大会代表63名，大会选举产生区残联执行理事会理事长1名，副理事长2名。2007年11月23~24日，宝塔区残疾人联合会第四次代表大会在窑洞宾馆召开，出席大会代表99名，会议选举产生区残联第四届理事会理事长1名、副理事长2名，选举产生5个专门协会的主席、副主席。

三、主要工作

1990~2010年，开展白内障复明手术5087例，肢体残疾人康复训练90名，肢体残疾儿童康复训练36名，安装假肢159件，配用助视器140名；开展盲人定向行走训练54名，为632名残疾人免费发放轮椅，矫形器装配67名，为122名贫困聋儿配助听器，盲人按摩培训85名。协同区教育局做好残疾儿童随班就读、就近入学，全区适龄残疾儿童入学率85%，资助残疾大中专学生85名。协调民政部门将2610户贫困残疾人纳入最低生活保障，扶持低收入人数7514人，特困残疾人扶持人数4702户，残疾人危房改造170户。协调495名残疾职工参加社会保险，3320名残疾居民参加城镇居民医疗保险，9670名农村残疾人参加农村合作医疗，3080名农村残疾人参加新型农村社会养老保险。依托乡镇、办事处对2212名有一定劳动能力的贫困残疾人优先扶持，累计投入救济资金56万元；慰问救济残疾人2869户、10042名。帮助农村残疾人发展养殖业、种植业，实现脱贫解困。采取多种措施帮助残疾人实现劳动就业。安排残疾人就业303名，培训城镇残疾人1465名，培训农村残疾人1716名。2006年宝塔区委残联被省残联评为“全省残疾人工作先进区”。2009年宝塔区残联获中国残疾人联合会颁发“两刊”宣传工作先进单位。组织残疾人开展健康向上的文体活动，参加各类体育运动比赛。2010年，宝塔区举重运动员李强获得中国残疾人联合会颁发的全国特奥会优秀运动员称号。至2010年12月底，共办理第二代残疾人证5445个，其中视力残疾416个、听力残疾245个、言语残疾46个、肢体残疾3277个、智力残疾385个、精神残疾575个、多重残疾501个。

第三节　关心下一代工作委员会

一、机构设置

延安市关工委成立于1991年9月，科级建制，事业编制，成立之初隶属于市委办公室。1994年3月，机构改革后并入团市委，1996年12月，撤地设市后改称宝塔区关工委，隶属于团区委。1998年7月，区关工委隶属于区老龄委。2008年9月，区关工委办公室单设，科级建制，隶属于区委办公室，事业编制3名。2010年，区关工委有成员单位24个，专职工作人员2名；23个乡镇办事处、20个社区和行政村、学校及部分大中型企业成立基层关工组织773个，兼职工作人员及参与关心下一代工作的“五老”（老干部、老战士、老专家、老教师、老模范）2531人。

二、主要工作

1999～2005年，制定印发《宝塔区关工委工作条例（试行草案）》，并提出“教育在校的，资助失学的，挽救失足的，关心残疾的”工作思路。在中小学校开展“百人千场”延安精神教育活动和“规范道德，遵纪守法”知识竞赛活动，建立警示教育基地。印发《关于进一步加强基层关心下一代工作的实施意见》《关于进一步加强和深化未成年人思想道德教育工作的实施意见》。在柳林吴家枣园毛岸英拜师务农旧址，举行“学毛岸英，走延安路，做延安人，铸延安魂”主题教育活动；在延安大礼堂举行“关爱成长行动”党史与民族精神教育活动启动仪式。

2006～2010年，在中小学校开展“弘扬延安精神，树立社会主义荣辱观”（“八荣八耻”）教育活动、“民族的精神，光辉的榜样”巡回展、“现身说法，远离毒品”警示教育、“关爱明天，普法先行”青少年普法教育活动等，建立宝塔区青少年思想道德教育基地。编写《如何教育子女》一书，发行6万余册。利用警示教育基地，开展现身说法、以人说法活动，举办青少年模拟法庭刑事审判活动，教育青少年树立法治意识。全区“五老”队伍扩大到1223名，他们常年奔走在校园内外，为青少年办实事好事。2001年，区关工委被评为全省关工工作先进集体。2004年，区关工委被省关工委、省妇联评为全省“双合格”家庭教育先进集体。2005年，区关工委被评为全省关工工作基层组织建设先进集体和全省“关爱成长行动”先进集体。2008年7月，成立宝塔区关心爱护下一代工作团，向弱势青少年发放各类资助金30多万元，并对200余名贫困中小学生进行资助。区关工委原常务副主任康永强被中央关工委、中央文明委评为全国关心下一代工作先进工作者。2009年，区关工委被评为全省“引导青少年读好书”先进单位、全省“青少年维权岗”先进集体、全省第六届青少年文学创作大赛先进集体。2010年，区关工委被评为全国关心下一代工作先进集体、全省“引导青少年读好书”先进集体、全省第七届青少年文学创作大赛先进集体，宝塔办事处被评为全省关心下一代工作先进集体，王家坪社区被评为全省关心下一代工作先进社区。

第四节　老区建设促进会

一、机构

1998年12月25日，宝塔区老区建设促进会召开成立大会暨首届一次全体理事会。出席大会150人，会议选举和聘请名誉会长、会长、副会长、秘书长、常务理事、理事。名誉会长韩烨、冯毅、康永强、马林；会长周福元；常务理事11人，理事61人。2005年9月9日，召开第二届理事会。会议选举产生宝塔区老区建设促进会第二届理事会常务理事、会长、副会长、秘书长。名誉会长高春义、张永祥、杨东平、康永强；会长朱万有；常务理事11人，理事57人。

二、主要工作

2009年8月，区老促会协助市委宣传部、市老促会和延安电视台策划完成《共和国不会忘记——来自延安重点革命老区村的报道》电视专题片的拍摄，并制成光碟，广泛发放，宣传老区。2010 年 8 月成立宝塔区老区宣传工作领导小组，加强老区宣传工作。

1998~2010 年，撰写调研报告 28 篇。区委、区政府采纳 9 篇。2010 年，老促会就重点革命老区村的经济发展现状，深入村庄，了解制约发展的原因，探讨今后发展的思路，形成调研报告 2 篇，即《昂首阔步奔小康——来自重点革命老区村杨家岭的调查报告》和《寻找差距谋求发展——关于重点革命老区村金盆湾经济发展情况的调查》，并分别在《中国老区建设》《新农村建设》《延安老区建设》等国家、省、市行业核心期刊上登载。其中，《寻找差距谋求发展——关于重点革命老区村金盆湾经济发展情况的调查》的报告，荣获延安市老促会“2010 年优秀调研报告”奖。1999 年，老促会组织人员先后 4 次赴河南西峡、泌阳，陕西合阳考察香菇生产项目，引进并在枣园村试种成功。2001 年，香菇种植 23 万袋。2007 年，全区 11 个（镇）71 户村民种植蘑菇香菇 80 万袋，纯收入 235 万元。2008 年，全区香菇种植稳定在 5 万袋左右，蘑菇种植 85 万袋。2009 年，食用菌生产实现新突破，全区 15 个乡（镇）、45 个村、95 户农民种植食用菌 110 万袋，其中蘑菇 100 万袋，香菇 7 万袋，其他菌种 3 万袋，年产值 1000 万元以上，纯收入 850 万元。2010 年，全区食用菌稳定在 100 万袋，总计纯收入 1300 多万元。

三、联谊协作

2005 年 8 月至 2006 年 5 月，老促会通过查档案、走访知情人、寄发信函等形式，搜集整理出 5445 名知青花名单和 1101 名知青通讯录，并印制成册。2007 年、2009 年，先后两次在北京延安文化艺术中心组织举办北京知青联谊会，400 多名知青参加会议。老促会配合区外办接待回宝塔区看望的北京知青 600 多名，接受北京知青援助宝塔区资金、赠物等，折合人民币约 1200 万元。

第二十二编　军　事

宝塔区是延安市的政治、经济、军事、文化中心，也是历代郡、州、府、地区所在地。在此曾发生过汉与匈奴高奴之战、大夏与后秦定阳之战、唐与梁延州之战、北宋与西夏延州之战等著名战役。秦蒙恬、汉李广、宋范仲淹、沈括、名将韩琦、种世衡、狄青、杨文广等均驻军于此。1937 年 1 月至 1947 年 3 月，中共中央以及毛泽东、刘少奇、周恩来、朱德等老一辈无产阶级革命家、军事家在这里生活战斗。

中华人民共和国成立后，宝塔区人民继承“艰苦奋斗、自力更生”的延安精神，医治战争创伤，加快经济建设和脱贫致富步伐。继续保持和发扬拥军优属革命传统，关心国防建设，大力支持人民军队和国防后备力量建设，延安市于 1991 年、1993 年、1996 年，宝塔区于 1997 年、1998 年、1999 年被民政部、中央军委总政治部命名为全国“双拥”模范城。其间，1996 年延安革命纪念地（纪念馆、枣园、王家坪、杨家岭、凤凰山、清凉山、四八烈士陵园等）被中宣部公布为全国爱国主义教育示范基地。

1990~2010 年，宝塔区共输送兵员 4552 人，其中女兵 22 人、士官 25 人。2000 年 12 月 25 日，国务院、中央军委确定延安为“人民防空”三类重点城市。2010 年，城区人均占有工事面积远超全国平均水平。延安市被国家国防动员委员会授予“全国人民防空工作先进城市”称号。

第一章　军事组织

第一节　地方军事机关

一、中国人民解放军延安市宝塔区人民武装部

1986 年 5 月 12 日，中国人民解放军陕西省延安市人民武装部改归地方建制，改称

陕西省延安市人民武装部，由原正团级建制改为副县级单位。改制前其军事业务、人员配备和供给关系均由军队系统负责，受延安军分区领导；归地方建制后，关系隶属于延安市委。机关内设军事科、政工科和办公室，科室为正科级。机关编制 23 人，其中干部 15 人，职工 8 人。部长姜富海，政委郝忠生。

1996 年 4 月，武装部收归军队建制，称中国人民解放军陕西省延安市人民武装部，正团级。隶属于延安地区军分区，实行军队和地方双重领导。机关内设军事科、政工科、后勤科 3 个正营级科室。部长张世祥，政委张晓峰。

1997 年 1 月，延安撤地设市后，原延安地区改设为延安市，原延安市改设为宝塔区。中国人民解放军延安市人民武装部随之改称为宝塔区人民武装部。

2005 年，宝塔区武装部有干部职工 20 人。

2010 年底，宝塔区武装部仍设军事科、政工科、后勤科 3 个科室，部长陈占波，政委范卫东，有干部职工 18 人。

二、基层人民武装部

1980 年，延安市 18 个人民公社开始设立人民武装部，副科级建制，配备部长或副部长 1 人、干事 1 人。1984 年 9 月，农村人民公社改为乡（镇）政府，城市人民公社改为办事处，各人民公社武装部随之改称为乡（镇）人民武装部，同时相继有 18 个厂矿设武装部或配备专职武装干部。至 1989 年，延安市 24 个乡（镇）和 3 个街道办事处，均设有基层武装部，部长由乡镇党委书记兼任，并设副部长、干事各 1 人。

1990 年，延安军分区批复同意延安供电局、延安建工机械安装公司、延安机械厂成立人民武装部。

1999 年 8 月，延安市宝塔区人民武装部对基层人民武装部机构设置和干部配备进行调整，全区共设立乡镇基层武装部 24 个，编制专职武装干部 34 名。2005 年，全区有专职武装干部 80 人。

2010 年底，宝塔区共有 23 个乡镇基层武装部和延安卷烟厂、延安石油机械厂、延长油田股份有限公司、延安大学、延安职业技术学院 5 家企事业武装部。

第二节　驻地军事机构

一、延安军分区

1942 年 12 月，以第 359 旅机关为基础，在延安东关成立了延属军分区。1944 年 11 月，第 359 旅南下湘粤边，延属分区被撤销。1945 年 11 月，以延安卫戍司令部为基础，成立延安军分区兼延安卫戍司令部。1946 年 7 月，延属军分区被撤销。1947 年 4 月，组建中国人民解放军陕甘宁第一军分区。1948 年 11 月陕甘宁第一军分区改称延安军分区。1949 年 5 月，延安军分区被撤销。延属军分区（延安军分区）先后隶属于陕甘宁晋绥联防军司令部、中共延安地委、陕甘宁晋绥联防军区和西北军区。

1950 年 5 月 5 日，延安军分区再次成立，隶属于第十九兵团兼陕西军区，驻北关街。第一任司令员马万里，中共延安地委书记黑志德兼政委。分区设司令部、政治处、供给科。编独立第 1、2 营（7 个连）；代管军法处、直属医院、宣传队、教导队、特务连和军械库，下辖延安、吴旗、志丹、安塞、延长、甘泉、鄜县（今富县）、宜君、宜川、洛川、黄陵、黄龙12个县武装科。1956年，子长县、延川县兵役局划归延安军分区，时辖14个县兵役局。

1983年11月，宜君县人民武装部移交铜川市人民武装部。时年，延安军分区下辖延安、吴旗、志丹、安塞、黄陵、黄龙等13个县（市）人民武装部。至2010年，仍辖宝塔区等13个县（区）人民武装部。军分区司令员周克力，政委安得里。

二、中国人民武装警察部队

（一）中国人民武装警察部队延安市支队

简称武警延安市支队。1983年1月，将武装民警、边防、消防3个警种和中国人民解放军内卫执勤部队统一组建成“中国人民武装警察部队”，延安地区公安处民警科被撤销，接收由延安军分区独立营改编的84662部队第7677分队，组建中国人民武装警察部队延安地区支队，支队机关驻延安南关。受武警陕西省总队和延安地区公安处双重领导。下设司令部、政治处、后勤处、消防处。辖直属大队（原军分区独立营）一、二中队，直属中队和各县（市）中队。主要任务是武装看押、执勤及本区域的内部保卫等。首任支队长呼延振帮，政委由延安地区公安处处长郝永富兼任。1997年1月，延安撤地设市，武警延安地区支队更名为武警延安市支队。2010年，支队长曹林安，政委马建民。

（二）中国人民武装警察部队延安市宝塔区中队

简称武警延安市宝塔区中队。前身为陕甘宁边区时期的延安县警卫队。1982年6月，组建为中国人民武装警察部队延安市中队，属公安机关和武警支队双重领导。1997年1月，更名为武警延安市宝塔区中队。

（三）中国人民武装警察部队延安市消防支队

简称武警延安市消防支队。1986年8月，组建延安地区公安消防支队，王祖民任队长（兼政委）。1988年5月，改称为中国人民武装警察部队延安地区消防支队。1993年12月，支队升格为正团建制。1997年1月，改称武警延安市消防支队，下辖13个消防大队和5个消防中队，担负着延安市13个县（区）、163个乡镇、498个消防重点单位的防火灭火和抢险救援任务。2010年，支队长杨小平，政委石高峰。

（四）中国人民武装警察部队延安市消防中队

简称武警延安市消防中队。1972年成立，主要负责延安市城区及市直、外地驻延单位的火灾消防工作。1997年9月，交延安市消防支队直辖，为其直属一中队。

第三节　驻　军

一、驻防部队

中华人民共和国成立之后，区境内除延安军分区所属部队和区人民武装部以及中国人民武装警察部队外，先后在域内驻防的部队有：8118部队1个加强营，1968年进驻，1969年撤离；兰空8711工区1个工程团、1个舟桥营、3个汽车连，1969年进驻，1979年撤离；84829部队（原5337部队），1970年进驻，1985年撤离；00928部队，1972年进驻，1983年集体转业移交地质矿产部908勘探队；84870部队某连，1980年进驻南泥湾，后移交预备役步兵某师第2团；384662部队第78、79分队，1981年进驻，1982年撤离。至2010年，宝塔区境内驻防部队有：68036部队某分队、93897部队某分队、93962部队、预备役步兵某师第2团。

二、驻地军队医院、院校

（一）中国人民解放军第三十四医院

成立于1952年10月1日。第三十四医院的前身为骑兵第3师卫生处、步兵第8卫生所组建的西北军区第10陆军医院，原驻甘肃省平凉县城西门外柳湖。1954年5月，医院整体改为第6医院，隶属于西北军区后勤部卫生部。1970年10月，兰州军区命令医院撤出平凉，进驻兰州市十里店整训，后又搬迁到兰州医学院。1971年6月13日，兰州军区下达命令，将第6医院改为第513野战医院，隶属于兰州军区后勤部第三基地兵站。1971年7月，由院长任承彪率先遣组到达延安，选点营建。1972年11月，第513野战医院迁到延安。该院第一所部署在延安七里铺，第二所部署在延安城东机场，第三所于1973年9月组建，部署在泾阳县西关。1977年3月，第一、二、三所合并。全院集中到延安市七里铺，院长王官存。此间，医院先后隶属于兰州军区后勤部咸阳第三基地兵站、西安基地兵站。1977年7月，西安基地兵站被撤销，隶属于后勤第28分部。1979年7月12日，医院番号变更为陆军第513医院。1983年9月29日，陆军第513医院更名为中国人民解放军第三十四医院。1999年3月，根据中央军委的命令，中国人民解放军第三十四医院被撤销。10月10日，第三十四医院整体移交延安市人民政府，组建延安市人民医院。

（二）西安政治学院延安教学基地

1978年9月建校，驻延安市河庄坪镇，占地63亩，隶属于西安政治学院，担负该校学员以及总政治部安排的兄弟部队培训延安精神革命传统教育。每年办班20多期，培训4000多人次。历任主任康延赛、张少斌、王荣、贾在柱。

第二章　兵　役

第一节　义务兵征集

1990年，义务兵征集为春季征兵。1992年改为冬季义务兵征集。此后每年按照上级的规定和要求，结合延安市实际，在9月30日之前，对当年12月31日前满18岁的男性公民进行兵役登记，初步摸清全区应征青年的底数。2005年，中央警卫团首次在延安市征集政治条件兵，宝塔区征兵办按照《关于征集中央警卫团新兵条件的规定》严格把关，所征兵员质量高、素质好。

2008 年，宝塔区开始直招士官。

一、征兵领导小组

宝塔区征兵领导机构始于 1954 年首次义务兵征集时，时称征集委员会。至 1981 年，其间名称虽多次更改，但其主要职能均为确定征兵指导思想，分配征兵任务，统一领导全市征兵工作。1981 年后，征兵领导小组组长由延安市政府常务副市长兼任，市人民武装部部长、政委任副组长，党政有关部门领导为成员。领导小组下设征兵办公室（设在人武部军事科），由市人民武装部和宣传、公安、民政、卫生等部门派员组成。负责征兵工作政审、体检、定兵等工作。1996 年 12 月，撤市设区，原延安市改为宝塔区后，区征兵领导小组由宝塔区 1 名副区长任组长，宝塔区人武部部长任副组长，下设办公室。办公室分宣传、体检、政审、后勤 4 个组。2010 年，征兵领导小组组长杨东平，副组长陈占波、范卫东。

二、兵员条件

1990 年 10 月，公安部、总参谋部、总政治部颁发《关于征集公民服现役的政治条件的规定》，对组织参加反革命集团和其他非法组织等 10 大类问题的人，一律不能征集服现役。

1991 年，男性新兵身高要求由原来的 1. 60 米以上提高到 1. 62 米以上，女性身高由原来的 1. 55 米以上提高到 1. 58 米以上。对新兵的体检要求越来越细，愈来愈严格。对不同兵种人员，身体条件也提出不同要求。

1996 年 10 月，公安部、总参谋部、总政治部对“警卫部队特种政治条件兵”的新兵政治条件作了明确规定。至 2010 年，兵员的政治条件和身体条件依然按上述标准执行。

三、体格检查

1990~2010 年，征兵体检由宝塔区人民医院和驻军第 513 医院各组建 1 个体检站；由宝塔区卫生局抽调有临床经验、责任心强、综合素质好的医护人员，负责全区应征青年体检工作。其中，2003 年后，应征青年体检主要依据国防部颁布的《应征公民体格检查标准》和《应征公民体格检查办法》。2005 年，首次在征兵体检中增加了艾滋病检测和吸食毒品检测项目。2006 年，在新兵体检中，将心理检测项目纳入全市征兵体检必检内容。

四、政治审查

1989 年，新兵政审采取“三级把关、三方联审”的办法，即村、乡（镇）、市三级把关、三级联审。

1996 年 9 月，遵照公安部、总参谋部、总政治部颁发的《关于征兵政治审查组织实施工作规定》，政审采取“一级严格把关、三方统一联审”的方式（政审人员划片包干严格把关，征兵办公室、公安局、接兵干部三方联审），确定预征对象。征兵办公室建立举报制度，设立举报箱，公布举报电话，发动群众监督，并与当地纪律检查机关、行政监察部门配合，实行多方监督。征兵领导小组还规定了“征兵工作六不准”（不准留机动指标，不准异地入伍，不准给接兵干部留名额，不准在指标外办理入伍手续，不准利用职权搞不正之风，不准吃请收礼、行贿受贿）。并实行“谁审查、谁签字、谁负责”

的责任制。

2004 年 10 月，执行公安部、总参谋部、总政治部颁发《征兵政治审查工作规定》。新兵政治审查先由乡（镇）人民武装部查清应征青年的现实表现和政治状况，经乡（镇）征兵小组初审，再由宝塔区人民武装部政工科，协同宝塔区公安、教育等部门复审，最后由宝塔区征兵领导小组审定。

五、审定兵员

1985~1993 年，审定兵员由市征兵办公室各组长及接兵部队领导共同召开征兵办公室会议，确定新兵。

1993 年，增加对预定新兵进行文化测试，防止假学历、假文凭。

1994 年后，应征新兵的确定，由市（区）征兵领导小组负责人、办公室主任、体检组长、政审组长、基层单位领导和武装干部以及接兵部队负责人参加，集体审定。优先选定文化程度高、有专业特长的青年。定兵后，向社会公布，接受群众监督，调整不合格兵员，达到领导、部队、群众、家长“四满意”。该区历年退兵率仅为 1%。

2004 年，延安市初次进行征接兵方式改革试点，兰州战区到延接兵部队不再参与征兵工作，不再参加新兵的体检、政审、定兵等工作，由兵役机关对征兵工作负全责。为确保新兵质量，延安军分区采用挂钩指导的方法，加强对各县（区）征兵工作的检查指导，保障新兵质量。

2010 年冬季始，全国全面实行征接兵方式改革，部队不再参与征兵全过程。新兵的体检、政审、定兵（部队政治条件兵除外），全权由当地兵役机关负责。

六、新兵交接

1985 年前，实行地方干部协助接兵部队送兵的办法，1985 年实行地方送兵到部队的办法。1986 年后，改为完全由部队接兵的办法。2010 年，征接兵方式全面改革，全部采取送兵的方式。

第二节　预备役登记

一、退伍军人预备役登记

退伍军人预备役登记始于 1955 年实行义务兵役制开始。1958 年，民兵工作和预备役工作合二为一，登记工作停止。1980 年，解放军总参谋部在全国恢复退伍军人预备役登记制度。延安市从 1982 年开始，每年对退伍军人进行一次预备役登记和核对。

1990 年，预备役登记仍执行 1980 年国务院、中央军委转发解放军总参谋部《关于退伍军人预备役登记统计暂行规定》。凡部队确定服预备役的复员军人，退伍后到市人民武装部办理预备役登记手续，并按其年龄全部列为一、二类预备役。

至 2010 年，宝塔区人民武装部结合退伍军人接收安置工作，每年 6 月 30 日，对经过登记确定服预备役的退伍军人变动情况核对一次，并将核对结果逐级上报。

二、预备役军官登记

1995 年 5 月，《中华人民共和国预备役军官法》（以下简称《预备役军官法》）颁布，1996 年 1 月 1 日正式实施；8 月，延安市人民武装部根据《预备役军官法》有关规定，对全市已登记并确定职务的军官进行了授衔。1997 年登记 1 人。此后每年对预备役军官进行登记和建卡归档。2000 年 3 人，其中团以上军官 1 人。2003 年 8 人，其中团以上军官 4 人。2004 年 4 人，其中团以上军官 1 人；12 月，宝塔区人民武装部被陕西省军区政治部评为“预备役军官登记管理工作先进单位”。

2010 年 8 月 28 日，第十一届全国人民代表大会常务委员会第十六次会议作出《关于修改〈中华人民共和国预备役军官法〉的决定》。宝塔区武装部按照规定，对本区登记的预备役军官，每年进行一次核对，并逐级统计上报。

第三章　民　兵

第一节　领导机构

1952 年 12 月，经中共陕西省委批准成立中共延安县人民武装委员会（以下简称武委会），县委书记兼任主任，县人民武装部部长任副主任。武委会是在中共延安军分区党委和中共延安县委下设立的领导人民群众武装组织，完成延安县武装工作的领导机构，是党管武装的具体形式，办事机构设在延安县人民武装部。“文化大革命”中，中共延安县人民武装委员会工作一度中断。1979 年 6 月 19 日，重新成立中共延安市人民武装委员会。

1986 年 5 月，延安市人民武装部由军队建制改为地方建制，中共中国人民解放军陕西省延安市人民武装委员会改称为中共陕西省延安市人民武装委员会，市委书记魏延平兼任书记。1996 年 4 月，延安市人民武装部收归军队建制，市武委会更名为中共中国人民解放军陕西省延安市人民武装委员会，市委书记马福雄兼任第一书记。

1997 年 1 月，延安撤市设区后，中共中国人民解放军陕西省延安市人民武装委员会改称为中共延安市宝塔区人民武装委员会，隶属于中共延安军分区党委和中共宝塔区委双重领导。5 月，延安市宝塔区国防动员委员会成立，取代区人民武装委员会职能。

第二节　民兵组织

一、民兵条件

民兵分为基干民兵和普通民兵。参加民兵的条件，延安市宝塔区一直按照 1981 年中央军委修订的《民兵工作条例》执行。凡 18～35 岁符合服兵役条件的男性公民，除征服现役以外，均编入民兵组织服预备役。其中，18～28 岁退出现役的士兵和经过军事训练的人员，以及选定参加军事训练的人员编入基干民兵组织，其余18~35岁的男性公民，编入普通民兵组织。女民兵只编基干民兵，人数控制在适当的比例内。民兵的身体条件和政治条件必须是身体素质良好、政治可靠的人员。

二、民兵编组

民兵编组一般以乡（镇）、行政村和厂矿企业为单位，按照民兵人数多少，分别编为班、排、连、营、团。基干民兵、普通民兵，男民兵、女民兵分别编组。行政村一般编民兵连（营），领导本村的基干民兵和普通民兵；乡镇编基干民兵营或连，领导全乡的基干民兵；凡人员比较稳定，行政、党团组织比较健全的区、乡（镇）所属企业单位，建立民兵组织，属乡（镇）武装部直接领导；城市民兵的编组，大型厂矿企业以车间、分厂为单位编组，中小企业实行跨车间、班组编组。1987年全国边海防民兵工作会议之后，为应对突发事件、维护社会稳定，开始组建民兵应急分队。

1998年，是宝塔区民兵工作调整改革较大的一年。根据总参、总政2号文件精神，宝塔区普通民兵编组仍按过去凡符合民兵条件，有多少编多少的规定执行。基干民兵的编组按照“五个有利于”（有利于领导，有利于提高质量，有利于开展活动，有利于执行任务，有利于平衡负担）原则进行调整压缩，以企事业单位为主，并注重向经济效益好、党团组织健全的企业集中；农村民兵编组以乡（镇）政府所在地为中心，相对集中编制连（排）。居住分散、交通不便、人口稀少的行政村，不编基干民兵。

2005年，民兵整组工作以“支前稳后”为目标，以民兵队伍“快速动员、科技支前、城市防空、应急维稳”4种能力为重点。3~4月，宝塔区从建设规模、整体结构、技术门类等方面对全区民兵组织进行调整。

2007年，基干民兵主要由勤务保障队伍、应急队伍和其他队伍组成，人数进一步减少。

至2010年底，宝塔区民兵分布在20个乡镇、3个街道办事处和34个企（事）业单位。

第三节 军事训练

民兵干部和基干民兵的训练由人民武装部组织实施。1990年开始，执行1989年8月中国人民解放军总参谋部颁布的《民兵军事训练大纲》。训练手段上，采取推广电化教学和模拟训练，实施形象、直观教学，注意突出重点，提高训练质量。

1991年，延安市人民武装部组织全市基层武装干部、民兵分批进行相关军事训练，合格率98%。

1992年12月至1993年6月，按照上级军事部门“三年轮训完民兵连长”的指示，组织专业民兵，进行为期15天的军事训练。

1998年后，民兵训练主要抓“三支队伍”（民兵应急分队、专业技术分队、对口专业技术分队）。训练重点为民兵应急分队。教练员以区、乡人民武装部干部为主，并聘请武警部队班长和驻境预备役团优秀专业技术干部担任教官。

2001年5月24~25日，宝塔区参训民兵分别在延安革命纪念馆广场和枣园民兵训练基地进行会操表演和打靶比赛。

2010 年 4 月 24 日，省委常委、省军区政委夏龙祥率工作组到宝塔区现场观摩了训练课目演示。6 月 29~30 日，延安军分区组织全区 13 个县（区）人武部参谋干事、专武干部和民兵骨干共 39 人，进行“四会”教练员比武竞赛，提高民兵教练员的教学水平。当年宝塔区组织民兵完成训练课时 520 小时。同时，组织 8 名专武干部进行 10 天的教练员培训。

第四节　政治工作

一、政治教育

宝塔区民兵政治教育主要围绕中国共产党各个时期的中心任务以及国际形势，结合民兵的特点和实际进行。经常性地开展党的基本路线和方针政策的教育、民兵性质任务教育、形势战备和国防教育、依法服兵役教育、光荣传统以及奉献意识教育。对基干民兵政治教育，通常是在民兵集中训练期间把政治教育纳入训练计划之中，统一安排和组织实施；普通民兵政治教育，主要是利用每年的民兵整组、训练、执勤等活动以及元旦、春节、“八一”、“十一”等节日，民兵相对集中的时间进行，每年不少于两次。同时结合每年的征兵，对广大青年、民兵进行依法服兵役教育。宝塔区人民武装部采取不定期请老红军和老干部讲革命斗争史、组织民兵参观延安革命纪念馆和革命旧址等形式，对民兵进行光荣传统教育。通过各种形式的教育，增强民兵政治上的坚定性和思想道德上的纯洁性，打牢民兵政治合格的思想基础。

二、教育活动阵地建设

1983 年初，延安市人民武装部在民兵较为集中的村镇各基层民兵连（营）相继建立“青年民兵之家”，给青年民兵创造一个学习政治、学习文化科学知识、开展文体娱乐活动的场所。至 1985 年，延安市共建立“青年民兵之家”189 个。

1991 年，根据上级关于大力加强民兵、预备役基层建设的指示精神，结合贯彻省军区“千连大调查”和“千部大考察”活动，延安市人民武装部加强基干民兵连部的正规化建设，把基层民兵连（营）部建设和“青年民兵之家”建设作为基层正规化建设的一个重要内容。2000 年，全区乡（镇）基干民兵连（营）部达到正规化建设标准。

2002 年 9 月，按照军分区要求，学习洛川县抓建“青年民兵之家”的做法，宝塔区人民武装部结合“党建综合示范村”建设，恢复和发展“青年民兵之家”建设，提高“青年民兵之家”建设水平。

2008 年 7 月 1 日，延安军分区在宝塔区枣园镇和安塞真武洞镇组织召开了基层正规化建设现场会。

至 2010 年底，全区基层武装部和民兵应急连“一部两库”正规化建设全部达标。

三、立功创模

1992 年 5 月 6 日，延安市枣园民兵连被总参谋部和总政治部评为“民兵预备役工作先进单位”。

1997 年 5 月，甘谷驿镇人民武装部被陕西省军区表彰为“基层武装部标兵”。

2000年10月，枣园基干民兵连被陕西省军区表彰为“部队和民兵预备役基层建设先进单位”。

2002年6月，延安卷烟厂武装部因民兵工作表现突出先后被总参谋部、总政治部和兰州军区表彰为“民兵预备役工作先进单位”。

2003年，延安革命纪念馆女子民兵连因长期宣扬延安精神的优秀业绩，被中共陕西省委、省政府、省军区表彰为“基层建设先进单位”。2005年7月，中共延安市委、市政府、军分区发出《关于开展向延安革命纪念馆女子民兵连学习的决定》。2006年12月，延安革命纪念馆女子民兵连被中共陕西省委、省政府、省军区授予“弘扬延安精神模范女子民兵连”荣誉称号。

2010年11月，宝塔区人民武装部被省军区表彰为“军事训练先进单位”、“一部一校”助学帮扶活动先进单位；人武部党委被军分区表彰为“先进党委”；区民兵重点应急连党支部被省军区表彰为“先进基层党组织”；枣园镇武装部和延长油田股份有限公司、延安卷烟厂武装部被省军区表彰为“基层武装部建设先进单位”。

第五节　装备管理

1982年，由政府投资，在延安地区27个公社修建民兵武器库，改变过去民兵武器由个人和大队保管的方式。1990年，延安市人民武装部被陕西省军区评为“民兵武器装备仓库正规化达标先进单位”。1995年，延安市人民武装部筹措资金，在机关建成民兵武器装备仓库。1998年，全区民兵武器交延安军分区代管，民兵武器装备仓库被撤销。1999年，区人武部投资5万余元，购置警棍、盾牌、头盔、作训服200套，装备民兵应急分队。2010年，投资100多万元，筹建战备器材库和战备物资库，购置应急指挥器材和维稳防暴装备器材。

第六节　参治参建

一、维护社会治安

1990年，延安市民兵应急分队配合公安部门维护社会治安，加强对城区和重点目标的巡查。

1992年，在全市部分乡（镇）开展“民兵治安队”试点工作。宝塔街道办事处民兵治安队处理各类案件43起、打架斗殴案件121起，没收赌资和罚款19242元，处罚92人。

2008年7月初，奥运火炬在延安市内传递时，延安市组织200名民兵（宝塔区、黄陵县各100人）应急分队人员参加，圆满完成奥运火炬传递安保任务。

2010年10月17～18日、21～22日，分别圆满地完成途经延安的演习部队供水、供电、就餐保障任务。

二、参加生产建设

1992年，南泥湾镇被指定为民兵“科技支农示范点”，首创火道温床育苗法，并向其他乡镇推广。

1993 年，延安市人民政府与延安市人民武装部联合发文，发动民兵投入万亩苹果基地建设，要求“以兵带户，以连促村，兵有林果片，连有苹果园”，全年完成苹果园 30 万亩（其中民兵户 17 万亩，占 57%）。春、秋两季，组织民兵投入“绿色长廊”和农田基建工程。民兵在“绿色长廊”建设中，投入劳力 4 万余人次，植树 220 万余株；在农田基建中，投入 10 余万人次，平整土地 7 万余亩。同时组织延安市民兵和退伍军人投入“万户奔小康活动”，目标为人均钱粮“双过千”。落实小康户 10800 户（其中民兵小康户 4188 户，占 37.78%）。

1995 年，延安市人民武装部发动民兵投入“延河流域治理工程”“乡村道路工程”和“抓百强，奔小康”活动。全市设延河流域治理和乡村道路建设会战点 200 余处，参加会战的民兵达 30 万人次，治理荒山 2.5 万亩，修筑道路 670 千米。

1996 年，延安市以民兵为骨干建设绿色长廊工程，沿铁路、公路两旁建成一条双百里林带和 50 万亩苹果基地，建成柳林乡的飞马河流域、万花山和枣园的枣花流域工程。共建成万亩以上流域点 50 多个。在“三通”（通路、通讯、通电）建设工程中，民兵投工 20 余万个，修道路、架桥涵，实现全市村村通路、通电、通讯。

1999 年，宝塔区实行“退耕还林”政策。广大民兵投身山川秀美工程建设。2001 年，中共宝塔区人民武装部委员会下发《民兵参加山川秀美工程建设的指示》。宝塔区人民武装部组织 10 个民兵连开展 3 次植树造林会战。当年，新修梯田 408 亩，营造水土保持林 1500 亩、经济林 1000 亩，修淤地坝 5 座。完成投资 116.6 万元，群众投工 33481 个，民兵投工 12360 个。

2001~2003 年，宝塔区人民武装部贯彻落实陕西省军区“百部百条”小流域治理工程精神和延安军分区下达的治理任务。2001 年铺设 10 千米环山砂石公路，新修生产道路 4 千米，发展地膜山地西瓜 300 亩，解决村民人畜饮水问题。完成总投资 137.6 万元（中央财政 25 万元、群众自筹 112.6 万元），群众投工 4 万个，民兵投工 1 万个。至 2003 年底，宝塔区民兵义务投工 4 万多个，共修梯田 408 亩、建淤地坝 5 座、修通生产道路 15 千米、植树造林 8500 亩。累计投资 308 万元（国家投资 91 万元、地方配套 49 万元、民兵群众投工折资 168 万元）。流域治理程度达 85%，流域植被覆盖率 88%，人均农田增加 1.2 亩，粮食亩产量由原来的 300 千克增加到 500 千克，人均收入增加 800 元。2004 年 5 月，兰州军区副司令员邹庚壬和副政委张秋祥率军区支援西部大开发观摩团到延安现场观摩庙咀沟小流域治理工程。12 月，陕西省人民政府和陕西省军区检查验收庙咀沟小流域治理工程，评为“精品工程”。

至 2005 年，延安军分区等驻延安部队组织和发动广大官兵和民兵预备役人员主动承担全区水土流失严重、治理难度较大的 14 条小流域，义务投工投劳 32.5 万个，造林 10.3 万亩，种草 6910 亩，实施封禁 6.4 万亩，新修基本农田 6950 亩，坡改梯 2862 亩，新修生产道路 195 千米，使治理区的生态环境得到改善，在中共陕西省委、省政府、省军区组织的联合检查验收中获得 12 个优秀、2 个优良。当年，兰州军区在宝塔区人民武装部承建的庙咀沟、预备役 2 团承建的中庄小流域召开现场观摩会，总结推广经验。

2008 年，宝塔区广大民兵参与“我为延安种棵树”活动；3 月，驻延安部队和宝塔区民兵2000余人，举行“我为延安种棵树、共建圣地国防林”启动仪式暨春季植树造林会战，共植树800余亩。

2009年2月12日，延安军分区政委安得里带领宝塔区民兵应急连125人，参加河庄坪镇抗旱保苗劳动；4月23日，军分区组织驻延安部队官兵和宝塔区部分民兵共900余人，再次到宝塔区柳林镇高坡，开展“我为延安种棵树”集中植树造林活动，栽植侧柏、油松等绿化树苗2000余株。至2010年，全区累计完成“国防林”“民兵林”植树造林任务3250余亩。

三、抢险救灾

1993年8月3日，延安地区遭受洪水袭击，延安市人民武装部动员全市5680名民兵参加抗洪救灾。救出被困群众260多人，转移物资300多吨，抢修道路760千米，清理淤泥13400立方米，挽回经济损失300余万元。桥沟乡人武部部长徐生武带头跳进1米多深的洪水中，解救出桥沟中学被洪水围困的30余名师生，荣立三等功。

2001年9月28日凌晨4时，贯屯乡云山寿村发生山体滑坡，塌土500多立方米，2人遇难，该村民兵连组织70余名民兵奋战9个小时，排除险情。

四、参与精神文明建设

1995年3月，在学雷锋活动中，延安市人民武装部干部、职工，以及厂矿企业的民兵上街入户做好事，进行便民服务。全市民兵6000多人次参加活动，上街宣传近100次，服务项目60多个。

2002年，延安市开展创建全国“优秀旅游城市”活动，驻宝塔区广大官兵组织开展“擦亮圣地、美化延安”活动，打扫城市卫生，美化周边环境。至2004年，延安军分区官兵在王家坪后山先后投劳2400余人次，栽植12个品种的树木花卉57673株，累计投入经费483425元，完成纪念林103.5亩退耕还林区内的绿化、42亩绿化美化区内的灌木栽植、400平方米风景台的平整、2.24千米的上山公路，并将延惠渠水引上山顶。

五、见义勇为

1996年1月4日，桥沟乡基干民兵李清明在抓盗贼的搏斗中，被盗贼用刀刺进肺部4厘米，仍强忍剧痛，抓住盗贼不放，直至随后赶来的民兵将凶手擒获。为弘扬李清明见义勇为的精神，中共延安市人民武装部党委决定，在全市人民武装干部、民兵和预备役人员中开展向李清明学习活动。

第四章　后勤战备

第一节　后勤保障

一、经费来源

宝塔区人民武装部的经费由人员工资和办公经费、民兵事业费、兵役费4个部分组成。干部、战士、在编职工工资、津贴和办公费，由上级后勤部门按月拨付（1986年5月至1996年4月，由市财政拨付）；民兵事业费，由上级司令部根据民兵组织和军事训练任务，每年一次或分批拨给；兵役费由市（区）财政根据当年兵员征集数量和实际需要拨付。延安军分区、预备役部队、武警支队、消防支队、区人民武装部的营房、办公用具费用，主要由市、区财政解决。

二、给养

延安军分区和驻延部队以及宝塔区人民武装部的给养，是按照全军的统一标准，结合延安的实际，采取实物供应与评价折款相结合的办法供应。1986年5月，延安市人民武装部按地方粮油标准由地方直接供应。1996年4月1日起，官兵的粮油一直按《军粮供应与管理办法》供应，由地方粮食部门按军粮标准供应，每人每天550克。

三、营房建设

区（市）人民武装部和驻军部队的营房，随着部队建设和国民经济建设的发展逐步得到改善。1996年，市人武部在原办公用的20孔窑洞的窑背上，修建一层平板房，用作资料库、军官学习室等；又在办公窑洞一侧，修建1座2层砖混楼，办公用房面积达1000多平方米；同时拆除家属区20孔窑洞，与延安市规划局、延安市招标办公室联合修建6层4个单元、3600余平方米家属楼1栋（其中人武部占用2个单元）。

2002年，宝塔区人民政府为驻境预备役团拨款115万元，用于改善团部营房维修和基础设施建设；为武警宝塔区中队拨款146万元，改善中队硬件设施；为宝塔区人武部拨款10万元，用于美化院落和解决吃水问题。当年，武警延安支队于1997年在南十里铺动工建设占地18亩的新营区，其2幢办公楼、招待所建成并投入使用。

2009年7月，占地7.5亩、投资4200万元，建筑面积达5000多平方米的武警延安消防支队迎宾大道办公楼落成。

2010年6月，延安军分区经济适用房建设开工。工程建成后，有效解决军分区、人武部职工住房紧张的问题。

第二节　战备工作

一、战备教育及预案

延安市宝塔区人民武装部和驻延部队，始终把爱国主义教育和革命英雄主义、战斗作风、战备工作有关规定等，作为战备教育的基本内容。根据国防、国内形势的变化，及时制定战备方案。1998 年，军分区和区人武部制定延安城区防汛预案。

2005 年，根据上级要求，结合战时可能担负的任务，区人武部修订了作战预案保障方案。

2010 年，全区部队完成遂行非战争军事行动预案（计划）等 2 大类 32 套预案（计划）。

二、战备设施

根据兰州军区战备设施建设的有关要求，1998 年，宝塔区为区人武部投资 70 万元改造更新办公设施，完善“一库两室”（指挥器材库和作战值班室、战备资料室）建设，配置了野战作业箱，所有干部均配备了野战作业包和行军背囊。

2002 年，完成人武部密码传真机房正规化建设；12 月 26 日，陕西省军区授予宝塔区人民武装部“团级单位密码传真网络建设先进单位”称号。

2003 年，区人武部投资 20 万元，装修作战室，购置电脑、网络服务器、投影仪和交换机等硬件设备，建起机关局域网。

2007 年，区人武部完成军区机关指挥自动化系统和区人武部局域网建设。2008 年 4 月，延安军分区组织各县（区）人武部，先后投资 80 多万元，建成了语言、数据、视频、网络系统。

2009 年，延安军分区及所属人武部先后投资 98 万元，购置野战帐篷、对讲机、发电机、野战作业桌、行军锅等野战指挥装备器材，提升部队野战化作业水平。

三、战备值班

战备值班，主要包括首长值班、作战值班和部（分）队值班等。每年每逢节日（元旦、春节、劳动节、建军节、中秋节、国庆节等），宝塔区人武部及各驻境部队都认真落实日常管理制度，严格人员车辆管控，加强值班和重要目标警戒，完善各类安全处置预案，各部首长亲自担任首长值班，机关干部担任作战值班，指定民兵分队担任节日值班分队，始终使部队保持高度戒备状态，随时处置可能发生的突发事件。

第五章　国防教育与拥政爱民

第一节　国防教育

一、延安市宝塔区国防动员委员会

根据《关于成立陕西省国防动员机构及有关问题的通知》精神，1997年5月4日，延安市宝塔区在原区人民武装委员会的基础上，吸收计划局、城建局、交通局等有关部门主要领导参加，组成新一届武装委员会，同时履行区国防动员委员会职能。区委书记马福雄任区国防动员委员会第一主任，区长周万龙任主任，副主任分别由牟晓良、冯毅、张世祥、张晓峰担任。

宝塔区国防动员委员会下设综合办公室，办公室设在宝塔区人民武装部，军事科科长王金德担任办公室主任。中共宝塔区委办公室副主任薛占海、区政府副主任靳晓峰任副主任。随着人事变动，宝塔区国防动员委员会组成人员也随之进行调整。至2010年，第一主任均由区委书记兼任。

二、主要活动

1989年7月，延安市国防教育动员委员会成立后，即开展中小学生国防教育，对初级中学以上学生，在政治、历史、地理课程中穿插安排国防教育理论、国防历史、国防常识、国防精神和国防法制教育；对小学生主要进行爱国主义、革命英雄主义和国防体育教育。同时，每年协调有关驻军单位和部队对域内大中专院校和部分高中、初中学校入学新生进行半个月的军事训练。

1991～1992年，西安陆军学院在延安大学讲授国防教育、反腐蚀教育课2次，举办国防教育板报15期。1992年12月4日，《陕西省国防教育条例》颁布。

1993年，延安市人民武装部配合延安军分区进行全民国防教育，通过多种形式向干部群众进行“国防观念”教育，组织人员上街宣传国防知识。政工科科长李文正给南市街道办事处、凤凰街道办事处、城建局3个单位作国防教育专题报告3场，800余人受到教育。副科长盛国平利用在延安卷烟厂抓联系点的时机，给该厂职工上国防教育课2次，400余人受到教育。延安市人民武装部与延安地区广播电视局合作，举办国防教育讲座6讲，办《延安民兵》简报6期，基层单位办墙报、专栏300多期，举办有线讲座1000讲，90%的民兵预备役人员受到教育。

1997年3月14日，《中华人民共和国国防法》颁布实施，对国防教育的原则和方针进行了法律规范。宝塔区国防动员委员会修订完善《延安市宝塔区国防动员委员会职责》。“八一”前夕，陕西省军区举办“爱党爱国爱武装国防知识竞赛”。宝塔区人民武装部为全区所有单位印发了竞赛题，全区有2.6万余人参加竞赛答题活动，活动结束后表彰奖励单位51个。其中，延安卷烟厂武装部上交答卷1387份，参赛率达100%，被宝塔区国防教育委员会评为先进单位。宝塔区人民武装部被陕西省军区评为“国防知识竞赛”先进单位。1997年、2001年，新的《征兵工作条例》和《中华人民共和国国防教育法》颁布施行，宝塔区人民武装部利用电视、报纸等宣传媒体进行宣传，组织人员走上街头、深入厂矿学校进行讲解宣传。当年，宝塔区人民武装部在省级以上报刊、电台、电视台等新闻媒体，刊发国防教育方面的稿件52篇，其中中央级9篇、省级43篇。

2002年7~8月，宝塔区国防动员委员会组织预编在区境的预备役人员200名，为某部队进行了动员扩编演练。宝塔区人民武装部在“七一”前夕，组织枣园民兵连开展以“话巨变，赞成就，思党恩，坚定信念跟党走”为主题的演讲活动。“八一”前夕，组织中共宝塔区委、区纪检委、区人民政府、区人大、区政协5套班子领导成员和宝塔区国防动员委员会成员以及共建单位的主要领导人，开展“军事日”活动，了解常规武器使用的基本常识；组织4个单位的民兵与兰州军区在延安参加“八一”纪念林奠基仪式的某集团军参建部队进行联欢活动；组织延安卷烟厂民兵连参加“四八”烈士纪念活动；组织延安革命纪念馆女子民兵连为延安军分区、陕西省军区、兰州军区师以上干部读书班和兰州军区机关进行汇报演出，并赴广州、上海、北京等30多个城市巡回演出560多场次，观众达200多万人次。

2003年8~9月，某预备役师第2团在延安举行全团快速动员演习，宝塔区国防动员委员会组织干部深入全区23个乡（镇）、办事处和18个企事业单位，按照演练方案，圆满完成自身演练及保障任务。

2004年4月，宝塔区国防教育委员会组织“‘宝塔杯’民兵国防知识竞赛”活动，并在电视台连续播出。在9月的第三个星期六“全民国防教育日”开展国防知识答卷、签名和征文活动，散发国防知识宣传资料3000余份，并连续在延安百货大楼电子屏幕播放国防知识录像。组织大中专院校和高中学生进行军训，全年全区参加军训的学生达3万余人，上国防知识课60余次。是年，宝塔区国防教育办公室在全国“爱中华、奔小康、强国防”国防教育系列活动中被表彰为先进单位。

2005年，宝塔区国防动员委员会在全区范围内组织进行国防动员潜力调查，建立健全区国防动员数据库，摸清全区国防动员潜力底数。

2009年9月18日，延安市党政军领导和近万名群众聚集在宝塔山下，举行“国防连着你我他，安宁维系千万家”万人大签名活动。

2010年6月，宝塔区人武部组织城区办事处、相关学校进行集中国防教育知识及《中华人民共和国国防动员法》宣传。10月，举办以“爱我中华，心系国防”为主题的国防教育图片巡回展。

第二节　拥政爱民

延安是“双拥”运动的发祥地。1943年1月15日，陕甘宁边区政府作出《关于拥护军队的决定》。留守兵团司令部及政治部于1月25日作出《关于拥护政府爱护人民的决定》，并将2月定为边区部队拥政爱民运动月。通过双拥活动，加强了军政军民关系。此活动后来一直延续下来。驻境部队始终把拥军爱民工作作为部队政治工作的一项重要内容。军民共建成为新时期开展双拥工作的重要形式，是双拥工作的新发展。

1990年10月，把双拥工作纳入精神文明建设，开展“暖军心、固长城”活动。陕西驻军各部队立即行动，参加延安市两个文明建设。先后有84810部队与延安中学、延安卷烟厂挂钩，开展双拥共建活动；驻南泥湾罗盛教连与南泥湾党委和政府联合创建“南泥湾军民共建科技兴农辅导站”，派遣农业技术骨干到科技辅导站向农民传授技术；39111部队司令员郭玉祥、政委乔清晨先后3次到延安考察双拥共建工作。

1991~1995年，39111部队出动飞机15架次，飞播造林2万多亩。并出动兵力1067人次，参加延安市修整公路、修建热电厂、火车站等义务劳动；89750部队与延安育才小学签订共建协议，投资10万元建设电化教学系统；第四军医大学与延安地区人民医院（今延安大学附属医院）开展共建活动，派5名专家教授，举办延安地区首期“医院管理培训班”，至1995年，每年派2~3支医疗队赴陕北巡回医疗；西安政治学院、空军工程学院、空军导弹学院、二炮工程学院、西安陆军学院、武警技术学院等院校以及陕西军区、兰州军区武警陕西总队等均在延安开展了各种形式的共建活动。

1996~2010年，各驻军部队广泛开展“同呼吸、共命运、心连心”活动，普遍成立了法律咨询宣传、医疗便民服务、义务理发、家电维修、“青年志愿服务队”等学雷锋小组，开展爱民助民活动。延安军分区、武警延安市支队、空军延安场站先后与延安火车站、延安革命纪念馆等单位建立共建关系，每年为延安大学、延安中学、延安实验中学等大中院校学生组织进行军训达3万人以上。2003年1月23日，陕西省委、省政府、省军区在延安举行双拥运动60周年暨“双拥模范城”命名表彰大会，延安市宝塔区第四次被命名为“全省双拥模范城”。2007年，延安军分区被表彰为“全国拥军爱民模范单位”。2008年“5·12”汶川特大地震发生后，驻军官兵纷纷捐款捐物，仅延安军分区1个单位，就先后组织交纳“特殊党费”、捐献1个月基本工资和自行捐献3次，捐献现金26.06万元，棉被衣物300余件（套）。2010年的南方冰冻灾害、玉树地震和舟曲重大泥石流自然灾害，军分区又分别向灾区进行3次捐款，共捐现金5.5万元。当年，延安市被陕西省表彰为双拥模范城，延安军分区等5个单位被评为省级拥政爱民工作先进单位。

第六章　人民防空

第一节　组织机构

区境内的人民防空组织机构，最早为1937年8月19日成立的人民防空协会，高岗任主任，高如华任副主任。1938年11月20日，侵华日军飞机首次轰炸延安。当日，中共延安市委召开常委会，讨论制定防空措施，成立延安防空司令部，滕代远任司令，防空工作由公安部门负责。

1969年3月，“珍宝岛事件”发生后，毛泽东主席发出“提高警惕，保卫祖国，准备打仗”的号召。延安县人民防空指挥部恢复，延安县人民武装部下设人民防空办公室，负责全县的防空知识宣传、防空队伍组织和训练以及防空工程设施的维修。

1971年，延安被确定为设防城市。延安县组建防空专业队伍11个254人。

1988年，重新组建防空专业分队，缩减防空专业队伍编制和数量。编组抢险抢修专业队、医疗救护专业队、消防专业队、通讯专业队、运输专业队、治安专业队等7个专业分队。1992年10月12日，在第三次全国人民防空会议上，延安市人民防空办公室被授予“全国人民防空先进单位”称号，杨凤升被授予“全国人民防空先进个人”称号。

至1996年，延安城区人民防空事宜均由延安市（县级）人民防空办公室负责。1996年12月，延安市撤市设区，县级延安市人民防空办公室上划归新设立的地级延安市人民政府管理，负责全市人民防空工作。

2000年12月25日，国务院、中央军委确定延安为“人民防空”三类重点城市。2005年，防空专业队伍由城建、电力、卫生、公安、环保等系统的10个部门人员组成，有抢险抢修队、医疗救护队、消防队、治安队、防化队、通信队、运输队，由延安市人民防空委员会直接指挥。

2010年，延安市人民防空办公室下设4科、2站，正处级建制。10月，在第六次全国人民防空会议上，延安市被国家国防动员委员会授予“全国人民防空工作先进城市”称号。主任陈学成被人力资源和社会保障部、解放军总参谋部授予“全国人民防空先进工作者”称号。

第二节　防空警报

20世纪70年代，延安市人民防空委员会建立防空报警系统，并在市区东、南、西3

条川的 13 个单位建立报警网点，利用电信、广播、电视及一切音响工具建立辅助报警网，建立报警接收台，利用邮电系统、军事系统获取空中情报。

1998 年 9 月，宝塔城区人民防空机构与延安军分区开通通信线路。

2001 年 12 月，宝塔人民防空办公室通信站更换电台，由陕西省人民防空办公室统一配备 KT-50G 短波自动适应电台，以适应数字信息时代的需求。

2003 年 12 月，宝塔城区防空警报网建成，安装防空警报器 7 台，实现警报报知自动化。

2005 年 7 月，防空警报网进行扩容，安装警报器 10 台，城区防空警报音响覆盖率达 90%以上。从 2000 年始，每年组织城区防空空袭警报试鸣放和人防机构组织指挥演练。

2010 年，落实建设经费 563 万元，建成人防“机动”指挥所，购置中型指挥车 1 辆、信息采集车 2 辆。更新改造警报器终端。全年保密无差错收发电报 62 份。城区防空警报覆盖率 95%，鸣响率 100%。

第二十三编 检察 审判

1990年后，随着国家各项法律法规健全完善，宝塔区检察工作与时俱进，严格依法检察，坚持民主法治建设，保障经济运行，维护社会生产、生活秩序和公民合法权益，促进社会文明进步。

1990年以来，宝塔区人民法院从人员文化结构、机构设置到审判方式都有较大改革和发展。1995年5月1日，《中华人民共和国法官法》颁布实行，区人民法院依据法官任用条件，首先抓法官队伍建设，采取不同形式开展学历教育，提高法官政治素质和业务水平。2006年，建成新审判综合楼投入使用，结束长达二十年公、检、法同楼办公的历史。至2010年底，法院工作人员中大专以上文化程度占干警总数的97%。审判工作逐渐步入规范化、法制化轨道。

第一章 检 察

第一节 检察机构

1989年起，延安市人民检察院为副县级建制，内设办公室、经济科、法纪科、刑事检察科、控告申诉检察科。在姚家坡监狱、二庄科看守所、延安市劳教所、派驻检察室（组），有干警58人。2010年，宝塔区检察院有检察委员会委员8人。宝塔区人民检察院内设机构11个，即：办公室、政工科、法警大队、反贪污贿赂局、反渎职侵权局、侦查监督科、公诉科、监所检察科（下设驻延安市监狱检察室、驻延安市劳教所检察室、驻延安市公安局宝塔分局看守所检察室）、控告申诉检察科（含民事行政检察、举报中心）、职务犯罪预防科、纪检监察室。全院有检察长1人，副检察长5人，科长11人，副科长11人。检察员23人，助理检察员18人；法警7人。党组成员10人。在职人员中有研究生 2 人，大学本科 66 人，占在岗人员 80.7%；专科 11 人，占在岗人员 14.5%。全院有干警 95 人，其中在岗 86 人，离岗、协理 9 人。在岗 86 人中，男 56 人，女 30 人，中共党员 73 人。

1990～2010 年宝塔区（延安市）人民检察院检察长一览表

表 23-1-1

姓名	性别	出生年月	文化程度	籍贯	政治面貌	职务	任职时间
魏喜芳	男	1941. 10	中专	陕西宜川	中共党员	检察长	1987. 7～1989. 12
高　虎	男	1953	大专	陕西延川	中共党员	检察长	1990. 6～1992. 6
张汉武	男	1943. 6	大专	陕西延长	中共党员	检察长	1992. 6～1996. 6
白清琦	男	1954. 11	大专	陕西清涧	中共党员	检察长	1996. 6～2000. 5
张银祥	男	1949. 10	大专	陕西宜川	中共党员	检察长	2000. 5～2007. 9
杜安平	男	1959. 9	大专	陕西子长	中共党员	检察长	2007. 9～

第二节　刑事检察

1989～1997 年，人民检察院刑事检察科对该院经济检察部门（1990 年改称反贪局）和法纪检察部门（1997 年改称渎职侵权监察科；2007 年改称反渎职侵权局）自行侦查的经济、法纪犯罪案件进行审查，同时，承担侦查活动监督、审判活动监督等职责。1998 年，刑事检察机构进行改革，将批捕、起诉部门单设。2002 年，审查批捕科更名为侦查监督科，审查起诉科更名为公诉科。

1990～2007 年，侦查监督科、公诉科开展“严打”活动，贯彻落实“宽严相济”的刑事检察政策，为改革开放和经济建设提供法律保障。重点打击强奸、抢劫、杀人、吸毒、偷盗、赌博、卖淫嫖娼“七类”犯罪，加强对惯犯、累犯、团伙犯罪的打击，开展“反盗窃”“打击车匪路霸”“打击制毒贩毒”“两抢一盗”等一系列专项斗争。刑事检察严把批捕关，受理公安机关报捕案件 4230 案 6582 人，经审查批捕 3673 案 5603 人，不批准逮捕 345 案 628 人。1998～2007 年，追捕 89 人。2000～2007 年，刑事立案监督、侦查活动监督工作，要求公安机关说明不立案理由 116 件，通知公安机关立案 22 件，公安机关接通知和主动立案 43 件。2003～2007 年，发检察建议 78 件，书面纠正违法 21 件次。1990～2007 年，审查起诉工作坚决贯彻落实“以事实为根据，以法律为准绳”的原则和“宽严相济”的刑事政策，受理移送起诉 4430 案 6679 人，经审查起诉 3380 案 4918 人，不起诉 246 案 348 人，公安撤回 33 案 46 人，报送检察院 286 案 613 人。1998～2007 年，追诉 20 人。2003～2007 年，发检察建议 54 案 110 人，书面纠正违法 16 件次。

2008～2010 年，受理提请逮捕案件 1125 件 1759 人，批准（决定）逮捕各类刑事案件 1108 件 1722 人，受理移送起诉案件 1240 件 1922 人，移送市检察院审查 86 件 231

人，提起公诉1131件1670人，对轻微刑事犯罪和未成年人犯罪依法从宽处理，对可捕可不捕的依法不批捕35人，对可诉可不诉的依法不起诉45人。2008～2010年，公安机关不立案52件，监督后公安机关立案48件；对发现的漏罪漏犯追捕49人，追诉8人；发检察建议27件，书面纠正违法10件次。

第三节　反贪污贿赂

1990年，直接受理、侦查经济犯罪案件的业务科更名为反贪污贿赂局。至2007年，反贪污贿赂工作坚持实体法与程序法并重，打击预防并重，注重案件查办力度、质量、安全、效果等的关系，依法查办发生在党政机关、行政执法机关、司法机关和经济管理部门的一批大案要案。随着刑法、刑事诉讼法的修改和司法体制改革的不断深入，反贪污贿赂工作紧紧围绕检察工作主题和总体要求，按照高检院的工作部署依法查处城镇建设、石油系统、金融系统等领域和行业发生的贪腐案件。受理881件，初查809件，立案310案409人，其中贪污162案227人，挪用公款79案101人，贿赂45案51人。立案侦查1万元至5万元案件132案，占立案总数42.6%；5万元以上大案67案（占立案案件总数21.6%），其中50万元以上大案5案，要案6人。侦查终结310案409人，其中移送起诉204案275人，移送不起诉68案88人，撤销案件38案46人。其中，1998～2007年，立案查处犯罪嫌疑人县处级6人、科级61人。侦查涉案金额3490.13万元，挽回经济损失3129.18万元。

2008～2010年，受理案件63件，初查44件，立案侦查24案58人，其中贪污13案28人，挪用公款8案10人，贿赂2案19人。立案侦查1万元至5万元案件12件，占立案总数的50%；5万元以上大案12案，占立案总数50%，其中50万元以上大案1案，要案3人。侦查终结24案58人，其中移送起诉24案58人。立案查处犯罪嫌疑人县处级3人，科级6人。侦查涉案金额1476.97万元，挽回经济损失169.76万元。

第四节　监所检察

1990～2007年，受理又犯罪案件198案223人，提起公诉147案168人，被起诉的所有罪犯受到加刑处理，准确率为100%。立案侦查监管场所干警职务犯罪11案13人，侦查终结11案13人，移送不起诉2案2人。驻监所检察室还经常开展法制教育、法律知识讲座和警示教育。开展法制教育72次，安全防范检查750余次，提出纠正意见和检察建议85件次，口头建议纠正380次。2007年，监所检察室被省高级人民检察院评为“全省检察机关查办刑罚执行和监管活动中职务犯罪案件先进集体”。

2008～2010年，受理又犯罪案件2案2人，提起公诉2案2人，被起诉的所有罪犯均受到加刑处理，准确率100%。立案侦查监管场所干警职务犯罪案件7案7人，侦查终结7案7人，移送起诉1案1人。为提高监管场所的监管质量，达到严格执法的效果，在查办监管场所发生的犯罪案件的同时，驻监所检察室开展法制教育、法律知识讲座和警示教育。开展法制教育24次，提出纠正意见和检察建议35件次，口头建议纠正52

次，绝大部分被监管场所采纳。

1990～2010年，检察院监所检察室多次受到最高人民检察院、省人民检察院、市政府、区政府的表彰奖励，最高人民检察院先后授予驻姚家坡监狱、驻市劳教所检察室“三级规范化检察室”；授予驻看守所检察室“二级规范化检察室”等荣誉称号。

第五节　民事行政检察

1990～2010年，民事行政检察工作在实现权利救济、维护社会的公平与正义、维护人民群众的切身利益，特别是保护弱势群体的合法权益等方面有着重要的作用。对于司法不公、严重损害诉讼当事人合法权益、破坏司法权威等案件，民事行政检察通过提请抗诉纠错、再审检察建议、息诉等工作减少民事纠纷；通过在民事行政诉讼案件中的抗诉和查处职务犯罪两种监督手段，预防职务犯罪的发生，惩治司法腐败，强化对民事、行政诉讼的法律手段。受理民事行政检察案件176件，审查处理176件，其中立案111件。2001～2010年，经立案审查提请抗诉47件，建议抗诉3件。

第六节　控告申诉检察

1990～2010年，受理举报控告检察案件517件，审查处理508件，接待群众来信来访1230件、4514人次，审查处理1010件、4514人次，其中检察长亲自接待来访群众246人次。为把矛盾解决在基层、解决在萌芽状态，严格实行控申举报承诺制，逐步推行首办责任制、来访回访制度、刑事申诉公开审查及反馈制度，制定《检察长接待制度》《来访须知》《投诉指南》《检务十公开》《文明接待用语》等规定。控告申诉工作从解决群众最关心、最直接、最现实的利益问题入手。积极探索便民服务新路子，深入农村、城镇、厂矿企业等处开展下访巡访，现场接待群众，有案办案，无案宣传，了解社会动态，倾听群众心声，引导群众知法、懂法、守法，依法表达自己利益诉求，提高运用法律手段维护自身合法权益的意识和能力。

第二章　审　判

第一节　审判机构

1987年起，延安市人民法院为副县级建制，内设告诉庭、刑事审判庭、民事审判庭、经济审判庭、行政审判庭、办公室，下设宝塔人民法庭、蟠龙法庭、青化砭法庭、姚店法庭、甘谷驿法庭、南泥湾法庭、临镇法庭。全院有干警83人，其中院长1人，副院长3人。审判员29人，助理审判员26人，书记员14人，法警11人。1990年8月，延安市人民法院设立行政审判庭，依法审理涉及土地、治安、工商、税务、卫生、文化、环保等一审行政案件。

1991年3月，延安市人民法院与宝塔人民法庭合署办公，蟠龙法庭与青化砭法庭合署办公，办公地址设在蟠龙，姚店法庭与甘谷驿法庭合署办公，办公地址设在姚店；南泥湾法庭和临镇法庭合署办公，办公地址设在麻洞川；城区法庭仍按原建制正常工作。1992年3月，撤销接待室，成立告诉申诉审判庭，负责民商事案件的立案审查，转办及申诉案件的复查与审理。1993年6月，增设政工科，负责政治思想、组织干警学习、干部考核、有关文件起草等工作。1994年6月，撤销城区人民法庭，成立凤凰人民法庭。1998年10月，撤销告诉申诉审判庭，设立立案庭、审判监督庭、监察室、法警大队。1999年4月，恢复宝塔区人民法庭。

2001年7月，延安市宝塔区人民法院在陕北地区率先实行审判流程管理，实现“立”“审”“执”“监”四分离。2006年4月，延安市宝塔区人民法院位于延安市苑东南路新审判综合楼正式建成投入使用，结束长达二十年公、检、法同楼办公的历史。2002年7月，撤销经济审判庭、执行庭、临镇法庭、蟠龙法庭、甘谷驿法庭、凤凰法庭、宝塔法庭、南市法庭，设立民事审判一庭、民事审判二庭、执行局（下设执行一庭和执行二庭）和后勤服务中心。

2010年，全院有工作人员138人，其中在岗111人，聘用13人，内退14人。在职法官80人，其中上级借调4人，党员95人，大专以上学历占干警总数的97%（其中研究生学历27人）；中央政法编制76人，地方事业编制23人。内设刑庭、民一庭、民二庭、行政庭、立案庭、审判监督庭、执行局（执行一庭、执行二庭）、政工科、办公室、监察室、法警大队等13个职能部门，下辖南泥湾、李渠、姚店和青化砭基层法庭。

1990~2010年宝塔区（延安市）人民法院院长一览表

表23-2-1

姓名	性别	出生年月	文化程度	籍贯	党派	职务	任职时间
曹双定	男	1940.8	中专	陕西富县	中共党员	院长	1987.11~1990.4
王忠孝	男	1940	初中	陕西神木	中共党员	代院长、院长	1990.4~1992.11
刘永岗	男	1948.3	大学专科	陕西吴起	中共党员	院长	1992.11~1996.1
秦随富	男	1946.9	大学专科	陕西延安	中共党员	院长	1996.1~1998.1
符善荣	男	1945.9	大学专科	陕西佳县	中共党员	院长	1998.1~2003.1
常东山	男	1958.10	大学本科	陕西米脂	中共党员	院长	2003.2~2005.9
文小平	男	1959.2	大学本科	陕西子长	中共党员	院长	2005.9~2007.9
侯文春	男	1955.10	大学本科	陕西吴起	中共党员	院长	2007.10~

第二节　刑事审判

1990 年，受理各类刑事案件 145 件（含刑事复查），审结 114 件，结案率为 99.1%，判处犯罪分子 127 人，其中判处十年以上有期徒刑 4 人；五年以上十年以下 26 人；三年以上五年以下 35 人；三年以下 57 人；宣告无罪 6 人；缓刑 5 人；免予刑事处分 2 人。

1991 年，受理各类刑事案件 157 件 211 人，审结 154 件 208 人，退查 24 件 29 人，撤诉 3 件 4 人，复查维持 2 件 2 人。判处犯罪分子 171 人，其中判处十年以上有期徒刑 8 人；五年以上十年以下 44 人；三年以上五年以下 34 人；三年以下 74 人；拘役 4 人；宣告无罪 2 人；缓刑 6 人；免予刑事处分 1 人。

1992 年，受理各类刑事案件 170 件 255 人（包括自诉 3 件 6 人，复查 7 件 7 人，复审 1 件 1 人），审结 166 件 251 人，退查 22 件 39 人，撤诉 3 件 3 人，结案率为 98%。判处十年以上有期徒刑 7 人；五年以上十年以下 61 人；三年以上五年以下 35 人；判处三年以下 82 人，拘役 80 人；宣告无罪 6 人；缓刑 16 人；单处罚金 1 人；免予刑事处分 3 人。

1993 年，受理各类刑事案件 175 件 225 人，其中公诉案件 168 件 247 人，自诉案件 7 件 8 人，审结 171 件 251 人，退查 22 件 39 人，撤诉 3 件 3 人，结案率为 97.7%。判处十年以上有期徒刑 11 人；五年以上十年以下 39 人；五年以下 147 人；缓刑 22 人；免予刑事处分 4 人；宣告无罪 1 人。

1994 年，受理各类刑事案件 165 件，审结 162 件，结案率为 98.2%，191 人被判处有期徒刑，判处拘役 3 人。

1995 年，受理各类刑事案件 140 件，审结 140 件，结案率为 100%，156 人被判处有期徒刑，其中判处十年以上有期徒刑 4 人；五年以上十年以下 32 人；五年以下 118 人；拘役 2 人。

1996 年，受理各类刑事案件 166 件 234 人（其中自诉案件 4 件 9 人），审结 163 件 227 人，结案率为 98.1%。判处十年以上有期徒刑 5 人；三年以上十年以下 93 人；三年以下 96 人；判处拘役 2 人；宣告缓刑 21 人；监外执行 3 人；免予刑事处分 1 人；减刑 1 人；复查 2 人。

1997 年，受理各类刑事案件 173 件 252 人，审结 169 件 241 人，结案率 97.7%，其中判处十年以上有期徒刑 8 人；三年以上十年以下 84 人；三年以下 122 人；判处拘役 14 人；判处缓刑 9 人，单处罚金 3 人；免予刑事处分 1 人，没收赃款、判处罚金 24.1 万元。

1998 年，受理各类刑事案件 189 件 271 人，审结 187 件 268 人，结案率为 98.94%，其中判处十年以上有期徒刑 7 人；三年以上十年以下 90 人；三年以下 117 人；判处拘役 25 人，判处缓刑 29 人；单处罚金 11 人；免予刑事处分 5 人；宣告无罪 7 人；驳回起诉 1 人，没收赃款、判处罚金 27.5 万元。

1999 年，受理各类刑事案件 212 件 250 人，审结 192 件 225 人，结案率为 95.56%。判处十年以上有期徒刑 3 人；判处五年以上十年以下有期徒刑 28 人；判处三年以上五年以下有期徒刑 37 人；判处三年以下有期徒刑 58 人；判处拘役 31 人；没收赃款、判处罚金 17.7 万元。

2000 年，受理各类刑事案件 202 案 261 人，审结 185 案 235 人，结案率 91.58%。其中，7 人被判处十年以上有期徒刑；27 人被判处五年以上十年以下有期徒刑；42 人被判处三年以上五年以下有期徒刑；104 人被判处三年以下有期徒刑；判处拘役 52 人；驳回起诉 1 人；宣告无罪 2 人；没收赃款、判处罚金 17 万元。

2001 年，受理各类刑事案件 230 件，审结 210 件，结案率为 91.3%，判处犯罪分子 315 人，其中 52 人被判处五年以上十五年以下有期徒刑；56 人被判处三年以上五年以下有期徒刑；被判处三年以下和拘役 178 人，宣告无罪 7 人；没收赃款、判处罚金 23.5 万元。

2002 年，受理各类刑事案件 233 件，审结 216 件，结案率 92.7%；判处犯罪分子 261 人，其中 69 人被判处五年以上十五年以下有期徒刑，164 人被判处五年以下有期徒刑；判处拘役 28 人；宣告无罪 4 人；没收赃款、判处罚金 17.6 万元。

2003 年，受理各类刑事案件 205 件，审结 204 件，结案率为 99.5%，判处犯罪分子 257 人，其中 62 人被判处五年以上十五年以下有期徒刑；163 人被判处五年以下有期徒刑；32 人被判处拘役；没收赃款，判处罚金 11.4 万余元。刑事审判庭被陕西省委政法委、陕西省综治委评为“全省严打整治先进单位”。

2004 年，受理各类刑事案件 268 件，审结 262 件，结案率 97.7%，判处犯罪分子 324 人，其中 2 人被判处十年以上有期徒刑；34 人被判处五年以上十年以下有期徒刑；246 人被判处五年以下有期徒刑；30 人被判处拘役；单处罚金 1 人，罚款 30 余万元。

2005 年，受理各类刑事案件 324 件（含发回重审、自诉案件）、审结 316 件，结率为 97.5%。其中，审结盗窃案件 108 件，交通肇事案件 48 件；抢劫、抢夺案 46 件；故意伤害案件 38 件；贩卖毒品案 21 件；贪污、挪用公款案 10 件；其他案件 45 件。判处犯罪分子 465 人，其中 17 人被判处十年以上有期徒刑；54 人被判处五年以上十年以下有期徒刑；78 人被判处拘役；单处罚金 5 人，宣告无罪 1 人。

2006 年，受理各类刑事案 363 件，审结 358 件，结案率为 98.6%。判处犯罪分子 502 人，其中 13 人被判处十年以上有期徒刑；25 人被判处七年至十年有期徒刑；128 人被判处三年至七年有期徒刑；248 人被判处三年以下有期徒刑；31 人被拘役；48 人被判缓刑，单处罚金 6 人；免予刑事处罚 3 人。

2007 年，受理各类刑事案件 404 件，审结 390 件（含发回重审、自诉、抗诉案件），结案率为 96.5%。判处犯罪分子 426 人，其中判处 10 年以上有期徒刑 23 人，五年以上十年以下有期徒刑 38 人，五年以下有期徒刑 270 人，拘役 37 人，管制 2 人，缓刑 53 人，宣告无罪 2 人，免予刑事处罚 1 人，单处罚金和没收财产 60 万元。

2008 年，受理各类刑事案件 204 件，审结 179 件（含发回重审、自诉、抗诉案件），结案率为 87.7%。判处犯罪分子 306 人，其中判处十年以上有期徒刑 13 人，五年以上十年以下有期徒刑 52 人，五年以下有期徒刑 194 人，拘役 17 人，缓刑 29 人，免予刑事处罚 1 人，单处罚金和没收财产 26 万元。

2009 年，受理各类刑事案件 390 件（含刑事复查），审结 386 件，结案率为 99%。

判处犯罪分子554人，其中判处十年以上有期徒刑41人，五年以上十年以下97人，五年以下299人，拘役57人，缓刑58人，免予刑事处分2人。

2010年，受理各类刑事案件320件，审结310件，结案率为97%，判处犯罪分子513人，其中判处十年以上有期徒刑50人，五年以上十年以下67人，五年以下294人，拘役35人，缓刑63人，免予刑事处分4人。

第三节 民商事审判

1990年，受理各类民事案件470件，其中债务纠纷97件，赔偿81件，婚姻家庭178件，其他类型114件，审结456件，结案率为97%。受理经济案件51件，结案47件，结案率为92%，涉及标的112.21万元。

1991年，受理各类民事案件456件，其中债务纠纷97件，赔偿103件，离婚213件，宅基地案件5件，房屋案件12件，继承案件10件，其他类型13件，审结432件，结案率为94.95%。受理经济案件47件，结案41件，结案率为87.2%，诉讼标的255.48万元。

1992年，受理各类民事案件391件，其中债务纠纷68件，借贷26件，赔偿81件，婚姻家庭纠纷167件，房屋案件40件，继承案件8件，林木1件，审结357件，结案率为91.3%。受理经济案件38件，结案35件，结案率为92.1%，诉讼标的90余万元。

1993年，受理各类民事案件562件，审结541件，结案率为96.2%。受理经济案件62件，结案57件，结案率为92%，诉讼标的130.17万元。

1994年，受理各类民事案件655件，其中债务纠纷156件，赔偿92件，离婚277件，审结622件，结案率为95%。通过调解结案171件，占结案率的27.4%。受理经济案件44件，结案41件，结案率为93.5%。巡回法庭为服务单位解决纠纷250件，清偿债权413.9万元，理顺消除风险232万元。

1995年，受理各类民事案件1089件，其中债务纠纷310件，赔偿172件，离婚386件，其他236件，审结998件，结案率为91.6%。受理经济案件141件，审结134件，结案率为95%，总标的411.1万元。

1996年，受理各类民事案件844件，审结808件，结案率为95.7%。受理经济案件52件，审结51件，结案率为98%。

1997年，受理各类民事案件1097件，审结1033件，结案率为94.2%。受理经济案件44件，审结43件，结案率为98%。

1998年，受理各类民事案件1254件，审结1124件，结案率为89.6%。受理经济案件39件，审结38件，结案率为97.4%。

1999年，受理各类民事案件1232件，审结1146件，结案率为93.02%。受理经济案件32件，结案32件，结案率为100%。

2000年，受理各类民事案件1384件，审结1297件，结案率为93.71%。受理经济案件31件，审结30件，结案率为96.77%。

2001年，受理各类民事案件1337件，审结1235件，结案率为92.3%。受理经济案件19件，结案17件，结案率为89.5%。

2002年，受理各类民商事案件1317件，审结1289件，结案率为92.2%。

2003年，受理各类民商事案件1428件，审结1317件，结案率为97.9%。

2004年，受理各类民商事案件1428件，审结1361件，结案率为95.31%，调解结案869件，调解率为63.87%，其中南泥湾法庭、姚店法庭、青化砭法庭结案率100%。8月，南泥湾法庭被省高院授予“调解工作优秀法庭”称号。

2005年，南泥湾法庭创新调解方式，健全调解体系，被最高人民法院于2005年5月授予“全国优秀人民法庭”称号。全年全区受理民商事案件1401件，审结1383件，审结率为98.72%. 民商事案件调解结案789件，调解率57.05%，其中姚店法庭调解率82.28%。

2006年，受理民商事案件1353件，审结1330件，结案率为98.3%。民商事案件调解结案769件，调解率为57.8%。

2007年，受理民商事案件1542件，审结1511件，结案率为98%，上诉维持率为91%。民商事案件调解结案972件，调解率为61%。

2008年，受理各类民商事案件1158件（含基层法庭146件），审结1009件，审结率为87.1%，调解结案607件，调解率为60.2%。

2009年，受理各类民商事案件2735件，审结2648件，结案率为97%，调解结案1644件，调解率为62.1%。

2010年，受理民商事案件1921件，审结1844件，结案率为96%，调解结案1213件，调解率为66%。

第四节　行政审判

1990年，受理行政案件3件，审结2件，结案率为66.7%。1991年，受理行政案件18件，审结16件，结案率为88.9%。其中，治安案件8件；城建5件；土地2件；没收处罚1件；劳动教养1件；其他1件。

1992年，受理行政案件27件，审结25件，结案为92.3%，其中治安案件14件；城建9件；道路交通2件；劳动教养收审2件。1993年受理行政案件34件，审结33件，结案率97.1%。1994年受理各类行政案件55件，审结54件，结案率为98%。1995年受理各类行政案件38件，审结38件，结案率为100%。1996年受理各类行政案件41件，审结41件，结案率为100%。1997年受理各类行政案件45件，审结45件，结案率为100%。1998年，受理各类行政案件51件，审结51件，结案率为100%。1999年，受理各类行政案件44件，审结44件，结案率为100%。

2000年，受理各类行政案件35件，审结34件，结案率为97.14%。2001年受理各类行政案件51件，审结50件，结案率为98%。2002年受理各类行政案件64件，审结61件，结案率为95.3%。2003年受理各类行政案件38件，审结36件，结案率为95%。2004年受理各类行政案件44件，审结44件，结案率为100%。

2005年，受理各类行政案件77件，审结77件，审结率、上诉维持率均为100%，其中审结非诉执行案件56件；11月，行政庭被陕西省高级人民法院评为“全省法院行政审判工作先进集体”。2006年，受理行政案件87件，审结87件，审结率为100%。审结非诉执行案件47件，向有关部门提出司法建议12条。2007年受理行政案件70件，审结70件，审结率为100%。上诉维持率为83%。2008年受理行政案件181件，审结161件，结案率为88.9%。2009年受理行政案件143件，审结142件，结案率为99%。2010年受理行政案件25件，行政非诉案件100件，审结124件，结案率为99%。

第五节　案件执行

1990年，全年全院受理执行案件73件，执结53件，执结率为72.6%，执行标的37.44万元。1991年，全年受理执行案件91件，执结73件，执结率为80.20%，执行标的53.2593万元。配合市政府拆除路障1450余间（孔窑洞）平房。协助金融部门依法收贷75万元。采取强制措施，对拒不执行判决的张某某依法逮捕。

1992年，全院受理执行案件95起，执结78件，执结率为81%。执行类别主要有督促程序案件、诉讼行政案件、部分民事、经济案件。1993年，受理执行案件76起，执结60件，执结率为79.9%，执行标的额54万元。1994年，采取日常执行与集中执行组合的办法，当年审结案件310件，执行率81.3%，同时执行旧存案件36件，其中按督促程序发出支付令37件，执行税款50万元。

1995年，法院执行工作按照“少讲执行难，多讲怎么办”的要求，各业务庭自行执行案件1059件，督促当事人自行履行750件，强制措施214件，积极协助外地法院执结9件，案件执结率为87%。户县法院委托执行延安市水泥厂拖欠贷款一案，接到委托函件后，市法院立即组织执行人员到延安市水泥厂将拖欠贷款执行完毕，交付户县法院。执行庭受理申请案件52件，标的104.6万元，执结52件，执结率100%。1996年，受理执行案件53件，执结53件，执结率为100%。执行标的105.3万元，强制搬迁房屋15间（孔），司法拘留4人，罚款3人。办理非诉讼案件283件，标的408万元。1997年，受理执行案件101件，执结89件，执结率为88.1%，执行标的186万元，司法拘留8人，罚款4人。其中，刘某某诉周某某果园承包一案，调解结案后，被告避而不见，执行人员寻找十五六次，仅部分执行到位，剩余部分被告以种种理由推诿。经执行人员多方调查走访，发现被告经营一个经济效益很好的砖厂时，执行人员立即查封砖机。次日，被告主动履行剩余2万元款项，该案顺利执结。

1998年，严格执行审执分离，执行案件均由执行庭执行。8～9月，区人民法院开展执行大会战，执行各类案件199件，执结163件，执结率为85.2%。执行标的为现金247万元、房屋14间、汽车3辆、电视机2台、果园28亩、沙发10套，查封楼房1栋、加油站1个，并对伪造法院文书妨碍诉讼程序的张某某等6人分别予以司法拘留15日，对撕毁执行公告的宝塔区化工厂予罚款500元的民事制裁。

1999年，开展“执行年”活动，建立被执行人财产申报制度，制定《限制被执行人高消费办法》《奖励举报被执行人财产线索办法》等。全年执行案件170件，全部和部分执结154件，执结率为90.58%。执行标的210万元，扣押汽车5辆，拘传1人，罚款5400元。

2000年，全年受理执行案件423件，执结369件，执结率为87.23%。执行标的338万元。苏某某诉丁某某排除妨碍一案，审结后未执行，当事人长期上访，多次引发打架事件。区人民法院对妨碍执行的被执行人丁某某等3人采取司法拘留的强制措施，使长达5年之久的老大难案件完全执结。2001年，深入开展清理执行积案活动，通过宣传动员、召开督促执行、执行兑现大会等形式，全年受理执行案件293件，执结242件，执结率为82.6%。执行标的329万余元。执行中，依法拘留28人次，罚款6人次3700元。查封房屋6处，扣押汽车6辆、家电26台（件）。

2002年7月，宝塔区人民法院执行局成立，下设执行一庭和执行二庭，同时撤销执行庭。全年受理执行案件273件，执结238件，执结率为87.2%，执行标的751万余元，司法拘留26人次，罚款5人次6800元。郇某某诉王某某交通肇事人身伤害赔偿一案，被执行人王某某拒不履行义务，区法院以拒不执行判决裁定罪，将王某某抓捕归案，追究刑事责任。

2003年，建立督办、催办、责任追究制度，重点清理久执未结案件，执结各类案件296件，执行标的417万元，司法拘留19人次。2004年，受理执行案件401件，执结373件，执结率93.02%。执行标的517.1万元，司法拘留6人次。执行力度之大、执行率之高、执行标的之多、执行效果之显著，超过建院以来历史最高水平。“执行难”状况得到缓解。

2005年，受理申请执行案件474件，执结447件，执结率为94.3%。执行标的1327万元，司法拘留15人次。2006年，受理申请执行案件485件，执结455件，执结率为93.80%。执行标的1200余万元，司法拘留4人，其中执结积案193件，占总案数的42.4%。曹某某诉延长油矿管理局直属钻采公司运输合同纠纷一案，区法院出动警力8人、警车2辆，扣押被告原油车辆2辆，转账支票1份金额125万元。

2007年，按照中央政法委和最高人民法院关于《切实解决人民法院执行难问题的通知》精神，区法院进一步强化执行工作，动员全社会积极参与，彻底解决执行难。全年受理申请案件373件，执结335件，执结率为90%，执行兑现率为73.5%，执行1300余万元。2008年，受理各类申请执行案件461件，结案324件，结案率70.3%，执行标的390余万元。2009年，受理申请案件907件，执结755件，执结率为82.2%，执行兑现率为80%，执行标的2300万元。2010年，受理申请执行案件1036件，执结937件，执结率为90%，执行兑现率为89%，执行标的3400万元。

1990～2010年宝塔区人民法院案件执结统计表

表23-2-2　　单位：件

年份	1990	1991	1992	1993	1994	1995	1996	1997	1998	1999	2000
案件数	53	73	78	60	310	52	53	89	163	154	369
年份	2001	2002	2003	2004	2005	2006	2007	2008	2009	2010	
案件数	242	238	296	373	447	455	335	324	755	937	

第六节　审判监督

2002 年，宝塔区法院审监庭评查各类案件 1482 件。审理申诉、抗诉、指令再审案件 26 件，审结 24 件，结案率 92.3%。

2003 年，评查各类案件 1873 件，审理申诉、抗诉、指令再审案件 33 件，审结 33 件，结案率为 100%。

2004 年，受理申诉、抗诉、申请再审案件 29 件，审结 29 件，结案率 100%。

2005 年，审判监督庭不断加大内部监督力度，一年来受理申诉、抗诉、申请再审案件 29 件，审结 29 件，结案率为 100%。

2006 年，受理申诉、抗诉、申请再审案件 13 件，审结 13 件，结案率为 100%。

2007 年，受理申诉、抗诉、申请再审案件 15 件，审结 15 件，其中改判纠正 4 件，结案率为 100%。

2008 年，受理申诉、抗诉、申请再审案件 12 件，审结 10 件，结案率 83.3%。

2009 年，受理申请再审案件 10 件，审结 9 件，结案率 90%。

2010 年，受理申请再审案件 2 件，审结 2 件，结案率 100%。

第二十四编　公安　司法

1990~2010 年，宝塔区公安工作以“抓班子、带队伍、促工作、保平安”的总体思路，以经济建设为中心，坚持内强素质，外树形象，充分发挥职能作用，严厉打击各类违法犯罪活动，为宝塔区经济社会快速发展和人民群众安居乐业创造良好的治安环境。

1990~2010 年，宝塔区顺利实施“一五”“二五”“三五”“四五”“五五”普法计划；建立乡镇司法所 23 个，选派专职司法助理员 27 人；建立人民调解委员会 611 个；有调解员 2034 人；建立乡镇法律服务所 7 个。有法律工作者 20 人。

第一章　公　安

第一节　公安机构

1990 年，称延安市公安局，下设宝塔山、南市、凤凰山、桥沟、万花山、枣园、柳林、李渠、河庄坪、甘谷驿、麻洞川、南泥湾、蟠龙、临镇、姚店、公交、森林公安 17 个派出所。1993 年，成立国家安全科（股）、防暴巡逻队。1994 年，成立缉私缉毒队。1996 年，成立指挥中心、信访出入境管理科、石油科。

1997 年 1 月，改称为延安市公安局宝塔分局。同年，警务督察队成立，撤销预审科。2001 年，成立治安大队，撤销治安科、内保科、户政科、石油科、保卫科、政保科。2004 年 2 月 20 日，宝塔分局直属延安市公安局领导。2006 年，升为副县级建制。同年，成立网络监察大队。

2010 年，延安市公安局宝塔分局下设单位 37 个，其中正科级建制 33 个、副科级建制 4 个。全局有民警 531 人，在岗 485 人、离岗 46 人，其中女民警 70 人；大学以上文化程度 233 人，大专文化 146 人，中专、高中文化程度 81 人，初中文化 25 人。

第二节　打击犯罪

一、侦查破案

1990 年，立各类刑事案件 1870 起，破案 874 起，其中重大案件 135 起，破案率为 48%。抓获各类犯罪分子 368 人。1991 年，立各类刑事案件 1307 起，破案 513 起，其中重大案件 238 起，破案率 38.25%。抓获各类刑事犯罪分子 504 人。摧毁犯罪团伙 18 个，涉案成员 67 人。

1992 年，成立刑事警察大队。是年，全市立各类刑事案件 303 起，破案 186 起，破案率 61.38%。打击处理 171 人。1993 年，立各类刑事案件 784 起，破案 611 起，破案率为 77%，其中重大案件 211 起，破案 118 起，破案率为 55.92%。抓获各类刑事犯罪分子 480 人，为国家挽回经济损失 86.96 万元。1994 年，立各类刑事案件 813 起，破案 603 起，破案率为 74%，打击处理 426 人。

1995 年，打击摧毁犯罪团伙 38 个，打击处理 339 人。立刑事案件 657 起，破案 497 起，破案率 75.60%，其中重特大案件 251 起，破案 199 起。打击摧毁犯罪团伙 38 个，打击处理 339 人。1996 年，立各类刑事案件 912 起，破案 1020 起，其中破积案 108 起，破案率 100%；重大案件立案 177 起，破获 133 起，破案率 75%。抓获犯罪分子 257 人。

1997 年，抓捕犯罪嫌疑人 160 人，抓获负案在逃犯 17 人。立各类刑事案件 351 起，破案 515 起（其中破积案 164 起），破案率 100%。1998 年，立各类刑事案件 658 起，破获各类刑事案件 501 起，破案率 76%，打击处理 258 人。1999 年，立各类刑事案件 904 起，破获 1035 起，破案率 100%，其中破隐漏积案 131 起。立重特大案件 160 起，破获 126 起，破案率 78.25%。打击处理各类犯罪嫌疑人 273 人。

2000 年，刑事拘留犯罪嫌疑人 258 人，其中提请逮捕 185 人。立各类刑事案件 1297 起，破案 918 起，破案率 70.7%。2001 年，刑事拘留犯罪嫌疑人 369 人，其中提请逮捕 246 人。立各类刑事案件 1428 起，破案 1296 起，破案率 90.7%。2002 年，立各类刑事案件 2264 起，破案 1437 起，破案率 63.4%。刑事拘留犯罪嫌疑人 374 人，其中逮捕起诉 250 人。2003 年，立各类刑事案件 1309 起，破案 538 起，破案率 41.1%。抓获犯罪嫌疑人 182 人，打击处理 148 人。2004 年，立各类刑事案件 1955 起，破案 937 起，破案率 47.92%。抓获各类犯罪嫌疑人 372 人，批捕 230 案 343 人，起诉 218 案 313 人。2005 年，抓获犯罪嫌疑人 439 人，报捕 248 案 387 人，连同上年度积案批捕 253 案 396 人，移送起诉 246 案 402 人。全年立各类刑事案件 1512 起，破案 943 起，破案率 62.3%。

2006 年，发生命案 16 起，破获 12 起，命案侦破率 75%。抓获各类刑事犯罪嫌疑人 603 人，缴获财物总价值 438.56 万元。全年立各类刑事案件 1857 起，破案 1298 起，破案率 69.8%。2007 年，立各类刑事案件 1696 起，破案 1662 起，破案率 97.9%。捣毁犯罪团伙 28 个，打击处理犯罪嫌疑人 254 人，缴获赃款赃物总价值 576.56 万元。

2009 年，立各类刑事案件 2510 起，其中立"命案" 16 起、伤害 3 起、强奸 8 起、绑架 5 起、抢劫 229 起、盗窃 1197 起、抢夺 20 起、诈骗 160 起、毒品犯罪 402 起、其他 470 起，破各种刑事案件 1778 起，破案率 70.83%（破现行案件 1134 起、破获年前积案614起、破外省案件30起）。其中，破命案16起、伤害案8起、强奸案5起、绑架案4起、抢劫案99起、盗窃案451起、抢夺案2起、诈骗案127起、毒品犯罪445起、其他621起，抓获犯罪嫌疑人389人，为国家挽回经济损失1000多万元。

2010年，立各类刑事案件1935起，其中立命案15起、抢劫198起、强奸9起、绑架4起、抢夺15起、毒品犯罪160起、盗窃1355起、诈骗82起、其他97起。破获各类刑事案件1192起，其中命案15起、伤害3起、抢劫120起、强奸7起、绑架3起、抢夺1起、毒品犯罪179起、盗窃690起、诈骗44起、其他130起，捣毁犯罪团伙39个，抓获涉案嫌疑人264人，挽回直接经济损失500余万元。

二、重特大刑事案件侦办

1992年，210国道延安段车匪路霸明抢、暗盗旅客财物案件时有发生，刑警大队干警一路明察暗访掌握线索；另一路着便装跟车追踪。1992年11月21日，在一辆由西安驶向榆林的个体长途客车进入延安段李渠镇时，当场抓获3名盗窃作案犯罪分子。

1994年7月，内蒙古包头市公安局获取本市内贩卖假人民币窝点线索，派3名干警到延安市请求协助侦破。根据延安地区公安处指示，市区刑警大队第五侦探组会同地区公安处干警经过周密部署，在延河饭店抓获正在进行假币交易的4名案犯，当场缴获假人民币15万元，并捣毁贩卖假币窝点。

1998年5月27日，接110报警台信息，农行宝塔区支行大桥储蓄所出纳员刘某某携带单位公款15万元，在嘉岭宾馆被人麻醉后抢劫。接案后，分局刑警大队组织警力，兵分两路，展开调查取证和走访工作，将报案人刘某某列入嫌疑对象，对刘某某采取留置盘问，迫使刘某某在无可辩驳的事实面前交代为牟取暴利，从农行金库提款15万元，从外地到延安人员手中购买“大满洲国”一角硬币250枚造成15万元被骗，为掩盖事实真相，编造被人麻醉后抢劫公款的事实，成功破案。

1999年3月9日，宝塔区一中初一（2）班学生白某某在放学回家路上，被社会上的未成年人张某（15岁）、李某（13岁）、赵某（13岁）拦住要钱。由于白某某没有带钱，张某等人强行将白的手表摘下，让其借钱来赎手表。白某某在附近借得50元钱向张一伙赎手表，张某以钱少不给手表并用随身携带的匕首向白某某连捅3刀，致使白某某经抢救无效死亡。刑警队干警对张某的外逃信息采取24小时监控。6月29日，办案民警获悉张某逃往山西某地打工的线索。7月2日，在太原某暖气片厂将潜逃3个月的犯罪嫌疑人抓获，成功破案。

2001年5月18日23时许，分局“110”报警台接警，有张姓女子被姐夫任某强迫服毒自杀，正在延大附属医院抢救，任某携带炸药、雷管等赶往医院准备行凶。刑侦干警火速赶到医院，紧急布控，疏散群众，将犯罪嫌疑人任某当场擒获，从其身上搜出安装好随时可以引爆的TNT炸药2块（重400克）、1号电池2节。从其家中搜出五六式冲锋枪子弹182发，五四式手枪子弹26发。一起爆炸行凶杀人案成功告破，专案组干警受到陕西省委嘉奖，3名干警荣立三等功1次。

2002年3月14日，年仅11岁的女学生在上学途中被人绑架，绑匪索要赎金50万元，并指定在铜川市交钱领人。分局接到报警后，刑警大队凤凰中队投入侦查破案。3月14日晚副大队长带领侦查人员和孩子家人赶赴铜川，绑匪又电话通知将接头地点改至西安。3月15日零时，在绑匪指定地点铜川市驻西安货运站将绑匪之一蔡某诱捕抓获，成功解救人质。刑侦干警随后在宁夏警方的配合下，于4月27日成功将绑匪主犯唐某擒获。

2007年3月始，城区相继发生多起持刀抢劫案情。宝塔刑警中队与派出所民警在辖区案件多发地点和特定时段展开巡逻、守候，案件走访组深入辖区搜集案件线索。5月5日晚9时许，根据特情提供的一起抢劫案中主要嫌疑人郭某在延安解放剧院出现，刑警、治安警将郭某抓获。经突击审讯，郭某（男，16岁，家住宝塔区李渠镇周家湾村）供述其与他人多次参与抢劫的犯罪事实。次日凌晨，在城区百米大道个体旅社，将犯罪嫌疑人姬某（男、18岁）、史某（男、17岁）、乔某（男、17岁）抓获。

2009年5月14日22时30分，宝塔区市场沟“兄弟会所”茶楼门前发生一起致2人死亡、3人受伤的重大恶性案件。接到报案，分局局长带领公安干警赶到案发现场，组织案件侦破工作，经过4个多小时努力，查清现场死者和全部受害者的身份，同时初步掌握嫌疑人基本情况。专案组成员先后赶赴西安、渭南和广西南宁、东兴等地，行程万余千米。6月3日凌晨在南桥白坪山一居民房内将2名嫌疑人抓获，成功破案。

2010年2月10日凌晨4时50分，宝塔区北关街柠檬水晶大酒店发生一起蒙面入室抢劫杀人案，酒店1名保安人员死亡，5000元现金被抢。案发后，侦破民警以现场为中心，技术手段与传统侦查并用，经调查走访，专案组确认曾在案发酒店当过保安的贾某、王某2人有重大作案嫌疑。2月12日下午3时，将正在宝塔区航标网吧上网的贾某抓获。根据贾某交代，在宝塔区冯庄乡冯庄村将犯罪嫌疑人王某抓获。经审讯，贾某、王某2人对2月10日凌晨蒙面抢劫柠檬水晶大酒店捅死值班保安的犯罪事实供认不讳。

2010年8月2日，李渠镇朱家沟村村民马某与侄子在家吃过晚饭后出现抽搐、呕吐等症状，疑似中毒，马某经抢救无效当晚死亡，其侄子抢救一周后无效死亡。接到报案后，分局成立专案组调查走访，初步查明受害人马某的丈夫侯某因妻子长期与公婆关系不和，致侯某在家中地位低下，在村民中无法抬头，初步将其列为重点嫌疑人。11月20日，省公安厅、公安部对送检物品化验鉴定为“特丁磷”剧毒农药，确定案件为投毒杀人。专案组多方调查取证，对侯某采取措施，经审讯，侯某交代投毒杀妻的全部犯罪事实。成功破案。

三、经济犯罪侦办

1998年7月，公安宝塔分局成立经济文化侦查中队。10月，破获犯罪嫌疑人折某利用虚假保证书，从延安市城市信用社诈骗贷款50万元案件，罪犯被依法逮捕。全年破获经济犯罪案件103起（重特大案件17起），涉及金额200余万元。

1999年，经侦中队配合上级公安机关开展反假币、反偷税漏税等专项斗争。5月，协助审计部门查处宝塔区李渠镇东村村支部书记杨某等人，利用职务之便侵占村集体资金16万元的犯罪案件，并追缴全部赃款。当年，经侦中队配合宝塔区技术监督、工商、税务等部门侦破行政经济违法案件78起，查扣伪劣商品价值40余万元。

2004年7月，经侦中队破获“7·07”制售、生产销售伪劣产品案：查获各类假酒1万多件，抓获犯罪嫌疑人10余人。同年11月10日，公安宝塔分局破获“10·15”特大虚开增值税专用发票案，抓获犯罪嫌疑人11人，涉及5个公司，204份发票，金额

3000余万元。

2005年4月26日，经侦中队在全区举行“维护知识产权宣传”活动。5月，在全区开展打击走私犯罪统一行动，重点打击各盗版假冒音像制品、各类盗版假冒电脑软件。

2006年，公安宝塔分局撤销经济文化侦查中队，成立经济犯罪侦查大队。10月25日，经济犯罪侦查大队派人参加市公安局举办的全市“经济犯罪案件信息管理系统培训班”，经侦系统实现网上办案。

2007年，经侦大队破获延安金阳光汽车贸易公司业务员刘某偷盗该公司保管的客户按揭银行卡，支取3万元的盗窃案。犯罪嫌疑人被依法刑事拘留。全年立经济犯罪案件24起，破获16起，刑事拘留14人，挽回经济损失180余万元。

2009年，经侦大队受理经济案件35起，立案20起，移交3案3人，破案16起，破案率80%。抓获犯罪嫌疑人17人，刑事拘留17人，撤案2人，提请逮捕16人，取保5人，移送起诉5人；查处非法土地案2起，抓获外省逃犯3人。破获鱼某侵占村集体34万元案件。追缴市土产公司税款及滞纳金45.8万元，追缴民庆烟花爆竹公司税款及滞纳金280.4万元。协同税务部门开展打击假发票工作，分别在宝塔、南市、凤凰、柳林设立4个宣传点，收缴假发票11本，面值25万元。

2010年2月，经侦大队发现一起售假发票案件线索，4月26日对该起涉嫌出售非法制造发票案件立案侦查。经过5个月的侦查，破获1起宝塔区最大的销售假发票犯罪案件，打掉制假发票窝点2个，查获印刷设备5台，抓获犯罪嫌疑人14人，缴获各类假发票17万余份。

四、缉毒禁毒

1994年10月，延安市人民政府组建以市长为组长的禁毒领导小组，同时成立延安市缉毒禁毒大队。2006年4月20日，更名为延安市公安局宝塔分局禁毒工作大队。

1996年6月26日“国际禁毒日”，市公安局在东关解放剧院广场召开禁毒公处大会，公开处理23名吸、贩毒人员。销毁海洛因、咖啡因等毒品2333克，各种精神药品11298片。全年破获毒品案件178起，捣毁贩毒团伙28个，捣毁贩毒窝点25个，抓获吸、贩毒人员540人，其中批捕8人，劳动教养41人，行政拘留17人，罚款429人，强制戒毒152人，批评教育18人，缴获毒品3367克。

2001年，开展“破大案、打团伙、摧网络、断通道”的严厉打击毒品违法犯罪活动。破获吸毒案件350起，抓获吸毒人员408人，强制戒毒254人，劳动教养55人。破获贩毒案件23起，抓获犯罪嫌疑人23人，其中刑事拘留14人，提请逮捕9人，缴获毒品海洛因28克。

2004年4~9月，在全区开展“遏制毒源专项行动”。破获贩毒案件13案15起，抓获犯罪嫌疑人24人，捣毁贩毒团伙3个，刑事拘留23人，全部批捕起诉。查获吸毒案件240起，抓获吸毒人员357人，其中强制戒毒288人，劳动教养35人。

2005年，宝塔分局禁毒大队以遏制毒品泛滥为目标，从8月1日至10月底，开展对吸贩毒人员大普查、大收容、大帮教活动。按照“三个一律”（初次吸毒人员一律强戒，二次复吸人员一律报劳动教养，对贩毒人员一律刑事拘留）原则，查处涉毒案件

260起，抓获吸毒人员394人，其中强制戒毒312人、限戒16人、劳动教养66人。由禁毒大队牵头组织开展千名妇女禁毒签名活动，成立禁毒志愿者行动大队，招募志愿者40人。

2007年，宝塔分局协同区工会、团委、教育部门开展“不让毒品进我家”“毒品知识一堂课”，举办禁毒图片展览、宣传栏等活动，受教育群众20余万人次。全年破获贩毒案件59案275起，抓获嫌疑人81人，收缴毒品海洛因228克；抓获吸毒人员592人，其中强戒566人、限戒26人，切断多条通往延安城区的贩毒通道。

2010年，破获贩毒案件60起，其中重大贩毒案7起、特大贩毒案10起。抓获贩毒犯罪嫌疑人20人，收缴毒品1391.6克，其中海洛因1352.97克，冰毒38.63克，抓获吸毒人员871人，强制隔离戒毒631人，社区戒毒240人，通过吸毒人员破获其他刑事案件32起，人员指纹采集132份，DNA采集97份，网上追逃6人。

第三节　专项治理

1990年10月23日至11月28日，延安市公安局在全市开展“破大案、挖团伙、追逃犯、打流窜”的严打专项斗争。破获各类案件415起，其中重大案件56起，摧毁犯罪团伙18个49人，提请逮捕31人，刑事拘留5人。

1991年，根据延安地区公安处专项治理统一行动，部署开展“严打办案会战”，全区破获刑事案件513起，抓获刑事犯罪分子504人。

1992年，开展“反盗窃、破百案”专项斗争。破获各类刑事案件104起（重特大案件19起），抓获各类刑事犯罪嫌疑人99人，摧毁犯罪团伙12个，提请逮捕33人，劳教2人。缴获桑塔纳轿车1辆，自行车40辆。同年12月11～31日，开展打击车匪路霸和破坏铁路、公路设施专项斗争。破获车匪路霸案件50起，抓获违法犯罪分子43人，提请逮捕18人，收缴坑害旅客的赌具和作案刀具等物20多件，追缴赃物总价值3万余元。

1993年，开展“春季、秋季社会治安整顿严打战役行动”，破获刑事案件173起，查处治安案件566起，其中赌博153起，卖淫嫖娼238起，流氓滋扰29起，盗窃112起，处理违法人员718人。

1995年6月1日至8月31日，市公安局开展“夏季严打整治”专项治理。破获刑事案件218起，破获犯罪团伙10个30人；查处治安案件246起。抓获违法犯罪人员600人，抓获负案在逃人员5人，收审247人，劳教12人，行政拘留143人。

1996年4月15日至5月15日，市公安局开展“打击破坏油田生产设施和偷盗原油”专项治理。破获盗窃、破坏油田设施案件19起，摧毁犯罪团伙21个，取缔非法炼油厂14处，非法收购网点10个，收审6人，提请逮捕3人，行政拘留2人，挽回经济损失25万元。

1998年，根据省公安厅要求，宝塔区开展“打击盗抢机动车辆”集中行动，破获各类案件97起，摧毁团伙16个，缴获汽车15辆、摩托车12辆、自行车60辆。

1999年9月，开展危爆物品专项治理。依法收缴炸药53千克，导火索1500米，雷管500枚。

2000年，宝塔分局在全区开展“打黑除恶”专项斗争，历时6个月，破获各类刑事案件620起，抓获犯罪嫌疑人127人，捣毁犯罪团伙25个，抓获犯罪嫌疑人55人。收缴各类管制刀具187把，追缴赃款赃物总价值156万元。同年3月，根据省公安厅、市公安局部署，开展“打击人贩子，解救被拐卖妇女儿童”专项治理，抓获人贩子2人，解救被拐妇女6人、儿童4人。2001年，开展“反扒打绺”专项治理，抓获绺窃人员89人，劳动教养43人。

2002年3~6月，开展“除黑恶、破大案、打抢劫、反盗窃”春季百日破案会战。破获各类刑事案件981起，抓获犯罪嫌疑人112人，捣毁犯罪团伙5个，缴获赃款赃物计47.56万元。破获长达1年零4个月的杀人积案。7月，根据公安部、省公安厅统一部署，开展“打击抢劫、抢夺”专项治理。破获“两抢”案件123起，8月20日分局在解放剧院广场召开打击“两抢”公处大会，20案34人受到公开处置。

2004年5月，开展严打“黄、赌、毒”专项治理。检查旅店297家，娱乐场所218家，网吧50家。停业整顿3家，限期整改21家，取缔带有色情服务酒吧、洗头房14处，查处卖淫嫖娼7案17人，行政拘留15人。

2005年2月15日至5月15日，开展“禁赌”专项治理。出动警力800余人，警车230辆次，检查各类场所432家，查处赌博案件13起，处理违法人员54人，其中行政拘留37人。清理麻将馆及赌博窝点58家，收缴赌具17副。

2007年8月10~14日，宝塔分局在全区开展“神鹰”严打整治专项治理行动。破获各类刑事案件16起，抓获犯罪嫌疑人15人，刑事拘留13人。查处各类治安案件46起，抓获各类违法人员117人，其中强戒吸毒人员16人，行政拘留33人，罚款68人。

2008年，受理各类治安案件2079起，查处各类治安案件1836起，涉及各类违法人员1581人，其中行政拘留586人、警告13人、强制戒毒337人、罚款504人、其他处理141人。清理麻将馆及赌博摊点27家，检查各类娱乐场所500家次，对存在问题的5家娱乐场所予以停业整顿，12家予以限期整改。39家网吧予以警告并处罚款。

2009年，宝塔分局集中统一行动7次，出动警力6200余人次，警车1620余台次，开展区域行动42次，检查旅馆业2038家次，娱乐场所427家次，网吧532家次，洗浴场所77家次，茶楼366家次，其他场所261家次，重点单位356家次，重点部位241处次，发现隐患231处，清理麻将馆76家，收缴麻将牌及各类赌具82副。检查涉爆单位30家，盘查人员2188人，盘查车辆1337辆。下发整改意见书400余份，限期整改12家，取缔场所43家，停业整顿13家，抓获各类违法人员139人。

2010年，开展社会治安大清查，“扫黄打非”，对娱乐复杂场所开展专项行动。受理各类治安案件1856起，查处1686起，查处率90.84%，涉及各类违法人员2123人，其中行政拘留1448人，警告19人，罚款349人，劳动教养22案24人。全年治安大清查统一行动20次，出动警力6600余人次，警车1334台次，开展区域行动2100次，检查旅店业1901家次，娱乐场所449家次，网吧193家次，洗浴场所83家次，茶楼400家次，其他场所106家次，重点单位248家次，重点部位137处次。发现隐患73处，清理麻将馆28家，收缴各类赌具33副，检查涉爆单位95家，盘查人员1608人，盘查车辆801辆，下发整改意见书9份，限期整改86家，抓获各类违法人员11人。

第四节　治安管理

一、巡逻防范

1993年3月1日，成立延安市公安防暴巡警大队，大队下设3个车巡中队和1个步巡中队。1994年，抓获各类违法犯罪人员300余人，查处各类治安案件40起，处置突发事件16起，纠正各类违章1207人，为群众办好事100件。

1995年6月1日至8月31日，在全市“夏季社会治安整顿”中，防暴巡警队在全市重点区域进行昼夜24小时巡逻。当场查获刑事案件2起，查获制止治安案件30起，抓获违法人员19人。

1996年5月28日，防暴巡警大队根据群众提供的线索，快速出击，在延安城内当场抓获2名吸毒人员。经审查，破获张某为首的6人特大盗窃团伙案。该团伙自1993年开始，先后在甘肃、渭南、延安等地作案30起，盗窃总价值达40余万元。1998年，接处警3379起，查处突发性事件18起，查处治安案件100起，查处各类违法人员350人，其中收审15人，治安处罚335人。

2001年，为遏制街面犯罪案件的发生，对繁华场所实行24小时巡逻，严控辖区主干线，明确接处警时限：市区一级马路4~6分钟，内街小巷7~10分钟，城郊接合部10~20分钟。全年出动警力上街巡逻15780人次，处置突发性事件3起，处理群体上访案28起。2002年，接处警4764起，出动警力13562人次，处置突发性、群体性治安事件13起，警卫及执勤任务29次，抓获违法犯罪嫌疑人473人。2003年，接处警4655起，出动警力14721人次，处置突发性、群体性治安事件18起，警卫及执勤任务23次，抓获违法犯罪嫌疑人583人。2004年，接处警5763起，出动警力15281人次，处置突发性、群体性治安事件15起，警卫及执勤任务31次，抓获违法犯罪嫌疑人537人。2005年，接处警4376起，出动警力13128人次，处置突发性、群体性治安事件17起，警卫及执勤任务40次，抓获违法犯罪嫌疑人604人。

2006年4月20日，防暴巡警大队更名为巡逻警察大队。全年，接处警7780起，出动警力23340人次，处置突发性、群体性治安事件14起，警卫及执勤任务28次，抓获违法犯罪嫌疑人521人。2007年，全年接处警5473起，现场抓获违法犯罪人员926人（抓获网上逃犯21人），其中刑事拘留203人、行政拘留320人、其他处理403人。

2008年，接处警15342起，其中违法犯罪案件4942起，火灾8起，交通事故76起，治安灾害2起，自杀3起，纠纷6133起，公民求助2490起，走失寻人72起，灾害1起，其他1615起。出动警车18574车次，出动警力47741人次，破获刑事案件73起，抓获作案人员189人。

2009年，接处警16316起，其中违法犯罪案件8013起、火灾14起、交通事故1576起，治安灾害1起、自杀23起、纠纷2224起、公民求助1662起、走失寻人117起、灾害6起、其他2680起，出动警车19821车次，出动警力45526人次，破获刑事案件107起，抓获作案人员329人。

2010年，接处警22787起，其中违法犯罪案件11028起、火灾20起、交通事故

8305 起、走失寻人 153 起、灾害 3 起、其他 3278 起，出动警车 2506 车次，出动警力 46695 人次，破获刑事案件 121 起，抓获作案人员 356 人。

二、收枪治爆

宝塔公安分局每年都对按规定使用警用枪械的单位进行定期检查。1996 年，在调查摸底的基础上，全年收缴非法枪支 269 支、子弹 300 发、炸药 220 千克。

2001 年，贯彻新的《中华人民共和国枪支管理办法》，对全区的民用枪支再次进行摸查登记，并停止猎枪办证工作，对气枪严加控制，对辖区内的军用枪支进行电脑编号、造册登记。收缴民用枪支 144 支，各类子弹 573 发，炸药 6893 千克，火药 390.3 千克，雷管 12627 枚，管制刀具 200 把。清理战时遗留炮弹、手雷、地雷等 279 枚，进行引爆销毁。同时，对历年收缴的非法枪支进行销毁。

2008 年，宝塔分局在全区范围内开展“收枪治爆”专项行动，对涉爆涉枪单位、场所、人员进行全面的检查排查。累计出动警力 6000 余人次、警车 1000 余台次，查处非法储存枪支案件 2 起、非法储存爆炸物品案件 1 起，刑事拘留 2 人，行政拘留 1 人。查没收缴小口径步枪 1 支，猎枪 2 支，仿制枪 1 支，自制枪 1 支，军用子弹 75 发，民用子弹 56 发，雷管 11 枚，黑火药烟火剂 27 千克，剧毒化学品 12 千克，管制刀具 29 把，仿真枪 27 支，处置战时遗留军用炮炸弹现场 4 次，安全转移军用炮炸弹 7 枚（其中手榴弹 4 枚、迫击炮弹 3 枚）。

2009 年，收缴黑火药烟火剂 100 余千克，射孔弹 1033 枚、导火索 561.2 米、雷管 224 枚、黑火药 94 千克、炸药 39 千克、自制土枪 3 支（群众主动上交），处置战时遗留军用炮弹现场 1 次。

三、扫黄

1990 年，市公安局开展“严打”和除“七害”斗争，加强对发廊、美容院、洗浴中心、歌舞厅、卡拉 OK 厅的清理。1994 年，根据省、地第四次扫黄工作会议精神，组建一支 20 多人的专业队伍，会同文化、工商部门在全市开展为期 1 个月的扫黄专项治理。收缴各类非法录像带 503 盘、录音带 7 盘，宣扬色情、凶杀书刊 113 册。

1996 年，公安局牵头，协调文化、工商等部门对全市娱乐服务场所进行全面整顿。边检查边整改，拆除卡拉 OK 厅、歌舞厅隔帘、隔断 125 所，查封包间 50 间，停业整顿 15 家，查封发廊 7 家，关闭招待所 5 家，查电子游戏厅 18 家，卖淫嫖娼立案 56 起。收缴非法 VCD、DVD 光碟、录像带 86 盘，查获传播淫秽录像带 11 盘。

2002 年，根据公安部“严格娱乐场所管理，坚决扫除赌博、卖淫嫖娼、吸毒贩毒等社会丑恶现象”治理精神，公安宝塔分局会同文化、工商、纪检等部门组成联合检查组，对全区歌舞厅、美容美发厅、桑拿洗浴中心、电子游戏厅、洗头房进行整顿，清理陪侍人员 67 人，拆除包间 108 间，取缔歌舞厅、卡拉 OK 厅、美容美发厅 113 家，电子游戏厅 5 家，停业整顿美容美发厅 47 家，停业整改 69 家。

2004 年，取缔南关大街、七里铺街带有色情服务的 15 家洗头房。2005 年，检查旅店业 957 家（其中停业整顿 21 家、限期整改 5 家），检查娱乐场所 419 家，复杂场所 4 家，网吧 128 家，其他场所、部位 129 处，洗浴场所、美容美发 68 家。

2006 年，取缔全区带有色情服务的洗头房 13 家。2007 年，检查旅店业 801 家（其中当场处罚44家）、娱乐场所206家次（其中停业整顿2家、限期整改12家）、网吧123家（其中停业整顿2家、当场处罚13家）、美容美发店37家、洗浴场所25家、迪吧2家。检查全区音像店245家，书屋、书店89家。查获非法音像店18家、书屋1家。查缴淫秽VCD光盘100张，淫秽刊物5本。

2008年，检查宾馆旅店业333家（当场处罚18家）、网吧58家（当场处罚1家）、娱乐场所76家、茶馆36家、公共复杂场所2家。2009年，检查旅馆业637家（其中取缔23家、停业整顿3家、限期整改5家）、娱乐场所126家，网吧213家、洗浴场所19家、茶楼53家、其他场所57家。

2010年，检查旅馆业1528家次，其中取缔9家，停业整顿8家，限期整改75家；娱乐场所323家，网吧193家，洗浴场所83家。

四、禁赌

1990年后，延安市赌博之风有上升趋势，由赌博引发的打架斗殴、盗窃、抢劫案件屡屡发生，给全市治安造成严重后果。2004年12月，查处大批赌博人员和取缔非法麻将馆48家、赌具71副。

2006年2～4月，公安宝塔分局在全区开展为期3个月的打击赌博违法犯罪专项斗争。查处涉嫌赌博案件17起，打击处理63人，收缴赌具30副，清理麻将馆及赌博摊点36家。2007年，查处赌博案件2起11人，刑拘11人，取缔麻将馆、摊点24家，收缴麻将41副。2008年，查处赌博案件14起59人，罚款59人。2009年，清理麻将馆76家，收缴麻将牌及各类赌具82副，查处赌博案件11起66人，刑拘19人，其中11人并处罚款，罚款43人，警告4人。

2010年，全区清理麻将馆31家，收缴麻将牌27副，查处赌博案件15起54人，刑拘10人，罚款44人。

五、治安联防

1990～2000年，公安派出所与居委会、学校建立警民、警校文明居委会、文明学校。2001～2003年，全区成立社区警务室7个、治保组织670个，治保员15522人，建成安全文明小区51个、安全文明村193个。2007年，全区成立警务室646个，其中社区警务室20个，农村警务室626个，覆盖农村所有村庄。规范警务室警长、信息员职责及接警、暂住人口、特种行业、公共服务场所、房屋出租、民事调解登记等8种制度。至2010年底，全区设有警务室575个，其中警务中心43个、社区警务室71个、农村警务室461个；治保组织687个，治保员15676人。

第五节　户籍管理

一、常住人口管理

1990年，对全市城乡的常住人口、暂住人口、人户分离、重登漏登和应销未销的户口进行整顿。整顿后全市常住户口人数为297182人，比整顿前的280953人净增16229人。1997年，公安宝塔分局在全区实施农村户口城市化管理。实行“三定”责任制（定任务、定时间、定人员），以乡镇干部、派出所民警、村委会干部、综合治理委员会成员为骨干，以户口底册为依据，逐村、逐户、逐人、逐项清理核对，使常住人口登记表、户口簿与实际人口现状相一致。通过实行农村户口城市化管理，实现“三全”（管理机构、管理人员、管理制度健全）、“四有”（村有村民居住方位图，街、路、巷、沟有名称牌，户口有门牌号和户口簿）、“五统一”（户口簿、门牌号、村民居住方位图、派出所户口登记索引表、常住人口登记表相统一）。1998 年底，宝塔区农村户口城市化管理和换发城市新户口簿工作完成总任务的 40%。1999 年，按照公安部在全国启用新的常住人口登记索引表和居民户口簿的决定，公安分局户政科组织 16 个派出所，在全区进行更换工作。2002 年，宝塔公安分局制定《关于城镇户籍管理制度改革的实施方案》。当年，全区公安分局审批职工、居民、科技干部、“农转非”4866 户 9677 人。2004 年，公安宝塔分局户政科被撤销，户籍业务由治安大队管理。2007 年，宝塔分局对辖区内 43 万多常住人口全部实施微机信息管理。2008 年，开通微机办理户口证业务。全区 16 个派出所、分局、市局联网并按规定传递人口变动信息，每月最少进行一次人口信息数据校验，发现错误数据及时更正。将全区户籍管理划分为 37 个责任区，配备责任民警 37 人。对常住人口的登记，执行凭证入户制度，并与录入信息一致。2009 年，根据《延安市公安局关于进一步深化户籍管理制度改革实施意见》，明确以居住地登记户口的政策，在全区取消农业户口和非农业户口的类别，实现城乡统一的“一元化”户籍管理制度。年内完成以居住地登记户口及城乡统一的居民户口簿换发任务。2010 年，全区办理有条件农民进城落户 2132 户 2935 人。

二、居民身份证办理

延安市居民身份证颁发工作从 1987 年开始。1991 年底，全市完成集中发证任务。1992 年起，转入正常办理身份证时期。1996 年底，延安市公安局（现宝塔公安分局）颁发居民身份证 19 万余张。

1999 年 10 月，国家实施居民身份证号码制度由原来的 15 位升为 18 位，公民身份证号码制度（为每个公民编写唯一的终身不变的身份证代码）开始在全国范围内建立和执行。

2003 年，公安宝塔分局在全区开展人口信息查漏补缺和公民身份证纠正重号和错号，为二代居民身份证换发做好前期准备工作。当年，全区居民身份证纠重号、错号 1298 人，其中重号 1003 人、错号 98 人、漏号 135 人、1 人多号 62 人。收缴居民身份证 115 个。

2006 年，全区二代身份证集中换发工作进入实质阶段。至 2009 年底，全区完成二代身份证集中换发任务。

2010 年开始，二代身份证申领换发进入常态化、规范化。

三、暂住人口管理

1987 年，延安市公安局成立暂住人口管理办公室；各派出所成立暂住人口管理站，对辖区内暂住的流动人口实施登记、办证管理。

1992 年，制定《延安市暂住人口管理规定（试行）》，本着“谁主管、谁负责”的管理原则，对暂住人口收费范围、标准等作了具体规定。同年，市公安局对临时、相对稳定、长期居住人口，核发暂住户口簿、暂住证、蓝印户口簿。全年办证 4218 户、9510

人，并把暂住人口纳入当地办事处、乡镇居委会统一管理。

1993 年，延安市对暂住人口实行全员登记，对原未列入暂住人口登记管理范围的 16 岁以下人员，由公安派出所按户逐人登记，纳入其居住地的居委会或村委会统一管理，对申办领取蓝印户口簿的暂住人员，享有延安市居民的同等权利和义务。全年登记暂住人口 4983 户、14863 人，发证 3964 户、10324 人。

1994 年，根据延安地区行署农村会议精神，延安市开始办理城镇居民卡工作。对暂住人口中具有一定的经济能力，在延安居住相对稳定者，经本人申请，市公安局审查办理延安市城镇居民卡，享受本市居民同样的权利和义务。1996 年，全市登记暂住人口 18776 人，发证 17860 人。1997 年，全区新登记暂住人口 8714 人，发证 4137 人。

2001 年，落实延安市加强社会治安工作领导小组《关于集中清理整顿人口、暂住人口和出租屋工作方案》的通知精神，对全区流动暂住人口和出租房屋进行清理整顿。清查暂住人口 16724 人，新登记暂住人口 9546 人，办暂住登记 512 人，办理审批出租房屋 2528 户。全年登记流动人口 26664 人，办暂住证 4626 人，办理出租房屋审批手续 3224 份，与出租户签订治安责任书 3873 份。同时各派出所实行流动人口婚育证催办制度，把暂住人口管理和计划生育工作结合起来。

2002 年，根据陕西省公安厅〔2002〕32 号文件精神，宝塔区取消暂住人口管理办证收费项目。2004 年，宝塔分局户政科被撤销，暂住人口管理交分局治安大队管理。

2006 年，分局对宝塔区暂住人口进行微机信息管理，规范暂住人口的登记和录入。年末全区暂住人口登记 44407 人，其中办暂住证的人员有 33140 人。

2007 年 12 月，全区登记暂住人口 67776 人，办证 34860 人，录入暂住人口信息 32779 条，房屋出租信息 7146 条。

2008 年，全区登记暂住人口 54926 人，办证 8317 人，录入暂住人口信息 54276 条，房屋出租信息 37150 条。

2009 年，全区登记暂住人口 38915 人，办证 9347 人，录入暂住人口信息 38528 条，房屋出租信息 19225 条。

2010 年，全区登记暂住人口 40166 人，办证 8892 人，录入暂住人口信息 38519 条，房屋出租信息 22744 条。

第六节　交通管理

一、机构

1951 年 12 月，延安交通管理站成立，延安县交通监理业务划归延安交通管理站，公安机关予以协助。1963 年 8 月，延安县公安局交警队成立，张秉玉任队长，主要负责城区道路交通秩序及环境卫生管理。

1972 年 3 月 13 日，国务院批准延安城区改为延安市，市革命委员会政法组决定交警、消防警分设为交警队、消防队。1975 年 8 月 10 日，国务院批准撤销延安县并入延安市，延安市公安局交警队编制民警 35 人。1978 年，交警队扩编至 43 人。1987 年 9 月，延安市公安局交通大队改称延安市公安局交通警察大队，受延安地区公安处交通警察支队和延安市公安局（现宝塔分局）双重领导。大队有民警 92 人，其中合同制民警 38 人。大队下设政秘科、监理科、事故处理科和 2 个城区执勤中队。

1989 年 1 月 4 日，经陕西省公安厅批准，延安市成立二级公安交通检查站 2 个：延安市公安局交通警察大队南二十里铺检查站和孙家崖检查站，每站配备民警 5 人，承担木材检查任务；4 月 20 日，延安市公安局车辆管理所业务移交延安地区公安处车辆管理所，大队监理科只负责“五类车”（拖拉机、摩托车、轻便摩托车、柴油机机动三轮车、专用机械）的管理；7 月，延安市公安局交通警察大队增设执勤三中队（驻姚店镇），编制民警 5 人。

1990 年 1 月 20 日，根据陕西省公安厅“统一全省各级交警机构名称”的通知精神，延安市公安局交通警察大队更名为延安市公安交通警察大队。1991 年 7 月 1 日，恢复延安市公安局交通警察大队原名。1991 年，延安市公安局交警大队设立交通管理科，配备民警 3 人。1992 年，根据公安部清除公路乱设站卡的通知精神，南二十里铺检查站被撤销。是年 5 月，设立巡查队，配备民警 8 人，主要负责全市道路巡查、处置突发事件和执行开道警卫任务；7 月，增设四中队，配备民警 12 人。

1994 年 12 月，延安市公安局交警大队设客运管理科，负责出租车管理。政秘科改称办公室，增设政工科。1996 年，延安市公安局交警大队有大队长 1 人、教导员 1 人、副大队长 3 人、副教导员 1 人，下设办公室、政工科、交通管理科、事故处理科、监理科、客运科、巡查及执勤一、二、三、四中队，有民警 127 人；12 月，延安撤地设市，延安市公安局交通警察大队改称延安市公安局宝塔分局交通警察大队，后由延安市公安局交通警察支队直属，更名为延安市公安局交通警察支队一大队。

2001 年 10 月，延安市公安局交警支队二大队成立，有大队长 1 人、教导员 1 人、副大队长 2 人，科级建制，财政全额拨款，隶属于市交警支队。组建时编制 40 人（公务员 38 人、工勤人员 2 人），协警 11 人。主要负责宝塔区辖区的交通事故处理。大队内设 4 个中队，副科级建制。2005 年 5 月，二大队职能重新划分，负责宝塔区东、南两区 15 个乡镇、438 个行政村的道路交通管理、交通安全宣传、交通事故处理工作。

2010 年底，交警一大队有民警 249 人，其中公务员编制 80 人，事业编制 6 人，交通协管员 163 人；内设大队长 1 人，教导员 1 人，副大队长 3 人。交警二大队有民警 171 人，其中行政编制 58 人，正式民警 54 人，事业编制 37 人，交通协管员 76 人。

二、交通秩序设施

（一）岗台岗亭

1985 年，交警队在大桥西头十字路口设交通岗台 1 座，拆除市场沟沟口岗台，在南门坡新建交通指挥岗亭 1 座。1994 年，交警队在南桥、嘉岭大桥、兴盛大桥建交通指挥岗台（亭）3 座。1996 年，城区内设置岗亭、岗台 11 处，其中岗亭 6 处、岗台 5 处。2010 年底，城区内设岗台 2 处、岗亭 2 处，修建公交港湾 20 处。

（二）指挥信号

1986 年，在市区中心街十字路口、延安大桥两侧、南桥、兴盛大桥路口设立红绿灯指挥信号，并使用自动控制仪。1993 年，交警大队设置无线基地台 1 部、对讲机 4 部。1996 年，城区内安装交通指挥信号灯具 5 套，有对讲机 14 部。2010 年底，宝塔区安装交通指挥信号灯具29套。

（三）隔离设施

1985年，延安市在南关街安装钢管人行道护栏2476米，在大桥街、南环城路、小东门至延河大桥西头十字路段，安装机动车与非机动车分道隔离设施（钢管连接水泥墩）。此为延安第一条分道行驶街道。

1991年，全市先后在大桥街、中心街安装钢管人行道护栏2490米，隔离墩9米。1992年在七里铺街安装钢管人行道护栏2903米。1993年在北关街、东关街安装钢管护栏2679米。1994年在北滨路、南环路、公园路安装钢管人行道护栏1017米。1995年在二道街商业城4处安装钢管护栏80米。1996年底，全市安装街道护栏11645米，隔离墩9米。

1997~2010年，交警一大队在城区的大桥街、南滨路、市场沟十字、百米大道、西沟十字、王家坪桥西、南门坡、嘉岭桥、南桥至火车站等路安装道路中心隔离护栏9800米。并在大桥街隔离护栏上安装太阳能警示光标，全天对过往车辆起提醒作用。

（四）交通标志

1990年，延安市在市辖210国道全部采用交通部部颁标准CIJ072-82《公路标志及路面标线标准》标志。并将铁质标志改为钢管、搪瓷质地，大部分采用反光材料制作。

1994年，市区首次设置反光材料制作的禁令、警告、指示标志58块。至1996年底，全市设道路交通标志175块。其中，公路标志100块，街道标志75块。

1997~2010年，全区设道路交通标志436块（个），其中公路标志243个、街道标志193块。

（五）交通标线

1987年，延安市公共汽车、出租车等营运车辆增加，延安市交警大队在市区解放剧院门外和延河饭店（今帝豪商厦）外小广场划设出租车停车线。

1995年，全市首次使用划线机并采用热熔漆划线，中心线、人行横道线为白色，斑马线为黄色。1996年底，延安市划交通标线2700米。1997~2010年，宝塔区划交通标线45000米。

三、交通秩序整顿

1993年4~6月，全市开展“预防事故、缓解阻塞、安全畅通”的整顿活动。成立领导小组，抽调民警600多人，以城区为重点，从自行车带人、不遵守交通信号、三轮车进大街、大型车辆进城、车辆乱停乱放、超载超员超速行驶、酒后开车、不按规定鸣喇叭、“三无”车辆上路、单行道逆向行驶等10个方面进行治理。其间，纠正机动车违章2.9万台次，非机动车违章1.5万人次，其中无证开车12人，酒后驾驶14人，处罚985人次。并召开处理违章肇事驾驶员大会，对14人进行公开处理。

1994年4月，全市开展以客运车辆为主要对象的交通秩序治理，成立以副市长兼公安局长为组长，交管、城建、交警等部门领导为成员的延安市整顿城市客运市场领导小组，对市内个体客运面包车路线营运权公开拍卖，23辆车主取得参与营运权，同时对部分道路实行单向行驶。

2000~2010年，根据交通状况适时适地开展“春季交通秩序大整顿”“查扣无牌无证车辆整顿”“城区交通秩序整顿”“客运车辆整顿”“机动车仿造和使用变造车号牌、行驶证；故意遮挡、污损号牌的整顿”“夏季安全检查”“事故多发路段治理”“机动车辆超员超载专项整治”等多项整治工作以及确保“太和山四月八”庙会、“五一”劳动节、“十一”黄金周、高考期间的道路交通安全，消除事故隐患，保证交通顺畅。

1990~2010年宝塔区交通肇事四项指数统计表

表 24-1-1

年份	肇事次数	死亡（人）	受伤（人）	损失折款（万元）
1990	96	19	50	13.80
1991	190	35	82	50.90
1992	96	59	57	14.59
1993	97	33	67	32.97
1994	60	27	52	33.96
1995	68	41	47	16.51
1996	77	19	85	31.42
1997	89	22	91	34.53
1998	546	29	196	76.35
1999	465	35	227	47.22
2000	1732	38	245	17.43
2001	1701	42	216	169.32
2002	1815	49	232	176.18
2003	1703	54	261	1605.15
2004	1820	97	261	160.63
2005	965	66	188	144.61
2006	627	53	103	93.22
2007	411	57	59	65.60
2008	839	53	26	32.45
2009	1146	50	22	11.30
2010	73	83	230	114.22
合计	14616	961	2797	2942.35

第七节　消防管理

一、消防机构

1972年3月，成立延安市消防队，隶属于延安市革命委员会政法组，这是延安的第一支专业消防队。2006年11月，宝塔区公安消防大队（原延安市公安局宝塔分局消防科）成立，下辖宝塔中队和姚店新区中队2个执勤中队，有官兵65人、各类执勤抢险车辆8台、宣传车1台、"张思德"消防巡防车1台、消防监督车3台。

二、消防监督

1995年，延安市公安消防部门组织专项治理和季节性检查。查处火灾隐患215处，其中重大火险隐患126处，责令停业整顿12家，查封2家。并对全区文化娱乐场所进行消防安全专项治理，查处火险隐患158处，其中重大火险隐患86处，责令整改8家，查封1家。公安消防科对易燃易爆物品储存、销售的安全过夏进行检查；对原油运输车辆统一实行挂危险标牌，办理准运证制度；对装饰装修工程进行专项治理，杜绝特大火灾的发生。

1996年，延安市公安消防部门在对公共娱乐场所的专项治理中，查处火险隐患89处，发出火险隐患通知书62份，责令整改3家，查封取缔歌舞厅3家。同时加强对易燃易爆场所的消防安全管理，发现火险隐患216处，限期整改300处，责令停产停业2家。全年接警出动17次，扑救火灾16起，出动车辆24台次、警力364人次，灭火成功率98%。

1997年，宝塔区公安消防部门查出火险隐患158处，发出各类通知书67份。全年接警出动77次，扑救火灾57起，出动车辆80台次、警力580人次，抢救保护财产价值1020万元。1998年，出动车辆40余台次，出动警力120余人次，检查单位和部门52个，下发各种法律文书36份，查出火险隐患189处，现场处罚6家，停业整顿5家，责令停业搬迁2家。

1999年，区公安消防部门下发各类法律文书240余份，整改火险隐患300余处。在全国第四届城市运动会召开前夕，配合市消防部门先后派出业务人员50余人次，对比赛场馆、运动员下榻的宾馆、饭店及周边区域进行地毯式大检查，查出隐患67处，督促有关部门和单位全部进行整改。检查液化石油气储存、经销点10个，取缔2家安全设施差、无储存经营条件的经销点，处罚2家违反有关消防法规的经营单位和个人。

2000年，在全区范围内集中开展为期1个月的公共娱乐场所消防安全专项治理，检查单位80个，发现火灾隐患100多处，停业整改20家，对不符合要求又无法整改的9家娱乐场所依法予以取缔；对23家违反消防法规的行为依法进行处罚。开展易燃易爆场所消防安全专项治理活动，检查场所102家，发出火险隐患整改通知书91份，对6个不具备经营条件的场所依法取缔，5个加油站予以停业处罚。对公共场所和人员密集场所安全出口疏散通道进行专项治理，涉及单位121家，发出整改通知书97份，责令停产停业整改82家，责令当场整改13家，经济处罚6家，对24家依法予以取缔。

2001年，公安消防部门开展公众聚集场所消防安全专项治理等3次专项治理和4次大型防火检查。整改火灾隐患458处，审核建筑工程项目35个，进行消防大型宣传20余次，行政处罚35次，其中取缔12家，责令停产停业整顿15家。

2002年，北京“6·16”网吧大火之后，公安消防部门开展代号“延馨”集中统一行动，检查各类场所48家，发现火灾隐患212处。在中共十六大召开前夕，全区统一行动，对所有宾馆、饭店、商场、公共娱乐场所及各消防重点单位进行排查，下发法律文书152份，发现隐患138处，责令整改112处，限期整改17处。

2003年，消防部门接处警20次，出警179人次，车辆24台次，抢救财产价值20余万元。检查各类场所28处、单位29个，发现火灾隐患53处，查封3家，停业整顿4家，当场整改27处，检查加油站17个，取缔不合格加油站3个。

2009年，延安市公安宝塔消防大队在全区部署开展“三秦亮剑行动”，围剿火灾隐患。8月14日，举行新修订《陕西省消防条例》宣传月启动仪式。

2010年，对宝塔区城内大型公众聚集场所冬季防火工作进行专项检查；9月14~20日，消防支队在《延安新闻》各个时段巡回播放《关于集中开展全市火灾隐患“铁拳整治”行动公告》。

三、火灾事故

1997年5月21日凌晨2时许，宝塔区城内南门坡的月亮宫食府发生重大火灾，烧毁房屋10间，7户受灾，直接经济损失30余万元。武警延安市消防支队和宝塔区消防中队接警后，出动3辆消防车和20余名干警，赴现场扑救。4时50分，大火彻底扑灭。7月6日凌晨3时许，宝塔区新世纪大厦三楼蓝宝石夜总会、蓝宝石卡拉OK厅以及四楼的圣火歌舞厅发生火灾，造成3人受伤，直接经济损失30万元。武警延安市消防支队、宝塔区中队调动5辆消防车灭火（其中包括长庆油田采油一厂消防大队消防车2辆）。4时50分扑灭大火。

1998年，宝塔区发生火灾20起，因火灾事故死亡2人，受伤2人，直接经济损失80余万元。1999年，发生火灾6起，受伤7人，死亡2人，直接经济损失78万余元。

2000年2月25日凌晨，宝塔区东关汽车站候车室二楼金龙茶座发生重大火灾，造成5人死亡，直接经济损失92万余元。

2001年，宝塔区发生火灾25起，死亡1人，受伤3人，直接经济损失103万余元。2002年，发生火灾18起，死亡3人，受伤2人，直接经济损失123万余元。

2004年3月9日凌晨2时许，延安卷烟厂劳保库房发生火灾，宝塔区消防中队出动3辆消防车、20名指战员到场扑救，3时58分大火得到控制，5时55分大火被彻底扑灭，火灾烧毁库房3间、烧毁库房内部分劳保用品，过火面积约200平方米，直接经济损失38万元。8月9日晚8时许，宝塔区解放剧院新娘百分百影楼发生火灾，宝塔区消防一中队出动3辆消防车、20名指战员到场扑救，火灾将影楼室外广告牌与影楼外墙间夹层内的部分物品烧毁，过火面积约10平方米，无人员伤亡，直接经济损失20余万元。

2005年1月10日14时许，宝塔区姚店镇供销社发生火灾，宝塔区消防中队出动2辆消防车、10余名指战员到达现场扑救，火灾将供销社顶部和库房内的部分物品烧毁，过火面积200多平方米，无人员伤亡，火灾损失40余万元。

2007年，宝塔区发生火灾76起，与2006年同比上升75.6%；死亡4人，与2006

年同比上升 300%；伤 3 人，与 2006 年同比上升 200%；直接经济损失 208 万元，与 2006 年同比上升 217.4%。

2008 年 11 月 2 日 23 时 20 分，宝塔区消防二中队接到报警，宝塔区李渠镇阳山村成品油中转站 5000 吨 2 号罐有 300 吨汽油发生外泄（周围还有 5000 吨的成品油储罐 3 个、10000 吨的成品油储罐 4 个）。宝塔区消防中队出动 3 辆消防车、15 名指战员奔赴救援现场，支队指挥中心立即调动一中队和特勤中队赶赴增援，经过 17 个小时的抢救，成功排除险情。12 月 23 日凌晨 5 时 15 分，宝塔区百米大道一家具厂木料库房发生火灾。宝塔区一中队出动 4 辆水罐消防车、22 名官兵赶往事故现场，成功扑灭大火。

第八节　监所管理

1990~1999 年，宝塔区看守所对在押人犯坚持“依法、严格、科学、文明”管理。监室每室订阅 1 份《延安日报》，每天听 1 次广播，定期请领导作报告，强化思想教育，促进人犯思想转化。坚持周小检、月大检的安全检查，打击“牢头”“狱霸”，维护监内稳定秩序。

2000 年，宝塔区看守所狱内侦查，人犯提供各类违法犯罪线索 47 条，其中盗窃 24 起，伤害、脱逃 23 起，据此刑侦部门抓获脱逃长达 5 年之久的犯罪嫌疑人孙某、任某。

2001 年，看守所狱内侦查，人犯提供各类违法犯罪线索 53 条，破案 13 起，涉案金额 7 万余元，抓获犯罪嫌疑人 2 人，直捕 57 人，刑事转捕 314 人。

2009 年，宝塔区看守所羁押各类违法犯罪嫌疑人 2532 人，其中刑事拘留和直捕 850 人，劳教 30 人，行政拘留 1438 人，戒毒人员 198 人，为外市、各县羁押 16 人。

2010 年，羁押各类违法犯罪嫌疑人 2542 人，其中刑事拘留和直捕 875 人，行政拘留 997 人，戒毒人员 670 人。送劳改场所 113 人，送劳教场所 467 人，刑满释放 64 人，行政拘留人员到期释放 982 人，释放戒毒人员 96 人。

第九节　国内安全保卫

宝塔分局国内安全保卫大队 1993 年前称政治保卫科，1993 年更名为国家安全科。1993 年 4 月 9 日，延安市公安局国家安全科人员在市场沟鄂某某、王某某家中发现并追回各类文件 141 份。这些文件均系 1991 年和 1992 年所发，有中央级文件 4 份，省级文件 17 份，地、县级文件 120 份。其中，包括机密文件 5 份，秘密文件 3 份。延安市公安局随即对这批密级文件失散泄密事件进行调查。

1996 年，发生调查案件 3 起，查结 3 起，查结率 100%。全年有效控制闹事苗头事件 2 起。1998 年 5 月 2 日 13 时许，位于延安城北王家坪的延安市人民银行门卫在该银行门口发现数张反动传单，立即向市公安局宝塔分局“110”报警服务台报告。经查，发现反动传单 14 张，主要内容是污蔑社会主义制度，攻击党和国家领导人。经市公安局政保科和宝塔分局干警的查找，反动传单除 2 张被烧毁外，其余 12 张全部收回。

2001 年更名为国内安全保卫大队。

2010年，围绕上海世博会、广州亚运会召开期间的安保工作，破获邪教案件数起，联合工商、广电、有线网络公司对非法销售安装卫星广播地面接收设施进行查处打击，查获非法销售窝点18家，查获卫星广播地面接收设施100余套，拆除非法安装的卫星广播地面接收设施200余套，对17家涉外宾馆加大检查力度。

第十节　石油安全保卫

1990年，破获涉油各类案件500余起，抓获违法犯罪分子147人，其中批捕7人，行政拘留8人，收审11人，治安处罚123人。追回电动机46台，原油300吨，油田设施700件，油管400米。

1991年、1992年，分别破获涉油各类刑事案件8起、18起，涉及28人、32人，批捕13人、19人，治安处罚6人、12人，查获原油220吨、315吨。

1993年，采取在延安市南部定点守候，中部和北部流动巡查的办法，加强对出境原油车辆的路查。当年查获非法倒贩原油车辆98辆次。打击贩卖原油窝点76个。

1996年3月，延安市公安局石油科成立；4月15日至5月15日，延安市公安局石油科开展“打击破坏原油生产设施和偷盗原油”专项治理。破获涉油刑事案件19起，摧毁犯罪团伙21个，取缔土炼油场点14处，铲除收贩原油窝点10个，刑事拘留3人，行政（治安）拘留2人，为国家挽回经济损失25万元。

1997年，根据公安部和陕西省公安厅开展整治钢铁、石油企业及周边治安秩序的安排部署；5月初至11月底，以市公安局石油安全保卫支队干警为主力，开展油田治安秩序整治工作。查处倒贩原油16起、20人，没收原油150余吨，缴获赃物赃款折价16万元，取缔土炼油炉2个，排除干扰生产事件13起。

1998年，先后2次开展打击盗窃原油、破坏石油生产违法犯罪活动的专项斗争。全年查扣非法倒贩原油车辆65辆次，收缴原油50吨，取缔非法收购原油窝点5个。1999年，查扣偷贩原油车辆90车次，没收原油40吨。取缔土炼油炉4个、收贩原油窝点1个。2000年，查扣偷贩原油车辆108车次，没收原油近200吨，捣毁土炼油炉1个，清理黑油池10个。

2001年，全年查扣偷贩原油车辆29车次，清理收售原油黑窝点6个，取缔土炼油炉2个。2003年，查办涉油案件5起，清理收售原油黑窝点1个。

2005年，组织油区公安机关开展为期5个月的油区治安专项整治行动，宝塔区查处各类涉油案件10起，其中刑事案件6起，刑事拘留5人；行政（治安）案件8起，行政拘留3人；查扣各类涉油违法车辆18辆，收缴原油80吨。

2006年1~3月，组织油区公安机关开展取缔土炼油场点、非法收油窝点集中统一行动；3~6月，开展春夏季油区治安秩序集中整治专项行动；4~11月，开展整治油气田及输油管道生产治安秩序专项行动。3次专项行动中，宝塔区查处涉油案件72起，其中刑事案件11起，刑事拘留19人；行政（治安）案件28起，行政拘留13人；罚款9人，警告3人；查扣各类涉油违法车辆127辆，收缴原油331吨，收缴土炼油11吨；取缔收油窝点6个，摧毁土炼油场点4处。

2007年，宝塔区查处涉油刑事案件90起，刑事拘留47人；行政（治安）案件87起，行政拘留28人；查扣各类涉油违法车辆122辆，收缴原油126吨，取缔非法收油窝点3个，摧毁土炼油场点2处。

2008年，组织油区公安机关开展夏季和冬季2次治安秩序专项整治行动，宝塔区破获刑事案件3起，刑事拘留5人；查处行政（治安）案件4起，行政拘留13人；查扣各类涉油违法车辆23辆，收缴原油97吨，取缔土炼油场点1个，铲除非法收油窝点4处，调解排除干扰油田生产事件27起。

2009年、2010年，组织油区公安机关在全市范围内开展2次油区治安秩序专项行动。宝塔区分别破获刑事案件5起、8起，刑事拘留19人、18人；行政（治安）案件2起、13起，行政拘留10人、84人；查扣各类涉油违法车辆18辆、70辆，收缴原油119吨、275吨；共取缔土炼油场点3处、收油窝点6个；共排除干扰油田事件96起，处置群体性事件2起；共收缴铅线500米，电缆线120米，电动机3台。

第十一节　经济文化安全保卫

2006年3月，经文保大队成立。为保障企业、事业单位、机关和社会团体内部安全，经济文化保卫大队签订安全责任书178份，填写内保单位基本信息表178份，检查重点单位291家，检查主要部位50余处，查处治安、消防隐患21处，下发《治安隐患整改通知书》5份，清理单位周边治安混乱的重点整治地区、路段4个，召开内保单位防范工作通报会议4次，“三电”（电力、电信、广电）安全宣传活动1次，举办内保条例培训班2次，参加培训单位89个，参加培训人员103人，收集上报各类信息44条。

2007年，经文保大队签订安全责任书104份，检查重点单位135家，安全检查371次，检查主要部位70余处，查处治安、消防隐患14处，下发《治安隐患整改通知书》3份，全年排查出存在问题单位15个，召开内保单位工作会议6次以及“三电”联席座谈会、“三电”安全宣传活动各1次。

2008年，经文保大队收集各类情报信息34条，上报23条，被上级业务部门采用15条。全年排查出存在问题单位26个，涉及的矛盾、问题64个，化解不安定因素37个。开展奥运会前夕拉网式安全大检查，发现各类安全隐患72个，现场整改28个，下发整改通知书4份，保证奥运会期间全区单位内部的安全稳定。

2009年，经文保大队签订安全责任书124份，检查重点单位136家，安全检查400余次，检查主要部位90余处，查处治安、消防隐患26处，下发整改通知书6份，全年排查出存在不稳定问题的单位17个。召开内保单位工作会议5次，“5·17”世界电信日会同全区“三电”单位开展安全宣传活动。

2010年，按照信息化建设的要求，内保单位和内保工作人员在市公安局警务工作平台内的信息录入率100%，安全保卫责任书签订率100%。全年检查指导内部单位500余次，与56家企事业单位签订责任书，并妥善处置5起200人群体性上访事件的发生。设立重点地区“三电”设施安全检查站。

第十二节 公安信息化建设

2004年，宝塔分局至市公安局公安三级网开通，同步建成电视电话会议系统，并完成机关局域网建设和公安网站建设，全局购置计算机21台，全部接入公安网，平均19名民警拥有1台计算机。

2005年，公安宝塔分局开通公安四级网，全部采用2兆光纤接入，新购计算机78台，省公安厅配发53台，公安网注册152台；7月，宝塔分局在全省率先建成全区“人口信息综合管理系统”，实现户籍联网办公和人口信息网络化管理，全区人口信息集中管理；8月，建成“公文传输系统”，并采用电子签章加密技术实现网上传输；9月，在全省率先建成“旅馆业信息管理系统”，为侦查破案和公安行政管理提供翔实的数据。系统仅试运行2个月抓获网上逃犯2名。在全省公安系统“网站评比大赛”中分局网站获一等奖。

2006年，宝塔分局投资50余万元，对机房环境进行升级改造，对机房设备进行扩容扩展，购置服务器、磁盘、硬件防火墙、数据库服务器、双机平台等各类软、硬件设备10余台；4月，延安市公安局宝塔分局公共信息网络安全监察大队成立，科级建制，人员编制5人。主要负责全区互联网信息网络安全监察和安全保护工作；依法监控查处网上有害信息，搜集、分析、报告网上信息动态等任务；8月，率先在全市建成“网上办案暨执法监督考核系统”；11月，“警务综合系统建设项目”开工；12月末，完成人口管理模块的建设和测试运行工作。

2007年，开通网内“电子邮箱”服务，当月注册用户400余人，为公安网内办公、办案和民警相互沟通、交流建立方便快捷的渠道。完成公安五级网建设。建成多媒体培训会议室与计算机电教培训室，配备计算机45台，分局举办计算机“八会”（会打字、会录入、会查询、会发邮件、会下载、会浏览、会批文、会比对）技能培训班。先后组织信息化培训16期，培训民警1040人次，45岁以下（含45岁）培训率100%，45岁以上培训率92%。开展城区“科技防盗、技防入房”试验工作。推行“家庭式”防盗报警装置试验工作，实现报警装置与派出所监控平台联网。向全区推广安装“家庭式”防盗报警器1687套。

2008年8月，建成宝塔区城市报警与监控系统（工程于2006年启动，被公安部确立为22个报警与监控试点城市），通过公安部检查验收。城郊8个派出所建立视频监控平台。在城区设立报警点10个，为30多个复杂区域及重点路段安装监控探头221个，监控面积覆盖3个街道办事处（南市办、凤凰办、宝塔办），2个镇政府（桥沟镇、柳林镇）。

2009年，宝塔分局出台《延安市公安局宝塔分局关于人口信息采集六个规定动作及人口分层管理规定》，建立健全《信息中心工作规范》等规章制度。通过网上分析，串并、布控等手段，破获各类刑事案件160余起。2009年4月，建成“信息化应用能力在线考试系统”；5月，建成分局公安网数据库导航专栏；7月，建立“网上警务室”网站。内容包括社区动态、服务群众、安全防范、法制宣传等窗口，设置QQ互动平台，群众可以通过 QQ 与民警实现即时在线通讯互动。社区民警可在网上受理群众举报、业务咨询、信息查询等；10 月，向基层派出所配发计算机 169 台，全系统有计算机 300 台；12 月，分局先期试用的 20 部移动警务通配发到基层一线开始试运行。

2010 年 2 月，全系统民警计算机拥有率 100%；公安数字身份证书配发率 100%；网上办公、办案实现 100%；民警计算机“八会”技能掌握率 100%；3 月，警用 350M 对讲机联网系统建设完成，并实现全省联网，分局向基层一线单位配发 350M 警用对讲机 100 部；5 月，第二批 436 部移动警务通全部发放到位，全系统警务通拥有率 100%。2010 年底，警务综合平台采集录入基层派出所各类信息 144631 条。

第二章　司法行政

第一节　机　构

1980 年 6 月 15 日，延安市司法局成立，科级建制，设局长 1 人、干部 5 人。1990 年，延安市司法局设局长 1 人、副局长 2 人、协理员 2 人、干部 9 人。1997 年，撤市设区，改称为宝塔区司法局。2010 年，宝塔区司法局内设办公室、基层科、宣传科、法律服务管理科、网络科、法律援助中心、“148”法律服务协调指挥中心，设局长 1 人、书记 1 人、副局长 2 人、干部 12 人，下设 23 个基层司法所、1 个公证处、2 个律师事务所、7 个法律服务所。

第二节　法制宣传

一、机构

1986 年，全市开始分阶段实施五年普法计划，并成立延安市普及法律常识领导小组，由市委副书记任组长，市人大常委会副主任、市政府副市长任副组长。1991 年改称延安市法制宣传教育领导小组。1997 年改称延安宝塔区法制宣传教育领导小组。1998 年，法制宣传领导小组正副组长由主管政法委书记、区长兼任，领导小组办公室设在区司法局。

二、普法宣传教育

（一）“一五”普法（1986~1990 年）

以宣传宪法、刑法、刑事诉讼法、民事诉讼法、婚姻法、继承法、经济合同法、兵役法、民法通则、治安处罚条例“九法一条例”为内容，全市干部及中学生和广大农民接受教育，以考试形式检查普法效果。

（二）“二五”普法（1991~1995 年）

宣传主要以宪法为核心，以专业法为重点。全市干部群众 20 万人接受教育，并参加考试。在陕西省举办的“兰溪杯”法律知识电视大奖赛上，延安市代表队获第二名。

（三）“三五”普法（1996~2000 年）

宣传以宪法、与公民工作生活密切相关基本法律和社会主义市场经济法律知识为主要内容。全区干部和工人、农民、中小学生参加普法教育，其中 40%参加普法考试。

（四）“四五”普法（2001~2005 年）

以实现“两个转变，两个提高”为目标（实现由增强全民法律意识向提高全民法律素质转变，提高广大公民及领导干部法律素质；实现由注重依靠行政手段管理向注重运用法律手段管理转变，提高社会法制化管理水平）。全区干部、中小学生及群众接受教育，并参加普法考试。被全国普法办授予法制宣传教育先进集体称号。

（五）“五五”普法（2006~2010 年）

以宣传全国普法统编教材为内容。免费为全区各行政村、社区、各乡镇、街道办事处、各机关单位、各民营企业发放全国普法统编教材。

2007 年 1 月 24 日，司法部部长吴爱英考察宝塔区普法工作，宝塔区被司法部确定为陕西省唯一的全国普法宣传教育工作联系点。宝塔区政府制定《关于在全区公民中开展法制宣传教育、推进依法治区进程第五个五年规划》《宝塔区企业经营管理者学法用法考核制度》，将区属 20 个民营企业作为普法重点，统一规范企业的学法对象、内容和方式。

2008 年，制定宝塔区委依法治区工作领导小组成员单位责任分工制度、工作联系制度、考核制度、督查制度，宝塔区委依法治区领导小组分别与全区 23 个乡镇办事处、85 个部门单位、32 个中省驻区单位、20 个民营企业签订年度普法依法治理工作目标责任书。2008 年 6 月，成立 4 个专项检查组，对全区 24 个行政执法部门、8 个乡镇办事处、6 个企业、5 个中省驻区单位进行为期一周的“五五”普法中期专项检查；7 月，省、市法治办对宝塔区普法工作检查考核，给予肯定；11 月 30 日，区委依法治区办在宝塔区二中组织财政、人事劳动、教育等 10 个部门 800 多名干部进行法律知识闭卷考试。在“12·4”全国法制宣传日，组织全区 150 个机关、单位、企业、学校进行开卷普法考试，在延大校园举行《弘扬延安精神，服务科学发展》的法律法规教育签名活动。

2009 年，开展干部职工学法用法考试暨有奖法律知识竞赛，全区 1.2 万余名干部职工参加考试。举办宝塔区 2009 年度县处级领导干部法律知识考试，446 名县处级领导参加考试，参考率 100%，合格率 100%。创建 25 个区级“民主法治村”，10 个“执法示范窗口单位”，10 个“诚信守法企业”，10 个“法制校园”，10 个“民主法治社区”，宝塔街道办事处东风社区被评为省级“民主法治社区”，宝塔区第四中学、宝塔区北关小学被评为省级“法治校园”。

2010 年，开展普法依法督察检查活动，表彰奖励临镇镇任家塬村等 26 个民主法治村，育才小学、柳林中学等 8 个法治校园，延百集团等 10 个诚信守法企业，区计生局等 12 个依法办事示范单位，对全区 611 个行政村、20 个社区的普法对象全部登记造册、归档。印刷《农民法律知识读本》和《村组干部法律知识读本》2000 册，发放到各乡镇行政村。组装 LED 电子滚动宣传车沿街宣传、集中宣传与农民群众生产生活密切相关的《退耕还林条例》《治安管理处罚法》《信访条例》等法律法规，累计发放宣传单 10 万余份；与延安联通公司、移动公司、电信局联合开展以“法治与和谐”为主题的普法手机短信宣传活动，为辖区所有手机（含小灵通）用户发送 30 万条普法手机短信，发送 8 次。在神州集团 440 辆出租车的 LED 车顶，滚动宣传以“法治与和谐”为主题的普法宣传活动。组织全区 1857 名科级干部进行学法用法考试。完成“五五”普法检查验收工作。

第三节　法律服务

1999 年 6 月，宝塔区成立“148”法律服务协调指挥中心，开通“12348”法律服务热线咨询电话。8 月，陕西省司法厅在宝塔区“148”法律服务协调指挥中心召开陕北地区现场会。

2000~2010 年，宝塔区每年都在“3·8”国际劳动妇女节、“3·15”国际消费者权益日、“6·26”国际禁毒日、重阳节、“12·4”全国法制宣传日期间，组织律师、公证员、法律服务工作者上街设立法律咨询点，为群众提供法律咨询 1 万余人次，代写法律文书 300 余份，散发法律服务传单 8 万余份。组织“五五”讲师团在全区各乡镇办事处举办法制培训班 126 场次，受教育人数累计 5 万余人次。在宝塔电视台播放《农村普法教育系列读物》光碟，举办《中华人民共和国治安管理处罚法》法制专题讲座，播出 48 次。

2010 年，提供法律咨询 497 人次。为 23 个司法所统一安装电话，统一设置司法语音铃声。为 33 所学校配备法制教育读本 3000 册，散发《宝塔区司法局法律服务便民承诺》5 万份。在梁村等 5 个乡镇开展“校园及周边安全整治法律服务活动”。在社区推行“六个一”建设，即每个社区建立一个法律服务橱窗，一个法律图书屋，一支兼职法律服务志愿者队伍，一套符合居民的学法制度，每季度开展一次义务法律宣传活动，为居民上一堂“以案说法”的法制课。

第四节　安置帮教

2008 年，宝塔区司法局对 2007 年刑释解教人员进行摸排，实施“回归社会工程”，对 31 名刑释解教的邪教信教人员进行帮教，减少其回归社会后失控、脱管和重新犯罪现象。

2009 年，宝塔区安置帮教工作遵循“一看、二防、三访、四帮”原则，各司法所对辖区内 2008 年回籍的 239 名刑释解教人员和社区矫正人员开展全面摸底，跟踪解决。为符合条件的刑释解教人员和社区矫正人员申请最低生活保障 3 户 13 人。继续实施“回归社会工程”，对 31 名刑释解教的邪教信教人员进行回访，并结成帮教对子。

2010 年，宝塔区司法局对刑释解教人员安置帮教按照“帮教社会化，就业市场化，管理信息化，职责法制化”的要求，采取“五个一”举措，即明确一个帮教人员，赠送一本法律知识读本，落实一份责任田，教会帮教对象一项现代农业实用技术，为“三无”（无住房、无职业、无收入）人员帮教对象办一份生活低保。与延安监狱联合举办“落实首要标准，实现无缝对接”现场会。20个司法所实行《刑释解教人员信息管理系统》软件管理，提前与监狱对接帮教辖区内462名刑释解教人员，防止刑释解教人员重新违法犯罪。宝塔区社区矫正工作按照“衔接好、监管好、引导好、教育好”的工作思路，帮助矫正对象重拾生活勇气，尽快融入社会。从实际出发，“一人一案”，对症下药，解决实际困难。通过办理低保、推荐就业等形式为其排忧解难，感受政府关心及社会温暖。2010年底，宝塔区在矫人员46人，其中缓刑44人、假释2人，没有重新犯罪。

第五节 人民调解

1990~1991年，司法局配合农村社会主义教育活动，调整、配齐乡镇司法员，全市配备27名司法助理员，562个村委会、59个居委会设立调委会，有调解人员2034人。全市调解处理各类纠纷959件。

1992~1993年，司法局对法律服务所工作人员进行业务培训，对考核合格的15名工作人员、5个法律服务所发放合格证和工作证。调解各类纠纷1039件，调解成功1007件，成功率97%。

1994年，在基层司法工作中开展争先创优活动，奖励优秀司法助理员1人，模范调解员9人，先进调委会6个。全年调处各类民事纠纷1055件，调解成功率97.3%，避免8起民事纠纷激化刑事案件。

1995~1997年，按照司法部的要求，对从事调解工作30年以上的人民调解员摸底上报。调解组织调处各类民间纠纷1390件，调解成功1315件，防止纠纷转化为刑事案件13起19人。

1998年，宝塔区调解处理河庄坪镇石圪塔等4个行政村与延安市供电局110千伏变电工程占地纠纷。全年各级调解组织调解民间纠纷1476件，调解成功1328件，成功率90%。

2001~2002年，基层调解组织调处各类纠纷4373件，调解成功4159件，成功率95%，防止民间纠纷转化为刑事案件10起30人，防止群众集体上访6起。

2003年，在全区开展民间纠纷“大排查、大调处”活动，对全区632个调解委员会、1896名调解成员进行整顿、充实。调处各类纠纷2835件，调解成功2624件，成功率96%，防止民间纠纷转化为刑事案件8起27人，防止群众集体上访5起。

2004~2005年，为全区355个行政村和20个社区人民调解委员会制作统一的牌子与规范的公章。调解各类纠纷1809件，调解成功1722件，成功率为95%，防止集体上访5起。

2006年，司法局和乡镇、办事处为19个基层司法所建立办公用房、配齐办公设施和部分交通工具。2006年4月，开展为期1个月的“司法干警作风整顿月”活动；5

月，开展“加强教育，规范纪律”的军事训练活动。全年调解各类纠纷1945件，调解成功1892件，防止民间纠纷转化为刑事案件3起12人，防止群众集体上访8件。宝塔区司法局川口司法所所长刘锐被陕西省评为“优秀人民调解员”。

2007年，新建麻洞川、官庄、松树林、贯屯4个司法所。实现全区“乡乡有司法所”，建成23个司法所，在岗干警33人。宝塔区司法局凤凰司法所被延安市评为“人民群众满意基层站所”。

2008年，宝塔区司法局加强村级调解组织建设，对23个乡镇办事处1264名人民调解员和乡镇干部进行法制培训。完成区政府交办的延河饭店职工阻挡工程纠纷、向阳沟钉子户赴京上访问题处理、黄蒿洼违章拆迁、中心街广场凤凰小学强制拆迁、妇幼保健院医患纠纷、慧泽园建筑伤亡事故、南泥湾盘龙村村民自杀事件、梁村粮站土地权属纠纷、桥沟陶瓷厂拆迁等重大矛盾纠纷的调解。全年调解各类纠纷2080件，调解成功1976件，成功率95%。防止民间纠纷转化为刑事案件2起22人。

2009年，为万花山、枣园等司法所制作司法行政统一标识，维修和扩建万花山、临镇、青化砭、甘谷驿等司法所，并配备办公设施。向省厅申报万花山司法所为“省级规范化司法所”。组织全系统80多名干警在万花山司法所开展“强素质、树形象、保稳定、促和谐”体育竞赛活动。建立以乡镇司法所为调解中心，以村民调解委员会为重点的两级调解网络体系，将全区的611个行政村调解组织全部制成网络图。推行“1+X”人民调解机制，即以基层司法所及基层人民调解员为基础，联合综治、信访、维稳、基层法庭、基层派出所等有关部门协调联动调解模式。在全区23个乡镇（办事处）举办人民调解员培训班23场次，受教育人数6000余人次。全年调处各类矛盾纠纷1856件，调解成功1764件，成功率95%，防止民间纠纷转化为刑事案件2起13人。

2010年，开展矛盾纠纷大化解专项活动。向群众发放《农民实用法律知识100问》《人民调解案例选编》8000册。推行“2+X”调解模式，即以司法所为主调单位、综治办为协调单位，采取联部门、联乡、联村、联亲、联友方式，解决矛盾纠纷。全年调处矛盾纠纷1597件，调解成功1518件，成功率95%，做到“小事不出村（社区）、大事不出乡（办事处）、矛盾不上交”。拓宽人民调解工作领域。建立宝塔区医疗纠纷、民事案件诉前调解、交通事故3个专业人民调解委员会，参与重大信访突出问题的化解处置，解决延河景观工程、宝塔山山体居民搬迁、冯庄乡薛家湾村煤窑合同纠纷等信访问题。诉前人民调委会受理各类纠纷30件，成功达成调解协议15件，向法院移送6件，调解中止2件，涉及金额89.8万元，节约诉讼费用5万多元；交通事故人民调解委员会受理10件，调解成功6件，调解中止2件，涉及金额130万元。申报枣园、青化砭、麻洞川、川口、梁村为省级规范化示范所。宝塔区司法局川口司法所所长刘锐被司法部评为全国模范人民调解员。

第六节　公　证

延安市公证处于1981年成立，隶属于地区司法局，1996年12月更名为宝塔区公证处，科级建制。2010年，人员编制10人，其中有主任1人、副主任2人。1990～2010

年，办理各类公证90278件，其中经济合同公证36528件，民事合同公证28215件，涉外公证25535件，收费91.5万余元。接待群众咨询公证合同业务126575人次。代写法律文书1028件，21年无错证、伪证发生。2003年，被陕西省司法厅评为“省级文明公证处”。

第七节　法律援助

宝塔区法律援助中心2002年成立，属司法局的内设科室。2002~2010年，法律援助工作坚持“贫者必援、弱者必帮、残者必助、应援尽援”的原则，将法律援助中心和“148”法律服务协调指挥中心业务合署办公。实行公示制度，在宝塔普法网上向社会公开法律援助的范围、条件、程序和工作流程。与区残联、区总工会、区妇联等建立日常工作衔接制度，在部分乡镇成立法律援助服务站，为贫困农民工、残疾人、妇女儿童、下岗职工等社会弱势群体提供法律援助。发挥职能作用，整合“12348”法律服务热线，扩大法律援助覆盖面，为弱势群体排忧解难。2007~2010年，接受法律援助咨询5028人，办理法律援助案件112件，其中提供刑事辩护代理16件、民事诉讼代理86件、代写法律文书74件，为受援群众减免服务费用16万元。

第二十五编　民政　人事　劳动

民政工作内容庞杂，项目繁多，表现出多元化特点。主要涉及优抚安置、社会救济、社会福利、社会保障、老龄、勘界及基层政权建设等方面。1990~2010 年，宝塔区围绕“管理手段法制化、运行机制社会化、社会服务项目化”要求，认真组织开展贴近群众热点和社会焦点的民政各项工作。

1990~2010 年，人事工作主要围绕机关事业单位人事制度改革，机关事业单位工资审批，大中专毕业生就业，公务员、专业技术人员调动、考核、培训、职称评审，机关事业单位工勤人员考核、晋升级、劳动维权、就业安置、劳务输出、培训鉴定、社会保障等开展。

第一章　民　政

第一节　机　构

一、管理机构

1990 年，延安市民政局为行政单位，科级建制，有工作人员 15 人，其中局长 1 人、书记 1 人、副局长 2 人。下设自流人口遣送站、“四八”烈士陵园、火化场、民政福利厂 4 个单位。1996 年 12 月，延安市改为宝塔区，延安市民政局随之改称为宝塔区民政局。

2010 年，宝塔区民政局有工作人员 19 人。内设办公室、社会救济科、社会福利科、民政科、优抚科、安置办公室、财务科等 7 个科室。下设军干所、低保办、慈善协会、“四八”烈士陵园、火化场、敬老院、福利厂、婚管中心、救助站、双拥办、老龄办等 11 个单位。全区 20 个乡（镇）、3 个街道办事处分别编制 1 名民政助理员，负责处理民政工作。

二、事业机构

（一）救助管理站

1999 年前，该站称为“延安自流人口遣送站”，同年 9 月 10 日更名为“延安收容遣送站”。2003 年 11 月 17 日又更名为“延安救助管理站”，位于陕甘宁边区高等法院旧址（新民村半山）。2004 年因国家恢复陕甘宁边区高等法院旧址，单位迁址七里铺延安火车站后山，占地 2 亩，办公用房 12 间。2008 年，区政府在川口乡川口村划拨建设用地 10 亩，新建延安流浪未成年人救助保护中心与延安救助管理站两块牌子、一套机构。2010 年底，该项目完成全部建设任务。系区民政局下属的行政管理性社会福利事业单位，科级建制，设站长 1 人、副站长 2 人、工作人员 13 人。

（二）双拥办

1990 年成立双拥办，属常设临时机构。1997 年 8 月，根据延区机编发〔1997〕第 03 号文件，区双拥办公室设为区委、区政府直属事业单位，挂靠区民政局，正科级建制，事业编制 5 名，其中主任 1 人、副主任 2 人。2002 年 8 月，区、乡机构改革中，区双拥办划归区民政局管理，单位内设 3 个科室（办公室、共建科、宣教科）。

（三）中心敬老院

2008 年，在李渠镇碾庄村开工修建宝塔区农村中心敬老院，2010 年 10 月完成项目建设。2010 年底经区委、区政府批准，正式设立宝塔区中心敬老院，编制 5 人，副科级建制。

（四）慈善协会

2008 年 5 月 16 日经社团管理机构批准注册，2008 年 12 月 19 日成立。区慈善协会由名誉会长、会长、副会长、秘书长、常务理事、理事等方面人员组成。设有会长 1 人、副会长 2 人（其中 1 名兼秘书长）、常务理事 21 人、理事 73 人。下设项目部、资金募集部、办公室，会员 136 人。

（五）婚姻登记管理中心

2003 年 10 月 1 日成立，科级建制，编制 7 人。负责城郊 6 个乡镇、市内 3 个办事处辖区内的婚姻登记工作。2005 年 8 月 1 日，全区婚姻登记实行统一管理。

（六）军队地方政府离退休干部休养所

1998 年 4 月成立，隶属于区民政局。科级建制，编制 3 人，有所长 1 人，干部 2 人。主要职责是管理军队交给地方的离退休人员。2010 年，管理离退休人员 7 人，有服务人员及交通工具。

（七）老龄工作委员会办公室

1989 年 3 月成立，科级建制。设主任 1 人，副主任 1 人，干部 11 人。1989 年 3 月至 1998 年 12 月，隶属于延安市（现宝塔区）劳动人事局，1998 年 12 月至 2002 年 7 月，隶属于宝塔区政府办公室，2002 年 8 月，隶属于宝塔区民政局。1989~2010 年，每年为 70 岁以上老年人办理陕西省敬老优待证 2000 个。每年为 90 岁以上老年人发放政府津贴（90~99 岁每月 50 元，100 岁以上每月 100 元）。

（八）最低生活保障管理办公室

2002 年 10 月 13 日成立，隶属于宝塔区民政局，副科级建制，有主任 1 人、干部 4

人。2010 年 1 月升为正科级建制，有主任 1 人、副主任 1 人、干部 6 人，更名为宝塔区城乡最低生活保障办公室，内设办公室、财务室、保障科、救助科 4 个科室。

（九）福利厂

1979 年 2 月成立。1995 年，福利厂下属汽车修理厂倒闭。2004 年，下属印刷厂破产倒闭。2010 年底，有 4 名留守人员，其中厂长 1 人、副厂长 1 人、职工 2 人。其余 61 名职工待岗。

（十）火化场

1981 年 3 月创建，科级建制，有主任 1 人、副主任 1 人、职工 27 人。占地 1000 平方米，建筑面积 800 平方米。有火化炉 1 个，悼念厅、骨灰堂、接待室各 1 个，配有接尸车 1 辆。自创建至2006 年，火化尸体 126 具。2008 年 7 月，火化场设备落后及市上又新建火化场，宝塔区火化场业务暂停。

（十一）“四八”烈士陵园

1946 年 4 月 19 日成立，设主任 1 人、副主任 1 人，有工作人员 3 人。2010 年底，有主任 1 人、副主任 1 人、职工 21 人。主要职责是接待社会各界人士前来祭扫陵墓，缅怀英烈。

第二节 救灾救济

1990 年，延安市 10 个乡镇连遭 5 次大的暴雨、冰雹和洪水等自然灾害袭击，市民政局先后下发返销救济粮 30 万千克，其中救济粮 15 万千克，救济款 5 万元。为全市 503 户孤寡老人送面粉 503 袋，发放救济棉衣 400 套、棉被 200 块。对特困户重点救济万花山乡患眼病的胡进海家庭、南市办遭受严重火灾的高延平家庭、梁村乡史家石畔村因山体崩塌被窑压死 7 口人的蔡春阳全家，发放救济款近 3 万元。民政系统干部、职工自愿捐款 1035 元。

1991 年春，南区乡镇和川口乡遭受严重霜冻；6 月上旬，8 个乡镇遭暴雨袭击。市民政局下拨救灾救济款 15 万元，救灾救济粮 300 千克。

1992 年，全市受灾面积 38.99 万亩，成灾 21.3 万亩，粮食减产 88.2 万千克，受灾人口 9.46 万人。民政局根据灾情 3 次下拨救灾款 16 万元，救济化肥 92.24 吨，临时救济 6.5 万元。

1993 年，“8·3”洪灾，全市 24 个乡镇、3 个街道办事处、619 个村组、2.8 万户、10.95 万人受灾，死亡 13 人。农作物成灾 19.14 万亩，倒塌房屋 284 孔（间），损坏房屋 3342 孔（间）。直接经济损失 1.3 亿元。市民政局先后下拨救灾救济款 79.36 万元，衣物 3332 件。全市 103 个单位、163230 人捐款 7061 万元，单位筹集 20 万元，捐衣物 3332 件。

1994 年，全市多次遭受暴雨、冰雹和洪水的袭击，致使 16 个乡镇、203 个行政村，8381 户、3.89 万人受灾，冲走大小牲畜 49 头（只），农作物成灾 8.8 万亩，粮食减产 2620.3 万千克，直接经济损失 3500 万元。下拨救灾款 26.4 万元，衣物 37495 件。

1995 年 6 月 30 日，全市遭受特大冰雹袭击，涉及 7 个乡镇、24 个行政村，玉米、蔬菜、西瓜及苹果受灾严重，直接经济损失 120 万元，民政局下拨救灾款 5.7 万元。

1996 年，全市遭受洪涝和冰雹袭击，农作物受灾 11.47 万亩，减产粮食 1.9 万吨，造成经济损失 3500 万元；7 月，因洪涝灾害，河庄坪乡万庄村 59 岁的刘贵兰被洪水淹死，梁村乡王家圪崂村 39 岁的张占续和 37 岁的张占宝被电击死亡。面对大灾，市委、市政府动员机关干部 1200 人，驻延安部队、武警官兵 500 余人投入抢险救灾，民政部门下拨救灾款 83 万元。

1997 年，全区持续高温干旱，农作物受灾面积 11.47 万亩，成灾 9.1 万亩，绝收 2.1 万亩，直接经济损失 1.31 亿元。宝塔区政府及时下拨救灾款 100 万元，安排群众生产生活。

1998 年，全区有 18 个乡镇、294 个行政村受灾面积 6485.2 公顷，直接经济损失 2682.2 万元。下拨救灾款 25 万元，救灾粮 46 万千克，7000 余件衣物。

2000 年，全区发生历史上罕见的春夏干旱，部分乡镇遭受风雹、洪涝和冷冻灾害袭击，直接经济损失 5610 万元。下拨救灾款 47 万元，救灾粮款 35.9 万元。

2001 年，全区遭受严重冰雹和强降雨影响灾害，24 个乡镇、633 个行政村受灾面积 61.7 万亩，成灾 56.3 万亩，绝收 17.01 万亩，冲毁桥涵 2 座，道路 40 千米，库坝 96 座，损毁民房 13 孔（间），因灾死亡 2 人，经济损失 1.08 亿元。区民政局下拨救灾救济款 49 万元，救济粮 50 万千克，救济衣服 3.78 万件。

2002 年，全区发生冰雹和洪涝灾害，20 个乡镇、435 个村、13 万人受灾，22.59 万亩农作物受灾，冲毁桥涵 74 座，道路 343.5 千米，库坝 468 座，损毁民房 1536 孔（间），死亡家畜 231 只（头），因灾死亡 2 人，造成经济损失 9154.2 万元。区财政安排防汛专款 26.2 万元，道路维修费 100 万元，中小学危房改造费 100 万元；民政部门安排 130.8 万元。下拨各乡镇、办事处救灾救济款 116.1 万元，其中口粮 32.89 吨，化肥 62 吨，救济衣服 3 万多件，棉被 405 床。

2003 年，全区 13 次遭受暴雨和冰雹袭击，19 个乡镇、251 个村、1.73 万户、6.94 万人受灾，15.63 万亩农作物受灾，冲毁农田 860 亩，桥涵 7 座，淤地坝 97 座，道路 91.8 千米，倒塌房屋 120 间，损坏房屋 847 间，倒塌蔬菜大棚 295 座，死亡 1 人，经济损失 6296.7 万元。宝塔区政府下拨救灾救济款 124.87 万元，其中救济面粉 6672 袋（折价 25.47 万元）、棉被 300 床。设立民政局和城市 3 个办事处 4 个经常性社会捐助点，收到社会捐赠现金 11.49 万元，衣服 8009 件，棉被 135 床。另外，“非典”期间发动社会捐款 7.65 万元。

2004 年，全区多次遭受冷冻、风雹、洪涝、滑坡等自然灾害的袭击，344 个行政村、1.26 万户、4.26 万人、9.57 万亩农作物不同程度受灾，损坏房屋 686 间，倒塌 212 间；损坏大棚 85 座，倒塌 9 座；损坏弓棚 602 个；损坏桥涵 14 座，冲毁 18 座；冲毁道路 146 千米；淤地坝冲垮 134 座；冲毁耕地 283 亩；冲走和淹死商品鸡 1 万余只；因灾死亡 2 人。直接经济损失 8958 万元。民政局先后下拨救灾救济款 121.9 万元，其中倒塌房屋补助款 19.16 万元，救济面粉 4760 袋（折价 28 万元），发放救灾救济款 69.49 万元，发放临时急难救济 5.25 万元；10 月，募捐收到现金 7288 元，棉衣 421 件，其他衣物 4591 件。

2005年，全区因受旱灾、洪涝影响，20个乡镇、112329人、363915亩农作物受灾，倒塌房屋62间，损坏房屋129间，直接经济损失8032万元，其中农业直接经济损失6157万元。区民政局下拨救灾救济款69.8万元，棉衣400套，棉被400床，其他棉衣7000余件。募捐收到现金25906元，棉被75块，棉衣6067件。

2006年，全区20个乡镇不同程度强降雨和冰雹，受灾人口102269人次，农作物155625亩，绝收面积60960亩，损坏房屋104间，直接经济损失1.05亿元。6月15日，枣园镇阳崖村居民区发生山体滑坡，172间房屋成危房，31户、96人无家可归，民政局及时拨付4.6万元，紧急转移安置群众。下拨救灾救济款69.5万元、面粉4500袋、棉被400床、棉衣400套。募捐现金87911元，衣物2713件。

2007年，20个乡镇、3个办事处、232329人受干旱和风雹影响，农作物受灾32.68万亩，绝收6.23万亩，倒塌房屋182间，损坏房屋1987间，直接经济损失24400万元，其中农业直接经济损失19877万元。民政局下拨救灾款215.79万元，其中下拨各乡镇、街道办事处救灾款151.73万元，发放救灾粮款29.28万元，救济生活困难灾民26.1万元。下拨各乡镇、办事处750套被褥，应急救济50套被褥。发放面粉6540袋、大米2280袋、菜油800桶。

2008年，20个乡镇、3个街道办事处、14.5万人受干旱和风雹影响，农作物受灾面积78万亩，成灾面积72万亩，倒塌房屋80间，损坏房屋212间，直接经济损失9980.5万元，其中农业经济损失6378.1万元。宝塔区政府先后下拨救灾救济款135.2万元，各类救灾救济物资折合现金65.2万元，解决1.5万人的生活问题。下拨资金114万元，修建房屋204间，解决麻洞川等6个乡镇75户300人的住房问题。是年，“5·12”汶川特大地震发生后，全区308个单位干部职工、134个私营企业和个人捐款285.14万元。

2009年，全区遭受干旱、风雹等自然灾害的袭击，农作物受灾108万亩，倒房60间，损坏房屋396间，直接经济损失5132万元，其中农业经济损失4372万元，宝塔区政府先后下拨救灾救济资金165万元，各类救灾物资折合65.2万元。

2010年，20个乡镇、3个办事处、8.8万人受灾，农作物受灾36105亩，倒房56间，损坏房屋319间，直接经济损失10120万元，其中农业经济损失9948万元。为解决受灾户的基本生活问题，区民政局下拨救灾救济资金85万元，各类救灾物资折合65.2万元。

第三节　城乡低保

1998年，依据《陕西省实施〈城市居民最低生活保障条例〉办法》，宝塔区开始实施城市低保。至2010年，先后4次提高标准，从最初的每人每月90元提高到117元、130元、180元，到2010年的310元。

1999年，宝塔区开始实施农村低保，4次提高标准，从最初的每人每年500元提高到625元、725元、785元，到2010年农村低保每人每年的1196元。

2004年，全区有城市低保对象4686户、12171人；农村低保对象1811户、4075人。

2005年，全区有城市低保对象5008户、13225人；农村低保对象2721户、7384人。

2006年，全区有城市低保对象5252户、14654人；农村低保对象5173户、14654人。

2007年，全区有城市低保对象5754户、15142人；农村低保对象6161户、13751人。

2008年，全区有城市低保对象6143户、16117人；农村低保对象7765户、15955人。年初，低保办及各办事处、社区民政工作人员，对已享受城市居民最低生活保障的家庭进行重新调查、核实。对家庭收入发生变化不符合低保条件的221户予以退保，纳入新增符合低保条件的困难家庭，实施动态管理下的应保尽保、应退尽退。城市低保除实行社区、办事处、低保办三级调查审核外，推行“三榜公示制度”（社区初审、乡镇办事处审核、宝塔区民政局审批）和“全家照”公示制度，发动社会各界进行监督；农村低保年保障标准由625元提高到725元，进一步提高保障覆盖面。全年发放城市低保金1490.83万元，月保障资金127.1万元，月人均补差80元；发放农村低保资金497.72万元，年人均补差314元。同时，为保障低保户生活水平不因物价上涨而降低，发放城乡低保户物价副食补贴1181.4万元。

2009年，按照省、市将农村低保年保障标准由725元提高到785元。取消城市低保家庭414户、998人，新增579户、1535人。取消农村低保家庭20户、28人。全区城乡低保家庭14089户、32803人，其中城市低保家庭6307户、16402人，月保障资金124.4万元，月人均补差75.8元；农村低保家庭7782户、16401人，年保障金541.8万元，年人均补差330元。全年发放城乡低保金、物价临时补贴和提高补助资金3801.9万元。

2010年，城市低保标准由2009年的每人每月180元，提高为每人每月310元；农村低保标准每人每年1196元。城市低保取消155户、363人，新增213户、610人。全区有城乡低保家庭14046户、31177人，其中城市低保家庭6365户、16553人，农村低保家庭7681户、14624人，累计发放城乡低保金、冬季取暖补助款和春节一次性补助资金5133.55万元。制定《宝塔区城乡医疗救助暂行办法》，适当提高医疗救助标准，对689名城乡困难群众实施医疗救助，发放救助资金304.7万元。

第四节　社会福利

一、五保供养

1990年后，五保户供养实行国家和集体分级负担，散居供养辅之以集中供养政策，“保吃、保穿、保住、保医、保葬”，乡镇统筹，各自发放。对灾区五保户，国家发给一定数量救济款。

2006年，新的《农村五保供养条例》出台，对五保对象的供养标准，从原来的每人每月60元提高到每人每月100元（物资供给每年200元）。2008年，提高到每人每月120元（物资供给每年200元），供养资金从2002年的税费政策改革后，由原来的村级集体供给转变成区级财政转移支付供给。同年，给338人发放农村五保供养证，建立审批备案和电子档案，实施动态管理，做到“应保尽保”。2009 年，五保供养 312 人。

2010 年，五保供养标准提高到每人每年 3200 元，当年新增 27 人，取消 26 人，全区有农村五保户 311 人。

二、社会救助

1992~2010 年，延安救助管理站年均救助流浪乞讨人员 2000 多人次，救助保护流浪未成年人 200 次以上，长期供养社会弃婴 60 名左右。

2008 年，按照城乡医疗救助标准，先后对患有重大疾病及慢性病的 788 人进行医疗救助，救助资金 160 余万元。对流浪乞讨人员中危重病人员及时予以救治。全年救助流浪乞讨人员 1824 人次，其中救治危重病人员 17 人次。

2009 年，按照《延安市城市（农村）居民医疗救助试点暂行办法》规定，对全区 374 名城乡困难群众实施医疗救助，发放救助金额 96 万元。资助农村特困人口参加新型合作医疗 17249 人，资助金额 52 万元；贯彻落实《中华人民共和国老年人权益保障法》，全年为 1800 名 70 岁以上老年人办理陕西省敬老优待证；对全区 248 户 90 岁以上老年人上门发放政府津贴，发放资金 11.03 万元。开展“银发无忧”送保险活动，为 280 名 60 岁以上老年人购买意外伤害保险；全年接收流浪求助人员 2056 人，实际救助 1750 人；救助大病患者 13 人；接收安置新增弃婴 35 人；按照民政部等 15 部委联合启动的“明天计划”项目和“爱心 2008 走进陕西”活动要求，申报贫困家庭病残儿童救助 22 人；募集善款 503.1 万元，资助各类弱势群体 1000 余户，发放善款 49.7 万元。

2010 年，为全区 780 名 70 岁以上老年人办理陕西省敬老优待证，发放 90 岁以上老年人政府津贴 19.5 万元。救助流浪乞讨人员 1803 人次，救助大病患者 19 人，接收安置新增弃婴 45 人。累计筹集善款 315 万元，其中发放资金 76.7 万元，救助下岗职工、困难群众、贫困学生、大病患者 2207 人。

第五节　优抚安置

一、优抚

（一）伤残军人优抚

宝塔区根据国家政策的规定，对因战、因公致残的革命军人、民兵、民工、人民警察和在编的国家机关工作人员、革命伤残人员，根据其致残原因和程度，分为特等、一等、二等甲级、二等乙级、三等甲级、三等乙级，按在职和在乡分别给予抚恤。根据国家政策标准多次调整，不断提高。民政局按规定为伤残人员配制三轮车、假肢等各类辅助器械。

（二）“三属”优抚

宝塔区对烈属、因公牺牲军人家属、病故军人家属按政策实行优抚。区政府出台《宝塔区贯彻〈军人抚恤条例〉的若干规定》，对“三属”中的孤老孤儿的义务工负担予以全免。因治病无能力支付医疗费的由当地卫生部门酌情减免。2000~2010 年，宝塔区财政平均每年支付优抚人员医疗费近 200 万元。其中，2006 年，纪念中国工农红军长征胜利 70 周年，给老红军每人发放慰问金 6000 元，失散老红军每人 5000 元，全区发放

24.8万元，发放纪念红军长征胜利70周年徽章120枚；2007年市政府对老红军遗孀实行生活补贴，每人每月240元；2009年为在乡复员退伍军人发放纪念章450枚；2010年，纪念抗日战争胜利65周年，为43名在乡老八路每人发放慰问金3000元；纪念入朝作战60周年，为18名抗美援朝老战士每人发放1000元慰问金，提高各类优抚人员补助标准10%。

（三）复员、退伍军人优抚

宝塔区对1954年10月31日前入伍的老复员军人、带病回乡或确有困难的退伍军人，坚持实行定期定量补助。1998年，国务院发布《关于加强优抚工作的通知》，宝塔区政府为47户特困老复员军人新建和改造住房，解决建房经费20多万元。2004年，宝塔区建立老复员军人抚恤补助经费自然增长机制。对全区老复员军人在国家补助标准的基础上每人每月再增加补助10元。

（四）现役军人家属优待

2004年，根据省、市通知，城镇义务兵家属优待金按当地上年度居民人均收入的40%执行；农村义务兵家属优待金按当地上年度农民人均纯收入的80%执行。2006年，宝塔区义务兵优待金农村每年每户1500元，城镇每年每户2500元。2010年，义务兵优待金农村每年每户提高到2000元，城镇每年每户提高到3000元。年底，宝塔区享受定补各类优抚人员2038人，其中退伍老红军51人，失散老红军52人，老复员军人354人，退伍军人80人，革命伤残军人219人，参战人员477人，参试人员72人，烈士遗属、因公牺牲军人遗属、病亡军人遗属733人。

二、安置

1986~1998年，宝塔区退伍安置工作一直遵循“从哪里来，到哪里去”原则，城镇义务兵、志愿兵、伤残军人由区人民政府安排工作；农村义务兵回农村务农；军地两用人才由乡政府安排工作。1998年后，国企改制，下岗职工增加，城镇退伍义务兵安置工作面临困难，除继续实行“按系统分配任务，包干安置”的办法，要求所有机关、团体、企事业单位，不分所有制性质和组织形式都有依法接收安置城镇退役士兵的义务外，区民政部门拓宽城镇退伍兵安置渠道，在区政府保证第一次就业的前提下，探索政府安置与劳动力市场相结合的方法，制定相应优惠政策，鼓励退伍军人自谋职业；对转业士官分配工作，量才使用。农村退伍义务兵在部队荣立二等功及因公评定伤残六级以上的给予安置工作。2000~2010年，按政策需安置的城镇退伍军人已基本安置到位；农村军地两用人才安排90%。

2000~2010年宝塔区城镇退伍军人安置、回村情况统计表

表25-1-1　　单位：人

年份	城镇安置人数	回农村人数	年份	城镇安置人数	回农村人数
2000	50	115	2006	40	110
2001	45	125	2007	58	95
2002	50	120	2008	60	100

续表

年份	城镇安置人数	回农村人数	年份	城镇安置人数	回农村人数
2003	60	95	2009	65	90
2004	55	85	2010	54	100
2005	50	90			

第六节　社会事务

一、社会团体管理

1991年，根据国务院办公厅《转发民政部关于清理整顿社会团体请求的通知》精神，对全市31个社团进行清理，有25个社团符合标准并通过年检。1992年，在册社团增至35个。1994年，全市社团增至43个。1996年，全市登记社团45个，全部通过年检。1997年，对社团进行清理整顿，全区核准登记社团22个。2000年，完成全区社团换证工作。2001年，对22个在册社团进行年检。2008年，社团增加2个。2009年，依法登记社团组织10个。2010年，在册社团增至28个。

1990～2010年宝塔区社会团体组织情况一览表

表25-1-2

区老区促进会	区教育协会
区消费者协会	姚店镇罗沟果业协会
区老年人体育协会	柳林镇后孔家沟果业协会
区养猪协会	官庄乡雷家村果业协会
区民营企业协会	临镇镇果业协会
区伊斯兰协会	宝塔区农业生产资料流通协会
区工业协会	基督教三自爱国运动协会
区天文爱好者协会	宝塔区退休干部联谊会
区信鸽协会	区残联盲人协会
区会计协会	区慈善协会
区珠算协会	区伟尚果业协会
区个体劳动者协会	区柳林镇富翔果蔬协会
区道路协会	区果香果园协会
区冯庄乡供销果农协会	区老年艺术团

二、民办非企业单位登记

2000年，根据民政部、省、市要求，社团登记管理办公室更名为民间组织管理办公室，增加民办非企业单位登记管理职能。铺开民办企业单位复查登记工作。经调查，区内有30个民办非企业单位，对其中20个符合条件的民办非企业单位进行登记。2007年，对30个符合条件申请非企业单位登记的学校、幼儿园予以复查登记。2010年，全区登记在册的民办非企业单位30个。

1990~2010年宝塔区民办非企业单位一览表

表25-1-3

宝塔区春苗幼儿园	宝塔区姚店镇谭家湾村幼儿园
宝塔区喜洋洋幼儿园	宝塔区盛博幼儿园
宝塔区育英幼儿园	宝塔区李渠镇阳山村幼儿园
宝塔区双睿幼儿园	宝塔区蓝天幼儿园
宝塔区丽景双语幼儿园	宝塔区民办向上幼儿园
宝塔区旭日幼儿园	宝塔区甘谷驿镇唐坪村幼儿园
宝塔区四合幼儿园	宝塔区李渠镇崖里坪村幼儿园
宝塔区小红帽幼儿园	宝塔区超级宝贝幼儿园
宝塔区未来星幼儿园	延安拥军科技培训学校
宝塔区圣德幼儿园	延安市宝塔区残疾人托养服务中心
宝塔区福娃幼儿园	七里铺社区卫生服务站
宝塔区姚店镇安沟门村幼儿园	柳林镇社区卫生服务站
宝塔区乐智幼儿园	宝塔区向阳社区服务站
宝塔区南市南桥社区卫生服务站	凤凰北关街社区卫生服务站
宝塔区李渠镇朱家沟村幼儿园	宝塔区枣园兰家坪社区卫生服务站

三、婚姻登记

2003年8月8日，国务院颁布《婚姻登记条例》，新式婚姻登记证增加证件印制号，为全国统一和唯一编号。在此之前，宝塔区婚姻登记工作由乡镇人民政府和街道办事处所设立的婚姻登记处办理结婚登记和离婚登记，民政局负责业务指导和管理。

2003年10月1日，宝塔区成立婚姻登记管理中心，负责城郊6个乡镇、市内3个办事处辖区内的婚姻登记工作。2005年8月1日，全区婚姻登记实行统一管理。

1990～2010 年宝塔区婚姻登记情况统计表

表 25-1-4 单位：对

年份	结婚	离婚	年份	结婚	离婚
1990	1041	41	2001	1214	126
1991	1126	24	2002	1354	113
1992	1474	40	2003	2392	144
1993	1080	69	2004	2327	413
1994	1484	74	2005	2486	431
1995	1238	100	2006	3924	540
1996	1300	93	2007	4547	687
1997	1359	100	2008	4932	825
1998	1341	114	2009	5071	1007
1999	1429	97	2010	5405	1066
2000	1462	73			

四、地名工作

2000 年，宝塔区人民政府对市区部分街、路、巷、桥进行命名。2002 年 12 月 21 日，宝塔区人民政府对市区首批街、路、巷、桥进行重新命名。2006 年 5 月 11 日，对市区第二批街、路、巷、桥、广场进行命名。2007 年 2 月 24 日，对市区第三批街、路、巷、桥进行命名。2009 年 7 月 31 日，将迎宾大道更名为双拥大道。至 2010 年底，延安市区建成并命名的街道 16 条、道路 53 条、巷道 38 条。

16 条街道　即北大街、东大街、南大街、二道街、七里铺街、大桥街、北门口街、南门口街、南市街、新市场街、大东门街、小东门街、双拥大道、联通大街、欧锦园街、南滨大道。

53 条路　即南滨路、北滨路、东滨路、长青路、嘉岭路、枣园路、圣地路、师范路、西环路、柳林路、高苑路（原高家园则路）、宝塔山路、王家坪路、杨家岭路、文化沟路、光明路、光华路、万花路、杨家湾路、百合路（二庄科路）、花石砭路（原技校路）、杜公路（原烟洞沟路）、太和山路、小沟坪路、凤凰山路、向阳沟路、尹家沟路、碾盘沟路、陵园路、永安路、永宁路、永兴路、永盛路、永昌路、永乐路、东苑路、朝阳路、惠泽路、南河滨路、广通路、新洲西路、新洲东路、联通西路、联通东路、红庆路、燕沟路、燕翔路、东兴路、农科路、永吉路、永祥路、常泰路和丽森路。

38 条巷　即附院巷、建行巷、中心巷、吉祥巷（原饿人巷）、幸福巷（原拐子巷）、礼堂巷、百悦巷、邮电巷、棉土沟巷、石门巷（原狮子巷）、石沟巷、黑龙沟巷、凉水井巷、白坪巷、龙湾巷、东一巷、东二巷、东三巷、东四巷、圣通巷、三中巷、兴盛巷、宝塔巷、兴运巷、吉安巷、利民巷、东升巷、财校巷、四中巷、八一巷、红化巷、西华巷、大修厂巷、建材巷、马家湾巷、后勤处巷、平安巷、东岭巷。

五、殡葬服务与管理

（一）殡仪馆

馆内布局分为四个功能区：业务区、悼念区、遗体冷藏区、骨灰存放和祭祀区。其中，大型告别厅1个（可容纳500人），中型告别厅1个（可容纳200人），吊唁灵堂4个（各可容纳30人）；火化区有火化炉2台；遗体冷藏区有遗体冷藏室2间，能冷藏36具遗体，有三体冷藏柜3个、单体冷藏柜27个；骨灰存放、祭祀区，有存灰室1间，区设1200个不同档次的格位。2000年，延安市人民政府出台相关文件，禁止乱建坟墓，宣传火葬、公墓葬。

（二）宝塔区火化场

始建于1981年，总投资41万元，位于河庄坪镇李家湾村，始称延安火化场，1983年3月投入使用，占地面积10亩，建筑面积800平方米，有火化炉1个，收集厅、骨灰堂、接待室各1个，配有接尸车1辆。1997年改称宝塔区火化场，是宝塔区民政局下属事业单位。1986年9月1日延安地区人民政府要求各乡镇人民政府、城市街道办事处和各级部门加强对殡葬改革工作的领导，推行火葬，作为社会主义精神文明建设的密切配合共同做好这一工作。并决定各基层单位、居委会、村委会把殡葬改革工作和文明俭办丧事纳入“职工守则”“乡规民约”教育群众共同遵守，人们的殡葬改革意识有所增强，火化量从1983年的1具增加到2006年的126具以上。2008年7月，由于火化场设备老化及市上在火化场对面（马路下）新建殡仪馆，宝塔区火化尸体业务停止。成立宝塔区殡葬执法队，负责城区以外各乡镇殡葬改革宣传和查处乱埋乱葬行为。2005年建成延安殡仪馆，有职工20人，下设1室（行政办公室）、2科（业务科、总务科），占地面积2万平方米，建筑面积3000平方米，绿化面积12988平方米，总投资2200万元。2008年逐渐开始运营，每年火化遗体100多具。

（三）公墓

1990~2010年，宝塔区先后建立2处公墓，即“仙鹤岭公墓有限公司”和“八宝岭公墓有限公司”。

仙鹤岭公墓　由仙鹤岭公墓有限公司经营，是经陕西省民政厅、延安市人民政府、市民政局批准的永久性公墓。位于宝塔区枣园镇下砭沟村（卫校后山），征购土地600余亩，于2003年破土动工，2004年正式成立。规划设计72个园区，可安葬8万多名逝者，可供城区人口百年丧葬需求。园区与延安殡仪馆相连，办公楼、业务大厅、停车场、殉仪厅等设施一应俱全，并建有亭台楼阁、龙池瀑布、十二生肖祈福广场、普波桥等人文景观。2005年，宝塔区出资200余万元，无偿提供土地13亩，建成的专门安葬老红军遗骸的公益性纪念园区“红军苑”，可安葬1000多名红军遗骸。至2010年，有来自北京、上海、西藏、四川等地100多位红军在仙鹤岭安葬，为老红军提供一个安息之地，也为后人提供一个缅怀先烈、接受革命传统教育的场所。2008年出资100余万元建成“北京知青纪念园”，北京知青园是继红军苑之后的第二个特设纪念性园区，毗邻红军苑，无偿提供土地26亩，可安葬2000余名逝者，并提供植树葬、草坪葬、花坛葬、纪念碑、雕塑等安葬方式。截至2010年底，已开发建设26个园区，已修建各类墓型8000余穴，累计投资1.2亿元。为推进宝塔区殡葬改革，自2008年起，仙鹤岭为特困户免费提供壁葬。

八宝岭公墓　由八宝岭公墓有限公司经营，是宝塔区的一项社会公益事业，也是宝塔区政府唯一的一项殡葬改革的重点项目。2005年6月立项，位于宝塔区万花山乡锁崖村（化工厂后沟），距公路1.2千米。总占地面积为700亩，是一家以公墓建设、经营销售、服务管理为一体的公益性民办公助企业。2006年3月破土动工，2007年投入使用。总投资4000多万元，建成绿色公墓5个宝区（福禄宝、万寿宝、福寿宝、聚财宝、宝中宝），一至十四排共建4880个墓穴，1.8万平方米的骨灰墓位，购进福建、浙江、河北等地高、中、低档规格不同价格的花岗岩大理石墓碑。硬化广场1.8万平方米，栽植26种名贵绿化树5.8万多株，种植草坪1.2万多平方米。并有假山、瀑布、3000多平方米的人工湖、仿古观景亭、放生池等。建有安放厅、吊唁厅、办公楼、停车场、殡葬营业厅等配套设施。公司还根据客户的要求，在符合政策和公司关于公墓的总体规划范围，以人性化的服务理念来满足客户的需求。至2010年底，已建成4880座墓穴（实际建墓占地268亩）。销售墓穴910座，占总建成墓穴的18%，有近82%的墓位闲置。五年间安葬逝者464人，年平均安葬74人左右。

第七节　基层政权和社区建设

一、村民委员会

1993年，全市24个乡镇558个村委会，依法选举村民委员会，健全村委会下设的治保、人民调解、公共卫生委员会等主要机构，部分村成立红白喜事理事会等民间组织。同时，在全市各乡镇建立村委会工作制度、村民会议制度、村民代表会议制度、村规民约、村级红白理事会制度。全市依法选举产生558名村委会主任，从初、高中毕业生和退伍军人中挑选村级后备干部858名。结合两期农村“社教”工作，清理财务，建立健全财务管理和民主理财制度。

1995年12月至1996年3月，组织开展第二次村委会换届选举。全市24个乡镇633个村委会，依法选举产生村民代表1235名、村委会主任633人、副主任103人、委员1266人。普遍建立健全《村民代表会议制度》，制定村级发展规划。

1998年，制定《关于在全区农村普遍实行村务公开民主管理制度的实施意见》。区政府确定纪检委、民政局等有关部门分别指导各乡镇村务公开工作。

2001年，宝塔区政府把村务公开工作纳入乡镇年度目标管理，由民政部门负责对全区的村务公开进行检查督促。区政府制定《村务公开实施细则》，全区611个村开展村级财务公开活动，把村务公开与村民自治和村级班子建设有机结合起来，设立村务公开栏，建立《村民代表大会制度》《村民议事会制度》《村民自治章程》，全区设置公开栏726个。

2002年3~7月，组织开展第四次村委会换届选举。全区20个乡镇611个村，依法登记选民15.2万人，参加投票选民14.8万人，参选率97.4%。选出村民代表16000人，其中妇女代表5003人，平均每组55人，每10户1人。选出村委会成员1939人，其中村委会主任611人、委员1328人。

2004年11月至2005年3月，组织开展第五次换届选举。全区20个乡镇611个村，依法登记选民15.32万人，参加投票选民15万人，参选率97.9%。选出村民代表15300人，选出村委会主任595人，其中交叉任职（兼党支部书记）10人、村委会副主任11人、委员1947人。新当选的村委会干部中党员、致富能手、高中以上文化程度比例高，平均年龄低。村党支部书记、村委会主任的补贴原则上每年不少于2000元，村党支部副书记、村委会副主任及会计、出纳、民兵连长、妇女主任等的补贴，实行实误实计的办法，年终决算，一次性付清。

2008年1~5月，组织开展第六次村委会换届选举。全区20个乡镇611个行政村，843个村民小组，其中14个村民委员会改选不足1年，经村民大会讨论同意不再进行换届，与第五届村委会视为同一届次，实际参加换届选举的村委会597个。依法登记选民15.02万人，参加投票选民13.86万人，参选率92%。委托投票选民5605人，占总选民数的3.7%。选出村民委员会主任573人，其中男568人、女5人；新选村委会委员1224人，其中男1211人、女13人，党员443人。

二、社区居民委员会

2002年6月，宝塔区启动城市社区建设，将原45个居民委员会调整为20个社区居民委员会。2005年8月，将乡镇原有17个居民委员会调整为11个社区居民委员会。2009年，新设立社区居民委员会5个。2010年新设立社区居民委员会1个；年底，全区有社区居民委员会37个，有主任37人、委员111人。

第八节　双拥模范城建设

延安是“双拥”运动的发祥地。1943年1月15日，陕甘宁边区政府作出《关于拥护军队的决定》。留守兵团司令部及政治部于同月25日作出《关于拥护政府爱护人民的决定》，“双拥”活动此后一直延续下来。

1990年10月，总政治部副主任周文元，兰州军区司令员傅全有，政委曹芃生，副政委宫永丰、王茂润，中共陕西省委书记张勃兴，陕西省省长白清才，陕西省军区司令员王志成，政委赵焕职等人先后到延安检查指导工作，专题研究“双拥城”建设问题。

1991年度延安市被命名为“全国双拥模范城”。1993年1月10~12日，全国双拥工作领导小组、民政部、总政治部在延安召开双拥运动五十周年纪念大会。市政府每年专门对驻区官兵、军队离退休干部、烈军属、复员退伍军人的慰问、抚恤、困难补助等经费专项列支，先后出台《延安市创建“双拥”模范县的标准》《关于拥军优属群众优待金实行社会统筹的通知》等规范性文件，建立拥军优属保障基金。

1993年、1996年、1997年、1998年、1999年延安市（宝塔区）被命名为“全国双拥模范城”。1991年、1996年、1998年、2003年、2006年被省委、省政府、省军区命名为“全省双拥模范城”。

2009年，根据中央、省有关文件规定，设市的区不再列入双拥模范城命名范围内。

之后，宝塔区每年主要工作是配合延安市开展双拥创建活动。

第二章 人 事

第一节 管理机构

1989年，延安市劳动人事局为科级建制，内设计划科、任免科、安监科、工资科、档案室、办公室。1994年3月，机构改革，改称为延安市人事劳动局。1996年8月，劳动监察大队成立。

1997年1月，延安市人事劳动局改称为宝塔区人事劳动局。1998年7月，撤销老龄委员会办公室，老龄工作移交民政局；8月，安全监督科由科室升为安全监督委员会办公室，副科级建制。

2002年8月，宝塔区人事劳动局更名为宝塔区人事和劳动社会保障局；11月，安全监督委员会办公室升为安全监督局，正科级建制。2005年3月，划归为宝塔区政府行政机构。2008年4月，劳动监察大队改称为劳动保障监察大队。

2010年11月，延安市宝塔区人事和劳动社会保障局更名为延安市宝塔区人力资源和社会保障局，行政编制17人，其中局长1人、书记1人、副局长2人、干部13人。下设人才交流中心、宝塔区就业管理局、机关事业养老经办中心、人事劳动争议仲裁办公室、职称改革办公室、劳动保障监察大队、农村社会养老保险事业管理办公室、医疗保险经办处8个事业单位。

第二节 人事制度改革

1993年，《国家公务员暂行条例》颁布，延安市劳动人事局制定公务员参照过渡工作计划，举办职位分类和人员过渡工作骨干培训班，保证工作顺利进行。

1996年，组织部与人事劳动局联合制定《延安市宝塔区建立和推行国家公务员制度实施方案》《延安市宝塔区行政机关推（试）行公务员制度有关问题说明》。市委、市政府成立推行公务员领导小组，办公室设在人事劳动局，负责推行公务员过渡的具体工作。

1998年，制定《新任科级干部试岗制度》《科级干部待岗制度》《宝塔区国有（集体）企业改制后的党组织建设和管理工作暂行办法》，1999年1月1日起，区属环保局、教育局、物价局等十几个单位的科级空缺职位，除少数确需组织人事部门选派外，一律通过竞争上岗选拔。

1999年12月，全区有89个行政职能部门926人过渡为国家公务员。同时，对公务员职位分类、考核、交流、培训、表彰、奖励、辞职、辞退、竞争上岗等人事制度进行改革。

2000年8月，宝塔区实施《关于进一步加强和改进党政干部任前公示制的意见》。区委常委会依据集体领导、民主集中、个别酝酿、会议决定的原则，按照相关程序讨论决定干部任免。

2002年，宝塔区决定对国土局、经济发展局、文体事业局、民政局等10个部门的正职进行公开选拔、竞争上岗，124人参加竞选。

2006~2010年，依照《国家公务员暂行条例》《国家公务员岗位轮换（轮岗）办法》继续开展公务员轮岗工作，对那些担任一定领导职务直接管理“人、财、物”及审批各种计划、招标和进行执法监督热点岗位上任科级职务3~5年的人员进行岗位轮换。

第三节　干部培养与管理

一、干部教育

1990年后，各级党组织紧跟国家政策形势，健全学习制度，制定学习计划，加强干部经常性教育。依托各级各类党校和干部培训学院，对干部分期分批培训。2000~2010年，累计培训干部11573人次，其中党政干部2712人次，事业单位管理干部2980人次，专业技术人员5416人次，选调生和大学生“村官”465人次。2000年6月，根据《国家公务员暂行条例》和《国家公务员考核暂行规定》，区委、区政府制定《宝塔区科级干部管理制度》，对干部学习、请销假、考核及作风建设方面作出明确规定。后备干部队伍建设坚持“数量充足、门类齐全、专业配套、素质优良”原则，每年遴选储备200名左右年龄在35岁以下、大专以上文化程度的优秀年轻后备干部加以培养，集中掌握，动态管理，备用结合，统一调配。

二、选拔任用

宝塔区党政系统科级干部任免由区委组织部负责，政府系统事业单位副科级干部任免，由区人事局管理（2003年10月移交组织部）。

1993年，全市24个乡镇、3个街道办事处的领导班子成员经过调整后，大专以上文化程度由原来的11人增加到37人，中专文化程度由原来的65人增加到128人，高中以下文化程度由134人减少到45人；乡镇领导班子成员平均年龄由39.1岁下降到36.1岁，街道领导班子成员平均年龄由45.3岁下降到39岁，29个职能部门党政正职的平均年龄由50.8岁下降到40.5岁。为认真贯彻干部选拔任用条例，健全完善领导干部述职述廉、诫勉谈话、任期经济责任审计、重大事项报告等制度，任前推行计生、廉政鉴定、新提拔干部试岗等制度，区委先后制定下发《关于提拔任用干部进行廉政鉴定的实施细则》《关于在干部选拔任用过程中做好计划生育考察考核的有关规定》《关于对新提拔的科级领导干部实施试岗制度的通知》《关于进一步加强和改进党政干部任前公示制意见》《关于对不称职、不胜任现职等领导干部的管理办法》等规范性文件，切实加强干部监督管理工作。1998 年以前实行的是组织任命，1999 年党政机关干部过渡到公务员后，在干部任免上逐步列入竞争机制，实行竞争上岗，按照公开、平等、竞争、择优的原则选配干部。按照“到龄改任、空职补缺；大局稳定、部分调整；择优选拔、优化结构”的原则，严格干部选拔任用，民主推荐、测评、考察、酝酿、讨论等环节工作程序，做到成熟一批、调整一批，干部选拔任用工作逐步迈入规范化轨道。2010 年底，全区配备科级干部 1382 人，其中正科级领导干部 511 人、副科级领导干部 871 人。一般干部 7359 人（女 3137 人），其中机关 1536 人（女 654 人），事业单位 5823 人（女 2873 人）。

三、考核、奖惩

1994 年，延安市按照《国家公务员暂行条例》和《国家公务员考核暂行规定》的要求，开始在党政机关、事业单位建立起考核制度，考核分为半年初评和年终考核。市委单位由组织部考核，市政府各部门、各事业单位、乡镇、街道办事处由劳人局考核。在考评中，各单位首先成立考核领导小组，被考核人员总结一年来的工作，主管领导在听取群众意见的基础上，根据平时考核和个人总结写出评语，提出考核意见。考核小组进行审核，部门负责人确定考核等次，并以书面形式通知被考核人，如有异议，可以在接到考核结果通知之日起十日内向领导小组申请复核，考核领导小组在十日内提出复核意见，经单位负责人批准后，以书面形式通知本人。对复核结果不服的，可以向政府人事部门提出申诉。考核后被考核人填写年度考核登记表，存入人事档案。根据考核情况，考核结果分为优秀、称职、基本称职和不称职 4 个等次。

2000 年，为加大考核工作力度，规范平时考核，区委、区政府制定《关于认真搞好国家行政机关（事业单位）平时考核半年初评的通知》，向被考核人员下发《平时考核登记册》，由被考核人员对日常工作情况如实填写，区人劳局一年抽查一次。从 2005 年开始，公务员连续三年被确定优秀等次的记三等功。

2006 年 1 月，实施公务员法，对 132 个单位的领导和业务骨干进行政策、业务知识培训。国家公务员的奖惩分为嘉奖、记三等功、二等功、一等功、授予荣誉称号，授奖人数一般控制在年度考核参评人数的 15%以内。嘉奖、记三等功由区人劳局批准。二等功以上由市以上人民政府批准。根据《国家公务员考核暂行规定》考核结果与奖惩挂钩。在年度考核中，国家公务员连续三年被确定为优秀或连续五年被确定为称职以上等次的，可在本职务工资对应级别内晋升一级工资。凡年度考核两年被确定为称职以上等次的，在本职务标准内晋升一个工资档次。2007～2010 年，公务员年度考核实施奖励，当年被评为优秀并嘉奖。

第四节　专业技术人员管理

一、职称评审

1987 年 6 月，延安市专业技术人员职称评聘开始推行试点；8 月，在全市展开工作，在有关单位的配合下，相继开始企事业单位的首次专业技术职务评聘工作。延安市专业技术人员，由科委（现科技局）管理。

1991 年 9 月，划归人事劳动局管理。此后，事业单位专业技术职务聘任制度逐步完善，专业技术职务评聘管理步入正规化、经常化、制度化。每年根据企事业单位专业技术人员的学历、工作经历及业绩，依据上级部门颁布的评审条件，开展职称评审工作。陕西省人事厅负责高级职称的评审、审批工作；延安地区人事局负责中级职称的评审、审批工作；延安市人劳局负责初级职称的评审、审批工作。对因人数少，无法组织评审委员会的专业，统一由区人劳局下属职称改革办公室组成评审委员会进行评审。根据人事部文件规定，对本科毕业生，符合晋升相应高、中级职务任职资格条件者，可不受本单位结构比例岗位数额限制，允许申报评审相应高、中级职务任职资格，所需指标由职改办专项下达。

1992 年，会计、统计、审计、经济专业相继开始全国统一考试。随后计算机软件、卫生技术（含计划生育节育技术）、房地产评估师等专业相继开始全国统一考试，以考代评。

1996 年，因地改市职称评定暂停。1999 年，开始实行全国专业技术人员职称英语等级统一考试。

1991~2010 年宝塔区专业技术职务评审情况统计表

表 25-2-1 单位：人

年份	高级	中级	初级	
			助理	员
1991	69	1085	69	167
1992	13	143	226	332
1993	37	321	489	53
1994	33	249	750	341
1995	48	334	699	289
1996	—	—	—	—
1997	73	917	2920	—
1998	35	282	1152	—
1999	37	382	428	—
2000	45	119	359	234
2001	14	153	129	133
2002	37	140	346	439
2003	54	215	302	135
2004	79	272	442	248
2005	107	310	410	111

续表

年份	高级	中级	初级	
			助理	员
2006	76	261	371	118
2007	88	247	131	298
2008	61	312	353	62
2009	110	381	278	—
2010	18	113	260	—
合计	1034	6236	10114	2960

二、专业技术聘任工作

专业技术聘任工作，采取单位自主聘用，政府宏观管理的原则。在取得专业技术职务任职资格证后，全额拨款事业单位、差额拨款事业单位按照陕西省事业单位专业技术职务结构比例指导性控制幅度掌握，自收自支事业单位和企业的专业技术人员聘任不受结构比例控制。

（一）继续教育与培训

依据《陕西省专业技术人员继续教育条例》，宝塔区职称改革办公室负责全区继续教育的指导、协调、评估和监督。1997 年，为每位专业技术人员发放继续教育证，进行登记备案。2000～2010 年，宝塔区人力资源和社会保障局下属职称改革办公室组织全区 45 周岁以下的专业技术人员和计算机等级（一级）的培训，已培训专业技术人员累计 2900 人，收到良好的社会效果。

（二）考核

专业技术人员年度考核是加强专业技术人员管理的一项重要措施。考核时把年度考核与平时考核有机结合起来，坚持定性与定量、领导与群众相结合的考核办法。考核程序为撰写个人总结，在规定的范围内述职，进行群众测评，确定考核等次。考核等次为“优秀”“称职”“基本称职”“不称职”。1996 年以前年度考核“优秀”的比例为 20%。同年，首次进行技术工人考核工作。技术工人考核分为技师、高级工、中级工、初级工等级。考核条件和要求是：参加工作 20 年以上或从事本工种 15 年以上的可申报高级工的考核；参加工作 15 年以上或从事本工种 10 年以上的可申报中级工的考核；参加工作不满 10 年的可申报初级工的考核。考核内容包括政治思想考核、工作实绩考核、专业技能考核。同年，延安市人事劳动局首次组织培训，根据技术工人培训教材，聘请专业教师，按规定时间、规定内容，分初、中、高级工培训班。培训结束后，组织技术工人进行所报等级的考试。考试合格者，初级工由延安市人事劳动局审批发证；中级工由延安市人事局工考办审批发证；高级工以上由陕西省人事厅工考办审批发证。专业技术工人的升等级由市人事局工考办负责管理。1997～2001 年度考核“优秀”的比例为 15%。2002～2004 年度考核“优秀”的比例为 10%。2010 年 12 月，全区有工人技师 160 人，高级工 314 人，中级工 259 人，初级工 402 人。

第五节　工资福利

一、工资

1993年以前，国家党政机关和事业单位实行结构工资，工资由基础工资、职务（岗位）工资、工龄工资和奖励工资组成。

1993年，国务院颁发《关于机关和事业单位工作人员工资制度改革的问题的通知》，实行全国性的工资改革。机关干部实行职级工资制，由职务工资、级别工资、工龄工资、基础工资四部分组成。机关技术工人实行岗位技术等级工资制，由岗位工资、技术等级工资和奖励工资三部分构成；普通工人实行岗位工资制，由岗位工资和奖励工资两部分组成；事业单位工作人员工资由职务工资和津贴工资两部分组成。职务工资是固定部分，津贴是浮动部分。固定部分和浮动部分按事业单位的类别区分。全额事业单位为7∶3；差额和自收自支事业单位为6∶4。1994年，按国务院、省、市有关文件精神，在工资制度改革中，为全市301个机关事业单位9691名工作人员进行工资套改，月增资额78.36万元，人均月增资80.86元。其中，机关单位3503人，月增资额26.42万元，人均月增资75.40元；事业单位6188人，月增资额51.94万元，人均月增资83.94元；离退休843人，月增资11.80万元，人均月增资140元。

2006年12月，按陕西省、延安市有关文件精神，在工资改革工作中，为全区机关事业单位9666名工作人员进行工资改革，其中在职工作人员8004人、离休166人、退休1496人。这次工资改革后公务员实行职级工资制，基本工资由职务工资和级别工资构成；机关工人实行技术等级工资制，基本工资由岗位工资和技术等级（职务）工资构成；事业单位实行岗位绩效工资制，基本工资由岗位工资和绩效工资构成。宝塔区不属于实施艰苦边远地区津贴范围，新录用、参加工作的人员执行试用期工资。公务员工资改革后，依据有关文件精神，首次实施区公务员津补贴工资。2009年12月，宝塔区又实施规范公务员二步津补贴工资。

2006年宝塔区机关公务员生活补贴和工作津贴标准统计表

表25-2-2　　　　单位：元/月

职务	生活补贴	工作津贴	小计
副市级领导职务	1340	880	2220
副巡视员	1280	840	2120
正县级领导	1160	760	1920
调研员	1110	730	1840
副县级领导	1040	680	1720
副调研员	990	650	1640
正科级领导	940	620	1560
主任科员	920	610	1530

续表

职务	生活补贴	工作津贴	小计
副科级领导	890	590	1480
副主任科员	870	580	1450
科员	840	560	1400
办事员及以下	810	530	1340

2009 年宝塔区规范机关第二步津补贴标准统计表

表 25-2-3 单位：元/月

类型	职称/职务	二步津补贴标准							住房公积金固定补贴
		合计	生活补贴	工作津贴	离休人员生活补贴	离休人员净增资额	退休人员生活补贴	退休人员净增资额	
行政管理人员	副市级领导职务	2650	1860	790	2390	1050	1860	520	450
	副巡视员	2550	1790	760	2300	—	1790	510	430
	正县级领导职务	2350	1650	700	2120	960	1650	490	390
	调研员	2270	1590	680	2040	—	1590	480	370
	副县级领导职务	2150	1510	640	1940	900	1510	470	350
	副调研员	2070	1450	620	1860	—	1450	460	330
	正科级领导职务	1990	1390	600	1790		1390	450	320
	主任科员	1960	1370	590	1760		1370	450	310
	副科级领导职务	1910	1340	570	1720		1340	450	300
	副主任科员	1880	1320	560	1690		1320	450	290
	科员	1830	1280	550	1650		1280	440	280
	办事员	1770	1240	530	1590		1240	430	270
工勤人员	高级技师	1960	1370	590	1760	—	1370	450	310
	技师	1910	1340	570	1720	830	1340	450	300
	高级工	1830	1280	550	1650	—	1280	440	280
	中级工	1770	1240	530	1590		1240	430	270
	初级工	1770	1240	530	1590		1240	430	270

说明：1. 实施二步津补贴后，在职人员人均增加津贴补贴 430 元；

2. 离休人员生活补贴调整为在职人员补贴合计的 90%；

3. 退休人员生活补贴调整为在职人员补贴合计的 70%；

4. 住房公积金固定补贴按一步津补贴（绩效工资）的 20%计算

二、福利

1990 年，全市所有党政机关和事业单位工作人员每人每年享受福利费 36 元，防暑降温费 75 元。延安市所有大中专学历每人每月享受 10 元山区补贴，2.5 元书报费。

1997 年，按照人事部、财政部、最高人民法院、最高人民检察院通知精神，宝塔区法院、检察院办案人员每人每月享受 60 元岗位津贴。按照人事部、财政部、审计署通知精神，区审计机关人员每人每月享受 60 元工作津贴。1998 年，全区取消大中专学历山区补贴、书报费待遇。

2002 年，领取“独生子女证”的机关事业单位工作人员，每人每月享受 5 元独生子女费。2006 年，按照人事部、财政部通知精神，区公、检、法系统人民警察每人每月享受 260 元岗位津贴。

三、假期制度

宝塔区机关、事业单位现行休假制度主要有法定节假日、年休假、探亲假、病事假、婚丧假、产假 6 种。

法定节假日按国家规定每年 11 天，元旦、清明、“五一”、端午、中秋 5 个节假日各放假 1 天，国庆节、春节各放假 3 天。另妇女节（3 月 8 日），妇女放假半天；青年节（5 月 4 日），14 周岁以上的青年放假半天；建军节（8 月 1 日），现役军人放假半天；教师节（9 月 10 日），教师、学生放假半天。1995 年 7 月起，星期日休假改为星期六、星期日双休。

（一）带薪年休假

自 2008 年 1 月 1 日起施行，职工根据工作年限享受 5~15 天年休假，可以集中和分段安排，单位确因工作需要不能安排职工休年休假的，单位按其日工资收入的 300% 支付年休假工资报酬。

（二）探亲假

职工探望配偶的，每年给予一方探亲假 1 次，假期为 30 天；未婚职工探望父母，原则上每年给假一次，假期为 20 天，两年探亲一次的假期为 45 天；已婚职工探望父母的，每 4 年给假一次，假期为 20 天。

（三）职工病假

在 2 个月以内的，发给原工资。病假超过 2 个月，从第 3 个月起，工作年限不满 10 年的，发给本人工资的 90%；工作年限满 10 年的工资照发。病假超过 6 个月时，从第 7 个月起工作年限不满 10 年的，发给本人工资的 70%；工作年限满 10 年以上，发给本人工资的 80%。

（四）婚丧假

按 1980 年 2 月国家劳动总局、财政部规定，国营企业职工结婚或直系亲属死亡时，可以给予 1 至 3 天的婚丧假。2009 年 5 月 27 日陕西省第十一届人民代表大会常务委员会第八次会议修订通过的《陕西省人口与计划生育条例》规定：男 25 周岁以上、女 23 周岁以上初婚的为晚婚，在法定婚假的基础上增假 20 天；24 周岁以上的已婚妇女生育第一个子女的为晚育，在法定产假的基础上增加产假 15 天，同时给予男方护理假 10 天；在产假期间领取独生子女父母光荣证的，另增加产假 30 天。

四、死亡抚恤

机关事业单位工作人员死亡后，按规定标准发给丧葬费、抚恤费和遗属生活困难补助费。其标准各个时期有所不同，呈递增趋势。1990年，非农业户口遗属生活补助费，每人每月50元，农业户口遗属每人每月40元。1994年，非农业户口遗属生活补助费，每人每月提高到80元，农业户口遗属每人每月提高到70元。遗属中孤、老、独妇女在原规定基础上增加10元。国家机关、事业单位工作人员中，符合离休条件的干部，按照劳动人事部劳人险〔1983〕3号《关于建国前参加工作的老工人退休待遇的通知》规定，享受全薪退休费待遇的老工人死亡后其父、母、配偶，因公（工）死亡职工的遗属，非农业户口每人每月补助90元，农业户口每人每月补助80元。在抢险救灾保护国家财产和在对敌斗争中因公牺牲人员的遗属，每人每月补助100元。1996年，非农业人口遗属调整为100元，农业户口遗属每人每月调整为90元。其中，新中国成立前参加革命工作的老干部和老工人遗属中的父母配偶、因公（工）死亡人员的遗属，非农业户口每人每月补助110元、农业户口每人每月100元。1999年，遗属生活困难补助在原规定基础上每人每月提高50元，遗属中的孤、老、独、幼在上述规定基础上每人每月增加10元。2004年，规定去世离休人员其无工作的配偶，不论居住在城镇还是农村，生活困难补助标准调整为：1937年7月6日以前参加工作的离休人员的配偶，每月400元；1937年7月7日至1945年9月2日参加工作的离休人员的配偶，每月350元；1945年9月3日至1949年9月30日参加革命工作的离休人员的配偶，每月300元。配偶中的孤寡老人每人每月另加100元。10月1日起，国家机关工作人员及离退休人员死亡，一次性抚恤金，按照烈士为本人生前80个月基本工资或基本离退休费，因公牺牲为本人生前40个月基本工资或基本离退休费，病故为本人生前20个月基本工资或基本离退休费。丧葬费规定省级机关、事业单位厅级以上干部为2000元，其他人员为1500元。2008年起，丧葬费标准提高，丧葬费规定省级机关、事业单位厅级以上干部为4000元，其他人员为3500元。超出费用亲属自理，遗属按月享受生活补助。遗属生活补助标准调整为农业户籍230元/月，城镇户籍280元/月。

第六节　军转干部安置

军队转业干部由宝塔区人力资源和社会保障局负责。1995年，延安市按照相关政策积极认真做好转业干部的安置工作。安置军转干部2人。2001年12月28日，国家发布实施《军队转业干部安置暂行办法》，各省也制订相应的实施细则。从此，军队转业干部安置工作走上法制化轨道。

2003年，陕西省建立部分企业军转干部生活困难补贴正常调整机制，这个调整机制包括两部分内容：一是随着各市上年度在岗职工平均工资水平或企业退休人员基本养老金平均水平的提高，部分企业军转干部生活困难补贴标准也相应提高。二是按企业军转干部原部队职级发放生活困难补贴，并逐步调整提高标准。2004~2007年安置军转干部17人。2008年安置军转干部2人。

2009年，按照《关于解决部分企业退休军转干部生活困难问题的宣传提纲》的通知，宝塔区认真做好宣传并对全区的企业军转干部进行走访调查，了解其困难情况。

第七节 大中专毕业生就业

一、大中专毕业生聘录

1997年前，按照“专业对口、学用一致”的原则，宝塔区人事部门及时分配毕业生到岗工作。1998年起，全区接收大中专毕业生人数剧增，就业岗位少，就业压力大。根据省市“双向选择、竞争上岗”等有关大中专毕业生分配政策规定，1998~2000年按培养方式（定向、委培、实践、计划内自费）分配毕业生就业。2002年、2003年经区委、区政府同意，区人劳局具体操作又分配253名毕业生。2007年招聘14名本科毕业生从事医疗、教育、农技等工作。2008年从本科、大专毕业生中招聘48名专业技术人员从事果树、计生、卫生等工作。2009年招聘10名本科毕业生从事教育、农业、水利等工作。2010年招聘366名本科、大专毕业生从事卫生、教育、水利等工作。

二、大中专毕业生管理

1998年后，区人才交流中心主要承担全区人才公共事务管理和人才市场运营工作。承办的具体业务有：人才储备与人事代理；人才供求信息发布与就业推荐；人才人事政策法规咨询与宣传；人才素质测评与社会化人才培训；大中专毕业生就业指导与服务。具体包括：管理流动人才和非公有制单位人才的人事档案；接收委托进行人事代理；大中专毕业生就业指导；开展社会化人才培训和人才素质测试；开展身份认定、社会保险代缴、档案工资调整、职称测试、合同鉴证等人事社会化管理服务功能和实施行政处罚；对人才市场贯彻执行《陕西省人才市场条例》情况实施监管；对人才流动争议进行仲裁。2003~2010年，接收大中专毕业生6844人，组织大型招聘会31次，就业推荐2943人，引进人才36人，“五大”毕业生入库推荐268人，办理毕业生落户3464人，辞解聘人事代理384人，接待就业咨询5291人次，发布个人求职信息9527条，办理聘用合同鉴证3590人。

第八节 离休退休

1990~2010年，按照国家有关规定，先后办理干部、工人退休2008人，其中国家机关退休656人（男473人、女183人）；事业单位退休1352人（男527人、女825人）。1990年以来，离休干部逐年减少。截至2010年底，全区离休干部有108人，其中机关离休59人、事业单位离休49人。

第三章　劳动保障

第一节　劳动机构

1990～1993 年，称延安市劳动服务公司。1994～1996 年，称延安市劳动服务局。1997～2002 年，称宝塔区劳动服务局。2002 年 12 月，宝塔区劳动服务局更名为宝塔区就业管理局，隶属于宝塔区人事和劳动社会保障局，科级建制。2010 年，有工作人员 21 人，其中局长 1 人、书记 1 人、副局长 2 人。主要负责中省、市、区有关就业和再就业工作的重大部署；统一组织全区劳动力市场综合管理；管理区级就业经费和资金，监督再就业小额贷款担保工作；负责失业保险基金管理及稽核发放工作。

第二节　用工制度

1995 年，延安市根据 1986 年 10 月国务院发布的《国营企业实行劳动合同暂行规定》，所有用人单位新招收的各类工人，统一实行劳动合同制，用工形式有长期工、短期工和轮换工，由企业根据生产、工作特点和需要确定用工形式。新招收的合同制工人与原企业职工享有同等权利，其工资福利保险与原职工享有同等待遇，并在实行初期享有 5%的工资补贴。当年，新招收合同制工人 1462 人。

2005 年 12 月，补签和重新签订劳动合同的职工 3149 人，劳动合同鉴证率 60%。2010 年，实行全员劳动合同制企业 392 户、40640 人，其中新招收合同制工人 4318 人，补签劳动合同的职工 3644 人，劳动合同鉴证率 70%。

1990～2010 年宝塔区劳动合同制用工统计表

表 25-3-1

年份	全部企业		实行全员劳动合同制企业		新招收合同制工人			补签劳动合同（份）	劳动合同鉴证率（%）
	户数（户）	职工人数（人）	户数（户）	职工人数（人）	小计	机关事业（人）	企业（人）		
1990	238	37651	0	0	585	15	570	0	100
1991	238	37723	0	0	863	13	850	0	100
1992	242	38624	0	0	921	16	905	0	100

续表

年份	全部企业		实行全员劳动合同制企业		新招收合同制工人			补签劳动合同（份）	劳动合同鉴证率（%）
	户数（户）	职工人数（人）	户数（户）	职工人数（人）	小计	机关事业（人）	企业（人）		
1993	244	38921	0	0	1211	11	1200	0	100
1994	244	39002	0	0	1611	11	1600	0	100
1995	246	39502	0	0	1462	22	1440	0	80
1996	248	39821	72	21000	2435	35	2400	195	70
1997	343	39924	85	23000	1035	35	1000	235	70
1998	306	36024	92	24015	1124	24	1100	435	60
1999	316	36015	101	25335	1364	64	1300	675	60
2000	326	38014	165	26365	362	15	347	1020	60
2001	313	38023	292	29302	1362	0	1362	1132	60
2002	324	39010	294	30012	1862	0	1862	2103	60
2003	362	40010	315	36001	2346	0	2346	2203	60
2004	363	40210	356	39201	3106	0	3106	2348	60
2005	365	40360	365	40360	4102	0	4102	3149	60
2006	372	40410	372	40410	4302	0	4302	3241	60
2007	376	40520	376	40520	4308	0	4308	3516	60
2008	383	40550	381	40550	4312	0	4312	3598	70
2009	389	40600	386	40600	4314	0	4314	3612	70
2010	392	40640	392	40640	4318	0	4318	3623	70

第三节　就业再就业

1990年后，延安市就业体制实现从统包统配到市场就业巨大转变。1998年，宝塔区决定实施解困再就业工程，区属企业累计有下岗失业职工5603人，约占全区企业职工总数的45%。累计安置下岗失业职工2672人，再就业率47.6%。其中，安置“4050”人员（男50周岁、女40周岁）799人，给1135人发放下岗职工再就业优惠证。筹集保障基金1106万元，建立“三条保障线”。38家国有企业建立“再就业服务中心”，与953名职工签订下岗协议。为下岗职工发放生活补贴费657万元，为离岗和下岗职工代缴养老保险金290万元。

1999~2008年，全区进一步深化就业再就业工程，全面实施“人人技能工程”，整合职教中心、就业培训中心、农广校和农综办等培训资源，更新下岗失业人员再就业微机培训基础设施，指导各类培训机构按照市场需求设置专业，突出实用技术和创业培训，做到技能培训与就业的有机衔接，以培训促就业，组织开展市场营销、美容美发、烹饪、电子装配、机械加工、酒店服务、计算机应用与维修等专业技术培训，培训3238人，再就业培训1845人。发挥就业的动态管理体系功能，以乡镇、办事处为依托，根据市场需求情况，以旅游、社区服务、非公有制经济领域为重点，开发就业岗位4550个，开发公益性岗位620个，安置就业困难对象430人，安置大专以上毕业生70人。落实各项扶持政策，累计发放再就业优惠证1168本，682名下岗失业人员享受到优惠政策，减免工商管理费105.7万元，减免税费155万元。城镇失业率控制在4.2%以内。

2002年至2010年12月末，全区安置下岗失业职工21670名，再就业安置率62%。

2009年，区就业局开发就业岗位4633个，城镇新增就业4631人；以下岗职工中的“4050”人员、零就业家庭成员等为重点，开发公益性就业岗位232个，城镇失业率控制在4.2%以内。

2010年，配合市上组织招聘专科以上学历劳动保障协管员48人；组织实施“基层人才振兴计划”工作，招聘各类专业技术人员26人；组织7次大型招聘活动，推荐毕业生到区外单位及非公有制单位就业783人；组织实施大学生就业见习，推荐见习人员150人，缓解就业压力。以建筑、餐饮、旅游等非公有制经济为重点开发就业岗位4985个，实现城镇新增就业4965人，其中下岗人员实现再就业安置1358人，城镇失业率控制在4.2%以内。

第四节　劳务输出

2001年开始，宝塔区把劳务输出转移作为强区富民战略措施常抓不懈。落实“劳务输出扶贫行动”，实施“有序化工程”；坚持就地就近转移原则；巩固旧基地，开辟新市场。组织劳务输出，扩大转移规模，取得良好的经济效益和社会效益。

2001～2010年，累计输出劳动力总数270893人，每年平均输出2.7万人，2009年最多，输出4.3万人，占当年农村劳动力总数38%。累计务工收入12.0197亿元，年人均收入4326元，2009年最多，收入2.3亿元，人均收入5316元。

2001～2010年宝塔区劳务输转情况统计表

表25-3-2

年份	农村劳动力向非农业人口转移数（人）	有组织输出人数（人）	劳务收入（亿元）
2001	3896	4472	0.1570
2002	9700	10300	0.3801
2003	1076	12000	0.4646
2004	15576	17199	0.7180

续表

年份	农村劳动力向非农业人口转移数（人）	有组织输出人数（人）	劳务收入（亿元）
2005	22662	31253	1.2
2006	21772	31502	1.2
2007	23513	43623	1.6
2008	15379	40013	1.8
2009	14121	43623	2.3
2010	7200	36908	2.2
总计	134895	270893	12.0197

第五节　劳动技能培训及鉴定

一、技能培训

2002年，宝塔区开展职工技能培训（包括就业前培训、就业后在职培训和专业培训），通过宝塔区就业培训中心举办的各种短期训练班（一般为1个月）和技工学校2~3年的系统学习等形式，承担各种培训任务。全区的职工技术培训工作以就业前培训、在职培训和专业培训为主。培训涉及机械加工、电气焊、计算机、美容美发、餐饮服务等90个工种，培训合格率100%。“先培训、后就业”是劳动就业工作的基本方式，未经培训不得上岗，未经培训不得就业，实行“培训合格证”制度。截至2010年底，全区就业培训人数11万多人，培训结业率100%。区培训中心和企业自行培训的在职职工累计1万多人，其中特殊工种培训2000多人。

二、职业技能鉴定

2005年8月，经陕西省政府批准，国家级职业技能鉴定站设在区就业培训中心，即“宝塔区就业培训中心国家技能鉴定所”。鉴定工种为建筑类、餐饮类、服务类、计算机等工种，鉴定等级为初、中、高级。2005~2010年，为1900多人进行职业技能鉴定。

2002~2010年宝塔区职工就业培训情况统计表

表25-3-3

年份	就业前培训（人）	转岗培训（人）	在职培训（人次）	其他培训（人）	结业率（%）
2002	354	—	1350	—	—
2003	560	—	1280	—	—
2004	343	80	859	—	100

续表

年份	就业前培训（人）	转岗培训（人）	在职培训（人次）	其他培训（人）	结业率（%）
2005	277	120	452	—	100
2006	190	200	278	—	100
2007	363	250	220	190	100
2008	149	370	576	—	100
2009	50	280	768	68	100
2010	50	455	266	—	100
总计	2336	1755	6049	258	—

2005~2010 年宝塔区职业技能鉴定情况统计表

表 25-3-4　　单位：人

年份	合计	工种	级别		
			初级	中级	高级
2005	277	建筑、服务等	214	35	28
2006	190	建筑、服务等	127	56	7
2007	363	建筑、服务等	316	41	6
2008	422	建筑、服务等	363	44	15
2009	602	建筑、服务等	496	68	38
2010	105	建筑、服务等	80	25	0
总计	1959	建筑、服务等	1596	269	94

第六节　劳动管理与维权

1995 年 1 月，《中华人民共和国劳动法》颁布实施后，延安市以调整劳动关系，保障劳动者合法权益为目标，改革传统计划经济体制劳动用工制度。打破国有企业、集体企业和私人企业界限；打破干部、工人界限；打破干部职工终身制；鼓励劳动者自由选择职业和按规定自由流动、竞争上岗；建立以劳动合同为主要形式的用工制度。1998 年，建立健全劳动合同订立、变更、解除终止、续订、鉴证等各个环节管理制度；建立《劳动合同管理台账》。并根据劳动法有关规定，每年对全区所有用人单位和劳动者进行年检和劳动合同鉴定，督促企业按时发放农民工工资，依法维护劳动者合法权益。企业职工工资从 1999 年开始，按照省劳动厅《关于进一步明确国有企业职工工资调整和管理有关政策的通知》精神，由企业根据经济效益状况，在国家政策允许范围内自主决定。

1999~2008年，与延安电视台合作，制作《中华人民共和国劳动合同法》宣传片，利用简报、传单、横幅等形式，加大对《中华人民共和国劳动合同法》《劳动合同法实施条例》的宣传力度，发放各种宣传材料累计12万余份；与公安、工会、工商等部门组成联合督察组，对用工集中的建筑、餐饮等单位进行专项执法检查，督促其与劳动者签订劳动合同8323份。开展整治非法用工，打击违法犯罪专项行动，加大对农民工使用比较集中的餐饮、建筑等用工单位的劳动监察力度，查处各类劳动保障违法案件49件，追回拖欠农民工工资197.035万元，清退押金7350元。

2009年，加大《中华人民共和国劳动合同法》宣传力度，发放各种宣传资料3万多份，扩大《中华人民共和国劳动合同法》的社会影响力。指导各类企业与劳动者签订劳动合同4万多份。起草宝塔区机关事业单位临时用工管理办法，尝试以劳务派遣的形式规范机关事业单位临时用工行为。加大劳动监察执法力度，遏制劳动违法行为。组织4次劳动用工专项检查，全年接到举报投诉72件，立案受理62件，结案59件，追回拖欠工人工资292.61万元，其中农民工工资279.54万元，涉及劳动者1116人，农民工1073人。

2010年，加大劳动监察力度，组织督查《中华人民共和国劳动合同法》落实情况、整治人力资源市场、整治非法用工联合专项检查3次，涉及用人单位354户、劳动者18200人。受理群众举报投诉案件354件，追回拖欠工人工资38.92万元。

第七节　社会保障

一、城镇养老保险

1986年，延安市启动养老保险、失业保险，参保对象为行政、事业单位劳动合同制职工和国有企业正式职工。1988年开始，企业化管理事业单位职工纳入参保范围。1994年，扩大参保范围，城镇所有企业职工、企业化管理事业单位、私营企业、个体工商户及单位招用的临时工、农民合同工均纳入参保范围。1996年，完成养老、失业保险由区级统筹向省级统筹平稳过渡，实行“一级核算、分级管理”的管理体制，建立健全各项管理机制，增强社会保险基金调剂功能。1996年11月1日，统一为参保职工建立个人账户。1997年，建立社会保险基金收支两条线机制，统一全区企业统筹比例计算办法，实行职工基本养老保险社会统筹与个人账户养老金两部分计发，对各类企业职工实行统一养老保险制度。2000年4月，实行养老金由社会保险经办机构直接发放，社会保险费由税务机关代征，实现直接发放率和社会化管理服务率两个100%。2001年6月，参保人员退休月养老金根据工作年限和缴费情况，其基本养老金由四部分组成；社会统筹养老金、个人账户养老金、缴费性养老金和规定的补贴（按一定比例）计发。2010年底，全区参加基本养老保险17516人，累计征缴基本养老金4.80亿元，累计拨付养老金4.40亿元。

二、医疗保险

2007年5月，全面启动城镇居民基本医疗保险制度，全区行政区域内所有行政事业、企业单位职工均纳入参保范围，实行区级统筹。2008年，在基本医疗保险工作上简化程序、强化稽核，294个单位17523人参加城镇职工医疗保险（机关事业单位260个，11243人；企业34个，6280人）。起草《宝塔区城镇居民基本医疗保险2008年实施方案》，采取各种方式对相关政策进行宣传，组织督察组深入基层进行检查指导。2008年有53995人参加城镇居民医疗保险，完成年任务49311人的109%。2009年，全区有385个单位、19485人参加城镇职工医疗保险，收缴医疗保险基金3967万元；实施城镇职工慢性病医疗补助项目，申报鉴定2009年度长期慢性病患者177人，特定检查特定治疗33人次，花费54.64万元，报销43.71万元。2010年，全区有364个单位、19425人参加职工医疗保险，收缴医疗保险基金2215.53万元；有74521人参加城镇居民医疗保险，参保率76.5%。全年报销支付医疗费1528.91万元，其中个人账户支付690.96万元，统筹基金支付837.94万元。全年住院1093人次，花费1147.86万元，报销比例73%。申报鉴定长期慢性病193人。

三、失业、工伤、生育保险

2003年，宝塔区开始施行失业、工伤、生育保险制度。2008年，24477人参加失业保险，9888人参加工伤保险，6231人参加生育保险。2009年，全区参保人数分别为24705人、11600人、6444人。2010年，失业保险累计参保25613人，为1195名符合条件的下岗失业人员发放失业金666.8万元；工伤、生育保险分别参保11600人、8226人。2010年底，累计征缴失业保险金666.8万元；征缴工伤保险金266.74万元，支付59.49万元；征缴生育保险金223.29万元，支付221.03万元。

四、农村社会养老保险

1994~2007年的14年间，宝塔区（延安市）20个乡镇20余万农业人口中，3379人参加农村社会养老保险，占总人数的0.2%，收缴保费81.6674万元，基金积累总额115.98万元。2008年，开展李渠镇阳山、沟门两村被征地农民养老保险试点工作，每位被征地农民每年缴纳50元，年满60周岁后，每年可享受1920元养老待遇，867人参保，86名60岁以上老人享受到养老待遇。2010年1月，宝塔区启动新型农村社会养老保险，全年参保114962人，参保率93.85%。按时为16483名到龄人员发放养老金493.18万元，发放率100%。同年10月，宝塔区列入新型农村社会养老保险国家级试点县区，60周岁以上参保人员的基础养老金由国家财政列支，每年地方财政节资496万元。

第二十六编　教　育

20 世纪 90 年代，延安市教育步入整体推进发展的快车道。1990 年，实施“普及六年义务教育”工作，1996 年完成。1997 年，宝塔区被评为“陕西省扫除青壮年文盲先进集体”。继而实施“两基”和“普九”达标工作。1999 年，全区“两基”和“普九”达标工作通过省级验收。随之进行“双高普九”达标工作。2007 年 4 月，农村中小学现代化远程教育项目通过省级验收；同年 6 月“双高普九”通过国家级验收后，进入创建省级教育强区阶段。2008 年 9 月，区电化教育中心标准化达标通过省级验收。是年 10 月，宝塔区创建教育强区工作顺利通过省、市专家组评估验收，在全市率先创建为省级教育强区。

2008~2010 年，全区投资 4.7 亿元，新建、扩建教学楼、学生公寓楼 22 幢，维修建造校舍面积 24.6 万平方米，中小学办学条件显著改善。区属 18 所中学、37 所小学的实验设施全部达到省颁Ⅰ类标准；其他农村小学教学设施配备达到省颁Ⅱ类标准；全面普及实验教学。农村学校现代远程教育全面覆盖，实现优质教育资源共享。

截至 2010 年底，宝塔区有各级各类学校 224 所，在校教职工 8589 人，学生 100516 人。其中，区属公办学校 71 所（进修学校 1 所、职教中心 1 所、完全中学 3 所、初级中学 17 所、直属小学 11 所、幼儿园 3 所、乡镇中心小学 15 所、农村小学 20 所）；区属学校教职工 3937 人，在校学生 38914 人；民办学校 130 所（小学 24 所、幼儿园 106 所），教职工 2386 人，在校学生 27123 人；市属中小学 23 所，教职工 2266 人，在校学生 34479 人。

第一章　教育机构

第一节　管理机构

宝塔区教育局　1990年，延安市教育局行政编制11人（地址在南门坡育才小学后院），科级建制，设局长1人，副局长3人。内设机构有党委办公室、行政办公室、招生委员会办公室（临时）、勤工俭学办公室、职称改革办公室、教育股、劳人股、计财股、档案室。1996年12月26日，撤市设区。1997年1月，改称延安市宝塔区教育局。2006年8月，迁址到百米大道一中操场西楼。2010年，宝塔区教育局编制11人，设局长1人、副局长3人。内设党委办、行政办、教育一科、教育二科、人事劳资科、规划与资金管理科、安全科、学籍处、综合档案室等。下辖宝塔区教育研究室、勤工俭学办公室、电化教育管理中心等部门。

宝塔区人民政府教育督导室　1989年10月，延安市人民政府教育督导室成立，设主任、副主任各1人，督导员若干名（副科级）。1997年1月，改称宝塔区人民政府督导室。2010年，设主任1人、副主任1人、副科级督导员5人。负责教育督导同级人民政府的有关部门，贯彻执行国家教育方针、政策、法规执行情况；指导、评估、验收、复查辖区内的义务教育、扫盲教育和素质教育实施工作。对教育工作中的有关问题进行调查研究，并向同级人民政府和教育行政部门报告反馈情况，提出意见和建议。

宝塔区继续教育管理中心　1984年，延安市工农教育委员会办公室成立，主任由教育局局长兼任，设副主任2人，配专职干部3人。1994年，科级建制，设主任1人、副主任1人，局长不再兼任主任，有专职干部3人。1997年1月，改称宝塔区工农教育委员会办公室。2000年1月，主任由区教育局副局长兼任，设副主任1人，编制8人。2006年5月，副局长不再兼主任，科级建制，设主任1人、副主任1人。2008年4月，改称为宝塔区继续教育管理中心。2010年，编制8人，设主任1人、副主任1人。负责民办小学、幼儿园的审批和职业教育、成人教育等工作。

宝塔区考试管理中心　1977年3月，成立延安市招生委员会办公室（临时）。设主任1人、副主任1人，委员若干名。主任由主管教育的副市长兼任，副主任由文教局局长担任。下设临时办公室，随教育局合署办公，由局长兼任办公室主任，办公室设在延安市教育局，配备干部3人，办理各级各类学校招生工作。1993年，主任1人、副主任1人，主任由教育局副局长兼任，人员增加到5人。1997年1月，改称宝塔区招生委员会办公室（简称招生办）。1998年3月，更名为宝塔区考试管理中心。科级建制，编制

5人。设主任1人，由副局长兼任，副主任2人。2006年，宝塔区考试管理中心编制5人，设主任1人、副主任1人。2010年，编制8人，设主任1人、副主任2人。

乡（镇）教育委员会　1984年，各乡（镇）成立教育委员会，主任由乡（镇）长兼任，副主任由主管教育的副乡（镇）长兼任，委员由党委副书记、教育专干、教学辅导站主任、中心小学校长、乡初级中学校长5~7人组成。教育经费由市财政局直接拨付各乡镇财政所，乡镇包干使用。1989年，延安市人大常委会通过《关于改革教育管理体制意见》，明确“三级办学、两级管理”的职责和任务。

1993年，市政府将全市教育经费收回市教育局。市财政局将各乡镇教育经费拨付市教育局财务账户，再由市教育局拨付乡镇教办财务账户。各乡（镇）教委下设办公室，编制4人，设教办主任1人、成教专干1人、教研员1人、会计1人。负责本乡镇教育日常业务。市教育局管理教育系统的小学、幼儿园、农职中、教师进修学校的人事调配和各中小学教学及业务指导。

2007年6月，全区“双高普九”国家级达标验收后，调整学校布点，各乡镇村初完小撤并，教办自然减员，人员逐年安排到本乡镇中心小学。

2010年以后，各乡镇教办主任由中心小学校长兼任。

第二节　事业机构

宝塔区教育研究室　1990年，延安市教育研究室与教育局合署办公。科级建制，编制18人，设主任1人、副主任2人；内设中教组、小教组、电教组、办公室。1997年1月，改称宝塔区教育研究室。2009年3月，宝塔区教育研究室通过市级达标验收，被授予“延安市标准化教研室”称号。2010年8月，宝塔区教育研究室科级建制，编制18人，设主任1人、副主任2人，有专职教研员18人、兼职教研员39人，内设中教科、职教科、小教科、幼教科、教科室、编辑室、办公室。

勤工俭学办公室　教育局下设的业务机构。1985年4月，成立教育服务公司，有干部2人。1989年9月，改名为市勤工俭学办公室。设主任1人、干部1人。管理全市中小学勤工俭学工作。1990年，设主任1人、干部2人。1993年设主任1人，人员增加到3人。1996年7月以后，人员逐年退出，勤工俭学工作淡化。2004年，撤销勤工俭学办公室。

宝塔区电化教育中心　2006年3月，宝塔区电化教育中心成立，科级建制，设主任1人、副主任1人、工作人员6人。当年底，电化教育中心通过省级标准化达标验收。2007年被评为“陕西省优秀电化教育中心”。2010年，设主任1人、副主任1人，编制增加至10人。内设实验装备部、技术服务部、档案资料室、网络控制室、信息编辑室、网页编辑室、视频制作室和办公室等科室。负责全区中小学落实上级有关教育信息化的方针及政策；制定学校信息化发展规划和计划，并组织实施；负责全区中小学各功能部室的配备、管理、使用；负责指导全区校园网站的筹建、维护、管理、安全工作；对中小学教师进行相关现代教育技术的培训；负责全区中小学影视教育工作。

乡（镇）教学辅导站　1984年，各乡（镇）成立教学辅导站，设主任1人，由中心小学副校长兼任，具体指导村级民办小学常规教学及业务工作。1990年，市属完全中学（二中、四中、姚中）、农职中、市初级中学、小学、幼儿园所属市教育局管理；乡镇办初级中学、中心小学由乡（镇）管理，各村办小学由办学村组和所在乡（镇）管理，跨乡（镇）的学校和各类联办学校由所在地地方政府管理。是年，市属中学增设德育处，设主任1人，副主任1~2人。1993年成立乡镇教办，撤销乡（镇）教学辅导站。

教育视导团　1996年初，延安市教育视导团成立，属学（协）会组织。团长由延安教育学院原院长刘言（退休）担任，成员由延安师范退休教师郝美兆、高建忠、杨永泉等4人，延安市（县级市）直属中小学退休教师杨绍发、雒玉明，教育局退休领导樊文贵、李秀英、马殿详、马逢礼、苗庆泽、陈念顺13人组成，经费由市财政局支付，每年视实际情况而定，多少不等。视导团分为小学、初中、高中3个组。其主要职责是深入中小学校，围绕课堂教学参与听课评课活动。每组每学期深入学校15~16周次，每周至少在学校活动两天，上午听课3~4节，下午组织授课教师、校领导、中层、教研组长及相关教师进行评课。

1997~2000年，宝塔区教育视导团每组每学年深入中小学60天次，听课240节次，评课60余次；三个组累计深入中小学校1500天次，听课3600节次，评课900场次。2001年后，由于人员身体、年龄等原因，人员不断更替，到2007年，因人员减少、经费不足等原因自然解散。

第二章　教　师

第一节　教师队伍

1990年，延安市教师队伍的来源，主要靠高等师范院校、中等师范类专业学校分配，其他单位调入，民办教师中择优录用，招工招干录用的，聘用的，不足之数由民办、民请暂时代替。教师的组成由公办教师、民办教师（地区教育局在册，市教育局备案）、民请教师（市教育局在册，乡镇教办备案）、代课教师（学校雇用）组成。全市专任教师：普中1040人，其中女教师439人；高中270人，初中770人，中教高级32人，中教一级226人，中教二级250人，中教三级327人，未评205人；进修学校23人，其中女教师11人；农职中37人，其中女教师14人，中教高级3人，中教一级8人，中教二级19人，未评7人；小学2031人，其中女教师1185人，小教高级160人，小教一级347人，小教二级215人，小教三级1人，未评1308人；幼儿教师150人。

1996年，专任教师：普中1183人，其中女教师587人，高中231人，初中952人，中教高级83人，中教一级340人，中教二级491人，中教三级96人，未评173人；进修学校21人，其中女教师6人；农职中83人，其中女教师28人；小学2440人，其中女教师1485人，小教高级495人，小教一级994人，小教二级543人，小教三级5人，未评403人。民办教师628人，全市幼儿教师286人（市办73人），专任206人（其中市办64人）。有高中、中专以上学历者256人，学历合格率为87.62%，岗位合格率91.43%；私立小学有教职工72人，私立幼儿园有教职工20人。全市民办、民请、代理教师1500多人，是农村小学教育的主力军。同时，对地区教育局在册的民办教师628人清理整顿，辞退221人。

2000年，普中有专任教师1359人，其中女教师658人；高中324人，初中1035人；中教高级160人，中教一级535人，中教二级419人，中教三级28人，未评217人；进修学校14人，其中女教师6人；农职中62人，其中女教师35人；小学2502人，其中女教师1753人；小教高级813人，小教一级880人，小教二级457人，小教三级23人，未评329人；幼儿园教师198人，其中女教师198人。

2003年，全区高中、初中、小学、幼儿园专任教师合格率分别达83.7%、92.92%、97.35%、98.18%；高中、初中、小学教师大专学历比例占39.44%；初中教师本科学历比例占31.08%；高中教师研究生以上学历占3.8%。

2005年，专任教师普中2448人，其中女教师1297人；高中826人，初中1622人；中教高级362人，中教一级814人，中教二级795人，中教三级65人，未评412人；进修学校14人，其中女教师6人；农职中60人，其中女教师32人；小学2980人，其中女教师2096人，小教高级903人，小教一级1071人，小教二级690人，小教三级2人，未评314人；幼儿教师467人。

2006年9月，按照延安市政府要求，全区新招聘大中专毕业生302人，全部充实到基层学校任教。对市教育局在册的宝塔区266名民办教师采取退、养补助，同时，清退民请、代理教师407人。2007年以后根据各学校实际所需专业教师情况，采取招聘办法录用教师。

2009年，普中有专任教师2768人，其中女教师1555人；中教高级630人，中教一级770人，中教二级1084人，中教三级53人，未评231人；职教中心110人，其中进修学校14人，女教师72人；小学2830人，其中女教师2125人；小教高级1134人，小教一级1188人，小教二级268人，小教三级15人，未评225人；幼儿教师932人。同时，实行动态管理，对违规违纪的38名教师、干部进行责任追究、辞退，介绍回区人才交流中心16人，对教学质量后退的6个教办、16所学校进行问责，诫勉谈话28人次。

2010年，普中专任教师2789人，其中女教师1599人；高中1188人，初中1601人；中教高级705人，中教一级843人，中教二级1088人，中教三级9人，未评144人，岗位合格率100%；职教中心125人，其中女教师74人，岗位合格率100%；小学2888人，其中女教师2196人；小教高级1314人，小教一级1194人，小教二级180人，小教三级11人，未评189人；幼儿教师1145人。岗位合格率100%。

1990～2010年宝塔区教职工人数统计表

表26-2-1　　　　单位：人

年份	教职工数					专任教师					女教师				
	普中	进修学校	职教中心(农职中)	小学	幼儿园	普中	进修学校	职教中心(农职中)	小学	幼儿园	普中	进修学校	职教中心(农职中)	小学	幼儿园
1990	1266	37	66	2188	184	1040	23	37	2031	150	439	11	14	1185	182
1991	1288	33	68	2198	158	1042	22	38	2063	121	531	9	14	1239	156
1992	1290	35	64	2272	316	1060	20	40	2123	223	445	8	14	1229	219
1993	1255	34	67	2350	327	1030	20	40	2189	222	447	6	15	1296	218
1994	1276	33	71	2434	300	1063	19	50	2259	131	535	6	16	1513	195
1995	1374	31	71	2576	317	1140	21	51	2403	210	403	6	19	1445	190
1996	1424	31	83	2602	286	1183	21	83	2440	206	587	6	28	1485	280
1997	1452	31	91	2720	263	1198	21	73	2533	194	615	6	35	1657	259
1998	1438	31	80	2312	340	1230	21	62	2137	228	625	6	32	1406	329
1999	1380	30	106	2476	255	1161	14	83	2296	183	608	6	49	1577	253
2000	1632	30	102	2666	289	1359	14	62	2502	198	658	6	35	1753	277
2001	1809	30	102	2968	273	1581	14	82	2794	162	863	6	40	1898	268
2002	2032	30	103	2975	311	1795	14	82	2812	199	984	6	40	1898	299
2003	2293	30	105	3281	475	2010	14	80	3075	299	1125	6	50	2098	450
2004	2557	21	102	3137	580	2193	12	87	2939	357	1318	6	52	2032	557
2005	3074	21	104	3230	723	2448	14	60	2980	467	1297	6	32	2096	692
2006	3188	21	102	3329	793	2740	12	86	3064	504	1692	6	52	2196	763
2007	3241	22	102	3203	979	2850	12	86	2921	608	1782	6	50	2155	924
2008	3212	21	102	3205	1182	2808	13	84	2894	702	1800	6	63	2188	1114
2009	3171	21	121	3937	1549	2768	14	110	2830	932	1555	6	72	2125	1436
2010	3184	21	132	3313	1903	2789	13	125	2888	1145	1599	6	74	2196	1770

第二节　师资培训

师资培训采取离职进修、挂职锻炼、电教函授学习、短期培训、岗前培训、岗位练兵、业务轮训等形式进行。延安市教师进修学校成立于1977年8月（校址在市三中院内），设校长1人、副校长1人。1988年3月，升格为县级建制，设校长1人、副校长1

人。1990 年，市进修学校编制 32 人，设校长 1 人、副校长 1 人，内设教务处、办公室。1997 年 1 月，更名为宝塔区教师进修学校。2010 年，区进修学校编制 22 人，设副校长 2 人（1 人主持工作），设教务处、办公室。

1990~1993 年，教师培训初中达到专科 26 人，小学达到中师 337 人，幼儿教师达到中师 15 人。送往延安教育学院、延安教师进修学校、陕西师范大学、陕西教育学院、陕西师资培训中心、北京教育学院、延安大学等院校培训中小学校长 300 余人。到 1995 年底，全区小学、初中、高中教师的岗位合格率分别为 94.77%、76.50%、56.44%。通过业余自修取得大中专文凭，专业合格证的教师 1560 人。1996 年，取得高函的教师有 168 人，中函 212 人。

1994~1996 年，延安市教师进修学校共举办中小学校中层以上领导培训班 8 期，累计培训 272 人次；举办小学教师教材教法离职培训、继续教育班 9 期，累计培训 494 人次。95%以上小学教师通过“教材教法”关。通过自修、进修、函授取得中专文凭、专业合格证。举办各科教材教法培训班 131 期，培训教师 1244 人。1997~2001 年，举办中小学教师继续教育资格证培训班 8 期，培训 560 人，选派 1670 名教师参加各类岗位培训。对 50 名未取得中师学历的延安市在册民办教师，安排在宝塔区教师进修学校脱产一年学历培训。此后，区进修学校再未承担教师培训工作。

2002~2009 年，举办中小学教师、校长、教办主任素质教育培训，全区 95%以上的教师参加乡、校组织的赛教、评教活动，还采取“走出去、请进来”等形式，选派 1560 名教师参加各类培训。至 2002 年，全区培训教师 13498 人次，全区幼儿园、小学、初中、职高专任教师合格率达 98.27%、98.08%、88.67%和 16.12%，较 2000 年分别提高 7.36、2.48、2.78 和 6.44 个百分点；小学教师大专学历达 34.56%，初中教师大学本科学历达 24.78%，高中教师研究生以上学历达 1.33%。同时，加强与区外名校的合作与交流，无锡市崇安区用一年时间为宝塔区培养 99 名骨干教师，6 所省级示范小学与区属 5 所小学“结对子”，援建 1 个标准科学探究实验室。区二中与西安中学，区四中与无锡二中、浙江台州市椒江中学，区五中与西工大附中，职教中心与西安文理学院及北京、无锡、天津、山东等地职业院校联合办学。

2010 年，举办教师培训专题讲座 47 场次，全区参加新大纲中小学英语课程培训教师 780 名。对一线教师、教研员、骨干教师、学科带头人、图书管理员、档案资料管理员、实验员、教办主任、校长等培训 40917 人次。农村学校派领导和教师到城区学校学习培训 1360 人次。城区 14 所中小学，每校每年选派 1 名优秀教师，6 年选派 84 名教师到农村学校任教，对口支援农村学校。选派外出挂职锻炼校长 14 人次。

1990~2010 年宝塔区中小学教师各类培训研修情况统计表

表 26-2-2

年份	省内外培训中层以上（人次）	市内举办培训班（期）	培训教师（人次）	参研（人次）	实验、电教、图书管理人员培训（人次）
1990	42	1	70	—	—

续表

年份	省内外培训中层以上（人次）	市内举办培训班（期）	培训教师（人次）	参研（人次）	实验、电教、图书管理人员培训（人次）
1991	45	1	92	—	—
1992	48	2	82	126	114
1993	45	2	84	—	—
1994	45	1	83	—	—
1995	47	9	83	234	248
1996	30	—	30	—	—
1997	65	6	16	—	—
1998	12	8	1596	35	286
1999	77	11	1600	76	
2000	89	5	2301	30	900
2001	—	25	1600	46	—
2002	35	34	3498	120	—
2003	—	—	—	78	—
2004	32	16	2500	65	—
2005	150	9	1790	147	—
2006	220	73	8920	72	480
2007	106	69	7200	83	2100
2008	279	40	2300	136	—
2009	—	3	3800	—	—
2010	14	47	2140	158	40917
合计	1381	362	39785	1406	45045

第三节　教师待遇

一、政治待遇

1990 年，被选入延安市第十三届人民代表大会的教师代表 13 人，政协延安市第八届委员会第一次会议教师委员 20 人。第五中学教师高玉香被评为陕西省劳动模范；教师韩战虎被评为陕西省工农教育先进个人；姜国志被评为陕西省职业教育先进个人；杨勇被评为陕西省扫盲工作先进个人。1991 年，吴桂彦被评为全国优秀教师，赵继玲、姜国志、刘欣欣被评为陕西省优秀教师。是年，被延安地委、行署表彰的优秀教师刘欣欣、杨绍发；优秀班主任赵敏霞；教改能手党万才；德育先进教育工作者李长青、杜成俊、吴桂彦；优秀校长孙海学、石焕章、赵继玲、姜国志；尊师重教先进个人王西林、雷元富 13 人。

1995 年 3 月，获延安地委、行署通报表彰的勤工俭学标兵有黄明、李志安；先进个人马玉莲、任伟志、徐小莲、王宏军、常浩财、李忠斌、高锦林、刘建国、刘永智、杜修军、侯贤、张秀莲 14 人。

2007 年 10 月，延安市第三届人民代表大会教师代表有侯忠义、屈强。刘向锋为延安市第四届政协委员，延安市第二次、第三次党代会代表，陕西省第十次党代会代表。宝塔区第十六届人民代表大会教师代表有王霞（枣中）、闫珊青（川小）、文莉（河庄坪）、白百琴（育才）、申燕（惠泽）、胡丽（冯庄小学）、苗玉琴（蟠中）、葛艳（临中）8 人。被协商推荐为宝塔区十二届政协教师委员有艾庆明、李生青、柳延林、弓维章、刘静、黄永香、贠雅琳、高宏伟、师道锋 9 人。

2008 年 9 月，中共宝塔区委、区政府将全区初级中学升为科级建制，各乡镇中心小学及教办升为副科级建制。

2010 年，全区 228 名教师获省、市奖励；第 26 个教师节区委、区政府评树重奖先进集体 18 个，各类先进个人 281 人。

二、工资待遇

1990 年后，教师的工资基础按照高于行政事业单位职工 10%的比例执行，同时实行职称工资。工资包括职务工资（职称等级）、津贴，职务工资提高 10%。

1994 年，实行工资改革政策，教师工资按照职称类别进行套改。2006 年，教师工资增加幅度为原基础工资的 30%，以后每年普调一级。

民办教师的工资待遇主要由办学村组自筹、国家补贴两部分组成。1998 年起，延安市政府决定中小学民办教师民助工资部分最低达到 80 元以上，国家补助每人月均 40 元，按月发放。同时对教龄长的公办教师家属为农村户的转为非农业户口 286 户、858 人。8 月，区财政局成立工资科。1999 年 3 月，全区在职干部工资实行 IC 卡制，公办教师工资通过中国农业银行宝塔区支行直接拨付到教师手中。

2000 年 8 月 15 日，延安市委、市政府决定授予宝塔区民办教师刘应亮、戴成晓为“王思明式教师”称号，每人奖励 2000 元，并将两人转为公办教师。

2006 年，宝塔区对持有延安市教育局颁发任用证的 266 名民办教师月发放“退养”补助 200 元，由财政直接拨付到个人账号。其他民请、代理教师按实际教育工龄，每年补偿 600 元辞退，一次兑现。对曾任民办教师者，年满 60 岁的人员，发放养老补助金。

2007 年 9 月 9 日，中共宝塔区委、区政府召开全区第 23 个教师节庆祝活动。制订《宝塔区中小学校长办学业绩奖励暂行办法》《宝塔区中小学教学业绩奖励暂行办法》，建立激励奖惩机制。区财政每年列支 300 万元，用于教学质量奖励及校长、教师培训、教育科研支撑和骨干教师、学科带头人津贴补助。

三、福利待遇

为改善教师工作生活环境，改善居住条件，让教师安居乐业，2007 年 10 月，建成黄蒿洼园丁小区住宅楼 7 栋，建筑面积 20860 平方米，安置教师 392 户。韩家窑则园丁家园住宅楼 4 栋，建筑面积 29120 平方米，安置教师 224 户，使教师住有所居。

1987 年 9 月，第一次中小学教师评定职称。获得专业技术职务的教师共 2062 人，其中初级 2034 人、中级 28 人。1992 年，第二次获得专业技术职务的教师共 1097 人，其中初级 1089 人、中级 8 人。民办教师职称评定工作从 1989 年开始，到 1995 年，被评为小学高级教师 84 人。2010 年，全区获得专业技术职务的教师 5213 人，其中初级 4508 人、中级 705 人。

第三章　学前教育

第一节　公办教育

1984 年，根据中共陕西省委农村会议精神，延安市直属中小学、企事业单位、厂矿子校、农村民办小学开办学前班。市内 10 所小学共附设学前班 19 个，招收学生 826 人。22 个乡（镇）中心小学共办起学前班 30 个，招收学前儿童 1080 人。1986 年，市内有幼儿园 35 所，其中教育部门公办第一幼儿园、第二幼儿园 2 所，各机关、企事业单位创办 33 所。

1987 年，根据《中共中央关于改革学制的决定》和陕西省《要积极发展学前班和幼儿园》的指示，学前教育由公办幼儿园和小学附设的学前班实施，普及学前一年教育。招收 6 周岁儿童，学制一年。办学形式分为全日制与半日制两类。全日班，一日一餐一点，幼儿中午在园午休。半日班中午由家长接回，下午送来。招收 3～6 岁的幼儿入园，按年龄分大、中、小班进行教育，幼儿每天在园时间 6 小时，到户外活动 1 小时。每节课大班 25 分钟，中班 20 分钟，小班 15 分钟，乡镇农村分大、中班。学习期限分为 1 年、2 年、3 年，结业升入小学继续学习。开设课程有语言、计算、常识、美术、音乐、体育、游戏 7 门课程。采取分科教学，大班每周 16 节，中班每周上课不超过 14 节，小班 11 节，每节 15～25 分钟。

1990 年，市教育局集中人力财力办好 2 所（一幼、二幼）示范性幼儿园，以点带面，动员、鼓励扶持机关、团体、企事业单位和个人创办幼儿园。各类公办、村民办小学附设学前班。全市有幼儿园 25 所，教职工 184 人，其中市办 2 所（一幼、二幼），企事业单位办 20 所，私立 3 所。共开办幼儿教学班 71 个，有幼儿 1961 名；学前班 494

个，有幼儿 9754 名。

1994 年 9 月 1 日，全市幼儿园试行每周五天半工作制（5. 44 制，周工作 44 小时），1995 年 9 月 1 日，全市幼儿园试行每周五天工作制（5. 40 制）。

1996 年，全市有幼儿园 28 所，教职工 286 人，其中正副园长 35 人，保健及其他人员 35 人，专任教师 206 人。市办一幼、二幼有教职工 67 人，入园幼儿 865 名；各公民办小学、企事业单位子校附设学前班 473 个、幼儿 11911 名，幼儿班 80 个、幼儿 2511 名。私立幼儿园 2 所，教职工 20 人，有幼儿班 7 个、幼儿 290 名，学前班幼儿 487 名。

2000 年，宝塔区第一幼儿园教学楼地基下沉，墙体裂缝，近 500 名幼儿停课分流，教师分流到城内各小学。

2002 年，全区有公办幼儿园 3 所，企事业单位办幼儿园 7 所，在职教师 141 人，专任教师 81 人，岗位合格率 87%。2004 年，企事业单位办幼儿园 7 所，在职教师 141 人，专任教师 81 人，岗位合格率 87%；民办幼儿园 27 所，在职教师 95 人，专任教师 75 人，岗位合格率 82%。

2005 年，全区 20 个乡镇建起中心幼儿园 17 所，企事业单位办幼儿园 7 所。2007 年，新建元龙寺、官庄、松树林 3 所乡镇中心幼儿园。宝塔区第二幼儿园、家贝乐幼儿园创建为省级示范幼儿园。

2009 年，全区有各类幼儿园 113 所，其中公办 24 所，企事业单位、民办幼儿园 89 所，在园幼儿 14815 人。

2010 年，按照“公办示范引领，民办辐射普及”的办园思路，大力发展乡村幼儿园。全区共创办各类幼儿园 130 所，其中新增幼儿园 17 所，新增幼儿数 2472 人。公办 24 所，企事业单位、民办 106 所，有幼儿教师 1903 人，其中专任教师 1145 人、保健及其他人员 758 人。共设幼儿班 397 个，有幼儿 7663 名；学前班 201 个，有学前儿童 9966 名。同年，达省级示范幼儿园有宝塔区第一幼儿园、第二幼儿园、家贝乐幼儿园。

1990~2010 年宝塔区公民办学前教育基本情况统计表

表 26-3-1

年份	园数（个）	班数（个）		在园幼儿数（人）		教职工数（人）			
		合计	其中学前班	合计	其中学前班	合计	园长	专任教师	保健员及其他
1990	25	565	494	11715	9754	184	24	150	10
1991	14	551	494	11061	9282	158	20	121	17
1992	34	631	517	12333	9901	316	36	223	57
1993	39	612	497	25985	11830	327	39	222	66
1994	33	607	512	15664	12755	305	38	214	53
1995	32	565	480	15409	12759	317	40	210	67
1996	28	553	473	14422	11911	276	35	206	35
1997	28	570	496	15665	12618	263	33	194	36

续表

年份	园数（个）	班数（个）		在园幼儿数（人）		教职工数（人）			
		合计	其中学前班	合计	其中学前班	合计	园长	专任教师	保健员及其他
1998	26	559	466	12251	9182	340	35	228	77
1999	25	512	443	11534	8231	255	29	183	43
2000	28	499	423	10177	7044	289	37	198	54
2001	21	347	295	7259	5196	273	36	162	75
2002	22	344	275	7471	4654	311	38	199	74
2003	30	131	39	4321	1465	475	52	299	124
2004	36	353	231	9142	5016	580	58	357	165
2005	45	390	227	10036	4938	723	72	467	184
2006	47	324	149	8717	3672	793	72	504	217
2007	61	349	138	10076	3651	979	89	608	282
2008	77	411	121	12111	3629	1252	108	702	442
2009	113	505	144	14815	4474	1650	144	932	574
2010	130	598	201	17629	9966	2074	171	1145	758

第二节　民办教育

1990 年，延安市动员、鼓励和扶持机关、团体、企事业单位和个人创办幼儿园。开设课程有语言、计算、音乐和体育。民办私立电影公司幼儿园、育才幼儿园、乐乐幼儿园创办，3 所幼儿园有幼儿 55 名，教师 4 人。

1995 年，全市创办私立幼儿园 6 所，11 个幼儿班，幼儿 343 名；附设学前班 4 个、学前儿童 103 名，教师 35 人。同时，地市工农教育办公室对民办幼儿园进行评估检查，加强监督管理，使民办幼儿园逐步走入正规化。

2000 年，全区民办幼儿园发展到 13 所，幼儿班 18 个，幼儿 941 名；附设学前班 27 个，学前儿童 1126 名；有教职工 75 人，岗位合格率 82%。2002 年，全区有民办幼儿园 27 所，在职教师 95 人，专任教师 75 人。

2003 年 9 月 1 日，教育部《中华人民共和国民办教育促进法》颁布后，全区民办幼儿园如雨后春笋，创办数量增加，规模壮大。虽然给宝塔区幼教引入竞争机制，但由于管理、场地、设施等原因，一度出现乱办园、乱转让的混乱局面。针对这一现象，2004 年，宝塔区制定《宝塔区民办教育管理办法（暂行）》，市区工农教育委员会办公室对全市区 26 所幼儿园进行检查、清理整顿，计清理 1 家，限期整改 3 家。整改后民办幼儿园逐步走向规范化、正规化。同时，个人创办幼儿园的积极性进一步高涨，创办数量不断增加。

2007年，宝塔区制定《宝塔区民办幼儿园管理办法》等4个文件，规范民办幼儿园管理。同年，全区有民办幼儿园58所，幼儿班191个，幼儿5563名；附设学前班69个，有学前儿童2050名；有教师804人。市、区教育部门对全区幼儿园进行规范化检查、评估。是年，民办“三宝幼儿园”达到省级示范园标准，市级示范幼儿园有“家贝乐幼儿园”。同时，撤销粮食局、早教中心、育英、新星4所幼儿园。审批创办华龙、好宝宝等16所幼儿园。

2010年，新创办幼儿园16所，全区共有各类民办幼儿园106所，幼儿班数556个，幼儿15947名；附设学前班136个，学前儿童1443名；有教职工1168人。达到省级示范园有：家贝乐幼儿园、三宝幼儿园、石油小区幼儿园和三宝双喜幼儿园。达到市级示范园有：启航幼儿园、供电局幼儿园、华龙幼儿园、尹家沟幼儿园、童宇幼儿园、双拥幼儿园、双睿幼儿园和超级宝贝幼儿园。

1992~2010年宝塔区民办学前教育统计表

表26-3-2

年份	园数（个）	班数		幼儿数		教职工数（人）	年份	园数（个）	班数		幼儿数		教职工数（人）
		幼儿班（个）	学前班（个）	幼儿班（人）	学前班（人）				幼儿班（个）	学前班（个）	幼儿班（人）	学前班（人）	
1992	6	7	—	148	—	11	2002	27	39	29	1578	897	95
1993	6	8	—	156	—	15	2003	20	60	50	1678	1593	223
1994	4	11	4	362	148	38	2004	26	81	50	2377	1644	287
1995	6	11	4	343	103	35	2005	36	112	64	1484	1333	430
1996	2	7	13	290	487	20	2006	38	125	59	3546	1719	502
1997	5	10	14	347	524	27	2007	58	191	69	5563	2050	804
1998	4	8	12	224	279	13	2008	74	261	87	7429	2795	1000
1999	10	10	18	1202	610	40	2009	89	336	120	9358	3615	1152
2000	13	18	27	941	1126	75	2010	106	556	136	15947	1443	1168
2001	14	37	36	627	415	100							

第三节　幼儿园简介

一、宝塔区第一幼儿园

宝塔区第一幼儿园原为延安县幼儿园，创建于1956年，园址设在延安城中心街凤凰广场。占地2531平方米，有教师4人、教室5间、幼儿60余名，分大、中、小3个班上课。1966年停办。1981年恢复，市（县级）财政投资9万元，修建了办公楼，使用面积472平方米。同年，易名为延安市第一幼儿学校。1983年，市财政投资23万元，修建一座单面三层教学楼，面积476平方米，设有教室、办公室、医务室、保管室、幼儿寝室，可容纳10个班的幼儿上课和活动。同年，又更名为延安市第一幼儿园。

1991年，第一幼儿园实行园长岗位责任制，设书记1人，正副园长各1人，下设教导处、总务处，主任各1人。有教职工32人，设大、中、小9个教学班，在园幼儿429名，其中男幼224名，独生子女占幼儿总数的85%。2000年，宝塔区第一幼儿园教学楼地基下沉，墙体裂缝，近500名幼儿停课分流，教师分流到城内各小学。

2006年，由于中心街旧城改造，宝塔区第一幼儿园拆除。同时，由延长油田投资500万元，迁址改造杨家岭中学为幼儿园。2009年8月投入使用，名称为延长油田杨家岭幼儿园（宝塔区第一幼儿园）。开设全日班，有教学班6个，招收幼儿220名，教师52人。2010年，增加幼儿教学班4个，有教师66人，招收幼儿320名。幼儿园自创办以来，曾获省、地（市）、区“卫生先进单位”“文明学校”“三优一满意”等多项荣誉称号。

二、宝塔区第二幼儿园

宝塔区第二幼儿园原为延安县南关幼儿学校，创办于1952年春。园址设在延安城南关街东南端，占地约1428平方米。时有教师3人，设大、中、小3个班，幼儿50余名。有教室、办公室、教师宿舍共33间，面积590平方米。1980年恢复，幼儿增至119名。遂将幼儿按年龄分为大、中、小4个班进行幼教，名称延安市（县级）第二幼儿学校。1982年冬，原陕西省委书记马文瑞、原兰州军区司令员肖华到园参观后拨专款20万元，用于修建教学楼。1983年春，教学楼破土动工。同年1月1日，易名为延安市（县级）第二幼儿园。1984年，地区（市级）财政先后拨款10余万元，补充教学楼修建资金。1985年秋，教学楼建成使用。有教室10个，办公室17间，设有图书档案室、保管室、医务室、幼儿寝室、卫生间、灶房等，面积1500余平方米。1995年，幼儿园有教职工34人，幼儿468名，设大、中、小9个教学班。2000年，幼儿园有教职工36人，设大、中、小9个教学班，有幼儿498名。2005年，宝塔区整体购买非公有制经济局办公楼，进行维修改造，新增部室、办公室11间，扩大区二幼办学规模。

2010年，幼儿园实行园长岗位责任制，设正副园长各1人，下设教导处、总务处，主任各1人。有教职工34人，设大、中、小9个教学班，幼儿498名。幼儿园自创办以来，全体教职员工发扬自力更生、艰苦奋斗的延安精神，勤俭办园。曾多次获省、地（市）、区“卫生先进单位”“文明学校”“‘三八’红旗集体”“家长学校先进单位”“陕西省少儿先进集体”等多项荣誉称号。

三、宝塔区第三幼儿园

宝塔区第三幼儿园原名为延安县托儿所，创建于1953年，时有幼儿20余名，教师4人。园址在中心街中医医院西凤凰山脚下，隶属于延安县卫生局。1980年，有教师15人，设大、中、小6个班，有幼儿100余名，隶属于延安市（县级）卫生局管理。1990年，有教师33人，设大、中、小6个班，有幼儿200余名。2000年，有教师40人，设大、中、小6个班，有幼儿280余名。2004年3月，区政府将原宝塔区卫生局创办的“宝塔区托儿所”（市中医医院后）更名为“宝塔区第三幼儿园”，并移交区教育局管理。2009年，由于旧城改造，拆除教学楼、办公楼。2010年拆除家属楼，待重新规划在原址重建。

四、宝塔区家贝乐幼儿园

2005年，筹办宝塔区民办公助家贝乐幼儿园（罗家坪新村）。2006年3月开园招生，占地面积5000多平方米，建筑面积3400平方米。有教职工54人，其中专任教师39人，管理人员7人，专职卫生保健员1人，后勤服务人员7人。其中，教职工大专以上学历17人，中师30人。幼儿专业教师32人，小教高级2人，小教一级5人，党员3人，专任教师达标率100%。有教学班10个，其中日托班2个，全幼班8个，有幼儿416人。2010年，教师64人，专任教师48人，有教学班10个、幼儿580名。

第四章　小学教育

第一节　公办小学

1989年，延安市开始实施六年义务教育；9月，各级各类小学普遍实行“六年制”教学计划。同年，有各级各类小学529所，其中市办509所，完小254所，初小255所；在校学生28693人；有教学班1451个。小学公办教师1090人，民办教师890人。小学生年巩固率96%，毕业率99.2%。

1990年，全市有各类小学527所，教学班1529个，其中复式班764个，毕业学生2872人，招生7384人。按照《陕西省义务教育实施办法》要求，延安市制定《实施普及六年义务教育规划》，并成立领导小组。对27个乡（镇）办事处实施六年义务教育工作。采取“集、捐、赊、筹、贷”等多方筹措资金，群众投工投劳，争取希望工程资金。世界银行给延安市实施六年义务教育贷款110万美元（折合人民币572万元），用于校舍修建、购买图书、仪器、配置课桌凳等。多渠道筹措资金，确保教育经费投入。首批在南市办事处、凤凰办事处和南泥湾镇32所小学，依法实施六年义务教育试点工作。“两办一镇”（南市办事处、凤凰办事处、南泥湾镇）成立领导小组，通过广泛宣传，动员干部职工群众投工投劳等。市财政共投资12.10万元，乡镇、学校自筹资金11.40万元。其中，南泥湾镇市财政投资6万元，自筹资金6万元；南市办所辖学校3所（南小、七小、市小）市财政投资2.90万元，自筹资金3.30万元；凤凰办所辖学校3所（北小、凤小、育才）市财政投资3.20万元，自筹资金2.10万元。“两办一镇”干部、群众投工投劳折合人民币212万元，改扩建小学25所，维修粉刷校舍7所。购置配备教学仪器82种3121件（台），文体器材765件。学校建立教职工岗位责任制、考勤考绩等6项管理制度，学校管理基本达到规范化、标准化、制度化。各项指标均达到

《陕西省实施义务教育的八项标准》。学校适龄人口的入学率98%，按时毕业率63%；14岁人口普及率90.9%；任课教师的岗位合格率83%；演示实验率71%。教学挂图、教具标本80%，操场总面积42918.3平方米，生均7.5平方米，民办教师工资无拖欠。

1991年5月，经地区教育局组织审查验收，认为各项指标已达到省、市实施义务教育"八项标准"，颁发给"两办一镇"32所小学合格证书。

1992～1994年，先后分4批对实施六年义务教育达标的"一办一乡"（宝塔办事处、桥沟乡）所辖的29所学校和"两镇三乡"（临镇镇、李渠镇、官庄乡、松树林乡、枣园乡）、"一镇四乡"（姚店镇、麻洞川乡、柳林乡、川口乡、碾庄乡）、"一镇五乡"（甘谷驿镇、万花山乡、河庄坪乡、冯庄乡、丁庄乡、元龙寺乡）抽调专人进行摸底调查，分别制定实施方案，召开宣传动员会167次，办专栏报刊198次（块），刷写标语389条，广播宣传90多次。同时各乡镇成立由主管教育的乡（镇）长挂帅的领导小组，教育专干、制定实施细则。组织专人分批包抓落实，使"普六"工作有组织、有领导、有计划、有步骤；明确任务，落实责任，教育局与教育专干签订目标责任书，各乡镇与村委会、学校健全目标责任制，使"普六"工作层层落实，级级把关。1994年8月，市教育局将杨家湾小学移交桥沟乡政府管理。

1995年3月28日，延安市政府在市人防招待所召开延安市教育工作会议，会上由市委副书记牟晓良、副市长李芳琴、教育局局长李秀英等50多人发起为"教育献爱心"、为"两基"做贡献的倡议，开展捐资助学活动，辖区内各级党政部门、企事业单位的领导干部带头，踊跃集资捐款。市委书记马福雄、地区教育局副局长贺加虎各捐款500元，市长周万龙捐款550元，县级领导捐款1个月工资，会上175人共捐款39205元。在全市掀起人民教育人民办的活动高潮，全市捐款150万元。大会还号召全市人民向王思明同志学习。先后涌现出"王思明式的好学校"桥沟乡小学、王庄小学等18所；"王思明式的好教师"任伟志、张世岗等18人。同年，为确保义务教育经费，充分调动广大群众集资办学积极性，涌现出甘谷驿镇野狐子沟村党支部书记王凤金为本村建校捐款4000元。川口乡安寺村民戴生堂一次为本村建校集资5万元；碾庄乡石家畔小学民办教师任玉莲在自己微薄的收入中，挤出1000元支援建校；麻洞川乡村民刘生民在为本村"普六"捐款7000元后，再次捐款3000元为雪水湾小学设立教育奖励基金，并腾出一亩土地，赠给学校作为教师菜地。元龙寺乡胡家河小学教师胡世杰为本校捐款5000元，在他的带动下，该校5名民办教师每人捐款1000元。在他们的感召下，初步形成集资办学、捐资助学的良好社会氛围。集资办学活动的开展，有效地缓解义务教育经费不足。是年，经多渠道筹措投入资金713.90万元，其中市财政投资167万元，干部、群众集资捐款576.81万元，群众投工投劳2500个。新建小学48所，维修、改造小学286所，扩建93所，面积10045平方米。添置图书24.97万册，购置课桌凳6157套，配备教学仪器12083件（台），体育器械3330件。全市完成21个乡镇、办事处普及六年义务教育，"普六"人口覆盖率68.6%。普及六年义务教育的实施，办学条件的改善，学生告别昔日的"土台子、泥孩子"的历史，有效地控制小学生流失，全市"四率"稳中有升。7～12岁适龄儿童入学98.7%，巩固率90%，按时毕业率84.75%，小学任课教师的岗位合格率94%。

1996年，随着农村经济的飞速发展，广大农村特别是山区群众追求优质教育，送子女进城上学的越来越多，城市小学、初中严重超载。为保证“普六”“普九”有组织、有领导、有计划、有步骤地顺利进行，成立以主管教育副市长为组长的领导小组，市教育局成立由局长总负责，常务副局长、主管副局长任组长的义务教育领导小组。教育局抽调4名专职干部分乡镇蹲点，配合乡镇开展工作。乡镇组织干部、教办成员，分片包校、包村抓落实。市长任组长，主管教育副市长任副组长，领导小组下设办公室。在“二镇四乡”（青化砭镇、蟠龙镇、张坪乡、梁村乡、下坪乡、贯屯乡）依法普及六年义务教育工作。全市投资2435万元，其中财政投资196.10万元，干部群众集资捐资695.80万元，群众投工投劳3100个。争取希望工程资金126.60万元，乡镇自筹资金95.70万元。改扩建校舍66所，维修校舍65所，面积10862平方米。新建学校73所，新建城乡校舍面积27690平方米。新建围墙2613平方米，维修6800平方米。新建厕所47个，维修33个。新建大门45个，维修28个。添置图书27.87万册，购置课桌凳8437套，购置仪器12083件（台），体育器材3330件（套），办公桌椅142套，资料柜60个，图书架55个，教具箱91个。全面完成27个乡镇办事处“普六”达标工作。“普六”人口覆盖率68.6%，中心小学达到楼房化，农村小学达到平房、窑洞化。普及六年义务教育的实施，极大地改善办学条件，实现班班有教室、人人有木制课桌凳。群众称赞道：“过去最好的建筑是庙堂，现在最好的建筑是学校。”全市24个乡镇、3个街道所辖小学实现“普及六年义务教育”工作。

1997年，宝塔区开始实施“两基”达标和普及九年义务教育工作。按照省市要求，进行中小学布点调整。按万人以上乡镇设5~6所完小、万人以下乡镇设3~4所完小的要求，当年撤并村初小75所。小学生“四率”有较大提高，入学率达99%，辍学率控制在1%。学校“净化、绿化、美化”三化建设，校园文化氛围，学校布局日趋科学、合理、规范。到1999年，全区为实现“两基”共投入资金11780万元。新建小学72所，改扩建中小学204所，维修中小学185所；新建教学楼、宿办楼、实验楼132幢，平房506间，砖石窑360孔，总建筑面积77277平方米，维修面积5.6万平方米；新增教学仪器22200余件（套），添置体、音、美器材14375件，图书20万册。1999年全区实现“普及九年义务教育工作”。2000年8月，延安市政府决定授予宝塔区碾庄乡庙圪台小学、蟠龙镇王庄小学为“下西渠式学校”。是年，城区育才、北关、七里铺、南关、东关小学不再附设学前班。

2002年，宝塔区共有各级各类小学420所，在校生62501人。其中，区公办直属小学11所，中心小学24所。中心小学附带初中班5所（张坪、梁村、贯屯、元龙寺、甘谷驿）。村完小133所，初小215所，一人一校的村小58所。全区有代课教师737人，共有在职教师2975人，专任教师2812人，岗位合格率98%；市办1所及企事业单位办13所，在职教师845人，专任教师690人，岗位合格率99%。是年，延安丝绸厂、毛纺厂2所子校移交宝塔区，分别更名为东风第一小学、东风第二小学。2004年，对农村小学布局进行调整，撤并农村完小144所，归并学生1902人。农村初完小由2001年的163所调整为38所，校均在校学生由191人扩大为816人。全区学校总数较2002年净减少109所。2006年，全区共有各级各类小学281所，在校学生49762人。区办216所，市办1所及企事业单位办13所。北关小学被陕西省委、省政府授予“文明校园”称号。“双高普九”达标工作通过延安市政府初验。

2007年6月25～29日，高水平、高质量、普及九年义务教育，通过陕西省政府教育督导团评估验收。秋季，宝塔区小学布点调整，全区农村小学不再附设学前班。同时，停办杨家湾小学，将70余名学生并入杨家岭福州希望小学。

2008年，宝塔区创办民办公助延安慧泽小学。教师从全区各小学选聘，逐步占用凤凰小学退出的编制。到2010年，共有教师83人，其中内含合同制教师19人；有在校学生1000余名，学校向学生收取学杂费。中心街旧城改造，拆除凤凰小学，学生、部分教师并入东关小学（保留机构编制）。全区共有各级各类小学143所，学生44639人。区办72所，其中37所小学实验室基础达到省颁Ⅰ类标准。市办1所及企事业单位办71所。同年，创建为省级素质教育示范小学有：东关小学、北关小学、慧泽小学3所；省级艺术教育示范小学有：育才学校、实验小学、北关小学、枣园小学。市级素质教育示范小学有：南泥湾中心小学、青化砭中心小学等10所。省级文明校园5所，市级文明校园26所，中央、省、市、区级示范家长学校（中小学）10所。

2009年，撤并农村完小52所。当年校均规模由2008年的172人增加到252人，提高规模办学效率。新建成中石油延安希望小学。全区有直属小学10所，乡镇中小学19所，农村完小48所。教职工3937人，专任教师2830人，在校学生43469人；民办学校113所、教职工2016人、在校学生22440人。另外，市属企业办中小学移交宝塔区管理10所、教职工192人。

2010年，撤并整合农村初完小28所，校均学生由2009年的252人增加到283人。全区共有各级各类小学74所，学生40760人。区属公办直属小学11所，乡镇中心小学15所，农村完小20所，教职工3313人，在校学生38914人。民办小学130所，教职工1595人，在校学生24644人。市办及企事业单位办小学19所，教职工2266人，在校学生34479人。

1990～2010年宝塔区小学基本情况统计表

表26-4-1

年份	校数（所）	班数								毕业生数（人）	招生数（人）
		合计（个）	一年级（个）	二年级（个）	三年级（个）	四年级（个）	五年级（个）	六年级（个）	复式班（个）		
1990	527	1529	135	115	113	179	112	111	764	2872	7384
1991	531	1529	148	138	128	117	108	114	776	3482	8666
1992	522	1569	153	137	138	128	124	126	763	4064	9241
1993	526	1644	163	151	149	135	132	139	775	4336	10371
1994	519	1788	202	176	179	165	159	167	740	4968	11151

续表

年份	校数（所）	班数								毕业生数（人）	招生数（人）
		合计（个）	一年级（个）	二年级（个）	三年级（个）	四年级（个）	五年级（个）	六年级（个）	复式班（个）		
1995	529	1945	251	231	220	187	184	178	694	5498	12283
1996	502	2052	271	248	254	209	201	200	669	6111	12341
1997	503	2067	289	271	258	247	233	222	547	6641	12692
1998	490	2052	269	321	304	266	243	224	425	7054	10445
1999	487	2104	314	316	308	283	251	236	396	7054	8217
2000	484	2165	303	307	323	285	267	258	422	8912	10296
2001	447	2163	330	332	343	326	296	279	257	9998	9639
2002	420	2294	355	358	372	337	332	327	213	10678	4104
2003	390	2038	331	324	326	298	293	296	170	10602	3931
2004	343	1851	303	305	305	288	266	268	116	11096	7917
2005	308	1714	296	288	285	270	257	254	64	11936	7211
2006	281	1591	306	274	260	242	232	231	46	10143	7678
2007	194	1146	236	221	188	180	107	200	14	11091	7956
2008	143	1078	208	194	165	162	170	179	—	10042	8100
2009	107	917	185	167	150	151	106	158	—	8493	8153
2010	74	925	157	154	150	153	160	151	—	7352	5432

第二节　民办小学

1990年，延安市《关于社会力量办学管理办法》颁布后，城区一些单位、团体开始兴办各类学校和培训班。1993年，首批3所民办南区、光明、小白鸽小学创办。3所民办小学有教学班5个，学生123人，教职工11人。

2000年，全区有民办小学24所，教学班139个，学生4718人，教职工196人。

2003年，全区民办小学有32所，发展到顶峰，受利益驱动，一些无证办学、建校办班现象十分普遍。民办小学的创办虽然弥补宝塔区各小学班额超载的现状，但由于管理等诸多因素出现一度混乱，处于无序竞争的状态。是年9月，《中华人民共和国民办教育促进法》颁布后，宝塔区制定《延安市宝塔区民办教育管理办法（暂行）》等一系列管理办法，对民办小学的管理、考核同公办学校一样，将民办幼儿园、民办小学依法纳入科学管理轨道。每年对民办小学办学情况进行检查，考核督导评估，使民办小学走上合理、科学、规范化管理。

2005 年，根据市场需求，社会认可，优胜劣汰，个别民办小学自然停办。年底，全区共有民办小学 32 所，教学班 238 个，学生 7735 人，教职工 414 人。

2010 年，全区共有民办小学 24 所，教学班 203 个，学生 7254 人，教职工 427 人。

1993～2010 年宝塔区民办小学情况统计表

表 26-4-2

年份	校数（所）	班数（个）	学生数（人）	教职工数（人）	年份	校数（所）	班数（个）	学生数（人）	教职工数（人）
1993	3	5	123	11	2002	30	201	7267	272
1994	4	14	398	26	2003	32	230	7831	340
1995	10	45	783	59	2004	29	215	7341	307
1996	10	55	1250	72	2005	32	238	7735	414
1997	12	66	1734	97	2006	30	235	7802	441
1998	12	76	2315	107	2007	25	209	7369	433
1999	24	139	4718	196	2008	25	209	7364	433
2000	24	139	4718	196	2009	24	203	7254	427
2001	26	184	5457	251	2010	24	203	7254	427

第三节　希望工程小学

希望小学的兴建，改善宝塔区基础教育的办学条件，也为实施普及六年义务教育奠定基础。早在 1989 年前就有财政部、国家教委、团中央等单位拨给延安市教育经费和基建款 321 万元。其中，1986 年邓颖超转周恩来稿费 2 万元，支援育才学校购置图书、电教设备；教育部、团中央直拨育才学校基建款 40 万元。

1990 年，江泽民、李鹏、杨尚昆、邓颖超、乔石、姚依林、宋平、李瑞环、薄一波、宋任穷以及中央直属机关的老干部们，先后为延安捐款 70 万元，建议创办中直希望小学。

1991 年，中直机关又捐资 70 万元，地方集资 50 万元，在桥沟乡文化沟小学原址上兴建“延安希望小学”教学办公楼，建筑面积 1700 平方米。1992 年 8 月奠基，1993 年 7 月 1 日竣工，首创延安第一所国家级希望小学，原国家主席杨尚昆题写“希望小学”校名并担任名誉主席，原国务院总理李鹏为学校的少先队“谢子长英雄”中队题写队名。1993 年招生，有教师 32 人，有学生 803 人。

1994 年 2 月初，李鹏总理和夫人朱琳致信延安希望小学师生，并捐款 1000 元。海军司令部李跃峰向延安希望小学汇来 3 个人捐款 100 元，同时，还邮来司令部全体官兵捐赠的 2000 册图书；延安市第一建筑公司的常启明和王利林夫妇，在经济并不宽裕的情况下，慷慨解囊，为延安希望小学捐款1000元；原铁道部第三工程局离休干部屈强和宋光明夫妇从山西省太原市为延安希望小学寄来1000元汇款。

1994年3月，延安市希望工程基金会成立。地、市党政领导带头捐款1月工资，科级领导200元，一般干部100元。企事业单位干部、工人积极参与，全市中小学学生纷纷捐款。接受捐款15.92万元，确保实施“普六”资金投入。1991~1997年，先后有深圳、上海、北京、山东等地企事业单位、个人为协助延安市完成九年义务教育和“普六”为宗旨的“希望工程”，拨来基建款1064.7万元。

1995年3月4日，中国武警总队、陕西武警总队、延安武警支队为枣园中学捐款35.5万元。1996年底，先后争取深圳龙岗区、南山区、上海华亭宾馆、水利部、驻港部队等69家捐资724万元兴建“希望小学”67所。

一、杨家岭福州希望小学

1995年3月4日，福州市居屋建筑工程有限公司全体员工，积极响应福州市委书记习近平倡导的“千家企业建千校”活动，捐款52万元，地方集资20万元，在杨家岭小学原址上重新修建，学校更名为“杨家岭福州希望小学”，校名由全国政协原副主席马文瑞亲笔题写。2008年5月21日，学校少先队员为表达对习近平的感激之情，给习近平写了信，汇报他们的学习生活情况。5月23日，习近平亲自给少先队员写了回信，鼓励孩子们勤奋学习、健康成长。

二、中国石油延安希望小学

2010年，中国天然气集团公司投资1718万元，在柳林镇高坡村建成中国石油延安希望小学，占地34618平方米。秋季招生1216名，其中住宿生1123人。学校有教学楼、学生公寓楼、餐厅各一座，有23个教学班。有心语室、泥塑室、书法等12个部室，功能设备齐全。有足球场、篮球场、羽毛球场和200米的环形跑道。学校设校长1人，副校长3人，设教导处、德育处、总务处，有教职工85人。

1990~1997年宝塔区“希望小学”统计表

表26-4-3

乡(镇)名称	希望小学名称	建校时间	建筑面积(平方米)	教师人数(人)	学生人数(人)	捐资（投资）		
						捐资单位及捐资数额	地方集资(万元)	合计(万元)
官庄乡	深龙水电希望小学	1995.8	2400	6	180	深圳市龙岗区水利电力发展总公司投资10万元	7	17
麻洞川乡	孔府宴第一希望小学	1995.8	400	7	260	山东孔府宴投资10万元	8	18
松树林乡	深龙水电希望小学	1995.8	157	1	42	深圳市龙岗区水利电力发展总公司投资6万元	1.9	7.9
	邓老希望小学	1994	130	3	65	成都电视台和延安教育基金会投资1.5万元	2	3.5

续表

乡(镇)名称	希望小学名称	建校时间	建筑面积（平方米）	教师人数（人）	学生人数（人）	捐资（投资）		
						捐资单位及捐资数额	地方集资（万元）	合计（万元）
南泥湾镇	华亭希望小学	1994	320	4	97	上海华亭集团公司投资10万元	3	13
	南龙希望小学	1994	900	8	240	深圳市龙岗区投资35万元	8	43
	尚礼希望小学	1994	1200	16	460	深圳市尚礼镇投资30万元	13	43
柳林乡	延南希望小学	1994	152	2	47	深圳市南山区投资5万元	3	8
	永东第一希望小学	1994	105	1	21	上海永乐股份有限公司投资2万元	2.4	4.4
	三十里铺希望小学	1995	915	8	321	上海民建投资35万元	10	45
	柳林石头沟希望小学	1994	72	2	46	延安教育基金投资5000元	0.5	1
	中国水利希望小学	1997	1080	13	176	中国水利部和陕西省水利厅投资108万元	120	228
	驻港部队希望小学	1997	780	12	162	中国驻港部队投资70万元	100	170
万花山乡	万花向阳小学	1992	130	2	80	西安武警技术部队投资2.5万元	1.5	4
	万花建德希望小学	1993	105	2	78	海外华人李志任先生投资2万元	1	3
	前楼塔希望小学	1994	54	3	66	延安教育基金和海外华人投资5000元	0.2	0.7
	万花树庄希望小学	1994	72	3	70	美籍华人陈树庄先生投资1万元	1	2
	延农希望小学	1996	650			延安农校投资35万元	15	50
市区	北小希望教学楼	1993	400	90	2100	兰州军区投资20万元	10	30
	育才学校电教室	1993	78	60	1600	西安卫星测控中心投资15万元	5	20
枣园乡	伙家希望小学	1994	72	1	24	北京中国人民银行总行投资1.5万元	0.3	1.8
	枣园中心小学	1992	500	26	430	兰州、陕西、延安军分区合投资25万元	25	50
	京温希望小学	1993	130	5	135	北京第一商业局投资3万元	7	10

续表

乡(镇)名称	希望小学名称	建校时间	建筑面积（平方米）	教师人数（人）	学生人数（人）	捐资（投资）		
						捐资单位及捐资数额	地方集资（万元）	合计（万元）
枣园乡	裴庄希望小学	1994	949	15	397	深圳市龙岗区投资 30 万元	16.5	46.5
	柳延希望小学	1995	330	4	112	山东柳巷投资 5 万元	6	11
	刘家河小学	1993	33	5	133	北京市外贸工作委员会投资 6000 元	0.4	1
	延安上海华亭希望小学	1995	850	8	210	上海华亭集团投资 50 万元	45.7	95.7
	枣园中学	1992	240	34	240	省武警总队地区武警支队投资 35.5 万元	0.3	35.8
河庄坪乡	南侨希望小学	1995	425	6	132	深圳市南山区统战部投资 26 万元	1.7	27.7
	金时希望小学	1995	420	5	106	中国人民银行总行金融时报社投资 10 万元	13	23
	解家沟小学	1994	72	1	42	福建永安铁路子弟小学投资 1000 元	0.4	0.5
桥沟乡	希望小学	1993	1700	32	803	中直机关投资 70 万元	50	120
	杨家岭福州小学	1995	1500	14	300	福州市投资 70 万元	20	90
	尹家沟小学	1995	2000	19	551	香港新华银行投资 5 万元	12	17
碾庄乡	双田希望小学	1995	416	6	234	深圳蛇口工业区团委投资 5 万元	12	17
姚店镇	知青希望小学	1994	200	4	120	深圳王战投资 15 万元	15	30
川口乡	川口罗湖希望小学	1995	540	21	330	深圳市罗湖区投资 10 万元	15	25
	永乐第一希望小学	1995	84	3	64	上海永乐电影公司投资 3.4 万元	1.6	5
	延南第三希望小学	1995	164	1	32	深圳南山企业集团投资 5 万元	2.5	7.5
	川口庙安希望小学	1995	420	6	160	深圳市投资 15 万元	5	20

续表

乡(镇)名称	希望小学名称	建校时间	建筑面积(平方米)	教师人数(人)	学生人数(人)	捐资（投资）		
						捐资单位及捐资数额	地方集资(万元)	合计(万元)
李渠镇	延南第二希望小学	1994	288	5	142	深圳南山企业集团投资5万元	7	12
冯庄乡	冯庄中心小学	1994	400	24	500	深圳市龙岗区投资30万元	10	40
丁庄乡	六约希望小学	1994	400	14	310	深圳市龙岗区横岗镇六约村投资30万元	8	38
青化砭镇	石油希望小学	1995	200	3	87	青化砭油矿投资5万元	1	6
	青化砭中心小学春天希望楼	1995	942	26	656	高春天投资45万元	4	49
蟠龙镇	宝龙希望小学	1995	562	16	410	深圳市宝安区投资20万元	5	25
	中航油希望小学	1995	637	22	660	中国航空油料公司投资20万元	5	25
	伟东希望小学	1995	332	5	200	西安五指山大酒店投资16万元	—	16
下坪乡	榆树峁小学	1992	56	6	120	延安教育基金投资5000元	0.4	0.9
	庙沟小学	1995	200	6	100	中国人民银行总行投资2万元	0.2	2.2
	中心小学	1995	300	15	300	深圳市南山区财政局投资10万元	4	14
	三志沟小学	1995	100	1	26	中国人民银行总行投资2万元	0.4	2.4
贯屯乡	泉岔河小学	1995	220	2	20	中国人民银行总行投资3万元	1	4
	兵工希望小学	1996	235	2	43	陕西省兵工局投资5万元	1	6
	鹏程希望小学	1996	288	4	47	北京金融出版社投资8万元	10	18

续表

乡(镇)名称	希望小学名称	建校时间	建筑面积(平方米)	教师人数(人)	学生人数(人)	捐资(投资)		
						捐资单位及捐资数额	地方集资(万元)	合计(万元)
梁村乡	石家河小学	1994	100	2	68	成都电视台投资1万元	0.5	1.5
	高庄平安希望小学	1997	540	12	196	平安保险公司投资25万元	20	45
	上海市政协希望小学	1997	488	4	102	上海市政协投资25万元	20	45
张坪乡	贺家沟小学	1994	130	1	50	四川电视台投资1万元	1	2
	委里湾小学	1995	72	1	30	中国人民银行总行投资2万元	—	2
	李岔小学	1995	232	2	50	中国人民银行总行投资5万元	3	8
甘谷驿镇	甘油希望小学	1995	256	5	142	甘谷驿油矿投资7万元	2.2	9.2
	延安华亭第二希望小学	1995	288	2	112	上海华亭宾馆投资5万元	3.5	8.5
	上海永乐第三希望小学	1995	162	3	85	上海市徐汇区永乐公司投资4万元	3	7
元龙寺乡	罗湖希望小学	1995	286	5	152	深圳市罗湖区投资13万元	4	17
	胡家河小学	1995	310	7	274	中国人民银行总行投资6万元	3	9
	驹井希望教学楼	1997	1200	21	189	日本驹井尔人投资35万元	40	75
	郝家河希望小学	1996	232	2	53	孔府宴酒厂投资5万元	4	9
	大山圪塔希望小学	1996	232	2	53	希望工程基金会投资30万元	—	30
合计	69所(其中1995年建31所)		30833	679	15843	1149.6万元	723.1	1872.7

第五章　中等教育

第一节　公办中学

一、初级中学

1990 年，全市共有初级中学（包括八年制学校）26 所（市属 21 所），在校学生 222 班（市属 191 个班）10675 人（市属 9744 人）。招生 4520 人（市属 3926 人），毕业 2534 人（市属 2220 人）；初中专录取 327 人，毛入学率 112.67%。学龄生入学率 91.68%，按时毕业率 71.44%，结业升学率 89.24%。教职工 1266 人（市属 995 人），专任教师 867 人（市属 770 人），学历达标 598 人（市属 511 人），达标率 68.97%（市属 66.9%），校舍建筑面积 83505 平方米，市属 59128 平方米。1993 年，元龙寺中心小学附带初中班。到 1994 年底，全市已有 15 个乡（镇）办事处"普六"验收达标，占乡（镇）办事处总数的 55.5%，人口覆盖率 68.93%。1995 年，碾庄中心小学附带初中班。

1996 年，延安市政府颁布《实施九年义务教育项目规划》，以实现基本扫除青壮年文盲、基本普及九年义务教育为宗旨的"两基"，落实全面贯彻党的教育方针、全面提高教育质量为目标的"两全"，有序推进义务教育发展。直属 8 所中学可做单人实验，乡（镇）24 所初级中学和市内 11 所小学只能做演示实验。

1997 年，全区累计投资 1650.40 万元，对 24 个乡（镇）的 24 所中心小学、18 所中学、76 所村初完小、196 所项目学校进行改造。维修粉刷，配备图书、课桌凳，购置仪器设备等改善办学条件。其中，新建学校 18 所，建筑面积 16179 平方米，投资 884.6 万元；单项改善办学条件 169 所，投资 347.70 万元；改扩建学校 9 所，面积 14039 平方米，投资 418.10 万元；购置图书、课桌凳 246.80 万元；购置仪器设备学校 57 所 62.20 万元；师资培训投资 31.10 万元；中小学校长培训投资 7.60 万元。初中实现"三机一幕"（电视机、录音机、录像、荧幕）进教室。为柳林中学、冯庄中学、金盆湾等 16 所中学配备语音室。给区二中、三中、金中等 10 所中小学配备微机室。全区购置理化仪器 583 件（台），文体器材 104328 件（台）。同时，对贫困失学辍学少年儿童资助，减免收费等措施，让失学儿童重返校园，保证普及程度稳中有升。入学率小学达 99%以上，初中达 98%以上，中小学辍学率分别控制在 3%和 1%以下，均达到省颁"普九"验收标准以上。

1998 年，采取停招初一新生的办法，撤并乡镇中心小学附带初中班的万花山、碾庄、张坪、下坪、贯屯、丁庄6所学校的初中部，初中办学趋于集中。中学生“四率”有较大提高，初中入学率达98%，辍学率控制在3%以内。学校“净化、绿化、美化”三化建设，校园文化氛围，学校布局日趋科学、合理、规范；10月，通过陕西省政府“两基”达标验收，授予宝塔区“基本实现普及九年义务教育区”。1999年，采取拆、赊、集等方式，筹集“普九”建校资金1100万余元，对15所中小学66处校留尾工程进行完工。为姚店中小学、枣园中学、青化砭中学、蟠龙中学学生宿舍、灶房等配套设施配置。2000~2001年，投资856万元，对四中、五中、李渠中学等7校改建扩建，其中扩建校舍12000平方米，维修校舍2000平方米。

2002年，全区有各类初级中学37所，在职教师1306人，专任教师1068人，岗位合格率97%，在校学生37030人（含高中生9252人，职业中学生927人）。区属公办初中16所，职教中心1所，教师74人。进修学校1所，教师31人。在职教职工1536人，专任教师1299人，岗位合格率98%。市办1所延安中学、企事业单位办长庆七中、延大附中、实验中学、教院附中。

2006年，学校布点调整，杨家岭中学停办，教师分流到城区中学。2003~2007年，累计投资3466.60万元。其中，投资320.60万元改造维修中小学校舍，灶房标准化改造，配置设施等。投资300万元，新建区一中综合楼；投资400万元（其中引资240万元），新建区职教中心职教大楼；新建金盆湾中学五层学生公寓楼，柳中教学楼、学生公寓楼，新建区五中一栋五层综合教学楼。扩建教学楼、学生公寓楼和综合楼22栋，新增校舍2.33万平方米，维修改造校舍24.6万平方米。区财政列支270万元，对28所中小学校舍维修改造。财政列支485万元，改造28所中小学供暖设施。重点对城区11所中小学扩建改造，新增校舍面积1.2万平方米，缓解城区学校班额过大的矛盾。建成标准化实验室10个。区属20所中学，达到一部22室，实验室基本达到省颁Ⅰ类标准。

2008年，全区有各级各类初级中学23所，在职教师2023人，专任教师1619人，在校学生28543人。2009年，区属公办初级中学15所，在校教职工1979人，专任教师1576人，在校学生25417人。

2010年，有区属公办初级中学17所，其中九年一贯制学校5所；在校教职工1996人，专任教师1601人，在校学生22630人。当年，临镇中学、川江小学等5所学校达到市级素质教育示范学校。

二、高级中学

1990年，全市完全中学有延安中学、延大附中、延安市二中、延安市四中、姚店中学、职业中学、农职业中学7所。高中专任教师270人，学生3606人。1995年，长庆油田第七中学迁入，临镇中学恢复高中招生。

1997年9月，临镇中学学生转入四中，高中部停办。全区有完全中学5所，分别为：宝塔区第二中学、宝塔区第四中学、姚店中学以及市办延安中学、长庆七中。在校学生39个班（区属22个）1968人（区属801人）。招生873人（区属434人），毕业747人（区属283人）。高等院校录取226人，大中专录取247人。专任教师196人（区属106人），学历达标109人（区属50人），达标率55.61%（区属47.17%）。

2000年，全区有完全中学12所，在校教师861人，专任教师505人，岗位合格率

79.2%；区属公办4所（区二中、区四中、姚店中学、职教中心）。在校教师439人，专任教师203人，岗位合格率79%；市办延安中学1所，在校教师185人，专任教师133人，岗位合格率80%；长庆油田第七中学，在校教师60人，专任教师48人，岗位合格率71%；延安大学附属中学，在校教师20人，专任教师18人，岗位合格率66%。社会力量办西郊高级中学、京华中学、圣地中学、特立中学、培植中学、博爱中学6所完中，在校教师157人，专任教师103人，岗位合格率100%。

2003年，区政府在四中校外征地70亩，投资3875万元。修建教学楼、综合楼新校区，依托四中创办民办宝塔高级中学，扩大办学规模。2005年投入使用。

2004年，为保证发展高中教育各项目标任务如期完成，采取银行贷款、教师入股和社会参股等办法筹措资金1800万元，整体购买慧泽园小区楼房二栋，创办宝塔高级中学过渡校区。新增教学班70个，在校学生613人，扩大优质教育资源，完成计划的103%。新建姚店中学教学综合楼一栋。是年，宝塔区第四中学创建省级重点中学，通过陕西省评估验收，跻身省级重点中学行列。

2007年，区办高中有区四中、区二中、姚店中学、职教中心4所。有专任教师1129人，在校生20993人。宝塔高级中学新校区建成，秋季开学招生1600人。同时，投资3040万元实施姚店中学改扩建工程，扩大高中办学规模。完成普通高中招生计划3050人，较2006年净增869人。区四中、二中、姚中、职教中心4所高中，当年高考上本科线人数942人，较2006年增加444人，高考上线率78.53%。理工类平均成绩在全市的排名上升到第3名。2008年，宝塔区第四中学创建为省级标准化高中。

2009年，专任教师1192人，学生21501人。全区高中教学质量稳居全市前列，区四中文史、理工分别居全市第四。是年，宝塔区第二中学晋升为省级标准化高中。

2010年，专任教师1188人，学生21597人。按照“巩固四中，提升二中，发展姚中”的思路，做强四中，做大二中，做精姚中。全区本科上线人数1921人，与2009年相比净增345人。总上线率85.22%，较2009年提升2.53个百分点。文史、理工类分别继续保持在全市第七、第四。区属3所高中在校学生规模稳定在7000人左右。

1990～2010年宝塔区公办中学教职工统计表

表26-5-1　　　　　　　　　　　　　　　　　　　　　　　　单位：人

年份	教职工数						代课教师	临时工	兼任教师
	合计	专任教师			行政人员	工勤人员			
		小计	初中	高中					
1990	1266	1040	770	270	163	63	4	38	1
1991	1275	1042	788	254	172	61	14	14	—
1992	1282	1060	813	247	160	62	29	29	9
1993	1250	1030	833	197	141	79	7	7	12
1994	1275	1063	867	196	147	65	28	28	6

续表

年份	教职工数						代课教师	临时工	兼任教师
	合计	专任教师			行政人员	工勤人员			
		小计	初中	高中					
1995	1373	1140	915	225	158	75	8	8	10
1996	1427	1183	952	231	158	86	7	7	18
1997	1455	1198	940	258	171	86	12	12	18
1998	1437	1230	968	262	138	69	17	17	13
1999	1379	1161	913	248	150	68	29	29	17
2000	1631	1359	1035	324	197	75	17	17	52
2001	1809	1581	1219	362	142	86	69	—	86
2002	2032	1795	1299	496	148	89	87	—	86
2003	2293	2010	1392	618	187	96	1	—	125
2004	2557	2193	1460	733	197	167	33	—	104
2005	3074	2448	1622	826	424	202	116	—	161
2006	3188	2740	1728	1012	229	219	160	—	62
2007	3241	2850	1721	1129	258	133	2	—	45
2008	3212	2808	1619	1189	267	137	—	—	—
2009	3171	2768	1576	1192	281	122	2	—	22
2010	3184	2789	1601	1188	288	107	8	—	26

1990~2010 年宝塔区公办中学在校学生统计表

表 26-5-2　　单位：人

年份	初中			高中			合计	农职业中学
	一年级	二年级	三年级	一年级	二年级	三年级		
1990	2819	1013	3237	1610	1064	932	10675	198
1991	3346	2834	1249	1571	1333	1017	11350	265
1992	3766	3072	2506	603	1204	1244	12395	276
1993	3934	3308	2582	756	500	858	11938	293
1994	4537	3648	3021	873	524	471	13074	284
1995	4926	4168	3470	1186	886	655	15291	380
1996	5304	4587	3860	1203	1001	892	16847	390

续表

年份	初中			高中			合计	农职业中学
	一年级	二年级	三年级	一年级	二年级	三年级		
1997	5978	4823	4157	1546	1039	963	18506	322
1998	5731	5916	4446	1717	1428	969	20207	232
1999	8122	6558	5355	2305	1835	1601	25776	543
2000	5705	5722	5569	1671	1526	1267	21460	535
2001	9722	7902	5992	2733	2177	1815	30341	445
2002	10601	9116	7134	4122	2552	2578	36103	927
2003	11113	9735	8043	4749	3889	3146	40675	849
2004	11743	10118	8531	5675	4615	4681	45363	866
2005	12753	11007	8658	6371	5415	6193	50397	938
2006	11721	11593	9852	6792	5894	6636	52488	927
2007	10962	10775	9939	7292	6453	7253	52674	1179
2008	9889	9965	8689	6735	7429	7586	50293	1391
2009	8036	8951	8430	6926	6664	7911	46918	1998
2010	6497	8167	7966	6377	5877	7243	42127	2100

1996 年、2010 年宝塔区中小学、幼儿园对照统计表

表 26-5-3　　单位：所

乡镇	1996 年全市中小学					2010 年全区中小学、幼儿园					备注
	初级中学	中心小学	村办完小	村办初小	其中希望小学	初级中学	中心小学	村办完小	村办初小	中心幼儿园	
官庄乡	—	1	9	4	1	—	1	—	—	1	—
临镇镇	1	1	10	11	—	1	1	—	—	1	—
麻洞川乡	—	1	12	5	1	—	1	—	—	1	—
南泥湾镇	—	1	6	3	3	—	1	—	—	1	—
松树林乡	—	1	3	6	2	—	1	—	—	1	—
柳林乡（镇）	1	1	17	11	6	1	1	2	—	2	—
万花山乡	1	1	5	17	5	中小学合一		1	—	1	9 年一贯制
枣园乡（镇）	1	1	6	14	8	1	1	2	—	2	—
河庄坪乡（镇）	1	1	14	9	3	1	1	1	—	1	—

续表

乡镇	1996年全市中小学					2010年全区中小学、幼儿园					备注
	初级中学	中心小学	村办完小	村办初小	其中希望小学	初级中学	中心小学	村办完小	村办初小	中心幼儿园	
川口乡	1	1	8	21	4	1	1	1	—	1	—
桥沟乡（镇）	1	1	20	5	3	—	1	4	—	1	—
冯庄乡	1	1	3	14	1	中小学合一		1	—	2	9年一贯制
梁村乡	—	1	4	13	3	中小学合一		1	—	2	9年一贯制
姚店镇	—	1	15	12	3	—	1	2	—	3	—
甘谷驿镇	1	1	8	23	3	中小学合一		—	1	3	9年一贯制
元龙寺乡	—	1	8	15	5	中小学合一		—	—	1	9年一贯制
李渠镇	1	1	19	4	1	1	1	2	—	3	—
青化砭镇	1	1	5	18	2	1	1	2	—	1	—
蟠龙镇	1	1	8	18	3	1	1	1	—	1	—
贯屯乡	—	1	2	15	3	—	1	—	—	1	—
碾庄乡	—	1	3	10	1	—	—	—	—	—	—
下坪乡	—	1	2	12	4	—	—	—	—	—	—
张坪乡	—	1	3	14	3	—	—	—	—	—	—
丁庄乡	—	1	4	14	1	—	—	—	—	—	—
合计	12	24	194	288	69	13	15	20	1	30	—

说明：1. 直属中学8所（二中、四中、姚中、一中、三中、五中、杨中、金中），职（农）中各1所，进修学校1所，小学10所，幼儿园2所，张坪、下坪、贯屯、梁村中心小学附带初中班，厂矿子校16所，北小希望教学楼、育才学校电教室；

2. 直属中学7所（二中、四中、姚中、一中、三中、五中、金中），职教中心1所，小学11所，幼儿园3所，中石油延安希望小学、延长油田幼儿园（一幼）

第二节　民办中学

1990年，按照管理权限，民办初级中学、九年制学校、完全中学和各类培训中心的审批和管理，由延安地区教育局工农办负责。1993年，第一所民办敬业初级中学创办，有初一、初二学生78人，教师4人。1997年，先后有圣地、新星、行知3所初级中学创办。

2002年以后，社会力量创办的中学有：西郊高级中学、育英中学、京华、特立、培植、博爱、新华、新蕾、同兴初级中学等10余所。社会力量和民办中学在竞争中，优胜劣汰，一些学校自然停办。

2010年，宝塔区内民办中学有：行知、育英、励博、新华、职院附中、宏基、培植、延大附中、东方红、宝塔初级中学、宝塔高级中学11所。

第三节　中等职业技术教育

一、延安市职业中学

简称市职中。1990年，校址原在枣园镇延园校区，有教职员工34人。开设普通中学、高中的文化课程、专业课。学制3年，其中教学两年半，实习半年，不包分配。开设烟草、兽医、烹饪、果树、服装、技工等7个专业。招生161人，毕业109人。1995年，市职中共招生1349人，毕业815人。其中，烹饪专业8届275人，果树专业4届264人，家电专业8届76人；服装短期班8期，2年制长班1届，共96人；烟草专业1届21人；技工班2届81人。举办各种短期实用技术培训班21期，结业学员1600余人。2000年，并入区职教中心。2001年6月，区职业中学校址上划延安中学。

二、延安市农职业中学

简称市农职中。校址在城东桥沟镇。1990年，有教职工48人。开设蔬菜、农林、缝纫（服装裁剪和制作课）、美术、音乐、园林6个专业。学制3年，教学两年半、半年专业课。其中，园林专业、音乐、美术专业班，面向全市招收初中、高中生。

1993年，增设体育、林果、烹饪、栽培、裁剪、机电维修、旅游服务、乡村医士6个专业（招收初中生）。

1995年，累计为各类大中专院校输送近800名人才，其中高中部毕业六届550人，考入大中专78人；初中部毕业14届2100余人，考入中等专业学校350余人。培养蔬菜、林果（园林）专业人才200余人，缝纫专业人才120余人，美术专业5届289人，考入大中专美术院校（班）175人，音乐班5届287人，考入大中专音乐院校178人。

1996~1999年，体、音、美三个骨干专业为社会输送艺术人才2133人，其中从事教育工作704人。

1996年，筹建市职业教育中心。1997年1月，改称宝塔区职业教育中心。1999年，区政府投资30万元，成立宝塔区职业教育中心（撤并区6部门职校），修建职教中心学生公寓楼、教师宿办楼。2000年投入使用。

三、宝塔区职业教育中心

1999年1月13日，成立宝塔区职业教育中心。校址位于桥沟镇原延安市农职业中学。占地105亩，建筑面积15682平方米。开设15个专业，43个教学班。注册学生2330人，其中在校生1265人。隶属于宝塔区委，业务由区教育局负责，事业单位，科级建制。主任由主管教育副区长兼任。设常务副主任1人，副主任3人。在校教职员工106人，其中专业教师40人，文化课教师43人；本科学历47人，专科学历44人；中高级职称44人，中级42人。历年对教师坚持专业课培训，促进教师向专业多能型转变。

2000年以来，实行一年半在职教中心学习专业技术基础理论，一年半到联办学校学习并安置就业的“1.5+1.5”学制，实施与山东等省沿海地区职业学校联合办学形式。

由东部学校负责在当地择优就业，首批招生 102 名。区教育局与人劳局开展合作办学，暑期培训计算机专业技术人员 140 人，培训酒店管理、服务人员 38 人。同时，以区职教中心为龙头，以文化技术学校为阵地，积极开展农民工进城务工岗前培训和下岗职工再就业培训，先后培训 5000 人次。开设“陕北米脂女子高级家政服务专业”，面向全市农村招生，主要向北京、上海等大城市输送家政服务人才。打响米脂女子家政品牌。实施“阳光工程”“雨露工程”“温暖工程”“人人技能工程”，新建成电子、棉纺、机电 3 个专业。在山东、苏州、无锡等地建立对外就业实训基地 3 个，在本区建成就业实训基地 3 个。

2002 年 7 月，宝塔区职教中心创建为省级重点职业高中。

2003~2009 年，建成汽车驾驶与维修、家政、旅游、计算机应用与维修、电子专业实训基地 5 个。按照市场和企业需求，增设林果、养殖、物业管理、石油化工、机电技术、计算机应用与维修、红色旅游、酒店服务等专业，米脂女子家政服务、旅游服务、汽车驾驶与维修、药剂等品牌专业。在推行工学结合、校企合作、订单培养、长短结合等培训模式。与北京海淀艺校、无锡市职教中心、山东职业中专和北京吉天公司联合办学。借助发达城市职业学校的教学设备、师资等优势，提升职教中心的知名度。大胆引进具有实践能力的工程技术人员 5 名。新建计算机应用维修、汽车检测维修专业 2 个。新建实训基地 2 个，就业基地 4 个。累计培养各类人才 2552 人次，培训农民实用技术人才 1.2 万人次。转移劳动力 1.2 万人次，培训教师 19 人（国家级 2 人、省级 7 人、市区级 10 人）。实行“三教统筹”，促进农科教结合，将职教中心建成全区“三基地三中心”，即技能型人才培养基地、再就业培训基地、农村劳动力转移培训基地和岗位技能培训中心、实用技术研发推广中心、科技信息传播中心。

2010 年，累计培训各类实用人才 23300 名，农村劳动力转移培训 16966 人。完成学历教育招生 886 人，转移劳动力 600 名，培训教师 40 名。建成骨干专业 7 个，新建实训基地 8 个，就业基地 12 个。职业教育服务区域经济社会发展能力进一步增强。

四、中等师范函授教育

1990 年，延安市的中等函授由延安教育学院函授部招生。函授学员不受年龄、教龄限制，学习期满，成绩合格者，由延安师范学校颁发给中等函授毕业证书。中师函授学制 4 年，开设文选、语文基础知识、语文教材教法、代数与初等函数、几何、算术理论、小学数学教材教法、自然（包括物理、化学、生理卫生、历史、地理 10 科）。1988 年，卫星电视中师函授教育开始招生，其教学手段以收看电视、录像为主，辅导为辅，学制三年。开设课程与中师函授相同。1988~1991 年延安市参加卫星电视函授共计 187 人，毕业 9 人。到 1991 年，中师函授共毕业 246 人。

1990~2010 年宝塔区职业高中基本情况统计表

表 26-5-4

年份	校数（所）	班数（个）	毕业生数（人）	招生数（人）
1990	2	7	185	215

续表

年份	校数（所）	班数（个）	毕业生数（人）	招生数（人）
1991	2	8	192	216
1992	2	9	139	268
1993	2	8	69	183
1994	2	11	63	232
1995	2	11	69	226
1996	2	13	30	336
1997	2	11	199	275
1998	2	9	120	347
1999	2	20	128	203
2000	2	21	90	116
2001	1	1	72	68
2002	1	2	94	96
2003	1	4	180	214
2004	1	5	216	256
2005	1	5	215	236
2006	1	5	142	220
2007	1	5	165	242
2008	1	3	116	135
2009	1	2	51	68
2010	1	1	17	21
合计	32	161	2552	4173

五、宝塔区卫生学校

1990 年，称延安市卫生学校。1996 年 12 月撤市设区后，更名为延安市宝塔区卫生学校。1990 年校址在区妇幼保健院五楼办公。2006 年迁至宝塔区柳林卫生院办公。2010 年 11 月 23 日，撤销宝塔区卫生学校，其人员、编制划入区疾病控制中心，业务移交宝塔区卫生局。

宝塔区卫生学校主要是培养各类卫生专业技术人员，1990 年举办为期 3 个月的医疗卫生函授班 1 期，参加学习人员 61 人；集中办乡医学习班 18 期，培训乡医 245 人；市妇幼保健院办接生员学习班4期，培训接生员102人；各乡镇举办接生员学习班24期，培训、复训接生员437人次；举办防疫、妇幼专干培训班24期，培训“两干”122人次。1991年，以乡镇为单位举办“两员”学习班24期，培训、复训乡医384人，接生员376人。

1992年，全市选送培养各类卫生专业技术人员84人，其中大专以上学历教育9人，一年以上临床进修学习17人，短期培训58人；市卫生局举办第二期乡镇卫生院会计学习班。1993年，全市选送各类专业技术人员70人，其中接受大专以上学历教育11人。延安市中医院聘请北京、上海专家教授来院讲学以及天津消化外科专家开展肝胆外科手术。

1994年，卫校承办首届乡镇卫生院放射学习班，参加学习19人，学习时间半年；全年培训、复训乡医卫生员308人，接生员297人。1995年，选派24名专业技术人员进修深造；全年培训、复训乡医卫生员321人，接生员346人。1996年，市卫生局出资4万元，各医疗单位采取短训、进修等形式培训专业技术人员108人，占到全市专业技术人员总数的13.6%；全年培（复）训乡医312人，接生员346人。1998年，设立4万元人才培养经费，针对性地选送32名人员深造。

2000年，学校举办卫生专业技术人员医学继续教育培训班，228人参加，45人被选送到上级医疗单位进修学习；举办首届乡村医生函授中专学历教育，为期1年，参加学员40名。2002年，全区有乡医534人，其中40人参加乡医函授中专教育，通过考试毕业。2003年，区卫校举办医疗法律、法规学习班4期，培训医务人员185人；“非典”期间，举办医疗救治师资培训班2期，培训92人；参加进修学习医务人员119人。

2004年，区卫生局委托区卫校举办培训班8期，培训人员369人；9月，区卫校承办宝塔区院长管理学习班；派出131名卫生人员学习深造，其中送往浙江台州医院学习7人。2005年，区卫校举办业务学习班9期，培训人员611人次；选送中青年业务技术骨干到外地学习12人。2006年，区卫校举办业务学习班22期，培训人员655人次；7月，选送青年专业人员赴浙江台州医院学习10人；20个乡镇卫生院院长参加省、市院长管理培训班；11月23～30日，以乡镇为单位举办妇科、儿科为主的乡医、接生员培训班；全年组织培训乡医150人次。2007年，区卫校举办业务学习班21期，培训人员815人次；选送专业人员在省内外进修学习46人。

2008年，区卫校举办业务培训班4期，社区培训班3期，培训各类技术人员800多人；选送业务人员赴外地深造学习53人；由市卫校组织实施对全区358名村卫生人员进行中医药专业技能、内科知识培训，时间为100学时，教材按省卫生厅根据卫生部颁发的培训大纲学习；9月16日，印发《宝塔区2008年农村卫生人员培训项目实施方案的通知》，加强对乡镇卫生技术人员的培训，使其业务技术水平特别是检验、放射服务能力明显提高。2009年，区卫校举办业务培训班4期，培训各类技术人员432人；选送专业人员在省内外进修学习45人。

2010年，选送社区卫生人员参加全省各类学习班11期56人；组织社区卫生人员岗前培训考试，通过考核，取得从业资格证84人；乡镇卫生院院长17人和社区卫生服务中心主任3人，参加陕西省卫生厅举办的培训班；全年先后举办10期业务培训班，培训专业技术人员432人次。

第六章 高等教育

第一节 大专院校

1990年，延安市区大专院校有延安大学、延安医学院、延安广播电视大学、延安教育学院、延安地委党校、延安市委党校等。

一、延安大学

延安大学校名是由毛泽东主席亲自命名，郭沫若题写，是中国共产党在延安时期创办的第一所省属综合性大学，也是教育部和陕西省人民政府共建大学。

1990年，延安大学招收本、专科生620人。其中，英语教育30人，思想品德和政治教育95人，汉语言文学教育90人，汉语言文学20人，历史教育45人，企业管理40人，教学教育100人，物理教育80人，化学教育60人，工业分析30人，生物教育30人，毕业590人。

延安大学秉承“立身为公、学以致用”的校训，立足陕北，面向陕西、西部，辐射全国，培育多层次、多规格建设需要的人才，多形式、全方位为国家和地方经济社会发展服务，努力提高办学水平。学校设13个二级学院、1个独立学院和3所附属医院。45个本科专业，涵盖文、理、工、医、教、经、管、史、法、农等10个学科门类。有一级学科硕士学位授权点1个，硕士学位授权学科专业21个，省级重点学科3个。省级重点实验室2个，省级实验教学示范中心1个，省级工程技术研究中心1个，省级重点研究基地4个。学校还设有中共党史研究院、延安学研究院、陕北历史文化研究院、陕北能源化工研究院、陕北区域经济研究院、陕北地方病研究院等40多个科研机构。有教学研究实验室32个，语音实验室和多媒体教室各1个，座席5292个。教学用计算机1346台，图书馆藏书142万册，有1个可容纳2万名观众的全塑胶体育场。先后为国家培养各类毕业生10万余人。

2007年，在教育部本科教学工作水平评估中被评为优秀。2010年，学校有教职工1400多人，教师807人，其中教授106人、副教授218人；硕士生导师159人，享受国务院政府特殊津贴专家7人，全国优秀教师2人，省级教学名师3人。学校面向28个省、市（自治区）招生，全日制在校生12899人，其中普通本专科生12689人，硕士研究生200人。2007~2010年，招生第一志愿录取率一直保持在91%以上，学生就业率连续三年保持在91%。

二、陕西省广播电视大学延安分校

简称延安电大。1980年筹建，1982年秋季开始招生。学校占地2亩多（校址在中心街凤凰广场，科技馆旁），建筑面积5127平方米，其中教学办公楼1栋2086.6平方米，学生公寓楼1栋1550平方米，住宅楼1栋。2004年8月“旧城改造”，拆除教学办公楼、学生公寓楼、教师住宅楼。2005年，将延安电大迁至双拥大道永兴路新校区。占地15亩，新建教学楼1栋、办公楼1栋、学生公寓楼1栋。在岗教职工63人（实有编制65人），其中高级职称9人，约占18.4%，中级职称25人，约占39%，研究生学历6人，本科学历52人。学校设有办公室、教务处、教学处、现代教育技术中心、远程教育研究中心、教材媒体服务中心、招生就业指导中心、继续教育处、总务处、团委、工会和保卫科等12个科室，在中层岗位工作的干部17人。1982~1990年共招生2300余人，大学本科、专科毕业900余人，单科毕业500余人。到2003年累计招收成人专科1411人，其中普通专科760人。

2000年，开办开放教育招生工作。2007年，延安电大实施“名师培养工程”，建立一支规模适当，素质优良，结构合理，相对稳定，适应远程教育改革和发展需要，具有良好敬业精神和高尚职业道德的教师队伍。2009年春，开放教学内容主要有：教学特征与方法、计算机基础知识、计算机基础知识考核、班级组建等。学校主体学历教育形式有：开放教育试点专升本，开设专业有汉语言文学、数学与应用数学、英语、计算机、法学、金融学、会计、工商管理、土木工程和行政管理10个专业。专科教育有：普通专科教育，开设有小学教育、法学、金融、会计、高级护理、园艺、工商管理、动物生产、计算机应用和行政管理等10个专业。成人大专教育、远程教育学习中心、少量注册视听学生。有各类在校生3593人，其中开放教育试点专升本学生1175人，开放教育专科学生2009人，普通专科学生83人，成人大专学生75人，奥鹏学习中心学生120人，注册视听生41人。

2010年，累计招收高起专、专升本两个层次10个专业学员12840人，其中专科500人。

三、延安教育学院

1984年暑假，延安地区教师进修学校更名为延安教育学院。参加卫电函授共187人。1988年，卫星电视中师函授教育开始招生，其教学手段以收看电视、录像为主，辅导为辅，学制3年。1988~1991年，延安市参加卫电函授共187人，参加高师函授学员276人，毕业101人，其中高师专科95人、本科6人。2000年，延安教育学院与陕西师范大学等院校联手培训教师。2002年8月，陕师大网络学院延安教育学院学习中心成立，成教处设处长1人、副处长2人、工作人员7人，其中副教授3人、讲师7人。2010年，毕业学员365人。在册16个专业学员376人。

四、延安职业技术学院

2005年，延安职业技术学院成立，整合延安市农业学校、林业学校、延安教育学院、延安师范学校、财经学校、延安机电工程学校资源。校址在延安市杜甫川延安财经学校，经陕西省人民政府批准、教育部备案的公办普通高等职业技术学院，也是迄今陕北唯一一所专科职业院校。

2009年10月，学院迁至枣园镇莫家湾村新校区。占地625亩，建筑面积25万平方米。馆藏书籍21万册，电子图书2万册。有各专业学生9282人，其中全日制在校学生4774人，成人及远程教育学生4508人。学院秉承“立足当地、服务社会、崇尚能力、办出特色”的办学理念，着力为陕北能源工业、绿色农业、红色旅游和全国制造业培养技能型人才。建立陕北能源化工基础及金融、旅游、教育、建筑、电力、运输、林技等系统为主渠道，辐射长三角、珠三角、黄三角等发达地区的机械、电子、制造企业的广阔的毕业就业网络。

2010年，学院有教职工803人（其中离岗121人、离退休298人）。专任教师164人，高级职称66人，中级职称87人。全国优秀教师和优秀教育工作者2人，省市先进个人10人，特级教师1人，在校生7000人。

第二节　电大与函授

一、自学考试教育

高等教育自学考试，是以自学为主，国家进行统考并承认学历的一种业余高等教育形式。延安市的自学考试工作从1983年下半年开始，由延安地区招生委员会办公室组织管理。每年春（4月）、秋（10月）各举行一次，不受学历、年龄限制，有志者均可自选专业学习，申请参加考试。所有专业合格者发给毕业证书，国家承认其学历。1990年，延安市自学考试开考专业有高教本科会计、英语、汉语言文学、法律、统计、机电一体化工程6个专业。高教专科有会计、英语、汉语言文学、法律、统计、工业企业管理、机械制造工艺及设备、计算机应用、工业与民用建筑、行政管理、政治管理、中医、律师等18个专业。中专有税务、金融、物资经济管理、护士、公安、统计、工业与民用建设、中医8个专业。到1995年底，通过自学考试，全市有1000余人取得高教专科毕业证书，1人取得高教本科毕业证书，5人取得中专毕业证书。是年，自学考试停止招生。

二、高等师范函授教育

1990年，陕西师范大学函授部仍在延安地区招考函授学员，每年定时在延安地区设点面授，由延安教育学院函授部负责招生。一九八七级专科函授毕业10人，其中陕西师范大学教育行政管理7名学员全部毕业。普专脱产23人毕业。1991年，延安市参加高师函授学员276人，毕业101人，其中高师专科95人、本科6人。一九八八级高师函授29名学员全部毕业。1992年招收普通专科28人，其中中文13人、政治5人、英语10人，全部毕业。1993年招收普通专科12人，其中中文10人、政治2人，全部毕业。1994～2000年招收中文11人，毕业11人。2003年招收普专702人，2004年招收普专743人，2005年招收普专40人，2006年招收普专125人，2007年招收普专104人，全部毕业。

三、高师卫电成人函授教育

延安教育学院函授部从1993年开始举办成人高师卫电专科函授班，共举办3届，学制3年。开设课程汉语言文学、政治、历史、地理、英语、数学、物理、化学等10多个专业。第一届，1992年报名，1993年春季开学，招收学员107人，1996年2月毕业107人。第二届，1994年春季开学，招收学员44人，1997年8月毕业44人。第三届，1996年春季招收学员129人，1999年毕业129人。1996年开始举办成人高师卫电本科函授班，共举办3届，学制3年。第一届，1996年招收中文、数学、政教等专业学员174人，1999年毕业。第二届，1998年招收中文、政教、历史、地理、英语、数学、物理、化学等专业学员534人，2001年9月毕业。第三届，2000年招收中文、政教、英语、数学等专业学员362人，2003年9月毕业。

四、陕西电大延安分校电教函授教育

1990年，延安电大专科开设课程有小学教育、法律、金融、会计、高级护理、园艺、工商管理、动物生产、计算机应用和行政管理等10个专业。同年，招收大专学员50人（普专）。1994年起开办电视中专教育，共招生713人，毕业537人。1996年开始招收大专层次注册视听生604人。到1998年，招收大专学员1511人（其中普专600人），毕业911人；举办非学历教育会计、审计等多种岗位培训和继续教育，累计培训1600多人次。1999年，招收成人大专290人，普专78人。招收电视中专713人。2000年春季，开办开放教育教学内容，开放教育专升本，开设专业有汉语言文学、数学与应用数学、英语、计算机、法学、金融学、会计、工商管理、土木工程和行政管理等10个专业。专科教育开设有小学教育、法学、金融、会计、高级护理、园艺、工商管理、动物生产、计算机应用和行政管理等10个专业。到2002年春季共招收学员1410人，毕业1145人。到2003年，延安电大累计招收成人大专学员1411人，此后停止招收普通专科。

第七章　其他教育

第一节　成人教育

1990年，延安市成人教育由市工农教育委员会组织实施，分学历教育和非学历教育的国民教育两大类。学历教育以自学考试、脱产进修、函授及现代远程教育和广播卫星电视函授为主，非学历教育的国民教育主要是成人文化技术教育和扫盲教育。全市27个乡镇办事处建起256个扫盲班，参加扫盲学习2700人，脱盲1400人，非文盲率由1989年的94.4%提高到96%。

1993年，全市建起扫盲夜校500多所，基本达到村村有扫盲夜校，形成市、乡（镇）、村三级培训网络。由乡（镇）办事处主管领导负责，教办主任和成教专干具体实施，办事处分片按居委所辖学校为培训点。由干部和教师负责教学培训，农村以村办小学为培训点，由成教专干和教师负责教学培训。各级各类学校有1200多名教师学生，担负起本学区（村组）扫盲教学任务。全市15～20岁的非文盲率由1992年的90%提高到93%。“普六”期间，把“普六”扫盲一起抓，从源头上遏制新文盲的产生。

1996～1997年，建成村办扫盲夜校573所，建立健全“五册三表一卡一证”（五册：15～20周岁文盲青壮年花名册、青壮年15～50周岁花名册、丧失学习能力人员花名册、近三年来脱盲人员花名册、脱盲人员巩固提高学习花名册；三表：青壮年人口文化状况表、青壮年脱盲人员统计表、扫盲基本情况表；一卡：文盲、半文盲登记卡；一证：脱盲证）扫盲档案，全面实施27个乡镇办事处的高线扫盲任务，扫盲工作开展面达85%以上。扫除青壮年文盲17200人，青壮年非文盲率达97.5%以上，超出国颁高线扫盲标准（国标95%以上）2.5个百分点。宝塔区被评为陕西省扫除青壮年文盲先进集体。

1998年，依据《延安市扫除青壮年文盲工作实施方案》，制定实施《宝塔区扫除青壮年文盲实施意见》。青壮年非文盲率提高到98.1%，15周岁以上人口文盲率降到8.3%以下，复盲率控制在3.1%以内，全面达到《扫盲条例》规定标准；10月29日，全区扫盲工作通过陕西省政府验收合格，宝塔区被陕西省授予“基本扫除青壮年文盲县（区）”称号。基本实现无盲区目标。

1999年，宝塔区扫除剩余青壮年文盲2200余人，全区青壮年非文盲率由1998年的98.1%提高到99.5%，脱盲人员的巩固率由97%提高到99%，复盲率控制在1%以内；4月，延安市对宝塔区“两基”达标工作进行初验。同年10月，陕西省教育评估验收团对宝塔区“两基”达标工作顺利评估验收，认为宝塔区基本扫除青壮年文盲，基本普及九年义务教育。

2000年，农村继续坚持“一堵二扫三提高”的方针，以乡（镇）、村农技校为阵地，结合文化、科技、医疗“三下乡”活动。举办扫盲学习班96期，参加学习的学员1440人；举办脱盲学员各种实用技术培训班72期，培训脱盲学员18640人。2001年，全面完成剩余1081名青壮年文盲扫除任务，脱盲人员巩固率99%以上。建成示范性农技校13所，全年培训农民26500人，培训在职干部5240人。先后投资50.84万元用于扫盲工作。做到乡不漏村，村不漏户，户不漏人，统一发放“五册三表一卡一证”。建立区、乡、村三级档案，全区建档案2913卷册。统一调配教材，按人数发放。教学班、教学点做到“三有两落实”（有学员花名册、有教案、有作业；教学任务落实，教学时间落实）。在办学形式上推行“一校变三校，一长管三校，一师兼多教”的模式，在教学方法上采用集中办班，分散设点。创办扫盲班、点639个，签订包教包学合同书4200余份。2004年，刷写宣传标语1500条，办板报10期。完成扫盲人数6854人，文盲人口由年初的7.2%降到4.8%。2005年，乡镇农技校培训累计80天以上。青壮年农民全员培训率在90%以上，农技校办学面100%。青壮年非文盲率保持在98%以上。

2006～2009年，扫除青壮年文盲与扫除科盲相结合，积极开展农民技术培训。2007年5月30～31日，“两基”工作通过国家级评估验收。全区青壮年非文盲率99.7%，脱盲人员巩固率为99.5%。在“普九”进程中采取“1+1”（一家或一人资助一名贫困生）助学、资助等方式，抓好辍学学生返校工作，广泛宣传《中华人民共和国义务教育法》

《中华人民共和国未成年人保护法》，依法遏制学生流失。

2010 年，全区脱盲率达 100%。15 岁人口初等教育完成率达 100%，17 岁人口初级中学教育完成率 100%。

第二节　农民培训

1990 年，根据当地农业生产和广大农民致富的迫切要求，全市 22 个乡镇、192 个行政村办起农民技术学校。农技校以乡镇会议室、村办小学为教室，以乡镇八大员为主，聘请农业、林业、科技、园艺、畜牧、蔬菜站等技术人员为教师，对农民进行实用技术培训。受培训人员 21752 人次，其中掌握 1~2 项专业技术的人员有 16832 人。

1991~1994 年，全市 24 个乡镇办起农民文化技术学校，有村级农技校 136 所。培训内容以苹果、烤烟、农作物种植为主。共举办各类实用技术培训 467 期，培训人 36443 人次，举办燎原计划技术培训 622 人次。在抓好桥沟、枣园、河庄坪、万花山、柳林、姚店、梁村、冯庄 8 个试点乡镇的农技校的规范化建设。同时建成枣园、南泥湾两乡（镇）的村级农技校 2 所。达到有兼职教师，有教案，有桌凳，有教材，有校牌。其中，南泥湾农技校被评为全国先进农技学校。枣园乡、柳林乡分别被评为省、地先进集体。实施 2 所乡镇农技校的正规化达标工作，600 个高标准农技示范户，5 个科技示范村，2 万人次的实用技术培训。

1996~2000 年，全区建成区级中心农技校 1 所，乡镇中心农技校 24 所，科技推广服务站（场）120 个，村级农技校 516 所。乡镇、村级办学面分别 100% 和 85%。创建官庄乡、张坪乡等 8 个乡镇农技校规范化建设。12 个乡镇以乡（镇）、村农技校为阵地，与农、林、牧、科协等农业技术、农村实用技术推广部门联合，举办种植、舍饲、养殖、棚栽、林果、草畜、蔬菜、食用菌等培训。累计举办培训班 1429 期，培训农民 77600 余人次，取得技术职称的青壮年 778 人。

2001~2005 年，区政府把职教中心定为“兴农示范校”，将张坪、梁村、下坪、贯屯、元龙寺 5 乡撤并的中学划为职教中心兴农基地，成立职教中心校外班。全区有中心农技校 1 所，建成示范性农技校 13 所，有村级农技校 634 个，办学面 100%。把扫盲、农民技术教育与“普九”放在同等位置，在办学形式上推行“一校变三校，一长管三校，一师兼多教”的模式。累计举办林果、蔬菜、食用菌、养殖业等特色产业培训班 520 期。每年乡镇农技校培训累计 80 天以上，培训 7.5 万人次，户均掌握 1~2 种实用技术。2005 年，南泥湾镇被命名为省级教育强乡镇，枣园、柳林、临镇、姚店镇被命名为市级教育强乡镇。

2006 年，以职业教育为龙头，以乡镇成人技校为阵地，在张坪、梁村等 5 个乡镇兴农基地举办棚栽、养殖、林果业培训班 10 期，培训 2200 人次。全区乡镇有成人文化技术学校 20 所，村级农技校 611 所。是年，枣园、柳林、临镇、姚店、蟠龙 5 乡镇被命名为省级教育强乡镇；李渠、川口、青化砭、松树林、甘谷驿、官庄、贯屯 7 乡镇被命名为市级教育强乡镇。2007 年，李渠、川口、青化砭、官庄被命名为省级教育强乡镇。2008 年，南泥湾、枣园等 8 个乡镇创建为省级教育强镇。是年 10 月 13~16 日，陕西省教育厅强县区专家组与延安市政府领导38人，对宝塔区创建工作评估验收，顺利通过验收并授予宝塔区“陕西省教育强县（区）”称号。蟠龙、青化砭镇在抓创建省级农技校示范工作的同时，继续举办各种农民实用技术培训工作。至2009年，累计举办培训班220期，培训果农、菜农、畜牧养殖人员1.8万人次。

2010年，南泥湾、枣园等8个乡镇成人文化技术示范学校达到省颁标准。柳林、临镇、河庄坪等11个乡镇成人文化技术学校达到市级标准。市级教育强乡镇有柳林、蟠龙镇等11个，区级教育均衡发展乡镇5个。累计举办培训班280期，培训果农、菜农、畜牧养殖人员2.86万人次。

第三节　聋哑学校

1960年，创办陕西省延安市聋哑学校。1990年，延安聋哑学校和延安师范分设，校址在延安城区大砭沟（文化沟），占地面积8.3亩，建筑面积3927.2平方米，其中教师住宅楼1200平方米。有石窑24孔，薄壳22间，门房2间，教室9个，有理发室、医务室各1间。学校设校长1人，副校长1人，有教职工35人，其中专业教师12人，医务人员1人，行政干部2人，工人20人。在校学生60人，有一年级到六年级（除五年级）5个班。设有缝纫、木器等专业技术课。在校内教师中，通过公开演讲，招聘2名主管教学和总务工作的副校长。校长袁爱珍参加国家教委举办的华中师大特教管理培训班，形成学校在教育教学、管理等方面的新趋势。

2001年秋季，开办初中班，增加开设社会、常识、物理、化学、生物、聋耳康复等课程。招收1~9年级学生（小学1~6年级，中学7~9年级）。

2002年3月开始，经费由市财政全额拨款。学生实行“两免一补”政策，按小学生标准每生每学期补助1050元。2005年秋季，全部学生按中学生标准每生每学期补助1360元最高额补助，学生不再交任何费用。

2008年，由中央、省、市投资984.6万元，动工新建教学实验综合楼，建筑面积4500平方米。2009年秋季开学投入使用。教学仪器、器材、康复设备基本齐备，能满足教学需要。

2010年，校委会下设办公室、德育处、教导处、保卫科和后勤服务组。党支部下设工会、团委、少队部、妇委会。学校设有耳聋培训、义务教育班12个，在校学生160人，其中住校生102人。累计培养中小学聋哑学生232人。是年，延安市聋哑学校创建成为陕西省示范特殊教育学校。

学校重视教师队伍建设，加强师德教育，提高业务水平，鼓励教师积极开展教学科研活动，有3名教师被国家残联、教育部评为优秀教师。学校先后被延安市教育局评为教育系统“创佳评差”工作最佳单位；被延安市勤工俭学办公室评为“勤工俭学先进单位”；被延安市宝塔区文明办评为“文明校园”。2004年，参加延安市校园舞蹈汇演荣获特别奖，参加陕西省首届残疾人艺术节文艺调演获一等奖。

1990~2010年宝塔区聋哑学校基本情况统计表

表26-7-1

年份	班级（个）		毕业生数（人）			招生数（人）		在校学生数（人）		教职工数（人）	
	小学	初中	合计	小学	初中	小学	初中	小学	初中	合计	其中专业教师
1990	—	—	8	8	—	5	—	—	—	—	29
1991	—	—	—	—	—	5	—	—	—	—	29
1992	7	—	9	9	—	51	—	191	—	35	29
1993	—	—	4	4	—	1	—	105	—	—	29
1994	—	—	1	1	—	1	—	65	—	—	29
1995	—	—	—	—	—	1	—	58	—	—	29
1996	—	—	—	—	—	3	—	50	—	—	29
1997	—	—	—	—	—	1	—	44	—	—	31
1998	—	—	2	2	—	5	—	41	—	—	31
1999	7	—	2	2	—	21	—	90	—	35	32
2000	8	—	8	8	—	22	—	97	—	35	24
2001	7	3	17	12	5	27	8	112	27	32	31
2002	7	3	20	11	9	23	6	98	26	32	31
2003	7	3	17	10	7	27	5	97	28	32	31
2004	7	3	19	9	10	25	7	102	27	35	34
2005	6	3	20	12	8	26	6	105	29	35	34
2006	6	3	16	11	5	11	9	103	28	35	34
2007	6	3	23	14	9	21	7	92	29	38	37
2008	6	3	23	13	10	13	8	97	27	39	38
2009	6	3	20	10	10	30	10	105	29	40	39
2010	6	3	23	15	8	24	24	122	38	43	42

第八章　教育经费

第一节　财政拨款

1988年，延安市政府按照“分级办学、分级管理”的体制，市财政将各乡（镇）教育经费直接拨付乡（镇）财政所，经费由乡（镇）管理，包干使用。民办教师的民助部分工资和乡（镇）教办学校公务费不足部分，由各乡（镇）通过多种渠道筹措资金解决。

1990年，全市教育经费总支出736.30万元，教育经费占市财政总支出的21.8%。1995年，全市教育经费总支出1620万元，占市财政总支出的23.86%。2000年，全区教育经费总支出5160万元，占区财政总支出的25.63%。

2004年，落实中央、省、市、区财政补贴公用经费122.9万元。2005年，全区教育经费总支出1.17亿元，占区财政总支出的61.08%。落实中、省、市、区财政补贴公用经费，小学生均40元，初中生均60元，每年提高10元。

2007年，区财政经常性收入为27252万元，较上年增长14.44%；教育财政拨款15093万元，较上年增长98.17%；区财政新增财力3439万元，其中用于教育投入7477万元，占新增财力的217.12%；区财政支出72612万元，教育经费支出18860万元，占财政支出的26%；生均预算内教育事业费小学2414元，初中5307元；小学生均公用经费60元，初中生均公用经费170元。

2008年，区财政经常性收入为31106万元，较上年增长14.14%；教育财政拨款19158万元，较上年增长26.93%；区财政新增财力3854万元，其中用于教育投入4065万元，占新增财力的105.47%；区财政支出101824万元，教育经费支出32506万元，占财政支出的32%；生均预算内教育事业费小学2947元，初中6249元；小学生均公用经费85元，初中生均公用经费180元。

2009年，区财政经常性收入为29185万元，较上年减少6.18%；教育财政拨款22361万元，较上年增长16.72%；区财政新增财力557万元，其中用于教育投入475万元，占新增财力的85.3%；区财政支出110881万元，教育经费支出30176万元，占财政支出的27%；生均预算内教育事业费小学3783元，初中3534元；小学生均公用经费86元，初中生均公用经费156元。

2010年，区财政经常性收入为34190万元，较上年增长17.15%；教育财政拨款26506万元，较上年增长18.5%；区财政新增财力5005万元，其中用于教育投入4145万元，占新增财力的82.8%；区财政支出121655万元，教育经费支出32896万元，占财政支出的27%；生均预算内教育事业费小学4777元，初中6554元；小学生均公用经费102元，初中生均公用经费196元。

1990~2010年宝塔区教育经费支出统计表

表26-8-1　　单位：万元

年份	教育经费总支出	教育经费占市（区）财政总支出（%）	年份	教育经费总支出	教育经费占区财政总支出（%）
1990	736.3	21.8	2001	4967	25.72
1991	724.4	21.71	2002	6212	26.21
1992	833.6	20.40	2003	7620	30.1
1993	1044.8	23.21	2004	7616	31.9
1994	1395.4	23.71	2005	11672	61.08
1995	1620	23.86	2006	13611	61.3
1996	1600	23.98	2007	18860	26
1997	2340	23.98	2008	32506	32
1998	2652	24.15	2009	30176	27
1999	3400	25.3	2010	32896	27
2000	5160	25.63			

1990~2010年宝塔区多渠道筹措教育经费统计表

表26-8-2　　单位：万元

年份	农村教育费附加征收额	人均征收额占上年农民人均纯收入（%）	城市“三税”附加费征收额	征收额占城市“三税”（%）	学杂费	社会捐资集资总额	教育基金
1990	77.54	1	11.32	0.79	—	41.73	41.73
1991	84.58	1	36.49	2.15	67.7	62.56	62.56
1992	151.64	1	42.91	2.28	62.9	156.00	91
1993	258.16	1.5	55.34	3.95	88.4	175.7	93
1994	354.16	1.5	88.96	3.07	110	248.36	79.00
1995	—	2	—	—	—	—	98.23
1996	—	2	—	—	—	—	—
1997	—	2	—	—	—	1054.2	109.2
1998	—	2	—	—	—	400	106.8
1999	—	2	—	—	—	—	上半年56.3万元，完成年计划46.9%

续表

年份	农村教育费附加征收额	人均征收额占上年农民人均纯收入（%）	城市“三税”附加费征收额	征收额占城市“三税”（%）	学杂费	社会捐资集资总额	教育基金
2000	—	—	—	—	—	—	—
2001	—	—	590	—	—	—	—
2002	—	—	623	—	—	217.6	—
2003	—	—	976	—	—	305	—
2004	—	—	1227	—	—	240	—
2005	—	—	1376	—	—	—	—
2006	—	—	2160	—	—	—	—
2007	省财政下达农村税费改革转移支付资金总额1873万元，其中用于农村义务教育经费630万元	—	2372	—	—	—	—
2008		—	2696	—	—	—	—
2009		—	2875	—	—	—	—
2010		—	3285	—	—	—	—

第二节　勤工俭学

1990年，全市各级各类学校开展勤工俭学活动，增加学校造血功能。市区和集镇学校大办校办企业，农村学校大兴农林果业。全市农村学校513所，建起林果基地480个。总面积1.1万亩，山桃山杏1.06万亩，用材林5000亩。各校开展拾废品回收活动，创收90.65万元。1991～1996年，城市学校利用沿街房屋开墙建店，建立临街门市、店面、食堂餐饮86个。全市校办产业和农村校园经济发展兴起，共有校办商业点36个，学农基地463个，勤工俭学纯收入379.4万元，补充教育经费改善办学条件、教学设施配置370万元，为86所学校的312名学生减免学杂费9.4万元。1997～2000年，各中小学校勤工俭学几乎没有创收。学校利用劳动课、节假日组织学生到社区、街道办清理白色垃圾、擦洗护栏等活动，培养学生劳动和环保意识。2003年以后，学校除了上好劳动课外，全区勤工俭学工作主要围绕培养学生劳动观点、劳动习惯，锻炼学生动手、动脑及社会实践能力目标。组织学生参与“擦亮延安”“保护母亲河”等力所能及的活动。2004年，撤销勤工俭学办公室。

第三节　学杂费

1990年，全市中小学执行市教育局、市财政局、市工商局、市农业局联合制订的收费标准。高职中，城镇每生每学期90元，农村每生每学期60元；初中，城镇每生每学期35元，农村每生每学期25元；小学，城镇每生每学期25元，农村每生每学期18元。随着物价不断上涨，部分学校因办公费、水电费用增加，收不敷支，随意增加学杂费和其他费用，各校一度出现乱收费现象。1996 年，根据延安地区教育局、物价局、监察局关于《坚决制止中小学乱收费的紧急通知》精神，要求各校不准随意增设收费项目，抬高收费标准。根据省物价局、教委、财政厅文件精神，从新制定中小学收费标准，增加借读费。1997 年，执行全省统一印制的“陕西省中小学校收费登记卡”，收取工本费 0.60 元/本。高职中：城镇每生每学期杂费 140 元，借读费 280 元，农村每生每学期杂费 106 元，借读费 140 元；初中：城镇每生每学期杂费 42 元，借读费 154 元，农村每生每学期杂费 32 元，借读费 105 元；小学：城镇每生每学期杂费 28 元，借读费 112 元，农村每生每学期 21 元，借读费 35 元。

1998 年，全区中小学增加择校费（择校生是指不按教育行政部门规定的学区就近上学，跨学区就读的学生），调整借读费收费标准。高职中，城镇借读费 400 元/生・期，择校费 280 元/生・期，农村借读费 106 元/生・期，择校费 140 元/生・期；初中，城镇借读费 350 元/生・期，择校费 154 元/生・期，农村借读费 350 元/生・期，择校费 105 元/生・期；小学，城镇借读费 300 元/生・期，择校费 112 元/生・期，农村杂费 21 元/生・期。1999 年，取消择校费。

2000 年 9 月，依据延安市物价局、延安市教育委员会、延安市财政局文件精神，结合宝塔区实际，经延安市政府批准，当年秋季开学起，适当调整区公办中小学收费标准。省级重点高中每生每学期学费 800 元，借读费 1000 元。普通高职中：城镇每生每学期学费 350 元，借读费 640 元，农村每生每学期收学费 190 元，借读费 320 元；初中：城镇每生每学期收杂费 80 元，借读费 400 元，农村每生每学期收杂费 54 元，借读费 160 元；小学：城镇每生每学期收杂费 55 元，借读费 240 元，农村每生每学期学费 36 元，借读费 64 元；职业高中：文科每生每学期收学费 700 元，理科每生每学期收学费 900 元。

2005 年，依据《陕西省义务教育阶段公办中小学“一费制”收费管理办法实施意见》的文件精神，宝塔区中小学实行基本杂费、信息技术教育费、冬季取暖费和课本费，由学校一次性向学生收取学杂费用（不含课本费）。严格按照城市初中每生每学期收杂费 150 元，借读费 500 元，农村 120 元；城市小学每生每学期收杂费 120 元，借读费 300 元，农村 95 元。秋季全区 24 个乡镇中小学及村办初完小停止收取学杂费。城区中小学和城郊柳林镇、桥沟镇的中小学继续执行“一费制”收费标准。2006 年秋季开始，全区中小学（不含高职中）停止“一费制”收费，实行免费义务教育。

第四节　教育帮扶

一、“两免一补”

2002 年 3 月，宝塔区按照省、市有关文件精神，凡持有宝塔区农村户籍的学生实行“两免一补”（免教科书费、免杂费、补助寄宿学生生活费），全区向贫困初中学生免费提供教科书 2410 人。

2003 年，为贫困家庭学生 280 人减免学杂费 1.35 万元，社会各界资助学生 157 人。2004 年免费为农村中小学生提供教科书 6072 人，价值 34 万元；对 1292 名农村独生子女户、双女户子女减免杂费3.68万元。动员300名辍学生返校就读，初中学龄人口入学率96.85%；小学学龄人口入学率99.46%。

2005年，中共宝塔区委、区政府制定《关于对农村义务教育阶段学生实施“两免一补”工作的意见》，对全区20个乡（镇）公办中小学（柳林、桥沟城市规划区内部分学校不列其中）落实专项资金，秋季学期享受“两免”学生27719人，享受“一补”学生5633人。补助标准为：中小学免杂费，每生每年分别为186元、150元；中小学寄宿生补助生活费每生每年均为240元。各级共投入资金405.20万元，其中免杂费227.9万元，免教科书费109.70万元，补助寄宿生生活费67.60万元。全区农村义务教育阶段学生全部纳入“两免一补”范围。2006年，扩大“两免一补”范围，城区10所中小学纳入“两免一补”范围。落实中央、省、市、区财政补贴资金1613.80万元，其中“两免”学生66571人，补助资金1357万元；补助寄宿学生14269人，补助资金256.80万元。

2007年，中共宝塔区委、区政府将城区公办学校学生“两免一补”列为全区“十三件”实事之中。6所中小学纳入“两免一补”范围。

2008年春季学期起，对全区义务教育阶段的公办、民办和企事业单位子弟学校学生全部实施“两免一补”。享受“两免”学生133988人次，享受“一补”学生33296人次。补助标准为：中小学免学杂费，每生每年分别为445元、295元；中小学寄宿生补助生活费，每生每年分别为750元、500元。各级共投入资金3743万元，其中免学杂费2014万元，免教科书费661万元，补助寄宿生生活费1068万元。实现“两免一补”全覆盖，补助标准逐年提高。

2010年，中小学补助公用经费每生每年分别为610元、390元；中小学补助寄宿生生活费每生每年分别为750元、500元。落实资金3563万元，其中免教科书、免杂费2561万元，惠及中小学生108186人；补助寄宿生生活费1002万元，补助寄宿学生32261人。

2002～2010年宝塔区“两免一补”落实情况统计表

表26-8-3　　单位：万元

年份	“两免”人数（人）	“一补”人数（人）	补助金额			合计	备注
			免教科书	免杂费	补助寄宿生生活费		
2002	2410	—	—	—	—	—	初中贫困生免教科书
2003	280	—	—	1.35	—	1.35	贫困生
2004	7364	—	34	3.68	—	37.68	贫困生
2005	27719	5633	109.7	227.9	67.6	405.2	—
2006	66571	14269	277.5	1079.5	256.8	1613.8	—
2007	66299	15701	298.9	776.1	284.1	1359.1	—

续表

年份	“两免”人数（人）	“一补”人数（人）	补助金额			合计	备注
			免教科书	免杂费	补助寄宿生生活费		
2008	133988	33296	661	2014	1068	3743	—
2009	119093	31784	692	2248	1006	3946	—
2010	108186	32261	584	1977	1002	3563	—

二、贫困生救助

1990年，由团中央发起跨世纪工程——以救助贫困失学儿童重返校园，协助政府完成九年义务教育和“普六”为宗旨的希望工程，受到中共中央和国务院的高度重视，在全国人民及海内外人士中产生巨大反响。延安市充分利用延安的政治地位优势，广开筹资渠道，积极争取希望工程项目。“希望工程”的引进，争取海内外有识之士资助贫困儿童，让失学儿童重新找到希望。

1994年年初开始，一家（或一人）资助一名学生的“1+1”助学活动兴起。北京理工大学200个团支部与延安市200名贫困儿童，建立起“1+1”助学关系；深圳市委副书记资助万花山乡10名儿童上学；上海市一位中学校长1人资助4名贫困儿童；上海华亭宾馆董事长赵仁荣等9人资助9名贫困儿童，捐款2700元；中国人民银行北京分行团委书记资助万花山乡新窑则村宋广洲，让其辍学3年后重返校园。到1994年底，全市有1000余名学生得到资助，其中360名辍学儿童重返校园，在社会上产生巨大反响。延安市市长冯毅资助河庄坪镇3名贫困儿童就读。

1995~2000年，在希望工程“1+1”活动中贫困家庭接受资助的中小学生1600人。其中，辍学后重返校园380人。

2001~2003年，建立贫困学生救助基金，建档325人，其中小学175人、中学150人。开展教育扶贫帮困活动。争取社会“1+1”资助人士330家，资助中小学生762人。免除困难家庭中小学生杂费678人，其中小学生458人、20839元；中学生220人、4489元。

2004~2007年，成立宝塔区救助贫困生领导小组，多渠道筹措资金，确保家庭贫困学生不失学、辍学。发放救助基金647万元，救助贫困家庭中小学生7184人。民政、宣传、慈善协会等社会、部门、团体向考入大学的580名本科生资助学费117万元，对考入高中的教育系统困难职工子女52名资助学费5.2万元，实施“1+1”帮困交友活动；患病、困难教职工280人次享受补助金6.2万元。为农村和城区中小学（按在校生总数的5%和3%比例）贫困学生建档入库3904人，其中进入市级救助库1791人，北京知青救助库1790人，残疾儿童救助库323人，为考入大学申请贷款贫困家庭79人，贷款33.2万元。同年，成立宝塔区学生资助管理中心，主要负责生源地信用助学贷款工作。

2008年，成立宝塔区生源地助学贷款资格审查领导小组，制定《宝塔区国家生源地信用助学贷款实施意见》，对考入大学的贫困学生申请贷款150人，经审查79人符合条件，发放贷款33.2万元。多渠道筹措资金338.23万元，其中国家、省、市、区财政资金 281.9 万元，争取社会各界资金 8.33 万元，学校自筹资金 48 万元，资助贫困学生 2511 人（大学生 180 人、中学生 2221 人、小学生 110 人）。全区党政科级干部 590 人，包扶贫困学生 592 人。争取到延考察和旅游团体、个人资助 6 所学校学生 232 人。

2009 年，采取“财政列支，向上争取，社会资助，学校减免，个人帮扶”等办法，资助现金、物品价值 280.3 万元，资助贫困学生 6583 人。发放助学贷款 87.9 万元，资助贫困大学生 212 人。2010 年，全区资助中小学贫困家庭学生 2376 人。

三、蛋奶工程

2009 年，宝塔区依据延安市人民政府《关于印发延安市中小学蛋奶工程实施方案的通知》的文件精神，按照省、市补贴要求，市、区按 3∶7 比例补贴，家长 1/3 的比例实行。财政投资 383.2 万元（省级 96.2 万元、市级 86.1 万元、区级 200.9 万元），在全区 63 所中小学校实施“蛋奶工程”，惠及学生 22225 人。

2010 年秋季，家长承担 1/5，财政承担 4/5。省、市、区各级财政投资 810.8 万元，惠及 63 所中小学学生 43212 人。其中，高中学生 11958 人，初中学生 15610 人，小学学生 15644 人。

第九章　教育设施

第一节　校　舍

1990~1996 年的“普六”期间，延安市投资 2706 万元，新建学校 57 所，新建校舍 10400 平方米，改扩建校舍 32000 平方米，建成标准化学校 17 所。1990 年，小学生均使用面积 2.85 平方米，中学生均使用面积 6.21 平方米。1996 年，小学生均使用面积 2.97 平方米，增加 0.12 平方米；中学生均使用面积 5.95 平方米，减少 0.26 平方米。总投资 407.1 万元，其中区财政拨款 44.1 万元，争取希望工程资金 126.6 万元，社会集捐资 76 万元，乡镇自筹资金 72.9 万元，群众投工投料折价 87.5 万元。新建小学 25 所，面积 4300 平方米，扩建小学 7 所，面积 185 平方米；维修小学 65 所，面积 10862 平方米；新建围墙 2613 平方米，维修 6800 平方米；新建厕所 47 个，维修 33 个；新建大门 45 个，维修 28 个。

1997~1999 年的“普九”期间，宝塔区投资 11780 万元，新建小学 72 所，改扩建中学 17 所，小学 204 所；维修中小学 205 所，新建教学楼、宿办楼、实验楼 212 幢，平房 706 间，砖石窑 560 孔，总建筑面积 154554 平方米，维修面积 11.2 万平方米。中小学教学楼 18 所，建筑面积 16179 平方米，新增校舍面积 26039 平方米。

2000~2003年，宝塔区投资2600万元，新建中小学校15所，改造村办初完小危房176所、中心小学24所、中学18所。新建宝塔高级中学、姚店中学教学综合楼。

2004~2006年，宝塔区投资320万元整体购买非公有制经济局办公楼，维修改造，新增部室、办公室11个，扩大区二幼办学规模。建成宝塔高级中学教学楼、综合实验楼、学生公寓楼各1栋，教师住宅楼2栋，总建筑面积2.4万平方米。投资270万元，新建姚店中学教学楼。三年累计投资2.9亿元，争取中央、省、市资金4175万元，社会资金647万元。投入2446万元，加快布点调整和资源整合，共撤学校86所，新建、扩建教学楼、学生公寓楼和综合楼22栋，新增校舍面积2.33万平方米。多方筹措资金2565万元，维修改造校舍24.6万平方米。市、区共投资2500万元，扩建城区中小学11所，新增校舍面积1.2万平方米，有效缓解城区入学难矛盾。

2007年，宝塔区投资7439万元，新建金盆湾中学五层学生公寓楼、元龙寺学校等9所学校学生公寓楼建设，完成冯庄中学等18所学校供暖改造。中小学生均校舍使用面积分别为10.04平方米、4.94平方米，比1997年中小学生均校舍使用面积分别增加4平方米、1.97平方米。

2008~2009年，全区项目建设投资1244万元，启动新建中国石油延安希望小学，蟠龙中学教师周转房；改建新建金盆湾中学、柳林中学教学综合楼。新建柳林中学学生公寓楼、冯庄小学五层教学楼，面积2302平方米；完成姚店中心小学教学楼、区一幼迁建工程，秋季开学投入使用；完成区五中综合楼、枣园中学学生公寓楼主体工程。

2010年，全区完成项目建设投资6097万元，新建改扩建学校6所，新增校舍面积20380平方米，新增优质学位1500个；筹措新建多媒体教室、计算机网络教室等功能教室40个。中小学生均校舍面积分别为15.57平方米、5.26平方米，分别比2007年增加5.53平方米、0.32平方米。

1990~2010年宝塔区中小学校舍建设及在校学生统计表

表26-9-1

年份	小学					中学					小学在校生（人）	中学在校生（人）
	现有校舍总面积（平方米）	生均面积（平方米）	当年新增面积（平方米）	现有危房面积（平方米）	危房占总面积比例（%）	现有校舍总面积（平方米）	生均面积（平方米）	当年新增面积（平方米）	现有危房面积（平方米）	危房占总面积比例（%）		
1990	102488	2.85	3490	6006	5.86	66261	6.21	2378	6851	10.34	35951	10675
1991	122584	3.06	5905	5088	4.15	76739	6.76	1754	8245	10.74	40027	11350
1992	127168	2.89	4584	4527	3.56	79211	6.39	2472	4126	5.21	44061	12395
1993	129945	2.72	2777	2436	1.87	79211	6.64	—	5495	6.94	47803	11938
1994	138213	2.64	11972	7456	5.39	83505	6.34	461	5588	6.69	52319	13174
1995	150653	2.66	13924	3756	2.49	87446	5.72	5586	2588	2.96	56622	15291
1996	178441	2.97	12284	2545	1.43	100263	5.95	7345	10787	10.76	60136	16847
1997	188063	2.97	9622	3392	1.80	111728	6.04	8224	2058	1.84	63404	18506

续表

年份	小学					中学					小学在校生（人）	中学在校生（人）
	现有校舍总面积（平方米）	生均面积（平方米）	当年新增面积（平方米）	现有危房面积（平方米）	危房占总面积比例（%）	现有校舍总面积（平方米）	生均面积（平方米）	当年新增面积（平方米）	现有危房面积（平方米）	危房占总面积比例（%）		
1998	192559	2.91	5573	218	0.11	121131	5.99	8208	1490	1.23	66253	20207
1999	193710	2.90	4535	120	0.06	114751	4.45	5245	464	0.40	66886	25776
2000	197216	2.88	8530	140	0.07	139238	6.49	4760	1279	0.92	68558	21460
2001	199874	3.06	1051	1518	0.76	157180	5.18	25782	4258	2.71	65336	30341
2002	204831	3.28	1652	1661	0.81	189014	5.24	12115	3478	1.84	62501	36103
2003	215151	3.58	1444	1658	0.77	219863	5.41	20943	1752	0.80	60080	40675
2004	211605	3.73	5060	1375	0.65	281855	6.21	6200	1627	0.58	56691	45363
2005	216510	4.18	1302	1223	0.56	313531	6.22	20112	2942	0.94	51767	50397
2006	231417	4.65	6338	786	0.34	449353	8.56	26857	3135	0.70	49762	52488
2007	230337	4.94	2313	—	—	528654	10.04	3810	3734	0.71	46625	52674
2008	212575	4.76	27610	246	0.12	519942	11.49	2638	1656	0.32	44639	45263
2009	211177	4.86	—	2665	1.26	539827	12.60	2533	3861	0.72	43496	42832
2010	214487	5.26	3310	505	0.24	593037	15.57	42777	3441	0.58	40760	38089

第二节 教学设备

“普六”期间（1990~1996年），延安市投资264万元，为中小学配备文体器材3000件（台），理化仪器5832件（台），图书24大类20万册。为农村小学配置教具箱268个，电脑302台，放像机22台，彩电90台，幻灯机20台，收录机220台，黑白电视机5台，电视录放机5台，电视地面卫星接收器5套；购置课桌凳6157套，办公桌142套，资料柜60个，书架55个，教具箱91个。

“普九”期间（1997~1999年），宝塔区投资1160万元，为二中、三中等10所中小学建成微机室。为柳林、冯庄、金盆湾等16所中学建成语音室20个，配备微机405台。新增教学仪器65400余件（套）；配备音、体、美器材、教具28750件（台）；购置理化仪器7842件（台）；配置会议桌、办公桌588套（张）。配置图书24大类45万册，中小学教师师均图书分别为20册、15册，中小学生均分别为15册、10册以上。2000年9月，宝塔区教育局档案室晋升为省一级档案室。

一、教学设备

2000~2003年，购置教学仪器设备体、音、美器材94150套（件），课桌凳3175套，捐赠图书6.6万册，学习用品3640件，衣物4.4万件。

2004~2006 年，投资 717.09 万元，其中投资 85.6 万元配备体育器材 19861 件（套）；投资 13.34 万元配备健身器材 22 套 132 件；投资 83.48 万元配备音乐卫生器材 2240 件（套）；投资 7.38 万元配备美术器械 1120 件（套）；投资 290 万元配备图书 42.5 万册；投资 9.9 万元配置书架 500 个；投资 227.39 万元购置办公桌椅 1025 套、学生课桌凳 11004 套，维修学生课桌凳 1130 套、架子床铺 1068 套、衣物柜 130 个、后勤设施 160 件（套）。

2007~2010 年，为中小学购置体育器械 7297 件（套），图书 42 万册（中小学生均图书分别为 34.2 册和 23.2 册），其他教学设备 3060 套。驻延中、省、市、区 25 个支教单位投资 96.63 万元，捐赠体、音、美器材 300 件（套），电脑 32 台，图书 6200 册，后勤服务设施 40 件。

二、网络部室

2000~2003 年，投资 903.5 万元，全区建成为师生提供教学、科研和综合信息服务的宽带多媒体校园网 4 个，计算机教室 29 个（其中多媒体教室 24 个）。远程教育收视点 4 个，配置计算机 760 台，多媒体计算机教室 5 个。

2004~2006 年，投资 2348.58 万元，其中投资 475.1 万元，建成校园网 5 个，远程教育收视网点 9 个，标准化实验室 48 个，多功能室 80 个，语音室 18 个，计算机教室 30 个，多媒体教室 98 个，配置计算机 1733 台，发放软件 1125 套。投资 1077.41 万元，其中投资 235.3 万元建成网络教室 12 个；投资 151.88 万元，建成多功能电子教室 47 个；投资 86.83 万元，建成电子备课教室 45 个。投资 435.5 万元，实施现代远程教育项目学校 258 所。其中，模式一（教学光盘播放点，配备 34 英寸彩色电视机，DVD 播放机和成套教学光盘）学校 117 所；模式二（卫星教学收视点，系统设计卫星信号接收单元、卫星信号处理单元、卫星信号接收单元、教学光盘播放单元）学校 141 所；模式三（在模式一和模式二的设备加上 PC 或 NC 网络教室，投影机等，实现模式一、模式二的全部功能）学校 16 所。地网通学校 15 所；区二中、五中、北小、育才等 6 校建成校园网；姚中、柳中等校建成多媒体教室 170 个，计算机教室 51 个。有“校校通”学校 140 所。比 2003 年增加 132 所。学生电脑 2650 台，比 2003 年增加 1890 台。开设信息技术课的学校 58 所，比 2003 年增加 51 所。受教育学生 3.8 万人，比 2003 年增加 3.4 万人。城区学校信息技术开课率 100%，农村学校信息技术开课率 83%。中学演示实验完成率达 100%，学生分组实验开出率达 100%，小学演示实验开出率达 95%，学生分组实验完成率达到 95%。2006 年 12 月，全区普及实验教学工作通过省级评估验收。

2007 年，宝塔区按照《实验室建设实施方案》要求，按省颁标准足额配备实验器材。投入 770 万元，建成标准化实验室 107 个，初中综合实验室 60 个，其中物理实验室 31 个，化学实验室 14 个，生物实验室 13 个。小学自然实验室 33 个，科学探究室 5 个，生化综合实验室 11 个。农村初完小综合实验室 60 个。区属 20 所中学达到“一部十三室”（团队部和图书室、阅览室、音乐室、舞蹈室、语音室、美术室、电教室、体育器材室、实验仪器室、心理咨询室、物理实验室、化学实验室、生物实验室）。电教设备全部达到省颁一类标准；37 所小学达到“一部十室”（少队部和图书室、阅览室、音乐室、舞蹈室、语音室、美术室、电教室、体育器材室、实验室、科学探究室），电教设备全部达到省颁一类标准，农村初、完小达到省颁二类标准。同年4月，农村中小学远程教育通过省级验收。9月，区电化教育中心标准化达标通过省级验收。

2008年，投资800万元，建成宝塔区教育信息网络平台1个。新建校园网21个，电脑教室6个，电子备课室56个，多功能教室7个，语音室16个。48所学校实现光纤连接。学生电脑总数达到2865台，生机比为22∶1；教师电脑640台，师机比为26∶1；开设信息技术教育课程的学校达到63所，占全区82所完全小学以上学校总数的82%，受教育的学生达到2.96万名，占全区学生总数41639人的71.2%。投资2449.5万元，建成校园网11个，多媒体计算机教室52个，远程教育收视点353个，区财政每年列支信息技术教育专款150万元。

2010年，全区多渠道筹措资金437万元，新建多媒体教室、计算机网络教室等功能部室40个。中小学校拥有计算机4800台，生机比11∶1，师机比6∶1，高于全国平均水平。

第十章 教育管理

第一节 “体制”改革

1993年，延安市成立“四制”改革招聘领导小组，在市区一、二、三、四、五中实施校长聘任制、教师聘用制、任期岗位目标责任制、结构工资制的“四制”改革试点工作。对5名应聘者采取公开、公正招聘，通过公开演讲、答辩、民主评议、评委打分等程序。综合成绩排出名次，报“四制”改革招聘领导小组，在进行廉政、计划生育和教师谈话等方面问卷调查、综合评价后，“四制”改革领导小组分别为李招荣、马莉、贺志清、王翠花、李志明颁发聘书。

1996年，在四中、柳林中心小学实施“四制”改革试点工作。按照公开招聘、公平竞争、因编设岗、纳吐自主、民主评议的原则。公开聘任四中校长、柳林中心小学校长，并颁发聘书。同时启动四中、宝塔小学试行学校聘班主任、班主任聘任科任教师的目标责任制。

1997年，按照区委、区政府“高度重视、精心组织、慎重决策、稳步推进，不推脱回避，不敷衍了事”的工作要求，基本做好实现“两基”后，全面推行“四制”改革的准备工作。以推进“四制”改革为重点，加快“四制”改革步伐，在“两乡镇两校”（万花山乡、姚店镇、四中、柳林小学）三个层次的学校开展“四制”改革试点工作。同时，制定四中教职工聘任工作暂行条例，结构工资实施方案。制定在全区中心小学以上学校实行“四制”改革的具体方案及办法。在李渠中学试行公开招聘校长。

1998~1999年，区教育局组织督导室人员深入试点学校，对校长聘任制实行一年来的整体工作进行全面检查考评。结果表明，聘任制的实行开创了学校工作的新局面，激发聘任制学校校长、教师的热情，调动教师的工作积极性，有利于推动教育发展。1999年“普九”验收后，在中心小学以上学校全面推行“四制”改革。

2001年5月25日，区政府召开“四制”改革动员大会，全面启动中小学“四制”改革工作。各乡（镇）、教办、学校成立相应的机构，组织教师认真学习文件、张贴公告。充分利用电视、广播等媒体加大宣传力度；聘任中心小学以上校长56人，原任校长落聘13人，占聘任校长的23%；7月23日，区政府召开中小学校（园）长聘任大会，颁发聘书。24个乡镇教委同时完成本乡（镇）初完小校长聘任工作。全区有613人竞聘成功，原任校长落聘39人，占原任校长总数的8.4%。按照先城区、再乡镇、后农村，先高中、再初中、后小学，先公办、再民办的顺序，精心组织副校长、中层领导岗位及教师聘任工作。聘任工作做到不搞内外有别，切实打破校际界线，实行公开招聘。全区共有3716人（含446名民办教师）参加应聘，其中在本校应聘的3716人，占教职工总数的100%，参加他校应聘544人次，占应聘报名人数的13.8%，共聘用教职工3514人，占全区教职工总数的94.6%。落聘152人，安置分流133人（其中保22人，养72人，用1人，学19人，试6人，待13人），最终落聘19人，外县聘用39人。按照“效率优先、兼顾公平”的原则，制定结构工资制实施方案，建立起重实绩、重贡献，向优秀人才、关键岗位和管理骨干倾斜的机制，体现依岗定酬、按质取酬的自主灵活分配制度。各学校结合本校实际，制定科学规范、合理可行、操作性强的考核评估办法。并把考核质量作为以后续聘、晋级、收入分配奖惩和解聘的依据。以此调动广大教职工的积极性。

2002年，教育体制改革深入推进，中小学校校内结构工资制启动实施。各校实行校内结构工资制，依据岗位目标责任考核结果，将教师基本工资额的30%进行再分配。根据校长履职情况及办学绩效考核评估结果，解聘校长49人，其中学校撤并后自然解聘27人，占原任校长总数的11.32%，聘用教职工3742人，占全区教职工总数的96.2%，后进淘汰教师106人，其中分流安置93人，最终淘汰13人，另保、养教师131人，待岗3人，学习6人，顺向流动教师101人，逆向流动教师5人，拟聘区外教师42人，辞退不合格代课教师230人。

2003年，按照“一年一聘，有进有出，三年一轮，全员重组”的原则，完成职工年度聘用工作。对考核为不称职的川中等3所学校的校长和中层领导进行招聘，在教职工聘用中实行末位淘汰制，在中学、完小、初小三个层次实行校长末位淘汰制。新聘校长3人，聘用教职工3873人，后进淘汰教师225人，占全区教职工总数的5.8%，辞退不合格教师262人（其中代课教师191人）。从此一个“职位能上能下，人员能进能出，待遇能高能低”的充满活力的激励竞争机制初步形成。

2004年，全区实行校长聘任、教职工聘用的中小学52所，其中完全中学3所，职教中心1所，直属初级中学5所，乡镇初级中学11所，直属小学、幼儿园12所，乡镇中心小学20所。未参与改革的学校2所。聘任校长52人，原校长落聘18人，占原任校长总数的34.16%。全区参与聘用的公办教职工3900人。通过报名、考试、试讲、说课、考察等程序，聘用教职工3607人，占教职工总数的92.49%。其中，首期聘用教职工3487人，校际之间副校长、中层干部组织交流聘用21人，二次聘用教职工99人（原校教职工聘用52人，区内校外教职工聘用47人）。落聘教职工293人（完中34人、直属初中56人、乡镇初中20人、直属小学、幼儿园78人、乡镇中心小学28人、农村初完小77人）。是年，全区有代课教师655人，其中持市证211人、区证141人、民请303人。经严格考核，考试聘用407人，辞退不合格代课教师248人。

2006年，全区参与校长聘任的中小学为七小、临小、河中3所学校、教职工聘用的中小学52所，其中完全中学3所，职教中心1所，直属初级中学2所，乡镇初级中学11所，直属小学、幼儿园12所，乡镇中心小学20所。各乡镇教办、中小学依据教职工年度量化结果等，首期续聘教职工3899人，二次聘用教职工89人。全区新招聘大中专毕业生200人，其中中学97人、小学103人，全部充实到基层学校任教。同时，市区抽调23人，组成5个工作组，历时1个多月深入全区20个乡镇，进行摸底汇总，联手解决代教人员信访问题工作。符合退养政策民办教师266人，一次性补偿辞退代教人员202人。

2007年，深化完善中小学“四制”改革，认真实施人才强教战略。年初，面向全市公开招聘一中、二中和三中校长。同时为做好新一轮“四制”改革，抽调18名干部组成6个工作组，对68所学校校长进行离任审计；7月下旬至8月底，全区抽调干部87人次，组织中小学校长办学绩效考核成绩和续聘、新聘工作。全区乡镇中心小学以上学校续聘校长31名，新聘校长16人，聘用副校长、中层干部265人，签订三年任期目标责任书，颁发聘书。

2009年，进一步深化教育综合改革，“四制”改革持续推进。新聘姚店中学、临镇中学、柳林小学、松树林小学校长4人。全区新聘副校长、中层43人，农村特岗教师11人。对53所学校校长进行年度考核和任期考核。

2010年，按程序对区一中、二中和三中校长进行续聘工作。同时，抽调16名干部组成4个工作组，对68所学校校长进行离任审计。暑假，进行新一轮校长聘任工作，全区抽调干部82人次，组织中小学校长办学绩效考核和续聘、新聘工作。全区乡镇中心小学以上学校续聘校长46人，新聘校长22人。聘用副校长、中层干部248人，签订三年任期目标责任书，颁发聘书。

第二节　课程改革

一、小学课程改革

（一）小学学制

1990年，小学继续实行教育部颁布《全日制六年制农村小学教育规划草案》，采用全国通行的小学六年制。一、二年级每周上课24课时，三、四年级每周上课26课时，五、六年级分别为25～26课时。1994年9月1日，全市小学试行每周五天半工作制（“5.44”每周工作5天半，每天8小时）。1995年9月1日，全市小学试行每周五天工作制（“5.40”每周工作5天，每天8小时）。

（二）小学课程设置

1990年，一、二年级开设思想品德、语文、数学、体育、音乐、美术6科；三、四年级开设思想品德、语文、数学、自然、体育、音乐、美术、劳动8科；五、六年级开设思想品德、语文、数学、自然、地理、历史、体育、音乐、美术、农业、常识、劳动12科。1997年，四至六年级增设社会课，每周1课时。2000年秋季，一年级正式使用修订后的语文、数学教学新大纲和新教材；从三年级开始开设英语课，每周2课时；从四年级开始开设信息技术课，每周1课时。2001年秋季，所有年级全部使用新大纲和新教材。2002年，根据义务教育法，学制从小学到初中实行九年一贯制义务教育，小学阶段为6年。并开始实施新课程改革，语文选用江苏教育出版社教材，数学选用人民教育出版社教材。同时组织领导、教研员到西安市雁塔区国家课改实验区进行学习考察。是年秋季起，全区各类424所小学，三至六年级开设综合实践活动课，将社会活动、信息技术、劳动并为1科，每周3课时。2005年，一至二年级开设品德与生活、语文、数学、体育、艺术、地方与学校6科，周课时26节；三至六年级开设品德与社会、科学、语文、数学、外语、体育与健康、艺术、综合实践活动、地方与学校9门课程，周课时30节。同时，各校重新审定学生综合素质评估办法，作为考核学校的依据，实施课题带动。2010年，全区小学课程设置与课时仍然按2005年开设课程实施。

（三）教研教改

1990~2004年，全市（区）除加强“双常规”（常规管理、常规教学）外，小学教学普遍采用常规教学法，紧扣“双基”（基础知识、基本技能），突出重点、难点，用启发、引导、精讲多练等方式改进教学，有计划试行“三段式”“尝试法”等教学方法，提高教学质量。

2002年后，全区小学实施新课程改革，根据义务教育法，改革过去由应试教育向素质教育转变。注重培养学生道德品质、素养、能力、交流与合作、运动与健康、审美等方面。2005年，宝塔区承担国家级课题1个、省级9个、市级25个。在9所小学开展“愉快教育”研究，在2所小学开展第二课堂活动研究，在3所中小学开展校本教材开发研究。

2006年，举办“教学开放月”活动，东关小学、区实验小学、北关小学等校校本教材的开发应用走在全市学校前列，全区共开发校本教材40种。同时推进与课程改革相配套的考试制度、评价制度、教材选用和评估制度四项改革。区政府制定中小学评估体系，各校重新审定学生综合素质评估办法，涉及道德品质、公民素养、学生能力、交流与合作、运动与健康、审美与表现六个方面。东关小学的学生“成长档案”，北关小学的学生发展记录积分卡，宝塔小学的“双改成果”等受到省、市领导专家好评。同时实行项目带动、课题引领，促进教师专业成长，组织全区小学开展“愉快教育”教改项目。全区承担市级课题20个，有8名教师被评为省级教学能手，72名教师被评为市级教学能手。全区评树区级学校学科带头人93人，骨干教师247人。

2007~2008年，开展课题研究，新增课题20个，其中国家级1个、省级4个、市级5个、区级10个，年终结题20个。

2009年，承担教改实验小学4所。学生6000人，实验教师300人，实验课题30个，其中国家级5个、省级12个、市级5个、区级8个。宝塔区被陕西省教育厅评为全省基础教育课程改革先进县区，13名个人荣获全省课程改革先进工作者称号。150名教师在各类刊物发表论文170篇。60名教师在中央、省、市赛教等各类活动中荣获奖励。东关小学等6所小学被确认为国家、省级实验项目学校，北关小学等5所学校被评为“陕西省科研兴校明星学校”。东关小学荣获全国教育工作先进集体称号，青化砭小学被评为全市素质教育优秀学校。

2010年，举办小学校长、中层和教师“三个论坛”14场次，开展评教赛教活动。全区88名教师荣获省、市奖励。举办首席教师、学科带头人和骨干教师评选入围180人。

（四）小学校考

1990年以后，小学考核内容分思想品德、学业、体育三方面；考核方法分“统考”“校考”两种，以“校考”为主。“统考”一般考主要学科，如语文、数学、常识，在学年终进行。由市教研室统一出题，农村以各乡镇为单位统一考试，统一阅卷，记入成绩；城市以“校考”为单位组织考试，统一阅卷，记入成绩。“校考”多在期中、期末，考试由各校自己出题本校进行。各科成绩均以100分计算。小学毕业考试，由市教研室教育局统一命题，实行统考。学生毕业后升入就近辖区内的初级中学就读，一般按学区分配。2004年以后，小学六年级毕业，由各校自行组织测试，实行义务教育，按学区就近升入中学就读。2010年，仍由各校根据月考、校考、期中、期末所占比例总评后，按指标推荐重点小学或升入就近中学就读。

二、初中课程改革

（一）初中学制

1990年，初中学制3年。2002年，根据义务教育法，学制从小学到初中实行九年一贯制义务教育，初中变过去的初一、初二、初三为七年级、八年级、九年级。

（二）初中课程设置

1990年开设政治、语文、数学、英语、历史、地理、物理、化学、植物、动物、生理卫生、体育、音乐、美术、劳动共15门课程。周课时30～31节。1992年，全市初中生物、历史、英语等科改用新编统一教材。1994年9月1日，全市中学试行每周五天半工作制（“5.44”每周工作5天半，每天8小时）。1995年9月1日，试行每周五天工作制（“5.40”每周工作5天，每天8小时）。1995年，动物、植物整合为生物。1999年，增设信息技术课。2003年，全区各类中学初一年级全部进入课改实验阶段，按国家课程改革要求开设语文、英语、数学、思想与品德、物理、化学、历史、地理、生物、音乐、美术、体育与健康等13门课程，周课时34节。还设置信息技术教育、研究性学习、社区服务与社会实践、劳动与技术教育等综合实践课，周课时3节。2005年，在3所中小学开展校本教材开发研究。

（三）教研教改

1990～2002年，中学坚持以注重“双基”，培养能力，开发智力为中心开展教研工作。按照市（区）教研室修订印发《常规教学六个主题环节的具体要求》《常规教学量化考核》，试行《常规教学量化系列评分标准》，各站、校开展“人人上好一堂实验课活动”。全区中小学2080名教师累计上实验课2438节次，89名教师被评为本站、校“优质课”。各校遵照“引进、改造、融化、创新”的精神，加强教研教改工作。市（区）教研室在二中、柳林中学引进完善“六课型单元教学法”，三中尝试引进上海的“尝试辅导、效果回收”教学法及“三读法”语文教学法。金盆湾中学的“三段式”政治教学法，五中的“电影教学”，一中的“快乐式体育教学法”，南关小学的“尝试法”教学，北关小学的“电教实验”等教研教改项目。教研室引进“三算实验”，同时，大力开展第二课堂活动。举办优质课决赛，三中英语教师刘曼锐、李渠中学语文教师杨琴荣获中学组一等奖；北关小学语文教师刘秀芳、南关小学数学教师曹延琴获小学组一等奖。市（区）教研室先后被评为省、地先进集体，姚进财、屈强荣获地区“先进教研员”称号；蔡永丰荣获地区“先进电教工作者”称号。

2006年，组织全区初级中学开展“创新教育”教改项目。全区承担国家级课题5个，省级课题12个。

2007年，坚持科研先导，课题带动。为区教研室调配专职教研员8人，建立区、乡、校三级队伍网络。全区承担教研课题13个，其中国家级1个、省级6个、区级6个。全年出刊《宝塔教育》3期，刊登论文、经验介绍、文学作品等100多篇。举办中小学教育论文征集评选活动，获省教科所表彰的教学论文和案例184篇，获中国教育学会表彰的论文和教学案例135篇。

2008年，开展课题研究，新增课题8个，其中国家级2个、省级2个、市级2个、区级2个，全年结题6个。年终，全区学校承担各级各类课题84个，结题24个。

2009年，全区承担教改实验任务学校5所，2所中学学生4000人，实验教师300余人。重点在5所初级中学开展创新教育教改项目，承担课题43个，其中国家级8个、省级15个、市级8个、区级12个。3所中学被确定为国家、省级实验项目学校。300名教师在各类刊物发表论文330篇。80名教师在中、省、市赛教等各类活动中荣获奖励。蟠龙中学被评为全市素质教育优秀学校。

2010年，举办中学校长、中层和教师“三个论坛”14场次，开展评教赛活动，荣获省、市奖励教师80人。举办首席教师、学科带头人和骨干教师评选入围150人。

（四）初中升学

1990年，延安市初中一、二年级除体育、音乐、美术外的全部课程，以第二学期的教学内容为主，于第二学期末举行全市学年会考（市教研室统一命题，制卷，分片组织考试，阅卷）。会考科目以百分制命题，评卷以优秀、良好、及格、不及格四级评定学生学业会考成绩。考察科目、补考科目采用合格、不合格两级评定成绩。

1993年起中学升学加试体育，满分24分，计入考生总分，中考前由教育局在全市分片设点组织考试。1995年，中考体育满分改为40分。2001年，初中升学考试改革为“三试合一”（普通高中、中等技术学校、职业中学升学考试同一试题），普高、职高、普专（含中师）考试一次进行，由省上统一命题，地、市组织评卷，县（市）组织考试。2003年，中考政治科改为开卷考试，主要考核学生应用所学的政治理论分析、解决生活中的实际问题能力。2005年后，中考考试科目为：语文、数学、英语、政史（政治、历史合为一科)、理化(物理、化学合为一科)。各科分值为语文、数学、英语各120分,政史100分(政治60分,历史40分),理化120分(物理70分,化学50分),总分580分,政史仍为开卷考试。2006年起中考加试理、化、生、实验,满分30分。2010年中考体育满分增加到50分。

三、高中课程改革

(一)高中学制

1990~2010年,高中学制为3年。

(二)高中课程设置

1990年,开设有政治、语文、数学、英语、物理、化学、生物、历史、地理、劳技、体育、音乐、美术等13门课程。周课时30~31节,课时45分钟。1991年,高中入学生实行全省会考制,教材一律采用新编统一教材,物理、化学等科教材分必修本和选修本。1994年9月1日,全市高中试行每周5天半工作制("5.44"每周工作5天半,每天8小时)。1995年9月1日,试行每周5天工作制("5.40"每周工作5天,每天8小时)。增设信息技术、音乐、美术,周课时34节。从高二起,分文理科教学。文科开设政治、语文、英语、数学、历史、地理、体育7门课程;理科开设政治、语文、英语、数学、物理、化学、生物、体育8门课程。

2006年秋季起,全区高中一年级全部进入实验课改阶段。实施项目带动,课题引领,促进教师专业成长,全区高中开展"研究性学习"教改项目。2007年,坚持科研先导,课题带动。区四中、区二中、姚店中学3所完中承担教研课题14个,其中国家级1个,省级9个,区级4个。2008年,区四中、区二中承担课题2个,国家级1个,省级1个。2009年,区四中、区二中、姚店中学承担国家级课题3个,省级课题6个,市级课题6个,区级课题9个,参与学生2000人,实验教师200人。有200名教师在各类刊物发表论文220篇,荣获中央、省、市赛教奖励70人。区二中创建为省级标准化高中通过验收。2010年,举办校长、中层和教师"三个论坛"14场次,荣获省、市奖励教师60人次。举办首席教师、学科带头人和骨干教师评选150人入围。

(三)升学

1990年,高考预选,由地区统一命题、阅卷。复试由国家统一命题,县(市)组织考试,省级组织阅卷和录取。考生分文史和理工医农两大类。考试科目为政治、语文、数学、外语、物理、化学、生物、历史、地理。考试日期为每年7月7、8、9日三天。全市二中、四中、姚中累计向高等专业院校输送人才500余人,向中等、中技专业学校输送人才1800余人,培养初中毕业生3万余人。

1994年,高考改为"3+2模式"。其中,"3"为语文、数学、外语3门基础学科;"2"为文科加试政治、历史,理科加试物理、化学。2000年,高考录生开始实行网上录取。

2001年,取消高中专录生。高考改为"3+X"模式。"3"仍为语文、数学、外语3门基础学科;"X"为文科综合、理科综合。文科综合包括政治、历史、地理3科;理科综合包括物理、化学、生物3科。各科分值为:语文、数学、英语各150分,文、理综合各300分,总分750分。

2002 年，高考报名条件中取消年龄限制和婚否限制，考试时间调整为每年 6 月 7 日、8 日进行。

2010 年，高考模式仍为“3+X”。各科分值为：语文、数学、英语各 150 分，文、理综合各 300 分，总分 750 分。同年全区参加高考本科上线 1921 人，比 2009 年增加 345 人，总上线率 85. 22%。较 2009 年提高 2. 53 个百分点，文史、理工类分别保持全市第七、第四。职教中心培养各类适用人才 2100 人，转移劳动力 600 人。

第三节　教育督导

1990 年，延安市教育督导室按照市政府和教育局的安排，组织相关人员深入乡镇教学辅导站、直属中小学进行督导检查，年终协助教育局抽调人员下乡镇辅导站所辖中小学、初、完小抽样和直属中小学进行“双常规”检查。在“普六”过程中，工作重点放在 24 个乡镇、3 个街道办所辖中小学普及六年义务教育工作上。

1996 年初，为实现“普六”达标工作，市教育督导室牵头组织人员深入乡镇摸底调查，形成报告，为市教育局和市政府提供决策依据。

1997~1999 年，区教育督导室按照市教育督导室和区政府的安排，抽查评估部分乡镇普通教育工作。根据《陕西省（市县）“两个基本”评估验收指标体系》，制定《宝塔区“两基”达标实施方案》，区教育督导室对全区基础教育普及程度、师资水平、办学条件、教育经费、教育质量“五项内容”进行督导检查。下发相关资料 3000 余册（份）。在协助区政府和区教育局进行“两基”达标和“普九”工作的同时，深入乡镇教办基层学校及直属中小学例行半年和年终“双常规”检查。

2001~2005 年，区教育督导室配合区教育局组织人员，深入到“四制”改革试点学校，对校长聘任制实行三年来的整体工作进行督导评估。召开教师会 127 次，发放民主测评问卷 4575 张、民主测评票 2341 张。形成评估报告 3 份。

2007~2009 年，区教育督导室主要围绕“四制”改革的一中、二中、三中、姚店中学、临镇中学、柳林中学、松树林小学 7 所学校督导检查。同时，协助区教育局进行学校布点调整撤并工作，协助相关部门先后对 68 所学校校长进行离任审计，对 53 所学校校长进行年度考核和任期目标考核。

2010 年，区教育督导室配合区教育局组织人员分 4 个工作组对柳林小学、松树林小学、区一中、区二中、区三中和姚店中学进行督导评估，听课查阅教案覆盖率 92. 5%，查阅作业 2400 余本，形成评估报告 3 份，发出检查评估通报 6 份。同时，配合相关部门对三年任职到期的 68 所中小学校长进行离任审计。

第二十七编 科学技术

20世纪90年代，随着改革开放进一步深入，人们对科普知识和科技应用逐步有了新认识，特别是新型的实用技术被群众所接受。宝塔区科技工作以实施“科技兴区”战略为主线，围绕创建全国科技进步先进县（区）和全面建设小康社会两大目标，充分发挥科技先导作用。每年利用“科技之春宣传月”“科技活动周”“科技三下乡”“知识产权保护日”等活动，加大对社会和群众科技知识宣传。通过发放科技法律法规、农业生产实用技术、防震减灾、知识产权宣传资料，解答农民提出的疑难问题，受益农民百万人次，群众科普意识普遍提高。1997年，宝塔区被陕西省人民政府授予“全省科技工作先进区”称号。

2000年以后，区财政投入科技“三项费”资金逐年提高，每年均占财政支出的1%以上。同时，城市化进程加快，中心街旧城改造，城市开发向城郊区拓展，黄蒿洼、红化沟、砖瓦厂、朗润居、石佛沟、虎头园等小区修建经济适用房。电器化、电子信息化产品进入日常生活，通讯手机替代了BP机（传呼机）、电脑、网络宽带用户逐年剧增。家用小轿车家庭逐年增加。从城市到农村人们的衣、食、住、行发生巨大变化。城市高楼林立，绿树成荫。农村城乡一体化发展进程加快，21个乡镇村村通公路、通班车、通电网。

2002年2月，宝塔区被科技部授予“通过国家进步考核（1999～2000年度）县区”称号。2004年1月，宝塔区被科技部授予“2001～2002年度全国科技进步先进县（区）”称号。2008年1月，宝塔区被科技部授予“2005～2006年度全国科技进步先进县（区）”荣誉称号。

第一章　机构与队伍

第一节　机　构

一、科技机构

宝塔区科技局　1980 年 1 月成立延安市科学技术委员会。1994 年，撤销委员会，成立延安市科学技术局。1996 年 12 月 26 日，撤市设区。1997 年 1 月，延安市科学技术局改称宝塔区科学技术局。

宝塔区科技开发中心　1993 年成立延安市科技开发中心，副科级建制，财政全额拨款事业单位，编制 3 人，设主任 1 人（副科级）。1994 年，升格为正科级建制，编制 4 人，设主任 1 人、副主任 1 人。1997 年 1 月，改称宝塔区科技开发中心。2010 年，编制 4 人，设主任 1 人、副主任 1 人。

宝塔区生产力促进中心　2002 年，成立宝塔区生产力促进中心，设主任 1 人、副主任 1 人（由开发中心主任、副主任兼任）。

宝塔区防震减灾办　2003 年，宝塔区防震减灾办由区城乡建设局移交区科技局（1994 年成立抗震减灾办，隶属于城建局，配备人员 1 人，1995 年增加到 2 人），编制 2 人，设主任 1 人、副主任 1 人（由科技开发中心主任、副主任兼任）。2008 年，成立宝塔区抗震减灾应急处置指挥部，区政府主要领导任指挥，分管区长具体负责，指挥部下设办公室，在区科技局。区政府办主任、区人武部部长、区城建局局长、区民政局局长、区科技局局长、武警宝塔中队队长、卫生、教育等部门及乡（镇）长、办事处主任为成员。2010 年，编制 2 人，设主任 1 人、副主任 1 人（由科技开发办主任、副主任兼任），保留使用宝塔区抗震减灾应急指挥部。

2010 年底，以上宝塔区科技开发中心、生产力促进中心、防震减灾办均实行三块牌子、一套机构，与科技局合署办公。

宝塔区气象局　1951 年 1 月建立延安飞机场气象观测站，地址在延安县城东关，隶属于西北空军司令部西安航空站。1954 年 7 月，移交陕西省气象局，改名为陕西省延安气象站。1955 年 1 月，改名为陕西省延安气象台。1958 年 10 月，延安专属决定延安气象站扩建为延安专区中心气象站。内设气象台，改名为延安专区气象服务台，隶属于延安专区领导。1962 年 9 月，作为陕西省气象局的派出机构，负责延安专区气象系统的管理工作，改名为陕西省延安专区中心气象站；1966 年 9 月改名为延安专区中心气象台，隶属于延安专区农林牧业局；1978 年 5 月改名为延安地区气象台革命委员会；1980 年 1

月改名为延安地区气象台；1984 年 12 月改称为延安地区气象局测报科；1989 年 9 月，改称延安地区气象局观测站。1993 年 6 月，延安地区气象局内部机构改革，成立三大科室，气象测报又划归延安地区气象台。1997 年 4 月，延安地区气象台改名为延安市气象台。1999 年 5 月，气象观测站被划分出去，成立宝塔区气象局。编制 11 人，设局长 1 人、副局长 1 人，内设办公室、综合观测室、人工影响天气办公室。2001 年，宝塔区气象局从延安市气象局剥离出来，财政独立，为参照公务员管理的职能单位。2007 年改名为延安国家气象观测一级站。2009 年为延安国家基本气象站。2010 年，宝塔区气象局为科级建制，编制 11 人，设局长 1 人、副局长 1 人。内设办公室、综合观测室、人工影响天气办公室。

二、宝塔区科学技术协会

1959 年，延安市（原延安县）科学技术协会成立。与科委合署办公，编制 9 人，分管农业、工业、医药、卫生、计量标准等技术工作。1980 年 1 月，撤销科技局，成立延安市科学技术委员会，人员并入科委。科委、科协合署办公，编制 12 人，两块牌子、一套机构，监管计量标准工作。1984 年 1 月，科技体制改革，政群分开，科委与科协分设。科协由延安市委领导任主席，编制 7 人，实行主席负责制。1990 年，延安市科学技术协会由延安市委领导，实行主席负责制，编制 7 人，内设办公室、学会部、普及部。属群众团体性质，科级建制，编制 7 人，合同聘用制 1 人。1997 年 1 月，延安市科学技术协会改称宝塔区科学技术协会。1998 年 6 月，区科协内设办公室、学会部、普及部，行政编制 9 人，实有 8 人。2002 年 8 月，区乡机构改革中，核定事业编 7 人，实有 7 人。同时，进行部分职能调整，将承担的部分农民技术培训及职称评审职能交由区农业局承担。2004 年 3 月 17 日，宝塔区科协第一次代表大会召开，大会通过《宝塔区科协章程》，选举产生宝塔区科协新的领导机构，大会决定授予张永祥、张兴虎为科协名誉主席。2007 年 3 月，宝塔区成立以区政府原副区长为组长、19 个职能部门负责人为成员的全民科学素质工作领导小组，下设办公室，设在区科协，负责处理日常事务。2010 年 5 月 27 日，宝塔区老科技工作者协会在宝塔宾馆会议室召开成立大会。大会以举手表决的方式通过《宝塔区老年科技工作者协会章程》，选举产生宝塔区老科协会长、副会长、秘书长、常务理事等老科协领导机构组成人员。年底，宝塔区科学技术协会内设办公室、学会部、普及部。机关驻市场沟就业中心楼上（2012 年 7 月搬迁到区委后院区总工会三楼）。

三、其他学会、协会

1990 年 6 月成立枣园乡养殖业研究会。1991 年 5 月成立延安市葡萄研究会、桃梨研究会、林果种研究会。1992 年 9 月成立延安市麻洞川乡养羊协会。1998 年 6 月畜牧局成立畜牧兽医学会。2000 年 24 个乡镇分别成立乡镇科协。2005 年 12 月林业局成立宝塔区林学会，工商局宝塔分局成立宝塔区天文爱好者协会，农业局成立农业学会，南泥湾钻采公司成立企业科学技术协会。2007 年宝塔区甘谷驿镇成立园艺蔬菜协会、柳林镇成立富翔果蔬协会、李渠镇成立林果果业协会、姚店镇成立果农协会、青化砭镇中庄村成立养殖协会。2008 年成立松树林乡蔬菜协会、甘谷驿镇园艺果树协会、甘谷驿镇园艺养殖协会、宝塔区伟尚果业协会。全区共建立科普协会 30 个，学会 9 个；专业技术协会 36

个，其中果农协会12个，蔬菜协会4个，其他协会10个。到2010年，各乡镇、街道办事处成立科普协会。有工作人员8人，其中主席1人、副主席2人。所属区级学（协）会3个，科普协会18个，专业技术协会34个（果农协会20个，养猪协会10个，蔬菜协会4个），其他协会10个。

1990~2010年宝塔区各类研究会、协会情况一览表

表27-1-1

名　称	成立时间
枣园乡养殖业研究会	1990.6
延安市葡萄研究会 延安市桃梨研究会 延安市林果种研究会	1991.5
延安市麻洞川养羊协会	1992.9
区畜牧兽医学会	1998.6
24个乡镇科协	2000
宝塔区林学会 宝塔区天文爱好者协会 区农业学会 企业科学技术协会	2005.12
姚店镇果农协会	2007.3（注册登记）
青化砭镇中庄村养殖协会	2007.3
宝塔区果香园果业协会	2007.8.8
宝塔区甘谷驿镇园艺蔬菜协会 宝塔区柳林镇富翔果蔬协会 宝塔区李渠镇林果果业协会	2007.12.16
宝塔区伟尚果业协会	2008.3.16
宝塔区松树林乡蔬菜协会	2008.8.8
甘谷驿镇园艺果树协会	2008.12.16
甘谷驿镇园艺养殖协会	2008.12.18

第二节　科技队伍

宝塔区专业技术人才分布在区、乡镇两级各部门和行业，主要集中在教育、卫生及农业系统。

1987年，全市属农、林、牧、水等方面的技术推广和技术管理队伍人员238人。1990年，延安市有专业技术职务人员1390人，其中副高级以上69人，中级1085人，初级 236 人（其中助理 69 人、员级 167 人）。

1993 年底，全市有科技人员 380 名，建立起市、乡两级专业科技会 34 个，会员 2308 人。2000 年，全区有专业技术职称 4817 人，其中初级职称 2613 人，中级职称 1414 人，高级职称 790 人。

2010 年底，宝塔区有各类专业技术人员 20406 人，高级 1034 人，中级 6236 人，初级 13136 人（助理 13074 人、员级 62 人）。其中，事业单位有专业技术人员 5730 人，高级 524 人，中级 2680 人，初级 2526 人。建立区乡两级专业技术协会 34 个，其他协会 10 个，会员 3960 人。1990 年，延安市有专业技术职务人员 1390 人，其中副高级以上职称 69 人，中级 1085 人，初级 236 人（助理 69 人、员级 167 人）。全属农、林、牧、水等方面的技术推广和技术管理人员 238 人。

1993 年底，全市有专业技术人员 2720 人，其中副高级以上职称 267 人，中级职称 1180 人，初级职称 1273 人。农、林、牧、水等系统的技术推广和技术管理人员 380 人，建立起市、乡两级专业科技协会 34 个，会员 2308 人。

1997 年，全区有专业技术 3480 人，其中副高级以上职称 365 人，中级职称 1398 人，初级职称 1722 人。农、林、牧、水等系统技术推广和技术管理人员 386 人。

2000 年，全区有专业技术人员 4817 人，其中高级职称以上 790 人，中级职称 1544 人，初级职称 3406 人。万人拥有专业技术人员数为 146. 4 人。专业技术人员接受继续教育的比例为 98%。

2001 年，全区有专业技术人员 5099 人，其中高级以上职称 149 人，中级职称 1544 人，初级职称 4306 人。万人拥有专业技术人员 146. 14 人。专业技术人员接受继续教育的比例为 98%。

2002 年，全区有专业技术人员 5356 人，其中高级职称以上 175 人，中级职称 1694 人，初级职称 3487 人。万人拥有专业技术人员数为 148. 5 人，专业技术人员接受继续教育的比例为 98. 5%。

2003 年，全区有专业技术人员 5341 人，其中高级职称以上 177 人，中级职称 1689 人，初级职称 3475 人。万人拥有专业技术人员数为 142. 56 人。

2004 年，全区有专业技术人员 5722 人，万人拥有专业技术人员数为 143. 39 人。

2005 年，全区有专业技术人员 5900 人，其中高级职称 790 人，中级职称 2045 人，初级职称 3065 人。万人拥有专业技术人员数为 146. 15 人。

2007 年，全区有专业技术人员 5300 人，万人拥有专业技术人员为 121. 8 人。

2008 年，全区有专业技术人员 5500 人，万人拥有专业技术人员数为 124. 2 人。

2010 年，全区事业单位有专业技术人员 5730 人，其中高级职称 524 人，中级职称 2680 人，初级职称 2526 人。同时，建立区乡两级专业技术协会 34 个，其他协会 10 个，会员 3960 人。万人拥有专业技术人员数为 146. 15 人。

第二章　科技发展

第一节　科技规划

1990 年，制定《延安市科技发展“八五”规划》。1996 年，制定《延安市科技发展“九五”规划》。

1997~2000 年，制定《宝塔区科技进步奖励办法（试行）》《关于大力发展民营科技型企业的意见》《宝塔区鼓励科技人员积极投身经济建设的优惠政策》《关于鼓励外省投资的优惠政策》《关于引进资金的优惠政策》《关于引进项目的优惠政策》等。1998 年，调整成立“宝塔区东川星火技术密集区”建设领导小组；10 月 29 日宝塔区人民代表大会常务委员会通过《宝塔区“东川星火密集区”1998~2000 年工作计划》和《宝塔区 1998~2010 年科技发展规划》，由区政府组织实施。

2001 年，制定《宝塔区科技发展“十五”规划》《宝塔区乡镇科技工作目标管理考核办法（试行）》《宝塔区科技示范村（户）评定办法》《乡（镇）食用菌目标管理办法》。

2002 年，制定《延安市宝塔区科学技术奖励试行办法》《宝塔区 2003~2007 年科技发展计划》。

2003 年，制定《延安市宝塔区 2003 年目标责任制监督考评办法》《关于乡镇产业开发奖和单项奖实施办法》。

2004 年，制定《宝塔区星火技术密集区“十一五”发展规划》。同时，制定《宝塔区科技标兵评定奖励办法（试行）》《宝塔区科学技术奖励办法》《宝塔区劳动技能课实施意见》《宝塔区保护知识产权专项行动实施方案》《宝塔区破坏性地震应急预案》等。

2005 年，制定《宝塔区科技发展“十一五”规划》《宝塔区科技扶贫发展“十一五”规划》《宝塔区科技扶贫发展“十一五”规划实施方案》《宝塔区科学技术奖励补充办法》《宝塔区科技进步目标责任考核管理办法》。

2010 年，制定《宝塔区科技发展“十二五”规划》等。

第二节　科技项目

1990~1995 年，落实《延安市科技发展“八五”规划》。

1996年，制定延安市科技项目计划实施管理办法。1997年，区农业局“大垄沟耕作技术”列入国家级重点成果推广计划。1998年，宝塔区净化材料厂“1000吨物理活性炭生产线”技改项目，列入国家级星火计划。

1999年成立宝塔区人工影响天气办公室，负责全区防雹增雨工作。全区有三门高炮，分别安放在姚店、临镇、冯庄。2003年，延安市政府下发《关于加强苹果主产区防雹体系建设的实施意见》，宝塔区投入资金发展人工影响天气建设；2004年，区财政投入资金70.7万元；2005年以后每年投入都在百万元以上。实行现役高炮使用许可证制度，每年邀请省军械处、市人影办、区修械所、中天火箭公司等技术员对高炮、火箭进行年检，防雹工作井然有序，无事故。

2001～2003年，“陕北舍饲养羊示范中心”项目列入国家级扶贫计划，“西部生态系统评估”项目列入国家“863”攻关项目，“中药材规范化种植基地县（区）”建设项目列入省级扶贫计划，“设施农业大棚区季节水果测温仪”列入市级攻关计划，苹果“高光效”技术推广项目列入市场推广计划。全区共组织申报和实施各类科技计划项目12项。

2005～2006年，全区组织申报市级以上科技计划项目12项。“苹果高效推广基地（区）建设”“肉牛生产基地建设”“宝塔区星火技术密集区建设”“农业科技培训工程”等项目，得到省市资金支持。实施科技成果转化分别为50项和80项。

2007年，宝塔区加快新技术、新品种的引进推广速度，组织人员论证编写科技计划项目5项，组织申报科技计划项目15项。完成枣园、蟠龙、柳林三所星火示范培训学校建设。1999～2007年，省级“陕北舍饲养羊示范中心建设”列入省级扶贫计划，“苹果‘2185’优果工程”“苹果‘高光效’技术推广”列入省级推广计划，“苹果防雹网技术推广”“养牛基地建设”“星火技术密集区建设”“无公害苹果产业化开发”“农村科技培训”“信息网络建设”分别列入省级、市级科研发展、扶贫、星火、农村培训、基础能力建设计划，得到有效实施。

2008年，宝塔区组织论证，申报省、市级科技计划项目5项，其中省级2项。2009年，申报实施省、市级科技计划项目9项，其中省级4项，市级5项，已列入省市计划并得到资金支持的项目5项。其中，省级“13115”科技重点工程科技产业园区建设项目——宝塔区星火技术密集区项目被省科技厅立项。

2010年，实施《宝塔区科技发展“十二五”规划》。组织论证、申报实施省、市级科技计划项目14项，其中省级6项，市级8项，已列入省市计划并得到资金支持的项目10项。在人工影响天气方面，全区购置高炮、火箭28门（副），建成高标准炮（箭）库28个，拥有80人的防雹增雨作业队伍。

第三节　科普基地

20世纪90年代中后期，随着科学技术的进一步发展，宝塔区加强科普基地建设。1998年，区科协和松树林乡在大南沟共同开发建设一个上万株的五角枫种植基地；1999年，松树林乡养殖基地被评为延安市“白绒山羊育种基地”。至2002年底，全区已建立和实施各级各类科技示范基地 138 个。

2003 年，宝塔区建立各类科技示范基地 366 个。同年，甘谷驿镇被延安市科协评为市级科普示范乡镇，“甘谷驿镇小张沟村养殖基地”被评为市级科普示范基地。是年 3 月，宝塔区青化砭镇万亩苹果示范基地建立，果树总面积 14070 亩（其中挂果树 2600 亩）。宝塔区姚店镇罗沟山地苹果被市科协评为科普示范基地。

2004 年，建立科技示范点 10 个，乡镇科技基地 80 个，确定科技示范乡镇 10 个，科技示范村 90 个；建立区级科技示范户 58 个，乡镇科技带头 1410 名，培养科技致富带头人 100 名。

2005 年，全区初步建成以星火技术密集区为星火产业带，柳林镇新茂台村山地苹果示范园、河庄坪镇井家湾大棚菜示范园、甘谷驿镇东村养殖示范村、代家沟大弓棚设施示范点、姚店镇大棚反季节水果种植示范园、川口乡田崂养鸡示范场和陈改琴蘑菇种植示范基地、贯屯乡杜家山红葱种植基地等样板带动和培育一批科技致富带头人和示范村（户），成为农村科技创新服务的生力军。

2006 年，建立科技示范点 100 余个，青化砭镇中庄养殖示范基地建立，并在区民政局注册登记，是宝塔区的龙头养殖示范基地。2008 年，建立科技示范点 102 个。6 月，伟尚果业协会山地苹果示范基地成立。7 月，甘谷驿镇园艺蔬菜示范基地成立，基地服务范围涉及 15 个行政村，578 户、5416 人。全年科技投资 170 万元，培育科技示范户 359 户。

2010 年，区委、区政府投资 2000 万元，在甘谷驿镇建成蔬菜科普示范基地，规划建造高标准日光温室 500 亩，分一期、二期工程实施。一期工程建 150 座日光温室，于 2010 年 11 月建成投产，年前蔬菜上市。果农协会苹果基地 1 万多亩获得有机认证，2 万多亩基地优果率达到 85%以上。

第四节　科技培训

1990~1993 年，延安市立足市情，重视科学技术培训，重点在挂果业、种植业、蔬菜、农机及教育、卫生等行业和领域，逐年组织开展实用技术培训，提高广大群众的科技意识和专业人员的科技水平，提升主导产业的科技含量，助推三大主导产业，服务“三农”，服务社会。市科技局聘请专家，举办蔬菜、烤烟、林果、生猪养殖等实用技术讲座 280 场次，培训技术人员 6000 人次，受训农民 2 万人次。1994 年，由延安市科学技术协会、延安市妇联、共青团延安市委联合制定《关于组织农村妇女、团员、青年参加农村致富技术函授大学技术培训的通知》文件，科协组织开展农民技术培训；时任南泥湾镇党委书记雷元富作为延安市唯一基层代表，出席中组部和中国科协在北京召开的全国农村党员干部实用技术培训工作会议。

1995~1998 年，在官庄、临镇、柳林、枣园、桥沟、万花山等 24 个乡镇举办“绿色证书工程”“跨世纪农民培训工程”“创树千名科技致富带头人”“星火”“三大产业”技术服务队培训工作。利用乡镇服务站、科技特派员上门技术服务与培训，深入基层，分片带动。发放图书资料、赠送 VCD 光盘、订阅《科技日报》等多种形式对干部、科技人员和农民进行科技知识、实用技术等培训。特别是对苹果、蔬菜、畜牧三大主导产业专业户和农民实用技术培训，让农民得到实惠。科技、农业、果业、畜牧、工业等部门每年组织开展相关业务科技知识培训，采取理论与实践相结合的办法，根据农时季节和培训对象制定培训方案。累计举办各类培训 228 场次，培训果业、蔬菜、畜牧技术人员 4800 人次，受训农民 4.8 万人次。

1999 年，“农函大”招生 128 人，对其中 116 人进行农民技术职称评定，涌现出田振贵等科技致富带头人；2001～2002 年，有政府职能部门农业局、畜牧局、果树局设农业技术推广站，蔬菜站、植保站、园艺站等农业技术服务中心和农广校等农民培训学校，每个乡镇有 4 个农业技术服务站（所），有区、乡（镇）两级服务站和专业技术协会以及示范户。全区有区、乡（镇）两级科技推广机构 108 个，区级机构有科技专业人员 140 人，乡镇有科技人员，各行政村有 1～2 名农技员。2003 年，“农函大”招生 102 人，培训技术骨干 500 余人，有突出贡献的“土专家、土能人”养殖能手何建荣受到陕西省奖励。2003 年，在柳林、河庄坪、蟠龙 3 个乡镇中学初一年级试点开设劳动技能课，学生 1149 人。

2004 年，科技、教育、农业、果业、畜牧部门联合编写《宝塔农业》教材，全区农村中学初一年级开设劳动课，学生 9718 人。2005 年，组织省、市、区专家和科技人员新编《农村科技致富丛书》一套八册，在农村中学初一年级开设劳动技术课，学生 10560 人。同年 9 月，由区科协牵头，聘请蔬菜专家李建中，在临镇镇付家湾村举办蔬菜选种、育种、选肥、施肥、选药、打药、管理、病虫害防治等八个环节培训会，参加培训干部 300 余人。每年选派科级干部到沿海发达地区参观学习，到科研院校再教育培训等。举办省、市专家上门为全区重点企业实行专利技术对接服务。

2006 年，科技部等七部委联合举办“科技列车陕北行”活动，在宝塔区枣园、南泥湾两乡镇图书室揭挂牌仪式及图书 VCD 等捐赠和科技咨询、讲座活动，参与干部 300 余人。区科技局与区广电局联合举办“科技兴区”电视栏目 12 期次，举办科技讲座、播放实用技术影碟等 24 场，接受科技知识干部群众 20 万人次。同年 9 月，邀请养牛专家田建雄在宝塔区蟠龙镇举办养殖培训讲座，现场指导养牛专业户 500 多人，发放讲座资料 1000 余份。2007 年，新建区级星火示范培训学校 3 所（柳林、河庄坪、蟠龙中学）。2008 年 3 月，西农大党永华教授在宝塔区枣园镇川口村现场举办蔬菜栽培管理技术讲座，受益菜农 1000 余人。三年来，共举办农村实用技术培训 960 期次，培训农民 118 万人次，印发资料 30 余万份。

2009 年，区科协组织，聘请区农业局农艺师、蔬菜专家李炜在甘谷驿镇代家沟村举办日光大棚蔬菜、建棚、施肥、浇水、管理、病虫害防治等技术讲座，受益菜农 300 余人。累计举办果业、蔬菜、畜牧三大主导产业技术人员培训 6 场次，培训技术人员 1200 人次，受训农民 1.2 万人次。

2010 年，邀请蔬菜技术专家李炜在甘谷驿镇举办瓜菜病虫害防控技术、大弓棚定植后管理、嫁接、育苗、软管滴灌和多膜覆盖等技术讲座，受益菜农 126 户。同年 4 月，在李渠镇举办舍饲养殖、牛羊鸡猪育肥、饲料加工、畜禽疫病防治等培训，受益养殖户 200 余人。举办全区 120 多名养殖大户专业培训 3 期，培训 200 余人。在柳林镇对产业户妇女代表、致富女能手、妇女会主任400余人进行养猪、春季果树幼树管理、蔬菜种植等技术培训。发放《中华人民共和国妇女权益保障法》《中华人民共和国未成年人保护法》等宣传资料600余份。同年6月，柳林镇伟尚果业协会举办各乡镇苹果种植大户技术培训，1800余人参加。科技致富带头人朱维尚就苹果夏季修剪、套袋、节水灌溉等技术详细讲解并到苹果示范基地现场示范指导。累计举办蔬菜、果业、养殖技术培训班467期次，培训技术人员1.3万人，受训农民20.42万人次。

第五节　技术推广

20世纪80年代后期至90年代初，延安市大力实施农作物、蔬菜、果树的良种引进及试验、示范。农作物推广中旦2号玉米，延安6、11、15号小麦、谷子2-4号、6号，洋芋沙杂15号、红薯农林4号等优良品种。蔬菜良种有10类85种，其中根菜类、绿叶菜类、甘蓝类等3大类40种。引进上海泰山东风-50推土机47台，各种小型拖拉机245台，配套农机具312套（件），各种农产品加工机械1328台（件）。大中型拖拉机194台，小型拖拉机1625台，农机具280台（件），双行条播机1500台，“小公牛”山地微型犁耕机4台，2BFM-7型小麦覆盖膜穴播机2台，玉米地膜穴播机6台，开沟机20台，起垄机4000个，山地步犁、配套机具等，农业机械化的推广，农业化综合水平显著提高。家用洗衣机、电冰箱、彩色电视机、空调、电饭锅、电磁炉、微波炉普遍进入家庭。液化气、天然气进入城市居民家庭。农用机动三轮车、拖拉机替代20世纪80年代的架子车、毛驴车。摩托车、电动三轮车替代脚蹬三轮车、自行车。通信方面BP机（传呼机）、手机进入人们日常生活。复印机、打字机、计算器、电脑进入部门、单位办公、商店等各行各业开始使用。石油、天然气开采利用成为全区的支柱产业。1990年，开始在延安市大力推广地膜覆盖、平衡配方施肥、适时早播等旱作农业技术。1992年，引进开始白绒山羊改良，此后命名为“陕北白绒山羊”品种。

1994年，在川口、李渠等乡镇实施黄牛人工授精405头，种公牛76头，引进西门塔尔牛、红安格斯、利木赞等多个世界著名的肉牛精液改良，两年共改良杂交2万头，利木赞、西门塔尔、红安格斯改良牛620头，淘汰土种公牛、混杂种牛280头，良种85%以上。1996年推广应用大垄沟耕作技术成果，科学种田面积47.6万亩，占播种面积的93%；全面实施“252”科技示范工程；示范推广LYJ型多功能追肥枪、“云大120”高效植物生产调节剂等新产品。

1997年，宝塔区开始引进安哥拉山羊，先后从山东、河南、四川、宝鸡等省市地区引进小尾寒羊380只、槐羊180只、黄羊230只，极少量布尔山羊等品种，开展肉用羊杂交改良试验。奶牛优良品种引进有黑白花等。1998年实施“123”科技示范工程，推广应用新型农用铺膜机专利成果。1999年在5个乡镇示范“绿色植保素”生物调节剂产品等。

2000年，在柳林、官庄等11个乡镇示范果树专用肥产品等。2000年后，宝塔区蔬菜品种有：黄瓜、番茄、辣椒、茄子、西葫芦、豆角、甘蓝、西芹等新品种。这些优良品种的推广，提高农作物的产量，解决居民吃菜难问题。果树优良品种有红富士、秦冠、大国光、元帅系列、嘎啦、千秋、美国8号等30多个品种，其他杂果有酥梨、鸭梨、长把梨、灌梨；葡萄有龙眼、玫瑰、巨峰、黑奥灵、新疆白葡萄等。杏有关中大杏、小黄杏、小红杏等，桃子有水蜜桃、油桃、传统秋桃。枣有条枣、团枣等。桃李子有杏李子、小红果、小沙果、草莓等。

2001～2002年，引进推广新技术31项，引进开发和推广新产品（种）128种。其中，先后引进推广"苹果四大技术"、"多位一体"大棚、沼气池建造、舍饲养羊、畜禽防疫、秦川牛、反季节水果、白绒山羊等新技术和新品种20余种；原油产能建设、瓦楞纸板线生产、信息网络等分别进行技术改造、技术应用和技术示范。抽油机、纸箱、乳化炸药等工业新产品不断开发。先后建成3个"10"优果工程示范园、3个"10"蔬菜示范村、4个"10"草畜业示范村（户）；实施生态果园和优果工程，坚持大棚菜、弓棚菜和露地菜"三菜"并举，以养牛为主，带动养猪、养鸡的"三产"开发思路。

2005～2006年，全区引进推广新技术25项，示范推广新品种开发和开发新品种53种；苹果产业推广大改形、强拉枝、巧施肥、无公害"四大技术"，防雹网、幼树覆盖膜等技术，大力发展种草、养畜、建沼相配套的生态果园。草畜产业在秦川牛引进、优质牧草种植、畜种改良、疫病防治体系建设和专业化养殖上实现新突破。蔬菜产业引进名优特瓜菜新品种，推广农业适用新技术，栽植各类蔬菜品种5类80余个，形成大棚、露地、弓棚三大菜生产体系。工业不断应用新技术、改装新产品。南泥湾采油厂成功完成"油层大规模压裂"等科研项目，油产量由2005年的44.5万吨提高到2006年的56.5万吨。同时，开展炸药生产、抽油机开发、纸箱加工生产。在16个乡镇建设果树防雹网3451.6亩，面积居全省第一。建成年产10万吨果汁加工厂、南泥湾草业集团加工生产线，实施净菜和小杂粮配送工程，元龙寺红枣、甘谷驿红薯、万花山徐寨南瓜、贯屯红葱等均成为区域优质农产品名牌。

2007～2008年，全区引进推广新技术26项，示范推广新品种开发和开发新品种52种，苹果产业推广大改形、强拉枝、巧施肥、无公害"四大技术"和防雹网、幼树覆盖膜等技术，发展种草、养畜、建沼相配套的生态果园。草畜产业在秦川牛引进、名优牧草种植、畜种改良、疫病防治体系建设和专业化养殖上实现新突破。蔬菜产业积极引进名优特瓜菜新品种，推广适用新技术，栽植各类蔬菜品种6类80个，形成大棚、露地、弓棚三大菜生产体系。工业上不断应用新技术，改装新设备，开发新产品，有效提高企业的经济效益。建筑、卫生、教育、环保等领域，不断引进应用新技术成果，开发新产品，取得明显的经济效益和社会效益。南泥湾镇三台庄村、甘谷驿镇小张沟村，分别从杨凌、河北省引进斯格尔瘦肉型杂种猪300头，繁殖快，生产性状良好。

2010年底，宝塔区新型技术的引进、推广，促进宝塔区由传统农业方式向现代农业方式的转变，改良和发展苹果、"三菜"、畜牧已成为宝塔区农业经济的"三大"主导产业，原油产能成为宝塔区经济的支柱产业。在科技示范、推广、项目和培训上实现新突破。21年间先后引进推广新技术90项，引进、开发新产品（种）300余种。组织论证、申报实施国家、省、市级科技计划项目97项。其中，国家级5项、省级42项、市级50项。在抓知识产权保护的同时，全区申请专利每年70～80件。建成科技示范园、科技示范场、科技示范基地36个。新培育优秀民营科技企业4家。

第六节　信息交流

1990~1992 年，延安市的科技交流信息不畅，主要以走出去、请进来的方式交流。1993 年，成立延安市科技信息中心，并接入省经济信息网建成全市第一家网络用户。

1994 年，由科技部、商务部、农业部等 19 个部委与陕西省人民政府联合主办的国际性农业科技盛会——杨凌农业高新科技成果博览会首次在延安市举办，以后每年 11 月初在杨凌高新区举办。每届农高会，市政府均成立由市长任主任、主管副市长任副主任，科技、农业、林业、水利、果业、畜牧、农机、财政、广播、宣传等部门主要负责人为成员的组委会，下设办公室（农业局或科技局）及展览展示、招商引资、新闻宣传、后勤保障工作小组，制订参展方案，组团参加并取得明显成效。建筑、卫生、教育、环保等第三产业领域内不断应用新技术、引进新技术、引进新成果，开发新产品也取得明显经济效益和社会效益。

1997 年 4 月初，由国家发改委、中国贸促会、商务部等 7 个部委和 28 个省市主办、陕西省政府承办的首次中国东西部合作与投资洽谈会在西安举办，此后每年 4 月如期举行。区科技局作为宝塔区组委会成员单位之一，每年均参加，并推介或签订科技项目。1998 年，与杨凌农科城网联通，实现农业科技信息传递与交流。

2000~2010 年，区科技、经济、农业、教育、工业等部门开通国际互联网，宽带接入，局域办公，区政府设立政府网站，区科技局设立科技信息网站，各乡镇、科技、经济等部门和单位先后编辑信息简报、动态，建立网点、发展网员，接受信息咨询人数累计达到 10 余万人次。通过有价值服务，为工农业生产、第三产业开发起到中介、传递等作用。信息网络的开通，建立内外交流的平台，进一步实现科技信息内外传递与交流。

第三章　科普宣教

第一节　科普活动

1990 年，延安市上街进行科普宣传 3 次，发放宣传资料 2000 余份。1992 年，延安市举办“科技之春”宣传月活动，第一届“科技之春”宣传月活动主题是“科学技术是第一生产力”。随后，每年都举办主题分别为“科技就是财富”“弘扬科学精神，架设科技金桥”“尊重知识、尊重人才，让更多的科技人员在经济建设主战场施展才华”“迈向新世纪，让科学技术再铸辉煌”“让科学技术走进千家万户”等不同内容的“科技之春”宣传月活动。

2002年，宝塔区第十届“科技之春”宣传月活动主题是“科技伴您走向美好未来”。同年3月17日在临镇镇举行启动仪式，区卫生、畜牧、农业、果树、文化、科协等8个部门120多名科技人员参加活动，散发科技资料2万余份，30多名文艺工作者送去小品歌曲等文艺节目12个，受教育群众1万人次；3月24日延安市暨宝塔区“科技之春”社区科普综合示范活动在解放剧院举行，市委副书记忽培元、区委副书记张俊雷出席，有23个单位281名科技工作者参加，散发资料2万余份，健康咨询2000人次，义诊2800人次，发放药品100多盒。两年共组织大型科普宣传活动12次，展板展示科技知识成果1000块，接受咨询2万人次；举办科技报告和专题讲座10场，重点对领导干部、科技人员和科技示范户培训；开展科技下乡活动22次，散发科技宣传资料2万余份，进行技术培训1300余场次，直接受益群众15.3万人次，制作科技信息墙报24期，发布科技信息3000余条。

2003年，宝塔区第十一届“科技之春”宣传月活动主题是“科技为小康列车提速”，散发科技资料46种8万余份，发放科技光盘120张，义诊3000余人。6月29日，《中华人民共和国科学技术普及法》颁布实施，科普工作有法可依，依法开展。

2004年，宝塔区第十二届“科技之春”宣传月活动主题是“讲科学生活，建文明社区”。举办“4·12”知识产权保护日，《中华人民共和国科学技术普及法》《中华人民共和国专利法》《中华人民共和国科学技术进步法》等宣传活动。

2005年3月11日，宝塔区第十三届“科技之春”宣传月活动启动仪式在李渠镇举行，农业、林果、水利、卫生、计生、文化、妇联、法律等部门的500名科技人员参加活动，开展科技宣传、咨询、培训、科学普及、文艺演出等重点活动32项，张贴悬挂“科技之春”宣传横幅45条，展出展板267块，印发各类科技资料76种共10万余份，赠送科技图书5000余册，举办培训班5期，开报告会、研讨会1场，便民义诊1000人次，赠送药品药具价值3000多元。

2006年3月17日，宝塔区开展“科技、文化、卫生、法律”四进社区、企业、校区、集镇宣传活动。第十四届“科技之春”宣传月活动在青化砭镇启动，各成员单位在青化砭镇街道组成科普宣传一条街，开展咨询、宣讲、演示、展览、分发农技科普资料及义诊、义演活动。参加宣传活动的机关干部、科技人员165名，涉及科技宣传、咨询、培训、科学普及、文艺演出等重点活动15项，张贴悬挂“科技之春”宣传横幅22条，展出展板233块，印发各类科技资料65种共8万余份，义诊2000多人次，免费送药5种价值6200元，发放药具3100多盒，赠送科技图书5000余册，办培训班25期，培训人数1万人次。

2007年3月27日，宝塔区投入3万元科普宣传，第十五届“科技之春”宣传月活动启动仪式在蟠龙镇拉开帷幕，23个部门、单位在蟠龙镇街道组成科普宣传一条街进行宣传，聘请秦之声剧团到场为广大群众演出文艺节目。参加宣传活动的机关干部、科技人员118人，开展公众活动15项，展出展板80块，印发各类科技资料85种11万余份，散发图书画册500册，义诊100多人，免费送医送药5种价值万余元。

2008年，宝塔区投入12万元进行科普宣传，第十六届“科技之春”宣传月活动中，各部门积极开展送科技、文化、卫生、法律“四下乡”活动，为乡村科普活动站赠送科普图书3万册，举办科普培训15场次，接受培训2万余人，发放各种科普宣传资料10万余份（册），咨询服务5万多人次，义诊、义治、义询420余人，发放各类物资、药品价值2万余元，受益群众10万余人。

2009年3月30日，宝塔区第十七届“科技之春”宣传月活动启动仪式在临镇举行，区卫生局、区司法局、区农业局等21个部门单位在临镇街道上组成科普宣传一条街进行宣传。参加此次活动的机关干部、科技人员有120名，组织开展10余项公众活动，展出展板60块，印发各类科技资料72种8万余份，义诊100多人，免费送医送药4000余盒。举办“5·12”防震减灾日、《中华人民共和国防震减灾法》等法律法规宣传。

2010年4月9日，宝塔区第十八届“科技之春”宣传月活动启动仪式在甘谷驿镇隆重举行。参加此次活动的机关干部、科技人员320多人，印发各类科技资料75种9万余份，义诊300多人次，免费送医药5000多盒。并邀请大山文化传媒有限公司演出科普文艺节目。5月22日，在解放剧院广场开展“节约能源资源，保护生态环境，保障安全健康”为内容的宣传活动。共展出展板5块，发放科普资料和挂图4500份，现场咨询300人次。5月27日，在蟠龙镇开展建设社会主义新农村宣传活动，展出展板5块，张贴标语4条，散发《全民科学素质行动计划纲要》《中华人民共和国科学技术普及法》《蔬菜栽培与病虫害防治技术》《菠菜和大白菜生产技术》等科普资料6000多册。9月16日，在宝塔区东兴百汇广场开展科普日宣传活动。市科协主席姬乃荣、区委常委张雄德、市科协副主席郭兆茗等莅临现场指导。宣传活动设宣传咨询点25个，免费义诊435人次，自制科普宣传挂图2000张，共发放科普宣传和低碳环保资料85种2万多册、计生宣传手册800余份、医药卫生药具1600余份（盒）、低碳生活倡议书和公开信6000多份，科技工作者和专家90多人参加，科普志愿者人数120余人，受益群众8000多人次。

1992~2010年宝塔区举办“科技之春”宣传月活动统计表

表27-3-1

年份	届次	主　题	地点	受益群众（人）	发放科技资料（份）
1992	1	科学技术是第一生产力	南关街	5000	3000
1993	2	科技就是财富	丽融广场	10000	10000
1995	3	弘扬科学精神　架设科技金桥	中心街	12000	10000
1996	4	回忆两个转变　推动科技进步	南关街	10000	8000
1997	5	科学技术是两个文明建设的基石	河庄坪镇	12000	8000
1998	6	尊重知识　尊重人才 让更多的科技人员在经济建设主战场施展才华	解放剧院广场	13000	10000
1999	7	迈向新世纪　让科学技术再铸辉煌	丽融广场	15000	12000

续表

年份	届次	主　题	地点	受益群众（人）	发放科技资料（份）
2000	8	抓住西部大开发的历史机遇　大力宣传推广普及	枣园镇	15000	15000
2001	9	让科学技术走进千家万户	解放剧院广场	20000	20000
2002	10	科技伴您走向美好未来	临镇镇	20000	40000
2003	11	科技为小康列车提速	中心街	80000	80000
2004	12	讲科学生活　建文明社区	姚店镇	60000	60000
2005	13	科学发展　科学生活	李渠镇	100000	100000
2006	14	普及科学　和谐发展	青化砭镇	100000	80000
2007	15	全面落实科学发展观　促进创新型宝塔区	蟠龙镇	80000	80000
2008	16	科学发展　共建和谐	麻洞川乡	30000	30000
2009	17	提高全民科学素质　助推延安科学发展	临镇镇	80000	100000
2010	18	科普惠农谱新曲　建设富裕新宝塔	甘谷驿镇	80000	10000

第二节　科普教育

1990～2001年，组织中小学生参加各类学科竞赛87场次，参与学生18.2万人，科幻绘画大赛72次，参与学生15.3万人。

2002年4月14日，宝塔区科协联合延安大学化学系、气象局和育才、北关、南关各学校的辅导教师、德育教师召开延安市青少年科普综合大会，会后参观延安大学化学实验室、生物实验室以及气象局的气象大厅和室外温度测控台。加强科普教育，组织中小学生参加各类学科竞赛、科幻绘画大赛。2004年，宝塔区科协在第九届陕西省少年儿童科学幻想绘画展评活动中被陕西省青少年科技活动领导小组评为优秀组织单位奖。2005年4月9日，组织各校小学生100多名代表到市气象局参观学习。

2006年，区科协在全区中小学开展“科技小制作、小发明”比赛活动，参与学生82750人。开展“讲科学、破迷信”主题班会300余次。2007年9月16日，组织开展第四届青少年科技创新大赛。2008年开展4项重点示范活动，即果树栽培，蔬菜种植，小发明、小制作，书法、绘画创作竞赛活动，“四个一”科普活动（看一本科普书、写一篇科普日记、出一期科普板报、开一次“科普知识”为主题的班队会）、青少年科技创新大赛。2009年3～4月，举办宝塔区中小学“百校千人”课件制作暨首届中小学生电脑制作大赛活动，学校动员学生收集天文、生物、电子、物理等相关资料，在教师的指导下学生参赛作品有电脑绘画、电脑动画、电子报刊、网页程序设计等近1300件，品种多、创意新，普及微机知识和应用软件能力。培养学生的实践能力和创新精神，让学生既有实践的过程体验，又有获取知识的成就感，学生的科技素质得到提升；同时，组织青少年学生观看科普电影《保卫地球》。

2010年，组织开展宝塔区第七届青少年科技创新大赛，全区有30所中小学5000多名学生参与此项活动，共收到各类科技创新作品1000多件。评出优秀科技创新作品一等奖18名、二等奖27名、三等奖38名、优秀奖45名；优秀科技论文奖5名、优秀组织科普学校5所。创新大赛的开展，增强青少年对科技的探究兴趣，推动全区青少年科普教育的开展。

第四章　科技成果

第一节　经费投入

宝塔区按照国家科技政策、科技进步考核规定和省、市对科技工作的要求，区财政每年预算一定数额的科技经费。全区科技投入主要包括两个方面：一是科普经费，主要用于科普宣传和科技培训，培养提高全民科技文化素质；二是新产品的研制，包括试制费、中间试验费和重大科研项目补助费，“科技三项费”即新产品试制费、中间试验费和重大科研项目补助费，主要用于新产品、新技术的试制、试验、示范、引进、推广以及重要科技研究、攻关、开发等方面的补助。1990~2000年11年间，全区用于科技方面总投入440万元，年均40万元。对全区农业新品种引进推广、试验示范给予补助。

2001年，区财政投入“科技三项费”资金累计121.5万元，占区财政的实际支出1.0%。

2002年，区财政投入“科技三项费”资金累计177万元，占财政的实际支出1.2%。

2003年，区财政投入“科技三项费”资金309万元，科学事业费71万元，占区财政决算支出比例的1.1%，人均财政收入增长率31.8%；科普宣传14万元。

2004年，区财政投入“科技三项费”资金449万元，科学事业费85万元，占区财政决算支出比例的1.2%，人均财政收入增长率57.12%。

2005~2006年，两年区财政预算“科技三项费”资金947万元，科普经费预算每年5万元，人均0.125元。获得省科技厅经费21万元。落实发展基金90万元。投放信贷资金250万元，全部用于农业产业项目、龙头企业等方面，其中用于科技风险贷款基金分别为130万元和120万元。

2007年，区财政投入“科技三项费”资金1031万元，其中科学技术事务管理费96万元，技术研究与开发850万元，科学技术普及85万元。

2008年，区财政投入“科技三项费”资金1080万元，其中科学技术事业管理费123万元，科学技术研究与开发825万元，科学与技术普及127万元，防震减灾经费5万元。

2009年，区财政投入“科技三项费”资金835万元，其中科技事业管理费128万元，科学技术研究与开发697万元，科技普及宣传10万元。

2010年，区财政投入“科技三项费”资金960万元，其中科技事业管理费128万元，科学技术研究与开发822万元，科技普及宣传10万元。

第二节　成果申报

1990~1995年，延安市不设立科学技术奖，由市科技局负责向地区科学技术奖励委员会推荐申报延安市参评地区级以上科技成果奖项目，由地区科技奖励委员会办公室组织成果鉴定和评审。从2004年起，根据宝塔区科学技术奖励办法，由区科技局负责科学技术奖评审的组织和管理工作，设立特殊贡献奖和科技成果一、二、三等奖。科技成果的申报由乡镇人民政府、区政府有关部门、直属机构，中央、省驻区单位，省、市、区贡献奖获得者和其他符合条件的单位或个人推荐；填写统一格式的评审申请表、评审证书和推荐书，提供评价材料与证明材料等；上报区评审委员会办公室，由专业评审委员会根据宝塔区科学技术奖励评审办法，评定科技成果和奖励等级，区科技奖励委员会根据结果，报区人民政府审批。2005年起，根据宝塔区科学技术奖励补充办法，由区科技局负责科学技术发明专利和论文奖评审的组织和管理工作。凡符合条件的，填写发明专利奖或科技论文奖申请表连同专利证书或论文证明材料，向业务主管部门申报，业务主管部门把关后，上报区科技奖励办公室（科技局），由评审委员会评定。

第三节　成果奖励

1990~1995年，延安获地区级以上成果奖励项目数量不多。

1996年，宝盛冶炼厂自选课题JHC-500型双圆弧齿轮减速器生产通过延安地区级技术鉴定，填补延安市一项空白。建立起延安市科技经济项目成果资料库。1997年，延安市政府授予宝塔区《黄土高原大垄沟耕作技术》1996年度成果全市科技进步二等奖；项目完成单位有延安宝塔区农业总公司、宝塔区农技站、宝塔区质检站；项目完成人员有周万龙、韩耕洲、方世新、朱国龙等11人。《日光温室蔬菜综合栽培技术的研究与推广》项目被延安市政府授予市科技进步一等奖；《高效节能3.5立方米液化气梭式窑炉技术应用》成果被市政府授予全市科技进步二等奖；安哥拉羊绒的开发利用研究获延安市人民政府科技进步二等奖，项目完成单位有延安市畜牧工商公司、宝塔区种畜场，项目完成人员有呼延文、党恒伟、张春燕、张团结、张永魏、李志刚、陈高亮等。宝塔区新华陶瓷厂引进的“高效节能3.5立方米液化气梭式窑炉”技术应用项目，通过市级成果技术鉴定，申报市级科技进步奖，项目完成人员有常启泰、高鸿、程建民、董国振等；宝塔区农技推广站农艺师朱国龙被延安市政府授予“振华科技扶贫服务”三等奖。1999年《蔬菜日光温室技术的示范与推广》项目被陕西省政府授予省科技推广二等奖。2000年，延安市人民政府表彰1999年度科技进步获奖项目。2001年，《延安市宝塔区生态农业示范推广》成果被陕西省政府授予省农业技术推广一等奖；《农村沼气能源设施技术的改进与推广》项目技术被延安市政府授予市科技推广二等奖。

2002年，全区共引进推广新技术12项，新产品56种，新设备15种，建立科技示范点100个。《农村沼气能源设施技术的改进与推广》项目被陕西省政府授予省科技推广三等奖。2003年，共引进推广新技术14项，新产品58种，被科技部授予2001~2002年度全国科技进步先进县区称号。2004年，《陕北白绒山羊培育》项目技术被省政府授予科学技术一等奖。项目完成单位有市园艺站、洛川县苹果产业管理局、富县果业局、宝塔区果业局、黄陵县果业局、宜川县果业局，项目完成人员有刘光东、路树国、张雪琴等13人。粮饲兼用，优质高效沈单10号玉米新品种引进与推广获市级科技进步二等奖，项目完成单位有市农科所、宝塔区种子公司、榆林市种子公司、商洛市农科所、西北农林科技大学玉米研究所，项目完成人员有杜翠萍、杜文才、曹新义等11人。《苹果改形技术研究示范推广》项目技术被延安市政府授予市科学技术进步一等奖。是年，宝塔区奖励各级各类科技人员100多名，奖励科技推广先进乡镇5个，奖励科技示范户20多户。区财政拿出7.3万元，奖励科学技术特殊贡献奖1人，科学技术一、二、三等奖9个项目实施人以及3个发明专利奖和一篇优秀论文个人奖。

2005年，《延安百万亩优质苹果标准化管理关键技术示范与推广》项目技术被陕西省政府授予省农业技术推广成果二等奖；《苹果改形技术研究示范推广》项目技术被陕西省政府授予省科学技术三等奖。是年3月，中共宝塔区委、区政府召开科技成果表彰大会，对评出的2004年度完成科学技术项目获奖者，区政府拿出7.3万元，给科学技术特殊贡献奖1人，科学技术一、二、三等奖9个项目完成人以及3个发明专利奖和1篇优秀论文奖励个人进行奖励。2007年4月，宝塔区召开全区科技创新大会，区财政拿出50余万元，对2005~2006年度全区科学技术成果、专利和论文，对2004~2005年度科技示范村、科技标兵、科技先进工作者和农村科技致富带头人进行表彰奖励。

2010年，延安市科技奖励评审委员会对2008年津化30号黄瓜品种引进、示范与推广评定市科学技术二等奖，项目完成单位有富县蔬菜产业管理局、甘泉县蔬菜局、宝塔区蔬菜局，项目完成人员有李建权、罗万兴、王延平、张海峡、陈晓波、杨慧珍、张苏琴、杨晓明、李伟。2010年通过延安市科学技术奖励评审委员会对2009年度全市科技成果进行评审，延安常泰药业有限公司苄基氯化羰基化合成苯乙酸技术获一等奖，项目完成人员有史真、崔迎春、李剑利、张斌、尹文婷、张金、校大伟、万克柔、常学军、刘启明等。宝塔区被科技部命名为“全国科技进步先进县（区）”。1999~2010年，红富士苹果、“宝塔山”牌山地苹果、南泥湾蔬菜、南泥湾小杂粮系列产品、南泥湾酒、苦菜茶等荣获国家银奖、杨凌“农高会”后稷金像奖、省优质产品奖。

第四节　专利及发明人

20世纪90年代，延安市曾获得申请专利和申请发明专利共计221件，授权25件。

其中，1990～1991年申请量20件；1991～1992年申请量30件；1992～1995年申请量51件；1995～2000年申请量120件，授权10件。

2001年，宝塔区获专利申请数为4件（10万人专利申请数为1.15件），获发明专利申请数2件（10万人专利申请数为0.57件），获授权发明专利数2件（10万人授权发明专利申请数为0.57件）。

2002年，全区获专利申请数为6件（10万人专利申请数为1.16件），获发明专利申请数为3件（10万人专利申请数为0.83件），获授权发明专利数1件（10万人授权发明专利申请数为0.28件）。宝塔区获得省市政府科技进步奖励项目4件。

2003～2004年，全区获专利申请数为9件（10万人专利申请数为1.1件），其中获申请发明专利数为2件，获发明专利数为7件，其中获授权发明专利2件（10万人授权发明专利申请数为0.56件）。宝塔区获省市政府科技进步奖励项目5件。

2005～2006年，宝塔区获陕西省科技厅科技计划立项均为3项，获科技成果转化分别为5项和8项。获陕西省政府科技进步奖励项目分别为3件、4件（10万人专利申请数分别为8.72件和11.86件；10万人授权发明专利申请数分别为7.43件和9.73件）。同时，专利申请85件，其中发明专利申请32件，授权专利71件，其中授权发明专利28件。

2007～2008年，全区专利申请91件，居全市各县（区）之首，连续两年被评为“延安市知识产权工作先进区”。到2010年，宝塔区专利申请量3500件，授权3289件，位居全市各县区前列。

主要专利及发明人有：

任荣，1956年1月1日出生，宝塔区人，中共党员，大专文化程度，1975年6月参加工作。1994年4月至2009年4月，任延安市环保局宝塔分局副局长，2010年9月26日享受副县级待遇。

任荣在任职期间，先后获得国家实用型专利，分别为：1998年1月发明《圆锥水套锅炉》，专利编号为ZL982324375；2004年7月发明《反烧置拱背抽式消烟除尘锅炉》，专利编号为ZL20042272.X；2004年8月发明《油田钻井岩屑和油田污泥在制砖材料中的应用》，专利编号为ZL2004100730443；2005年4月发明《多功能消烟节能民用采暖炉》，专利编号为ZL200520078738.6；2009年7月发明《中型煤燃料组合物及其制备方法》，专利编号为ZL200910304285.7；2011年4月发明《使用煤粉燃烧器的焚烧炉》属于实用新型专利，专利编号为20108434.5。

尹婷，女，生于1956年4月30日，籍贯黑龙江省大庆市。1981年9月任大庆市采油工艺研究所项目组长、技术负责人、工程师。1994年12月至2010年，任大庆纽斯达采油技术开发有限公司工程师、技术负责人。她先后发明的专利有：2001年2月，发明实用新型专利《大通径套管封补加固器》，专利编号为ZL01202291.8；2002年6月，发明实用新型专利《采油井井下洗井器》，专利编号为ZL02240211.X；2003年12月，发明实用新型专利《单向流可洗井封隔器》，专利编号为ZL200320129562.3；发明实用新型专利《卡瓦丢手封隔器》，专利编号为ZL200320129563.8；发明实用新型专利《投堵式防砂卡封隔器》，专利编号为ZL200320129568.0；发明实用新型专利《外流泄压式防砂卡封隔器》，专利编号为ZL200320129564.2。

张军，1964年7月6日出生，宝塔区松树林乡人，中共党员。1983年7月参加工作，在松树林乡政府任职。1988年调入碾庄乡政府，曾任副乡长、乡党委副书记、乡人大主席职务。2002年调入区科协任副主席，2004年任协理员。他在工作之余，酷爱创新。截至2010年底他拥有以下三项发明专利：2003年6月4日发明《摩托车供暖系统》属于实用新型专利，专利编号为ZL02234230.3。2002年1月9日发明《手机防盗锁》，属于实用新型专利，专利编号为ZL00226942.2。

第五章　气象观测与防震减灾

第一节　气象观测服务

一、气象观测

气象数据采集主要采用人工观测方式进行。气象数据编发使用PC-1500计算机进行计算、编报和统计。1999年8月，开始使用微机（AHDM）进行计算、编报和统计。2003年1月1日，自动气象站正式投入运行，大部分气象数据观测实现自动化采集和传输。2003年12月1日，建成延安沙尘暴观测站，主要用于监测延安沙尘天气现象。2005年5月1日，开始生态和酸雨观测；5月15日，建成自动土壤水分站；8月1日开始自动土壤水分对比观测。2007年1月1日，延安国家基本气象站改为一级站。

二、人工影响天气

1992年，延安市成立人工影响天气领导小组，办公室设在农业局。1997年6月，归气象部门统一管理，办公室设在气象局。1999年，成立宝塔区气象局，并在区气象局设立宝塔区人工影响天气办公室，负责全区防雹增雨工作。1999年，全区有3门高炮，分别安放在姚店、临镇、冯庄。2003年，启动实施苹果主产区防雹体系建设，加大投入资金发展人影建设，不断扩大作业规模。2004年，区财政投入人影建设资金70.7万元。2005年以后每年投入都在100万元以上。实行现役高炮使用许可证制度，每年邀请省军械处、市人影办、区修械所、中天火箭公司等技术员对高炮、火箭进行年检，并对作业人员进行业务培训。至2010年，全区购置高炮、火箭28门（副），建成高标准炮（箭）库28个，建立拥有80人的防雹增雨作业队伍。2001~2010年，新增高炮作业点13个，火箭固定作业点12个，年均人工增雨防雹作业439点次。

第二节 防震减灾宣传

2003 年 8 月，宝塔区政府制定下发《关于将地震安全性评估和抗震设防要求纳入基本建设管理程序的通知》，11 月制定下发《宝塔区破坏性地震应急预案》。2008 年“5·12”汶川特大地震后，根据中央、省相关法律法规，中共宝塔区召开区委常委会研究建立全区防震减灾应急预案机制有关问题，成立由区长担任总指挥的宝塔区防震减灾应急处置指挥部，重新修订应急预案，正式制定下发《宝塔区破坏性地震应急预案》。

2000 年以后，宝塔区利用“科技之春”宣传月、科技活动周、科普宣传日等，逐年组织各乡镇、部门开展《中华人民共和国防震减灾法》《防震减灾条例》宣传活动，采取请进来、走出去的办法加强业务干部培训。

2009 年 5 月 12 日，全国首个防震减灾宣传月，区科技局减灾办在中心街、东关、北关人员聚集处设点，重点开展《中华人民共和国防震减灾法》《防震减灾条例》宣传活动，制作展板，编印宣传折页、宣传册，免费向群众发放资料 10 余万册（份）。同时，邀请市防震办专家在区科技局、北关小学、王家坪小学等学校，举办防震减灾知识报告会 6 场次，播放宣传光碟 4 场次，发放宣传单 5000 余份，培训师生 8000 余人次。

第三节 抗震设防

宝塔区根据《中华人民共和国防震减灾法》《地震安全性评价条例》《建设工程抗震设防要求管理规定》，从 2003 年 8 月起，依法将地震安全性评价和抗震设防要求纳入基本建设管理程序。程序规定，全区城镇所有新建、改建、扩建的一般建设工程，必须按照国家强制标准《中国地震动参数区划图》进行抗震设防，所有建设工程的立项、选址，均必须向防震部门申报建设场地、工程性质、规模及用途，由防震部门进行抗震设防审核，未经审核的，计划部门不得批准立项，城建部门不得批准规划，设计部门不得进行设计，施工单位不得进行施工。防震部门依法对建设工程地震安全性评价和抗震设防要求实施管理、监督和执法检查。按照《中国地震动参数区划图》的规定，宝塔区建设工程抗震设防裂度为 6 度，设计基本地震动峰值加速度为 0. 05g，设计特征周期为 0. 35S。“5·12”汶川特大地震后，按照国家规定，全区将学校、医院等人员密集场所的抗震设防等级提高一个级别，即设计基本地震加速度提高至 0. 10g。

1990～2010 年，宝塔区域内未发生灾害性地震，2008 年 5 月 12 日，四川汶川发生特大地震后，宝塔区内普遍有明显震感，人们只是受到惊吓，人员、建筑、房屋、牲畜等均未受到任何损害。

第二十八编　文化传媒

20世纪90年代初，城乡群众文化生活一度匮乏，乡镇文化站、村级文化室、机构人员名存实亡。随着改革开放，市场经济的繁荣，群众对文化知识、文化生活、文化活动的渴望日益凸显。

1995年，延安市以构建文化阵地为基础，加强公共文化服务体系建设。根据陕西省文化厅、延安市文体局的安排布置，按照“经济发展，文化先行”的工作思路，加强文化阵地设施建设，丰富文化活动载体，繁荣文艺创作，推进公益文化活动，规范文化市场经营秩序。在弘扬和创新先进文化、挖掘和培育传统文化、传承和发扬红色文化上取得突破性进展。同时，加强图书开发、阅览、利用和“非遗”保护工作。是年，《中华人民共和国体育法》《全民健身计划纲要》和《奥运争光计划纲要》颁布实施。延安市政府加强体育场地建设，增加完善体育设施、设备、器材。每年开展单位职工、干部、群众体育活动。1997年，随着国家鼓励私营经济参与文化市场经营政策放开，文化市场进一步繁荣。文艺演出、音乐茶座、歌舞厅、卡拉OK、大型电子游戏室、桌球、工艺品销售、图书报刊、音像制品零售、打字复印、文化旅游产品等专营门店进入市场。是年，全区建成乡镇有线电视站20个，小型卫星地面接转站139个。全区633个行政村实现村村通广播电视。2000年，宝塔区被陕西省人民政府授予“陕西省文化先进县（区）”称号。

2003年以后，城区KTV、音乐茶座、卡拉OK、餐饮、酒吧、棋牌室、会所等多层次、多门类、多功能的文化市场体系逐步形成。从此群众文化活动有新的发展，在创作形式与内容方面也日趋多样，质量不断提高，新作连连不断。是年，陕西省文化厅授予宝塔区农村电影放映“2131”工程达标县（区）称号。2004年，全区累计建成有线电视台33个。受益2.17万户。同年，陕西省文化厅授予宝塔区“2001~2004年度农村电影放映‘2131’工程先进集体”称号。

2005~2008年，全区累计新增网络有线用户5.46万户。2005年8月，宝塔区被国家广播电影电视总局授予“全国农村电影工作”组织奖。2006年，根据国家广电总局和文化部的安排部署，在农村实行数字化电影放映，宝塔区被列为文化部“农村实行数字化电影放映”试点县（区）之一。

2009~2010年，完成“宝塔电视台数字电视播出改造工程”，宝塔电视模拟信号传输方式转换为数字、模拟信号同时传输，保证全区有线电视用户能看到宝塔电视台节目。实现宝塔区20个乡镇广播电视“村村通”全覆盖。宝塔图书馆外建立20个图书室和流动书库、611个“农家书屋”和625个共享工程基层服务点。阅览人数逐年上升。

第一章　文　化

第一节　管理机构

1983年12月，延安市文化局改称为延安市文化文物局。1995年3月，市文化文物局、市体委合并为延安市文化体育局。1997年1月，改称宝塔区文化体育局。1997年12月，分文化体育局，设文化文物局。下辖区文化馆、图书馆、电影发行放映公司、民众剧团、文化市场稽查队5个事业单位。2002年10月，将文化、体育合并为文体事业局，内设文化体育科。

2010年11月，区文体事业局、区广播电视局合并，成立区文体广播电视局。编制13人，设局长1人、副局长3人，内设政秘科、群文科、文化体育科、文化市场科。下辖区文化馆、图书馆、广播电视中心、体育中心、文物管理所、民众剧团、文化市场综合执法大队7个事业单位。有干部职工339人（其中离退休87人），有专业技术职称118人，其中中级职称38人、助理34人。

第二节　文化单位

宝塔区文化馆　1990年，延安市文化馆为科级建制，编制16人，设馆长1人，副馆长2人。内设办公室、文艺组、美术摄影组、群文组，隶属于市文化文物局。1997年1月，改称宝塔区文化馆，馆舍面积1075.9平方米。隶属于区文化文物局，在册职工25人。1998年，在万花山乡花园头村筹备修建万花民俗文化村，2001年6月竣工。创办民俗文化农家乐25家，集吃、住、游为一体的文化旅游村，为当地群众开辟致富之路，也成为万花山旅游景点一道亮丽的风景线。

2001年3月，区文化馆多方筹措资金，在原址上修建文化综合楼，建筑面积4369.12平方米，2002年12月竣工。2003年3月，动工续建文化馆活动室，2005年竣工；建筑面积1807.42平方米，集办公、会议、展览、培训为一体的多功能活动场所；投资7万元，配备钢琴1架、数码相机1台、电脑3台、打字复印机1套、传真机1部、办公桌椅20套。同时，面向社会公开招聘剪纸、美术、书法、声乐等专业人才6人。

2008年4月，区财政投资148万元，对文化馆展室进行设计改造、装潢，建成210

平方米的非物质文化遗产展厅，收藏展出各种非物质文化遗产作品2000余件。收集、整理各类民间艺人档案360人，整理民间文学类资料，其中民间故事、民间传说、神话、民谣等正在整理归类中。申报“陕北窑洞”“陕北油糕”“陕北酒文化”“丁庄腰鼓”“木雕”“寿棺”“纳布鞋”等非物质文化遗产保护项目7个。同时与延安财经学院成立子学民俗社，会员162人，对推动“非遗”保护工作起到积极的示范作用。

2010年，区文化馆设馆长1人、副馆长2人。在册职工25人，其中高级职称2人、中级9人、初级8人，大专21人。

非物质文化遗产保护中心　2009年，成立非物质文化遗产保护中心，与区文化馆为两块牌子、一套人马。设主任1人（由文化馆长兼任），工作人员7人。建立文本档案、电子照片、音像和实物档案16个门类、121个种类。造册登记艺术人才750人。为迎接国家、省、市对非物质文化遗产保护工作的检查验收，3月投资2万元装修“非遗”展室，布置非物质文化遗产实物展，展出作品3000余件（幅）。4月通过市级非物质文化遗产检查验收，5月通过省级专家验收。11月13日，省政协委员、专家代表一行及市、区领导在区“非遗”展馆调研。座谈会上，专家、领导对宝塔区重视保护“非遗”工作给予肯定。

同年，成功申报国家级的保护名录2项（陕北窑洞建筑技艺、花木兰的传说故事）。整理出申报国家级的宝塔剪纸、陕北婚俗、席编技艺、陕北技艺、陕北丧俗、青化寺庙会、清凉山庙会、棺材雕刻艺术8个名录文本，完成申报的前期准备工作；省级保护名录2项（陕北窑洞建筑技艺、花木兰的传说故事）；市级保护名录2项；区级保护名录45项。

2010年6月，“非遗”中心利用文化遗产日举办文艺演出、图片展览、资料宣传等多种宣传活动。同时，公布宝塔区第一批非物质文化遗产名录50项。申报市级名录12项，传承人4名。举办各类辅导班116场次，讲座4次，展览11次。开展社区群众文化团队活动109次。组织各类文艺活动29次，受益群众约10万人次。

文化站　1990~1996年，全市24个乡镇有乡镇文化站21个，村级文化室18个。由于受文化市场开放的冲击，乡镇文化站、村级文化室几乎没有业务。1997年，20个乡镇有文化站3个，村级文化室3个。

2008年，市、区投资187万元，建成枣园镇文化活动中心1个，广场占地面积1500平方米，建筑面积842平方米。建成临镇镇文化活动中心1个，广场占地面积1200平方米，建筑面积560平方米。同时，给两镇文化中心配备文体器材780套（件），图书5万余册。

2009年，建成元龙寺乡综合文化站。国家新闻出版总署支援建成“农家书屋”14家。投资20万元，建成文化信息资源共享工程村级服务点100个。

2010年，建成姚店、柳林、桥沟镇综合文化站各1个，配备文体等器材1320套（件）；各类图书10万余册。为城区10个社区配备文体健身器械820套（件）。剩余15个乡镇综合文化站建设已完成建设前期手续办理，正在筹建。累计建成高标准“农家书屋”220个。

2010年，宝塔城区有体育场1个、儿童公园1个、凤凰山森林公园1个、西北川公园 1 个、文化艺术中心广场 1 个，另有王家坪纪念馆广场、兰家坪胜利广场、延安大桥西头广场、解放剧院广场、丽融广场、南桥头广场、火车站广场等。各乡镇有文化艺术广场 21 处，行政村有文化广场 30 处，总面积 3.24 万平方米。

第三节　群众文化

宝塔区每年由文化馆组织专业人士和全体工作人员深入基层开展“文化三下乡”（送文化、送科技、送卫生）活动，春节为基层群众义写春联，分别在“五一”“七一”“十一”组织大型庆祝活动。群众的春节文化活动主要以企业、单位、学校、社区、村民组成的秧歌队，从正月初四开始上街表演，到正月十六结束。

20 世纪 90 年代，历年举办的春节文化活动，除秧歌、旱船之类外，还有传统形式的转九曲、赛花灯、放焰火等。延安市政府每年正月十五日举办秧歌汇演。秧歌队从南桥出发沿南关街到南门坡丽融广场主席台表演，再沿中心街到北关街西沟口结束。秧歌队方阵有木兰鼓、兰花花舞、牡丹舞、延安颂、丁庄女子腰鼓队 12 支等。每个方阵由 80～120 人组成，演出人员多达 1000 人以上，并进行评比设奖。

1997 年，举办“迎香港回归，庆七一”区直部门单位、乡镇大型歌咏比赛。1998 年组织 30 所中小学校在延安大礼堂举办“校园文艺调演”活动。同时举办广场调演、农民文艺调演、消夏文艺调演、民歌大赛、卡拉 OK 大赛、陕北道情、陕北说书大赛等活动。1999 年，全区举办庆祝建国 50 周年和澳门回归祖国少儿书画、音乐、文艺、美术等比赛活动 20 场次。另外，还有城区各大广场群众喜闻乐见的自编自演的小品、说唱等多形式的娱乐活动。2000 年以后，群众文化活动更有新的发展，在创作形式与内容方面也日趋多样，质量不断提高。

2005 年，舞蹈《木兰出征》《兰花花》在陕西省舞蹈大赛中，分别荣获一等奖、二等奖。2006 年，区文化馆在全市文化馆（站）业务大赛中获全市第一，文化馆获综合一等奖，获个人一等奖 6 人、二等奖 7 人、三等奖 4 人、特别奖 2 人。同时，选送参加陕西省举办的全省少儿民歌大赛获新苗奖 1 人，优秀奖 1 人。选送艺术类 52 人的作品 140 件，参加延安市首届农民艺术节，获农民文化论坛一等奖 1 个，书法二等奖 1 个。

2007 年，宝塔区在延安市举办的首届陕北道情大赛中获二等奖 2 个，三等奖 2 个，组织奖 1 个，表演奖 1 个。选送舞蹈、小品、书法、摄影等作品 15 件（幅）参加陕西省首届“群星奖”大赛。获创作奖 4 人，表演奖 3 人，入选奖 3 人。同时文化馆组织业务干部 6 人义务为陕西省第六届农运会开幕式创作编排 400 人广场舞蹈获得好评。小戏剧本《乡土恋》在全市第四届小戏调演赛中获一等奖。创作《美死了》《乡村小酒楼》《宝塔颂》演出歌剧音乐分别获奖。

2008 年，选送 23 幅摄影、美术作品，参加延安市文化局、市文化馆举办的纪念毛泽东“5·23”讲话发表 66 周年书法、摄影、美术大赛。获一等奖 3 个、二等奖 3 个、三等奖 1 个。举办“庆七一、迎奥运”弘扬延安精神、加强作风建设千人专题大合唱，参赛单位 12 个，1200 多人参加，演唱歌曲 26 首。春节期间，组织书法人员上街为群众义写春联 5 次。5 月，选送少儿书画作品 146 件，参加陕西省文化厅举办的全省书画大赛活动，书法类获一等奖2人、二等奖2人、三等奖13人；绘画类获一等奖1人、二等奖8人、三等奖14人、优秀奖8人。区文化馆获优秀组织奖，业务组织获先进工作者奖。举办暑期中小学生书画、绘画培训班，累计参加培训少儿320人次。

2010年，举办“陕北民歌大家唱”演唱会11场。7月承办陕西省第二届民歌大赛宝塔区选拔赛，126人参赛，向市上推荐20人。9月，选送的20人在延安市举办的陕西省第二届陕北民歌大赛中，常燕妮获一等奖，高丽获三等奖，18人获优秀奖。最终5人进入省级赛，获陕北民歌“十大歌手”称号1人，三等奖1人。区文化馆创作的小戏《乡土恋》在中国戏剧家协会主办的第二届中国江南文化节、沙家浜戏剧奖小戏小品大赛中获优秀剧目二等奖。组织220人参加陕西省“三秦少儿书画”大赛，获一等奖22人、二等奖13人、三等奖15人，其余均获优秀奖。书法干部艾振华获优秀辅导奖，区文化馆获优秀组织奖。

第四节　文化市场

一、市场形成

随着改革开放、国民经济的发展，人民群众对文化活动的需求日益凸显。旧有的民间业余演出各种活动及文化娱乐被大众舞厅、酒吧、老年人娱乐活动室、网吧等娱乐形式所替代。书刊、音像制品由各门市部代销，向专营店发展。文化市场的繁荣，丰富了广大人民群众的精神文化生活，为地方经济发展、解决就业人口等方面起到重要作用。

1989年起，文化市场主要以文化事业单位兴办的录像室、歌舞厅、电子游戏室、音像制品出租、录音磁带销售为主体。

1990~1996年，全市有各类文化经营场所219家，其中歌舞厅、卡拉OK厅41家，电子游戏机室45家，台球室69家，音像制品经营店30家，书报刊经营34家。1997年，国家鼓励私营经济参与文化市场经营政策放开，文化市场进一步繁荣，文艺演出、音乐茶座、歌舞厅、卡拉OK、大型电子游戏室、桌球、工艺品销售、图书报刊零售、打字复印、文化旅游产品等专营门店进入市场。2003年起，KTV、音乐茶座、卡拉OK、餐饮、酒吧等多层次、多门类、多功能的文化市场体系逐步形成。

2010年，全区有文化场所402家。其中，网吧43家，音像制品销售店40家，印刷厂10家，书店70家，打字复印65家，报刊亭40家，台球室8家，棋牌室77家，歌舞娱乐场所49家。

二、市场稽查机构

1986年6月，延安市成立社会文化管理委员会办公室，是全民事业财政拨款单位，隶属于文化行政管理部门。1994年，撤销延安市文化管理委员会，成立文化市场稽查队，人员为临时抽调和兼职组成。1997年1月，改称宝塔区文化市场稽查队，股级建制，编制8人。设队长1人、副队长1人，隶属于区文化文物局。2010年11月，宝塔区文化市场稽查队更名为宝塔区文化市场综合执法大队。副科级建制，编制13人，设队长1人、副队长2人，主要负责文化市场的监督、检查。同时成立由分管副区长任主任，文体、公安、工商等职能部门和有关乡、镇、街道办事处为成员的宝塔区文化市场管理委员会，对文化市场管理进行宏观指导，综合协调、检查监督。办公室设在区文体广播电视局。

三、市场监管

1990~1996年，延安市对文化市场的监督管理依靠市文化管理委员会临时抽调相关部门、单位人员参与监管、检查。累计检查20余次，检查各类文化经营场所654家。其中，歌舞厅72家，卡拉OK厅47家，电子游戏室86家，台球室53家，音像制品经营店68家。对违规违法经营户进行处罚，罚款24家、32400元；限期整改16家，停业整顿12家，关闭取缔26家。1997年，出动稽查管理人员320人次，检查各类文化经营场所108家次。处罚违法经营户16家，收缴非法音像制品3900余件、非法图书1300余册、非法电子游戏电路板93块，处罚5960元。1998年，区文化局在全区开展印刷行业清理整顿规范检查工作，对不符合《印刷业管理条例》规定的资质企业发放整改通知书10家。对16户进行压缩整合，为合格的10家个体企业核发印刷业许可证。

1999年，文化、公安、工商等部门联合执法，对宝塔城区28家电子游戏经营场所展开拉网式检查。全区出动稽查人员540人次，取缔无证经营16家，吊销许可证8家。2000年，全区关闭电子游戏经营场所27家，保留1家。整顿结束后，对电子游戏经营场所资质审查，向社会公示，接受群众监督。通过两次整顿，违法违规现象得到遏制，社会反响明显好转。同时，配合市级文化部门开展网吧和教辅读物、卡通书等出版物、音像、演出等市场整治工作。历年坚持开展“扫黄”“打非”行动。

2001~2009年，稽查队采取各种形式进行法规宣传教育，先后在经营户中举办《娱乐场所管理条例》《音像制品管理条例》《印刷业管理条例》《陕西省文化市场管理条例》《互联网上网服务营业场所管理条例》等法规培训班72期，培训经营人员6120人次。使经营者学法、懂法、守法、用法。端正经营行为，守法经营。组织开展以“保护知识产权，规范文化市场”为主题的法制宣传活动。加强日常管理与专项整治相结合。累计出动稽查人员3500余人次，检查经营单位近900家次。受理举报30余件，查处各类案件268件。收缴非法物品4万多件（其中非法音像制品3万余盒、非法图书1万余册、其他非法物品300余件）。对违规个体行政处罚警告81家，罚款2万余元。

2010年，文化市场综合执法大队联合公安、工商、教育等部门对文化市场专项检查86次，抽调人员3500人次。对违法违规经营户实施行政处罚、警告81家，罚款3万余元。收缴非法影碟，集中销毁5.7万余张，盗版图书3万余册。查处各类案件320余件，非法电子游戏电路板15.47万件（块）。收缴盗版DVD音像制品压缩碟2900余盘，盗版音像制品3000余盘，非法电脑软件1000余盘；取缔非法经营盗版音像制品游商4个，收缴非法音像制品500盘；查缴淫秽色情“口袋本”图书，盗版教辅读物1250册。对休闲娱乐场所限期整改66家，停业整顿24家，取缔黑网吧63家，收缴电玩游戏赌博机138台。

第二章　文学艺术

第一节　文学创作

20 世纪 90 年代，由市文化馆董正武拍摄画册《今日延安》，在地、市举办的展览会上展出画册《壮丽的画卷》，在“三省八区”举办大型展览。

2000 年，临镇镇石村村民牛文瑞主编的《石村诗歌集》正式出版，《石村大事记》《石村人物集》《石村文化史》《石村书画集》等相继问世。

2002 年 10 月，区党史办编著《宝塔区大事记》，其中摄影作品由郭海军、董正武、姜东拍摄。

2003 年，区委组织部编著《宝塔山下党旗红》画册，图片由区文化馆董正武、韩延龙、郭海军拍摄。周正雨创作长篇小说《蓝天下的高原》。2004 年，李玉胜、郝宪润共同创作歌颂人民的好干部——安全同志剧本《安全》，该剧本共分 6 场，2 万多字。2005 年，聘请市歌舞团于志明对《安全》剧本进行改编，于 6 月底完成《安全》剧本的创作工作。同年，出版《宝塔区书画作品集》。樊永刚创作的歌曲《哦，我的西部》荣获 2004 年度陕西省“五个一工程”奖，2005 年由内蒙古人民出版社出版发行《人生》续集——长篇小说《乾坤湾》。

2006 年 3 月 2 日至 4 月 22 日，由宝塔区文联组织作协会员深入贯屯乡，了解和掌握刘易同志的先进事迹，先后创作剧本《山魂》、报告文学《铸存在大山里的英魂》、长篇朗诵诗《刘易之歌》。同年，刘建平创作的歌曲《山川秀美好风光》荣获陕西省“五个一工程”优秀奖；付鹏飞的散文集《走出象牙塔》，由香港金版文化出版社出版发行，并获陕西省“群星”奖；于志明创作完成大型歌剧《兰花花传奇》；牛兆兴主编民间文学杂志《蓝花花》；郭海军拍摄《透过镜头》画册等出版；12 月，由区政协编著的《西延铁路建设集锦》出版。

2007 年，由李玉胜主编，宝塔区文联工作人员参与编纂，出版《人民的好医生——刘易》。宝塔区文联主席李玉胜的散文作品《林渠》荣获中国当代散文奖，被录入中国散文名家作品集，李玉胜入选中国百名散文名人词条。同年，张金平创作的电影剧本《一路上有你》获得由国家广电总局电影局、国家广电总局电影剧本中心、夏衍电影学会共同举办的“夏衍杯”优秀电影剧本征集政府采购电影剧本奖、国家一级奖。

2008 年，牛兆兴主编的第二期民间文学杂志《蓝花花》正式出版。市群艺馆编著《延安群众文化丛书》等问世。芦晓莉的《农村文化发展思考》、乔明山的《浅谈书法学习的几个方面》、刘靖的《陕北秧歌》、常英丽的《浅谈陕西传统刺绣》、苗宝平的《论戏曲表演的程式性》、郭海军的《追溯蓝花》等7位同志的论文均被收录在《延安群艺馆文化艺术丛书·论文集》。12月，区政协编著的《延安游击队纪实》出版。同年，区文化馆有四篇论文选送省上参加"全省非物质文化遗产保护高峰论坛"。同年，高安侠获得中国散文学会"复兴之路"征文一等奖。2009年，散文集《辽阔的蓝》获得第三届"中华铁人文学奖"。同年，获陕西省散文大奖赛二等奖。作品曾被收入太白文艺出版社出版的《陕西女作家精品选》（散文卷）。

2010年，曹伯涛创作4首新民歌：《乾坤湾》《百年老矿》《女娃担水》《花木兰·延安娃》。创作小戏《乡土恋》。樊永刚长篇小说《兰花花》于2010年4月由作家出版社出版，全书分上、中、下三部六卷，共135万字。同年，张金平入选陕西省委宣传部"四个一批"人才。

2003～2010年宝塔区文学创作一览表

表28-2-1

作者	载体	作品名称	创作年份	出版社
周正雨	长篇小说	《蓝天下的高原》	2003	—
李玉胜 郝宪润	剧本	《安全》	2004	—
李玉胜 郝宪润	作品集	《宝塔区书画作品集》	2005	—
区文联	剧本	《山魂》	2006	—
	报告文学	《铸存在大山里的英魂》	2006	—
	朗诵诗	《刘易之歌》	2006	—
刘建平	歌曲	《山川秀美好风光》	2006	—
于志明	剧本	《兰花花传奇》	2006	—
李玉胜	—	《林渠》《人民的好医生——刘易》	2007	—
	散文集	《村口有条河》	—	—
		《生命放歌》	2006	—
	文学集	《厚土荡歌》	2010	—
张金平	电视短剧	《误诊》《代价》《抢亲》等30多部	2007	—
	电视剧剧本	《黄土医魂》	2008	—
	电影剧本	《人民歌手——李有源》	2008	—
	中篇小说	《黑山羊》	2008	华文出版社
李玉胜 张金平	报告文学	《水到渠自成》 《绵土沟和谐大搬迁》	2008	—

续表

作者	载体	作品名称	创作年份	出版社
杨　明	杂文	《谈人论道》	2008	中国文化出版社
加　璐	电视短剧	《婆婆也是娘》《一路走来》《给大地的承诺》《给大自然疗伤》等6部	2008	—
王新江	散文集	《生命状态》《西欧掠影》《南区十三年》	2008	—
付鹏飞	散文	《走出象牙塔》	2006	—
高安侠	散文集	《辽阔的蓝》《升沉不过一秋风》《行走大地》《夏天的记忆》《走过青春》《心灵驿站》《高天厚土》	2006	百花文艺、甘肃文艺、贵州文艺出版社
高惊涛	诗集	《我没有忘记》 《默默地爱你》	2004 2006	中国文史出版社
王雪峰	诗歌	《我是黄土地上唱响的一支民谣》	2006	—
	散文	《农家韭菜香》	—	—
	散文	《母亲的业余生活》	—	陕西作家协会月刊
	文集	《放手的天空》	2006	大众文艺出版社
曹荣钦	散文	《有雪的季节》 《沙漠海》	2009	三秦出版社、中国文化出版社
田雨生	散文	《北望》	2007	中国文联出版社
张凡华	散文	《山翁闲吟》	2006	中国文史出版社
樊永刚	歌曲	《哦，我的西部》	2004	—
	长篇小说	《乾坤湾》	2005	内蒙古人民出版社
	长篇小说	《兰花花》	2010	作家出版社
王骑虎	诗集	《奔跑的树叶》	2006	中国文史出版社
	诗集	《血的潮汐》	2006	
延斌伦	散文集	《把星星散在路上》	2005	作家出版社
李泽斌	散文集	《白鸽向着太阳飞》	2007	作家出版社

续表

作者	载体	作品名称	创作年份	出版社
雷元富	散文集	《情洒南泥湾》	2007	海天出版社
许护林	诗集	《春到延安》	2007	太白文艺出版社
王彦春	文集	《宝塔山上看延安》	2010	—
		《名胜聚集凤凰山》	2010	—
		《延安清凉碑文墨迹》	2010	—
石亚丽	—	《秋雨如歌》	2006	—
孙文芳	—	《光阴》《风中的歌者》	2006	—
党　鹏	—	《鸟儿栖息在水库》	2006	—
郝宪润	—	《红枣林》	2006	—
任兴华	—	《心灵深处的纪念堂》	2006	—
李占昌	—	《黄土文学卷》《陕西民俗》《岁月印痕》	2006	—
孙文珍	—	《握住秋风》	2006	—
乔明山	—	《乔明山个人书画集》	2006	—
梁　丰	—	《梁丰个人书画集》	2006	—
艾绍开	—	《艾绍开个人书画集》	2006	—

第二节　文艺活动

20 世纪 90 年代，延安市群众的文艺活动多以春节文化活动为主。2002 年，宝塔区文联成立后，有组织地引导开展文艺活动，创作形式与内容日趋多样。

2003 年，宝塔区文联通过对全区文学艺术人才摸底、整编，汇编《宝塔区名家作品目录》。12 月 13～14 日，宝塔区文联组织各协会名家到安塞开展艺术采风和文化交流活动。22 日，举办宝塔区第一届书画展，参展作品 160 多幅。

2004 年 7 月 1 日，举办“宝塔杯”艺术作品大赛。作品分为散文、小说、诗歌、戏剧、小品、相声、快板、陕北说书、电视音乐剧本等。大赛选出一批艺术人才，挖掘出一批艺术新人，带动一批艺术爱好者；7 月 22 日至 8 月 6 日，宝塔区书画名家赴甘肃、青海、内蒙古、宁夏、新疆开展采风和对外交流活动；9～11 月，举办“庆祝建国 55 周年”有奖征文活动；通过征文活动激发文学艺术爱好者的创作热情，推动宝塔区文学艺术事业进一步发展；11 月 12 日，宝塔区文联和宝塔区书画家协会共同开展“关爱蓓蕾，培养新苗”艺术家进校园活动。2005 年 4 月 22 日，宝塔区书画家协会与延安干部学院的部分学员开展书画交流活动；5 月 1～6 日，组织“德艺双馨”文艺工作者赴榆林、宁夏、甘肃开展采风活动。

2006年4月16日，区书画家协会与榆林市书法协会开展区域文化交流活动；5月10日，区文联与宝塔区纪检委共同开展“倡廉杯 ”征文大奖赛活动；5月20~30日，区文联组织宝塔区书画名家一行到新疆、甘肃外出采风交流；9月8日，区文联组织宝塔区书画名家参加纪念红军长征胜利七十周年书画展；11月2~18日，宝塔区文联组织部分艺术家和先进工作者到山西采风，并与山西省太原市文联进行书画交流。2007年6月18日，宝塔区作家协会的名家与临镇农民作家开展结对子活动；10月，宝塔区文联与宝塔区纪检委共同举办学习中共十七大精神“廉政”书画展。

2008年5月25日，宝塔区文联在东关解放剧院广场举行宝塔区文学艺术界联合会向汶川地震灾区大型义写、义演、义卖活动，仅两个多小时义卖和募捐所得善款16607.5元；10月16~22日，宝塔区文联组织文学艺术先进工作者赴东北地区采风，学习借鉴“东北黑土文化”的经验，并与大庆市萨尔图区文联进行经验交流，丰富和发展区域文化。2009年，宝塔区文联组织书画家协会、根雕艺术家协会等，举办庆祝中华人民共和国成立六十周年暨宝塔区第二届书画、摄影、根雕艺术展，受到社会各界的好评。组织全体干部职工到安塞学习先进经验，到“四八”烈士陵园缅怀革命先烈，在枣园《为人民服务》台前重温入党誓词。组织参加“科学发展在身边”演讲比赛和大型爱国主义诗歌朗诵会——“思念”。2009年10月16日，组织宝塔区作家协会理事以上会员到临镇任家塬村开展与农民作家结对子送书活动，并到宜川蟒头山进行采风，激发创作热情。

2010年1月24日，宝塔区书画家协会名家18人在宝塔区官庄乡开展大型春联义写活动；4月28日，宝塔区文联与工会、团委、妇联共同组织开展“咏颂青春”演讲比赛；5月8日，宝塔区文联与延安市文联、延安市作家协会、延安大学校友会共同举办“忽培元创作研讨会”；5月21日，梁丰在市老干局活动室举办“梁丰个人书画展”；5月22日，宝塔区文联与南京大学非物质文化研究所在延安成功举办中国剪纸高级研修班；9月16日，宝塔区作家协会组织会员到子长县龙虎山风景区开展采风活动，参观新农村建设示范点和小城镇建设活动，激发会员的创作热情。

第三节　文艺组织

宝塔区文学艺术界联合会　2002年10月16日，成立宝塔区文学艺术界联合会。属群团组织，事业单位。科级建制，编制5人，设主席1人、副主席1人。内设办公室、组联部、创联部。2004年5月19日，宝塔区第一届文代会召开。选举产生宝塔区文联第一届组织领导机构，李玉胜当选为文联主席，杨明当选为文联副主席，牛志强当选为秘书长。通过宝塔区文联《章程》，并对书画家协会、作家协会、根雕艺术家协会进行换届工作。各协会的成立为繁荣和发展宝塔区文学艺术事业奠定基础。2010年，区文联有编制5人，实有7人，设主席1人，副主席2人。内设办公室、组联部、创联部。

宝塔区书画家协会　2001年4月成立，有会员60人，乔明山当选为协会主席。先后组织会员到全国各地采风6次，完成作品200幅。举办作品展13次。结集出版《艾绍开个人书画集》。其中，作品楷书、隶书、行书在北京、河南、榆林、山东展出作品180余幅。2008年4月，冯骏社当选协会主席。2010年有会员50人，理事20人。

宝塔区作家协会　2003年9月成立，有会员108人，李玉胜当选为协会主席。先后组织会员到全国各地采风8次，创作文学作品30余篇。创办《宝塔山》杂志，至2010年底出版32期。结集出版《黑山羊》《血的潮汐》《奔跑的树叶》《生命放歌》《厚土荡歌》《本色》等作品50余部。2009年6月，刘建平当选协会主席。2010年，有会员90人，理事5人。

宝塔区音乐戏剧舞蹈家协会　2003年成立，有会员76人，苗宝平当选为协会主席。2010年有会员80人，理事13人。先后创作《兄妹造林》《王二村长》《检查检查》《酷情》《四月槐花香》《延河》《乡医刘易》等8部；创作小戏有《牵牛记》《家庭枪声》《抬轿》《镢头歌》等10余部；创作小品有《回家过年》《咱爸咱妈》《同桌的你》《栽葱卖蒜》《抓住不放》等；舞蹈《大西部》《征战艺术》等6个；声乐《美死了》《农家小酒楼》等100余部。

宝塔区根雕艺术家协会　2004年4月成立，有会员49人，梁丰当选为协会主席。先后组织会员到全国各地采风15次，完成作品3000幅。举办作品展5次，展出作品《凤鸣岐山》《世纪龙》《鲲鹏展翅》等60幅。2010年有会员40人，理事13人。

第四节　文艺刊物

《宝塔山》文艺季刊　2003年4月9日，《宝塔山》文艺季刊创刊。刊名由陕西省文联主席李若冰题写。《宝塔山》文艺季刊社长雷元富（原宝塔区委宣传部部长）、顾问曹谷溪（原《延安文学》杂志社主编）、主编李玉胜（宝塔区文联主席）。2005年2月7日，《宝塔山》文艺季刊被列入财政预算，每年预算办刊经费为8万元，保证刊物的正常出版。3月，《宝塔山》文艺季刊由原来的80个页码增加到120个页码，聘请李志忠（原《延安日报》美编）为美编。2006年7月25日，宝塔区文联主席李玉胜参加全市办刊经验交流大会，代表宝塔区文联作了题为“坚持先进文化前进方向，努力办好《宝塔山》文艺季刊”的经验介绍。2007年4月16日，召开宝塔区作家协会会员培训工作会议，对《宝塔山》文艺季刊的办刊工作广泛征求意见。9月，杨树栋任《宝塔山》文艺季刊社长，聘请宝塔区文化馆副馆长郭海军为《宝塔山》文艺季刊图片总监。对《宝塔山》文艺季刊进行改版设计，增加非物质文化遗产内容，突出民俗特色，打造全省县区一流刊物。2009年4月1日，《宝塔山》文艺季刊获陕西省内部资料性出版物准印证。2010年底，《宝塔山》文艺季刊共出版32期；《宝塔山》文艺季刊有小说方阵、散文天地、诗歌长廊、名川纪实、地方文艺、时政论坛、校园文化、海外拾贝、新人新作、特稿专栏等17个栏目；先后刊登小说128部、散文260篇、诗歌322首。在《宝塔山》文艺季刊推出文学艺术新人64人，为广大文艺爱好者提供展示才华的平台，也为进一步繁荣全区文学艺术事业起到重要作用。

《蓝花花》民间文学杂志　20世纪80年代末90年代初，延安市临镇石村文化室，本村青年干部7人自筹资金，创办一张文学油印时报《黄土地》月报，每年12期，出版 120 期，得到社会的关注。同年，成立“汾川河文学社”，社长牛兆兴，副社长尹永贵，社员遍布于汾川河流域沿岸村庄（南川）。临镇古称临真，是历史文化重镇。汉高祖二年（公元前 205 年），设定阳郡、定阳县、临真县、真川县、红泉县、固临县、红宜县、垦区县。曾经是 359 旅屯垦之地，陕北鲁艺文人经常来这里采风，文化氛围浓厚。陕北民歌《兰花花》《南泥湾》就诞生在这块土地上。2004 年，地方文人及各界人士提出将《黄土地》小报更名为《蓝花花》民间文学杂志。2006 年，《蓝花花》民间文学杂志创刊，得到社会的关注和好评。到 2010 年，《蓝花花》民间文学杂志创刊发行 3 期。

第五节　工艺美术

1990 年，宝塔区工艺美术公司产品主要品种有剪纸、石雕印章、石雕砚台、革命旧址石雕、机绣等产品 10 多个，有职工 98 人，固定资产 28.15 万元，产值 2.8 万元。1991 年产值 31 万元，1992 年 37 万元，1993 年 64 万元，1994 年产值 227 万元。1991 年销售收入 31 万元，税金 2 万元，利润 1 万元。其中，延安市荟萃厂占地 4500 平方米，建筑面积 2500 平方米，有职工 86 人，产品有棉絮画、石膏工艺品、毛绣、布堆画、剪纸、农民画等 6 大类，远销美国、日本等国，“棉絮画虎”获西安工艺美术展览一等奖。1990 年产值 16 万元，1991 年产值 22 万元，1992 年 25 万元，1993 年 16 万元，1994 年产值 50 万元，利税 3.86 万元。1995 年停产。

宝塔区民间工艺作品丰富，种类有窗花、炕壁画、窑顶花、家什剪贴花、神龛剪纸、婚褛剪纸和配饰花样等。形式有双葫芦、砖包城、锯齿齿、椒刺刺、狗牙牙、蛇抱九颗蛋、星光纹、月牙纹、云儿纹。传统题材有牛、马、羊、猪、鸡、犬、花鸟、狮虎走兽、鹿、鹤、麒麟、喜鹊、凤凰等。1990 年，创作《鹿鹤同春》作品 4 幅、《人文初祖》40 幅、《十二生肖》12 幅、《杜康酿酒》剪纸 4 幅。1991 年，创作《七子团圆》剪纸等 13 幅、《人文初祖》54 幅、《划拳吉语》等 74 幅。1990～1993 年，创作《春耕》《边区的太阳》《风雨吉祥》《人文初祖》《巨龙》等数百幅剪纸，在《人民日报》《中国美术报》《中国日报》《中国文化报》、台湾《民俗曲艺》《正隆月刊》等 100 多家报刊发表。

第三章　戏剧　电影

第一节　戏　剧

一、剧种曲目

（一）剧种

延安流传的传统剧种主要有秦腔、眉户、蒲剧、豫剧、道情、秧歌剧等。秧歌剧是陕甘宁边区新文艺运动的产物，流传于延安、绥德一带。流传在延安的剧目有《天仙配》《春秋配》《铡美案》《梁山伯与祝英台》《窦娥冤》《打金枝》《张良卖布》等80多部。20世纪90年代，主要创作的剧目有现代剧、舞蹈、歌剧、小戏、民歌剧等。

（二）曲目

陕北说书是流传于延安、榆林两地区的一种民间曲艺形式。过去多以单人演唱，所用乐器可分琵琶、三弦两种。以琵琶为演奏乐器的传统流传于延长、延川、宜川、子长等县；以三弦为演奏乐器流传延安、安塞、甘泉一带和榆林地区的部分县。演唱时伴奏乐器有蚂蚱蚱、甩板、小镲、惊堂木等。20世纪80年代末，陕北说书已由单人说唱发展为二人说唱和多人说唱。著名的有韩启祥（单人）、张俊功（多人说唱）等。2000年以后，宝塔区的说书艺人代表有曹伯炎、甄三梅夫妻对说。传统书目（曲目）有《刮大风》《大脚娘》《小两口抬水》《两头忙》《张八剃头发》《珍珠倒卷帘》《宗保表功》《回龙传》《张芙蓉闹书馆》《黑对头》《酒色财气》等70余部。现代书目（曲目）有《知青和咱心连心》《说非遗》《说消防》《战油田》《抗洪抢险献爱心》《新区新气象》等100余部。民间说书更是百花齐放、形式多样。

二、剧团

1990年，延安县民众剧团有演职人员52人。1997年1月，改称宝塔区民众剧团，为事业单位，正科级建制。2010年，有编制53人，实有职工72人，离退休22人。有固定资产总值102万元，占地面积4391.8平方米，建筑面积8483平方米。驻地西市路一号院。

1990年后，剧团从抓改革入手，建立各种规章制度，经过整顿，借鉴姊妹艺术，一方面继承传统保留优秀古典剧外，移植剧目100多个。另一方面积极创新、搜集、改编舞蹈、小品。先后推出新创作，现代戏剧目有《延水长》《奠基礼》《延水奔流》《红缨枪》《扁担歌》《纺车转》《松树湾》《开山镢》《山水缘》《赶路》《喜娃娶亲》《卖蛋》《邻居》《兄妹造林》《王二村长》《家庭枪声》《牵牛记》《栽葱卖蒜》《不速之客》《抬轿》《检查检查》《酷情》《四月槐花香》；舞蹈有《木兰出征》《陕北汉》《征战艺术》《走西口》《火红青春》《和谐大家园》。不断增强文艺为社会服务的理念，加大财政投入，积极推动首创精神等。之后新作连连不断。

2005 年，创作陕北民歌剧《情系纸房沟》，融思想性与艺术性为一体，在延安 13 个县区重点企事业单位巡回演出，得到观众的一致好评。

2007 年，创作大型民歌剧《乡医刘易》，在市、区各单位、厂矿巡回演出 80 场次，观众多达 40 万人次。剧中质朴动听、富有情感的陕北民歌，将剧中主人公的精神世界展现给观众，带给观众内心的震撼。

2008 年 10 月 25 日，《乡医刘易》参加陕西省第五届艺术节汇报演出，获多项大奖。

2009 年，剧团演出 68 场，创作小戏《镢头歌》，小品《暖风吹进农家乐》《挡路》《巧遇》《收贷款》4 个；舞蹈《大西部》《征战艺术》《大把把的辫子》《开场秧歌》《南泥湾》《十送红军》6 个；声乐《美死了》《农家小酒楼》《大西部》3 个。演出文艺晚会 4 场，送戏下乡民歌演出 3 场，受到各界群众和各级领导的好评。参加延安市举办的小戏调演，荣获大奖 3 个、一等奖 4 个、二等奖 5 个、其他奖 5 个。《延安日报》曾整版刊登小戏调演情况。民歌剧《乡医刘易》为延安市卫生局、卫生部领导演出 2 场，得到领导好评。曾赴兰州和北京演出多场。

2010 年，创作舞蹈《欢腾》《啊 77》《卓玛》《征战艺术》《沸腾的黄土地》；小品《雨夜》《中秋节》；声乐作品《信天游再唱东方红》《圪梁梁》《妹子再好是人家的人》等。1 月，歌剧《乡医刘易》剧赴京演出，获得卫生部高度评价，并与卫生部达成全国巡演协议，先后受邀在陕西礼泉、甘肃兰州等地对外演出 35 场；4 月，选送的《夫妻识字》小戏参加新加坡国际音乐舞蹈大赛，获导演金奖、组织金奖两项国际大奖；新创作的《乡土恋》小品，在 5 月 29 日中国戏剧家协会主办的常熟首届全国“沙家浜戏剧奖”小戏小品大赛中，作为陕西省唯一参赛作品，赢得专家、评委、广大观众的好评，荣获国家级综合演出二等奖；6 月 21 日开始，组织相关部门举办“消夏晚会”12 场；7 月上旬与区计生局联合举办“计生专场文艺晚会”；7 月 28~31 日，成功举办陕西省第二届陕北民歌大奖赛（宝塔区选拔赛），经过激烈角逐，最终为市上选拔 15 名优秀歌手，其中杜玉富获全市二等奖。8 月 18 日，赴志丹县参加陕西省第二届小戏小品大赛，获优秀剧目奖、导演奖、作曲奖、组织奖、舞美奖及优秀表演奖；9 月上旬，参加宜川县举办陕西省第二届小戏小品大赛，获优秀剧目、优秀表演、优秀导演奖；9 月 27 日，组织剧团全体演职人员赴蟠龙采油厂油区一线慰问演出；12 月下旬，为柳林镇精心打造“山地苹果文艺晚会”演出，使宝塔区山地苹果的品牌效益得到提升；剧团与延安电视台联合筹办全市人防、纪检、工商、税务系统大型文艺晚会 4 场。

第二节 电 影

一、放映管理机构

1975 年 8 月，成立延安市电影管理站。1980 年，改名为延安市电影发行放映公司。1987 年发行 483 个拷贝。1990 年，延安市电影发行放映公司有职工 16 人。由于受电视的冲击，电影行业滑坡，一度人员闲置，几乎停业。1997年1月，改称宝塔区电影发行放映公司，隶属于区文化体育局，为自收自支的事业单位。2007年1月，成立延安市农村数字电影有限公司宝塔区服务站。2009年3月，区电影发行放映公司并入区广播电视局（编制13人，实有16人）。

二、影剧院

（一）延安电影院（原名影剧院）

位于北大街凤凰山东脚。1953年筹建，1956年落成开业，原由延安市（县）管理。1985年10月15日起，延安影剧院因危房停业到1986年12月重建后开业。业务由延安地区电影发行放映公司负责，行政归市文化文物局管理。总面积1272平方米，内设座席987个。2005年，因旧城改造拆除。

（二）延安大礼堂

位于南关街，于1941年建成，建筑面积为2800平方米，内设座席1020个。到2010年继续保留。

（三）延安市礼堂

位于市场沟口，区委后马路，于1974年筹建，1976年建成开业。行政上由市委办公室领导。建筑面积1600平方米，内设座席1035个。2004年拆除。

（四）延安解放剧院

位于东关街新闻纪念馆东侧，地处繁华地段。1981年动工兴建，于1984年5月建成，投资175万元。建筑面积为3200平方米，内设座席1211个。

（五）延安军分区俱乐部

位于北关街军分区大门南侧，于1984年6月建成。面积900平方米，内设座席855个。2006年10月因旧城改造拆除。

（六）文化艺术中心礼堂

2004年5月，筹建双拥大道文化艺术中心礼堂，2005年落成开业。建筑面积3200平方米，内设座席505个。2010年继续保留。

（七）圣地大剧院

2008年5月建成枣园川圣地大剧院。建筑面积为3600平方米，内设座席580个。2010年继续保留。

三、电影放映

20世纪90年代，由于全国电影市场不景气，电影行业进入低谷。为丰富农村文化生活，2003年起由区财政出资，结合新农村建设，全年放映4000多场，观众40万人。同时，为创建全国文化县（区）达标工作起到重要作用。是年，陕西省文化厅授予宝塔区“农村电影放映‘2131’工程达标县（区）”称号，2004年授予宝塔区“2001～2004年度农村电影放映‘2131’工程先进集体”称号。2005年8月，宝塔区被国家广播电影电视总局授予“全国农村电影工作”组织奖。

2006年，根据国家广电总局和文化部的安排部署，在农村实行数字化电影放映。延安市被确定为全国八大地市试点之一，宝塔区被列为延安市试点县（区）。7月30～31日，在宝塔区枣园镇举行全省农村数字电影放映启动仪式。国家广电总局、省政府副省长及有关部门主要负责人出席。10月，由国家无偿提供配备23部数字电影放映设备，全区组建起23支农村数字电影放映队。完成上级部门下达全区7452场放映任务，其中胶片电影放映3000多场，数字电影放映3000多场。

2007年，宝塔区电影服务站在全区621个行政村共放映故事片7452场。同时，结合全区农村“三大主导产业”（果业、蔬菜业、畜牧业）发展，放映科教片7000多场，实现每村每月一场电影的目标，为宝塔区新农村建设和经济发展、繁荣农村文化生活做出贡献。区电影服务站荣获2007年度延安市数字电影工作先进单位和市场开发先进单位称号。同年，服务站被区委、区政府授予“2131”工程电影放映工作先进集体称号。

2008年，在全区621个行政村共放映故事片7458场，观众90余万人。结合全区农村三大主导产业，开展影企联姻，与市残联、市区电力局、区林业局、区计生局、区蔬菜局、区果树局等部门放映科教片6581场，观众79万人次。全年放映9652场，观众116万人次。实现每村每月一场电影的目标，为全区新农村建设和经济发展，传播科学技术，构建和谐社会，繁荣农村文化生活起到重要作用。宝塔区电影服务站被国家广播电影电视总局授予“全国农村电影放映工程先进集体”称号。

2009年4月，开展全区农村“2131”工程健康发展活动；全年放映故事片7454场、科教片4014场（折合场次1338场，3场科教片折1场故事片）；累计放映电影8792场，占全年放映任务118%。

2010年，全年放映数字电影8158场次，其中故事片7464场、科教片2082场（折合场次694场），完成全年放映任务109.5%。为丰富农村群众精神文化生活做出积极贡献。

1990~2010年部分年份宝塔区电影放映场次、观众人次统计表

表28-3-1

年份	场次（场）	观众（人）	备注
1990	1000	100000	电影院、剧院、礼堂、农村放映场次、观众
1991	800	80000	
1993	700	70000	
1994	600	60000	
1995	700	80000	
1996	1500	80000	
1997	1500	150000	
2001~2002	200	40000	
2003~2005	4000	400000	
2006	7452	400000	各乡镇行政村放映场次从2006年开始，由中央、省、市、区财政每场补贴200元，公益放映
2007	7452	890000	
2008	7458	900000	

续表

年份	场次（场）	观众（人）	备注
2009	8792	900000	
2010	8158	900000	

第四章　广播　电视

第一节　广电机构

1951年10月，成立延安市（原延安县）专区有线广播站。1981年8月，成立延安市广播事业局，与广播站实行一套班子、两个机构的管理体制。1984年3月，因机构改革，更名为延安市广播电视局。

1990年，延安市广播电视局为科级建制，有编制65人，设局长1人、副局长2人。内设编辑部、记者部、社管科、技术科、办公室、播出室、广播室、制作室、栏目室、保管室。1997年1月，改称宝塔区广播电视局。1999年，成立宝塔区广播电视传输管理中心，隶属于区广播电视局。2001年11月，按照广电体制改革要求，将有线电视业务与行政管理分离，成立陕西省广播电视信息网络有限公司宝塔区中心。2009年3月，将区电影发行放映公司并入区广播电视局，更名为宝塔区广播电影电视局。

2010年，宝塔区广播电影电视局为事业单位，有编制55人，其中电影发行放映公司编制13人，实有16人。设局长1人，副局长2人。机关驻地南滨路区二中旁。内设编辑部、记者部、社管科、技术科、办公室、播出室、广播室、制作室、栏目室、保管室和电影公司。

第二节　节目传输

一、广播

20世纪90年代初，广播曾响彻千家万户，在宣传党的路线、方针、政策及广大人民群众的精神文化生活方面起到十分重要的作用，为延安经济社会发展和精神文明建设做出贡献。“九五”期间，累计新建村级广播室157个。城乡广播人口覆盖率为58%，村级广播通播率为27%，播出广播稿件累计28000件。向省、市以上新闻宣传单位投稿700多件，荣获地区级广播稿件评优一等奖12件、二等奖18件、三等奖26件。1994

年，撤销县级以下有线广播线路及机构。

2002年，由于城区建设需要及社会发展需求，城区广播全部被撤销，更新调频为有线电视广播。2007年12月25日，建成并开播宝塔调频广播。开办《宝塔新闻》《综艺快车》和《健康资讯》3档节目。同时转播中央人民广播电台《新闻和报纸摘要》、陕西人民广播电台《陕西新闻》节目。广播讯号覆盖全区18个乡镇和100个行政村。

2010年，宝塔调频广播播出《宝塔新闻》5000多条，播出《综艺快车》和《健康资讯》节目450多期；免费为全区76个行政村安装村级广播室设备。

二、电视

1990年，市广播电影电视局更换机房所有设备，恢复检修讯号专线172档，约15千米。对南泥湾、麻洞川、官庄、元龙寺、冯庄等乡镇电视差转台进行维修。在柳林乡、枣园乡裴庄村和南泥湾镇新建6个电视差转台。

1994年，建设安装临镇有线电视站，建立卫星地面接收站1座，有线电视用户增加400多户；建立小型电视差转机2座；购置摄像机1台，给地区及以上电视台供稿50多件。此后，逐年在剩余乡镇建设有线电视站。

1999年，宝塔电视台开办《法制园地》《周末20分》。到2000年，全区建成乡镇有线电视站20个，小型卫星地面接转站139个，广电传输初具规模。光缆、有线、无线、调频、小功率发射交叉覆盖的格局初步形成，节目传输质量明显提高。全区633个行政村实现村村通广播电视。在市级以上新闻媒体发稿448件，摄制专题6部。

2001~2004年，建成7个乡镇有线电视站，恢复6个乡镇有线电视站，受益9200户。在市级以上新闻媒体发稿135件。对河庄坪长庆油田、甘谷驿采油厂、青化砭采油厂等大型企业实现一网贯通，新增用户4500户。安装村村通设备33套。解决33个偏远山村看电视难农户5575人。在南川临镇镇和东北川蟠龙、贯屯等7个乡镇开通广电网络，安装村村通设备33套；累计建成小片网16个。原《宝塔新闻专递》改为《宝塔新闻》，每逢周二、五播出社教、科普类电视节目。新开通元龙寺、梁村、贯屯等乡镇的电视信号，并对河庄坪镇的网络进行整合扩充。新增用户2425户，总户数2.1万户。向延安电视台发稿406条，在全市十三个县（区）中名列前茅。摄制播出《永恒的诗篇》《宝塔区——陕北对外开放的最前沿》等5部专题片。2004年7月，创办《宝塔新闻动态》，每月一期，通报当月发稿情况。刊发各类新闻稿件，广泛征求各方意见建议，搭建与观众交流的信息平台。

2005年，网内有线电视新增用户2059户，全区终端用户达到18804户，位居全市各县（区）第一。发展互联网用户313户，互联网终端用户356户。完成全区18个偏远自然村“村村通”工程，基本解决5500多名群众看电视难的问题。在中央电视台发稿2条，省电视台发稿17条，市电视台发稿348条。在省、市新闻媒体发稿名列全市各县（区）第一。《宝塔新闻》播出改为每周一、三、五首播。全年发稿1304条，播出《科技兴区》《健康与小康》《法制纵横》等各类栏目195期。摄制《红色圣地——绿色家园》《宝塔山下铸平安》等8部专题片。编发《宝塔新闻动态》12期。

2006年，新增加有线电视收视用户3000余户。新入网2160户，同时拓宽网络宽带和数字电视业务，优化服务质量，完善资源利用。在《宝塔新闻》发稿1274条。播出《人口与计生》《科技兴区》《健康与小康》等各类栏目154期。摄制电视专题片《宝塔山下双拥情》《走过风雨七十年　再创辉煌谱新篇》。编发《宝塔新闻动态》12期。

2007年，新发展有线电视用户1358户，数字电视平移929户，广电宽带互联网新增用户106户，在网用户196户；对全区“村村通”196个、农村中小学远程教育收视点143个、百姓零散用户20525个，共计20864个卫星广播电视在规定时间内全部进行转星调整，为中共十七大召开献上一份厚礼；在陕西电视台发稿16条、延安广播电台发稿316条、延安电视台发稿365条，名列全市十三个县（区）第一；《宝塔新闻》发稿1318条；摄制电视专题片《圣地雄鹰》《数字电影闹红宝塔乡村》《辉光熠熠高原红》等8部；编发《宝塔新闻动态》12期。

2008年10月8～10日，选派12名编辑记者与中央电视台联合完成“首届中国延安宝塔山地苹果文化节”节目录制；全区新增有线电视用户2060户，完成有线传输网内3343户数字化转换工作。

2009年，完成“宝塔电视台数字电视播出改造工程”。对宝塔电视台模拟信号传输方式转换为数字、模拟信号同时传输，保证全区有线电视用户能够收看到宝塔电视台节目。完成56个自然村的616户广播电视“村村通”安装工程；新发展用户1282户；数字用户4883户；在中央电视台发稿5条，省电视台发稿15条，延安电视台发稿324条，延安广播电台发稿264条，《延安周刊》发稿67条。制作电视专题片8部。

2010年，完成全区56个村870套广播电视“村村通”安装任务。成立“村村通”广播电视工作服务站，专门负责工程的实施、维护和技术服务工作。在中央电视台发稿3条，省电视台发稿16条，延安电视台发稿334条，延安广播电台发稿196条，《延安周刊》发稿41条。

第五章　文　物

第一节　田野文物

根据1988年第二次文物普查统计，全市有各类文物点869处，省级重点文物保护单位2处，市级重点文物保护单位15处。其中文物点有：古遗址401处，古墓葬79处，石窟寺14处，古建筑12处，石刻206处，近现代史迹119处，近现代代表建筑9处，其他文物点29处。2009年，第三次文物普查统计，全区有各类文物点1395处，省级重点文物保护单位10处，区级重点文物保护单位25处。其中文物点有：古遗址400处，古墓葬103处，石窟寺25处，古建筑75处，石刻324处，近现代史迹153处，近现代代表建筑252处，其他文物点63处。

一、古文化遗址

（一）芦山峁遗址

位于李渠镇芦山峁村西。海拔1209米，遗址包括芦山峁村脑畔山、小峁、营盘山、马家洼，总面积约24万平方米。遗址断崖上发现有多处白灰居住面、袋装灰坑及灰层。地表采集陶片陶质为泥质红陶和夹砂灰陶，可辨器形为罐、瓮、钵、釜及石刀、石镰、石矛等磨制石器。属龙山文化类型。芦山峁遗址早在20世纪40年代以来，曾有大批玉器出土，其中有玉璧、玉铲、玉琮等。多由延安市文物研究所和宝塔区文物管理所征集收藏。1992年4月20日，芦山峁遗址由陕西省人民政府公布为第三批重点文物保护单位。保护范围由营盘梁分别向东西方向各延伸270米，向南北各延伸280米。

（二）河南坪遗址

位于临镇觉德村村北30米，海拔911米，为新石器时代。面积1.8万平方米，文化层厚0.5米。地面陶片丰富，其陶质有泥质红陶和夹砂灰陶，纹饰有线纹、绳纹、弦纹及黑彩变形鱼纹、直线三角纹、条带纹，可辨器形有尖底瓶、钵、盆、罐等。属仰韶文化半坡类型遗存。

（三）临镇遗址

位于临镇临镇村南500米，属于新石器时代至战国。为区文物保护单位，面积约16万平方米，文化层厚1~2米，暴露有陶窑。地表陶片丰富，属仰韶文化庙底沟类型有泥质和夹砂红陶，纹饰有线纹、绳纹、弦纹，附加堆纹及黑彩圆点勾叶纹，可辨器形有重唇口尖底瓶、钵、盆、罐、杯等；属战国时期的有泥质和夹砂灰陶，饰绳纹、弦纹，器形有罐、豆及素石瓦当、绳纹板瓦、筒瓦。1989年8月27日，由延安市人民政府公布为第二批市级（区级）保护单位。

（四）肖渠遗址

位于万花山乡肖渠村北200米，南20米，为新石器时期至秦汉时期。分布于村北、村南两地，面积约20万平方米，文化层厚约1米，发现有白灰居位面，地表陶片丰富，其陶质有泥质和夹砂灰、红陶，纹饰有篮纹、绳纹、弦纹、麻点纹，可辨器形有鬲、瓮、罐等。另采集有磨制石斧，属新石器时代晚期遗存。还发现大量秦汉时期的绳纹筒瓦、板瓦及陶器残片。

（五）西付家湾遗址

位于万花山乡付家湾村东100米，为新石器时期至西周，面积约4万平方米，文化层厚0.8米。地表陶片丰富，属新石器时代晚期的有泥质灰红陶和夹砂灰陶，纹饰有绳纹、麻点纹，可辨器形有陶拍、罐、盆等。属西周时期的有泥质夹砂灰陶，饰绳纹、暗纹，器形有罐、瓮等。

（六）高家沟遗址

位于李渠镇高家沟村南1000米的山桃峁上，东为川口口，西为山桃峁，南为高家沟村，北为水冲沟。属龙山文化类型。该遗址呈不规则长方形，南北长 500 米，东西宽 300 米，总占地面积约为 15 万平方米。遗址被生产公路分割为 2 块，在遗址内发现多处白灰居住面、灰坑及大量陶片。2010 年 7 月 1 日，由宝塔区人民政府公布为第四批区级重点文物保护单位。

（七）寺峁山遗址

位于松树林乡陈子沟村南 200 米处燕沟—金盆湾柏油马路南寺峁山山顶至山脚，遗物分布范围整体呈圆形，东西 500 米，南北 500 米，面积为 25 万平方米；遗址北紧邻燕沟—金盆湾柏油马路南接寺峁山，东接鳖盖滩，西临寺峁沟。遗址内断面上暴露房址多处，均长度为 6 米，距地表高约 4 米，房址断面上可见有重叠火烧土烧结面及踩踏层，应为不同时期建立的具有打破关系的房址。呈圆形灰坑多处，直径约 0.23 米，文化层多处，平均厚度为 1 米，长约 4 米，距地表高约 4 米，遗址内南侧发现陶窑一处，红烧土多处，地表遗物主要以泥质红陶为主，夹砂红陶次之。纹饰主要以绳纹为主，有少量彩陶，为红陶外饰黑彩弧线纹饰，可辨器形有尖底瓶、钵、罐、盆、陶环等，据采集标本的特征分析，属于新石器时期仰韶文化遗存。2010 年 7 月 1 日，由宝塔区人民政府公布为第四批区级文物保护单位。

（八）贾庄窑址

位于冯庄乡贾庄村东南 100 米，瓷窑湾，年代为宋元时期。面积约 2000 平方米。地表散布大量瓷片和煤渣，瓷片釉色有黑酱黄、豆绿、白等，部分瓷器底部露胎，器形有碗、瓶，还有圆形支垫。2009 年 5 月 18 日，由宝塔区人民政府公布为第三批区级重点文物保护单位。

二、故城遗址

（一）延州故城遗址

位于桥沟镇尹家沟村境内，亦称高奴城。城址半山半川，西北依太和山，山台部分呈三角形，东西长约 1000 米，南北宽约 900 米，夯城厚 9～18 米。河川平地城址为方形，有东西二门，西、东、南三侧为夯土墙体，从尹家沟至向阳沟南北墙体距离长 860 米，东西宽 360 余米，面积约 460 亩。

（二）延安府城遗址

位于宝塔区市区中心，依凤凰山傍延河水顺势而建，是延河、南河汇合处。东、南、北三条大川交汇的古驿要道，山上城段斩土为壑，陡峭险阻，平地部分呈鱼状或船形，占地面积约为 0.561 平方千米，城高平均约在 10 米左右，池深约 7 米，上宽 7 米左右。城墙全由巨石面石砌起，有东、西、南、北四门和水门（又称小东门）。整个城势雄伟壮观，坚不可摧，居陕北城建之冠。历来是郡、府、路治所。建城 1000 多年来，一直是陕北政治、经济、文化中心。

（三）肤施城遗址

亦称东城，故址在延河东岸（今东关一带），北及清凉山南坡，南西傍水，东接大川。与府城隔河并存，范仲淹诗歌赞“延水正中出，一郡两城雄”。隋炀帝大业三年（607），修筑肤施城，作为县的治所驻地。肤施城城墙为土石夯筑而成，有东、西、南三城门，面积约 0.25 平方千米。自古以来，肤施城一直是繁华的商业区。

（四）北围城遗址

位于府城北门外，是府城的“北方咽喉”，军戎机关重地。始建于唐、五代。从西沟北面绵延云梯山而上下，由龙溪沟（现延中沟）下至平川，直通大道，南折于北门桥相接。面积0.154平方千米，通过北门石桥与府城连成一体，留有城垣残迹。

（五）南围城遗址

位于延安府城之南，故此因名。城址从孤魂沟（现市场沟）北面逶迤而上，经峰顶北向延至平川。平地城垣呈长方形，有南北二城门，属军防重地。后因南河水多次泛滥，毁于水患。只有沿山一带留有多处夯土层残迹。

（六）丰林故城遗址

北朝大夏王赫连勃勃于公元407年修筑。位于城东30里宝塔区李渠镇周家湾村西北。从残垣看，故城城址平面略呈三角形，北依山，西临丰富川水（洧水），东为深沟，南近延河，坐落在依山傍水的一块台地上，面积约5万平方米。城内有石砌城隍庙一座，庙内现存清乾隆再次重修城隍庙碑两通。后秦弘始九年（407）兴建，北周建德六年（577）在此设丰林县，北宋神宗熙宁五年（1072），废县为镇历时500年。城池坚固险要，易守难攻。宋沈括《梦溪笔谈》载其城池“马面极长，并坚密如石、赦连之城，深为可法”。1992年4月20日，由陕西省人民政府公布为第三批省级文物保护单位。

（七）临真故城遗址

位于临镇街，时代为北魏—明代，城址平面略呈长方形，东西长约800米，南北宽约400米。现存夯筑城墙长约50米，残高4.7米。有马面1座，残高5米。夯层厚9~13厘米，夯土中夹有金元瓷片。《延安府志》载，北魏太安二年（456）设临真县。元降为镇，划辖甘泉县。元、明各代均有修葺。

（八）甘谷驿城遗址

位于甘谷驿镇甘谷驿村，时代为宋—明代，该城址平面略呈长方形，东西长约800米，南北宽约500米。城墙夯筑，残高8米，基宽7米，夯层厚8~14厘米。东、西墙各辟一门。

（九）樊村城遗址

位麻洞川乡樊村，时代为明清，城址平面略呈方形，东西长约300米，南北宽约250米。城墙夯筑，现存残段总长约700米，残高1.5~8米，夯层厚8~15厘米。

三、关寨遗址

（一）汾川河烽火台遗址

位于官庄至南泥湾镇，时代为宋、明，该线烽火台沿云岩河上游汾川河分布。东起官庄乡，向西经临镇、麻洞川乡、南泥湾镇与甘泉东部烽火台的东岔线（见甘泉线）连通。全线发现烽火台10余座，多位于河谷两侧高地或山峁上，一般间距2~3千米。台体黄土夯筑，方锥形，底边残长3~14米，残高2~12米，夯层厚7~13厘米。夯土大多纯净、坚硬。属宋代绥德军、明代延绥镇至关中的主干对道支线上的通讯设施（参见《宋史·神宗本纪·哲宗本纪》明代陕西四镇长城）。

（二）大王寨址

位于丁庄乡东南500米，时代宋代。寨址平面略呈长方形，南北长约120米，东西宽约50米。寨墙夯筑，残长约100米，残高4米，夯层厚9～13厘米，夯土纯净坚硬。采集有耀窑系豆绿釉、冰裂纹、刻花瓷碗残片。

（三）李家坬堡址

位于河庄坪李家坬村南100米，时代为清代。堡址平面略呈椭圆形，东西长径约170米，南北短径约150米。堡墙均堑山成障，残高2～4米，东墙壁一门。

（四）漫家坪堡址

位于张坪乡漫家村西北侧，时代为清代。堡址平面呈椭圆形，东西约250米，南北约200米。除东北面为夯筑墙垣外，其余墙体均堑山成障。夯土墙残高1～6米，夯层厚18～20厘米。堡内散布有白釉、黑釉瓷片及灰陶板瓦。

（五）崖里坪寨址

位于李渠镇崖里坪村北200米，时代为清代。寨址平面略呈长方形，东西长约200米，南北宽约80米。寨墙石砌，残高1～1.5米，北墙外有防御壕，寨内可见灰陶板瓦等。

（六）南山寨址

位于临镇镇临镇村南1千米，时代为清代。寨址平面略呈长方形，南北长约200米，东西宽约80米。寨墙堑山成障，残高3～5米，其内散布灰陶板瓦及砖、石等。

四、寺庙遗址

（一）广福院遗址

位于梁村乡未家沟村西500米（逍遥寺），面积约600平方米，遗存残石窑3孔，内有元大德元年（1297）、清雍正十一年（1733）重修广福院碑各1通。据元碑载，该寺创建于北宋皇祐年间，寺址内还有佛、菩萨及文殊、狮座、普贤象座等石雕像，佛高1.05米，菩萨高1.0米。

（二）祖师庙遗址

位于甘谷驿镇顾家屯村东南100米，时代为明清，面积约500平方米。寺址散布灰布板瓦、筒瓦、条砖。存碑石两通，一为明嘉靖四十年（1561）祖师庙弘扬道教碑，高1.5米；另一为清道光二十六年（1846）重修祖师庙碑，高1.8米。

（三）佛山寺遗址

位于贯屯乡史家坬村西北1.5千米处，时代为明代，面积约1500平方米。寺址散布石柱础，灰布板瓦、筒瓦及条砖等。1986年出土佛·菩萨石造像10余尊，其中普贤菩萨座上有成化十八年（1482）题记。

（四）玄帝庙遗址

位于城区宝塔山麓，时代为明清，寺毁圮，遗有明万历七年（1579）“重修莲花纹峰·玄帝庙碑”。另有石马、石狮数件，均为砂石质，高1.4～1.56米，长1.2～2.32米，宽0.47～0.58米。

（五）富王山祖师庙遗址

位于甘谷驿镇史家河村东北2.5千米，时代为明清，面积约4800平方米。寺址散布有条石，灰布板瓦、条砖等。从明清庙碑3通，高1.0~1.9米。分别为“重修富王山祖是庙碑”（该碑载庙建于明万历年间）“题名碑”及“祖师庙置地碑”。

（六）中山寺遗址

位于元龙寺乡桃家村南100米，时代为明代，始建于明万历三十年（1602），清代修葺。共有坐北面南石砌窑洞4孔，平面布局呈“十”字形。窑以石板压檐。南侧窑洞为山门，其余3孔窑内均有彩绘壁画。中窑为正殿，饰八卦藻井，石砌佛坛上供泥塑佛像3尊，有清代修的庙碑1通，高2.32米，碑文已泐。

（七）关帝庙遗址

位于甘谷驿史家圪塔村南500米，时代为清代，始建及沿革不详。坐北朝南石木结构，面阔三间、进深二间，硬山顶，覆石条、石板，五架深，前檐带单步梁，台基高0.35米。

（八）城隍庙遗址

位于李渠镇周家湾村西北500米，时代为清代，始建年代不详。清乾隆年重修。现存硬山顶石窑一孔，面宽3.3米，进深6米，内有壁画存圆雕造像3尊，高0.4~1米，分别为佛、菩萨、弟子。有乾隆十三年（1748）、五十三年（1788）修庙碑各1通，碑文楷书，记修庙事宜，并述及此地为古丰林县属地等内容。

五、主要古墓葬

（一）上砭沟墓群

位于枣园上砭沟村，时代为战国，面积不详。1979年暴露竖穴土坑墓数座，出土铜壶、陶罐等多件。壶侈口、鼓腹、圈足，肩部饰铺首衔环，腹部饰凸弦纹。

（二）王庄墓群

位于梁村乡王庄村，时代为战国至宋，面积不详。20世纪80年代暴露，战国竖穴土坑墓、出土陶茧形壶等。另发现宋代砖窑墓多座，墓室内嵌腰鼓秧歌舞、牡丹花卉等内容画像砖，砖长27.5厘米，宽24.8厘米。出土黑釉瓷灯、碗及褐釉瓷碗等。

（三）郑家崖墓葬

姚店镇郑家崖村，时代为秦汉。1981年发现，面积及墓葬形制不详。出土灰陶绳纹罐、弦纹茧形壶及釉陶锺、奁、鼎等。釉陶锺腹部有“万八千”三字陶文。

（四）固县村墓群

位于临镇固县村，时代为战国、汉。1983年发现面积及墓制形不详。出土有战国的三牺兽、钮、盖、团花纹环耳铜敦、鎏金龙盘龟铜镇及铜戈；汉代的嵌欠铜鹿镇、四神镜以及铜戟、剑、镞等。

（五）王家崖墓群

位于麻洞川王家崖村，时代为战国。1989年4月发现，面积及墓葬形制不详。出土铜器有环带纹、提梁壶、带钩、锛、镞、错金勾连云纹车饰、铃、马衔等。

（六）贯屯墓群

位于贯屯乡贯屯村，时代为战国至汉。1989年发现，面积及墓葬形制不详。出土灰陶绳纹罐、弦纹壶等。

（七）石村墓群

位于临镇石村，时代为汉代，面积约5000平方米，近年暴露砖窑墓多座，出土陶罐、仓及五铢钱等。

（八）韩家沟墓群

位于枣园乡韩家沟村，朝代为战国，面积不详。1990年暴露竖穴土坑墓数座出土素面铜镜、鎏金铜带钩、铜环及白玉剑格等。

（九）肖如兰墓

位于城区七里铺，时代为明代。肖如兰，陕西延安以万历年间任点兵，都督佥事，其弟肖如薰《明史》有传。墓的封土卫平。1979年暴露砖室墓，出土墓志、木质桌椅（明器）、瓷器及金箔等。

（十）镇国将军墓

位于万花山乡观音桥村，时代为明代，墓主佚名，明嘉靖年间（1522～1566），任都指挥佥事授镇国将军。封土圆丘形，高1.2米，曾遭破坏。出土嘉靖二十二年（1543）墓达1方，监察御史宋宜撰文，刘仕篆盖、杨宗气书丹、志文中墓主名讳已磨泐。墓地现存石牌坊构件等。

（十一）虎头峁墓群

位于柳林乡虎头峁村，时代为宋、元，面积不详。1987年发掘2座，形制、尺寸相同，为平面抹八角单室石墓。墓室每边长0.84米，高2.82米，穹隆顶，出土陶罐、碗、壶、瓶、杯、盘、灯及陶车、人物俑、牛、猪和有“大元”字样的墓砖等。20世纪80年代还暴露宋、明墓葬数座，出土宋代，青釉花卉瓷罐；明代蓝釉百花瓷壶、青釉蓝花瓷罐及玉垫、木桌等。

（十二）王庄金墓

位于李渠镇小王庄村，时代为金代。1989年暴露砖室墓，内壁嵌奏乐内容画像砖，出土瓷碗等。

（十三）王庄元墓

位于丁庄乡王庄村，时代为元代。1992年暴露砖室墓。内壁嵌施朱画像砖，内容为骑猎、建筑、莲生贵子、梳妆台、花卉等。砖长49厘米，宽33～34厘米，厚4.5厘米。

六、碑刻文物

（一）义勇武安□风伯雨师碑

位于万花山乡肖渠村，元至正二年（1342）记事碑。螭首方耳、龟座，碑阳两侧有云纹。记述鄜延路经略安抚使司公事刘昌祚等修建风伯雨师庙事。有“县□安置山林周围四十余里，林木茂密不知其数”之句，可证元代延安植被状况。

（二）经幢

现藏于文管所库房，时代为宋靖康丁未（1127），形制八面八角，高1.4米，直径0.4米。1989年从大砭沟后山拉回。

（三）唐墓志

唐故特检校工部尚书使持节都督延州诸军事行延州刺史陇西李府君志铭，时代是唐太和二年，盖盝顶志石正方形，志盖高124厘米，宽125厘米，厚125厘米；志石高

125 厘米，宽 125 厘米，厚 15 厘米，38 行，满行 38 字，盖边刹猸缠枝莲龙凤纹，现藏于区文管所库房。1993 年出土于柳林乡虎头峁，志盖残，志石基本完好。

（四）创建玉清庵记事碑

为元至元十四年（1277），记事碑，身首一面。圆首高 163 厘米，宽山 76 厘米，厚 12 厘米，22 行，满行 39 字，边饰卷草纹，现收藏于区文管所文物库，可辨字迹有“本□延安肤施县强远川丰川半林村厂家庄”字样。

（五）重修广福院记

位于梁村乡未家沟村（逍遥寺），时代为元大德元年（1297），类别为德行碑，长方形，高 176 厘米，宽 88 厘米，厚 6~9 厘米，19 行，满行约 37 字，边饰花卉纹，碑石首座佚，碑身完整。此碑为元大德元年（1297）通悟普照大师为肤施县牡丹村广福院寺，又称逍遥寺，重修而建造的德行碑。该碑记述广福院寺创建年代为北宋皇祐年间、金大定年间，并记述僧人广江在原址重建、元大德元年重修等诸事的沿革。对研究当地佛教、文化有史料价值。

七、革命旧址

宝塔区革命旧址较多，延安革命纪念馆、凤凰山旧址、杨家岭旧址、枣园旧址、王家坪旧址、陕甘宁边区政府旧址、中共中央西北局旧址等 30 多处革命旧址。宝塔区管理的部分旧址如下：

（一）肤甘县革命委员会旧址

位于柳林镇吴咀村（1935~1936），1935 年 5 月，陕北苏区肤（施）甘（泉）县革命委员会成立，其机构设于此。县革命委员会主席刘秉温，中共县委书记为王生海。县下辖 5 区 21 乡，1936 年底，该县辖区分别并入甘泉县和肤施县（1937 年改为延安县），旧址现存土窑洞 3 孔，残塌严重。

（二）肤施县苏维埃政府旧址

位于青化砭镇常屯村内（1935~1936），1935 年 7 月，陕北苏区肤施县革命委员会在此成立，同年 11 月改称肤施县苏维埃政府。县委书记为马玉德，政府主席刘秉温，县下辖 4 区 21 乡。1937 年 3 月肤施县改为延安县，旧址现存石窑洞 3 孔。

（三）陕北省苏维埃政府旧址

位于蟠龙镇蟠龙村内（1936），中共中央和中央红军到达陕北后，中华苏维埃共和国中央执行委员会决定在陕甘晋苏区设立苏维埃中央政府驻西北办事处（为当时陕甘宁苏区的最高政权机关，1937 年改制更名为陕甘宁边区政府），同时将西北苏区划为陕北省、陕甘省、关中特区、神府特区 4 个行政单位。1936 年 2 月，陕北省苏维埃政府成立，马明方任主席。同年 6~8 月，政府机关迁于此。旧址现存石窑洞 4 孔，土窑洞 10 余孔，保存较好。

（四）中共延安县委、县政府旧址

位于川口乡川口村内，为区级文物保护单位，1937 年 3 月，中共延安县委、县政府成立机关设于此地。1942 年，迁至桥沟乡二十里铺村。此后，林伯渠、李鼎铭、谢觉哉等陕甘宁边区领导人曾在此疗养。旧址现存坐东面西石窑 8 孔。

（五）史沫特莱旧居

位于城区凤凰山麓，区级文物保护单位，艾格尼丝·史沫特莱（1892～1950），美国著名女作家、女记者。1928年12月来中国，从事中国进步文化运动。1937年1月下旬访问延安，住延安城内的外交部招待所。4月下旬迁往现址。1937年9月上旬离开延安。在此期间，曾采访毛泽东、朱德等人。旧居现存坐西面东土窑洞5孔。

（六）青化砭战役遗址

位于青化砭镇青化砭村南（1947），区级文物保护单位。1947年3月25日，中国人民解放军、西北野战军第一纵队，在此地歼灭国民党三十一旅（缺第九十一团）2900余人，俘三十一旅旅长李红云。2006年宝塔区投资102万元修建陵园和纪念碑等。2008年陕西省人民政府公布为省级文物保护单位。

（七）蟠龙战役遗址

位于蟠龙镇域内，区文物保护单位，1947年5月2~4日，中国人民解放军西北野战军集中4个旅的兵力，向胡宗南部队的补给基地蟠龙镇发起进攻，歼灭国民党六十旅及地方民团6700余人，俘其旅长李昆岗，并缴获大批军用物资及粮食。20世纪50年代在镇东建有蟠龙战役烈士陵园，内有纪念亭两座。2006年宝塔区投资407万元重新修葺蟠龙战役烈士陵园和烈士纪念碑，2008年陕西省人民政府公布省级文物保护单位。

第二节　馆藏文物

2010年，全区各类库藏文物534件，2006年经省、市文物专家鉴定，其中国家一级文物2件、二级文物16件、三级文物212件。

一、一级文物

（一）千手千眼观音铜坐像

1984年3月，延安革命纪念馆拨交清凉山文物管理处，流传情况不详。2004年7月，清凉山文物管理处移交宝塔区文物管理所收藏。造像为红铜质，由背光、坐像、基座三部分组成，通高156厘米（其中佛座高46厘米），重67千克，形体高大，胎体厚重。观音造像头戴化佛冠，双目微合，面相慈祥丰圆。双手合十于胸前，颈、胸部饰瓔珞，下着长裙，结跏趺坐于仰覆莲花座上，一对盘龙相向缠绕两膝之上。造像共铸有52只手，手中均持有法器。背光呈舟形由数百只手组成，手心各置一个眼睛，象征千手千眼之意。基座为两层，上部为莲花座，下部为多棱复合式基座，两侧各有一力士，作负重支撑状。造像气魄宏大，工艺精湛，为明代铜佛造像中的精品。

（二）“大彬”款提梁式紫砂壶

1987年5月，出土于柳林镇王家沟村，明崇祯十五年（1642）山西陵川知县杨如桂暨夫人合葬墓。2004年7月，清凉山文物管理处移交宝塔区文物管理所收藏。紫泥胎，褐红色，泥胎比较细腻，通体椭圆形，壶盖呈弧形，与壶身严密合缝，扁圆形提手，正中有一透气孔。通高15.3厘米，口径5.1厘米×6.8厘米，腹径10.7厘米×12厘米，重400克。肩部置高提梁，提梁轮廓外圆内平，壶腹部一侧有竖行阴刻行书铭文两行“吟竹养浩然”，落款为“大彬”两字，刻款刀法遒劲，笔画流畅，壶外壁有类似茶锈的黑色斑迹。圈足呈椭圆形。“大彬”即时大彬，为明万历年间江苏宜兴紫砂工匠时鹏之子。时大彬继承父业，又有创新，其传世作品大多为执壶，提梁壶甚少见。此壶古朴精巧，为明代紫砂壶中之精品。

二、二级文物

（一）明洪武铜钟

铸造于明洪武二十二年（1389），原为清凉山万佛寺梵钟。1984 年 3 月，延安革命纪念馆拨交清凉山文物管理处。2004 年 7 月，移交宝塔区文物管理所收藏。整体呈圆筒状，高 0.95 米，裙围 0.75 米，重 120 千克。饰有一周垂叶纹带，其下为楷书钟铭，共 180 余字。中部和下部近沿处各有一周波浪纹带，其间饰有数条弦纹。六连弧形钟裙。铸造精良，保存较为完好。

（二）释迦牟尼铜造像

雕铸于明弘治二年（1489）。1983 年 6 月，由宝塔区文化馆移交清凉山文物管理处。2004 年 7 月，移交宝塔区文物管理所收藏。黄铜质，中空，通高 55 厘米，像高 37 厘米，座底 35 厘米×20.5 厘米。高螺髻，髻顶有摩尼珠。鼻梁高耸，大耳垂肩，双目微闭，两唇微合，面相丰满。上身内着僧祇支，外斜披袈裟，下垂及肘，下着长裙。双腿盘弯结跏趺坐于束腰仰覆莲花座上，双手作禅定印。佛座后镌刻竖行铭文“大明弘治二年仲月吉日/ 造佛僧善必天”十六字。

（三）鹅首长颈铜壶

1982 年征集于李渠镇周家湾。2004 年 7 月，清凉山文物管理处移交宝塔区文物管理所收藏。青铜质，高 40 厘米。腹径 23 厘米，圈足径 13.9 厘米，重 2400 克。曲颈细长，颈端向下弯曲作鹅首状，眼睛微凸，扁状形喙，弯颈上部开一椭圆形卷沿口，无盖。鹅首与颈部做有隔挡，颈中部饰三道凸棱状环形箍。壶身呈扁圆状，溜肩鼓腹。圈足沿内折，内有一桥形小钮，应为悬挂之用。

（四）释迦牟尼铜佛像

明成化四年（1468）铸。1984 年 9 月，延安革命纪念馆拨交清凉山文物管理处。2004 年 7 月，移交宝塔区文物管理所收藏。高 64 厘米，底座 45 厘米×33 厘米，重 23 千克。头饰螺端详，袒胸，身披袈裟，结跏趺坐，双手置于腹前，做禅定印。束腰仰覆莲座，佛像中空，造型端庄慈祥，身体比例匀称，褶纹流畅。通体原有贴金，现大部已脱落。佛座背部铸发愿文 88 字，铭刻供养人姓名，落款“大明成化四年”。

（五）三足鼓形铜香炉

清代。1984 年 8 月征集于蟠龙镇玉皇庙村。2004 年 7 月，清凉山文物管理处移交宝塔区文物管理所收藏。高 5 厘米，口径 8.5 厘米，腹径 10.2 厘米，重 400 克。铜质，器体呈扁鼓形，敛口，平沿，鼓腹，上下部各饰一圈环带状鼓钉。沿下有连珠状鼓钉，腹中部左右两侧各铸一兽头辅首。平底，有三只蹄形矮足，底中部阳刻戳记。

（六）鎏金龙盘龟铜镇（一组两件）

战国时期。1983 年 11 月出土于南泥湾镇姚家坡农场。2004 年 7 月，清凉山文物管理处移交宝塔区文物管理所收藏。黄铜质，通体鎏金。高 6.2 厘米，底径 6.9 厘米，重 600 克。底座为圆形，上部雕铸首尾相接张牙舞爪的盘龙，龙腹下铸一小铜龟，造型精美，工艺娴熟。

（七）嵌贝卧鹿铜镇（一组两件）

汉代。1983 年 11 月出土于南泥湾镇姚家坡农场。2004 年 7 月，清凉山文物管理处移交宝塔区文物管理所收藏。铜质，通长 8.8 厘米，宽 5.7 厘米，高 4.7 厘米，重 300 克。器体为椭圆形白底彩斑海贝镶嵌錾刻鹿形外壳。鹿作跪卧状，昂首直视前方，头顶双角倒背，短尾上翘，造型别致，形象逼真。

（八）铜菩萨坐像

明代。1982 年清凉山文物管理处征集，2004 年 7 月，移交宝塔区文物管理所收藏。紫铜质，高 18 厘米，长 11.7 厘米，宽 8.5 厘米，重 1450 克。造像头饰摩尼珠，戴花蔓冠，双目微合，额饰白毫相，鼻梁高耸，面颊较瘦，作沉思状，颈及肢、胸部饰璎珞，双肩飘带绕臂后下垂至座，双手拢于腹前，做禅定印，结跏趺坐于仰覆莲座上，铸造精美，装饰华丽，为明代艺术精品。

（九）梅花纹铜敦

战国时期。1983 年 11 月出土于南泥湾镇姚家坡农场。2004 年 7 月，清凉山文物管理处移交宝塔区文物管理所收藏。青铜铸造，器形浑圆。高 15.4 厘米，腹径 18.3 厘米，口径 14.5 厘米，重 1627 克。器盖等距离铸 3 个卧兽形钮，间以窃曲纹宽带，錾刻数朵梅花纹，近口沿部亦饰以窃曲纹宽带，肩部两侧为辅首衔环，腹部微鼓，錾刻数朵梅花纹，平底，安置 3 个蹄形矮足。

（十）红铜锛

西周。1981 年 10 月出土于松树林乡。2004 年 7 月，清凉山文物管理处移交宝塔区文物管理所收藏。红铜质，长 11.1 厘米，刃宽 4.1 厘米，銎孔长 4.3 厘米，宽 1.3 厘米，重 500 克。整体呈矩形，两面铸有竖格方框，肩部开有方形銎孔，两面开刃。

（十一）蓝釉白梅纹瓷瓶

明代。1987 年 6 月出土于柳林镇虎头峁明墓。2004 年 7 月，清凉山文物管理处移交宝塔区文物管理所收藏。高 27.5 厘米，腹径 14 厘米，口径 3.1 厘米，底径 10 厘米，重 1.2 千克。胎呈白色，头部呈蒜头状，直口圆唇，细长颈，溜圆腹下垂及底，圈足内施青白釉，壶外施湖蓝釉，腹部饰两组白色折枝梅花，微凸于器表，颈肩处有一断裂痕迹，断裂处有四组铁补丁。

（十二）缠枝牡丹纹大罐

宋代。1987 年 6 月出土于柳林镇虎头峁。2004 年 7 月，清凉山文物管理处移交宝塔区文物管理所收藏。高 31.5 厘米，腹径 28 厘米，口径 10.5 厘米，底径 15.6 厘米，重 8 千克。平口，圆唇外侈，短直颈，丰肩，鼓腹，腹下部逐渐内敛及底，底部露胎，胎质灰白造型丰满，颈部饰三角纹，肩部饰卷云纹，腹上部饰有缠枝牡丹，器腹下部饰有变体仰莲瓣纹。器形规整敦厚，釉色青中泛白，纹饰丰满，疏密有致，具有明显的宋代龙泉窑瓷器特征。

（十三）秧歌人物画像砖

宋金时期。1981 年 11 月，出土于梁村乡上王庄。2004 年 7 月，清凉山文物管理处移交宝塔区文物管理所收藏。长 47 厘米，宽 32.5 厘米，厚 7 厘米，龛高 1.2 厘米，重

13 千克。系用灰砖雕刻而成，呈竖长方形，正面下部桃形龛内雕刻两个舞蹈人物，左边一人左脚着地，右脚前跨，腰间挂束腰鼓，右手做击打状，头微侧，目向下俯视，左手上举，腰间飘带飞扬；右边一人，右脚前跨着地，左腿提起，手执锣，做击打状。雕刻洗练传神，充满活力，是研究陕北民间舞蹈的重要实物资料。

（十四）石狮

宋代。1981 年 8 月由清凉山文管处王树森从姚家坡农场征集。2004 年 7 月 9 日，由清凉山移交宝塔区文管所管理收藏。石狮蹲坐于束腰仰莲座上，高 29 厘米，底径 12 厘米。头饰螺髻，头略右侧，张口露齿，面目狰狞，颈佩铃，两后腿弯曲，蹲坐莲花上，前右腿伸直，前左腿弯曲，爪由腹下一幼狮咬住嬉戏玩耍，该石狮雕刻精美，不失为宋代石刻艺术精品。

（十五）勾连云纹骨角器（两件）

战国时期。1989 年 4 月，出土于麻洞川乡玉家崖村。2004 年 7 月，清凉山文物管理处移交宝塔区文物管理所收藏。共两件，其一通长 11 厘米，系用牛角雕刻而成，器体中空，器表雕刻勾连云纹并涂有绿彩，下部有两条枣核形孔，为骨角的主体，其他部分残佚；其二通长 2. 9 厘米，呈果核形，两头打磨平齐，椭圆形透孔，另两边也雕刻枣核形孔各一个，系穿系固定之用，器表雕刻水涡纹，可能为骨角的附件。

（十六）单孔玉铲

新石器——龙山文化时期。1991 年征集于碾庄乡芦山峁。2004 年 7 月，清凉山文物管理处移交宝塔区文物管理所收藏。青白玉，间以赭褐色纹带，通长 13. 6 厘米，上宽 6. 4 厘米，下宽 6. 8 厘米，厚 1. 2 厘米，略呈梯形，双面开刃，通体磨光，器物上部正中为单面钻孔，钻痕较为明显，两肩平齐，中部有半圆形缺口，切割痕迹明显。此器出土于省级重点遗址芦山峁遗址，应为新石器时代晚期的典型作品。

三、三级文物

（一）铜 gou 镂

汉代。1991 年在柳林镇杨家畔村征集。青铜质，直口微敛，平沿，束颈，肩微折，球形腹，环底，三矮小蹄形足。腹上部两侧各置一半圆形耳，上系双环形提梁为兽首衔环，呈横扁状。此器缺盖，通体素面磨光，环底遗留有一周范线痕迹。该器为汉代投递函件或储币的器物，又称扑满。

（二）铜鼎（战国三环钮盖铜鼎）

战国。1991 年在李渠镇征集。青铜质，三环形钮盖，呈覆钵状，圆口、内敛，沿下两侧各铸一宽附耳，稍外撇，弧形腹，腹上部饰一周凸棱，腹下部铸有三兽蹄形足底为平底，周边范痕明显，制造工艺为合范铸造，焊接而成。

（三）铜灯台（汉铜灯台）

汉代。1991 年在李渠镇征集。青铜质，灯台浅腹圆盘形，直口，平沿，盘中部置一锥状炷芯，盘底部有一个圆形套管，与宝瓶状柱相套接，足部为喇叭形，微折内敛上部置双箍与宝瓶柱状相套接，此器皿微分段铸造，相互套接，焊接而成，盘底部套管断裂，整器厚重，铸造工艺精美。

（四）佛教故事画像砖

宋代。1992年，在冯庄乡王庄村征集，该画像砖为灰陶质，呈竖长方形，砖正面浅浮雕三层楼阁式塔，塔一层内有一半身佛像，头饰螺髻，方圆脸，左手捧一物，肩披袈裟，顶为原殿顶；二层由三柱支撑，双开间，顶部五层砖向外叠涩出檐，再上三层砖收分；第三层为四柱三开间，顶为三角人字坡，塔刹饰一宝瓶，塔左侧一站立着的裸体婴儿双手握莲茎。该画像为表现释迦牟尼佛本生故事图案，表面涂有红彩，形象塑造生动优美，充满神秘色彩。

（五）梳妆台画像砖

宋代。1992年4月在丁庄乡王庄村征集。该砖为灰陶质，呈竖长方形，正面浮雕一梳妆台，其形状与南方汉墓所出土之漆器梳妆台相似，梳妆台两侧方形支架顶部为鸟首形，中间两支架顶部为花叶形，上部悬挂一圆形照面镜子，中部置一两格方形梳妆盒，下部梳妆台边饰卷云纹，台底为四方形腿柱四根，腿牙采用类头榫结构。该梳妆台造型简洁逼真，形象生动，梳妆台表面敷有红彩。

（六）荷花纹画像砖

宋代。1992年4月在丁庄乡王庄村征集。该砖为泥质灰陶，其形状为竖长方形，正面下部浮雕一花瓶。花瓶圆口，束颈，圆肩，圆腹，高圈足，内折三折枝莲花，中间直插一枝盛开的莲花，左、右两侧各斜插一枝莲蕾。瓶与花枝表面均敷红彩，甚为生动形象。

（七）陶鼎（汉灰陶鼎）

汉代。1992年6月在延安市征集。该瓶为泥质灰陶，色青灰，盖呈覆钵状，盖钮为窄沿圈足形面饰一周网状暗纹，盖沿口为平沿，内敛，鼎口为子母扣，内敛，圆唇，两侧各置一宽形耳，外撇，周边饰一圈连续环形暗纹，下饰一周凸棱状弦纹腹微弧纹、腹微弧，底近平，腹底附有三近似蹄形矮状足，整器厚重，附加部件制作工艺精湛，留有明显的刮削痕。

（八）三角云纹铜壶

战国。2000年7月在李渠镇征集。侈口，平沿内折，长束颈，圆肩，弧腹，高圈足外撇，腹两侧有对称的兽首衔环，颈部饰一周三角云纹，肩及腹中下部各有两周凹弦纹，其间及腹下部圈足各饰一条三角卷云纹带。该壶胎壁厚重，造型规整，花纹美观，为战国青铜器中之精品。

（九）“妥先裕后”石匾

明代。该石匾为横长方形，砂石质地。2003年，在延安市马家湾农科所附近的人大住宅楼基建工地上发现的墓葬，即一石座墓门上方门额上镶嵌的石匾。匾正中横排阴刻楷书“妥先裕后”四个大字。右侧面近边缘竖排一行楷书“天启甲子岁”五字，左侧面近边缘也对称地竖排一行楷书“仲秋吉旦立”五字。从石匾上文字知，该墓葬为明天启年代的墓葬。

（十）白釉黑花瓷罐

元代。2003年7月延安二道街征集。胎质呈灰白色，小直口，圆唇，颈肩部两侧各置一宽扁形双系，半肩，腹下斜收，足部微外撇宽足沿，足底内凹，足底露胎，造型浑圆丰满，颈肩部各饰一黑褐色鱼衔草纹，肩部饰一周变形卷叶花草纹，腹部饰满荷花及鱼藻纹。此器体形较大，纹饰精美，疏密有致，笔意生动，为耀州元代的典型器物。

第三节　文物保护

一、保护管理机构

1983 年 12 月，成立延安市文物管理委员会办公室（清凉山文管处），为延安市文化文物局内设机构，专门负责文物管理保护工作。1990 年，文物管理委员会主任由主管文化文物副市长兼任，财政全额拨款单位，副科级建制，编制 3 人，设主任 1 人、副主任 1 人、工作人员 2 人。1994 年 3 月机构改革被撤销，合并为延安市文化文物局。2003 年，成立宝塔区文物管理所，副科级建制，事业性质，编制 6 人，设所长 1 人、副所长 1 人。2010 年，宝塔区文物管理所，副科级建制，事业性质，实行财政全额拨款，隶属于宝塔区文化广播电视局，编制 6 人，设主任 1 人、副主任 1 人。

二、依法保护

1990 年以后，延安市文物管理委员会办公室除对古遗址、故城址、关寨遗址、瓷窑窑址、寺庙遗址和古墓葬、部分碑刻文物加强保护外，对全市革命旧址加强管理保护，并对 1988 年第二次文物普查的各类文物点 848 处加以保护，对 1992 年 4 月陕西省政府公布的延安市芦山峁遗址、丰林故城遗址为省第三批文物保护单位，加强管理保护。

2002 年，区政府投资 10 万元，对原文体局办公院（宝塔山麓南山脚窑洞）进行改造，建成面积 100 平方米文物库房，安装防盗门窗和电子监控、报警设备等，加强管理工作。

2004 年 7 月，宝塔区文管所分别从省馆、市文研所、清凉山管理处等运回全部库藏文物，安放在区文管所文物库房，改变到处寄存文物的现象。

2007 年 7 月，宝塔区申报青化砭战役遗址、蟠龙战役遗址为省级重点文物保护单位。2008 年，区文管所组织人员对全区范围内石刻文物及革命旧址进行调查，共调查革命旧址 57 处，其中发现一批保护完好、有价值的革命旧址。全面完成库藏 300 余件一般文物的信息采集工作。延安市文物局投资 520 万元对枣园庙沟中央礼堂、陕甘宁边区交际处、儿童保育院进行维修。12 月，延安市组队在市区的 3 个城市街道办事处进行第三次全国文物普查工作。

2009 年 5 月，宝塔区人民政府公布区级重点文物保护单位有：陕甘宁边区高等法院旧址、陕甘宁边区政府保安处旧址、陕甘宁边区民族学院旧址、八路军三五九旅旅部旧址、瓷窑湾瓷窑遗址、关帝庙遗址。9 月，陕西省人民政府公布省级重点文物保护单位：青化砭战役遗址、蟠龙战役遗址、冯庄团支部旧址、日本工农学校旧址、中央军委通信局（三局）旧址、中国女子大学旧址、中国医科大学旧址、白求恩国际和平医院旧址。

2010 年 7 月，区文管所规范整理第三次文物普查各项资料，及时搬迁可移动石刻文物，对散落在民间的五代墓志铭、元代石经幢、明代石造像龛等文物给予有效保护；配合全省考古院对延吴高速途经宝塔区域内文物点进行考古调查。截至年底，宝塔区人民政府公布的区级重点文物保护单位有：毛岸英旧居、南区供销合作总社旧址、浅草湾革命旧址（原中央礼堂）、杨步浩故居、寺峁山遗址、高家沟遗址6处。同时，全区第四批重点文物保护单位及保护范围，在全区文物点得到有效保护和利用。争取省上安防技防项目工程，已通过省上评定验收。

第六章　图　书

第一节　图书馆建设

1990年3月，由文化部、陕西省政府、延安地区行署、延安市政府投资500余万元，在南关街（市场沟口）新建图书馆大楼1栋，占地面积约5亩，建筑面积3802平方米。1992年3月图书馆大楼投入使用，馆名“延安市图书馆”。设馆长1人、副馆长1人，科级建制，隶属于市文化文物局，有工作人员21人。内设少儿阅览室、报刊阅览室、基本书库、借书处。

1993～1995年，馆藏图书15万册，其中古籍善本2.1万册，订有杂志10种，报纸12种，年借阅读者累计1.1万人次。

1996年7月，经延安市政府批准恢复1937年5月创建的“延安中山图书馆”（“延安中山图书馆”馆名由毛泽东亲笔题写，林伯渠担任第一任馆长，李昌、胡乔木、周扬先后任馆主任）。是年12月，撤市设区。1997年1月，延安市图书馆更名为“宝塔区图书馆”。与中山图书馆两块牌子、一套机构。设馆长1人，副馆长2人。馆内设办公室、保卫科、总务科、财务科、业务辅导部、采编部、报刊阅览室、少儿阅览室、社科阅览室、报刊阅览室、闭架借阅处、青年自修室、微机室等。年接待读者15000人次，借阅图书2万余册次。发放借、阅（书）证400余个。年均新增图书1000余册，馆藏图书15.5万册（其中古籍善本2.1万册）。每周开放时间在48小时以上。

1997～2004年，国家新闻出版署倡议全国33家出版社给延安市宝塔区图书馆捐赠图书6万余册。馆藏图书增加到23.5万余册，其中古籍善本2.1万册。全区人均0.65册，阅览座席200多个，书架长度由1997年的2000米增加到2003年的4200米，增加2200米。年购书经费2.6万元，全区人均0.08元，订报纸杂志73种。年新办证500多个，解答咨询累计3万余人次。年接待读者2.5万余人次。馆内设办公室、保卫科、总务科、财务室、业务辅导部、采编部、报刊阅览室、少儿阅览室、社科阅览室、过刊阅览室、闭架借阅处、青年自修室、微机室等。馆外服务点有：姚店镇文化站、李渠镇姬庄村小学、区二中、五中、南关小学、延安市武警支队、消防大队、宝塔区武警中队。年业务指导4次以上，扩充图书500册以上。2005年6月，宝塔区图书馆被文化部授予“创佳评差”最佳单位称号。

2006~2009年，图书馆建立完善《一日工作制度》《考勤制度》《学习制度》等8项规章制度。馆内服务窗口由6个增加到8个窗口，对外服务点新增姚店镇、甘谷驿镇、河庄坪乡高标准“农家书屋”3个。馆内新增“电子阅览室”“全国文化信息资源共享工程宝塔支中心”。实施馆内68台电脑、服务器5台的网络自动化管理模式。2006年，投资20万元，购置图书密集架20架，聘请省图书馆专家对2.1万余册古籍善本进行系统分类、编目、排架、修复。2008年购书经费8万元，比2004年增加5.4万元。馆藏图书26.3万余册。

2010年，宝塔区图书馆设馆长1人，副馆长2人，有职工55人，在岗职工38人，离退休17人。中级职称25人，初级职称7人。馆藏图书27.4万余册，年新办证1000余个，有固定读者4000余人。年解答咨询服务信息1000余人次，年接待读者5万~6万人（册）次。是年，宝塔区图书馆被陕西省文化信息资源共享办评为“先进单位”和“先进集体”。在陕西省首届文化共享知识竞赛中被省文化厅授予“优秀组织奖”；被延安市文化局评为文化共享工程“先进单位”；被宝塔区委、区政府评为“文明服务示范单位”和“巾帼文明示范岗”，“科技之春”下乡活动“先进集体”，文化文艺工作“先进集体”，理论学习“先进集体”，被陕西省新闻出版局和陕西省农家书屋建设领导小组办公室授予“先进集体”称号。

此外，延安大学、延安医学院、延安职业技术学院、延安报社、各中小学等单位都设有图书馆（室）或资料室。

第二节　图书阅览

宝塔区（延安市）图书馆于1992年落成，3月开馆。馆藏图书22大类15万册（其中古籍善本2.1万册，订有报纸杂志15种），年借阅读者2000人次。2010年，同级财政年购书经费由1992年的2.4万元增加到8万元。馆藏图书由1992年的15万册增加到27.4万余册；年征订报纸杂志由1992年的15种增加到110种；阅览座席由1992年的50席位增加到300席位；年阅览人次由1992年的2000人次增加到7.3万人次。每周开放时间56小时（周六、周日开放）。馆外建立20个图书室和流动书库，611个“农家书屋”和625个共享工程服务点。阅览人数逐年上升。

1992~2010年宝塔区馆藏图书及阅览人次情况统计表

表28-6-1

年份	图书种类	报纸杂志（种）	阅览座席（个）	年阅览人次
1992	22大类	15	50	2000
1993	22大类	15	50	2000
1994	22大类	20	80	3100
1995	22大类	25	100	4000

续表

年份	图书种类	报纸杂志（种）	阅览座席（个）	年阅览人次
1996	22 大类	30	100	5000
1997	22 大类	35	110	5500
1998	22 大类	35	110	5600
1999	22 大类	40	130	7000
2000	22 大类	50	150	10000
2001	22 大类	55	150	12000
2002	22 大类	60	160	20000
2003	22 大类	60	160	21000
2004	22 大类	65	180	28000
2005	22 大类	85	200	36000
2006	22 大类	90	250	41000
2007	22 大类	95	270	52000
2008	22 大类	100	300	64000
2009	22 大类	110	300	70000
2010	22 大类	110	300	73000

第三节　图书发行

1939 年 9 月 1 日，延安新华书店成立，毛泽东主席亲笔题写“新华书店”店名。1949 年中华人民共和国成立后，书店迁至西安，延安新华书店遂改为陕西省新华书店延安专区总分店，主要负责延安、子长、志丹等县的图书发行工作。1951 年，再度改为新华书店延安支店，把代销文具部分正式移交给百货公司，并在各县文化馆设立代销店，开始农村图书发行工作。1958 年，随着行政体制的变更，延安支店改为延安县新华书店，1965 年又更名为延安地区新华书店，店址在北大街建设银行北侧。1980 年，在延河大桥西（二道街）建成新华书店大楼一幢。1981 年 8 月 1 日落成使用，建筑面积 3389 平方米，大楼门市部正式营业；书店县级建制，设经理 1 人、副经理 1 人，有职工 59 人；内设办公室、计财科、业务科、质量检验科。对外营业设有大街门市部、大楼门市部。1990 年，书店县级建制，设经理 1 人、副经理 1 人，有职工 65 人；内设机构有：办公室、业务科、财务科、大街门市部（1989 年拆旧建新，盖起来营业住宅楼，一楼曾为科技书店）、大楼门市部。年发行各类图书 153 万册，其中科技图书 61 万册，大中专教材销售金额 202 万元，销售中小学课本金额 111 万元。2005 年 5 月，书店进行改制，成立陕西新华发行集团延安公司。

2010 年，县级建制，设经理 1 人、副经理 4 人，有正式职工 85 人，其中固定工 50 人、合同工 35 人、临时工 14 人。年销售图书 234 万册，销售金额 2292 万元。有固定资产 1.356 亿元。

1990~2010 年宝塔区各类图书销售情况统计表

表 28-6-2

年份	册数（万册）	金额（万元）	其中		
			中小学课本（万元）	大中专教材（万元）	科技图书（万册）
1990	153	214	111	202	61
1991	220	276	118	171	82
1992	260	331	184	270	91
1993	227	352	201	220	94
1994	243	401	209	353	79
1995	307	558	309	195	109
1996	240	766	334	106	—
1997	243	904	543	770	—
1998	252	1001	643	678	—
1999	284	1114	892	563	—
2000	280	1207	775	427	69
2001	244	1364	839	16	83
2002	288	1410	846	—	752
2003	347	1605	—	—	—
2004	287	1005	—	—	—
2005	296	1860	—	—	—
2006	289	1744	—	—	—
2007	237	1586	—	—	—
2008	249	1741	—	—	—
2009	284	1769	—	—	—
2010	234	2292	—	—	—

第七章　档案　方志

第一节　方志档案机构

1981年，成立延安市档案局（馆），局、馆合署办公，配备工作人员6人。1986年，档案机构移交市政府，为政府直属事业单位。档案局、馆实行一套编制、两个名称，设局长1人、副局长3人、馆长1人（副局长兼任）、工作人员7人。1990年，延安市档案局为科级建制，编制7人，设局长1人、副局长2人、馆长1人（副局长兼任），下设档案馆。1994年，延安市档案局与市方志办合并为延安市市志档案局，与延安市档案馆实行两块牌子、一套机构。设局长1人、副局长2人、馆长1人、副馆长2人、工作人员18人。1997年1月，改称为延安市宝塔区区志档案局、延安市宝塔区档案馆。设局长1人、副局长2人、馆长1人、副馆长2人。编制20人。2003年，区志档案局机构划入区委系统，仍实行两块牌子、一套机构。2010年，区志档案局（馆）为科级建制，有编制20人，设局长1人、副局长2人、馆长1人、副馆长2人。区志档案局与档案馆仍实行两块牌子、一套机构。内设宝塔区现行文件阅览中心，主要负责全区制发的规范性文件的收集、保管和提供利用。

第二节　档案业务建设

一、业务指导

档案业务指导以培训为基础，以深入基层指导为重点，坚持集中培训和日常现场指导相结合。1990年7月，在市教育局召开档案工作现场会，市属100多名档案人员参加会议。1991年8月7日，在全市档案工作会议上，以市政府名义表彰35个先进集体和41名先进个人。举办短期培训班1次，100多人参加培训。同时，组织区属单位12名档案人员到北京、上海等地参观学习。1992年10月，聘请地区档案局业务人员授课，举办为期3天的业务培训班，48人参加培训；11月，开展以乡镇为单位的业务培训，每乡安排一天，各村主任、会计人员参加，培训200人次。同时，结合“双万工程”“基层组织整建”“扶贫攻坚”等活动，狠抓乡镇、村建档工作，许多乡镇建立综合档案室，彻底改变档案管理一袋子、一箱子、一捆子、各管一摊子的杂乱现象，其中官庄乡、临镇镇档案室晋升为省三级档案室。

1993年结合机构改革，起草下发《关于机构改革中加强档案管理的通知》，对撤销单位档案管理提出明确要求。1998 年，与组织部联合下发文件，对整建村建档工作作出统一安排，先后深入 20 多个村指导建档。桥沟镇南寨砭村设立档案室，购买铁皮柜，建立规范的档案管理，经市级检查验收晋升为省三级档案室；4 月 2 日，下发《关于进一步加强机关档案管理工作的通知》，就全面贯彻《中华人民共和国档案法》（以下简称《档案法》）、档案目标管理、档案信息开发提出具体要求；7 月，举办为期 3 天的业务培训班，区属 35 个单位的文档人员参加培训。1999 年 4 月 23 日，召开全区档案工作会议，表彰档案工作先进集体 30 个、先进个人 36 人；12 月，举办业务培训班，培训业务人员 30 人。

2000 年，与区工业办联合举办工业企业文档人员培训班，培训业务人员 20 人。2001 年 2 月，与区农工部联合制定《关于小康村土地延（承）包建档工作的通知》。同时，制定《关于加强音像等重要档案资料收集管理工作的通知》和《关于加强重大活动档案资料收集工作的通知》，就进一步加强音像、书画、题词、实物和重大活动的档案收集办法、原则、保管利用等提出要求。区志档案局结合撤乡并镇工作，制定《关于在并乡建镇中做好档案移交工作的通知》，对档案收集、整理、处置提出明确要求。同年，与桥沟镇政府联合，建立 17 个小康村建档工作，4 月在南寨砭村召开村级建档现场会。17 个小康村全部建立档案室（柜）和档案。6 月 7 日、14 日举办两次行文规则和档案业务培训班，培训 100 余人次。2004 年 6 月 6 日举办档案业务培训班，参加培训 100 多人。同时，业务人员深入社区、私营企业指导建档；8 月，派出 5 人进驻王家坪联运公司，经过近两个月的工作，帮助整理档案 2000 卷（盒），建立设备、声像、科技、实物等门类档案。为社区提供铁皮柜、档案盒等装具材料，指导 3 个社区建起较为规范的档案管理。

2005 年 4 月，区档案局与区委保持共产党员先进性教育活动办公室联合制定《关于做好先进性教育活动文件材料收集归档工作的通知》，就文件材料的形成、收集范围、归档移交提出明确要求。同年，宝塔区档案局被评为“全市档案工作先进集体”，荣获全省 2005 年度工作考核优秀县（区）档案局（馆）称号。2006 年，与区经济发展局联合制定《关于对全区重点建设项目档案管理进行普查和登记工作的通知》，对新建、续建区级重点建设项目普查登记内容、要求做出明确规定。6 月 5 日，区委办制定《关于切实加强重大活动档案资料收集归档工作的通知》，提出“谁主管、谁收集”的原则，对重大活动档案资料收集范围、种类、办法提出具体要求。2007 年度荣获全省县（市、区）档案局（馆）工作考核优秀单位称号。

2008 年，在做好经常性档案业务检查指导工作的同时，加强新农村建设、社区建档工作业务指导，培训 20 个社区文档人员 56 人，制定《延安市新农村建设文件材料归档范围和保管期限表》。同年，获得延安市档案工作先进集体称号。2009 年，全面贯彻落实国家档案局 8 号令，全年完成 96 个单位的《机关文件材料归档范围和文书档案保管期限表》的审批工作。9 月 9 日在全区林业产权改革工作会议上，培训林改档案业务人员 300 人。王家坪实业发展集团公司、腾格尔实业公司分别获全省民营企业档案工作规范化管理示范单位荣誉称号。宝塔区婚姻登记中心规范档案管理，建立起标准化档案室；参加全省民生档案工作座谈会，进行经验交流。同年，区档案馆获全省县（市、区）档案局（馆）工作考核优秀单位称号，宝塔区年度目标责任制考核优秀单位称号。

2010年8月31日，宝塔区举办档案业务培训班，培训区属120多个单位文档人员150人。同时，区委、区政府将档案工作纳入《宝塔区乡镇、办事处和部门目标管理考核指标》之中，建立机关档案工作管理新模式，为促进机关档案管理提供有力的组织保障；9月，组织区档案局（馆）业务人员赴浙江省台州市路桥区档案局（馆）参观学习，并签订缔结友好档案局（馆）协议。同年，获全省档案工作先进集体称号。

二、法治建设

在档案法治建设中，始终坚持以学习宣传教育为基础，以执法检查为重点。1990年与市土地局联合制定《延安市土地管理档案工作暂行规定》，印发各乡镇、办事处贯彻执行。1992年8月，召开贯彻《档案法》经验交流会，参加会议市属100多个单位文档人员120人；发放《档案法》及《档案法实施办法》200余份。

1996年，为迎接第十三届国际档案大会在北京召开，广泛开展《档案法》宣传活动，设立宣传点，悬挂横幅，发放《档案法》宣传资料1000份。1997年8月4日，会同区人大开展《档案法》执法重点抽查活动，于8月11日召开座谈会，市档案局、区委、区人大、区政府等领导参加会议。1998年，在主要街道悬挂宣传横幅6条，办宣传专栏3期；9月中旬，区人大领导带队进行《档案法》宣传，发放《档案法规选编》300余册。

1999年10月9日，由区人大常委会领导带队，对区属14个乡镇、12个部门、1个企业进行档案执法检查。通报批评执法不严、工作不力的单位3个，限期整改单位3个。

2007年，结合《档案法》颁布实施20周年，开展《档案法》《陕西省档案管理条例》上街宣传，发放资料2000余份；6月4日，组织区属单位文档人员100余人，参加国家档案局举办的“剑南春杯”档案法制有奖竞赛答卷活动。在日常工作中，坚持把档案法制与档案业务建设有机结合起来，通过广泛宣传学习、监督检查，有效增强全社会档案法制意识，促进档案事业顺利发展。

第三节　档案目标管理

1990年，主要抓市教育局、粮食局2个单位档案业务建设，经考核达省三级档案室。升级达标坚持统一标准，严格考核，先进行初审，提出整改要求，然后进行评审，量化考核。

1992~1996年，市土地局、工商银行、组织部、水利水保局、财政局等13个单位档案室达省三级，1个单位达省二级。1997年为进一步推进档案目标管理，提出“突破一级、发展二级、普及三级”的奋斗目标，以签订目标责任书的形式，落实责任，使目标管理取得长足发展。是年，签订档案室达标晋级单位目标责任书40个。年底，全部完成目标任务，进入等级管理。1998年4月22日，在区国税局档案室召开全区档案目标现场会，会上区政府分管副区长，与13个乡镇、27个机关单位签订升级达标责任书，区委分管领导出席会议并讲话。1999年，区委办印发达标升级单位名单，落实目标管理。同年区土地局 、法院、财产保险公司档案室顺利晋升为省一级；南泥湾钻采公司投入10万元，更新设施，规范业务，使档案室跻身省级企业档案管理行列。

2000年9月30日，经延安市档案局检查验收，宝塔区档案馆晋升为省二级档案馆。2002年，在历年召开的档案工作会上，分管副区长与各单位签订升级达标责任书，落实目标任务，是年，全区共实现升级达标省一级单位档案室12个、省二级20个、省三级17个，省级企业1个。

2003年，区档案馆搬入新馆址后，投资近20万元购置密集架、电脑、复印机、扫描仪等基础设施。是年12月22日顺利通过延安市档案局考核验收，宝塔区档案馆被认定为省一级档案馆。2005年，开始目标管理由升级管理转换为“A”级管理，对原达标升级的档案室重新进行认证。同年，宝塔区征稽所档案室被认定为AA级档案室。

2006~2010年，全区有6个单位档案室被认定为AAA级档案室，19个单位档案室被认定为AA级档案室，17个单位档案室被认定为A级档案室。

第四节　档案馆建设

一、基础设施

1990~2002年，档案工作基础设施薄弱，馆库、办公用房均租赁其他单位办公室；档案装具简陋，均为铁皮柜和木质柜，有铁皮柜11组、木质柜30个。

2003年，在省、市档案部门的大力支持下，投资98万元，新修档案专用库房680平方米，办公用房200平方米，彻底改变长期租赁库房的临时状态。同年又投资16万元，购置密集架15列75组，淘汰木质柜。同时购置电脑3台，复印机、打印机、扫描仪、档案管理软件等。建立档案管理局域网，使档案管理现代化程度得到进一步提升。2004年，筹措资金2万元，购置铁皮柜15套，对资料装具进行更新，购置电脑3台。2005年，购置电脑4台，达到每个办公室一台电脑，初步实现办公现代化。

2006年，宝塔区档案馆被陕西省档案局认定为档案工作规范管理AAA级档案馆。2008年，投资15.6万元，购置密集架15列75组，彻底淘汰铁皮柜，使档案保管更加安全可靠。

二、档案接收利用

1990年，开展大规模乡镇档案清理接收工作，清理积存档案近万卷，接收进馆档案3500余卷。年底，馆藏档案11万卷，资料1309册（本）。1991年接收部分乡镇档案500余卷，并进行编目、登记、上架等工作。1994年结合机构改革，印发《关于机构改革中加强档案管理的通知》，及时接收撤并单位档案。1996年，馆藏档案达到1.38万卷。在档案接收的同时，开展查调档案提供利用服务工作。1991~1996年，共接收查档者3100人次，调档15400余卷。

1997年，组织编写《历史地理经济概况》《重要机构沿革》《延安市大事记》《名胜古迹简介》《经济指标汇编》等资料。1998年，编辑出版《延安名优特产志》30万字，全面介绍延安名优特产的种类、特点等。2001年，在乡镇机构改革中，制定《关于在并乡建镇中做好档案移交工作的通知》，2002年将全区撤销的碾庄、张坪、下坪、丁庄4个乡镇档案全部接收进馆，共600余卷。同时，接收撤销单位档案1500卷，珍贵照片档案33张。1997～2002年，接待查档者1940人次，调档11200卷。

2003年，新馆建成投入使用后，进一步加大档案接收力度。是年，接收档案600卷，使馆藏档案达20864卷，资料2106册（本），实物38件，照片569张。建立现行文件阅览中心，收集区委、区政府等50个部门制发的政策性文件200余份。建立目录，向社会开放。2004年接收档案1584卷。2005年接收档案3100卷，其中文书档案2590卷，婚姻档案219卷，户籍档案130卷，实物160件。同年4月，与区委保持共产党员先进性教育活动办公室联合制定《关于做好先进性教育活动文件材料收集归档工作的通知》，7月4日、11月14日两次制定对第一批和第二批开展教育活动单位的文件材料收集归档作出安排；全年接收先进性教育活动档案312盒。

2006年，积极开展“档案资源建设年”活动。6月5日，区委制定《关于切实加强重大活动档案资料收集归档的通知》，明确规定对重大活动档案资料收集范围、种类、办法。接收文书档案1835卷，户籍档案296卷，婚姻档案428卷。接收现行文件45份，寄存企业改制档案357箱。区档案馆与区老促会合作，编辑印刷《北京知青通讯录》300册、《北京知青花名册》120册。2007年，接收档案5036卷，馆藏档案33604卷。

2008～2010年，接收档案6424卷。2010年，馆藏档案40028卷（册、盒），其中文书档案33325卷、科技档案368卷，社教档案1946卷，婚姻档案1515卷，户籍档案376卷，照片档案19册，实物档案210件，声像档案32盒（盘），资料2237册。2003～2010年接待查档者3629人次，调档14507卷，档案的参考资治作用得到充分发挥。

第五节　志鉴编纂

一、区志编纂

1995年1月6日，《延安市志》印刷出版发行。《延安市志》全书共204章，626节，35个专业志，120万字。该书记载上限起自公元前221年秦王设县，下限1989年。《延安市志》出版后，积极开展志书交流、销售等工作。《延安市志》的出版，为人们了解延安、认识延安提供完整可靠的资料，对加强对外宣传发挥积极作用。

2008年，宝塔区全面启动第二轮地方志编纂工作。同年3月22日召开动员大会，区属各单位分管领导、修志人员230人参加会议。会议印发《延安市宝塔区志（1990～2010）》篇目、编写行文规则，对《延安市宝塔区志（1990～2010）》的编写要求、时限作出具体安排部署。之后业务人员深入部门单位，开展督查、指导工作。各单位认真对待，加强领导，落实人员，夯实责任，全面展开编写工作。2009年7月底，完成1990～2008年地方志初稿。

2010年8月31日，召开全区档案方志业务培训会，区属122个单位文档人员参加会议。区委、区政府分管领导出席会议并作讲话，会上对《延安市宝塔区志（1990～2010）》续写编纂（补正前志）工作作出安排部署，并进行地方志业务培训。同年，宝塔区区志档案局获得全省地方志系统先进集体称号。

二、专业志编纂

在开展《延安市宝塔区志（1990～2010）》编纂的同时，组织开展专业志编纂工作。2004年编纂出版《宝塔区地名志》，全书约40万字。该书上起事物开端，下至2000年底。采用词条式编写，共10章，汇集全区各类标准地名1744条，其中行政区划和居民地935条；自然实体名称338条；人工建筑物名称104条；革命纪念地57条；名胜古迹、游览地63条；行政、事企业单位186条；街、巷、路61条；标注标准地名图26幅。2009年，编纂出版《宝塔区军事志》，全书36万字。该书上限自本区军事活动发端，下限至2005年。由概述、大事记、志、传、图、表、录组成，以志为主，图、表相辅，按照章、节、目顺序排列；系统记述宝塔区辖区内从古代至2005年军事活动的各个方面。

三、年鉴编纂

2009年，开始《宝塔年鉴》编纂工作，12月首部《宝塔年鉴》（2009卷）印刷出版。该书全面记载2008年宝塔区经济、政治、文化、社会等方面的内容，通过对史实、资料的汇集，全面系统反映2008年度宝塔区改革开放、建设西部经济强区的历史进程，着重记载宝塔区经济建设和社会发展中的新情况、新举措、新经验、新问题。全书共设类目27个、分目126个、条目1229条，彩页102页，59万字。同年，区志档案局获全省综合年鉴编纂工作先进单位。2010年继续开展《宝塔年鉴》编纂工作，12月《宝塔年鉴》（2010卷）印刷出版。《宝塔年鉴》采用分类编辑法，除特载、专文、大事记等综合栏目外，其他内容均按照类目、分目、条目三部分编排；主要设置中共宝塔区委员会、宝塔区人大常委会、宝塔区人民政府、政协宝塔区委员会、民主党派、工商联、人民团体、军事、公安司法、综合管理、城建环保、工业、农林水牧、商业、财政税务、金融保险、交通、邮电、科技教育、文化旅游新闻、卫生计生、社会事业、街道、乡镇概况，全书55万字。

第六节　档案信息化

2003年，投资3万余元，购买泰坦软件及档案管理专用服务器，建立局域网。2004年开始馆藏档案数字化工作，至2006年共输入案卷级目录25131条，全面完成馆藏档案案卷级目录输入工作。2007年开始对文书档案、婚姻档案等进行文件级目录输入工作，至2010年共输入档案文件级目录14.8万条。婚姻档案文件级目录全部输入完成，基本实现档案信息管理自动化检索目标。为确保档案数据安全，定期对局域网计算机和服务器进行杀毒维护，同时对馆内文书、婚姻、社教等档案信息数据库的数据进行备份，刻录成光盘。

2010年9月，在与浙江省台州市路桥区档案局结对子活动中，将备份的数据光盘存放在路桥区档案馆内，实现档案数据的异地备份。同年，投资1万元建立“宝塔档案信息网”，用户可以通过“宝塔档案信息网”查找现行文件、资料和已开放档案信息，了解档案工作政策、法规和档案工作动态。初建时，只是一个部门行业网站，使用的是宝塔区政府公众信息网的二级域名，也只设置9个一级栏目。

第二十九编　卫生　体育

1990~2010 年，中共宝塔区委、区政府加大投资力度，推进医疗卫生事业改革；宝塔区境公共卫生应急体系、疾病预防控制体系、卫生监督执法体系日益完善；医疗卫生基础设施建设不断加强，区、乡镇、村三级医疗预防保健网的建成和新型农村合作医疗、城镇医疗保险、社区医疗保险等关系民生工程的实施，保障人人享有医疗卫生保健的权益，提高全区人民的健康水平。2005 年 11 月，宝塔区获得“省级卫生城市”称号。

1998 年，宝塔区被国家体育总局授予“全国体育先进县（区）”称号。2010 年，全区 20 个乡镇、30 个行政村建成健身广场，占地面积约 48.5 亩。体育设施、设备进村庄、进社区逐年增加。

第一章　医卫机构

第一节　管理机构

宝塔区卫生局　1990 年，称延安市卫生局，属科级建制，行政单位，隶属于延安市人民政府。内设办公室、医政科、疾控科、基妇科 4 个科室。1997 年 1 月，改称宝塔区卫生局。2008 年 3 月，组建稽查科，增设社区卫生指导科、政秘科、党委办。

2010 年，宝塔区卫生局内设办公室、医政科、疾控科、基妇科、稽查科、社区卫生指导科、政秘科、党委办 8 个科室及爱国卫生运动委员会办公室。有行政编制 12 名，设局长 1 名、副局长 3 名，实有局长、书记各 1 人，副书记 1 人，副局长 3 人，工会主席 1 人。

宝塔区疾病预防控制中心　1990 年，称延安市卫生防疫站。1997 年 1 月，改称宝塔区卫生防疫站。2003 年 1 月 8 日，更名为宝塔区疾病预防控制中心、宝塔区健康教育所

（两块牌子、一套机构），为全区疾病预防控制、检验监测、预防医学科研与教学、卫生技术培训、预防性健康体检、健康教育、公共卫生应急体系等综合性专业机构。科级建制，事业单位，隶属于宝塔区卫生局。2010年，中心设有12个专业科室、8个预防接种门诊，编制90人，在职职工85人，其中政府聘用人员10人。各类专业人员64人，其中中级职称24名。

宝塔区结核病防治所　1990年，称延安市结核病防治所。1997年1月，称宝塔区结核病防治所，科级建制，事业单位，隶属于宝塔区卫生局。有医疗设备X光机、洗片机、显微镜、生物安全柜等，督导车1辆，固定资产150万元。设有结防科、放射科、痰检室。2010年，在编人员18名，业务人员15人，其中副高职称1人、中级职称9人、初级职称5人。

宝塔区公共卫生监督所　1998年3月16日，成立宝塔区公共卫生监督所；10月30日举行成立揭牌仪式。科级建制，事业单位，隶属于宝塔区卫生局，编制20人，领导职数为1正2副。建立党支部和所委会，设立3个业务科室及办公室。2002年3月，整体上划至延安市卫生监督所。

宝塔区社会保障事业经办处　1992年，成立延安市公费医疗管理办公室，隶属于延安市卫生局。1996年12月，更名为宝塔区公费医疗管理办公室。1999年11月，改称宝塔区社会保障事业经办处，隶属于宝塔区人事和劳动社会保障局。

宝塔区地方病防治领导小组办公室　1998年3月，成立宝塔区地方病防治领导小组办公室，隶属于宝塔区卫生局。2009年机构改革，成为宝塔区区卫生局的内设科室。

宝塔区新型农村合作医疗管理委员会　2005年3月1日，成立宝塔区新型农村合作医疗管理委员会，下设办公室，办公在区卫生局。并设立新型农村合作医疗经办处，事业性质，经费全额预算，副科建制，编制7人，领导1名，隶属于宝塔区卫生局。各乡镇也相应成立乡镇新型农村合作医疗工作领导小组。

宝塔区爱国卫生运动委员会办公室　1990年，延安市爱卫会办公室与城区爱卫会办公室合署办公，两块牌子、一套班子，科级建制，事业单位，财政全额预算，隶属于市卫生局，编制10人，领导职数1正2副。1997年1月，改称宝塔区爱卫会办公室。

延安市宝塔区药品采购配送中心　2010年12月22日，成立延安市宝塔区药品采购配送中心。副科级建制，核定编制5人，实有人员6人。承担全区公立医疗机构药品采购配送工作。

第二节　市区级医疗机构

1991年，延安市属各类医疗卫生机构38个，其中市级医疗单位7个（市人民医院、市中医医院、市妇幼保健院、市卫生防疫站、市结核病防治所、市卫生宣教馆、市卫校），中心卫生院5个（蟠龙、姚店、李渠、南泥湾、临镇），乡镇卫生院19个，街道办事处卫生院3个，门诊部（所）4个。在职在岗职工727人，卫生技术人员628人。集体所有制医疗机构2个（市痔瘘医院、口腔门诊部）。市属医疗机构共开设病床446张。

辖区内市以上卫生部门所属的医疗卫生机构有：解放军第三十四医院、延安地区人民医院、延安地区卫生防疫站、延安地区妇幼保健所、延安地区地方病防治所、延安地区药检所、延安地区医科所、延安地区卫校、延安医学院。有卫生技术人员 736 人，开设病床 482 张。此外，辖区内工业企业及其他部门开办的医疗单位有：延安运输公司职工医院、南泥湾农场职工医院、姚家坡农场职工医院、和平医院；门诊部（所）68 个，个体诊所 8 个。有卫生技术人员 277 人，开设病床 154 张。延安市辖区共有各类医疗卫生机构 128 个，卫生技术人员 1641 人。开设病床 1102 张。全市每千人拥有卫生技术人员 5.3 人，每千人拥有病床 3.5 张。

2010 年，宝塔区属各类医疗卫生机构 32 个，其中区级医疗单位 8 个（区人民医院、区妇幼保健院、区疾病预防控制中心、区结核病防治所、区地病办、区合疗办、区爱卫办、区药品配送中心），乡镇中心卫生院 5 所（蟠龙、姚店、李渠、南泥湾、临镇），乡镇卫生院 7 所（梁村乡、青化砭镇、甘谷驿镇、冯庄乡、川口乡、万花山乡、麻洞川乡），城市社区卫生服务中心 7 个（凤凰、南市、宝塔、桥沟、枣园、柳林、河庄坪），农村社区卫生服务中心 8 个（下坪、贯屯、张坪、丁庄、碾庄、元龙寺、松树林、官庄）。

驻区医院主要有延安大学医学院附属医院、延安市人民医院、延安市第二人民医院、延安市中医医院、延安市博爱医院。2010 年取得医疗机构经营许可证的民营医院有延安宝塔山医院、慈善医院、协和医院、俪人医院、阳光泌尿外科医院。其中专科医院 1 家，其余为二级综合医院。

宝塔区人民医院　1977 年，国家投资 191 万元，建设延安市人民医院，1982 年投入使用，开设病床 100 张。1997 年 1 月改称宝塔区人民医院。2008 年区人民医院创建二级甲等医院活动，2009 年 3 月，通过省卫生厅创建二级甲等医院各类指标的评审验收，2010 年通过二级甲等医院评审，成为一所集医疗预防、保健教学、科研康复等综合服务功能为一体的二级甲等非营利性医疗机构。医院占地 1.24 万平方米，医疗用房 1.75 万平方米。拥有职工 320 人，其中卫生技术人员 272 人，副高以上职称 19 人，中级职称 92 人，初级职称 161 人。本科学历 77 人，大专学历 108 人。医院设 32 个科室：临床科室 12 个，医技科室 6 个，行政科室 14 个。

宝塔区妇幼保健院　1990 年称延安市妇幼保健院。1997 年 1 月 1 日延安撤地设市，更名为延安市宝塔区妇幼保健院。保健院共有编制 102 人，有正式职工 66 人，副高以上职称 4 人，中级职称 49 人，初级职称 28 人，本科学历 22 人，大专学历 36 人，中专学历 23 人。医院设有妇产科、内儿科、保健科、检验科、放射科、药剂科、行政办公室、总务后勤科等 8 个科室。

延安大学医学院附属医院　1990 年为延安地区人民医院。1996 年 12 月，改称延安市人民医院。1998 年 8 月，整体划归延安大学，更名为延安大学医学院附属医院。医院为县级建制、事业单位、企业管理。医院主要承担延安大学医学院临床教学、见习、实习、研究生代培。医院位于延安市城区中心街，占地 15.4 万平方米，建筑面积 39.6 万平方米，医疗用房 14.1 万平方米，生活用房 25.5 万平方米。开设床位 1900 张。工作人员 2084 名，其中卫生技术人员 1365 名，主任医师 122 名，副主任医师 174 名，中级职称361名，初级职称424名，行政管理后勤人员719名。医院设置科室124个，其中临床科室52个，医技科室22个，行政后勤科室50个。设有实验室、研究所8个，硕士学位授予点2个。

延安市人民医院　其前身为解放军第三十四医院（俗称513医院）。1999年3月，兰州军区后勤部根据中央军委命令，解放军第三十四医院整体移交延安市人民政府，改称延安市人民医院。医院占地137.42亩，医疗用房面积3.1万平方米，开设病床608张。医院职工810人，其中卫生技术人员676人，高级职称80人，中级职称125人，研究生以上学历27人。医院设置科室60个，其中行政后勤科室23个，临床科室27个，医技科室10个。是一所集医疗、教学、科研、预防、保健、康复为一体的三级乙等综合医院，县级建制，国有非营利性医院。

延安市传染病医院（延安市第二人民医院）　位于宝塔区姚店镇后四十里铺村王庄沟沟口，距市区中心25千米，与姚店工业园区毗邻，占地31.69亩。2007年门诊住院楼、办公用房主体工程竣工，2009年附属设施完成，总投资3162.27万元。建筑总面积7406.5平方米。其中门诊、住院楼5438平方米，办公用房1181平方米，附属用房963平方米。医院为事业单位，县级建制，隶属于市卫生局，在编医务人员57名，其中副主任医师2名、主治医师7名，病床100张。

延安市中医医院　1990年称延安市中医医院，1997年1月改称延安市宝塔区中医医院，2000年12月，整体上划延安市，改称延安市中医医院，县级建制，隶属于延安市卫生局。医院建筑面积5500平方米，其中医疗用房4000平方米。有职工218人，其中卫生技术人员186人，高级职称24人，中级职称70人，初级职称92人。医院设置科室28个，其中行政后勤职能科室12个，临床科室10个，医技科室6个，开设病床120张。

延安市博爱医院　创办于1998年6月。位于市区双拥大道中段，占地4313平方米，建有门诊、住院楼各一栋，医疗用房1.38万平方米，开设病床350张，是一所集医疗、急救、预防、教学为一体的综合医院，2009年通过二级甲等医院评审。医院设置职能科室11个、临床科室13个、医技科室4个、其他科室6个。职工410人，其中卫生技术人员304人，副高以上职称23人，中级职称36人，初级职称245人。

延安宝塔山医院　是一所集医疗、保健、康复、急救、教学为一体的综合性民营医院，是全市新型农村合作医疗定点医院，全市职工医疗保险定点医院，宝塔区城镇居民医疗保险定点医院，市工伤生育保险定点医院，延安市120急救分站。有职工140人，其中业务技术人员110人，主任医师8人，副主任医师11人，主治医师20人，初级71人。医院设有医务科、总务科、财务科、护理部、办公室。

第三节　基层机构

一、中心卫生院

1990年，境内有蟠龙、姚店、李渠、临镇中心卫生院4所，南泥湾地段医院1所。2010年，南泥湾地段医院更名为南泥湾中心卫生院。2010年，全区辖5所中心卫生院

（蟠龙、姚店、李渠、临镇、南泥湾）。中心卫生院拥有专业技术人员 130 名。

二、乡镇卫生院

1991 年，全市有 22 所卫生院（其中街道 3 所、乡镇 19 所），开设病床 69 张，职工 165 人，卫生技术人员 148 人。2002 年 2 月，撤乡并镇，碾庄、丁庄、张坪、下坪 4 所乡卫生院，分别更名为李渠中心卫生院碾庄分院、冯庄乡卫生院丁庄分院、梁村乡卫生院张坪分院、蟠龙中心卫生院下坪分院。2003 年 1 月，4 个分院整体划归李渠中心卫生院、冯庄乡卫生院、梁村乡卫生院、蟠龙中心卫生院，实行委托经营改革，公开招聘委托经营者，固定资产交纳 80%的风险抵押金，可动产一次买断，人员实行双向选择。官庄卫生院由临镇中心卫生院托管经营。2008 年 9 月 19 日，宝塔区委常委会研究决定，将青化砭、甘谷驿、麻洞川、河庄坪、万花山、川口、梁村、贯屯、冯庄、元龙寺、松树林、官庄 12 家乡镇卫生院设为副科级建制，配院长 1 名。2010 年，全区有乡镇卫生院 7 所，开设病床 260 张，在岗职工 285 人，专业技术人员 285 人。

三、社区卫生服务中心

2008 年，中共宝塔区委决定将凤凰、宝塔、南市、桥沟、枣园、柳林 6 家卫生院整体转换为城市社区卫生服务中心。同年 9 月 19 日，将南市、凤凰、宝塔、柳林、枣园、桥沟 6 个社区卫生服务中心转为财政全额预算单位，科级建制，核定编制 183 人。2010 年，增设河庄坪社区卫生服务中心。全区有 7 个城市社区卫生服务中心，有卫生技术人员 201 人。

2002 年以后，随着统筹城乡发展和撤乡并镇，宝塔区先后撤销碾庄、丁庄、张坪、下坪、贯屯、元龙寺、松树林、官庄等 8 个乡的建制，2010 年将撤销乡级建制的 8 所乡卫生院整体改制为农村社区卫生服务中心。

四、村卫生室

1990 年，全市 516 个行政村，建起村卫生室 502 个，覆盖率 97.5%。1996 年覆盖率 98.7%，其中甲级室占 50%以上。2000 年，对 31 个符合标准的村卫生室发放村级医疗机构门牌标识和执业许可证。2004 年，取消村级卫生组织接生业务，村接生员转为保健员。2005 年对取得经营许可证的 231 个村卫生室实行备案管理。2006 年，全区有 303 个村卫生室，其中取得村级医疗机构执业许可证的 74 家，备案管理 229 家，取得乡医资格认定 52 人，考试合格 273 人。2007 年，区政府制定印发《关于进一步加强村卫生室规范化建设的通知》《宝塔区乡村医生补助实施办法（试行）》。全区持证村卫生室 70 个，备案管理 235 个。2010 年，全区规范化村卫生室 433 个，实现村卫生室全覆盖。

五、个人诊所及医务室

1990~2010 年，境内个体诊所及医务室逐年增加，2010 年，全区有个体诊所及医务室 146 个。

第二章 医疗设备与技术

第一节 市区诊疗

宝塔区人民医院 拥有日本东芝CT、动力心电分析仪、肺功能分析仪、自动生化分析仪、数字X线机、移动式X线机、心电图机、心电监护仪、心脏除颤仪、心脏监护除颤仪、电子胃镜、自动洗胃机、有创呼吸机、彩色B超、C型臂、麻醉机、高频微波治疗仪、肛肠电脑综合治疗仪等先进医疗设备。可开展CT引导下盆腔囊肿穿刺、脑出血定位穿刺、臭氧融核术（微创技术）治疗颈腰椎间盘突出症、腓肠神经移植修复术、手外伤神经、血管、肌腱吻合修复、胸腰段结核病灶清除植骨内固定、寰枢椎体脱位的颈髓探查椎管扩大颈枕融合内固定等手术。开展的“氯氨酮复合下小儿臂丛神经阻滞麻醉”技术，特点是用药少，术中患儿呼吸、循环、生命体征稳定，术后苏醒快，解决小儿麻醉中呼吸道管理困难的难题；开展的动脉血气分析的临床应用，甘精胰岛素的临床应用，黛力新治疗抑郁症，比索洛尔治疗心脏病，氯吡格雷治疗心脑血管病取得突出的临床效果。

2008年，筹措资金280余万元，购置彩色心脏B超、拍片机、救护车、消毒锅等大型设备10余件，对检验科、供应室、手术室进行了设备更新；投资120多万元，经4个多月修建污水处理工程；筹措180多万元，对门诊楼、住院楼、医技楼、妇产科、急诊科等进行维修；手术室、供应室两室改造达到省级标准。2009年，投资18万元购置低温等离子治疗仪一台，提高耳鼻喉科对慢性咽炎、慢性肥厚性鼻炎、过敏性鼻炎、慢性扁桃体炎、鼾症、鼻息肉等病症的诊疗技术。10月20日经过公开招标，与西安强生医疗器械公司签订价值134万元的日本奥林巴斯800速全自动生化分析仪一台，投入使用。筹资40多万元，对门诊楼和住院楼内的原水磨石约2000平方米地面进行改铺塑胶地板，对门诊住院楼的楼体粉刷、落水管更换；投资20余万元，对家属区环境进行改造，整修花园，修建篮球场、乒乓球场，新建草坪绿地等。2010年，投资100余万元购置射频治疗仪、臭氧治疗仪、小C臂机住院一整套先进的疼痛微创治疗设备，主要诊治颈、腰椎间盘突出、三叉神经痛、网球肘等疾病，较以往治疗方法具有费用低、损伤小、疗程短、操作简单、病人痛苦小、效益明显等优点。购置中药煎药机、经颅多普勒、电动产床、肛肠治疗仪、骨科显微镜、超声波体检机、无影灯等医疗设备，促进医疗技术的发展和新业务、新技术的开展。医院各护理站、住院处、财务科、药房、门诊收费处、病案统计等实行微机网络管理。经省上产科专家设计，参照延大附院和市人民医院产科建设标准，新建产科用房85.25平方米，改造房屋91平方米，产科的产房、检查室、值班室、隔离产房、待产室、污物室、婴儿洗澡间等面积达到176平方米，解决多年来产科布局不规范、医疗用房紧张的问题。2010年，全年诊疗病人6.9万人次，出院7063人次，手术1705例。病床使用率91.2%，病床周转率35.32次，出院患者平均住院8天。业务收入3489万元。

宝塔区妇幼保健院 有大型医疗仪器20件，救护车3辆，床位50张。开展诊治常见病、多发病和疑难病，开展外科、产科、妇科和计划生育“四术”及儿童保健、妇女保健、婚前保健、优生优育技术服务、监测指导工作，承担妇幼保健的临床、科研和教学。

2009年全区农村孕产妇免费住院分娩项目在妇幼保健院启动，9月底办理发放“农免”卡2600张。全区农村孕产妇免费分娩970人，“农免”补助970人，补助率69.3%，补助金额605828元。特需服务申请277人，申请发生率23.4%；住院分娩全免人数454人，全免率47%。2010年，发放出生医学证明5195份，补发605份。增补叶酸预防神经管缺陷项目发放宣传彩页1600余份，叶酸4817瓶，受益孕妇2917人，叶酸服用率80%，依从率5.5%。5~9月底发放“农免”卡1899张，活产总数1879人，其中农村户口1472人，补助1470人，补助率99.8%，补助金额966743元；住院分娩全部免费人数1470人，“全免”率为100%；剖宫产率17.9%；危重孕产妇抢救率1.97%。全年活产3844人，产妇3829人。产前检查3680人，产前检测率96.1%；孕产妇系统管理3672人，管理率95.6%；住院分娩3843人，住院分娩率99.9%；其中高危孕产妇285人，高危管理285人，管理率100%；孕产妇死亡2例，死亡率52/10万。全区0~6岁儿童19208人，系统管理18888人，管理率98.3%，其中0~3岁儿童10161人，系统管理9945人，管理率97.9%。婴儿死亡33人，死亡率8.8‰；新生儿死亡32人，死亡率8.5‰。

延安大学医学院附属医院 设备门类齐全，先后引进购置美国核磁共振机、德国西门子64层螺旋CT机、美国3100数字化平板绿色环保血管造影机、美国ECT诊断仪、美国9型、7型彩色B超、日立全自动生化分析仪、电化学发光仪、德国血透析机、自动麻醉机、体外循环机、各种纤维胃镜、肠镜、喉镜、支气管镜、内窥镜等大中型医疗设备900余台（件）。医院先后开展过断肢再植、气管吻合、先天性心脏病介入封堵、肾移植、体外循环心内直视术，“863”机器人应用于骨科、神经外科的临床攻关手术等20多项新业务，有的填补陕北乃至全省的空白，有的达到省内及业内先进水平。2010年3月被省卫生厅评审为三级甲等医院。2010年，门诊78.6万人次，住院患者3.83万人次，手术1.25万例。病床周转率27.3次，病床使用率113.6%，治疗好转率97%。平均日留住院患者1675人，危重病人抢救成功率85.3%。

延安市人民医院 拥有16排螺旋CT、DR、CR、C型臂、核磁共振、血液透析机、超乳波切一体机、大型彩色B超、全自动生化分析仪、脑立体定位仪、神经外科显微镜等先进医疗设备。实施“人才奠基，科技兴院”的发展战略，培育起眼科、普外科、心血管内科、骨科、耳鼻喉科、神经外科、烧伤整形手足外科等重点学科和特色专科。先后实施心脏及外围介入手术、眼科玻切手术等较高技术水准的手术，普外科成为陕西省优势科室。从建院到2010年，门诊21.3万人次，出院患者1.58万人次，手术5631例。

延安市传染病医院（延安市第二人民医院） 2009年10月，为防控甲型流感疫情，市第二人民医院应急启动运行，2010年初春应急解除，转入正常运行准备工作。其间，投资1000万元购置了双排螺旋CT、500毫安X光机、彩色B超、全自动生化分析仪等医疗设备，及常用医疗器械、药品。主要承担各类传染病和突发公共卫生事件的医疗、预防、康复、科研、教学工作，承担全市各类急慢性感染性疾病的临床治疗和对各县区医院感染性疾病防治业务指导、人员培训。

延安市中医医院 拥有西门子螺旋CT、CR、ATA红外热像中医自动检测系统、美国GE彩色B超、全自动生化分析仪、腹腔镜、电子胃镜、小C臂、低温等离子治疗仪等先进医疗设备60多台（件）。中医妇科为省级重点专科。中西医结合治疗脑血管疾病、皮肤病、月经失调、胆结石、肝病、肺病、小儿厌食等均有独特疗效，制剂室被国家中医药管理局列为重点中药制剂建设项目，生产的5种剂型39种纯中药制剂产品，经过十几年临床应用疗效显著。2010年门诊7.6万人次，出院患者2366人次，手术604例，业务收入2500万元。

延安市博爱医院 拥有核磁共振、双排螺旋CT、DR、CR、数字胃肠透视机、日本彩超、电子胃镜、气管镜、胆道镜、自动生化分析仪、血流变仪、三分类血球仪、尿分析仪等先进医疗设备50多台（件）。救护车6辆，其中重症监护车2辆。2010年，门诊11万人次，出院患者9000人次，手术2400例，接生婴儿2100人，健康体检4.3万人次，业务收入8000万元。

宝塔区疾控中心 拥有气相色谱仪、原子荧光光度计、原子吸收光度计等高档检验监测设备60多台（件），以及自动调温疫苗储藏冷库、艾滋病初筛实验室。拥有冷链运转、疫情监测、流行病学调查车8辆。2003年12月实验室获得陕西省技术监督局的计量认证。可承担麻疹实验室监测等检测工作。2008年购置彩超等医疗仪器设备价值约100万元。建成艾滋病抗体检测实验室，即二级生物安全实验室，新增艾滋病抗体检测，麻疹、布病检测等30多项新项目；建成全市第一家自动调湿、自动打印、自动报警的疫苗储藏冷库；购置价值200万元的气相色谱仪、原子荧光光度计、原子吸光光度计等检验仪器设备50余台（件）及疫苗冷链专用车，摄像照相和各类办公自动化设备。国家药物维持治疗门诊已筹建完成，中心基础设施建设初见规模。开展对辖区近四万名中小学生一年一度健康体检，开展对各级各类医疗机构的医疗消毒效果监测，室内空气监测、企业职工职业健康检测和健康教育工作。儿童免疫规划工作在全省率先进行管理体制和运行机制改革。2009年4月8日开办国家美沙酮药物维持治疗门诊。实验室新增艾滋病抗体检测，麻疹、布病检测等30多项新项目。5月4日，宝塔区疾控中心召开甲型H1N1流感防控工作紧急会议，拉开宝塔区甲型H1N1流感防控工作的序幕。11月25日，宝塔区甲流感疫苗接种工作启动，第一批甲型H1N1流感疫苗开始接种。2010年，适龄儿童建卡建证率100%，“五苗”接种率分别为：卡介苗99.0%，乙肝疫苗97.0%，脊灰疫苗96.8%，百白破95.7%，麻苗94.6%，“五苗”全程接种率90.0%，流脑疫苗96.0%，乙脑疫苗93.5%。全区查验79所小学、156所托幼机构，应查验儿童27591名，查验率为100%，持证儿童27581名，持证率为99.9%，一类疫苗补种11057针次，补种率为90.7%。开展乙肝疫苗摸底调查及查漏补种工作，摸底调查人数为36034人，补种率为91.66%。全年1～10月无甲类传染病发生，报告乙类传染病16种，计1563例，发病率300.57/10万，死亡1例（甲型H1N1流感），死亡率为0.19/10万。结核病防治全年初诊病人数1018例，登记活动性肺结核392例，其中新涂阳病人106例，复治涂阳18例，涂阴268例。新涂阳病人发现率75.7%，治愈率97%。2010年，开展食品、水质、化妆品、室内环境中的有害物质、生化、血清素等二十类产品中的金属类、蛋白质、农药及其残留量、卫生微生物、致病菌、甲醛、氨、苯系物、氡等260个项目的监测检验。

延安宝塔山医院　开放病床120张，开设临床科室有内科、普外科、骨外科、妇产科、泌尿外科、五官科、口腔科、疼痛科、碎石科、手术室、麻醉科、急诊抢救等10余个临床科室。有CT室、B超室、放射科、化验室、心电图室、消毒供应室6个医技科室。主要医疗设备有螺旋CT、彩色B超、500毫安双管双麻X光机、多导心电图机及工作站、全自动生化分析仪、全自动血球记数仪、全自动尿液分析仪、全自动精子分析仪、电解质分析仪、化学发光分析仪、全自动血流变分析仪、全自动血凝仪、超净工作台、红外线乳腺诊断仪、电子阴道镜、妇科光谱治疗仪、胎心监护仪、心电监护仪、牙科综合治疗仪、全自动呼吸麻醉机等40余台（件）、救护车2辆。能开展胆囊癌根治、胃癌根治、直肠癌根治、微创胆囊切除、胆道结石去除及肝脏、胰腺、甲状腺、肛肠手术，各类创伤复杂骨折复位内固定手术，严重复合伤、儿麻矫形、腰椎间盘突出、髓核摘除、脊柱骨折和畸形矫正、断指（肢）再植、皮瓣移植、人工关节置换、全子宫切除术、改良剖宫产、肾癌根治术、膀胱癌根治、前列腺摘除等诊疗。

2010年，门诊接诊22309人次，出院2534人次，手术652台，检验20814人次，CT 2363人次，B超6847人次，X线检查拍片4137人次，透视209人次，心电图检查3413人次，体检3450人次，药品销售总额68611万元，业务收入1345万元，120急诊出车1010次，接回患者806人。全年开展胃癌、直肠癌、乳腺癌、肾癌根治手术，全髋关节置换、髓核摘除、腰椎压缩骨折复位固定、断指（肢）再植等手术。

第二节　乡镇诊疗

1990年，市财政投资20万元给姚店中心卫生院购回100毫安X光机1台、“712”光电比色计1台。枣园卫生院利用军民共建增添200毫安X光机、B超、心电图机、痔疮治疗仪各1台，救护车1辆。1993年卫生局投资6万元给蟠龙、青化砭、碾庄配置大型X光机、洗胃机、心电图机、高倍显微镜等医疗设备。

1994年，乡镇卫生院增加大型X光机2台、心电图机3台和一大批常用医疗设备。1998年，给6家乡镇卫生院配备“双目”显微镜。2002年，贯屯卫生院利用扶贫项目增添X光机、B超，临镇中心卫生院自筹资金购回高频电刀治疗仪、心电监护仪设备。

2003年，临镇、青化砭卫生院购置尿十一项分析仪、微波治疗仪、十二导心电图机、多普勒胎心监护仪、半自动生化分析仪、立式高压消毒锅；3月，姚店、李渠、临镇、蟠龙、青化砭5个乡镇卫生院购回救护车，开通绿色通道，提高医疗救助和转诊能力。2004 年，柳林卫生院购买 B 超、心电监护仪、微机打印系统。麻洞川卫生院利用扶贫项目添置 B 超、洗胃机。枣园、万花山卫生院利用“健康工程”项目配备 X 光机、心电图机、显微镜、红外线治疗仪。蟠龙中心卫生院利用对口支援增添 200 毫安 X 光机。姚店、南泥湾中心卫生院新购置救护车。

2009 年，卫生系统建立城市医院对口支援农村医疗卫生工作制度，确定由区人民医院对口支援姚店、临镇两个中心卫生院，区妇幼保健院对口支援南泥湾中心卫生院、河庄坪镇卫生院。对口支援单位选派职称高、技术佳、医德好的业务技术骨干承担此项工作，每逢集日派出 3 名以上专家到中心卫生院坐诊，开展业务指导。

2010 年底，乡镇卫生院普遍装备 200 毫安 X 光机、B 超、全自动或半自动生化分析仪、全自动血细胞分析仪、电解质分析仪、尿分析仪、血流变仪、心脏监护仪、母婴监护仪、微量元素分析仪、心电图机、洗胃机、牵引床、供氧消毒设备及救护车等。5 所中心卫生院全部通过一级甲等医院评审。2/3 以上的乡镇卫生院能提供 B 超、心电图、X 光检验等检查服务。临床科室和医技科室基本上可以对常见病、多发病进行有效诊治，基本满足群众就医的需求。全区乡镇卫生院开设病床 260 张，年就诊 82526 人次。

第三节　社区诊疗

2008 年，宝塔区完成柳林社区卫生服务中心建设，投资 150 余万元，于 5 月 20 日开始改建，9 月初完成并投入使用；南市社区卫生服务中心建设，租用马家湾惠泽园小区沟口平方 3 层 42 间，1260 平方米，投入使用；凤凰社区卫生服务中心建设，租用北关邮局后院办公楼 2 层 36 间，1000 平方米，投入使用；宝塔社区卫生服务中心建设，租用区疾控中心一楼和地下室共 1000 平方米，投入使用。投入 30 余万元为 4 个社区卫生服务中心配备了办公设施及医疗设备。

2009 年，建成 6 个城市社区卫生服务中心和 16 个社区卫生服务站，社区卫生服务机构覆盖率达 61%。16 家社区卫生服务站采取政府主办和社会力量参与举办的形式建设完成。政府投入 282 万余元，为 6 个社区卫生服务中心购置了彩色 B 超、全自动生化分析仪、500 毫安 X 光机等医疗设备 151 台（件）；又投入 40 余万元为柳林、南市、凤凰、宝塔 4 个社区卫生服务中心配置办公设施，使社区卫生服务中心的设施设备配置基本达到标准化要求。社区卫生服务覆盖 27.6 万人，覆盖率达 91.1%。建立社区居民健康档案 56111 户、177811 人，建档率达 61.8%，其中长期慢性病患者建档 13805 份（高血压、糖尿病档案 5287 份，其他慢性病 9214 份）。0～7 岁儿童建卡率 100%、建证率 100%，“七苗”全程合格接种率 96.6%，传染病报告率 98.06%，孕产妇系统管理率 99.68%，儿童系统管理率 97.3%。

南市社区卫生服务中心：服务范围北至市场沟（包括沟里）、南关街、高信宾馆巷，西南至财校，南至新新花园、三中对面铁桥巷、三中巷，东至山体，西以凤凰山体及延伸段为界。

凤凰社区卫生服务中心：服务范围北至自来水厂，南至南关街、高信宾馆巷，西至山体，东以河道为界。

宝塔社区卫生服务中心：服务范围北关部分北至杨家岭大桥，南至东关大桥，东至山体，西以河道为界；南关部分南至市场沟桥，东至山体，西以南河为界；东关部分东北至罗家坪桥、联通大街、东兴路，东南以延河为界，西北至山体，西南与北关部分相接。

柳林社区卫生服务中心：服务范围北至新新花园，南至丽景花园，西至山体（含柳林巷），东以河道为界。

枣园社区卫生服务中心：枣园川区域西北至裴庄，南至杨家岭大桥、石佛沟大桥，东、西以山体为界；兰家坪区域东北至“四八”烈士陵园，西南至杨家岭大桥，东南以河为界，西北至山体。

桥沟社区卫生服务中心：服务范围北至常泰药业路口、川口路口，南至联通大街、东兴路，西至山体，东至延河。

2010年，完成河庄坪社区卫生服务中心的转型改造工程，建成向阳社区卫生服务站，社区卫生服务机构覆盖率75%。投入40余万元为枣园、桥沟两个社区卫生服务中心购置办公及医疗设施设备。开展居民健康档案建立工作，全区建立城市社区居民健康档案247508人，建档率76%。落实社区卫生服务“六位一体”功能，深化社区卫生服务内涵建设，重点人群健康管理工作实质性展开。全区城区0～7岁儿童建卡建证率、“七苗”全程接种率、传染病报告率、孕产妇系统管理率、儿童系统管理率基本达到国家标准；慢性病患者中高血压病人规范化管理4233人，糖尿病患者规范化管理1320人，规范化管理率分别为77%、82%；65岁以上老年人进行免费健康检查，体检8681人，体检率85%。严格公共卫生考核。对7个城市社区卫生服务中心、16个社区卫生服务站开展公共卫生服务项目考核，考核结果兑现各社区卫生服务机构项目服务经费221.5万元。年内，投资471万余元购买马家湾小区12区1#A、B楼的2～3层共8套房，面积1630.58平方米，作为南市社区卫生服务中心业务用房。宝塔区政府出台《城市妇幼卫生社区工作方案》，率先在南市社区卫生服务中心启动以政府购买妇幼卫生为基础的管理模式，实行服务中心统管制度。

同年，区政府出资70余万元为6个城市社区卫生服务中心购置办公设施。派送56名工作人员参加全省各类培训班11期。社区卫生服务中心有84名人员获得授权卫生从业资格。农村社区卫生服务中心坚持“六位一体”的运行管理模式，设置全科门诊（内、外、妇、儿）、妇保、儿保、慢病管理、健康教育、体检、计划免疫、合疗办等科室及信息、检验、放射、B超、中西药房等医技科室，设有病床和留观床，可开展预防、医疗、保健、康复、健康教育、计划生育指导等治疗卫生服务。

第三章 疾病防控

第一节 计划免疫

1992年起，延安市每年4月25日为“预防接种日”，各医疗单位走上街头向市民宣传计划免疫知识。1996年10月，延安市成立世界银行贷款卫生Ⅶ项目领导小组。该项目覆盖延安市27个乡镇，32万多人口受益。项目内容有：冷链装备投入（包括贷款和配套）35.47万元，人员培训投资15.4万元，计划免疫管理和监测投资14.55万元，项目总费用102.47万元。具体目标为：巩固消灭“脊灰”和消除新生儿破伤风成果；控制麻疹发病；资助乙肝疫苗购置费用，使之纳入计划免疫管理。

2003年，区政府印发《关于规范城区儿童计划免疫工作的通告》，对由三个街道办事处卫生院承担的计划免疫工作全部划归区疾控中心管理实施，实行一体化管理，一条龙服务，一站考核；农村实行区疾控中心和乡镇卫生院两级管理。区疾控中心负责预防用生物制品的预算、订购、分发和周转储存，区卫生局统一监督和管理，确保疫苗接种的质量。4月，在城内七里铺、马家湾、北关、南关、文化沟、翟则沟、尹家沟、丁泉砭分别建立8个规范化预防接种门诊，实行统一标识、统一制度、统一核算、统一计算机网络化管理、统一考核奖惩的“五统一”管理模式。采取每日门诊接种、预约上门入户接种、定期查漏补种等方法，开展儿童免疫规划工作。

2004年，开始实施《产科医院首诊建证建卡制方案》，接生医院在新生儿出生245小时内为其接种卡介苗和乙肝疫苗第一针并登记建证，然后将所有新生儿预防接种信息反馈到区疾控中心，再按儿童居住区域分送城区各预防接种门诊和乡镇防保科实施后续接种。2004年秋季入学开始，每年春秋两季开学报名时，对入托入园入学儿童开展查验预防接种工作。

2005年，由20个相关部门组成的宝塔区计划免疫工作综合协调领导小组，制发《宝塔区计划免疫工作管理办法》《宝塔区流动人口适龄儿童计划免疫管理办法》《宝塔区流动人口适龄儿童计划免疫管理相关部门职责》，计划免疫形成政府主导、卫生牵头、部门联动、齐抓共管的工作机制。针对少数儿童家长观念落后，未给孩子进行预防接种的情况，2005年，区卫生局与区疾控中心联合组建“流动适龄儿童拒种干预工作队”，采取多种办法动员家长为儿童接种疫苗。

2006年1月1日，出台《宝塔区一类疫苗补助实施办法》，对全区0~7岁儿童一类疫苗免费接种，包括卡介苗、乙肝疫苗、脊灰疫苗、百白破三联疫苗、白破疫苗、麻疹疫苗、流脑疫苗、乙脑疫苗8种疫苗，费用全部由政府负担。2006年2月，制定《全区防疫专干管理办法》《城区医院新生儿乙肝疫苗卡介苗首针接种工作规范》，产科医院遵循“谁接生谁接种、谁宣传谁报告”的原则，负责新生儿乙肝疫苗卡介苗接种工作，开展孕妇乙肝血清学检测，阻断乙型肝炎母婴垂直传播途径。

2007年，根据《宝塔区预防接种门诊建设标准》和《宝塔区预防接种室建设标准》，对全区预防接种单位和预防接种工作人员进行资质认证，确认30个预防接种门诊，10个预防接种室，111名预防接种工作人员。

2008年8月1日，全区实施扩大国家免疫规划工作，在原8种疫苗的基础上，将甲肝疫苗、麻腮风疫苗、A+C群卡流脑疫苗纳入免疫规划，11种疫苗预防12种传染病。

2010年，全区共查验79所小学、156所幼儿园，查验儿童27591人，查验率为100%；持证儿童27581人，持证率为99.9%；一类疫苗补种11057针次，补种率为90.7%。

第二节　地方病防治

宝塔区主要有克山病、大骨节病、地方性甲状腺肿大等三大非传染性地方病，主要发病区在宝塔区南部。

一、“三大”地方病

1991年，延安市进行地方病线索调查，全市有克山病患者67人，大骨节病366人，甲状腺肿大195人。

1992年5月，确定南泥湾镇马坊行政村为“两病”（克山病、大骨节病）监测点，实查477人，克山病患者6人（均系原发病人），7～13岁儿童未发现大骨节病患者，“两病”发病基本处于稳定状态。主要源于水质改良、居住条件改善、大棚菜种植推广、食用菜不再单一、食用碘硒盐推广及人们生活水平提高等，无急发新发病例。

1996年5月，开展消灭碘缺乏病宣传月活动，对全市10个食盐销售点进行定性定量监测，共监测食盐572份，合格528份，合格率90.7%。

1997年5月，对临镇镇中心小学7～14岁学生640人进行甲状腺病调查，查出甲状腺肿大125人，肿大率19.5%。同时，对市区8所小学181个班级7～14岁学生13287人进行调查，甲状腺肿大2471人，肿大率18.6%。

1998年8月，对南泥湾、松树林、麻洞川、临镇4个乡镇8个行政村进行克山病、大骨节病调查，共调查2435人，查出克山病患病人数48人，患病率为1.97%，大骨节病患病人数66人。

1999年7月18日，对区属30所中小学7～16岁27744名学生进行大骨节病、碘缺乏病普查，查出疑似大骨节病108人，患病率为0.47%；碘缺乏病1725人，患病率为7.7%。

2002年，监测生产、销售部门、居民碘盐1780份，合格率为99.9%。监测在校学生尿碘12份，全部合格。完成全区10所学校1000名学生的甲状腺肿大普查，查出患病146人，患病率为14.6%。开展大骨节病普查工作，实查2352人，患病894人，患病率为0.38%。

2003年，共普查7~16岁中小学生35502人，未发现大骨节病例。甲状腺普查4417人，查出患者37人，患病率为0.83%，对200人进行预防性服药（碘油丸）。

2009年，对9个乡镇36个行政村采集碘盐288份和宝塔区盐业公司碘硒盐27份，合格率均为100%。抽取15所小学8~10岁学生10255人进行甲状腺监测，一度肿大65人，肿大率5.7%。对川口、李渠学校7~14岁学生136人发放碘油丸，预防碘缺乏病，治愈甲状腺肿大119人，治愈率88%。采集8~10岁100名学生尿液，尿碘指标正常。全区克山病、大骨节病、甲状腺肿大三大地方病无新发病例，呈稳中下降态势。

2010年，对桥沟等9个乡镇的36个行政村采集碘盐288份，合格率为100%。在宝塔区盐业公司采集碘硒盐27份，合格率为100%。居民户采集碘盐96份，合格95份，合格率为98.95%。甲状腺监测抽取5所小学8~10岁学生210人，其中一度肿大12人，肿大率5.77%。对河庄坪、柳林、蟠龙3所学校7~14岁以上的163名学生发放碘油丸，完成全程治疗。对北关小学、区三中等10所学校的1000名中小学生进行甲状腺肿大筛查工作，查出甲状腺肿大患者19人，肿大率为1.9%。开展地方病示范县建设工作，在23个乡镇、办事处进行摸底调查，碘缺乏病调查422742人，查出缺碘性甲状腺病人6175人；大骨节病调查320471人，拍手片50人，查出大骨节病841人；氟斑牙调查3161人，查出患病4人；克山病调查29764人，查出慢性克山病5人。在全区小学4~6年级的学生及18~40岁的育龄妇女中开展地方病健康教育活动，知晓率分别为93.04%和87.83%。

二、布鲁氏杆菌病

2003年4月，川口、临镇、麻洞川、姚店4个乡镇、16个行政村出现布鲁氏杆菌病疫情。医护人员对50831名高危人群进行流动调查，采集疑似人群血样930份，普查农户饲养牛、羊44059只；确认布病患者83名，并予免费治疗，对56只病羊、2头病牛，全部采取捕杀焚烧深埋的办法处理，切断布病发生的源头。2004年6月，在全区开展布病流调工作，查出有症状35人，确诊13人，全部免费治疗，12人痊愈，1人好转。

2006年，宝塔区开展布病线索调查，共调查20个乡镇、304个行政村的6866户养殖户、31049人及羊12538只、牛5146头，未发现布病疫情。

2009年，对青化砭等7个乡镇进行布病监测，采集养殖户和丁家沟屠宰从业人员血液标本716份，监测布病阳性7人，阳性率1.8%，治愈4人，好转3人。

2010年，在青化砭等9个乡镇进行布病监测，采血331份，调查养殖户及牛羊肉加工人员810户、3170人，确诊布病患者14例，及时进行治疗和回访工作。

第三节 传染病预防

一、消灭脊髓灰质炎强化免疫

1990~1992年，脊灰疫苗接种主要是常规免疫，按照国家免疫规划疫苗免疫程序进行接种。从1993年起，为了彻底消灭脊髓灰质炎，阻断脊灰野病毒的输入，根据陕西省消灭脊髓灰质炎活动工作安排，1993~2005年，每年的12月5~6日和次年的1月5~6

日为强化免疫日，对0～47月龄适龄儿童进行强化免疫接种，累计接种26.8万余针次。为巩固宝塔区消灭脊髓灰质炎成果，维持无脊灰状态，2008年12月5日至2009年1月5日，宝塔区开展两轮脊髓灰质炎强化免疫活动，接种对象为0～4岁儿童，共4万多名儿童，无论以往免疫接种时如何，不管居住地和出生地，一律接种两粒糖丸疫苗。1990～2010年，全区未发生过脊髓灰质炎病例。

二、预防控制艾滋病

2001年8月8日，成立延安市宝塔区预防控制艾滋病领导小组。每年12月1日开展艾滋病宣传，提高广大人民群众艾滋病的防治意识，杜绝艾滋病的发生。2003年3月8日宝塔区疾控中心开设社区美沙酮药物维持治疗门诊，教育引导吸毒人员口服美沙酮药物，减少艾滋病等传染病的发生，至2010年共接收病人300多人。2005年，开始对市戒毒所、劳教所、看守所吸毒人员进行哨点监测，累计检验血清2400人份，未检出艾滋病阳性患者。同时，对“两劳四所”羁押人员进行艾滋病血清学筛查，累计检验1.2万人份，检出艾滋病阳性携带者2人。2010年对艾滋病感染者随访371次，免费发放药品，落实党和政府“四免一关怀”政策。

三、防治禽流感

2004年1月，宝塔区政府制定《宝塔区突发性禽流感疫情应急处理预案》，成立防治禽流感工作领导小组。根据卫生部要求，下发《人禽流感诊疗方案（2005版）》，制定宝塔区应对流感大流行准备计划及应急预案。区卫生局下发《关于严格防范高致病性禽流感人间传播的紧急通知》，要求各单位必须做到加强信息沟通；配合区畜牧局摸清底子，加强疫情监测；做好技术及物资储备工作；广泛开展健康教育等四个方面的工作。抽调32人分4个组，利用年终考评时间，对全区医疗单位、疾控机构的防控工作，进行全面的检查督导，使全区进入防控战备状态。开展以下人间禽流感防控专业培训工作。流行病学培训3次，30人接受人间禽流感防控流行病学专业培训。临床培训1次，48人接受人间禽流感防控临床专业培训，各大医疗机构实行预检分诊制度。实验室技术培训2次，16人接受人间禽流感防控实验室技术专业培训。40人接受人间禽流感防控卫生监督人员专业培训。组建应急处置队伍60人（疾控人员30人、卫生监督人员10人、临床医务人员12人、卫生局24小时值班8人）。物资储备有消杀器械13台，消杀药品200千克、应急预防性药品100千克，抗病毒药物数量充足；医疗器械有呼吸机3台；防护用品有防护服20套、防化服20套、口罩1500个、雨鞋20双。建立宝塔区人间禽流感应急专家组，开展人间禽流感应急处理演练活动1次，其中与区畜牧局共同演练1次，单独演练1次。利用各种形式，广泛开展禽流感防治知识的宣传和健康教育，主要采取上街宣传、设立禽流感知识咨询台、医院门诊醒目张贴宣传报、发放宣传资料等，咨询人数共1200人，发放宣传单2500份、宣传画1000张。积极引导群众养成良好的卫生习惯，搞好厨房卫生，不接触和食用病死禽，不饮用生水和不食用不洁食品，增强自我防护意识。

四、麻疹疫苗强化免疫

2003年，全区累计报告疑似麻疹病例133例。针对麻疹散在局部流行趋势，专业技术人员开展麻疹流行病学调查，并采取行政干预措施，对城市三办及相邻乡镇的0～7岁儿童进行拉网式的摸底调查和麻疹疫苗查漏补种，共摸底登记儿童3499人，查漏补种1117人，有效控制麻疹暴发流行。2007年，区政府成立麻疹疫苗强化免疫工作领导小组，制定《宝塔区2007年麻疹疫苗强化免疫实施方案》，召开420余人参加的动员大会，组建强化免疫督导组、医疗救治组、预防接种异常反应诊断处理组。抽调近300名工作人员，对97所幼儿园、192所小学、41所中学的78203名在校适龄儿童和15365名散居儿童进行登记和拉网式搜索，接种率为96.8%。

五、防治甲型H1N1流感

2009年9月29日，延安市确诊首例输入性甲型H1N1流感病例，宝塔区迅速启动应急预案。区医院、区妇幼保健院设立发热门诊，河庄坪卫生院确定为医学观察点，实行24小时值班制和每日疫情零报告制。疫情未发生流行。2009年全区共报告甲型流感确诊病例102例（外县10例），辖区有17所学校陆续发现疫情。宝塔区政府及时制定《宝塔区甲型H1N1流感疫情防控方案》，成立防控应急指挥中心，启动疫情监测和24小时值班制度。对146所大、中、小学、幼儿园甲流防控措施进行督导检查，各学校开展晨检、消杀、登记、报告制度。全年接种甲流疫苗4万余人，出动流调、消杀队200余次，确定密切接触者和医学观察人员5600人，下达停课建议35份。

六、防治结核病

1994年8月15日，开始实行结核病登记报告制度，对确诊的结核病人（包括肺结核和结核性脑膜炎）报出《结核病报告卡》。1996年对结核病人实行归口管理，除危重需住院治疗者外，所有的疑似或确诊结核病人按乙类传染病的报告时限要求报告，并及时转诊到市结核所进行检查治疗，登记管理，督导化疗，不得擅自进行治疗。1998年延安师范发现结核病疫情，经过对340多名学生进行结核菌素试验查出结核病7例。2004年4月1日启动结核病控制项目工作，成立结核病防治领导小组，制定《宝塔区结核病防治规划（2004~2010）》，政府财政落实“人均0.10元的结核病防治经费”，完善结核病防治网络建设，实现以乡为单位现代结核病控制策略（DOTS）覆盖率100%目标。2001~2010年，初诊病人数6181例，确诊结核病患者2397例，其中新病人645例，复治涂阳161例，涂阴1591例。初诊查痰人数5935例，查痰率96%，完成治疗806例，治愈731例，治愈率90.5%。综合医院报告肺结核病人1325例，转诊1285例，追踪病人1063例，追踪率100%。2007年9月28~30日，延园中学突发结核病4例，结核菌素试验（PPD）筛查6103人，X线透视841人，发现PPD强阳性307人，结核病9例（其中延园8例、延安中学1例），预防治疗278人，历时1个月。

七、“非典”及其传染病防治

2003年4月，非典型性肺炎（SARS）在全国多数省份迅速蔓延，根据中央、省、市《关于加强非典型性肺炎防治工作的通知》精神，严防“非典”进入市区，区上抽调23名区级领导，46名科级干部，组成23个督导小组，深入乡镇、办事处督查预防“非典”工作，区财政拨付70万元专项资金，用于“非典”防治。预防工作中，区政府与各乡镇、办事处签订管理目标责任书，村村成立由村民组成的“护村队”。开展声势浩大的全民爱国卫生运动，彻底清扫生活环境，全力预防“非典”疫情的传播。区卫生局整体转变为“非典办”，全区形成纵向到底、横向到边、条块结合、协调作战的防控体系。防治“非典”期间，先后印制各种辅导教材800册、公告130份，印发“非典”宣传资料15万余份。累计消毒单位2.6万个次，面积4631万平方米；家户101万户次，面积9039万平方米。4月26日至6月10日，分别在李渠、枣园镇、河庄坪镇设立3个消毒站，对过入境车辆进行消毒，对过入境旅客及司乘人员进行体温测量，对疑似人员进行隔离、留观、流调处理。在城内设立2个消毒点，对公共汽车、出租车等车辆进行消毒，共消毒车辆18.4万车次。全区发热门诊共接诊病人608人，其中发热病人183人、留观154人。在石窑宾馆设立观察点，对从疫区归来人员进行留观，共留观612人，居家留观719人。举办“非典”防治知识培训班94期，培训医护人员1721人次，培训医疗骨干112名。全区未发生一例确诊或疑似“非典”病例。7月初，区政府重新修订《宝塔区预防控制传染性非典型性肺炎工作方案》，并出台《宝塔区2003年至2004年预防控制传染性非典型性肺炎医疗工作方案》，“非典”防治工作由常态转入应急状态，各医疗单位恢复疫情监测报告制度和值班制度，以及首诊医院首诊医生负责制和预检分诊制，直至疫情消失。

2004年1月1日，全区省、市、区三级综合医院、7个社区卫生服务中心和20个乡镇卫生院全部实现传染病网络直报，提高传染病疫情报告的及时性、准确性。

2006年，宝塔区分别对七里铺小学风疹暴发疫情、甘谷驿镇唐坪小学群体性不明原因发热疫情快速完成流调，及时布置防控方案，使疫情很快得到控制。

2010年，宝塔区先后出台《宝塔区传染病疫情报告工作规范》《突发公共卫生事件网络直报制度》等一系列规范性文件。对辖区内的厂矿企业单位职工医院的传染病管理报告工作进行重点整顿，对各级各类医疗单位的传染病管理报告工作进行定期督导。制发《关于进一步加强学校传染病防治工作的通知》，明确各学校传染病疫情报告员的职责。先后举办“麻疹防治”“人禽流感防治”“猪链球菌防治”“肺结核防治”“艾滋病预防知识”“突发公共卫生事件网络直报”等培训班，共培训人员600多人次。在公共场所、乡镇养殖户和娱乐场所等地方开展宣传“艾滋病预防知识”“非典防治”“人禽流感防治”“手足口病防治”等各种传染病防治知识20多次，散发各种宣传画册、宣传单15万余份，受教育群众25万人次。先后对麻疹疫情、水痘疫情、流行性腮腺炎疫情等传染病进行流行病学调查30多次，对1例伤寒带菌者、疑似猩红热病例进行快速追踪和个案调查。

2010年底，宝塔区报告法定乙类传染病16种1563例，发病率为300.57/10万，死亡甲型H1N1流感1例，死亡率为0.191/10万；丙类传染病6种649例，发病率为124.81/10万，无死亡病例；报告性病6种40例，发病率为161.541/10万，无死亡病例；未发生甲类传染病。传染病报告率由原来的94%提高到99.39%，报告及时率由原来的7.8天缩短到0.79天。

第四节 慢性病防治

2010年，慢性病防治工作正式启动。同年9月，区疾控中心设立慢性病科，主要承担全区慢性病的业务指导、管理、考核等工作，制定出台慢性病防治工作流程、工作职责、网络报告等制度。全区共管理高血压病人 4233 人，管理率 77%；管理糖尿病病人 1320 人，管理率 82%。

第五节 健康教育

2003 年 1 月，成立宝塔区健康教育所，与宝塔区疾控中心两块牌子、一套机构。每年结合爱国卫生月、“3·24”世界结核病宣传日、“4·25”预防接种宣传日、“5·15”地方病防治宣传日、“5·31”世界控烟宣传日、“12·1”世界艾滋病宣传日等各种卫生日以及科技、文化、卫生“三下乡”活动，组织开展形式多样的进农村、下社区、上街道宣传咨询活动，印制散发健康教育宣传单、宣传册、宣传画 140 多万张。同年 7 月，创刊《健康教育通讯》，向市民宣传疾病预防、卫生保健等卫生科普知识。与延安电视台、宝塔电视台先后制作“加强学校卫生工作刻不容缓”“计划免疫，加固儿童的健康屏障”“又到预防流感时”“室内空气污染，不容忽视的致病隐患”等电视专题节目，不定期地在《延安日报》等报刊发表宣传卫生知识的文章。

2007 年 5 月，陕西省健康教育所专家分别在育英中学、区四中、七里铺小学和延安大礼堂举办 4 场“青少年健康教育大课堂”讲座，近万名中小学师生、儿童家长聆听讲座。2008 年 9 月，组队参加延安市“全国亿万农民健康素养”知识竞赛、陕西省农民健康知识大赛，分别获得一等奖和团体第二名。2008～2009 年连续两年承担“中国公民健康素养监测项目”。对东关街社区和马家湾社区居民 500 人次开展健康知识抽样调查。2009 年 7 月，邀请陕西省健康教育所专家在延安实验中学举办“社区居民健康教育知识大讲堂”，300 余人参加讲座，并开展义诊活动。

第四章 公共卫生

第一节 爱国卫生

一、爱国卫生运动

1990 年，在“爱国卫生活动月”组织群众开展周末义务劳动，将活动效果检查评比结果全市通报。1991 年，建成地区工商行、党校、市二幼等 9 个卫生先进单位。以“两管五改”为中心，加强农村爱国卫生工作。确定“以月奠基、以月促年、抓办实事、注重效果”的“爱国卫生月”指导思想。1992 年，调整充实爱卫会组织，确定委员部门 26 个。组织卫生整顿活动，改变脏、乱、差现象。设立公布爱国卫生监督电话，录制发放《陕西省城市市容卫生管理监督办法》。新修、维修向阳沟、宝塔小学巷、市工业局旁3个垃圾台、2座厕所。1993年，在“四山”和机关单位共植树14.6万株，栽盆花4.5万盆。开展以“卫生部门和卫生工作者反对吸烟”为主题的世界无烟日活动。1994年11月，陕西省卫生检查团一行16人对延安市创建卫生城市工作进行全面检查。“爱国卫生月”组织3个街道办事处上街宣传江泽民、李鹏等党和国家领导人对爱国卫生工作的题词等。1995年，集中力量确保小康村、百强村改水改厕100%（其中双瓮式卫生厕所占90%），加强农村健康教育，印发《应知应会30题》。1996年，整治环境卫生，创建卫生城市。以良好的对外形象迎接党中央、毛泽东主席进驻延安六十周年庆典。

1997年，撤市设区后，城市卫生管理的职能由宝塔区移交市政府管理，区爱卫办负责农村环境卫生。1998年10月，全省城市卫生检查团对宝塔区检查，肯定成绩，提出建立污水处理设施。1999年9月，省、市爱卫会抽调宝塔区爱卫办对榆林地区各县城卫生进行检查。宝塔区提出区级单位“十星级”评定，区爱卫办制定出“环境卫生星”“形象良好星”标准。2000年，宝塔区开展大规模灭鼠爱国卫生运动，市区鼠密度大幅下降，受省爱卫办表扬。2001年，动员群众开展爱国卫生运动，加强对辖区各级卫生先进单位的扶持指导，分类实施，使卫生先进单位的卫生水平得到巩固提高。

2002年，宝塔区政府认真组织开展“爱国卫生月”活动，并抽调5名副区长分别深入三办和各乡镇进行检查。同时，制定“除四害”五年工作规划。2003年，重点解决群众反映的热点、难点问题，取缔一批卫生不达标的经营户和马路市场。2004年，为创建省级卫生城市，成立宝塔区创卫办。办公室设在区爱卫办。2005年，宝塔区召开政府常务会6次、创卫指挥部领导会10次、创卫指挥部办公会18次，研究创卫和环境卫生整治工作，迎接创卫验收。组建保洁员队伍，进行岗位前培训，统一配发服装及清扫保洁工具，制定《宝塔区保洁员管理试行办法》。将卫生示范村建设确定为宝塔区2005年十件大事之一，建成卫生示范村40个、高标准卫生示范村11个。区委、区政府投入133万元，在各乡镇公路沿线建成公厕129座、垃圾屋427个、垃圾场19个。加大改厕力度，积极争取省、市配套资金，在枣园、柳林、冯庄、桥沟、万花山改建双瓮漏斗式厕所1100座。11月，经省验收团检查验收，取得省级卫生城市达标。

2006年3月，成立宝塔区环境卫生督查队。对425名保洁员建档立卡，举办培训班46次。“爱国卫生月”创作编排以“建设社会主义新农村、开展爱国卫生运动”为主题的大型文艺节目，在李渠、姚店、青化砭、临镇、蟠龙等集镇巡回演出。投入大量财力、人力、物力治理宝塔山周边和机场公路沿线的环境卫生，在机场路制作945米的宣传广告牌。加强社会主义新农村环境卫生基础设施建设，在全区18个新农村修建公厕21座、垃圾屋55个，河庄坪镇井家湾休闲山庄建成高标准公厕3座、垃圾屋2个，完成双瓮漏斗无害化改厕20座。2007年，雇用工人清理杨家岭水渠的淤泥和陈年垃圾，对柳林、李渠、姚店、甘谷驿进行重点整治。

2008年，对爱卫会委员部门进行调整，由原来的17个增加到25个。制发《宝塔区爱卫会委员部门工作职责》《宝塔区保洁员管理办法》，修订完善爱卫办主任、副主任和督查队队长、副队长工作职责。爱国卫生活动月，组织城市三办在解放广场举行“整治卫生、营造和谐、喜迎奥运”为主题的万人签名活动，累计散发宣传画、传单3万余份，参加单位216个。及时处理12起环境卫生投诉事件。在柳林、南泥湾等村建成高标准垃圾屋12个，双瓮漏斗式无害化厕所130个，全年共创建省级卫生先进单位1个、市级2个、区级示范村2个。

2009年，召开以“落实科学发展观、营造清洁环境、共建和谐宝塔”为主题的爱国卫生月活动启动仪式，邀请市区有关领导出席，散发宣传资料3万余份、环保手提袋5000个。细化485名保洁员的卫生责任区，撤换部分出工不出力的保洁员，提高保洁能力。组织开展扎实有效的环境卫生集中整治，将活动任务层层分解落实到位，形成市区联动、区乡联动、乡村联动、协调发展的环境卫生整治工作新格局，全年共接待重要活动16次。同时，加大环卫基础设施建设，新修垃圾屋（坑）227个、垃圾场20个，清除卫生死角3000余处，累计上劳人数10万人次。召开全区城乡环境卫生综合整治表彰大会，区委、区政府出资33.4万元，奖励一批先进集体和个人，同时将环境卫生整治工作纳入各乡镇、办事处年度考核内容，设立单项奖，年初在全区工作会议上进行表彰奖励。制定《关于进一步加强卫生先进单位创建工作的通知》，进一步明确各级卫生先进的考核方法，各级卫生先进的命名期限为五年，命名期限满后，由区爱卫会重新复核、命名或报上级重新命名，创建省级卫生先进单位2个、卫生示范村2个；市级卫生先进单位3个、卫生村2个；区级卫生村10个。

2010年，举行以“净化美化市容，共创美好家园”为主题的爱国卫生月活动启动仪式，邀请市区有关领导出席并讲话。出台《宝塔区环境卫生考评细则》，与各乡镇、办事处、委员部门签订环境卫生目标责任书。将重要接待任务和服务好各项活动纳入工作日程，及时制定切实可行的工作方案，累计接待任务15次。同时，十分注重群众来电、来访反映的卫生热、难点问题，解决大砭沟附属医院家属楼、马家湾水利局家属楼乱倒垃圾等8起投诉，全年累计下发整改通知28次，罚款2650元，上缴财政2650元。创建省级卫生先进单位2个、卫生示范村1个；市级卫生先进单位10个、卫生乡镇5个、卫生村6个；区级卫生先进单位2个、卫生村12个。大力开展以健康知识为主的宣传教育活动，组织机关干部职工深入社区、乡村，向市民群众宣传卫生健康知识，散发《健康知识应知应会》3000余册，“四包两禁止”宣传折页2600多份。

二、创建卫生城市

1992年，开展宣传、贯彻落实《陕西省城市市容卫生管理监督办法》，坚持以“爱国卫生月”活动为突破口，以月奠基、以月促年、抓办实事、注重实效，在全市组织开展声势浩大的“五整顿一打击一转变”活动，有效地改变市容卫生脏、乱、差现象。1997年1月，市容卫生管理职能划归延安市，宝塔区爱国卫生工作转向农村环境卫生管理。

2004年，中共延安市委、市政府制发《延安市创建国家卫生城市实施方案》，把创卫工作列入“一把手”工程，实行目标责任管理和一票否决责任考核机制。宝塔区成立创卫指挥部及其办公室，大力开展创卫工作。2005年，中共宝塔区委、区政府提出“完善设施、强化管理、立足长效、全面提升”的工作思路，以创建国家卫生城市为目标，以完善创卫长效机制为核心，坚持创管两手抓，推动创卫工作取得新突破、新提高。同年，延安市区被授予陕西省卫生城市称号。2009年，创卫以“落实科学发展观，营造清洁环境，共建和谐宝塔”为主题，扎实开展环境卫生集中整治，形成市区联动、城乡联动、协调发展的创卫工作新格局。

2010年，创卫以“净化美化市容、共建美好家园”为主题，加大创卫巩固提高工作。制定《宝塔区环境卫生考评细则》，与各乡镇、办事处、委员部门签订环境卫生目标责任书。坚持“市、区统一指挥，以块为主，条块结合，重点突破，综合整治”的原则；按照“规划到位、法规到位、教育到位、措施到位”的要求，全面落实门前“四包两禁止”。对沿街叫卖、乱设摊点、乱停乱放、乱修乱建、乱贴乱画、乱泼乱倒严重影响市容卫生的六大顽症进行取缔和整治。2010年，全区建成卫生先进单位179个，其中区级39个、市级77个、省级63个。

三、创建卫生村镇

1990年，中共延安市委、市政府制定《延安市农村实现2000年人人享有保健战略规划》，市卫生局制发《延安市初级卫生保健规划》，在临镇进行试点，开展初级卫生保健工作。

1995年，全面开展改水改厕、村卫生室建设和健康教育为重点的初级卫生保健工作。1996年，市初级卫生保健工作经省上验收达标。1998年，初级卫生保健工作以改水改厕为重点，全区完成改厕23967户，安全饮用水受益173816人。1999年，完成改厕23967户，安全饮用水受益173816人，占农村人口总数的81.3%。

2005年，区政府把卫生示范村建设定为宝塔区十件大事之一。建成高标准卫生示范村11个，卫生村40个。投资133万元，在各乡镇公路沿线建成公厕129座，垃圾屋429个，垃圾场19个。在枣园、柳林、冯庄、桥沟、万花山等乡镇改建双瓮漏斗式农家厕所1100座。2006年3月，成立宝塔区环境卫生督查队。在全区18个新农村修建公厕21座，垃圾屋55个。在河庄坪镇井家湾休闲山庄建成高标准公厕3座，垃圾屋2个，改建双瓮漏斗式农家厕所20座。

2007年，依据《宝塔区卫生乡镇、卫生村和卫生示范户标准及考核命名办法》，在全区农村开展创建活动。建成省级卫生示范村2个、市级卫生村2个、区级卫生村10个。

2010年，以创建国家卫生城市为标准，以提升卫生城市总体水平为抓手，以创建卫生村镇为基础，以“净化美化市容，共建美好家园”为主题，开展创卫工作。拓展宣传教育的深度和广度，印发宣传资料4万余份，发放环保手提袋5000个，悬挂横幅25条；发放《健康知识应知应会》3000余册，“四包两禁止”资料2600多份，教育市民群众摒弃不良卫生习惯，倡导科学、文明、健康的生活方式。建成省级卫生先进单位2个、卫生示范村1个、市级卫生先进单位10个，卫生乡镇5个、卫生示范村6个，区级卫生先进单位2个、卫生示范村12个。2010年底，全区共建成卫生乡镇21个，其中省级2个、市级6个、区级13个；卫生村43个，其中省级3个、市级7个、区级33个。

第二节　食品卫生

1990年，对全市3600名食品从业人员进行健康检查和换发证工作，体检率为

97.3%，发证率为90.2%，查出传染病64人，全部调换工作岗位。进行食品卫生执法大检查6次，共检查从业单位1069个，查收低劣、霉变、鼠咬食品240千克，销毁伪装汽水163瓶，塑料吸管640支。

1991年，全市食品从业单位578个，发放卫生许可证541份，发证率93%；从业人员3800名，体检3722名，体检率98.21%，发证率100%。查出患病人数63名，调离率100%。监测食品样品413份，合格310份，合格率75%，销毁各类变质食品143千克，假、劣、变质软管、饮料、罐头4510支（听、筒），价值1200多元，警告并限期改进处分单位176个次，罚款4100元。推行使用一次性筷子，发放100万双。

1992年，全市有食品经营单位963个，从业人员3956人，体检率100%。培训从业人员2106人次，办理卫生许可证963份，办证率96.3%；患病97人，调离率100%。检查从业单位7万多户次，写现场监督记录21276份，没收、销毁各类过期、变质、虫蛀、鼠咬等罐头、糕点、饮料等食物价值24560元；停业改进68户，限期改进216户次，罚款30815元。

1993年6月，结合纪念《中华人民共和国食品卫生法》颁布实施十周年，开展食品卫生检查整顿工作。共完成从业人员体检3060人，核发卫生许可证995份，发证率100%；培训食品从业人员1560人，培训率50.9%。食品采集化验683份，合格率87.8%；发放消毒药物160箱，一次性筷子3045万双；统一制作发放从业人员工作衣帽。收缴各类过期、变质、低劣罐头353件，饮料740瓶，虫蛀、鼠咬、霉变糕点242千克，伪劣白酒134瓶，调味品27千克，色素冰棍274支，假汽水250瓶。对123个从业单位给予警告并限期改进处分，对47个单位给予停业改进处分。先后开展法制和卫生知识宣传14次，召开生产经营单位座谈会9次，上街咨询6次，发放宣传资料5000余份，播放宣传稿件11次，悬挂宣传横幅37条，宣传展牌61块。

1995年，统配食品监督员标志服，全市食品从业单位监督覆盖率84.6%；采样检验合格率77.6%。

1998年，完成体检2946人次；核发食品卫生许可证1010个，办证率91.8%；对25个不合格单位进行停业整顿或限期改进处分，罚款2850元。检查从业单位486户，其中饮食416户，公共场所70户，办理卫生许可证27户，健康证33人；实行行政处罚6户，罚款750元。

2001年，进行6次大型检查活动，对肉类市场、定点屠宰点、粮油门市、蒸馍、面条加工场所、保健品、化妆品市场、食品生产经营场所、儿童食品、奶制品及饮料市场等进行专项整顿检查。查处违法案件12起，捣毁假售、假黑窝点4个，查获收缴变质及不符合卫生要求的食品、化妆品7680千克，其中肉及肉制品190千克，酒类78箱（件），饮料601箱（件），副食糕点类780盒，豆制品及调味品171千克，化妆品498瓶；查封无卫生批件的化妆品12种，共812瓶；取缔不合格食品摊点33家，罚款2370元；办理卫生许可证2025个，办证率100%；办理健康证3260个，办证率100%；食品及餐具监测2670份，合格率80%；患病调离266人，调离率100%；食品经营秩序不断规范。

2002年3月，宝塔区公共卫生监督工作整体上划，食品卫生工作由延安市卫生监督所承担。

第三节　卫生监督

一、公共场所卫生

1990年，对130个公共场所进行监督监测，1407名从业人员进行健康检查，检查率为97.3%；发证1306人，发证率为92.1%。35名患病人员调离工作岗位。1991年，全市公共场所从业单位158个，从业人员1817人，体检率100%；查出患病人数43人，调离率100%。开展公共场所卫生监测390次，合格率100%。1993年，公共场所完成从业人员体检930人，发放卫生许可证182个，培训从业人员592人，培训率64%。对全市的旅馆业、市内管网自来水和公共场所微小气候进行监测。

1994年5月，延安地区卫生局制定《关于卫生监督监测工作实行分级管理的意见》，明确延安市市级卫生行政部门及卫生防疫站为卫生监督监测工作行政执法机构。凡在本辖区内的有关从业单位，均属监督范围。根据分级管理的原则，对被监督单位一般按照行政隶属关系，由同级卫生监督监测机构负责管理。

1998年3月16日，中共宝塔区委常委会议研究成立“宝塔区公共卫生监督所”。主要工作范围和职责是：贯彻实施《中华人民共和国食品卫生法》《公共场所卫生管理条例》《化妆品卫生管理条例》，担负全区食品卫生、公共场所卫生的监督监测职能。在工作中坚持全面监督与重点整顿相结合的原则，采取监督与监测同步、体检与办证同步、分片检查与集中检查、经常检查与突击检查的工作方法。4月，宝塔区人民政府印发《关于加强城市生活饮水卫生管理工作的通知》，要求区卫生防疫站负责对市区内各类型水源建立水质卫生档案和基本设施档案，并认真做好自来水厂及管网末梢水定期和不定期的选点监测工作，随时指导水质消毒，定期进行监督监测、采样化验。同年，宝塔区卫生局出台《关于理顺食品卫生公共场所卫生执法体系的通知》《关于宝塔区食品卫生检验单位管理办法的通知》《关于宝塔区预防性健康检查管理办法的通知》3个规范性文件，明确监督所与防疫站的工作范围，从根本上理顺双方的执法关系。1999年，全区公共场所从业单位158个，从业人员1817人，体检率100%；查出患病人数43人，全部调离工作岗位。公共场所卫生监测390次，合格率100%。

2002年3月，宝塔区公共卫生监督所整体上划至延安市卫生监督所，至此宝塔区卫生监督工作由延安市卫生监督所承担。

二、职业卫生

宝塔区职业病主要有煤矽肺、水泥矽肺和石棉肺，其中尤以煤矽肺和水泥矽肺为最多。2007~2008年，宝塔区疾控中心对辖区内延长油田、长庆油田下属的石油勘探、钻采、集输、炼油、加工等13个厂矿企业接触有毒有害工种职工4888人进行职业健康体检，未发现职业病和疑似职业病。检查出因噪声导致听力下降20例，明显心肌炎临床体征5例，高血压386例，占7.89%，心电图异常292人，占5.97%，脂肪肝（轻、中度）485例，占9.92%，胆结石、肾结石、肝囊肿、胆囊息肉、肝血管瘤等389例，占7.96%，乙肝198例，占4.05%，妇科疾病11例。这些疾病不排除与职业因素有关的可能。

三、学校卫生

1990~1999 年，每年对南关、北关、育才小学、延安中学、姚店中小学等学校学生进行一次体质检查并建档立卡。

2000 年 12 月，区卫生防疫站对宝塔、凤凰、王家坪、东关、七里铺 5 所小学 5868 名学生进行体检并建立健康档案。检查结果：视力低下率 11%，甲状腺肿大率 16.3%，龋齿患病率 39.3%。2001 年 6 月 7~25 日，对城区 6 所中学 4117 名学生、11 所小学 11230 名学生进行学生常见病综合防治考评，结果为：沙眼患病率 11.9%，贫血患病率 7.05%，龋齿率 1.12%，刷牙率 49.4%，视力低下率 26.6%，营养不良患病率 0.06%，肥胖检出率 2.8%。

2003 年 3 月，全区确定对 10 所中小学校的健康教育工作进行调查，发出“健康知识”问卷 400 份。调查结果表明，小学生和中学生的健康知识知晓率分别为 40.8%和 35.55%。2004 年 4 月 15 日，宝塔区人民政府制定《关于加强学校卫生工作实施办法》，成立宝塔区学校卫生工作领导小组。5 月全面启动以中小学校学生健康体检为主要内容的学校卫生工作，对 16 所中小学校、幼儿园的 22807 名学生进行预防性健康检查及建档工作。

2005 年 1 月 17 日，召开全区学校卫生工作座谈会，37 所中小学校代表参加会议。区疾控中心引进学生体质评价与统计软件系统，对学生的检查情况以及每个学校的学生整体状况进行综合分析评价，对查出的疑似病例及时向学校和家长反馈，提出预防性措施及治疗建议。12 月，区疾控中心印发《学生六种常见病防治方案》，包括缺铁性贫血、视力低下、龋齿、沙眼、肥胖症与营养不良、乙型肝炎的防治。

2006 年 11 月 28 日，宝塔区教育局、卫生局印发《宝塔区学校卫生工作职责》。通过慢性病挂图、宣传画（册）、摆放展牌、举办专题讲座等不同形式向学生宣传预防疾病知识。

2007 年，宝塔区加大在校学生体质健康监测实施力度，扩大普查范围，体质健康监测工作延伸到部分乡镇各中小学校，对 57 所中小学校的 47656 名在校学生及 35 所幼儿园的 5592 名儿童的体质健康检查及建档工作。5 月 17~21 日，宝塔区卫生局、宝塔区教育局联合主办，宝塔区疾病预防控制中心承办，邀请具有丰富授课经验的医学健教专家、省健康教育与促进协会副秘书长李伟教授，国家高级营养师、健康教育师卢雨君女士授课，分别在育英中学、实验中心、区第四中学、七里铺小学、延安大礼堂举办近万名中小学师生、托幼机构教师、儿童家长参加的 5 场“青少年健康教育大课堂”活动，重点讲授中小学生生理、心理的发展特点，使家长们掌握如何正确引导子女心理问题的方法，提高家长的监护能力。

2009 年，为巩固监测工作成果，保障弱势儿童的健康成长，5 月 24 日，宝塔区疾控中心组织 22 名专业技术人员放弃休息日来到延安福利院为 40 名 8~18 岁儿童免费进行体质健康检查，并对乙肝表面抗体阴性的儿童免费接种乙肝疫苗，共接种乙肝疫苗 55 针次。至 2009 年底，共编发 18 期“学校卫生工作简报”，发往辖区各中小学校及有关部门，共发出 1520 份，增强学生的防病意识和自我保健能力。

2010年，全区查验79所小学、156所托幼机构，应查验儿童27591名，查验率为100%，持证儿童27581名，持证率为99.9%，一类疫苗补种11057针次，补种率为90.7%。对北关小学、区三中等10所学校的1000名中小学生进行甲状腺肿筛查工作，查出肿大患者19人，肿大率为1.9%。

第五章　妇幼保健

第一节　妇女保健

1990年，延安市开展新婚夫妇婚前健康检查和婚育指导2100对；对已婚育龄妇女进行妇科病检查3288人。全市516个行政村，有接生员638人，其中新增64人，平均每个行政村1.2人，配备产包562套。接生知识与接生技术培训438人，其中初训64人。全年出生4147人，新法接生3792人，接生率91.44%；住院分娩1573人，住院分娩率37.95%；孕产妇死亡7人，孕产妇死亡率16.88/万。妇幼保健试点村133个，占行政村总数的25%，试点村孕产妇系统管理率89%，新法接生率98.85%。

1991年，开展已婚育龄妇女注射吸附精制破伤风类毒素和神经管干预调查，新婚夫妇婚前健康检查500对。1992年，举办“两员”学习班24期，培训乡医327人，接生员350人。妇科病查治5100人。1994年，新增妇幼专干5人，24个乡镇、3个城市街道办事处卫生院都有妇幼专职技术干部。妇科病普查9186人，培训“两员”240人。1995年，开展《中华人民共和国母婴保健法》宣传、创建“爱婴医院”活动，共出动宣传车25次，设立宣传点28个，悬挂宣传横幅53条，张贴宣传标语1430条，印发宣传资料5万余份，受教育10余万人。

1996年，延安市“1996～2000年中国—联合国儿童基金会妇幼卫生新增合作项目”正式启动。8月，市妇幼保健院被卫生部、联合国儿童基金会授予爱婴医院称号。基层卫生单位开展已婚育龄妇女增补叶酸预防神经血管畸形工作，新婚育龄妇女增服率95%。1997年，宝塔区妇科病普查7787人，查出患有各种妇科病1082人。1998年，全区20多家综合医疗单位“爱婴医院”创建工作通过国家级验收，创建率100%。南泥湾、临镇中心卫生院和柳林卫生院开展孕产妇、儿童保健保偿工作，保偿率80%以上。1999年，采取多种形式开展健康教育活动。通过上街宣传、悬挂宣传横幅等形式，编写“优生优育”“科学育儿”等科普宣传资料3000余份，举办健康教育和妇幼卫生新增合作项目知识培训。5个中心卫生院和柳林、青化砭卫生院“爱婴医院”创建工作于11月顺利通过评审组的评估验收。

2000年，全区有11所乡镇卫生院建成“爱婴医院”。妇科病检查14815人，婚前健康检查616对，婚检率68%，做计划生育手术1919例。2002年，姚店、蟠龙、甘谷驿、青化砭、冯庄、梁村等乡镇卫生院建起标准产科，具备平产住院分娩条件。2004年，宝塔区制定《政府购买妇幼卫生服务试点工作实施方案》《妇幼卫生工作两级负责制管理办法》，在姚店、青化砭、麻洞川开展试点工作。对住院分娩和高危孕产妇筛查、管理，住院分娩率大幅提升，孕产妇和新生儿死亡明显减少。

2005年，宝塔区卫生局制发《关于切实做好产科建设达标活动的通知》《关于母婴保健专项技术服务考核及换（发）证工作的通知》，取得“母婴保健技术考核合格证”69人，全区8家医疗机构达到标准。推行“政府购买妇幼卫生服务”工作，成功救助高危孕产妇12人。落实兑现农村贫困孕产妇救助政策，救助贫困孕产妇30人。妇幼卫生工作实现网络化管理。2006年，制定《城市妇幼卫生工作方案》，在南市街道办事处启动政府购买妇幼卫生服务的管理模式。建立农村孕产妇救助绿色通道，全年接送孕产妇517人，成功救助高危孕产妇18人，救助贫困孕产妇32人。2007年，完善村级妇幼网的建设，落实《宝塔区贫困孕产妇救助方案》，发放救助卡14张、资金1797元。

2008年，宝塔区妇幼保健院开通远程监护管理系统。全年有孕产妇2825人，系统管理2824人，管理率99.9%。2009年，实施《宝塔区农村孕产妇免费住院分娩补助项目实施方案》，发放“农免”卡2600张，农村孕产妇住院分娩970人，补助金额60.6万元。制发《宝塔区社区卫生服务机构妇幼保健服务管理规范》，启动“增补叶酸预防神经管缺陷”项目，发放叶酸2907瓶，受益妇女717人。

2010年，制发《宝塔区2010年基本公共卫生服务孕产妇和儿童保健管理项目实施方案》，开展已婚育龄妇女增服叶酸预防神经管畸形工作，发放宣传彩页1600余份，发放叶酸4817瓶，受益妇女2917人，叶酸服用率80%。举办产科技术培训班4期，举办母婴保健专项技术准入培训2次。对全区助产医疗机构产科开展专项监督检查2次。全区有孕产妇998人，系统管理975人，系统管理率97.6%；0~36月儿童10161人，建册10139人，系统管理9945人，管理率97.9%。发放“农免”卡4199张。活产4473人，其中农村户口3657人，受补助3538人，补助率96.75%，发放补助金2301687元。住院全免3243人，全免率91.66%。剖腹产633人，剖腹产率17.9%，危重产妇抢救17人。

第二节　儿童保健

1990年，延安市在农村推广使用“儿童口服补液”“儿童生长发育图”及小儿肺炎管理等技术。使用口服补液739人，绘制儿童生长发育图403人份，实行肺炎管理635人。临镇、柳林2个乡镇儿童保偿投保率90%以上。全年出生4147人，新法接生3792人，新法接生率91.44%；0~7岁儿童死亡210人，死亡率4.7/万。试点村儿童系统管理率94.53%，新法接生率98.85%。0~7岁儿童44231人，建卡率98%，“四苗”覆盖率94.11%，单苗接种率分别为：卡介苗94.8%，麻疹疫苗97.03%，乙脑疫苗93.84%，百白破三联96%，白破二联93.63%。

1991年，临镇、南泥湾、柳林等7个卫生院开展儿童计划免疫保偿工作，0~4岁儿童投保率92.4%。1992年对学龄前儿童体检4486人，对0～5岁儿童营养状况调查1100名。1993年实施普及科学接生和两个系统管理，102个村纳入试点。全市孕产妇系统管理715人，管理率90%；儿童系统管理2025人，管理率90%；开展脊髓灰质炎强化免疫活动，市级6套班子领导深入农村接种点为儿童喂服糖丸，两轮共发糖丸65000粒。1994年新增5名妇幼专干，各乡镇全部配备妇幼专职干部。有妇幼保健试点村139个，孕产妇系统管理率城市99.8%，农村94.5%；儿童系统管理率城市92.14%，农村90.88%。计划免疫率85%。1995年，宣传《中华人民共和国母婴保健法》，出动宣传车25次，设宣传点28个，悬挂宣传横幅53条，张贴宣传标语1403条，印发宣传资料5万余份。

1996年，开展与联合国儿童基金会妇幼卫生新增合作项目工作，实施“降消”项目。1998年，临镇、南泥湾、柳林三乡镇开展孕产妇和儿童保健保偿工作，保偿率80%以上。1999年，开展儿童早教工作，举办健康教育学习班。临镇、南泥湾、李渠、姚店、蟠龙5个中心卫生院和柳林、青化砭卫生院初步达到爱婴医院标准。

2003年，开通孕产妇救助绿色通道。取消村级接生业务，接生员转型为保健员。2004年，计划免疫实行首诊医院建证、建卡和入托入园入学查验预防接种证制度。2006年，在区医院、区妇幼保健院、乡镇卫生院和厂矿职工医院，开展产科建设达标工作，达标率50%以上。2007年，实施两个系统管理、高危妊娠筛查管理、贫困孕产妇救助和开通孕产妇救助绿色通道等措施。对39所小学、51所幼儿园儿童查验预防接种证18850人，持证率98.62%。调查适龄儿童287名，建卡率98.9%，建证率100%。

2008年，执行母婴保健技术服务准入制度，规范妇幼保健技术服务。修订妇幼卫生工作两级责任制考核管理办法，实行月督导、季考核、年总评的办法。查验预防接种证小学323所、幼儿园213所，补证1516人，补种一类疫苗16705针次，查验率、持证率、补种率均达100%。2009年，按照3∶2∶1管理程序，对0～7岁儿童进行系统管理和体格发育评价，推行体弱儿童和营养不良儿童的监测与跟踪管理，改善儿童营养不良的问题。对60名手足口病儿童进行流行病学调查，未发生疫情扩散。

2010年，制发《宝塔区2010年基本公共卫生服务孕产妇和儿童保健管理实施方案》，全区发放国家基本公共卫生服务孕产妇保健手册、0～36月龄儿童保健手册。区妇幼保健院增设小儿口矫科、听力视力筛查保健、骨密度测试、儿童营养发育指导、儿童智力测试等儿童保健项目。0～36月龄儿童10161人，建册10139人，系统管理9945人，管理率97.9%。0～6岁儿童19208人，系统管理18888人，管理率98.3%，其中0～3岁儿童10161人，系统管理9945人，管理率97.9%；婴儿死亡33人，死亡率8.8‰；新生儿死亡32人，死亡率8.5‰。查验79所小学、156所幼儿园儿童预防接种证，查验率100%，持证率99.9%，一类疫苗补种率90.7%。儿童建卡、建证率均为100%。“五苗”接种率分别为：卡介苗99%，糖丸96.8%，麻疹疫苗94.6%，三联95.7%，乙肝疫苗97%。

第六章　药　品

第一节　制药企业

一、延安市中医医院制剂室

1994年成立制剂中心，4月正式投入生产，生产总值25万元，销售收入20万元。1997年，增加批准4种药品（口服液、洗剂）。1998年，再次批准10种中成药制剂（丸剂）药品。2000年，医院上划延安市后，制剂中心更名为制剂室，批准生产25种中成药制剂，剂型有冲剂、口服液、合剂。2010年，医院制剂室可生产5种制剂、39个品种的制剂产品。

二、延安常泰药业公司

1971年，延安地区制药厂建成投产。1984年，制药产品有板蓝根冲剂、牛黄解毒丸、安宫牛黄丸、朱砂安神丸、梅子养心丸、天王补心丸等50余种。1998年，改制为延安常泰药业有限责任公司，集中药材种植、中药饮片、中成药、中药材提取物为一体的制药企业。占地90亩，员工536人，总资产11767万元。2003年起，先后通过国家GMP认证、ISO9001认证、HACCP认证及加拿大、越南GMP认证。年生产值2亿元，产品有9个剂型60多个品种，产品销售遍及全国各地，有些产品出口至美国、印度、叙利亚、乌克兰、越南、泰国等国家和地区。

公司连续6年被延安市政府命名为“明星企业”，公司的“仙术牌”“鸿雁牌”，注册商标被评为“陕西省著名商标”。2010年，“常泰”注册商标被分别认定为“陕西省著名商标”和“延安市知名商标”。公司主导产品“心神宁片”被陕西省人民政府授予“名牌产品”称号。公司还连续两次被陕西省人民政府命名为“重合同守信用”企业，被科技部命名为“科技星火龙头”企业，被中国国际枣产业发展论坛组委会评为“2005年枣制品深加工示范企业”，被陕西省企业信用协会认定为“信用企业”，被陕西省科技厅授予“中药材基地建设先进单位”称号，被省中小企业局认定为“中小企业成长工程重点企业”，被陕西省国家税务局、地方税务局联合评定为“A级纳税人”，酸枣综合利用项目被国家发改委列为“国家高技术产业化示范工程”。公司党支部被省委评为优秀基层党组织。

1998~2010年，党和国家领导人胡锦涛、习近平、王兆国、张德江、李建国、桑国卫、司马义·铁力瓦尔地等曾先后到公司考察，对公司利用高科技积极开发优势地产资源，发展中药产业，带动当地农民增收的做法给予充分肯定。

第二节　药品采购

1991年4月，在市卫生局内设药政科。2002年，实施药品集中招标采购，取消在药品收入中为医务人员提取月奖金的做法。

2003年，制定《医疗机构药品、器械定点采购管理办法》，在区级医疗机构实行药品、器械集中招标采购、乡镇卫生院定点采购、票据审查制度，降低药品价格，控制医药费用不合理增长，缓解看病贵问题。2006年，区级医疗机构全年采购药品1177万元，集中招标采购率占96.8%，让利患者12.9万元。对20个乡镇卫生院购药票据审查525批次，金额469万元。2009年，审核区人民医院集中招标采购221批次，审核金额1434万元，集中招标采购率98%；审核区妇幼保健院集中招标采购123批次，审核金额496万元，集中招标采购率97%；审核乡镇卫生院定点采购411批次，审核金额759万元，定点采购率95.8%。

2010年，成立宝塔区药品采购配送中心，负责实施全区药品“三统一”（统一价格、统一采购、统一配送）工作。全区药品、器械定点采购供货商家由2009年11家增至28家。审核区属医疗机构购买器械资金290万元；审核区人民医院集中招标采购278批次，审核金额1786万元，集中招标采购率99%；审核区妇幼保健院集中招标采购119批次，审核金额526.65万元，集中招标采购率99%；审核社区卫生服务中心定点采购85批次187.35万元，定点采购率97%；审核乡镇卫生院定点采购411批次，审核金额868万元，定点采购率98%。

第七章　卫生管理

第一节　医政管理

1990年，开展医疗秩序、卫生经济秩序和医疗市场秩序整顿工作，对全市102个社会医疗机构、4个不同类型的分院、4个门诊部、56个个体诊所进行清理整顿。撤销社会办医机构3个、分院3个、门诊部4个；整顿个体行医56个，打击游医药贩28人，取缔无证行医6人；没收伪劣药品31种，价值1500元；经济处罚7人次，罚款1250元；清理收缴管理费3469.4元，没收不标准计量器具5件。延安市人民政府颁发《清理整顿社会医疗机构及个体开业实施细则》《关于认真清理整顿医疗市场的通告》，对“吃回扣”“吃公疗”“人情假”“假证明”、销售非药商品等进行查处。收回“回扣”

优惠费 3.6 万元，罚款 200 元；处理违反劳动纪律 6 人，处理上报违反计划生育人员 28 人。

1991 年，全市有各种社会医疗机构 20 个，从业人员 20 人，经批准发证 9 户 9 人。进行大型检查 5 次，抽查 8 次，取缔游医药贩 20 个次，没收药品 300 种，价值 3000 多元。1992 年，开展医疗市场检查整顿 6 次，共检查国营、集体、个体经营户 112 家次，药品使用单位 189 家次；取缔游医药贩 22 起，没收药品 206 种、器械 50 余件，查出假、劣药品 606 种，折合人民币 5.32 万元，罚款 5000 多元。

1993 年，市卫生局设立个体行业医疗管理科。检查整顿各类社会医疗机构 159 家，药品经销单位 104 个；取缔游医药贩 29 个次，没收药械 322 件，假冒伪劣药品 152 种，麻醉中药 3 千克，精神药品 660 片，暂控药品 105 种；查禁违章医药广告 58000 多张，没收无证牌匾 46 块。

1994 年，对城乡医药市场 170 多家医药网点进行 40 天的大型检查整顿。没收伪劣药品 63 种，打击游医药贩 40 人次；没收无证药品 1000 余种，销毁非法医药广告 38000 张，经济处罚 21 人。1995 年，完成检查整顿各类社会及个体医疗机构 126 家次，取缔游医药贩 3 家次，没收器械 30 余件，查处伪劣药品 60 多种，销毁违章广告 3.6 万余份、牌匾 18 块。1996 年重点打击游医药贩 168 家次，取缔无证行医和无证经销药品者 11 家次，没收不合格药品 28 种，没收药械 24 种，罚款 1950 元。

1998 年，宝塔区成立公共卫生监督所成立，撤销个体行业医疗管理科，业务由卫生监督所承办。1999 年，取缔非法医疗诊所 40 多家，没收假冒伪劣药品 200 多种，罚款 10 多万元。2005 年，检查持证医疗机构 261 家，责令限期整改 31 家，暂停执业 26 家，吊销医疗机构执业许可证 9 家，罚款 1.6 万元。取缔无证行医 20 家，没收药品 63 箱，罚款 5.5 万元。

2006 年，建立健全卫生行政执法责任制，完善内部行政执法管理，强化执法程序，实行《行政执法责任制目标责任书》和《行政执法责任制考核办法》。对全区持证的 261 家医疗机构进行全面检查，限期整改 11 家，暂停执业 7 家，罚款 1.6 万元，取缔无证诊所 10 家，没收药品 41 箱（件），下达罚款 2.2 万元。2008 年，宝塔区卫生局成立稽查科。查处无证诊所 97 家，没收药品器械 430 件，罚款 3.9 万元；检查药店 40 家，处理 12 家，罚款 0.85 万元；下达卫生监督意见书 53 家，收缴罚款 6 万元；暂扣医疗机构执业许可证 2 家。

2009 年，开展打击非法行医专项行动，重点打击黑诊所、游医、假医、借助虚假宣传误导和欺骗患者的非法活动。查处无证医疗机构 52 家（其中黑诊所 30 家、药店坐堂行医 7 家、无证口腔诊所 8 家、地下性病诊所 5 家、非法义诊活动 2 家），没收药品及器械 174 件，罚款 5.2 万元；规范整顿持证医疗机构 24 家，其中行政处罚 23 家（医院 6 家、卫生所 2 家、诊所 6 家、医务室 8 家、村卫生室 1 家），下达医疗监督意见书 1 家，罚没上缴财政 1.17 万元。

2010 年，查处无证诊所 29 家，没收药品器械 128 件，罚款 2.9 万元。取缔药店坐堂行医，查处药店 17 家；整顿规范医疗机构 32 家，其中立案 22 家，罚款 0.6 万元，下达卫生监督意见书 10 家。

第二节　药政管理

1990~1996 年，延安市卫生局药政科负责药政监管工作。根据《中华人民共和国药品管理法》，在全市医疗机构实行药品集中招标采购，乡镇卫生院定点购药。市政府相继制定《关于社会医疗机构及个体开业行医管理办法》《关于认真贯彻“医疗机构管理条例”，坚决禁止乱办医滥行医的规定》《延安市个体诊所设置基本标准》《延安市医疗机构设置规划》等文件，对医疗市场的准入、医疗秩序、医疗服务等依法依规作出明确规定。市卫生局设立个体开业行医管理科，使依法监督检查和整顿管理工作常态化。1990~1996 年，开展执法监督检查整顿 13 次，检查各类社会医疗机构 429 家，取缔游医药贩 80 人次、无证行医 6 人、经济处罚 7 人、罚款 6710 元、没收器械 327 件、没收伪劣药品价值 5.47 万元，清理收缴管理费 3460 元。

1997~2010 年，开展 30 余次执法检查，取缔无证药店 9 家、无证诊所 324 家、游医 14 人，没收药品 1682 箱，没收器械 18 件，罚款 21.1 万元，下达罚款 9.4 万元，注销不符合标准的医疗机构 11 家，暂停执业 7 家，报损过期及破损药品 349 种，价值 3.75 万元。其间，1998 年 3 月 16 日，宝塔区公共卫生监督所成立；2001 年开展医疗机构年度校验工作。2008 年 3 月，区卫生局组建稽查科，对医疗机构的设置、服务项目、从业人员资质严把准入关，完成“执业医师”“执业护士”的注册工作。

第三节　医疗制度改革

一、医疗人事制度改革

1988 年，延安市卫生局率先在市中医医院、市妇幼保健院进行人事制度改革试点，实行院长聘任制和医院管理任期目标责任制。在临镇卫生院进行乡镇卫生院（含中心卫生院）院长综合目标承包责任制改革试点。1990 年，延安市医疗卫生单位全面推行内部管理体制和人事制度改革：在市级医疗卫生单位（含姚店中心卫生院）实行院、站、所长任期目标责任制管理；在乡镇卫生院（含另外 4 个中心卫生院）实行院长综合目标承包管理责任制。

1994 年，召开全市深化卫生改革专题会议，进一步明确改革任务，加快改革步伐。坚持和完善院、站、所长任期目标责任制管理和乡镇卫生院（中心卫生院）院长综合目标承包管理责任制，增加新的指标和考核内容，完成新一轮院、站、所长聘任工作，签订目标责任书。市人民医院、市中医医院、市妇幼保健院实行院科两级分配。

1995 年，加大卫生改革力度，给医疗卫生单位充分的自主权、经营权、管理权。针对深层次的问题和现行工资制度进行改革，制定实施新的改革方案，在质量控制、奖金分配等方面有所突破。市卫生防疫站实行工资、奖金与工作任务挂钩，制定严格的考核制度。

1996 年，坚持以卫生改革促进两个效益同步提高。市人民医院把三级考核、院科两级分配全面落到实处，量化考核到人，最大限度地调动全院职工积极性。市妇幼保健院实行科室量化考核、院科两级分配，调动职工积极性，促进两个效益稳步发展。市卫生防疫站出台“站科两级核算”和科室目标责任制管理实施细则。乡镇卫生院实行工资、奖金双浮动，定任务、定出勤，全面提高医疗质量和服务水平，促进两个效益的提高。

1998年，中共宝塔区委、区政府出台《关于加强卫生工作的决定》，扩大医疗卫生机构的经营管理自主权。各级医疗卫生单位在管理中实行量化考核，定人、定岗、定任务，工资、奖金双浮动，形成新的运行机制。

2000年，继续推行和完善区级医疗单位院、站、所长任期目标责任制管理和乡镇卫生院（中心卫生院）院长综合目标承包管理责任制。从人事制度改革着手，强化定编、定人、定岗、定措施。2004年，深化卫生事业人事制度改革，大胆尝试新的用人制度和分配办法，推行异岗异薪、系数工资、绩效工资、年薪工资。制定出台《宝塔区卫生事业单位人事制度改革实施意见》和《宝塔区事业单位机构和人事财务制度改革实施方案》。5个中心卫生院全面推行人事与分配制度改革，实行工资分配与跟踪量和工作业绩挂钩，建立重实绩、重贡献、向优秀人才倾斜、向关键和特殊岗位倾斜的分配激励机制。

2004年，中共宝塔区委、区政府决定对区医院实行以产权与经营权分离、院长目标管理责任制的经营机制改革，聘任新院长。

2009年，区政府成立宝塔区医药卫生体制改革领导小组。按照《宝塔区卫生事业单位领导人员聘任方案》要求，推进卫生技术人员竞聘上岗和人事分配制度改革，坚持新的用人制度和分配办法，形成“院长能上能下，职工能进能出，待遇能高能低”的绩效考核机制。同年，完成对区妇幼保健院、6个社区卫生服务中心及17个乡镇（中心）卫生院的行政正职和副职的聘任工作。

2010年，宝塔区对医药卫生系统332名在职职工实行全员聘用制和绩效工资考核制。

二、公费医疗制度改革

1995年，延安市制定公费医疗管理办法，企业和自收自支单位、差额补贴事业单位、企业化管理事业单位的干部职工医疗费由单位报销；行政事业单位干部职工的医疗费由市财政报销。2000年，实行医疗保险制度。全区统一征缴医疗保险基金，城镇职工医疗保险金按上年度职工工资总额的9%筹缴，其中个人2%、单位7%（包括1%大病医疗补助）；7月，在全区国有企业的在职职工和离退人员中实行大病医疗社会统筹。是年，全区参保职工人数7937人。

2003年1月，宝塔区开始施行女职工生育保险社会统筹，解决女职工生育期间的医疗和生活保障。同时，开始施行企业职工工伤保险社会统筹。2008年，实行工伤保险市级统筹。

2010年，全区城镇职工参保增加到19425人，参保范围由原来的财政拨款的党政事业单位和公有制企业拓展至非公有制企业和私营企业。全年在职参保职工住院报销比例87%，退休职工住院报销比例89%。至2010年底，累计征缴大病医疗社会统筹基金1085.75万元，支付21.6万元；累计征缴生育保险社会统筹基金233.29万元，支付221.03万元；累计征缴工伤保险社会统筹基金266.74万元，支付59.49万元。

2000～2010年宝塔区城镇职工医疗保险费用支付情况统计表

表 29-7-1

年份	医疗人数（人）	其中		其中财政拨款金（万元）	医疗费支付		
		在职（人）	退休（人）		合计（万元）	在职（万元）	退休（万元）
2000	8029	7364	665	35	45.4	29	16.4
2001	8516	7735	781	105	206.6	75	131.6
2002	9543	9175	368	120	374.2	168	206.2
2003	12010	10415	1595	300	452.13	248	204.13
2004	12010	10415	1595	400	625	343	282
2005	12479	10552	1927	620	790.26	434	356.26
2006	13972	11425	2547	580	794.81	437	357.81
2007	16701	13528	3173	700	1189.36	654	535.36
2008	17523	13817	3706	1120	1828.52	1005.72	822.8
2009	19485	15198	4287	1120	2424.38	1333.41	1090.97
2010	19425	14291	5134	1200	2799.16	1539.54	1259.62
总计	149693	123915	25778	6300	11529.82	6266.67	5263.15

1992～2010年宝塔区离休人员医疗费用支付情况统计表

表 29-7-2

年份	享受公费医疗离休人员人数（人）	财政拨款金额（万元）	医疗费支付（万元）
1992	—	20	20
1993	—	37.47	37.47
1994	—	43.7	43.7
1995	—	42	42
1996	—	42	42
1997	—	125	125
1998	—	60	60
1999	205	110	110
2000	247	105	105

续表

年份	享受公费医疗离休人员人数（人）	财政拨款金额（万元）	医疗费支付（万元）
2001	375	70	70
2002	368	140	140
2003	539	130	130
2004	520	262	262
2005	519	235	235
2006	341	227	227
2007	341	274	274
2008	341	300	300
2009	298	376. 7	376. 7
2010	297	448. 74	448. 74
总计	4391	3048. 61	3048. 61

第四节　医疗保险改革

一、城镇居民医保改革

宝塔区城镇居民医疗保险 2007 年 5 月正式启动运行，实行区级统筹，市、区财政各按 50%补助。2007~2008 年筹资标准为每人每年 260 元，其中居民个人缴纳 120 元，财政补助 140 元；享受城市最低生活保障的人员和持中华人民共和国残疾人证的残疾人员及 60 岁以上低收入人员，个人缴纳 60 元，市、区财政各补助 100 元；“三无户人员”（无经济来源，无劳动能力，无法定赡养、抚养人）个人不缴费，市区财政各补助 130 元；在校学生及学龄前儿童缴费标准为每人每年 80 元。其中，个人缴纳 20 元，市、区财政各补助 30 元。2008 年 12 月实行市级统筹。

2009~2010 年，筹资标准为每人每年 260 元，其中居民个人缴纳 120 元，中央财政补助 40 元，省财政补助 20 元，市、区财政各补助 40 元。享受城市最低生活保障的人员和持中华人民共和国残疾人证的残疾人员及 60 岁以上低收入人员，个人缴纳 60 元，中央财政补助 70 元，省财政补助 35 元，市、区财政各补助 47. 5 元。完全丧失劳动能力的重度残疾人、“三无户人员” 个人不缴费，中央财政补助 70 元，省财政补助 35 元，市、区财政各补助 77. 5 元。在校学生及学龄前儿童缴费标准为每人每年 80 元。其中，个人缴纳 10 元，中央财政补助 40 元，省财政补助 20 元，市、区财政各补助 5 元；低保家庭中学生和少年儿童，重度残疾的学生和少年儿童，个人缴纳 5 元，中央财政补助 45 元，省财政补助 22. 5 元，市、区财政各补助 3. 75 元。2007~2010 年的住院报销政策：一级、二级、三级医院的起付线分别为 400 元、500 元、700 元，报销比例分别为 80%、70%、60%。

2007～2010 年宝塔区城镇居民医疗费用支付情况统计表

表 29-7-3

年份	参保人数（人）	征缴金额（万元）	医疗费支付（万元）
2007	14077	137.97	104.48
2008	53995	199.24	450.96
2009	54104	220.69	865.28
2010	72537	291.84	1137.28
总计	194713	849.74	2558

二、农村医保改革

2005 年 3 月，宝塔区新型合作医疗工作正式启动。区、乡成立由人大、政协、监察、参合农民代表及相关方面代表组成的区、乡两级新型农村合作医疗监督委员会，并相继制定出台新型农村合作医疗实施方案、制度、规定，新农合工作逐步实现规范化管理。参合农民每人每年统筹资金 30 元，由市、区两级财政共补助 20 元，个人交纳 10 元，其中农民个人交纳 10 元中的 6 元纳入家庭门诊医疗账户，4 元用于大病统筹补助。报销费用实行定点医疗机构就医就诊管理，分为住院报销和门诊家庭医疗账户报销。定点医疗机构分为乡、区、市及市级以上 4 个级别，住院根据级别设置报销起付线，按比例进行审核报销。同时，率先在全市实行报销“直通车”制度，参合农民出院当天即可报销医疗费用。门诊治疗直接使用门诊家庭医疗账户交费。2005 年，全区参合农民 15 万人，占农业人口的 73%，共筹集资金 516.44 万元。当年住院报销补助 3945 人，补助金额 273 万元，人均享受补助 781 元；门诊家庭医疗账户报销 8520 户，金额 19.4 万元。

2006 年，宝塔区被省政府确定为国家级新型农村合作医疗新增试点区。参合农民每人每年统筹资金由上年度 30 元增加到 50 元，农民个人交费不变，中央财政给每位农民补助 20 元，省、市、区财政共补助 20 元，个人缴纳 10 元。不再设立门诊家庭医疗账户，启动大病分段按比例补助办法，最高补助每人每年可达 8 万元。对贫困户、特困户及“五保户”等弱势群体的新型农村合作医疗保障，由民政部门负责解决个人筹资部分。2006 年，参合农民 17 万人，参合率 85.49%，筹资 851.08 万元。全年住院享受报销补助 7650 人，补助资金 761.93 万元，人均享受补助 996 元。其中，参合的五保户、贫困户、特困户有 688 户、2108 人，筹资 2.1 万元，享受医疗补助 845 人，救助资金 111 万元，最高救助 5000 元。

2007 年，乡、区、市、省各级定点医疗机构住院报销补助起付标准由 2005 年的 200 元、400 元、800 元、1500 元分别调整为 100 元、300 元、800 元、1500 元，报销比例由 2005 年的 60%、50%、40%、40%分别调整为 80%、60%、40%、30%，住院补助封顶线为每人每年 1.5 万元。当年，参合农民达到 47401 户、177889 人，参合率 89.04%，筹集资金 889. 45 万元。住院享受报销补助 7270 人，补助资金 984 万元，人均享受补助 1304 元。享受民政医疗救助 978 人，救助资金 179 万元，人均享受补助 1830 元。

2008 年，政府增加对新农合的投入，各级财政对参合农民每人每年统筹资金补助由 40 元增加到 80 元，农民个人交纳 10 元。全年参合农民增加到 51743 户、187426 人，参合率达 93%。同时，乡、区、市级的报销起付线，分别调为 80 元、300 元、市二级 600 元、市三级 800 元、延大附院 1000 元，报销比例分别调整为 70%、60%、50%、45%、40%，省级定点医疗机构实行起报点报销补助办法，省三级起报点为 5000 元，省二级起报点为 3500 元，报销比例为 40%。全年有 5322 人享受住院补助，共支付住院基金 1172. 8 万元。

2009 年 5 月，区政府制定印发《宝塔区新型农村合作医疗门诊统筹补偿方案》，将统筹总额的 20%设立为门诊统筹基金，门诊补偿按门诊费用的 80%直接减免，以家庭为单位人均 20 元封顶，报销执行“直通车”制度。门诊统筹基金的补偿范围为门诊治疗费、检查费、药品费。全年有 81091 人享受门诊补偿，金额为 161. 5 万元。2009 年，新农合筹资标准提高到 100 元，农民个人交纳参合资金 20 元，财政配套 80 元。全区参合农民 191780 人，参合率 95%。全年享受新农合住院补偿的 12796 人，医疗总费用 5042. 9 万元，报销补偿 1658. 1 万元，人均补偿 1296 元。

2010 年，中央增加对新农合的财政投入，各级财政为每位参合农民的补助资金由 2009 年的 80 元提高到 120 元（其中中央补助 60 元，省、市、区财政按 4∶3∶3 的比例补助 60 元），参合农民每人每年交纳参合资金由 20 元提高到 30 元。参合农民 19. 77 万人，参合率达 97. 2%。为了进一步扩大参合农民受益面，宝塔区结合运行实际，对新农合实施方案进行部分调整，延大附院报销起付线由原来的 1000 元降为 800 元，报销比例提高为 50%。市人民医院报销起付线由原来的 800 元降低为 500 元，报销比例提高为 55%，其他市级医院报销起付线由原来的 600 元降低为 400 元，报销比例提高为 60%。同时，住院病人报销封顶线由上年每人每年 1. 5 万元提高到 3 万元。全区共有 1. 55 万人享受新农合住院补助，住院患者医药总费用 6554. 33 万元，报销补助 2358. 29 万元，补助比例 36%，全区住院人均享受补助 1523 元。

第八章　体　育

第一节　体育机构

1937 年 5 月，延安成立青年俱乐部，是延安最早出现的群众性体育组织，在成立大会上，朱德致开幕词，毛泽东、洛甫、博古、周恩来等讲话。大会决定“积极提倡运动，锻炼强壮的身体”。1956 年，延安县体育运动委员会成立。1972 年 3 月，城区体委更名延安市体委。1975 年 8 月，延安县、市合并为延安市，改名为延安市体育运动委员会。

1990 年，延安市体育运动委员会为科级建制，编制 18 人，设主任 1 人、副主任 2 人，内设办公室、业务科。

1993 年 3 月，市文化文物局、体委合并为延安市文化体育局。1996 年 12 月 26 日，撤市设区。

1997 年 12 月，文化体育局分设，成立宝塔区体育运动委员会。1998 年，宝塔区被国家体育总局评为“全国体育先进区（县）”。

2002 年 10 月，机构再次合并为文体事业局（体育中心改称全民健身中心）。2005 年，改称宝塔区体育中心，隶属于区文体事业局。

2010 年，宝塔区体育中心为科级建制，事业单位。内设行政办、业务科、宣传科。设主任 1 人、副主任 2 人；编制 18 人，在岗 20 人。地址在市体育场大门内南窑洞办公。

第二节　设施场地

一、体育器材

20 世纪 90 年代，由于缺乏资金，体育器材短缺，仅有开展常规项目的篮球架、排球架、足球门、乒乓球案、旱冰鞋、射击枪、摩托车、自行车、单双杠、单环、羽毛球网等少量器材。2000 年以后，设施逐年改善，器材配置逐年增加。并对社区、小区、公园、广场等活动场所安装健身路径等器材。2008 年，为 3 个办事处的东关等 7 个社区配备健身路径 7 套。2009 年，为凤凰办和宝塔办的凤凰山社区、杨家岭社区、东苑社区各配备健身路径 1 套。

2010 年，体育器材种类有篮球架、室外乒乓球台、羽毛球网、健身路径（太空漫步机、高低杠、天梯、腿部按摩器、上肢牵引器、肋木、立式扭腰器、室外跑步机、太极推揉器、蹬力器、双人大转轮、秋千、双杠）等。同年，为杨家岭社区、慧泽社区配备健身路径各 1 套。

二、体育场地

1990 年，南关有一侧看台 400 米环形跑道体育场 1 个，能容纳 4500 名观众有看台的灯光球场 1 个，在延安大礼堂上沟渠有射击场 1 个，三台并用的乒乓球室 1 个。1250 平方米的旱冰场 1 个。门球场地 2 块。1996 年建成投入使用的 25 米 6 泳道游泳训练馆 1 个，7 月建成投入使用建筑面积 5600 平方米，可开展篮球、羽毛球、乒乓球、网球、体操、台球等多功能体育馆 1 个，座席 2733 个。2002 年，体育场上划延安市文体局管理。2004 年动工，对原体育场进行大型改建，建成建筑面积 2.9 万平方米，分为东南、东北、东中、西南、西北、西中 6 个区域，可容纳 1.7 万人观看（1.7 万个座席），2006 年 10 月投入使用。

2008 年，在临镇镇石村、任家塬村、南泥湾镇红土窑村、麻洞川乡刘台村、河庄坪镇井家湾村、枣园镇枣园村、桥沟镇杨家岭村、柳树店村、东二十里铺村、尹家沟村、万花山乡的罗崖村、花园头村、柳林镇后孔家沟村、川口乡川口村、姚店镇的姚店村、谭家湾村、李渠镇东村、阳山村、甘谷驿镇东村、西沟门村20处建成20个占地面积各为1218平方米的农民健身场地，总占地面积36.5亩。并配置健身器材篮球架等。2009年，先后为3个街道办事处的6个社区配备健身路径6套，12个乡镇建成25个农民体育健身场地。

2010年，投资120万元，建成川口乡田崂村、枣园镇庙沟村、麻洞川乡曲里村、柳林镇金庄村、姚店镇柏林湾村农民健身广场5个，总占地面积近12亩。配置篮球架、双杠等健身器械。为3个街道办事处的5个社区配备健身路径各1套。

第三节　体育活动

1994年，延安地区体委开始举办首届运动会。每四年举办一届，同时每年举办年度赛。每届运动会分为行业组和县区组，行业组主要是市直单位、油矿、企业等职工竞技体育项目，县区组主要是专业队竞技体育项目。2010年举办延安市第五届运动会。

一、职工体育

1990年1月1日，市体委组织举办延安市元旦越野赛，马海鸣、程向前、王亚雄分别获职工组第一、二、三名。4月26日至5月2日，市体委举办男子篮球乙级联赛，15个代表队参加比赛，延长油矿、延安大学、延安市教育局代表队分别荣获第一、二、三名。9月26日至10月4日，市体委举办延安市“迎亚运、庆国庆”男子篮球甲级联赛、女子篮球锦标赛。1991年1月1日，举办延安市元旦越野赛，马海鸣、程向前、杨汉分别获职工组第一、二、三名。5月22日，市体委举行篮球乙级联赛，延安市物资局代表队获第一名。9月25日至10月1日，市体委举行男子篮球甲级联赛和女子篮球锦标赛，男队8支，女队16支，延安电厂代表队获男子组第一名，延安市第二中学队获女子组第一名。

1992年4月26日至5月1日，市体委举办男子篮球乙级联赛。9月24日至10月1日，市体委举办男子篮球甲级联赛和女子篮球锦标赛。1993年8月24~30日，市体委举办篮球锦标赛。1994年10月，市体委举行“新华杯”篮球邀请赛，延安电厂获第一名，延安市医院、86460部队代表队获精神文明代表队。举办冬季越野比赛，360名职工参加。

1995年，《中华人民共和国体育法》《全民健身计划纲要》《奥运争光计划纲要》颁布实施后，延安市百人以上的企业、学校、事业单位都组建篮球、乒乓球、象棋等业余代表队。5月，举办爬山、拔河比赛，48个单位参加比赛。11月25~26日，市体委举办领导干部射击比赛，侯世怀获第一名。1996年5月，举办全市职工运动会，参加职工520余人。9月25日至10月5日，市体委举行职工篮球赛，延安大学代表队获第一名。1998年5月8~12日，宝塔区组队参加延安市首届职工篮球赛。11月14日，宝塔区体委举行“给水杯”乒乓球邀请赛，刘海俊获第一名。

1999年1月1~11日，中共宝塔区委、区政府机关组队参加延安市市直机关男子篮球赛，获第一名。1月1～11日，中共宝塔区委、区政府机关组队参加延安市市直机关中国象棋比赛，获第一名。4月28日至5月5日，宝塔区举行庆“五一”干部职工篮球赛，有9支男队、2支女队参加比赛。延安师范代表队获男子第一名，延安大学代表队获女子第一名，区政府机关代表队获体育道德风尚奖。6月1～2日，区体委和区总工会举行迎“四城会”干部职工第八套广播体操比赛，全区10个系统组队参加。7月30日，宝塔区举行迎“四城会”体育知识竞赛活动，全区10个党委系统组队参加比赛。8月27日，区体委举行干部职工家庭趣味体育竞赛活动。9月，举办“迎国庆”职工运动会，设篮球、乒乓球、象棋、拔河等项目。12月，宝塔区举行“建材杯”区级领导射击比赛，全区40多位领导参加比赛。2000年6月，宝塔区组队参加延安市第一届“健身杯”钓鱼比赛。同年，春季举办职工篮球、羽毛球、乒乓球比赛。冬季举办职工、学生越野赛。

2001年1月14日，宝塔区举行县（处）级领导登山比赛，全区40多名县（处）级领导参加比赛，人武部袁兴石获第一名。5月24～28日，区体委和区总工会举行“红五月”干部职工篮球赛。8月18日，区体委和区总工会举办宝塔区象棋高手角逐赛，王明华、刘康宁、刘小宁分别获第一、二、三名。

2002年7月，区体委和区总工会联合举办全区干部职工乒乓球比赛，区属8个系统、3个街道办事处组队参加比赛。宝塔办事处获女子、男子团体第一名。8月24～25日，区体委和区总工会联合举行“工业杯”科级干部乒乓球比赛，区属11个系统的科级干部参加比赛，区建设系统代表队获男子团体第一名，区工业系统代表队获女子团体第一名。9月13日，区体委和区总工会联合举办干部职工第八套广播体操比赛，区属11个系统组队参加比赛。

2003年4月26日，区文体局举行宝塔区“商贸杯”县级领导乒乓球比赛，20多名领导参加比赛。6月18～24日，区文体局和区总工会联合举办宝塔区“南油杯”干部职工篮球赛，13支代表队、100多名运动员参加比赛。8月9日，区文体局举行“延河酒业杯”好家庭运动会，来自全区各机关、单位的20个家庭参加“三对三”篮球、跳绳、呼啦圈、踩气球等项目比赛。

2004年5月29日至6月5日，区文体局和区总工会联合举办“川油杯”干部职工篮球赛。市、区28个单位组队参加比赛，区教育系统代表队获男子第一名，延安大学代表队获女子第一名。11月，区文体局举行宝塔区区级领导乒乓球比赛，区政府代表队获团体第一名，高春义获男子单打第一名。

2005年5月30日至6月4日，区文体局和区总工会联合举办“蟠油杯”干部职工篮球赛。区教育局代表队获得第一名，蟠龙油田勘探开发指挥部代表队获体育道德风尚奖。6月16日，宝塔区举行干部职工广播体操比赛，区属8个系统400多名干部职工参加比赛。区教育系统、区委机关、区政府机关代表队分别获第一、二、三名。8月20日，区文体局举行宝塔区领导干部象棋比赛。区属各单位40多名科级干部参加，刘康宁、马小彦、牛志强获第一、二、三名。

2006年5月31日，区体育中心和区总工会联合举办“联通杯”干部职工篮球赛。区教育局代表队获区级组第一名，联通公司获市级组第一名。6月24日，区体育中心和区总工会联合举办“建煤杯”干部职工乒乓球赛，区属8个系统组队参加比赛，区机关工委代表队获男子团体第一名，经济发展局代表队获女子团体第一名。7月1日，区交通局党总支和区体育中心联合举行交通系统庆“七一”干部职工棋牌比赛，区交通系统的100多名干部职工参加象棋、跳棋、扑克牌项目比赛。

2007年4月14~15日，区总工会和区体育中心联合举办宝塔区干部职工乒乓球赛。区政府机关代表队获男子团体第一名，经济发展局代表队获女子团体第一名。6月29~30日，区民政局总支和区体育中心联合举办民政系统庆“七一”运动会。民政系统100多名干部职工参加象棋、跳棋、拔河、乒乓球、定点投篮5个项目的比赛。8月20~26日，市足协和区体育中心联合举办“宝塔杯”足球比赛，区属8个单位的代表队参加，延安新兴汽贸有限责任公司代表队获第一名。

2008年3月20日，宝塔区八个系统近百名干部职工参加迎奥运登山比赛。区经济发展局代表队获得男、女团体第一；赵伟、王亮分别获男、女个人第一名。5月28日，宝塔区举办干部职工乒乓球比赛。师光俊、王博、白杰分别获男子个人前三名；王丹、刘炜炜、黑振艳分别获女子前三名。6月21日，宝塔区举办林业系统“迎奥运、庆七一”运动会，参与队员200多人。9月24日，区体育中心承办延安市质监系统首届篮球赛，安塞、志丹、吴起联合代表队获第一名。

2009年4月22~24日，宝塔区举办干部职工乒乓球比赛。区政府机关代表队、区教育局代表队分别获女子团体、男子团体第一名；刘炜炜、王四小分别获女子、男子个人单打第一名。6月，宝塔区举办县区级领导乒乓球、羽毛球比赛，参与比赛领导20多位，王建军、雷世全分别获乒乓球、羽毛球单打第一名。

2010年5月20~23日，举办宝塔区干部职工乒乓球比赛，教育系统和区政府机关代表队分别获男、女团体第一；朱延峰获男子单打第一名，王丹获女子单打第一名。6月23日，承办延安市统战系统“爱我延安、和谐统战”登山比赛。来自延安市、区统战系统245名队员参加。10月27日，举办宝塔区文体系统趣味体育比赛。区体育中心代表队获第一名，图书馆和文管所代表队分别获第二、三名。

二、农民体育

20世纪90年代初，延安市农村体育活动大致分季节性、习武性、游戏娱乐性三种类型。农民农闲时，按季节性民间传统体育项目有拔河、篮球、爬山、羽毛球、象棋等活动。青年多以爬山、拔河、摔跤为多，老年人以象棋为多。习武性民间传统体育项目有摔跤、举石、翻跟头、打猎、掰手腕等活动。游戏性民间传统体育项目有抓子儿、下老虎、蹦羊蹄、顶拐子、跳山羊、打碗、扇元宝、老鹰抓小鸡、捉迷藏、滚铁环、拍杆杆、冬季滑冰等。

1998年9月，宝塔区举行迎国庆农民篮球运动会，全区23个乡、镇、办事处组队参加为期1个月的比赛。姚店镇代表队获第一名，梁村乡、麻洞川乡代表队获体育道德风尚奖。1999年9月，宝塔区举行第二届农民篮球赛，全区20个乡镇全部组队参加比赛。

2004年12月29日，区文体局和枣园镇政府联合举行宝塔区农民趣味运动会。枣园镇的21户农民家庭参加手脱玉米、担洋芋、踩气球3个项目的比赛。

2005年11月8日，区文体局和甘谷驿镇政府联合举办农民家庭趣味运动会。甘谷驿镇的20户农民家庭参加跳绳、趣味门球、拔河、趣味保龄球比赛。同年，区全民健身体育中心组织城郊10个乡镇青年举办篮球比赛。

2007年11月20日，区体育中心和南泥湾镇政府联合举行农民家庭趣味运动会。南泥湾镇20户农民家庭参加比赛。

2009年9月起，举办为期1周的"万人千村"农民篮球联赛。12个乡镇、20个行政村代表队参加。

三、老年体育

1990年1月1日，市体委举办老年人元旦越野赛，常庆华获老年组第一名。10月30～31日，市体委举行敬老活动周象棋、花王牌比赛。

1991年1月1日，市体委举办老年人元旦越野赛，王琳获老年组第一名。2月24～27日，市体委举办迎春老年门球比赛，延安市代表队获第一名。6月26～28日，市体委举办老年象棋、花王牌比赛，高崇雄获象棋第一名，徐志经获花王牌比赛第一名。

1992年7月1～4日，举办"宝塔杯"老年人门球邀请赛，延安市代表队获第一名。1994年7月1～3日，市体委举行庆"七一"老年人门球赛。1996年2月24～25日，市体委举行迎春老年门球比赛，延安地区邮电局代表队获第一名。1997年7月1～3日，宝塔区举行庆"七一"老年门球赛，13支代表队参加比赛，延安大学代表队获第一名。1998年1月，区体委举行迎春老年门球赛，10支代表队参加比赛，市医院代表队获第一名。

1999年2月，宝塔区举行老年体协成立暨迎"四城会"春季老年人长跑比赛。姜富海获50～60岁男子组第一名，谭凌云获61岁以上男子组第一名，刘彩霞获50～59岁女子组第一名，丁秀英获60岁以上女子组第一名。

2000年10月13日，区体委举行老年人花王牌比赛，40多位老年同志参加比赛，王左胜获第一名。2002年9月9日，区体委举行重阳节老年人花王牌比赛，徐发友获第一名。

2003年3月27日，区文体局、区老龄委、区老年体协联合举行宝塔区第二届老年人中长跑比赛，全区160多位老年人参加。张金强获50～60岁男子组第一名，杨奋琴获50～60岁女子组第一名，姚红成获60～70岁男子组第一名，李桂兰获60～70岁女子组第一名，白树辉获70岁以上男子组第一名，曹芙蓉获70岁以上女子组第一名。

2004年3月26日，区老年体协、区文体局、区双退所联合举行宝塔区第三届老年人中长跑运动会，全区300多名老年人参加。

2005年9月9日，区文体局、区老年体协联合举办健身操比赛。城区16个健身站的代表队参加比赛，宝塔山街道东苑社区代表队获得第一名。

2006年3月3日，区老年体协举办各类剑术比赛，南市办事处体育场活动点代表队获第一名。

2007年9月9日，区体育中心举办老年人花王牌比赛，50多名老年人参加比赛，曹永明获第一名。

2008年6月，举办宝塔区老年人迎奥运，投篮、钓鱼、门球过门、花王牌四个项目趣味运动会。120名参与人员均为60岁以上的老年人。7月，举办宝塔区老年人健美秧歌、健身球、柔力球、太极拳、太极剑等系列体育项目展示活动。参与老年人320人。

2009年4月，举办宝塔区第四届老年门球赛。南市二队获一等奖，教育系统队、民政系统队获二等奖。7月，举办宝塔区中老年健身球比赛，有19个队参与比赛。区文化促进会、百合花园、宝塔山、农业局、新大洲、凤凰山、兴盛园活动室被评为优胜奖。重阳节，举办宝塔区老年人花王牌比赛。并进行文艺表演，祝贺自己的节日。

2010年7月，延安市老年体协、延安市老干部活动中心、宝塔区体育中心共同举办延安市中老年柔力球比赛。甘谷驿采油厂获县区第一名，世纪花园活动站获市内活动点第一名。10月，举行重阳节老年人花王牌比赛。郭秀峰获第一名，李凤仙、张文耀获二、三名。11月，举办延安市老年人健身秧歌比赛。来自延安市各县区的26名选手参加比赛，比赛分县区组和市内活动站点组。

四、妇女体育

20世纪90年代初，妇女体育活动单一较少。随着群众物质文化生活水平的提高，广大妇女参与体育运动越来越多。

1995年3月8日，延安市举办“迎’95世妇会心向北京”万米长跑活动，2000多名妇女群众参加长跑活动。

2000年3月8日，宝塔区举办千禧年“三八”妇女节拔河比赛，区属14个系统近200名妇女参加比赛。

2001年3月8日，区体委和区妇联举办“三八”妇女节场地10×400米接力赛，区属11个系统组织100多名妇女群众参加比赛。

2002年3月8日，区体委和区妇联联合举办“三八”妇女节跳绳比赛，区属11个系统、3个办事处、100多名妇女群众参加比赛。

2003年3月7日，区文体局和区妇联联合举办“三八”妇女节运动会，来自区属9个系统的妇女群众参加跳绳、踢毽子、定点投篮3个项目的比赛。

2004年3月5日，区文体局和区妇联联合举办“三八”妇女节运动会，区属9个系统100名妇女群众参加跳大绳比赛。区卫生系统获第一名，区委机关获体育道德风尚奖。

2006年3月8日，区体育中心和区妇联联合举办“三八”妇女节运动会。区属8个系统的妇女群众参加跳绳、踢毽子、投篮比赛，区教育局代表队获第一名。

2007年3月6日，区总工会、区妇联、区体育中心联合举办“三八”妇女节登山比赛，区属各单位100多名妇女群众参加比赛。高树萍、李爱琴、尹雪梅获第一、二、三名。

2008年4月，举办宝塔区妇女健身与奥运同行健身操展示大赛。教育局代表队荣获特等奖，延安王家坪实业发展集团代表队、区林业局代表队荣获一等奖。

2010年3月，举办宝塔区妇女趣味体育比赛。来自全区八大系统的妇女同志参加跳绳、踢毽子、定点投篮和飞镖四个项目比赛。区教育系统、政府机关、区委机关代表队分别获团体第三名。

五、残疾人体育

20世纪90年代，残疾人体育活动组织较少。2000年9月25～27日，宝塔区举行残疾人运动会，来自全区48名残疾人参加乒乓球、田径两个大项的比赛。

2000年宝塔区残疾人运动会成绩统计表

表29-8-1

项目	第一名			第二名			第三名		
	姓名	单位	成绩	姓名	单位	成绩	姓名	单位	成绩
100米	白少华	康复医院	14″38	周　涛	聋哑学校	15″06	刘春之	李渠	15″07
200米	刘洁群	汽检中心	32″26	尹三庆	李渠	32″27	吴文利	聋哑学校	32″91
400米	尹三庆	李渠	1′05″33	崔平发	汽检中心	1′12″50	任　磊	聋哑学校	1′13″13
800米	封东山	聋哑学校	2′22″40	沈　炎	汽检中心	2′24″28	白宝文	李渠	2′27″28
1500米	王小军	康复医院	5′49″64	朱　四	李渠	5′51″32	沈　炎	汽检中心	6′28″24
跳远	王　瑞	李渠	5.08米	刘小征	康复医院	4.99米	张安平	汽检中心	4.97米
铅球	孙院院	李渠	13.78米	刘增旭	康复医院	12.14米	何　涛	汽检中心	12.02米
铁饼	刘增旭	康复医院	34.58米	何　涛	汽检中心	28.96米	孙院院	李渠	28.42米
4×100米	—	李渠	1′11″40	—	汽检中心	1′14″20	—	康复医院	1′15″45
4×400米	—	汽检中心	4′44″67	—	康复医院	4′52″50	—	聋哑学校	5′04″53

六、社区体育

2002年6月26日，区体委举行首届社区体育运动会。3个办事处10个社区组队参加拔河、太极拳、健身球3个项目的比赛。宝塔办事处获男子、女子组拔河比赛第一名，凤凰办事处获太极拳、健身球比赛第一名，南市办事处获优秀参与奖。

2004年4月21～27日，宝塔办事处举行首届社区运动会。宝塔办事处7个社区近千名群众参加篮球、乒乓球、象棋、拔河、健身操、32式太极剑、中老年第一套功夫扇、跳绳、踢毽子、中老年门球、中长跑11个项目的比赛。

2007年6月28日至7月6日，南市办事处和区体育中心联合举办南市街道庆“七一”“慧泽杯”运动会。来自南市办事处各社区近300名运动员参加乒乓球、羽毛球、篮球3个大项的比赛。延安大学医学院获乒乓球女子、男子组团体第一名，省广电网络延安分公司获羽毛球女子组团体第一名，延安大学医学院代表队获羽毛球男子组第一名，延安职业技术学院代表队获男子篮球第一名。

2008年9月28日，区体育中心和南关社区共同举办南市街道南关社区庆“十一”拔河比赛，辖区8个单位参加。

2009年9月19～21日，区体育中心和宝塔山街道联合举办宝塔山街道社区乒乓球比赛。杨家岭社区获男子团体第一名，东苑社区获女子团体第一名。

七、学校体育

1990年，各中小学体育教学坚持“两课”（体育课、卫生课）、“两操”（早操、课间操）。在教学中进行田径、三大球及体操的教学训练外，各中小学历年举办田径运动会，冬季举办越野赛。1月1日，举办延安市元旦越野赛，七里铺小学分别获小学女子、男子组团体第一名；延安中学获初中女子组团体第一名，姚店中学获初中男子组团体第一名；延安中学获青年女子组团体第一名，延安农校获青年男子组团体第一名。其中，北关小学李改玲以24′01″、南关小学胡玉梅以25′09″打破原纪录25′37″。5月25～27日，市体委和市教育局联合举办中小学生田径运动会。比赛结果，南关小学获小学组团体第一名；延安中学分别获初中组、高中组团体第一名。12月15日，市体委举行13岁以下少年乒乓球赛，延安市第三中学获女子、男子组团体第一名。

1991年1月1日，举办延安市中小学元旦越野赛，七里铺小学分别获小学女子、男子组团体第一名；延安中学分别获初中女子、男子组团体第一名；延安中学分别获青年女子、男子组团体第一名。10月24～27日，市体委和市教育局联合举行中小学田径达标运动会。17所学校参加比赛，延安中学获初中组团体总分第一名；北关小学、南关小学获小学组团体总分并列第一名；凤凰小学、延安市第五中学获体育道德风尚奖。

1992年5月，延安市在中小学开展《国家体育锻炼标准》达标月活动。

1993年5月28～29日，举办小学生田径达标运动会，17所小学参加，南关小学获第一名。同年，学校体育工作被列为“普六”“两基”学校综合评估内容。

1994年9月10日至10月30日，举办中小学生体育锻炼达标通讯赛。

1995年1月1日，延安市举办元旦越野赛。宝塔小学获小学组团体总分第一名；延安中学获青年组团体总分第一名；李渠中学获初中组团体总分第一名。

1996年1月1日，延安市举办元旦越野赛，枣园小学分别获小学女子、男子组团体第一名；李渠中学获初中女子组团体第一名，延安市第二中学获初中男子组团体第一名；延安中学分别获青年女子、男子组团体第一名。4月10日至5月20日，市体委和市教育局联合举行小学生达标通讯赛，延安市第二中学、南关小学分别获中学组、小学组第一名。

1997年1月1日，宝塔区举办中小学元旦越野赛，枣园小学分别获小学女子、男子组团体第一名；枣园中学获初中女子组团体第一名，姚店中学获初中男子组团体第一名；延安市第四中学获青年男子组团体第一名，延安市农职中获青年女子组团体第一名。6月，宝塔区举行雏鹰起飞通讯赛，七里铺小学获第一名。

1998年1月1日，宝塔区举办中小学元旦越野赛，枣园小学获小学女子、男子组第一名；区二中获初中女子、男子组第一名；区农职中获青年女子、男子组获第一名。11月，区体委和区教育局联合举行中小学生达标通讯赛，中直希望小学获小学组第一名；区五中获初中组第一名，区二中获高中组第一名。

1999年3月8日，宝塔区印发《延安市宝塔区布局中小学体育传统项目学校实施意见的通知》。6月1～2日，区体委和教育局联合举办迎“四城会”中小学生第八套广播体操比赛。城区11所小学、5所中学参加比赛。10月9～10日，区体委和区教育局联合举办第一届中小学生田径运动会，56所中小学校2000多名运动员参加比赛。柳林小学获小学组团体总分第一名；长庆七中获中学组团体总分第一名。12月30日，宝塔区举办新世纪元旦越野赛，23所学校2260名运动员参加比赛，枣园小学获小学女子、男子组团体第一名；金盆湾中学获初中女子、男子组团体第一名；区职教中心获青年女子组团体第一名，区四中获青年男子组团体第一名。

2000 年 9 月 22～24 日，区体委和区教育局联合举办第二届中小学生田径运动会。全区 56 所中小学校 2000 多名运动员参加比赛。金盆湾中学获初中组团体总分第一名；枣园小学获小学组团体总分第一名。

2001 年 4～6 月，区体委和区教育局联合举办中小学生达标通讯赛。王家坪小学获小学组第一名，区二中获初中组第一名。6 月 29 日，区体委和区教育局联合举行宝塔区幼儿体操比赛，区粮食局幼儿园获第一名。9 月 26～28 日，区体委和区教育局联合举办宝塔区第三届中小学生田径运动会。金盆湾中学获初中组团体总分第一名；枣园小学、育才小学获小学组团体总分并列第一名。12 月 29 日，宝塔区举行“百万人群”健身活动冬季越野赛。枣园小学获小学女子组团体第一名，育才小学获小学男子组团体第一名；金盆湾中学获初中女子组团体第一名，区三中获初中男子组团体第一名；区职教中心获青年女子、男子组第一名。

2002 年 5 月 10 日至 6 月 30 日，区体委和区教育局联合举行宝塔区中小学达标通讯赛。小学组测试项目有：50 米站立式跑、立定跳远、1 分钟跳绳、1 分钟仰卧起坐、投沙包（0.25 千克）。初中组测试项目有：100 米站立式跑、800 米（女）、1500 米（男）、立定跳远、推铅球（3 千克）、引体向上（男）、1 分钟仰卧起坐。比赛结果：卷烟厂子校、市场沟小学、凤凰小学、王家坪小学、延师附小、枣园小学获小学组优秀奖。区三中、延大附中、枣园中学、姚店中学获初中组优秀奖。9 月 21～22 日，区体委和区教育局联合举行宝塔区第四届中小学生田径运动会，来自全区 32 所中小学校 2000 多名运动员参加比赛。宝塔小学、育才小学并列获小学组团体总分第一名；区五中、金盆湾中学并列获初中组团体总分第一名；区三中、卷烟厂子校获体育道德风尚奖。12 月 27 日，区文体局、区教育局、区卫生局、区总工会、市公安局宝塔分局、市交警一大队联合举办 2003 年“联昌杯”元旦越野赛。宝塔小学获小学女子组团体第一名，圣地武术学校获小学男子组团体第一名；区二中获初中女子、男子组团体第一名；延安卫校获青年女子组第一名，延安教育学院获青年男子组团体第一名。

2003 年 3 月 25 日，区文体局和区教育局联合举办宝塔区中小学生乒乓球比赛，15 所中小学校组队参加比赛。育才小学获小学女子、男子组团体第一名；区五中获初中女子组团体第一名，行知中学获初中男子组团体第一名。12 月 21 日，区文体局、区教育局、区卫生局、区总工会、市公安局宝塔分局、市交警一大队联合举办 2004 年元旦越野赛。全区各中小学校 1800 多名运动员参加比赛。育才小学获小学女子组团体总分第一名，金盆湾中学获初中女子、男子组团体总分第一名；延安农校获青年女子、男子组团体总分第一名。

2004 年 5 月 15～16 日，区文体局和区教育局联合举办宝塔区中小学生乒乓球比赛。育才小学获小学男子、女子组团体第一名；行知中学获初中男子组团体第一名，教育学院附中获初中女子组第一名。

2005 年 4 月 15 日至 6 月 30 日，区文体局和区教育局联合举办宝塔区中小学《学生体质健康标准》达标通讯赛。4 月 16～17 日，区文体局和区教育局联合举办中小学生乒乒球比赛。育才小学获小学女子、男子组团体第一名；育英中学获初中男子组团体第一名，实验中学获初中女子组团体第一名。

2006年4月16日，区体育中心和区教育局联合举办宝塔区中小学生乒乓球比赛。凤凰小学获小学男子组团体第一名，育才小学获小学女子组团体第一名；实验中学获初中女子、男子组团体第一名。

2007年9月24~26日，区教育局和区体育中心联合举办宝塔区中小学生田径运动会，来自区属20多所中小学校近500名运动员参加比赛。育才小学获小学女子、男子组团体总分第一名；金盆湾中学获初中女子、男子组团体总分第一名；区二中获高中男子组团体第一名，区职教中学获高中女子组团体第一名。

2008年6月，举办宝塔区中小学生乒乓球赛。创新实验小学、宝塔小学分别获小学男子团体、女子团体第一名；实验中学获中学组男子、女子第一名。冯宸章、冯一帆获小学组男子、女子单打第一名；高升、王洁琼获中学组男子、女子第一名。

2009年4月22日，举办中小学乒乓球比赛，参赛的有20所中小学31支代表队。创新实验小学、实验中学分别获小学、中学男、女团体冠军。王沥锋、胡雅楠分别获小学组男、女单打冠军；魏棋、封柯旭分别获中学组男、女单打冠军。

2010年4月，举办中小学生乒乓球比赛，参加比赛的有18所中小学31支代表队。创新实验小学、培植小学分别获小学组男、女团体第一名；实验中学独揽中学组男、女团体两个第一；常飞、刘娟分别获小学组男、女单打冠军；刘童、刘捷分别获中学组男、女第一名。

第四节　竞技体育

1990年，延安市的竞技体育主要由市体委的业余体校承担，常年开设田径、篮球、射击等。1991年5月，延安市组团参加延安地区第九届运动会的田径、射击、举重、乒乓球、男子足球5个大项的全部比赛。延安市代表团获得团体总分第一名和体育道德风尚奖。

1994年6月，延安市组团参加延安地区第十届运动会，获团体总分第二名。

1995年6月，延安市组团参加延安地区第十一届运动会（1995年度）田径、射击2个项目的比赛，分别获田径、射击团体第一名和体育道德风尚奖。

1996年8月10~18日，延安市组团参加陕西省重点项目少年儿童运动会，取得田径甲、乙、丙三个组别的第一名，自由式摔跤第二名，共获金牌28枚，银牌15枚，铜牌13枚，总分957分。6月12~20日，延安市组团参加延安地区第十一届运动会（1996年度），获田径、乒乓球、举重、摔跤、射击5个项目的第一名。

1997年9月，宝塔区组队参加延安市第一届运动会，100多名运动员参加田径、射击、举重、足球、排球5个大项的比赛，并以总分3803分获县（区）组第一名。

1998年9月23~24日，宝塔区组队参加延安市第二届运动会（1998年度）田径、举重、摔跤苗子选拔赛。

2000年，区少儿体校参加陕西省第三届重点项目少儿运动会，获团体总分第十二名，名列陕北地区团体总分第一名。

2001 年 9 月 12～16 日，区少儿体校参加延安市第二届运动会，以团体总分 369 分获第一名。

2004 年，区少儿体校参加陕西省第四届重点项目少儿运动会，获团体总分第五名、体育人才贡献奖和体育道德风尚奖。

2005 年 7 月 5～8 日，延安市第三届运动会在市体育馆举行。区少儿体校由 116 名运动员组成的代表团参加田径、举重、柔道、摔跤、篮球 5 个大项的比赛，夺得金牌 227 枚、银牌 136 枚，3 人 9 次打破运动会纪录，并以 7447 分夺得团体总分第一名。

2006 年 9 月，区少儿体校参加延安市第四届运动会（2006 年度）比赛，共夺得 78 枚金牌，并以 2381 分获团体总分第一名。

2007 年，区少儿体校参加延安市第四届运动会（2007 年度）比赛，共夺得 104 枚金牌，以团体总分 2037. 5 分获团体总分第一名。

2008 年，区少儿体校代表宝塔区参加陕西省第五届重点项目少儿运动会。在参赛 51 个县区代表团中以 35 枚金牌、21 枚银牌、15 枚铜牌，团体总分 1551 分获得省第五届重点项目少儿运动会第三名。取得历届最好成绩。参加延安市第四届运动会（2008 年度）比赛获 34 金、18 银、12 铜，团体总分位居全市第一。同年，宝塔区体育中心被陕西省体育局授予“全民健身与奥运同行活动先进单位”称号。

2009 年，在延安市第四届运动会上，宝塔区 167 名运动员组团参加本届运动会，以团体总分 14364. 5 分位居全市第一。运动会总设金牌 240 枚，宝塔区以 115 枚金牌和 182 枚奖牌位居金牌榜及奖牌榜榜首。同时获得全市优秀后备人才输送和体育道德风尚奖。

2010 年，在延安市第五届运动会上，宝塔区共获金牌 48 枚、银牌 31 枚、铜牌 29 枚。名列全市前茅。同年，宝塔区体育中心被国家体育总局授予“全民健身活动先进单位”称号。

第五节 少儿比赛

一、田径

1991 年 6 月 21～23 日，延安市第二中学参加延安地区部分传统项目学校田径运动会。2001 年、2002 年，区少儿体校参加陕西省少儿田径分区赛，获陕北片第一名。2002 年 9 月 18～19 日，区少儿体校参加延安市第三届运动会 2002 年度田径比赛，以 623 分获团体总分第一名。2003 年 7 月 21～24 日，区少儿体校参加延安市第三届运动会（2003 年度）田径比赛，夺得金牌 3 枚、银牌 5 枚、铜牌 4 枚，获团体总分第二名。是年，7 月 25～30 日，陕西省区、县三集中少儿体校田径分区赛在富县举行。区少儿体校组队参加比赛，夺得金牌 11 枚、银牌 6 枚、铜牌 4 枚，以 318 分获团体总分第一名。2004 年 6 月，区少儿体校参加延安市第三届运动会（2004 年度）田径比赛，获团体总分第一名。是年 7 月 26～30 日，区少儿体校参加陕西省第四届重点项目少儿运动会田径比赛，获男子团体第三名，女子团体第五名。2006 年 9 月，区少儿体校参加延安市第四届运动会（2006 年度）田径比赛，以 509 分获团体总分第一名，并获体育道德风尚奖。2008 年，区少儿体校参加陕西省第五届重点项目少年儿童运动会获15枚金牌，参加延安市第四届运动会（2008年度）比赛获19枚金牌。2010年，区少儿体校参加延安市第五届运动会年度比赛，获甲组团体总分第一名，女子甲组团体总分第一名，男子甲组团体总分第二名，获金牌11枚。

宝塔区少儿体校参加2004年陕西省第四届重点项目少儿运动会田径比赛成绩一览表

表29-8-2

组别	项目	姓名	名次
男子甲组	100米	李　健	第一名
男子甲组	100米栏	李　健	第一名
男子甲组	跳远	李　健	第一名

宝塔区少儿体校参加2008年陕西省第五届重点项目少儿运动会田径比赛成绩一览表

表29-8-3

组别	项目	姓名	名次
女子甲组	800米	陈青花	第一名
女子甲组	1500米	陈青花	第一名
女子甲组	80米栏	刘雨晴	第一名
女子甲组	跳高	刘雨晴	第一名
女子甲组	跳远	刘雨晴	第一名
男子乙组	60米	黄　飞	第一名
男子乙组	200米	黄　飞	第一名
男子乙组	800米	黄　飞	第一名
男子乙组	跳远	杜泽浩	第一名
男子乙组	4×100米	黄飞、杜泽浩等	第一名
女子乙组	200米	王　婷	第一名
女子乙组	800米	王　婷	第一名
女子乙组	铅球	汪　妮	第一名
女子乙组	投垒球	汪　妮	第一名
女子乙组	4×100米	王婷、孙晨韵等	第一名

二、举重

1995 年，延安市少儿体校参加延安地区举重比赛，获团体总分第一名，共夺得金牌 38 枚。1997 年，宝塔区少儿体校参加延安地区举重比赛，获团体第一名，共夺得金牌 10 枚。2001 年 9 月，区少儿体校参加延安市第二届运动会举重比赛，获得男子、女子组团体第一名。2002 年 9 月，区少儿体校参加延安市第三届运动会（2002 年度）举重比赛，以团体总分 281 分获团体第一名。2004 年 7 月，区少儿体校参加延安市第三届运动会（2004 年度）举重比赛，以 730 分获团体总分第一名。同年，7 月 24～30 日，区少儿体校参加陕西省第四届重点项目少儿运动会举重比赛，以 117 分获团体第五名。2006 年 9 月，区少儿体校参加延安市第四届运动会（2006 年度）举重比赛，以 604 分获团体第一名。2008 年，区少儿体校参加陕西省第五届重点项目少年儿童运动会举重比赛，获 4 枚金牌。2009 年，区少儿体校参加陕西省第四届运动会举重年度比赛获 16 枚金牌。2010 年，区少儿体校参加延安市第五届运动会（2010 年度）比赛，获男子团体总分第二名，获金牌 18 枚，女子举重获金牌 13 枚。

宝塔区少儿体校参加 2004 年陕西省第四届重点项目少儿运动会举重比赛成绩一览表

表 29-8-4

组别	级别	姓名	名次
男子甲组	52 公斤	刘　剑	第一名
男子乙组	29～32 公斤	李　枫	第一名

宝塔区少儿体校参加 2008 年陕西省第五届重点项目少儿运动会举重比赛成绩一览表

表 29-8-5

组别	级别	姓名	名次
男子组	30～40 公斤	陈攀峰	第一名
男子组	42 公斤	陈小宝	第一名
男子组	45 公斤	任佳宝	第一名
女子组	52 公斤	张小雪	第一名

宝塔区少儿体校参加 2009 年陕西省第四届运动会举重比赛成绩一览表

表 29-8-6

组别	级别	姓名	名次
男子乙组	40 公斤	郝亚飞	第一名
男子乙组	44 公斤	王　强	第一名
男子乙组	48 公斤	霍明杰	第一名

续表

组别	级别	姓名	名次
男子乙组	53 公斤	陈加宝	第一名
男子甲组	53+公斤	王社军	第一名
男子甲组	58 公斤	王　鑫	第一名
男子甲组	63 公斤	胡小龙	第一名
男子甲组	63+公斤	成　龙	第一名
女子乙组	40 公斤	王萌萌	第一名
女子乙组	44 公斤	申　辩	第一名
女子乙组	48 公斤	安　凤	第一名
女子乙组	53 公斤	韦　婷	第一名
女子甲组	53 公斤	张雨萌	第一名
女子甲组	58 公斤	张雨雪	第一名
女子甲组	63 公斤	冯永梅	第一名
女子甲组	63+公斤	赵　倩	第一名

三、柔道

2003 年 9 月，区少儿体校参加延安市第三届运动会（2003 年度）柔道比赛，以团体总分 177 分获团体第一名。2005 年 7 月 5~8 日，区少儿体校参加延安市第三届运动会柔道比赛，获团体第一名。2006 年 9 月，区少儿体校参加延安市第四届运动会（2006 年度）柔道比赛，以 698 分获团体总分第一名。2008 年，区少儿体校在延安市第四届运动会（2008 年度）柔道比赛中，女子甲组的马倩、雷亚莉分别获 42 公斤级、52 公斤级第一名；曹雪娇独揽 67 公斤级和无差别级两个级别第一；男子乙组王祥获 66 公斤级第一，女子乙组的雷亚玲、丁甜分别获 43 公斤级和 49 公斤级第一名。2009 年，区少儿体校在延安市第四届运动会（2009 年度）柔道比赛中，共获金牌 8 枚。

四、摔跤

1995 年，延安市参加延安地区中国式摔跤比赛，获团体第一名。参加陕西省青少年国际摔跤比赛，获团体第三名。1996 年，延安市参加延安地区中国式摔跤比赛，获团体第一名。2000 年，区少儿体校参加陕西省第三届重点项目少儿运动会摔跤比赛，获女子自由式摔跤团体第二名、男子自由式摔跤团体第三名。2002 年 9 月，区少儿体校参加延安市第三届运动会（2002 年度）摔跤比赛，以总分 218 分获团体第一名。2003 年 9 月，区少儿体校参加延安市第三届运动会（2003 年度）摔跤比赛，获团体总分第一名。2004 年，区少儿体校参加延安市第三届运动会（2004 年度）摔跤比赛，以总分 107 分获团体总分第一名。2005 年 7 月 5~8 日，区少儿体校参加延安市第三届运动会摔跤比赛，获团体总分第一名。2006 年 9 月，区少儿体校参加延安市第四届运动会（2006 年度）摔跤比赛，以 298 分获团体总分第一名。2008 年，区少儿体校在陕西省第五届重点项目少儿运动会国际式摔跤比赛中获得 10 枚金牌。2009 年，区少儿体校参加延安市第四届运动会，自由式摔跤、古典式摔跤共获 16 金。

宝塔区少儿体校参加 2000 年陕西省第三届重点项目少儿运动会摔跤比赛成绩一览表

表 29-8-7

组别	级别	姓名	名次
男子	48 公斤	窦宏昌	第二名
男子	56 公斤	刘　东	第一名
男子	69 公斤	朱　毅	第一名
女子	43 公斤	史　娟	第一名
女子	48 公斤	沈　跤	第二名
女子	48 公斤	马　芳	第三名

宝塔区少儿体校参加 2008 年陕西省第五届重点项目少儿运动会国际式摔跤比赛成绩一览表

表 29-8-8

组别	级别	姓名	名次
男子自由跤	42 公斤	董江飞	第一名
男子自由跤	45 公斤	王　鑫	第一名
女子自由跤	42 公斤	张延香	第一名
女子自由跤	44 公斤	谢娇娇	第一名
女子自由跤	47 公斤	黄　蓉	第一名
男子古典跤	42 公斤	席旺文	第一名
男子古典跤	48 公斤	李国杨	第一名
男子古典跤	51 公斤	马　帅	第一名
男子古典跤	54 公斤	王　祥	第一名
男子古典跤	58 公斤	张　刚	第一名

五、跆拳道

2006 年 9 月，区少儿体校参加延安市第四届运动会（2006 年度）跆拳道比赛，以 361 分获团体第一名。2008 年，区少儿体校在陕西省第五届重点项目少儿运动会跆拳道比赛中获 4 枚金牌，在延安市第四届运动会（2008 年度）跆拳道比赛中，获 5 枚金牌。2009 年，区少儿体校参加延安市第四届运动会（2009 年度）跆拳道比赛，获 9 枚金牌。

宝塔区少儿体校参加 2008 年陕西省第五届重点项目少儿运动会跆拳道比赛成绩一览表

表 29-8-9

组别	级别	姓名	名次
男子组	40 公斤	冯 峥	第一名
男子组	43 公斤	赵强强	第一名
男子组	49 公斤	李 佳	第一名
男子组	52 公斤	赵宜云	第一名

六、球类

2003 年 7 月 21~26 日，区少儿体校参加延安市第三届运动会（2003 年度）篮球比赛，荣获第一名。2005 年 9 月 21~26 日，区少儿体校参加延安市第三届运动会篮球比赛，获县（区）组第一名。

七、其他类

射击　2006 年 9 月，区少儿体校参加延安市第四届运动会（2006 年度）射击比赛，以 313 分获团体第二名。

赛艇、皮划艇　区少儿体校在延安市第五届运动会（2010 年度）赛中，赛艇、皮划艇分别以团体总分获第三、第二，获金牌 6 枚。韩茹霞一人获得女子甲组赛艇个人全能、个人素质、500 米测功仪 3 枚金牌；张伟获男子甲组皮艇 500 米第一；钞亚博获男子乙组皮划艇 1000 米、2000 米两个第一。

第六节　队员培养与输送

1990~1998 年，业余体校主要以走训形式，在体育场由体育中心教练进行集中训练。学员来源为城区各中小学，训练项目有田径、男女篮球、足球、射击等。以射击、男女篮球训练为多。利用节假日、星期天、放学后集中训练。每年训练人数 80 余人，寒暑假增加到 100 余人，全年训练 30 天左右。

1999 年 8 月，宝塔区在金盆湾中学办起集中训练、集中文化课教学、集中食宿的“三集中”少儿体校 1 所，校长由体委主任兼任。体委和教育局联手共管，教育局负责文化课教学，体委负责体育项目训练。开设田径、举重、摔跤 3 个项目，有学员 130 人，后又增设柔道、跆拳道、武术等项目，有学员 180 人。

2009 年，宝塔区少儿体校综合训练楼立项动工，2010 年秋季竣工投入使用。综合训练楼占地面积 612 平方米，总建筑面积 2294 平方米。训练项目有田径、举重、摔跤，有学员 120 人，有柔道、跆拳道、武术训练学员 60 人。

1990~1996 年，宝塔区（延安市）体校向省级运动校输送队员 20 余名，向市运动队输送队员 50 余名。1997~1998 年，宝塔区少儿体校向省级运动队输送队员近 20 人，向市运动队输送 40 余人。

1999～2007年，区少儿体校向省级运动队输送队员100余人，向市级运动队输送队员500余人。其中，区少儿体校输送的张龙、张俊星参加2004年亚洲青年锦标赛男子四人单桨无舵手比赛获第一名，屈娜参加全国九运会女子10米移动靶射击赛获第四名。

2008～2010年，宝塔区少儿体校每年向省队输送队员10名，向市队输送队员30名。2010年，宝塔区女子摔跤运动员李景宁在内蒙古赤峰举行的全国青年摔跤锦标赛中获得女子63公斤级冠军。

第七节　体质监测

2001年开始，宝塔区设8个监测点，对幼儿、成年人、老年人3个类别1030多人进行体质测试，得出结果：宝塔区城市幼儿与农村幼儿相差不多；城区老年人比农村老年人体质弱，城区老年人因参加体育锻炼少，疾病较多。

2005年4～6月，宝塔区历时3个月，对不同性别、不同年龄层次的1500多人进行体质监测。建立监测数据库，初步建立国民体质现状和变化规律的有效参考数据，为全民健身计划的实施提供科学依据。

2010年，宝塔区在18天内完成幼儿、成年人和老年人3个年龄段1030人的体质监测工作。建立国民体质监测数据库，为掌握国民体质现状和变化规律提供有效参考数据，为全民健身计划的实施奠定基础。

第八节　体育产业

20世纪90年代，宝塔区每年除了组织举办学校、单位、厂矿、社团的元旦越野赛、篮球、羽毛球、乒乓球等项目活动外，各单位还自行组织举办一些体育活动，丰富职工体育文化生活。体育产业的兴起与发展从2000年开始，逐步繁荣起来，体育设施、器材、体育用品由四五家大型商场经销外，向个体店、专营店等多元化发展。同时，养生健身、瑜伽场馆兴办起来。

随着市场经济的进一步繁荣，群众生活水平的不断提高，人们对强身健体、养生保健的需求日益凸显。21世纪初期，体育用品、设施、器材由单一且门店少向种类多、专营店发展。到2010年底，城区有体育用品专营店16家。健身场所有延翔健身中心、瑞翔健身中心、菲阳羽毛球馆、乐扣羽毛球馆等12家，瑜伽场馆20家。

第三十编　社会生活

宝塔区属于典型的陕北民俗区域，民风淳厚，性情爽朗，享誉神州。婚姻从旧时的父母之命、媒妁之言发展到婚姻自主、依法登记、优生优育，家庭逐渐由四世同堂、三代一家的大家庭演变为以父母与未成年的儿女为主体的小型家庭。2010 年，宝塔区户均人口 2.91 人。

1990~2010 年，宝塔区人民的衣食住行有了巨大改善，生活水平日益提高。住房由过去狭小的土窑洞演变成 2010 年新农村建设形成的一排排窑洞群，城镇的高层住宅楼、单家独户的小洋楼比比皆是，家有摩托车、小轿车已成寻常之事。城乡老年人文化娱乐生活日益丰富，宝塔区老龄工作委员会不定期地组织一些有益老年人身心健康的活动，敬老院、老年活动中心正逐渐由城镇开办到乡村，特困老人及 80 岁以上老人都能享受到党和政府的特别照顾与优待。宝塔区拥有佛教、道教、伊斯兰教、天主教、基督教 5 大宗教 12 处宗教活动场所，可供不同的信教群众在不同的宗教活动场所从事自己的信教活动。各教各派，依法依规，融入和谐宝塔的构建中。除此之外，宝塔区每年还举办各类活动提高市民文明素质；开展市容市貌整治，治理脏、乱、差现象；加强未成年人思想道德建设，开展各类道德实践活动。截至 2010 年底，全区在文明单位创建活动中培养和树立各级各类文明单位 251 个。

第一章　精神文明建设

第一节　组织机构

1988 年 4 月，延安市精神文明建设工作委员会成立。市委书记为主任，市委副书记、市长为第一副主任，市委常委、宣传部部长及市人大、市政府、市政协、市人武部等主管领导为副主任。委员会办公室编制10人，设主任1人、副主任2人，内设创建科、市容科、办公室3个科室。1997年，改称宝塔区精神文明建设工作委员会（以下简称文明办）。负责拟订全市精神文明建设工作规划，组织协调、检查指导全区精神文明建设工作，负责全区精神文明建设工作考核和各类典型的培养。同年，设宝塔区城市环境综合治理办公室，与区文明办两块牌子、一套人员。

2004年，增设未成年人教育科。2009年，文明办改为行政单位。2010年，内设办公室、创建科、市容科、未成年人教育科4个科室，设主任1人、副主任3人，编制10人。

宝塔区委、区政府每年都把精神文明建设纳入各镇乡党委、区级各部门全年工作目标考核内容，实现精神文明建设工作与经济工作同安排、同部署、同落实、同检查、同奖惩，保证了两个文明建设相互促进、共同发展。

考核对象为区属党委、区政府各部门。考核目标中还设立奖励分，对获得市级文明单位（标兵）称号的加1分，获得省级文明单位或其他省级以上荣誉称号的加2分，获得国家级文明单位或其他国家级荣誉的加3分。奖励分按最高级别分值，不重复计分，加分不超过10分。凡精神文明建设工作考核不合格的单位，年度目标管理综合考核不得评为先进单位。

第二节　创建活动

1990年，根据省有关文件精神，开展交通秩序和市容整顿活动。在市容管理中，控制摆摊设点、沿街叫卖、乱搭建、影响交通等现象。全年大型检查25次，一般检查120多次，拆除市区沿街铁皮房448间，让出人行道路4560平方米，沿街油漆门窗900架，新铺人行道16022平方米，粉刷墙壁32411平方米。在交通秩序整顿中，市交警大队出动宣传车112辆次，悬挂大幅标语18条，散发宣传材料2万多份。整顿中，纠正违章163219人（车）次，扣回机动车1349辆，非机动车5485辆，扣证1431个，没收秤具247杆，纠正违章摊点2054处，行政拘留4人，罚款183447元。同年在全市范围内开展“三优一满意”“圣地学雷锋活动”和“双十佳”等竞赛活动。评出地委、行署机关、煤炭局、地区汽车站、市百货大楼、市委机关、七里铺小学、兰家坪粮站、三十四医院、地区供电局等优秀单位。

1992年3月，行署专员贾治邦、副专员孙志明，市级领导周万龙、刘向东等带头参加上街打扫卫生、清除垃圾、擦洗沿街护栏等活动。此次活动中参加的地市级领导23人次，县团级领导164人次，科级领导570多人次。全市干部、职工、学生、解放军、个体户走向社会，开展60多项便民服务活动。在活动月中，围绕治理脏、乱、差，出动车辆182辆次，清除垃圾1400吨，清理卫生死角97处，清理水渠7184米，同时开展粉刷墙壁，清理广告牌、标语牌、路标、护栏等活动。义诊病人3200多人次，建立学雷锋小组340多个，送温暖200多人次。评出文明单位274个，其中省级8个、地级13个、市级253个。1994年，全市创建省级文明单位（村）13个、地区级24个、市级239个。建成文明村37个，其中省级1个（庙沟村）、地级1个（任家塬村）、市级24

个。中心街、南关街、七里铺第二示范小区和延安市第一示范小区等4个文明小区，40个文明楼院，500个“五好”家庭和美好家庭，评出428个好妈妈、好媳妇，遵纪守法户3000户，好家庭户2000户，双文明户1000户。

1995年，全市开展文明单位创建活动。对市级文明单位的任期进行规定，从本年起，荣誉称号只限3年，到期重新申报，符合条件继续保持荣誉，重新命名颁发牌匾，不符合条件自行取消；对评定的明星企业和小康村增加文明单位（村）创建内容，规定评定明星企业和小康村，要先建成同级文明单位（村）后，再考虑明星企业和小康村命名的原则；把文明单位创建先进责任书，通过乡、镇、办事处和各级党委把创建要求落实到基层单位。通过评选验收，当年建成省级文明单位（村）15个、地级28个、市级236个。

2001年，宝塔区在全区20个乡镇、633个行政村全面开展创建“十星级文明户”活动。全区有41380户参评并挂牌，树立10个示范乡镇、100个示范村、1000户文明示范户。2006年，创评最佳单位10个，文明服务示范单位13个，文明单位36个，十星级单位标兵13个。

2008年，宝塔区开展创建省级文明城市活动。区委书记高春义任创建领导小组组长，代区长任第一副组长。创建领导小组与40个相关单位的主要负责人签订目标责任书，抽调单位40名骨干，成立政务环境建设、人文环境建设、经济环境建设、创建宣传和创建责任追究9个督查组。通过知识竞赛、动员大会、专项整治，一举通过省级文明城市验收。

2010年，宝塔区开展文明城市、文明村镇、文明行业、文明机关、文明校园五大创建活动。培养树立各级文明单位254个，其中国家级13个、省级29个、市级65个。在推进农村精神文明建设中，全区有47607户参评挂星，参评率98%，评出文明和谐家庭示范户23户。

第三节　文明单位

1990年，延安市申报省级文明单位3个、地级文明单位8个、市级文明单位9个。对有滑坡现象、忽视单位建设的文明单位，撤销34个，限期整改10个，黄牌警告15个。1990~1995年，全市建成省级文明单位（村）15个，地区级28个，市级236个，总计279个文明单位。

20世纪90年代末，为加强文明单位的动态管理，宝塔区按照《文明单位管理办法》每年对各级各类的文明单位进行一次复查整顿。对创建工作开展有力、活动丰富、干部职工精神面貌和环境卫生良好的单位给予重点培养，对领导不重视、创建工作滑坡的单位给予黄牌警告，限期整改和撤销荣誉称号等处理。

2000~2010年，对辖区内258个文明单位进行复查、整顿。黄牌警告31家，发限期整改通知22张，撤销省、市级文明单位6家，区级文明单位19家。

2010年，宝塔区培养和树立各类文明单位251个，其中国家级13个（延安供电局、王家坪实业集团、市养护处、联通公司、延安卷烟厂、延安市地方税务局宝塔分局、市国税局、市自来水公司、治平建工集团、南泥湾采油厂、移动公司、电信公司、市气象局），省级29个，市级65个，区级144个。

第四节　文明村镇

1994年3月，延安市开始制定文明单位、文明大院、文明家庭、文明村镇等标准。文明单位的标准：组织健全；人际关系和谐；环境优美；服务完善；秩序安定；单位共建普遍开展；文体活动丰富；教育广泛深入。文明家庭创建标准：遵纪守法，廉洁奉公；男女平等，共同发展；爱岗敬业，奉献社会；家庭和睦，邻里融洽；为国教子，以德育人；崇尚科学，倡导文明；爱护环境，绿色环保。文明村镇创建标准：组织领导坚强；思想教育有力；集体经济发展（人均纯收入必须达到6000元以上）；治安秩序稳定；社会风尚良好；基本国策落实；科教文卫普及；村容村貌整洁；创建活动扎实。1991～1994年，全市建成文明村37个，其中省级1个（枣园镇庙沟村）、地级1个（临镇任家塬村）、市级24个。

2001～2005年，全区20个乡镇633个行政村“创评”“文明村”和“十星级文明户”全面铺开，树立川口、桥沟、万花山、枣园、甘谷驿、柳林等10个示范乡镇和花园头、延店则、尹家沟、杨家岭等100个示范村。树立文明户1000户，“五好”家庭1000户，双文明户500户。

2010年，全区有全国文明村镇2个，分别为临镇镇任家塬村，河庄坪镇井家湾村；省级文明村镇6个，分别为冯庄乡、临镇镇、枣园镇、青化砭镇、李渠镇张兴庄村和麻洞川乡樊村；市级文明乡镇2个，分别为蟠龙镇、麻洞川乡；市级文明村10个；区级文明村67个。

第五节　文明小区

1992年开始，延安市由宝塔、凤凰、南市三个街道办事处牵头成立创建文明小区领导小组，组建一支由办事处、公安局、城建局、工商局、商业局、卫生局等部门参加的创建队伍。对火车站小区和河庄坪石油小区进行规划指导。1994年，延安市制定文明小区创建标准：市民教育扎实有效；环境卫生整洁美观；社会治安井然有序；小区服务全面加强；文化生活丰富活跃。至2001年全区建成文明小区176个。

2005年，中共宝塔区委、区政府成立创建指挥部，制定出台《宝塔区文明社区创建规划》，与3个街道办事处及有关部门签订创建任务书。每年建成一批文明小区、文明社区，推动创建文明社区向创建文明城市发展。

2010年，全区在创文明小区9个，其中市级文明小区2个，即宝塔区南关小区、延安慧泽园小区；区级文明小区7个，即市工行住宅小区、市审计局住宅小区、市供电局住宅小区、雅园住宅小区、市电信住宅小区等。同年底，全区共有文明社区14个，其中省级创建文明社区先进单位2个，分别为凤凰办文化沟社区、宝塔办王家坪社区；市级文明社区7个，分别为宝塔办东风社区、东苑社区、向阳社区，凤凰办北门口社区，南市办市场沟社区、南关社区、杜甫川社区；区级文明社区5个，分别为南市办杜甫川社区、凉水井社区，凤凰办中心街社区、北关社区，宝塔办东关社区。

第六节　文明新风

1991年，全市各单位分别开展送温暖活动。义务修理自行车1200辆，电视机356台，收录机240台，义诊病人8200多人次，出动各种车辆104台，清除垃圾1250吨，清理污水渠3000多米，清理卫生死角16处，粉刷墙壁3000多米，油漆门窗120多架，为多户老红军、老八路、军烈属、五保户担水劈柴、打扫卫生、拆洗衣服、赠送礼品，开展服务项目达60多种，受益群众15万余人次。

1995年，全市开展“扶贫帮困献爱心，造福社会办实事，助人为乐树新风”活动。3月，全市为老红军、军烈属、残疾人、孤儿送面粉、大米92袋，衣服56套，被褥16床，煤15吨，其他副食品38份，现金4000元，总价值1.5万元，为群众做好事13000件（次）。书记、市长带头，干部职工参与捐资40余万元集资办学，三十四医院女兵班坚持多年不断上火车站台为旅客服务，无线电信局职工为意外负伤的两名职工子女捐款3640元。市粮园饭店上街设立游客义务服务导游站。

2001年，在“交友帮困”活动中，宝塔区33名领导和888名科级干部帮扶921户下岗职工和农村贫困户。区委书记韩烨帮助纸箱厂下岗职工王永胜解决1.5万元资金，开办劳保商店；区长冯毅为区二建公司下岗职工王粉莲一家捐资1000元，帮助两个小孩交上学费。同年3月，区妇联在城乡开展“五好文明家庭”评选活动，评出“五好文明家庭”401户；区老龄委在全区开展“敬老养老好儿女、好儿媳”评选活动，评出敬老养老好儿女4名、好儿媳46名。

2003年，宝塔区以学雷锋、树新风为主题，组织开展环境卫生大整治、扶贫帮困献爱心等4次大型活动。成立志愿者服务队500多个，清运垃圾800多吨，清挖渠道3500米，清理死角700多处，修理家电8106件，修理自行车200多辆，义务理发580人，义诊病人700余人次，为孤寡老人、下岗职工、特困户、军烈属捐款捐物，折合人民币10万余元。

2006年，宝塔区团区委、教育局、卫生局及城市三办，组织多种形式的“学雷锋小组”“青年志愿者服务队”开展对老红军、军烈属、孤寡老人、五保户、残疾人送温暖献爱心活动。东关小学举行“救助同学大行动”募捐活动，为患者捐款1.1万元，卫生局组织30余名医疗骨干，在青化砭、蟠龙、南泥湾开展下乡义诊活动，义诊咨询患者3000余人；科技局在姚店开展科技之春宣传活动；司法、水利、农业、畜牧等部门组织人员下基层，帮助农民解决生产生活中的热点难点问题。

2010年，宝塔区文明办开展“关爱百万空巢老人”志愿者服务活动，对老红军、孤寡老人、残疾人等送温暖、献爱心。团区委、区妇联牵头组织成立35支由团员青年、妇女为成员的志愿者服务队，城市三办牵头组织成立医疗卫生、环境保洁、治安巡逻、公益文化、社会救助等志愿者服务队，经常开展活动。

第七节　省级文明单位（村）选介

一、区财政局

延安县财政局正式成立于1958年8月27日，1996年12月更为宝塔区财政局，下设6个业务局、12个财政所。全系统有干部职工306人。2000年，财政局开展创建文明单位活动。全局上下形成有效的创建机制，多措并举推动精神文明建设工作。2001年，被授予区级“文明单位”称号。2003年，被授予区级“文明标兵”称号。2004年，被延安市委、市人民政府授予“文明单位”称号。2008年，授予市级“文明单位标兵”称号；从2008年开始创建省级文明单位。2009年，地方财政收入完成76015万元，较上年增长7.1%。2010年，全区地方财政收入完成85312万元，同比增长12.33%，较上年增收9297万元，上划中央、省、市税收67471万元。地方财政收入加上划中央、省、市税收共完成财政收入52783万元，较上年增长13.25%，同比增长9.72%。2010年，陕西省委、省人民政府授予省级“文明单位”称号。

二、区计划生育局

成立于1981年，是区政府负责全区人口和计划生育管理和服务的职能部门。从1991年起连续19年完成人口控制指标、人口计划。人口出生率、自然增长率分别由2000年的12.00‰和8.30‰下降到2005年的8.11‰和4.47‰，出生人口符合率由2000年的98.4%提高到2005年的99.4%。2000年开始文明单位创建活动，做到活动经常化、制度化、规范化。从2001年起连续七年荣获“全市人口和计划生育工作先进县（区）”称号。2004年，荣获“全国婚育新风进万家活动先进集体”“全国人口和计划生育系统药具工作先进集体”等国家级荣誉。2006年再次荣获“全国人口与计划生育科技工作先进集体”称号。2007年创建为全国计划生育优质服务区。2008年3月，荣获陕西省委、省人民政府命名的“省级文明单位”称号。2009年，全区人口出生率控制在9.97‰以内，人口自然增长率控制在5.06‰以内，出生人口政策符合率达97.84%。从2009年至2010年保持“省级文明单位”荣誉。

三、延安供电局

成立于1972年6月20日，位于清凉山脚下的东关街，是陕西省电力公司属下的一个中型供电企业。有生产、经营、党群、行政、多经5个系统。直辖宝塔、黄陵、洛川三县（区）电力局。主业科室23个，基层部门5个。多经系统通和公司下设9个分公司，1个加工厂。延安供电局从20世纪90年代初一直是延安地区先进集体、文明单位。1994年8月，延安首座330千伏变电站建成投运，首次进入延安电网，延安人民告别了拉闸限电的历史。1995年4月，延安地区实现村村通电。2003~2005年，改建110千伏永坪变电站，新建110千伏高坡变电站，扩建110千伏志丹变电站。至2010年，330千伏延安变电站，110千伏东郊、店头变电站增容改造，新建110千伏西川变电站，全网供电。在创建文明单位的历史中，各部门任务明确，责任明确，工作标准及奖惩措施明确，抓好职工文明意识、文明行为。1999年获得陕西省委、省政府“文明单位标兵”称号，2003年获得“全国五一劳动奖状”，2005年获得“全国文明单位”荣誉称号，保持至2010年。

四、区第四中学

创建于1958年，位于延安市城南杜甫川3千米处，属陕西省重点中学。2010年，学校有教学班67个，学生3899名，教师251名，学校占地面积88167.9平方米，建筑面积43737.3平方米。1997年起开展文明校园创建活动，措施有力，效果明显。坚持物质文明、政治文明、精神文明协调发展，把创建文明校园纳入学校整体规划，统一部署、扎实推进。学校始终注重精神文明建设，成立省级“文明校园”领导小组。坚持以德育人的办学思想，实施素质教育，把创建文明校园摆在学校工作的重要位置，教育教学取得显著成绩。1998年1月，被延安教委授予“文明校园”称号。2001年，获延安市教委高中教学质量一等奖，同年3月被延安市委、市政府授予“文明校园”称号。2002年5月，被陕西省教育厅、陕西省妇联会授予“示范家长学校”称号。2004年2月，被陕西省人民政府授予“省级文明校园”称号；同年4月被陕西省教育厅、人事厅授予“陕西省中小学德育工作先进单位”称号。

五、枣园镇庙沟村

位于延安城北11千米，距枣园旧址后沟4千米处。全村有140户，人口600余人，党员23人，辖区面积720公顷，耕地26.7公顷。在中共十五大以来，特别是1989年江泽民总书记在庙沟村考察工作以来，村党支部、村委会认真实践“三个代表”重要思想，切实加强村级组织建设，充分发挥基层党组织的凝聚力、战斗力，以带动群众脱贫致富奔小康增加农民的收入，以发展“两高一优”（高产、高效、优质）农业为重点，大力发展苹果种植，全村种植果园2300亩。同时，开展创建文明村活动，村民遵纪守法、村干部廉洁奉公，发展村集体经济，村内社会风尚好，村容村貌整洁。1994年全村经济总收入240万元，人均纯收入4000元，粮食总产60万斤，人均产粮1000余斤，50%的户收入超过万元，24户贫困户人均纯收入亦达千元以上，农户存款达45万元。同年，庙沟村被陕西省政府命名为“文明标兵村”。

第二章　家庭与养老

第一节　家庭状况

宝塔区传统型家庭人口多。20世纪90年代，一般家庭五六口人。2005～2010年，人们受到社会经济、文化教育事业等活动的影响，家庭规模逐步转向小型化。

1990年7月1日零时，全国第四次人口普查，延安市共有75410户家庭，平均每户

4.11 人。其中，一人家庭 3230 户、占 4.82%，二人家庭 9090 户、占 12.05%，三人家庭 167157 户、占 22.17%，四人家庭 20304 户、占 26.92%，五人家庭 15381 户、占 20.40%，六人家庭 6423 户、占 8.52%，七人家庭 2580 户、占 3.42%，八人家庭 979 户、占 1.30%，九人家庭 352 户、占 0.47%，十人以上家庭 356 户、占 0.47%。

2000 年 11 月 1 日零时，全国第五次人口普查。宝塔区共有 109464 户家庭，平均每户 3.76 人。其中，一人家庭 8151 户、占 7.45%，二人家庭 18731 户、占 17.11%，三人家庭 34369 户、占 31.42%，四人家庭 24657 户、占 22.53%，五人家庭 15341 户、占 14.01%，六人家庭 5604 户、占 5.12%，七人家庭 1813 户、占 1.66%，八人家庭 533 户、占 0.49%，九人家庭 151 户、占 0.14%，十人以上家庭 87 户、占 0.08%。

2010 年 11 月 1 日零时，全国第六次人口普查。宝塔区共有 148447 户家庭，平均每户 2.91 人。其中，一人家庭有 19292 户、占 13%，二人家庭有 38596 户、占 26%，三人家庭有 48162 户、占 32.44%，四人家庭有 28598 户、占 19.26%，五人家庭有 9515 户、占 6.41%，六人家庭有 2756 户、占 1.86%，七人家庭有 926 户、占 0.62%，八人家庭有 330 户、占 0.22%，九人家庭有 126 户、占 0.08%，十人以上家庭有 146 户、占 0.10%。在 148447 户家庭中，单一民族有 148380 户、占 99.95%，两种民族有 66 户、占 0.04%，三种以上民族有 1 户、占 0.01%；有 0～14 岁人口家庭为 75094 户、占 15.80%，60 岁以上老龄人 49612 户、占全区总人口的 11.1%。80%以上的家庭需要抚养未成年人或赡养老人。

第二节　老龄事业

一、宝塔区老龄工作委员会办公室

是宝塔区老龄工作委员会的办事机构，具有行政职能的事业单位，正科级建制。1989 年 3 月至 1996 年 12 月，隶属于延安市劳动人事局；1997 年 1 月，改称为宝塔区老龄办；1998 年 12 月，隶属于宝塔区人事局。2002 年 8 月至 2010 年，隶属于宝塔区民政局下属事业单位。实行主任负责制，主要负责《中华人民共和国老年人权益保障法》的宣传、实施，开展各项老年活动。1989 年，单位编制 3 人，实有 3 人。1998 年，单位编制 11 人，实有 9 人。2003 年 5 月，单位编制 11 人，实有 13 人。2010 年，单位编制 9 人，实有 12 人。1991 年底，市属企事业各单位成立老龄委和老龄办 34 个，兼职人员 136 名，老龄机构在企事业单位初步形成网络。

二、老年人权益维护

1991 年底，市老龄办与司法、民政、妇联等部门在大街上建立赡养老人公证咨询站，展出图片，播放录音，解答法律知识，宣传老龄工作。利用广播、标语、专栏、报刊等新闻舆论媒体宣传《中华人民共和国老年人权益保障法》，组织老年艺术团以文艺演出的形式宣传《中华人民共和国老年人权益保障法》。同年 5 月 11 日，区老龄办在枣园杨崖村进行赡养老人协议签订试点，满 60 周岁的 14 户村民签订公证 13 户。老年节时，街上悬挂过节大幅标语，30 个单位举行座谈会、茶话会，全市约 5000 名老年人参加庆祝“老年节”大会。区妇幼院为老同志免费体检并报销药费、订报。成立老年服务中心，办起老龄实体3个，资金达20.7万元，从业人员13人，为老年事业增加活动经费。

1995年，完善24个乡镇3个办事处、45个居委会、609个行政村的老年机构。在24个乡镇落实、动员群众签订赡养协议书，全市签订5864户协议书。同年，在川口乡两河口村建成敬老模范村。

1998年后，宝塔区各乡镇健全老龄机构，老龄委主任由乡镇长或书记兼任。委员由办公文书、民政助理、司法助理担任。同年4月开展对特困群众老人生活状况调查，调查工作有各乡镇、办事处、老龄委带头，对生活无依靠，丧失劳动能力，无生活来源，或因为意外事故和自然灾害造成生活极端困难的80岁至90岁老年人调查登记。同年还转发《延安市人民政府办公室关于印发延安市对70岁以上老年人实行优待办法的通知》，规定优待对象：凡居住在宝塔区行政辖区内，年满70岁的老年人，不分性别、民族、宗教信仰、职业，均属优待对象。其中，对农村70岁以上老人免征“三提五统”（指村级三项提留和五项乡统筹，即公积金、公益金和管理费，农村教育事业费附加、计划生育优抚、民兵训练、修建乡村道路等五项统筹费）。

1999年10月13日，宝塔区老龄委在儿童公园广场为延安城区区属的80岁以上高龄老人举行隆重的祝寿仪式，参加祝寿的80岁以上高龄老人有100多人，年龄最大的92岁；参加祝寿仪式的有老红军、老八路、老干部、老工人、老农民共计400多人。宝塔区区长、老龄委主任冯毅向老红军、老八路、老干部、老同志和80岁以上老寿星问候和慰问。

2003年，宝塔区政府发出《关于90岁老年人享受政府津贴的通知》并成立高龄老人享受政府津贴领导小组，9月为60名90岁以上老年人发放第三、四季度政府津贴300元，全区20个乡镇、611个行政村签订赡养协议书。两万多名老年人的养老问题得到落实和解决。在此期间，宝塔区老龄办、老协办、妇联联合举行第三届健康老人评选活动，宝塔区为市上推荐上报11名健康老人。最大的100岁，最小的86岁。为70岁以上老年人发放寿星优待证675本，为老年人就医、出行、生活提供方便；为98位90岁老人发放政府津贴，每人每月发放100元，使高龄老人感受到党和政府的关怀。为9名全国助老工程长期助养户每人发放助养金500元，使贫困老人冬天生活有了可靠保障。区委书记高春义等领导为10名90岁以上老年人佩戴寿星章、发放礼品，听取老人们的意见和建议，为老人解决实际困难。

2000~2010年，宝塔区为全区90岁以上老年人发放老龄补贴，金额达65万余元。2010年每人每月发放200元，100岁以上老年人每人每月发放300元。发放寿星优待证2000余本，发放陕西省敬老优待证3000余本。

三、养老保险实施

1994年，延安开始给60岁以上老人启动“老农保”缴费，每人一次性交200~2000元，全市共征缴80多万元，累计120万元。1995~1998年，“老农保”缴费以失败告终，1998年后再未征缴。1998~2009年对60岁以上老人发放每人每年24元。

2010年，宝塔区新农保启动，与老农保合并，农村养老保险（老农保）终止，新型农村社会养老保险开始实施。参加新农保的农村居民缴费标准设为每年100元、200元、

300元、400元、500元5个档次，参保人员自由选择档次缴费，多缴多得。已满60周岁及以上人员，不再缴费。从年满60岁的次月起，按月领取养老金。基础养老金的标准为：60~69周岁每月55元，70~79周岁每月65元，80周岁以上每月75元。

四、高龄老人生活保健补贴

2002年，宝塔区开始发放高龄老人生活保健补贴。凡90~99周岁的老人，每人每月100元；100岁以上的老人，每人每月200元。2010年，开始对80~89周岁的老人按每人每月100元发放，90~99周岁的每人每月按200元发放，100岁及以上的老人按每人每月300元发放。凡是符合条件的老人，都必须在当地金融部门办卡（或存折），高龄老人生活保健补贴按月打入本人的卡、折上。

五、文化娱乐活动

宝塔区重视老年人文化娱乐活动，活跃老年人晚年生活。1989~1999年，经常举办广播讲座、电视讲话、刊登文章，宣传倡导敬老尊老风尚。出动车辆宣传，街头设宣传站，挂横幅，活跃敬老活动周。在大礼堂召开庆祝“九九”老年节大会，组织小学生为老年人送水，打扫卫生。为老年同志举办门球、象棋、射击等比赛，活跃老年同志娱乐生活。双退所和老龄办协调配合，在妇幼保健院新建老年活动室，配备各类活动器件。其间，1995年，庆祝“老年节”时街上挂横幅，设宣传点，宣传车在各乡镇巡回广播宣传，受宣传教育面达5万人次。科教文工委、教育局、老干局在城区11所小学校开展讲传统及联谊活动，60名老干部和万余名师生参加活动。凤凰办事处受老龄办委托举办40多人次参加的象棋、扑克、花王牌、射击比赛。为丰富老年人活动，采取多种形式活动，区老龄办配合有关部门先后举办老年人环城赛、庆“七一”新世纪老年人门球赛、两节老年人体育运动等大型活动13次。参加比赛的老年人，最小年龄54岁，最大74岁。此外，组织革命老人进京观光活动期间，观光团一行13人，有革命老红军、老八路、从未出过门的特困老人，带着延河水、小米、红枣进京，观看升国旗仪式，瞻仰毛主席遗容和北京人民大会堂及抗战纪念馆。

2000~2010年，宝塔区每年举办舞蹈、歌舞艺术、大合唱、老年秧歌、健身操、秦腔剧、门球比赛、老年人中长跑比赛、老年太极等文体活动。为活跃老年人的晚年生活，宝塔区三办选定21个晨练点，成立老年文艺团11个，老年门球队12支，设老年活动室21间。各乡镇办事处在行政村社区办起老年活动室560间，极大地丰富了老年人的生活。

宝塔区老年人健身活动逐渐由城市向农村延伸，为李渠镇西村老年活动室和青化砭老年活动站配置秧歌服装、锣鼓等器材，使农村老年人也像城里人一样扭起秧歌，锻炼身体。为青化砭镇、川口老年活动室和河庄坪镇康家沟村、夕阳红老年公寓、爱心护理院赠送书籍2万余册，满足老年人的学习需要。城市三办在百汇广场、文化艺术中心、丽融广场举办消夏文艺汇演20余场，参加演出老年人1000余人次。每年的各季度、各大节庆如“三八”妇女节、老年节、“九九”重阳节等如期进行比赛活动，锻炼老年人的身体，增进老年人的友谊，达到强身健体、老有所乐的目的。

第三章　民俗风情

第一节　生产习俗

一、农耕习俗

宝塔区24个乡镇大多以农业为主，养殖为辅，靠种地打粮来守家顾园，维持生活，一年四季在土疙瘩里谋生觅计，俗谚有“一年的庄稼二年的性命”。人们通过生产劳动实践与二十四节气和气象的有关经验来安排各种生产。有“三十亩土地一头牛，老婆娃娃热炕头”之谚。

20世纪90年代，农民们从初二到十五走亲访友、闹红火，一过正月十五，家家户户开始忙于春耕准备工作，修配购置各种备耕工具，对耕畜精心饲养（加料勤喂），确保春耕的顺利进行，将平时积聚的各种粪土捣碎后，用驴驮、架子车拉的方式送往田里，俗称动庄农。有谚语“庄稼一朵花，全靠粪当家”“人哄地皮，地皮哄肚皮”“要看粮堆，先看粪堆”。农民视粪土如宝，每日鸡叫就起床，提上筐子到处拾粪（各种动物的粪便）。

俗话说“惊蛰不停牛”，一过惊蛰各家各户开始翻地。一有墒情，就抢墒入种。春分过后先种麻子、豌豆、黑豆。“清明前后，种瓜种豆”，进入芒种时期各种农作物都能入种。在播种前要选好种子，“种地不选种，白在地里动”，保证出苗好。谚语有“干种糜谷湿种豆”之说。

宝塔区农民根据世代种田务农的传统经验，采用复种、套种、轮种等方式。复种可以一年一熟增加到一年两熟（麦子、豌豆收割后复种秋糜子、荞麦，秋糜子、荞麦收割后再种麦子）；俗谚有“糜黄种麦，麦黄种糜”。套种有高粱、玉米地里带黑豆、红小豆、绿豆，谷子糜子地里带绿豆等。轮种是轮流倒茬，今年这块地里种这种作物，明年就要种另一种作物，俗谚有“庄稼不倒茬，十年就有九年瞎”之说。从立夏开始锄地，立秋挂锄。锄地从分苗、定苗、锄草、追肥等总得五六遍，俗谚有“糜搜两耳谷搜针”“谷锄七遍八米二糠”“干锄糜谷湿锄豆”等。到了夏至又忙于收麦、拔豌豆，谚语有“夏至十日麦子黄，再过十日就上场”“麦子一黄，绣女下床”，民间有“龙口夺食”之说。

小暑到立秋是翻麦地的黄金季节，白露前后就可以种麦，俗谚有“白露前十天不早，后十天不迟”。秋分到立冬是秋收大忙季节，家家户户无闲人，男女老少齐动手，割糜子、收谷子、掰玉米、刨洋芋等。收、背、打、碾、扬后入仓，秋收后进行翻地。

立冬后，农民们很少上山劳动，在家里闲不着，有的推洋芋加工粉条，有的搞修建，有的砍柴，有的外出经商搞点收入。宝塔区的农民生产生活一年四季前接后连，季季不闲，没有多余休息时间。

1999年，农村实行退耕还林后，农民们只种川、台、坝地，不再像以前一样起早贪黑，多数人比较清闲。种地不是农民收入的主要来源。有一技之长的农民靠自己的能力去赚钱，没有特长的农民去城里打工挣钱。部分人在家种果树，养猪羊，种大棚。果农一年忙于果园里。冬春修剪，施肥，果树开花后，打药、疏花、锄草、套袋、摘取、装箱、储藏等，年收入几万元至几十万元不等；养猪户，由过去的一家一年一头猪到2010年养殖大户几十头。选猪崽、购饲料、防疫、打针、出卖，是农民致富的好途径；养羊从散放到圈养，防疫、打针、割草、上饲料、剪毛、凿绒等，收入可观。至2010年的10余年间，宝塔区不断引进新技术，发展大棚菜种植，全区80%的村庄种有大棚菜、大棚桃子、瓜果等。经济收入高出种田几倍。

2010年底，宝塔区有苹果27533公顷、梨410公顷、葡萄299公顷、桃263公顷、红枣134公顷、杏172公顷。

二、生产工具

宝塔区农民所用的生产工具大都是先民们流传下来的，种类繁多，随着科学技术的发展，有些工具已经被先进的机械所代替。有部分工具因受地理条件的制约，还继续沿用。

犁　宝塔区人称“铧”，是耕地的农具，用木质和铁具配制而成，有犁身、犁辕、犁柱、犁拐、犁沟头环和生铁铧等，后来又发展有铁犁，也称“步犁”，操作时木犁配单畜，用于翻坡度较大的地，铁犁配双畜，用于翻较平的地，平地后来用上拖拉机。

耙　耙有木质和铁制耙两种，操作用单畜拉动，通过耙耱耙耕过的地土块耱碎、耱平，达到松土保墒。

锄、镢、铁锨、镰刀　锄有两种，一种是小锄，在间苗期使用；二是普锄，在定苗后使用。锄由锄板、锄龙及锄把组成。主要用途是锄掉田间的杂草，疏松土壤，给禾根培土，以便充分利用地里的肥力与水分，促使庄稼成长。镢有老镢、蛮镢（有的地方叫“四指镢”）、条镢（有的地方叫“留子镢”“钢镢”）、锛子镢和小镢五个种类，它由镢峁、镢板和镢把组成，主要用途是翻地、挖地和刨柴。翻较绵的土地用老镢，翻较硬的地和挖较棉的土地用蛮镢；挖较硬的土地和砍较硬的柴火用条镢；挖特别硬的土质用锛子镢；拾柴火、挖野菜用小镢。铁锨由锨板、锨库和锨把组成，主要用途是铲土、铲粪及帮塄畔。镰刀由镰片、镰库和镰把组成，其主要用途是收割庄稼秸秆和草等。

拿粪斗、筐　拿粪斗是一种柳制品，它的用途是在播种时把粪盛入斗中置于人的胸前，然后用双手把粪均匀抛撒在犁沟内种子的周围作为底肥，以便更集中地发挥粪的效力，助苗生长。筐，民俗又称“笼”，用细木棍和各种枝条（榆条、柳条、柠条等）编制而成，用来担粪、寻草、提菜、拾柴和装运东西等。

連枷、木杈、碌碡　連枷由連枷片（由一样长的三至四根酸枣条并列之后用牛、驴、马等大牲畜板皮隔根相缠，上端有固定木枕）、活动木轴和圆木棒组成，它的主要用途是靠木轴的连续转动带动枷片打铺在场上的各种农作物，致使农作物穗上的颗粒离穗脱壳。木杈用木质组成，是挑扬作物的工具，它由杈股（二至六根）和杈把组成，有时也用树木中的自然杈，它的主要用途是把作物抖乱、挑翻、摊晒及扬场碾打过的秸秆和打集禾秆等。碌碡用石头制成，其形状为圆形，并在轱身凿有凹凸槽，外套木框架，操作时用牲畜拉动，它的作用是把场上的作物颗粒压脱落。随着机械化的不断发展，有部分地方有脱粒机，这些农具很少使用。

斗、铡刀　斗用木质制作，其底小口大，上下为正方形，四周为梯形，是一种容量器具，它与升、合大小不一样，但其形状一样，换算方式一斗为十升，一升为十合，十斗为一石。铡刀是木、铁相配结构而成，主要有刀、把、牙、墩、铡口、铡钉等部件组合而成，一种加工工具，主要用途是铡碎喂牲畜的秸秆饲料。现在多数地方用上铡草机，铡刀也就逐渐被淘汰。

第二节　婚姻习俗

一、嫁娶习俗

（一）上门婚

男到女家，这种婚姻大致有两种情况：一种是新婚男女，男到女家，又称“倒插门”，如果男方婚后改姓女方姓又称为“儿女婿”。一般都是女方家无儿子，男方家中生活贫困，无力娶亲，因此上门作为儿女婿，旧社会上门女婿被人看不起，备受歧视。另一种是不卖姓（不姓女方的姓）。所生儿女是姓男方的姓，还是姓女方的姓或是姓双方的姓，这些问题都在婚前商定。

（二）寡妇招婿

一般丈夫去世，家有孩子，年龄尚幼，但亡夫家资颇丰，女方又不愿改嫁而招一夫上门，宝塔土话称为“招老汉”。这种婚姻多见于中年的守寡妇女，随着社会发展，年龄结构也在扩展，老年人也有此举。

（三）弥婚

男女已亡，在生前都未成婚，年龄又都大于 11 岁者（指虚岁）都可弥婚。宝塔区有个说法，年龄长到十二岁就魂全了，应以成人对待，尽管早夭，也得婚配。有亡故几年、十几年后才弥婚的。为亡人办婚事，一切规程从简，但如订婚、行聘等还是要有的。结婚之日就是死骨合葬之时，红事白事一齐办。双方父母之间照样互称亲家，遇到逢年过节，红、白大事互相往来。

二、求婚与迎娶习俗

1990~2010 年，宝塔区民间男人娶妻叫“问老婆”，女人定亲叫“寻汉”。宝塔人从订婚到结婚娶亲礼数繁多，风俗独特。求婚之家欲择某户女子为婚，先请介绍人到家招待一番，说明求婚之意，介绍人奔走双方，发挥媒介作用。

（一）见面

经介绍人媒介，同意联姻者，男女双方各请阴阳先生掐算两人是否合婚，大相是否相合。比如：不合者有“蛇虎如刀错”“鸡不和狗斗”“羊鼠一旦休”“白马怕青牛”等，相合者有“蛇蟠兔”“猴赶猪”等。如果大相不存在问题，约定时间，两对象在男家或其亲戚家相见，经谈同意，即定婚约。见面时男方要简单招待，双方主要亲戚参加。20 世纪 90 年代后，男女双方都是自由恋爱，但仍少不了媒妁之言。

（二）看家（看屋）

男女双方见面后，都表示同意后，女方要到男方家看家，看男方家中住房、家畜、人口及是否有公婆等基本情况。女方若看中，男方父母要给“未来的媳妇”红包。20 世纪 90 年代一般给 100 元，2000 年后给 200 元，2010 年开始给 500 元。女方如果收下红包，就表示同意，不收就说明还需要商议。

（三）言（谈）彩礼

女孩看完家后，由介绍人给双方父母传话，进行言彩礼，言彩礼一般在女方家进行。20 世纪 90 年代，彩礼讲究“六六大顺”（6600 元），“八八八”即 8888 元，农村人还有老辈思想，“养羊踩粪了，养女接困了”。家具由“三转一响”逐步变为组合家具和新三件（彩电、冰箱、洗衣机）。其次女孩向男方要窑洞，若男方弟兄多，窑洞少，过门之后，只有住的没有放东西的或仓窑（放粮食的窑洞），女孩则一般要 3～4 孔窑洞，要是男方不答应，就要折成现金，赶迎亲前必须把钱带来，否则亲事就成不了。2000～2010 年，随着人民生活水平的提高，女方所要彩礼，农村人讲究“万里挑一”即 10001 元。城里人或条件好的城郊是一份或两份礼（一份礼 2400 元）。农村女孩从要窑洞改为要平房、楼房，要东西从“新三件”改为电脑、液晶电视、电冰箱、空调，从 2000 年的两金改为 2010 年的三金或四金（金手镯、金项链、金戒指、金耳环）。其次女孩还给父母、爷爷奶奶等家里人要衣服。城里女孩除了要电脑和四金以外，要看车子、房子、银行卡等。

（四）喝酒（定亲酒）

言彩礼之后，男方要让阴阳先生测定一个好日子喝酒。喝酒一般在女方家举办，男方必须由方头（亲叔父）、姐家（舅舅）参加。男方来时要买肉、烟酒。要带彩礼，女孩给自己或家里人要的衣服、鞋（一般都是双份）。女方则要给“未来的新女婿”买一双“稳根鞋”、一条“长命带”（裤带）。喝酒的目的就是，喝完酒后说明两家亲事已定。为此，喝酒前由介绍人先把女方家人或女孩本人所要彩礼、家具、衣服等一一说给众亲戚听，并把彩礼缴给女方主事人。如有不妥，女方则不让打酒瓶（打酒人一般是女孩打），酒瓶打开说明这门亲事已成。同时，男孩、女孩要给两方父母亲戚斟酒，双方父母叔舅要给男孩、女孩喜钱，父母一般 200 元，叔舅 100 元。

（五）商话

商话是临近迎亲时，由男方在阴阳先生处选定迎亲日子后，通过介绍人给女方传话后择日两家要坐一起商谈迎亲的一些事情，2010 年开始，喝酒商话一次完成。男方同样在买酒、肉，男孩、女孩给长辈倒酒等。而后商定男方有什么迎新人。20 世纪 90 年代坐三轮、四轮，2000 年后坐面包车，2010 年开始，城乡一律都坐小车，城里人坐档次高一点的小车，农村人坐档次低一点的，多则十几辆，少则八九辆。

（六）迎亲

男家俗称“引媳妇”，女家称“出嫁女”，统称“红事”。宝塔区人迎亲风俗，先请阴阳先生推算吉期、利月，看男女属相定嫁女利月。有一首嫁女利月谣：“正七迎鸡兔，二八虎与猴，三七猴共猪，四七龙与狗，牛羊五、十一，六腊鼠马走。”其次双方迎送男女人。迎送人双方女人均为2人。民间讲究，姑不迎、姨不送、妗子取得黑枣棍，怀孕妇女、寡妇、鳏夫不能迎送。男人连介绍人共7人。20世纪80~90年代后新女婿要亲自去迎新娘子。迎亲队伍中要有一个“带事人”携带新人的衣服、被褥或娶新娘的金银首饰等，同时还要带儿女馍馍、离母糕、女方方头（亲叔父）、姐家（舅舅）的两块肉、宝瓶（系一二百元，回来时女方也要系上一二百元）、一双筷子、白面（一小包，女方也要添些白面）。迎亲队伍前边要有吹鼓手引路，马或汽车前要挂大红花。

女方也要按商话所说准备。一大早新娘要去盘头，准备迎娶。家里备酒饭，约亲朋，组织送人队伍。迎新人队伍一到，女方院内设摆烟酒，以示欢迎，迎新人带事人将所带之物一一摆于桌前交待，谓之“表礼”。饭后，女方总管向迎亲领头人交待娘家陪嫁之物。事后，新娘围着儿女馍馍穿新衣，俗称“穿硬衣”，吹鼓手吹号奏乐。一切就绪，新娘上马起程，迎亲队伍以迎人婆姨为先，新人居中，送人婆姨在后，后车拉有女方陪嫁之物如被褥、电器等，有序而行。此时男方家人应遮盖碾、磨，怕青龙白虎“冲喜”，事毕，专候新人进门。

新人迎进村口，男方朋友要和新郎、新娘要戏好长时间才肯放行，进院后，新郎、新娘争抢入洞房（俗称帐房窑）。进入帐房窑后，吹鼓手张号，叫“冲帐”，事后举行上头仪式。由姑、婶或长辈（一般是女的），让二人背靠背坐在炕中，将二人头发拢在一起，边梳边说，“一木梳青丝云遮月，二木梳两人喜结缘，三木梳夫妇常和气，四木梳四季保平安。”又云：“荞面根儿，玉米芯儿，一个看见一个亲。养小子要好的，穿长衫戴顶子；养女子要巧的，石榴牡丹冒铰的。双双核桃双双枣，双双儿女满炕跑。天作良缘配好的，夫妻恩爱一辈子。”

这就是宝塔区人常说的结发夫妻了（如果是二婚就不大迎大送，也不举行上头仪式）。

（七）闹洞房

晚上，由爷爷辈，姐夫、嫂子，或新郎的朋友，闹新房。其内容丰富多彩，有双亲嘴、唱歌、摘樱桃、擀杂面、摸跳蚤、绕口令等，节目都非常有趣。无论怎么要，新娘都不能恼，否则被人认为新娘是糊涂蛋、不聪明、不懂礼。凡是和新娘要的人均要给喜钱，不能空玩要。

（八）洞房耍毕

在次日黎明前还要包饺子给新郎、新娘吃，叫“儿女扁食”，饺子故意煮成半生不熟，在吃时，问新娘“生不生”？新娘要答“生”。意思是早生儿女。

（九）亮箱、接言

20世纪90年代，一般在新婚的第二天早饭后，举行亮箱、接言、认大小等仪式。2005年后，娶亲当天举行，这些仪式由总管主持。女方带事人先当众交待娘家陪嫁之物及添箱的东西，后交待压箱钱。20世纪90年代一般压500~600元不等，2000年后，1000~3000元不等。2010年开始，农村人最少压1000元，城里人或个别富户压2万~10万元不等。同时女方压多少，男方就要跟多少，如男方显示自己有钱就要加倍，女方5万元，男方就加倍到10万元。其次是接言，意为将来新娘和公婆及家人主要亲属有言法、合得来，事前新娘买一些鞋或衣服，接言时将鞋、衣物送给公婆及姑、姨、婶、姐、嫂等。事后这些亲戚要给新娘红包。最后认大小（父母），新娘当众给公婆倒酒、递衣物，并改口叫爸妈（过去当众给公婆叩头），这说明从此新娘就是某家的人。

午饭后，新郎、新娘即与送亲队伍回娘家，叫作“回门”。新女婿上门，小姨子、小舅媳妇等人和姐夫开玩笑（新娘的姐姐、嫂嫂则不能）。有意给饺子里包盐、包辣面、鞋里放圪针。用来试验新女婿的性格、口才、智慧。回门之后，新郎先返，而后岳父或岳母同新娘同往男孩家。次日娘家父母走后，新娘开始料理做饭等事宜，俗称“动刀杖”，新娘在家 8 天又返娘家住 7 天，再回来，称作“对 7 对 8”。至此，婚事告成。

第三节　生育习俗

宝塔域内传统的婚姻是以生儿育女为直接的目的，当地有这样几句关于娶媳妇目的的俗语：“烧火做饭，缝新补烂，门户照看，养儿抱蛋。”也就是说娶媳妇就是为操持家务、传宗接代、延续香火。所以，有不生不养或无子的妇女不得不用一些卑贱的法子来挽救“弃妇”的命运。1980 年国家号召一对夫妇只生一个孩子，提倡实行计划生育。1995～2000 年，国家人口自然增长率降到 10‰以下，计划生育以宣传教育为主。2010 年，部分城乡，夫妇双方均为独生子女者，一律允许生两个孩子。至此，随着社会的进步，宝塔人在生育观念上不再是重男轻女，生男生女都一样。

一、闹满月

闹满月就是每当谁家新添了可爱的小宝宝后，当满一个月的这一天，民俗称“满月”，届时，男女双方的亲戚、朋友、同事、同学，来赶满月庆贺，外公、爷爷给小孩脖子上挽钱，谓之挽锁；姨姨、姑姑等近亲长辈送银项圈、手镯，意之长命百岁。吃米糕，民间有“步步高升”之意，即孩子将来能举官成名。事后，外婆这天不能回去，说走会把奶水给带走，还得住几天。

二、过晬

孩子出生后到了九十天（有的一百天），又要过“九晬”，有的也称过“百晬”，满一周岁时，爸爸妈妈又要给他过第一个晬，俗称过“头晬”。它和给孩子闹满月时的形式差不多，直系亲属前来庆祝，全家吃油糕，不请客，不收礼。还给孩子周围放些书本、笔、算盘、小汽车、秤、小锄头等物，有意叫孩子去抓，孩子若抓到笔、书本、小汽车说明孩子大了能吃公家饭不戳牛屁股了，抓到锄头之类说明孩子将来是受苦人。这个仪式民俗称“抓彩”。孩子从十三岁开始再不叫过晬，叫过生。

三、坐月子

婴儿出生后，向娘家报喜，娘家母亲要来侍候“月婆”，此后，亲戚、朋友带上食品“送汤”。月婆门上挂红布条，示意陌生人莫进，母亲侍候叫“守月子”，坐月子妇女，忌吃生冷干硬的东西，以吃软、烂为宜，女人坐月子，多喝小米粥。月子里产妇要格外小心，大小便外出要蒙头盖脸，不能出门槛，偶尔要走出，怀里要揣上一点食物，回来前咬一点，忌把奶水丢在外边。少洗脸，不洗头，不做针线，不洗衣服，不吃生喝冷，防止以后带来后遗症。

第四节 丧葬习俗

区内有“人上60岁，夜夜防老（死），置办寿木”之俗。寿木就是棺材，以柏、松为上，杨木、柳木、杜梨木为下，不能用枯木（死树）做，必须用活木做。寿木规格有“四片瓦”“八厢”“全三”“三厢五盖”等。再置寿衣（老衣），也得提前做好，一般五、七、九件。20世纪90年代前由老人的儿女做，必须用绸子做，不用缎子料；2000~2010年，老衣多在寿衣店购买。

宝塔区葬式有土葬、火化两种，其中土葬者多，火葬者少。土葬葬俗也叫“白事”，对死者采取的葬俗，归纳起来大致有以下程序。

初终　人死之后，要给逝者从内到外换上老衣。穿好衣服后，将死者抬于地下，放在铺了干草（谷秆）的木板上，脚朝门口，头朝里面，脸上盖一张麻纸叫盖脸纸，地上置一方桌，放献饭、香、纸，点一盏灯。上面放一只宰杀的鸡，下面放一烧纸的器具。然后剪好“岁数纸”（将白纸剪成长条，捆在一起）挂出大门外，向世人昭示此家有人去世了。

打坟　墓地选好后，请土工打坟。墓穴一般是穴状，和土窑洞相似，单墓穴高5尺左右、宽6尺左右、深8尺左右，合葬墓宽8尺左右、高5尺左右、深8尺至1丈左右。

备棺、奔丧　棺材一般选择柏木为上，松木次之，槐木、杨木、柳木为下。奔丧时须子女及家中主要亲属告知亲戚，朋友死者死亡时间、出殡日期。出门在外的子女“始闻亲丧”时首先要尽哀而哭，望村要哭，望家更要哭，到家后，跪死者前哭悼，否则被世人认为不孝。

制引魂幡　在宝塔区，引魂幡的制作特别讲究，在木杆上撑起幡吊，顶端有一长弓，弓上置鹤头，下垂“瓔珞”，“瓔珞”为各色纸花。幡越好看、越重，说明死者年岁大，威望高。

搭灵棚　20世纪90年代，农村人搭灵棚很简单，栽几根棍棒，上面盖几块破席或塑料。2000~2010年，有“专业人员”搭设灵棚，精致、美观，内有冰棺、彩灯，棺材前摆设“金童”、“玉女”、纸火。灵棚上方正中挂有死者的遗像，四周有长青松柏。灵棚入口处设一香案，并置一只引魂鸡，点一盏长命灯。子女及主要亲属白天、晚上轮换守灵。孝子在守灵期间要穿白衣、戴白帽（谓之戴号），手持哭丧棒，见人不论生熟均要磕头，意为给死者免罪、积阴德。奔丧的亲戚朋友进灵棚烧纸，上香吊孝。妇女们要唱哭，以示对死者孝顺。

装殓　装殓前在棺材底部放7个钱（硬币）及丝、钱、麻等。是说人死后，灵魂仍在，还要到另一个世界生活，要衣食住行。事后给死者口中含一枚硬币（银圆或铜钱）。此后，将死者放入棺材，叫“入函”（宝塔人叫“下函”），入函时子女及主要亲属要披麻戴孝，孝子穿白衣、戴白帽，腰间系一根粗麻绳子拖在地上，俗称号布。号布分重、中、普3种。长孙、长子最重，为重号；其他儿女、媳妇、女婿为中号；侄儿、外甥为普号；其次，小孩12岁前戴号帽，帽中用针线缝一小块红布，意即“魂”不全。意为死者再也不能和亲人一起生活，要到另一个世界，永不能相见。

领猪羊　领猪羊一般事主（儿子）领猪，女儿、女婿领羊。将猪赶至灵棚前，儿子、儿媳跪于灵前烧纸毕说："爸（或妈）儿子为你老人家献上一口猪，你老人家就收下吧！"事后将冷水浇在猪身上，如猪嘴拱地，就说明死者乐于接受献礼。将羊牵到灵前，女儿、女婿跪灵前烧纸毕后说"爸（或妈）女儿给你老人家献上一只羊"，后将冷水灌入羊耳朵里，浇于身上，若羊摆头不算，全身抖擞才说明领了。猪羊不领时，子女们再次跪于灵前烧纸啼哭，向死者祈祷，直至领了为止。

迎幡（主幡）　先迎三代，孝子在数百米处迎祖宗三代亡魂牌位，后将幡拿到离灵棚数百米处，所有孝子穿孝服，持哭丧棒，吹鼓手在前，扛幡人（由长孙或长子扛）居中，孝子在后嚎哭，惊天动地，路人皆悲。

上祭　俗称"游食上祭"。一般在夜间，是整个丧事中最热闹且严肃的场面，由死者的儿女及侄儿、侄女、外甥做祭上供。迎祭前孝子们按辈分大小，依次跪在灵前，留开人行空隙。上祭时吹鼓手在前引导，端祭饭人在后边，同时谁家上祭，谁家要在人行空隙处撒钱。端祭饭人用各种手段取空隙的钱，或用舌粘，或用眼皮夹，将钱一一取走，这叫给死者撒钱积德。整个上祭场面围观者甚众，直至午夜方散。撒路灯，在出殡前一天晚上，孝子在吹鼓手引导下撒路灯。撒路灯前，在灵前摆上"灯山"，放一高桌，桌上扣一个斗，斗上扣一升子，桌子、斗、升子四周点燃蜡烛，吹鼓手引孝子在灯山前右转三圈，左转三圈，事后两个人将事前渗好煤油的小块玉米芯端在铁锨上，一左一右，孝子走在哪里，路灯撒在哪里，旧时路灯要撒至坟地祭奠，现一般撒几百米。此时吹鼓手奏乐，孝子啼哭，整个场面，星星点点，忽闪忽闪，由远望去，如同火龙盘山。

下话　俗称"抖亏欠"。就是娘家（死者不论是男是女，都是女方家里的人俗称娘家）给死者的子女训话，一般在出殡前一天举行，事前所有孝子跪于地上，由孝子主事人要向娘家人汇报死者得病时情况，及丧事的筹备情况等，若有不到之处要受到娘家人训斥，有时故意刁难，孝子要长跪于此，得到娘家人谅解后才能站起。

出殡　俗称埋人，时间一般在上祭后第二天清晨（太阳未出前）。出殡前，打开棺材，让孝子见死者最后一面，并用酒将死者脸洗净，再次放好"临行"前的衣物。出殡由阴阳先生主持。先生一手拿一只引路公鸡，一手持刀，边念咒语边拍打公鸡，并用刀击破灵前灰碗，大声喝道"起升"（走）。8个土工抬起棺材立即出发，哭声、乐声此起彼伏，吹鼓手在前引魂幡居中（由长孙或长子扛），所有孝子身穿孝服，手拄丧棒嚎哭在后。行至百米之外，总管高喊收头娘家收头（儿媳妇的爹妈俗称收头娘家），此时，所有孝子跪于地中，收头娘家给女儿、女婿把号布缠在头上，并放一块布料或一二百元现金，其他孝子自己将号布缠在头上，事毕，全村人都出来为死者送行，家家户户在硷畔上都点燃篝火，为死者送光明。前进途中由孙子辈撒纸钱，送葬队伍走出村口，相送的女眷烧纸返回。到了墓地，土工将棺材放入墓穴后，阴阳先生入穴，打开棺盖，摆正死者头部，并放入长明灯、祭食罐和一张三条腿的小饭桌，后请娘家人下葬（看有什么不妥），阴阳先生用干草把墓窟内脚印扫干净退出，土工和孝子填土，堆坟堆。葬礼结束。

送水送火　埋人当晚，子、女要往坟上送水送火，第一夜送至村口，第二夜送至中途，第三夜送至坟上。次日，"复三"孝子在坟前垒饭桌后烧纸，妇女哭后揭号（白洋布抽几根线烧了），子、女一般一年后揭号。

百日　丧葬后百日，亲戚、村中晚辈均至灵前哭祭，曰“烧百日纸”。2000 年后，只有儿女坟前祭奠。

此外，宝塔区葬俗，死者有配偶者必须合葬，且进入祖坟（老坟），这是人们常说的“父欠子一妻，子欠父一葬”。祖坟一般三辈或五辈为一座。如死者是男孩，12 岁后在死前尚未娶妻就得别埋（另埋），家人要给他请女骨（未成年死去的女孩尸体），与其合葬，为他“完婚”。三四岁的幼儿或婴儿死后不葬，抛之山上让禽兽食之。

人们十分重视祖坟的地理位置，认为好的祖坟会使后人财源茂盛，人口兴旺。有的将祖宗的石碑雕刻得十分精美，有的从土墓穴改为砖墓穴，有的不惜高价买地，修建祖坟。祖坟一般三、五、七辈，墓前立碑祭祀。埋人也有讲究，长子要埋在父母面前，曰“报血口”，其他儿、媳在左右。

第五节　亲属称谓习俗

大（dá）　旧时宝塔区人都称父亲叫“大”，音若“答”。1990~2010 年，仍有部分这样称呼。“大”还指伯父、叔父。对排行老大的则称“大大（dàda）”，排行老二的伯父或叔父，称“二大”，以此类推三大、四大、五大。

儿　在宝塔区，老辈们不说“儿子”，说“儿”，没有那个“子”尾。“你那颗儿可儿了!”这里第一个“儿”是儿子，第二个“儿”是调皮、捣蛋。“哎哟，你是谁的颗儿了!”此处的“儿”不是儿化音，是 ér，即“儿子”。

汉　宝塔区人不称丈夫叫“老公”，而是称丈夫为“老汉”。夫妻叫“婆姨汉”，有趣的是把女人放在前面了。女人找对象嫁人，找老公就说是“寻汉”。民歌有《女娃寻汉》。民间：这女子大咧，能寻汉咧。民谚：婆姨管汉，金银满罐。“汉”也是宝塔区人的弟兄排行的名称。“大喜儿是老三就是三汉嘛。”

老爹、奶奶　20 世纪 80 年代女婿称岳父为老爹、岳母为奶奶；90 年代后改称岳父为叔叔、岳母为婶婶；2000 年后女婿称岳父为爸，岳母为妈。

妗子　宝塔区人日常口中称舅母为“妗子”，没有舅妈这个词。舅母称“妗”。宋文字中始见。明代已有“妗子”这个词。宋《集韵》“俗称舅母曰妗”。此称呼一直沿用至今。

老子　“老子”就是父亲。普通话谓父亲少用“老子”。常言：你老子还没个吃上的咧，倒叫你先叼去了！宋代陕西人即谓父亲曰“老子”。宋陆游《老学庵笔记》：“予在南郑，见西陲俚俗，谓父亲曰老子，虽年十七八，有子，亦称老子。”现父亲训骂儿子，男人之间骂仗常称“老子”。

niá niá　区内称奶奶，叫 niá niá，一般不叫奶奶，常言：niá niá 说孙子：“老命圪蛋，跟 niá niá 来。”

姑舅、两姨　一方的母亲和父亲是兄妹的亲戚关系各自生下的娃是两姑舅。兄和弟生的娃为上姑舅；姐和妹生的娃为下姑舅。俗语：“亲不过姑舅，香不过猪肉。”两姨则是两家的母亲是姐妹关系。“他们是两姨”。姨顶母亲，俗语“姨姨怀里闻娘香”。

女子　“女子”指的是非婚、未婚的婴幼至青少年女性。女人结了婚，就不再是

"女子"而叫"婆姨"。"女子"里的"子"读轻声。宝塔区有一个把已婚、未婚的女性都包括进去的统称：婆姨女子。

婆姨　"婆姨"一词，一个意思是"老婆、妻"。民谚："婆姨管汉，金银满罐。""官凭印，虎凭山，婆姨离不开男子汉。""好菜费饭，好婆姨费汉。"另一个意思是泛指已婚女人。民歌："一股股车车一股股汉，一股股婆姨跟上转。"民谚："米脂的婆姨绥德的汉，清涧的石板瓦窑堡的炭。""麻蚱蚱腿多，婆姨人嘴多。"

前家儿、前家后继、隔山兄妹　前夫死后，带着儿子嫁到另一方，儿子就是另一方的"前家儿"。先随改嫁的母亲到继父家，母亲去世后，继父又另娶妻，也算是继母。此时父母都不是亲生的，这种情况就叫作"前家后继"。前夫死后，带着儿女嫁到另一方与前夫的儿女叫隔山兄妹；即两个老子一个娘所生的孩子是隔山兄妹，两个母亲一个老子所生的娃是亲兄妹。

"先后"　区内管妯娌（就是嫂子与弟媳的关系）叫"先后"，音若"谢猴"。而两千多年前的汉代时期，已经开始管妯娌叫"先后"，直至今日。

小子（zi）　"儿子"宝塔区又叫"小子"。早先"小子"是说子弟年幼的一辈。后因称男孩儿为"小子"，就用于人的类别，用于男性，含轻蔑意。

第六节　说唱习俗

一、说喜

也称要饭的或部分吹手、失去劳动能力的残疾人，在迎亲、嫁女、合龙口、闹满月、埋老人、祝寿等场合下进行，他们用自己的巧嘴妙舌说些吉言利语来讨好主人家，从中得到一点赏钱。比如在迎新娘下轿时，说喜人忙跑车前道：

一朵红花就地开，闪出我这个念喜来。
迟不来，早不来，新人下马我就来。
黄道吉日把亲迎，恰好又遇紫薇星。
响吹细打一哇声，亲朋好友乐无穷。
仙女下凡驾彩云，凤凰落地宝处停。
这对伴侣天配定，恩恩爱爱一世情。
自由谈情又说爱，恩厚情重深似海。
好比莲花配牡丹，情似山伯祝英台。
洞房明朗又宽敞，五颜六色闪银光。
大红双喜贴正方，胜似皇宫赛天堂。
新窟新房新门窗，欧式地板新款样。
缎面被子席梦床，绣花枕头现鸳鸯。
各种家具都置备，箱箱柜柜写字台。
……

二、行门户

所谓"行门户"，就是行走于门户之间，某家有红白喜事，众人通过行门户（行礼）

进行帮忙，这是一种群众自发性的赞助活动。行门户时要摆宴席，每个桌前有一个陪客（看客人）叫站席口，在宴席上，站席口的负责招待客人，解决宴席上的种种问题，调动大家的热情，给客人斟酒、劝酒，启发客人猜拳、行令、唱酒曲。

三、民歌

宝塔区有一句俗语："男人忧愁唱曲子，女人忧愁哭鼻子。"实际上，民歌是劳动人民在生活中表达喜怒哀乐的一种情感。无论男女老少都喜欢民歌。常唱的有四季歌、揽工调、酒歌、秧歌、信天游等。如：小媳妇想娘家，吹手迎亲，出门人思念家乡，年轻人谈情说爱；石匠们用歌声来装饰单调的石锤声；农民用歌声来驱逐寂寞和忧愁；赶牲灵的人将悠扬的歌声撒满崎岖的羊肠小道；小媳妇用歌声倾诉心中的哀怨。但人们最爱唱的是情歌。旧时社会青年男女恋爱、婚姻不能自主，他们只好用歌声来表达对封建婚姻的不满和对爱情的追求。

四、扭秧歌

宝塔区秧歌有过街秧歌、彩门秧歌、大场秧歌、对子秧歌，人们通过这种"闹红火"活动庆贺一年的劳动收获，祈保来年的风调雨顺、国泰民安。每年腊月就开始排练，正月初二一过就开始拜单位、演门子。全村无论大小主户都要依次拜过。秧歌一进院，主人拿出好烟好酒来款待。伞头根据主人的院落、家道唱三至五首秧歌，秧歌多为吉庆赞扬。如：

进了大门我仔细看
脑畔上压着根灯笼杆
风吹灯笼咕噜噜噜转
这家人儿有出展

又如：

进的硷畔我仔细观
这院地方修的端
背靠大山怀抱川
金银满贯有吃穿

转院结束后主队伞头再歌一曲：

黄米馍馍大烩菜
小窑窄炕没铺盖
闪的我那亲朋活受罪
还得亲戚多担待

客队伞头：

软格闪闪油糕猪肉菜
暖窑热炕好铺盖
你若不嫌我这秧歌队
年年享受你这好款待。

五、转九曲

民间也称"转灯"，它属于宝塔区民间风俗性祭祀活动，人们为的是求神保佑，在一年内驱逐邪魔，消灾免难，人畜平安，五谷丰登，安宁健康，幸福美好。

转灯一般设在正月十五元宵之夜进行，部分村庄也有固定日子，如正月初五、初七、初八、十三等，也有不少村庄在正月闹起秧歌后，或来外村秧歌队进行慰问之时，随便进行，没有固定日期。

灯场一般设在平整、宽敞、避风、路平且离村子较近的地方。栽灯场时用高粱秆或竹竿剪成长一米左右，横、竖各倒栽十九行，共三百六十一把，象征全年的天数，杆间相距一米，再把顶上坐上泥，然后安上用面捏或者用洋芋、萝卜挖成的“灯碗”，碗内倒上清油（老麻油、煤油），放上棉花捻子，碗边罩上五色灯罩，有时也用蜡烛或灯泡。灯场栽好以后，也正好形成一个四方城城图，城内设有九个小城，九个小城以金、木、水、火、土、日、月、罗喉、计都九个星宿象征九道门，灯场的进、出门上挽松柏枝、插红旗、贴对联、挂红灯，东、西、南、北、中贴五方贴，它真是大城套小城，小城连大城，复杂多变，规模宏大，五光十色，盛况空前。灯场栽好未点燃，便有一对对刚结婚或者结婚多年还没有小子（男孩）的夫妇们会提前来转此灯，民俗称“转黑灯”，相传转了此灯能生小子。

转九曲起场后，按陕北风俗习惯，首先要去祭庙，俗称“谒庙”，谒庙完毕，秧歌队来到灯场，伞头便用唱秧歌的形式在神堂前安神，邀请先生读祭文，背灯山，围五方风等。

背灯山秧歌

各位诸神请下凡，奉请共同上灯山，
上灯山来把灯观，再看人间把灯转。
银光灯山千万层，照亮乾坤一片红，
灯碗好像一盘龙，灯烟缭绕瑞气生。

围五方风秧歌

背摆灯山安了神，再请会长仔细听，
打上灯笼前边行，秧歌随后再围风。
一围东方甲乙木，东方老爷来围风，
东升太阳一点红，照在大地万物生。
二围南方丙丁火，南方老爷来围风，
南方菩萨观世音，救苦救难救普生。
三围西方庚辛金，西方老爷来围风，
西方佛祖如来神，治了真经送唐僧。
四围北方壬癸水，北方老爷来围风，
北方玄武显灵神，保佑人间常安生。
五围中方戊己土，中方老爷来围风，
中方五帝并五方，除灾免难救万民。
锣响鼓鸣烟雾腾，风气婆婆你执政，
今晚不要放风尘，保佑小人转花灯。

根据金、木、水、火、土和东、西、南、北、中及五方有关的自己编唱围风秧歌。

伞头领着秧歌队在锣鼓家什的伴奏下唱一首进灯场秧歌，先入城，转灯开始。

进灯场秧歌

四方九曲一座城，玉帝下令打开门，
手拿黄香游花城，一切灾难全离身。

心想事成的男女老少，手拿黄香，拖儿带女依次进城，此时个个如入仙境，格外欢悦，共同游转期盼在新的一年里风调雨顺，五谷丰登，身强体壮，吉祥如意。伞头每到一座城都要唱一首求福求财、消灾灭难之类的秧歌，表达人们对神灵的一片虔诚和祈福之心，求神灵大显灵气，保佑人们四季平安。

转九曲秧歌

秧歌转入一道城，玉皇大帝来观灯，
低头细看民间情，十分的灾星灭一分。
秧歌转入二道城，关公二郎来观灯，
拿妖捉怪数它能，十分的灾星灭二分。
秧歌转入三道城，三圣母娘来观灯，
宝莲灯下除疾病，十分的灾星灭三分。
秧歌转入四道城，四海龙王来观灯，
冬雪春雨下得均，十分的灾星灭四分。
秧歌转入五道城，五帝五方来观灯，
金木水火土长生，十分的灾星灭五分。
秧歌转入六道城，南斗六郎来观灯，
保佑合舍万世盛，十分的灾星灭六分。
秧歌转入七道城，北斗七星来观灯，
永指乾坤不迷程，十分的灾星灭七分。
秧歌转入八道城，八洞神仙来观灯，
一生修行炼成真，十分的灾星灭八分。
秧歌转入九道城，九天玄女来观灯，
十分的灾星灭九分，丢下一分带在空。

出九曲门秧歌

九曲城里十八弯，男女老少把灯观，
观了花灯把病散，年年月月保平安。

转罢灯出灯场后，伞头又要用唱秧歌的形式，来到神堂前进行送神。

随后人们开始端灯，民俗也称“偷”灯，端灯在默许的情况下进行，每人端一两只回家放在财神、灶君前或者门楣上，让没有转灯的人也能共享快乐，确保平安。民间有端灯是端福之说，也有端了绿灯生女子、端了红灯生小子的传说。

六、合龙口

合龙口的仪式一般是在窑洞拱形大功告成之时举行。匠工先在窑面拱洞中间留一个小口，之后选定吉日合龙，届时鸣炮声声，一人手端一个大碗，并将碗中的五谷（糜、谷、麻、麦、豆）、碎馍和碎糕等撒向四方，同时唱合龙歌：

一合龙口外添财，窑里窑外喜气生，
天神地仙降福来，一撒东方甲乙木，
二撒南方丙丁火，三撒西方庚辛金，
四撒北方壬癸水，五撒中方戊己土。

匠工无忌，主家无忌，天无忌，地无忌，姜太公在此百无禁忌，大吉大利。掌线工人身搭一块红布，在龙口里放进五谷、碎馍、碎糕、小肉块、五色丝线、五色石子，还有书本、笔砚之物，接着迅速把砖砌上，并抹上石灰，至此，合龙口结束。最后主人宴请工匠及前来贺喜的亲朋好友，并用礼品酬谢工人师傅。人们在修楼封顶时，也有此俗。

七、酒曲

划拳唱的曲子叫酒曲。常见酒曲是："一来我年轻，二来我初出门（哟噢）门（依呀噢咧）。三来我人生认不得一个人，好像那孤雁落在那凤凰群（依呀噢咧）。展不开翅膀放不开身。叫亲朋，你多担承，担承我们年轻人初出一回门。"又："一垧高粱打八斗，高粱里边有烧酒，清酒清来黄酒黄，喝了四两又四两，再喝四两也无妨。酒坏君子水坏路，神仙出不了酒的够。"对拳唱词："月儿弯弯照九州，什么人欢乐什么人愁？什么人离乡在外头？什么人高楼上饮了好酒？答唱：月儿弯弯照九州，穷欢乐来富忧愁，关老爷离国走外头，诸葛亮高楼上饮好酒。"一般唱曲人敬酒，或对方不喝情况下，唱酒曲。

八、书匠

宝塔区农村习惯叫说书艺人为书匠。陕北说书最初是由穷苦盲人运用陕北的民歌小调演唱一些传说故事，吸收眉户、秦腔及道情和信天游的曲调逐步形成为说唱表演、长篇故事的说唱形式。延安新书艺人第一代书匠韩启祥 20 世纪 40 年代自编自演革命斗争内容的新书《翻身记》《我给毛主席说书》等。第二代书匠张俊功、解明生（张俊功徒弟），70~90 年代为说书改革者，由坐场改为走场，一人改为多人，自成一派。解明生 1995 年获全国第二届曲艺界牡丹奖。第三代大多不是盲人，20 世纪 90 年代后，说书流派较多，除了走乡串户说书行艺外，现逢庙会除许愿的神书外，不少书匠在城内广场说唱养家糊口。

第七节　节庆习俗

一、传统节庆

（一）除夕

宝塔区民间称"月尽"，从腊月开始，人们忙于做年茶饭、置办年货，年三十前一两天扫窑拆洗被褥衣服。大年早饭毕贴对联，吊灯笼，在大门、住房、窑内各神位贴对联。上午，上坟意在给亡者送年饭。

黄昏，打满水缸（初一不挑水），儿童们穿新衣，将河中冰块打来，放在大门墩左右，象征来年招财进宝，老人将破铧放在火中烧红，浇上米醋，到各房中去熏，意即驱除晦气，求取吉利，名曰"打醋坛"。

上灯时分，在灶君、门神前点香烧裱，点灯摆献贡，油灯一夜长鸣，不能灭，象征家中人丁兴旺，财源茂盛。如“月尽”夜灯光昏暗，或不长时间熄灭，意即不祥之兆。

21时许，全家人吃“年饭”喝“辞岁酒”才是过年。20世纪90年代，过年的午夜饭，全家酸菜猪肉熬一锅，白馍（两面的）黄馍（两面的），油馍馍，黄米饭。到2000年，家家炒七八个菜，非常丰盛。2000~2010年，不少人在城里订酒店吃年夜饭。全家人一起吃年饭，不能分开，食品以当晚吃不完为好，意“年晚锅不空，来年更丰收”。饭后，大人、小孩尽兴玩耍，通宵不眠，谓之熬夜。讲究“鸡不叫，狗不咬”，平静最吉，不能说不吉利的话，忌说“死呀活呀”之语。“月尽”夜不能扫地，怕将福扫掉。不能串门，据说“月尽”夜孤魂恶鬼无人管到处游荡。90年代后期，有些习俗逐渐转衰，不复存在，有些依旧如故。

（二）正月初一

也叫元日，这一天宝塔区人讲究吃饺子，在饺子中包着硬币，谁吃到包钱的饺子，谁在新的一年内有钱花，发大财。同时晚辈向长辈拜年，长辈要给晚辈红包。但只是家人，因为宝塔区人讲究“初一不出门，初二、初三拜家亲（指叔叔舅舅辈）”。

（三）正月初五

民间俗称“破五”，黎明倒垃圾，名曰“送穷神”，是曰饱食，谓之“填五穷”。这天，妇女不能出门走亲戚，也不能做针线，不准用生米下锅。过了这天就不再忌讳，故称作“破五”。

（四）正月初六

俗称“过小年”，仅次于大年三十，据说除夕是给鬼过年，正月初六才是人的年，晚上挂灯笼，点长明灯。

（五）正月十五

又称“元宵节”，“元宵”作为食品，起源于宋代，最早叫“游元子”，后称“元宵”，生意人美其名曰“元宝”。宝塔区的“元宵”不像古人一样包着，而是在糯米粉中“滚”成的，或煮或油炸，热热火火，团团圆圆。这一天城乡多有闹秧歌、社火等活动，晚上“转九曲”、放烟花等。

（六）正月十六

俗称“燎百病”。这天晚上等天黑时，人们在院子里放些干柴点燃，民间叫这天是“人火”，大人抱着小孩跳来跳去，如果家里有人出门不在，要把衣物、被子、枕头抱出来跳一跳，燎一燎。意为把应有的病都在火上燎得一干二净，在新的一年里没有任何灾难、病害，平平安安。还有把白馍在火上烧一下，人吃了后不害病生疮，次日有经验的老人拨拉，看有什么五谷粒，有什么预兆则今年什么丰收。

（七）正月二十三

俗称老君爷诞辰祭日，这天晚上人们在院中燃起火堆（不能跳）向老君要粮食，祈求大囤子圪堆小囤子满。事后夹几根烧红的火柴梗送至硷畔。

（八）二月二

俗称“龙抬头”，“龙抬头”传说不一，实则是，二月二是惊蛰前后，天气一天天暖和，冬眠的虫类开始苏醒，这些毒虫（小蛇叫小龙）出来对人体、庄稼都不利，所以宝塔区有些乡镇是夜用柠条捣成火把，举行火把游行，是为熏毒虫。二月二男子剃头，妇女拔面部黄毛，以示全年无灾。

（九）清明节

清明节是中国的民间的一个传统节日，早在唐代，清明就已成为法定节日，据《梦粱录》记载：在古代每到清明这天，无论达官贵人还是平民百姓，都会去上坟，扫墓祭祖。现在，清明节也是法定节日。宝塔区人更把这一天上坟扫墓看得尤其重要，上坟人来人往，家家皆于此日上坟扫墓。即使在遥远的千里之外，也要朝老人的坟墓方向，跪地划圈烧纸。

（十）寒食节

清明前一天为“寒食节”。民间传说，寒食这天是春秋战国时期晋文公纪念忠贞之士介子推被焚死绵山之日，人们不忍生火，吃冷食，因名“寒食节”，20 世纪 90 年代，宝塔区还有此习俗，2000～2010 年，此习俗逐步转衰，只重视清明节。

（十一）四月八

农历四月八，俗称“子孙圣母娘娘诞辰”。宝塔区的清凉山，“太和山道观”每年有大庙会，相传至今。

（十二）五月五

农历五月五，俗称“端午节”，是春秋战国时期楚国大夫、诗人屈原投江自尽的纪念日。宝塔区风俗，这天有吃粽子习惯，也有“吃端午粽，一夏不生病”之说。民间传说这天一大早不见太阳的艾蒿，阴干后，可熏蚊子，胜蚊香十倍。小孩子手足系五色线，名曰“长命丝”，能驱灾避邪，但雷声一响，必须剪掉，否则雷公发怒，降祸于人。

（十三）六月六

农历六月初六晒龙袍的习俗，由宋代沿袭至今，俗称“晒衣节”。这一天人们常把贵重的衣物、书箱拿出来晾晒，据说这天晒过的东西整个秋天都不生虫。区内有“六月六，新麦子馍馍炖羊肉”之谚。

（十四）七月七

俗称“乞巧节”，也叫“七夕”。传说这一天喜鹊搭桥为牛郎织女相会之日，故称“情人节”。宝塔区人把这天叫雨行日子，说牛郎、织女每年都相会一次，抱头痛哭，因此要下雨。

（十五）中秋节

农历八月十五。秋季正中，故称“中秋”，是传统的大节日，现已规定为法定假日，久出的家人这天都赶回家中欢聚，所以又称“团圆节”。旧有中秋节之夜拜月、赏月之俗。1990～2010 年，宝塔区人家家购买月饼、梨、果之类，意为这一天一定要吃圆的东西，有“团团圆圆”之说。

（十六）九月九

九月九为重阳节，又称“老人节”，俗称“九月九”，宝塔区人对此节虽没有其他节那么重视，但尚在流行过此节，农家有“九月九家家有”之说，是说，九月九秋收季节已到，农民又有了粮食。

（十七）十月初一

农历十月初一，俗称“鬼节”。是为纪念孟姜女千里为夫送寒衣的习俗。宝塔区人把“清明节”“十月初一送寒衣”这两个上坟扫墓的节日看得非常重要，每到这一天，人们用彩纸剪做衣帽、纸箱、纸牛马一齐焚烧于墓前。1990~2010年，市场购买各种成品纸衣物等，人们都有上坟给死者送寒衣，即使出门在外的人，也要朝坟墓方向焚烧纸衣，表示送给死者。

（十八）腊月初八

农历十二月初八，俗称“腊八节”。此俗源于佛教。传说佛祖释迦牟尼在这一天成道，因此，寺院每逢这天煮粥供佛，佛门弟子举行庄严的诵经法会，以各种干果杂粮熬成粥供佛和施舍给善男信女，称“佛粥”或“腊八粥”。后这一习俗流传到民间。此节在宝塔区盛行。这天人们用各种米豆等熬粥，称作“腊八饭”。民间流传着“吃了腊八饭，赶紧把年货办”之说。

（十九）腊月二十三

此俗称“送灶神”。宝塔区人现仍过此节，傍晚献糖饼于灶君前，并写上一副对联：“上天言好事，回宫降吉祥”。在院内放炮、打火欢送旧灶君回天。

二、新节日（公历）

1月1日，元旦。

3月5日，雷锋纪念日；3月8日，国际妇女节；3月12日，中国植树节；3月14日，国际警察日；3月15日，国际消费者权益日；3月22日，世界水日。

5月1日，国际劳动节；5月4日，中国青年节；5月12日，国际护士节；5月第二个星期日，母亲节；5月19日，全国助残日。

6月1日，国际六一儿童节；6月11日，中国人口日；6月的第三个星期日，父亲节；6月26日，国际禁毒日。

7月1日，中国共产党成立纪念日；7月7日，抗日战争纪念日。

8月1日，中国人民解放军建军日。

9月3日，中国抗日战争胜利纪念日；9月10日，中国教师节。

10月1日，中华人民共和国国庆节；10月10日，辛亥革命纪念日；10月16日：世界粮食日。

11月8日，中国记者节。

12月3日，世界残疾人日；12月12日，西安事变纪念日；12月13日，南京大屠杀纪念日。

第八节　传统美德

一、远亲近邻

俗语说“远亲不如近邻”，只要是邻居，不论来自山南海北，遇节日吃稀罕饭食，都要互相端送。邻里之间小孩不许叫大人名字，发生吵嘴骂架，各管自己孩子。农忙时节，有空闲的老人就会成为几家邻居的义务保姆。邻居之间谁家遇上红白喜事，或有什么困难，周围邻居都互相帮忙。

二、家风

宝塔家风是传承千年的文化传统。诚实守信、乐于助人、百善孝为先。父母以身作则，勤奋、孝顺，形成无言的家教，有些父母买两份东西，一份给爷爷，一份给孩子，无言的教会小辈做一个有孝心的人；节衣缩食，在生活困难的年代，衣服破了缝缝补补，生活富裕了都穿戴朴素。父母教育孩子不许吃饭掉饭粒、碗里剩饭。邻居之间，春节买礼品互赠。带上子女看望老人，言传身教。上坟给老人烧纸带上小辈，养成良好的祭祀习惯；区内人自古老实本分，吃苦耐劳，做人孝、工作勤、生活俭、作风廉。父母教育子女，妻子提醒丈夫，丈夫引导妻子。宝塔区文明办每年在城乡开展五好文明家庭、敬老养老好儿女、好儿媳活动。

三、祝寿

是宝塔区人们素有的传统美德，老人到60岁，子女及家人要为之贺寿。这一习俗，在陕甘宁边区时期，毛泽东住在枣园，有一年正月请来24位60岁的老人，在他的住处为他们贺寿。20世纪90年代宝塔区人为老人祝寿时，让老人穿上新衣裳，坐在炕头，儿女们给老人敬酒并说些健康长寿的吉言，之后全家人美餐一顿。2010年后，逢老人八九十或一百岁大寿，农村人在家举行，城里人在酒店举行隆重的仪式。在唢呐声中，父（母）在儿女们的簇拥下入场，穿寿衣，戴寿帽，坐在上座之上。儿女及主要亲属按亲属远近、辈分大小，跪于堂前，三叩九拜，儿女及孙子辈为老人献礼包（钱），长子上台讲话，奏乐，放礼炮，摆宴，歌手唱祝寿歌。

四、帮贫扶困

历来是人们的传统美德。解放初年，由于农村广种薄收，加之常年干旱少雨有些户揭不开锅，村民们你三升、他五升帮助困难户度过饥荒。20世纪80～90年代农村有不少娃娃考上大学时，上不起学，左邻右舍及朋友你五十他一百来资助。

五、帮工换工

亦是自古就有的交往美德。农忙季节，若遇干活人手不够，相互帮助，相传至今，你给他干两天，他给你干两天，叫换工。有谁家修建房屋，村里人无偿给干几天叫帮工。

六、善举

20世纪90年代，农村有重病人或老人快要去世时，一般各家各户去看望。百善孝为先自古以来是中华民族的传统美德，也是宝塔区孝敬老人的传统美德。老人有病卧床不起，儿女们端屎倒尿，父辈们言传身教影响子女。遇到一些场合，或家里吃饭时，第一碗饭双手端给长辈，晚辈才能动手吃饭，人称有教门。逢祭日上坟烧纸，父辈们带上子女，让其养成活着孝顺、死后要祭奠的好习惯。

七、写家谱

国有国史，县有县志，村有村编，家有家谱。编写家谱，又称“立家之谱”。它是一个家族的大事，是一个家族珍贵的历史沉淀和真实写照。

编写家谱首先要成立家谱编纂机构，由族内德高望重的中老年及有一定文化的人员负责编写的整个过程，如筹集费用、收集资料中要组织人员分头至本族各门头进行调查了解，包括祖先源流、世代子辈、家庭关系等，并要详细考查，反复论证，如实记载，确保家族的真实性和准确性。旧的家谱记载某一姓氏家族的世系繁衍及人口变化（女性除外，媳妇只有姓氏，没有名字）。

在“文化大革命”中，家谱被列入“四旧”禁止编写，已编写的绝大部分被清除销毁，所保存下来的也寥寥无几。随着人们思想意识的提高和社会的进步，在原有的基础上，家谱增加了更丰富的内容，如整个家庭的历史沿革、居地迁移、婚姻状况、家庭纪实、人物传略、人口变化，并把女儿也编入此册，肯定了女儿与男儿在家族中享有的平等地位，内容健康，符合时代节奏，是一本完整的家族文史资料。

第九节　民间吉凶兆俗

喜鹊报喜　喜鹊在屋前树枝上叫，特别是双日，人们认为有喜事临头。

猫头鹰叫　被人们视为“报丧”，是死人的前兆。

狐狸叫　听到狐狸嚎叫，人们认为是有不幸的事要发生，俗语有奇（磁怪子）叫老，猫头鹰叫小，狐子叫的花大嫂。

乌鸦叫　人们听到乌鸦叫声认为要发生祸灾，鸟屎落身认为祸灾临头。特别是正月初一、初六、十五，清明节，端午节，七月十五，过年遇之，人们更加惊恐不安，全家担忧，有时还要请人禳解。

狗夜嚎叫　狗在夜间有一种特异的怪声，人们认为是狗看到鬼魂，意即要发生人死财灭及面临争讼等祸灾事。

猪乱跑　俗谚“快如兔，慢如猪”，有时猪乱跑蛮奔，赶不进圈，人们认为主家要有祸事发生，忧心忡忡。

母鸡打鸣　母鸡打鸣，家有不宁。公鸡叫鸣、母鸡下蛋天经地义，母鸡有时因变态引起报晨，人们认为主家有重大祸事发生，会把鸡卖掉或杀掉。

蛇交兆灾　看见雌雄蛇交配，人们认为有大祸灾将要降于身，有时人们脱一件衣服抛盖进行禳解，以便消灾免难。

火笑客到　人们在烧火做饭时，有时火会发出啪啪的响声，俗称“火笑”，人们认为家中将要来客。另外，抹布掉地，也意为是来客之兆。

握筷子　人们在吃饭时筷子提的远意为娶媳妇和找女婿的路程远，反之路程近。

眼跳　左眼跳钱，右眼跳拳，人们认为左眼跳，在近日要发财来钱，右眼跳会和他人争斗挨打。

打喷嚏　有人在背后责骂或有亲人在思念。俗语有“一骂二念三风发（感冒）四吃好的五挨揍”之说。

第十节　禁忌习俗

宝塔区的禁忌甚多甚广，随着两个文明的不断发展，有的信仰慢慢破除，有的还被纳入文明礼貌行列，继续沿用。

忌筷子击空碗　因行乞者常以打板的形式向人讨食，所以人们吃饭时忌用筷子击空碗。今多视为不文明行为，特别是集体场合下会使人讨厌。

忌两人在一个盆中洗脸 意即两人在今后的日子里要发生打架、拌嘴。

忌伏中或正月理发 伏中理发意即老人在伏中亡故，因天气炎热，无法存尸来不及操办丧事。正月理发意即死舅舅。

忌拾帽、烟锅杆 意即拾到愁帽和气囱，在今后会遇到烦恼或惆怅事，更会受闲气，均不吉利。

宜拾带 意即无论做什么事都会成功，俗语有“拾根带，十年快”。

忌空桶往窑中担 意即无论做什么事都要落空，不能成功和实现。

忌山里送饭送拌疙瘩 意即要下冰雹。

忌窑内柴往外抱 意即家中财源不聚，要外流。

忌“黑年”结婚 宝塔区人把立春叫“打春”，它大多在每年正月期间，因农历每隔几年有一个闰月，这一年就成了十三个月，这样一来立春的日子就在闰年的腊月，而下一年就没有立春了，民间把这一年叫“黑年”，结婚不利于繁衍后代，所以忌在这一年结婚。

忌女人内衣在院当中晾 女人内衣在院当中晾是一种不文明的事，民间认为对家宅不利，有时会受到来人的讥骂，说这个人没教养。

忌院栽桑树、柳树 “桑”与“丧”谐音，院内栽桑树不吉利，门前栽柳树，死儿当寡妇。

忌夫妻在丈人家同房过夜 民间认为夫妇在丈人家同宿过夜会给此家带来不吉利之事，因儿女结婚是他家人了，民间有“女婿上床，家破人亡”之谚，如果有事，真正要在丈人家度夜，夫妻二人应该分开住宿。

忌朝向日、月、庙宇、坟墓撒尿 因为此地都有神灵、鬼魂，撒尿会受到神灵的见怪，带来不吉之事。

忌摸人家头和解人家头上的帽子和手巾 意即对他人不尊重，没有礼貌。

第十一节 其他习俗

一、妇女有关习俗

在宝塔区，男主外、女主内的习俗根深蒂固。“养儿抱蛋，缝新补烂，烧火做饭，门户照看”。解放初年，女子稍大，母亲训练她转锅台（做饭、洗碗）、做针线（缝衣、绣花、做鞋）、干家务（推磨、滚碾子、洗衣、喂猪、收拾家里），1990～2010年此俗有很大改变，男人做饭是常事，女孩子不用转锅台，而是以上学为主。

女人在怀孕后出现呕吐、择食等妊娠反应，叫“害娃娃”，人们根据“酸儿辣女，儿勤女懒，儿愁女喜”的老经验，预测是男还是女，怀孕期不能迎迎送送、不进新房、不进羊圈、不上坟。在吃喝方面，不吃大牲畜肉，吃了会怀的月份长，不吃兔肉，吃了生个“豁唇唇”。女人怀孕后，丈夫忽然死了，这样生下的娃娃叫“墓生生”。在月子里产妇不能出门槛，偶尔走出怀里要揣点食物，回窑前咬一口，忌把奶水丢在外边。女娃娃一结婚再也不叫她的名字了，丈夫称“家里的，窑里的”，村里人称“某某家媳妇”

"某某家婆姨"。婆姨又称丈夫是"我家掌柜的"或"我家受苦的"，生下娃娃也叫"娃他大"，丈夫称妻子是"婆姨""窑里的"，生下娃娃的叫"娃他妈"。夫妻之间从不喊姓叫名，总是一个"哎"。总之，妇女风俗甚多，有的已不存在，但农村尚在流行。

二、姓氏与起名习俗

区内姓氏复杂，大约有二百种。姓氏一般都世代不变，但有极少数人，因从小寄养他人扶养，或长大后在他乡招婿，或站年汉（男人娶不起老婆时，在岳父家干二三年活后，才将女儿嫁给他），但有的又在原名字中加原来的姓氏，比如姓张的人在姓李的门上招婿，也叫张×李，或张李×，这种情况在民间叫半卖姓，如果在姓名中不加原姓的叫全卖姓。

关于人的名字，有乳名（小名）和官名（大名），民间有"人有名字马有号，小名依留娘老子叫"之说，所以，乳名由父母起。在生活困苦的年代里，婴儿成活率低，为了让孩子健康成长，父母给孩子起的名字有较深的含义。狗狗、毛毛、铁锤、铁牛、全喜、如意、拴定、保住、解放、国庆、胜利等。1990~2000年，随着时代的变化和文化水平的提高，人们在起乳名时普遍也时兴起来了，大部分用双音节的乳名，如艳艳、芳芳、婷婷、磊磊、星星、苗苗等。更有一部分人也作官名而用。在起官名时，比较慎重认真，一般请有文化的人代起。2000~2010年，有些人专门设有起名公司给孩子起名，有的用电脑软件给孩子取名字。

除了以上名字外，人们还根据某人的性格长相及生理缺陷等原因起些绰号，如母老虎、十里红、文人、老牛筋、十三能、大花鞋、村盖则等，令人听见其名，如见其人。

三、赶庙会习俗

宝塔区自然条件恶劣，天灾人祸时有发生，老百姓崇拜并相信超自然神灵，在各地建起大大小小的庙宇258处，有玉帝庙、佛祖庙、观音庙、老爷庙、娘娘庙、财神庙、龙王庙、山神庙等，其中固定搞庙会的有79处，区宗教局登记的有12处。农历四月初八延安太和山有庙会，庙会这天，山上唱神戏，天不明上山路口有人卖香纸、上山求儿还愿者甚多，有的给神挂匾，有的抱着老公鸡给小孩过关，有的请书匠说书还口愿上布施，有的抽签打卦问吉凶，这种习俗一直流传至今。

第四章　居民生活

第一节　生活状况

宝塔区自然条件差，历史上人民生活比较艰苦，1984年，农村实行土地承包责任制后，人民生活水平逐步提高。

20世纪90年代，农民解决了温饱问题，衣着多以化纤衣料为主，色彩、款式较多，农村不少家庭告别了土窑洞，进入砖石窑。城里多居石窑、平房，部分家庭住楼房。“三转一响”（缝纫机、自行车、手表、录音机）走进普通老百姓家庭，自行车是出行的主要工具。1991～2000年，农民收入增长，1991年人均纯收入449元，到2000年人均纯收入1486元。城市职工由1991年的年人均收入1934元增加到2000年的6185元。人民生活由吃饱转变为吃好，以大米、白面为主，杂粮为辅。衣着色彩多样，款式时尚，农村居住以石窑、砖窑为主，个别住平房，城里多居楼房。电器化、大型家具进入寻常百姓家。出行的自行车被摩托所代替，小轿车进入了个别家庭。

2000年以后，随着退耕还林政策的实施，区内农民不再以种粮为主，转为大棚、林果、养殖业。农村不少村庄油田开发，增加收入。城市个体商户出现百万富翁。

2005～2010年，宝塔区居民收入不断增加，有几句顺口溜就能反映人民在家用方面的巨大变化，即“低层高层住楼房，客房卧房有书房；冰箱空调洗衣机，高档沙发有茶几；液晶电视DVD，三金身上都戴齐；笔记本电脑太阳热水器，高档手机苹果机；各种小车带司机，出行旅游坐飞机”。

第二节　生活习俗

一、衣

20世纪90年代，市内大多人穿布鞋，有方口鞋、圆口鞋、松紧口鞋、补口鞋、深口鞋、浅口鞋，姑娘订婚要给新女婿送一双“稳根鞋”；大裆裤、长襟式袄、小孩的开裆裤、男人头上的羊肚子手巾等老式衣服退出历史舞台；各种高级衣料琳琅满目，高雅时尚，各式各样的西装、夹克、牛仔裤、健美衣、蝙蝠衫、连衣裙、光丝袜、高跟鞋等等，倍受青年男女的喜爱，讲究穿戴之越来越多。不仅城市如此，即使农村人，同样穿着入时。

2000年后，人们穿皮鞋、胶鞋、老北京布鞋，手工布鞋基本被淘汰。至2010年，宝塔区人的服饰也在变化，人们的穿着随“时髦”“赶流行”。夏天，男子短裤、背心、长裤、衬衫、T恤，女子裙子、裤子、旗袍、脚穿高跟皮凉鞋。年龄稍大的人依照传统服饰，上面穿半褂，下则穿长裤。春秋两季二八月，男子西装革履，女人皮衣靴裤。冬天各种保暖衣、防寒大衣、风雪衣。橙、黄、绿、青、蓝、紫、白等各式各样的服装，令人称赞，完全取代棉衣棉裤，人们的穿戴不再是自己缝制，都是从商场所购。

二、食

20世纪90年代，宝塔区人主食以小米、黄米、玉米、荞面、两面馍馍为主，农村一日三餐，早饭小米粥和菜饭、窝头、玉米馍，午饭捞饭、玉米饭、酸菜和面，晚上红薯、洋芋。城市工薪人员、居民也为三餐，早餐油条、包子、稀饭、馒头、小菜，午餐面条、炒菜、馒头，晚上稀饭。民俗有“瓜茄葫芦不算田，前前后后吃半年”。

1999年后，境内实行退耕还林，农民生活水平由吃饱变为吃好。1998～2000年，国家连续三年发放退耕粮补（麦子、玉米、面粉），2001年后粮补改为现金，一年一发。

2000年前，以冬季腌白菜为主，进入2000年，农村大多人菜食由一锅烩变为碟炒，鸡、鱼、猪、羊肉进入寻常家庭，白面、大米顿顿有。城市居民一日三餐中，午饭有菜有汤。2005 年后各地建起大棚蔬菜，新鲜副食长年不断。

2010 年后，城乡居民饮食生活改善，主食没有大变化，馒头、米饭、面条、饸饹仍为主食，菜肴注重营养，注重绿色食品。火锅、农家乐、土产品等倍受人们称赞。宝塔区人的特色饮食有：猪的骨头，羊的髓，炖羊肉、小炒猪肉、羊杂碎、猪肉翘板粉；面食类的揪面片、杂面、荞面圪坨（俗语荞面圪坨羊腥汤，死死活活相跟上）；其他类的鸡蛋烙饼、油糕、枣糕、摊黄、黄馍馍、油馍馍、麻汤饭、焖饭、黄米捞饭、谷米干饭、软米瓜饭、肉丁饭，清油调苦菜，和红薯、炸鸡蛋、炒鸡蛋、煮玉米、熬瓜汤等。

三、住

窑洞是宝塔区人居住的一种普遍方式，它伴随着人们生生不息、代代相沿。20 世纪 90 年代，城市居民居住楼房、平板房。农村多居住的窑洞有土窑、石窑、砖窑和结口窑之分。土窑最早，多依山就势，利用地形，选择土质较好之处（如胶土、红胶土的土崖土坡为宜），削平崖面，挖一个拱形洞而成，这种窑洞省工省料。为了使窑面更加坚实美观，用砖或石头砌面，人们称之为“接口窑”。接口窑是为了加固土窑的牢固性，在窑口上接一米左右的石口或砖口。接石口的面有锤子活、皮条活、细面活；土窑、石窑、砖窑，数量多为三孔或五孔为一线，窑高一般一丈零五寸，宽一丈零二寸，窗深一般二丈到三丈。窑掌盘土炕的叫“掌炕”，在门口一进去盘炕的叫“窗炕”。炕是一个长方体，宽一般一丈左右，深六尺二，高二尺多，炕内砌二至三条炕道，炕道上铺上石板，用黄土加麦叶泥平即可。

随着社会的发展，人们为了生产和生活更方便，渐由高山向较平坦的地方移居，用纯石块和砖块修筑起大量的石窑或砖窑洞，背靠崖的叫“三明一暗”，平地筑成的叫“四明头”，形成一层层、一排排的窑洞群。窑洞宽敞明亮，特点是冬暖夏凉春秋温，七八天不烧火，人也不会感冒，寒冬腊月，三五天不烧火，窑洞依然有一股温暖的感觉。窑洞的门窗做工精细，窗格多做成各种图案，丰富多彩。用石板磨平、磨细的案板与锅台相连，专为擀面而用。灶火与炕相通，冬天可以取暖。

2000~2010 年，随着人民生活水平的提高，人们在住房方面大有改善。城镇房地产业迅速发展。1999~2010 年城区建设各类住房 31443 套，依山坡修筑不少平房、窑洞、二三层小楼房。城郊桥沟、柳林、万花山、枣园、河庄坪乡镇靠近城周边的村开发商征用土地后，户均分到一两套楼房。偏远乡镇居民大多告别了土窑、接口窑，修起平房。新农村建设一色的窑洞，一色的围墙，一色的楼门显出农家新气象。石窑、砖窑、楼房安上钢、铝合金门框并装有玻璃，铺上瓷砖，贴上壁纸，安上吊灯、暖气等。

四、行

宝塔区山大沟深，乡村都是弯弯曲曲的羊肠小道，坎坷不平，出行很不方便。20 世纪 80 年代，出门步行的被自行车取代，几乎家家都有自行车，飞鸽牌、永久牌、凤凰牌自行车成了人们称心如意的“坐骑”。赶集上会走亲戚极为方便，自行车成了乡村之间的主要交通工具。除此之外，拖拉机、三轮车、两轮摩托也为农村人出行的交通工具。城内，干部工人上下班皆骑自行车，公交线路由 1978 年的一条增加到 1990 年的 8 条，年运输量 460 万人次。1995 年由交警、交通、城建组成延安市客运办，在广场、车站、宾馆门口待租的“出租车”安上计价器，为当时城内居民出行的交通工具。1997年，延安市城市客运出租车辆办公室成立，到2004年出租车增至453辆，2008～2010年发展到700辆。2010年底，城内公交线路发展到14条，年输客量达1900万人次。全区20个乡镇班次通达率100%，611个行政村班次通达率80%。长途旅行有飞往北京、上海、重庆、西安的飞机，有直达北京、上海、东北的专列火车。

第三节　居民收入

一、职工收入

改革开放以来，随着国家政策的好转，1990～2004年，国家连续几次调整工资，特别是2008年进行的工资改革和调整津贴标准及宝塔区经济运行状况的进一步好转，经济快速发展，职工工资明显增加。同时，政府及有关部门重视下岗职工再就业的引导，在税收和生产经营等方面给予优惠政策，使从事个体经营的人数不断增加，从而提高了收入水平。中共宝塔区委、区政府加大科技投入，认真调整和优化产业结构，大力发展经济，使经济规模不断壮大，城乡居民从中受益，收入不断增加。人民生活水平进一步提高。1990年职工年人均收入2013元，2004年突破万元，为12349元，2010年达到34040元，职工年人均收入是1990年的16.91倍。

1990～2010年宝塔区职工年收入统计表

表30-4-1　　单位：元

年份	在岗职工年平均收入	比上年	
		正增长	负增长
1990	2013	40.28%	
1991	1934.98		3.88%
1992	2172.44	12.27%	
1993	2331.78	7.33%	
1994	3265	40.02%	
1995	3721	13.96%	
1996	4083	9.72%	
1997	4109	6.36%	
1998	5011	21.95%	
1999	5982	19.37%	
2000	6185	3.39%	
2001	8086	30.70%	
2002	8661	7.11%	

续表

年份	在岗职工年平均收入	比上年	
		正增长	负增长
2003	9622	11.10%	
2004	12349	28.34%	
2005	13933	13.83%	
2006	14094	11.55%	
2007	18106	28.46%	
2008	25434	40.47%	
2009	29983	17.88%	
2010	34040	13.53%	

二、农村居民收入

农民在20世纪70~80年代仍然是种田吃饭靠天的思想，广种薄收，自1984年农村实行了土地承包责任制以来，一些人发展果园、养羊，收入不断增加，带动了周围一部分人。1990年，延安市农民纯收入人均560元，1995年达到千元。进入2000年以后，全区边远乡镇农民以种养业为主，是他们收入的主要来源。至2010年，全区生猪存栏41230头，山羊25159只，家禽47.75万羽，苹果27533公顷，梨410公顷，葡萄299公顷，桃263公顷。不少村庄油区的开发增加了农民的收入，同时，退耕还林国家的经济补助也增加了农民收入。城郊桥沟、柳林、河庄坪、枣园、姚店、李渠六镇，由于市镇基础设施项目的增加，征用土地较多，使农民获得征地补偿；凤凰山、宝塔、南市3个办事处居民每年股份分红不断增加，外来人口增加，租用农民的闲置房，使房屋租金收入成为农民收入来源之一。2010年底，全区农民人均纯收入5051元。

1990~2010年宝塔区农民年均纯收入统计表

表30-4-2　　单位：元

年份	农民人均年纯收入	比上年	
		正增长	负增长
1990	560	11.33%	
1991	449		19.82%
1992	440		2.00%
1993	571	29.77%	
1994	856	49.9%	
1995	1011	18.1%	

续表

年份	农民人均年纯收入	比上年	
		正增长	负增长
1996	1336	32. 1%	
1997	890. 67		33. 3%
1998	1313	47. 4%	
1999	1483	12. 9%	
2000	1486. 7	0. 25%	
2001	1535. 84	3. 31%	
2002	1640	6. 78%	
2003	1757	7. 13%	
2004	1962	11. 67%	
2005	2177. 3	10. 95%	
2006	2380. 79	9. 34%	
2007	2738. 5	15. 02%	
2008	3458. 03	26. 27%	
2009	4147	19. 9%	
2010	5051	21. 79%	

第四节 生活消费

20 世纪 80 年代改革开放以来，延安市城乡居民生活水平不断提高，收入逐年增加，居民消费水平也越来越高。从 1990 年的社会消费总额 17779 万元，到 1995 年的 27233. 4 万元，增长 53. 18%；城镇居民个人消费水平从 1990 年的人均 658 元增加到 1995 年的 1070 元，增长 62. 61%。

1995～2000 年，宝塔区社会消费和居民个人消费水平逐年增加。尤其从 1999 年到 2000 年这两年，在国家增加城镇中低收入的居民收入，扩大消费信贷，取消一些限制消费的政策和银行连续下调利率等多种因素作用下，随着居民收入水平提高和节假日长分段作用下，消费品市场逐步活跃。从 1995 年全区社会消费总额的 27233. 4 万元，增加到 2000 年的 69045. 5 万元，增长 153. 53%，城镇居民个人消费水平从 1995 年的人均 1070 元增加到 2000 年的人均 1549 元，增长 46. 06%。农村居民消费水平从 1995 年的人均 850 元，增加到 2000 年的 990 元，增长 16. 47%。

2001～2010 年，全区消费品市场销售稳步增长，从 2001 年全区消费额的 8 亿元增加到 2005 年的 19. 48 亿元。2007 年以后，在社会保障制度不断完善、城乡居民收入不断提高带动下，全区消费品市场持续繁荣，消费品零售额从2006年的222388.60万元增加到2008年的331952.30万元，年增速22%。居民消费结构逐步升级，住房、汽车、电脑、手机、时尚消费走入大众的日常生活，成为宝塔区百姓的消费新宠。2008~2010年全区消费品市场销售快速增长，以商贸物流园区建设为载体，积极转变营销手段，市场购销两旺。城乡居民购买力进一步提高，消费升级加快，消费热点突出。至2010年底，全区消费总额达50.40亿元。

1990~2010年宝塔区人民生活消费情况统计表

表30-4-3

年份	社会消费总额（万元）	城镇居民消费（元/人）	农村居民消费（元/人）
1990	17779	658	496
1991	17107	997	521
1992	19517.2	971	561
1993	19530.5	1006	601
1994	24512	1056	630
1995	27233.4	1070	850
1996	23964	2582	937
1997	30441.3	1671	1179
1998	56809.5	1900	1371
1999	62525.5	2189	1377
2000	69045.5	1549	990
2001	80000	2040	1353
2002	86428.2	6445.56	2571.26
2003	92906.5	7406.28	2456.92
2004	132528.5	11410.92	2445.34
2005	194778.9	9238.08	3115.57
2006	222388.6	14949.36	3644.84
2007	262753.8	12267.15	3449.35
2008	331952.3	13513.18	3524.77
2009	398253	16822.88	4275.03
2010	504000	20094.44	5845.9

第五节　住房消费

1980~1989 年，延安市共修建各类房屋 7794 间（孔），总面积 193585 平方米，户均新增 54.27 平方米。

1990~2000 年，城乡竣工住宅面积有所增加，共修建各类房屋 9235 间（孔），总面积为 244622 平方米，户均新增 65.98 平方米，城镇居民人均住房面积 13.3 平方米，农村居民人均住房面积 21.4 平方米。

2001~2010 年，随着宝塔区经济运行状况的进一步好转和经济的快速发展，城乡居民收入增加，城镇居民卖旧房换新房，农村居民修平房。城镇居民住房面积从 2000 年人均 13.3 平方米增加到 2010 年的人均 20.18 平方米；农村居民人均住房面积从 21.4 平方米增加到 25.51 平方米。

2010 年底，全国第六次人口普查结果显示：全区 148447 户家庭中，无住房有 763 户，占 0.51%；人均住房在 8 平方米以下有 26157 户，占 17.6%；人均住房在 9~12 平方米有 21278 户，占 14.33%；人均住房在 13~16 平方米有 14682 户，占 9.89%；人均住房在 17~19 平方米有 6868 户，占 4.62%；人均住房在 20~29 平方米有 29239 户，占 19.69%；人均住房在 30~39 平方米有 20296 户，占 13.67%；人均住房在 40~49 平方米有 12114 户，占 8.16%；人均住房在 50~59 平方米有 4898 户，占 3.29%；人均住房在 60~69 平方米有 5306 户，占 3.57%；人均住房在 70 平方米以上有 6846 户，占 4.6%。

2010 年宝塔区家庭户房间数和面积统计表

表 30-4-4

乡镇名称	家庭住户户数（户）	平均每户住房间数（间/户）	人均住房建筑面积（平方米/人）	人均住房间数（间/人）
宝塔办	18625	2.1	26.61	0.78
南市办	20085	1.89	22.73	0.68
凤凰办	14003	1.9	23.21	0.71
桥沟镇	23399	1.76	18.75	0.6
枣园镇	3955	1.73	14.53	0.58
李渠镇	6607	1.83	16.18	0.59
河庄坪镇	7105	2.52	28.31	0.94
姚店镇	6965	1.9	16.48	0.68
青化砭镇	3551	2.76	28.05	0.93
蟠龙镇	2669	1.58	15.14	0.61
柳林镇	14032	2.07	21.29	0.66

续表

乡镇名称	家庭住户户数（户）	平均每户住房间数（间/户）	人均住房建筑面积（平方米/人）	人均住房间数（间/人）
南泥湾镇	1517	3.22	23.4	1
临镇镇	2349	1.82	17.05	0.61
甘谷驿镇	3351	1.73	19.25	0.65
川口乡	2476	3.21	22.19	0.79
松树林乡	1050	2.32	28.4	0.83
冯庄乡	2599	3.18	24.54	0.82
元龙寺乡	1388	1.99	16.21	0.68
梁村乡	2187	2.99	23.28	0.91
麻洞川乡	2134	3.12	28.37	1.02
贯屯乡	815	2.44	31.74	0.95
官庄乡	1172	3.08	27.8	1
万花山乡	6413	2.3	26.38	0.78

第五章　方　言

第一节　特点分布

陕北方言广义上包括陕北晋语和中原官话两种类型。划分的依据是：方言中是否保留入声，保留入声的方言归陕北晋语，没有保留入声的归中原官话。延安市宝塔区的方言属于晋语志延片，它是陕北晋语和中原官话关中片的过渡区方言。从方言底层来看，它属于关中话，因为它的声调调类和调值与关中话十分相似，而且很多关中方言的特色在延安本地话中多有保留。延安又是一个移民城市，本地老户很少，20世纪30年代榆林地区闹饥荒，大批的流民逃亡到延安谓之“走南路”，其移民规模不亚于“走西口”。延安因为山地很多，是这些流民们安居的天然场所。当百倍乃至千倍的“上头人”（本地人称呼“榆林地区的人”）移民到延安以后，延安的方言发生了逆转，上头榆林话显然处于人口数量上的绝对优势，最终蚕食、覆盖了延安本地老话。今天的延安话，年轻人的方言更像"上头话"了，年老一代的还保留着延安本地话。当然都不是很纯粹，是两种方言接触融合以后形成的混合语。只不过是年轻一代像"上头话"多一些，年老一代保留关中方言特征多一些。

2010 年，宝塔区境内有 20 个乡镇、3 个街道，其方言分为 3 片。以宝塔区城区为中心，包括枣园、河庄坪、梁村、青化砭、元龙寺、甘谷驿、姚店、李渠、川口、桥沟、万花山、柳林、松树林、南泥湾为一片，说的是广义宝塔区方言；南面的官庄、临镇为一片，音系接近宜川话；北面的贯屯、蟠龙为一片，其突出特点是"上头话"味更重一些，入声字远远多于城区话。当然，宝塔区城区方言内部并不完全一致。

第二节　方言语音

一、声韵调系统

（一）声母共有 26 个，包括零声母

p 八兵剥布　ph 派片病败　m 门磨麦明　f 飞饭符费　v 娃五外王
t 到多东都　th 太讨夺毒　n 难脑拿怒　l 兰连路老　ts 糟祖争组
tsh 醋茶抄坐　s 苏山生诗　z 吟　tʂ 蒸主张竹　tʂh 处虫柱直
ʂ 声书税扇　ʐ 若日扰认　tɕ 经节精九　tɕh 秋清权旧　ȵ 女年牛捏
ɕ 玄修响旋　k 贵高古敢　kh 葵逵柜跪　ŋ 饿安爱熬　x 化侯好毁
ø 而远云药

宝塔区方言声母对照一览表

表 30-5-1

国际音标	汉语拼音	国际音标	汉语拼音	国际音标	汉语拼音
p	b	ts	z	tɕ	j
ph	p	tsh	c	tɕh	q
m	m	s	s	ȵ	n
f	f	z	—	ɕ	x
v	v	tʂ	zh	k	g
t	d	tʂh	ch	kh	k
th	t	ʂ	sh	ŋ	—
n	n	ʐ	r	x	h
l	l			ø	零声母

（二）韵母 37 个，不包括儿化韵

ɿ 资师试丝　i 米体你笔　u 粗姑母户　y 居鱼驴虚　ʅ 知直制世

ər 耳二儿而　a 他八法纳　ia 家轧辖压　ua 瓜话抓刮　ə 车遮蛇热
uo 坐国郭歌　yo 靴$_{又}$学$_{又}$确月　iɛ 茄铁姐写　yɛ 靴学　ɔ 饱宝绕讨
iɔ 咬苗小轿　ai 呆赖鞋败　uai 乖坏快衰　ei 杯悲飞白　uei 对脆柜雷
ou 豆抽走头　iou 九绿六油　æ̃ 三淡陕展　iæ̃延千天减　uæ̃短团暖官
yæ̃权卷旋元　aŋ 汤肠棒王　iaŋ 腔娘江讲　uaŋ 光荒双撞　əŋ 陈恨争梦
iəŋ 亲今迎静　uəŋ 魂红滚春　yəŋ 云用穷兄　əʔ 十圪石可　iəʔ 急力一七
uəʔ 骨做出哭　yəʔ 局足

宝塔区方言韵母对照一览表

表 30-5-2

国际音标	汉语拼音	国际音标	汉语拼音	国际音标	汉语拼音
ɿ	-i（前）	iɔ	iao	aŋ	ang
i	i	iɛ	ie	iaŋ	iang
u	u	yɛ	üe	uaŋ	uang
y	ü	ai	ai	əŋ	eng
ʅ	-i（后）	uai	uai	iəŋ	ing
ər	er	ei	ei	uəŋ	ong
a	a	uei	uei	yəŋ	iong
ia	ia	ou	ou	əʔ	—
ua	ua	iou	iou	iəʔ	—
ə	e	æ̃	an	uəʔ	—
uo	uo	iæ̃	ian	yəʔ	—
yo	—	uæ̃	uan		
ɔ	ao	yæ̃	üan		

（三）单字调 5 个声调

阴平　213　高开东谷刻麦月

阳平　24　穷娘人白盒毒罚

上声　52　古口好女老有粉

去声　44　近罪盖抗共饭育

入声　5　不石一十黑骨做

二、语流音变

（一）两字组连读变调规律

延安方言的两字组前字和后字各有 5 个调类。其中，前字是阴平发生了音变，具体来说：阴平在阴平、上声前读 24，在阳平、去声、入声前读 21。前字是上声字，在上声前读24，其余不变。后字是上声字，在两字组中均变为423。前字是阳平、去声、入声在两字组连读中不变。延安方言两字组连读变调规律见下表。表左标明前字的代码、调类和调值，表端标明后字的代码、调类和调值，空格表示不发生变调。

宝塔区方言语流音变一览表

表30-5-3

前字＼后字	1 阴平 213	2 阳平 24	3 上声 52	4 去声 44	5 入声 5
1 阴平 213	24+213	21+24	24+423	21+44	21+5
2 阳平 24	—	—	24+423	—	—
3 上声 52	—	—	24+423	—	—
4 去声 44	—	—	44+423	—	—
5 入声 5	—	—	5+423	—	—

（二）轻声音变规律

非叠字组中的轻声　后字念轻声，调值实际为21，记为［0］，念起来又短又轻，如：后字是词缀、趋向动词和部分双音节词；表示名物性的构词语素“的”；结构助词“的、地、得”等；时体助词、句末语气词“嘞、啦、咾、哩”等。

后字念重音，所谓“轻声不轻”，前字念得轻，调值实际为21，后字念得比前字重且长，调值记为［53］，变调模式为21+53，如“热头太阳、清明、医生”等。

叠字组中的轻声　后字念轻声，调值实际为21，记为［0］，念起来又短又轻，如“堎堎、天大大老天爷、盖盖、娃娃”等；后字念重音，前字念得轻，调值实际为21，后字念得比前字重且长，调值记为［53］，变调模式为21+53，如：“妈妈、莺莺、边边、憨憨傻子、亲亲亲戚、蛛蛛蜘蛛”等；前字念得轻，调值实际为21，后字上扬调值记为［24］，变调模式为21+24，如“膀膀翅膀、哥哥、雀雀麻雀”等。

第三节　方言词语

本节只列其中有地域特色且与普通话差别较大的部分词语。记词时，写不出字的可以用“□”代替，也可以用同音字代替，并在字下面加波浪线。每条词语后面都作了注释。所记语音用的是老派方言。

方言词语	国际音标	普通话释义
① 冰不浪儿	piəŋ21pəʔ5lar0	冰锥。
② 跌漷	tiɛ21sɔ44	小瀑布。
③ 老黄风	lɔ52xuaŋ24fəŋ213	狂风。
④ 蒙糁糁雨	məŋ44səŋ21səŋ0ɕy44	毛毛雨。

方言词语	国际音标	普通话释义
⑤ 烧	sɔ44	火烧云。
⑥ 石炭	ʂəʔ5thæ̃44	未烧过的煤。
⑦ 兰炭	læ̃24thæ̃0	未烧尽的煤。
⑧ 掏炭	thɔ21thæ̃44	挖煤。
⑨ 清早麻眼	tɕhiəŋ24tsɔ52ma24 ɵiæ̃213	天刚亮。
⑩ 城圐圙儿	t ʂhəŋ24khu21lyɛ0	城内。
⑪ 柏嗒树	pei44ta21 ʂu44	小叶杨，落叶乔木。
⑫ 桑心	saŋ24ɕiəŋ213	桑葚。
⑬ 樗树	tɕhy21 ʂu44	一种开花的树，放出来的气味很臭。
⑭ 苇子	ɵy44tsəʔ0	芦苇。
⑮ 狼牙刺	laŋ24ɵia21tshʅ44	一种带刺的植物。
⑯ 薰子棍儿	ɕyəŋ24tsəʔ0kuər44	一种有韧性的植物做成的棍子。
⑰ 树卜浪	ʂu44pəʔ5laŋ0	树干截成的段子。
⑱ 稻黍	thɔ44 ʂu52	高粱。
⑲ 毛圪列	mɔ24kəʔ5liɛ0	松鼠。
⑳ 蛇鼠子	ʂə24 ʂu52tsəʔ0	壁虎。
㉑ 挂挂牛儿	kua44kua0ȵiour24	蜗牛。
㉒ 鞋底虫	xai24ti52t ʂhuəŋ24	藏在潮湿的石头下面的小虫。
㉓ 黑小子	xei24ɕiɔ52tsəʔ0	蟋蟀。
㉔ 瞎狳	xa21xuei44	头比老鼠大，肥胖一些。
㉕ 猯儿	thuar213	猪獾，比兔子略大、肥胖的野生动物。
㉖ 蚰蜒	ɵiou24ɵiæ̃213	蜈蚣。
㉗ 毛蠢蠢	mɔ24tsa21tsa53	一种爬得很快的多足小虫。
㉘ 扁足	piæ̃52tsu213	像蚂蚱，但不会叫，细长、绿色的动物。
㉙ 蚂蚱蚱	ma21tsa44tsa0	蚂蚱。

方言词语	国际音标	普通话释义
㉚ 鸽树锛锛	tɕhiæ̃21 ʂu44pəŋ21pəŋ53	啄木鸟。
㉛ 壮地虫儿	t ʂhuaŋ44thi44t ʂhuər24	蛴螬。
㉜ 拦羊棒儿	læ̃24 ɸiaŋ24par53	七星瓢虫。
㉝ 骚胡	sɔ21xu53	配种的公山羊。
㉞ 儿马	ɸər24ma423	未阉过的公马。
㉟ 骒马	khuo52ma44	母马。
㊱ 牛不老	ȵiou24pu21lɔ0	牛犊。
㊲ 头蹄下水	thou24thi24ɕia44 ʂuei0	猪牛羊的头、四肢及胃肠肝肺等。
㊳ 脚地	tɕhyo24thi0	窑洞或房子里的地板。
㊴ 老衣	lɔ52 ɸi213	寿衣。
㊵ 尿褯子	ȵiɔ44tɕhiɛ44tsəʔ0	尿布。
㊶ 暖鞋	nuæ̃52xai0	棉鞋。
㊷ 壮袄儿	t ʂuaŋ44ŋɔr423	棉袄。
㊸ 八碗	pa24væ̃423	陕北民间最高规格的宴席，即一席八碗菜。
㊹ 荞麦糁糁	tɕhiɔ24mei21səŋ21səŋ53	荞麦磨成的碎粒儿。
㊺ 精沟子	tɕiəŋ24kou21tsəʔ0	光屁股。
㊻ 精圪溜儿	tɕiəŋ21kəʔ5liour52	光身子。
㊼ 芘斗	pi52tou0	耳光。
㊽ 唾米	thuo44mi0	唾沫。
㊾ 牙口	ȵia24khou423	牙齿，牙齿的咀嚼能力。
㊿ 嘴头子	tsuei52thou21tsəʔ0	口才。
51 近觑子	tɕhiəŋ44tɕhy21tsəʔ0	近视眼。
52 遭病	tsɔ21phiəŋ44	生病。
53 扶上山	fu24 ʂaŋ44sæ̃213	殡葬。
54 殃单	ɸiaŋ24tæ̃213	由阴阳先生所列的死者姓名、年寿、葬日等内容。

方言词语	国际音标	普通话释义
⑤⑤ 引魂杆儿	øiəŋ52xuəŋ24kar213	出殡途中孝子所举的顶端系有纸幡之类的长杆。
⑤⑥ 倒灶鬼	tɔ52tsɔ44kuei423	倒霉鬼。
⑤⑦ 兀头子	vu44thuəʔ5tsəʔ0	性格孤僻的人。
⑤⑧ 头咬狗	thou24ȵiɔ24kou423	骂人话。
⑤⑨ 八成儿	pa21tʂhər24	智力不及常人者。
⑥⓪ 半脑子	pæ̃44nɔ21tsəʔ0	头脑不精明的人。
⑥① 盖佬儿	kai44lɔr423	妻子有外遇的男人。
⑥② 细球鬼儿	ɕi44tɕhiou24kuei423	吝啬鬼。
⑥③ 圪囔怂	kəʔ5naŋ21suəŋ0	窝囊废。
⑥④ 憨怂	xæ̃21suəŋ24	傻子，老实人。
⑥⑤ 糊脑怂	xu44nɔ21suəŋ24	头脑不精明的人。
⑥⑥ 滑脑	xua24nɔ24	油头滑脑的人。
⑥⑦ 灰汉	xuei21xæ̃44	行为莽撞者。
⑥⑧ 犟板筋	tɕhiaŋ44pæ̃52tɕiəŋ213	性格倔强、执拗的人。
⑥⑨ 驴下的	ly24xa44tə0	骂人话，驴子生下的人。
⑦⓪ 山汉	sæ̃21xæ̃44	山民，村夫。
⑦① 伢伯子	øia24pei21tsəʔ0	妻子对丈夫哥哥的背称。
⑦② 猴小子	xou24ɕiɔ52tsəʔ0	小儿子。
⑦③ 干大	kæ̃21ta24	对父亲结拜弟兄的称呼。
⑦④ 宬	ʂəŋ24	住。
⑦⑤ 杵打	tʂhu44ta0	做事情凑合。
⑦⑥ 猴逗	xou24tou0	挑逗，调戏。
⑦⑦ 安然	ŋæ̃21ʐæ̃24	平静，舒适。
⑦⑧ 七绞	tɕhiəʔ5tɕiɔ423	故意捣乱。
⑦⑨ 斗阵	tou44tʂəŋ44	吵嘴，打架。
⑧⓪ 修经	ɕiou24tɕiəŋ213	丢人现眼。

第四节　语法特点

一、分音词

分音词是指在口语中把一个词分成两个音节来说。宝塔区方言中有很多分音词，它的第一音节与本词双声，分音词的第二音节与本词叠韵。后一音节均为边音［l］声母。举例如下：

p—l—：

卜浪 pəʔ5laŋ52——棒 paŋ52　　卜拉 pəʔ5la21——扒 pa213

ph—l—：

孛篓 phəʔ5luo21——笸篓　　孛篮 phəʔ5læ̃21——盘 phæ̃24

k—l—：

圪老 kəʔ5lɔ21——搅 tɕiɔ213　　圪崂 kəʔ5lɔ24——角 tɕyəʔ5

kh—l—：

壳朗 khəʔ5laŋ24——腔 tɕhiaŋ213　　窟窿 khuəʔ5luəŋ21——孔 khuəŋ213

t—l—：

的料 təʔ5liɔ53——吊 tiɔ53　　得□təʔ5la21——耷 ta213

th—l—：

突□thuəʔ5luæ̃24——团 thuæ̃　　突弄 thuəʔ5luəŋ53——嗵 thuəŋ53

x—l—：

黑拉 xəʔ5la24——匣 xa24　　黑浪 xəʔ5laŋ53——巷 xaŋ53

二、反复问句

反复问句是选择句的一种，是现代汉语方言中极其重要的疑问形式之一。其主要特点是让人在肯定和否定的答案中选择一项作为回答。普通话反复问句最常用的形式是：①VP+不+VP（如：去不去？）②VP+没有（去了没有？）

宝塔区方言由于没有专表是非问的语气词，因此是非问句并不发达。与此相对应的是，反复问句特别常用。反复问句常用“V也不”的格式，如：

①你回也不？（普通话：你回去不回去？）

②你这阵儿睡也不？（普通话：你现在睡不睡？）

三、特殊语序

当谓语动词是“去”的问答句和带有商量、邀请语气的祈使句时，处所宾语总是置于动词之前。如：

①你哪去嘞？我西安去嘞。（普通话：你到哪儿去了？我去西安了。）

②明儿你单位去嘞不？（普通话：你明天去不去单位？）

③咱城里去来！（普通话：咱们去城里吧！）

四、特殊语气词

（一）语气词“来来”

宝塔区方言中有个特殊的语气词“来来”，大体上有四种用法和语义。

①相当于普通话的“来着”。如：夜儿你做甚来来？我看戏来来。

②相当于普通话的“呢”，含有肯定的语气。如：等一会儿，急甚？我还没吃饭来来。

③相当于普通话的“过”，表示完成体。如：前儿你来来来？来来来来过了。

④在具体的语言环境中，“来来”用在句尾表示省略上文已知信息。如：这是谁来来这是谁干的事情？不是我来来，是他来来不是我干的，是他干的。

另外，宝塔区方言中没有语气词“呢”，普通话用“呢”的地方，宝塔区方言用“嘞”。如：你想甚嘞？好东西可多着嘞！

（二）语气词“咾”sæ0

语气词“咾”主要构成愿望类虚拟语气。这类虚拟语气主要是表达说话人对已经发生的事情做出一种相反假设，从而表达说话人的某种遗憾的语气。除了语气词“咾”之外，还有“时价”“价”“些”“来些”“去来”，它们之间有内在联系，属于“咾”的语音变体。

①我那会儿好好念书咾，早考上大学了。

②你要是能行咾，尔格也不会打光棍。

③这场雨要早下上几天咾，苞谷也不会旱死了。

这个复句的前一分句提出假设，假设如果过去发生了该分句所叙述的事情，就会出现后分句叙述的结果。而事实上，句①表明过去也没有“好好念书”，结果是现在“也没有考上大学”；句②表明过去也没有“多大本领”，结果是现在“还在打光棍”；句③表明过去也没有“早下几天雨”，结果是现在“玉米都干死了”。这些句子都说明用遗憾、悔恨的语气表达与事实相反的愿望。

五、附加式构词

词缀在数量上和类型上都比普通话多，因此由它们构成的派生词类型更多。

（一）“圪”头词

前缀“圪”，在晋语中较普遍，多读入声，声母为［k］，韵母多为央元音加喉塞音。“圪”作为前缀可以构成名词、动词、形容词、量词、象声词。如：

圪蛋　圪台　圪节　圪抓　圪弯　圪会会

（二）“打”缀词

前缀：打点　打劝　打帮　打摺

后缀：哨打　试打　碰打　跳打

“打”作词缀时，主要作用是使动词具有表示细小的意味，即“打”词缀表示的动作幅度较小，或延续时间较短。如“碰打”指“轻微地碰一下”，“试打”指“试一试”。在“打”缀词中，动词性语素是词义的承担者，加“打”后带有口语化色彩。少数“打”缀词能够以 AABB 式重叠，构成状态形容词，重叠后具有描摹状态的性质。

（三）“日”头词

“日”在方言里是一个禁忌语，因此用“日”构成的词多数含有贬义的色彩。例如：

日噘　日哄　日能　日怪　日眼　日脏

（四）“忽”头词

“忽”作前缀可以构成形容词、动词和象声词。例如：

忽扇 忽搅 忽沙沙 忽少少 忽杵杵 忽嗒嗒

（五）“卜”头词

“卜”陕北话读音为pəʔ5，有人写作“不”“薄”“勃”等，根据读音写作“卜”。例如：

卜鬏 卜脐 卜溜 卜搅 卜通 卜嗒

第五节 方言标音

一、谚语

1. 方言：小小儿偷针，大咾抽筋。

音标：ɕiɔ52ɕiɔr24thou24tʂəŋ213，ta44lɔ0tʂhou24tɕiəŋ213。

意译：小时候偷针，大了抽筋。

2. 方言：婆姨管汉，金银满罐。

音标：phuo24ǿi0kuæ̃52xæ̃44，tɕiəŋ21ǿiəŋ24mæ̃52kuæ̃44。

意译：妻子管住丈夫，家里就能金银满罐。

二、歇后语

1. 方言：裤裆放屁——两叉叉走了。

音标：khu44taŋ213faŋ44phi44，liaŋ52tsa44tsa0tsou423læ̃0。

意译：裤裆放屁——两边走了。

2. 方言：瞎子问婆姨——不晓丑俊。

音标：xa21tsəʔ5vəŋ44phuo24ǿi0，pəʔ5ɕiɔ423tʂhou52tɕyəŋ44。

意译：瞎子娶老婆——不知道美丑。

三、顺口溜

1. 方言：嫁汉嫁汉，穿衣吃饭。

音标：tɕia44xæ̃44tɕia44xæ̃44，tʂhuæ̃24ǿi213tʂhəʔ5fæ̃44。

意译：嫁给男人，男人就要保证妻子能穿衣吃饭。

2. 方言：穷欢乐，富忧愁，寻吃的不唱怕干球？

音标：tɕhyəŋ24xuæ̃24luo213，fu44ǿiou21tshou24，ɕiəŋ24tʂhəʔ0tə0pəʔ5tʂhaŋ44 pha44kæ̃21tɕhiou24？

意译：穷人也有欢乐，富人也有忧愁，乞丐想唱就唱怕什么？

第六章 宗 教

第一节 概 况

1999 年 11 月 24 日，宝塔区民族宗教局成立，与宝塔区民政局合署办公。2004 年 7 月 12 日，民族宗教事务局与宝塔区民政局分设。

民族宗教局成立后，贯彻执行党和国家、省、市关于民族宗教工作的方针、政策、法律法规，依照国家宪法和法律法规、规章及有关规定，研究制定具体落实措施并组织实施。依法保护公民宗教信仰自由，保护宗教教职人员正常教务活动，保护宗教活动场所合法权益，保护信教群众正常的宗教活动。

宝塔区是少数民族人口散住地，是陕西省确定的 40 个宗教工作的重点区之一，全区有回族、蒙古族、维吾尔族等 18 个少数民族，常住人口 300 余人，主要分布在城市街道和社区城郊乡镇。有佛教、道教、伊斯兰教、天主教、基督教五大宗教。进行正式登记的宗教活动场所 12 处，分别是太和山道观、玉皇庙道观、姚店青化寺、柳林寺、冯庄和交寺、桥沟小雷音寺、松树林南华寺、基督教燕沟南山教堂、天主教南山教堂、基督教河庄坪村聚会点、基督教临镇石村聚会点、柳林清真寺。

第二节 佛 教

佛教徒在宝塔区有出家、不出家之分。出家僧侣俗称和尚，1990~2000 年有 5 人，2010 年只有 2 人。不出家的叫“居士”，当地人称“忌口人”，不吃腥荤不落发，只在家中设堂敬佛。1990 年，“忌口人”在延安市有 300 多人，每逢庙会设堂拜佛。因无人继承逐渐转衰，2010 年全区不足 50 人。

宝塔区佛教活动场所——姚店青化寺，位于延安城东 25 千米，姚店白云峁山麓下。始建于北宋初期，元至正年间（1341~1370）重修，清康熙九年（1670）又建，当年香火旺盛，碑、牌、匾众多，庙宇时越千年，历经沧桑，惨遭破坏。1990 年春，青化寺庙宇再次恢复重建，移址白峁山中部，占地 28.7 亩。建修大雄宝殿、弥勒佛殿、念佛堂、观世音菩萨殿、送子观音殿、地藏王菩萨殿、龙树菩萨殿、财神殿、山门殿等。1996 年 1 月经延安市民政局审批为宗教活动场所。成立宝塔区青化寺管理委员会。2005 年 5 月 15 日，宝塔区民族宗教事务局对其活动场所进行正式登记，每年举行五月初一、八月初八两次佛事活动，朝山拜佛香客约 4 万~5 万人次。

第三节　道　教

宝塔区太和山是道教圣地。早在隋炀帝大业三年（607）初建道观，已是香烟缭绕，遍及四乡，宋元丰元年（1078）兴建的“紫极宫”“三皇庙”等香火不断，至元朝大德元年（1297），周围道观成群，“明伦堂”则是当时接待朝拜进香者的极盛场所。

1938年，日本飞机轰炸延安时，太和山道观惨遭毁坏，仅存大殿一座，一座祖师铜像及山门。

1966～1976年“文化大革命”中，延安域内所有道观及太和山道观遭毁灭性破坏，庙宇几乎荡然无存。1985年落实了党的宗教政策，省市区各级领导和省道协的大力支持，群众集资百万，修复真武祖师大殿、玉皇殿、观音殿、四方神殿、药王殿、龙王殿和元辰殿。建平房28间，修建上山简易公路、道观公路。1992年4月，太和山道观管理委员会成立，先后修建大小殿堂64座，香火延续至今。1998年12月，正式登记为宗教活动场所。

2003～2005年，为方便游客上山，道观修筑狮子巷至太和山、石沟巷至太和山两条行人便道。2010年6月10日，正式成立延安市道教协会。每年腊月三十、正月初一、初二、十五、四月初八举办庙会活动，朝山拜佛香客十余万人次。

第四节　伊斯兰教

伊斯兰教传入中国较为公认的说法是唐高宗永徽二年（651），亦称“回教”“清真教”。

传入宝塔区年代没有记载，1940年9月在延安县文化沟桃花岭建成延安清真寺，10月7日举行落成典礼，毛泽东题写“清真寺”寺名。1947年，胡宗南进犯延安，清真寺建筑被毁。1978年后，延安市清真寺在地、市两级政府的关心下，及西安、河南、甘肃等外省阿訇的帮助下，于1993年秋季投资34万元，选址在柳林镇柳林村新建。2010年，清真寺占地面积1800平方米，建筑面积500平方米。主麻礼拜有4人，有穆斯林信众300多人。

第五节　天主教

清同治十一年（1872），天主教开始传入陕北地区，设立陕北代牧区，至此天主教在延安地区各县传播，传教士在陕北建立数十座不同的教堂，保持最完整的教堂是桥沟教堂。桥沟教堂于1930年开始修建，1934年教堂竣工使用，1938年9～11月，中国共产党六届六中全会在桥沟天主教堂召开。同年，在教堂创办鲁迅艺术文学院。新中国成立后被国务院列入国家一级文物保护单位。

天主教从传入延安域内至抗战和解放战争期间一直没有停止活动，只是在“文化大革命”时期受阻，神父修女被关押，延安市内教会活动全部停止。

1993 年以后，信徒在桥沟、甘谷驿、青化砭教堂、市内嘉岭山下窑洞内活动，没有神父，有信徒五六人。1995 年 5 月有神父 3 人、信徒 80 多人。1998 年 9 月，信徒发展到 100 多人。1998 年 12 月 28 日教会进行临时登记，并在虎头峁燕沟南山购买平房 6 间，作为活动场所，2000 年 4 月 12 日进行正式登记并颁发宗教活动场所登记证书，信徒 500 余人。2004 年 1 月，建起新天主教教堂，教会有信徒 800 余名、神父 1 名、修女 3 名。2010 年，由于火车过道，同年 9 月搬至市场沟（租赁房屋活动），有信徒 1200 多人。天主教除主日礼拜天活动外，还有圣诞节、复活节、圣母升天节、圣神降临节四大节日活动。

第六节 基督教

1914 年，英国传教士史密斯夫妇建立宝塔区史上第一个基督教堂，名为延安府浸信会基督教堂（现二道街银海大厦北面）。教堂共耗资 250 万元，堂内共设有 450 个座位，教堂旁边建有一座钟楼，每逢主日礼拜鸣钟 3 次。

1938 年 11 月，教堂被日军飞机炸毁，信徒停止聚会。

1988 年宗教政策落实，延安市（县级市）便开始有少数信徒聚会，起初在王家坪王传才家设点聚会，后又租王家坪木器加工厂 10 平方米房子进行活动。1993 年 3 月，将聚会点迁至市场沟，当时信徒有 40 多人。1996 年，在虎头峁村购买 2.8 亩地（称南山），信徒从 1997 年至 2005 年间先后集资 40 多万元，并义务劳动，逐年建成生活、住宿、办公用房 20 余间，新教堂于 2002 年 1 月建成使用。南山基督教于 1998 年进行临时登记，2000 年 7 月 9 日注册登记，当时信徒已发展 300 多人。2005 年 6 月 5 日正式登记并颁发证书。2010 年，宝塔区基督教有 3 个活动点，分别是燕沟南山活动点、河庄坪镇河庄坪村活动点、临镇石村活动点（2005 年 6 月 5 日正式登记并颁发证书），河庄坪、临镇聚会点隶属于南山基督教会统一管理。2010 年全区教徒 1100 余名。

第七节 寺庙道观及活动

宝塔区共有寺庙 397 处，每年定期举行庙会活动的有 258 处。正式登记的寺庙有太和山、青化寺、河交寺、玉皇庙、柳林寺、南化寺、小雷音寺。各宗教活动场所自登记以来，坚持独立自主自办教会的原则，遵守国家法律法规，依法开展宗教活动。

一、太和山道观

隋大业三年（607）初建，在北宋元丰年间（1078~1085）、明嘉靖十五年（1536）、明万历七年（1579）、清乾隆三十九年（1774）分别进行重修和扩建，后都被破坏。1985 年以后逐年恢复修建。1992 年 4 月批准成立太和山道观管委会，1998 年 12 月 31 日进行正式登记并颁发陕西省宗教活动场所登记证，有工作人员 51 人、道士 3 人，注册居士 28 人。每年农历正月十五、四月初八举行两次大型道教活动。每次活动参与庙会人数约三四万之众。

二、青化寺

位于宝塔区姚店镇白牙村白云峁山，始建于北宋，清康熙九年（1670）进行重修，1989～1990年陆续进行维修重建。1996年成立“青化寺管理委员会筹备组”，2000年5月15日进行正式登记，并颁发陕西省宗教活动场所登记证，有工作人员19人，其中居士3人。每年农历五月初一、八月初八举行两次大型佛教活动。每次活动人数2万余人。

三、河交寺

位于冯庄乡李庄村和泥沟村交界处，始建于唐朝，明嘉靖四十二年（1563）重修，2004年10月正式登记，11月16日核发陕西省宗教活动场所登记证。占地10亩，每年法会3次，分别在农历正月初八、三月二十八、七月十五。每次活动万余人。

四、玉皇庙道宫

位于蟠龙镇东南7千米210国道边。始建于唐高宗年间（650～683），经历年翻修庙宇，1947年庙宇损坏严重，1955年村民自发修复，“文化大革命”期间再次被毁，1981年开始逐年修复，2002年道观修复基本完善。有庙宇9处，神像40余尊，每年农历三月二十八、七月初六举行两次庙会。

五、柳林寺

位于宝塔区柳林镇山狼岔村，1983年村民在此挖出石刻佛像11尊，区文物局鉴定为南北朝至北魏时期（386～534）的石刻佛像，从此村民自发搭棚供奉，2002年村民开始集资投劳重建柳林寺，2004年10月正式登记，11月16日核发陕西省宗教活动场所登记证，占地3.5亩，每年农历三月十六、七月十三举行两次法会。

六、松树林南华寺

位于宝塔区松树林后新窑村的南山，南华寺是清乾隆年间（1736～1795）始建的一所古庙，战争年代屡遭损毁，屡经修复延续至今。2004年附近信众自发重修恢复了如来佛祖殿，总占地3.7亩，2004年8月登记开放，10月16日核发陕西省宗教活动场所登记证。

七、小雷音寺

又叫法门寺，位于桥沟镇柳树店村，始建于唐朝贞观年间（627～649），2004年10月正式登记。占地4亩。每年农历正月初八、三月初三、七月十五举办三次法会。

第三十一编　人　物

宝塔区古为秦地要区。历史上曾出现过许多文臣武将、名宦乡贤，他们或情操自守，或刚正不阿，或仁行惠政，或文韬武略，以其品行和业绩泽被后世。在 20 世纪 20 年代初，又有中国共产党人魏野畴、李子洲、呼延震东先后在延安传播新文化、新思想和马克思列宁主义，北京大学陈瑜廷、王超北等人来肤施（今延安）发展中共党团组织。1925~1936 年，先后成立有陕西省省立第四中学党小组、共青团四中支部、中共延安特别支部、中共延安地委、中共延安区委、中共延安县委等。许多有识志士参加党团组织，开展反封建、反压迫、反剥削革命斗争，逐步建立起陕北革命根据地，开展武装斗争。特别是 1937 年中共中央进驻延安后，延安成为革命圣地和抗日战争的政治指导中心，成为培养革命人才的“摇篮”和锻炼革命干部的“大熔炉”。延安众多优秀儿女踏上为中华民族的独立和解放而战斗的艰苦历程，为建立中华人民共和国做出巨大的贡献和牺牲。中华人民共和国成立后，延安儿女分布在全国各条战线上，弘扬延安精神，竞献才华，成为各方面有所建树的专家、学者、英雄和模范。

本编着重收集政治、经济、军事、文化等方面的宝塔区籍人物，对虽属异地外籍，但主要在宝塔区活动或在宝塔区有较大影响的人士亦兼辑录，并依据“生不立传”、重辑现代的原则，以传、表、录三种体裁编纂，收录域内各类人物。

第一章　人物传

兰花花（1919~1940）　女，原名姬延琴，又名青芳，乳名叶子。祖籍米脂县姬家峁村，生于延安南川临镇。她聪明好学，长得俊秀，爱穿白底蓝花外衣，爱栽养马兰花（野兰花），后来人们亲昵地叫她兰花花。1936 年，她为该镇驻军（红一方面军）纳军鞋多、质量好，受到军团首长林彪、聂荣臻、邓小平的表扬，被当地政府评为“慰劳红军模范”。兰花花思想开放，追求幸福，婚姻一波三折，匆匆走过二十一个春秋。人们把她的遭遇和故事编成以民间“哭丧”为基调的民歌，很快在延安南川一带传唱开来。此时，毛泽东主席倡导的新文艺运动如火如荼，采风者们纷至沓来，搜集、挖掘相关素材，并进行艺术再加工。在延安文艺最高殿堂桥沟鲁艺礼堂的一场大型演唱会上，经专业艺术家的精彩演唱，民歌《兰花花》一时轰动整个延安城乡。从此，兰花花成了在陕北乃至中国西部数省家喻户晓、妇孺皆知的“公众人物”。此曲曾被改编成歌剧、舞剧、音乐诗剧，甚至钢琴曲、电视剧等多种形式，不断传承。从此，这位土生土长的农家女子渐渐地升华为陕北女性反抗封建势力、争取婚姻自由的典型代表。

毛　俊（1918~1947）　1918 年出生，宝塔区麻洞川乡樊村人。20 世纪 30 年代家乡闹红，他参加革命活动，闹土改、斗恶霸、为红军送信，18 岁加入中国共产党，成为临镇政府一名联络员。受党组织安排到松树林的马坪村当小学老师，使马坪小学成为党的秘密联络站，将宜川敌人的情报转交延安保卫局。1940 年，毛俊参军入伍，先后参加抗日战争和解放战争，屡获战功。后因身体多处受伤，被任命为王家坪兵站班长，在家休养。1946 年，组织任命他为金盆湾垦区游击队指导员，他重新拿起枪，浴血奋战在抗敌最前线。1947 年 3 月初，胡宗南率领的国民党中央军偷袭中共中央所在地延安。3 月 5 日这天，天刚蒙蒙亮，身为指导员的毛俊与队长刘世秀带领 30 名游击队员奉命前往临镇侦察敌情，到金盆湾的邓屯村时，先后打死、打伤十多个敌人。不料子弹打完，左大腿也被一颗子弹击中，他便拿起刺刀毫不犹豫地向敌人刺去，顽强地战斗到生命最后一刻，年仅 28 岁。2010 年后，民政部颁发“烈士证明书”，毛俊被定为烈士。

屈振国（1910~1958）　宝塔区桥沟翟子沟村人。西北大学法商学院法律系毕业，1940 年 5 月加入三青团，同年 9 月在西安加入国民党。历任国民党政权省军管区练处上尉科员，邠络区动员指挥部少校科员，省动员委员会一级干事，第八战区长官部军法处少校军法官，省商业专科学校讲师兼生活指导主任，商县县党部书记，延安县副县长、县党部副书记，泾阳县县长。1949 年 5 月，泾阳县解放，屈振国与关中挺进大队长牛志诚带领泾阳县敌伪人员及自卫团一千五六百人逃离，并派人与西北人民解放军联系，24 日在兴平县南左村起义。1951 年，经延安县人民法院以反革命罪判刑二十年，1958 年在宁夏服刑期间病亡。根据中共对投诚起义人员应按既往不咎的政策，1984 年经延安市人民法院再审“撤销原判”，宣告屈振国无罪。

牛光荣（1938~1961）　乳名金海，宝塔区南川临镇石村人，小学文化程度。1952 年参军，编入中国人民解放军 6812 部队，先后担任副班长、班长、排长、副连长等职务。曾参加西藏、甘肃平叛，立功 3 次，受到部队嘉奖。1961 年春，部队奉命驻广东省五华县双头乡，同年 7 月，在一次执行任务中牺牲。1968 年冬，五华县革命委员会为牛光荣等英烈立碑纪念。其事迹载入《延安革命烈士名录》。

陈长兴（1914~1962）　原籍榆林市榆阳区上盐湾崖窑村，1937 年迁居宝塔区姚店镇炭窑沟村。1940 年，到陕甘宁晋绥联防司令部煤矿当采煤工，同年加入中国共产党。在大生产运动中，主动义务挖煤 100 天，全部无代价交给政府，多次受到联防司令部、边区政府的表彰和奖励。1944 年 5 月，被选为职工代表出席陕甘宁边区职工代表大会，荣获甲等奖。5 月 20 日，《解放日报》在头版以“炭工英雄陈长兴　一月掏炭一万斤”为题报道他的先进事迹。1944 年 12 月，又在中直机关群英代表大会上评为甲等劳动英雄，受到毛泽东主席的接见。1958年，因其工作突出，被评为“陕北小煤炭日产煤王”的称号。中央新闻制片厂两次以拍摄新闻纪录片的方式报道。1962年10月，因职业病（矽肺）病逝，终年48岁。

徐炳林（1919~1967） 乳名招喜，祖籍陕西省佳县徐家坪，1929年春移居宝塔区临真镇。1934年8月参加延安游击队，成为全队“神枪手”之一。在参加甘泉、合水、宜川等地战斗中屡立战功，受到表扬。1937年，在金盆湾从事防敌除奸工作。1945年因病回家休养。1946年9月，他担任南泥湾垦区临镇区民兵排排长，曾带领民兵在木瓜崾岘、马子梁等前沿阵地与教导旅共同挖战壕修工事。1947年3月，他被任命为临镇区游击队队长兼民兵连连长，在保卫延安阻击战中，带领王成贵、井德胜、刘万林等参加马子梁后崾岘、老牛塬、松树林战斗。在胡宗南军队占领延安一年多时间里，徐炳林率领游击队和民兵先后在延长与延安等地，采取灵活战术，打击敌伪政权。据不完全统计，仅他一人就毙敌19人，得到上级通报嘉奖。5月23日，陕甘宁边区政府授予“民兵英雄”，并发奖章一枚。1949年秋，被推选为陕西省“民兵英雄”会议代表，出席“西北军区英模大会”。1950年1月，西北军政委员会发给他“战斗英雄”“解放西北”纪念章各一枚，同年春，被评为“全国英模”。1967年3月4日因病逝世，年仅48岁。

肖洪启（1910~1969） 湖北武昌人，1935年加入中国共产党，在延安抗日军政大学学习。1942年春，创办起延安第一个群众集资联合经营的经济实体——延安大众合作社。在条件极其艰苦的环境下，不畏险阻冲破重重封锁线，采购回日用物资、军用器械，为繁荣边区经济做出贡献。1944年和1945年的英雄模范大会上两次荣获“特等合作英雄”的光荣称号。抗战胜利后，1945年10月调离延安，1969年10月在原河南罗山全总五七干校病逝，终年59岁。

刘世秀（1917~1977） 宝塔区松树林乡高窑村人。他平时爱打猎，对当地地形地貌熟悉，是松树林、南泥湾周围的“活地图”。1946年前后，他担任高窑村民兵班长，参加备战支前工作。他多次化装成商贩进入宜川白区，侦察敌情。回来后，帮助教导旅设计、修筑防御工事和战壕。1947年3月，被任命为南泥湾垦区金盆湾区游击队第二队长兼陈子沟村民兵排长。保卫延安阻击战打响后，他冒着枪林弹雨给解放军阵地送饭送水，并把负伤战士转移到安全地带及时救治，得到教导旅首长表扬。中共中央主动放弃延安后，刘世秀和王善秀参加的游击队发展到70多人，在延长、阳湾、金屯沟一带打游击，武装自己，保护百姓。全国解放后，他荣获“解放西北民兵英雄”和“战斗英雄”等纪念章。此后一直务农，1977年3月5日在家中病逝。

牛巨勇（1957~1977） 宝塔区南川临镇石村人，初中毕业。1974年入团。1975年1月，经大队、公社推荐招为延安县机耕队推土机驾驶员。1976年3月被单位评为“学雷锋标兵”，同年5月提任班长，并被评为“模范团员”。1977年6月被县农机局评为本系统“青年突击手”。同年7月，延安遭遇水灾，他为抢救国家财产光荣牺牲。1977年8月，中共延安县委、延安县革命委员会印发通知，号召全县人民向牛巨勇学习，并追认他为“革命勇士”。

王志义（1912～1984）　宝塔区人。自幼热爱文艺，刻苦练唱做功，自学成才。少年时，曾与延安的文艺爱好者赵大、刘克礼、李联、王治国、高根等人，自愿结合成立“自乐班”，不时在延安街头巷尾自演自乐。他音韵清亮甜润，擅长装扮青衣，在同辈中小有名气。无论何时演出，从不索要任何报酬，深受群众喜爱。1937年，中共中央进驻延安后，他同史雷、毕雨、贺泉、李岗、高持久、刘克礼、张法财等先后参加延安民众剧团，演出《查路条》《中国魂》《三岔口》《血泪仇》等剧目。经常随团赴陕甘宁边区各县演出，受到群众好评。1946年后曾多次参加工作，均因其母亲、妻子长年病重，家庭困难，没过多久便又退职还乡。1950年虽又重新参加工作，但一直再未恢复艺术生涯。1984年6月病逝。

郭学强（1931～1984）　原籍绥德县郭家川，早年迁居延安。1947年3月参军，随中国人民解放军教导二旅卫生部转战秦晋，同年加入青年团。中华人民共和国成立后由部队转业地方政府搞青年和治安工作。1952年10月调延川县任区委干事、书记。1954年4月入党，任县委宣传部干事、副部长。1965年5月后，调任延安县梁村公社社长、书记，县委宣传部负责人，甘谷驿公社党委书记，县革命委员会专职常委。1978年5月至1983年6月，任延安市革命委员会常委、副主任，延安市委常委、副市长，1984年1月任中共延安市委常委、副书记。1984年11月8日午夜，在加班工作中突发心脏病，随即病逝，终年54岁。

胡起林（1908～1985）　原籍横山县响水镇胡石畔，农民出身，上过三年冬学。民国17年（1928）陕北大旱，民国18年（1929）胡起林来到延安县碾庄乡张兴庄村逃荒避难。1933年，胡起林结识了横山籍老乡高岗、吴生秀等人。他一边开荒种地，一边寻找革命道路。1935年加入中国共产党，参加地下党工作，组织宣传革命真理。同年10月19日，毛泽东带领中央红军到达吴起镇后，他组建了碾庄乡和李渠乡游击队，任大队长，打击反动势力，把大批游击队员送到抗日前线。1942年动员民众大生产。胡起林动员老百姓向政府捐献大量的粮食、油、肉、柴等物品，有力地支援了解放区人民，解决了当时八路军战士在生活上的困难。为此毛泽东亲笔写下“无限忠心　赠胡起林同志”的题词（有影印件），毛主席的亲笔题“匾”写在一块白布上，保存在胡起林儿子胡丕荣家中。1947年胡起林任延安县县长，在艰苦危险的战争环境中，他积极领导人民与国民党反动派进行坚持不懈的斗争。1948年至1950年任延安县委书记。1949年10月1日，代表延安人民参加天安门开国大典。1950年10月至1954年在西北党校学习。学习期满后，中央决定调任胡起林至四川省任副省长，但因病疗养未能赴任。1958年任延安地区民政局局长。1972年离休。1985年10月在延安病逝，享年78岁。病逝后，陕西省人民政府在《陕西日报》上发表唁电。

刘丰功（1911~1992）曾用名常明、字子进，延长县罗子山乡木斗村人，穷苦家庭出身。1926年加入中国共产主义青年团，1927年加入中国共产党。1930~1931年，在安河上渠民小教学期间，秘密串联，组织县城南北各区群众3000余人抗粮、抗款，迫使县政府取消每月3000元大洋维持费用。1932~1934年，因农运遭到国民党武装镇压，刘丰功机智地夺取区公所武器，组织30多人，北上寻找刘志丹、谢子长游击队，进入清平川后方才摆脱敌军追击。1935年1月，红军十七游击支队在延宜边界公开活动，刘丰功带头参加红军，3月杨家圪塔革命委员会成立，任革委会副主席、主席等职。10月，组织50多人赴延安蟠龙编入红军补充师，任排长、连党支部委员。1936年2月，随红一方面军第一军、三团东渡黄河参战。1936年6月，又开赴甘肃，10月在会宁地区与红二、四方面军会师。1937年8月，他随八路军115师开赴华北抗击日军，在参加平型关及百团大战中获得表彰和奖励。1944年11月，因病调回延安休养。1945年至1949年6月转入地方工作，历任固临县完小副校长，中共延长县委宣传部副部长、部长、县委副书记，中共富县县委书记、延安地委副秘书长、合作部长。1956年为延安地委委员、常委。1958年1月，任延安县委第一书记，主持兴修延惠渠、汾川渠大型水利工程，大搞农田基础建设，全县推广水平梯田，粮食增产效果显著。《人民日报》《文汇报》《陕西日报》《解放军报》多次以社论、通讯、新闻进行报道，表彰他的先进事迹。1961年调任延安地委监委书记。1966年"文化大革命"中遭错误批斗和处理，1971年恢复组织生活。1975年离休，1979年平反恢复名誉。1985年，享受地师级待遇，晚年著书回忆录《征程岁月》。1992年病逝。

刘世昌（1909~1993）　横山县波罗镇（今殿市镇）孙石磕村人。12岁时，逃荒到延安柳林乡客来沟村揽工谋生。1935年参加革命，在刘志丹指挥下攻寨克城，连连取胜。9月担任延安县游击队队长。12月加入中国共产党。抗日战争时期，任延安县南区、五羊区、蟠龙区区长、延安县国民经济科科长。1942年，任延安县联合合作社主任兼南区合作社党支部书记，履职期间，他与南区合作社创始人刘建章配合默契，齐心协力，把合作社办成南区人民的经济中心。1947年，胡宗南进犯延安，他带领南区合作社人员将所能移动的财产全部转移至山沟里继续经营，为部队和群众解决急需。1948年，刘世昌调任绥德分区工会办事处主任。1949年，调青海省，先后任省供销社副主任、省商业局局长、省工会主席等职。1982年离休。1993年10月13日，在西安病逝，享年84岁。

高世德（1920~1993）　宝塔区官庄乡高家塬村人。1942年入党，1943年被固临县评为"劳军模范"。在延安保卫战中，高世德是陕甘宁边区延属分区第九游击支队队员，1947年3月至1948年4月，他单人多次深入敌占区，抓获敌兵5人，缴获长短枪6支，在其他队员协助下缴获枪支16支，毙敌伤敌多名。因战绩突出，受到支队表扬，被南泥湾垦区政府评为"战斗英雄"。1948年4月，陕甘宁边区政府在延安召开庆祝延安光复和英模表彰大会，林伯渠主席亲自给高世德和其他十余名英模佩戴大红花，并发给步枪一支。中华人民共和国成立后，他曾担任村干部，被选为延安县人大代表。1993 年病逝。

李宗义（1920～1994）　延安城区人。1936 年 12 月参加工作，1937 年 12 月加入中国共产党。1944 年获陕甘宁边区文教大会劳动模范（甲等奖）。1949 年 9 月初，随西北野战军解放甘肃，历任甘肃省临夏专署政务秘书、文教科科长，中共临夏地委委员、副秘书长，永靖县委书记，甘南藏族自治州工委会委员、秘书长，甘南州委生产合作部部长、常委兼农村工作部部长、州科学技术委员会主任，中共临潭县委书记、政协临潭县委员会主席、县武装部第一政委，甘南州综合专科学校革委会主任，甘肃省天水市一中革委会主任、支部书记。其间当选甘肃省第二、四届党代会代表。1980 年 3 月离休。1994 年 1 月 5 日因病逝世，享年 74 岁。

米富强（1918～1995）　宝塔区人。1938 年参加革命，8 月加入中国共产党。历任八路军第 115 师第 687 团班长、基层党支部书记，山西省晋山县游击支队政治指导员，新四军第 3 师连长、副营长，东北民主联军第 2 纵队第 4 师第 12 团营长、团参谋长，第四野战军第 39 军第 345 团团长。中华人民共和国成立后，历任中南军政大学第一分校一大队大队长，第六步兵学校队列处处长，第 21 军第 61 师副师长，国防部第五研究院试验站副站长、发动机研究所副所长，第七机械工业部第四研究院内地建设指挥部副指挥、党委书记，航天工业部陕西管理局副局长、党组副书记。曾获八一勋章、三级独立自由勋章、二级解放勋章各 1 枚。1995 年病逝。

王廷璧（1920～1997）　宝塔区蟠龙镇人。1936 年 5 月参加工作，1938 年 1 月加入中国共产党，历任蟠龙小学教员、校长。1948 年任延安县青年主任。1949 年调延安地委任干事、科长。1951 年任志丹县县长。1954 年任延安地区粮食局、财政局局长，三办、计委主任。1961～1966 年，任志丹县委第一书记。其间曾赴北京开会，受到毛泽东主席等中央首长的接见。1967 年后，任延安地区革命委员会计委主任，红旗化肥厂厂长、党委书记，地委常委，行署副专员。1983 年起任行署顾问。王廷璧参加革命工作以来，在做好本职工作的同时，非常关心地方、文化文物工作。特别是对开展“知乡爱乡”教育、指导“万花山庄”建设付出辛勤的努力。1997 年 10 月 6 日在延安病逝，享年 77 岁。

李丕发（1925～1999）　祖籍陕西米脂县，1930 年春逃难到麻洞川乡岳屯村落户。1941 年春，任民兵小队长。1947 年 2 月，参加延安县游击队，担任侦察班长。在参加保卫延安阻击战斗中，从事战前侦察敌情和运送军需、伤病员等支前工作。中央机关撤离延安后，为了避免暴露实力，更有利于消灭敌人，他所在的游击队主要采取分组活动或单独行动。他先后参战 20 余次，一人击毙敌人 3 名，俘虏 8 名，缴获步枪 9 支、子弹 700 余发、手榴弹 3 枚、骡马 3 匹。1949 年夏，西北军区奖给李丕发战马一匹。同年，西北军政委员会发给他“解放西北”纪念章一枚，并授予他“民兵英雄”称号，荣获“战斗英雄”“人民功臣”奖章各 1 枚。1950 年 4 月，出席全国战斗英雄代表大会，受到毛泽东、朱德等中央领导接见。他的英雄事迹被载入《中国民兵》史册。1999年1月6日，在家中病逝，享年74岁。

贺　风（1920~1999）　原名贺承恩，1920年出生，宝塔区人，中共党员。1937年参加工作，在北二区举办冬学，开展扫盲工作。1938年初，调延安民众剧团从事专业演出，曾为当时延安文艺界“风、云、雷、雨”四位名人之一。他擅长演年轻姑娘和小媳妇，如眉户现代戏《桃花村》中的二妹子、《十二把镰刀》中的桂兰、《两亲家》中的六娃姐、《血泪仇》中的刘二嫂等，1942年开始扮演传统戏中的小旦、武旦，如《大拜寿》中的金枝女、《破洪州》中的穆桂英、《反徐州》中的公主等。1945年，他调至陕甘宁边区文化协会从事创作工作。1946年10月转入部队，任骑六师政治部干事。1950年7月起，先后在第一步兵学校、总后勤政治部、后勤部总医院组织科任干事、科长及总后勤部副政委。1970年离休，1999年病逝。

李兴旺（1921~2000）　宝塔区丁庄乡郭家沟人。1935年加入中国共产主义青年团，次年参加中国共产党。先后任中共延安县委组织部部长、县委书记兼延安南线指挥所政委。1947年国民党军胡宗南部进犯延安时，参加延安保卫战。中华人民共和国成立后，历任青年团西北工委副书记、青海省海北藏族自治州州委书记、中共青海省委组织部部长、青海省委副书记、中共云南省委副书记、云南省纪律检查委员会书记、云南省顾问委员会主任，是中共十三大代表、中央纪律检查委员会委员。1997年离职休养，2000年3月1日病逝。

师洪基（1936~2000）　宝塔区人，中共党员。1960年7月毕业于西安冶金学院建筑工程工业与民用建筑土木工程专业，分配在国家第二机械工业部（后改为核工业部）、第102建、第22建公司工作，实施兰州核工业404厂建设项目，由此成为中国第一代核电人。历任技术处技术员、自建基地综合办公室主任、科技处处长等职。1973年为助理工程师，1978年晋升为工程师，1988年为正研级高级工程师。师洪基是宝塔区首批涉足祖国尖端科技领域中青年人才，从事核工业建设三十余年，一贯刻苦求实，开拓上进。多次立功受奖，出席学术会议。经历核工业第一次创业——国防核工业，先后参加数套原子能联合企业、大型核反应堆工程基地建设，为中国原子弹、氢弹成功贡献力量；经历核工业第二次创业——原子能和平利用。该公司承担中国自行设计、自行施工的第一个30万千瓦秦山核电站建设，主要从事建筑施工技术管理工作，为中国核工业的发展做出重大贡献。1985年10月，获核工业部特殊贡献的先进人物表彰奖励，并获部颁国家级荣誉证书；1996年10月，获国家核工业总公司部级科技进步三等奖，获奖项目《宜昌市电机总厂15米跨组合屋架应力加固设计》。1996年10月退休，2000年7月30日病逝。

白征戈（1919~2001）　宝塔区人。1937年4月入伍，1938年6月加入中国共产党。在八路军总政烽火剧团工作，宣传革命思想，后被组织派往延安、晋东南抗大学习。1940年转入部队，任八路军总部特务团教导员、太行山武乡县独立营营长。1942年调冀鲁豫军区，先后担任冀鲁豫军区第六军分区教导队政委，冀鲁豫军区第四军分区独立团政委、团长等职。1946~1949年，先后在冀鲁豫军区第四军分区担任政治部主任、平原省军区新乡军分区政治部主任等职。1952 年调入海军，先后担任海军第五海校政治部主任、海军政治部干部部副部长、大连第一海军学校副政委、海军某水警区政委、海军潜艇学校副政委等职。1979 年调上海海军基地任政委、顾问（正军级）。1987 年离休。1955 年，获二级独立自由勋章、二级解放勋章和八一奖章以及华北解放纪念章，1988 年，获二级红星功勋荣誉章。2001 年 4 月 1 日在海军 411 医院病逝，享年 82 岁。

刘振旅（1919～2001）　宝塔区人，中师文化程度。1937 年春参加革命，同时加入中国共产党。1938 年进入中国抗日军政大学四大队学习，毕业后分配到延安市委、市政府工作，历任科长、宣传部部长、市委秘书长等职。1947 年，胡宗南进犯延安时，参加组建延安游击队，任延西游击支队后勤负责人。1949～1952 年，先后任延安县委副书记、书记。1953 年 4 月调延安地委，任地委统战部部长。1954 年任延安地委组织部部长，同时被选为延安地委委员、常委，直至 1966 年“文化大革命”前。在十几年间，培养和选拔大批党的优秀干部。其公道正派、任人唯贤的工作作风，在延安干部群众中有口皆碑。1967～1971 年，在地区五七干校学习、劳动。1972 年恢复工作后，先后任延安行署农办、公交办副主任、主任；延安行署顾问。1982 年离休，享受正地师级待遇。2001 年在延安病逝。

张庚续（1921～2001）　宝塔区桥沟乡尹家沟村人，中共党员，延安师范毕业。1937 年参加工作，先在陕北红军人民抗日剧社任演员，后又并入中共苏区歌舞团。1938 年 8 月更名为抗战剧团。1939 年在延安鲁迅艺术学院和晋察冀华北联合大学文艺学院学习，1940 年 12 月到冀中区党委新世纪剧社、军区后勤文工团、晋绥八军分区剧社任导演。1949～1954 年，任山西省交城县、阳曲县教育科科长、民政科科长兼区长、县政府办公室主任。1950 年调忻县专员公署任文教科长。1954 年，进入北京中央党校学习，结业后任山西省委秘书，办公厅处长、参事室副主任、军转办副主任、省委档案局副局长。2001 年 2 月 20 日病逝，享年 80 岁。

马正先（1924～2001）　宝塔区李渠镇刘家沟村人。1936 年 5 月参加红军。1940 年 4 月任苏鲁豫支队第 3 大队司号班长，5 月任苏鲁豫支队第 21 团 3 营班长，6 月加入中国共产党。1942 年 10 月任新四军第 3 师 7 旅 19 团 2 营侦察员。1944 年 7 月到抗大五分校四队学习。1945 年 9 月任第 3 师 7 旅 19 团 2 营 6 连副排长。1946 年 4 月任东北嫩江军区骑兵团一连排长，同年 6 月任副政治指导员。1948 年 6 月任第 49 军直属通讯电话队政治指导员。1949 年 9 月，任 49 军直属工兵营副教导员，1951 年 9 月升任教导员。1952 年 4 月，任中南第一速成中学九江大队 12 队政治教导员。1956 年 8 月，任广东佛山军分区南海县兵役局副政委。1958 年 8 月，任广东省军区韶关军分区南雄县武装部副政委。1964 年 1 月，任广东省军区佛山军分区珠海县武装部政委。1971 年 4 月，任广东省军区佛山军分区政治部副主任。1976 年 9 月，任广东省军区佛山军分区顾问。1982 年 4 月离休，正师级待遇。曾先后荣获八一奖章、独立自由奖章、三级解放勋章和二级红星功勋章。2001 年 12 月 9 日在广州军区总医院病逝。

姚安吉（1907~2002） 宝塔区碾庄人，1926年3月加入中国共产党。担负地下党组织联络工作，参加“农运”和“非基运动”。1936年任城区临时支部书记、苏维埃政府经济部长、抗日救国会执行委员。1938年11月至1939年4月，在陕北党校学习。1939年5月至1940年1月，任延安市委宣传部部长、抗敌救援会副主任、主任、市委常委。1940年2月至1942年2月，在中央党校学习。1942年3月，任延安市委常委、参议会议长。1945年4月以后，历任延安市副市长、市长和市工委书记。1949年5月，调任西安市八区区长，1949年10月至1961年5月，任西安市市委委员、市劳动局副局长、局长。1961年6月至1963年8月，任西安市经济计划委员会副主任。1963年9月任陕西沙苑农场筹建负责人。1980年4月离休。2002年5月26日在西安病逝，享年95岁。

陈仕和（1916~2002） 宝塔区松树林乡邓屯村人。1935年3月参加中国工农红军，10月加入中国共产党。1936年1月至1938年4月，他先后任鄜县军事部科员，独立营第2连排长，陕甘红2团2连副连长，警7团5连连长、警5团1营营长。1947年，任西北野战军第4纵队司令部二科科长。1949年5月，任第一野战军第12师34团团长。1951年1月，任铁道公安第12师58团团长，1953年12月任师参谋长。1955年4月，解放军军事学院学习。1958年4月，任公安内卫第2师副师长。1959年1月任福建省公安厅民警部队部队长，1960年兼任公安厅副厅长，后任福建省军区独立第2师师长。1969年11月，任福建省军区后勤部部长。1978年5月，任福建省军区顾问，1979年12月离休，享受副军职待遇。1955年被授予上校军衔，1962年晋升为大校军衔，荣获三级八一勋章、三级独立自由勋章、三级解放勋章，1988年被授予二级红星功勋荣誉章。2002年7月15日在南京军区福州总医院病逝，享年87岁。

段世清（1919~2004） 神木人，1930年逃荒到延安市宝塔区。1935年11月入伍，同年加入中国共产党。历任陕北红军12支队支队长、指导员，县公安局特派员，垦区游击队长，骑2旅连长、股长、处长等职务。曾参加过劳山、瓦子街、洋马河、青化砭等战役。中华人民共和国成立后，又参加甘南、陇东、青藏剿匪平叛战斗。先后任合阳县兵役局政委，大荔县武装部政委，青海省军区黄南军分区科长，大通县武装部部长，海西军分区副参谋长、参谋长，青海省独立师副师长。曾授予上校军衔，荣获八一奖章、三级独立自由勋章、三级解放勋章、二级红星功勋荣誉章。1977年5月离休，正师职待遇，2004年3月病逝。

史　雷（1922~2004） 原名史国栋，延安城区人。1937年加入中国共产党。1938年，他响应党的号召离开延安师范参加陕甘宁边民众剧团的创建工作，是延安时期文艺界“风、云、雷、雨”四位名人之一。历任科长、副团长，陕西省戏曲剧院革委会主任、副院长，省戏曲学院副校长、校长等职。是省文联理事、省剧协常务理事、政协西安市第六、七届委员。演出的话剧有《十二把镰刀》《大家喜欢》《血泪仇》《烙碗计》

等。长于扮演青年学生、农民、军官。如《十二把镰刀》中的王二；特别是《烙碗计》中的保柱演得颇具特色。1954～1956年，在北京中央戏剧学院导演系进修。曾编导《雷锋》《游西湖》《赵氏孤儿》等几十个剧目。多次参加调演和巡回各省（市）演出。早在1945年荣获陕甘宁边区群英大会乙等奖，1952年第一届全国戏曲观摩大会表演乙等奖。2004年在西安病逝。

杨茂林（1905～2004）　曾用名杨应清，梁村乡裴渠村人，初中文化，中共党员。1935年参加革命，在延安东南区游击支队，参加过青化砭战役和蟠龙战役。历任延安县东南区、北二区区委会组织部部长，延安县南区、蟠龙区、丰富区书记，延安县委组织部部长。1949年5月调任临潼县组织部部长，1952年12月调任华县县委副书记，1956年12月调任陕西省供销社人事处副处长，1961年1月调任西安市蔬菜公司副书记、经理。曾获一级战斗英雄军功章。2004年病逝，享年99岁。

白录堂（1942～2005）　延安城区王家坪人，1958年1月在延安中学加入共青团，1963年7月加入中国共产党。1968年9月，毕业于西安矿业学院采矿专业，分配到中央煤炭部汾西矿务局工作，历任水峪煤矿技术员、政治指导员、采矿队队长、生产调度室主任、邯郸矿务局生产处副处长、王凤煤矿矿长、邯郸矿务局副局长。履职期间，他狠抓生产管理，曾作为先进集体代表出席全国煤炭系统群英会。1983年8月，白录堂调邯郸地区行署工作，历任邯郸地委委员，行署常务副专员，邯郸市委副书记、市长、市委书记。主持制定实施“三环”开放战略，建立中原经济技术协调机制，得到国家计委支持。1993年6月，调任河北省劳动厅厅长，深入全省60多个县、近千家企业调查研究，对河北省企业稳定做出贡献。1998年1月，白录堂当选河北省人大常委会副主任，同年7月当选河北省总工会主席。指导全省11个设区市设立劳动仲裁机构，使省总工会多项工作走在全国前列，并多次在全国会议上介绍经验。他是中共第十四、十五次全国代表大会代表，第十七届全国人民代表大会代表，中华总工会第十三、十四届执委，第十四届主席团委员。2005年2月在石家庄病逝，终年63岁。

刘　易（1972～2005）　宝塔区人，中共党员，1991年6月毕业于延安地区卫生学校西医士专业，8月在宝塔区姚店中心卫生院参加工作，曾担任外科医师、医务科长、办公室主任。1998年10月加入中国共产党。2003年12月，任宝塔区贯屯乡卫生院院长，曾先后7次被评为宝塔区卫生系统先进工作者。刘易把患者当亲人，心里装着百姓疾苦，给无数患者解除病痛，为贯屯乡卫生院和贯屯乡卫生事业的发展呕心沥血，真诚奉献。2005年12月13日晚12时，刘易在下乡返回卫生院途中发生车祸，不幸以身殉职，年仅33岁。2006年6月11日，刘易被陕西省卫生厅追授“白求恩精神奖”；6月27日被卫生部授予“人民健康好卫士”称号；9月12日被陕西省委、省政府授予“人民的好医生”称号。2007年1月1日被中共陕西省委追授为“优秀共产党员”。

康永强（1937~2006） 延长县人，中师文化，1954年3月参加工作，1973年7月加入中国共产党，在延长县从事教育工作。1974年起，历任延长县雷赤、罗子山公社党委书记。履职期间，他组织基建队，大搞农田建设，使赤雷公社农业生产条件得到较大改善，延安地委、行署多次在此召开现场会，组织各县参观学习；在全乡推行家庭联产承包责任制，为全县农村改革积累宝贵经验。1984年1月起历任中共延长县委常委、县政府副县长，中共甘泉县委副书记，延安市委常务副书记、延安市第十三届人大常委会主任。1998年1月退居二线，任宝塔区老龄委常务副主任、关工委常务副主任、老龄委名誉会长、老年体协名誉主席。2005年被中国关工委、中央文明委评为“全国关心下一代先进工作者”和“老有所为”先进个人、学雷锋先进个人。2006年5月17日因病逝世，享年69岁。

汤　洛（1925~2006） 宝塔区人，中共党员。1940年8月参加革命，在延安边区师范和边区保安处工作。1946年3月至1954年1月，先后在《边区群众报》《群众日报》任记者、编辑，在新华通讯社西北总分社任中国人民解放军第一野战军前线记者，在新华社朝鲜前线分社任中国人民抗美援朝前线记者；1954年4月至1969年，分别在中国作协西安分会为作家、《延河文学月刊》任副主编；1970年至1980年在子长县革委会工作；1980年8月至1986年6月，在陕西省社会科学院文学研究所从事研究工作。解放战争初期，参加延安游击队，如实记录延安保卫战斗的“烽火岁月”，作品《延安魂——延安游击队纪实》铅印发表。抗美援朝期间曾以志愿军新华社记者身份赴前线进行实地采访报道。曾在1947年胡宗南进攻延安时随游击队坚持斗争，受到《群众日报》两次登报和新华社广播表扬，多次被评为“模范党员”“模范记者”。他刻苦钻研，勤奋笔耕，在延安文艺创作和研究方面颇有造诣和成就，曾多次发表中短篇小说、诗歌、通讯并多次获奖。其报告文学集最负盛名，代表作有《延安魂》《毛主席万岁》《解放合交》《杂海滩》等。1986年6月离休。2006年7月22日在西安病逝，享年82岁。

张健民（1921~2006） 哈萨克族，又名哈森·依布拉音，祖籍新疆塔城市，祖父辈时因灾荒迁居延安城区。1935年参加中国工农红军，1936年加入中国共产党。土地革命战争时期，历任皖西红28团第3支队（先后改为自卫队、8支队）连传令兵、司号员、班长、排长、连长、政治指导员，中共中央第一秘书处译电员，抗大第二大队民族区队长、第四大队（学生队）副队长，抗大军事教员，八路军总供给部政治处青年组织干事、第十八兵站政治指导员，第120师副营长，陕甘宁晋绥联防军警1旅副营长，训练营营长、司令部作战参谋、政治部干事等。1942年8月，入延安军事学院学习。此后历任第120师独1旅作战参谋兼特务连连长，晋绥军区独2团团长，冀中第八军分区教导大队大队长兼政治委员。1947年11月，入华北军政大学学习，任干部纵队第四大队副大队长，华北军区独立工兵团副团长，军委装甲兵第一战车学校校务部部长，装甲兵作战处处长。参加陕南、陕甘、关中、陕甘宁反“围剿”，以及崂山、冀中、太行、岭南、吕梁、太原、西安、兰州等战役，还参加解放石家庄、天津等战斗。1954年9月，抗美援朝回国后，历任军委装甲兵第一坦克基地副司令员，第三坦克学校副校长、校长。参加修建十三陵水库，任副总指挥。1962 年 1 月，调任军委装甲兵技术部副部长，后勤部副部长。“文化大革命”中，被打成“二月兵变”分子关押。1972 年平反后，调往兰州军区司令部军训部工作。1973 年 7 月，任宁夏军区副司令员。1978 年 6 月，任济南军区装甲兵副司令员。1979 年，任军委基建工程兵指挥部副参谋长。第七届全国人大代表。曾荣获三级八一勋章、三级独立自由勋章、二级解放功勋章和二级红星功勋荣誉章。2006 年 10 月 15 日在北京病逝，享年 85 岁。

邬家珍（1915～2007）　女，四川省广元市苍溪县邬家湾人。16 岁时，听说红军专门帮助穷人，便约了 6 个姐妹报名参加红军。经过 3 个月的培训和学习，分配到中共旺苍县委宣传队任大队长。1935 年初随部队开始北上长征，翻越雪山过草地。1936 年 6 月，随部队到达甘肃庆阳，在当地经过一年的休整和整编后，于 1937 年 6 月到达延安，在部队主要搞护士工作，后来，又到安塞县二区、七区做民运、妇女工作。1938 年加入中国共产党，同年退伍。此后一直在延安工作和生活。2003 年到八一敬老院休养。长征的艰难岁月是邬家珍永生最珍贵的记忆。为了教育年轻一代发扬革命传统，老人在晚年做了一名义务国防教育宣传员。从此，延河岸边、宝塔山下，多了一位热心国防教育、宣扬红军传统的老人。2007 年 3 月 7 日在延安辞世，享年 92 岁。

毕秉鉴（1919～2007）　宝塔区人，1936 年 9 月考入延安师范，1938 年参加革命，同年加入中国共产党，任陕甘宁边区延安市政府文书、科员。1940 年调陇东河水县政府工作，任一科科长，1942 年调回延安市政府任事务秘书，1945 年任二科科长。1947 年国民党胡宗南进犯延安，坚持敌后斗争，负责延安游击队后勤工作，为支援前线做出贡献。1948 年 4 月，延安光复后，任延安市副市长。1949～1953 年，任西北局政策研究室研究员、农村工作部四处副处长，1954 年调任中央农村工作部二处科长。1958 年调宁夏回族自治区，任自治区人民公社办公室主任、自治区农业厅副厅长。1960 年参加灵武县“整社”工作，兼任县委副书记、书记，认真贯彻落实党在农村各项经济政策，使粮食总产达到新中国成立以来的最高水平，公购粮足额上交，农民生活得到很大的改善，受到人民群众的赞扬，称之为“党的好干部、群众的好领导”。1964 年 11 月，调任自治区党委农办副主任、自治区革命委员会生产指挥部业务组农林组副组长、自治区农林办公室副主任，深入农村调查研究，对于保障农民生活起到重要作用。1979 年 7 月，任中共固原地委代书记、书记，实事求是地落实党的各项政策，促进安定团结。1981 年为自治区顾问委员会委员、自治区党委农村工作部顾问。1984 年 8 月离职休养。2007 年 9 月在银川逝世，享年 88 岁，骨灰撒于黄河。

刘天佑（1916~2009） 女，四川省巴中市巴州区刘家大院人，1933年10月参加红四方面军从事宣传工作，12月调妇女独立团担任军事教员，1935年8月随部队长征，翻越雪山，两过草地，1936年9月到达甘肃会宁，在部队医院做医护工作，1937年初到达延安，1938年12月因病退伍。2005年4月到八一敬老院休养。2008年，北京奥运火炬传递延安站，刘天佑作为首棒火炬手参加火炬传递。汶川特大地震后，她带头捐资1000元。经常应邀为社会团体、大中专院校、中小学生等作革命传统教育报告，宣传爱国主义和延安精神。2009年病逝，享年93岁。

王加夫（1928~2010） 宝塔区贯屯乡人。1946年11月参加工作，同年加入中国共产党。先后在延安蟠龙区三乡、二乡政府任文书、青年主任。1949年3月，任延安县青救会干事。1950年2月，任延安县委宣传部通讯干事。1951年6月至1956年，先后任延安地委宣传部、统战部干事。1956年6月，任安塞县委常委、宣传部部长。1958年12月，任延安县委宣传部部长。1961年6月，任洛川县委副书记、县委常委。1965年10月至1969年3月，“文化大革命”期间，受到批判停止工作。1969年3月恢复工作，任洛川县农业机械修理制造厂革委会主任、党委书记。1974年2月，任延安电厂党委书记。1978年6月至1992年12月，先后任延安地区公路总段党委书记，延安地区轻纺工业局、地区纺织工业公司调研员，主编《延安地区轻纺工业志》。享受正处级待遇。1992年12月离职休养。1955年8月，他曾被选举为政协陕西省延安县第一届委员会委员。他一生做人的原则是“为民身不懒，为官心不贪”，为人忠厚坦诚。2010年5月18日在咸阳逝世，享年82岁。

牛健民（1913~2010） 宝塔区临镇石村人，1935年7月参加工作。1936年2月加入中国共产党。土地革命战争时期，任陕甘宁边区苏维埃政府秘书、文书、科长，红29军军部文书。抗日战争时期，任警备第2团政治指导员、团政治处民运股股长，第358旅政治部民运科、组织科副科长。解放战争时期，历任陇东军分区独立营政治委员，第13团1营政治教导员，陇东军分区供给部副政治委员、政治委员，第13团政治委员。中华人民共和国成立后，历任甘肃省武都军分区政治部主任，南京军事学院政治系学员，甘肃宁夏军分区副政治委员、政治委员。1955年被授予上校军衔。先后荣获二级红星军功章、二级解放勋章、三级独立自由勋章。1975年8月离职休养，副军职待遇。2010年11月12日逝世，享年98岁。

屈　强（1918~2010） 延安桥沟乡翟子沟村人，1937年7月参加革命，1938年4月加入中国共产党。在延安市完小、抗日军政大学任教员、科员。1940年转入部队任129师医院指导员、联政后勤部科长、梯队政委，西北军区后勤部股长、政治部科长，西南军区留守处科长（正团职）。在保卫延安战役中曾两次记功受奖。中华人民共和国成立后，1950年11月至1964年2月，先后任西北铁路干线工程局铁路人员训练所副书记、主任、书记、所长；西北铁路干线工程局人事处副处长、铁道部第三工程局助理局长、太原铁路局党委常委、副局长、第三工程局党委常委、副局长。1981年1月起，任铁道部第三工程局老战士协会副理事长。他在职工教育、劳动人事、后勤卫生等工作上多次评为国家、部、省、总局级先进个人，受到表彰。1983年1月离休。离休后依然心系家乡，撰文弘扬延安精神，捐款建设希望小学，资助家乡教育事业，在铁三局老战士协会和关心下一代委员会中继续发挥余热。2010年11月20日在北京病逝，享年92岁。

王扶之（1923～?）　1923年出生，宝塔区青化砭镇人。1935年参加中国工农红军，同年加入中国共产主义青年团，1936年加入中国共产党。土地革命战争时期，任红25军第78师测绘员，先后参加劳山战役、山城堡战斗。抗日战争时期，任八路军115师344旅687团测绘股股长，新四军第3师8旅22团通信参谋、副连长，师司令部通信股股长。解放战争时期，任东北民主联军某部营长，第116师作战科科长，东北野战军第二纵队5师14团副团长，第四野战军39军115师343团团长。在怀德、锦州和天津战役中，各记大功一次。1949年参加广西战役。1950年参加抗美援朝，任中国人民志愿军副师长、师长。1957年毕业于军事学院，历任师长、军参谋长、副军长，总参谋部作战部副部长、部长，山西省军区司令员，乌鲁木齐军区副司令员。1964年晋升为少将军衔。中共第十一、十二届中央候补委员，第七届全国政协常委。曾获三级八一勋章、三级独立自由勋章、二级解放勋章。

毕瑞生（1930～?）　延安城区人，幼小时随父母在韩城、西安上学，青年时就读省立第一中学，思想进步，对当时的黑暗社会强烈不满，秘密参加学校地下革命党、团组织，编写传单、文章揭露腐败时政，传播革命思想，动员青年学生追随革命，其所在学校成为当时“学运”中心之一。因参加地下组织工作出色，1949年5月，受党组织派遣外出工作，参与情报秘密战线，至此与社会、家人失去一切联系，因而家人便招致冤屈之灾，家庭被从西安遣回原籍，接着其父被单位“清洗”回家，在历次运动中屡遭打击。1979年3月20日，陕西省公安局为其平反昭雪，2004年5月25日，陕西省国家安全厅向家属颁发“毕瑞生同志于解放战争时期在执行任务中因公牺牲”红色荣誉证书。2005年3月23日（乙酉清明），延安有关人士近百人集聚其父母陵下举行冥葬，悼念亡灵，终使“成仁取义、无名英雄”魂归故里，魄壮青山。

第二章 人物表（录）

第一节 劳动模范与先进工作者

1954~2010 年宝塔区获省部级及以上表彰奖励一览表

表 31-2-1

姓名	工作单位	获奖名称	获奖时间	授奖单位
马启仓	宝塔区教育局	全国少年先锋队优秀辅导员	1954 年	团中央
		全国社会主义建设积极分子	1955 年	全国总工会
		陕西省先进教育工作者	1956 年	陕西省政府
刘莲英（女）	桥沟乡平沟村	陕西省劳动模范	1958 年	陕西省人委
徐彩云（女）	百货大楼	陕西省劳动模范	1959 年	陕西省人委
		陕西省劳动模范	1982 年	陕西省政府
韦张萍（女）	延安一完小	陕西省劳动模范	1960 年	陕西省人委
		全国“三八”红旗手	1960 年	陕西省政府
张文兴	延安县冯庄公社卫生院	陕西省劳动模范	1960 年	陕西省政府
		全国劳动模范	1984 年	国务院
贾仲高	冯庄乡赵永沟金马驹小学	全国先进工作者	1960 年	国务院
刘丕秀（女）	桥沟乡刘万家沟村	陕西省劳动模范	1963 年	陕西省人委
张君舍（女）	城市开发公司	陕西省劳动模范	1963 年	陕西省人委
张志忠	李渠镇双田村	陕西省劳动模范	1971 年	陕西省革委会
李军（女）	延安市粮油贸易公司	陕西省劳动模范	1982 年	陕西省政府
		陕西省“三八”红旗手	1982 年	陕西省政府

续表

姓名	工作单位	获奖名称	获奖时间	授奖单位
薛 萍	延安丰足火柴厂	陕西省劳动模范	1982 年	陕西省政府
王桂珍（女）	柳林乡政府	陕西省劳动模范	1982 年	陕西省政府
杨桂英（女）	梁村乡梁庄村	陕西省劳动模范	1982 年	陕西省政府
曹双定	区人大	陕西省劳动模范	1983 年	陕西省政府
张继庆	宝塔公安分局	陕西省劳动模范	1983 年	陕西省政府
安 江	延安市水泥厂	陕西省劳动模范	1983 年	陕西省政府
高玉香（女）	区五中	陕西省劳动模范	1989 年	陕西省政府
高志雄	川口乡政府	陕西省劳动模范	1993 年	陕西省政府
马维（女）	宝塔区人大	陕西省劳动模范	1997 年	陕西省政府
拓生平	蟠龙乡政府	陕西省劳动模范	1997 年	陕西省政府
卜崇周	延安市政协	全国农林科技推广先进工作者	1989 年	农业部
		陕西省劳动模范	1989 年	陕西省政府
王久富	枣园镇政府	全国劳动模范	1995 年	国务院
吴彩玲（女）	宝塔区民政福利刺绣厂	全国百名拥军模范	1992 年	民政部 总政治部
		新时期拥军模范	1993 年	全国妇联
		“三八”红旗手	1993 年	全国妇联
朱益民	桥沟乡杨家岭村	陕西省劳动模范	2002 年	陕西省政府
乔玉莲（女）	工行宝塔区支行	陕西省劳动模范	2002 年	陕西省政府
韩海龙	南泥湾钻采公司	陕西省劳动模范	2006 年	陕西省政府
刘玉珍（女）	延安大桥义务疏导员	陕西省政治战线先进工作者	1981 年	陕西省委 陕西省政府
刘仰明	延长油田股份有限公司	全国五一劳动奖章	2006 年	全国总工会
王 保	延安移动通信公司	全国五一劳动奖章	2008 年	全国总工会

续表

姓名	工作单位	获奖名称	获奖时间	授奖单位
顾根深	延长油矿管理局	新一轮全国油气资源评价工作优秀组织者	2009 年	国土资源部 国家发改委 财政部
李　炜	宝塔区蔬菜局	陕西省先进工作者	2007 年	陕西省政府
张安平	宝塔区委政法委	全国社会治安综合治理先进工作者	2005 年	公安部
赵润贤	宝塔区农业局	“黄土高原区山坡地大垄沟耕作技术推广”三等奖	1998 年	陕西省政府
		“陕西省马铃薯三项高产栽培技术”二等奖	1999 年	陕西省政府
		“陕北坡地大垄沟综合配套技术示范”二等奖	2001 年	陕西省政府
		全国农牧渔业丰收奖	1999～2002 年	农业部
段学良	宝塔区农业局	高效设施农业气象技术研究应用三等奖	2005 年	陕西省政府
		全国农牧渔业丰收奖二等奖	2006 年	农业部
李建中	宝塔区农业技术推广站	蔬菜日光温室技术的示范科技推广二等奖	1999 年	陕西省政府
		农村沼气能源设施技术的改进与推广获省科技推广二等奖	2002 年	陕西省政府
何建举	宝塔区植保植检站	生态农业示范项目获全国农牧渔业丰收三等奖	2000 年	农业部
李旭光	宝塔区种子管理站	陕西省农业技术推广成果奖二等奖	2005 年	陕西省政府
王雅梅（女）	宝塔区植保站	科技进步三等奖	1989 年	农业部
冯延忠	宝塔区农业技术推广站	全国农牧渔业丰收奖三等奖	2000 年	农业部
雷怀飞	宝塔区蔬菜局	陕西省农业技术推广成果奖三等奖	2002 年	陕西省政府
王　帅	宝塔区畜牧兽医服务中心	农牧渔业丰收奖二等奖	2003 年	农业部
乔琳（女）	宝塔区畜牧兽医服务中心	全国农牧渔业丰收奖二等奖	2003 年	农业部

续表

姓名	工作单位	获奖名称	获奖时间	授奖单位
李廷瑞	宝塔区林业站	《社会林业工程创新体系的研究与实施》项目荣获个人二等奖	2002 年	陕西省政府
		2005 年黄土高原抗逆性林木良种推广项目二等奖	2007 年	陕西省政府
		2007 年黄土高原抗逆性林木良种推广项目二等奖	2007 年	陕西省政府
		帕里松和灰松优良种源及丰产栽培技术引进项目陕西省科学技术成果奖	2008 年	陕西省政府
郭永权	宝塔区林业站	2007 年黄土高原抗逆性林木良种推广项目二等奖	2007 年	陕西省政府
赵　宁	宝塔区果树局	“延安百万亩山地苹果优质生产技术试验示范推广”项目获农业技术推广成果二等奖	2005 年	陕西省政府
石军启	宝塔区水土保持工作队	全国水利技术能手	1998 年	劳动部、水利部
付志荣	延安市邮政局	全国邮电纪检监察部门查办案件工作先进个人	1995 年	中央纪委驻邮电部检查组、监察局
		陕西省纪检监察系统先进工作者	1996 年	陕西省纪委
艾彩茹	国贸大厦	中国商业优秀创业企业家	2004 年	国内贸易部 全国商业联合会
叶贵军	宝塔区非公有制经济局	全国优秀统计工作者先进个人	2004 年	农业部
贾志坚	宝塔区粮食局	陕西省先进工作者	1986 年	陕西省政府
张秉玉	工商局	全国工商系统先进工作者	1987 年	工商部
张修有	宝塔区经济发展局	全国地籍管理先进个人	1999 年	国土资源部
常艳萍（女）	宝塔区物价局	全国农产品成本调查工作优秀个人	1999 年	国家发改委
赵　刚	宝塔区价格认证中心	成本调查工作优秀个人	2006～2007 年	国家发改委
杨世清	宝塔区科协	关井压产先进个人	1998 年	陕西省政府
薛启福	宝塔区环保局	第四次全国人口普查先进个人	1990 年	人事部、国家统计局
		国家级生态示范区建设先进个人	2006 年	国家环保总局
高　寒	宝塔区委	农村“三通”先进个人	1996 年	陕西省政府

续表

姓名	工作单位	获奖名称	获奖时间	授奖单位
王建军	宝塔区政府	全国农村改革试验区先进工作者	1999 年	农业部
		全国生态农业建设先进工作者	2000 年	农业部
高鹰（女）	宝塔区政府	全国第一次新兴产业调查先进个人	2004 年	国家统计局
		第一次全国经济普查先进个人	2005 年	国务院第一次全国经济普查领导小组
张兴虎	宝塔区政府	全国县（市）科技进步工作先进个人	2003～2006 年	科技部
张中军	宝塔区政府	《突发性公共事件爆发与新的政府职能生成》一文获全国水利水电优秀成果交流会一等奖	2005 年	水利部
王金玉	延安市纪检委	全省农村社教先进工作奖	1992～1993 年	陕西省委
		全省基层办案先进个人	1999 年	陕西省纪检委
孙广森	延安市纪检委	全国纪检监察系统先进工作者	1996 年	中纪委、监察部、人事部
郭贤兆	宝塔区纪检委	通令嘉奖	2002 年	中纪委、监察部
高建友	宝塔区人民检察院	全国检察系统先进工作者	1992 年	最高人民检察院
张银祥	宝塔区人民检察院	人民满意的检察官	1997 年	最高人民检察院
		荣立个人一等功	2000 年	最高人民检察院
王晓宏（女）	宝塔区人民检察院	“我与检察事业”女检察官演讲比赛（西南西北片区）优秀奖	2008 年	最高人民检察院
贺　庆	延安市公安局宝塔分局	全国优秀人民警察	2003 年 2004 年	公安部
		全省人民满意政法干警	2004 年	陕西省委、省政府
卜　伟	延安市公安局宝塔分局	陕西省先进工作者	2007 年	陕西省委、省政府
李建军	延安市公安局宝塔分局	全国经济侦查犯罪工作先进个人	2008 年	公安部
郭院玲（女）	延安市公安局宝塔分局	人民公安报社年度宣传发行工作先进个人	2009 年	公安部
陈冰霞（女）	延安市公安局宝塔分局	全国公安机关实施社区和农村警务战略先进个人	2008 年	公安部
		全国“三八”红旗手	2009 年	全国妇联
		全国公安机关爱民模范	2010 年	公安部

续表

姓名	工作单位	获奖名称	获奖时间	授奖单位
冯 炜	柳林派出所	学雷锋先进个人	2005年	陕西省委、省政府
曹双定	延安市人民法院	先进工作者	1983年	陕西省委、省政府
		荣誉法官	1990年	最高人民法院
王巧芳（女）	宝塔区法院	全国维护妇女儿童权益先进个人	2010年	全国维护妇女儿童权益平安家庭创建协调组、全国妇联
袁 耀	宝塔区司法局	全国优秀司法所长	2001年	司法部
刘 锐	宝塔区司法局	全国模范调解员	2010年	司法部
李秀英（女）	宝塔区教育局	全国优秀教师	1989年	人事部、国家教委
范民（女）	延安市第二幼儿园	全国优秀教师	1987年	教育部
郭春兰（女）	延安市科技局	全国星火计划先进个人	1995年	科技部
董国政	宝塔区科技局	全国科技进步工作先进个人	2001～2004年	科技部
王守山	延安山利工贸有限责任公司	陕西省优秀民营企业家	2010年	陕西省政府
田振贵	南泥湾镇南泥湾村	陕西省优秀人才奖	2001年	陕西省政府
孙建军	宝塔区计生局	全国婚育新风进万家活动先进个人	2005年	中宣部等十部委
张静英（女）	延安市计划生育服务站	计划生育先进工作者	1990年	国家计生委
陈君（女）	宝塔区南市街道办	陕西省第一次农业普查先进个人	1997年	陕西省政府
李海银	元龙寺中心小学	省先进工作者	1984年	陕西省政府
郝成斌	川口建筑工程有限责任公司	陕西省为公益事业发展做出突出贡献的民营企业家	2010年	陕西省政府

第二节　宝塔区籍县（处）级以上领导干部

1990~2010年宝塔区籍正县（处）级以上领导干部一览表

表31-2-2

姓名	性别	出生年月	籍贯	主要职务
吴文瑜	女	1916	宝塔城区	北京翠微小学校长
蔡文奎	男	1916.5	宝塔城区	海南副食品公司经理
申　易	男	1926	宝塔城区	延安地委副地级调研员、地委顾问
毕实宜	女	1927.6	宝塔城区	中央公安部一局副处长
折德选	男	1925	宝塔城区	新疆维吾尔自治区伊犁自治州人大常委会委员
忽培元	男	1956	宝塔城区	中共大庆市委副书记（正厅）
田轮澍	男	1944.9	宝塔城区	延安市人大常委会副主任
王金玉	男	1947.3	宝塔城区	延安市司法局局长
麻贵林	男	1952.5	宝塔城区	中慈国际交流中心副理事长兼秘书长
惠远霖	男	1954.1	宝塔城区	北京市海淀区总工会党组书记、主席
白云岗	男	1955.11	宝塔城区	中国旅游商贸服务公司陕西分公司经理
王建军	男	1956.10	宝塔城区	宝塔区人大常委会主任
韩长安	男	1958.2	宝塔城区	延安市人大常委会党组副书记、副主任
陈　轩	男	1959.8	宝塔城区	延安市国家安全局局长
申延生	男	1960.1	宝塔城区	延安市政协副主席兼实验中学副校长
刘　敏	男	1961.11	宝塔城区	陕西省委组织部副巡视员
赵延成	男	1965.8	宝塔城区	中国兵器工业集团公司办公厅主任
周玉峰	女	1966.1	宝塔城区	安康市宣传部部长
周玉霞	女	1967.9	宝塔城区	陕西审计厅处长
石宏飞	男	1968.1	宝塔城区	陕西省委办公厅接待处副处长
康　红	女	1968.2	宝塔城区	陕西省纪委第五案件监察室副主任
姚院平	男	1970.6	宝塔城区	延长石油集团北京陕西公司党委书记兼经理
师远哲	男	1970.9	宝塔城区	陕西省工业信息化厅劳动管理就业中心主任
马宏伟	男	1974.1	宝塔城区	军事科学院军事历史和百科研究部正团级研究员

续表

姓名	性别	出生年月	籍贯	主要职务
陈 雄	男	1974.2	宝塔城区	陕西省消防总队专职队指导处处长
田 耕	女	1974.3	宝塔城区	中国中信集团公司党务工作部高级主管
赵 刚	男	1975.1	宝塔城区	陕西省人大预算工作委员会办公室副主任
井海滨	男	1975.9	宝塔城区	陕西省人力资源和社会保障厅机关服务中心主任
徐金山	男	1925.8	枣园镇庙咀沟村	中共延安行署副专员、地委顾问
郝 宇	男	1949.7	枣园镇	陕西省政府正厅级巡视员
李福杰	男	1949.12	枣园镇温家沟	原延安地区生产资料公司经理（退休）
徐文岳	男	1952.12	枣园镇庙咀沟村	延安市国土资源局局长
徐 岗	男	1971.8	枣园镇庙咀沟村	延安市人事局副局长兼公务员局局长
吴亚峰	男	1926	柳林乡沟门村	陕西旅游协会秘书长
杨继武	男	1956.9	柳林镇康家圪崂村	延安市农业局局长
马乐斌	男	1956.10	柳林镇老庄坪村	陕西省水利厅党委副书记
刘天才	男	1960.7	柳林镇三十里铺村	富县县委书记
张 剑	男	1973.10	柳林乡麻庄村	中央军委空军司令部军训部处长
韩耕洲	男	1948.12	桥沟镇刘万家沟村	宝塔区人大常委会主任（退休）
汪占虎	男	1958.4	河庄坪镇杨老庄村	延安市交通局党组书记
高汉武	男	1944	李渠镇双田村	商务部流通产业促进中心（正处级）
高汉文	男	1949.9	李渠镇双田村	延安市林校书记（退休）
杨国栋	男	1953.3	李渠镇	延安钢厂副厂长（正县级）
姬存军	男	1957.9	李渠镇李家沟村	陕西省人寿保险公司副总经理
叶生智	男	1952.8	姚店镇安沟门村	陕西省公安厅纪检委副书记
赵宏胜	男	1956.1	姚店镇	延安市商务局党委书记、局长
刘占平	男	1962.9	姚店镇张尔村	延安市地方志办公室主任
张凤金	男	1948.7	甘谷驿镇小张沟村	铜川市地震局局长（退休）
苏喜生	男	1949.4	甘谷驿镇东镇村	延安市审计局局长（退休）
苏世华	男	1957.9	甘谷驿镇东镇村	延安市委宣传部常务副部长兼讲师团团长
薛海涛	男	1961.11	甘谷驿镇后苏沟村	延安市副市长
米文毅	男	1952.8	青化砭镇高尧村	延安市总工会主席

续表

姓名	性别	出生年月	籍贯	主要职务
韩爱杰	男	1956. 2	青化砭镇朱家沟	延安市国土资源局副局长兼储备中心主任
高翰武	男	1952. 6	蟠龙镇老庄村	商务部流通产业促进中心高级经济师
刘斌旺	男	1952. 9	蟠龙镇刘坪村	延安市人大法工委主任
刘　凡	男	1954. 12	蟠龙镇刘坪村	延安市国家安全局党组书记、局长
刘仰会	男	1957. 12	蟠龙镇土洞沟村	陕西省康佳电视有限公司副总经理
马金阳	男	1971. 10	蟠龙镇上坪村	国家统计局延安调查队队长
高桩桩	男	1951. 10	南泥湾镇三台庄	延安市住建局书记
樊鹏英	男	1954. 1	南泥湾镇	陕西省审计厅延安市审计处调研员
张建斌	男	1957. 1	南泥湾镇金庄村	陕西省建筑工程总公司经理
高富冠	男	1959. 1	南泥湾镇	延安市法院纪检书记
高富华	男	1960. 11	南泥湾镇	延安市发改委主任
赵　贞	男	1964. 10	南泥湾镇金庄村	延安大学校长助理、保卫处处长
石和平	男	1963. 11	临镇镇石村	延安市延安精神研究中心（延安精神研究会办公室）主持工作
马西安	男	1949. 9	临镇镇石村	西飞工业集团公司铝门窗五厂厂长
牛延峰	男	1955. 11	临镇镇石村	延安市物价局党组书记、局长
雷元富	男	1956. 3	临镇镇赵家塬村	延安市残联理事长
崔临奎	男	1956. 4	临镇居委	延安市交通局党组书记
姬凤阳	男	1956. 5	临镇镇西村	延安市疾病控制中心主任
刘宏章	男	1957. 2	临镇镇石村	延长油田公司蟠龙采油厂厂长
刘志才	男	1957. 12	临镇镇中义村	新疆维吾尔自治区土地储备中心主任
张汉有	男	1942. 1	梁村乡向家沟村	延安市劳动人事局局长
张旺斌	男	1951. 1	梁村乡燕沟村	陕西地方税务局调研员
呼延龙	男	1952. 9	梁村乡裴庄村	西安市碑林区政协副主席
呼安平	男	1956. 11	梁村乡梁村	广州军区射击队大队长（副军级）
侯世怀	男	1956. 12	梁村乡呼家湾村	延安市城管局党组书记
苗宝清	男	1957	梁村乡魏里湾	陕西省联通公司人力资源部经理
崔鸿儒	男	1958. 8	梁村乡王圪崂村	陕西省老干部活动中心主任
呼小平	男	1960	梁村乡梁村	北京防化学院院务部部长（正师级）

续表

姓名	性别	出生年月	籍贯	主要职务
李怀清	男	1962.12	梁村乡	延安市食品药品监管局党组书记、局长
高汉荣	男	1965.1	梁村乡刘里府	大连富乐马生物科技有限公司总经理
王宏伟	男	1968.1	梁村乡王庄村	中国人民大学党委宣传部部长
王玉飞	男	1950.9	万花山乡萧林村	原甘泉县检察院检察长（退休）(正处级)
封　崭	男	1921.5	川口乡	公安部消防局办公室主任
董峰贵	男	1941.11	川口乡小王庄村	铁道部中国铁路工程总公司副总经理
王丕年	男	1915	碾庄乡王家沟村	中共延安县委书记、黑龙江省顾问委员会委员
封　朝	男	1951.6	川口乡川口村	国家体育总局棋牌运动管理中心干部（正处级）
高生发	男	1965.8	川口乡西窑沟村	中国太平洋保险公司甘肃分公司总经理
李生桂	男	1918.12	冯庄乡香水沟村	北京卫戍区警卫四师政委
陈　新	男	1921.9	冯庄乡陈家河村	西影制片厂厂长
曹　虎	男	1955.2	冯庄乡冯庄村	陕西省人力资源和社会保障厅安全处处长
傅民生	男	1958.7	冯庄乡香水沟村	延安市法制工作委员会主任
谢志金	男	1962.4	冯庄乡新庄科村	延安市果业研发中心主任
高生军	男	1962.11	冯庄乡	延安市农科所所长
张文东	男	1962.11	冯庄乡下坪村	陕西省第九劳改农场场长
贺向东	男	1951.9	元龙寺乡大山圪塔村	延长油田股份有限公司外协处处长（退休）
陈建军	男	1952.1	元龙寺乡槐树圪台村	延安市农业综合开发办主任
沙文军	男	1962.5	元龙寺乡大山圪塔村	武警甘肃总队政治部副主任
李济平	男	1954.9	贯屯乡	延安市人大常委会副主任
蒋文义	男	1928	松树林乡赵家河村	国防部七机部二院党委副书记、调研员
苗永斌	男	1955	松树林乡马坪村	延安大学发展规划处处长、党支部书记
高春义	男	1953.4	松树林乡杨家峪村	延安市委副书记、党校校长
宋昌元	男	1953.9	松树林乡杨家峪村	延安市农综办书记
宋昌斌	男	1956.1	松树林乡杨家峪村	陕西省政府法制办主任
徐金香	女	1955.8	松树林乡	延安大学教育工会女工委主任
赵殿军	男	1967.8	松树林乡赵家河村	延安市政府副秘书长兼办公室主任
方政祥	男	1959.9	麻洞川乡麻洞川村	新疆乌鲁木齐东山区政务大厅主任
师来平	男	1963.2	麻洞川乡西村	陕西省政协联络处处长

续表

姓名	性别	出生年月	籍贯	主要职务
张延平	男	1964.6	麻洞川乡樊村	陕西谊秦公司副总经理
李延明	男	1935.6	官庄乡吴太塬村	延安市老区办主任（退休）
李兴明	男	1937.8	官庄乡吴太塬村	甘肃省武威市公安局局长（退休）
吕德荣	男	1942.8	官庄乡	延安市经贸委主任（退休）
高智星	男	1943.3	官庄乡高家塬村	铁一局铁路工程学校校长（退休）
张兴明	男	1946.8	官庄乡官庄村	延安市土地局局长（退休）
高维德	男	1950.2	官庄乡高家塬村	西安市交通管理局第二大队队长（退休）
贺淑梅	女	1957.3	官庄乡吴太塬村	延安市政协提案委员会主任
许江涛	男	1957.7	官庄乡桐树塬村	延安市爱卫办主任
王　春	男	1963.2	官庄乡吴太塬村	延安市检察院副检察长

第三节　其他人物

1990~2010 年宝塔区其他人物一览表

表 31-2-3

姓名	性别	出生年月	籍贯	届别	主要任职及成果
刘成章	男	1937.2	宝塔城区	文化	陕西省作家协会副主席。出版过七部散文集，其中七篇散文作品入选十四种版本的大中专院校和中学语文课本。散文集《羊想云彩》《安塞腰鼓》获鲁迅文学奖，《刘成章散文集》获陕西省“双五文学奖”特别奖等
曹谷溪	男	1941.2	清涧县郭家嘴村	文化	延安市首届文联党组成员、常务副主席。写有诗集《延安山花》《第一万零一次希望》《我的陕北》，文论集《与文学朋友谈创作》；主编《新延安文艺丛书·诗歌卷》《宝塔文典》等。1999 年，荣获陕西省人民政府“1949~1999 首届炎黄优秀文学编辑奖”和陕西省作家协会“双五文学奖”等
史小溪	男	1950.5	元龙寺乡	文化	《延安文学》常务副总编，延安市文联副主席、市作协副主席，陕西省作协理事，中国散文学会理事，中国西部散文学会名誉主席，中国作家协会会员，编审。散文代表作《黄河万古奔流》《陕北八月天》《月夜夜莺声声》等先后 14 次获国家、省级报刊一等奖

续表

姓名	性别	出生年月	籍贯	届别	主要任职及成果
阎　安	男	1965	宝塔城区	文化	《延安文学》杂志总编，陕西省作家协会副主席。写作范围广泛，涉及诗歌、随笔、小说等各种文体，手稿札记超过1000万字。先后出版作品《与蜘蛛同在的大地》《乌鸦掠过老城上空》《境况》《鱼王》《玩具城》等。被评论家誉为“中国文坛最隐秘的精神贵族”
张金平	男	1979. 11	冯庄乡后武装沟村	文化	宝塔区文联副主席。2007年创作的电影剧本《一路上有你》，荣获由国家广电总局、电影局、剧本中心、夏衍电影学会举办的剧本征集“政府采购奖”（最高奖、国家一级奖）；2010年入选陕西省委宣传部“四个一批”（一批理论家，一批名记者、名编辑、名主持人，一批出版家，一批作家、艺术家）人才
姬乃军	男	1952. 11	宝塔城区	文化	西安事变纪念馆研究员。先后出版《延安史话》《延安宋代石窟艺术》《情系热土——国际友人在延安》《延安市文物志》《西安事变实录》等30多部专著。先后发表《秦直道走向考辨》《周恩来与张学良的第二次肤施会谈》等论文400余篇
折正千	男	1934. 9	宝塔城区	文化	宝塔区政协文史委主任。曾整理出500多万字的文稿，有400余万字已见诸各类报纸杂志。著有《延安今昔》（上、下）《延安铁路》《辛亥风云》《宝塔史话》等文集。参与《延安市志》编纂工作。挖掘整理出“延安鸡鸣乾坤”“延安古城民俗等系列图集。与传媒公司合作摄制《延安古城风韵动漫片》
乔明山	男	1939	宝塔城区	文化	宝塔区书画协会主席、延安市书法协会副主席。在《中国中外产品报》《陕西日报》《文化艺术报》等几十种国家、省、市级刊物上发表作品160幅，其中16幅书画作品在中央、省级评展中分别获得二、三等奖
苗宝平	男	1963. 2	绥德县	艺术	延安市戏剧家协会副主席、宝塔区民众剧团团长，宝塔区文体广播电视局副局长。2009年参加新加坡举办的国际音乐、舞蹈、戏剧大赛中荣获导演、表演两大金奖
曹伯涛	男	1961	延川县	艺术	中国音乐家协会会员，中国音协陕北民歌研究会会员，陕西音协、剧协会员；延安市音协副主席、副研究馆员，延安大学兼职副教授。2006年第七届“世界之春——中国民间民族歌曲演创高端选粹”中歌曲《想我的人》荣获“中国民歌精品调奖”，获“中国民歌创作优秀专家”奖

续表

姓名	性别	出生年月	籍贯	届别	主要任职及成果
梁济海	男	1930.12	宝塔城区	艺术	《美术史论》刊物责任编辑，副研究员、研究员。1943年绘制的《十一运动》《青年工人》连环画，在延安文教、卫生模范颁奖会上，获“少年画家”锦旗奖励。先后编写宋代卷的五代、辽、西夏、金的中国美术史，1992～1993年，参加韩国举办的国际美展，获奖状及奖牌
贾四贵	男	1958	山西蒲县	艺术	延安大学任教。创作剪纸艺术作品1万多幅，在国内外展出和发表；有3000多幅剪纸作品荣获全国及国际大展赛最佳作品奖、特等奖、金奖、一等奖等40多次；1000多幅剪纸作品被中国美术馆等收藏
王克文	男	1951	宝塔城区	艺术	延安市群众艺术馆副馆长、党支部书记。1997年6月，撰稿、总编导的十集电视系列片《黄土魂》获“全国第二届民俗电视汇映评奖”一等奖；编剧的《大型陕北民歌史诗·信天游》在2007年参加“陕西省艺术节”荣获金奖
苗晓峰	男	1949	宝塔城区	艺术	陕西省收藏家协会会员，延安鲁艺书画院院士，高级工程师。国内钢铁书画艺术发明者，书画项目多次获得香港世界华人专利技术博览会金奖、日内瓦国际专利技术成果博览会金奖、联合国科技成果评估认证中心特别奖、中国科技发展中心一等奖、中国书画函授大学特别奖及北京奥申委纪念杯
梁　丰	男	1967.9	榆林市绥德县	艺术	中国书画研究院研究员，中国民协根雕艺委会委员，延安根雕艺术家协会主席。1996年11月，根雕作品《神圣朱雀》在第三届中国根雕艺术优秀作品展中获二等奖。2001年11月，根雕作品《大唐风韵》被评为“中国艺坛名师诸贤精品展”工艺美术类一等奖
王学峰	男	1968	宝塔城区	艺术	陕西新闻摄影学会副主席、延安摄影家协会常务副主席、延安新闻摄影学会主席。2001年被评为中国优秀摄影家，2005年被授予德艺双馨会员，2006年被中国新闻摄影学会、中国地市报新闻摄影学会评为首届中国新闻摄影“百佳记者”
李广林	男	1962.2	宝塔城区	艺术	延安市委副县级组织员，兼中国艺术家摄影协会会员，延安摄影家协会副主席、延安新闻摄影学会常务副主席。1988年拍摄的《安塞腰鼓》获全国农村摄影大赛三等奖和三省四地（盟）黄土地摄影比赛三等奖
李文柏	男	1925.10	宝塔城区	新闻	《延安日报》副主编兼中共延安地委通讯组组长。从事新闻宣传工作三十多年，曾发表各种新闻作品、剧本、散文、诗歌数十万字，散见于国内各报刊，出版《种苹果树的故事》《冲破陈规陋习的两员女将》《红柳新姿》《陕北民间故事选》等作品

续表

姓名	性别	出生年月	籍贯	届别	主要任职及成果
杨葆铭	男	1956.3	宝塔城区	新闻	延安报社政文部副主任、主任、副总编。散文《我的瓦屋》和《鼠事》分别获全国微型文学二等奖和全国报纸副刊三等奖。许多作品发表在《人民日报》《中国青年报》《延河》《滇池》《读者》等报纸杂志，并多次获奖。在新闻业务上多次获全国和省级奖励
毕醒世	男	1957.5	宝塔城区	新闻	广东省河源市河源日报社副社长、副总编辑。长期从事新闻宣传工作，有多个作品获得国家和省级奖励，在《光明日报》《半月谈》发表。1992年5月，毕醒世离开延安到外地工作，仍投入大量精力研究延安历史
白延琴	女	1960	甘谷驿镇	教育	延安育才学校校长。1996～2006年先后荣获宝塔区"名师""首席教师""学科带头人"；延安市"教学、教改能手""三八红旗手""师德标兵"；陕西省"教学能手"。2007年9月，被教育部授予"全国优秀教师"称号
刘向峰	男	1963.8	渭南市华阴市	教育	延安市实验中学校长。2001年9月被教育部授予"全国优秀教师"称号；2010年9月7日被陕西省人民政府授予"陕西省物理特级教师"称号
景智雄	男	1971.1	宝塔城区	教育	宝塔区北关小学校长。他撰写的《采用快乐教学提高教学质量》在2006年中小学教学改革成果展评中获"中央教科所二等奖"；《让学生在爱的阳光下健康成长》《新课程中优化课堂教学的策略》在2007年全国中小学教育论文评审中都获得"中国教育学会一等奖"；《创新教研工作机制促进教育均衡发展》在2008年全国第五届教育创新与实践论坛中获一等奖
屈　强	男	1964.10	榆林市横山县	教育	宝塔区第四中学校长。1996年荣获陕西省政府"先进教育工作者"；2010年荣获"全国教育改革优秀教师""国家级教育科研课题一等奖""全省、全市中学优秀校长""关心共青团工作十佳校长"
王树森	男	1967	宝塔城区	体育	1988年在北京举行的全国公路自行车分段赛，获得个人冠军，被授予"国家运动健将"称号，选入国家运动队
高士选	男	1942.1	宝塔城区	体育	陕西省航空运动学校教师。延安跳伞第一人，在陕西省航空俱乐部工作，培养30多名优秀滑翔运动员，担任航空机械师后，为空军培训十几批、数百名飞行学员，参与培训20多期业余滑翔学员，其中20多位学员在全国比赛中取得优秀成绩

续表

姓名	性别	出生年月	籍贯	届别	主要任职及成果
徐光华	男	1961.2	宝塔城区	医药	延安大学附属医院感染病科及其教研室主任，延安大学肝病防治研究所副所长。先后主持、参与省教育厅、市政府及校级资助科研课题9项，获市政府科技奖9项，撰写医学论文79篇（核心期刊42篇），其中1篇获省政府优秀论文奖，2篇被SCI收录。参编全国高等医学院校规划教材1部；指导毕业及在读硕士生10名
毕四锐	男	1964.9	宝塔城区	医药	延安大学附属医院干部病房主任兼党支部书记。发表科研论文30余篇，其中国家级核心杂志15篇。带领科室先后荣获医院先进集体奖、先进集体特别奖、综合治理先进集体奖、医疗安全先进集体奖、经济效益显著先进集体奖等奖项
石　何	男	1947.12	临镇镇 庙塬村	医药	延安市中医医院院长、总支书记。曾获延安市科技成果奖三等奖二次、四等奖一次；1981年12月被陕西省卫生厅授予全省卫生系统文明建设先进工作者称号；2004年2月曾被延安市委、市政府评为延安市优秀专业技术人员。延安市第一届人代会代表
陈玉琪	男	1938.4	李渠镇 高峁湾村	医药	延安大学附属医院免疫风湿病科主任。在中医中药的辨证施治中验证有效的二十余种中药方剂应用至今。先后多次受到先进工作者和优秀党员的表彰
席　政	男	1956	宝塔城区	科研	西安卫星测控中心总工程师、副司令、司令员。先后参加10多次国家大型科研实验任务，承担技术方案拟制、同步卫星飞行控制、近地卫星回收、外文翻译等工作。2006年先后获得全军第四届军队专业技术重大贡献奖，国家和军队科技成果奖十余项，多次荣立三等功、二等功
曹春景	男	1944.12	安徽省 颍上县	经济	延安龙飞建筑有限公司董事长兼总经理。陕西省安徽商会副会长，中国乡镇企业协会、陕西省乡镇企业协会常务理事等。1998年5月被陕西省人民政府授予陕西省乡镇企业家称号；2004年12月被农业部评为第五届全国乡镇企业家；2009年7月被中华慈善总会授予中华慈善突出贡献人物奖
王西林	男	1957.8	宝塔城区	经济	延安王家坪实业发展集团有限公司总经理。陕西省工商联副主席、陕西省劳动模范协会副会长、陕西省慈善协会荣誉会长。先后荣获全国劳动模范、中华慈善奖、时代领跑者——中华人民共和国成立六十年来最具影响的劳动模范提名奖、全国十大公益之星提名奖、陕西十大新闻人物、陕西十大扶贫之星等60多项荣誉
姜志东	男	1958.11	榆林市 米脂县	经济	延安资协有限责任公司总经理。2007年被评为“陕西省劳动模范”；2009年1月被陕西省总工会授予“创业明星”称号；2010年被评为全国劳动模范

续表

姓名	性别	出生年月	籍贯	届别	主要任职及成果
赵文忠	男	1958. 12	冯庄乡黑麻沟村	经济	北京陕北文化发展有限公司董事长，北京圣安恒运投资有限公司董事长，陕西圣安房地产开发有限公司董事长。2001～2006 年，先后获得陕西省“民营企业参与社会主义新农村建设先进个人”、全国“三北防护林建设突出贡献者”等荣誉称号；2007 年获陕西省劳动模范称号
张　平	男	1963. 4	李渠镇张兴庄村	经济	延安治平建工集团董事长兼总经理。陕西省个企协会理事，延安市工商联副主席，延安市商会副会长，延安市建筑业商会会长。先后荣获“全国建筑安全生产先进个人”、第三届全国非公有制经济人士优秀中国特色社会主义事业建设者、“中华慈善事业突出贡献奖”、“陕西省劳动模范”、“陕西省为公益事业作出突出贡献的民营企业家”、陕西省第一批道德模范。2010 年获全国劳动模范称号
沙张明	男	1963. 9	元龙寺乡大山圪塔村	经济	延安百货大楼（集团）有限公司董事长兼总经理。1996 年，被陕西省商务厅授予“质量标兵”称号；2004 年被国家技术质量监督局评为全国质量管理先进工作者，被人事部、内贸部评为全国内贸系统劳动模范，2005 年获全国劳动模范称号
刘海平	男	1964. 2	蟠龙镇	战斗英雄	陕西省军区预备役一四一师四二三团政委。参加对越自卫反击作战，带领全排坚守猫耳洞 3 个月，获三等功；先后多次获二等功、三等功，被军区表彰为“十佳政治指导员”，在军区巡回作先进事迹报告
牛延平	男	1965. 4	临镇镇石村	战斗英雄	在对越自卫反击战斗中，历战 3 天 4 夜，他炸毁最大最牢固的越军暗堡，消灭越兵 10 余人，缴获枪支 10 余支，子弹近千发，救护战友 3 人，荣获一等战功
庄生德	男	1920. 5	安塞县曹家湾村	老革命	1934 年参加陕北红军靖边警卫队，延安市八一敬老院离职休养
毛光荣	男	1921. 11	延川县延水关镇	老革命	1935 年 2 月参加刘志丹部队，延安市八一敬老院离职休养
常正明	男	1924. 11	宝塔区张坪乡	老革命	1947 年 3 月参加革命，在西北野战军第一军二十四团三营十八连作侦察员。延安市八一敬老院离职休养
折聚英	女	1919	李渠镇刘家沟村	老革命	1935 年参加革命，获“陕甘宁边区女自卫军模范”称号，被选为“学习模范”“学习战线上的英雄”，被誉为“百万妇女的代表”

第四节　副高级以上专业技术人员名录

一、高级讲师

白海保　靳　鸿　张鹏飞　李月芳　苏　铁　任振国　郭随万　曹文莉　曹佳慧
范　民

二、高级教师

艾　梅　白春玲　冯向红　冯晓莹　郭　萍　杭凤鸣　贺庆宝　刘　华　牛兆荣
苏延继　孙立明　杨桂梅　杨　琴　王建芳　文士清　张有莲　朱育红　樊海峰
党宝玲　解宇军　陈福红　白春燕　康健芳　屈侠侠　杨院萍　高凤琴　郝润琴
韩秀军　刘晓平　王清和　袁红梅　常浩忠　崔月梅　靳中华　刘爱兰　刘菊飞
王师凤　周　婕　王　芳　牛延宏　杨丽莉　艾亚菊　高德胜　贺延平　呼翠琴
李生青　余润梅　柴延胜　李雪梅　王海龙　魏丽萍　范昕涛　李成军　祁　军
高　义　贺中栋　艾亚梅　高小雯　李延梅　田启新　张金玉　杨泰渊　孙耀飞
慕旭东　张延平　高彩霞　侯绥利　张彩艳　靳军华　杨建军　李红卫　马延春
马改香　刘　宁　孙　凯　白交年　李开宇　贺光清　常延生　李新东　赵　亮
毕光庆　王秀珍　王茹梅　贾月英　高月兰　马绥玲　贺　电　薛　旗　李士信
施鹏旺　王英才　刘师高　曹茹英　李　霞　薛爱珍　刘增圣　师聚才　刘子钧
姚新富　李　媛　康　利　周冬梅　孟晓红　蒋国庆　刘向荣　马延丽　王秀英
高生宏　马爱芬　白生有　黄海霞　曹瑞秀　陈　华　马彩宏　张秋梅　杨志琴
胡永富　延喜年　李成贵　李　瑾　马文芳　高　利　毕永锋　孙志强　黄彩梅
杨永霞　贺富强　杜延宏　雷社林　苗跟春　米文丽　张　艳　吴改燕　吕　霞
郭晓丽　封建宏　盛西平　吕延宁　孙　洁　曹如英　薛忠年　师志忠　吴锦凌
赵素梅　白晓良　史思温　王生才　刘曼锐　李西洋　姬凤霞　李瑞征　张大琴
安玉梅　薛素莲　周建功　刘　锐　陈雪峰　郑延玲　刘金莲　高延明　苏振华
韩占付　薛应刚　段继延　刘　红　赵彩娥　孙长发　白建忠　李海霞　郝海梅
罗柏胜　蔡东平　张月琴　贾东年　李红英　薛锦莲　常　欣　郝英娥　姜保明
张海宾　张森隆　张　辉　鲁　媛　刘四龙　王佐学　吕正民　闫　华　冯学富
张志军　马　瑞　付延红　王凤云　杨　敏　田进平　路　燕　贺中栋　赵红艳
董　燕　孟　文　徐光强　李媛媛　杨晓驰　施　策　杨春梅　惠小燕　李来成
马复全　高延莉　王　茜　高志雄　樊怡频　曹怀青　白成祥　高　虎　马　跃
何建琴　艾　萍　申忠明　陈延芳　薛晓莲　刘　霞　徐　源　高文玲　李建国
马成东　冯延平　李延成　杨思芳　马　莉　李维萍　韩加荣　郑江莲　侯成贵
牛延玲　张雪梅　贺建萍　吴光辉　刘富平　吴成英　王淑萍　杨　敏　马冬梅
周芝琴　王对玲　刘佩林　师美义　薛明泽　霍建芳　常增慧　李静莲　高玉香
刘圣薇　任　琦　王粉莲　王亚莉　刘月娥　董秀珍　石鹏程　冯延琴　杨冬云
高春玲　郑志英　王小莉　李延林　罗保仕　张永和　薛金斐　贾延红　窦雪芳
张晓莉　张红卫　罗　华　常　建　薛　波　马延军　张忠林　韩芙娟　史振权

毕延红　钱东明　王艳玲　张美丽　刘永安　刘海莲　刘　岩　苏启胜　杨　龙
王青莲　李　霞　杨春森　党海银　张改莲　王建峰　白　泽　樊延妮　孙宝文
王永骞　惠春燕　高　峰　苏新梅　魏　玲　郑吉林　卫彩琴　谢冬梅　高小琴
胡月箭　康士强　梁建军　马俊杰　郝燕妮　马　靖　郝海燕　李　慧　任春燕
赵建光　班凤英　韩俊贵　艾克尚　牛爱芳　石有明　吴启珍　李景春　刘平智
孙治平　徐正中　魏长雄　高东炬　刘国庆　崔玉娥　苗宝金　贺玉峰　康儒桂
赵世杰　常浩发　高院梅　颜　军　钟稳清　张　玲　郭德莉　李战省　刘志杰
陈联合　李　洁　孙蟠社　高增福　苏启平　李生青　白　伟　白永莉　张宏保
王海明　屈升斌　任永厚　任学惠　张明雄　张明亮　杜　立　王明生　程怀英
任　际　孙志斌　高　强　冯雪丽　田竹乾　曹　燕　杨银玲　张永恩　王　霞
宋强国　马维社　王宏耀　冀世道　屈升斌　陈　浩　吴海鹏　艾　军　薛新胜
田布军　钟顺平　李学智　李加林　李县亭　李　进　张修祥　王爱芳　李秀茹
冯　翔　杨桂芳　高秀珍　冯　荣　马登广　周思兰　李雪萍　陈甫金　张雪茹
段东萍　窦树兰　李云英　王凤娥　慕建银　姜小萍　马俊有　陈　霞　梁树义
曹亚利　王彩芳　崔升录　武胜利　高占线　薛照峰　白百琴　张欣玲

三、高级工程师

高崇生　徐晓娟　白红霞　高延珍　李廷瑞　吕延琴　王　玉　李　进　李广东
李瑞娥

四、其他副高级以上专业人员

高级农艺师：雷怀飞　李旭光　刘智源　何建举
高级兽医师：乔　琳
高级会计师：闫瑞瑞　刘百胜　何延东　王　鹤
主任医师：李振坤　强兴富　冯光明　王永和　杨君兴　王宏利　李笑梅
申生俊　高　波　张凤桐　贾治成　秦　君　贾雄燕　叶向前
郭建华　寇延芳　刘雪峰　刘延萍　赵引菊　刘翠玲　赵学军
主任宣技师：闫　洁　郭富强　张静英
副主任检验师：常　筠　张　蓉　党翠英　张　杰　郭汉斌　杨　玲　李岗明

附 录

重要文献辑录

陕西省人民政府
关于撤销延安地区设立地级延安市的通知

各地区行政公署，各市、县人民政府，省人民政府各工作部门，各直属机构：

为了适应陕西省经济、社会发展的需要，国务院批准撤销延安地区，设立地级延安市。现就有关事项通知如下：

一、撤销延安地区和县级延安市，设立地级延安市，市人民政府驻新设立的宝塔区。

二、延安市设立宝塔区，以原县级延安市的行政区域和人民政府驻地作为宝塔区的行政区域和人民政府驻地。

三、延安市辖安塞县、志丹县、吴旗县、子长县、延川县、延长县、宜川县、黄龙县、洛川县、黄陵县、富县、甘泉县和新设立的宝塔区。

四、延安市的各类机构，均应本着改革精神和精简原则设置。

一九九六年十一月十五日

陕西省人大常委会延安地区工作委员会关于撤销县级延安市设立宝塔区有关问题的通知

延安市人大常委会：

陕西省人民政府1996年11月15日陕政字〔1996〕87号文件通知，经国务院批准，撤销延安地区，设立地级延安市，撤销县级延安市，设立宝塔区。据此，我委就宝塔区人代会届次计算和地方国家机关人事任免问题请示了陕西省人大常委会。省人大常委会办公厅于1996年11月28日陕人办发〔1996〕124号文件批复："地级延安市新设立的宝塔区可按原延安市人民代表大会届次连续计算，不另进行选举，原地方国家机关工作人员的职务不再重新任免"。

特此通知，请遵照执行。

陕西省人大常委会延安地区工作委员会

一九九六年十二月十三日

中国共产党延安市委员会关于撤市设区有关问题的决定

市人大党组：

根据中共延安地委办公室《关于撤销原县级延安市设立县级宝塔区有关问题的批复》（延地办字〔1996〕53号）文件精神，经市委常委会议研究，现就有关问题决定如下：

一、延安市（即宝塔区）第十三届第五次人民代表大会的召开时间为：1996年12月22日报到，23～24日开会，会期两天。会议通过撤市设区更名换牌的决议；选举出席地级延安市第一届人民代表大会代表。

二、延安市第十三届人民代表更名为延安市宝塔区第十三届人民代表。

三、延安市人民代表大会常务委员会、延安市人民政府、延安市人民检察院、延安市人民法院分别更名为延安市宝塔区人民代表大会常务委员会、延安市宝塔区人民政府、延安市宝塔区人民检察院、延安市宝塔区人民法院。

四、延安市（即宝塔区）人民代表大会届次顺延，连续计算。

五、延安市第十三届人民代表大会及其常务委员会依法选举、任命的干部改任为延安市宝塔区第十三届人民代表大会及其常委会依法选举、任命的干部，不再重新发文任命，均在决议中体现。

中共延安市委

一九九六年十二月十六日

中国共产党延安市委员会
关于撤市设区有关文件的决定

根据中共延安地委办公室《关于撤销原县级延安市设立县级宝塔区有关问题的批复》（延地办字〔1996〕53 号）文件精神，经中共延安市第十五届五次全委会讨论，一致通过如下决定：

一、撤销县级延安市，设立县级宝塔区。

二、中共延安市委员会更名为中共延安市宝塔区委员会。中共延安市纪律检查委员会更名为中共延安市宝塔区纪律检查委员会。区党的代表大会届次顺延，连续计算。

三、市委任命的各党委、总支、支部、市委各工作部门、直属事业单位、人民团体的正副科级干部，均改任为宝塔区委所属的党委、总支、支部、市委各工作部门、直属事业单位、人民团体的正副科级干部，不再重新发文任命。凡市委建议的人大、政府、政协任命的正副科级干部分别由人大、政府、政协履行改任手续。

四、定于 1996 年 12 月 26 日召开延安市宝塔区成立大会。即日起，区委、区人大、区政府、区政协、区纪检委、区人武部、区法院、区检察院均正式挂牌并对外办公。

中共延安市委

一九九六年十二月二十一日

中共延安市委　延安市人民政府
关于“四荒”地实行拍卖和承包治理实施办法

为了加快土地资源的开发利用，落实市委、市政府“五年治理荒山，十年绿化全市”的战略任务，加快实施“退耕七十七（77 万亩山地），抓好三个百（100 万亩粮、100 万亩林、100 万亩草），建成一个五（50 万亩林果），改造一六三（163 万亩次生林）”的生态农业工程，按期实现“富市、富乡、富民”的奋斗目标，根据有关法律法规的规定，结合延安市实际，制定本实施办法。

一、目的意义

土地面积广阔是延安市的一大资源优势，而待开发的“四荒”地（荒山、荒坡、荒沟、荒滩），占到全市国土面积的 31%。承包、拍卖“四荒”地，是动员全社会力量，开发利用这一资源优势，改善生态环境，加速脱贫致富的战略措施；是适应社会主义市场经济体制，建立高效开放的开发机制，把“四荒”地开发推向市场的客观要求；是实现权、责、利结合，吸引人才、资金、技术，开发治理千沟万壑的必由之路。

二、基本原则

拍卖或承包“四荒”地必须坚持以下原则：

1. 坚持在城乡建设总体规划和生态农业工程建设规划指导下进行，购买或承包者必须服从统一规划要求，从事开发治理，不得随意改变土地用途。

2. 坚持两权分离，在土地所有权不变的前提下，拍卖或承包土地使用权。购买或承包者无权改变土地的所有权性质。

3. 坚持因地制宜、分类指导、按能承包、突出效益的原则，不搞平均分配。

4. 坚持权、责、利结合的原则，谁承包（购买）、谁治理、谁经营、谁受益。

5. 坚持长期稳定的原则，拍卖或承包期限一般为50～100年，各地可根据自己实际合理确定期限，但最低不得少于10年。

三、拍卖与承包

1. 在不影响国家建设、集体公益事业的前提下，凡属本市内的“四荒”地，均实行拍卖和承包；“四荒”地内零星树木及牧草随同“四荒”地一次性拍卖或承包，但“四荒”地内的地下资源、埋藏物和公共设施不属于拍卖或承包范围。国有林区内的“四荒”地，可以实行委托经营、承包治理或合股开发经营。

2. 对原实行户包流域治理的“四荒”地，根据实际，区别对待。对治理效果好的，延长期限，完善承包合同，也可改承包为购买并签订契约；对治理不力且愿意继续承包的，实行限期治理并完善承包合同，或改承包为购买并签订契约；对无力治理，包而不治或不愿继续承包的，由村组收回另行拍卖或发包。

3. 凡列入规划内拍卖或承包的退耕地，优先由原承包人购买或承包治理；如不愿意或无能力治理的，由村组收回另行拍卖或发包。

4. 村经济组织为拍卖或发包本行政区域内“四荒”地的法定机构（没有成立村经济组织的，可由村民委员会和村民小组代行其职能），村经济组织主任（村民委员会主任或村民小组组长）为法人代表；国营林场为国有林区“四荒”地的法定机构，场长为法人代表。

5. 拍卖或承包坚持公开、平等、竞争、效益的原则。由村组集体确定拍卖和发包的地块、面积、价格、时限和经营项目等标底，召开村民大会并张榜公布，也可进行广告宣传，做到家喻户晓，人人皆知。购买或承包者，根据公布的内容，选准项目，提出申请。

6. 面向社会，多形式、多渠道公开拍卖或发包“四荒”地。在同等条件下优先本村（组）、乡镇单位和个人购买、承包；鼓励和提倡有生产经营能力或投资能力，能独立承担法律责任的个人或联户集中连片购买；鼓励和提倡机关单位投资、村组投地、农民投劳、按股分红联合开发；欢迎并吸引外地村民、居民、国家干部职工和市内外的党政企事业单位独资、合资开发“四荒”地。社会与当地无购买和承包者时，可采取行政手段，组织和动员本村村民集体治理，先上工程措施，然后拍卖或发包。

7. 拍卖或承包均要采取书面形式签订契约或合同，由双方法定代表人签字或盖章，并加盖村组集体经济组织公章，由乡镇政府或公证机关办理鉴证、公证手续后方可生效。契约或合同一式四份，甲乙双方、乡镇政府、市土地管理部门各执一份。

8. 契约或合同签订后，由市土地局代表市人民政府颁发《延安市人民政府“四荒”地使用证书》。土地使用者营造的林木生长三年并达到成林标准的，由林业局代表市人民政府颁发《延安市人民政府林权证书》。对原户包流域治理已经成林的，应结合这次拍卖、发包工作，发给林权证书。

9. 契约或合同依法签订，具有法律约束力，任何一方不得擅自变更或解除。如需变更，经双方协商签订书面协议，及时报送乡镇政府、市土地管理部门、市林业管理部门以及公证机关审查备案。

10. 实行拍卖的，可一次性收回购买金。一次性收回有困难的，可制定交款计划，纳入契约，分期付清；实行承包的，承包金要按照开发过程，分段合理确定。无收益阶段可以免收。进入收益期后，可以按照初产、盛产和衰老期的不同阶段，分别确定包金数额。

11. 土地使用者取得使用权后，若需转让、出租、抵押、馈赠和继承时，须向拍卖、发包方和鉴证、发证机关提出书面申请，经调查核实，确有特殊原因不能继续开发经营者，方可批准。转让时要签订转让合同，办理过户登记手续，原购买或承包文约中所记载的权利、义务随之转移，其使用年限为原购买或承包文约规定年限减去实际使用年限后的剩余年限；出租时要签订租赁合同，出租人继续履行购买或承包文约的规定；抵押时要签订抵押合同，抵押人到期未能偿还债务，抵押权人可按原文约取得土地使用权，并要办理过户登记手续；馈赠或继承的需有赠言或遗嘱，并要办理过户登记手续。

12. 土地使用期满后，由拍卖及发包方无偿或有偿收回土地及地上附着物，注销契约或合同，土地使用者交回土地使用证、林权证，办理注销手续。

四、治理和经营

1. “四荒”地的开发治理，要坚持统一规划、合理开发。对集体“四荒”地和国营林场内的“四荒”地要逐块丈量，造册登记，制定规划。城镇和郊区内的“四荒”地，要严格执行总体规划，实行山、水、田、林、路、草综合治理，农、林、牧、副、渔多种经营。

2. 村组在制定开发规划中，要合理确定农、林、牧用地比例，妥善处理林牧矛盾，按期分段实行封山育林，确保林草的生长。封山育林区域内严禁放牧。

3. 制定规划要在保证人均 400 千克口粮田的前提下，按照国务院《水土保持工作条例》的规定退耕。人均基本农田达到两亩以上者，山地全部退耕；人均达到 1 亩以上不足两亩的，可耕种 3 亩山地；人均不足 1 亩的可耕种 5 亩山地；当年的退耕地，原承包人可优先承包、购买治理。

4. “四荒”地使用者必须按要求上工程措施。营造经济林、用材林、改造低产园、低产林都要坚持先上工程措施的原则，坚持高标准、高质量。凡购买和承包“四荒”地 50 亩以内造林的，从签订契约合同之日起一年内完成工程措施，上齐苗木；50 亩以上的两年内完成工程措施，上齐苗木；1995 年底完成各项治理任务。凡购买或承包的项目属打坝、整地、修池塘的，从签订契约、合同之日起 3 年内治理完毕；属改造低产园、低产林的两年内达到治理标准。

5. 土地使用者营造的成材林，采伐出售时需到乡镇林业站办理有关手续，出境时需到市林业部门办理有关手续。林业部门要简化程序，提供方便，优质服务。

五、权利和义务

1. 拍卖、发包和购买、承包双方必须遵守国家法律、法规和政策，信守合同（契约），按照要求加快治理步伐，兼顾经济、社会、生态效益，正确处理国家、集体、个人三者的利益关系。

2. 拍卖、发包方有以下权利和义务：

"四荒"地行使所有权；依照合同（契约）规定，对土地使用者的生产经营活动拥有监督检查权；对国家需要开发利用的土地（如林场、道路等）有权收回，但应根据治理情况，给予承包或购买方一定的经济补偿。土地使用者不能按照合同（契约）规定开发经营，进行破坏性、掠夺性经营或者放弃经营以及其他违约行为，应立即制止，并追究责任，收取违约金或赔偿金；按期收取并合理使用拍卖金和承包费，要建立专账，严格管理，不得随意挪用和挥霍，做到取之于"四荒"地，用之于"四荒"地；依照合同规定，为购买或承包者的生产经营活动提供服务。

3. 购买、承包方有以下权利和义务：

依照合同（契约）规定拥有自主经营、自我发展和更新改造的权利；拥有生产、管理、收益、分配和产品处置权利；拥有转让、出租、抵押、馈赠他人和子孙继承的权利；如期保质保量完成契约合同规定的开发治理、经营建设任务，承担因自身造成的破坏性、掠夺性、放弃性的违约责任；依照合同、契约和法律规定，按时缴纳承包费、税金；自觉接受发包、拍卖方的监督检查。如发生契约、合同纠纷时，应协商解决。协商不妥的，可请当地政府或行政主管机关调查核实，进行调解。调解无效，可向当地法庭、市人民法院起诉。

六、管理

1. 延安市农委负责本市范围内"四荒"地的开发治理，监督管理工作。主要职责是：编制全市"四荒"地开发、治理、经营的总体规划，组织各乡镇具体实施；协调解决拍卖、承包治理"四荒"地中的有关问题；检查各乡镇的工作进展情况，向市委、市政府提出奖励和处罚意见。

2. "四荒"地承包、拍卖的法定手续，由市土地管理局具体负责。主要职责是：加强土地资源的开发、利用和保护工作；颁发《延安市人民政府"四荒"地使用证书》；行使土地管理监督检查权力；建立延安市土地交易市场，加速土地流转；办理"四荒"地的转让、抵押、馈赠和继承的过户登记手续；查处土地纠纷和违法行为。

3. "四荒"地开发中的林政管理工作，由市林业局负责。主要职责是：加强造林、育苗、管护工作；颁发《延安市人民政府林权证书》；行使林业监督检查权力；指导国有林场做好国有林地内"四荒"地的发包工作；查处林木纠纷、乱砍滥伐和违法行为；负责森林病虫害的防治和安全防火工作。

4. 乡镇人民政府负责本乡镇集体"四荒"地的开发治理、日常监督管理工作。主要职责是：制定和实施规划，加强督查评估；印制契约、合同书，搞好鉴证工作，责成农经站管好契约、合同；确定两名专职人员，负责审查、办理"四荒"地内新植成材林的采伐工作，负责查处乱砍滥伐、土地、林木等纠纷，负责技术指导、信息提供、产销服务等事项。

七、优惠政策

1. 鼓励社会各方承包、购买“四荒”地，参与开发治理和经营。市内外的党政机关、企事业单位、个人兴办各种企业，建立以劳养武、勤工俭学等基地，开发农林牧商品基地，安排从优，手续从简。当地政府要优先解决租购住房、子女上学，提供水、电、路等公用设施方便。凡本市干部、职工购买、承包“四荒”地，离岗从事开发治理百亩以上或创办企业的，均按领办乡镇企业对待，可不转行政、工资、粮户关系，三年内工资、福利等待遇不变，三年后根据本人意愿，任选一方待遇。

2. 鼓励党政机关、事业单位、国有企业、专业公司与乡村合作经济组织和农民合股开发“四荒”地，可享受乡镇企业的优惠政策待遇。

3. 鼓励城镇居民和待业青年到农村购买、承包“四荒”地，可以独立开发经营，也可与乡村合作经济组织和农民实行资金、技术、劳力、土地合股经营。城镇待业青年参与土地资源开发，由市劳动人事局登记备案，做出显著成绩的，优先安排就业，工龄连续计算。

4. 鼓励科技人员或有一技之长的干部职工利用业余时间进行技术推广，实行有偿服务。与村民合股兴办的，可参与分红；承担技术服务的，收入归己；对开发治理做出贡献的予以重奖。

5. 允许买方或承包方按照土地法的有关规定办理手续后，在“四荒”地内修建厂（场）房，发展畜牧业和农副产品加工业；“四荒”地内新修的基本农田，不增加定购任务，不收取提留；投劳投资兴修水利水保设施，所有权归己，任何单位或个人不得无偿调整和平调。

6. 经营林木和种植粮食的，从开始获得经济效益的年份算起，免征 3 年林特产税和农业税；兴办工厂（场）的，与新办的乡镇企业同等待遇，享有同等减免税费待遇。

八、奖励与处罚

1. 奖罚“四荒”地使用者的工作，以科学开发、综合治理、提高土地利用率和经济效益的达标程度为主；按照规划科学化、苗木良种化、生产正规化、质量优良化的实施情况逐项落实；严格项目落实率、面积完成率、任务合格率、效益达标率。具体检查验收标准，以市上有关业务部门的统一规定为准。

2. 从事“四荒”地开发治理、经营建设者，成绩突出，可获得以下奖励：

如期达到治理标准并获得经济效益的，可返还治理期内承包费或购买金的 20%；经营农、林、牧、副、渔业者，如期达标，效益显著，连片治理面积在百亩以上者，给予重奖；缴纳税金达 1 万元以上者，由市政府奖励当年税金总额的 20%，上缴税金达 20 万元以上者，同时授予市级“劳动模范”或“绿色企业家”称号，颁发荣誉证书。

3. 在“四荒”地开发治理、经营建设中，有下列行为之一的，分别受到以下处罚：

从签订契约、合同之日起，一年内包而不治者，终止其合同或作废契约，并罚收购买或承包费总额的 50%；治而不力者，终止其合同或作废契约，并罚收购买或承包费总额的 30%；不按契约、合同规定的项目经营，擅自乱上项目的，责令其在一年内纠正。否则终止合同或作废契约；任何一方非法破坏、侵害、干扰另一方权益和工作，擅自变更、解除合同和契约，均按违约行为论处，向对方支付购买、承包金总额50%的违约金，并承担全部损失费；违反《中华人民共和国治安管理处罚条例》的，由公安机关依法处理；构成犯罪的，由司法机关依法追究刑事责任；对自己不愿治理，又拒绝对外拍卖、发包的，根据情节给予经济处罚直至追究刑事责任；对负责组织拍卖、发包的行政、业务工作人员，滥用职权、玩忽职守、徇私舞弊给此项工作造成重大经济损失的，按干部管理权限，给予党纪、政纪处分及经济处罚，构成犯罪的，依法追究刑事责任。

4. 各乡镇、市级有关部门要根据本实施办法，分级负责，抓紧落实。市委、市政府将定期进行检查评比。对工作成效突出的给予重奖，对工作不力，贻误时机的给予重罚。

本办法自发布之日起施行。

一九九三年六月六日

中共延安市宝塔区委　延安市宝塔区人民政府
关于退田还林封山绿化的政策规定（试行）

为了认真贯彻落实江泽民总书记重要批示和朱镕基总理重要讲话精神，充分调动广大干部群众治理开发的积极性，加快宝塔区退田还林（草）、封山绿化步伐，实现再造秀美山川的宏伟目标，特制定本规定。

1. 退田还林（草）、封山绿化工作，全区今秋全面启动，到2003年，用5年时间全部实施到位。2000年前，柳林、万花山、枣园、河庄坪、桥沟、川口、姚店等7乡镇区域内所有坡耕地，李渠、甘谷驿、青化砭、蟠龙4乡镇和210国道沿线的迎川面坡耕地，全部还林还草。2001年前，官庄、临镇、麻洞川、松树林、碾庄、南泥湾6乡镇区域内的坡耕地全部退耕还林还草。2000年前，李渠、青化砭、蟠龙、梁村4乡镇区域内的坡耕地全部退耕还林还草。2003年前，张坪、下坪、贯屯、丁庄、冯庄、元龙寺、甘谷驿7乡镇区域内的坡耕地，全部退耕还林还草。

2. 农田治理、还林还草要与发展经济林园同步进行，保证人均实现2亩基本农田或1亩水坝地、2亩经济林园，3年内必须实施到位。

3. 植树造林种草，坚持“谁承包、谁治理、谁受益”的原则，50～70年不变。

4. 鼓励区内外机关、企业、事业单位及干部职工、城镇居民、下岗职工和社会自然人承包荒山荒坡，按照区乡统一规划造林种草，承包合同要履行公证，享受国家给予的有关优惠政策。

5. 公路旁的绿化，由公路管理部门按照有关规定，结合当地实际进行规划，可交由所在地村组栽植和管护，收益分成。

6. 承包造林、绿化荒山的单位和个人，按期达不到治理标准的，由发包方责成限期补救；包而不治的，收回另行发包，并要依据《水土保持法》《土地法》《森林法》《草原法》之规定予以处罚。

7. 承包者在规定的时限内，植树种草经验收达标的，由区林业局颁发林权使用证，畜牧局颁发草场使用证，在承包期内允许继承、转让、拍卖、馈赠。

8. 村民个人房前屋后和路旁地畔按规则栽植的零星树木，成材后允许自伐自用；需出售的，林业部门应给办理采伐证和出境证。

9. 农户和社会各界承包绿化的成片用材林，成材后由承包者写出申请，乡镇签注意见，经区林业部门审批后，给予办理采伐证和出境证，并由林业部门现场指导，按审批方案实施采伐。

10. 已经落实土地延包政策的村、组，在按照乡、村造林种草统一规划实行退田还林还草后，土地的使用权、经营权不变。

11. 尚未发包的集体“四荒”地，承包方案要经村民大会讨论通过。

12. 退田还林还草后，农业税的征收，由区政府组织有关部门，重新核实计税土地面积，按照上级有关政策规定征收。

13. 对在新开发的荒山、荒地、滩涂、水面上生产农业特产品的，自有收入的年份起三年内免征农业特产税。

14. 以粮代赈的范围指全区实施退田还林还草的乡镇、村组所属的村民。

15. 以粮代赈的供应标准和供应时限按国家规定执行。

16. 以粮代赈粮食供应享受国家的有关优惠政策。

17. 全区党政机关、企事业单位的干部职工及居民，都必须积极参加城乡绿化，开展义务采种、造林种草活动。各部门、各单位要把机构改革中的富余人员分流同城乡绿化工程结合起来，大力兴办绿色企业。城镇党政机关、企事业单位、厂矿、学校要合理规划，加快环境绿化美化步伐。

18. 在全区内实行封山绿化，禁止放牧，禁止乱砍滥伐，推行舍饲养畜。从今年起，列入乡镇目标考核，实行一票否决。

19. 实施退田还林（草）、封山绿化，要实行治理、管护相结合，严禁乱砍滥伐，严禁毁林毁草，严禁无证狩猎，严禁随意开采地下资源，走可持续发展的路子。违者按有关法规予以处罚。

20. 由区建设秀美山川领导小组负责，按年度对各乡镇退田还林还草、封山绿化工作进行专项考评。第一名，按乡镇在编人员每人奖励1000元；第二名，按乡镇在编人员每人奖励800元；第三名，按乡镇在编人员每人奖励600元。奖金由区财政拨付。

21. 各业务部门和各乡镇，要根据本规定制定相应的实施办法。

22. 本规定由区委农工部负责解释。

1999年10月13日

中共延安市宝塔区委 延安市宝塔区人民政府
关于全区中小学“四制”改革的实施意见

各乡镇、办事处党委、政府，区委和区属国家机关各部门，各人民团体：

为了深化学校内部管理体制和人事制度改革，扩大办学自主权，强化学校管理，全面提高教育教学质量和办学效益，建立和完善适应市场经济要求的学校管理模式和运行机制，区上决定在全区普通中小学、职业学校、幼儿园，全面推行校长聘任制、教职工全员聘用制、岗位目标责任制和校内结构工资制。

一、校长聘任制

根据中共中央组织部、原国家教委《关于加强全国中小学校长队伍建设的意见》（教人〔1992〕76号）以及中共陕西省委组织部、陕西省教委制定的《陕西省中小学校长管理暂行办法》（陕教人发〔1998〕36号）和原地委、行署《关于贯彻〈中国教育改革和发展纲要〉的实施意见》（延地发〔1994〕48号）及《延安市中小学推行“四制”改革实施意见》等文件精神，在全区中小学实行校长聘任制。

（一）招聘对象

1. 城区市直教育系统干部。

2. 全区教育系统及党政机关、事业单位从事过教育工作的干部。

（二）应聘条件

1. 忠诚党的教育事业，坚持党的基本路线，拥护十一届三中全会以来的路线、方针和政策，有较高的马列主义理论水平，善于把党的教育方针贯彻到办学工作中去。

2. 具有改革开拓精神，讲求实际，作风正派，善于团结同志，能够和教职工一起不断改进学校内部管理，创造性地开展工作。

3. 具有丰富的教学工作经验，通晓学校行政和教学管理，能胜任一门或几门学科的教学，对教师业务能力和教学工作能做出较为客观的评价，有较强的组织协调和决策能力。

4. 身心健康，年龄在50周岁以下，具有《教师法》第十一条所规定的相应学历，从事教育教学工作八年以上，并担任学校中层以上领导职务三年以上，有一定的管理经验和工作实绩。

（三）聘任程序

根据宝塔区实际，聘任分两步走，一是对现任的中小学校长经有关部门综合考核，胜任的直接聘任。二是对考核不合格、不能胜任校长工作的，实行公开选聘，具体程序：

1. 报名。凡符合应聘条件的招聘对象，持身份证、学历证书、单位介绍信等有关证件到招聘办公室报名。

2. 资格初审。招聘领导小组对应聘人员进行资格初审，确定应聘校长面试人选。

3. 面试。面试人员在招聘学校进行治校方案演讲、答辩或回答问题，由评委会及招聘学校教职工共同评议、打分。

4. 考察。由招聘领导小组对面试初选人员进行德、能、勤、绩综合考察。

5. 聘任。招聘领导小组拿出聘任意见。区直属中小学、幼儿园，职业学校校（园）长征得区政府同意，区教育局聘任；乡镇中学、中心小学校长，由区教育局聘任，报区政府备案；学校规模在十个教学班以上的希望小学校长由乡镇教委聘任，报区教育局审查备案；乡镇其他小学的校长由乡镇教委聘任。

（四）校长的权力、职责

1. 校长的权力

（1）实行校长负责制。校长对学校工作全面负责和领导。根据精干、高效的原则按照有关规定建立机构，确定处室领导职数，实行校长领导下的副校长和各处室主任目标管理责任制。

（2）校长有组建学校行政领导班子的权力。直属中小学、幼儿园，职业学校副校（园）长由校（园）长提名，主管部门同意，校长聘任，报区政府备案；乡（镇）初级中学、中心小学副校长及直属中小学中层领导，由校长提名并聘任，报区教育局备案。校长配合区教育局对该校领导班子成员进行年度考核，对未能履行职责或工作有重大失误者有权予以解聘。

（3）校长对教职工有聘用权，在国家核定的编制数额内，根据本实施意见有关规定优化教职工队伍。

（4）校长对学校经费有筹措和支配权。校长有权在国家正常经费之外，根据有关政策多渠道多形式筹措资金，用于改善办学条件和提高教师福利待遇。并可根据陕工改办发〔1995〕006号文件精神，确定学校内部工资分配办法并予以实施。以体现按劳取酬、奖优罚劣的分配原则。

2. 校长的职责

（1）全面贯彻党的教育方针，认真执行上级政府及教育行政部门的指示，全面完成任期目标和教育教学任务。负责制定与实施学校发展规划和学年、学期工作计划。接受学校党组织和教代会的监督，定期进行汇报和述职。

（2）全面改革和加强学校德育工作。认真贯彻《中小学德育大纲》，加强对学生的世界观、人生观和共产主义道德品质的教育。引导教职工端正教育思想，坚持正确的教育原则和方法，充分发挥班主任、共青团、少先队组织的作用。

（3）质量立校，用主要精力抓好教学工作，保证教学计划和教学大纲的实施。深入教学第一线，代一门课，积极参加听课、评课和教研活动，检查教师教案、学生作业，定期召开学生家长会；认真贯彻《学校体育卫生工作条例》，全面提高学生素质。

（4）不断更新教育观念，加大普教渗透职教力度，加强劳动技术和职业技术教育，为延安经济建设和社会发展培养实用人才。

（5）认真贯彻执行党的知识分子政策，不断改进和加强教职工思想政治工作，努力做到知人善任，任人唯贤，充分发挥每个教职工业务专长。注意提高教职工的政治、文化和业务水平，关心教职工生活和身心健康。

（6）坚持勤工俭学的方针，努力提高现有“三产”的经济效益，不断改善办学条件。教育引导后勤人员树立为教学、师生服务的思想，管理好学校设施，办好师生食堂，美化校园环境。

（五）校长任期目标

校长任期为三年，各校校长任期目标根据各校实际状况，由“四制”改革领导小组办公室另行制定。实行校长负责制后，教育行政部门要与校长签订任期目标责任书。

（六）落聘校长管理办法

对落聘校长实行“老人老办法，新人新办法”，即对实行聘任制前组织任命的校长，落聘后继续保留原行政级别及相应工资待遇，可继续从事教育教学工作，也可由组织人事部门另行安排；对实行聘任制后聘任的校长，落聘后不再保留任期的职别和待遇。

二、教职工全员聘用制

（一）聘用原则

教职工聘用的总原则：因事设岗，定编定员；梯形结构，比例合理；既看学历，更重实效；择优选能，任人唯贤。

1. 公正、公开、平等、竞争的原则。聘用前公布岗位设置、人员编制、岗位职责，做到人人清楚。聘用工作公开进行，应聘者平等竞争。

2. 双向选择的原则。学校有选聘教职工的权利，教职工有应聘与否的自由。校长不得无故拒聘应聘教职工。

3. 聘用本校教职工为主的原则。除薄弱科目或缺人岗位外，原则上以聘用本校教职工为主。对外聘用时，必须根据《教师法》第十一条和《教师资格条例》的有关规定，不得降低学历标准，校外区内聘用时，由校长推荐，报教育主管部门审定；区外聘用时，由教育局报区政府审批。

（二）聘用方式

实行分级聘用：校长根据学校工作需要，聘任副校长。中层干部由校长提名并经校长办公会审定。年级组长由主管副校长提名，校长办公室审定。教师由年级组长（或教导主任）提名，主管副校长审核，提交校长办公会审定。员工由处室主任提名，主管副校长审核，校长办公会审定。

（三）聘用程序

1. 学年末，教职工写出个人工作述职报告，并填写应聘意向表。

2. 以年级组、处室为单位，应聘人员述职。开展民主评议，结果作为聘用的依据。

3. 校长办公会依据处室或年级组意见，作出聘用决定。

4. 校长签发聘书。

（四）聘用期限

教职工的聘用期限为一年。

（五）有下列情况之一者，不予聘用或终止聘用：

1. 违反国家政策法规，受开除留用处分者；

2. 工作严重失职，造成重大损失，或屡出一般事故而很少改进者；

3. 拒绝接受组织分配，屡犯校规校纪者；

4. 在一年内，事假累计四十天、病假累计六个月者；

5. 不能完成定额工作量者；

6. 无理取闹，严重干扰学校工作者；

7. 连续旷工七天或全年累计旷工十四天者；

8. 违犯《教师法》规定，师德败坏，工作敷衍，体罚、侮辱学生者；

9. 年度考核不合格者。

（六）落聘人员管理办法

1. 用：根据学校工作需要，本人申请，学校同意，安排临时性工作，工资待遇由学校参照有关政策决定。

2. 学：根据学校工作需要，经学校和主管部门同意，外出进修学习，进修期间按陕工改办〔1995〕006号文件，发给本人70%的基本工资，学杂费、教材费自理。进修期满，按待聘人员对待。

3. 保：对十一届三中全会以来曾五次评为学校先进或获得区级以上先进个人称号，因病不能坚持正常工作者，离职休息或另作安排。

4. 养：男57岁，女52岁及其以上，因健康原因不能坚持正常工作者，经学校审核，报教育和人事部门批准后，离职休养，纳入编外管理，国家规定的原工资待遇不变，到离退年龄后办理离退休手续。离职休养期间，要遵纪守法，遵守学校的各项规章制度，积极参加学校的各项考核；不得从事任何形式的赢利性活动，否则停发工资。

5. 试：对政治素质或业务能力有待提高的教职工，可采取试聘的办法，使其在教学或其他岗位上边工作边改进。试聘期为半年。试聘期间，只发给基本工资，试聘期满后，经学校考核合格，正式聘用，不合格者按待聘人员对待。

6. 待：离岗待聘，待聘期限一年。待聘人员半年内发给70%的基本工资，从第七个月起，由学校将70%的基本工资按一定的比例计发。

7. 调：待聘一年后仍不能受聘，并不服从教育局交流安排者，介绍到区人才交流中心，停发工资，自谋职业。

（七）拒聘、拒调人员处理办法

1. 从拒聘之日起，停发工资，不再享受福利待遇。

2. 拒调人员，一月内不服从组织安排者，从第二月起停薪留职半年，半年后予以辞退。

3. 拒聘、拒调人员，从拒聘、拒调之日起不得参加考核、职称评定、工资晋级。

4. 收回办公用具和住房。

（八）有关问题规定

1. 教职工不得从事第二职业，不允许停薪留职。

2. 新分配的教师，试岗一年。

3. 受聘人员在任职期内，不能履行职责，或严重违法乱纪，校长有权解聘。

4. 受聘人员在任职期内，原则上不予调动。确有特殊原因的，须于学期结束前写出书面申请，经校长同意并报教育主管部门研究审定。

5. 未聘用的或拒聘人员，不再计算教龄，不得参加职称评定。

6. 实行教职工聘用制的学校，校长要定期向教代会报告教职工聘用工作情况，接受群众监督。

三、岗位目标责任制

岗位目标要根据各学校的具体情况而定，在聘后管理方面，主要通过按照聘约和岗位职责要求进行履职考核，将考核结果作为教师聘任、职务评聘、工资晋升、校内津贴发放、评选先进等方面的主要依据。目标责任书由各学校制定，报教育局审定。在操作过程中，要把握好以下几个基本原则：

（一）因事设岗，依岗定责。学校依据工作需要，分类设置工作岗位，根据工作特点、性质和责任，确立岗位相应职务、职称的工作职责，人手一份，依责办事。

（二）岗位目标责任的签订以一年为期，要突出学科特点和可操作性，不搞一刀切。

（三）严格考核，奖罚兑现。学校根据工作性质和不同对象分类制定《教学目标及考核细则》《教辅后勤人员分工任务及考核细则》，全面推行量化考核办法，真正实现奖优罚劣，奖罚分明。

（四）考评领导小组要吸收学校党组织、工会等人员参加，以保证考评的公正性和严肃性。

四、校内结构工资制

根据陕工改办发〔1995〕006号文件精神，结合宝塔区实际情况，在全区中小学校实行校内结构工资制。

（一）实施范围

学校实行校内结构工资制的实施范围限于被聘的全体教职工，离退休人员按国家政策执行，落聘待岗者只发给70%的基本工资，30%的津贴收归学校。重新上岗者从上岗之下月起按在岗落实待遇，其待岗期间津贴不予补发。

（二）工资构成

学校工资分为职务（技术）等级工资和津贴两部分。职务（技术）等级工资为工资中固定的部分，主要体现工作能力、责任、贡献、劳动的繁重复杂程度，占工资总量的70%，该部分按国家政策全额发给教职工本人；津贴主要体现各类人员的岗位工作特点劳动的数量和质量，占工资总量的30%，是活动的部分，由学校统一实行再分配。

（三）实施办法和标准

1. 领导职务津贴

学校校长、副校长、中层干部实行相当职务的领导职务津贴。兼任教学工作的，按照实际的工作量同时领取教学课时津贴。计算办法如下：

$$\text{校长津贴}=\frac{\text{学校各类人员津贴总额}}{\text{学校总人数}}\times(80\%\sim100\%)$$

$$\text{副校长津贴}=\frac{\text{学校各类人员津贴总额}}{\text{学校总人数}}\times(60\%\sim80\%)$$

$$\text{学校中层正职津贴}=\frac{\text{学校各类人员津贴总额}}{\text{学校总人数}}\times(50\%\sim60\%)$$

$$\text{学校中层副职津贴}=\frac{\text{学校各类人员津贴总额}}{\text{学校总人数}}\times(40\%\sim50\%)$$

2. 教师课时津贴

课时津贴是教学工作津贴，以教师实际授课时数和教学质量为主要依据计发。根据国家教育行政部门规定的教学计划，计算课时总量，根据当地和学校考核具体情况，规定标准周课时，对不同学科的课程确定适当的折合系数。

（1）教师的课时数

教师实际周授课时数按下列标准执行：城区、乡镇所在地小学 18～22（一般为 18）课时，初中 14～16（一般为 14）课时，高中 10～12（一般为 12）课时；乡村小学 18～24（一般为 20）课时，初中 14～18（一般为 16）课时，高中 10～16（一般为 14）课时。

中小学语文、数学、物理、化学、英语每上一节课折算为 1.2 课时，职业中学的课时折算办法由学校根据实际情况自定。其余课程均按实际授课节数计算。对于教师担任教研、年级组长以及兼职的工作量，各校可根据实际情况，适当折算为课时。

（2）中小学课时津贴参考标准表

单位：元/课时

学校类别 / 职务等级	高中	初中	小学	备注
高　级	2.3～4.5	1.8～3.5	1.1～2.3	
一　级	1.7～3.6	1.4～2.8	0.9～1.8	
二　级	1.4～2.8	1.1～2.2	0.8～1.4	
三　级	1.2～2.2	1.0～1.7	0.8～1.2	

3. 职员岗位目标管理津贴

适用于学校行政人员，津贴标准根据学校行政人员的岗位责任、工作实绩确定。

$$\text{校长津贴}=\frac{\text{学校职员津贴总额}}{\text{学校职员总人数}}\times(0\sim80\%)$$

$$\text{副校长津贴}=\frac{\text{学校职员津贴总额}}{\text{学校职员总人数}}\times(0\sim75\%)$$

$$\text{学校中层正职津贴}=\frac{\text{学校职员津贴总额}}{\text{学校职员总人数}}\times(0\sim70\%)$$

$$\text{学校中层副职津贴}=\frac{\text{学校职员津贴总额}}{\text{学校职员总人数}}\times(0\sim65\%)$$

$$\text{五级职员津贴}=\frac{\text{学校职员津贴总额}}{\text{学校职员总人数}}\times(80\%\sim120\%)$$

$$\text{六级职员津贴}=\frac{\text{学校职员津贴总额}}{\text{学校职员总人数}}\times(70\%\sim110\%)$$

4. 工人岗位津贴

执行中小学技术工人岗位津贴。津贴标准根据技术等级、岗位差别、工作量和工作表现确定。此项的执行参照五级和六级职员的计算办法。

5. 说明

津贴是工资构成中活的部分。学校可根据具体情况不与固定部分同步执行。要以考核结果为依据，与工作人员的岗位、实际工作数量和质量紧密挂钩，拉开应有差距，真正体现按劳分配原则，多劳多得，少劳少得，不劳不得，绝不能平均发放。校内结构工资执行后，国家规定的中小学教龄津贴、特级教师津贴、班主任津贴、特殊教育津贴继续实行，并按现行标准和办法按月发放。现行超课时酬金和原校内奖金与课时津贴合并，不再单独发放。

五、组织领导

学校“四制”改革涉及面宽，工作难度大，各单位必须加强领导，解决改革中出现的各种问题，为“四制”改革的顺利实施提供有力的组织保证。

1. 各乡镇要成立“四制”改革领导小组，领导小组下设办公室，负责拟定操作办法。

2. 教育行政部门必须切实转变职能，为学校服务，在人力、物力、财力方面要保证“四制”改革顺利实施。

3. 实行“四制”改革后，学校制订和实行的有关新的规章制度和政策措施，凡符合党的教育方针和改革精神的，政府有关部门都应给予积极支持。教育行政部门每年都要对校长的任期目标进行年度考核，帮助学校在改革实践中不断完善管理办法。

二〇〇一年五月二十四日

前志补录·勘误

一、前志勘误说明

盛世修志，国之昌事，延安市于1982年开始广征博采，辑录从古至1989年120余万字的《延安市志》。较为系统全面地反映延安市的基本面貌，为了解延安、宣传延安，加强对外交流，发挥了积极作用。

《延安市志》1994年版的刊印本，是延安市集各方力量共同奉献的一部文献，亦是宝塔区有史以来载史最为厚重的巨著，结束了延安市长期未曾修志的历史。

由于经验不足，加之资料不全，在编纂中难免出现纰漏。本着对历史负责、对读者负责的愿望，以实事求是的精神，借二轮修志的机会，择以必要的补正。

二、大事记补录

1911年

11月1日，延安民众反正夺权，点响了陕北地区辛亥革命的第一炮。

1927 年

3 月 28 日，肤施县农民协会宣告成立，到 4 月初下辖区农协 4 个、乡农协 94 个，共有会员 1803 人。

10 月 8~9 日，党组织以学生会为核心吸纳军人、商会、农协、市民参与，共同举办了“提灯游行”活动，几千名群众绕城一周，庆祝北伐战争的胜利。

1935 年

9 月 5 日，东北军指挥部总令字 108 号命令：六十七军在肤施东关以东、桥沟以内修建延安机场，限期 3 个月完成任务，不得延误战机。

1936 年

5 月 12 日夜间，继 4 月 9 日周恩来与张学良在肤施府城基督教堂会谈之后又在原地举行了会晤。

11 月 25 日，延安积极开展“扩红”运动，组建新的独立营。

12 月 17 日，张学良派专机接周恩来赴西安处理西安扣留蒋介石事件。

12 月 27 日，正式成立延安抗日救国会，下辖四个分会开展工作。

1942 年

4 月 29 日，枣园“幸福渠”建成通水。

7 月，根据党中央指示，延安县、市纠正了一批冤错案。

1944 年

2 月 7 日，延安民众代表向毛泽东、朱德、林伯渠、高岗献旗。

12 月，延安城乡普遍开展拥政、拥军活动。

1947 年

3 月中旬，延安组建“游击队”开展游击战争。

9 月，延安县游击队抽调 400 余人编为一个营，参加正规军教导旅参战。

1948 年

7 月，延安县、市开展“土地改革”工作。

1949 年

9 月 21 日，中国人民政治协商会议第一次全体会议在北平召开，延安人民致电庆贺。

10 月 1 日，中华人民共和国成立，2 日延安人民给毛主席并转中央人民政府致电祝贺。

三、图表、照片说明补正

1. 《人民救星》大匾，应为“延安人民”给毛主席敬献。

2. 琉璃塔应为明代。

3. 70 页“主要耕作土类肥力状况表”的表头，“全磷”应为“全氮”；94 页人口图中“元龙寺”与“姚店”缺中间分界线；95 页人口图中“总产数”应为“总户数”；142~143 页，“延安市部分工业品零售价格表”“延安市 1978~1985 年农副产品集市贸易价格表”“延安市部分农副产品和副食品销售价格表”的表头中，“年份”与“名称”错位；644 页“体育经费表”右上角应增“单位：元”；541 页日本飞机轰炸延安统计表刊载不详。

4. 在人物表中有部分人名（姓名）与简介（性别、出生时间、籍贯、曾任职务）错位。

四、勘误表

前志勘误表

页数	行数	原刊	更正
序一	14	1937 年	1935 年
2	13	鍬青	狄青
2	17	星	珠
2	27	过	破
5	12	代	伐
6	5	前 117	前 177
6	29	里	置
7	18	十二年	大业十二年
8	12	高允	高允权
8	8	塘	瑭
8	16	静	靖
8	22	七年	太平兴国七年
8	22	党项羌	党项羌族
8	31	夏军围	夏军包围
10	30	1912	1911 年 10 月
10	33	罗延祯	罗廷祯
10	3	边境上	边境上的
10	16	欠	歉
10	17	举	揭
11	21	曹志九	曹老九
11	3	义	事
11	15	遂	随
14	5	张庚	张更易
14	36	天主	基督

续表

页数	行数	原刊	更正
15	30	本月	10 月 10 日
15	1	杨风亮	杨风梁
15	17	李青伍	李勤武
15	17	冯长平	冯长斗
15	25	止	备
15	25	防协会	防空协会
18	13	镶	写
19	16	吴汉亲	吴汉章
20	20	时	日
20	31	29 日	26 日
20	38	王温克	王克温
20	38	张太忠	张大忠
20	37	中央	中央宣传部部长
20	6	17 日	7 日
21	17	月	日
21	18	月	日
21	19	13 日	12 日
22	2	6 日	7 日
23	7	2 月	1 月 7 日
23	12	2 月	2 月 10 日
23	25	7 月	8 月
23	2	曹迁俊	曹廷俊
46	10	西	南
46	11	编	遍
46	12	编	遍
46	30	二	六
46	30	619	623

续表

页数	行数	原刊	更正
47	5	1264	1265
47	7	1286	1275
47	29	镇	真
47	30	镇	真
48	29	占领	进驻
57	1	典	黄
62	25	80 亩	800 亩
129	18	10%	10‰
209	22	养猪甚少	个体饲养
220	10	种衷枣积	种植面积
229	10	泽	翟
232	3	1989	1990
292	13	则	翟
297	13	1936 年元月	1935 年 9 月
301	9	肩	间
437	14	钟鼓楼	鼓楼
483	23	歌老会	哥老会
483	23	淫池道	瑶池道
484	19	17 日	18 日
491	20	友	抗
506	13	岑寺	岑山寺
524	32	降	诚
532	21	8500 人马	850000 人马
542	3	架	驾
545	34	近	靳
619	8	达	北达
674	32	卢玉铅	卢玉煊

续表

页数	行数	原刊	更正
701	34	柱	拄
726	1	幸	辛
735	26	赵迁廷	赵廷锡
735	7	辛	卒
735	17	产	房
735	35	回	四
737	16	贫	市
739	24	49 年	50 年
740	37	学医	医学
741	16	40 周年	10 周年
742	19	毕仲辉	毕映斗
768	7	毕秉	毕秉鉴
768	19	赵曙志	赵曙光
768	23	高述	高述奇
768	28	杨铁秀　男	杨铁秀　女
771	8	吴荣秋	吴荣秩
774	26	史富	史雷
774	33	高存重	高存玺
781	21	547	544
781	21	210 万	121 万
789	20	全国代表大会	全国代表会议
789	24	全国代表大会	全国代表会议
807	10	杨兆祖的	杨兆的
832	29	祸	贺
833	6	洗禹	流寓
835	7	平	衙
835	18	风	凤

续表

页数	行数	原刊	更正
835	25	确	却
835	21	既	无
836	8	作	做
836	14	支	只

索 引

A

爱国卫生运动/918
安置/752

B

八路军后方留守兵团旧址/427
“八五”计划（1991~1995年）/492
帮工换工/981
帮贫扶困/981
包裹/219
宝塔区地方税务局/458
宝塔区第二十次妇女代表大会/680
宝塔区第二幼儿园/789
宝塔区第三幼儿园/789
宝塔区第十八次妇女代表大会/679
宝塔区第十九次妇女代表大会/680
宝塔区第十六届人民代表大会代表选举/592
宝塔区第十四届人民代表大会代表选举/591
宝塔区第十五届人民代表大会代表选举/591
宝塔区第一幼儿园/788
宝塔区国家税务局/457
宝塔区化工厂/350
宝塔区家贝乐幼儿园/790
宝塔区科学技术协会/839
宝塔区老龄工作委员会办公室/961
宝塔区李渠镇张兴庄村/160
宝塔区农村信用合作联社/468
宝塔区农机技术推广服务中心/269
宝塔区农机局/269
宝塔区塑料厂/350
宝塔区卫生学校/809
宝塔区移动分公司宽带业务/228
宝塔区移动分公司业务/227
宝塔区移动设施/217
宝塔区枣园镇庙沟村/159
宝塔区粘合剂厂/351
宝塔区职业教育中心/807
宝塔区总工会/671
宝塔山街道/41
宝塔山景区/429
保护措施/330
保护管理机构/890
保险费收入/475
保险业务范围/475
报刊发行/220
碑刻文物/883
北部重度流失区/314
编制管理/583

殡葬服务与管理/756
兵员条件/691
布鲁氏杆菌病/914

C

财产保险种类/475
财政收支概况/451
采种/290
参加生产建设/696
参与精神文明建设/698
参政议政/682
残疾人体育/943
残联代表大会/684
残联组织/683
测土配方监测/248
柴油/385
产量/247
产业结构/339
产值/247
常住人口管理/727
城区广场/153
城区街巷/139
城市公交/194
城乡分布/100
城镇居民医保改革/934
城镇养老保险/774
虫害/94
出租车/196
初级中学/801
初中课程改革/833
储蓄种类/469
川口乡/62
川口—姚店原油输油管道/382
传统节庆/977
创建示范/126
创建卫生城市/920
创建卫生村镇/921
磁卡电话/229
村道公路/184
村民委员会/757
村卫生室/905

D

打字复印/415
大豆/253
大气环境质量/170
大气监测/172
大气污染治理/174
大中专毕业生管理/768
大中专毕业生聘录/768
蛋奶工程/825
党的组织建设/588
党风廉政建设/589
党员教育/587
档案接收利用/898
道路建设/137
道路交通安全专项治理整顿/551
狄青牢石窟/435
地表水/83
地表水资源/89
地方财政支出/448
地方税收入/462
地方税征收管理/463
地方税种税目税率/461
地籍管理/542
地貌分区/78
地貌类型/78
地貌特点/77
地名工作/755
地膜覆盖/254
地下水/84
地下水资源/90
地质灾害调查与评估/543
地质灾害区划/544

地质灾害危险区划/544
地质自然灾害专项治理整顿/555
第二次会议/594，595，597，599，600
第七次会议/596
第三次会议/595，597，599，600
第十八次团代会/674
第十二届人大常委会/601
第十六次代表大会/672
第十六次团代会/674
第十六届人大常委会/601
第十七次代表大会/672
第十七次团代会/674
第十三届人大常委会/601
第十四次团代会/674
第十四届人大常委会/601
第十五次代表大会/672
第十五次团代会/674
第十五届人大常委会/601
第四次会议/596，597，599，600
第四套人民币发行/468
第五次会议/598，599
第五、六次会议/596
第五套人民币发行/469
第一次会议/594，595，597，598，600
典型崩塌/96
典型不稳定斜坡/96
典型滑坡/95
典型建筑选介/165
碘盐加工厂/351
电力企业/346
电视/876
电网建设/346
电信设施/215
电影放映/873
电子化设备/212
调查研究/581
东北部峁梁土地利用区/536
东南部残塬中度流失区/314
动物资源/91
独生子女保健费/125
杜甫川朗润安置小区堤防工程/328
杜公祠/435
顿钻钻井/373

E

二级文物/886
二期工程/321
二日游/440

F

发展概况/339
法治建设/897
反复问句/999
防虫治病/255
防汛工作/331
防汛机构/331
防疫体系建设/267
防治甲型 H1N1 流感/916
防治结核病/916
防治禽流感/915
放映管理机构/872
飞马河生态示范区/277
“非典”及其传染病防治/916
非公有制企业/343
非煤矿山安全专项治理整顿/553
非税收入/446
肥料煤/89
分布与比例/238
分布与产量/240
分音词/998
汾川渠/326
风/81
冯庄乡/64
冯庄乡王家沟示范区/298

凤凰山革命旧址/423
凤凰山街道/41
凤凰山景区/434
扶持生产/398
扶贫帮困/673
服务机构与人员/286
服务社会/683
服务网点/396
服务项目/412
福利/766
福利待遇/785
妇女体育/942
妇女有关习俗/983
附加式构词/1000

G

干部教育/760
干部培训/585
甘谷驿—姚店原油输油管道/382
甘谷驿镇/52
赶庙会习俗/984
高等级公路路政管理/204
高等级公路养护管理/203
高等师范函授教育/813
高级中学/802
高龄老人生活保健补贴/963
高师卫电成人函授教育/813
高速公路/180
高中课程改革/835
歌厅/415
革命旧址/884
个人诊所及医务室/905
个体林/306
耕地保护/538
耕作制度改良/248
工业产值/339
工业品公司改制/390
工业效益/339
工资/764
工资待遇/784
公房管理/167
公费医疗制度改革/932
公共场所卫生/923
公路货运/194
公路客运站/191
公路桥梁/185
公路隧道/186
公路运输企业/190
公众聚集场所消防安全治理整顿/554
供电营销/348
供气/152
供热/151
供水/149
巩固措施/295
古文化遗址/878
谷子/253
故城遗址/879
关寨遗址/880
官庄乡/73
管理/135，272，287，543，1043
管理机构/167，745
贯屯乡/69
广播/875
广告管理/518
归集/168
规划/542
规划编制/132
规划实施/133
规划修编/133
滚动开发/366
锅炉压力容器专项检查/555
国道/181
国贸大厦改制/390
国、省道路政管理/204
国、省道养护管理/203

国有工业/342
国有工业企业改革/343
国有林/306
果品销售/311
过晬/969

H

函件/218
航线/197
合龙口/976
河道管理/335
河道桥梁/148
河交寺/1005
河庄坪镇/47
贺沟口生态示范区/277
后薛家沟舍利塔/435
护林防火/303
黄防工程造林/292
黄蒿洼沟排洪渠工程/328
汇兑/219
婚丧礼操办/415
婚姻登记/754
婚姻介绍所/415
火灾事故/734
货运/197

J

机场/189
机构/135，168，178，287，345，402，685，729，739
机构管理/583
机构设置/543，684
机砖生产/349
基本农田保护/539
基层工会组织/672
基层供销社/396
基层人民武装部/688
基础设施/898
缉毒禁毒/722
集体工业/343
集体工业企业改革/344
集体林/306
集体林权制度改革/306
集邮/220
集雨工程/327
给养/699
计生社会保障/125
计生体系建设/128
计生信息/129
计生行政执法/127
计生优待/124
技能培训/772
技术措施/294
技术培训/253
技术推广服务/286
家畜品种/259
家风/981
家禽品种/262
假期制度/766
嫁娶习俗/966
间歇抽油/380
监测机构/172
监测预警/254
监管/178
见义勇为/698
建筑业安全专项治理整顿/556
降水/81
交通秩序设施/730
交通秩序整顿/731
教学设备/827
教育活动阵地建设/695
节育措施/124
解放大厦改制/390
金庄水库/324

禁赌/727
经费来源/699
经济犯罪侦办/721
经济效益/397
经营/272
经营管理/398，401
经营商户/409
经营效益/409
井身结构/376
井位部署/365
“九五”计划（1996～2000年）/492
酒曲/977
居民储蓄利率/469
居民身份证办理/728
举重/949
剧团/871
剧种曲目/871
卷烟稽查/417
卷烟销售/416

K

开采试验/369
开发调整/367
开展农村固定观察点工作/582
考核、奖惩/761
科技机构/838
客货运量/198
客运/197
客运票价/192
客运线路及客运量/192
会计集中结算管理/454
扩边/364

L

老干部工作局/564
老干部活动中心/584
老年人权益维护/961
老年体育/941
梨/312
李渠镇/48
理赔/475
立功创模/695
联通设施/216
联席会议/658
联谊会议/659
联谊协作/686
良种繁育/251
良种引进、推广/251
梁村乡/67
梁村乡刘坪示范区/297
梁村乡小刘沟流域/299
粮油加工厂、粮油综合公司/351
“两免一补”/822
林地管理/304
林木病虫害防治/304
林木管护/305
林木枝叶/264
临镇镇/59
流动人口计划生育管理/127
柳林寺/1005
柳林镇/43
柳林镇柳树巷堤防工程/328
柳林镇龙寺堤防工程/328
柳林镇太春沟示范区/298
柳林镇燕沟示范区/298
鲁迅艺术文学院旧址/425
绿化/155
绿色长廊工程/292
落实老干部各项生活待遇/584
落实老干部政治待遇/584

M

麻洞川乡/72

麻疹疫苗强化免疫/915
马铃薯/253
毛岸英拜师学农旧址/426
毛泽东大型图片展馆/422
煤矿安全专项治理整顿/553
煤炭/88
煤炭生产/345
美术公司改制/390
苗木管理/307
民办非企业单位登记/754
民兵编组/694
民兵条件/693
民歌/974
民用爆炸物品专项治理整顿/555
母亲健康工程/124

N

南部梁峁土地利用区/537
南部梢林轻度流失区/314
南泥湾革命旧址/426
南泥湾灌区管理/334
南泥湾示范镇/299
南泥湾镇/57
南区合作社旧址/427
南市街道/40
闹满月/969
年度计划/481
年度综合统计/498
年鉴编纂/900
年龄构成/106
酿造厂/351
扭秧歌/974
农村环境综合整治/178
农村居民收入/988
农村社会养老保险/775
农村信息服务/229
农村医保改革/935
农村饮水管理/335
农耕习俗/964
农民体育/940
农业生产资料供销/397
农业税费改革/465
农业税收收入/464
农作物/265

P

排水/151
蟠龙镇/55
票价/199
贫困生救助/824
品种引进/307
苹果贮藏/311
葡萄/312
普法宣传教育/739

Q

七里村—姚店原油输油管道/382
“七五”计划（1986~1990 年）/491
其他服务/229
其他矿产资源/89
其他类/952
其他污染治理/177
其他学会、协会/839
气井气处理/384
气温/80
气象观测/856
气象灾害类别/92
企业管理/348
企业简介/162
汽油/384
抢险救灾/698
侨务工作/636
桥沟镇/45

青化砭镇/54
青化砭镇新庄科示范区/297
青化寺/436，1005
清产核资/455
清凉山景区/431
求婚与迎娶习俗/966
球类/952
区财政局/959
区第四中学/960
区计划生育局/959
区委党史研究室/564
区委党校/564
区委农工部/564
区委统战部/563
区委宣传部/563
区委政策研究室/564
区委政法委/563
区委组织部/563
区（县）公路/182
区、乡、村公路养护管理/203
区域分布/102
区域构造格局与岩层节理/76
区域划分/244，330
区志编纂/899
权益维护/673

R

人工草场/264
人工影响天气/856
人口密度/104
人寿保险种类/475
人行天桥/149
日照/81
柔道/950

S

“三北”防护林工程/292
“三大”地方病/913
“三废”减排/176
三级文物/888
三日游/440
扫黄/726
森林治安管理/303
陕甘宁边区高等法院旧址/426
陕甘宁边区银行纪念馆/423
陕甘宁边区政府交际处旧址/426
陕甘宁边区政府旧址/425
陕甘宁晋绥联防司令部旧址/427
陕西电大延安分校电教函授教育/814
陕西省广播电视大学延安分校/812
陕西延长石油（集团）有限责任公司管道运输公司/360
陕西延长石油（集团）有限责任公司油气勘探公司/360
善举/981
商标管理/517
上级补助收入/447
上解支出/450
社会救助/751
社会团体管理/753
社区居民委员会/758
社区体育/943
社区卫生服务中心/905
社史沿革/401
摄像/412
审定兵员/692
审批服务/630
生产工具/965
生产体系/244
生活资料供销/397
生态景区/437
生育政策/123
声环境质量/171
声韵调系统/993
胜利水库/324

省道/181
失业、工伤、生育保险/775
施肥/248
湿度/81
“十五”计划（2001~2005年）/493
“十一五”规划（2006~2010年）/494
石油/88
食/985
食盐销售/418
使用/169
市场稽查机构/862
市场监管/863
市场形成/862
事故井处理/379
事业单位登记/584
事业机构/746
试验示范/245
收枪治爆/726
书匠/977
鼠害防治/256
摔跤/950
水保监督/335
水环境质量/170
水景观工程/154
水泥及制品/349
水政执法/335
水质监测/173
水资源管理/334
税收收入/444
税种收入/460
税种税制改革/458
税种征收/459
顺口溜/1001
说喜/973
死亡抚恤/767
四岔铺生态农业示范区/277
寺庙遗址/881
松树林南华寺/1005
松树林乡/70
速递/221
孙台水库/324
孙台水库管理/334

T

跆拳道/951
太和庙景区/433
太和山道观/1004
太阳能利用/258
桃/312
特服业务/229
特殊语气词/999
特殊语序/999
体格检查/691
体育场地/937
体育器材/937
体制演变/402
天然草场/264
天然林保护工程/293
天然气/88
天然气集输/381
田径/947
统计网络/508
统计资料/508
土地储备与出让/541
土地征用/540
土体/86
退耕还林资金管理/466
退伍军人预备役登记/692

W

外国代表团和外国领导人到访/635
完井方式/377
万花山景区/434
万花山乡/61

万花山庄堤防工程/328
王家坪革命旧址/424
网吧/415
网络部室/828
危险化学品安全专项治理整顿/552
违法案件查处/546
维护社会治安/696
维修量/413
文化构成/109
文化景区/437
文化娱乐活动/963
无线寻呼/228
五保供养/750
五金公司改制/390
物业管理/168
物资储运公司改制/391
物资总公司改革/390

X

西川小砭沟堤防工程/328
洗染/415
线路建设/186
乡镇公路/183
乡镇卫生院/905
消防机构/733
消防监督/733
消灭脊髓灰质炎强化免疫/914
销售收入/339
小雷音寺/1005
小型灌溉工程/327
小学课程改革/831
效益与成果/295
歇后语/1001
写家谱/981
新兵交接/692
新构造运动/77
新华化工厂/350
新节日（公历）/980
新区块/364
新税范围及税率调整/459
新油层/364
新油田/364
行/986
行门户/973
杏/312
性别构成/104
姓氏与起名习俗/984
旋钻钻井/374
选拔任用/760
学历教育/585
学校体育/943
学校卫生/924
巡逻防范/725

Y

压裂/372
烟叶生产/417
延安百货大楼改制/390
延安保安处旧址/426
延安常泰药业公司/928
延安大学/811
延安电信分公司/214
延安电信分公司宽带业务/227
延安电信分公司业务/224，226
延安电信设施/213
延安革命纪念馆/421
延安供电局/959
延安机场迁建工程/189
延安教育学院/812
延安军分区/688
延安抗日军政大学纪念馆/421
延安联通分公司/214
延安联通分公司业务/225，227
延安联通设施/214

延安南区合作社纪念馆/422
延安清凉山新闻出版革命旧址/425
延安市宝塔区第一届农民工联合工会/672
延安市宝塔区国防动员委员会/701
延安市宝塔区机构编制委员会办公室/565
延安市第十二届人民代表大会代表选举/590
延安市第十六次妇女代表大会/679
延安市第十七次妇女代表大会/679
延安市第十三届人民代表大会代表选举/591
延安市农职业中学/807
延安市政府旧址/427
延安市职业中学/807
延安市中医医院制剂室/928
延安“四八”烈士陵园/427
延安新闻纪念馆/422
延安移动分公司/215
延安移动分公司业务/226
延安移动设施/214，217
延安枣园公园/436
延安职业技术学院/812
延长石油集团公司销售网络/386
延长油田股份有限公司/356
延河饭店（实验饭庄）改制/391
延惠渠/326
延惠渠管理/334
岩体/86
盐政稽查/419
谚语/1001
杨家岭福州希望小学/796
杨家岭革命旧址/423
养老保险实施/962
姚店镇/50
药材公司改制/391
野生动物保护/305
业务指导/895
一级文物/885
一期工程/320
一日游/440
衣/985
医疗保险/774
医疗人事制度改革/931
依法保护/890
疫情的发生与防治/268
银行机构储蓄与存款/470
饮食公司改制/390
印刷/352
营房建设/699
影剧院/873
永坪—姚店输油管道/382
优抚/751
优良品种增产效益/252
邮路/211
邮路物流/222
邮政储蓄/471
油井计量/380
油井气处理/384
油井日常维护/378
油页岩/89
友谊公司改制/390
淤地坝建设/316
淤地坝维修/317
语流音变/994
玉皇庙道宫/1005
玉米/252
育苗/245，290
预备役军官登记/692
预防控制艾滋病/915
预算管理/452
预算外资金管理/453
元龙寺乡/66
原油集输/381
远亲近邻/980

Z

灾害治理/545
暂住人口管理/728
枣花生态农业示范区/277
枣园革命旧址/423
枣园镇/42
枣园镇庙沟村/960
造林灭荒工程/292
造纸/352
噪声监测/173
噪声治理/175
战备教育及预案/700
战备设施/700
战备值班/700
站点设置/188
沼气池建设/258
照明/156
照相影楼/412
侦查破案/719
征兵领导小组/691
征收管理/460
政策兑现/294
政府采购资金管理/456
政协宝塔区第十二届委员会/648
政协宝塔区第十届委员会/647
政协宝塔区第十一届委员会/648
政协延安市宝塔区第十二届委员会/653
政协延安市宝塔区第十二届委员会常务委员会/658
政协延安市宝塔区第十二届委员会提案/660
政协延安市宝塔区第十届委员会/652
政协延安市宝塔区第十届委员会常务委员会/656
政协延安市宝塔区第十届委员会提案/660
政协延安市宝塔区第十一届委员会/652
政协延安市宝塔区第十一届委员会常务委员会/657
政协延安市宝塔区第十一届委员会提案/660
政协延安市第八届委员会/647，650
政协延安市第八届委员会常务委员会/655
政协延安市第八届委员会提案/659
政协延安市第九届委员会/647，651
政协延安市第九届委员会常务委员会/655
政协延安市第九届委员会提案/659
政治待遇/783
政治教育/695
政治审查/691
执法监察机构/546
执法监督/630
职称评审/761
职工收入/987
职工体育/938
职业构成/110
职业技能鉴定/772
职业介绍所/414
职业卫生/923
植物检疫/257
植物资源/90
纸制品/352
治安联防/727
中部梁峁土地利用区/536
中长期计划/478
中等师范函授教育/808
中共宝塔区直属机关工作委员会/565
中共延安市宝塔区第十八次党员代表大会/561
中共延安市宝塔区第十八届常委会组成人员/561
中共延安市宝塔区第十六次党员代表大会/560
中共延安市宝塔区第十六届常委会组成人员/561

中共延安市宝塔区第十七次党员代表大会/560
中共延安市宝塔区第十七届常委会组成人员/561
中共延安市宝塔区委办公室/565
中共延安市第十四次党员代表大会/560
中共延安市第十四届常委会组成人员/561
中共延安市第十五次党员代表大会/560
中共延安市第十五届常委会组成人员/561
中共中央西北局旧址/424
中国工商银行宝塔区支行/468
中国建设银行股份有限公司延安分行/468
中国农业银行股份有限公司延安宝塔支行/467
中国人民财产股份有限公司延安市宝塔区支公司/474
中国人民解放军延安市宝塔区人民武装部/687
中国人民武装警察部队/689
中国人寿保险股份有限公司延安市宝塔区支公司/474
中国石油长庆油田分公司第一采油厂/360
中国石油延安希望小学/796
中小学校舍专项治理整顿/555
中心卫生院/904
终端加油站/386
种类/238，240
种植面积/308
重大地质灾害/97
重大气象灾害/93
重大生物灾害/94
重特大刑事案件侦办/720
主要工作/684，685
主要古墓葬/882
主要活动/701
住/986
注水/372
驻地军队医院、院校/690
驻防部队/689
祝寿/981
专业公司/395
专业技术聘任工作/763
专业汽车修理/413
专业统计/498
专业志编纂/899
专用公路/182
转九曲/974
资产处置/455
资金来源渠道/294
紫砂陶土/89
自学考试教育/813
租赁/415
组织机构/682
坐月子/969

编后记

辛勤数载，终于成辑，这是继1994年版《延安市志》之后，又一部全面记载1990~2010年宝塔区奋斗发展的巨著。掩卷沉思，感慨万千。

本轮修志筹划较早，在2005年、2008年、2010年曾召开动员会议，但真正进入实质工作是在2010年之后。时任区委、区政府主要领导担任编纂委员会主任，各单位、各部门也分别成立了编纂领导小组，配备了相对稳定的专兼职人员150余人，组织多次业务培训学习，同时，还拟定《资料征集通知》，利用电视、广播、《宝塔通讯》等报刊广泛宣传动员全民参与。2012年，先后外聘了7位修志人员，分编负责。进入初稿的编写阶段，其间四易其稿，有的编章数次增删甚至重新梳理成编。整个修志过程，大体经历了前期筹划、拟定篇目、搜集资料、撰写分编、总纂全志、初稿评审、修改终审、校对出版。诸多工作又是交叉进行。结构调整、文字加工、数据核查等，一直贯穿于编纂全过程。

工作中我们感到，突出志书的地方特色，是最费思索、最吃力的部分。特别是“市”改“区”，由于市政业务的变更与一些企业上划的转变，使区情更为复杂，增加了编写的难度，同时，也促使我们在工作中不断地探索和加倍地努力。比如：本区虽处市区要冲，但农业经济仍占了相当大的比重，是个农业大区，同时畜牧业也占有很大的比例，因此将农牧业提到经济类别的前列；同时，鉴于近年来林果业已发展为支柱产业，种草也作为产业对待，所以，区志篇目经过多次的调整与充实，最终我们将林果业单列一编，使篇目更贴近此一时期的宝塔实情。总之，浓墨重彩地反映生态农业建设的重大成就，让人们懂得了“脱贫在山，希望也在山”的哲理，看到顺应自然又改造自然的道路，从成果中感动自己鼓志气，更上一层楼。

作为巨变的亲历者，很难排除地域性的亲近感和对它变化的欣然，因为宝塔在变，其速度和规模虽然比不上沿海经济发达地区，然而宝塔确实在变化，愈变愈美。尽管如此，我们还是坚持讲实话、述真事，恪守纂志规章。在对巨大成就予以充分记述的同时，对失误和挫折以及纠正错误的结果，也做了实事求是的辑录，使人们知道建设的道路是曲折的。按照区委、区政府领导“成绩不说跑不了，问题不说不得了”的一再嘱托，在记述经济建设高速发展的同时，也不避讳全民品德教育、法治建设、节能环保等方面存在的问题。

修志起步以来，宝塔区委、区人大、区政府、区政协的历届领导都给予了应有的关怀和支持，做到认识到位、领导到位、机构到位、编制到位、经费到位、设施到位、规划到位、工作到位。经常深入检查，及时解决工作中遇到的问题，对修志专业人员工作的艰辛表示理解和关怀。在修志过程中，我们还得到许多单位和社会各界人士的热情支持，有的还亲自动手撰写回忆文章、提供珍贵资料，甚至千里传鸿，乡情感人。尤其使人感动的是，几年中陕西省、延安市地方志办公室对我们的工作一直予以热情关注和及时指导，多次与我们座谈，帮助解决一系列重大问题。还有许多专家学者在志稿评议会上提出了中肯的意见与建议，对我们认真修改志稿、提高志书质量起到了重要作用。

修志以来，多位修志专业人员凝聚合力、精诚敬业、焚膏继晷、呕心沥血、伏案奋笔、不惮繁琐，可谓无私奉献。因此本部志书，实乃是改革开放的产物，是集体劳动的结晶。值此付梓出版之际，我们特向所有关心和支持《延安市宝塔区志（1990～2010）》编纂工作的单位和个人表示衷心的感谢。

由于种种原因，尤其是受我们理论水平和学识所限，本书还存在不少欠妥甚至错误的地方，敬请领导、专家、学者、同行和读者批评指正。

编　者